百姓一揆事典

深谷克己監修

民衆社

描かれた百姓一揆

百姓一揆の史料は多数存在するが、一揆の姿を絵にして伝える物は少ない。わずかに騒動記の挿絵として描かれているものが数点あるに過ぎない。しかし、天保11年出羽国鶴岡藩三方領地替反対一揆（→404頁参照）は、領主引き留め一揆ということもあり、大量の記録と共に絵巻物である「夢乃浮橋」（致道博物館所蔵→406頁参照）が残されており、一揆の姿をヴィジュアルに確認できる。

①一揆を組む

何のために一揆を起こし、どのような行動をとるのか、意識の統一をはからなければならない。そのために人々は集まり、相談し、契状を作成し、連判した。その連判形式は一揆集団の共同責任と平等性を象徴する車連判（傘状連判）をとる場合もあった。また、その契状には神文（起請文）が記されることも少なくない。この絵は江戸出訴の途中であるため宿屋で契状が作られているが、多くは個人の家あるいは神社仏閣などで作成されている。

②困難な江戸出訴

川北壱番登の百姓衆が江戸出訴のため雪の中を山越えしている。越訴は役所に断りなく江戸へ出訴するのであるから、その道中には多くの困難があったであろう。この一揆でも、山形県庄内地方から江戸へ出るにもかかわらず、わざわざ北上して秋田へ抜けているのである。

③駕籠訴する

川北壱番登の百姓が老中らに駕籠訴している。百姓は駕籠脇に平伏し、手に持った訴状を提出している。訴状を竹に挟んで提出することもある。駕籠訴の訴状は役人に受理されており。行列が乱れている様子もない。駕籠訴が決して珍しい事ではないことがわかる。なお、この図は老中らが江戸城から下城時に駕籠訴がなされている構図となっているが、実際は登城中に出訴したものであり、詞書きにも「違なり」と記されている。

④敵対者へ押し寄せる

川越藩に内通したと噂される白崎五右衛門宅へ押し寄せた一揆衆。藩役人が鎮撫に出ている。このように一揆に敵対する者宅へ押しかけることは少なくなく、打ちこわしが行われることも多い。もっともこの一揆では、白崎宅へ投石などが行われたようであるが、打ちこわしは行われていない。城下町へ大勢押しかける強訴型一揆の姿を彷彿させる絵でもある。一揆衆の旗・幟にも注目したい。「乍恐御永城」のような、一揆の要求を示した旗と、「平田郷」、「遊佐郷」のような地域名称の旗がある。一揆では後者が基本であり、この旗の下に村民が集結し、村単位で行動したのである。

山王社
大濱之圖

⑤大浜大集会

天保12年2月1日、川北郷の百姓が大浜で「大寄」（大集会）を行った。その数７万500余人。３ヵ所の大篝火を中心に集まる人々は、一様に蓑笠姿である。蓑笠は百姓一揆のユニフォームであった。旗や幟も数多く立っている。多くは白く描かれている木綿製であるが、中には黄色のむしろ旗もある。この一揆はむしろ旗が使われた数少ない一揆の一つであった。郡奉行・郡代・代官が説諭に現れ、それと交渉している所も描かれている。

はしがき

百姓一揆の独立した事典としてはもっとも大きな『百姓一揆事典』を、ようやくお届けできる運びになった。編集・執筆にたずさわった者として心から喜びたい。同時にこの事典が、歴史の教育・研究両方の分野で、編者の意図や予想をこえる創意ある仕方で、十二分に使いこなされることを心から期待したい。

本格的な『百姓一揆事典』の必要が言われ始めてからすでに久しいが、全国的に起きている百姓一揆の個々の事実を同じ密度の辞書の記事に仕上げることは容易なことではない。さいわいこの企画に協力を求めることのできる中堅・若手の研究者が編者の周囲には少なくなく、一〇年という長い時日は要したが、まだ新世紀の入り口にいる間に世に送り出すことができた。この事典を構想しはじめた頃は、テーマ別の事典はまだ数少なかったが、執筆の準備をしている間に、次々と大小のテーマ事典が刊行され、今も続いている。本事典がそうした流行を追う一冊と見られないことを願うが、中身を見れば短時日に書きあげることのできないものであることはたやすく理解していただけよう。

広くとれば百姓一揆の研究の歴史は、それが現実に生起した江戸時代にまでさかのぼる。諸方から入った情報を集めて一件記録にまとめたり考証や論評を行ったり、ある一揆の始終を伝統的な歴史物語の型に乗せて叙述することは各地で行われた。いずれも眼前の危機に対する憂慮あるいは批判の意識を表出しており、その点で現在の百姓一揆研究の立脚点に通底するものを見せている。

明治時代から今日に至る歴史学としての百姓一揆の研究成果は、本事典の編者の一人保坂智が編集した『百姓一揆研究文献総目録』（一九九七年、三一書房）で追うことができる。総目録は明治一一年（一八七八）から始まっているが、一目見るだけで当時勢いを強めつつあった自由民権の運動に一揆（義民・民権家）研究が深く結びついていたことを理解できる。

その後も、小作争議や労働争議の広がりのなかで、視座は一様でないとしても現実との緊張関係を持つテーマであることは続いた。ことに第二次世界大戦後は、政治と社会の民主化、それも封建的なものを克服するという民主化の課題が日本社会に提起され、封建的支配と封建的社会関係の時代と誰もが理解していた江戸時代の民衆的抵抗運動である百姓一揆や村方騒動が広く注目を集めた。地域的な運動である百姓一揆について、各地から新史料・新事例の報告がなされ、その変化や流れを、戦国時代から近世へ、幕末・明治維新から近代への移行を視野に入れて論理的に一貫させようと試みる研究者もあらわれた。

日本社会の高度成長経験は、都市と農村の比重や関係を大きく変え、近世史研究の中に占める百姓一揆研究の位置や個々の研究者のテーマの立て方も変わり始めた。しかし、百姓一揆が、近世史だけでなく日本史の歴史認識の中で重要テーマの一つであることはけっして揺らいだことはない。今もそうであり、今後もそうでありつづけるはずである。

現在の中学・高校の日本史教科書には、どれを見ても百姓一揆が本文で記述されたりグラフが載せられたりしている。日本近世の通史的叙述には全国的なものであれ自治体範囲のものであれ、百姓一揆にはかならずページが割かれているし、日本史の辞書類、年表類にも記載されている。

見方や位置づけは変わっていくのが当然だが、日本史において民衆自身の生活向上と規制緩和を求め、公然と政治批判を実行した抵抗運動の顕著な形態の一つが百姓一揆であったという根本の様相は揺らがない。そうであるかぎり、情報化・国際化の現代における地域的な住民運動、あるいは市民社会の民主化や安全・充実をめざす諸運動の視野の中にも十分入ってくる歴史的遺産である。

百姓一揆はそのように現実への関与性の強いテーマだが、今では必ずしも告発的な視角だけでなく、端的に面白いという歴史事象として扱われることも大事である。それは日本の民衆文化の一翼としての運動文化とでもいうべき領域を表現している。出立・得物・鳴物・連判状・廻状、一揆の終始をつらぬく作法、供養・顕彰の仕方などは、ほとんど異文化に対するような興味に基づいてこそ新鮮な発見が可能になる。こうした興味に立てば、百姓一揆を近世の時代範囲に厳密に閉じこめることもなくなる。佐倉惣五郎は幕末に鮮やかな姿を整え、明治以降の民衆芸能のさまざまな形態を通して育てあげられている。

日本の歴史学はようやく国際交流を経験しはじめたが、百姓一揆はアジア・欧米などの外国人研究者によって注目を浴びている分野である。どの社会にも民衆運動や民衆的ヒーローに関する伝承を持っている。民衆運動史は比較・関係の研究がなりたちやすい。また、百姓一揆は日本の歴史だが、日本人だけのものではない。世界の共有の歴史的遺産である。日本人研究者はそういう立場に立って国際的に一揆の歴史を発信していくべきであろう。それに近世史で言えば、遺漏・誤認があるとはいえ、一六世紀天正年間から一九世紀後半明治初年に至るまで二世紀半以上の長期間にわたって、ともあれ同じ基準の数量的データを提供できているのは、今のところ青木虹二編『百姓一揆総合年表』(一九七一年、三一書房)しかないのである。

百姓一揆の史料集提供も一九八〇年代に入って長足の前進があった。それは青木虹二が着手し、保坂智が編集を引き継いだ『編年百姓一揆史料集成』の刊行である(第一巻一九七九年。現在一九巻。三一書房)。それまでもまとまった史料集が出されたが、それは編年方式ではなかったし、雑誌や自治体史による場合も多く、一件の精査はできても、同じ基準で総覧できる便宜性がなかった。『編年』が刊行されたことによって、長期にわたる検索を踏まえた一揆論や百姓論が可能になり、実際にその成果が現れている。

また歴史教育の角度からも、一揆の知識だけでなく、実際に現場に生徒とともにアクセスできる工夫をこらしたユニークな一揆辞書が作成された。本事典の編者の一人齋藤純が監修した『図説日本の百姓一揆』(一九九九年、歴史教育者協議会編、民衆社)は、一揆の事績を知りつつハイキングのように集会の場や一揆勢の行進経路や義民碑や関係者墓碑などにたどりつけるよう案内することを意図した辞書である。

一揆理解の理論的深化や全体像構成をこころみた先学には、林基氏や庄司吉之助氏などをはじめ多くの方々がいるが、ここでは詳論せず、一九八〇年代に中世の一揆と近世の一揆の整合された論述を意図した『一揆』五巻(一九八一年、佐藤和彦・峰岸純夫・青木美智男・山田忠雄ほか編、東京大学出版会)と、一九九〇年代に近世から近代への民衆運動の移行過程をとらえようとした『民衆運動史』五巻(一九九九〜二〇〇〇年、新井勝紘・岩田浩太郎・深谷克己・保坂智・藪田貫編、青木書店)の二つの協働の成果だけをあげておく。

本事典は、じつは最新の『民衆運動史』五巻の企画に集まった執筆陣を中心にして書き上げられた。その際に留意したこと、あるいは目標にしたことは以下の諸点である。

一、編集にあたってはなによりも、これまでの辞書・年表などを質量ともに凌駕することをめざした。百姓一揆の辞書への収録数は、現在では『国史大辞典』(吉川弘文館)がもっとも多いが、本事典は、その二倍以上になる約六〇〇件を収録した。件数だけでなく、なるべく広範囲に項目を設け、最新の研究成果を盛り込むことに努めた。

二、本事典は一揆関係者の人物項目を立てたが、現在のところ一揆指導者・義民がもっとも多く収録されている『朝日人名事典』(朝日新聞社)よりもはるかに多くの二五〇人ほどの人物を立項した。とくに関係女性については可能なかぎり立項に努めたので、近世の民衆女性事典としても最先端にあると考えている。

三、個別の一揆ごとに重要な史料については、一〇〇ほど項目を立てて解説を行った。これによって読者は、一揆を読んで知るだけでなく、研究に立ち入る便宜を得ることができるはずである。

四、本事典は、国際的な利用に応え、読者が日本史の広さで一揆を理解できるよう、編年方式で全国の一揆を配列している。しかし、歴史教育の場や地域的なまとまりで認識する関心にも応えられるよう、国別にまとめた付表をつけた。

五、一揆そのものではないが、一揆と対抗しあう幕府諸藩の動向を知るために、幕府と諸藩の一揆禁令をまとめて付表とした。さらに百姓一揆をより的確に理解できるよう関連用語を一五〇ほど立項し、また主要な文献目録も付した。

なお、本事典は、百姓一揆事典という名前をつけたが、都市の運動や世直し、明治初年の新政反対一揆、村方騒動、大塩平八郎の乱などは収録した。本事典を基礎にして件数から立論する場合には注意されたい。

本事典の刊行が可能になったのは、民衆社のおかげである。民衆社は、これまで教育書を中心に出版の実績を築いてきているが、一揆関係の本も数冊刊行している。その意味で、『百姓一揆事典』の刊行をお願いするにふさわしい出版社である。とくに沢田明治氏、阿部圭司氏には企画の段階から完成まで我慢づよくつきあっていただいた。深く感謝したい。

二〇〇四年三月

編集　齋藤　純
編集　保坂　智
監修　深谷克己

目次

凡　例

一、本事典は、一揆項目、人物項目、史料項目からなる。

1　一揆項目は、天正一八年（一五九〇）～明治一一年（一八七八）に発生した百姓一揆・打ちこわしの主要なものを網羅し、さらに国訴などの広域訴願、村方騒動、山論・水論などの出入争論、労働争議、小作争議、銀札騒動、身分騒動などについても代表的事例を採録した。なお、武士を中心とした大塩平八郎の乱と生田万の乱、アイヌ人のシャクシャインの乱、クナシリ・メナシの戦い、琉球での多良間島越訴も収録した。

2　人物項目は、一揆指導者・義民を中心に、領主側人物も含む関係者を採録し、女性の役割にも留意して立項した。

3　史料項目は、著名な一揆史料を対象とし、書誌的・史料論的な記述を行った。

4　波及・連続した一揆、再発した一揆の場合は、適宜その一つを選んでまとめて記述し、波及・連続した一揆、再発した一揆についてはカラ見出しとし、その項目を指示した。

二、見出しと配列

1　一揆項目は、一行目に一揆の発生年月日を示し、二～三行目に国名・郡名・所領名・地域名（村名など）、主な要求・形態を記し、（　）内に通称名を付した。

一揆の始期は、強訴などの場合は集団が行動を開始した日、越訴は訴願が行われた日とした。ただし、義民伝承などで義民の処刑日しか伝わらない場合は、その日をとった。

2　人物項目は、行頭に【人物】と明示し、姓名で立項することを原則としたが、研究史上の慣習などに従い地域名（村名など）＋名などを見出しとしたものもあり、漢字と読みがなで示した。なお、巻末に姓名・村名と名前・名のみの五十音順索引を付して検索の便をはかった。

3　史料項目は、行頭に【史料】と明示し、史料名を漢字と読みがなで示した。

4　配列は、一揆項目の年月日見出しを編年順とした。人物項目と史料項目は独立させず、関連する一揆項目に続けて掲載した。人物項目や史料項目のみを探す場合には、巻末のそれぞれの索引を利用されたい。

三、記述

1 項目の本文最後に執筆者名を（ ）内に記した。

2 項目の末尾に〔参〕として代表的な参考文献をあげ、研究の便をはかった。

3 年次表記は、年号で示し、（ ）内に西暦を付加した。同年号が再出する場合は西暦を省略した。

4 改元に伴う年次の変化については、見出しにおいては新年号を使用した。

5 数字は、漢数字を使用し、万のみ単位語をつけた。三桁ごとのカンマはつけていない。

6 ↓記号 カラ見出し項目について、参照すべき項目を示す。

四、巻末に付録・索引として以下のものをつけ、利用の便をはかった。

1 「百姓一揆用語解説」

2 「百姓一揆研究文献一覧」

3 「百姓一揆禁令年表」

4 「国別百姓一揆等索引」

5 「百姓一揆通称索引」

6 「人物項目索引」

7 「史料項目索引」

なお、本事典の校正と索引作成には、国士舘大学大学院生林進一郎さんと、同大学学生田畑六美さんの協力をえた。

百姓一揆事典

天正一八年（一五九〇）一〇月初旬
出羽国仙北・飽海郡ほか上杉氏検地反対一揆

天正一八年、豊臣秀吉は小田原の戦に勝利し、さらに奥羽平定を成し遂げた。秀吉は、上杉景勝に対し代官大谷吉継とともに出羽の検地を命じた。九月下旬から仙北郡六郷では、大谷吉継らによる検地が強行され、百姓らは訴訟を繰り返したが、大谷衆は見せしめとして三人を切り捨て、五人を捕縛するという厳しい弾圧の挙にでた。一〇月初め、地侍・百姓らは大谷衆の雑兵五〇〜六〇人を殺害し、所々に火を放った。山中に隠れる者、籠城する者もおびただしく、その数は二万四〇〇〇〜五〇〇〇人にのぼったと伝える。この知らせを聞いた上杉景勝は、益田・川津良・山田の古城を急襲し、一揆勢を屈服させた。一〇月一八日、地侍・町人・百姓らから証文を差し出させ、仙北・由利両郡を平定した。時を同じくして庄内地方でも地侍菅野大膳を大将とする川北の一揆や地侍平賀善可を大将とする川南の一揆が蜂起し、田川郡藤島城・大宝寺城・横山城などを攻め落とし、さらに三〇〇〇人の勢力で尾浦城を包囲した。一〇月二〇日仙北・由利両郡から庄内へ出陣した上杉氏は、三崎山に籠城する地侍らに鉄砲を打ちかけ、逃走して立て籠った菅野の城も攻め落とし、酒田に進駐した。二四日、上杉氏の軍勢は尾浦城を包囲する一揆勢を追討し、一揆の棟梁平賀善可を火刑に処した。上杉景勝は続いて一揆残党の掃討にあたったが、金右馬を大将とする藤島城の一揆は二〇日間にわたる総攻撃にも耐え、翌天正一九年春まで一人頑強に抵抗した。五月、上杉氏の重臣直江兼続が庄内に赴き、起請文を与えて平和裡の城明け渡しを約束したので、一揆の抵抗も終わった。

（浅見　隆）

〔参〕『鶴岡市史』上、『藤島町史』上、『羽黒町史』上

天正一八年（一五九〇）一〇月一六日
陸奥国玉造郡ほか新領主入部反対一揆（大崎葛西一揆）

天正一八年八月、豊臣秀吉は小田原攻めに参戦しなかった大崎義隆・葛西晴信の領地（栗原・玉造・遠田・加美・志田・胆沢・江刺・気仙・磐井・本吉・牡鹿・登米の一二郡）を没収し、これを木村吉清へ与えて奥州の検地を命じた。吉清は登米城に、子の清久は志田郡古川城に入った。木村氏は、にわかに三〇万石の大名になったため家中も少なく、上方から連れてきた者を所々の城主とし、中間・小者まで武士に取り立てた。このため大崎・葛西の旧臣の家に押し込んだり、百姓から年貢を責め取ったりの無道を働き、家中の統制がとれなかったという。その上、吉清は検地、刀狩りなどを強行し反感をかった。一〇月初め、加美郡中新田では伝馬役を命じられたのをきっかけに大崎旧臣や年寄百姓たちが隠していた刀を持ち出して反抗したので、吉清が三〇人余を磔にした。葛西一族の柏山氏の城下だった胆沢郡柏山では上方の者が討ち殺された。気仙郡、磐井郡東山でも一揆が起こった。一〇月一六日、玉造郡岩手沢城を襲った一揆は、木村氏家老萩田三右衛門を殺害して陥落させ、次いで清久不在中の古川城を攻め上方衆を全滅させた。その後、一揆は葛西・大崎旧領全域に広がり、吉清と清久が立ち寄った佐沼城を囲み、父子は二〇〇〇騎で籠城することとなった。一揆には百姓と葛西・大崎旧臣が加わっており、領地を安堵され木村氏の臣となったが背いて一揆に加わった者もいた。会津城主蒲生氏郷と米沢城主伊達政宗は知らせを聞いて一揆鎮圧に乗り出し、一一月二四日政宗が吉清父子を救出した。しかし、政宗が一揆を扇動したのではないかと疑われ、翌一九年上洛して秀吉に釈明し、六月二五日に加美郡宮崎城を、七月二日からは佐沼城を攻め落とし、一揆はこれによって鎮圧された。政宗は一揆首謀者二〇人余の助命を約束したが、秀吉の命により処刑し、首八一・耳鼻一三〇を塩漬けにして京都へ送った。領地は伊達政宗のものとなり、木村父子は蒲生に預けられた。統一政権への抵抗としては東北最大の一揆である。

（堤　洋子）

〔参〕『伊達家治家記録』二、『宮城県史』

一

天正一八年（一五九〇）一〇月
出羽国田川郡上杉氏庄内検地反対一揆
→天正一八年（一五九〇）一〇月初旬
出羽国仙北・飽海郡ほか上杉氏検地反対一揆

天正一九年（一五九一）夏
摂津国武庫郡豊臣氏直領鳴尾村水論

天正一九年の夏に、摂津地方に大旱魃があった。その折、灌漑用水を欠いて苦しんでいた鳴尾村民は、水を分けてもらいたいと、北方の瓦林村に頼み込んだが、瓦林村も水が豊富にないからと断られた。そこで鳴尾村民は、武庫川の支流、枝川の上流の北郷の樋で川底を掘削し、そこに四斗樽の底を打ち抜いたものを連ねて暗渠として、瓦林村の水を鳴尾村に引いた。これを知った瓦林村民は、竹槍・鋤・鍬を持って鳴尾村を襲撃し、鳴尾村民はこれに応戦した。さらに、これに郷村がそれぞれ加勢し、瓦林村民に数名の死傷者が生じた。このような村と村との利害対立を、両者が武力で決着をつけることを合戦相論と呼び、中世後期には広く展開した争論解決の手段であった。しかし、豊臣政権はこれを「ケンクワ御停止」（多門院日記）という喧嘩停止令に違反するものとして厳しく処罰することにした。大坂表で片桐且元が裁きを行い、首謀者と目された村民は捕らえられ、双方に多数の処刑者を出したが、鳴尾村では二〇年一〇月一二日、暗渠に用いられた樽が二五個であったことから、その数に応じて二五名が処刑されたといわれている。その後、はっきりした年代は特定できないものの、二、三年のうちに、この騒動に対して、豊臣氏から検使が現地に派遣され、双方の対決を行わせたうえで、水利絵図が作成され、裁決が下された。ここに鳴尾村の水利は自由となり、両村の和解がなった。

【人物】鳴尾義民　なるおぎみん

後世、この水論で処刑された鳴尾村民は、「二五義民」として追慕された。次郎四郎・四郎五郎太夫・源太夫・藤五郎・太郎右衛門・新右衛門・六良右衛門・孫右衛門・平内・五郎兵衛・与三太夫・清右衛門・又三良馬・藪ノ馬・彦太郎・五良左衛門・五郎右衛門・与三左衛門・二良兵衛・助左衛門・中ノ右衛門・彦左衛門・西ノ右衛門・左近・釈道祐である。ただし、史料によっては、義民一人ひとりの名や、その数が一致しない場合もあるので、注意しなければならない。天明七年（一七八七）三月には、鳴尾村が救われたのは、彼らのお陰であるということから、字上鳴尾の浄願寺境内に義民碑が建立された。その碑文によると、鳴尾村の首謀者が大坂で吟味を受けた際に、「お前たちに水を引くことを許すとすれば、命を助けることはできない。また、命を助けるとすれば、水を引くことは許せない。水と命の何方を望むか」という役人の問いに対し、首謀者たちは、「我々の命が助かったとしても、水がなければ村は全滅してしまう。我々の命は要らぬから、子孫のために水が戴きたい」と述べたという。その結果、二五名の死罪が決定し、村は滅びずに済んだという。また、水論相手の瓦林村でも、二六名の義民が追慕された。天保一一年（一八四〇）一〇月六日には、後に瓦林村から分村された上瓦林村の極楽寺において、その二五〇回忌追善法要が行われている。しかも、この法要では、上瓦林村から津門・広田・高木・東大嶋・西大嶋・浜田・芋・今北の各村が招待されたが、この村々には、鳴尾村に加勢した村もあったようであり、この頃にはすでに一体となって義民を追慕していたようである。したがって、水論全体にかかわる義民総体というのであれば、水論関係者として八三人が処刑され、水論に加勢した村々でも一人ずつ処刑されたという史料も存在することから、鳴尾村の二五人と瓦林村の二六人を合わせた数をさらに上回る可能性もある。昭和三年（一九二八）、三五〇回忌が営まれ、昭和四八年（一九七三）には「義民採水の地」の碑が西宮市甲子園の北郷公園内に建立された。

（山﨑善弘）

［参］『西宮市史』二、奥浦義一「鳴尾の義民」（『上方』一四三）

文禄元年（一五九二）六月一五日

肥後国芦北郡加藤氏領島津氏家臣一揆（梅北一揆）

島津義弘の家臣で大隅国湯之尾地頭の梅北国兼は、豊臣秀吉の明出兵（朝鮮侵略）の出陣途中に肥前国平戸から芦北郡佐敷にとって返し、島津氏の家臣らを仲間に引き入れ、六月一五日、加藤清正領の佐敷城を奪い取った。同三日、秀吉が明侵攻の陣立書を発表し、侵略戦争がますます拡大化する様相を見せてきたことが、直接の引き金になったと思われる。佐敷城を略取した梅北は、近郷の土豪層に一揆参加を働きかける一方、翌一六日、東郷甚右衛門・田尻荒兵衛らを小西行長領八代郡麦島城攻撃に派遣した。しかし、一七日、梅北が井上弥一郎ら佐敷城の留守居衆に討たれ、一揆は崩壊する。梅北討ち死の報せに接し、東郷・田尻らは佐敷城にとって返すが、途中、芦北郡二見村の土豪南対馬らに攻撃され討ち取られた。ほうほうの体で佐敷に逃げ返った者たちも、球磨郡人吉より加勢に駆けつけた相良氏の家臣に討ち果たされた。こうして一揆は三日間で壊滅した。土豪層の一揆不参加と一揆勢に対する攻撃は、統一政権の進める兵農分離策の有効性とともに、なお不徹底さが残ることをも認識させた。そのため秀吉は、一揆後、島津領の反豊臣の中心人物とみなす島津歳久を、太閤検地の実施と引き換えに兄義久に成敗させ、文禄三年島津領に太閤検地を実施する。加藤領でも、文禄二年に肥後国衆一揆（天正一五年（一五八七））の中心だった阿蘇氏を滅ぼし、同四年太閤検地が実施される。この一揆を契機に、秀吉は統一政権の支配を九州全域に浸透させた。一揆側の史料が皆無なため、一揆の目的を正確に述べることは困難である。一揆後、田尻荒兵衛の叔父荒尾嘉兵衛が、田尻の妻子を伴って薩摩国川辺郡川辺の山の寺（宝福寺）に落ち延びたところを、川辺地頭阿多掃部に討ち果たされた。宝福寺門前の一之瀬村では、梅北一揆の一年前、天正一九年四月二七日に、同郡山田の在地領主大野忠宗が島津氏により誅伐されている。大野氏と梅北一揆の関係は不明であるが、宝福寺が島津領の在地領主層の帰依を受けている寺である点に注目すれば、梅北一揆は統一政権の成立に対する在地領主層の抵抗ではなかったかと推測される。一七世紀半ば以降、梅北一揆を描いた『佐敷一乱物語』『梅北記』『坂井軍記』『梅北物語』『梅北始末記』などの軍記物が作られるが、そこでの梅北一揆は、豊臣政権の支配下に組み込まれた九州の大名・領主層の秀吉に対する抵抗として描かれている。（紙屋敦之）

〔参〕紙屋敦之「梅北一揆の歴史的意義」（『日本史研究』一五七）

文禄四年（一五九五）九月頃

紀伊国牟婁郡北山郷検地反対一揆

豊臣秀吉の検地（太閤検地）令を受けて文禄四年、八嶋久兵衛らが北山郷に派遣された。九月頃より川合村から検地を実施しようとしたが村民の抵抗を受けたため、小瀬・栃本村から始めようとしたが、ここでも耕地・屋敷とも昔から百姓の所持地であり、年貢として納めるものもないからと検地を拒まれた。それでも検地を強行しようとすると、百姓らは検地縄や目印の棒杭を扱う者を打擲し、それを咎めようとする者は討ち果たすと弓・鉄砲などを構えた。このため検地はいったん中止された。八嶋は、翌慶長元年、従来この地は杣役を納めてきたので材木で年貢を代納できるように取り持つと約束し、検地奉行に任じられた立場の辛さを訴えたので、ついに百姓らは検地に合意した。処罰の詳細は不明であるが、一揆を企てたとして山地村百姓の「なでぎり」を命じ、山さがしの結果、二三の首を討ち取ったことを示す増田長盛の書状が残されている。（野中政博）

〔参〕『下北山村史』

慶長五年（一六〇〇）八月

越後国魚沼郡ほか土豪ら一揆（越後一揆・上杉遺民一揆）

慶長三年上杉景勝は越後から会津へ移封されたが、同五年会津若松に神刺城を築城したことが徳川氏に上杉討伐の口実を与えた。そして同年六月、家康は築城理由の釈明のための上洛を拒否した上杉氏討伐を譜代大名に命じた。上杉氏は先手を取って七月、南山城（福島県南会津郡田島）城代大国実頼を大将にして、松本伊豆・佐藤甚助などの魚沼出身の侍を編成して只見川から六十里越えを経て魚沼地方へ出撃させた。上杉軍が侵入すると、広瀬方面の上杉氏の恩顧を忘れない土豪・地侍は呼応して一揆を起こした。八月、下倉城を攻め、城将小倉主膳正を討死させ、田川・小千谷方面へと進出した。一揆勢は町に火をかけるなどしたため、周辺は大混乱となった。これに対し坂戸城主堀直寄が反撃して激戦となり、一揆勢五〇〇人余が討ち取られた。上杉氏重臣柿崎氏に率いられた一隊は、八十里越から入り、堀親良の居城蔵王堂城近くで蜂起した。また、別の一隊は神子田政友の在城する栃尾で蜂起し、さらに津川口から進出してきた一隊と合流して三条城を攻撃し、激しい戦闘を繰り広げた。堀氏側の反撃で、一揆勢はいったん加茂城や護摩堂城跡に退くが、加茂地方や菅名地方（阿賀野川周辺の五泉・村松）をなお占拠した。この一揆勢は、新発田藩溝口秀勝軍と分田川原や水原地方でも戦った。八月上旬のこれらの上杉軍と一揆勢の攻撃は、家康の会津侵攻の緊張が高まった情勢に対応したものであった。上杉側では徳川方との全面戦争を前に兵力を温存しておきたいと考え、越後侵攻の深入りを避けていったん撤退した。堀氏側も上方の情勢や上杉氏の出方を待つという戦法を取ったため、一時戦闘は小康状態となった。しかし九月に入ると、上方で挙兵した石田三成の動きもあり、緊張は再び高まった。そして、上杉軍は六十里越から広瀬郷に侵入し、一揆の百姓を集めた。下倉城では警備を強化していたため敏速に対応し、一揆勢を退けた。同じ頃、八十里越や津川口より入った上杉軍は、加茂や護摩堂、雷に立て籠り、総勢五〇〇〇人にも及び、三条城や栃尾城の再攻略をはかった。さらに、一揆の一隊は上杉方の斎藤・柿崎・丸田などを大将にして、下田・加茂・大崎に進出し、数千人にのぼる一揆衆の呼応を得て激戦を繰り広げた。これらはいずれも、蔵王堂城主堀親良・三条城主堀直次および村上・溝口氏により平定された。春日山の堀秀治は、これら諸将の功を賞するとともに、自らも出兵するほどであった。このように越後一揆は、関ヶ原の戦を背景に上杉軍の越後侵攻の中で起こされたものであり、その鎮定は越後一国を支配する堀氏の政治的立場を堅固なものとし、また土豪地侍層の弱体化によって兵農分離をいっそう促進するものとなった。（山本幸俊）

〔参〕佐藤賢次「慶長五年越後一揆とその周辺」（『三条市史研究』六）、『越後と佐渡の一揆』

慶長五年（一六〇〇）九月
伊予国久米・浮穴郡松前領浪人・百姓蜂起（荏原・久米騒動）

慶長五年関ヶ原の戦に伊予松前城主加藤嘉明は東軍として出陣した。その不在時に西軍の毛利軍が伊予に襲来した。その際、旧領主河野家の牢人たちもこれに呼応し、百姓らを煽動して蜂起し、久米郡久米村の如来院に立て籠った。留守番役の城代佃十成は、如来院を攻撃し、一揆勢は敗走した。この久米一揆に呼応して、浮穴郡荏原村地域で百姓が蜂起したが、佃の攻撃により崩壊した。その後、一揆勢は毛利軍とともに和気郡山越方面に逃れ、同地の百姓と合流して、還熊（かえりぐま）八幡社に立て籠ったが、佃はこれを攻撃し、毛利軍は安芸に潰走した。（須田　努）

〔参〕『久米村誌』

慶長五年（一六〇〇）一一月一九日
土佐国土佐郡長宗我部氏遺臣新領主山内氏入封反対武装蜂起（浦戸一揆）

土佐国主長宗我部盛親は、関ヶ原の戦で石田三成に味方して徳川家康に破れたため、領国の土佐一国は取り上げられ、遠江掛川城主山内一豊に給付されることとなった。慶長五年一一月一七日、領地受け取りのため、家康の直臣井伊直政は、家臣の鈴木平兵衛らを大坂より出航させた。同一九日、一行が浦戸へ着岸したところ、竹内惣右衛門を首領とする長宗我部氏の遺臣で、山内氏の入国により百姓にされた一領具足（地侍）たちが、弓・槍・鉄砲で武装して抵抗した。同日、長宗我部氏の菩提寺である長浜雪蹊寺の僧侶月峯が仲介し、鈴木平兵衛らを寺内に入れる一方、遺臣たちをなだめたが失敗し、その夜武装した遺臣たち一万七〇〇〇人余は、雪蹊寺を包囲した上で、長宗我部氏のために土佐半国でも残すように、もし半国が無理ならば二郡もしくは一郡でもかまわない、との要求を出した。鈴木は、主家井伊に報告し指示を仰いだが、井伊の返答は要求の拒絶であった。しかし、遺臣たちも決意は固く、交渉は難航した。井伊は、一二月五日付の書状で、伊予・讃岐・阿波から兵力を向かわせるとの連絡をしてきた。一二月初旬になると、遺臣たちは浦戸城に入り、旧家老の桑名弥次兵衛を主将として合戦の準備を始めるが、桑名ら旧家老は抵抗が不可能であり、抵抗はかえって主君盛親を窮地に追い込むと考え、城明け渡しをすでに鈴木と密約してあった。桑名らは遺臣たちを欺いて鈴木を城内に導き入れ、逆に遺臣たちを城から追い落とした。謀られたことを知った遺臣たちは浦戸城を攻撃したが破れ、一二月五日、城は明け渡された。遺臣たちは、鈴木・旧家老らの追撃を受け、各方面で打ち破られ、鎮圧された。浦戸では二七三の首が晒されたという。昭和一四年（一九三九）、高知市浦戸に「浦戸一揆記念碑」が建立された。

（須田　努）

〔参〕『高知県史』近世

慶長七年（一六〇二）七月末
常陸国水戸藩領佐竹氏旧臣一揆（車丹波一揆）

関ヶ原の戦で上杉氏に通じ、西軍に与した常陸国の佐竹義宣は、慶長七年、幕府より出羽秋田への転封を命じられた。六月には、幕府も佐竹旧領の水戸城始め太田・磐城平などの支城の接収に乗り出し、九日には水戸城受取の花房道兼・嶋田利正が水戸に到着、大久保忠隣・本多正信は一三日笠間に到着し、領内の支配を開始した。一方佐竹氏は、秋田転封に伴い家臣団の整理を行ったため、そのまま国元に土着・帰農したり、牢人になる者などが多く発生した。このような領内の不安と動揺、転封に対する旧臣らの不満が、新領主入部への反対として高まっていった。佐竹氏が秋田へ下向した直後の七月末の大雨の夜、佐竹の遺臣で多賀郡車城主だった車丹波守斯忠（義照・猛虎とも）とその子主膳政光、丹波の妹婿大窪兵蔵久光、佐竹氏一族で北酒出に住する馬場和泉守政直とその子新助重親らが、水戸城の奪回を企てて一揆を起こした。これには、陸奥国菊多郡の本拠を追われ多賀郡大窪郷に寓居していた岡部重政・重春兄弟も呼応するなど同調者も見られた。丹波らは、町人・牢人など三〇〇名余を引き連れ、松平一生の在番する水戸城三の丸口大門に押し寄せた。この報を受けた笠間城主松平（松井）周防守康重は、兵を繰り出して駆けつけ、丹波以下を捕らえたという。丹波らはいったん江戸送りとなったが、詮議のすえ水戸に戻され、一〇月一〇日に水戸青柳で斬首されたという。また、磔との伝承もある。丹波の首は丹波塚（吉田台町河原台）、大窪兵蔵は正伝寺（現日立市）、馬場和泉の首は現元山町の一本榎にそれぞれ葬られたといわれる。丹波の墓碑と伝わるものが、車氏旧領の一山寺（現いわき市）にある。位牌や記録は、車氏の菩提寺龍寅寺（現北茨城市）に存したという。また、一揆に同調した者で、白羽村に土着していた岡部宣高は、一揆の敗退とともに密かに自村へ戻り、以後帰農して庄屋や組頭を務めたという。なお、丹波の弟が非人頭車善七になったとする後世の伝承もある。

（齋藤悦正）

〔参〕『水戸市史』上、『北茨城市史』上、『茨城県史』近世、『常陸太田市史』通史上

慶長七年（一六〇二）
信濃国高井・更級・埴科・水内郡川中島藩領検地反対一揆

森忠政は、慶長五年に川中島の高井・更級・埴科・水内の四郡で一三万七五〇〇石余を与えられた。入封するとただちに領内

の検地を実施した。「右近竿」とも呼ばれ、六尺一分を一間とし、これまでの六尺三寸を短縮したものであった。さらに石盛も一等引き上げたものにしたために非常に厳しいものとなった。この検地により五万石余が打ち出され、同七年の森検地高辻目録によれば一八万六八二九石余となった。同地域の検地は慶長三年に行われたばかりであり、忠政が検地を行ったのは、兄の長可が天正一〇年（一五八二）に本能寺の変を聞いて上洛しようとした時に、北信の土豪の追撃を受けたので、その復讐のためだとされる。この検地が原因となって、大規模な一揆が起きた。具体的経過は不明であるが、張本の者三人（三百余人ともある）が鳥打峠で磔殺され、このほかにも与党七〇〇人（一九七人、あるいは三七九二人ともいう）が斬られたという。同八年、忠政は、美作国津山に一八万石余に増封されて移っている。ほかにも、寛永七年（一六三〇）に忠政の検地が原因で一三人が「非人躰之身振り」で逃散したとの記録がある。なお、善光寺にある千人塚は、一揆犠牲者の供養塔といわれてきたが、この一揆との関係は不詳である。

（小椋喜一郎）

〔参〕『上高井誌』歴史、『松代町史』上、小林郊人『信濃農民史考』

慶長八年（一六〇三）
佐渡国加茂・羽茂郡幕府領年貢増徴反対越訴

慶長七年、佐渡代官が五割増の年貢増徴を申し渡したため、これを撤回してもらおうと、加茂郡上新穂村半次郎・羽茂郡羽茂本郷勘兵衛・加茂郡北方村豊四郎は、翌八年に江戸に出て幕府へ出訴した。なお、『佐渡国誌』によれば、年貢増徴の申し渡しが八年、出訴が九年とする解釈も成り立つ。幕府は上使として中川市右衛門・鳥居九郎右衛門・板倉隼人を佐渡へ派遣し、その結果、佐渡代官吉田佐太郎は切腹、同中川主税は改易、同田中清六・川村彦左衛門は免職となった。出訴した三名の処罰などは不詳。豊四郎は、事件後法体して了雲と号し、畑村に住んだともいう。なお、三名は、昭和一二年（一九三七）に建立された佐渡一国義民殿（畑野町栗野江の城ケ平山頂）に祀られている。

（大橋幸泰）

〔参〕『越後佐渡農民騒動』、『越後と佐渡の一揆』、『新潟県史』通史三

慶長八年（一六〇三）八月・一〇月
出羽国秋田・山本郡秋田藩領新領主入部反対一揆

慶長七年、佐竹義宣は常陸から秋田に転封となり、九月には土崎の旧秋田氏居城に入った。在地には旧浅利・秋田・戸沢・六郷・小野寺氏の旧臣が残されており、入部の時には山本郡仙北地方で小野寺旧臣と百姓二〇〇〇～三〇〇〇人による佐竹義宣の秋田入りを要撃する動きがあったが、未遂に終わった。慶長八年一月一六日には雄勝郡湯沢で一揆を警戒するなか、子供たちの鳥追いの年中行事の法螺貝を吹き鳴らす音を間違えて、小野寺旧臣一〇人余を討ち取るという騒ぎがあった。佐竹氏は、要所に一門や大身を常駐させ、慶長八年には久保田に城下の建設に取りかかり、総検地を実施した。八月、秋田郡比内地方で浅利伯耆・十二所氏などの土豪、百姓二〇〇〇余人が米内沢城を攻めた。城代赤坂下総守朝光が檜山にいた佐竹義成の救援で鎮圧し、佐藤信濃・嘉成専右衛門ら六人を獄門に処した。檜山郡小阿仁でも、すでに始まっていた検地に反対して土豪・百姓らが蜂起したが、杉渕数馬の注進により鎮まった。飛塚久兵衛・杉花弾兵衛・芹沢弥次郎の三人が処刑され、杉渕数馬には五〇石が下され沖田面村肝煎となった。一〇月には、大阿仁でも検地に反対して土豪が蜂起し、赤坂朝光が鎮圧した。一〇月五日、山本郡六郷地方では小野寺旧臣ら一〇〇〇人余と百姓らが藩主の父佐竹義重の六郷館を二手に分かれて襲った。周辺の金沢・大曲からの救援で家臣三〇〇余人が弓矢・鉄砲で応戦する一方、旧臣・百姓は弓で戦い攻防のすえ鎮圧された。藩では小野寺旧臣ら七三名を召し抱え、角間川の新田開発を行った。このように、藩は首謀者には死罪で対処する一方、旧臣・百姓の慰撫を考えてか、士分に取り立てた

り、新田開発を許可したりした。

（堤　洋子）

〔参〕『大館市史』二、『羽後町郷土史』

慶長八年（一六〇三）一一月
土佐国長岡郡高知藩領本山郷滝山土豪反乱（滝山一揆・本山一揆）

高知藩主山内氏は入封後、兵農分離を推進し、一領具足（地侍）の徹底した帰農化を進めた。このため、支配地からの得分権を奪われた一領具足たちの不満は高まっていった。慶長七年、山内氏は本山郷を一門の家老山内刑部一照の知行地とした。刑部は本山に居住して農民支配を行い、翌八年一一月、領民に年貢を賦課した。しかし、下津野村の土豪高石左馬助は、得分を奪われることに抵抗して年貢上納を拒絶した。刑部は、左馬助支配の土地から家一軒に一人の人質を出させ、三六人を浦戸に禁獄したが、それでも左馬助は年貢上納拒否を貫いた。刑部は左馬助と弟吉之助を呼び出して説得するが失敗し、一一月、左馬助・吉之助兄弟は百姓三〇人ほどとともに武具・鉄砲で武装し、本山の東北地域にある要害の山地、滝山に立て籠った。また、左馬助は、本山地域の汗見川村・大河内村に連絡し、土豪らの反乱をうながした。彼らは寺島・中島に武装して屯集したが、山内刑部の軍勢により鎮圧されてしまった。要害に籠もる高石左馬助たちの抵抗は強かったが、山内側が大筒を使用しはじめてから劣勢となり、高石兄弟は讃岐に逃亡した。鎮定後、反乱に参加した土豪たちは斬首などの厳刑に処せられたが、逃亡し四散した百姓たちには還住が許可され、荒廃した村を再興するため年貢率の引き下げが行われた。この土豪反乱後、土佐国では一領具足の武力抵抗はまったく見られなくなった。

【人物】高石左馬助　たかいしさまのすけ

長岡郡下津野村の土豪。長宗我部氏時代には本山郷のうち北山地域に七七石余の領地を与えられ、北山地域五〇〇石全体に勢力を及ぼしていた。山内氏が入封し、本山郷が山内刑部の知行地となり、得分権を奪われた左馬助と弟吉之助は、その支配に抵抗し、慶長八年一一月、武装して滝山に立て籠もった。大筒も動員した山内氏の攻撃に五日間持ちこたえたが、ついに敗れ、兄弟は逃れて汗見川瓜生野の縁者のもとに隠れ、翌春二月雪解けを待って讃岐に逃れた。一説に、備前に逃れ、忠臣蔵で有名な赤穂藩家老大石内蔵介良雄はその血を承けた者との伝承もある。

【史料】土佐国瀧山物語　とさのくにたきやまものがたり

滝山一揆の記録。本山一揆物語などともいい、山内家史料本など数種の写本が知られる。高知藩士生田直勝の著で、正徳六年（＝享保元年、一七一六）五月の成立。後記によれば、生田直勝が本山城在番として三か月間勤務した際に、一揆参加者の末裔の者からその家に伝えられる話を「一言無添削」に書き集めたものという。『土佐国群書類従』六五に所収され、『大日本史料』第一二編之一に転載される。また、『日本庶民生活史料集成』六にも所収。なお、『大日本史料』第一二編之一は、貞享三年（一六八六）成立の「本山一揆之覚書」ほかの記録も掲載している。

（須田　努）

〔参〕『高知県史』近世、平尾道雄『土佐農民一揆史考』、『大豊町史』

慶長一〇年（一六〇五）
伊予国風早郡今治藩領小浜村一割減免特権廃止反対越訴（一つ免騒動）

慶長一〇年は旱魃であったが、領主藤堂高虎は、浦方村々に水主役を課す代わりに与えていた年貢一割減免措置の特権を廃止し、他村並の五公五民（四公六民とも）とした。これに対して百姓らが強訴しようとするのを、忽那島の小浜村庄屋大塚孫右衛門が止め、孫右衛門は長百姓らとともに代官所へ訴え、認められなかったのでさらに「当局」へ訴えて、旧来の特権を認めさせたと伝える。

【人物】大塚孫右衛門兄弟　おおつかまござえもんきょうだい

大塚孫右衛門は小浜村庄屋で、一つ免騒動の頭取で義民。孫右衛門の行為を憎んだ代官は、彼を殺害しようとして代官所への出頭を命じた。しかし、孫右衛門は病と称して弟の嘉左衛門を出頭させた。一〇年八月五日、代官はこの嘉左衛門を殺害した。その罪で代官は追放の刑に決まったが、その前に逃亡した。孫右衛門は一連の事件の責任を取って庄屋役を辞任した。末弟の喜三治は、兄の仇を討つために村を出奔し、讃岐国坂出にて代官と遭遇し、妻子四名ともどもこれを討ち果たした。その罪で一時入牢させられたが、のち釈放されたと伝える。後人はこの話を伝え、温泉郡中島町小浜には剣龍明神という孫右衛門兄弟を祀った小祠が存在し、また「大塚翁彰徳碑」も建立されている。小浜で踊られる太刀踊りは、この義民たちに対する奉納であるとされる。

（須田　努）

〔参〕『伊予百姓一揆』、『温泉郡誌』、『愛媛県農業史』中、『中島の歴史物語』

慶長一二年（一六〇七）六月
伊賀国伊賀郡上野藩領奥鹿野・岡田・寺脇村鉄火山論

寛永三年（一六〇二）、奥鹿野村が津藩奉行所へ出した書類によれば、栂の峯は奥鹿野・伊勢地両村が利用する「立会山」だったが、慶長七年（一六〇二）に岡田・寺脇両村が入会権を主張、筒井定次治下の上野の奉行所に出訴、争論となった。慶長一〇年に裁許がでて奥鹿野・伊勢地両村の権利が認められたが、慶長一二年六月、栂の峯で岡田・寺脇両村の百姓が草刈りをしているのを奥鹿野村民が見つけて乱闘となり、岡田村民一名が落命した。このため再び山論となり、翌年八月津藩領となって以後も審理が引き継がれた。判断しかねた奉行所は、鉄火神判を一の宮敢国神社で行うことを命じたが、岡田・寺脇両村の庄屋が逡巡し、奥鹿野村庄屋が鉄火の前へ進み出たのを見て、奉行は奥鹿野村の言い分を正当と断じた。岡田・寺脇両村の異議で神籤裁定となったが、これにも奥鹿野村が引き勝った。岡田・寺脇両村は山論では退いたが、落命者の代償に奥鹿野村の一名を所望、奉行所がこれを認め、百姓善三郎が送られることになった。山論は寛永二年（一六二五）にも起き、文化年間（一八〇四～一八一八）にも再燃したが、いずれも奥鹿野村が勝訴した。

【人物】奥鹿野村善三郎　おくがのむらぜんざぶろう

伊賀郡奥鹿野村百姓で、自村代表として他村民の制裁をあまんじて受け命を落とした人物。慶長一二年（一六〇七）の奥鹿野村と岡田・寺脇両村の乱闘で岡田村百姓（大工であったという）が落命した。山論としては岡田・寺脇両村が敗訴となったが、落命者の償いとして奥鹿野村から一名の人身提供を願い出た。奉行所が許したので、両村は、怯む奥鹿野村に矢の催促をし、決めかねる奥鹿野村に対し「顔に手負い傷」のある者と指定した。善三郎は直接の下手人ではなかったが、顔に傷があったため犠牲を覚悟し両村に引き渡された。全一七戸の奥鹿野村の百姓一六人が署名捺印して善三郎家に対し、末代まで諸事負担を免じ、高一四石五斗分を同家に付けることを約束した「善三郎へ差免ス一札」を伝える。八柱神社境内に善三郎を祀る義民墓碑がある。

（深谷克己）

〔参〕『青山町史』

慶長一二年（一六〇七）一一月一三日
伊勢国一志郡津藩領一色村対中・大鳥村鉄火山論

享保一九年（一七三四）の山論で提出された証拠書類と思われる慶長一二年一一月一三日付の一色村の証文によれば、前年八月一一日に給人飛田信濃支配の中村が、同じ給人支配下の大鳥村とともに入会山である南山について石丸勝三郎ら三給人支配下の一色村に新規の山境を要求したので、一色村は「天下江公事」を上げたところ鉄火の裁決を命じられた。検使日向半兵衛が見守るなか、一色村庄屋稲垣源兵衛と中・大鳥村を代表して平七が鉄火の取り手となり、一一月一三日の午後未の刻に競ったところ、源兵衛が取り勝って従前の境界が認められたとある。その後も山論が蒸し返され、享保二〇年に幕府が決着のための山絵図を与えた。裁許文では経過と証拠文書の中に鉄

火取りを数えていないものの、一色村有利の裁決を下した根拠の一つと見ているものと推測される。（深谷克己）

〔参〕『一志郡史』上

慶長一三年（一六〇八）一〇月一三日
摂津国芥川郡土岐氏領東天川村庄屋不正騒動

東天川村の庄屋弥二郎兵衛は、惣百姓に無断で年貢一%の取得、村に交付された検地高外地の押領、高請地の葭や荒地の草の盗み刈り、検地帳改竄による不正な年貢勘定、検地除外地の押領、未進米利息の改竄と不正割符など非分を行っていたため、慶長一二年には村の女・子供五六名が身売りしたとし、翌年一〇月一三日、惣百姓が代官へ訴え騒動となった。これに対し庄屋は、ことごとく代官・下代衆の許可を得たものなどと反論したが、その結末は未詳である。（西脇　康）

〔参〕宮川満『太閤検地論』三、『高槻市史』

慶長一三年（一六〇八）一〇月二九日
周防国玖珂郡萩藩領検地反対山上り直訴

中国地方八か国の大名から周防・長門二国に減封され、財政難に苦しむ萩藩（三六万九〇〇〇石）は、年貢増徴を目指して慶長一二年検地に着手した。玖珂郡の山代地方は、山間の狭小な痩地が多く、厳重な検地に反対して慶長一三年一〇月二九日に百姓らが本郷村の城山に結集（山上り）して直訴した。藩側は、この訴を受け入れず、徹底的な強硬策を取り、翌年三月二九日、山代の庄屋一〇人、百姓一人を引地峠で死罪に処した。一方、藩命に従った庄屋ら五人は、褒美として所持高のうち高一〇石分を免税にされた。検地の結果、山代地方の石高は、一万九〇〇〇石余となり、天正検地の三・六倍に増石。さらに七割三分の年貢率となり、百姓を圧迫した。犠牲となった一一名の墓は、本郷村成君寺に現存し、毎年四月一八日大施餓鬼法要を執行している。（三宅紹宣）

〔参〕『美川町史』、『周東町史』

慶長一四年（一六〇九）一〇月
常陸国久慈郡水戸藩領生瀬村役人殺害騒動
（生瀬の乱・生瀬一揆）

生瀬郷（大生瀬村・小生瀬村）の百姓が、年貢取り立てに来た代官手代を襲撃したため、藩が手勢を率いて生瀬を包囲し、百姓を皆殺しにしたという事件。伝承によると、徳川頼宣が水戸藩主（二五万石）であった慶長一四年一〇月、年貢取り立ての代官手代が生瀬に来村していたが、取り扱いが苛酷なため、百姓たちは竹槍などを持ち、手代が逗留している庄屋新左衛門（御代姓）宅に押しかけた。手代は、新左衛門宅近くの宝泉寺に手疵を負いつつも辛うじて逃れた。新左衛門は、これを水戸へ注進したため、折り返し藩の重臣芦沢信重に率いられた討手が発向、生瀬を包囲し、百姓を見つけ次第皆殺しにしたという。手代は、百姓により殺害されたとも、またこれよりも先に年貢取り立て役人が来村していたため、百姓がこの手代を偽者と判断し殺害したともいわれている。討手は、袋田・高倉・小里の三方面から包囲した。百姓らは、高柴村岡之内の深沢に逃げ込んだが、口が一か所のため逃げ遅れ、残らず殺害されてしまった。この地は、のちに地獄沢と呼ばれた。また、百姓が命乞いをした場所は嘆願沢と呼ばれるようになった。そのほか、首塚や胴塚の地名が今も残っている。一揆後、一村全滅したこの地に、藩は大子村の大庄屋大藤嘉衛門に生瀬再興を命じ、六〇石を与え同村に移住させた。以後、嘉衛門家は同村の庄屋を勤めたという。さらに下野国から百姓を移住させたともいわれている。生瀬では、この事件のあったという一〇月一〇日には、毎年村の農事慣行にからめて昔話として言い伝えてきたといわれる。この一揆に関する史料は、すべて後世の伝聞記録であるが、史料により慶長七年（一六〇二）一〇月、また元和三年（一六一七）に発生したとするものもある。（齋藤悦正）

〔参〕『水戸市史』中一、肥後和男「生瀬乱のこと」（『茨城県史研究』一二）、山川菊栄『覚書幕末の水戸藩』

慶長一五年（一六一〇）四月一四日
和泉国南郡願泉寺領貝塚御坊越訴

願泉寺創建の頃、寺内の基礎を築いた了人の後継者である石見（二代目卜半了閑）は、ますます封建領主的威厳を発揮して寺内町民に臨んだため、町民はついに不満を爆発させ、両者の紛争は訴訟問題にまで発展した。時に慶長一五年四月一四日であった。最初は石見から訴えを起こしたようだが、これに対し町民側も石見の不法を列挙してただちに訴え出た。この町民訴状は、箇条書きにして彦左衛門以下三二名の寺内中代表が連署して提出されたが、その内容は、石見は寺内召抱者には地子諸役を免除していること、地子以外にも納める租税ができたことなど、領主の苛政が訴えられていた。この訴訟の結果、石見は駿府に下り、駿府老中本多佐渡守の裁きをもって寺内町民の訴えを斥けて石見が勝訴したといわれている。この時、石見はまた家康側近に対し、寺内諸役免許の由緒を書き連ねて願い出て、六月二六日付をもって黒印状を下された。石見がこれを襟にかけ、悠々と乗物に座し、徒士若党を従えて帰来する姿は町民の驚きの対象となり、これに憤りを感じた一部町民はついに離町するに至ったとも伝えられている。（山﨑善弘）

［参］『貝塚市史』一

慶長一六年（一六一一）一一月一五日
上総国望陀郡幕府領田川村検地反対越訴

慶長年間、田川村は幕府領に編入され、慶長一四年代官小川新九郎が苛酷な検地を実施した。そのため年貢は増加し、百姓は年貢負担に耐えかね困窮した。その惨状を見た名主の池田三郎左衛門は、幕府およびその関係者に再検地の越訴を行うこと十数回に及んだ。そしてついに幕府はその訴えを受け入れ、中山源三・中野七蔵の両代官に田川村の再検地を命じ、慶長一六年九月一七日から実施された。その結果、訴え通り不公平な検地が確認され、年貢・夫役は大幅に軽減された。しかし、三郎左衛門は越訴の罪を問われ、一一月一五日に闕所・死罪に処せられた。

【人物】池田三郎左衛門　いけださぶろうざえもん

天正一七年（一五八九）～慶長一六年（一六一一）一一月一五日。望陀郡田川村に生まれ、父の死去により若くして名主になる。慶長年間、田川村の再検地を幕府に越訴し、訴えは聞き届けられたが越訴の罪により、所持田地九町八反余は闕所、その身は慶長一六年一一月一五日、下部多山の麓で死罪に処せられた。享年二三。一説によれば、死刑執行の直後に幕府の急使が刑場山下の石橋に駆けつけ、赦免と刑執行の停止を叫んで伝えたが、時すでに遅かったという。遺骸は村民によって下部多山に葬られ、墳頂に松樹が植えられた。法号は破刧院蓮黄道池居士。当時六〇歳の母は、やがて三郎左衛門の肖像を彫刻させ、鬢頭顱仏として大切にしていた。これを知った村民がのちに十王堂を建立してそれを安置し、毎年その命日には村民主催で僧を招き法会が催され、冥福を祈るようになったという。旱魃には、村民で三郎左衛門の像を小川までかつぎ、水を頭上から注いで雨を祈れば、数日で叶うといわれた。当時三歳の娘は村民に養育され、成長後に里見氏の遺臣であった神納右衛門と結婚し、幕府を憚り進藤と改め家を継承した。闕所田地はのちの領主（久留里藩主大須賀忠政は誤伝で、同藩主土屋利直か）に願って返還され、進藤家に継承された。弟の彦次郎は、慶長年間小野家の養子となり、領主に優遇され、のち藤左衛門の名を賜り、田川村の名主となった。明治一九年（一八八六）一二月、村民が田川村の猿田彦神社の境内に、河野敏鎌の題額になる義民碑を建立した。（西脇　康）

［参］『千葉県君津郡誌』下、『千葉県誌』下

慶長一七年（一六一二）一一月二〇日
武蔵国村名不詳代官非違大御所直訴
→慶長一八年（一六一三）一一月
武蔵国村名不詳代官非違大御所直訴

慶長一七年（一六一二）
大和国山辺郡筒井氏領減免越訴

慶長一五年八月に父の遺跡を継ぎ、大和国山辺郡福住村など一〇か村を領有するようになった筒井正次は、年貢諸役を厳しく収奪した。これによって難渋を強いられた領内村々の庄屋たちは、不作となった同一七年に協議を重ね、駿府にいた大和国奉行大久保長安を恃んで減免を願いでた。この越訴は功を奏し、負担の軽減がはかられたが、長安逝去(同一八年四月)の後、同一九年一月一日に、筒井正次は、越訴を行った領内の庄屋らを捕らえ、姻戚関係にあった五條の松倉重政のもとにいったん預けた後、馬場村の河原で処刑した。藺生村の善左衛門と甲岡村の右衛門の両名は逐電して危うく難を遁れたが、福住・馬場・山田・荻・友田・深川などの庄屋はこの時殺害された。　(谷山正道)

〔参〕『都祁村史』

慶長一八年(一六一三)一一月
武蔵国村名不詳代官非違大御所直訴

慶長一八年に大御所家康は、忍・鴻巣・岩槻周辺で頻繁に鷹狩りを行った。一一月一八日、代官深津八九郎管下の百姓は、鷹狩り中の家康に代官の非違を直訴したのである。家康はただちに代官深津を呼び出し、百姓と代官の対決吟味を「御前」で行い、その結果代官の非違が明らかとなったため、深津は代官職を奪われている。百姓についての処罰の記載はない。同月二四日には、岩槻近郊の百姓が、同じく代官の非違を家康に直訴している。この時も家康は旅宿においてただちに吟味を行った。今回は百姓側に非違があるとして、首謀者六人を入牢に処している。このような最高権力者家康に対する鷹狩り中の直訴は、前年の慶長一七年一一月二〇日にも見られる。大御所家康と将軍秀忠は、この日鴻巣で合流した。その日に百姓が直訴したのである。ただちに裁許が行われ、百姓側が「非拠」であるとして入牢させられた。また、年不詳であるが、駿河国島田の代官が出目米を不正に徴収しているとして家康に直訴した事件も起きている。家康はただちに蔵を封鎖し、後ろの壁を壊して俵を取り出し、毛氈の上で検査を行った。その結果代官の不正が判明したので、その代官(氏名不詳)は切腹させられている。百姓に対する処罰の記載はない。さらに、元和元年(一六一五)一〇月、家康は戸田・川越・忍・岩槻・越谷・西葛西・千葉・東金・船橋で鷹狩りを行っているが、この時も家康への直訴が行われたと見られ、『徳川実紀』は「遠近の百姓訴状を捧げ、小吏の残暴をうたふる者多し」と記載している。近世初頭、大御所や将軍に対する直訴はめずらしいものではなかったと考えられる。そして、直訴という行為そのものは処罰の対象とはなっておらず、訴願の内容次第で、代官に非があるとされれば代官が処罰され、百姓に非がある場合には入牢などの処罰が行われたのである。(保坂　智)

〔参〕『徳川実紀』、保坂智『百姓一揆とその作法』

慶長一九年(一六一四)一一月頃
紀伊国牟婁郡・大和国吉野郡和歌山藩・幕府領土豪反乱(北山一揆、熊野一揆、紀伊国一揆)

天正一三年(一五八五)から同一八年にかけて、小堀新助を奉行として実施された紀伊国の太閤検地は、土豪層の力をいちじるしく弱めた。さらに慶長五年(一六〇〇)一〇月、新領主浅野幸長が入封して、翌年慶長検地が実施されたが、この検地は厳密な丈量検地であったため全領で一七万石の増高となった。また、同時に行われた家数改めによって兵農分離が進み、土豪層は本百姓身分に押し下げられ、大名浅野氏の領国体制に組み込まれていった。こうした変化に対して、土豪層は不満をつのらせ、慶長一九年一一月頃、大坂冬の陣のため新宮城主の浅野忠吉が出兵して地元が手薄になったのを好機に、一揆結合して立ち上がり、新宮へ向けて進撃した。一揆に参加した村々は「紀伊国一揆成敗村数覚書」によれば、大栗栖村・丸山村・板屋村・小栗栖村・玉井口村・赤木村・長尾村・平谷村・尾川村・長井村・粉所・大野村・神ノ上村・長原村・柳谷村・高原村・下尾井村・小松村・

小森村・桃崎村・大井谷村・赤蔵村・和田村・寺谷村・大股村・小股村・坂本村・上野村・片川村・栗栖村・川瀬村・矢野川村の三二か村にわたり、大和北山郷のうち幕府領の四か村二〇〇人を加えて、総勢三〇〇〇人に達した。一揆の指導者は、前鬼津久・山室鬼五郎・堀内大学といわれる。「浅野忠吉熊野一揆成敗申付覚書」によれば、高岡村作介・新衛門、平井村伝介・林十郎、板松原村清衛門、檜枝村与左衛門、その他数人も一揆大将あるいは棟梁として処罰されている。一揆は紀伊と大和の国境付近で発生し、一揆勢は勢力下におさめた山林・田畑を分け与えると触れ回りながら、住民の参加を呼びかけた。その後、尾呂志付近から相野谷川筋を下り、大里で新宮城の攻略方法を打ち合わせ、対岸の鮒田村まで押し寄せようとした。藩では、その途中に位置する風伝野へ、新宮浅野家の臣戸田六左衛門勝直が、青木小兵衛を組頭とする鎮圧勢を派遣し、一揆勢を鎮圧しようとしたが失敗した。一方、一揆勢も鮒田村の裏切りによって牛鼻から熊野川を渡れないでいた。一二月一二日、熊野川を挟んで一揆勢と新宮方の間で、鉄砲を用いた戦闘が行われたが、新宮方は町の住民を動員し、新たに鎮圧に加勢する土豪も現われたため、一揆勢は敗走した。鮒田から敗走した一揆勢は、大里からきた一揆勢とともに北山に逃亡しようとしたが、首を討たれる者が続出した。

さらに、領主浅野長晟の命により熊沢兵庫直勝らが一揆追討に派遣され、村々を焼き払いながら進撃した。そして、大沼村の一揆勢と対峙し、二七日に一揆勢は最終的に打ち破られて壊滅した。一揆勢の指導者といわれる前鬼津久は大峯近隣の仙台で餓死し、山室鬼五郎は新宮の住人永田五郎右衛門の加勢をえた兵庫あるいは熊沢直勝に刎首されたと伝えられる。堀内大学は行方不明となり、母と悴が成敗された。その他の指導者も処罰された。赤木村で捕らえられた一揆参加者は赤木村と大栗栖村の間の田平子峠で斬首され、入鹿組相野谷、川丈筋の一揆参加者は鵜殿川原で獄門にかけられたといわれる。処罰された者は三六三人に及んだ。なお、田平子峠には昭和四三年（一九六八）に供養塔が建立され、寺谷・和田には北山一揆の碑が存在する。

この一揆の四か月後、大坂夏の陣を機に、慶長二〇（元和元）年四月二七日、日高・有田・名草・那賀・伊都郡で土豪層を中心とした一揆が勃発、武装して和歌山城へ向かった。指導者は湊惣左衛門、山口（安井）喜内、堀内（堀田）若狭守、津守与兵衛らといわれる。同月二九日の樫井の合戦に勝利した和歌山城主浅野長晟は、寺西清左衛門と原勘兵衛らを一揆の鎮圧に派遣し、蜂起から数日間で一揆は鎮圧された。指導者の湊惣左衛門は行方不明、山口喜内は捕らえられ一族四〇人とともに処刑されたという。なお、喜内の墓は和歌山市遍照寺にある。津守与兵衛は火罪を命じられ、堀内若狭守は助命された。一揆指導者の村は焼き払われた。一揆への参加は一七か村、処罰者は五郡合計で四四三人に及んだ。一揆不参加者には論功行賞がなされた。藩側では両一揆をあわせて紀伊国一揆と称した。死罪を免れた土豪らは新たな支配体制に編入され、従来の勢力を失っていった。

【史料】北山一揆物語　きたやまいっきものがたり

慶長一九年北山一揆を物語風に叙述し、一揆指導者である土豪層の結集過程と新宮への進攻の描写、新宮方との交戦、鎮圧勢への論功行賞と一揆勢の処罰へと展開する。本史料は、伝聞のスタイルをとっていること、また「私ニ曰」という叙述法をとっていることが、特徴としてあげられる。著者は明らかではないが、「私ニ曰」から推定すれば、新宮領主水野重良の側近と考えられる。「榎本氏覚書」「或る書に云ふ」などの記述から、叙述には複数の文献を参照していると考えられる。成立年代は、記事内容から正保年間（一六四四〜四八）以降であろう。なお、文政一二年（一八二九）一二月に筆写された「北山一揆之事」（相野谷神社所蔵）は、「私ニ曰」は削除されているが、「北山一揆物語」より全体的に加筆・整序の傾向が窺える。『国書総目録』によると、同名本の写本が内閣文庫・京都大学・

慶応大学・東大史料編纂所・大分県立図書館・水戸彰考館に伝えられている。『大日本史料』一二編一六、『日本庶民生活史料集成』六などに翻刻されている。

（野中政博）

〔参〕『和歌山県史』近世、速水融「紀州熊野一揆について」（『近世和歌山の構造』）

元和元年（一六一五）四月二七日
紀伊国日高・有田・名草・那賀・伊都郡和歌山藩領土豪反乱
→慶長一九年（一六一四）一一月頃
紀伊国牟婁郡・大和国吉野郡和歌山藩・幕府領土豪反乱（北山一揆、熊野一揆、紀伊国一揆）

元和二年（一六一六）暮
日向国臼杵郡那須氏領椎葉山地方土豪一揆（椎葉山一揆）

椎葉山地方は、巣鷹山の管理に任じられた那須姓を称する一三人の土豪（椎葉一三人衆）により支配されていたが、那須弾正・久太郎父子が幕府より与えられた朱印状を盾に威を振い、「山中之上下迷惑」な状況となったので、他の椎葉一二人衆は、元和二年の暮、弾正の拠点向山城を襲撃した。久太郎は、城を脱出して熊本に逃れ、江戸幕府にこれを訴えた。この上訴は、逆に一二人衆を刺激することになり、椎葉山中の対立は山民を巻き込みながら、ついに久太郎の殺害に及んだ。この事件も、久太郎ゆかりの者が上訴し、同五年八月、将軍徳川秀忠は「一人も不残御成敗」という強い意向を示し、幕府上使として旗本阿部正之・大久保忠成らを当地に派遣した。この派遣について、『徳川実紀』は「山中の訴訟を聴断し、かつは鷹巣及田畠等の事を沙汰」するためと記す。上使一行は、肥後人吉藩の応援を得て、同一八日には椎葉を出て人吉城下に入っていた一揆勢三〇人余りを捕らえ、このうち一九人を処刑した後、同二三日には椎葉山中に入り、二六か村の男女一〇〇〇人余を捕らえた。この間、「凶徒の酋長一四〇人が首を刎るを見て、婦女自殺する者二〇人」とあり、大量の殺戮を行いながら一揆を平定していった。幕府は徹底した弾圧を加えたが、先の『徳川実紀』の記事に見えるように、那須一族の内紛・一揆を契機に石高制の貫徹による支配体制確立めざした意図が窺える。元和五年、椎葉山地方は幕府領に編入された。

（遠田辰芳）

〔参〕『椎葉村史』、野口逸三郎「椎葉山の歴史」（『宮崎県地方史研究紀要』二）

元和二年（一六一六）
近江国蒲生郡仙台藩領訴願・逃散

元和二年、仙台藩は中野・今在家・小今在家・金屋村に茶・桑・柿役を賦課した。豊臣・徳川両氏の領有時期にも、また伊達氏が領有するようになって一六年になるが、このような課役はなかったとして、代表二五名が駿府の藩役所に訴願。要求が認められていったん帰村した。しかし江戸から奉行石母田権兵衛が来て弾圧を始め、出訴した二五人は捕縛されたり、家を壊されたほか、百姓女へ乱暴するなどしたため、同三年六月一五日、上洛途中の藩駿府奉行へ訴願を提出し代官の更迭を求めた。またその頃多数が逃散した。藩は九月一六日に百姓の要求を認め、何事も隣郷なみに取り扱うことを約束し、さらに二〇日には代官に非分がある場合には、訴訟すれば必ず藩主に取り次ぐことなどを約束して解決した。

（保坂　智）

〔参〕『近江蒲生郡志』五、『八日市の歴史』

元和三年（一六一七）一月四日
上野国群馬郡高崎藩領下小鳥村検見役人撲殺事件

元和二年、常陸国笠間から入封した高崎藩主戸田康長は、ただちに領内の検見を行った。その時、下小鳥村を担当した検見役人がきわめて横柄かつ一方的に高率の査定を行ったので、憤慨した村の若者数十人が帰城途中の役人を襲い撲殺するという事件が起こった。これに怒った藩主康長は、翌三年一月四日夜、安中藩の協力を得て下小鳥村を包囲し、老若男女を問わず村人全員を惨殺し、地中に埋めた。そして、三月七日、康長は信州松本に移った。明治三四年

（一九〇一）四月、下小島村の人々は死者を追悼し、またこの悲惨な事実を後世に伝えるため「枉冤旌表之碑」を建てた。

（中島　明）

〔参〕『群馬県群馬郡誌』

元和三年（一六一七）七月三日
隠岐国越智・周吉郡松江藩領百姓直目安

この日、百姓三郎左衛門・善兵衛両人が連署目安を幕府に上げた。内容は不明。藩主堀尾忠晴は在府中だったので、国元の仕置役堀尾民部らが江戸に召喚され松江から出府、一〇月七日に到着した。直訴百姓と藩仕置役は、一〇月一一日老中酒井雅楽頭忠世邸で、一三日土井大炊頭利勝邸で、一一月二日・二六日関係役人邸で、一二月一四日再度酒井雅楽頭邸で、一八日再度土井大炊頭利勝邸で、六回の対決を行い、二一日安藤対馬守重信邸で藩側の堀尾但馬らの御預けの処分が申し渡された。しかし百姓らの不満は解消せず、寛永元年（一六二四）隠岐国惣百姓の名で「御目安」を提出、今度は藩が審理したらしく、仕置役の堀尾は「召放」となった。寛永三年九月の裁許状によると、「代官の悪」は明らかであり、「理運」は百姓側にあるとされ、代官は「殺害」の処分、百姓は越智郡と周吉郡で若干内容が異なるが、物成半分下げ渡し、当年作取りと指示された。ただ越智郡の小百姓甚介・孫介は謂れのない申し掛けをしたとされ耳切りの刑を受けた。裁許状に上納肴の代米を百姓へ渡すことが指示されているところを見ると、恣意的な百姓収奪・使役が問題になったものであろう。

（深谷克己）

〔参〕『島根県史』九

元和四年（一六一八）
信濃国伊那郡旗本遠山氏領訴願（遠山騒動）

伝承によれば、遠山郷六か村と鹿塩・大河原地域を支配していた旗本遠山氏一三〇〇石余は、遠山桝と呼ばれる大桝で年貢を取り立てたため、百姓は公儀に直訴を計画。訴状の作成を満島村折立（おりたち）寺の住職長老に依頼。百姓は公儀に訴状を提出し、願いは聞き届けられ、遠山氏は領地を没収されることとなった。元和四年のことである。このため遠山氏は折立の長老を捕らえて重傷を負わせ、死に至らしめた。怒った百姓は、和田城を攻めて遠山氏を滅ぼした、というものである。遠山氏が、家督相続争いと、百姓一揆によって滅亡したということは、史実と見られる。

【人物】折立の長老　**おりたちのちょうろう**

下伊那遠山地方に語り継がれた伝承上の人物、義民。もと武士で、満島村折立寺に住み、人々の尊敬を受け折立の長老と呼ばれたという。氏名そのほか史料の上で何一つ明らかなものはない。遠山一揆の際に、百姓の依頼を受け訴状を作成したため、遠山氏から一揆の首謀者と見られて捕らえられ、一日に指一本を切断するという残酷な仕打ちを受けたことがもとで死亡したという。折立の長老は、遠山氏の滅亡に大きな役割を果たしたがために、人々によって語り継がれたものと見られる。大正六年（一九一七）折立の青年団員一二人の発起によって、同八年に犬養毅の題字になる「折立長老碑」が天竜村に建立された。碑の近くに墓と供養碑と伝えられるものも残る。墓の建てられた場所は、密告者の家の見える場所にとの遺言に従ったともいわれている。

（小椋喜一郎）

〔参〕小林郊人『信濃農民史考』、横山十四男『信濃の百姓一揆と義民伝承』

元和五年（一六一九）一月
陸奥国稲川郡会津藩領綱沢村・松尾村鉄火山論

元和五年一月、綱沢村の者が日影平で材木を伐採していたら、松尾村が妨害に入り鉈を奪った。二月、再び日影平で両村が衝突した際、松尾村では「かいをふき、さいをふり」ながら境を踏み越えてきたので、綱沢村では状況把握のために五人を派遣したが、その使者を松尾村側がさんざんに打擲した。両村は、それぞれの主張を何回にもわたって会津藩へ訴えた。これを受けて藩では、三月、現地検分を実施し、裁決が下されるまで論所への立ち入りを禁止した。藩側は、両村が山地に欠乏するような村柄でないことを理由に互いに「不入」と裁断しようとしたが、村側は納得しなかった。そこで、八月、村側の願いにより鉄火勝負となった。その様子は、会津藩が一九世紀初頭に編纂した『新編会津風土記』にも収録されている。それによると、鉄火勝負は近村の野沢本町諏訪社で行われた。綱沢村では肝煎次郎右衛門が代表となり、松尾村では清左衛門という頑強な者がでた。二人の代表者は礼服を着し、手に熊野牛王をささげて炉辺へ歩み寄った。そこで藩役人が炎火に熱した鉄火を挟んで両人の掌中へ移した。綱沢村の次郎右衛門は、鉄火を三度まで受けて側に置いた。これに対し、松尾村の清左衛門は鉄火を受け取ると、手にした熊野牛王が燃え上がり、炎苦に耐えかねず鉄火を地に落とした。これで松尾村側の非分が決定し、綱沢村の勝利が確定した。松尾村代表の清左衛門は首・胴と手足を切り離され、それぞれ塚として当該山地に埋められた。現在も、その首塚・胴塚・足塚という三つの塚が現地に残されている。

（山本幸俊）

[参] 山本幸俊「近世初期の論所と裁許」(『近世の支配体制と社会構造』)、阿部俊夫「近世初頭の村落間争論と鉄火取りの伝承」(『福島歴史資料館研究紀要』一二)

元和五年（一六一九）九月一六日
河内国丹北郡幕府領嶋泉村請作地返還騒動

嶋泉村庄屋七右衛門は、慶長一三年（一六〇八）八月一一日幼少のまま親に先立たれたが、同一六年までの四年間は手作し、「国並」（河内国で一般的並み）に庄屋役引を差し引いた諸役を上納した。しかし同一七年になり、所持高一四〇石余の手作はできないと代官井上小左衛門に訴えたところ、その仲介で高六〇石余を諸役免除で手作し、残る八〇石余を弟たちの成人までとの条件で惣百姓に請作させ、その作徳をもって諸役を務める契約が成立した。元和五年からは、惣百姓が六〇石余の分の諸役を務めるよう要求し、七右衛門はそれに応じた。他方、弟三人の成人により、七右衛門は惣百姓に請作させていた八〇石余の地所を返還するよう要求したところ、それに応じないばかりか、田地の畦河岸に親が植えた柳を、従来通り無断で刈り取る行為にでた。さらに惣百姓は寄合を催し連判を据え、神水を飲んで結束し、七右衛門家へ出入りする者は火の取り交わしをさせない（村八分）と決め、全面的に抵抗したため村方騒動に発展し、同年九月一六日ついに七右衛門は代官平野藤次郎に訴え出た。その後の顛末は未詳であるが、嶋泉村では庄屋の諸役免除が制限され、諸役の高割負担化が推進されたという。

（西脇　康）

[参] 宮川満『太閤検地論』三、葉山禎作『近世農業発展の生産力分析』

元和五年（一六一九）九月一八日
近江国蒲生郡幕府領音羽村ほか鉄火山論

綿向山とやぶそ山の入会権をめぐる音羽村など東郷九か村と石原村など西郷九か村の争論。慶長一四年（一六〇九）西郷村々が出訴したことに始まる。両者とも明確な証拠を提出できず、また大坂の役も起きたこともあり、係争は一〇年に及んだ。元和五年九月一八日、綿向神社境内で行われた鉄火取りにより、東郷村々の権利が認められた。

【人物】音羽喜助　おとわきすけ

音羽村庄屋。綿向山入会争論で東郷村々の惣代として鉄火を取り、東郷を勝利に導いた義民。伝承によれば、東郷の惣代として鉄火を取ることになっていたのは日野村井横町年寄九郎左衛門であったが、争論で積極的な役割を果たしていた喜助がなぜ取らぬ、という西郷からの挑発により喜助に変更されたという。また鉄火取りによる解決を言い出したのは、西郷の石原村に居住していた浪人角兵衛で、彼は熱しても熱くならない鍬を工夫し、それを取るつもりでいたが、当日幕府役人が東西の鍬を取り替えることを命じたため敗北し、磔に処された。喜助の母は、もし喜助が鉄火取りに失敗したら、ただちに殺すつもりで長刀を持ち出して見ていたという。鉄火取り後、報奨としてやぶそ山のうち「砥山」が喜助に与えられた。寛文四年（一六六四）一二月八日没。享年八八。法号順誉久故居士。文久三年（一八六三）に音羽村ほか関係村落が二百年忌の顕彰活動を行った時、開栄院号を追号された。昭和四二年（一九六七）、綿向山大山財産区が「共有山林顕彰碑」を日野町綿向神社境内に建立。また同町音羽の雲迎寺境内には「喜助翁鉄火記念」の碑が建てられている。（保坂　智）

〔参〕『近江日野町志』上、『鎌掛村誌』

元和六年（一六二〇）
但馬国朝来・養父郡幕府領生野奉行排斥越訴

幕府生野奉行所支配下の村々では、元和二～五年の間に、生野奉行山川庄兵衛によって検地が行われた。その結果、例えば、東河庄中村では村高が一割六歩、同庄白井村では二割増石になったという。また、桑役・山役など数種類あった小物成収納額もこぞって引き上げられ、山利用の小物成は米、田畑利用のそれは銀で納めることが義務づけられた。さらに、年貢米一石に三升ずつの口米も新たに賦課されることになった。これらの政策の成功に気をよくした山川庄兵衛は、以後大いに奢り昂り、権力をかさに私的行動にも乱行が現われてきたという。こうした状況に対し、生野奉行所支配下にあった朝来・養父両郡村々の百姓たちは、「此山川殿今三年生野ニ支配アラバ惣百姓ハ絶ヘ果テ野原ト成ルベシ」（「上道日記」）といい、元和六年、両郡から代表者一人ずつを密かに江戸へ送り、山川奉行の更迭を求めた。幕府は、この越訴者に対し、奉行排斥の理由をありのままに書き認め、提出するように命じた。そこで、両郡の百姓たちは郡境の糸井川原に集まり、難渋の数々を二八か条にまとめ、代表に朝来郡からは白井与助、養父郡からは糸井二郎太夫を選んで江戸へ送った。幕府は、この訴状を受け取って吟味し、奉行の貢米の着服と公銀横領の罪状が明らかとなった。元和七年、幕府は山川庄兵衛を江戸へ召喚し、申し開きのできないところを見定めた上で、斬罪に処した。その反面、百姓代表の二人は、帯刀・騎馬の栄誉を与えられて帰国したという。しかし、本来百姓たちが強く求めていた検地高・小物成高を元に戻すことについては、幕府は聞き入れず、口米廃止の要求のみを聞き入れた。つまり、検地そのものは幕府の方針であり、この点では山川奉行は忠実な幕臣であったが、幕府が朝来・養父両郡の代表越訴に対し、始めから手を貸さんばかりの姿勢で臨んでいたのは、この機を利用して銀山経営改革を推進しようとしていたからとも推測される。それほど鮮明に、この後の銀山経営方式は変わるのである。（山﨑善弘）

〔参〕『養父町史』一、『生野史』校補代官

元和六年（一六二〇）
阿波国三好郡徳島藩領祖谷山地方強訴

山間部の祖谷山地方には、名主（みょうしゅ）と呼ばれる土豪百姓が存在していた。元和三年、藩は代官渋谷安太夫に命じ、名主所蔵の刀・脇差二七腰を徴発した。しかし、六年になってもその代銀が支払われなかったため、一八人の名主が発頭となり、六七〇人の百姓を引き連れ、蜂須賀家政（初代藩主、隠居）の仏詣途中で強訴した。家政は名主らの要求を認めず、落合名主彦七ら六人を磔、今井名主藤左衛門ら五人を成敗し、西名主彦太郎ら七人は、誓紙提出を条件に罪を赦免した。また参加した百姓らは名子とされ、政所安右衛門や高取・名主らが「心儘ニ召仕」ることとした。（保坂　智）

〔典〕『阿波国徴古雑抄』、三好昭一郎『阿波の百姓一揆』

元和七年（一六二一）
美濃国幕府領代官下代不正越訴

美濃国の代官栗原加賀守盛清は、大坂陣の頃、百姓が一揆を起こさないように、庄屋の子どもを人質に取り、後に親を成敗したため、百姓が「上之御百姓私ニ成敗」したということで幕府に目安を差し出す事件があった。この時は百姓が叱となって事が済んだが、この事件がきっかけとなり、代官と百姓の対立が続いた。百姓は下代杢之助の不正に対して加賀守に処分を申し入

れたが認めてもらえず、江戸へ登り幕府に訴えた。そして下代杢之助の不正と欠落により、加賀守に落度があるとされ、元和七年に切腹を申し渡された。加賀守の息子はすでに病死していたが、孫四人が御預けとなり、その一人泰芸は、高室金兵衛からさらに津軽藩に預けられた。その顛末を天和二年(一六八二)津軽藩から戸田山城守に報告した覚書が残っている。(小椋喜一郎)
〔参〕『岐阜県史』史料近世二

元和九年(一六二三)七月二〇日
美濃国石津郡旗本高木氏領多良村訴訟・時村逃散

　美濃国多良・時両村は、交代寄合である旗本高木三家の知行地であった。元和九年七月二〇日、多良村の一五人の肝煎が連署し、年貢・小物成・夫役の軽減を、美濃国奉行岡田将監へ出訴した。月日を明確にしえないが、同時期に時村の百姓も減免を求めて山上り逃散を行っていた。国奉行岡田は、高木家の返答書を求めた上で、九月二九日に高木三家、多良・時両村百姓中に対して判決を下した。それによると、免の決定は旗本・百姓間「指引理して」決定すること、枡や五里外駄賃等の幕法遵守、年貢・小物成の相場は近領の高須領並とすること、給人手作分・家中居屋敷分は夫役の高からはずすことが命じられており、百姓らの要求は基本的に認められた。両村の百姓は、訴訟・逃散するために神水して徒党を形成していたが、関ヶ原の戦後に同地の領主となったばかりの高木家にとっては、この神水行為を咎め成敗することにより領主支配が不安定となることを恐れ、岡田に対して成敗を行わないように求めた書状を提出しており、処罰は行われなかったと考えられる。　(保坂　智)
〔典〕西田真樹「美濃国旗本領における農民闘争と国奉行」(『一九七六年歴史学研究会大会報告特集号世界史の近局面と歴史像の再検討』)

寛永四年(一六二七)
陸奥国田村郡三春藩領山上り逃散

　寛永四年一月四日、会津の領主蒲生氏が無嗣のため改易となると、それまで同氏の支城であった三春城も幕府へ明け渡されることとなった。城請取に先立って、三春城在番を命じられた内藤忠興が三春に入部すると、同領の百姓たちは、中世以来の要害大善寺山に立て籠った。このため、忠興は家臣を当地へ派遣し、百姓九〇人余を捕らえた。残る百姓は皆逃げ去ったといわれている。その後まもなく三春には、会津に新たに入部した加藤嘉明の三男明利が三万石で入部した。　(齋藤悦正)
〔参〕「大猷院殿御実紀」(『国史大系』三九)、『三春町史』一一

寛永五年(一六二八)一〇月二日
下野国河内郡秋田藩領薬師寺村減免訴願

　下野国河内郡には秋田藩の領地が存在した。寛永五年一〇月、この地域で村々の訴願が集中した。二日、町田・田中・東根の三か村の肝煎・百姓が、年貢を米納することを条件に二分の減免を求めた。勘定奉行梅津政景は一分の減免を認めている。三日、仁羅川村など七か村の肝煎・百姓が訴願を提出しているが内容は確認できない。五日には東根村の百姓が、同村の在郷足軽五人の諸役を負担することの免除を求めて訴えた。そのような中、二日に薬師寺村の百姓一〇人ほどが減免を求めて梅津の屋敷へ竹に挟んだ訴状を提出したが、この訴願は他の訴願とは別の扱いを受けた。すなわち、訴状を提出して口上を述べた太郎右衛門が捕縛され、その妻子は肝煎に預けられたのである。その理由は、訴願の内容が「すいかい」(勝手な推測)に基づくものであるとされたことと、訴訟人が肝煎にも相談しないまま訴願したことに求められた。梅津はこの一〇人ほどの百姓の訴訟集団を「とたう(徒党)」と規定して、訴訟人を捕縛するという強硬手段に訴えたのであった。しかし五日に肝煎・百姓らが詫言をしたために、梅津も折れて太郎右衛門を釈放した。近世の民衆運動の中で、百姓らの集団を徒党と規定したのは、管見の限りではこれが最初の事例であり、この頃に百姓の一揆的

結集を徒党と呼ぶようになったと考えられる。

（保坂　智）

〔参〕『梅津政景日記』七、保坂智『百姓一揆とその作法』

寛永九年（一六三二）一〇月
出羽国飽海郡鶴岡藩領荒瀬・遊佐郷欠落

鶴岡藩の年貢負担の重さに加え不作に見舞われた荒瀬・遊佐両郷の百姓約三〇軒、二八〇人が秋田藩領仙北郡に欠落した。ただし、遊佐郷では、寛永八・九年に四四軒、四〇〇人の欠落があったとの記事も見え、九年一〇月のみの事態とはいえない。一〇月二七日、下野沢村菅原次右衛門と上楸島村石川作右衛門は奉行所から百姓を連れ帰ることを命ぜられ、翌年二月男女とも残らず引き戻したという。その数は一五〇軒、七〇〇人にのぼったともいわれ、最上川南岸地方の百姓らも含まれていた。遊佐郷大肝煎高橋太郎左衛門と荒瀬郷大肝煎池田刑部左衛門は逃散の責任を取らされてともに罷免され、太郎左衛門は牢舎となった。両名に代わって、菅原次右衛門・石川作右衛門が遊佐・荒瀬の大肝煎に就任した。のち入牢を赦免された高橋太郎左衛門は、寛永一一年八月、この処分を不当として幕府に出訴し、一三か条にわたり庄内藩の過酷な政治を訴えた。この訴えは松平信綱によって穏便に処理され、藩主酒井氏への咎めはなく、高橋太郎左衛門と池田刑部左衛門はともに大肝煎に復帰した。

（浅見　隆）

〔参〕『出羽百姓一揆録』、『山形県史』二、『羽黒町史』上

寛永一〇年（一六三三）一〇月
出羽国村山郡旗本酒井氏領白岩郷苛政反対越訴（白岩一揆）

元和八年（一六二二）最上氏に代わって鶴岡藩主酒井忠勝が入封すると、寒河江川左岸の白岩郷八〇〇〇石は、その弟で旗本の酒井長門守忠重が支配した。以来、高利の種籾貸し付け、高値の米の売り付け、綿花・麻・漆・酒・臘など諸産物の安値買い上げ、新畑検地や荒野・河原への本田なみの重い年貢賦課、参勤交代・大坂勤番にあたっての過度な人夫役負担、百姓女房の城への召し上げなど、圧政が繰り返された。この間、四一五〇余人もの身売り・餓死者を出すほどであったという。これに対し、百姓らはたびたび愁訴を行い、百姓喜内は忠重によって成敗・闕所の処罰を受けた。寛永一〇年一月には将軍家光が派遣した奥羽巡見使に対して七回にわたり訴願したが、いずれも取り上げられなかった。こうした訴願・越訴を繰り返したのち、一〇月、惣百姓・惣名主の名において二三か条の訴状を幕府に提出した。この時訴訟した一〇人は、酒井忠重によって捕縛された。なお伝承では、訴訟したのは三八人で死罪に処されたとされる。また、惣代の江戸出立後、領内では数百人の百姓が白岩城へ押し寄せ、藩兵と戦って家老を討ち取ったともされるが、これらのことは史料上では確認できない。義民物語として創作されたものと考えられる。江戸に出訴して捕らえられた一〇人のうち三人が死亡したため、一二年四月に四人が出府し出訴した。二月三日に松平伊豆守によって目安は聞き届けられたが、彼らも捕縛されたため、同年一一月にはこの四人の釈放願いが提出された。訴訟がどのように処理されたのかは明確ではないが、同一五年三月、白岩郷は幕府に収公され、代官小林十郎左衛門時喬の支配となり、酒井忠重は禄米八〇〇〇俵が支給されることになった。同年六月再び「反逆同前」の一揆が起こり、代官小林は山形藩に相談し、同藩主保科正之の密命を受けた家臣に誘い出された一揆首謀者三五名は、山形城下で逮捕され、全員が河原にて磔に処せられた。寒河江市白岩誓願寺境内には大庄屋和田庄左衛門が施主となり建立した一五年一揆の惣代三八人の墓碑がある。また、西川町間沢の東泉寺には、寛文一〇年（一六七〇）に建立された間沢出身の惣代三名の墓碑がある。

（浅見　隆）

【史料】白岩目安　しろいわめやす

酒井領分八〇〇〇石惣名主・惣百姓名で、寛永一〇年一〇月に幕府に出訴した訴状。酒井忠重による苛政二三か条と、奥羽巡見使に対して七回にわたる出訴が受け取られ

なかったので、江戸にて出訴する旨を記した後文からなる。二三か条の内容は、貢租の負担増、不当な課役徴収などのほか恣意的で苛酷な人身支配など多岐にわたる。この訴状は多くの写本が作られ流布したことが特徴である。現在五〇通以上が確認され、貞享二年（一六八五）に写本されたものがもっとも古い。流布の範囲は山形県内をはじめ、秋田・岩手・福島の東北地域に広がっている。さらに、この写本の中には、往来物として寺子屋の教本として使用されたと考えられるものが多くあり、民衆の訴訟能力向上の一助となった。　（保坂　智）

〔参〕『出羽百姓一揆録』、山田忠雄『一揆打毀しの運動構造』、高橋文山『白巌義民』、八鍬友広『近世民衆の教育と政治参加』

寛永一二年（一六三五）
駿河国駿東郡小田原藩領検地反対越訴

寛永一二年、相模国小田原藩（稲葉家）では、同一〇年に新たに藩領となった御厨地域への検地を実施した。古沢村の場合、幕府領時代の村高二三〇石余が、この検地によって倍増の五〇〇石余と改められた。窮した古沢村では、六名の百姓が惣代となり代官に訴え出たが、聞き入れられなかったため、次いで藩主に越訴した。その結果、村高は元のままということになり、願いは聞き届けられたが、それは惣代の百姓五名の処刑という犠牲と引き換えであったと伝える。

【人物】六祖権現　ろくそごんげん

古沢村の六人の惣代とは、高村久兵衛・高村喜右衛門・高村久蔵・高村左近・芹沢兵三郎・小林庄三郎で、左近を除く五人は、寛永一五年一二月二七日、処刑された。高村左近のみは、青龍寺和尚の助力で救われたという。村では石塔を建て、功績を称えたが、安永四年（一七七五）には子孫一九名が小祠を建立した。これは六祖（大）権現と称され、毎年一月六日を祭典日として今も祀られ続けている。　（安藤優一郎）

〔参〕『御殿場市史』通史上、同近世史料

寛永一四年（一六三七）一〇月二五日
肥前国高来郡・肥後国天草郡武装蜂起（島原の乱・島原天草一揆）

寛永一四年一〇月から翌一五年二月にかけて、肥前国島原半島と肥後国天草島の百姓三万七〇〇〇人余が、キリシタンの信仰を紐帯として武力蜂起した。この一揆の背景には、キリシタン禁制政策の展開と、幕藩体制の構造上の矛盾による百姓の負担の増加という二つの動向があった。まず、前者のキリシタン禁制政策の展開については、慶長一七年（一六一二）幕府からキリシタン禁令が発布されて以来、キリシタンに対する厳しい弾圧が各地で展開された。訴人褒賞制度など巧妙な手段によって、キリシタンは徹底的に探索され、多数の殉教者を生み出すとともに、少なくない数の棄教者をも生み出した。しかし、棄教者の中には、表面上仏教徒を装いつつ、潜伏して密かにキリシタンの信仰を続ける者もいた。島原・天草地方でも、かつての領主（島原＝有馬晴信、天草＝天草種元など天草五人衆や小西行長）がキリシタンであったこともあり、多くの百姓がキリシタンであったが、この間の厳しい弾圧のため、キリシタンたちは寛永一〇年頃までに形の上では棄教し、潜伏状態に入った。ところが、寛永一四年一〇月半ば頃、島原・天草に「寿庵」なる者の署名による、世界の終末を予言する廻文が出回り、キリシタンに「立帰」る（表面上の棄教から再び信仰を表明する）ことが呼びかけられた。そして、小西行長の旧臣で帰農していた益田甚兵衛の子四郎（益田時貞、通称天草四郎）が「でいうすの再誕」とされ、彼の奇跡の話が広まっていった。こうして、再びキリシタンの信仰活動が活発化し、潜伏状態にあったキリシタンの多くが表面上の棄教から「立帰」ったのである。一方、島原・天草の百姓たちが武力蜂起するにいたった背景として、幕藩体制の構造上の矛盾による百姓の負担の増加があったことも注目されなければならない。寛永期、島原・天草はそれぞれ、島原藩（藩主松倉勝家）・唐津藩（藩主寺沢堅高）の支配下にあったが、双方とも藩の収奪はたいへん厳しかった。当時大村に入牢していたポルトガル商人ドアルテ＝コレアや、平戸オランダ商館長ニコラス＝クーケバッケルの書翰などによれば、島原や天草ではありとあらゆるものに課税され、過酷な未進の取り立てが行われていたという。このような厳しい収奪は、島原藩・唐津藩の恣意的な収奪というよりも、幕藩体制の構造上避けられないものであった。というのは、幕藩体制は幕府が大名に対して知行権を認めるかわりに、大名が幕府に対してその知行権に見合う軍役を果たすことで成立している体制であり、大名統制の一環として幕府が大名に賦課した軍役の負担は、そのままその領民に転嫁される仕組みになっていたからである。しかも、幕府の信頼を得るために大名は規定以上の軍役を果たそうと、実際の生産高以上の収入を得ようとしており、幕府もまたそれを期待していた。「でいうすの再誕」とされた天草四郎の噂が島原・天草に広まったのは、まさに、そのような幕藩体制の構造上の矛盾を要因として、島原・天草の百姓がそれぞれ島原藩・唐津藩から厳しい収奪を受けていた時であった。四郎の噂話は、帰農していた有馬氏の旧臣たちが意図的に流したものであろうが、島原藩・唐津藩による厳しい収奪から逃れることを望む百姓たちは、キリシタンの終末思想に新たな希望を見出し、四郎と四郎を支える者たちの指導のもとで、キリシタンを精神的紐帯として一揆を結ぶにいたった。

このような状況のもとで、一揆の指導者たちによって、寛永一四年一〇月二四日、湯島（談合島）で会合が持たれ、一揆の計画が確認された。そして翌二五日、島原南部の有馬村で百姓が代官を殺害したことを契機に、百姓たちはついに蜂起した。二六日には島原城下を襲い、一揆の勢いはまたたくまに全藩領域に広がった。翌二七日頃、天草でも島原の一揆に呼応する形で百姓たちが蜂起し、天草で蜂起したら島原勢が応援にかけつけるとのかねての手はず通り、島原勢と合流して、本渡で唐津藩の天草駐留軍勢と戦闘した。勢いの勝る一揆勢は、一一月一四日、富岡城代三宅藤兵衛を敗死させた上、富岡城に迫って総攻撃をかけた。しかし、本丸を落とすことはできず、一時撤退を余儀なくされた。近隣諸藩は、キリシタンの蜂起が飛び火することを恐れて自領の警戒にあたる一方で、一揆の情報収集につとめたが、幕府の許可なしに越境して藩兵を動かしてはならないという武家諸法度の規制のため、自領境界に藩兵を待機させはしたが援軍を派遣しなかった。一揆の情報が江戸に伝えられると、幕府は鎮圧のための上使として三河国深溝藩一万五〇〇〇石の領主板倉重昌を派遣するとともに、佐賀藩・久留米藩・柳川藩の藩兵を島原に、熊本藩の藩兵を天草に出兵させた。一時撤退を余儀なくされていた一揆勢は、幕府軍派遣の報に接して浮き足立ち、藩によって切り崩されて一揆から離脱した村も出てきたものの、島原半島南部と天草島北部の村々は態勢を立て直して対抗すべく、老若男女を含めた多くの村民が、当時廃城となっていた島原半島南部の原城に立て籠もった。幕府軍は、一二月一〇日頃に島原に到着し、一揆勢と幕府軍との全面対決が展開されるにいたった。当初、幕府は一揆の鎮圧にそれほど時間を要さないと考えていたようで、板倉重昌の派遣後すぐに、戦後処理のための上使として老中松平信綱を派遣した。ところが、幕府軍は、小領主にすぎない重昌の指揮のもとでは足並みがそろわず、徹底抗戦する一揆勢に苦戦した。寛永一五年元日の総攻撃では、一揆勢に破れたばかりでなく、幕府軍総大将の重昌自身が討ち死にしてしまった。一月四日に着陣した松平信綱は、急遽幕府軍の総指揮をとることになり、態勢の立て直しをはかって一揆の鎮圧に乗り出した。九州はもちろん西国諸藩の藩兵も加え、総勢一二万余人が幕府軍として動員された。原城落城までの間、矢文や天草四郎の母・姉などによる投降勧告が行われたほか、平戸オランダ商館長を通じてオランダ船による砲撃が求められたりした。オランダ船による砲撃は、内政問題に外国勢力の介入を許すものとして、さすがに一揆勢からはもちろんのこと幕府軍内部からも批判されたためすぐに停止されたが、鎮圧のためにさまざまな方法が試された。この間、城内の一揆勢から逃亡する者がなかったわけではないが、死後パライゾ（キリシタン教義にいう天国）にいくというキリシタンの来世救済思想に支えられて、一揆勢の結束は固く、幕府軍の攻略によく耐えた。しかし、二月になると、幕府軍の強力な包囲のもとで補給路を絶たれた城内は食糧が尽き、同月二七・二八日の幕府軍総攻撃により、その直前に投降した南蛮絵師山田右衛門作を除いて籠城者は焼死するか斬殺され、四か月間にわたって幕藩権力を震撼させた一揆はついに終息した。

一揆の影響を考えると、この一揆は、二つの点でその後の近世国家の枠組みを大きく規定したといえる。一つは、領主が百姓の経営を苦しめる非法を行った場合、厳罰に処せられることが確認されたということである。一揆後、幕府は、島原を領有していた島原藩主松倉勝家を改易の上、斬首に処し、天草を領有していた唐津藩主寺沢堅高を天草没収の処分とした。堅高もその後自害し、改易されている。このように、一揆の責任をとらされて、松倉・寺沢両氏がたいへん厳しい処分を受けた—とくに松倉勝家は切腹も許されなかった—のは、一揆の原因は島原藩・唐津藩の厳しい収奪にあったとして、幕府がこのことを重く見たためである。しかし、島原藩・唐津藩がこれほど厳しい収奪を行わなければならなかったのは、幕府に対する軍役をつとめることを前提としていたはずであって、そのような幕藩体制の構造そのものに、この一揆の重要な要因を見出すべきであろう。そうだとすれば、この一揆は、もっとも早い時期に幕藩体制の矛盾を露呈した事件の一つであったといえよう。幕府は、そのような幕藩体制に内在する問題を隠蔽するため、一揆のすべての責任を島原藩・唐津藩の非法に転嫁したのである。こうして島原藩・唐津藩に対する処分が先例となって、その後江戸時代を通じて、領主の非法、すなわちむやみな収奪に一定の歯止めがかけられることになった。全国の領主は、これを教訓に、幕府に対する軍役を果たしつつ、百姓の経営を維持することにも配慮した領国経営を迫られることになり、領主と百姓との間で一定の緊張関係が保たれることになる。これこそが、御百姓意識のもとで「百姓成立」を求める訴願運動としての、江戸時代の百姓一揆が展開する条件を形成した。この一揆がその後の近世国家の枠組みを規定した二つめの問題は、キリシタン禁制の強化である。キリシタンに対する激しい迫害によって多数の殉教者・棄教者を出したことで、潜伏状態に入った者が存在したにしても表面上キリシタンは消滅したはずであったが、島原藩・唐津藩による厳しい収奪により、潜伏状態に入っていたキリシタンが表面上の棄教を覆し蜂起したことから、幕藩権力は改めてキリシタンの脅威を認識した。そこで幕府は、対外的には寛永一六年、イエズス会と緊密に結びついているポルトガル船の来航を禁止し、ポルトガル・スペインの軍事的進入を防ぐ目的で沿岸防備体制を整えた。対内的には、井上政重を宗門改役に任命し、潜伏キリシタンの全国的摘発を実施する中で、一七世紀中期までに宗門改制度を整備した。これが、江戸時代を通じて民衆統制策のもっとも重要な基本政策として機能することになる。以上のように、この一揆はその後の近世国家の枠組みを大きく規定し、江戸時代を通じてキリシタンが幕藩制秩序を乱すものの象徴とされることを決定的にするとともに、以後一揆といえば、この一揆がイメージされることになった。

【人物】天草四郎　あまくさしろう

島原天草一揆の一揆側総大将。小西行長（肥後国宇土城主）の遺臣、益田甚兵衛好次の子で、本名は益田時貞という。父好次は、関ヶ原の戦後、肥後国宇土郡に帰農していたが、天草郡大矢野に本貫があった。経歴については不明な点が多いが、一揆の際、熊本藩に捕らえられた母親の供述によれば、九歳で手習いをし、一二歳で学問を始め、長崎へも遊学した経験を持つという。一揆が起こった時一五、六歳であった。洗礼を受けた年齢は不明だが、洗礼名をジェロニモという。姉婿の兄渡辺小左衛門らに「でいうすの再誕」とされ、奇跡を起こすと宣伝された。例えば、空から舞い降りてきた鳩が四郎のさしのべた手の上で卵を産み、それを割って見たところキリシタンの経文が現われた、などという噂が島原・天草の潜伏キリシタンの間に伝えられた。このような四郎の奇跡が潜伏キリシタンの「立帰」りを急速にうながした。紅顔の美少年であったという伝承がある一方で、疱瘡の跡が残っていたという記録もあるが、キリシタンの信仰のもとで一揆を結集するためのシンボルとして、創作された姿であったかもしれない。いずれにしても、一揆の象徴的存在であったことは間違いない。

【人物】山田右衛門作　やまだえもさく

島原天草一揆の際、原城籠城者の中で生き残った南蛮絵師。史料により右衛門佐、恵茂作ともある。有馬晴信の家臣であったが、その子直純が日向国延岡に転封となると、島原にとどまり、新たに島原に入部してきた松倉氏の絵師となった。本人の証言によれば、島原天草一揆に際して妻子を人質に取られるなどして一揆参加を余儀なくされ、原城に籠城したという。幕府軍との間の矢文にその署名が見えるが、幕府軍に加わっていた旧主有馬氏に内通し、これが発覚して城内で幽閉された。原城落城に際し、幕府軍によって救出され、その後は老中松平信綱のもとで江戸でキリシタン目明かしを務めた。明暦元年（一六五五）頃、八〇歳くらいで死んだという。一揆側からすれば彼は裏切ったことになるが、彼の証言により城内の様子を窺うことができる。一揆の陣中旗「聖体讃仰天使図旗」は彼の作品であるという説があるが、はっきりしない。

【史料】島原天草日記　しまばらあまくさにっき

島原天草一揆の際、幕府軍に参加した、松平信綱の子輝綱の従軍日記。寛永一四年一二月三日から翌一五年五月一三日まで、日記形式で一揆と幕府軍の様子が詳細に記録されている。寛文三年（一六六三）の自序がある。東京大学史料編纂所蔵で、『続々群書類従』四に刊本となっている。

【史料】島原一揆松倉記　しまばらいっきまつくらき

島原天草一揆の一揆物語。キリシタンの興隆から島原天草一揆の顚末まで、古老の覚書の形式で記述されている。著者・成立年代については、島原藩の動静が詳しく記載されていることから島原藩関係者による叙述で、末尾の記載から享保（一七一六～一七三六）以前の成立であろうと推定される。『続々群書類従』四に刊本となっている。

【史料】島原記　しまばらき

島原天草一揆の一揆物語。キリシタンの興隆から島原天草一揆の顚末までを記す。同名の類書が多数あるが、史料的価値が高いのは、覚書、書状、落首、矢文など、根拠となり得る史料が多数引用されている五巻四七項目で構成されているものとされる。これは、徳川家旧蔵東京大学本が『改定史籍集覧』二六に刊本となっている。著者・成立年代ともに不明であるが、類書の一つである「島原合戦記」（内閣文庫蔵）は、遠山春信の著、貞享二年（一六八五）の成立。キリシタンを邪教として叙述しているのは通俗的排耶書と変わらないが、一揆の原因については松倉氏・寺沢氏の仕置にあったとしている。

（大橋幸泰）

〔参〕林銑吉『長崎県島原半島史』、岡田章雄『天草時貞』、海老沢有道『天草四郎』、助野健太郎『島原の乱』、深谷克己『百姓一揆の歴史的構造』、煎本増夫『島原の乱』、『原史料で綴る天草島原の乱』

寛永一五年（一六三八）以前　下総国香取郡香取社領小野村対八か村野論

小野村は、村の西南部の鎌取塚あたりの林野の利用権をめぐって、周辺の八か村（香取・岩部・新市場・牧野・長山・門野・山川・竜善村）と激しい野論を繰り広げた。寛永一五年に下りた最初の裁許では、小野村が優勢だったが、ここで決められた野境は早くも二年後の寛永一七年に破られた。そこで小野村は幕府評定所に目安を上げて訴え、評定所は先年通りの裁許を出して二度小野村の言い分を認めた。これに対し八か村は、正保二年（一六四五）にまた境を破り、評定所へ双方が出頭するということになった。しかし、それでも紛争はおさまらず、塚の築きあいを繰り返し、承応三年（一六五四）には山伏を呼んで境の穴に梵天をつき立て約定する儀式を行ったが、なおも紛争はやまなかった。周辺八か村は、裁許が慣行に基づく「理」にかなっていないとして、「棒を揃え」た実力行動で「裁許破り」を続けたので、ついに明暦二年（一六五六）五月、幕府評定所は裁許を変更し、小野村の敗訴とした。　　　　（深谷克己）

〔参〕木村礎・高島緑雄編『耕地と集落の歴史』

寛永一五年（一六三八）六月
出羽国村山郡幕府領白岩郷一揆
→寛永一〇年（一六三三）一〇月
出羽国村山郡旗本酒井氏領白岩郷苛政反対越訴（白岩一揆）

寛永一六年（一六三九）七月
信濃国水内郡善光寺領大門町越訴

善光寺大勧進（天台宗）代官高橋円喜（斎）の不法を、善光寺下大門町役人羽田彦右衛門ほか八人が、寛永一六年七月に幕府寺社奉行所へ直訴した騒動。訴状は、大門町ばかりへ諸役を仰せ付けること、代官の門前に市を立て大門市を妨害したことなど七か条にわたった。幕府は円喜らに江戸出頭を命じた。円喜らは評定所に対し五か条の返答書を提出したが治まらなかった。一方で前東之門町は、下大門町の訴えは事実と相違するとの書状を提出するなど代官による反対派の切り崩しが行われた。そのため下大門町に一味した「とうりょう」の百姓三人が追放されている。その後、再び寺領の七瀬・箱清水・長野三か村が円喜を奉行所に訴えた。円喜は、「誠ニ百姓一揆之ことくニ而迷惑仕候」といった趣旨の五か条の返答書を提出。幕府が町年寄を設けて寺役人との意思疎通をはかるように申しつけることで騒動は終結した。

【人物】高橋円喜（斎）たかはしえんき（さい）

善光寺大勧進（天台宗）代官。大門町などの訴状には円喜斎とあるが、幕府への返答書には円喜という署名になっている。高橋氏は、中世以来善光寺領の領政に携わり、騒動の当時は村内に手作り地を持ち、高利貸しなども行っていた。後の延宝六年（一六七八）の騒動で、高橋氏は追放となる。　　　　（小椋喜一郎）

〔参〕小林計一郎『長野市史考』

寛永一七年（一六四〇）九月
和泉国南・日根郡岸和田藩領強訴

元和五年（一六一九）、小出氏に代わり、松平康重が丹波国篠山から岸和田に入部した時、五万石の所領とはいえ良田が多いことから、一万石を加増して六万石とし、その朱印を幕府に乞い、寛永八年（一六三一）六万石の朱印状が与えられた。この増高は、後に領民から「竿不入の御増高」と称され、百姓にとっては実質二割の負担増をもたらすおそれがあった。もっとも領主は一七年まで増高分の年貢負担を免除することにしていたようである。しかし同年九月、康重の子康映が播磨国山崎に転封し、代わって摂津国高槻から岡部宣勝が入部してくると、南・日根両郡一〇八か村の百姓は、宣勝の一行を岸和田のほぼ中央に位置する欄干橋に待ち受け、松平氏が実施した増高の廃止・年貢減免の駕籠訴の決行を期した。宣勝の一行は岸和田の菊右衛門橋に至ってこの動きを知り、藩士を派遣して百姓たちを解散させようとしたが、百姓の喚声にあって果たさず、やむなく一行は海岸沿いに道を取り潮入門から入城した。首謀者である庄屋層は事件後いったん高野山へ逃げたが、後に沼村庄屋久左衛門・土生村庄屋庄左衛門・信達村庄屋某の三人が自首して斬首された。この事件の結果については、年額三〇〇〇石、あるいは一四〇〇石余の難村救助米が認められたとか、小物成分だけを増高から除かれたとかいう説があるが明らかではない。なお万治三年（一六六〇）の作才村の逃散もこの増高と関連して行われたという。処刑地に建立されたとする沼村久左衛門の供養碑は、文化四年（一八〇七）に円教寺（岸和田市五軒屋町）に移転された。

（山﨑善弘）

〔参〕相沢正彦「年貢減免の強訴と岸和田藩」（『経済史研究』二八－二）、同『岸和田志』

寛永一七年（一六四〇）一〇月
若狭国遠敷・三方・大飯郡小浜藩領大豆年貢減免訴願（松木長操事件）

小浜藩領の畑作地帯では米の代わりに大豆で年貢を納入する制度があったが、京極氏が藩主であった江戸初期に大豆年貢が一俵四斗入りから四斗五升（五斗ともいう）入りに増税された。寛永一一年（一六三四）酒井氏（忠勝）に代わってもこの重税は引き継がれた。伝承によれば、同一七年一〇月、二五二村の庄屋が遠敷明神社（若狭姫神社）に寄り集まり、大豆年貢を元の四斗入りに軽減するよう藩に訴願することに決し、二〇余名の代表者が選ばれた。願いは藩に容れられず、庄屋はその後もたびたび嘆願し続けたが、九年後の慶安元年（一六四八）春、代表二〇余人が逮捕された。藩の威嚇と懐柔によって次第に脱落する者が出て、二年目には四人となり（長操のほかに瓜生村文太夫・三宅村喜太夫・井ノ口村小次郎太夫）、慶安四年には新道村庄屋松木長操ただ一人となってしまったが、なおも屈せず要求し続けたため、藩はついに四斗への軽減を承認し、同時に長操に磔刑を言い渡した。

【人物】松木長操　まつきちょうそう

名は荘（庄）左衛門。長操は法名。若狭国遠敷郡新道村の庄屋。寛永二年（一六二五）一月二五日生まれといわれる。伝承によれば、父庄助が早く亡くなったため、一六歳で庄屋となった。最初の庄屋集会の時は一六歳であったが、弁舌さわやかに衆議をリードしたという。剛胆かつ俊秀の青年で、慶安元年（一六四八）春、逮捕の役人が松木家に踏み込んだ時、長操は謡曲「田村」をうたっている最中で、朗々と謡い終わってから老母に別れを告げて縄を受けたという。そして、二〇余人の代表者が次第に脱落して釈放されていくなかで、長操だけは四年間の入牢に耐え抜き、処刑の代わりに藩の譲歩を引き出した。翌承応元年（一六五二）五月一六日、日笠河原の処刑場で磔刑が行われた。時に二八歳。ちょうどその時、江戸の藩主から「磔を中止せよ」との急使が駆けつけたが、間に合わなかったとも伝えられる。遺体は日笠の正明寺に葬られ（五輪塔が現存）、以後、ひそかにその遺徳を慕って墓参に訪れる者も多く、この地方では新大豆を神棚に供えて長操の霊を慰める習慣が続いた。そして、文化一五年（一八一八）に二〇〇年忌の法会が営まれ、慶応四年（一八六八）に二五〇年忌も行われた。義民松木長操が全国に知られるようになったのは、明治一七年（一八八四）刊の小室信介著『東洋民権百家伝』第二帙に「松木荘左衛門長操伝」が収められてからである。同二四年（一八九一）日笠の処刑場近くに松木長操遺蹟記念碑が建立され（題字は後藤象二郎）、昭和八年（一九三三）には長操を祀る松木神社が新道熊川に建立され、毎年五月一六日を例祭日としている。墓は松木家裏山にある。なお、この事件および松木長操については、ほとんどが口碑による伝承である。そのため、訴願の始めは京極氏時代のことで、長操の処刑は元和五年（一六一九）のこととする伝承もある。これに従うと、長操の出生は文禄（一五九二～一五九六）初年となる。

（齋藤　純）

〔参〕小野武夫『徳川時代百姓一揆叢談』上、『遠敷郡誌』、河村仁右衛門『若狭の義民』、永江秀雄『義民松木庄左衛門』

寛永一八年（一六四一）七月二六日
常陸国多賀郡水戸藩領検地反対強訴

寛永一八年、水戸藩領で実施された全領検地は、領民にとっては過酷なものであった。山間で田の少ない多賀郡金沢村の庄屋照山修理は、自村の寛永検地に反対、再三にわたり中止を嘆願したため捕縛され、七月二六日、弟主税・次男新二郎とともに処刑された。しかし、これによって同村の検地がゆるめられたという。また、のちにこの寛永検地に関連した郡奉行の内二名は藩より切腹を命じられた。

【人物】照山修理　てるやましゅり

常陸国多賀郡金沢村の庄屋、義民。天正

一三年（一五八五）～寛永一八年七月二六日。照山氏は常陸の戦国大名佐竹氏の旧臣という。水戸藩領の「巳年の御縄」といわれた寛永検地は、佐竹時代の太閤検地、慶長七年（一六〇二）の伊奈備前守の検地につぐもので、六尺三寸四方を一歩としていた従来の制を六尺四方に改めた、領民にとっては過酷な検地であった。領内から反発の声が上がる中、山間の寒村である金沢村の照山修理は、自村の寛永検地の免除を役人の制止にも屈せずたびたび訴えたため、弟主税（ちから）・次男新二郎とともに寛永一八年七月二六日、村境の塙山で処刑された。しかし、藩は特別に金沢村の検地の縄をゆるめたといわれている。また、正保元年（一六四四）、寛永検地の役人二名は切腹を命じられている。のちに、村人は修理の遺徳を讃え、毎年一月・五月・九月の命日に皆集まり、念仏供養を行った。これは修理念仏と呼ばれ、明治まで続き、その後照山一族が執行しているという。また、二代藩主徳川光圀の代には、照山家に四脚門が許可されたとも伝えられてる。処刑地である塙山には、修理ら三人を葬った三塚が残る。また、修理の墓の傍には、明治二八年（一八九五）建立の彰徳碑がある。

（齋藤悦正）

〔参〕山川菊栄『幕末の水戸藩』、『日立市史』、『水戸市史』

寛永一八年（一六四一）
大坂騒動

寛永中期までの大坂廻米量は多くなかったため、大坂では増加する需要にくらべて米の供給が不足し、通貨数量の増加も加わって米価は上昇する一方であった。そのような状況の最中にあって、寛永一八年、大坂で米価の高騰に苦しむ貧窮民が、大坂町奉行所に押し寄せる事態が生じた。大坂町奉行は大坂城代らと合議の上、大坂城の蔵米を安価で払い下げることによって事態を収拾した。また、翌一九年にも、曽我丹波守・久貝因幡守・石河三右衛門・五味金右衛門・小堀遠江守・永井日向守・永井信濃守・板倉周防守の八人衆の裏判で、大坂飢人を救済するため、大坂城の蔵米三五五石七斗九升が普請の扶持として出されており、あるいは前年の騒動が再発した可能性も考えられる。

【人物】中村勘助　なかむらかんすけ

摂津国木津村の百姓。木津勘助と通称される。諱は義久。新田義貞の末と伝える。勘助は開拓に従事し、後にその地は勘助島と称された。寛永一八年（一六年とも）の米価高騰に苦しむ村民を救済するため、幕府の蔵を解放し、村民を救済したと伝えられている。その結果、死罪になったとも、流罪になったともされ、死亡年にも諸説がある。明治三三年（一九〇〇）以降、木津勘助町という町名が使われた（昭和五五年（一九八〇）に町名変更）。また、大正一〇年（一九二一）に銅像が建立された（題字陸軍中将権藤伝次、大阪市浪速区敷津）。大正一二年、帝国キネマ演芸が映画「木津勘助」を制作しており、講談・浪曲でたびたび上演されている。

（山﨑善弘）

〔参〕『新修大阪市史』三、『長崎オランダ商館の日記』一

寛永二〇年（一六四三）三月頃
西蝦夷地アイヌ松前藩交易支配等反対武力闘争（ヘナウケの戦い）

西蝦夷地の島小牧（現島牧村）または瀬田内（現瀬棚町）の首長であったヘナウケ（ヘンノウケ・メナウケとも記す）に率いられたアイヌ民族の松前藩に対する戦い。瀬田内は中世末以来、松前地に近い西蝦夷地のアイヌ勢力の交易拠点。事件の具体的な経過などは不明であるが、松前広長自筆本「福山秘府」年歴部巻之四によれば、島小牧のヘンノウケに率いられた「西部夷賊」が反乱し、佐藤権左衛門・新井田権之介・厚谷平蔵らの松前藩家臣が鎮圧隊として派遣され、寛永二〇年夏に帰帆したこと、松前藩は藩主一族の蠣崎右衛門利広を瀬田内に発向させたことが知られる。また、「松前年々記」によると、ヘナウケが叛いたので、蠣崎右衛門利広が瀬田内に向かい静謐させたという。「厚谷家記」にも、「西部ノ酋長」メナウケが叛き、蠣崎利広・厚谷政

姓が士卒五六人を引率して瀬田内に出兵したことが記されている。「南条家譜」に見える南条安右衛門が三月一六日出張先で戦死しているので、瀬田内あたりで戦闘が繰り広げられたものであろう。戦いの背景に何があったのかを伝える史料はないが、この時期には商場知行制が展開しはじめ、アイヌ側は、特定の交易相手（藩主または上級家臣）がコタン（集落）に派遣してきた船としか交易できなくなって、交易上不利な立場に置かれるようになったこと、また、島小牧で寛永八年より砂金採取が行われ、砂金取りのための川の流路の変更や水の汚濁が河川の鮭漁に打撃を与えたこと、さらには寛永一七年六月、駒ケ岳が大噴火し、その降灰の被害が大きかったことなどが推測されている。（菊池勇夫）

〔参〕海保嶺夫『日本北方史の論理』、『松前町史』通史一上

寛永二〇年（一六四三）
讃岐国山田郡高松藩領小村年貢分納訴願

寛永一七年、生駒騒動により生駒氏が改易となり、寛永一九年から松平頼重が東讃岐一二万石に封ぜられ高松藩が成立した。寛永二〇年は旱魃で、小村では年貢未進が起きた。庄屋小村田之助は年貢の分納を求めて藩に直訴した。藩は年貢の分納を認めたが、彼を斬首としたとされる。

【人物】小村田之助　おもれたのすけ

小村の庄屋。寛永元年（一六二四）生まれ。同一九年、寛永の飢饉が続くなか父平之丞の跡を継いで一九歳で庄屋に就任する。小村家は、二〇〇石以上を経営する土豪であった。小村では、寛永一七年に生駒氏が改易され、伊予の三藩（大洲・西条・今治藩）に分割統治されたが、この間、凶作が続いたため、平之丞は徴収した年貢を完納せず、百姓たちに分け与えた、と伝えられる。同一九年に松平頼重（高松藩）の支配となって厳格な農政が施行されたことから、平之丞の時の年貢未進の累積が問題になったとの説もある。同二〇年の凶作時、代替わりしたばかりの田之助は、藩役人に年貢の分納を訴願した。田之助の要求は受け入れられたが、翌正保元年四月二四日、山田郡木太村夷で斬首に処せられた。時に二一歳であった。父平之丞は追放となり、播磨国山崎藩主松平康映に足軽として仕え、のち二一〇石の禄を得るまでに出世し、明治維新まで子孫が続いた。手続きを踏んだ訴願にもかかわらず田之助が死罪となったのは、小姓の大村兵蔵という者が「庄屋の分際で年貢納入法などに口出すとは不遜であり、後世に悪例を残す」といったためとの伝承が残るが、新領主（松平頼重）による在地支配強化の犠牲とされたのかもしれない。高松藩領では、田之助直訴以降一一月八割・翌六月二割の分納が慣例とされた。この六月の納入を人々は首斬り勘定と呼んだ。田之助は、後に義民として祀られ、慶応二年（一八六六）山田郡の大庄屋・小庄屋らによって墓兼顕彰碑が小村の本村に建てられ（高松市小村町）、毎年命日の四月二四日に祭祀が行われた。そこに隣接して田之助屋敷という村の共有地があり、その小作料を祭祀の費用に充てた。また、大正三年（一九一四）に処刑地に碑が建立された（高松市木太町）。昭和一八年（一九四三）には三〇〇年祭が挙行された。里謡に「小村田之助十九で世帯、二十一期は木（獄門台）の空に」、「小村田之助最期の時は、大人も子供も空飛ぶ鳥も、涙こぼさぬ者はない」、「小村田之助羽織の紋は、枡に概（とかき）に、帳に算盤、年貢改正で藏治め」と唄われる。（須田　努）

〔参〕福家惣衛『義民小村田之助』、佐々栄三郎『讃州百姓一揆史』

正保元年（一六四四）五月
越前国丹生郡福井藩領米ケ浦逃散

正保元年五月一三日以前に庄屋以外の村人全員一〇六人が船で出奔した。その後、越後新潟にいることがわかり、藩は翌二年三月二二日連れ戻し吟味したが、頭取のうち市兵衛・六蔵・孫市は逃亡し、兵四郎・次兵衛は入牢を申しつけられた。逃亡した三人は、陸奥盛岡藩田名部通大畑村に居住したという。要求は不明だが、寛永一七年（一六四〇）九月に同村百姓一同が藩に訴

訟した願書によれば、半農半漁の同村では漁業収入によって年貢納入を補完してきたが、貧窮により漁具が揃えられず沖漁から磯漁に移行したため収入が減り、同一五年施行の年切皆済法のため借金がかさみ、減免を願うとあるので、原因は高免への不満によるものであろう。なお、米ケ浦では寛永一四年（一六三七）・同二〇年（一六四三）に村民が欠落をしない旨の誓約状を庄屋に提出しており、前々から逃散の動きが潜在していた。（齋藤　純）

〔参〕黒正巌『百姓一揆の研究』続、『福井県史』通史四

正保元年（一六四四）
下野国河内郡宇都宮藩領下岡本村分村騒動

下岡本村は高一〇〇〇石余であったが、そのうち肝煎左京助の持高一六六石余の諸役は、従来残る八四〇石余の百姓が担うことになっていた。ところが、惣百姓がこの慣例を迷惑として訴訟を起こし、隣郷の肝煎の内済によって、寛永一四年（一六三七）閏三月二三日、左京助が持高の約半分の八〇石分について、惣百姓五四名へ夫米を支給することで決着した。次いで正保元年、村内ざる内組二〇〇石余の百姓一四名が左京助分の諸役勤仕を免れるため、分村騒動を展開して成功させた。その結果、左京助分の諸役が転嫁された残る三九名の百姓は、もはや夫米も支給されず、これを勤仕することを迷惑とし、百姓高に見合った諸役を負担する肝煎へ交代させるよう、承応三年（一六五四）二月九日、藩に要求して騒動となったが、その後の展開は未詳である。（西脇　康）

〔参〕斎藤善之「近世初期の農民闘争と村請制」（『歴史評論』四七五）、『栃木県史』通史四・史料近世一

正保二年（一六四五）六月一一日
出羽国雄勝郡秋田藩領上到米村減免直訴

上到米村では凶作が続き不納高が一〇〇石以上にもなり、百姓の欠落も相次いだ。肝煎遠山治兵衛が二免（二割の年貢率）宥赦を願い出るが取り上げられなかった。正保二年六月一一日、治兵衛と甚助は直訴状を横手の馬喰橋のたもとで藩主佐竹義隆の駕籠に投げ入れた。検使の調査の結果、内容に偽りがなかったため二人は無罪釈放となり、翌年三月、二免が宥赦されたとされる。

【人物】佐藤甚助　さとうじんすけ

上到米村の長百姓。伝承によれば、村は高冷地の山村で凶作の惨状はひどく、肝煎遠山治兵衛にどのようにすれば村の窮状を救えるか相談を持ちかけられ、直訴を決意した。藩主が参勤交代で帰国する時期を選び、雄勝峠で待つが機会がなかった。そこで次の場所へ移る途中、茶店の親父に直訴のできる場所、作法などを詳しく教えられ、横手の馬喰橋で待つこととした。治兵衛を介添役として、直訴状を青竹に挟み藩主の駕籠に投げ入れ、直訴は成功するが二人は捕らえられた。検使の調査で土用の酷暑の最中に霰が降る高原寒冷地であることがわかり、咎もなく釈放される。欠落百姓も戻り、村の建て直しに励んだという。没後、村人たちによって西鳥海山が正面に見えるところに石碑と一宇が建立された。（堤　洋子）

〔参〕『羽後町郷土史』

正保四年（一六四七）一一月二八日
丹波国何鹿郡福知山藩領印内村・報恩寺村訴願

当時の福知山藩主稲葉紀通は猪狩りを好み、猪が現われた場合は、すぐに知らせるようにとの触を領内に出していた。山村の印内村庄屋島村治右衛門は、猪によって大きな被害を受けていることを理由に、年貢の減免を領主に願い出ていたが、ある時、印内村で猪が出たとの知らせにより紀通が猪狩りに出かけたところ、一頭も姿を見せなかった。そのため、これに激怒した紀通は、猪被害は年貢減免のための虚偽であると決めつけ、正保四年一一月二八日、治右衛門一家を処刑した。印内村の本郷である報恩寺村庄屋片岡治兵衛一家も、同様の理由で、慶安元年（一六四八）七月六日に処刑された。近世の記録類には、紀通が家臣・

領民を殺害していたという彼の狂乱ぶりを伝える逸話が記されているが、その真偽や背景については不明なものも多い。なおこの事件の直後、紀通は自殺し、稲葉家は改易となった。

【人物】片岡治兵衛　かたおかじへい

　報恩寺村の庄屋。片岡治兵衛たちの年貢減免要求は、猪害による不作だけでなく、前領主有馬氏時代の検地による大幅な増高が引き起こした年貢増徴に起因するものと考えられている。また、片岡氏がかつては報恩寺城主として近郷を支配した土豪の系譜を引くことから、背景には、近世領主支配に対する土豪の不満もあったといわれている。治兵衛一家は「桶伏せ」の刑に処されたと伝えられており、処刑後、同家の家財は欠所、所有の田畑山林は村の惣作地となった。その後、村からの願いにより、惣作地を百姓持とすることが藩から許可され、慶安四年（一六五一）二月、かつて治兵衛方に奉公していた仁兵衛がこの惣作地を貰い受けている。福知山市報恩寺村には、処刑地跡が伝承される。　（岩城卓二）

〔参〕片岡孫九郎「稲葉淡路守と桶伏せ」（『ふくち山』八八・一六八・一六九）、『福知山市史』二

慶安二年（一六四九）四月

摂津国武庫郡上瓦林村役負担争論

　上瓦林村の小百姓は慶安二年四月、庄屋市兵衛・年寄太郎右衛門が身内の者、あるいは新規の名跡相続者に対し、不正に役儀免除をはからい、松葉の押領と不足分代銀の不正割符、村入用銀の押領、新規の竹木伐採役の賦課などを行っているのは迷惑であるとして、代官に訴え争論に発展した。この争論は下瓦林村庄屋などの取扱で内済がはかられたが、庄屋・年寄の不正もさることながら、役儀を「高役」（高割）でつとめたい小百姓と、「棟役（家並役）」（棟割）でつとめたい庄屋・年寄の対立となった。その後の争論の展開は未詳であるが、延宝年間（一六七三ー一六八一）に無役人の高持隠居の役人化が見られることから、小百姓の高割要求が認められたと推測できる。　（西脇　康）

〔参〕『西宮市史』史料二、今井林太郎・八木哲浩『封建社会の農村構造』、水本邦彦「前期村方騒動と『小百姓』」（『講座日本近世史』）

慶安二年（一六四九）

紀伊国那賀郡和歌山藩領打田村直訴

　年次は判明しないが、検地が行われ、八〇三石から一七四八石へ打ち出された。そのため百姓中が訴願を提出した。その結果であろうか、元禄二年（一六八九）には村高が減少している。

【人物】内田馬之丞　うちたうまのじょう

　馬助ともいわれる。家は代々村内にある中ノ宮の神官を務めてきたが、慶安二年（元年とする説もある）居村の百姓のために検地が苛酷であった旨を直訴した。この時の年齢は八一歳という。馬之丞は、藩主が粉河寺へ参詣する折をねらって山王神社の森にかくれ、藩主の行列に向かって訴状を差し出し、捕らえられた。しかし、訴願内容の正当性が認められて帰村を命じられ、三年三月に没したといい伝えられる。この直訴は村人に語り継がれ、明和年間（一七六四〜七二）に馬之丞の徳をしのんで村内に義民を祀る恩徳堂が建立された。しかし、近代になって潰れたため、村内有志によって明治四三年（一九一〇）一二月に打田の法音寺境内に恩徳碑が建てられ、現在に至っている。　（野中政博）

〔参〕『打田町史』三、南出和子「和歌山の義民」（『和歌山の研究』三）

承応二年（一六五三）一二月二五日

信濃国小県郡上田藩領武石村減免直訴

　慶安四年の仙石氏による検地で武石（たけし）村は八三九貫余から一三二九貫余となり、その後石高制に切り替えられて三二八三石余、ほかに新田切り起こし高二四〇石余が加えられた。この仙石氏の打ち出しに苦しむ百姓にかわり、元和八年（一六二二）まで真田氏の代官であった小山久介は、藩主への直訴を試みた。伝承によれば、久介は自分の屋敷に村人を集め、新開地の租

率を低くするなど一七か条の訴願をすることを伝え、上田に出向いたという。その結果、新開地の年貢減免は認められたが、久介は、承応二年（一六五三）処刑されたと伝えられる。

【人物】小山久介　こやまきゅうすけ

慶長五年（一六〇〇）真田氏の領地となった時に、在地の土豪として武石村の代官に任命された。元和五年（一六一九）には、代官免として二貫文の土地を与えられている。承応二年一二月二五日に処刑されたという。武石村の新田村である余里村では、「久介講」をつくり、幕末にいたるまで、秋の収穫が終わると集まって久介の徳を偲んだという。　　　　（小椋喜一郎）

〔参〕『小県郡史』、横山十四男『信濃の百姓一揆と義民伝承』

承応三年（一六五四）九月
美濃国安八郡幕府領美濃代官支配楡俣村年貢算用騒動

承応三年夏は日照りが続き、渇水状態になった楡俣村は代官役所へ嘆願して井水の配分を一定程度得ることができた。しかし、村内で地所の高い水田には灌漑が行き届かず、立枯れとなった。村では代官に年貢容赦の嘆願を行ったが受理されず、検見の手代衆へ旱損田の内検見を願ったところ、善し悪しにかかわらず結果には必ず従うとの惣百姓連判請書の提出を義務づけられた。

そこで村では上下両組が相談し、年貢容赦とならない場合は旱損となった田には年貢を賦課せず、残る収穫のあった田に旱損田の年貢を上乗せする「ならし」算用を採用し、年貢上納する誓約請書をしたためた。けれども、内検見の結果は年貢容赦とならなかったため、「ならし」算用の実施となった。すると年寄源蔵の上組は、先の連判を破棄して旱損田にも年貢をかけるべきとし、年貢・村諸役米の算用にも応じず、九月二五日以来、組内で結束連判を交わし、庄屋五郎右衛門の下組に激しく抵抗した。一〇月一二日には、庄屋の指示で百姓中が手代へ訴え、役米など浪費をもたらし負担増加になるとして、源蔵の庄屋就任に強く反対した。源蔵はこの頃から庄屋を自称し、郷蔵を別立てにしようとした。これに対し庄屋は手代に仲裁を依頼し、当年は郷蔵を仕切り、入口も別々に造り、年貢を蔵詰めするよう説得したが、源蔵はかえって郷蔵を打ちこわし、蔵の諸道具を散々に放置したうえ、上組年貢を自分の物置に収納する行動に出た。翌年三月二九日になると、庄屋・年寄・惣百姓が連判状をもって手代へ源蔵の我儘を訴えたが、その結果は不詳である。しかし、これ以降上組の百姓は楡俣村庄屋の作成する宗門帳など公文書から姿を消し、結局庄屋は一名のままでも、村政は上組と下組に分立して行うことが公認されたと予想される。　　　　（西脇　康）

〔参〕西脇康「近世前期の年貢算用と『村』秩序」（『史観』一〇六）

正保－承応年間（一六四四－一六五四）
下総国印旛郡佐倉藩領減免越訴（佐倉惣五郎一揆）

佐倉藩は、堀田加賀守正盛死後藩主となった上野介正信が年貢・課役の増徴を行い領民は困窮に陥った。村々で集会が行われ、三〇〇余人の名主が江戸藩邸へ門訴し、その後公津台方村名主惣五郎ら六人が老中久世大和守へ駕籠訴したが受け入れられなかった。そこで惣五郎が上野寛永寺に参詣する将軍へ直訴を行った。訴状は佐倉藩に下げ渡され、吟味の結果要求はおおむね認められたが、惣五郎は直訴の罪で磔、妻子も縁座して磔や死罪に処された。惣五郎夫婦は怨霊となり藩主に祟り、上野介は乱心して城地を没収された。惣五郎の将軍直訴年代については、正保元年（一六四四）から承応三年（一六五四）までの諸説あり、それに伴ない直訴先の将軍も家光・家綱の両説あるように、著名な一揆ではあるが事実を確定するに足る史料は存在せず、一八世紀後半に作られた「地蔵堂通夜物語」などの義民物語として伝えられるのみである。

【人物】木内惣五郎　きうちそうごろう

生没年不詳。ただし善提寺東勝寺の過去帳では承応二年（一六五三）八月四日没。宗五郎・宗吾とも伝う。一般に佐倉宗吾と呼ばれ、義民を代表する人物として知られる。公津台方村の名主であった惣五郎は、佐倉藩堀田氏の苛政に対し、正保―承応年間に将軍（家光との家綱とも）に直訴した罪で磔の刑に処されたとされるが、その事蹟を史料で確認することはできない。直訴したとされる時期の公津台方村に、田畑三町六反、石高二六石九斗余を所持する村内有数の高持百姓である惣五郎という人物が存在していたことは、残されている名寄帳から確認されるが、彼が名主であったか否かは不明である。公津台方村周辺では、藩と訴訟し恨みを呑んで死んだ惣五郎という百姓の霊が祟るので、それを小祠に祀ったという話が、早くから成立しており、次第にその祠が将門山の「口の明神」であると考えられるようになっていった。延享三年（一七四六）、山形藩主堀田正亮（まさすけ）が佐倉に転封し、宝暦二年（一七五二）には、惣五郎百回忌の法会を行い、「涼風道閑居士」の諡を与えた。その後も佐倉藩は惣五郎の顕彰を行ったので、彼は藩公認の義民となり、広く信仰されるようになった。現在知られている惣五郎物語の原型となった「地蔵堂通夜物語」や「堀田騒動記」などの義民物語ができたのも、この一八世紀後半であったと考えられる。そしてこれらの物語は、一九世紀にかけて佐倉藩領内を中心として各地で写本され流布した。嘉永四年（一八五一）、江戸中村座で上演された「東山桜荘子」は、惣五郎物語にさらなる飛躍を与えた。四代目市川小団次が演じる浅倉当吾（木内惣五郎）夫妻が藩主に祟る怪談話を中心としたこの物語は、大ヒットとなった。この時惣五郎を義民と呼ぶようになったが、それは百姓一揆の指導者を義民と呼ぶ最初の事例である。その後も「花曇佐倉曙」、「桜荘子後日文談」などの外題で歌舞伎上演が繰り返され、明治三〇年代には「佐倉義民伝」という名が定着する。また講談なども惣五郎物語をこぞって取り上げるようになった。惣五郎の物語は義民という言葉とともに全国各地に広まっていくことになり、惣五郎は佐倉藩の義民から日本の義民へと変化したのである。全国に流布した惣五郎物語は、幕末から明治にかけて人々に強い影響を与えた。安政六年（一八五九）信濃国で発生した南山一揆の指導者小木曽猪兵衛は、惣五郎物語の講談を語りながら一揆を組織したと伝えられ、明治二年（一八六九）上野国高崎藩五万石騒動の三人の指導者は、一揆に先立ち宗吾霊堂に詣でるなど、一揆の先頭に立とうとする頭取たちを鼓舞したのである。また福沢諭吉は『学問ノススメ』のなかで、世界に対して誇りうる人物として惣五郎を取り上げた。さらに自由民権家は惣五郎を民権運動の先駆者としてとらえ、顕彰運動を行ったり、各地の講演会でその事蹟を宣伝した。惣五郎を祀ったとされる「口の明神」は、明治に入るとすたれ、菩提寺である成田市の東勝寺が宗吾霊堂として今に信仰されている。また歌舞伎の「佐倉義民伝」は、松竹や前進座が現在でもたびたび上演している。

【史料】地蔵堂通夜物語　じぞうどうつやものがたり

　佐倉惣五郎の直訴物語。勝胤寺の地蔵堂において、同堂の庵主あるいは惣五郎夫婦の亡霊である夫婦者が、永西という六十六部に物語るという形式でつづられている。構成は、写本により若干異なるがおおよそ次のとおりである。「総州印旛郡勝胤寺由来、附り地蔵堂庵主六部へ物語り発端の事」、「佐倉城主上野介殿領分百姓へ無体の過役、取箇をまし、附り名主共郷村役人へ訴訟ならびに江戸屋敷へ出訴評議の事」、「百姓徒党江戸へ出立屋敷へ訴状差出す事、附り久世大和守殿へ御駕籠訴の事」、「六人の名主共上様へ御直訴評議の事、並び上奏の訴状相整へ候事」、「上野御成之節名主惣五郎三橋に忍び入り訴状差上る事、附り堀田殿の御内意の事」、「惣五郎夫婦はりつけに行はれ、並に六人の名主共追放の始末、死霊永西へ物語りの事」、「惣五郎夫婦最後大言の事、附り雷鳴の事」、「上野介殿奥方懐妊ノ妖怪の事、附り郷村掛り役人追放の事」、「夫婦の死霊へ永西成田山の霊験の物語り」、「上野介殿狂乱佐倉騒動の事、附り城地召上げられるの事」（大野政治編『地蔵堂通夜物語』)。内容的には、正信時代の苛政、江戸藩邸への門訴（ただし惣五郎は持病のために遅れて門訴には参加しない）、老中久世大和守への駕籠訴、将軍直訴、処刑、城中での怨霊による怪異、正信の狂心による佐倉への帰城、鎮魂のための口ノ明神建立などが語られ、現行の惣五郎物語の基本的骨格がすべて含まれている。もっとも、将軍直訴前の帰郷時に展開する甚兵衛渡しと、妻子との別れの場面は存在しない。著者・成立年代は不詳であるが、現在確認できる十数種の写本の中で、もっとも古いものが安永二年（一七七三）であり、宝暦二年（一七五二）の惣五郎一〇〇回忌以降、安永二年までの間に成立したものと考えられる。公刊されたものに、白鳥健『義民叢書佐倉宗吾』、青柳嘉忠『研究史佐倉惣五郎』、大野政治『地蔵堂通夜物語』がある。また、惣五郎物語の異系列の写本として、「堀田騒動記」・「佐倉騒動記」などと題される一連の写本があり、地蔵堂通夜物語よりも地域的に広く流布しており、青柳前掲書に収録されている。

【史料】東山桜荘子　ひがしやまさくらぞうし

　三代瀬川如皐作。歌舞伎作品。内容は惣五郎の義民物語を核とし、当時人気のあった「修紫田舎源氏」の筋を取り入れたもの。嘉永四年（一八五一）に江戸中村座で四代市川小団次の浅倉当吾（木内惣五郎）役で初演された。当時の通例として、時代を室町幕府の頃とし、惣五郎を浅倉当吾、堀田上野介を織越大領政知として演じられた。序幕返し　伏見街道札辻の場、呉竹塚駕籠抜の場、二幕目　足利御殿の場、同庭内の場、織越役所の場、伏見街道の場、二幕目返し　織越門前の場、足利家御殿の場、織越玄関の場、三幕目　旅籠屋の場、狭倉堤船渡の場、雪の別愁の場、四幕目　洛陽金鏞閣の場、五幕目　織越家獄屋の場、六幕目　織越館の場の六幕一五場からなる。「古今ふしぎの大入」（辻番付への朱書）とあるように予想を超えたヒットとなった。その要因は、「当吾のゆうれい古今大てき、趣向目あたしく大評ばん」（絵本番付への朱書）にあるように百姓当吾夫婦の怨霊が藩主に祟る場が、当時の観客に受け入れられたことによる。この惣五郎の怨霊を神社に祀る場面は存在しない。この芝居が惣五郎物語へ与えた大きな影響は、「狭倉堤船渡の場、雪の別愁の場」（いわゆる甚兵衛渡しの場と子別れの場）を挿入したことにある。その後幾たびか改作が行われ、「修紫田舎源氏」の筋が取り除かれ、明治三〇年代には「佐倉義民伝」として、現在の筋に定着した。平成一〇年（一九九八）国立劇場での上演では、序幕　堀田家門内の場、同門外の場、同門内の場、二幕目　印旛沼渡小屋の場、三幕目　木内宗吾内の場、同裏手の場、四幕目　東叡山直訴の場、五幕目　仏光寺祈念の場、六幕目　堀田家寝所怪異の場、大詰　東勝寺宗吾百年祭の場の七幕一〇場で行われたように、門訴、甚兵衛渡し、子別れ、直訴、仏光寺祈念（文久元年〈一八六一〉に「桜荘子後日文談」の外題で上演された時、河竹黙阿弥によって付け加えられた）、怨霊、祭りの順で上演されることが多い。　（保坂　智）

〔参〕児玉幸多『佐倉惣五郎』、鏑木行廣『佐倉惣五郎と宗吾信仰』、大野政治『地蔵堂通夜物語』

万治三年（一六六〇）一月

出羽国最上郡新庄藩領中渡村直訴・逃散

　万治元年名主と百姓との出入をめぐって藩に訴状が出されたことにより、藩内で内紛が起きた。重臣片岡理（利）兵衛は、出入に関して双方の主張を調べることなく、名主罷免の措置を取った。名主や同村を知行地とする藩主の姉天慶院がかけあっても、理兵衛は聞き入れなかった。百姓たちは藩の再三の呼び出しにも応じなかったため、万治三年一月、百姓五七人を捕縛し牢に入れたが、理兵衛は百姓たちの赦免を訴えた。その際、理兵衛は赦免の願いが入れられなければ、幕府老中への嘆願も辞さない旨を主張したという。このため天慶院は百姓を赦したが、ただちに百姓らは大勢で藩主に直訴した。藩は百姓の一人を入牢させたが、理兵衛は百姓たちが神文血判を四度も行ってまで一揆を起こしたのだから入牢などの強硬処置をとるべきではないと主張した。このように理兵衛が徒党百姓を再三擁護したことから、彼自身が徒党頭取の嫌疑を受けることになった。五月になると、片岡理兵衛の「わがまま」な行為があげつらわれるようになり、六月には切腹の処分を受けた。名主・百姓間の出入や一揆の訴状の内容は不明であるが、理兵衛の処罰以後、百姓らは村をあげて妻子ともども鶴岡藩領へ逃散したという。その数は一九戸一六一人にのぼり、引き戻されたのは万治五年のことであった。　（浅見　隆）

〔参〕旧『山形県史』二

万治三年（一六六〇）春
相模国足柄上・下郡小田原藩領麦年貢撤回越訴

万治元年から同三年にかけて小田原藩は、領内全村で総検地を行った。その結果、以前の検地と比較して名請人は平野部の村で増大、山間部の村では総数で減少するが一町前後の中堅層が増大した。耕地も増加し、藩の経済的な基盤はここに確立したといわれる。総検地の意図は年貢の増加にあったが、新たに麦にも課税することとなったため、領内二四八か村がその撤回を要求しようとした。その動きが藩に知られ失敗すると、関本村の下田隼人が、万治三年春麦年貢撤回と年貢減免を藩主稲葉正則に直訴した。その結果、藩は同年の麦年貢を中止したが、越訴を行った罪で隼人を処刑した。なお、当時の事件史料は現存せず、伝承で知られる。

【人物】下田隼人　しもだはやと

伝承によれば、通称惣四郎といい、足柄上郡関本村の名主家に生まれ、事件当時は苅野庄三六か村の割元名主であったという。ただし、万治二年関本村検地帳では、隼人は山畑三反余しか持たず屋敷はないので、名主であったかについては疑問が残る。麦年貢撤回と年貢減免を藩主稲葉正則に直訴し、要求は受け入れられたが、自身は捕らえられ、家は闕所、妻子は追放となり、隼人は万治三年一二月二三日、城下牢屋町の刑場で処刑されたという。墓碑は南足柄市関本の龍福寺と同市南坪の弘行寺の二か所にあり、前者は相阿弥陀仏、後者は観理日円と刻されている。この義挙は、その後下田家を秘かに存続させることで関本村に伝えられ、文政一〇年（一八二七）には、村役人一同の発起で回向の呼びかけがなされ、義民として人々の記憶の中によみがえった。近代に入り、大正一〇年（一九二一）には龍福寺境内に「義民下田隼人翁顕彰碑」が建立され、当時の神奈川県知事井上孝哉が隼人の行為を称えた碑文を書いた。また、現在は小田原市谷津の大稲荷神社に合祀されている錦織（にしごおり）神社は、隼人を祭ったものと伝える。　（高橋正一郎）

〔参〕『神奈川県史』通史二、『足柄上郡誌』、内田哲夫『小田原藩の研究』

寛文三年（一六六三）八月一三日
土佐国安芸郡高知藩領訴願

土佐藩家老野中兼山の政策により、茶・和紙・漆・油などの自由な売買は禁止され、藩専売制が実施され、また小間物・帯などの生活物資の販売に関しても、藩により問屋制が施行され、自由販売は制限されることとなった。この結果、生産農民は困窮し、また諸物価が高騰していた。そこで、町中（城下か）では専売制・問屋制の廃止を求める訴状を作製していた。一方疲弊がいちじるしかった安芸郡東海岸の野根・津呂・田野・安田の村々では走り百姓多くが発生した。これらの訴願・走りは、野中兼山失脚の一因となり、同年兼山失脚後、村方・町方・浦方の夫役は軽減された。

【人物】野中兼山　のなかけんざん

元和元年（一六一五）一月二一日、播磨国姫路で出生したと伝える。父野中良明は、山内一豊の家臣であったが、一豊死後、知行高への不満のため浪人となり、姫路に居住する。良明死後、兼山は母とともに分家野中直継をたより土佐に帰る。のち直継の養子となり、寛永八年（一六三一）には土佐藩奉行職に就任する。同一三年（一六三六）直継死後家督を相続する。兼山は谷時中に師事し、朱子学（南学）を治める。会津藩主保科正之に仕えた山崎闇斎は学友である。兼山は、朱子学を農民教化に利用していく。寛永八年（一六三一）高知藩奉行職となり、承応三年（一六五三）から藩政を掌握、殖産興業政策を展開し、ミツバチの飼育、漁業奨励、蛤移植などを行い、また河川・灌漑用水の整備を進め、農政面では、新田開発・村役人制度の強化などの政策を展開した。特に、特産物である茶・和紙・漆・油などの自由な売買を禁止する藩専売制を実施し、また小間物・帯などの生活物資の販売に関しても問屋制を施行した。このような兼山の強引な政策は、藩内部の反対者を生み権力闘争を惹起し、また百姓たちの困窮化を招いた。そして、寛文三年八月一三日、土佐国安芸郡を中心にして専売制廃止の訴願、走りが発生した。これを政敵に利用された兼山は、奉行解任へと追い込まれた。寛文三年七月香美郡中野に退き、同年一二月に死去する。のち野中家は改易となり遺族は宿毛に幽閉された。（須田　努）

〔参〕高橋史朗「小農自立と農民闘争一」（『海南史学』五）、『高知県史』近世、『高知市史』上

寛文四年（一六六四）七月
陸奥国信夫・伊達郡米沢藩越訴未遂
→寛文六年（一六六六）八月　出羽国置賜郡ほか米沢藩領苛政・年貢重課など越訴（信夫目安）

寛文四年（一六六四）八月四日
甲斐国八代郡旗本朝比奈氏領北都塚村逃散

北都塚村は、旗本三名の相給地であったが、そのうち二〇〇石の旗本朝比奈喜助（吉豊）の誅求は甚だしいものがあった。年貢率は隣村では三つ一分であるのに六つ五分の高免で、訴願に出た百姓に対し「無理非に御しばり」のうえ「ぼくとう」にて打擲するほどで、百姓は「命たまり不申」、仕方なく年貢を皆済してきたが、そのため小百姓は妻子を売り、大百姓は下人・牛馬を売って工面してきたという。そして、寛文四年六月、百姓を江戸屋敷に呼び出して、前年納入済みの年貢に対し五分の引き上げがなされ、さらにこれに五割の利息をかけて納入を迫った。同年は大日照りで「植捨」になるような旱損であったこともあって、ついに領民の堪忍袋も緒が切れた。八月四日、村民は「立毛一円青野にて指し上げ」るとして逃散を決行し、同時に江戸屋敷の門に七か条からなる訴状を張ったのである。以後寛文八年まで年々、逃散百姓たちは朝比奈氏一門や甲府藩などに訴訟を繰り返し、同七年には逃散百姓の親類たちも年貢諸役を請け負う旨を申し立てて解決を取りなしたが、朝比奈氏の代官小松兵右衛門の妨害にあって帰村は叶わなかった。その後の結果は不詳。なお、朝比奈氏は天和三年（一六八三）当事件とは別の理由で絶家となり、北都塚村の知行分は幕府領に収公された。（齋藤　純）

〔参〕『一宮町誌』、飯田文弥「寛文・延宝期における甲州国中地方の百姓一揆」（『日本歴史』三一八）

寛文四年（一六六四）一一月
伊予国新居郡西条藩領五ケ山運上銀納訴願（大保木山〈おおふきやま〉騒動）

伊予国新居郡黒瀬山・大保木山・中奥山・西之川山・東之川山の「五ケ山」と呼ばれる山間村落は、耕地の生産性が低く、木材・炭焼き・薪などに頼って生計を立てていた。しかし、年貢は米納であったため、生業での利益は買米に回さざるを得ず、米価高値の場合には村々の年貢負担は過重となった。また、寛永一三年（一六三六）一柳氏が西条藩主となってからは、諸運上が増加し、百姓の困窮は深まっていた。そのため、寛文四年、中奥山村庄屋工藤治平（治兵衛とも）親子を中心にして、五ケ山の庄屋・組頭・百姓惣代たちが集まり、諸運上の銀納への切り替えを要求する願書を作成し、各庄屋が血判を押した。そして、初めは代官に、のちには藩主へ願書を提出した。藩は、要求を却下し、一一月二七日に治平ら庄屋・百姓一六名を逮捕し、翌二八日に斬罪の刑に処した。翌寛文五年（一六六五）一柳直興は、京都御所造営の助成に不正があるとして改易となり、所領は幕府領となり、松

山藩預地となった。五ケ山の村々は、松山藩への訴願運動を始め、大保木山庄屋平左衛門の弟高橋吉左衛門が五ケ山の大惣代となり、村々庄屋・組頭・百姓惣代を率いて、松山城下まで一六回も訴願に赴いたという。これにより、ようやく幕府は訴願を受け入れ、その旨松山藩に下知した。その結果、寛文一〇年三月に銀納が許可された。

【人物】工藤治平　くどうじへい

治兵衛とも書く。中奥山村の庄屋。大保木山騒動の頭取。治平はもとより、長男利左衛門以下中松・文太郎・文四郎・林蔵の五人の息子も、西条なぎの木において斬首された。村民が建立した墓石には「冬散宗壽禅定門　工藤治平、新月道清禅定門　利左衛門、常真禅定門申松、文太郎、文四郎、林蔵、寛文四辰天十一月廿八日　念仏講中」と刻まれている。法名のない文太郎以下三人は、まだ少年であったのであろう。その脇に治平を祀る治平堂を建て、銀納治平と慕われた（西条市中奥に現存）。同市大保木の極楽寺には治平の位牌が祀られ、境内に明治二三年（一八九〇）建立の銀納記念碑がある。　（須田　努）

〔参〕黒正巌『封建社会の統制と闘争』、『愛媛県史』近世下、秋山英一『東予義民伝』

寛文五年（一六六五）三月
出羽国置賜郡米沢藩訴願（小国目安）
→寛文六年（一六六六）八月
出羽国置賜郡ほか米沢藩領苛政・年貢重課など越訴（信夫目安）

寛文六年（一六六六）夏
下野国河内郡宇都宮藩領上横田村肝煎不正争論

上横田村では寛文五年春に組頭の創設を藩から命じられたが、肝煎伊右衛門は我儘からこれを無視し、さらに寛文三年八月の検見衆賄残銭を押領したとして、同六年夏になると組頭が藩へ訴えた。藩の吟味は、一〇月二日肝煎の返答書提出から開始され、肝煎は自らを更迭する陰謀として訴えに全面的に反論するとともに、組頭四名の半減を嘆願したが、この時は一時内済が成立したと見られる。しかし組頭三名は、翌年一月二七日に再び訴訟を藩に起こし、組頭に対する我儘、御蔵籾の私的流用、江戸廻米欠損籾一六俵余の惣百姓弁済、検見衆賄銭一二貫文余の押領、川除普請夫役の我儘、御種借籾の無配給と頼母子籾の強制貸付などにつき、肝煎の不正を暴き立てた。翌日肝煎に返答書の提出と訴答対決が命じられたが、その結末は未詳である。
（西脇　康）

〔参〕『栃木県史』史料近世一

寛文六年（一六六六）八月
出羽国置賜郡ほか米沢藩領苛政・年貢重課など越訴（信夫目安）

寛文四年閏五月、米沢藩主上杉綱勝が嗣子のないまま死去し、改易の危機となった。会津藩主保科正之のはからいにより、綱勝の甥で吉良上野介義央の子吉良三郎（綱憲）を養子とし、領地を三〇万石から一五万石に減封されて相続を許された。七月、減封によって収公された信夫・伊達両郡の肝煎や町役人たち三〇〇人が幕府老中に直訴しようと江戸に向かった。しかし、途中の白河郡矢吹で藩役人の説得を受け引き返した。年貢未進分の厳重な取り立てなどが問題になっていたようである。翌五年三月には、置賜郡小国郷の百姓らが二四か条の目安を藩に出した（小国目安）。代官とそのもとで五～六か村を支配する小代官（役人衆）の不正を訴えたもので、しかも取り立てが厳しいこと、借米・銀が高利息で、納入米や普請用材木の運搬の駄賃を支払わないことに加え、年貢減免分を規定どおり実施せず、小物成の徴収でも正規の額を明らかにすることなく強引に徴収しようとしたり、材木蔵を立てて切り出させた木を自分の蓄えとしてしまうなど目にあまるものがあるとし、代官所管轄変更と役人衆の交替を要求した。藩は、役人衆を処刑し、代官を免職とした。同六年八月、置賜郡の「米沢十五万石惣百姓」が幕府信夫代官所に目安に出した。六二か条に及ぶこの信夫目安は、表高一五万石に対し毎年の検地によって三五万余石を打ち出され迷惑しているというものに始まって、銀の徴収、漆・臘の専売、米・青苧・紅花・綿・大豆・小豆・荏油などの強制的安値買い付け、鍬などの鉄製品や紙の高値売り付け、そして諸日用品への課税など細かく書き上げ、さらに高利息の借籾の返済の厳しさ、年貢未納分の取り立ては熾烈を極め、家財・田畑は売り払われ、百姓までも他国に売り払われるほどであると訴え、幕府領編入を求めた。

【人物】高梨利右衛門　たかなしりえもん

信夫目安（寛文目安）の提出者とも伝えられた屋代郷二井宿村出身の百姓。屋代郷は、寛文四年（一六六四）に信夫・伊達両郡とともに幕府領とされ、同郷は米沢藩預地にされた。米沢から派遣された最初の代官岩瀬小右衛門が記した覚書によると、嶋津利右衛門という人物がおり、悪事を働いたことから領外追放処分を受け、最上出身の高梨吉右衛門と名のるようになったという。元禄元年（一六八八）幕府の寄合所に米沢領内の金山採掘を願い出たところ身元があばかれ、同年十二月に斬罪に処せられた。

しかし、屋代郷に伝えられた利右衛門物語は、寛文六年の信夫目安の提出者としてであった。利右衛門物語のおおむねは次のとおりである。屋代郷は寛文四年に米沢藩領となった。その苛政によって人々が苦しめられたため、利右衛門は一〇〇か条の苛政をひそかに写し取り、それを六〇か条にまとめて寛文六年一〇月に、陸奥国信夫郡の幕府代官所に出訴した。代官所ではこの訴状を持てあましたので、利右衛門は訴状の下げ渡しを求め、出府して老中に駕籠訴した。しかし、この駕籠訴も受け取りを拒否されたため、一計を案じて葵の紋を付けた桐箱を作成し、訴状をなかに入れて上野の茶屋に置いた。茶屋の主人が箱を町奉行所に届けたことから、上聞に達し、米沢藩の苛政が明らかとなった。利右衛門は逮捕されて米沢藩に引き渡され、元禄元年一二月三日に磔刑に処されたが、翌二年屋代郷は幕府領となり、人々は苛政から救われたというものである。この物語がいつ頃に形を整えたかは明確ではないが、享保年間（一七一六〜一七三六）には信夫目安と利右衛門が結び付けられて理解されている。この信夫目安は、利右衛門物語とともに、屋代郷を中心に多くの写本が流布している。天明七年（一七八七）には利右衛門の一〇〇回忌が営まれ、普照院鉄心受性居士という法名がおくられている。文政一〇年（一八二七）には小郡山村の武田孫兵衛の書による高さ一丈五尺（四・五m）の「酬恩碑」が利右衛門の生地の二井宿村に建てられた。この頃までには義民物語の核心は形成されていたと考えられる。文久三年（一八六三）、屋代郷が米沢藩領私領並支配となることに反対した一揆では、義民利右衛門の物語が一揆参加者の心の支えとなった。そのため、同一揆終了後の元治元年（一八六四）に先述の「酬恩碑」は幕府役人によって破壊された。明治四年（一八七一）、「酬恩碑」が再建され、さらに小室信介が『東洋民権百家伝』に取り上げて、広く知られるようになった。葵の紋の入った桐箱を茶屋に置くという訴訟方式の話は、天和元年（一六八一）上野国磔茂左衛門一揆物語に影響を与えた可能性がある。　（浅見　隆）

〔参〕『山形県史』二、『米沢市史』近世一、豊田武編『東北の歴史』中、『高畠町史』中、八鍬友広『近世民衆の教育と政治参加』

寛文六年（一六六六）一一月一六日
丹波国船井郡旗本小出氏領越訴

旗本小出氏知行所二九か村を代表して、仏主（ほどす）村百姓猪兵衛（藤田姓）が、寛文六年一一月一六日に京都所司代板倉重矩へ直目安を提出した。訴状は三三か条からなり、検地により石高が一六〇〇石から四〇〇〇石に増えたことによる年貢増徴、桑・茶・漆などの小物成の負担過重を訴えるものであった。京都所司代が知行所役人宇野儀兵衛を呼び出し、双方を取り調べた結果、訴願は不当な直目安として却下され、猪兵衛の身柄は領主小出氏へ下げ渡された。小出氏は、猪兵衛を牢舎とし、妻子を村預けとした。

【人物】藤田こん　ふじたこん

高二石六斗余の仏主村百姓猪兵衛の妻。

延宝四年（一六七六）一一月二〇日付の文書によれば、村預けとされていたこんは、幕府の国廻奉行へ直訴した罪で成敗されるべきところ、将軍夫人逝去の報赦として、村預けとされたとある。彼女の直訴内容は不明であるが、夫猪兵衛の訴訟とその後の処置に関するものであると思われる。しかし、この文書が残ったため、いつしか夫猪兵衛の直目安もこんの行ったものと伝承されるようになった。その伝承によれば、村人たちが一揆を準備していること、一揆が起こればどのような処罰を受けるかもしれないことを夫から聞いたこんは、一人の子供の手を引き、もう一人はおぶって単身幕府巡見使へ訴願した。この願いは聞き届けられたが、訴願に夢中のあまり子供の容体に気付かず、帰村して授乳しようとすると、すでにその子の息は絶えていたという。

（保坂　智）

〔参〕『園部町史』史料二、『丹波誌』

寛文七年（一六六七）一月
能登国鹿島郡金沢藩領検地反対越訴（浦野一件・浦野事件）

　鹿島半郡は、長連竜が織田信長に宛行われた領地で、前田利常が能登一国を下領された後も長家領として伝領された土地であった。そのため、この地には改作法も実施できず、地方知行制など古い支配形態が残っていた。金沢藩は、この地に改作法を施行して長家の弱体化をはかろうと機会を窺っていた。一方、長連頼も、財政窮迫の打開と百姓経営の安定策として領内支配の改革を目論んでいた。このような状況のなかで、長氏家中で加賀屋敷（金沢）に拠点を持つ加藤采女一派と、領地の能登に基盤を持つ浦野孫右衛門一派との権力闘争が生じた。藩は、加藤采女が浦野孫右衛門の隠田所持と彼の一族の専横を訴えたことを契機に、隠田摘発の総検地を実施することにした。寛文六年、浦野孫右衛門らが検地反対運動を起こすとともに、これに煽動された十村ら五人が、翌年恒例の年賀で金沢へ出頭した際、四三か村の肝煎の賛同をえて、長元連に検地取り消しの訴状を提出し、その要求が受け入れられるのを待ってそのまま金沢にとどまった。この越訴の罪で、十村の久江村道閑ら首謀者三名が磔刑・獄門（道閑倅三名は刎首）、一名牢死・二人国外追放などに処せられるとともに、浦野父子ら五人が切腹、自害三人・流罪追放など三七名、士分の子一二名死罪などに処されて浦野一派は一掃された。この事件は、検地施行の是非をめぐって、長家の家臣浦野孫右衛門一党が主家の長氏に対して反逆した御家騒動の性格と、それに一味した十村久江村道閑らが藩庁に直訴する代表越訴型一揆の二側面を持つとともに、加賀藩の長家の一円支配の否定と改作法の施行の意図がからんだ特異な事件であった。しかし、これを機に、織田信長以来長家領に許されてきた独自の地方知行制が廃止され、やがて改作法もこの地にも実施されて、金沢藩政が確立するに至った。

【人物】園田道閑　そのだどうかん

　彼の祖は、河内からの移住者だとの伝承もあるが、確証はない。寛永三年（一六二六）生まれ。能登国鹿島半郡久江村に住み、浦野事件のあった寛文六年まで加賀藩重臣長家領の十村頭（他藩でいう大庄屋の代表）に任じられていた。寛文五年、長連頼による新開検地の施行に際して、翌年在地給人の浦野孫右衛門一党らが起こした検地反対運動に同調して、翌々年の一月、他の十村らとともに藩庁に越訴した。また、検地竿を折って抵抗したとの伝承もある。このため、翌年三月浦野一党や他の十村らとともに処罰され、道閑は磔刑に、道閑の倅兵八・六太夫・万兵衛は刎首、十村の高田村二郎兵衛と能登部村長屋は梟首、両人の倅二人は追放に処せられた。ほかに十村能登部村上野は獄死し、三階村池嶋と笠師村太左衛門は翌八年一月に追放されている。道閑の犠牲によって減租になったことから、いつしか村民によって祠が建てられ、義民「道閑様」として祀られるようになった。その祠の建立場所は、道閑の鎮守社といわれる櫛神社付近であったと推定される。また、蛍や蜻蛉などにまつわる彼の怨霊談が伝承される一方で、臼摺歌（臼で籾を摺る時に口ずさむ労働歌）に「おいたわしや、道閑様は、七五村の身代りに」と思慕されて歌われた。さらに、文化一三年（一八一六）の一五〇年忌には久江村（現鹿島郡鹿西町）の長楽寺境内に供養として道閑の墓が建てられ、昭和四二年（一九六七）年の三〇〇回忌には義民道閑顕彰碑と道閑公園が造られて盛大に営なまれた。なお近年、道閑らの越訴行為を否定する新説も出されているが、処罰の苛酷さから見て、ただちには同意できない。いずれにしても、長家の知行地を収公して改作法を施行しようとした藩の意向とそれをめぐって起きた長家内部の御家騒動の犠牲になったことは間違いない。

【人物】浦野孫右衛門　うらのまごえもん

先代の浦野孫右衛門は、加賀藩の重臣長連頼の功臣として仕えていたが、高田内匠の讒言で改易されてのち、伊予藩主松平定行に仕えた。加藤采女の先代の尽力で、二代目浦野孫右衛門は七〇〇石の重臣として復帰した。しかし、孫右衛門は、一族や家来を集めて徒党を結ぶとともに、長家の財政担当の役職を悪用して一族のみに良地を優遇したり、隠田を所持するなどの私利を図る風評が高かった。このためか、金沢の長連頼の側近にいた二代目加藤采女一派とことごとく対立し、浦野一党の悪事をあばくために采女らが画策した検地の施行を契機に両派の対立は決定的となった。浦野派は、一門一党二三人が起請文を書いて結束を誓うとともに、十村などを扇動して検地延期の運動を起こさせた。この事態に対処しあぐねた連頼が、浦野らの暴状を藩の重臣横山英盛に訴えたことから、浦野一党を始め十村ら関係者を逮捕して、金沢に収監して断罪した。浦野孫右衛門・兵庫親子とその直臣の阿岸兵庫・駒沢金右衛門・宇留地平八は切腹、その息子は二歳にいたるまで殺害された。また、これに連座して流刑・追放・改易に処せられた者は三〇人にも及んだ。

（吉武佳一郎）

〔参〕若林喜三郎『義民道閑伝』、原昭午「浦野一件覚書」（『日本近世史論叢』）

寛文七年（一六六七）六月二三日
近江国蒲生郡福富氏領逃散・巡見使訴願（福富騒動）

旗本福富平左衛門は、湯治と称して知行地に滞在、地元女性を召使い、奢侈な生活を送り、川守・薬師村には検地、千僧供村では斗代直しをし、免も七つ五分から九つに達する年貢増徴政策を展開した。寛文三年（一六六三）、三か村の四四人は、旗本の苛政を寺社奉行井上河内守へ出訴した。井上の仲介もあり、福富は免を六つ台にまで下げた。千僧供村はこれを受け入れたが、他の二か村は受け入れず、翌年八つの免が賦課されると両村の百姓八〇名が逃散した。七年六月中旬に逃散百姓三人が大津で、二三日には三か村の百姓が武佐宿で、二四日には川守村百姓が中野村でそれぞれ巡見使に訴願し、訴状は受理された。寛文八年三月、幕府は福富が非理の課役を負わせたものと認め、所領没収・追放の刑に処し、代官市岡理右衛門に支配させた。百姓らに対する処罰は不明。寛文九年以降の免は、三つ八分から四つ七分ほどとなった。

（保坂　智）

〔参〕『近江蒲生郡志』四、『竜王町史』下

寛文七年（一六六七）一〇月一一日
上野国多胡郡旗本倉橋氏領減免越訴

寛文六年、そして七年と凶作が続いたが、旗本倉橋内匠は領内百姓の年貢減免の嘆願を拒否しただけでなく、報復として年貢の増額を申し付けた。そのため小串村の名主三右衛門は、村々を代表して幕府に直訴する決意を固めて出府し、成功した。しかし、倉橋の執拗な追及を受けた三右衛門は、神保村の名刹仁叟寺に身を隠したが逮捕され、寛文七年一〇月一一日越訴の罪で磔に処せられたと伝える。三右衛門の遺志を継いだ黒熊村の名主市右衛門が、年貢徴収の苛酷さを幕府に再び訴え出たので、倉橋は同一三年に改易の処分を受けた。だが、市右衛門も越訴の罪で投獄され、八年に及ぶ責め苦を堪え忍んで出獄し、所払いの刑に処せられた。なお、市右衛門は三右衛門の霊を弔うため、頭を剃り僧衣をまとって旅に出たともいわれる。一方、村人は、刑死した

三右衛門の功績を長く伝えるため、寛文八年小串村に万日堂を建立し、彼の法名「光心院葉散道悟居士」にあやかって一行山光心寺と名づけた。

【人物】堀越三右衛門　ほりこしさんえもん

緑野郡緑野村（藤岡市）の名主。寛文七年、三右衛門は緑野・黒熊・三ツ木・小串などの村々を支配する旗本倉橋内匠の重税に苦しんでいた農民を代表して地頭役所に愁訴し、その罪で磔の刑に処せられた。享年三七。なお三右衛門の死後、幼い二・三男も相次いで打首になったと伝えられている。そして彼の功績をたたえる近隣の人々は、毎年一〇月一一日に回向を行っている。

【人物】三木市右衛門　みきいちえもん

多胡郡黒熊村（吉井町）の名主。堀越三右衛門の意志を継いで幕府に直訴し、旗本倉橋久盛を改易に追い込んだが、越訴の罪で八年間入牢した後、追放処分を受けた。追放処分後の市右衛門の動向については不明。なお、市右衛門は三右衛門の霊を弔うため、僧衣をまとって旅に出たともいわれるが定かではない。法名「清誉浄心比丘」。

〔参〕『吉井町誌』　（中島　明）

寛文七年（一六六七）一一月一六日
陸奥国相馬郡相馬藩領減免越訴

相馬藩領（相馬氏、六万石）では、寛文七年の凶作から秋頃より年貢減免などの訴訟が起こった。会所には張文がなされ、一一月一六日には、相馬家菩提寺の同慶寺に藩主忠胤が法事で出馬の際、途中百姓が詰めかけ訴状を提出、その後も藩主の放鷹などの道筋で訴状を差出した。訴状には、年々の金籾貸付がかえって困窮の基となっていること、検地による多分の打ち出し、近国より石盛の高いこと、田年貢の免除、高分け次男・三男の嫁取り無用との指示への不満、身上のならぬ百姓の身売りに対する反対の六か条が訴えられた。さらに、同藩では絶家となって百姓身分となっていた旧家臣たちに在郷給人として士格を与え、田地開発を無制限に許していたため、給人衆の知行地開発が盛んとなり、山野の採草地や馬繋ぎ場、稲を干す場もなくなっているとの訴えも出された。これら百姓側の要求に対し、藩では訴願の内容に不審な点があるとして詮議したところ、相馬藩家老村田与左衛門の命に背いた郡代渋川源左衛門・代官草野七右衛門らが、百姓らに偽った命令を出し、百姓側を狼狽させ訴えに至らしめたことが判明した。このため、翌八年三月四日家老泉藤右衛門と郡代・郷目付が各郷をめぐり、訴訟の内容の誤りを説得して漸く鎮まった。藩では、一連の騒動の原因とされた渋川・草野はじめ在郷給人など七人に切腹、一人に牢人を命じた。一方、百姓側には咎めはなく、貸籾七万四〇〇〇俵余は無利息一〇か年賦返還とし、新田開発は一人一〇石を限度とする政策を打ち出した。

（齋藤悦正）

〔参〕『福島県史』三、『相馬市史』一、泉田健男『中村藩制史』

寛文八年（一六六八）一〇月
美濃国山県郡幕府領東深瀬村棟札名字争論

寛文八年村内権現社の拝殿修復にあたり、棟札に奉加人の名を記し奉納することとなった。その際、前年名開（名披露、なびろう）を許されたとする中村彦作は、寛文元年三六石余の田地を所持する村内有数の百姓であったが、名字の記載を主張し頭百姓と争論を起こし、ついに一〇月、代官野田三郎左衛門へ出訴に及んだ。彦作の主張は、父彦市が太郎丸村から中村伝右衛門家へ養子に入ったから中村の筋目にあるとし、東深瀬村権三郎の姉三名を証人に立て、近村扱人を通して改めて名開の振舞をして名字を許されたい、と頭百姓に申し入れた。しかし頭百姓は、彦作は先祖以来東深瀬村の住人であり、その父彦市も伝右衛門家の奉公人であったにすぎないとして、中村の筋目と認めなかった。争論の顚末は未詳であるが、結局棟札には中村彦作と記された。元禄六年（一六九三）冬には、脇百姓三名が裃を着用、名字を名乗ろうとしたため、頭百姓が代官に訴え勝訴した。ところが、翌年九月九日、先の脇百姓はさらに三名を加え、名字を記入した絵馬を氏神に掲げ、裃着用で大脇差をさして庄屋・年寄のところへ押しかけるなど、争論はその後も再燃した。（西脇　康）

〔参〕高牧實『幕藩制確立期の村落』、『高富町史』通史・史料

寛文八年（一六六八）
紀伊国牟婁郡和歌山藩領尾鷲浦鰯網方・四か浦漁権争論

和歌山藩では寛永八年（一六三一）以来、加子（水主）役を藩につとめる代償として、尾鷲浦での漁権が認められた。尾鷲の南浦・林浦・中井浦・堀北浦の四か浦では、正保二年（一六四五）に惣百姓が加子役を賦課され、加子役米として毎年一〇三石余を上納してきた。ところが、寛文三年漁権を独占する尾鷲四か浦は、尾鷲山方の向井・矢浜・野地三か村から入会漁権を主張され、藩へ出訴された。その結末は山方の敗訴と推定されるが、この頃四か浦も年々百姓の困窮が激しくなり、加子役米の未進が多くなっていた。やがて、その埋め合わせとして村山で炭を焼かせ山手銀を徴収したが、やはり潰百姓の未進分上納が困難となった。そこで地下網（地付の浦網漁）として和泉国の手操網（鰯網）を誘致し、浦手銀を徴収して上納しようとした。ところが寛文八年、従来から操業していた七帖の鰯網漁師が四か浦の地下網を阻止しようと乱暴を働いたことで争論となり、藩へ出訴となった。その結果、改めて加子役を根拠に四か浦に対して地下網を認める裁許が下った。（西脇　康）

〔参〕『尾鷲市史』上

寛文九年（一六六九）六月
東西蝦夷地アイヌ反松前藩武力闘争（シャクシャインの戦い・寛文蝦夷蜂起）

東蝦夷地日高地方シベチャリ（シブチャリ、現静内町）の首長シャクシャインの呼びかけに応えて東西蝦夷地の広範な地域でいっせいに蜂起した、近世期最大のアイヌ民族の松前藩に対する戦い。寛文九年六月、東蝦夷地のホロベツ・シラオイ・シコツ・三石・幌泉・トカチ・オンベツ・白糠、また西蝦夷地のヲタスツ・イソヤ・シリフカ・フルヒラ・余市・シュクツシ・増毛で、交易船の船頭・水主、鷹の捕獲に従事する鷹待、あるいは砂金取らが標的となった。二〇〇〇人余のアイヌが参加したといわれ、「渋舎利蝦夷蜂起ニ付出陣書」によれば、東蝦夷地八艘、西蝦夷地一一艘の合計一九艘の交易船が襲撃され、殺害された和人は東蝦夷地一五三名、西蝦夷地一二〇名、合計二七三名で、このうち一九八名が本州からやってきた他国者であった。「津軽一統志」では三五五人（東蝦夷地二一二名・西蝦夷地一四三名）の死亡と伝える。出羽国由利郡象潟の蚶満寺には、この蜂起で犠牲になった同地出身の人々の過去帳が残されている。シャクシャインらが決起に至った経過については、戦いの前段階に、アイヌ民族内部の地域集団間の対立があったことが知られている。それは、メナシクル（東の人の意）の集団に属するシベチャリの首長シャクシャインと、シュムクル（西の人の意）の集団に属するハエの首長オニビシとの間における、漁猟・狩猟のなわばり（イオル）をめぐる紛争であった。記録によると慶安元年（一六四八）にシャクシャインがオニビシ側のアイヌを殺害、また承応二年（一六五三）には、オニビシ側のアイヌがシベチャリを襲って当時の首長カモクタインを殺害している。カモクタインの跡目を継承したのがシャクシャインであった。この段階では松前藩は両者の調停役の立場にあり、明暦元年（一六五五）、両首長は福山館で藩主立ち会いのもとで停戦を誓った。しかし、その後両集団間の対立は再燃し、寛文七年（一六六七）にシャクシャイン側のアイヌがオニビシ側のアイヌを殺害したのをきっかけに険悪な関係となり、翌年四月二一日には、金掘の文四郎なる者の小屋にいたオニビシがシャクシャイン勢による奇襲を受け殺害された。ハエ集団は劣勢を挽回するために、松前藩に二度使者を派遣して武器・兵粮の支援を要請したが、藩は「仲間出入」に介入できないとしてこれを断った。寛文九年四月に二度目の使者

として派遣された人物がオニビシの姉婿にあたるウタフ（ウトマサ）であったが、拒絶された帰り道、疱瘡に罹ってノダヲイ（野田追）で死亡した。このウタフの死亡が松前藩によって毒殺されたという噂として伝えられ、こののち松前藩はさらに食物に毒を入れてアイヌを皆殺しにするのだという流言が広まった。これを転換点として、地域集団間の対立を超えて、松前藩の交易のやり方や抑圧の姿勢にアイヌ側の批判の鉾先が向けられるようになり、シャクシャインによる反松前蜂起の呼びかけに各地のアイヌが立ち上がり、前記の結果となった。オニビシ側のアイヌも、ウタフ毒殺のうえは松前藩は「共の敵」であるとしてシャクシャインに呼応している。シャクシャインは、蝦夷地の和人襲撃のあとは松前に攻め上り、松前殿を討ち滅ぼし、先祖の無念をはらそうという考えであったという。松前藩がこの蜂起を初めて知ったのは、去る六月一四日よりシコツ辺で鷹待・船頭・水主が襲われているという白老アイヌの通報が松前城下にもたらされた六月二一日のことであった。松前藩は万一のアイヌの松前地攻撃に備えて警戒を強めるとともに、軍勢を整えて、七月二六日に家老蠣崎蔵人以下の鎮圧隊を国縫に派遣した。エトモに集結していたメナシクル勢が長万部方面に前進してきたので、八月四日に松前軍が国縫から長万部へ出陣したが、アイヌ側はすでに山中に入ったあとで戦闘にはならなかった。その後国縫で模様ながめの状態が続いたが、将軍徳川家綱から「蝦夷征伐」の命を受けて派遣されてきた旗本松前八左衛門泰広（藩主矩広の大叔父）が八月二一日国縫に到着し、松前軍と合流した。幕府が松前藩から蜂起の注進を受けたのは七月一三日であったが、幕府はアイヌの戦いを「蝦夷蜂起」と認定し、二〇日に松前泰広の派遣を決め、二二日には泰広が江戸を出立するという慌ただしさであった。松前泰広が到着してからは、泰広が鎮圧隊総勢六二八名の指揮をとってシャクシャインの本拠に進軍した。こうして松前藩対アイヌの戦争状態から幕藩制国家対アイヌ民族の戦争状態へと、戦いの性格が大きく変化することになった。加えて、幕府からの軍役発動によって、杉山八兵衛を総大将とする弘前藩の軍勢七〇〇余人が九月八日に松前に上陸して待機した。奥羽諸藩からの鉄砲貸与などもあって、軍事的に優位に立った鎮圧隊は、その後蜂起アイヌ勢の切り崩し工作を行って投降を促し、シャクシャインらを追いつめていった。一〇月二三日、ヒボクに陣取った佐藤権左衛門らの鎮圧隊はシャクシャインに「和睦」を申し入れ、拒否の態度であったシャクシャインも子供のカンリリカの勧めによりそれを受諾した。アツマやサルでも同様の呼びかけがなされ、「和睦」のための酒宴が設けられた。しかしその場で、シャクシャインを始め、チメンバ、フミアシ、マカノスケといった主だった人たちが殺されてしまった。謀略による殺害を意図した「和睦」の呼びかけであった。「蝦夷蜂起」によれば、国縫からシブチャリにかけて、七四人のアイヌが殺害、生け捕り、手負い、死亡した。シャクシャインらを失った蜂起勢はもはや武装抵抗の力がなく、松前藩への降伏と忠誠を強いられていった。しかし、ただちに東西の蝦夷地が静謐になったわけではなく、弘前藩の密偵船派遣による蝦夷地情報が物語るように、シャクシャインの戦いには参加しなかったものの、「松前殿は松前殿、我らは石狩の大将」であると、自立的な対応を模索する石狩アイヌの首長ハウカセの動向など、松前藩に対する不満がくすぶっていた。松前藩は、寛文一一年四月、七か条からなる起請文を作成し、アイヌに牛玉宝印を呑ませて藩への服従を誓わせているが、これによってシャクシャインの戦いが終戦処理されたといってよいだろう。この起請文は、松前藩への絶対的な忠誠、逆心者の密告と仲間出入の松前藩仲裁、和人の蝦夷地通行の保証、鷹待・金掘への乱暴禁止、商船への乱暴禁止および特定の相手以外との交易の禁止、米一俵＝皮五枚または干魚五束の交易相場の公定、状使・鷹送り・伝馬・宿送りの保証および鷹飼犬の提供、を内容とし、以来松前藩・アイヌ関係を規定づける祖法的な取り決めとなった。アイヌ側の全面的な屈服のように見えるが、不等価交換のもとで一俵の中身が減らされてきていたのが、これ以後一俵＝八升の基準に固定化されたのは、アイヌ側にとっても多少は戦いの成果であったというべきかもしれない。シャクシャインの戦いが全民族的規模と評価されるほどに展開した背景には、商場知行制といわれる松前藩による交易のしかたが大きくかかわっていた。蝦夷地のアイヌは、もともとは松前地方にとどまらず、海峡を越えて津軽や下北に渡来し交易をしていた。メナシアイヌの下北渡来は一六四〇年代前半まで確認されるが、寛永期ごろからアイヌ交易権を独占した松前藩は、藩主および上級家臣の交易船を特定のコタンに派遣して物々交換する方式を取るようになり、上級家臣にとってはこの交易権は他藩における給人知行権に相当する意味を持った。このような交易方式はアイヌ側から見れば、特定の相手（藩主または上級家臣）との受動的な交易関係の中に封じ込められることとなり、不等価交換を押しつけられていったものと思われる。アイヌ社会の暮らしが米・酒・煙草・鉄製品など日本社会への交易依存を深めていく過程で、アイヌ側の不満が鬱積し、ウタフの毒殺の噂をきっかけに一挙に蜂起に向かうことになった。しかし、結果的には蜂起勢の敗北に終わったのは、幕藩制国家の後方支援を受けた松前藩の政治的・軍事的優位性という問題だけではなく、アイヌ側の結集力の弱さも否定できなかった。シャクシャインは地域集団間の対立を止揚して全民族的な規模での政治的結集・連合に道を開いたといえるが、前述の石狩アイヌの独自の行動を始め、樺太ないし千島方面の交易を担うソウヤやアッケシのアイヌのように、松前藩との交易を望む人々が存在しており、集団間の足並みは充分には整っていなかった。商場知行制の展開による知行主と商場との個別的関係の強まりが同時にアイヌの横の結集を阻む要素ともなっていた。このように、シャクシャインによる全民族的な政治結集は未完に終わったが、その可能性までを否定するわけにはいかない。このシャクシャインの蜂起鎮圧を契機に義経の蝦夷渡り伝説が「蝦夷征伐」をモチーフとして形成され、従来の「御曹子島渡」をもとにした物語から飛躍して語られるようになったことも注意しておくべきだろう。

【人物】シャクシャイン

東蝦夷地の日高地方沿岸のシベチャリ川（静内川）流域を「持分」とする川筋で暮らす集団の首長（乙名・大将）。浦河アイヌなどともにメナシクルという地域集団に属し、ハエ（現門別）地方のオニビシと対立。河口部近く静内川を眼下に見下ろす高台に本拠のシベチャリ（シブチャリ）のチャシ（砦）があり、またオニビシとの険悪な紛争状態のなかで近くに新チャシを築いている。シベチャリの首長はセンタイインから子のカモクタインに継がれ、カモクタインが承応二年（一六五三）にオニビシ方のアイヌに襲撃されて殺されたあとに、シャクシャインが跡を継いだ。シャクシャインはカモクタインと同じメナシクルの一員であったが、「牢人」としてカモクタインの居所にやってきて住み、カモクタインの「家老」ないし「脇大将」的な存在となった。オニビシとの抗争のなかで統率力が評価され、首長に押し上げられたものであろう。寛文八年（一六六八）四月二一日、シャクシャイン勢は宿敵オニビシを襲い殺害する。松前藩に援助要請にいったオニビシの姉婿ウタフが帰途死亡し、松前藩による毒殺の噂が立つや、松前藩の仕置のひどさに我慢ならないアイヌ側の心情を汲み取って蜂起を決意し、蝦夷地にいる交易船、鷹待などを襲撃するよう各地のアイヌに檄をとばした。こうして寛文九年六月の戦いが始まる。シャクシャインは、寛文九年当時六四歳であったといわれ、軍法に熟知し、才覚のある筋目のよい人物であると、和人側の記録でも評されており、指導力にすぐれ経験豊富な首長であった。のちに義経蝦夷渡り伝説のなかで、シャクシャインが義経の末裔と語られることがあったのも、そうした人物像とかかわっていよう。シャクシャインは、一〇月二三日謀略の和睦に応じ、同夜の酒宴の場で仲間たちとともに殺害され、最期を遂げた。静内郡静内町真歌公園にあるシャクシャインの像（作者竹中敏洋）は、昭和四五年（一九七〇）に建立されたものである。

（菊池勇夫）

〔参〕海保嶺夫『日本北方史の論理』、榎森進『北海道近世史の研究』、菊池勇夫『幕藩体制と蝦夷地』、『松前町史通史編』一上

寛文一〇年（一六七〇）六月二五日
阿波国勝浦郡徳島藩領日開野村蔵開放騒動（日開野騒動）

阿波国では寛文七年から連続して凶作が続いた。勝浦郡小松島地方の百姓たちは困窮したが、年貢は減免されなかった。寛文一〇年、徳島藩領日開野村の百姓甚作・多平・茂作・十作の四人は、年貢米を保管する蔵番の末岐紀伊に年貢米の借用を申し入れた。当初は断られたが、結局蔵の鍵は庄屋桂長左衛門に渡された。長左衛門を含む五人は、夜になって蔵を開け、米を運び出して米俵には籾糠を入れておいた。米は、収穫後に返却することとして村人たちに配分した。これを知った代官は、五人と長左衛門の息子吾一を打首にしたと伝える。

【人物】桂長左衛門　かつらちょうざえもん

日開野村の庄屋。凶作による村民の窮状を見かねて、百姓甚作・多平・茂作・十作の四人とともに、年貢米を保管してある蔵から米を出して村人に分配した。六歳になる長男吾一の乳母が蔵番末岐紀伊の妻で、吾一に言い含めて鍵を借りたいと乳母に申し込み、長左衛門の意図を悟った末岐の妻は夫にすがって鍵を長左衛門に渡したという。こうして米を運び出し村民に配ったが、代官の知るところとなり、寛文一〇年六月二五日、長左衛門と吾一、甚作たち四人の百姓は、小松島地蔵寺の大松の下で打首に処せられた。村人たちは、村内の円福寺に六人の墓を建てて、義民として祀った。昭和七年（一九三二）には桂家の近所に五社神社が建立された。

（須田　努）

〔参〕三好昭一郎『阿波の百姓一揆』

寛文一一年（一六七一）三月
伊予国宇和郡宇和島藩領検地反対訴願（来村騒動）

寛文六年の大洪水により、宇和島領内の田畑は荒れ、百姓の生活は困窮した。これを機として寛文一〇年から、藩は郡奉行八十島治右衛門を検地奉行として検地を行い、同時に耕地の割り換えを行う地坪制度（鬮持制度）を実行した。このため内扴検地とも呼ばれる。この検地では旧来の六尺三寸竿に代えて六尺竿を使用することとなり、百姓にとっては年貢負担の増加を意味し、地坪制度の実施は富裕な村役人層や、土豪の系譜をもち田畑所持面積も多く譜代の隷属農民を抱える富裕な百姓らにとって不利な事態を招くことになった。こうして領内の村々では、庄屋層を先頭にして検地反対運動が高まっていった。翌一一年三月になると、川内村の庄屋三好四郎右衛門は、二〇か村の代表六人とともに、検地の中止の訴願を行った。八十島治右衛門は、この七人を斬殺し、反対運動を鎮圧して検地を断行したとされる。殺された七人の墓は七人塚といわれ、後年村人は小さな祠を建てて「世直り様」と呼んだと伝えられる。来村騒動にはこの他に異説が二つ存在する。その一は、検地は来村郷川内村から始めたため同村庄屋父子四人を代表として検地の中止を訴願した。しかし、八十島はこの四人を斬殺したというものである。その二は、八十島の検地が始まると領内二〇か村の庄屋が集まり、川内村庄屋三好四郎右衛門を惣代として検地延期を訴願した。しかし、八十島は寛文一〇年三月一四日、四郎右衛門一族を川内村桜木鼻へ呼び出し皆殺しにした。その墓は後年七人塚と呼ばれるようになり、村民らが祠を建てたとするものである。

【人物】八十島治右衛門　やそじまじえもん

宇和島藩士。当初は一五〇石取だったが、寛文二年（一六六二）二〇〇石に加増されて元締役となり、同四年に郡奉行を兼務、同九年には税制・司法に携わり、同一〇年からの寛文検地で検地奉行として辣腕を振

るう。検地中止を訴願した七人を斬殺して検地を強行したことから、藩士たちは「八十島切っての相談」と語り伝えたという。その後、延宝五年（一六七七）勘定奉行を兼ね、天和元年（一六八一）には目付役になった。後年「君国の為に貢献したるの功、頗る大なり」と評価された。老年になって、藩主の菩提寺大隆寺に経蔵を建立したが、来村騒動で斬殺した七人の冥福を祈ったものとも伝えられる。　（須田　努）

〔参〕『愛媛県農業史』中、松浦泰『南予の百姓一揆』

寛文一二年（一六七二）二月
上総国長柄郡旗本松田氏領渋谷村減免越訴

旗本松田六郎左衛門領であった渋谷村は、村高が従来五〇〇石であったが、近年地味の不安定な新田畑二〇〇石が本高に加えられ、七〇〇石に対して年貢が賦課されるようになった。したがって、過重な年貢を納めるため、これまでに百姓一六人が潰れ、奉公人として転出するものも多くあり、村で田畑を質入れし、借りた金子は過去九年間で二〇〇両にも達する窮状となった。潰百姓の田畑二五〇石は、領主の指示ですべて近村の入作にされた。寛文八年（一六六八）の旱損では検見を願ったところ、若殿が来村して自ら検見を行い、収穫高の多い稲穂を選んで江戸に持参して算定したため、かえって苛酷な年貢が賦課された。村では妻子・牛馬などまで売却し、種籾・夫食を流用して年貢上納した結果、多くの百姓が近村へ退去して乞食をするようになった。見かねた一〇か村名主の曽我野・浜野両村荷宿衆が救済に入り、領主に嘆願したところ、年貢減免と引替に退去百姓の帰村が命じられ、同九年三月二七日に帰村した。同一一年八月には大風・大水により稲が流出などしたため、減免願いをしたが、申し分は虚偽と断言されて認められなかった。その結果多くの未進ができ、村役人が江戸の町屋を借り、領主およびその一門に対し嘆願活動を行った。このほか、百姓山屋敷を御地頭屋敷と定めて手作が始められ、百姓人足役が重く、また村で馬草場として利用してきた寺山も次第に取り上げられ迷惑しているなどとし、同年廻村中の幕府巡検使に嘆願した。巡検使は書面で訴えるよう促したが、名主が反対したため、ついに同一二年二月惣百姓の名をもって、「万事近郷之なみニ」命じられたいと、幕府に越訴した。その後の詳細は未詳である。　（西脇　康）

〔参〕『茂原市史料集』三三

寛文一二年（一六七二）六月四日
甲斐国山梨・八代郡旗本山上氏領大野村など三か村逃散

旗本山上吉勝は、山梨郡大野村、八代郡神沢村・石村の各一部に二〇〇石を知行していたが、九ッ三分の高免を課し、年貢徴収には幕府が奨励する新枡ではなく古枡を使用し、百姓人馬を無賃で徴発するなど、誅求が甚だしかった。困窮した三か村の百姓たちは、山上氏の一族にしばしば訴願を行ったが、無視された。その上、年頭挨拶で江戸屋敷に赴いた大野村名主が、斬り殺されるという事件もあった。三か村の百姓たちは苛政に耐えかね、寛文一二年六月、大野村三一軒・二〇〇人らが逃散を決行し、六月四日、幕府に越訴した。審議の結果、幕府は山上氏の知行を取り上げ蔵米取としたが、一方、百姓らの訴訟内容には不正があるとして、逃散百姓の還住は許可しなかった。逃散百姓は、以後延宝九年（一六八一）まで九年間、親類などを「永々浪々」しながら、「年々」老中駕籠訴など帰村の訴願を繰り返した。その後の結果は不詳。　（須田　努）

〔参〕『一宮町誌』、飯田文弥「寛文・延宝期における甲州国中地方の百姓一揆」（『日本歴史』三一八）、保坂智『百姓一揆とその作法』

延宝元年（一六七三）春
甲斐国巨摩・山梨郡甲府藩領減免越訴

寛文元年（一六六一）、徳川家光の三男徳川綱重が二五万石の甲府藩主となった。甲斐国では巨摩・山梨両郡で一四万石余を領知したが（江戸桜田に屋敷があったので桜田領とも通称された）、寛文四年からの検地でかなり打ち出した上、年々年貢を増徴し、六割以上の高免となった。同一〇年の飢饉の際も年貢は高率で、減免訴願は牢舎にするとの達しであったが、領民の代表は江戸への訴願を企てた。訴願に出た百姓らは、石和・鶴瀬宿あたりで出訴百姓は闕所とすると脅され、引き返して未遂に終わった。その後も年々の増徴が続き、加えて年貢上納の日限が繰り上げられたため金子借用の利息もかかり、廻米などの諸入用の夫銭も増加し、農間稼ぎにも運上が賦課されるなど、領民の不満はいっそう高まっていった。こうして、寛文一二年暮れから翌延宝元年春にかけて、「国中の民訴訟を企、此彼に集まり相談」する状況となった。延宝元年二月の巨摩郡西郡筋・逸見筋・武川筋・山梨郡中郡筋・北山筋・万力筋惣百姓の訴状原案では、減免（低率の定免）を中心に一二か条の要求を掲げ、さらにまた、この原案を吟味・添削する「能衆」一四〜一五人の指導部が作られていること、藩主に直訴しても見込みはなく、幕府大目付高木伊勢守に越訴すれば訴訟が叶い、家老新見備中守正信や代官らを処分することができるときわめて政治的な情勢判断をしていたこと、一揆には新見氏と対立している甲府城代の「御心入」（支援）があることなど、興味深い動きを記している。実際は、おそらく二〜三月のことと思われるが、綱重の江戸屋敷に直訴を行った。しかし、藩の対応はあいまいだったらしく、九月には甲府城代にも訴状を提出している。この越訴の結果は不明だが、翌二年春、藩内では救助米をめぐって百姓の衰微を認める城代方とこれ反対する新見・代官方との間の争論が起き、同年一〇月新見氏は罷免され蟄居処分、代官らは改易された。　　　（須田　努）

〔参〕『増穂町誌』上、飯田文弥「寛文・延宝期における甲州国中地方の百姓一揆」（『日本歴史』三一八）

延宝元年（一六七三）
上総国望陀郡旗本太田氏領新田村越訴

旗本太田八十郎領であった新田村では、徴租法が改められ、年貢増徴がはかられた。これに対し、名主の藤右衛門は村民の困窮が甚だしいことを理由に嘆願・哀訴を繰り返し、これが拒否されると、ついに寛文一三年（延宝元年）、領主に強硬な減免訴願を実行した。その結果、領主は年貢増徴を撤回したが、藤右衛門は「強訴」と領主を蔑如した罪に問われ、田宅・家産などを闕所、遠島に処せられ、流刑地で病死したと伝えられる。

【人物】 **山田藤右衛門　やまだとうえもん**
江戸前期の新田村の名主。当村と飯富村との境に、常時水を湛えていた周囲一里余の池があった。この池は従来、両村共有の灌漑用水として利用されていたが、次第に飯富村の専用になってしまった。これに憤慨した藤右衛門は公訴を起こし、ついに勝訴の裁許を手に入れ、再び両村の共有とした。こののち領主の年貢増徴を撤回させるため、「強訴」を行った罪で闕所・遠島に処せられ、流刑地で病死した。村民はその徳を讃え、八幡神社境内に藤右衛門の英霊を土神宮として祀り、遠島に出発した四月七日を命日として、毎年当日に祭典を執行するようになった。　　　（西脇　康）

〔参〕『千葉県君津郡誌』下、『袖ヶ浦町史』通史上

延宝二年（一六七四）一月五日
肥後国益城郡熊本藩領蜂起未遂（仏原騒動）

延宝二年一月五日以降、仏原村の地侍結城半太夫・十太夫兄弟とその姉おさごを中心に、矢部手永仏原村、菅尾手永黒原村方ケ野、高月村、沼山津手永から百姓総勢二四、五人が集まり、太刀・刀・槍・鉄砲を揃え不穏な情勢となった。これに対して、矢部手永惣庄屋井出兵右衛門は、藩に届け出るとともに、結城兄弟らを召し捕らえようと鉄砲などで襲った。不意をつかれた結城兄弟は抵抗したが、結局自殺した。藩の吟味の結果、関係者五三人が捕らえられ、うち一三人が斬首、一九人が牢死した。結城兄弟の母を拷問にかけたところ、兄弟はキリシタンだと白状したとされるが、秩序を乱す者をキリシタンとみなすことから生

まれた創作とも考えられ、詳細は不明である。上益城郡清和村仏原に昭和四三年（一九六八）に建てられた供養塔と記念碑がある。

（大橋幸泰）

〔参〕『矢部町史』

延宝二年（一六七四）二月一六日
信濃国佐久郡小諸藩領年貢増徴・新規諸役反対越訴未遂（小諸騒動・芦田騒動）

小諸藩三万石は、寛文二年（一六六二）青山氏に代わって奏者番を務める酒井日向守忠能が入部すると、年貢・諸役が増徴され、同一〇年には検地が実施されて、百姓の潰れや退転、身売りなど疲弊・荒廃がいっそう進んだ。延宝二年二月一六日、領内三組の一つ芦田組一万石の惣百姓は、年貢・諸役の軽減を求める訴状を藩の代官所に訴え出た。一三か条にわたる訴状は、高免、未進不許可、検地や升目改悪による年貢増徴に反対するとともに、林年貢や家中馬草上納などの新設、津出し米・茅上納の駄賃や糠・藁・上木・江戸中間夫丸金などの諸役・夫金が過重で、その役代は芦田組だけでも七五〇〇俵分にのぼると糾弾している。また、訴状では、諸役を先規（青山氏時代）と当御代を比較して新規課役や過重に反対したり、他領にはないものと指摘するなど、全藩一揆での百姓の論理展開を窺えて興味深い。この訴願に対して、藩は出訴した惣代を逮捕した。領民は、ただちに芦田・町・内村の各組ごとに会合を持ち、六人ずつ計一八人の代表を選んで、江戸への出訴を決行した。芦田組惣代逮捕・集会・代表選出・江戸へ出立という迅速な行動は、事前に周到な準備活動があったことを物語っており、その際に三組間で交わした連絡文書が隠語で書かれていたことも注目されている。小諸を出た代表一八人は、碓氷峠の横川の関所で関所役人から幕府に取り次ぐからと説得されてとりあえず帰村した。一〇日後、幕府役人が小諸に出張し、詮議の結果、諸役の廃止または軽減、当年の年貢半減、救米三〇〇〇俵下付が実現した。ただし、出訴代表一八人は牢舎となり、一二月七日、上長瀬村安兵衛・下之城村勘兵衛・芦田村李左衛門・市村新田清兵衛の四人が死罪、八人が追放となった。なお越訴と処罰は延宝六年に行われたとする説もある。その後延宝七年、酒井氏は駿河田中に転封となった。天和元年（一六八一）、駿河の領知を没収され井伊氏に召し預けとなるが、その理由の一つは「日ごろ家人幷に所領の治めよからず」（徳川実紀）というもので、この時期の駿河田中藩での百姓一揆は知られないから、小諸延宝一揆が遠因となったものといえよう。酒井忠能が延宝二年にすぐに改易ないしは転封されなかったのは、兄忠清が「下馬将軍」として大老に就任中であったためと思われ、改易された天和元年は、忠清が死去した年であった。なお、「細野にも検地を入れて高畑、出来ぬ取付無益也けり」、「領分の民は残らず荏草にて、どうづきかけてしぼりとらるる」、「古語に曰く、慈悲は上より下る、非は下より起る。当代御仕置、非道は上より下り、正法は下に留る」などの落首が流布したことも注目されている。この落首の作者は七年間の追放となった。

（齋藤　純）

〔参〕依田憙家「酒井氏小諸藩寛文の苛政と農民の抵抗」（『日本歴史』二〇三）、『立科町誌』歴史上

延宝二年（一六七四）九月
武蔵国荏原郡旗本木原氏領新井宿村年貢減免越訴未遂（新井宿義民六人衆事件）

この事件は、長らく伝承のみであったが、明治三四年（一九〇一）、義民六人衆の子孫といわれる家から、延宝二年九月「新井宿村名主惣百姓等訴状写」が発見され、事件の概要が明らかになった（善慶寺文書）。その一九か条の訴状によれば、寛永一一年（一六三四）に領主の旗本木原氏（普請奉行）による厳しい検地が行われて以来年貢負担増に悩まされてきたが、とくに寛文元年（一六六一）には年貢を前年より米一〇〇俵余・金八両も増徴され、以後延宝二年までの一三年間の増徴分は二一二二俵余・金一三四両余にのぼった。百姓たちは、馬を売り、子どもや兄弟らを奉公に出し、高利の借金をして年貢を上納した。時には領主木原氏

自らが百姓に高利貸付を行ったという。また、秣場の地頭林化や数年来の旱魃・水害などによる百姓の困窮が述べられ、三年間年貢を半減してほしいと領主に訴願した。ところが、この訴状は無視され、百姓たちは翌三年一一月に再び訴願した。しかし、領主側は再検地を認めぬ限り要求を受け入れられないとの強硬姿勢に出て、村役人ら八人が訴状の裏に署名させられた。伝聞によると、この再訴願の際には、木原氏用人に訴状を破棄されたうえに恫喝されたという。そして、延宝四年三月、再検地を強行されてしまった。寛永二年（一六二五）の木原氏拝領高は四五八石であったが、同一一年の検地で六〇〇石余となり、そして延宝四年の検地で八五二石九斗余となった。実に拝領高の約七五％増である。伝承によれば、延宝四年一二月二八日夜に鎮守熊野権現社に集まり、村役人六人が幕府に越訴を決行することとして江戸へ向かい、馬喰町二丁目の公事宿武蔵屋に投宿し、駕籠訴の機会を待った。しかし、このことが領主木原氏の知るところとなり、翌五年一月二日に捕らえられ、一月一一日、六人の百姓は木原邸において斬首に処せられたという。なお、先の訴状以外に事件を伝える近世史料はなく、わずかに明治二年（一八六九）に村内の桃雲寺が品川県に出した願書中に「（桃雲寺の）田地之儀は延宝度地頭縄入の節、重立候百姓六人死罪欠所ニ相成、夫々売払、残り田地ヲ当寺薬師ニ免地に相成」と見えるのみである。

【人物】
酒井権左衛門　さかいごんざえもん
鈴木大炊助　すずきおおいのすけ
平林十郎左衛門　ひらばやしじゅうろうざえもん
間宮太郎兵衛　まみやたろべえ
酒井善四郎　さかいぜんしろう
間宮新五郎　まみやしんごろう

　新井宿村の百姓で、大森の六人衆または新井宿の義民六人衆と呼ばれた義民たち。酒井権左衛門は名主（享年三八）、鈴木大炊助（享年四七）・平林十郎左衛門（享年五五）・間宮太郎兵衛（享年二九）・酒井善四郎（享年五三）は年寄、間宮新五郎（享年四七）は百姓代であると伝える。この六人は名主・年寄・百姓代と村方三役がすべて揃っているが、先述の裏判した者と共通しているのは三名のみで、また百姓代は百姓代の一般的成立時期から見て疑問が残る。延宝四年の検地帳で確認できる村役人は新右衛門のみで、八名のうち玄蕃と善四郎は検地帳にその名が見られない。なお、裏判した八名のうち義民六人衆と一致するのは、権左衛門・大炊助・太郎兵衛の三名だけで、新五郎らの名はなぜか見当たらない。訴状は新五郎が執筆したと伝える。斬首された六人の遺骸は、百姓惣代の市兵衛が引き取りにくるよう木原氏から差紙が来た。市兵衛は六人の家族に災禍が及ぶ恐れを察知して彼らに退散を求めたが、新五郎の妻は二児を抱えて家に火を放ち、焼死したという。延宝七年、義民の遠縁にあたる間宮藤八郎が善慶寺に父母の墓を作った時、碑裏に六人の法名が刻まれた。是信、嘯慶、賢栄、道春、宗圓、椿蔥がそれである。諸説あるが、それぞれ酒井善四郎、鈴木大炊助、間宮新五郎、間宮太郎兵衛、酒井権左衛門、平林十郎左衛門、が比定されている。この墓石は、四方に花立てと水入れが掘られ、前に手向けた水がくり抜かれた穴を通って裏側にもめぐるように工夫されたもので、人知れず供養ができる仕掛けになっている（東京都史跡）。遺骨は素焼きの海苔甕に納めたと伝えられてきたが、昭和四七年（一九七二）、墓地整理に伴なう移転の際に、実際に大きな甕が掘り出された。現在でも、毎年二月、大田区山王三丁目の善慶寺において義民六人衆大祭が行われている。

（山中清孝）

〔参〕『大田区史』中

延宝二年（一六七四）頃
信濃国水内郡松代藩領直訴（二斗八騒動）

　松代藩は、籾一俵には、五斗三升を入れ、それを摺って玄米二斗八升としていたが、寛文・延宝の頃（明暦・万治ともある）三斗摺りを合格俵とするように改めた。そのため藩内の百姓は、善光寺の庭に集まり幕府への直訴を決定。南高田村の助弥らが江戸にいき直訴をした。幕府は藩に改革を命じたが、藩は助弥らを捕らえて鳥内峠で処刑したとされる。助弥の死後、延宝二年一一月一一日に松代条目一五か条が出され、百姓の要求は認められたとされている。この条目は、助弥条目とも呼ばれ寺子屋の書き方手本となっている。なお、直訴は寛文二年（一六六二）に行われたとする説もある。現行の二斗八騒動に関する話は、大正九年（一九二〇）の金丸小学校の調査を元にするものであるが、文政年間（一八一八〜一八三〇）に記録された「高田区長文書」では、一揆で処罰されたのは堀村伝兵衛、西尾張部村吉兵衛、下高田の助弥の三人であるとされ、文政二年（一八一九）には、その内の一人である堀村伝兵衛の墓碑が建立されており、近世での話は助弥に集約されたものではなかった可能性がある。

【人物】南高田村助弥　みなみたかだむらすけや

南高田村の百姓で二斗八騒動の指導者。鳥内峠での処刑の際、「二斗八ダゾ」と大声で叫んだとされる点は、貞享三年（一六八六）松本藩一揆の多田加助と共通する。また、助弥は母と二人暮らしであったが、助弥の決心を聞いた母は、人間は一切衆生のために潔く死ぬことも大事であると励ましたと伝え、あるいは、訴状に名前を「円形に連記」させたのも助弥の提唱によるものとされる。処刑された時は一八歳で、冥福を祈るために善光寺に一大石塔を建てたが、助弥の名前を刻むことなく、二斗八の墓と称したとされる。この墓は海津千人塚ともいう。高田村伊勢社の天神社はひそかに助弥の霊を祭ったものであるとされる。大正一四年（一九二五）には、義民助弥後援会によって義民助弥之祠が、昭和二年（一九二七）には「義民助弥誕生地」と刻んだ碑が建立されている。　（小椋喜一郎）

〔参〕小林郊人『信濃農民史考』、横山十四男『信濃の百姓一揆と義民伝承』

延宝四年（一六七六）二月一五日
上野国山田郡館林藩領年貢減免越訴

寛文元年（一六六一）閏八月、後に四代将軍となる徳川綱吉は、一〇万石を加増されて館林城主となった。綱吉は、領内総検地を行い、年貢の増徴をはかった。延宝三年の冬、山田郡台野郷・石原・富田の三か村で、「目こぼれ」と称して年貢米一俵につき一斗を余分に徴収された。そこで台野郷の名主小沼庄左衛門ら一八人は、安楽寺に集まって対応策を協議し、藩役所に「目こぼれ」徴収反対を訴えた。しかし、藩役人がそれを拒否したので、幕府に直接訴えることにした。その結果、所期の目的を達することはできたが、一八人は越訴の罪で館林藩に身柄を引き渡され、翌年の二月一五日、日向刑場で磔刑に処せられた。この時発頭人の庄左衛門の娘は、村人の協力で古井戸に隠れ、命を長らえたといわれる。元禄一七年（一七〇四）、彼らの遺徳を偲ぶ人々は、日向刑場跡へ一体の地蔵尊を建立し、冥福を祈った。これが、現在でも地域の人々の信仰を集めている日向の義民地蔵尊（館林市日向町）である。

【人物】小沼庄左衛門　こぬましょうざえもん

台之郷村の名主。新田氏の旧臣で日頃から人々の人望が高く、年貢減免越訴の時、出府した名主の惣代であったため一揆の首謀者と認定され、磔刑・闕所の処分を受け、延宝四年二月一五日この世を去った。なお庄左衛門らが願書を作成した安楽寺も罪を問われ、闕所となったが、人々はこの寺を「願書寺」と呼んだといわれる。後年、安楽寺は寺跡の東隣に再建され、岩松寺と称して現在にいたる。　（中島　明）

〔参〕『群馬県山田郡誌』、『館林市誌』歴史編、『群馬県史』通史四

延宝四年（一六七六）三月八日
備後国甲奴郡広島藩領矢野村減免直訴

延宝四年、甲奴郡一帯は大飢饉におそわれた。百姓たちのなかには餓死する者もあり、この窮状を見るにしのびず、矢野村の為重仁兵衛・すみざこ庄三郎兄弟が年貢の減免を御調郡市村代官所、さらに有馬代官所へ直訴した。要求は通ったが、二人は延

宝四年三月八日に矢野の大幡（おおばん）が原で打首になったと伝える。

【人物】

為重仁兵衛　ためしげじんべえ

すみざこ庄三郎　すみざこしょうざぶろう

　打首になった二人は矢野の安福寺に葬られ、兄の墓には即翁浄心信士、俗名為重仁兵衛、弟の墓には実参了無信士、俗名すみざこ庄三郎と書いてあり、死んだ日は同じになっている。しかし安福寺に残っている過去帳の戒名は、即翁浄心禅定門と実参了無禅定門となっており、過去帳には「禅定門」をつけている。人の目にふれる墓には、天下の反逆人のため「信士」としか書けなかったのではないかと語り伝えられている。明治八年（一八七五）に二〇〇年祭、昭和五一年（一九七六）に三〇〇年祭が行われた。（三宅紹宣）

〔参〕『広島史蹟郷土史』、『矢野村誌』

延宝四年（一六七六）八月二六日

武蔵国多摩郡幕府領小川新田名主不正争論

　延宝四年八月二六日、小川新田惣百姓八四名が開発名主の市郎兵衛を相手取り、その不正を代官に訴えた。その訴状によれば、小川新田に万治元年（一六五八）伝馬役が賦課され、以来公儀の白土（壁土）を田無村まで運送してきたが、その駄賃は芝切百姓の地代金と相殺されて支払われず、また年貢請取小札も交付せず、畑一反につき永三文の割合で不正に年貢金を押領し、さらに名主屋敷と地続きの潰百姓地を名主御免地と称し、百姓を私的開発に使役するなどしていると告発した。やがて田無村の三名が扱人となり、のち小川新田妙法寺・小川寺も仲裁に入り、翌五年七月七日、畑永を廃止する代わりに惣屋敷一軒につき永二文ずつ名主に支払う、地代金は三年間で名主に皆済することで内済が成立し、一一日に代官へ報告した。ところが、翌六年三月惣百姓のうち又右衛門など二七名が地代金の返済を拒否したため、まず扱人が、つづいて翌七年一一月二九日に名主が、それぞれ代官へ訴え出た。これに対し惣百姓も一二月一五日名主の年貢不正を代官に訴え出たが、結局同八年四月の評定所寄合で名主が勝訴し、百姓四名は牢舎となった。（西脇　康）

〔参〕木村礎『新田村落』、同「近世前期の名主百姓出入」（『歴史評論』五二）、同「逃散と訴」（『岩波講座日本歴史』一〇）、『小川町誌』

延宝五年（一六七七）八月二一日

美濃国郡上郡郡上藩領年貢減免越訴（延宝郡上一揆）

　郡上藩遠藤氏二万四〇〇〇石余で起きた百姓一揆。慶長五年（一六〇〇）に入封した初代の古但馬守（慶隆）の時代から、郡上藩は定免であった。その後寛永九年（一六三二）に継いだ後但馬守（伊勢守・慶利）の時に、三斗の御延米と四升の口米などが加わり、御定米一石のところが一石三斗五升二合となった。その後も何度も引き上げられ、延宝二年、家老遠藤市右衛門によってさらに引き上げられて年貢一石が一石五斗九升余となり、その他諸事の外役が重なったため百姓は困窮していた。延宝五年三月、大間見村の惣百姓が一三か条の訴状を出すなど、国元では村々の訴訟が繰り返された。当時、藩主常春は、一〇歳で家督を継いだが、幼少のため、五月二七日、江戸の祖母の実家にあたる板倉市正宅で親類と後見人が協議の結果、家老遠藤市右衛門・遠藤新左衛門連名により、家老遠藤十兵衛らにあてて一五か条にわたる諸役の免除が申しつけられた。この一五か条は、六月一九日百姓に伝えられたが、百姓の「うるおい」になるような免除内容ではなかった。そこで七月上旬から村々で城中の会所にいき、減免を訴願したが取り上げられず、七月上旬、上之保筋・河辺村喜兵衛、大嶋村重左衛門、剣村三郎左衛門、下川筋・刈安村作兵衛、明方筋・気良村市左衛門の五人を頭取として、多数の百姓が江戸に下った。八月二一日にまず下田村と気良村からの訴状が江戸藩邸に出された。九月には、古但馬守の時代の年貢に復帰するよう三七か条の訴状を江戸藩邸に出訴。九月の訴状は効果がなかったのか、一〇月再び代表が江戸に出た。一一月の訴状では、常春の伯父大垣藩主戸田左門（氏西）を始め、板倉市正ら親類や父の常友の弟で常昭（一〇〇〇石）など分知を受けた一族の四人に対して、三六か条にわたり窮状を訴えた。国元の不穏な情勢を心配した大垣藩主らは、郡上から反年貢増徴派の家老遠藤杢之助を召喚し、郡上の様子を聞いた。杢之助は、三分の口米は天下一統であるが四分の口米はほかに例もなく、もし幕府評定所に訴えられては、お家のためにならないなどとして年貢の減免を主張した。杢之助から百姓の窮状の実態を知らされ、藩を思う心に動かされた大垣藩主らは、彼の主張を受け入れ、一一月二六日、同じく遠藤市右衛門・遠藤新左衛門連名による「百姓加役御願申上御免許」がこれも遠藤十兵衛らにあてて出された。それは延宝五年の年貢七分を免除するなど一七か条にわたるもので、百姓の要求を大幅に認めるものであった。これが実行されたため、藩の収入は二〇〇〇石の減少となり、家中への扶持米六分の一召し上げといった減知も行われ、家臣も整理せざるを得なくなった。藩内には不満がつのり、年貢増徴派と反対派の対立は厳しくなった。同六年七月野田九右衛門らが中心となり、遠藤杢之助を無実の罪に落とそうとして、讒言一一か条（『郡上郡史』による。『濃北一覧』では七二か条）を藩士二六人の連判をもって大垣と江戸に差し出した。急いで江戸へ下った大垣藩主は、一族を集めて協議し、藩の一大事になる前に杢之助を切腹させるほか手段はないと決定し、杢之助を大垣に呼び出し切腹を申しつけようとした。この動きを知った杢之助は、一二月末江戸大垣藩邸に使者を送り、真相を訴えた。陰謀が露見し、このままでは不利になると知った野田は、内通者は藩から分知を受けた遠藤新六郎に違いないとして、翌七年一月四日彼の屋敷へ出向き面会を求め刀を抜き乱闘に及んだが、家臣に捕らえられ、乱心者としてその夜のうちに打首となった。一方郡上では、陰謀がばれたとして、一月二日の謡初めの日に杢之助を討ち取る旨の廻状が回された。ところがこの廻状を使者が落としたのを、気良村市左衛門が拾い、郡中一五歳以上六〇歳までの男子は残らず得手の道具を持って二日までに城下に集まれとの触が回された。いち早く城下近くの小野村などの百姓五六〇人が、桝型の番兵を襲って屋敷に駆けつけようとしたが、途中何事もなく杢之助の屋敷に着いた。藩内の百姓は続々と集まり、四日朝には六〇〇〇～七〇〇〇人ほどになったが、大垣藩の説得により、八日には村役人を残し引き上げた。一方、家中では年貢増徴派と反対派の対立がますます激化し、大垣藩からも人が派遣され、両派の説得にあたった。九日には大垣藩が家中一同から和解の書付を取り、ようやく騒動は鎮まった。遅れて一三日には、尾張藩も飛地の美濃国州原の境まで兵を派遣したが、鎮静を知り引き返した。この騒動の責任を取って、八月遠藤杢之助と遠藤市左衛門は隠居願いを出し認められた。これで解決したかに見えたが、翌八年二月、頭百姓五人が江戸藩邸に藩内不和による百姓の困惑を訴えたために騒動が再燃した。四月一二日に大垣から奉行が郡上にきて、杢之助ら五人に暇を命じ、五月に一〇人に暇、六月には多数の家臣に追放や暇を出す一方で、家老の松井縫之助に一〇〇石の加増が行われるなどした。しかし、その後も藩内は収まらなかったと見える。天和二年（一六八二）には、起請文が取られたり、「郡上引別罷有百姓組」から、またまた江戸に訴訟の百姓があるが、郡内一統の申し合わせなどしていない、あるいは引別組の田地を小作しない申合わせにより田地が荒れて迷惑しているなどといった百姓の分裂を思わせる訴状も出された。かくて同三年夏、藩主が郡上に入国、家中に対する最終の処分（再処分も含む）が下された。御暇四八、郡上御構一、切腹一、追放三、減石八の計六一人であった。ここに長年にわたった家中の対立も両派の処分で決着した。なお、この一揆に関して百姓たちへの処罰はなされていない。また、この一揆が後に同藩に発生した宝暦四年（一六五四）の一揆に及ぼした影響は大きく、指導者はこの一揆の騒動記を手垢で黒くなるまで読んだなどの伝承も残っている。宝暦一揆の訴状に対する家老の回答という形をとった免許状という方式も、延宝のそれに倣っていると思われる。

【人物】遠藤杢之助　えんどうもくのすけ

「遠藤外記様家中騒動記」によれば、国家老とあり、「遠藤家中分限帳」によれば、仕置家元、五百石とある。延宝一揆の時には年貢増徴反対派の中心となった。彼は「百姓困窮いたしけれハ、騒動の基なり、家中ハ常ニ大禄を頂戴いたし、安穏ニ暮しけれハ、か丶る時節に身を懲らし御為を存へきなり」として年貢の増徴に反対し、家中の禄を減らす事を進言した。そのために、年貢増徴派からは、家中の敵とみなされ、彼の襲撃が企てられた。それを知った百姓は、「杢之助を為討候てハ恩を不知木石に同し、一大事」とばかりに屋敷を取り囲み、町の辻々を固めて身を守った。しかし、この事件後、責めを負わされて隠居したが、家中の対立は治まらず、延宝八年、御暇の処分を受けた。その後さらに、天和二年になって、両派処分という形で決着が図られた。浪人した杢之助は、山城国宇治の茶師関林の下にしばらく滞在していたが、その後江戸へ下り、牧野因幡守に五〇人扶持で仕え、息子利助は、松平右京太夫に仕えたと記録するものもある。　（小椋喜一郎）

［参］『岐阜県史』通史近世上、『郡上八幡町史』通史上、史料一、『大和村史』史料、『濃北一覧』、『白鳥町史』史料

延宝五年（一六七七）一〇月二〇日
出羽国由利郡旗本生駒氏領矢島郷越訴（矢島騒動・延宝騒動・仁左衛門騒動）

生駒氏は寛永一七年（一六四〇）に讃岐一七万石から矢島一万石に移封、万治二年（一六五九）弟に分知して八〇〇〇石の旗本身分となり江戸常駐となった。そのため国政は三浦伊右衛門・遠藤重兵衛ら山本一家に任せていた。財政の窮乏を救うため領内の地味に詳しい山本一家の進言により、延宝五年五月検地を行うこととした。検地帳が渡されたのは二年後であるが、表高八〇〇〇石を実高三五〇〇〇石としてすぐに増収をはかった。飢饉で困難な時に四倍余にはね上がった年貢に、百姓たちは各地で寄合、新庄村与一右衛門が二八か条の訴状を書き、矢島惣百姓の名で延宝五年一〇月二〇日江戸屋敷へ訴えた。その内容は年貢課役の負担重、国元の非政、役人の不正、升の不公平などに関するものであったが、認められなかった。年貢の厳しさに他国へ、とくに秋田領内へ逃散するものが続出した。翌延宝六年秋も前年同様の年貢であった。そのため、山本一家と対立関係にある金子久左衛門、小助川治郎左衛門に百姓は助勢を頼んだ。矢島惣百姓と金子連印の検地御免の訴状をつくり、百姓惣代四人が金子・小助川同道で延宝七年四月一三日矢島を出て二六日に江戸屋敷に入った。しかし、金子・小助川の両氏の利害が先に立ち、訴状をすり替えて、「百姓どもは田畑をすてて山野に群集し一揆になりかねない、山本一家の苛斂誅求によるものである。」と訴えた。そのため、金子・小助川は代官を仰せつけられ、「山本一家は切腹、百姓はなだむべし。」と下命されて帰国した。五月二日、両人は「山本一家を追放し石高を安くせよ。」との仰せであったと百姓には報告し、喜んだ百姓三八〇〇人は棒・鎌・熊手などを携え、金子・小助川を大将にして山本一家を包囲して夜襲し、領外へ追放した。秋になると、新しく江戸からきた城代家老市橋彦兵衛が年貢を取り立てた。それは前年よりは減免されたものの検地以前より増額していることには変わりなく厳しいものであった。城代市橋彦兵衛は金子・小助川を従えて足軽一〇人に鉄砲を持たせて年貢取り立てに村々をまわった。そのため、百姓の欠落・逃散は続き、空き家になったもの三二六軒にも及んだという。金子・小助川にだまされたと気が付いた百姓は、延宝八年、下笹子（しもじねご）村肝煎佐藤仁左衛門が訴状の案文を認め、同村修験行者和光院が浄書し、九八〇余人の連判を得、村々から選ばれた上笹子村天神の作兵衛、上川内村外山の孫八ら代表一二人と出府した。仁左衛門は伊勢参りとのふれ込みで白装束の参宮姿、天童で落ち合う手筈を決めて六

月五日に家を出た。同二八日江戸で藩主に訴状を提出し、評議のすえ訴えは聞き入れられ「表高八〇〇〇石、実高一五〇〇〇石」と決定、七月一日仁左衛門は朱印状「検地帳の儀に付訴訟の趣委細聞届候」を渡された。しかし、市橋・金子・小助川は、山本一家の二の舞にならないようにと、急ぎ小助川を江戸に出府させ、仁左衛門ら百姓の訴状は山本一家と謀ったもので、生駒親興の庶兄伝吉を領主に迎える企てだと申し立てた。再評議の結果、仁左衛門から朱印状を取り上げて討ち取れということになった。百姓の喜びも束の間、この命令が国元に伝わると、七月二五日市橋・金子は四〇〇余人の兵で仁左衛門宅を襲い家を焼き、和光院・下笹子村久助・同村肝煎太郎左衛門の父常法（八〇余歳）・上笹子村肝煎の子の甚太郎と甚之丞を捕まえた。逃げた仁左衛門ら一四人は、公儀へ直訴をするため密かに江戸へ向かった。ところが、江戸から帰国する小助川らと八月一〇日に天童で出会って襲われ、朱印状を奪われ、孫八・源兵衛・喜右衛門・三九郎が捕まった。その後、重右衛門も捕まり、八月二三日、前郷の裸森で和光院（三四歳）ら一〇人が処刑（石子詰一、磔六、斬三）された。八月二六日、逃げた仁左衛門を探すため、市橋は秋田藩の応援を得、百姓を人足に鉄砲隊が大がかりな山狩りをした。仁左衛門は閏八月一五日、久八の裏切りで殺され、梟首となる。

矢島陣屋では、大評定のすえ、翌九年四月仁左衛門のもらった朱印状の通り実高一五〇〇〇石と定め、新庄村与一右衛門を仲立ちとして十二川原で百姓との和解をはかった。矢島領から秋田領へ逃げたもの五〇〇余人五九軒と伝わる。この騒動に関する史料は少なく、全体像を知るには「二重桜」などの古伝、物語を集大成した「鳥麓奇談」（明治二一年〈一八八八〉成立）によるところが大きい。明治元年（一八六八）には和光院ら一〇人の義烈良民之墓が裸森の刑場跡に建立された。仁左衛門の首塚、義民碑もある。

【人物】佐藤仁左衛門　さとうにざえもん

名は為清。由利郡矢島郷下笹子村肝煎。延宝八年六月、訴状の案文を認め江戸藩邸へ出訴する。白洲で生駒親興から小助川の話との相違を問いただされたのに対し、百姓の悲惨を逐一延べ、百姓が長く立ちいくようにと嘆願し、実高一万五〇〇〇石の朱印状を得る。しかし、讃岐からの旧臣と矢島で採用した家臣との間の派閥争いに利用されて追われ、秋田藩雄勝郡上仙道桧山村の山中で従弟久八の通報により殺され、梟首となる。延宝八年閏八月一五日、享年四三であった。その最期については諸説があり、死場所も異説がある。仁左衛門は、力量人に勝れ、忍術使いにも似た早業や、旅の六部から一刀流の指南を受けたことなどが語り伝えられている。また、妻おけさと娘おき（一三歳）は直根（ひたね）郷に隠れていたが、おけさは久八とむりやり結婚させられ、その晩娘とともに久八を刺し殺し姿を消したという。また、梟されていた夫の首を奪い、獄中の天神の作兵衛を救い、笹子に戻り間木ノ平の山中に夫の首を葬り他国へ逃げ去ったとも伝えられる。村人は笹子の間木ノ平に首塚をつくり、蒼田神社を建立、仁左衛門首塚を田農神と崇め旧暦七月一六日に祀る。明治二三年（一八九〇）、矢島義民仁左衛門碑を下笹子本屋敷の跡に建立、旧暦六月一五日に祀る。金子久左衛門（はじめ小助川とともに百姓に加勢、途中から対決する）も犠牲者の霊を弔うために弧峯庵を建てたり、豊町の観音堂に仏像を寄進したりしたとされる。

【人物】山本一家　やまもといっか

矢島移封後、地元で登用された三浦伊右衛門・平石弥右衛門・遠藤重兵衛・同小左衛門・同清兵衛ら藩の重臣の総称。ともに陣屋近くの山本小路に居屋敷を並べていたので山本一家と呼ばれる。一門・眷族合わせて八〇余人。百姓の夜襲で本荘領へ逃亡する。遠藤小右衛門・清兵衛は変名して江戸へ登り、上野寛永寺の宮への訴をめざし、仁左衛門らと連絡をとっていたようである。

（堤　洋子）

［参］天外山人（三船直吉）『鳥麓奇談』（『近世地方経済史料』一）、『矢島町史』上、姉崎岩蔵『生駒藩史』

延宝五年（一六七七）五月二五日
三河国碧海郡刈谷藩領大浜茶屋村助郷反対訴願

伝承によれば、延宝年間に助郷役を命じられた際、畑地のみの貧村ゆえに疲弊の恐れありとして、庄屋助太夫が助郷役免除の訴願を繰り返した。助太夫は、このため延宝五年五月二五日に死罪となり、その後助郷役を免除されたという。確実な記録はないが、のち天保一四年（一八四三）に助郷村に指定されようとした際の文書には、助郷免除の由来として助太夫の訴願について触れている。近世初頭の開発村・分村であったことから助郷役が免除されたらしいが、何らかの粘り強い免除訴願が行われた結果とも考えられる。

【人物】柴田助太夫　しばたすけだゆう

明暦二年（一六五六）の大浜茶屋村検地帳に庄屋助太夫の名が見え、実在が確認される。助太夫の訴願・処刑によって助郷役を免除された村民は、助太夫に感謝して草庵を結んで冥福を祈った。約八〇年後、草庵を曹洞宗永安寺としたが、その寺地は助太夫の屋敷跡といい、本然山永安寺の名は助太夫の法名本然玄性居士、妻の法名安海永祥大姉（元禄一三年（一七〇〇）没）から付けられたという。なお、処刑後に助太夫の一子は現岡崎市西本郷町の蓮華寺に入寺し、のちその四世住持となる。安城市浜屋町に永安寺が現存し、町内の墓地には助太夫の墓が残り、市史跡に指定されている。

（齋藤　純）

〔参〕塚本学「義民助太夫考」（『地方史研究』八九）

延宝五年（一六七七）一一月二五日
陸奥国磐井郡仙台藩領松川村越訴

給主猪苗代長門の支配に反対して蔵入地化を求めた一揆。給主猪苗代長門は、村普請へ家中から人足を出すことを拒否、林を勝手に伐採して販売する、不正枡の使用、自分竿検地の強行、召し使っていた百姓の妻子を成敗するなど恣意的な支配を展開していた。旱損に悩まされていた松川村は、同村に新堰の設置を嘆願した。同村を給地とする他の給人は賛成したが、猪苗代が反対したため建設は見送られた。延宝三年五月、再度新堰の設置を計画した同村は、藩の調査までこぎつけたが、またも猪苗代の反対にあい沙汰止みとなった。同年八月、大肝煎の添状を携え仙台の代官に出訴し、郡方役人川村孫兵衛の廻村先へも出訴もした。大肝煎が調停しようとしたがそれを拒否し、翌四年には二月、三月、六月と再三にわたり仙台へ赴き出訴するもすべて拒否された。五年六月一五日、仙台の寄合所へ出訴し、用水問題は取り上げられることとなったが、蔵入地化については拒否された。一〇月二〇日、再び仙台の寄合所へ出訴したが、埒があかなかった。そこで一一月二五日、同村の人頭一〇七人のうち四五人が、鷹野で藩主の馬先へ直訴した。松川状と通称される訴状写しは二種類あり、一種は四四人の連名、また一種は五〇人の車連判形式をとっている。さらに四七人が出訴したとする記録も存在する。延宝七年に猪苗代長門は胆沢郡六原に所替となり、給人排斥の目的は果たされた。百姓一六人がいったん牢舎となったが、延宝六年一二月、四人が追放の刑に処された。松川村の義民として伝えられている。不正枡が残されており、二〇世紀初頭まではこの枡を縄でしばり悪口をたたきつけながら村中を引きずり回すという行事があったという。

（保坂　智）

〔参〕遠藤進之助「仙台藩延宝の四十五義民」（『歴史評論』六八）、司東真雄『岩手の百姓一揆集』

延宝五年（一六七七）
信濃国諏訪郡高島藩領金沢宿境論

甲州街道金沢宿（青柳宿）は、茅野村との境界争いを起こしていたが、明暦二年（一六五六）に藩主の裁定により境界が確定していた。ところが、延宝五年に茅野村が藩に訴訟を起こし、同六年に金沢宿に不利な境界となる裁許が行われた。これに憤慨した金沢宿の駅問屋小松三郎左衛門らは、藩の裁許に従わず、伝馬にも遅滞を来した。そのため藩は一〇月二五日、三郎左衛門を宿はずれで磔に処し、妻子らは追放、肝煎市之丞・町年寄利兵衛を闕所・追放にするなど多数の処罰者を出した。

【人物】小松三郎左衛門　こまつさぶろうざえもん

金沢宿の問屋。「大納戸日帳写」によれば、「裁許用不申、其上伝馬遅々仕ニ付」磔になったとある。伝承によれば、藩の裁許状を投げつけて、藩の荷物の継ぎ立て送りをしなかったなどによって、宿はずれで処刑されたという。また、藩の使者が処刑延期のために駆けつけたところ、すでに槍は腹を貫いていた。彼は「もう一槍」といったともいう。文政一二年(一八二九)の「宿方御願申上候箇状書」によれば、「昔ノ御本陣小松三郎左衛門」の「墓印」と「壱年ニ一度宛祭」をしたい旨の願いが出されている。この頃刑場付近に供養のための地蔵尊が建てられたという。昭和二五年(一九五〇)には青柳神社に「小松三郎左衛門および犠牲者七人の頌徳碑」が建立された。

(小椋喜一郎)

〔参〕横山十四男『信濃の百姓一揆と義民伝承』

延宝五年(一六七七)
摂津国豊島郡旗本領熊野田村越訴

熊野田村では文禄検地以来、その検地帳に基づき貢租を納めていたが、延宝検地が行われる時に紛争が起こった。すなわち、延宝五年以来、百姓側では連判して、延宝検地帳とは別の検地帳を独自に作成し、たびたび幕府および領主に対し、延宝検地が無効であることを越訴したのである。百姓惣兵衛が江戸に下って唐物商を経営し、ここを拠点として百姓たちと連絡をとりながら争った。しかし幕府は領主側の主張を認め、天和三年(一六八三)一月・元禄元年(一六八八)一一月・同二年一〇月の三度にわたって裁決を下し、百姓側の要求を斥けた。この結果、発頭人は死罪・追放となった。惣兵衛もまた追放者のなかに含まれ、江戸および熊野田村から五里四方の居住を厳禁された。また、この時領主と百姓との間に意見の対立があった熊野田村城山の帰属も、大坂西町奉行彦坂壱岐守重紹によって裁断された。

(山﨑善弘)

〔参〕『豊中市史』二

延宝六年(一六七八)一月二二日
遠江国城東郡横須賀藩領嶺田村用水開削将軍直訴

嶺田村は、長らく旱魃に苦しんだ村で、慶長一二年(一六〇七)、鷹狩で同村を訪れた徳川家康も、潅漑用水を建設することを指示したという。だが、その後も用水が建設されることはなく、この窮状を見兼ねた百姓中条右近太夫は、測量調査の上、ついに将軍徳川家綱に用水建設の直訴を行った。願いは入れられ、幕府により用水は建設されたが、右近太夫は、横須賀藩(藩主本多利長)から幕府への越訴の罪を問われて処刑されたと伝えられる。現在も、嶺田用水は貴重な水源として静岡県小笠町一帯を潤している。

【人物】中条右近太夫　なかじょううこんだゆう

嶺田村の百姓。中条右近太夫は奈良淵から水を引く用水建設を企図したが、それには他村や他領を通過しなければならなかったため、開削やその測量には抵抗が予想された。そのため、右近太夫は自ら狂人の振りをして、密かに測量を行い、三年の月日を経て測量が完了すると、将軍徳川家綱に用水建設を直訴した。その結果、嶺田用水が開削されたが、横須賀藩は右近太夫の越訴の罪を問い、延宝六年一月二二日に処刑した。享年不明。死後、嶺田用水開削に身命を投げうった功績を称え、井宮神社(現小笠町嶺田に鎮座)が建立された。加茂用水の開削に尽力し、近隣の現菊川町加茂に鎮座する井成神社に祀られた三浦刑部とともに、その徳は長く伝承されていった。

(安藤優一郎)

〔参〕『大井川右岸用水史』、『郷土を救った人々』

延宝六年(一六七八)一二月八日
武蔵国多摩郡幕府領国分寺村村方公文書引継争論

国分寺村では、明暦年間（一六五五～一六五七）まで三名による年番名主制が実施されていた。延宝六年三月、名主八郎右衛門は相役の久左衛門・久兵衛ほか一四名に対し、父太郎兵衛の名請地であることを根拠にし、新田の返還を要求した。九月になると、年番名主の久左衛門は相役の八郎右衛門の我儘により、自分に何事の相談もなく公用が滞るとして退役を願い出た。これに対し一二月八日、非番名主の八郎右衛門は、久左衛門が年番名主の地位を悪用して代官から交付された新検地帳を隠匿、「門家」（一族か）に持参して訴訟の相談を企図し、また同人の未進で相役が牢舎に処せられ、自分の田畑の松木伐採では下草を踏み荒らされ年貢に納めるものがなくなったと、代官に訴え出た。同人によれば、検地帳・名寄帳・土地証文は代々自家が預かってきたと主張し、その返還と慣行の遵守を要求した。同人は当時屋敷名請人三五名のうち七名を分付百姓とする村内最有力の百姓であり、その経済力と伝統的権威を背景に村方の土地をめぐる公文書を独占所持していた。これに対し、村内約半数の百姓が結集し、公文書の引継を通じた村政の民主化を要求したが、久左衛門は翌年名主を退役、同九年には潰百姓となった。天和元年（一六八一）には久兵衛も退役し、八郎右衛門の一人名主となった。しかし同二年・元禄四年（一六九一）・同九年にわたり、組頭金平らによる年貢押領、名主役高などをめぐる八郎右衛門の不正・非法が告発され、同人も同一一年に名主を退役、宝永三年（一七〇六）には追放に処せられ、以降組頭四名による年番名主制に移行し、村政の民主化がはかられた。　　　　　（西脇　康）

〔参〕冨善一敏「近世村落における文書引継争論と文書引継・管理規定について」（『歴史科学と教育』一二）、『国分寺市史』中

延宝六年（一六七八）
播磨国美嚢郡幕府領三木町地子銭免除訴願

天正八年（一五八〇）一月一七日、羽柴秀吉は、三木城に別所長治を討滅したが、秀吉は、三木を中国経略の基地にするつもりであったので、その日に三木町に制札を建て、三木町に地子銭免許の特権を与えた。地子銭免許地は、宅地一四町四反八畝一八歩・高一八八石三斗一升八合で、家数は五一四軒であった。元来、三木町の地子銭免許の特権は、別所氏治世にすでにあったらしく、秀吉はこれを踏襲したのであろう。さらに秀吉は、別所氏治世の借金をすべて徳政にし、戦火に焼失した三木町の積極的経営に乗り出した。ところが、豊臣氏が滅び、徳川氏の治世にもなると、三木町の地子銭免許の特権は次第に動揺を見せてくる。すなわち、伊木長門（姫路藩主池田輝政の家老）が三木町を知行した時、初めて一年だけ地子米を課税された。しかし、三木町では池田輝政の播州一国の検地も除かれた地子銭免許の地であることを主張して、翌年からはまた課税を免れている。その後領主となった明石藩主小笠原忠真も、三木町の地子銭免許を認めている。元和七年（一六二一）より三木町は幕府領となるが、この時はどうだったかはっきりしないものの、寛永一五年（一六三八）に領主となった備中松山城主水谷伊勢守勝隆は、これまでの証文にまかせ地子銭免許を認めている。その後、三木町は再び幕府領となり、幕府の延宝検地に直面するが、ここに至ってついに検地を免れ得なかった。三木町民は、その検地役となった姫路藩主松平大和守に、三木町が代々地子銭免許の地であることを申し出たが、聞き入れられなかった。そこで延宝六年、三木町惣代として岡村源兵衛と大西与三右衛門の二人が江戸へ下ることになった。彼らは、江戸の勘定奉行所の杉浦内蔵允・徳山五兵衛・甲斐庄喜右衛門らと交渉して度々訴訟をしたところ、昔からの慣行が調査された上で、播州巡見奉行の設楽勘左衛門・守屋伝左衛門に三木町古来の様子が問い合わされた。さらに、審議が行われた結果、酒井雅楽頭以下の老中・若年寄・寺社奉行・目付・町奉行まで審議に立ち合うことになり、同年一二月二四日に免許申請が承認されたのである。勝訴の要因は、秀吉から与えられた制札にあるが、それは当時本要寺の味噌桶の蓋として使用

されていたと伝えられている。元禄二年（一六八九）、西山六兵衛の代官支配となった時にも、三木町は延宝検地のとおりの課税を言い渡されたが、昔から宝蔵に保存してある秀吉の制札、その他の証拠の品を見せて、地子銭免許を願い出て許可された。三木町民は、秀吉の制札を含めた証書類を保存するために、元禄七年（一六九四）、本要寺境内に宝蔵を建立した。この宝蔵文書は、現在も三木市有古文書として大切に保管されている。

【人物】岡村源兵衛　おかむらげんべえ

三木町平田町の大庄屋。山崎屋ともいい、実名は成次。大西与三右衛門とともに、三木町地子銭免除を江戸へ出訴、勝訴して帰国した。源兵衛は、天和三年（一六八三）六月二日に没した。法名宗賢院法遵。宝永四年（一七〇七）には、源兵衛と与三右衛門の顕彰碑（義民碑）が宝蔵の横に建立された。現在も三木「夏の義民祭」として、制札や書類の虫干しを中心とした行事が、七月一八日に同寺で行われている。

【人物】大西与三右衛門　おおにしよざえもん

三木町平田町の年寄。貝屋ともいう。三木城主別所氏に仕えた加古弥七郎を祖とし、秀吉より大西の姓を贈られた家柄と伝承される。岡村源兵衛とともに、三木町地子銭免除を江戸へ出訴、勝訴して帰国した。与三右衛門は、元禄一二年（一六九九）一二月二日に没。法名寿量院乗蓮。宝永四年に源兵衛とともに顕彰碑が建立された時は、まだ生存中であった。源兵衛とともに「三木の義民」として讃えられ、昭和八年（一九三三）から一二月八日に、与三右衛門の菩提寺本長寺にて「冬の義民祭」が行われている。また、同二七年（一九五二）には、同寺境内に両名の顕彰碑が建立された。

（山﨑善弘）

〔参〕『三木市史』、『兵庫県美嚢郡誌』

延宝八年（一六八〇）一二月一七日
三河国設楽郡幕府領越訴（武節騒動）

設楽郡西北部の田口・名倉・武節・振草など五二村は、延宝元年三河代官から信濃伊那郡駒場上町に陣屋を構える宮崎太郎左衛門公重の管轄となり、その手代松井甚右衛門・小川次太夫が支配に当たったが、手代の私曲が甚だしかった。賄賂による検見の手加減や江戸廻米費用の過分な割付、年貢未進者への過酷な処罰、庄屋らへの私的な使役などである。このため、庄屋の代表数名が駒場陣屋へ訴え出たが、手代の画策で座敷牢に閉じ込められた。そこで、延宝八年一一月代表数名が江戸への訴願に出立し、二八日途中の黒瀬で手代伴伝兵衛が追いついて妥協策を示して説得するも一蹴し、一二月一七日江戸表に出訴した。さらに、同九年五月廻村中の巡見使に四七か村連名の訴状を提出した。翌元和二年（一六八二）手代は罷免。同年宮崎公重は死去するが、責任を感じての切腹だったとも伝えられる。なお、公重の跡を継いで代官となった子の宮崎三郎兵衛重堯は、元禄一〇年（一六九七）一一月三〇日、年貢勘定不正により追放となり、家は断絶する。

（齋藤　純）

〔参〕沢田久夫編『三州名倉』、『北設楽郡史』近世

天和元年（一六八一）一一月二二日
甲斐国都留郡谷村藩領一九か村減免越訴

谷村藩領民は、天和元年以前にも年貢・諸役過重を藩主秋元喬知（喬朝）に直訴したことがあったが、その惣代が牢舎や死罪になったため、その後は訴訟を断念してきた。しかし、延宝八年（一六八〇）八月の大嵐などで田畑が風害・水害を受けたことから、同年冬（一一月一四日ともいう）、百姓惣代が江戸屋敷に赴いて救済を訴願した。その際は、領民を助けるように取りはからうからともかく国元へ帰れと説諭され、帰郷することにした。ところが、その途中で、国元の名主・組頭ら五〇～六〇人が逮捕されたとの知らせを受け、惣代らは江戸へ引き返し、翌天和元年一一月二二日、一九か村惣百姓の訴状を江戸町奉行所へ越訴した。前年暮の直訴には惣代として六三人が出訴し、多くはすぐに帰国して捕縛された。江戸に居残った七人が八王子にて捕縛されたとの報に接し、惣代として越訴したとも

伝わる。訴願内容は、年貢減免、麻・綿・紬などへの課税減免など、また領主による種貸の返済率が高いこともあげている。町奉行所へ越訴した惣代七名は、藩に引き渡され、二月二五日に死罪となったと伝える。都留市金井の用津院境内や富士吉田市下吉田など各所にある六地蔵は、この刑死した惣代を義民として祀ったものとの伝承があり、現在でも用津院では毎年二月二五日に関係者による供養祭が行われている。また、その一人の奥脇太郎左衛門の顕彰碑が昭和九年（一九三四）に富士吉田市新倉の大正寺境内に建立された。なお、寛文七年（一六六七）三月四日、大明見村庄屋想右衛門と朝日村庄屋惣左衛門の両名が江戸屋敷に出訴し、翌八年二月四日金井川原の刑場で斬罪に処せられたとの伝承があり、これが冒頭に述べた直訴にあたるものかとも思われるが、史料的には不詳。寛文七年三月の訴状も伝えられるが、『都留市史』は後世の創作かと疑問視している。　（須田　努）

〔参〕『山梨県の歴史』、『都留市史』通史

天和元年（一六八一）春

上野国利根郡沼田藩領越訴（茂左衛門一揆）

沼田藩主真田信利は、寛文二年（一六六二）と一二年に領内村々の再検地を行い、表高三万石に対し一四万石余を打ち出し、年貢の増徴をはかった。さらに信利は、「諸事小役」と称して窓役・井戸役・祝儀役なども徴収したといわれる。伝承によれば、天和元年春、利根郡月夜野村に住む茂左衛門が信利の悪政を五か条に書き上げ、幕府に直訴することにし、様々な苦労を重ねた後、寛永寺輪王寺宮の文箱に訴状を入れ、中山道板橋の茶屋に置文をした。その結果、訴状が将軍綱吉のもとに届けられ、さらに信利が請け負った両国橋御用材の切り出し期限に遅れたことなどが加味され、一一月に信利は改易処分となった。一方、直訴に成功した茂左衛門は、天和二年一二月五日、月夜野村の竹の下刑場で磔刑に処せられた。この茂左衛門一揆は、伝承に依存する要素がきわめて多く、歴史的事実として確定することは不可能である。このほか政所村の名主松井市兵衛も信利の悪政を越訴し、吾妻郡伊勢町の青柳源右衛門も年貢減免を愁訴したといわれる。さらに、再検地を幕府に訴えた利根郡老神村の山口六郎右衛門と大原新町の青木半左衛門の活躍も、今なお語り伝えられている。なお、真田信利改易後は幕府領となり、貞享元年（一六八四）、幕府は前橋藩に命じて沼田領の再検地を実施し、一四万石余が六万五〇〇〇石となった。後年、この検地は「お助け検地」と呼ばれた。

【人物】杉木茂左衛門　すぎきもざえもん

茂左衛門の姓は杉木で、利根郡小川村に生まれ、承応二年（一六五三）の頃、月夜野村に移住したといわれるが、定かでない。茂左衛門が人々の注目を集めるようになったのは、月夜野村の利根川原に古くから百日咳に御利益があるといわれる三体の地蔵があり、ときどき赤飯が供えられていたことから始まる。明治七年（一八九三）、月夜野橋の架け替え工事が行われた際、関係者がこの地蔵を移転しようとした時、土地の古老からはじめて茂左衛門の由来が明らかにされた。それを起点にして明治二八年（一八九五）、駒形荘吉の「上毛義人磔茂左衛門傳」が発表され、以後藤沢紫紅の「沼田義民傳」、野口復堂の講談「磔茂左衛門」、あるいは浪曲、芝居などの主題に取り上げられ、茂左衛門の名は一躍有名になった。大正八年（一九一九）、「茂左衛門地蔵」は、地元の有志によって竹の下川原の上の丘に新たに建立された寺の本尊となり、千日堂と称して祀られるようになった。なお茂左衛門が処刑された後、人々は千日間にわたって念仏を唱えてその霊を慰めたが、その時に使用されたという念仏鐘が本堂に安置されている。春と秋の彼岸の中日をその祭日とし、昭和の三、四〇年代には高崎駅から臨時列車が仕立てられるほどであった。

【人物】松井市兵衛　まついいちべえ

利根郡政所村（まんどころむら）の名主。市兵衛は、茂左衛門に先立って藩主真田伊賀守の悪政を幕府の使番である桜井庄之助に訴えたが、天和元年（一六八一）一二月、直訴の罪で妻とともに利根川原で斬首され

た。これについて地元の人々は、「首切り市兵衛」と呼び、「義人松井市兵衛」の碑が立てられている。市兵衛直訴の事実が明らかになったのは、大正一三年（一九二四）で、これをきっかけにして市兵衛の訴状の下書きであるという文書が、松井家の土蔵から発見され、現存している。なお市兵衛の出訴が失敗したので、茂左衛門がその遺志を継いで幕府に訴えたという伝承もある。

【人物】青柳源右衛門　あおやぎげんえもん

慶長九年（一六〇四）生まれで、吾妻郡伊勢町（中之条町）の庄屋を勤め、伊勢町の町割や間歩堰（まぶせき）の開削などに尽力した。寛文年間の拡大検地に苦しむ農民を見かねた源右衛門は、その窮状を沼田藩主真田伊賀守に訴えた。しかし、その忌諱に触れ、その子賀右衛門とともに原町（吾妻町）の牢に百日押し込められたうえに、闕所の処分を受けた。元禄五年（一六九二）二月没。

【人物】山口六郎右衛門　やまぐちろくろうえもん

利根郡老神村に生まれる。沼田藩主真田信利が茂左衛門一揆により改易となったあとも、従来の石高で年貢が徴収された。そのため百姓が難儀をしているのを見た山口六郎右衛門は、利根・吾妻の同志と語らって天和三年（一六八三）三月二日、再検地を幕府に訴え出た。その結果「お助け検地」が施行されたが、六郎右衛門は強訴の罪に問われ、処刑されたという。

【人物】青木半左衛門　あおきはんざえもん

利根郡大原村の豪農。老神村の山口六郎右衛門らと協力して再検地を幕府に訴え、成功した。しかし、その罪を追及された半左衛門は、闇にまぎれて勢多郡津久田村に逃れ、そこで天寿を全うしたといわれる。なお同所に住む青木姓は、半左衛門が始祖である。（中島　明）

〔参〕後閑祐次『磔茂左衛門』、丑木幸男『磔茂左衛門一揆の研究』、『利根郡誌』、『群馬県史』通史四

天和元年（一六八一）四月
遠江国城東郡横須賀藩領苛政糾弾巡見使越訴

延宝八年（一六八〇）八月六日、遠江国は暴風雨のため多大な損害を受けた。横須賀藩では、破損した堤の修復に領民を動員したが、それはすでに同藩の苛政のため疲弊していた百姓を、いっそう困窮化させる結果となった。さらに、藩は年貢の増徴もはかったため、百姓は延納を訴え出たが認められなかった。百姓は、折しも将軍の代替り（徳川綱吉の就任）に伴ない全国に派遣された諸国巡見使（使番渡辺均ら）が、天和元年四月に横須賀藩領に入ったため、領主の苛政を訴える訴状を提出した。翌二年二月二二日、藩主本多利長は江戸城に召し出され、二三条にわたって領内の施政などが咎められた上、改易に処せられた。ただし、先祖の功績をもって出羽国村山郡に改めて一万石が与えられた。同族の本多政利（播磨国明石藩主）も、領民が巡見使に提出した訴状が契機となり、同日、同様に失政のゆえをもって改易となったが、これらは綱吉による「天和の治」を天下に知らしめる象徴的事件であった。（安藤優一郎）

〔参〕馬場憲一「諸国巡見使制度について」（『法政史学』二四）

天和元年（一六八一）五月一八日
出羽国飽海郡鶴岡藩領巡見使越訴

寛文一一年（一六七一）郡代に就任した高力忠兵衛は、藩財政窮乏を打開するには従来の倹約では不十分と見て、抜本的な藩政改革＝新法を実行した。農村の人口調査に始まり、百姓の旧債を破棄し脇借を禁止するなど高利貸しの農村への浸透を遮断した上で、高率の請免制（事実上の定免制）を実施し、未納者には三割の利息をかけるという年貢増徴策を実行した。延宝二年（一六七四）には、郡奉行を増員し領内を組に分けて支配するなどの農政機構も整備し、年貢米を大坂に直接回送する仕組みを整えた。同五年、大目付大場宇右衛門宅の門扉に張られた「八組惣百姓」の名による張紙は、請免制と貸米制による疲弊を訴え、六、

七年間に四〇〇〇～五〇〇〇軒の潰れ百姓が出たと記し、さらに「このままでは諸人はあきれ果て、自然大勢が申し合わせ、江戸へ登って幕府横目衆などへ駆込訴するかもしれない」、「先年のように巡見使がまた通らないかと皆が願っている」と一揆を予告していた。江戸の藩主酒井忠義は、これを「一揆がましき事」として城代家老に警戒体制をとらせた。天和元年五月一八日、幕府巡見使の保田真兵衛・佐々喜三郎・飯川伝兵衛の一行に対し、中川通四ツ興屋村の半兵衛をはじめとして京田村・沼田村の百姓たちが上訴に及んだ。その九か条の目安では、請免制と貸米制による苛酷な年貢増徴を訴え、高力忠兵衛取り巻きの藩士や代官・大肝煎らの賄賂・遊興・非法を糾弾し、高力が潰れ百姓跡地を買い取って手作り経営をはじめ、これにならって家中・町人を始め他国商人までもが田地を買い取るようになっていることなどを訴えた。九月、藩は高力忠兵衛を上田沢村へ左遷処分にし、実弟の大目付松浦長左衛門は免職、高力の家来権九郎父子を入牢処分とした。訴訟した百姓に対する処罰は不明である。

（浅見　隆）

〔参〕旧『山形県史』二、『大山町史』、『温海町史』上

天和元年（一六八一）
三河国渥美郡旗本清水氏領中山村立木払い下げ越訴

天和元年四月一八日、中山村の庄屋・組頭は地内西山の松林の枝打ちと下草刈りを中山陣屋に願いでた。数年来の不漁・旱魃のなかで、松葉を売って生計の足しにしようとしたのである。しかし、陣屋代官に拒否されたため、大庄屋河合伊左衛門・小庄屋河合久右衛門らは江戸に下って領主屋敷に訴え出、六月二三日許可が下りた。ところが、その後、これでは救済に不足だとする村民の要望で、伊左衛門らは立木の払い下げを求めて再び江戸屋敷に出訴した。清水氏がこれを許可しなかったため、伊左衛門らは幕府に越訴するが、叶わず入牢となり、天和二年冬三河一国追放の処罰を受けた。なお、清水氏は、天和元年九月に前代官松井吉右衛門親子と久右衛門を追放処分しており、二回目の江戸屋敷出訴はこの頃のことと思われる。また、同三年一二月松井吉右衛門父子が現代官日下野五郎右衛門を斬り殺す事件があり、前代官と清水氏との間の確執も越訴の背景に見え隠れする。

【人物】

河合伊左衛門　かわいいざえもん
河合久右衛門　かわいきゅうえもん

伝承によれば、二回目の江戸出訴の際、陣屋代官結城兵左衛門は江戸に飛脚を遣わして訴願が両名の私欲で詮議が必要と策謀したため、清水氏は伊左衛門を江戸に留め置き、久右衛門を帰国させたが、代官は久右衛門を妻子ともども捕縛した。これを知った伊左衛門は急遽帰国したが、捕らえられて江戸へ送られ、天和二年二月斬罪に処せられた。久右衛門夫妻も七月三〇日陣屋で斬罪となった（『渥美郡史』）。その後、両人の亡霊が「誰からも供養されず無念だ。虫となって作物を荒らさん」と告げたので、村民は両人を地主神として祀り、毎年六月二八日虫祭りと称して施餓鬼を執行した。両名を合わせて「義民伊左久右」といい、渥美町大字中山の曹洞宗西湖院境内に墓碑と記念碑が現存。なお、伝承では両度の出訴ともに両名が行ったとされるが、隣接する田原藩の『田原藩日記』天和二年一二月六日の項に、幕府の命により三郎兵衛・竹兵衛・八郎兵衛・久右衛門・伊左衛門・与惣兵衛・九兵衛・孫太夫・左平次の九人が妻子ともに三河一国追放の処罰を受け、久右衛門以下の六人はすでに江戸で牢死したと記される。越訴が少なくとも九人によって実行されたことは確かである。

（齋藤　純）

〔参〕『渥美郡史』、『渥美町史』、『中山義民伝』

天和二年（一六八二）八月一五日
陸奥国磐井郡仙台藩領釘子村給人苛政直訴

延宝年間（一六七三～八一）の飢饉にもかかわらず、釘子村給人石川大和は調達金・貸上げ金などを課した。釘子村の地肝煎八

郎右衛門は仙台に上り、藩主伊達綱村にその窮状を直訴した。八郎右衛門は梟首。釘子村は蔵入地となり、石川氏は角田に所替、年貢は穀納から金納に改められ、一貫文（一〇石）一〇切銘（一〇切は一歩銀一〇枚）と軽減した。

【人物】昆野八郎右衛門　こんのはちろうえもん

釘子村の地肝煎。伝承では、村民の窮状を訴えるため、地肝煎役を辞し家財を子女に分与整理して仙台城下に上り、町奉行の家に中間奉公をして時機を待ち、藩主が東照宮参詣の折に宮町で訴状を青竹にはさんで直訴し、捕らえられた。天和二年八月一五日、七北田刑場で梟首となり、その首は郷里に埋められ首塚と称される。明治の初め頃、村民が私財を出し合い八郎右衛門大明神を祀る祠を大泉寺の前に建てた。訴状は大泉寺二世通宝が書いたと伝えられる。戦前には村民が芝居一座を作り、八郎右衛門の遺徳を讃えるため公演して回ったという。東磐井郡室根村矢越に八郎右衛門神社があり、昭和五五年（一九八〇）建立の「義民昆野八郎右衛門大明神」碑がある。

（堤　洋子）

〔参〕『東磐井郡誌』、安藤重雄「仙台藩初期の給人支配と農民闘争」（『国史談話会雑誌』八）

天和二年（一六八二）九月
因幡国岩井郡鳥取藩領蔵奉行非分訴訟

天和二年九月、岩井郡中村々の庄屋・組頭は、藩の郡代・郡奉行・代官が浜大谷村に止宿した機会に、大庄屋の湯村彦三郎・浜大谷村吉兵衛に頼んで、岩本の蔵奉行米村庄右衛門が毎年非道な年貢米の取り立てを行うと告発する訴状を提出した。これに基いて藩は役人・村方双方の詮議を開始したが、捕縛・籠舎を伴なう過酷な詮議を受けて「ウラガエリ」する者が続出、蔵奉行庄右衛門には非分がないことになり、百姓側が徒党を結んで奉行に非分を申しかけたとされた。このため徒党の棟梁とされて、浜大谷村大庄屋吉兵衛、湯村大庄屋彦三郎、岩本村庄屋与惣左衛門、岩常村組頭助兵衛、本浦住村組頭五郎兵衛の五人が処刑された。ことに浜大谷村大庄屋吉兵衛は、小百姓に強いて訴状の捺印をさせて徒党を企てたとされ獄門になった。処刑後庄屋・組頭三人の遺骸は試し斬りに使われたが、大庄屋二人は重科人とはいえ一郡の百姓の頭だということで試し斬りは免れた。米村庄右衛門は落度なしとなり役儀勤続になったが、岩本村の女に不行儀があったと訴状で告発されていた点については御叱りとなった。

（深谷克己）

〔参〕『岩美町史』

天和二年（一六八二）一〇月一九日
信濃国小県郡上田藩領入奈良本村直訴

伝承によれば、入奈良本村の庄屋は、藩からの割当以上に年貢を課すなどにより不当の利益を得ていたので村人の困窮は甚しかった。与兵衛は、この惨状を見かねて単身上田城下に赴き、藩主に直訴し願いは聞き届けられ村人は救われたという。しかし、与兵衛父子三人は、天和二年一〇月一九日夫神川原で処刑された。

【人物】増田与兵衛　ますだよへえ

入奈良本村足之田部落の百姓。庄屋の不正を藩主に直訴したため、子二人とともに死罪となる。赦免使遅延の伝承が残り、藩主仙石氏は、父子の死罪執行を猶予するために使者を送ったが、使者の「その刑待て」を「早く斬れ」と聞き違え、使者の到着寸前に処刑がなされたとする。滝仙寺の墓地には、与兵衛父子の墓があり、与兵衛は「積渓了雪禅定門」と記され、その両側には子どもの「覚円禅定門、元利禅定門」と記された法名の墓がある。また、過去帳と位牌も残る。位牌には、天和二年一〇月一九日に「仙石越前守領地之時名主引負訴訟ニ付死罪」とあり、与兵衛が名主を訴えたために死罪となったことが確認できる。しかし、法名は「積渓了雪信士」と格上げされていて、この位牌は後年に作られたものと思われる。また、宝暦九年（一七五九）、与兵衛明神に奉祭せらるとあり、一揆を経た七七年後に与兵衛を氏神に祭り直したと見られる記録が残る。これは宝暦の一揆が起こる二年前のことであり、意図的に与兵衛の義民奉祭が行われたとみることができる。村人から与兵衛明神とか与兵衛様と呼ばれ「与兵衛大神」と神号の記された石で作った小さな祠があり、今でも毎年祭が行われている。また、昭和五七年（一九八二）、与兵衛三〇〇年忌にあたり、現青木村のほかの義民たちとともに義民三〇〇年祭が、青木村の主催で行われ、義民太鼓が創作された。（小椋喜一郎）

〔参〕横山十四男『信濃の百姓一揆と義民伝承』、同『上田藩農民騒動史』、宮原栄吉編『義民の里・青木村』

貞享元年（一六八四）二月二五日
丹波国何鹿郡旗本谷氏領減免越訴

二〇〇〇石の旗本谷氏は、山家藩谷氏の分家の一つで、十倉村に陣屋をおいたので十倉谷氏と通称され、十倉村ほか八か村を知行していた。この谷氏領では、年貢未進者は江戸奉公で決済させるという厳しい年貢徴収が行われていた。そのため、貞享元年二月二五日、江戸奉公人一四四名が領主に年貢減免を要求するが、受け入れられないばかりか、領主は江戸奉公人を追放した。そこで、代表一四名は未進の用捨・年貢減免・代官の苛政などを幕府に越訴したが、幕府は年貢未進が多いのは事実であり、無法の振る舞いであると裁定し、十倉村多兵衛・藤兵衛・安左衛門が獄門、同村八右衛門が死罪、三名が牢死、残り一三七名が追放と、一四四名全員が処罰された。さらにその家族も追放され、あわせて三二四名という大規模な処罰となった。しかし、享保一〇年（一七二五）になって追放人の代表が幕府に赦免を願い出、越訴参加者本人は除かれたものの、子孫妻子二〇四名の帰村が許された。なお、この越訴は、志賀甚兵衛越訴とも呼ばれるが、彼についての詳細は不明である。（岩城卓二）

〔参〕加藤宗一『三丹百姓一揆物語』一、『綾部市史』上

貞享元年（一六八四）
上野国佐位郡伊勢崎藩領減免越訴

延宝九年（一六八一）三月、伊勢崎藩主となった酒井忠寛は、畑年貢の十分の一を角押麦で上納せよという触書を領内村々に回した。この角押麦一石を製造するためには、通常の大麦一石五、六斗を必要としたので、農民は困惑した。この時反対運動の先頭に立ったのが、佐位郡茂呂村の名主高橋五太夫であった。彼は農民の意向をうけてその撤回を藩役所に訴えたが、聞き入れられなかった。貞享元年（一六八四）、藩は強権を発動して五太夫を獄舎に繋いだ。しかし、彼はこれに屈せず訴え続けた。そして元禄一〇年（一六九七）九月、獄舎で死去した。これを聞いた藩主の忠寛は、茂呂村に限り角押麦の上納を免除したとされる。

【人物】高橋五太夫　たかはしごだゆう
佐位郡茂呂村の名主。年貢減免越訴の主導者として、藩役所に年貢増徴の撤回を求めて百姓の実情を訴えた。貞享元年、藩役所は五太夫を入牢させてこの問題に終止符を打とうとしたが、彼は屈することなく撤回を訴え続けた。元禄一〇年（一六九七）獄死。明治三四年（一九〇一）、村人は五太夫の遺徳を偲んで退魔寺境内に碑を建て、「義民高橋五太夫供養塔」と名づけた。（中島　明）

〔参〕『上野人物志』、『茂呂村郷土誌』

貞享二年（一六八五）三月二三日
日向国宮崎郡飫肥藩領清武郷田野村逃散

三月二三日夜、飫肥藩領清武郷田野村のうち佐野・八重の二二戸（男女七七人）が鹿児島藩領諸県郡山之口村に逃散した。あとに残ったのは八重の一戸（五人）のみで、牛馬も三二匹のうち一九匹を引き連れたという。この地は畑作が中心で、打ち続く不作と戸数増加による耕地不足が深刻になり、清武地頭川崎権之助は、新畠には五年間の年貢免除を行うなど救済策を取るが、百姓たちの困窮はつのり、ついに逃散に及んだ。その過程では、子を刺殺したり、老父を置き去りにする者がでるなどの悲劇も起こった。過去の境界論争のしこりが残る飫肥・鹿児島両藩の折衝は、必ずしも順調には運

ばなかったが、川崎は山之口地頭に百姓の説得を依頼し、四月九日、帰参百姓を罪科に処さないこと、「渡世ノ儀心安カルヘキ」との証文を与えることで、百姓たちは帰村することになった。しかし、六月に江戸から帰国した飫肥藩主伊東祐実は、評議不十分ということで逃散百姓を城下に召還し、八月には証文を反故にして首謀者一一人を重科に処した。　　（遠田辰芳）

〔参〕『日向纂記』、『田野町史』上、『日向騒擾史』

貞享三年（一六八六）一〇月一四日　信濃国安曇・筑摩郡松本藩領強訴（加助騒動・貞享騒動）

松本藩は年貢を籾で納めさせていた。この一俵の籾を脱穀して玄米にした時の量を挽（ひき）あるいは摺（すり）と呼ぶ。例年は一俵三斗挽であったが、貞享三年に納手代たちは三斗四、五升挽になるように上納するよう命じた。さらによく乾燥させたもみを桶に入れ、新しい草鞋で踏ませのぎを取る踏みみがきを励行させた。この年貢増徴策は各地でトラブルを起こした。日時は不明であるが、長尾組中萱村では百姓加助が抗議し、納手代が彼を杖で殴打する事件が起きている。領内の村々に、多数の握り飯を用意し、一〇月一四日早朝松本城下に「男役」として訴訟に出ること、不参加の村へは火を付けるという趣旨の出所不明の車廻状が廻った。一四日明七つ、百姓らは薦を着て、蓑笠を持ち、得物を杖にして城下や勢高宮、筑摩河原に結集し、八つ時には五か条からなる訴状を提出した。その内容は、①踏みみがきの廃止、②先年は二斗五升挽であったものが、近年は三斗挽となり、当年は三斗四、五升挽となっている。高遠・諏訪両藩並の二斗五升挽きとすること、③年貢の二〇分一を大豆で納めるが、その半分の金納分は籾と同一値段とすること、④江戸・甲州への廻米に付加される一俵一升のさし米廃止、さらに江戸廻米は浦野宿へ、甲府廻米は金沢宿まで百姓負担による駄送は迷惑であること、⑤小人に対する切米が少なく、よない金として百姓が半分負担しているのは迷惑というものであった。一五日、藩は百姓の松本城下での宿泊を認め、一六日に郡奉行日根野儀兵衛方へ出頭すべき旨を申し渡した。しかし、一六日に百姓らは郡奉行宅へ出頭せず、上土辺に屯集し、要求が認められなければ江戸へ出訴すると宣告した。またこの日までには、挽が強くなったのは挽米屋が上申したからであるとし、城下の六軒を打ちこわした。

このような一揆の勢いに押されて、藩は江戸廻米の浦野宿までの百姓による駄送は、幕府の定めに基づくものであるとして拒否したが、納俵は三斗挽とすることとし、その他の条項は納手代や庄屋の不正によるものであるとしてこれを認めた。また納手代や代官を閉門に処した。これが百姓に伝達されると、次第に帰村するものが出たが、なお二斗五升挽と家老らによる連判証文を求める人々は城下に残った。その人数は一七日暮六つには四〇〇～五〇〇人ほどであった。一八日、残った一揆勢は馬町の火よけ柱を抜き、大道に虎落（もがり、一種の柵）を結った。彼らは参加していない塩尻組へ、一揆への参加を促す使者を派遣するなど活動した。また麻績・会田組百姓四〇〇～五〇〇人が松本へ到着し、勢いを増した一揆は二斗五升挽の要求を強め、認められなければ江戸へ出訴すると脅迫した。ついに藩は二斗五升挽を認め、五名の家老連判の証文を一揆に示したため、要求を全面的に獲得して一揆は解散した。

一揆は全面的勝利に終わるかに見えたが、藩のまき返しがはじまった。二〇日頃から、二斗五升挽を免許した証文は、松本に残った者たちの要求であり、松本藩は本来三斗挽であるので、その証文を返上し、三斗挽で納入させてほしい旨の願書を村々から提出させたのである。一方、国元からの連絡を受けた江戸藩邸の藩主らは、老中大久保忠朝へ一揆発生と鎮撫の状況を報告し了承された。全領から二斗五升挽の証文を返上させた藩は、一一月一日、三斗挽納めと、納手代の閉門を許し、組替えとすることを通達し、三日には年貢収納を開始した。さらに一五日夜に棟梁を一斉に逮捕した。二二日、棟梁とされた一一人のうち、長尾組中萱村加助、同組楡村善兵衛、上野組南大妻村作兵衛、同組氷室村半之助、岡田組浅間村善七、同組岡田町善七（嘉助とも）、出川組梶海渡村惣左衛門、嶋立組堀米村吉兵衛の八名を磔、会田組執田光（しったこう）村与兵衛、出川組笹部村半之助弟金兵衛、島立組堀米村弥三郎の三人を獄門に処し、勢高・出川の両刑場において刑を執行した。同時にこれらの棟梁たちの弟や子一七人も同日に両刑場で獄門に処した。また、長尾組住吉村善兵衛ら三人が永牢、上野組杏村勘助ら四人が追放（ほかに四人が追放されたする説もある）の処罰を受けた。藩の処罰理由は、①代官中・下役人を差越した非儀の訴訟であること、②公儀法度の一味一同をしたこと、③付け火の参加強制を行ったこと、④打ちこわしをし、その時衣類などを盗み取ったことに求められた。なお、棟梁一一人や永牢・追放の者が一揆でどのような役割を果たしたかは、判決書も残されておらず、「信府統記」などの一揆関係史料にも記述は存在しない。

この加助騒動については、代表越訴型の一揆であると認識されてきたが、百姓たちが集団で城下に押しかけ、訴願を領主に認めることを強いた強訴形態の一揆である。しかも、要求を実現するために打ちこわしを行い、大衆動員のために付け火の脅迫を伴なった参加強制を行うなど、その後全国各地に発生する強訴型の百姓一揆の諸特徴を備えたもので、史料的に確認できる最初の事例であるともいえる。さらにその参加村落は、領内ほぼ全域の二二四か村にわたり、全藩一揆という特質も備えているのである。

この一揆は中萱村の多田加助を中心に、義民を生み出したものとしても知られている。この一揆の顕彰活動は、享保二〇年（一七三五）に五〇回忌供養として、長尾組・上野組が供養塔を建立したとされるものが最初である。さらに、天保六年（一八三五）の一五〇回忌前後に、一揆中に出された藩の諸法令と、義民の墓碑や子孫を調査し、記録としてまとめたものが作られ、幕末にかけて写本されている。現在数種の写本が確認できるが、「貞享騒動記」、「御領分百姓嘉助騒動有増写」、「中萱村嘉助由来」と書名は異なるが同一系統本である。この写本類にも加助をはじめとした義民たちが一揆に果たした役割についての記載はないが、その書名や子孫調査でも加助が一番詳細であることから、加助を中心に一揆をとらえようとしており、まとまったものではないが、加助物語が形成されはじめたものと解釈できる。義民顕彰と物語の形成が本格化するのは近代に入ってからで、自由民権運動が展開するなか、明治一一年（一八七八）に竹内泰信が「中萱加助略伝」を松本新聞に連載し、翌一二年には松沢求策が「民権鑑嘉助の面影」という芝居台本を制作・上演した。さらに、一三年には二〇〇回忌にあたり加助神社（現貞享義民社）が建立された。明治四一年（一九〇八）には「貞享義烈碑」（陸軍中将高島鞆之助題字、武居彪撰文）が貞享義民社境内に建立された。戦後になって、昭和二五年（一九五〇）、松本市の勢高刑場跡から人骨が発掘され、これが処刑された義民たちの骨であると推定され、同所に「義民塚」が築かれた。三〇〇回忌にあたる昭和六一年（一九八六）には三〇〇年祭が営まれ、「貞享義民顕彰慰霊碑」が建立された。さらに平成四年（一九九二）には、ふるさと創生事業の一環として、加助騒動を展示する施設として「三郷村・貞享義民記念館」が建立されている。

【人物】多田加助　ただかすけ

中萱村百姓。貞享三年松本藩一揆の棟梁、義民。寛永一六年（一六三九）二月生れ。妻は大野組佐野村庄屋松沢左右衛門の娘で名は「民」。貞享三年一一月二二日、勢高の刑場で磔刑となった。享年四八。この時同時に弟彦之丞（法名国霜承不信士）と子の伝八（法名如幻童子）、万蔵（法名霜泡童子）は獄門に処された。妻の民は享保一〇年一二月一〇日没。法名風屋妙寒大姉。加助の法名について「貞享騒動記」は、多岸真田居士と悟雪承頓居士と二つ記しているが、貞享義民社脇にある墓碑に刻まれているのは後者である。加助没後について、同じく「貞享騒動記」には、西中萱の佐五兵衛が継いだとし、また娘が熊倉村に縁付き、その血筋が上横田町観音小路の綿屋助三郎であるとしている。多田家は加助の祖父・父が肝煎（後の庄屋）に就任したことが確認できる村役人の家柄であり、加助も庄屋役を務めている。慶安四年（一六五一）の検地では三〇石八斗余を所持する村内有数の高持ちであり、中萱村の鎮守熊野神社は、多田家が創建したと伝え、神事では常に上座についた。この特権をめぐり寛文三年（一六六三）に村方一同と出入となっている。伝承では遠祖は摂津源氏多田満仲であり、中世期武田氏に仕え、武田氏没後中萱村に土着したとされるが、その当否は別として中世的土豪の系譜を引く家系であったと考えられる。ただ、天和元年（一六八一）八月、拝借籾の返上が遅れ、加助の女房が人質に取られていること、同年一〇月、楡村善兵衛とともに身上ならざるゆえに庄屋役の交代を命じられていることから、一揆当時衰退傾向にあった可能性は否定できない。

一揆における加助の役割は、一揆発生直前に中萱村で納手代に抗議したとする「郷中訴訟之事扣」や「強訴発端の有らまし事」の記述以外には史料的には確認できないが、しだいに形成されていった義民物語では、おおむね次のように描かれる。加助の人格形成の上で重要な役割を果したのは、多田家に食客として居住した元越前国大野藩士であった浪人丸山文左衛門であった。加助は丸山から陽明学や軍学を学んだという。一揆の発端は、先述した中萱村における加助と納手代とのトラブルであった。加助は一揆を決意し、中萱村熊野神社に安曇・筑摩の一四人の惣代を招いて謀議した。謀議の場所を加助宅とするものもある。ここで訴状を作成し、出訴するために松本に赴いた。加助らは、この出訴を惣代たちだけで行おうとしたが、惣代の身を案じた多くの百姓が松本城下に押しかけてきたため騒動となってしまった。加助らは、百姓たちが暴動に及ばないように苦心した。藩は一俵三斗挽を認めたため、百姓たちは帰村したが、加助らはあくまでも二斗五升挽を要求し、受け入れられない場合は江戸へ出訴する覚悟をした。しかし、藩が二斗五升挽を認めたため帰宅した。帰宅した加助は、累を及ぼさないために妻に離縁状を渡したが拒否された。逮捕され、一一月二二日に処刑されることとなった。年貢が三斗挽で納められることを知った加助は、磔台の上で「二斗五升だぞ」と絶叫し、凄まじい形相で松本城を睨んだため、天守閣は西へ傾いたという。享保一〇年（一七二五）、時の藩主水野忠恒が、江戸城中において刃傷事件を起こし、除封されたのは、加助の怨霊のなせるわざであるとする。また、藩主忠直はいったんは加助らの処刑を命じたが、藩士鈴木伊織の諫言を入れて釈免することとし、彼を刑場に向かわせたが、処刑に間に合わなかったという赦免使遅延話や、一揆後、江戸から国元に戻った忠直は、春了寺住職から苛政と一揆の話を聞き、前非を悔いて加助らの菩提を弔ったとする挿話も存在する。

【人物】小穴善兵衛・しゅん　おあなぜんべえ・しゅん

善兵衛は長尾組楡村百姓。加助騒動の棟梁の一人。庄屋役を勤めていたが、中萱村加助と同様に、元和元年（一六八一）に身上ならざるゆえに罷免されている。貞享三年一一月二二日、勢高の刑場にて磔となった。享年三九。法名善安正智清居士。同時に弟の松右衛門（法名松屋清寒居士）とその子長之助（法名霜霊禅童子）、弟の治兵衛（法名次庵了心清居士）、子のしゅん（法名意春禅童子）、同惣助（法名幻照禅童子）の五人が獄門に処されている。明治三七年（一九〇四）に六人を祀る祠が建立された。義民物語では、善兵衛は加助に続く棟梁であったとされる。逮捕前に妻（名不詳）に離縁状を渡し、妻はいったんそれを拒否したが、夫の霊を弔うために離縁を承知したとされる。子のしゅんは、娘であるにもかかわらず処刑されたとされ、明治一一年（一八七八）の竹内泰信「中萱加助略伝」も女性として扱っている。近年とくに注目され、大坪かず子『おしゅん』などの作品の題材となり、加助騒動の義民物語の中心的エピソードの一つになった感がある。そこでは、加助弟彦之丞の許嫁であったり、加助らを赦免するために尽力し、藩主の赦免状をもって刑場に駆けつけたが間に合わなかった藩士鈴木伊織と恋仲であったとされる。また一揆を組織していくためには、女性が連絡係を務めるのがよいので、しゅんは積極的にその役割を果たしたために、女性でありながらも獄門という極刑に処されたと説明されるようになっており、「貞享義民記念館」での説明も、それに従ったものとなっている。（保坂　智）

〔参〕田中薫『安曇野と義民一揆の実像』、横山十四男『信濃の百姓一揆と義民伝承』、『松本市史』上

貞享三年（一六八六）
下野国河内郡宇都宮藩領徳次郎村内田中村前地解放出入

田中村理右衛門は、延宝八年（一六八〇）に塩谷郡船生村長右衛門の男子瀬左衛門を娘の婿に迎え、田畑山林と同家に従属する前地家族を譲り渡した。婿の瀬左衛門は、経営を立て直すため、庄兵衛・次右衛門・久兵衛・久右衛門・久左衛門・三左衛門・作右衛門ら七人の前地家族から三両二分ずつを取って前地の身分から解放することを言い渡した。七人の前地は申し合せてその提案を拒み、より有利な条件での身分解放を実現するため、中徳次郎村庄屋と田中村庄屋を扱人に頼み、それぞれの持高のうちから上畑五畝一五歩ずつを主家に永代引き渡すことで解放されることを主張し認めさせた。また、その耕地の年貢は主家が上納することも約束させた。しかし、これまで主家から与えられていた前地の屋敷はすべて返還することになり、前地らは、貞享三年一二月二六日、これらの解放条件を了承する旨の連判証文を主家に差し出した。この地域では、元和年間の一六二〇年代から主家の事情で前地が解放される動きが見られるが、一七世紀末には従属農民と主家の争いのなかで、身分解放あるいは主家への奉仕義務の改善などが達成される。（深谷克己）

〔参〕深谷克己『増補改訂版百姓一揆の歴史的構造』

元禄元年（一六八八）一〇月
土佐国吾川郡高知藩領上八川村年貢減免直訴

貞享年間、連年の旱魃により、上八川村地域一帯は疲弊していた。上八川村の庄屋高橋安之丞は、高知藩仕置役岡部嘉右衛門に年貢減免の直訴を行った。しかし、安之丞の庄屋失脚をねらう川崎三蔵の讒言により、安之丞は捕縛され、翌元禄元年一〇月に斬首されたと伝えられる。

【人物】高橋安之丞　たかはしやすのじょう

吾川郡上八川村の庄屋。開墾を勧め、楮の良種を移入し、また茶を導入した人物として知られ、これら同村の特産品生産の基礎を作った。貞享四年の旱魃に際して、安之丞ら村内の富農は施行を行ったが、飢饉を回避できず、このため安之丞は年貢減免の直訴を行った。しかし捕縛され、元禄元年一〇月に斬首された。その首は安之丞の家に飛び戻ったと伝承される。安之丞死後、高知藩仕置役岡部嘉右衛門は発狂して自殺し、川橋三蔵は変死したと伝えられる。安之丞の首塚には、祠が建てられ、安之丞八幡宮（若宮神社）とされ、義民として祀られた。五穀豊穣・魔除けの神から、近代では徴兵よけ、弾丸よけの神として信仰された。（須田　努）

〔参〕広谷喜十郎「土佐の義民伝承」（『土佐史談』一七八）、高橋光加『高橋安之丞公実記』、『吾北村史』

元禄二年（一六八九）六月
常陸国筑波郡土浦藩領太田村・旗本横山氏領小田村入会争論

元禄二年一〇月、太田村では入会の山野をめぐって隣村の小田村を幕府へ訴えた。その訴状によると、太田村は小田村と元は一村で、検地帳も同じであり、入会地もともにしてきた。ところが、同年六月、小田村は太田村民に対し、入会っていた宝篋山

への立ち入りを阻止し、鎌や荷鞍を奪う行為に出た。太田村側は交渉で鎌や荷鞍の返却を求めたが、小田村は応じないばかりか、大勢で威圧し、七月三日より六日の間に鎌四三挺、荷鞍五個を奪う実力行使を重ねた。小田村は、中世常陸に威勢を奮った小田氏が城館を構えた拠点的村落であった。しかも、問題となった山野は、小田城の背後に位置する軍事的重要地であり、山頂には宝篋印塔があり、周辺には堀切りの施設も見られる。このことから、この山の支配は城下である小田村が行っていたものであろう。小田村は、翌三年三月に返答書を幕府へ提出した。そこでは、小田村と太田村は他村との争論でも同一行動をとったことがないことを詳細に述べ、もともと山地への入会権のなかったことを印象づけるものであった。太田村側が主張した乱暴な実力行使についてはほとんど答えず、両者の主張がすれ違ったまま、幕府評定所の現地検分が行われた。その上で、元禄三年十一月裁許が下された。その結果、山地の小田村側斜面は小田村の地であることが確認されたが、その隣村側斜面は入会地であることが認められたため、太田村側の主張が通った形で終わった。太田村が有利な判決を得た背景には、当時幕閣で老中を務めていた領主土浦藩の強い支援があったことにもよる。太田村ではこれを記念して、訴訟のために江戸まで出向いた百姓一四名が「サンヤ講」を結成して、現在まで裁許のあった日に会合を持っているという。この争論は中世的親郷の小田村の地位が揺らぐなかで惹起したものであった。この争論の過程で太田村が作成した「鎌数之覚」は、鎌を取った下手人（小田村側）を書き上げた詳細な記録であるが、これにより山論の実力行使が多様な階層（当主・子・下男・弟・家来・門屋など）によって実動されていたことを知ることができる。　（山本幸俊）

〔参〕白川部達夫『日本近世の村と百姓的世界』

元禄三年（一六九〇）六月一九日
讃岐国小豆郡幕府領（高松藩預地）小豆島増徴廃止江戸伝奏屋敷越訴
→宝永七年（一七一〇）七月一九日
讃岐国小豆郡幕府領（高松藩預地）小豆島増徴廃止幕府巡見使越訴

元禄三年（一六九〇）九月一九日
日向国臼杵郡延岡藩領山陰・坪谷村逃散（山陰一揆）

元禄三年九月一九日、山陰・坪谷村の百姓三〇〇竈（男女一四〇〇人余）が、川舟を利用して耳川を越え、隣藩高鍋藩領の四か所に逃散した。百姓たちは牛馬一〇二匹を伴い、鉄砲四九丁のほか弓・槍なども携えていた。発端は、郡代梶田十郎左衛門を始め地方役人の仕置方にあった。百姓の訴えのいくつかを「梶田山陰旧記」によって見てみると、①年貢決定は春とし、風水害の発生した時は検見にするとしながらも、三か年続いた大風・洪水にもかかわらず検見を実施せず、そのうえ、まだ稲も青い九月中の年貢完済を迫られ、他領の者から借金をして納めざるを得なかったこと、②高一〇石につき胡麻二畝・荏胡麻一〇〇〇本・唐胡麻五〇本・菜種子五畝の作付を強制されたうえに、代官や諸役人が頻繁に村を見廻り、肥料のやり方など細かいことにまで干渉し、指示にそむくと罰金が課せられたこと、③一軒につき杉一〇〇本・楮五〇本などを植えるようにとのことだが、植える場所がないこと、④先例にない役人へのはなむけ銀を庄屋方より申し付けられ迷惑していることなど、要求条項は口上書を差し出すまでの経緯を述べた三か条をあわせ計一六か条に及んでいる。翌二〇日、高鍋藩は、江戸藩邸に急使を派遣するとともに逃散百姓を股猪野一か所に集め、百姓支配人として千手次郎兵衛を派遣した。二一日には百姓たちの牛馬・鉄砲・弓などを高鍋藩預かりとした。この時、延岡藩から帰村すべしとの意向が伝えられるが、百姓たちは拒否した。二六日から延岡藩の帰村に向けた本格的な説得活動が始まり、一〇月に入ると藩側と百姓側との交渉も活発化した。藩の回答に対し、一時納得して帰村を決意したこともあったが、帰村すれば断罪とのうわさが広まると、郡代梶田の解任を要求して帰村の意思を翻すなど、まさに「埒明不申」という状況であった。延岡藩は、一揆を内々に済ませようとしていたが、同二九日に一揆の首謀者の一人である林田半蔵（延岡藩の浪人、山陰に蟄居中の身ながら訴状作成を指導したと目された）、山陰で藩の動向を情報収集していたと思われる被官角之丞・市郎兵衛が捕らえられたことにより、百姓たちは態度を硬化させた。一一月に入ると、延岡・高鍋両藩ともに対応策に窮し、同一五日江戸に使者を派遣、ついに一二月三日、幕府は延岡藩主に対し、百姓の帰村、首謀者二〇名と郡代・代官・庄屋らの江戸召喚を命じた。

　このような時、延岡藩に新たな難題がもち上がった。同月一一日、高千穂一八か郷のうち九か村の庄屋が連名して愁訴したのである。年貢の減免や夫役・諸役銀負担の軽減など、その要求は三二か条に及び、その口上書の末尾で山陰村逃散の一件に触れながら、年貢の上納期限も迫っているので百姓中にもよく申し聞かせ、借銀して納めたと述べている（高千穂町史）。百姓たちは罪人を出すことなく三二か条中一八か条を認めさせ、延岡藩は山陰一揆の波及を最小限に食い止めた。ところで、幕命を受けた延岡藩は、社人や僧侶を通した説得活動を行い、目付以下村役人の交替、帰村後の生活の保障などの懐柔策を示したが、事態は進展しなかった。しかし、翌年の一月一三日、老中大久保加賀守の名で高鍋藩取り扱いによる江戸召還命令が下り、二月二一日、百姓たちの代表二〇名（のちに二名召還され、取り調べを受けた頭取は二二名にのぼった）が吟味のために江戸へ出立した。この頃から一揆勢内部に動揺が広がり、闘いから脱落するものも出てきた。六月二六日、幕府評定所の裁決が下り、百姓善内・被官市郎兵衛が磔、林田半蔵・百姓左次兵衛が打首、半蔵の子二人が死罪、百姓又次郎・庄之丞・夕之助・久五兵衛・覚之丞・太郎助と半蔵下人権十郎の七人が遠島に処せられた。百姓側には厳しい処罰であったが、郡代梶田・代官大崎の追放もあわせて言い渡された。同年一二月二八日、一揆の責任を問われた藩主有馬康純は越後国糸魚川（無城地・五万石）へ転封を命じられた。その後、延岡へ譜代大名三浦氏が入封し、また富高を始めとして日向各地に幕府領が設置された。山陰一揆は、一地方の問題にとどまらず、幕府が直々に事態解決に乗り出し、南九州にも幕藩体制の支配を貫徹させていく契機をつくった。また、この一揆は「九州逃散のはじめ也」といわれ、豊後や肥後など他国にも風聞が伝わり、他藩の情報収集活動も活発に行われたことでも知られている。

　なお、一揆発生から一二〇年後の文化八年（一八一一）、山陰村大庄屋寺原和右衛門、成願寺七世実門叟が発起人となって一揆犠牲者二一人の供養碑が建立され、東郷町の成願寺境内に現存。また、同町の西城公園には昭和四四年（一九六九）建立の一揆記念碑、平成元年（一九八九）建立の逃散三〇〇年記念碑がある。

【人物】梶田十郎左衛門　かじたじゅうろうざえもん

　生没年不詳。延岡藩の郡代。父親は有馬大膳純景の被官で甲斐十兵衛といい、才能を認められて小役人から知行二〇〇石取りへと立身し、名も梶田十郎左衛門と改め、郡奉行（郡代）に取り立てられた。仁政を敷き領民の人望も厚かったが、病気により男子市之丞に家督を譲った。市之丞も郡代就任とともに梶田十郎左衛門と改名し、父同様の働きによって持筒足軽大将・武具屋方・馬屋方などを兼ねる重職に就いた。梶田は、土佐の紙漉き豊村又助を登用するなど種々の功才を用いて課役を工夫したが、次第に苛政を行うようになったという。藩の年貢増徴策を忠実に実行する有能な役人であったといえよう。元禄四年六月二三日、幕府評定所の裁定により代官の大崎久左衛門とともに追放となった。

【史料】梶田山陰旧記　かじたやまげきゅうき

　宮崎県東郷町の成願寺所蔵。表紙には持ち主を窪澗門嘉藤治と記すが、この門の所在も人物も不詳。文化八年の供養碑建立の際に一揆関係文書が集められており、この時に本書が成願寺に保管されることになったと考えられている。近年、「高鍋藩日記」や大村藩「見聞集」・臼杵藩「風聞史料」など、山陰一揆の実相に迫る文献史料の存在が知られるようになったが、本書は一揆発生地に唯一現存する一揆記録である。内容は、元禄四年一月七日付の一六か条の願書が中心。ただし、同文の願書はほかに四か所で見つかっており、それらはいずれも元禄三年一〇月一日付であり、「高鍋藩日記」でもこの日に藩へ提出されたことが確認できる。同日記によれば、元禄四年一月八日条に藩が幕府評定所に百姓の願書を提出したことを記録しており、本書の願書の日付はこれに関連して記されたものであろう。本書をはじめ山陰一揆史料の多くは『日向国山陰村・坪屋村百姓逃散史料集』に収録されている。

（遠田辰芳）

〔参〕岩切悦子「元禄初期における日向国有馬領山陰一揆の史的考察」（『宮崎県地方史研究紀要』一一）、『東郷町誌』

元禄三年（一六九〇）九月
越中国富山藩領富山町米留騒動

元禄三年九月二二日、富山の向河原町武兵衛と中島町八兵衛の二人が、「悪説申ふらし町人大勢相催し騒動」（前田文書）を起こしたとして大泉人焼場で磔に処された。「米留」の事について大勢が町会所や町奉行宅へ押しかけた事件の頭取として処罰されたと考えられる。同事件に関連して、九月四日には町奉行二人が閉門、町年寄四人が三か国追放という重い処分を受けている。騒動の詳細は不明であるが、近世都市における米騒動的事件の早い段階の事例として注目できる。

（保坂　智）

〔参〕『富山県史』史料五

元禄三年（一六九〇）冬
常陸国真壁郡旗本堀田氏領塙世村家来年礼争論

塙世村榎戸吉兵衛は、かつて屋敷内に居住していた家来を村内「ふうは」山に移住させ、旗本堀田権右衛門の百姓としたが、「大番（年頭御礼役）」は務めさせてきた。ところが、元禄三年冬から家来が団結して古例を破り、当年一月三日の「大番振舞」に一名も参じなかった。そこで吉兵衛は自らの領主旗本菅谷氏の許可を得て、四月に家来の所属する領主堀田氏の家老に訴え出た。江戸で家来たちに対する吟味が始まったが、塙世村名主・組頭および光照院、堀田氏領茂田村組頭の取り扱いで、家来の敗訴として内済した。続いて、今度は屋敷内の四名の家来が「大番」・田植・田うないなどを拒否し、吉兵衛家との主従関係を廃止したいと要求した。家来へは、組頭が従来通り役儀を務めるよう説得したが効果なく、八月、吉兵衛は堀田氏への訴訟に踏み切った。家来たちは組内の二名を代人とし、光照院に入り反訴したが敗北し、一〇月二三日吉兵衛に詫状を入れ内済した。

（西脇　康）

〔参〕『茨城県史料』近世社会経済一、長谷川伸三『近世農村構造の史的分析』

元禄四年（一六九一）九月七日
豊後国日田郡幕府領藤山村庄屋特権争論

藤山村庄屋源右衛門は河内村からの入庄屋であったが、元禄四年九月七日に百姓から訴えられた。その内容は、百姓安兵衛の屋敷山押領、庄屋・百姓立会改め役人吟味後の年貢米蔵荷を開封する不正、天神森の押領と祭礼中止、座頭・山伏の排除と祈禱の拒否、川筋への毒流入、代官宿所建設に伴う役人への贈賄、また郡夫一〇〇〇名ほど、入用銀六〇〇目を郷中に割掛け屋敷普請を実施、川筋の禁漁措置、法外利息の借銀による田地押領などの疑いであった。吟味は天草富岡で一一月一二日から開始され、庄屋山・入会山などをめぐる庄屋特権の制限、百姓の負担公平要求が若干認められるかたちで内済が成立した。正徳六年（一七一六）三月には日田郡百姓中として、巡見使の神谷次郎兵衛など三名に出訴する事件も起こり、その結末は未詳ながら、小百姓主導の村政が実現したとされる。

（西脇　康）

〔参〕『大分の歴史』六、楠本美智子「天領

『日田騒動』とその後の農村」（九州大学九州文化史研究所『紀要』三六）

元禄六年（一六九三）一二月一日
大和・近江国大和郡山藩領減免強訴

大和郡山藩では、本多忠平が藩主であった元禄六年に、藩財政の再建をはかるために、有名な松波勘十郎（同藩のみならず、財政窮乏に悩む三次・棚倉・水戸藩などの財政顧問として活躍した）を召し抱え、その指揮の下で、「大日損」の年であったにもかかわらず厳しい年貢増徴を行った。稲作については、坪内久兵衛・岡本甚助の両名を奉行として苛酷な検見が実施され（坪刈を行う際に周囲の稲も強引に引き入れて刈り取るという「おそろしき」方法が採られたという）、田方綿作と畑作については、検見を行わず稲作の「上毛」並に年貢が賦課されることになったのである。こうした増徴攻勢に対して、領民らは「迷惑千万」と反発し、一二月一日以降毎日五〇〇〇人から一万人もの百姓が郡山へ押し寄せることとなった。大和国（領地は添下郡など六郡に存在）の領民はもとより、近江国（領地は蒲生郡など三郡に存在）からの参加者もあり、藩領全体を巻き込んだ全藩的強訴が発生するに至ったのである。折しも松波は「殿様銀子御用」のため京都に滞在中で、郡山から再三使いを出して戻ってくるように求めたが、騒動の渦中に入って矢面に立たされるのを恐れてか、なかなか藩の要請に応じようとはしなかった。困惑した藩当局は、七・八日頃になって、年貢以外に従来百姓側が負担してきた村役人給や大庄屋の給与・役免分を藩側から支給するという条件を提示したので、ようやく百姓たちは引き揚げたという。しかし、藩は年貢そのものを減額したわけではなく、その後郡山に戻った松波の指示に基づいて、翌七年三月には領民に対してさらに年貢先納銀の上納を命じた。これに関わって注目されるのは、四月頃に領内の大庄屋を郷代官役とし、騒動が再発するのを防ごうとしたことである。その影響について広瀬郡笠村生島家の当主が、「弥々さうしゃう（訴訟）も成不申様ニ見へ申候」と記しているように、年貢政策に対して領民が再び立ち上がった形跡はない。その後、郡山藩領の年貢高は、しばらく高水準を保った後、享保期（一七一六～一七三六）に入ると減少傾向を示すことになるが、後本多氏時代（江戸前期の藩主本多氏の時代に対して、貞享二年～享保八年の藩主本多氏の時代を指す）の高水準の年貢賦課の累積によって窮乏した領民も多く、柳沢吉里が郡山へ入部した早々の享保一〇年（一七二五）一二月に領民多数（五〇〇〇～六〇〇〇人）が郡山へ詰めかけ年貢減免を要求するという大規模な強訴発生の伏線となった。（谷山正道）

〔参〕塩谷行庸「郡山藩の年貢動向と松波勘十郎の改革」（『高円史学』一二）、『広陵町史』

元禄八年（一六九五）頃
下野国都賀郡壬生藩領諸色負担軽減越訴

元禄八年、松平輝貞に代わって壬生に入部した加藤明英（二万五〇〇〇石）の年貢増徴策、大麦・荏胡麻・真綿・紅花などの七色掛物割当てに対して、下稲葉村石井伊左衛門・上稲葉村神永市兵衛・壬生新町須釜作次郎が、免除を求める訴願を周辺一一か村の惣代として嘆願したもの。しかし果たせず、赦免の後将軍直訴を企てたが発覚、再び捕縛された。この結果、参加村は掛物免除を勝ち取ったが、代表伊左衛門ら三名は処刑されたと伝える。

【人物】

神永市兵衛　かみながいちべえ
須釜作次郎　すがまさくじろう
石井伊左衛門　いしいいざえもん

下野国都賀郡の義民。かねてから壬生藩領民は、領主の三浦氏、続く松平輝貞の苛政に苦しんでいた。元禄八年の領主の所替には、次なる領主の善政に望みを賭けていた。果して、かわって入部した加藤明英は期待に反し、新規入部の出費と称して大麦・大豆・稗・荏胡麻・真綿・紅花・麻苧の七色掛物を割当て、これまで以上の負担を課した。上稲葉村の市兵衛は、壬生新町須釜作次郎とともに、すでに出家していた下稲葉村石井伊左衛門を同村一乗院に訪ね、掛物免除を要求する嘆願を協議した。のち三名は、領民とともに寺社に集会したが、領主の知るところとなり、集会禁止の達しが触れられた。領民は一揆を起こそうとするが、市兵衛らは訴願による達成を主張し、廻状の作成を試みた。しかし、藩の監視の目が厳しく、多くの村の参加は望めなかった。そこで市兵衛らは一一か村惣代として、藩への嘆願に及んだ。このため捕らえられ、牢舎となるが、三人とも前非を悔いたかのようにみせかけ、赦免となった。嘆願が入れられない場合には、将軍への直訴を決行することを予め示し合せていたためである。しかし、これも藩の知るところとなる。密かに江戸へ向けて出発するところを再び捕縛された。藩の追及に、彼らはかねてからの志を白状し、自らの首を掛物免除に替えるとの存念を打ち明けた。これにより藩では三名を処刑し、代わりに参加村一一か村の掛物を免除した。この訴願に参加した地域では、以後彼ら三名の恩徳を偲び讃え、堂宇を建立し総社八幡と名づけ、年一回祭典を行ったという。市兵衛はまた、上稲葉村内に市兵衛八幡として祀られ、伊左衛門も下稲葉村内の神社の一角に祀られた。一説に、作次郎は縁故の者の命乞いによって処刑を免れ、出家して市兵衛・伊左衛門の菩提を弔ったとも伝えられている。なお、明治一六年（一六四一）、鯉沼九八郎ほか民権派が供養のための「運動会」を行った。

（齋藤悦正）

〔参〕小室信介『東洋民権百家伝』、『壬生町史』通史一

元禄九年（一六九六）一一月一日
但馬国出石郡出石藩領打ちこわし

　文禄四年（一五九五）以来、出石藩主であった小出家は、元禄期（一六八八～七〇四）に藩主が相次いで死亡し、元禄九年一〇月二二日に藩主久千代英及が病死したため、断絶となった。この報が一〇月晦日に家臣と領内に触れられると、ただちに打ちこわしが起こった。領民は、翌一一月一日未明から藩札の正銀引き替えを求め、これに応じない出石の銀札札場と札元鍋屋八郎右衛門宅を打ちこわし、八つ時には気多郡手辺村の札元竜野屋与三兵衛宅を打ちこわした。夜には養父郡浅間・宿南村の農民三〇〇人余が、棒を持ち、松明をかざして伊佐村新田へ押し寄せ、家々の戸障子を打ち砕き、京屋と呼ばれる新田支配にあたっていた会所へ乱入し、火を放って焼き払った。二日には、手辺村の竜野屋出作安良村の作兵衛と、長谷・香住村の沢新田の鉄屋十兵衛を打ちこわした。攻撃の対象となったのは、出石藩銀札の札場・札元たちと新田関係者であり、いずれも藩政と結びついた者たちであった。合計八軒の札元が打ちこわされたが、これは、小出家の断絶によって銀札が無効になることを恐れたからである。出石藩の藩札は、延宝期（一六七三～八〇）から始まっていたが、たびたび捨札になり、他国他領の者が損失を被ることがあった。伊佐村新田は、浅間・宿南村の入り組み地で、寛文九年（一六六九）から開発が始まったが、延宝三年（一六七五）四月には、開発地に浅間・宿南村の農民が多数押し寄せて作付け地を荒らし、村役人をはじめ、関係した農民全員が処罰されるという事件があった。開発の結果、新田の地主には京都商人がなった。出石藩と京都との関係は深く、京都商人の資本が藩政や農民の生活に大きな影響を与えており、農民が京都商人を相手取った訴訟においても涙をのむことが少なくなかったようである。攻撃には何人かの村役人も参加しているが、これは京都・出石商人による利貸しや開発によって村方が圧迫されていたためと考えられる。打ちこわしの結果、この年は不作で米価が高騰していたため、藩は既納米を家中に与え、不納米は翌年春までに石当たり三六匁で銀納させることにした。当時出石領内の米価は石当たり六二、三匁であったから、約四〇％の減租となった。

（山﨑善弘）

〔参〕『兵庫県史』四、『出石町史』一

元禄一〇年（一六九七）五月
越前国大野郡勝山藩領年貢減免江戸直訴・逃散

元禄一〇年五月一三日以前、おそらく五月初旬に、領内惣百姓・町人の代表が江戸藩邸の藩主への直訴に出立し、残った百姓たちの一部も領外へ逃散した。藩は五月一三日逃散者を処分しないことを約束して帰村を呼びかけたが、百姓らは応じなかった。代表は江戸藩邸で藩主に訴状を渡すことに成功し、検討を確約させた。藩は、六月一〇日、この確約を国元へ報じて、領外へ逃げた百姓に帰村を促した。六月晦日藩主が帰国して協議を重ね、七月村方へは一一か条、町方へは七か条の申し渡しを下付して願書に逐一回答した。それによれば、幕府領・福井藩領並みの減免願いは認められなかったが、定免願いとその二分引き下げ、年貢納入時期の改正、御用金（拝借金）中止など、要求の大半が受け入れられ、しかも処罰は一切行われなかった。　（齋藤　純）

〔参〕『福井県史』通史四、『勝山市史』、本川幹男「『勝山』における百姓一揆について」（『福井県地域史研究』一）

元禄一〇年（一六九七）一一月一六日
豊後国速見郡日出藩領山香郷逃散

元禄一〇年一一月一六日、速見郡日出藩領常道・広瀬・八坂の三か村の百姓男女二九二人が、杵築藩領八坂手永溝井村に逃亡した。杵築藩では、彼らを溝井村・鴨川村に収容して食料などを給し、日出藩に連絡するとともに、幕府にも報告して指示を仰いだ。一二月一八日、溝井村の宝福寺において、杵築藩郡奉行・大庄屋・代官が立ち合って、日出藩よりの受取役人・小庄屋に逃亡百姓を引き渡した。その後、日出藩は頭取百姓一六人を遠島または追放にし、その家内一〇四人を追放にした。この逃散で注目されるのは、百姓が「何事も近国なミニ御所務」なければ「百姓もいや」になると述べていることである。これに対し、日出藩は、年貢賦課について「新法」を行っておらず、また近国のことも毎年聞合せていると述べている。小藩分立を特徴とする豊後において、百姓の「近国なミ」という主張を生み出し、領主側も「近国なミ」という主張を容認し、一方的な苛政を行い得なくなっていたといえよう。　（村井早苗）

〔参〕久米忠臣『大分県の百姓一揆』、後藤重巳・豊田寛三『大分の歴史』六

元禄一一年（一六九八）一一月七日
美作国東北条・東南条郡ほか津山藩領年貢増徴反対強訴（高倉騒動）

元禄一〇年津山藩主森氏の改易により、同年八月美作国は幕府領となり、翌元禄一一年一月松平宣富が美作国内のうち一〇万石を拝領した。松平氏の年貢は森氏時代や幕府領時代の免率よりも高く、しかも森氏時代には認められていた風水日損引・奥引（年貢免状の奥で認められた引米）が認められないなど厳しいものであった。これに対し、久米南条郡一方触（触は大庄屋の管轄地域）を除く百姓たちは、「秋初米」の悪米納入で抵抗した。このような不穏な動きを察知した藩は、一〇月一九日までに立毛検見を行い、わずかな引米をした。しかし、検見役人が森氏時代の三人から五人に増えるなど、逆に百姓にとって負担増となった。そこで、一一月初めごろから、年貢減免を要求する百姓の動きが本格化し、百姓集結を呼びかける天狗状が廻され、七日には津山城下吉井川河原に集結した。一方、城下近郊の一方村六郎右衛門ほか大庄屋ら六名は、騒動への対応について協議したがまとまらず、結局、森氏時代の元禄九年の年貢と当年の年貢との比較をした目録を郡代所に提出することになった。八日、大庄屋ら六人は郡代所に赴いたが、目録を提出したのは一人のみであった。その後、大庄屋たちは佐和屋重右衛門方で協議を行った。これを聞きつけた百姓たちは、佐和屋へ押し寄せ、大庄屋を出すように要求したが、大庄屋たちは密かに抜け出し、一方村へ引き上げた。百姓は、大庄屋を抜け出させたことを「不届」として佐和屋を打ちこわした。九日、大庄屋たちは、郡代烟田治部左衛門の役宅に召し出され、各々の意見を具申した。その中で東北条郡高倉触大庄屋三郎右衛門は、年貢増の不当性を訴えた。その後、郡代役宅を退出した大庄屋は、門前に詰めていた百姓たちに阻止されたが、三

郎右衛門だけは妨害を受けなかった。一一日、百姓たちの前に説諭に現われた大庄屋二人を逆に追い詰め、大庄屋が逃げ込んだ山手屋吉左衛門に大庄屋全員を呼び寄せることを約束させた。この日の晩、高倉触大庄屋三郎右衛門は百姓の先頭に立つ決意を示すとともに、一揆に百姓を参加させなかった一方触大庄屋六郎右衛門らを批判した。一二日、郡代畑田治部左衛門の役宅に集まった郡代山田仙右衛門らは、大庄屋らを呼び寄せ、中庄屋を派遣し、百姓たちの願意を聞くよう命じた。これによって、五〇〇人ほどの百姓たちは願書を作成し、郡代の命によって大庄屋二一名が願書に奥書して、提出した。その内容は、幕府領並の年貢を要求するものであった。その後、郡代・代官頭が門前に詰めていた百姓の前に現われ、願いを聞き届ける旨を伝え、百姓たちも在所に引き上げた。元禄一二年三月二七日、藩は、一揆の首謀者に対する処罰を行い、高倉触大庄屋三郎右衛門や弟の四郎兵衛・佐右衛門ら五人が斬罪獄門、西西条郡吉原村久兵衛ら二人が斬罪となった。また三郎右衛門の子平右衛門も斬罪となったが、縁座によると考えられる。しかし、藩は年貢を約三割減免し、百姓たちの要求は実行された。

【人物】堀内三郎右衛門　ほりうちさぶろうえもん

　東北条郡高倉村に住む高倉触七か村の大庄屋。先祖は宇喜多直家に仕え、高倉庄の押さえとして天正年間に来住し、慶長五年(一六〇〇)の関ヶ原の戦以後帰農したとされる。元禄一一年の騒動の際、多数の大庄屋が中立的立場や藩側に立ったのに対して、始終百姓側に立ち、百姓側の正当性を主張した。そして、一一月一一日、「半着物にわらを帯にして」という姿になり、一揆に参加した。これに際して、家族に累が及ばないように、妻子を離縁したとされる。元禄一二年三月二七日、三郎右衛門は、大庄屋を務めながら一揆に荷担した罪により、加茂川兼田河原で弟四郎兵衛・佐右衛門とともに斬罪獄門となり、また、子の平右衛門も斬罪となった。亡骸は放置された後、東北条郡高野本郷村万福寺に葬られた。

（横山　定）

〔参〕長光徳和編『備前備中美作百姓一揆史料』一、『津山市史』四

元禄一二年（一六九九）四月二五日
上野国甘楽・碓氷郡小幡藩領支配替え駕籠訴

　小幡藩二万石の藩主織田信雄は、織田信長の家筋にあたるという理由で城持大名の格式を許されていた。そのため連年の出費が嵩み、元禄期以前から藩財政は危機的状況に陥っていた。そこで藩は年貢の増徴を図り、また真綿・大豆・萱・薪などに高掛物と称する付加税を課し、さらに千石夫を百姓に押しつけた。それに加えて元禄七年、この村々に中山道坂本宿への大助郷が命じられた。そのため村々百姓は、小幡藩から幕府領への支配替えを幕府に直訴することにした。元禄一二年四月二五日、鹿島神宮参拝を理由に諸戸村の紋右衛門ら三人が江戸に向かい、後を追うようにして残り五人の代表も出府し、幕府の道中奉行所に訴状を提出した。しかし、受け取りを拒否されたため、登城途中の老中に駕籠訴して受理され、国元で両者が話し合って解決せよと指示された。その結果、田畑の年貢は一割引のうえ以後定免、高掛物は三年間免除、藩から生活扶助金を百姓に貸与することで妥結した。代表者は小幡藩預けとなり、終生妙義山麓に幽閉された。後年彼らの遺徳を偲ぶ百姓は、八城村の吉祥寺境内に一体の地蔵尊を建立して冥福を祈った。今に伝わる「紅地蔵」である。

（中島　明）

〔参〕萩原進『騒動』、『群馬県史』通史四

元禄一五年（一七〇二）二月六日
陸奥国田村郡守山藩領減免強訴

　元禄一五年二月、田村郡の守山藩領（松平氏、二万石）二七か村の百姓が、二本松藩領（丹羽氏、一万七〇〇〇石）内の郡山観音堂にたびたび集会し、連判の上、訴願をしようとする動きがあった。藩は、庄屋・組頭を召し出し、村内の訴えの動きについて尋問したが、村役人は村にそのような動

きがないとして証文を提出した。しかし、六日になって百姓らは大勢で陣屋へ押しかけ、口々に願いを訴えた上、連判は咎めになるからと無判の訴状を提出した。百姓らの要求は、込米を幕府領時代のとおりに納入すること、物成は三春・二本松両藩並みとし、江戸付送りの入用米を御免とすることの二か条であった。しかし、庄屋・組頭はこれらの要求が誤認に基づく了見違いであるとして否定し、藩には惣百姓を含めた御法度遵守の請書を提出した。このため藩は、無判の訴状に関する追及を行わず、村役人連印の願書を提出するように命じたが、村側からは願いの筋はない旨の一札を差し出し事態は収まった。（齋藤悦正）

〔参〕『福島県史』二、庄司吉之助『史料東北諸藩百姓一揆の研究』

元禄一五年（一七〇二）二月九日
信濃国伊那郡幕府領大河原村家来百姓争論

大河原村では庄屋庄右衛門の人足役を、組頭はじめ村中で毎回一、二名ずつ務め、被官の百姓三七名も年間三、四名ずつ務め、公用は庄右衛門を通じて納めてきた。ところが最近庄右衛門は再び家来の扱いをしはじめ、元禄一五年二月九日には、被官の百姓を呼び寄せ、今度の村訴訟で惣百姓と一統になったのは不届千万とし、家財闕所・所払を命じ、平四郎を即刻切捨に処すとし、刀を抜き追いかけ回した。そこで同年二月、被官の百姓は年貢諸役を惣百姓並に務めている以上、庄右衛門の家来ではないと代官に訴え出た。しかし吟味の結果、被官百姓は現在も被官であると認定され、庄右衛門家へ役儀を勤めるよう命じられ、閏八月朔日全面的に敗訴し、請書を郡奉行に提出した。（西脇　康）

〔参〕関島久雄・古島敏雄『徭役労働制の崩壊過程』

元禄一五年（一七〇二）春
陸奥国岩瀬郡長沼藩領新規課役反対強訴

元禄一三年（一七〇〇）九月に入部した新領主、松平頼隆（水戸支藩、二万石）による初めての年貢徴収が同一四年に行われた。幕府領時代は、三口永・糠藁代・山年貢など五つの役以外の賦課を行わなかったのに対し、新領主は年貢のほか、六口・二延諸役をはじめ、夫金・割元給、江戸廻米の入用、その他にも小物成を課した。翌年春、領内成田村百姓源十と戸右衛門は、小物成の重課に反対すべく強訴の企てを密かに相談し、廻状を作成した。これを領内の村々へ回したところ、各村もこれに同意し、柱丹原に集会した。北横田村下の弘法段で合図ののろしが揚がると、各村の百姓勢は一つとなり、長沼藩陣屋をめがけ押し寄せようとした。藩側では、内々の注進もあったため、これを聞きつけ、役人を派遣して交渉・鎮撫した。詮議の結果、願いの筋は聞き届けられたが、源十・戸右衛門は、領内引き廻しの上、村下のおさん段で死罪に処せられた。（齋藤悦正）

〔参〕『福島県史』三

元禄一五年（一七〇二）九月五日
日向国那珂郡高鍋藩領福島北方・西方郷検見減免強訴

元禄一五年八月、日向国は大風・大雨による被害を受けた。高鍋藩領でも虫付きのため「定免は請負いがたい」と北方郷（三か村）の百姓たちが検見を願い出たが、庄屋が藩に取り継がなかったことから、九月五日百姓一四〇〜一五〇人が田淵（北方村）に集まり騒動に及んだ。福島郡代泥谷貞右衛門の取り扱いにより、騒動はいったん収まったが、一一月に入ると、都井郷で検見により一〇〇石余の減米になったのを知った北方郷の百姓が再び集会した。村役人・住職・山伏の説得にも納得せず、藤覚（東学）という祈禱座頭の仲介により、小触のうち四人を交代させることでようやく納まった。北方郷百姓が田淵に集まっている間に、西方郷（四か村）・南方郷（三か村）でも同様の訴願が起こったが、庄屋の説得で騒動には至らなかった。しかし、一二月一日西方郷の百姓たち大勢が桂ケ迫に集まり、今度は庄屋らの説得にも応じなかった。藩は高鍋から黒水彦七・中元寺平六を派遣して郡代泥谷と相談し、五日、屋敷銀の半減をはじめ上納銀や諸役目を免除するなどの凶年対策を示して決着をはかり、一二日「百姓出入相済」との早飛脚が江戸藩邸へ差立てられた。翌一六年八月一一日、徒党頭取として北方の百姓六右衛門・伝十郎、西方の覚右衛門・喜左衛門の四名を死罪、五名を所替、その他を追放とし、同時に北方・西方の各郷庄屋を所替にした。座頭東学は福島の牢屋で自殺した。また、郡代泥谷に逼塞、代官林藤八に浪人を命じた。この一揆を契機として、高鍋藩は飛地である福島地方に郡代二名・代官三名を設置し、飛地の支配体制を強化するとともに、福島常駐の家老で郡代を統轄する福島都合を設置するなど、行政機構の改革を行った。

（遠田辰芳）

〔参〕『宮崎県百姓一揆史料』、『高鍋藩史話』

元禄一六年（一七〇三）五月
河内・摂津国大和川付替反対訴願

元禄一六年二月、幕府は、若年寄稲垣重富・大目付安藤重玄・勘定奉行荻原重秀の三人に、畿内および長崎の巡見を命じた。畿内では京都・奈良・大坂などをめぐる多目的な巡見であったが、大和川の付替のための大和川視察が主な目的であったと考えられる。一行が長崎へ向けて出発した後、四月六日には大坂在任の代官で堤奉行を勤める万年長十郎と小野朝之丞が柏原村から住吉浦までの予想新川筋を見分し、同道した今米村の中甚兵衛から付替工事に要する経費を尋ねた。さらに五月には、巡見使の一行が長崎からの帰路、下河内と予想新川筋を見分し、同二〇日に京都へ入った。新川筋の村々は、このような幕府役人の動きから付替の沙汰近しと緊迫し、巡見使へはもちろん、堤奉行・大坂町奉行・京都町奉行などへ反対訴願を繰り返した。五月末に村々は大坂町奉行所へ願書を提出し、付替問題の経過については、天和三年（一六八三）の調査の際、付替は永久に実施しないと決定された旨を強調し、反対理由については、付替によって治水・水利面に種々の障害が生じることなどを指摘した。しかし、抗議の声は新川筋の村々に局限されていたようで、付替に反対する勢力の強化を実現できなかったため、幕府の聞き入れるところとはならず、一〇月二八日、幕府は大和川の付替の決定を発表し、担当の大名と幕府役人を任命した。助役を命じられたのは播磨国姫路藩主本多忠国であり、幕府役人は若年寄稲垣重富、勘定奉行荻原重秀および中山時春、目付大久保忠香、小姓組伏見為信であった。

（山崎善弘）

〔参〕『新修大阪市史』三、『大阪府史』五

元禄一六年（一七〇三）六月一三日
肥前国彼杵郡幕府領長崎町打ちこわし

長崎町は、幕藩制国家が対オランダ、対中国交易の必要性から設置した貿易港である。その町の規模は、周辺の経済構造を越えたものがあった。寛永三年（一六二六）頃には四万人を突破した人口をささえるためには、長崎代官所管轄の村々約三〇〇〇石ではまったく足りず、他所からの移入米に依拠していたのである。凶作・大火・疫疾流行などが起こると、長崎町はたちまち米不足・米価高騰の状況に追い込まれた。そのたびに幕府は近国幕府領の年貢米をはじめ、周辺諸藩の藩米を回送して危機を回避していたのである。このような幕府による米の供出は、万治二年（一六五九）を初めとして、寛文三年（一六六三）、同一〇年、延宝三年（一六七五）、同四年、同六年、天和元年（一六八一）、同二年、元禄一一年（一六九八）と、頻繁に行われたのである。しかも長崎は、他の近世都市にくらべても借屋層の割合が高く、元禄期には七〇%を超えていた。米不足・米価高騰がこれら借屋層を直撃したことはいうまでもない。そして、ついに元禄一六年六月一三日に打ちこわしが発生した。万屋町の小柳亥右衛門という酒造りも兼業する米穀商人が、大量の米を購入し、そして売り惜しみをすることで米価釣り上げをはかっていた。銀一匁で白米が六合しか買えなかった。そのため、窮民が亥右衛門宅に多数押し寄せ、店の大釜や酒を入れていた大きな酒桶を叩き割り、衣類や長持を引きずり出して庭に投げ出し、衣類は散り散りに破り捨てたとい

う。打ちこわし勢や小柳に対する処罰など、その後の事は不詳であるが、この打ちこわしは、現在のところ確認できる近世都市で最初に起きた打ちこわしとして注目されている事件である。　　　　　（安藤優一郎）
〔参〕松本四郎『日本近世都市論』、山田忠雄『一揆打毀しの運動構造』

宝永元年（一七〇四）八月一四日
陸奥国信夫郡福島藩領渡利村減免直訴

渡利村は、山間にあり痩せた土地柄で、加えて課役の重圧により難渋を強いられていた。板倉重寛が福島の新領主として封ぜられると、同村の作左衛門（菅野姓）は、宝永元年八月一四日、藩主一行が領内の伏拝村を通過するところで年貢減免・課役免除を求める直訴に及んだ。このかどによって、作左衛門は処刑されたが、ながくこの村の課役は免じられたという。

【人物】渡利村作左衛門　わたりむらさくざえもん

渡利村山之内の作左衛門は、かねてから村人に代わり年貢減免・課役免除を代官に訴えようとしていたが、同村の名主杢右衛門が事ごとに作左衛門の行動を阻んでいた。板倉重寛が新領主として入部することを知ると、作左衛門は宝永元年八月一四日、領内の伏拝坂を藩主一行が通過するところで待ち受け、直訴した。このため、一一月一三日作左衛門は須川で処刑された。のちに藩は、要求のうち課役のみを免じたという。延享年間（一七四四〜一七四八）、村人は作左衛門の遺徳を讃え、堂に碑を立てた。それ以来、作左衛門の忌日には祭りが行われた。村内にある仏眼寺の山門近くには、作左衛門の顕彰碑がある。なお当一揆で構いなしとされた名主杢右衛門は、享保二年（一七一七）、隠田など不正を訴えられ斬罪に処されている。作右衛門の話はこの騒動の誤伝の可能性もあるが未詳である。
（齋藤悦正）
〔参〕『福島県史』三

宝永元年（一七〇四）
土佐国幡多郡高知藩領国見村検見訴願

宝永元年、国見地域は水害により稲作が大損害を被った。このため、年貢減免を求めて、国見村庄屋中平惣兵衛が検見を願いでた。しかし、惣兵衛は検見役人と意見が衝突し、役人を欺いたとして捕縛され、死罪とされたと伝える。

【人物】中平惣兵衛　なかひらそうべえ

国見村の庄屋。宝永元年の不作の際、中平惣兵衛は年貢減免を求めて検見を願いでたが、検見役人と意見が衝突した。要求が聞き入れられないことを悟った惣兵衛は、逃亡をはかり、下郷出井番所の番人が妹聟なので、これを頼って関所を通過しようとしたが、妹聟に拒否されたため、やむなく帰村して捕縛され、宝永二年二月一二日に死罪に処された。この断罪の日に彼の亡霊は、家に帰り食事をしてから、裏切った下郷出井の妹聟の番人の役宅に行き、この一族を妹もろとも皆殺しにしてから、再び家に帰り、村の守り神になると告げて失せた、との伝説が残る。その後、村民は若宮神社を建立して、毎年一〇月初亥日を祭日として惣兵衛を祀った。明治四年（一八七一）中平神社と改称し、中村市国見の鎮守天満宮に合祀されている。墓は、幡多郡三原村亀ノ川のウツシリ山にある。　（須田　努）
〔参〕『中村市史』

宝永二年（一七〇五）二月
大和国大和川筋剣先船運賃引上げ反対ほか国訴

江戸時代、大和川の水運は、大坂と大和とを結ぶ物資輸送の大動脈として重要な役割を果たしており、河内と大和の国境付近の亀瀬峡谷を境に、大坂側には剣先船、大和側には魚梁船が就航し、物資の輸送にあたっていた。大和からの下り荷物は綿などの農産物や特産品で、大坂からの上り荷物は金肥や塩などであった。大坂からの金肥の輸入量は、最盛期には年間四〇万駄にものぼったといい、年々莫大な金肥を購入して綿作をはじめ商業的農業を展開していた大和の百姓たちにとって、剣先船の運賃は金肥そのものの価格とともに重大な関心事であった。こうした背景のもと、大和の百姓たちは、剣先船仲間の者たちが運賃の引き上げをはかろうとした際などには、支配領域を越えて団結して広汎な反対運動を展開した。宝永二年二月に、「和州御料私領之百姓」が、大和川川違え（流路変更）後の荷物輸送の遅滞と運賃の大幅値上げに反対し、「和州一国之百姓難儀」として、「大和川船問屋拾四人」を相手取り、惣代を立てて大坂町奉行所へ提訴した一件をはじめ、正徳四年（一七一四）・享保一一年（一七二六）・同一五年（一七三〇）・天明三〜八年（一七八三〜八八）・天保一二年（一八四一）の訴願事例が現在までに判明している。争点となったのは、大和の百姓たちにとって「国難」と認識された剣先船運賃の値上げ問題などであり、これに歯止めをかけるなど、そのつど成果をあげた。天保一二年の国訴は、剣先船仲間による荷揚地の変更要求や、はね荷行為に反対して、大和全体の三分の二近くの村々（三三領、石高合計で三一万石余）の参加のもとに展開されたもので、「国惣代」らが大坂町奉行所へ出訴した後、剣先船仲間との再交渉によって要求を貫徹するに至っている。

（谷山正道）

〔参〕片山清「住吉大社石文による地方史の発見四〜八」（『すみのえ』一九八〜二〇二）、谷山正道『近世民衆運動の展開』

宝永二年（一七〇五）八月

越後国蒲原郡幕府領上和田村など三か村百姓傘連判訴願

上和田村周辺では、宝永元年から翌二年まで連続して旱魃に見舞われた。前年の洪水被害もあり、たまりかねた上和田村・下和田村・庚村の三か村百姓たちは、同二年八月、庄屋・組頭あてに傘連判状を出し、日照りと悪作で年貢や返納物の上納が困難であることを訴えた。しかし、訴えは認められず、検見のうえで年貢が納入された。翌三年五月、上和田村の組頭・百姓は庄屋を糾弾し、村方騒動へと展開した。糾弾の内容は、年貢・諸役銀の割掛け不正が中心であった。庄屋渋右衛門は弁明書を代官所へ提出するが、逆に村方との争いを起こしたことを理由に入牢させられ、同四年罷免させられた。

（山本幸俊）

〔参〕『新潟市史』通史一

宝永五年（一七〇八）一月八日

備後国世羅郡・安芸国山県郡ほか広島藩領税制改革反対強訴

宝永四年八月三日、広島藩は税制改革を発した。この改革は壱歩米や小物成などの徴収を免除し、郡村の諸給分・諸入役は藩庫から定額を支給するかわりに、蔵入地・明知（あけち）から三万五〇〇〇石、給知から一万五〇〇〇石を上ケ米として納めさせるものであった。しかし、支給額は上ケ米にくらべて低く、百姓は困窮した。さらに宝永四年は凶作で、飢餓人が発生した。宝永五年一月八日、世羅郡一一か村、三谿郡四か村の百姓が広島城下へ「飢もの」としてでた。さらに世羅・三次の一〇か村の百姓が続き、郡奉行屋敷へ強訴した。一月一三日、山県・佐伯郡の百姓が多数城下へ出て、火をたき、普請を妨害した。藩はこれを鎮静して帰村させたが、高田・高宮郡から多数の百姓が出、山県郡からも再度出て、二ノ丸御門の乳金を抜いて強訴した。この結果、藩は百姓の要求を容れて、宝永五年閏一月一三日、上ケ米制を撤回した。

（三宅紹宣）

〔参〕『新修広島市史』三、七

宝永五年（一七〇八）閏一月九日

伊予国越智郡今治藩領下弓削村年貢減免訴願

今治藩は、元禄一〇年（一六九七）四万石のうち五〇〇〇石を上知されてから年貢増徴策を推進したため、領内の百姓は困窮した。宝永五年閏一月九日、下弓削村組頭庄右衛門・百姓五郎左衛門ら五人の百姓は、庄屋村井嘉平太に対し年貢減免を願いでた。嘉平太がこれを無視したため、さらに一〇人が加わって一五人で再願し、乞食をしてでも今治城下へ越訴する決意を表明した。これに驚いた嘉平太は、島代官太田覚左衛門に届け出、五人を捕らえて今治に送り、一〇人を土蔵に押込た。郡奉行の吟味により五郎左衛門は藩外追放、庄右衛門は御役御免のうえ閉門、他は押込などとされた。しかし、庄右衛門ら一二名は罪に服することなく、同年一一月一一日、新たに参加者を得て三〇名ほどが連判して再び庄屋に訴願を行った。藩は郡奉行・代官以下三〇余名を派遣して彼らを捕縛し、極刑を下した。すなわち、庄右衛門・弥兵衛・徳右衛門は斬首獄門、その倅五名も斬首、妻子は闕所追放、その他斬首一名、家族ともども追放七名などであった。島代官太田覚左衛門は、帳簿などの不正も発覚して切腹となったと伝える。

【人物】下弓削村庄右衛門　しもゆげむらしょうえもん

下弓削村明神の組頭で、宝永五年の年貢減免越訴の頭取。田頭姓。一回目の訴願で御役御免のうえ閉門とされるも、さらに訴願を続け、一一月の訴願で斬首獄門となり、弥兵衛・徳右衛門とともに土生海岸に三日間晒された。弓削町土生の定光寺には、彼らの命日を刻んだ墓石が存在する。庄右衛門屋敷跡とされる場所には御堂（庄右衛門堂）が建てられ、義民として祀られ、現在近辺の住民により管理されている。また、土生では、第二次大戦後の頃まで、毎年お盆に庄右衛門踊りが行われ、一時断絶したが、近年復興された。（須田　努）

〔参〕『弓削町誌』、中島忠由『中島地方一万年史』

宝永五年（一七〇八）八月二五日 播磨国神西郡旗本池田氏領減免訴願

宝永五年八月二五日に旗本池田氏の年貢増徴政策に対して、領分惣百姓代として上月平左衛門が愁訴を行ったといわれている。その際の訴状には、前年の大不作にもかかわらず新規に種々の課税と増徴が行われたこと、そのため潰れがでて村方に惣作が増えたこと、そして野崎次太夫・関口重郎兵衛両奉行に対し「とかく御両人御恨に存じ奉り候」という厳しい内容が盛り込まれていた。これについては、文面上偽作の疑いを挟む向きもあるが、小領主の財政窮乏による搾取の激化を推察できるであろう。このような増徴に反対して、平左衛門は再三嘆願したが聞き入れられず、江戸へ直訴しようとして根宇野（みようの）村で領主役人に斬殺されたと伝えられる。

【人物】上月平左衛門　うえづきへいざえもん

神西郡新野村の百姓で、庄屋を勤めたとも、大庄屋であったともいわれる。彼が斬殺された日は旧盆の二六日であったと伝えられ、彼の冥福を祈るために村では毎年その日に「追前踊」を催していた。また、根宇野（神崎町）の斬殺の地には首切り地蔵が祀られる。新野（大河内町）の平左衛門の墓には明治三〇年（一八九七）一月建立の頌徳碑があるが、これには承応元年（一六五二）神西郡一一か村と飾西郡一七か村との郡境山論の解決に功労があったとされ、平左衛門の命日は宝暦五年（一七五五）八月二五日となっている。この宝「暦」は宝「永」の誤りではないかと思われるが、平左衛門は山論の訴訟などにも関係して衆望があったと考えられる。（山崎善弘）

〔参〕『兵庫県史』四、赤松啓介『百姓一揆』

宝永五年（一七〇八）一一月 上野国群馬郡旗本安藤氏領年貢減免越訴（総社騒動）

旗本安藤出雲守は、財政立て直しのため「簡略御役」として高田弥平太を登用し、年貢の増徴を行った。これに反発した総社領村々の代表者は、地頭に直訴するため宝永五年八月頃出府し、一一月になって御役人非道を訴え受理されたので帰村した。だが約束に反して高田は、代表者たちに陣屋への出頭を命じたので、厳しい取り調べを予想した彼らは光厳寺などに入寺して謹慎した。しかし高田は、それを許さなかった。そのため百姓は、幕府に訴えることにして再び江戸にでた。彼らが提出した訴状によると、前領主秋元氏と比較して年貢が二倍にも達していること、御殿様頼母子講と称して過大な無尽を領民に押し付けていること、そのほかさまざまな名目で御用金を賦課していることなどが列挙されている。六年六月二五日、幕府評定所で高田弥平太らと対決した代表者は、地頭側の弁明を次々と論破して出雲守の悪政をあからさまにした。八月二五日、幕府は百姓の主張を全面的に認め、安藤出雲守に越後国刈羽郡春日への転封を命じ、高田弥平太らを追放処分とした。なお百姓に対する処罰は一切なく、代表者も全員無事に帰村した。

（中島　明）

〔参〕『総社町誌』、『国府村誌』、『群馬町誌』通史

宝永六年（一七〇九）一月一六日
常陸国茨城郡ほか水戸藩領新政反対門訴・駕籠訴未遂（水戸宝永一揆）

御三家水戸藩（三五万石）は、江戸定府を命じられたため早くから財政窮乏に苦しみ、藩外からの借金や領民の収奪強化にたよって藩を運営した。名君とされた徳川光圀の藩主時代にも、家臣数が増加したり、『大日本史』編纂のために経費が膨張したため、すでに領民の江戸出訴が取り沙汰されるほどであった。元禄三年（一六九〇）綱条が藩主になると将軍綱吉への供応、元禄一三年（一七〇〇）に没した光圀の葬儀などのため藩財政はいっそう悪化し、領内から御用金徴収が行われた。翌年、安田文左衛門を召し抱えて藩札を発行し、宝永元年（一七〇四）には、越前代官古郡文右衛門の手代であった清水仁右衛門を召し抱え、勧農殖産を担当させ農政の刷新を企てた。宝永三年には清水仁右衛門の推挙で、京都の財政家松波勘十郎を奉行上座の格で起用し、二人の息子も含めて、「宝永の新法」と後に呼ばれる総合的な財政改革を実行させた。役人の人員削減、干拓による新田開発、運河の掘削による河川交通整備など多様な施策が着手されたが、それらのなかで、宝永四年七月から実施された内陸舟運路開削が事業の中心であった。ところがこの年一〇月に幕府が藩札停止令を出したため、水戸藩では運河掘削工事の賃銭が宝永五年分は完全に不払いとなった。これが領民の生活に打撃を与えたうえに、宝永四年までにすでに四割にまで引き上げられていた本租が、宝永五年からさらに大幅に引き上げられたため、領民の間に強い反発が生まれた。その納期がせまった一一月、北領村々をはじめとして全領百姓が水戸城下の三郡奉行の役所に詰めかけ、減免と賃銭支払いなどを求めた。しかし郡奉行らはまったく取り上げず、郡代清水仁右衛門宅では清水が抜刀して百姓に応じたという。領民の不満は一挙に高まり、一二月、翌宝永六年一月一二日を期して江戸出訴を決行することを呼びかける袋廻状が領内に回された。これにこたえて村々で寄合が開かれ、それぞれの要求が決定され代表が選ばれた。代表出府費用の村負担なども決められた。年末のうちに先着した代表たちは伝馬町・馬喰町に集結、さらに多数の出府を国元に呼びかけ、六年一月一〇日の将軍綱吉の死去による謹慎のゆるむのを待って行動を開始した。江戸の公事宿に集結した代表らは、一方で水戸藩本邸前につめかけ、六年一月一六日、一五〇村の代表三〇〇人余が支藩の守山藩邸に門訴したが却下された。翌一七日、北領頭取八人を中心にして寄合を開き訴状を作成した。藩は伝馬町・馬喰町の公事宿を捜索、百姓三六人を駒込屋敷に連行、代表らはそこで訴状を提出した。藩は賃銭支払い、年貢減免の約束を与え、帰国を命じた。このため北領百姓の一部は帰村しはじめたが、南領百姓の出府は続き、二三日、数百人あるいは三〇〇〇人ともいわれる百姓らが、徳川家宣の六代将軍宣下の儀式に登城した藩主綱条の帰邸をねらって駕籠訴を企てた。これを察した藩主行列が道筋を変えて百姓を避けたため失敗したが、翌二四日には上吉影村藤衛門らを代表とする一五〇〇人が守山藩邸に再び門訴した。幕府の白山御番所にも水戸領内惣百姓が出府、守山藩主に駕籠訴する意思を通告、ついに守山藩主を仲介にたたせた。守山藩は、藤衛門ら代表三人を水戸藩邸に送り、奉行の取り調べとなり、訴状が提出された。二四日夜を徹して水戸藩重役と一揆代表の交渉が行われたが、藩側が一七日と同じ約束をするのみだったので、二五日の出府領民総会で、あくまでも改革中止、松波罷免を求めて闘い続けることを申し合わせ、勘十郎・

仁右衛門との対決を願い出るため二八日の綱吉葬儀当日、数千人の百姓が江戸城下馬先で藩主駕籠訴を行うことを決めた。翌二六日朝、藩側は藤衛門一人を吟味、出府百姓の人数、駕籠訴実行の決意を知って、その中止を説得したが、租率引き下げは認めなかったので藤衛門が拒否して交渉は決裂した。しかし、駕籠訴が実行されて一揆が表沙汰になると、百姓支配の不行届きばかりでなく、運河敷にあたる守山藩領の城之内村を、幕府に無断で水戸藩領の谷田部村と交換して掘削していた幕法違反が明るみにでる恐れがあったため、水戸藩はついに一揆に屈服、二七日未明に改革の全面的中止と松波父子罷免を決定し馬喰町の藤衛門に通知、また水戸にも通達したので、一揆百姓らはようやく帰村しはじめた。一揆後、罷免された松波父子は再び捕縛され城下赤沼牢で牢死、改革派藩士に対しては配置転換の形で処分が行われたが、一揆頭取らに対する公式の処分は行われなかった。

【人物】上吉影村藤衛門　かみよしかげむらとうえもん

宝永一揆の指導者の一人で藩側が中心人物と認識した百姓。姓は市毛。藤右衛門とも記す。生年不詳～宝永六年（一七〇九）没か。常陸国茨木郡水戸藩領上吉影村の庄屋だったが、藩政改革による夫役徴発や年貢増徴に反対し、松波勘十郎らの罷免を要求して、藩領全域の百姓約三〇〇〇人と江戸にのぼり、支藩の守山藩邸への門訴や水道橋の水戸藩邸出訴、江戸城へ往復する藩主への駕籠訴（未遂）などを行う。一揆集団の高度な駆け引き能力、冷静な組織的行動力、筆写・弁舌の才能、善悪の倫理的規範の確かさなど、百姓一揆の近世的性格を溢れるばかりに印象づける頭取で、ついに改革の中止を藩に認めさせた。一揆の記録のうち『御改革訴訟』は、一揆終息の翌日に藤衛門がまとめた総括であり、一揆農民の数少ない公式記録で最古のものと推定されている。ただ、藤衛門とともに一揆を指導した水戸藩北領の頭取らは殺害されたという伝承があり、藤衛門も闇討ちにされたという伝承が残る。

【人物】松波勘十郎　まつなみかんじゅうろう

寛永一五年（一六三八）頃か～宝永七年（一七一〇）。旗本領・大名領の財政立直しを次々と請負い、水戸藩宝永改革を清水仁右衛門とともに主導、百姓一揆の責任をとらされ藩によって獄死させられた財政専門家。名は良利。美濃国加納藩領鶉村の生まれ。延宝七年（一六七九）、幕府代官杉田九郎兵衛直昌の下で、少額の小物成しか徴収していなかった地所を検地し、千数百石以上を打ち出した。貞享二年（一六八五）、旗本松平十左衛門昌忠の知行所下総国匝瑳郡米倉村の検地を行い、翌年は昌忠の甥鈴木市兵衛知行所三河国加茂郡内五か村の田畑・山林を改めた。旗本領の財政立直しに、検地による打ち出し、定免化による増徴の固定、領主に有利な年貢米販売、林年貢の新設などの諸方策を採っているのは、自分が仕えた幕府領代官の方式を踏襲したものと考えられている。以後も地方巧者として、武蔵・摂津に領地を持つ旗本松下彦兵衛の財政を立て直し、他の旗本領でも検地と財政立て直しを任されたらしい。次いで元禄年間（一六八八～一七〇四）になると、下総国の高岡藩・大多喜藩など小藩の財政立て直しを引き受け、三、四年で成功させている。元禄六年（一六九三）には大和郡山藩に財政家として召し抱えられ、近江にある三万石の分領から六〇〇〇石を増徴した。それを担保に京都町人から三〇〇〇両の追加借入をして藩札発行の資金とし、藩札をたくみに運用して藩に利益をもたらした。このころまでは諸家に順次召し抱えられていたが、元禄一二年に備後三次藩に仕えるころには、京都に拠点を設けて、独立の財政家として現地に一定期間だけ出向し、財政改革を指導するようになったと考えられている。三次藩でも藩札を利用し、領内産の米・鉄・紙などを大坂市場に売り込むことで財政を立て直そうとしている。この改革では、三次から広島までの舟運ルートを整備している。翌一三年には摂津高槻藩、一四年には奥州棚倉藩に財政改革を頼まれた。しかし棚倉では改革がまだ開始されないうちに、領民の抵抗にあい挫折している。その後、出身地の美濃加納藩にも用いられる。宝永三年(一七〇六)、水戸藩の財政再建に取り組んでいた清水仁右衛門の斡旋で、奉行上座の格で迎えられ、財政改革を開始した。その施策は、役人の人員削減による経費節減、湖沼の干拓による新田開発、運河の掘削による河川交通整備などで、とくに奥州―江戸間の内陸舟運路の完全な水路化をめざす涸沼―北浦間運河開削が中心事業となった。水戸藩領内の河川・湖沼を連結しようとした運河工事の跡は「勘十郎堀」の通称で今も名残りをとどめている。水戸藩では、百姓から倍増以上の年貢増徴策を取り、運河普請の夫役にかり出して賃銭を払わないなどの強引なやり方が全領的な反発を買い、宝永六年一月、領民の圧力に屈した藩によって追放され、二人の息子も御暇、拠点としてきた京都屋敷は没収された。半年後に禁を犯して江戸にもどり、藩の手で捕えられて水戸に送られ、京都にいた息子も偽手紙で呼びよせられてともに取調べ中と称して投獄され、宝永七年(一七一〇)、次々と獄死させられた。

【人物】清水仁右衛門　しみずにえもん

仁右衛門とも記す。生没年不詳。越前代官古郡文右衛門の手代だったが、宝永元年(一七〇四)、勘略役という藩政立案の役目で召し抱えられ、郡代に昇進、たびたび加増された。松波勘十郎を藩に取り持って召し抱えさせ、新法と収奪強化を二人で主導。領民は一揆の頭取は勘十郎・仁右衛門の両人と主張するほどで、清水宅では抜刀した仁右衛門と対決したという。改革中止とともに藩を追放された。

【史料】宝永水府太平記　ほうえいすいふたいへいき

宝永一揆の記録は実録的なもの、一揆物語的なものなど数多いが、本史料は、元禄三年(一六九〇)藩主徳川光圀隠居から一揆にいたるいきさつ、さらに宝永七年(一七一〇)に松波勘十郎親子が獄死し領内が平穏を取り戻すまでの過程を、百姓と藩役人の応酬場面を含め、生き生きと描いた百姓一揆物語である。筆者は確定できないが、奥書に見える久慈郡藤田村の村役人の一人と思われる萩谷定右衛門が書いたものではないかと推定されている。訴状そのものは一通も収められていないが、訴状の「書役」や提出事情などは書かれており、藩役人と一揆代表の交渉から、領民の不満がどこにあったかもよく理解することができる。藩政改革の関係者を人ごとに皮肉った落書や、松波勘十郎の衰運を手きびしく詠み込んだ落首も載せられている。当時の民衆思想をうかがう好個の史料といえる。『日本思想大系五八　民衆運動の思想』に収められ利用しやすい。　(深谷克己)

〔参〕江口文展『宝永一揆』、林基『享保と寛政』(国民の歴史一六)、同「松波勘十郎捜索」(『茨城県史研究』二九～)

宝永七年(一七一〇)四月一一日
越後国蒲原郡村上藩領八組村々幕府領編入要求越訴

騒動の発端は宝永六年に村上藩本多家が一五万石から五万石に削減されたことに始まる。この時、村上藩三条陣屋管轄下の四万石領では寺泊組・渡部組が幕府領に、三条・一ノ木戸・燕・釣寄・打越の五組は村上藩に残り、味方組・茨曽根組・地蔵堂組の村々は幕府領と村上藩に分割された。村上藩の領内ではこれ以前より大庄屋の専横的な行動が目立っていた。幕府領となった茨曽根組のうち高野宮村・小中川村などの一三か村や五泉組・三本木組・笹堀組・堀越組では大庄屋制の廃止を要求して立ち上がった。また、村上藩にとどまった三条陣屋管轄下の四万石領では幕府領への編入を訴願する運動を起こすに至った。この四万石領八か組村々の庄屋らは、宝永七年一月、幕府領への編入を求めて嘆願書を黒川陣屋へ提出した。これが入れられなかったため地蔵堂組杣木村新五右衛門・燕町市兵衛・燕組太田村三五兵衛が代表となって江戸表へのぼり、同年四月一一日老中井上河内守正岑の出仕をさえぎり駕籠訴を決行した。五月二三日、三名は勘定奉行中山出雲守宅での尋問で、村上藩の藩主として高崎藩の松平右京大夫輝貞が移封されること、それに伴って四万石領の領地分けが改めて行われることを告げられた。彼らは帰国すると、幕府領編入は認められ近いうちに領地の割替えがあることを領内に知らせた。しかし、同年閏八月二六日、本多氏から松平氏への村上城引き渡しが行われても、四万石領の割り替えはなかった。これを見て新五右衛門ら三人は、九月八日、一五〇人の同志とともに再び出府し嘆願したが、流言により百姓を騒がしたとして投獄された。一方、国元の四万石領においては代官川原清兵衛が百姓に対する説得を続けたが、村方では村上藩領になることを拒否し、その年の年貢を納めない行動にでた。このような情勢を見た幕府は、強硬な手段を打ち出し、反対する百姓を次々と投獄した。しかし、こうした不穏な状況を深刻に受け止めた幕府は、正徳元年（一七一一）になると、まず百姓の中心と目される五八人を江戸へ呼び出し尋問した。これらの百姓のうち三二人は七月初めまでに許されて帰国した。さらに、八月には四万石領八か組の大庄屋と各組代表二名の庄屋に出府を命じた。八月一三日に大目付横田備中守屋敷で吟味を受け、次いで九月一五日に目付鈴木飛騨守屋敷で再吟味が行われた。判決は、正徳元年一〇月一二日、幕府評定所において老中・寺社奉行・大目付・目付らの立ち会いのもとで行われた。これにより、大庄屋・庄屋はとがめなし、百姓は村上藩領になることを認め、投獄されていたものは赦免された。また、百姓側の中心であった地蔵堂組杣木村新五右衛門・燕町市兵衛・燕組太田村三五兵衛に対しては、特別に死罪を仰せつけるところ百姓側の願いにより軽罪とし流罪となった。百姓側のめざした幕府領への編入は果たされなかったが、幕府は百姓が主張した大庄屋の不正な行為についてはその不当性を認め、村上藩領八か組大庄屋八人へ次のような申し渡しをした。①年貢・諸用金として過分の金子を百姓から取り立て利息を加えたことについては、以後入用を減らし利息を軽くする。②私用のため百姓を使役したことについては、以後は持高に応じて割掛け、不当に人夫を使役してはならない。③領主から百姓へ支給された普請米や役金の返済分を百姓に渡さず着服したことは不当である。④大庄屋の役目は領主の下知を守り、そのうえ百姓のためになるように働くべきものであるのに、百姓の願い事を領主役人へ取り次ぎがなかったのは不当である。⑤常々百姓と対面せず庄屋の取り次ぎで事を処理してきたことは不当で、以後改めること。正徳元年一一月三日、代官川原清兵衛は四万石領八か組の大庄屋・庄屋を呼び寄せ、同五日には村上藩松平氏の家老を呼んで四万石領を正式に村上藩へ引き渡した。幕府は、この騒動の反省から大庄屋の存在に疑問を抱き、正徳三年四月、ついに幕府領における大庄屋を全廃した。

新井白石は、この騒動を『折たく柴の記』に「八十五村の百姓愁訴する所、ことごとくそのいはれあり、前代の御時より、此かたは、諸大名御旗本の人々、所領替のある時に、その土田の沃饒なるもの、又は山林川沢の利ある所々をば、皆々御料となして、其余をもて、私領に附らる、事なれば、ひとり百姓共のうれへ申す事のみにあらず、その領主もまた、これがためくるしむ事、すべてかくのごとくなり」と記した。

（山本幸俊）

〔参〕『新潟県史』通史三、『越後と佐渡の一揆』

宝永七年（一七一〇）五月　佐渡国加茂・雑太・羽茂郡幕府領巡見使訴願

宝永六年徳川家宣の将軍襲職に伴い、翌七年佐渡にも巡見使が派遣されたが、その際、五月に当地の百姓から「佐渡国惣百姓」の名で巡見使へ訴願が行われた。訴状は複数確認されており、内容はいずれも、増年貢の負担軽減や役人の不正の取り締まりなどを訴えている。この訴願が行われた背景には、奉行所役人と名主・長百姓との癒着の実態があったと思われ、この後、新井白石の建言もあって、佐渡奉行を兼ねていた勘定吟味役荻原重秀が正徳二年（一七一二）に罷免されるとともに、役人の不正取り締まりがはかられた。

（大橋幸泰）

〔参〕『越後佐渡農民騒動』、『新潟県史』通史三

宝永七年（一七一〇）七月一一日
長門国豊浦郡長府藩領浮石村巡見使直訴

宝永五年（一七〇八）、旱魃による凶作のため豊浦郡浮石村の給庄屋藤井角右衛門は、長府の給領主椙杜（すぎのもり）家へ年貢の減免を嘆願した。これが拒否されたため、角右衛門は、年貢の三分の一は百姓が出し、三分の一は来年支払、三分の一は角右衛門が立て替える方法により解決をはかった。翌六年は豊作となったため二割増税となった。角右衛門は椙杜家に減租を嘆願するが拒まれた。宝永七年二月に給庄屋ら五人は、将軍への直訴を計画。その後幕府巡見使の来藩を知り、巡見使への直訴に計画変更した。七月一〇日、豊田渡瀬で直訴を試みるも失敗。翌日、内日村亀ヶ原にて五人は訴状を提出し、受理された。一二月一〇日裁決があり、浮石村年貢二割増は取消、一昨年の借米も弁償免除、領主椙杜元世は三か月の閉門と四〇〇石の減知とされたが、直訴の五人は斬首と決まる。一二月二二日長府松小田の刑場で五人は処刑されたと伝える。

【人物】

藤井角右衛門　ふじいかくえもん
奥原九左衛門　おくはらくざえもん
東与市右衛門　ひがしよいちえもん
蕨野太郎左衛門　わらびのたろうざえもん
柳元寺六郎左衛門兄の豊吉　りゅうげんじろくろうざえもんあにのとよきち

五人は年貢の過重に苦しむ浮石村を救うため幕府巡見使へ直訴して処刑され、浮石義民と呼ばれる。藤井角右衛門は浮石村の給庄屋で、その祖先は大内氏の家臣で天文年間に帰農したと伝える。九左衛門・与市右衛門・太郎左衛門・六郎左衛門兄の豊吉は畔頭（くろがしら）で、奥原などの門名（かどな）で呼ばれた。五人は、七月一〇日、豊田渡瀬の土橋の下から直訴を試みたが、訴状提出担当の角右衛門が疲労と暑さのため卒倒したので失敗に終わった。翌日、内日村亀ヶ原の茶店にて太郎左衛門が訴状を提出し、四人が続いた。訴状は受理されたが、五人はただちに捕らえられた。さらに長府藩に引き渡され籠舎となった。一二月一〇日、直訴の五人は斬首、角右衛門・太郎左衛門・豊吉のそれぞれの倅は遠島となった。一二月二二日長府松小田の刑場で五人は処刑され、浮石村舜青寺墓地に埋葬された。昭和一四年（一九三九）、浮石村亀尾山神社に「浮石義民碑」を建立。昭和四一年（一九六六）、杢路子豊田渡瀬に記念碑建設。昭和四四年、内日村亀ヶ原に「浮石義民直訴之地」の石碑が建立された。

（三宅紹宣）

〔参〕『豊田町史』、浮石義民顕彰会『浮石義民』

宝永七年（一七一〇）七月一九日
讃岐国小豆郡幕府領（高松藩預地）小豆島増徴廃止幕府巡見使越訴

高松藩預地である小豆島では、延宝五〜七年（一六七七〜九）の検地で旧来の倍以上の七七〇〇石余の石高となった。この大幅な打ち出しは、開発による増高のほかに、旧来は水主役負担の代わりに畑の斗代を安く米高に換算されていたが、これを廃止したからである。検地後も当面は旧高で年貢が賦課されていたが、元禄二年（一六八九）から延宝検地に基づいて課税されることになった（水主役は廃止）。このため、翌三年六月一九日、島の百姓代表四人（池田村百姓与次左衛門・角左衛門、中山村百姓又右衛門・杢右衛門）が年貢引き下げ、水主役の継続、畑年貢の麦納などを訴えて、江戸の高松藩伝奏屋敷へ越訴した。しかし、要求はほとんど認められず、島民の困窮は進んだ。宝永七年将軍代替りによる恒例の幕府巡見使が派遣されることとなり、七月に幕府巡見使の宮崎七郎右衛門・堀八郎左衛門・筧新太郎が小豆島に来た。七月一九日、巡見使一行が草加部村の堂前を通りかかるのを待ち受けて、惣百姓の代表として池田村百姓彦兵衛・与次左衛門が訴状を提出した。訴状には年貢賦課基準を慶長期の旧検地に戻してもらいたい（畑方斗代を麦換算）、また大庄屋が九人いるのは費用が

かさむので人数を減らしてもらいたい、などが記してあった。このような動向に対して高松藩代官は「訴訟人どもを痛みつけてやる」と処罰の意向を述べたため、彦兵衛・与次左衛門は島を発った巡見使を大坂まで追いかけていき、この脅迫を巡見使に知らせた。訴願の結果、年貢は一時的に軽減されたが、年貢算定基準の変更（旧検地への変更）はなされなかった。そのため、翌正徳元年五月二五日、大庄屋平井兵左衛門は彦兵衛とともに江戸に赴き、幕府勘定所へ越訴した。しかし、兵左衛門は捕縛されて高松へ移され、同二年三月一一日、斬首された。また、堀江村大庄屋港九左衛門は兵左衛門と一味して頭取をしたとして永牢・闕所となり（のち牢死）、与次左衛門・彦兵衛ら百姓一六名も国外追放となった。正徳元年の越訴後も年貢は一時的に軽減されただけであったが、同三年小豆島は幕府直轄支配に戻った。

【人物】平井兵左衛門　ひらいへいざえもん

　讃岐国小豆郡池田村の大庄屋。延宝五年（一六七七）の生まれ。名は氏政。平井家は代々池田村の庄屋を務め、郷士として苗字帯刀を許されていた。沈毅剛胆で、人望厚く、騎馬や挿花、謡曲に堪能だったという。宝永四年には、小豆島の漁場であった富士の瀬への高松藩領漁民の侵犯について江戸へ訴願して勝利したと伝える。宝永七年の幕府巡見使に対する年貢減免の越訴では、八人の大庄屋はみな百姓が作成した訴状への連判を拒否したが、兵左衛門のみは訴状提出に賛同した。そして、正徳元年五月二五日、平井兵左衛門本人が年貢の恒常的な減免を求めて幕府勘定所へ越訴したのである。捕縛されて吟味を受けていた七月頃、与次左衛門ら三人の百姓が村々から集めた金を持って江戸へ下った。同二年二月一九日、兵左衛門は江戸から移されて高松に着き、牢舎とされた。三月一一日、池田村へ連行され、八郎左衛門宅で町奉行・大横目らの列座のもと、斬首を命じられ、ただちに池田村引廻しの上、江尻浜で斬首され獄門にかけられた。大五輪塔の墓が江尻浜にあり、法名は明鏡院吽如一覚居士。文化八年（一八一一）には、池田村の八幡宮御旅所天満神社に小祠を建て、平弥霊神と称して一〇〇年祭が行われた。また、明治四五年（一九一二）には二〇〇年祭が行われた。なお、永牢となった港九左衛門は兵左衛門の妹婿。元禄の越訴と宝永の巡見使越訴、正徳の江戸下りに参加した与次左衛門は、七反余・七石余を所持する組頭、宝永の巡見使訴願、正徳の江戸越訴に参加した彦兵衛は年寄（庄屋）の親であったことが判明している。

（須田　努）

〔参〕『小豆郡略史』、『内海町史』

宝永七年（一七一〇）一二月

周防国吉敷郡萩藩領長野村知行地苛政越訴

　吉敷郡長野村の益田織部給領地は、元禄四・五（一六九一・九二）年に開作が行われ、村への年貢が増大した。また本年貢のほかに「撰欠米」（高一石につき三升五合）や「惑米」（高一石につき三升）も課せられた。この益田氏の陪臣知行地も長野村内にあったが、知行地への「公役幷御給主人馬脚役」も長野村に課せられた。この他にも益田氏の萩屋敷への出役やそこでの薪代銀も、長野村は負担しなければならなかった。こうした中、宝永七年は凶作となり、村民はこの窮状を萩の益田家へ訴えることにした。そして松原清介とその友人常田角左衛門が頭取となり、一二月、五二人が徒党し山口へ出た。清介らは御茶屋において、所務代内藤五郎右衛門に益田氏の苛政を訴えた。内藤は訴えを取り次ぐとして、いったん帰宅させた。一二月二五日から藩は萩において参加者の取調べを行った。その結果、清介・角左衛門など六人は籠舎。翌年清介・角左衛門は一一月二六日死罪。領主の益田氏の方はその苛政が判明し、逼塞を命ぜられ、長野村の益田氏給領地は上地、替地として美祢郡大嶺村と吉敷郡台道村が交付された。

【人物】
松原清介　まつばらせいすけ
常田角左衛門　つねたかくざえもん

　松原清介は、元禄四年（一六九一）長野

村庄屋松原市六の長男として生まれた。宝永七年越訴の指導者として常田角左衛門とともに車連判状の作成にあたり、山口の勘場に越訴した。常田角左衛門は元禄六年（一六九三）生まれ。清介らは御茶屋において、益田氏の苛政を訴えた。一二月二五日から藩は萩において清介・角左衛門のほか庄屋松原市六、百姓の太右衛門・清左衛門・小右衛門の取調べを行った。その結果、清介・角左衛門・市六・太右衛門・清左衛門・小右衛門の六人は籠舎。翌正徳元年六月庄屋市六、百姓太右衛門・清左衛門・小右衛門の四人は軽科により赦免され、帰村が許された。頭取の清介・角左衛門は一一月二六日萩において死罪に処せられた。清介は享年二一。角左衛門は享年一九。二人は後に義民として長野に石仏一基と祠堂を建て祀られている。明治三二年（一八九九）「二義少年の碑」（井上馨題字、品川弥二郎撰文）が大内長野の八幡宮参道脇に建立された。

（三宅紹宣）

〔参〕「二少年清介・角左の事蹟」（『徳川時代百姓一揆叢談』）、石川卓美「長野村宝永一揆」（『防長歴史用語辞典』）

正徳元年（一七一一）八月一三日
阿波国美馬郡徳島藩領一宇村年貢銀納廃止越訴（土釜鳴滝騒動）

美馬郡一宇・端山・貞光・祖谷山の四か村は山間のため、年貢には檜などの木材と雑穀を上納していたが、元禄・宝永のころから木材を米の相場により換算して銀札で上納させられていた。宝永七年（一七一〇）は凶作となり米価が高騰したため、四か村の負担は過重となったが、藩は減免措置をとらず、百姓は困窮した。正徳元年八月一〇日一揆の呼びかけがなされ、一三日夜、一宇・端山・貞光・祖谷四か村の百姓三〇〇〇人余は、鳴物や鎌・鍬・斧などを持ち、銀札納入制度廃止と夫役軽減を要求して、貞光川上流一宇川の古見河原に結集した。一宇村庄屋谷貞之丞は、自らが銀札上納制度廃止の訴願を藩に行うので強訴を中止するよう説得し、百姓たちは解散した。貞之丞は、八月二五日には御蔵奉行に訴状を提出したが、却下されると、二七日に登城途中の国家老賀島氏へ直訴を行った。九月二五日、取り調べが行われ、貞之丞は打首、家財没収の上、妻子は海部郡出羽島に追放となったと伝える。その後、銀納入制度は廃止された。

【人物】谷貞之丞　たにさだのじょう

一宇村の庄屋。百姓の強訴の動きに対し、代わりに自らが銀札上納制度廃止の訴願を藩に行うとして、強訴中止を説得した。貞之丞は、八月一五日徳島城下に到着し、二五日には御蔵奉行に訴状を提出し、二六日訴願が却下されると、翌二七日家老へ直訴した。九月二五日、藩の取り調べが行われ、その嘆願は取り調べにあたった藩役人の心を強く打ったと伝えられ、のち銀納制度は廃止された。しかし、貞之丞は打首とされ、翌二年二月一四日鮎喰河原で処刑され、その首は郷里の一宇街道にも晒された。家財没収の上、妻操と息子二人は海部郡出羽島に流された。のち村民は古見河原に近い一宇村中横に小祠を建て、谷大明神として崇敬した。吉野川の支流貞光川の土釜の渓谷には昭和七年（一九三二）建立の顕彰碑がある。同じころ、浪曲「阿波義民伝・谷貞之丞」が作られ、レコードとなった。

（須田　努）

〔参〕三好昭一郎『阿波の百姓一揆』、『徳島県の歴史』

正徳元年（一七一一）一一月七日
安房国安房・朝夷郡北条藩領減免門訴（万石騒動）

正徳元年北条藩では、新任の用人川井藤左衛門と代官高梨市左衛門が、領内一万石の二七か村に新規の徴税攻勢を展開した。まず七四年間続いた検見の慣行を破り、名寄帳を新規に作成させ、九月四日には上田で上作柄の地所のみを自らの家来人足によって坪刈して年貢高を算定した。さらに欠米に備えて十分の俵詰を命じたため、一〇月七日の北条陣屋での免状交付では、例年の二倍に及ぶという前代未聞の年貢高となった。前年の領内一万石の年貢高とくらべると、当年は六〇〇〇俵余の増米が命じられた。このほか、幕府が免除した酒屋・糀屋の運上金を復活させ、領内の大森を地頭林と名付け、その大木を神社・仏閣の大木とともに、百姓の夫役をもって伐採・運送させ、北条浜の開墾、灌漑用水開削のために加重な課役を賦課した。以上の増徴策に驚愕した湊村など領内二七か村の名主・惣百姓は簑笠を持参のうえ、一〇月九日から一八日まで北条陣屋へ出頭し、慢性的な百姓の困窮化と、当年が例年以下の不作であることを理由に、過去一〇年間の最高年貢率を当年に採用されたいと、再三にわたり嘆願した。しかし、陣屋郡代林武太夫、代官高梨では埒があかなかったので、その後藩から腰越村仁左衛門、賀茂村久右衛門へ上府が命じられ、両人に調停役が命じられた。これに続き、惣百姓は一一月二日から江戸の小伝馬町・馬喰町に宿を取り、やがて願いを聞き届ける墨付が藩から交付されたことが仁左衛門たちから知らされたが、これを信用しない惣百姓六〇〇名余は、七日ついに江戸藩邸門前に結集して門訴を決行した。藩では百姓の代表を邸内へ呼んで吟味に及んだ結果、願いを許可し、その証拠として家老三井孫助、用人川井藤左衛門の連判をもって北条陣屋の郡代林宛てに墨付をしたため交付した。次いで、役人の下知で門前に屯集していた惣百姓へも読み聞かせた。惣百姓は帰村後、一〇日、名主とともに郡代の林に面会し墨付を提出したが、林は書面に藩主の直書が到着次第とあることを引き、しばらく名主方で保管するよう命じた。ところが、川井藤左衛門が大勢の人夫を率い北条陣屋へ来て、一一月一三日名主を呼び寄せ墨付の返還を迫った。名主がこれを拒否すると、立腹した川井は、たとえ藩主が許可しようとも、自分にとってはじめての検見である以上、いささかたりとも免状の数値を変更することはできない、異議を唱えれば曲事に処すと、眼色を変え大声で激しくまくしたてた。そして名主のうち湊村角左衛門、国分村長次郎、稲村弥市郎、片岡村庄左衛門、中村九兵衛、薗村五左衛門の六名を縄で縛り上げ、そのまま入牢を命じた。また、惣百姓にも徐々に仕置きを命じると威嚇した。この川井の「非道」に恐怖した村々の百姓は墨付を持参して、一三日夜には江戸出訴を敢行し、一六日から馬喰町・小伝馬町の宿を拠点に老中の秋本但馬守喬知・阿部豊後守正喬への駕篭訴、藩主一門の室岡甚四郎屋敷への出訴などに及んだ。これと前後して、領内では新たに恐るべき事態が発生していた。牢舎の赦免については、領内寺院僧侶の再三にわたる嘆願が行われたが効果なく、一一月二六日に牢舎の名主六名のうち角左衛門・長次郎・五左衛門の三名が、十分な吟味のないまま、川井・高梨の命で捕縛のまま出牢、縄もっこに乗せられ、国分村の萱野芝において死罪（二名は袈裟切、一名は討首）、家財は闕所、妻子・眷属などは追放となった。二九日この報が江戸の百姓にもたらされると、百姓は一二月に追訴状を老中阿部に再度駕篭訴し、あわせて追放に処せられた遺族の救済を嘆願した。この願いは聞き届けられ、阿部の指示で月番の老中大久保大隅守忠増、勘定奉行平岩若狭守親庸を訪ね、幕府の評定所における吟味は一二月一一日から開始と告げられた。やがて老中から藩邸に使者が派遣され、川井は大小を取り上げられ、番人付となった。江戸表では川井の百姓斬罪によって藩主の封土半減は避けられないと評判となった。この間、一門の室賀から百姓に訴訟を取り下げるよう懐柔がなされたが成功しなかった。吟味は、実際には二五日から始まり、翌年七月二二日に裁許が下され、用人川井とその倅定八は討首、郡代林と代官高梨は追放、牢舎の百姓三名は追放とされた。藩主の屋代越中守忠位は家臣に対する不取締と家臣の不法により、改易・逼塞に処せられるべきところ、先祖勝永の勲功により、下屋敷と香奠料として蔵米三〇〇〇俵を支給され、寄合に列せられた。百姓は城内を騒がせ不届きとされたが、御構なしと帰村を命じられ、その嘆願についても全面的に認められた。一件の路用・宿代・礼金、および死罪の三名の石塔代などは、合計一四八両余にのぼった。

【人物】
秋山角左衛門　あきやまかくざえもん
飯田長次郎　いいだちょうじろう
根本五左衛門　ねもとござえもん

江戸門訴後、ともに川井によって捕縛され、正徳元年一一月二六日に死罪とされた者。秋山は湊村名主、法号は養秀院一法常感居士。飯田は国分村名主。法号貞信院剣室道霜居士。根本は薗村名主。法号万法院聡叟道解居士。三人に対し、「万石惣百姓」として国分村釈迦堂地内に石碑と常夜燈が建立され、盛大に一周忌法要が挙行された。また、三名の菩提を弔うため毎月二五日に釈迦堂へ参詣し、念仏を唱えることを決めた。明治四三年（一九一〇）没後二百回忌にちなみ、有志によって国分村国分寺境内の釈迦堂前に、「安房三義民」の石塔が建立され顕彰された。

【人物】　川井藤左衛門　かわいとうざえもん

北条藩の用人。正徳元年新規に登用され、やはり新規代官の高梨市左衛門とともに領内の徴税改革に従事した。当該期に横行した財政改革の請負を条件に採用された、いわゆる「渡り用人」の一人と思われる。しかし、公平性に欠ける急激な年貢諸役の増徴は、領内惣百姓の猛反発を招き、その訴願闘争の嵐にさらされた。改革は挫折し、その新参ゆえに藩役人の中でも次第に孤立化した。惣百姓に対しては公権を背景に非法・非道の行為にはしり、ついにそれが万石騒動の引き金となった。騒動の渦中で罷免され、幕府の裁許でも打首という重科に処せられた。

【史料】　万石騒動日録　まんごくそうどうにちろく

明治二八年（一八九五）発行の『万石騒動』で翻刻されたのがもっともはやく、国分村長次郎分家の子孫という飯田辰次郎氏の所蔵本を底本とした『房総叢書』第一輯、『近世庶民生活史料集成』でも翻刻されている。『国書総目録』によれば伝本は多い。その内容については一部後世の創作・演出が入り、すべてが歴史事実でないとし、復元には慎重な史料批判を必要とする意見もある。　（西脇　康）

〔参〕『改訂房総叢書』二、『安房志』、『千葉県安房郡誌』、細川潤次郎『万石騒動』、『近世地方経済史料』一

正徳二年（一七一二）九月二四日
加賀国石川郡金沢藩領六二村減免強訴
→正徳二年（一七一二）一〇月二一日
越中国礪波郡金沢藩領大西組一七村年貢減免打ちこわし

正徳二年（一七一二）一〇月六日
加賀国江沼郡大聖寺藩領年貢減免強訴・打ちこわし

正徳二年八月一〇日の暴風は、家屋の被害とともに塩害をもたらして凶作を招いた。八月末頃から、藩領村々の百姓・肝煎らは続々と年貢減免を願い出て、全藩規模の「免乞」（減免）訴願を行った。藩は、郡奉行を先頭に検見役人を村々に派遣した。しかし、減免をまったく認めずに素通りして調査にもれてしまう直通し村（立離し村ともいう）が多かったため、期待を裏切られた百姓数百人は、一〇月四日夜、矢田野村のふくらが宮に集会し、翌日も再び集まった。そして、六日早朝、同夜に那谷寺に宿泊予定の検見役人へ免乞するので領内の男子全員が参集するよう呼びかけた廻状を村々に回した。那谷寺は加賀藩主前田氏の祈願所として保護された真言宗の名刹で、検見役人一行のうち、郡奉行らは村の肝煎権四郎宅に宿泊したが、那谷寺の不動院に泊まった者もいた。一〇月六日深夜、百姓たちは不動院に検見役人を襲った。およそ五〇〇〇人といわれる蓑を着けた百姓は、鎌や棒・鉈・鳶口・竹槍などを持ち、鉢巻きをする者、腰に弁当をぶら下げた者、頬かぶりして顔を隠している者もいた。彼らは戸や窓を押し破って乱入し、「免切らずの大盗人、大奸賊はどこだ。見つけ次第に打ち殺せ」と叫んだ。「免切らず」とは減免しないことで、驚いた役人は裏山の観音山に逃げ込んだ。やがて夜が明けると、観音山を山狩りし、大切谷に潜んでいた役人を見つけ出し、談判して六割の年貢減免を約束させた。

役人は「御郡惣百姓中」に宛てた確約証文を書いて百姓たちに手渡した。参加者の多くはこれで帰村したが、この成功に気をよくした小百姓の一部が、茶や紙などの商品生産に対する諸規制の排除を要求して、藩と結託した製紙・製茶などを扱う特権商人や十村（他藩での大庄屋）宅を襲う計画を立てた。七日夕に串茶屋村の茶問屋甚四郎宅、八日には製紙・製茶などで百姓に不利な税率を決めた山代村の十村河原（瓦）屋安右衛門宅、木炭や楮の口銭を取り過ぎたとして山中村堀口猪右衛門宅を打ちこわした。さらに、城下大聖寺町の富商や小塩辻村の十村などを襲撃するとの風評がたったため、領内は騒然となった。藩は厳戒体制をとるとともに、約束した六割の減免を四割に減らす代わりに一万二〇〇〇石を貸し出す約束をして、ようやく一揆は鎮静化した。翌年に一五名が逮捕されて斬首されたが、首謀者として処罰された者は一人のみで、他の者は喧嘩や賭博など別の罪名で逮捕されたといわれる。この一揆は、領内へ一揆参加要請の触廻しがなされ、参加しなかった福田村や上木村などには脅しをかけて参加を強制したせいか、肝煎などの村役人から頭振（水呑）・下人にいたるまで十村以外のすべての百姓諸階層が、しかも一五歳から六五歳までの成人男子が一人残らず参加した惣百姓一揆の典型として、また、全藩領的規模の百姓が参加して強訴し、同時に打ちこわしを伴なったことから、江戸中期における全藩一揆の新段階を画する事例として歴史的意義を持つ。

【史料】那谷寺通夜物語　なたでらつやものがたり

大聖寺一揆の物語で、民間の一揆実録文学の初期のものとして有名。現存する写本（金沢市立図書館蔵）は、宝暦一二年（一七六二）の大聖寺藩士児玉則忠のもので、成立年代・著者ともに不詳。この一揆についての一級史料であるとともに、「免切らずの大盗人共、世界にない取倒しめ、今からは我々らが心次第に、したい儘にするぞや、仕置が悪しくば、年貢はせぬぞ、御公領（幕府領）とても望みなし、仕置次第につく我々ぞ。京の王様（朝廷）の御百姓にならうと儘ぢゃもの」といった本文中の百姓らの言葉は、正徳期の百姓の意識と見るか、宝暦期にこれを著した児玉則忠の頃の意識と見るかの評価は別にしても、江戸中期の民衆意識を知るうえで貴重な史料である。なお、川良雄は、一揆の鎮定後間もない時に藩の記録などを見る立場にあった藩士が、この一揆の顛末を物語として書留めたのが『農民傚訴記』（岡山大学黒正文庫蔵）で秘書とされていたが、これが一部に流布して潤色されてできたのが『土民騒乱記』（名古屋市井上善雄氏蔵）、さらにこれを抜き書きしたのが『江沼郡百姓中免乞訴訟書写』（片山津町鹿野小四郎氏所蔵）であり、また、『土民騒乱記』に那谷寺の由来や藩主の系統を書き添えたのが『那谷寺通夜物語』であると分析されている。『日本庶民生活史料集成』六に翻刻されている。

（吉武佳一郎）

〔参〕川良雄『打ちこわしと一揆』、同「正徳一揆の史料」（『歴史評論』一一五）、同『那谷寺通夜物語』

正徳二年（一七一二）一〇月二一日
越中国礪波郡金沢藩領大西組一七村年貢減免打ちこわし

正徳二年八月一〇日に起きた暴風と塩害による凶作で、全藩的規模で見立引免（年貢減免の検分）の訴願が行われたが、藩は願いでた村数の三分の一だけ検見役人を派遣することにした。このため、見立を外された石川郡位川村など六二か村の百姓が、九月二四日に大挙して金沢の算用場へ訴えに出た。石川郡田井組下の百姓約一五〇名は、十村の次郎吉の奔走で、一万五〇〇〇石の御貸米の約束で帰村した。しかし、これに不服な村々の小百姓が再び訴えてなかなか帰村しなかった。そのため、五六名が取り調べにあい、翌年三月二四日に二二名が禁牢に処せられ、そのうち位川村四郎兵衛は「死刑」、五人は国追放、一六名は所払いになり、四名は入牢中に死亡した。また、射水郡の百姓数十名が、一〇月二〇日に十村と減免の処置をめぐって争ったあげく金沢に強訴した結果、七名が禁牢になり、その内二名が在所にて斬罪、残りは追放刑に処せられた。さらに礪波郡大西組下の百姓五〇～六〇名は、一〇月二〇日改作奉行の一村ごとの吟味が始まると、三〇人ほどの百姓は逃げ出した。残りのうち六か村の百姓は貸米なしに皆済の約束をして帰村したが、土生新村の清兵衛ら七人があくまでも皆済の約束を拒絶したため、手鎖のうえ禁牢・家財闕所の刑に処せられた。こうした状況のなかで大西村（現福光町）肝煎清兵衛と田中村（現福野町）肝煎八郎兵衛が大西組一七か村に廻状を触れ出すと、二一日の夜半二〇〇余名が集まり、十村善六宅に押し寄せて打ちこわした。公事場で一七か村の百姓全員が吟味されたが、首謀者はいくら聴取しても判明しなかったので、首謀者を密告した者には五〇石の土地を褒美として永代与えると触れ出すと、新兵衛が訴え出た結果、二八人が投獄され、そのうち竹内村彦兵衛と土生野村市左衛門の二人が大西村善六家門前（一説には土生新村内）で斬首（一説には磔刑）され、残りの者は村預けのち赦免（一説では追い出しのうえ、罰として一〇％の増免である「一歩上免」に処せられた。その間、才川七村新兵衛の裏切りで、廻状を触れ出したことで首謀者の罪逃れがたいことを知った大西村肝煎清兵衛と田中村肝煎八郎兵衛は自殺した。翌三年一月、二三人が禁牢、一〇月に国外追放にされた。ところで『上田旧記』によると、大西組が大凶作のなかで真っ先に年貢皆済を約束する秩縮御請状を出して藩から御褒美米を下賜されたが、その配分が他の組よりも少なすぎると十村善六宅へ強訴したので、善六家門前で磔刑に処せられたとある。いずれにしても、この打ちこわしの意義は、新川郡二〇五村・礪波郡一九二村・河北郡一五七村・能美郡一〇三村・羽咋郡七二村・鹿島郡六三村・射水郡一四三村・石川郡一七〇村の合計一八〇〇余か村という全藩領的規模で見立願いが出され、その内見立を除外された六〇〇余りの村々の百姓が金沢の算用場に減免訴願のために押しかけている状況のなかで起きたことから、藩の対応如何によっては、支藩の大聖寺藩正徳一揆と同じように、全藩一揆へ発展する可能性があったことを示す事件だったといえる。　（吉武佳一郎）

〔参〕水島茂「越中砺波郡における百姓一揆」（『近世越中国社会経済史』）、若林喜三郎『加賀藩農政史の研究』下

正徳二年（一七一二）一二月四日
越後国蒲原郡新発田藩領大庄屋糾弾訴願（与茂七騒動）

正徳二年一一月二六日夜、蒲原郡並木新田の百姓新蔵宅にて、新発田藩領中之島組百姓の集会が持たれ、中之島村名主与茂七・中興野名主小助の提案で、中之島組大庄屋儀兵衛・同茂左衛門の非法を糾弾する訴状を藩へ提出することになった。訴状は、一二月四日、中之島組惣百姓の署名で藩に提出されたが、吟味の結果、翌三年一月二七日、大庄屋に越度なしと判断された。これは、大庄屋を糾弾するまでには至らなかったものの、大庄屋が非法をしないよう指導することを藩に約束させた点で大きな成果があった。しかし、与茂七らは、この裁定に満足せず、同年一月付で一六か条に及ぶ大庄屋糾弾の訴状を藩へ再び提出した。これに対して藩は、大庄屋の非法を認めず、六月二日、与茂七と脇川新田名主善助を獄門、中興野名主小助・池之島村名主悴安左衛門・灰島新田名主喜平太を死罪に処した。明治三三年（一九〇〇）刊行の畠山弄月子『義民与茂七実伝』によれば、与茂七ら中之島組百姓と中之島組大庄屋（儀兵衛・茂左衛門）との間には、右の騒動以前に次のような確執があったとされる。宝永元年（一七〇四）六月、前月から降り続いた大雨のため、組内を流れる信濃川・刈谷田川・猿橋川が氾濫し、堤防決壊の危機に陥った際、与茂七らは大庄屋に出役と指揮を求めたが、儀兵衛は三条の妾宅に出かけていて不在、茂左衛門は病気を理由に家に閉じこもっていた。そこで、安左衛門が儀兵衛の留守宅へ二〇数名の百姓とともに押しかける一方で、与茂七が総指揮をとり、与茂七の私有林のほか、儀兵衛の私有林や藩有林を伐採して堤防の保全にあてた。これにより被害

を最小限にすることができたが、儀兵衛は安左衛門を一揆徒党の罪で、また与茂七を藩有林盗伐の罪で出訴した。これに対して中之島組百姓は連判して与茂七らを弁護し、吟味の結果、与茂七の行動はやむをえないものだったとの主張が認められた。しかし、その後も、藩から割り当てられた国役金や年貢の厳しい取り立てのため、大庄屋は百姓から反感をかっていた。そんな折り、与茂七ら名主たちは、大庄屋が百姓らの負担軽減要求をつっぱねたため、やむを得ず連名で儀兵衛から一五〇両を借用し、上納せざるを得なかった。この借金は、宝永五年に返済されたが、儀兵衛は借用証文を返却しなかったため、名主・百姓らと大庄屋との間で再び争論となった。この問題で名主・百姓側が敗訴になった上、儀兵衛が諸負担納入を厳しく督促してきたため、憤激した名主・百姓らと大庄屋との間で儀兵衛宅にて激論となった。儀兵衛が与茂七らを徒党して乱入した罪で藩へ出訴した一方で、与茂七らも中之島組村々百姓の集会を持った上で連署して儀兵衛の非法を藩へ出訴した。藩の吟味は長期化したが、吟味中に名主・百姓側に同情的であった役人が死去したこともあって、先に見たように大庄屋側の勝訴となったという。ただし、このような正徳二年一一月以前の確執については、一次史料がなく、与茂七の義民性を高めるための伝承とも考えられる。

【人物】大竹与茂七　おおたけよもしち

大竹宗家二一代大竹助右衛門住正の分家四代目で、元禄六年（一六九三）、一八歳の時中之島村名主となった。大竹氏は、中世初期中之島地区を拓いた地侍とされ、一七世紀前期新発田藩中之島組に東西二大庄屋制が設定された際、両庄屋職を独占していた。ところが、正保～延宝年間（一六四四～一六八一）に不幸が続き、それ以来両庄屋職を失っていた。その後、星野家と坂井家が大庄屋に就任し、与茂七騒動の際、関係したのが星野儀兵衛と坂井茂左衛門であった。以上の事情のほかに、与茂七に連座して処刑された者のうち、灰島新田名主喜平太も与茂七家と同じく大竹宗家の分家であったことから、与茂七騒動の背景の一つに、大竹氏と星野氏・坂井氏の間の確執があったと考えられる。与茂七処刑後の享保四年（一七一九）四月八日、新発田城下で大火事が発生したが、人々はこの原因が無念の死を遂げた与茂七の祟りであると噂した。また、新発田藩主溝口家の不幸も与茂七の祟りとされた。そこで、与茂七の怨霊を鎮めるため、藩は、文化一一年（一八一四）、藩祖溝口秀勝が祀られていた新発田城下の諏訪神社に与茂七らを合祀した。これによりできたのが同社内の五十志霊神社であるという。明治以後も与茂七の怨霊は火災のたびに結びつけられて話題にされた。一方、当地の百姓らにより、与茂七の首が晒された場所に与茂七地蔵が建立され（中之島町中之島字二ツ木）、義民として伝承されて今日にいたっている。ほかに、中之島の光正寺境内にも義民大竹与茂七首塚の石塔が立ち、平成五年（一九九三）には諏訪神社境内に義民大竹与茂七の碑が建立された。なお、長岡市脇川新田町にある広島神社は、与茂七とともに獄門となった脇川新田村名主広島善助を祀ったものという。

（大橋幸泰）

〔参〕『越後佐渡農民騒動』、『越後と佐渡の一揆』、『中之島村史』上、『新潟県史』通史三

正徳三年（一七一三）一月八日
備後国恵蘇郡三次藩領鉄専売反対強訴

三次藩の藩財政は連年続く凶作によって元禄一二年（一六九九）には破産状態となっていた。その打開策として考えられたのが紙・鉄などの藩専売仕法の実施であった。元禄一四年に鉄を藩の専売としたが、藩の内外で摩擦を生じ、翌年担当者松波勘十郎の罷免により、変更を余儀なくされた。正徳二年（一七一二）、藩は鉄山を接収して藩営鉄山とし、鉄の生産および流通を藩の管理下に置き、鉄奉行のもとで収奪体制を強化した。これに対して正徳三年一月八日、高野山組一一か村の小百姓は三次陣屋町へ乞食姿で強訴した。しかし、同一三日途中で追い返された。一四日には比和村から六

○人ほどが出かけ、一六日には古頃村より出かけているが、いずれも追い返された。強訴百姓に対する藩の処置は明らかでないが、荒所務を行った郷代官は交替させられ、頭庄屋はその職を召し上げられた。

（三宅紹宣）

〔参〕堀江文人「三次藩における農民闘争」（『芸備地方史研究』六九・七〇合併）

正徳三年（一七一三）三月
紀伊国名草郡和歌山藩領岩橋村宮座席順争論

岩橋村の氏神、若王子権現社の修復普請が正徳三年春に完成し、遷宮式は同年二月一八日午刻に大工槌を遂げ、同夜に計画された。これに際し、肝煎は普請人足の手配も担ったからとし、遷宮式には番頭・中座・年寄だけでなく、自らも参加して神酒を頂戴したいと願った。この申し出を発端として、宮座内部の対立が座順をめぐる家格争論となり、五人の司脇番頭（五司）と一〇人の名司脇（司脇）が平座とするどく対立し、三月藩に出訴となった。同年八月、藩は寛文年間（一六六一～一六七三）の裁許と同様、従来通り家格順に着座、各家格内では年齢順に着座とした。しかしこれに不満の平座のなかには、九月五日の夜に、番頭で大庄屋を務める吉良太夫が寄進した権現の神前提灯を破り、境内の木に釘を打ち込む者があった。同四年一月一五日の座配には多くの平座が欠席し、吉良太夫の先祖の石塔を倒す者まで現われ、同四年二月二八日藩によってその頭取三名と肝煎などは「追込」、その他の関係者も処分を受けた。

（西脇　康）

〔参〕安藤精一『近世宮座の史的研究』、同『江戸時代の農民』（日本歴史新書）

正徳三年（一七一三）七月一四日
肥前国彼杵郡幕府領長崎町打ちこわし

元禄一六年（一七〇三）六月に近世都市史上初めて打ちこわしが起きた長崎町であるが、米穀を他所に依存しているため、凶作などによりただちに米不足・米価高騰となる構造はまったく変わっていなかった。正徳三年七月一二日夜から一三日にかけて、長崎は暴風雨に見舞われ、高潮の被害も受けた。その翌日の一四日、元禄の時と同じく、米穀商人のなかで米を売り惜しみ（〆売り）している者がおり、米価の釣り上げによって巨利を得ているとして、米屋に押し寄せて、打ちこわしに及んだのである。すぐさま、長崎町奉行所から役人が鎮撫に出向いたことで、事態は収束した。打ちこわしの規模や処罰などについての詳細は不詳である。度重なる長崎町打ちこわしに対し、幕府も本格的な対応に迫られた。すなわち、正徳五年一月の正徳新令を制定するにあたり、「長崎地下人、飯米之料として御蔵米を運漕せらる事」をはじめとする七か条の長崎町維持策を通達している。その内容は、大坂蔵米の回送のほか、各種前貸金支給、地下配分金の増加、地下公役の負担軽減などに及ぶものであった。

（安藤優一郎）

〔参〕松本四郎『日本近世都市論』、山田忠雄『一揆打毀しの運動構造』

正徳三年（一七一三）一二月二二日
下野国都賀郡古河藩領下初田村減免越訴

下初田村惣百姓四九名は、正徳三年一二月二二日、当年の年貢増徴に対し、その減免と御用金の年貢による返済を求め、名主・年寄へ出訴を願った。それに伴い惣百姓で神文起請し、頼み証文を名主二名あて作成した。それによれば、訴訟人が手錠になった場合は惣百姓で諸役・耕作などを請負う、牢舎になった場合は以上に加え訴訟費用なども請負う、追放になった場合は闕所田畑屋敷・家財を惣百姓で買い取り、居所を確保し、田畑作徳を三倍に見積り仕送る、死罪になった場合は弔金として二年以内に一〇〇両を遺族へ支給する、などとした。なお、越訴が実行されたかを含め、その後の展開は未詳である。

（西脇　康）

〔参〕白川部達夫『日本近世の村と百姓的世界』、『栃木県史』史料近世一

正徳四年（一七一四）二月二七日
丹後国与謝・竹野・中・加佐郡宮津藩領強

訴

元禄一〇年（一六九七）以来、宮津藩は奥平氏が治めていた。正徳四年一月から、領内一二組の庄屋は、年貢不納分の年賦納などを藩に要求するため、寄合を重ねていた。ところが、後難を恐れ、願いに加わらない庄屋も多く、六組の庄屋が願い出たものの、受理されなかった。二月二七日、この状況を見かねた算所・加悦・周枳・田中の四組三四〇〇余名の百姓は、城下に押し寄せ、家老に掛け合うが、願書は取り上げられなかった。翌日には、田中組三〇〇余名の百姓が宮津城大手門前まで押し寄せるものの、大庄屋に止められた。また、算所・加悦・周枳の代表六名も掛け合うが、やはり願書は受理されなかった。そこで、百姓は一村から一、二名の代表が集まる寄合を数度開き、四月四日、ついに領分惣百姓の要求として、藩に願書を差し出すことに成功した。願書は一三か条からなり、内容は年貢不納分年賦納のほかに、定免もしくは検見の場合もそのやり方への注文、家中役人に対するさまざまな負担の拒否、大庄屋・庄屋の任期制などであったが、全体として先領主阿部氏と比較して、奥平氏支配を批判している点が注目される。これに対して四月六日、藩はおおむね聞き入れる旨の返答をし、強訴は終結した。この強訴は、庄屋による願いが実現しないことにしびれを切らした一般百姓が結集して行われ、その矛先は庄屋へも向けられている。そして、百姓代表として願書を差し出した堀越村政右衛門には、村々から手樽・肴・銀子などの謝礼が渡された。また、この強訴が行われた時、「不浄之事」なる落書が領内に流布した。「丹後国惣頭藤原頼兼河原団左衛門」を署名人とするこの落書は、藩の役人や大庄屋の腐敗の実態を記し、百姓の要求と一致する点も多い。この頃、当地では差別政策が強化されており、この落書は、被差別民の立場からその不当性を告発し、百姓との連帯をはかろうとしたものであると評されている。（岩城卓二）

〔参〕中島利雄『丹後に生きる』（『日本民衆の歴史・地域編』一〇）、『宮津市史』史料三

正徳四年（一七一四）一一月 河内国茨田郡小田原藩領黒原村奉公人騒動

正徳四年一一月、河内国茨田郡小田原藩領の黒原村において、給米引き下げに対する農業奉公人の反対運動が起こった。同年黒原村は風損にみまわれ、村中相談の上で奉公人給米は一石につき三割引で下されることになった。これに対し奉公人たちは、これまでも風損の年はあったが、給米が引き下げられたことは一度もなかったといい、村役人たちへ反対訴訟を起こしたが聞き入れられなかった。そこで奉公人たちは、一一月に領主に対し、これまで通り給米が下されるように村役人たちへ仰せ付けられたいと嘆願したのである。この事件の結果については明らかではない。（山﨑善弘）

〔参〕堅田精司「給米引下に対する奉公人の集団闘争」（『歴史評論』一五二）

享保元年（一七一六）六月二五日 石見国那賀郡浜田藩領春定撤回強訴

浜田藩では、元禄九年（一六九六）、財政確立のため定免制を採用し、その具体化としてさらに「春定（はるぎめ）」と称する年貢の事前割当制を実施した。享保元年の春定が終了してから降雨が少なく旱魃にみまわれた。田植の水がなく大小豆などの畑作物も実らなかった。しかし、財政確立をいそぐ藩は春定の年貢額を変えようとしないため、百姓らは秋出来に対する検見による適正な年貢の割付変更を求めるために、中場村などをはじめとして訴願行動に立ちあがった。六月二五日に那賀郡西部の村々が浜田へ向かい、次いで七月上旬には那賀郡東部の村々が結束して浜田に迫って、この年の春定撤回を迫った。藩は、これを強訴とし、頭取の吟味を進めて内村庄屋の善左衛門を割り出し、翌享保二年二月所払いに処したが、享保三年になって五年間の春定停止を公表し、領民をなだめた。頭取の善左衛門は享保八年六月、熱田村福井で死去した。（深谷克己）

〔参〕『濱田』

享保元年（一七一六）一二月中旬
丹波国多紀郡篠山藩領減免強訴

原因は明瞭ではないが、篠山藩の重課に対して、一二月中旬に多紀郡の百姓が強訴を起こした。強訴の者たちは郡奉行松本弥五郎へ訴状を提出し、これを受け取った家老奥平与宗左衛門は、翌年春江戸へ下って藩主松平紀伊守信庸と協議した。その結果、二分通りの貢租免除が行われたが、強訴の首謀者である上宿村弥兵衛・大山村甚左衛門は入牢させられた。しかしその後、五月一〇日になって信庸が江戸で卒去したため、跡を継いだ信岑は、弥兵衛・甚左衛門の牢舎を許した。　（山﨑善弘）

〔参〕『兵庫県農地改革史』、赤松啓介『百姓一揆』

享保元年（一七一六）
越中国射水郡金沢藩領放生津町漁民騒動

金沢藩は正徳五年（一七一五）に、金沢登り魚値段の高騰を理由に、他国他所に流れる魚を統制するために、放生津町に六軒の魚問屋を設置し、一割の口銭を役料として徴収することを許可した。翌享保元年、この六軒の問屋の役儀取り放しを求める騒動が展開した。口承によれば、漁民四〇〇人が蓑笠（ばんどり）を着て金沢の公事場奉行に駈込訴願を行ったという。奉行は漁民を説得して二名を惣代に選ばせ、他の者は帰村するように命じた。惣代に選ばれたのは佐賀野屋久右衛門と四歩市屋四郎兵衛（嵐四郎平）であった。二人は奉行の吟味に屈せず、あくまでも要求を貫徹する姿勢をくずさなかった。ある日の吟味で二人は、達磨に銭をつけて傾けさせ、贈賄によって審理がゆがめられていることを示唆した。奉行は享保三年二月六日に二人を放生津西浜において獄門に処した。奉行の非政を藩主が聞くところとなり、二人を赦免する使者を派遣したが間に合わなかったが、獄門は行われなかったという。二人は古新町西浜に葬られたが、同所は天保一一年（一八四〇）に無年貢地とすることを町方で決めている。明治一五年（一八八二）に改修された縦約三寸、横約九寸の大きな両人の位牌（法名は久右衛門が釈当栄、四郎兵衛は釈西入）は、長朔寺にあり、命日の二月九日には、漁民たちは漁を休んで祭礼に参席し、供養の「油揚げ分け」が行われている。なお、建立年不詳であるが、新湊市港町には「漁民義民塚」がある。　（吉武佳一郎）

〔参〕『新湊市史』

享保二年（一七一七）二月一四日
因幡・伯耆国八郡鳥取藩領重課反対救米要求強訴

享保二年二月一四日、伯耆国日野郡四〇〇〇人余の百姓が大挙して鳥取城下に押し出した。次いで三月、伯耆国八橋・久米・汗入・会見・河村の五郡の百姓らが押し出し、やや遅れて因幡国気多・高草郡百姓らが決起した。一揆勢は、郡により若干異なるが多岐にわたる内容の訴状を惣百姓の名で提出した。それらに共通しているのは、元禄一一年（一六九八）以来採用された惣請免（定免）体制に重大な変更を迫るような要求であった。すなわち①正徳二年（一七一二）に課された二歩借米の返済、②普請人夫の賃金引き上げ、③前年の凶作に対する救米下付、④新開地改め不服、⑤年貢永川引き地の再改め不服、⑥請免制に天災減免適用の違約反対、⑦高懸り銀不服、⑧麦年貢反対、⑨絶人跡地の村請負担不服、⑩川役・山役等諸運上反対、⑪諸役人の大勢廻村不服、⑫蔵米の俵仕立て迷惑、⑬鉄砲運上迷惑、⑭他国同様京枡使用など、十数項目である。一揆勢は、請免制を発効させた時の約束が、日時を経るうちに次第になしくずしのかたちで百姓に不利なように捻じ曲げられてきていることに不信感を持ち、在方担当の下級役人の口頭の下知を拒み、藩中枢の御目付役の直接の申し渡しによる確約を強く求めた。藩は、この年三月に幕府巡見使を迎えることになっていたので、百姓らの巡見使直訴を警戒したのか要求をすべて受け入れ、例えば人夫賃金についても一里半以上の遠くの普請にはなるべく課役を申し付けない、もしそれが避けられない場合には一里半から二里までは三分増し賃金、二里から二里半までは五分増し賃金にするなど改正を約束して百姓をなだめた。また徒党を催した発頭人を追求しないことで処罰者も出さないようにし、これまでの制定条目も全面的に改訂することを約束するなど、大幅な宥和政策で応じた。四月、領内百姓に高の一割を救米として与えることにし、七月、郡奉行以下在方役人をすべて更迭した。一揆が起こった直後に、藩は米村所平（広当）を郡代に任じ、その養父で請免制施行の当事者であった元郡代の米村広治を後見役に任じたが、所平らは救米を百姓に支給することは請免法の本旨にもとるとして辞任している。この一揆はこれまでの請免制を根幹とする藩の農政そのものに打撃を与え、藩政の行き詰まりを深め、元文四年（一七三九）の大一揆「因伯民乱」を引き起こすことになった。

（深谷克己）

〔参〕『鳥取藩史』六

享保二年（一七一七）一一月二日
周防国玖珂郡岩国藩領新法反対強訴

　享保二年一一月二日、岩国藩（幕府からは藩に認定されていないが実質上は藩）由宇組の百姓が新法に反対し、岩国の川西に結集した。続いて一二月六日、由宇組日積村の百姓が岩国の横山へ出、近隣村も加わって八〇〇人余りにもなった。要求は、新蔵入の田地の年貢率四割、欠米の免除、百姓の手元計と俵拵え四斗四升回し、新蔵入の畠地の年貢の銀納、給領地の蔵入地化、回し検見の廃止などであった。一二月八日、藩は百姓の要求を許可すると回答したため、百姓は帰宅した。これに対し同年暮、岩国藩北部の山代組・河内組百姓から許可の返上願が提出され、藩はこれを利用して許可を撤回した。これに反対した訴訟村は、享保三年二月一三日萩本藩に訴えようとして出発、萩藩領花岡で萩藩役人に要求を提出した。要求は前述のものに萩本藩への編入願いが加わった。萩藩は、享保三年九月六日、役人を由宇村へ派遣して、本藩への編入願い拒否を通告した。百姓たちは承服せず、さらに萩本藩への編入願いを嘆願した。一揆は萩本藩対支藩岩国藩の政治的問題もからめつつ展開した。一揆の成果として、石別五升の欠米が四升となり、百姓の手元計と新蔵入の畠地の年貢の銀納は認められた。また要求返上の村に対して、請紙制度下の仕入米銀総額が増額されている。一方、享保四年一一月から指導者の検挙が本藩によって行われ、一三五人が検挙された。享保六年、死罪八、遠島二一人という判決があり、三月処刑が行われた。　（三宅紹宣）

〔参〕広田暢久「岩国領享保一揆の形態」（『山口県地方史研究』一四）、杉本史子「岩国領享保一揆をめぐって」（『山口県地方史研究』四八）

享保二年（一七一七）一二月三日
備後国沼隈郡ほか福山藩領減免強訴

　宝永七年（一七一〇）、松平氏のあとを受けて入封した阿部氏は、年貢の増徴をはかり、松平時代の年貢率より三歩も引き上げ、正徳三年（一七一三）からは、新たに引一毛引物（ひきいちけびきもの、裏作に課す貢租）の徴収を始めた。享保二年は旱魃や長雨などで凶作となり、作物は平年の四割という状態で、百姓の生活は困窮をきわめた。にもかかわらず、貢租皆済の督促は厳しかった。このため、一一月中旬、品治（ほんち）郡宮内村の百姓は福山城下へ行き、貢租減免などを内容とする願状を藩に提出したが取り上げられなかった。一二月三日、出口村の者は町村まで出、これに端を発して一二月五日、品治・芦田両郡を始め領内各地の百姓が品治郡天王川原に集合し、福山城下へ押し出し、強訴することを決議した。一二月七日には約六〇〇〇人に膨れ上がった一揆勢は、深津郡千田村横尾まで進出し、城下をうかがうところまできた。藩は急遽代官を横尾に送り、一揆勢と交渉させた。一揆勢の願書を受理した代官は、それを藩へ伝え、善処することを約束したので、一揆勢はひとまず引き上げた。また、沼隈・安那郡でもほぼ同様の行動があった。一二月一四日の藩の回答は、減免は検討中とし、「御救」としての米二〇〇〇石の貸与というものであり、事実上百姓の要求は拒絶された。百姓たちは、一二月二〇日頃から諸郡各村で城下強訴を計画したが、大雪のため遅れ、同二七日になってようやく願書を提出し、翌享保三年一月五日に受理された。同八日から一〇日にかけて藩有林を伐り荒らし、庄屋宅などを打ちこわす戦術をとりながら福山城下を包囲する形で集結し、藩の譲歩を迫った。一月一二日、藩は一揆勢の全要求を許諾した一五か条の回答書を示したので、百姓側はようやく解散し、帰村した。百姓側の責任は不問とされ、一月一四日、藩は一揆勃発の責任者として郡奉行・代官各三人を罷免した。かくして一揆は犠牲者も出さず百姓側の勝利となったが、勝ち取った内容は、主として阿部氏が入封後、増徴した貢租および改変した貢租の納入方法を中止させ、水野時代のそれに復帰させたにすぎなかった。しかし、その年藩は直接的には銀一〇〇〇貫目の減収となり、隣藩への影響も大きく、以後三次・広島両藩の大一揆へと波及していく。

（三宅紹宣）

〔参〕『広島県史』近世一

享保三年（一七一八）一月二七日
備後国恵蘇・三次郡三次藩領減免ほか強訴・打ちこわし

三次藩では、正徳三年（一七一三）の強訴によって、一部の所務役人・頭庄屋などが更迭されたが、郡奉行や所務役人・頭庄屋などの地方支配における貢租の収奪組織は温存され、鉄・紙の専売制も継続された。その結果、各地の鉄山が藩営化され、百姓は鉄山労働を強制されていた。しかも享保二年には、旱魃や長雨で凶作となったが、貢租の収奪は強化された。享保三年一月二七日、恵蘇郡山之内組の百姓一四〇〇人余が藩に強訴するため、上村山王社に集結した。翌二八日、村々の百姓に参加を要請し、不参加の元締役・所務役人らに乱暴を加えながら二三〇〇人余に増加し、三次郡板木組四拾貫村を経て、二九日には藩の館の対岸上里村にまで押し出した。そのころは三次郡板木組・川下組、恵蘇郡高野山組も加わり、総勢五〇〇〇～六〇〇〇人に膨れ上がっていた。二月一日には大腰掛まで進み、同三日までには領内残らず参加するといった、全藩的規模になった。一揆勢に対して藩は館の守備をかため、武力鎮圧の準備をすすめるとともに、二月一日から五日まで米一三〇石を支給したりするなどして、一揆勢との話し合いのための条件づくりをした。一方、一揆勢の方も、各地で所務役人・元締役・頭庄屋・庄屋・商人などを激しく打ちこわしている。二月三日、交渉責任者である望月番五が、貢租の減免、所務役人・頭庄屋などの役職の廃止、鉄・紙の専売による百姓側の損害の補填、藩営鉄山の中止、百姓の生活立て直しのため牛銀・種請銀・農具代・作食米として銀米貸与、郡奉行吉田孫兵衛ならびに彼に登用されている所務役人・元締役・頭庄屋などの罷免など諸要求を承認したため、六日までには参加した全百姓は解散した。百姓たちの要求は聞き届けられて勝利したが、一二月八日に突然、発頭人として三河内村百姓七人、その他計二六人が逮捕され、翌九日に発頭人の七人は獄門に処せられるなど多くの犠牲者を出した。

（三宅紹宣）

〔参〕『広島県史』近世一、堀江文人「三次藩における農民闘争」（『芸備地方史研究』六九・七〇合併）

享保三年（一七一八）三月二日
備中国下道郡岡田藩領本庄・新庄村入会山返還要求越訴（新本義民騒動）

岡田藩では、順次、領内の入会山を取り上げて藩有の留山とし、さらにこの留山から伐り出した割木を一駄四分五厘の低賃金で百姓に搬出させていた。享保二年一月、本庄・新庄両村百姓たちは、新庄村内に二間・三間半の長屋とその前に平場を作って協議を行い、旧入会山の返還・割木持免除を願い出た。この結果、三月一五日、旧入会山の一部返還が藩側から回答された。しかし、これに満足しない百姓たちは、留山内の立木の伐採などで抵抗した。翌三年二月八日、留山などの実地検分を行った藩側は、本庄村一八名・新庄村三三名の計五一名を犯人とし、出頭を命じたが、百姓側はこれに応じなかった。そこで、翌九日、藩は、「新本両村御百姓え申渡口上覚」において、藩の命令に背く者は領内の「御百姓」でないとして、岡田藩領内からの立ち退きを命じた。百姓たちは、一二日明方まで新本川河原で協議を行い、江戸藩邸への越訴を図ることになり、第一陣の惣代として甚右衛門・六蔵・仁右衛門・喜惣次の四名を出立させた。その後百姓たちは、藩に帰順する帳面に印を付け、表面的には藩に服従する態度を示した。しかしその一方で、三月二日、さらに又左衛門・五市兵衛・曾右衛門の三名を惣代として江戸に送った（到着後江戸放になる）。甚右衛門など惣代四名は、三月二日に江戸藩邸の門前に詰めて嘆願を行ったが取り上げられず、四日に再度門訴を行い、ようやく願いを取り上げられた。四名は捕らえられ、国元に護送された後、六月七日に死罪となり、家族・親族も所払となった。このほかにも所払七名とこのうち五名の家族三二名も連座して所払となった。一揆の結果、史料上では一部留山内の下草刈り取りが認められたことが判明するが、地元では本庄・新庄村の旧入会山の大部分にあたる五〇六町歩が処刑された四名の「首の代」として返還されたと伝えられており、その結末は判然としない。

【人物】

小下の甚右衛門　こげのじんえもん

釜の口の六蔵　かまのくちのろくぞう

小砂の喜惣次　こさこのきそうじ

稲井田の仁右衛門　いないだのにえもん

甚右衛門・六蔵・喜惣次は下道郡新庄村、仁右衛門は下道郡本庄村（ただし史料上では新庄村と記載）の百姓で、それぞれ字小下・釜の口・小砂・稲井田に住む。仁右衛門・甚右衛門の二名は、享保二年一月の入会山返還の訴願の際にも惣代を務めた。享保三年二月九日からの寄合によって、四人は江戸越訴の惣代となり、一二日領内を出立、一三日見送りのため同行した本庄・新庄村の百姓と高梁川秦の渡しで別れ、江戸に向かった。三月二日、江戸藩邸の門前に詰めて嘆願を行ったが、取り上げられなかった。藩側は、門訴という形態、つまり「天下の公道」の場で訴えたため、藩主が直々に老中水野忠之に四人の処置について伺いを立て、その結果「心次第ニ仕置可申」という指示を受けた。四日、四人は再度門前で嘆願を行い、願いは取り上げられたが、捕らえられた。そして、五月二九日国元に到着後、ただちに下道郡有井村郷蔵に入れられ、六月七日、新庄村薙田の新本川飯田屋河原で死罪となった。この時、甚右衛門四四歳、六蔵七七歳、喜惣次三六歳、仁右衛門四四歳。甚右衛門・六蔵・喜惣次は西明寺、仁右衛門は円尾寺にそれぞれ埋葬される。戒名は、大正六年（一九一七）七月の義民四人衆二百年祭にあたり旦那寺より居士号を追贈され、甚右衛門は覚心玄智居士、六蔵は覚了玄心居士、仁右衛門は寂性良円居士、喜惣次は覚智玄了居士。また、甚右衛門家内五名・六蔵家内四名・仁右衛門家内二名のほか、とくに六蔵は別家した子の家内も追放となり、それぞれ家は取りつぶしとなった。明治初年、本庄・新庄両村の有志が四人を義民として祀るため小祠を建立し、現在新本小学校の裏山に移築されている。また、大正初め頃から四名の霊を慰めるため義民踊りが始められた。四名の墓は、総社市指定重要文化財。

（横山　定）

〔参〕長光徳光編『備前備中美作百姓一揆史料』一、『岡山県史』近世Ⅱ

享保三年（一七一八）三月二日
備後・安芸国一四郡広島藩領新政反対強訴・打ちこわし

広島藩は、藩主浅野吉長が正徳二年（一七一二）農村支配を徹底するため正徳新格を布令した。これは従来の代官制を廃し、郡奉行のもとに六人の郡支配を置き、藩領四二万六〇〇〇石を四〇地域に分け、一地域にそれぞれ所務役人一名、頭庄屋二名を置く地方支配を整えた。所務役人・頭庄屋は豪農・上層農民から登用し、藩の扶持人として武士身分の格式を与えた。これは彼らを藩の役人として農村支配にあたらせ、年貢収奪を強化しようとするものであった。彼らの多くはその地位を利用し、地主・高利貸として土地の集積を行ったため、百姓は困窮した。享保三年の一揆は、正徳新格による年貢増徴、専売制の強化、そのための郡方支配機構の再編に反対して勃発した。一揆は、三月二日の甲奴郡浅野甲斐(家老三原三万石)知行地百姓による三原への出訴を発端とし、「諸郡凡三十万余之百姓」が蜂起した大一揆となった。各郡の状況は、奴可・三上両郡では、三月一二日に三上郡本村から一揆が起こり、両郡の村役人宅を残らず打ちこわした。世羅・三谿郡では、三月二五日に起き、両郡の村役人宅を残らず打ちこわし、四月一九日にいたって鎮静した。豊田郡・賀茂郡では殊の外激しい打ちこわしが行われた。佐伯郡では、所務役人宅の打ちこわしがあったが、比較的ゆるやかであった。山県郡においては、三月二六日の壬生村で打ちこわしが始まり、北上して大朝村へ集まり、ここで二手に分かれ、一手は津浪村へ、一手は加計村へ出た。二九日本地村へ集まり、願書を差出し、四月一日に引き取った。山県郡における打ちこわしは八軒にのぼり、正徳新格により取り立てられた所務役人・頭庄屋が中心的に打ちこわされている。一揆の要求は、山県郡の場合で見ると、年貢を定免にして三割、御蔵払米は三斗五合入で俵造りの簡略化、詰米の廃止、請竹銀の廃止、楮買い上げ価格は他国と同様、庄屋・組頭の三年交替などが要求されている。藩は各地に藩役人を遣わし、百姓の願書を取り上げ、説得に務める一方、正徳新格の撤廃、所務役人・頭庄屋の罷免閉門・年貢率の低減、村役人の交替制などを約束する一八か条の「御宥状」を示し、大きく譲歩したので、四月中旬にようやく鎮静化した。藩は一揆の首謀者を許すと約束しながら、鎮静化すると執拗に追跡して逮捕した。そのうち首謀者として獄門・打首などの極刑に処せられた者六五名、追放七名、永牢一名、九四名が刑を逃れるため欠落した。

【人物】葛原村善六　つづらはらむらぜんろく

佐伯郡佐伯町の善六地蔵にまつわる話として伝えられているものによれば、善六は葛原村の百姓の倅で、享保三年に二〇歳であった。享保一揆の要求を上訴するため、安芸郡海田市で島津氏の駕籠へ直訴状を差し出した。しかしその場で捕らえられ、直訴状は読まれることなく断罪に決した。享保三年一〇月一三日砂谷村において処刑された。

【人物】三宅良仙(浄全)　みやけりょうせん

安芸の生まれで、漢方医をなりわいとした。寛文の頃賀茂郡志和東三宅の地に来て留まり、医業のかたわら読み書きを教えた。享保三年三月二二日、賀茂郡の一揆は良仙ほか二名を指導者として蜂起し、二六日竹原三津に入り所務役人宅を打ちこわし、二八日阿賀村の頭庄屋宅を打ちこわし、二九日乃美尾に至り、要求が聞き届けられたの報に接し、引き取った。良仙は一揆後捕らえられ、享保三年七月九日、志和東村今坂垰において斬刑に処された。享年六三。妻子は領外追放となった。長男与八は、所務役人を勤めていた黒川小三郎のざん訴によって父が処刑されたとして、享保八年一一月一七日にあだ討ちを行った。これは私怨による無届の行為として与八は死罪となった。

【史料】山県一揆録　やまがたいっきろく

享保三年一揆について山県郡の状況を記録したもの。正徳新格の発令と山県郡における役職任免の状況、藩の触書、一揆の経過と打ちこわしの様相、一揆の二七か条の要求書と藩の回答、発頭人の逮捕と処罰について記述しており、一揆の基礎的な事実を知ることができる。藩内に書写して流布しており、村役人文書の中に散見される。『加計町史資料』上や『千代田町史』近世資料編下に異本がそれぞれ所収されている。

(三宅紹宣)

〔参〕畑中誠治「享保一揆とその社会的経済的基盤」(『日本史研究』九七)、『広島県史』近世一、『志和町史』、『広島史蹟郷土史』

享保三年(一七一八)三月一一日
周防国玖珂郡萩藩領山代地方紙専売仕法反対強訴

享保三年三月一一日、玖珂郡府谷・添谷・広瀬東・広瀬西・小川・渡・野谷・三瀬川・獺越（おそごえ）・中須北・金峰村の百姓ら八五六人が一挙して騒動し、藩の紙専売による困窮を訴えるため、一九日佐波郡宮市まで至った。近年の楮不熟による困窮のため、御仕入米銀の増額や畠への貢租軽減、公納紙以外に楮紙取立免除、楮紙売買による利益の百姓への還元などを要求。藩は役人を宮市に派遣し、一揆勢の鎮静を行い、三月二一日には百姓らを山代に連れ戻した。このほかに玖珂郡生見・下畑・黒沢・宇塚村の百姓一〇〇余人もこれに合流しようとしたが、玖珂郡広瀬村迄出たところ、藩役人に取り鎮められ帰村。この一揆により、享保四年（一七一九）、御仕入米銀は紙相場にかかわらず、半紙一丸（一丸＝四締）に付き一石七斗替だったのを二石替にした。一方、享保六年（一七二一）に一揆の指導者である渡村三右衛門、添谷村治兵衛・善九郎、府谷村九右衛門・庄左衛門・伝之助が遠島に、府谷村五郎右衛門・五兵衛が永流に、また医師道伯が追放に処せられた。また翌年には府谷村孫兵衛・清右衛門・大工五郎右衛門、本郷の又左衛門の四人が「死刑」となった。

（三宅紹宣）

〔参〕中本三十一「享保三年山代百姓一揆に関する史料」（『山口県地方史研究』一一六）

享保三年（一七一八）一二月一日　上野国邑楽郡館林藩領検見反対強訴（館林騒動）

享保三年夏、館林藩城付村々で検見が行われた。それは、深田・浅田・飛び地の区別なく坪刈りをして、例年の二倍以上の収穫高を打ち出すという苛酷な検見であった。さらに郷目付兼任を命じられた検断は、再検見と称して村々を廻り、藪や土取場に至るまで詳細な調査を行った。そして一一月下旬、年貢割付状を村々に配布した。これを受けた百姓たちはただちに反対運動を起こし、一一月二九日村々の代表者が新宿村の遍照寺に集まり対応策を協議した。その結果、領内の北郷村々は高根台、そして南郷の村々は富士原に集まり、一二月一日四つ時を期して館林城下に押しかけ、年貢減免を訴える手筈を整え、決行した。これに対し藩役人は、今回の年貢増徴は江戸屋敷の指示であると弁明した。そこで百姓は出府して藩主に直訴することにした。一方、この知らせを受けた江戸屋敷は、百姓の要求を受け入れるから何としても板橋宿で説得せよと名主に命じた。四日、百姓たちは板橋宿で名主たちの説得を受け、藩主の慈悲を信じて村に帰った。しかし、翌年三月に一揆の内偵が始まり、頭取と思われる名主が次々と逮捕され、頭取として中谷村佐吉・中野村武兵衛・田谷村藤左衛門の三人が四月一四日処刑された。のち中谷村の教学院に三義民の供養碑が建てられ、彼らの活躍の様子は「竹岸念仏」として今に伝えられている。後年になって人々は、三人の供養碑を小桑原のある寺に建立した。しかし、藩主の目障りになるという理由で破却され、小さな石碑に立て替えられたと伝えられている。その石碑は中谷村教学院に現存し、その裏面には「職空恩劔居士、性達一空居士、寂知宗空居士」と三人の法名が並記され、さらに「各享保四巳亥年四月十五日滅」と刻印されている。なお三人の遺族は、享保一七年館林城主に太田資晴が着任した時、いずれも帰参を許された。

【人物】竹岸武兵衛　たけぎしぶへい

邑楽郡中野村の名主。刑死の時六一歳。強訴の発頭人と目されて享保四年（一七一九）四月一四日に斬首、闕所。後任の名主は、この日に墓参するのを例とした。大正六年（一九一七）一二月、中野村の人々は、末長く武兵衛の功績を顕彰するため、村内の神光寺の前に記念碑を建てた。なお遺族は墓地に石碑を建て、「翠竹院澄誉充道節居士」と改謚した。

【人物】恩田佐吉　おんださきち

邑楽郡中谷村の名主。刑死の時七六歳。弁舌に秀で、吟味の時藩役人の非直を詰問したため、享保四年四月一四日斬首、闕所となる。以後、中谷村では毎年四月一四日を忌日とし、老人は集まって念仏を唱え、村人は家業を休み、「佐吉どんの遊び」と称した。また近村の人々は毎月一六日に「佐吉どんの念仏」を唱え、冥福を祈った。

【人物】小池藤左衛門　こいけとうざえもん

田谷村の名主。刑死の時三九歳。館林藩領内随一の能筆家で、文章にも優れた才能を発揮した。そのため訴状作成の中心人物と目され、斬首、闕所の処分を受けた。しかし、田谷村には藤左衛門についての伝承は存在しないという（『上毛人物誌』）。

（中島　明）

〔参〕『館林市誌』歴史、『山田郡誌』、『上毛人物誌』

享保五年（一七二〇）一月一二日　紀伊国伊都郡高野山領桝改正越訴（高野桝一揆）

高野山領学侶方では年貢徴収に際して、幕府が寛文九年（一六六九）に制定した京桝（方四寸九分、深さ二寸七分）を採用せず、旧来の讃岐桝（方五寸、深さ二寸六分半、一升につき京桝より二勺分大きい。青巌寺枡ともいう）を採用していた。また、別に差口米（年貢米一石につき二升）を上納させ、見米（米三斗につき二、三合）を取っていた。享保二年頃は凶作であったが、見米は五、六合の増徴となっていた。このため、伊都郡清水組島野村（馬場村か）で地士身分を持つ戸谷新右衛門は、高野山領地士らと寄合を催し、九月に減免（桝改正）を求めて、高野山興山寺へ訴願したが聞き入れられなかった。そこで、村々総代の集会を開き、単身江戸に出府して直訴した。この結果、讃岐桝や付加税は廃止され、新右衛門は興山寺の僧に捕らえられて石籠詰の惨刑に処せられたと伝えられる。

【人物】戸谷新右衛門　とやしんえもん

新右衛門は伊都郡島野村で生まれ、家は代々庄屋役を勤めた。一方、高野山興山寺では独礼（高野山領における地士身分）の家柄でもあった。独学で四書・近思録などを読み、算筆にも優れていたという。高野山興山寺では享保初期の凶作時にも不正桝による増徴策を継続していたので、新右衛門は興山寺へ訴えるため他の地士らを集め、手筈を整えた。そして、村々の代表として蔵役人へ嘆願したが聞き入れられず、老役僧への訴願を決意し、再度地士らを集めた。享保二年九月五日早朝に高野山を目指して地士らとともに出立したが、麓で新右衛門一人が興山寺へ訴え出ることになった。しかし、ここでも聞き入れられなかったため、享保四年九月二一日、檄文を各村に触れ廻り、一〇月一一日に総代一五〇人余を天龍院へ集結させた。この後数日間は集合と解散を繰り返し、平野治郎左衛門と大藪四郎兵衛が残ったため、彼らに後事を託し江戸へ出訴することにした。不正桝を持参のうえ非人姿（巡礼姿とも）で出立し、享保五年一月一二日、江戸で直訴に成功した。三年間牢獄に繋がれたが、享保七年春に放免となり帰村した。だが、六月九日夜に高野山の隠密に捕縛され、石籠詰の刑に処せられ、家財は闕所となった。なお、墓地が橋本市南馬場丁田にある。享年は三四説が有力であるがはっきりしない。明治一六年（一八八三）に、民権派が記念の演説会を行った。また昭和三四年（一九五九）に墓碑脇に顕影碑が建立された。

（野中政博）

〔参〕小室信介『東洋民権百家伝』、『南紀徳川史』六五

享保五年（一七二〇）二月三日　陸奥国田村・石川・岩瀬・白河郡白河藩領減免等強訴

享保五年二月三日未明、白河藩領田村・石川・岩瀬・白河各郡の領民が、白河城大手門へ押しかけようと阿武隈川流域の鹿島・大橋両河岸に屯集した。正午近くには一万五〇〇〇人に達したという。白河藩内では先に藩政改革を推進した早川茂左衛門が罷免され、代わって土岐半之丞が台頭したことで百姓への収奪が増していたが、それに加え、享保三年の金銀改鋳が年貢金納入を倍増させており、四年の凶作も農村を疲弊させていた。一揆勢は、土岐派の勘定奉行杉崎与右衛門の排斥、年貢金納分が新貨通用のため倍額となったこと、米価の下落による生活不振、御用番の過重な人足負担、夫食種貸、去年不作分の減免、早川茂左衛門の行った政策への復帰などを要求・

主張した。一揆勢は、願書の受理の証拠として、代官から書付を獲得して引き取った。しかし、白河宿を引き上げた百姓は、惣代が代官の書付を得て承諾したのを不服とし、藩主在府であれば家老の書付をとるべきとして四日に再び白河城へ押し寄せた。鬨を挙げ、山刀・鎌などを携帯して白河城大手門に迫り、門扉に竹槍を突き立て、鎌・鉈を打ち込んだという。さらにこの時、一揆勢は杉崎の身柄引き渡しを求め、杉崎を寸々に切り、一口ずつその肉を食って本望を遂げんと口々に罵ったともいわれる。藩では、一揆勢が町家に乱入し酒食の拠出を要求するのを考慮し、町年寄に命じ粥を一揆勢に給与させた。この間、藩では、江戸に急使を以て報じていたが、一揆勢は藩重役の罷免も要求として掲げており、審議に苦慮した。しかし一六日、藩主松平基知は杉崎与右衛門を閉門、山中佐七郎を召し放ち、土岐半之丞を御役御免とする旨を国元へ伝えた。また翌一七日、領内の大庄屋を召出し一同叱責の上で惣代の要求を取り上げる旨を申し渡した。一方、一揆側に対する処置は、頭取を村替えするにとどまった。この事件は、幕府の知るところとなり、白河藩では幕府に事の次第を届けたが、そこでは一揆勢が門を叩き損じた形跡はなく疵もないとし、竹槍も杖として突いてきた竹木と報告している。事件後、藩では早川茂左衛門の行った政策に復帰し、閉門となっていた茂左衛門の嗣子は年寄役に任じられた。

【人物】杉崎与右衛門　すぎさきよえもん

江戸中期の白河藩の重臣。白河藩では早川茂左衛門主導の藩政改革が行われていたが、土岐半之丞はこれに反対し早川罷免を建言、藩政の中心にのし上がった。杉崎は、享保三年（一七一八）、土岐派の第一人者として江戸屋敷より二〇〇石取りで国許に戻され、早川以前の古法復帰を断行した。この間早川は隠居に追い込まれ、早川の嫡子も弾圧されると、杉崎は一〇〇石の加増を受け、大目付次席に昇進した。杉崎の政策は、早川の勧農策に対して収奪策に転じたものであったため、領民の不評を買い、享保五年白河藩領で杉崎の糾弾を含む強訴が起こった。この強訴の後、藩では土岐派の処罰が行われ、杉崎は閉門に処せられた。

（齋藤悦正）

〔参〕『福島県史』二・三、『白河市史』中、『物語藩史』二期一、田村栄太郎『近代日本農民運動史論』、『翁草』一

享保五年（一七二〇）一一月二六日

陸奥国会津郡幕府領廻米・郷頭制反対強訴・越訴（会津御蔵入騒動・南山五万石騒動）

南山御蔵入領は、寛永二〇年（一六四三）会津に保科正之が入封した際、南会津・大沼、そして下野国塩谷郡の山間の地に五万石余が、幕府より藩の預り地として設定されたことに始まる。以後、幕府の直支配、会津藩預り地と交互に繰り返された。正徳三年（一七一三）に幕府の直支配となり、代官に中川吉左衛門、ついで山田八郎兵衛が就任すると、年貢増徴政策が行われ、加えて会津預り地の際には課せられることのなかった囲籾の江戸廻米を命じられた。この囲籾は会津藩支配の時には半分を夫食米として拝借していたものであったうえに、江戸廻米の費用負担も加わり、百姓に大きな負担を強いるものであった。同四年、御蔵入領二七〇か村は年貢減免や廻米停止などを訴え、同六年にも伊北和泉田組一四か村が、陸奥・出羽の巡見使に窮状を訴えた。しかし、正徳より享保初年にかけて代官の年貢の取り立ては厳しく、この間数度にわたった村々の訴願によっても改善されることはなかった。享保五年には五八・一％という高い年貢率が設定され、田畑の少ない南山にとっては深刻な状況となった。このため、同年一一月二六日、南山下郷の松川・楢原組の百姓七〇〇～八〇〇人余が田部ケ原に、上郷の百姓は鎌倉崎あたりにそれぞれ集結、ともに田島代官所へ押しかけ強訴に及んだ。代表は役人と交渉して、二七日、郷頭を通して訴状を提出したが代官はこれを無視、代表者を捕縛した。このような代官所の対応に、南山村々の百姓は、一二月五日古町組宮床村内の安照寺で代表数十人が会合をもち、惣代三五人を選び、幕府へ

の出訴を決定した。翌六年一月、代表者の内まず一五人が江戸へ赴き、要求を一三か条の訴状にまとめ、二月に幕府へ提出した。そこでの百姓の訴えは、貢租負担の軽減、当地で十数か村を取りまとめた「組」を支配していた郷頭制の廃止、江戸廻米の廃止を柱とするものであった。この間の百姓代表の江戸滞在の費用は、小栗山村喜四郎をはじめ国元に残った惣代らが連絡を取り合い、組織的に資金を調達していた。この越訴に対し、幕府は勘定組頭坂本新左衛門に審理を行わせた。坂本は、訴状のうち幕政の根幹にかかわるとして貢租と廻米の主張について削除を要求し、百姓の要求を郷頭への不満に集中させている。また、滝谷組郷頭山内吉右衛門ら六名を江戸へ召喚し、五月には郷頭全員と名主惣代、組頭らを江戸へ出頭させ、百姓の訴状に対する返答書を提出させている。この過程で百姓代表も国元よりさらに一八人が江戸に到着、諸帳面も国元より取り寄せられ、審理が行われることとなった。このようななか、百姓らはさらに追訴を行い、先の訴状を裏付ける詳細な主張を五三か条に認めて訴えている。九月中頃、幕府は坂本新左衛門を田島へ派遣した。会津藩には田島村周辺の警備を行わせたほか、領境を固めさせた。坂本は、郷頭の口上書によって、国元で一揆を指導した界村名主兵左衛門、新遠路村名主久次右衛門、滝沢村名主喜左衛門を捕縛し江戸に送った。また御蔵入領の百姓男女一五歳より六〇歳までを陣屋へ呼び出し、全戸を取り調べた。翌七年六月二七日、首謀者とされた界村兵左衛門・新遠路村久次右衛門・滝沢村喜左衛門・布沢村百姓茂左衛門・黒谷村百姓儀右衛門の五名が江戸で打首に処され、首は田島の鎌倉崎で晒された。また小栗山村喜四郎は、田島陣屋で斬首され、同じく鎌倉崎に晒された。このほか田畑家財取上げ・役儀召上げ・過料・手錠・宿預りなど大規模な一揆関係者の処罰が行われ、その数は三七〇名余にのぼった。当一揆後江戸廻米は中止となり、松川・弥五島・和泉田組の各郷頭は役儀召上げの上、三貫文の過料を命じられた。しかし南山郷の郷頭制の廃止には至らず、年貢減免の要求もついに聞き届けられなかった。代官山田は小普請役に転役し、南山郷は再び会津藩の預り地となった。

【人物】小栗山村喜四郎　こぐりやまむらきしろう

享保五年南山五万石騒動の指導者、義民。延宝四年（一六七六）～享保七年（一七二二）。陸奥国大沼郡小栗山（こぐりやま）村に生まれる。栗田姓。『奥州南山御蔵入物語』によれば、喜四郎家は中世に会津を領した芦名氏の末裔といい、会津南山郷の代官山田八郎兵衛の苛政と領内の窮状に接して、黒谷村儀右衛門を自宅へ招いて同心を求め、兄弟の契りを交わし、一揆を主導したという。さらに二名は郷頭と不和であった界村名主兵左衛門・藤子村久治右衛門・滝沢村彦右衛門・布沢村孫右衛門にも賛同を求め、一揆を企てた。享保五年一一月の田島代官所強訴に対する代官の対応を見た喜四郎らは、各村の代表者と談合して、年貢減免、江戸廻米反対などを求め江戸出訴を決意した。同六年一月、南山より先登りとして代表一五人が江戸に入った。翌二月に幕府へ提出された一三か条の訴状は、喜四郎が下知し、儀右衛門が筆をとったともいわれる。また、一方で江戸への訴願の際には、国元残留組の一人として、村々の連絡や江戸滞在のための資金調達などを組織的に行ったともいわれる。江戸での訴状の審理中、後登り一八人の一人として江戸へ上ったが、六月江戸より国元へ戻ったところを田島の宿で捕らえられ、七月二日、田島で斬首され、鎌倉崎に晒された。享年四七。処刑に臨んで、この世の暇乞いとして酒を所望し、大盃に酒三献を呑み、謡を謡ったと伝えられる。処刑後田畑家財は闕所とされた。墓は、同村（現金山町小栗山）にあり、同地には、大正九年（一九二〇）五月地元村長、村会・郡会議員らにより河野広中篆額の「義人喜四郎君碑」が建立された。なお、儀右衛門の墓は黒谷にあり、「頓阿道浄」と法名が刻まれている。茂左衛門の墓は布沢に「活英宗剣清居士」と刻まれた碑が残る。また、現田島町丸山公園には昭和三年（一九二八）建立の杉原夷山撰文「南山義民碑」、只見町長浜には明治四四年（一九一一）井上頼圀の撰文による「義民儀右衛門碑」が残されている。明治三一年（一九五六）に『南山義民小栗山喜四郎』、大正九年（一九二〇）には『会津義民小栗山喜四郎伝』が刊行された。

【史料】奥州南山御蔵入物語　おうしゅうみなみやまおくらいりものがたり

享保五～七年にかけて起きた、陸奥国南山御蔵入騒動の記録。蓬莱亭安則により天保八（一八三七）年七月一八日に写されたとある。冒頭は、当一揆の指導者で処刑された小栗山村喜四郎の出自から始まり、南山領の領主の変遷と当時の代官支配の厳しさ、領民の窮乏の様が描かれる。喜四郎は、中世の大名芦名氏の末裔とされ、旧来の領主の系譜を引き土着した者が、当該領主の苛政に抵抗し、立ち上がるという経緯を記している。喜四郎の一揆の決意、他の盟友を得ながら南山領の百姓の代表として江戸へ出訴していく過程を描く。さらに、享保六年二月に幕府に提出した、一三か条にわたる訴状を収録し、その後の江戸詰めの代表者たちとの行動、幕府側の詮議の過程、八月二二日に追訴した五三か条の願書も収める。続いて、幕府側の関係者の詮索と捕縛の過程、国許での追及の状況にも触れている。頭取処刑の場面では、喜四郎の最期の逸話を記す。また、処刑後六名の指導者の首を、妻子が盗み出し供養した話、処刑されて百か日の日、郷頭の夢枕に頭取らが怨霊として現われ、これを聞いた他の郷頭たちも自ら香華を手向けて弔ったという後日談も記されている。この結果、郷頭らは百姓に対し憐れみを示すようになり、百姓も郷頭を敬うようになり「郡中和合」に至ったと記している。『福島県史』近世資料四所収。

（齋藤悦正）

〔参〕『福島県史』二、『金山町史』上、『田島町史』二、海老名俊雄『会津御蔵入騒動と寛延一揆』、『図説会津只見の歴史』

享保六年（一七二一）
信濃国小県郡上田藩領中挟村検地反対騒動

伝承によれば、中挟村の西上の地籍は、古来、駕籠入れと呼ばれて検地役人の立ち入らない場所とされてきた。ところが享保六年の藩役人はしきたりを破って検地を強行しようとしたので、組頭役の新七はこれを阻止しようと願い出たが聞き入れられなかった。そこで意を決した新七は、その藩役人を鎌で斬り殺した。新七は死罪となったが、西上の検地なしの慣行は認められ、村全体で年に四五俵の減免が命じられた、という。

【人物】中挟村新七　なかばさみむらしんしち

生年不詳～享保六年（一七二一）。中挟村組頭。姓は平林。上田藩の検地役人を殺して死罪になったと伝えられるが、死罪ではなく、事件が藩主の耳に入ると、もともと藩役人が無法であるうえに百姓に斬り殺されたのは武士として落度とされ、新七は佐久郡布下に追放になったという言い伝えもある。新七は、元禄元年（一六八八）の切起し改帳では長百姓で現われ、宝永三年（一七〇六）の指出帳では組頭で現われる。享保四年（一七一九）の土地台帳では屋敷地二〇一文、田畑三貫五六文を所持している。享保六年を没年とする墓石も残る。明和七年（一七六六）と推定されている文書が残存し、新七は器量が秀で、その働きで年貢が引き下げられたが、その家が続かなかったので正兵衛の発起で、村中が新七稲荷大神と敬って五穀の豊作と氏子の繁昌を祈ることにし、一坪の土地に石宮の稲荷社を築いた、とある。一九世紀前半の文化文政期にも隣村の寺子屋師匠が頌徳文を書いている。

（深谷克己）

〔参〕横山十四男『上田藩農民騒動史』、同『百姓一揆と義民伝承』

享保七年（一七二二）一〇月二四日
越後国頸城郡幕府領質地取戻し越訴・騒動（越後質地騒動・頸城質地騒動）

享保七年四月、幕府は三か条の流地禁止令を発布した。これを伝え聞いた頸城地方の百姓の反応は早く、質流地へ勝手に踏み込んで耕作するような動きが始まった。とくに、頸城郡鶴町村・米岡村ら九か村の質入人が、流質地を取り戻したうえで元利金を年賦払いにしてほしいなどの訴状を代官所へ提出した。代官所では対象耕地が質流れになって長年が経過していることを理由に訴えを却下した。しかし、鶴町村市郎左衛門ら質入人一八人は、同年一〇月二四日には鶴町村・沖鶴町村、一一月三日には野村の地主を襲撃し、質地返還を迫り米を強奪した。福田・稲村両代官所ではただちに三日夜一八人すべてを捕縛し、翌年三月一三日まで拘留した。しかし、別の質入人が一一月四日、田村の質地地主宅より米を持ち去ったり、九日には吉岡村市兵衛・松塚村利左衛門・武士村清右衛門の三人が質入人の代表として江戸表に出府、一〇日には新たな騒動の頭取として新屋敷村金右衛門が代官所に捕らえられるなどした。質地地主側も、一二日、高田城下の長徳寺に集まって対策を協議し、翌八年二月には三五か村代表五五人を出府させて騒動の発生を幕府評定所へ届出た。三月には再び質入人たちが江戸表へ訴え出たりしたため、代官の美濃部勘右衛門は管内村々に対して、今後は質地地主も質入人も何かの訴え事は稲村代官所へ願い出ること、代官所に無断で江戸表に直訴することのないように厳達し、一三〇日余続いた騒動は一応の終息をみた。しかし、享保八年春になり、山間地の菖蒲村の質入人が地主に断りなく流質地に入って耕作する動きを示し、質地騒動は再燃した。五月二一日、幕府評定所入牢中の質入人代表より謝罪文を取り、一連の騒動に裁決を下す。以後、質地地主側と質入人側双方がそれぞれ村を越えて連携し、江戸への訴えを繰り返し、八月二五日から九月一三日まで評定所対決となった。この時は質入人側の敗訴となったが、帰郷した質入人たちの活発な動きにより、地元での騒動は拡大していった。享保九年三月一日、質入人一〇〇〇人余は高野代官所へ、二日には福田代官所へ押しかけ、質入人に耕作権を認めてほしいと一四八か村の村名を連ねた願書を提出した。これが却下されたため、代表一五人により評定所へ直訴することにした。さらに、翌三日、質入人側は岡之町村菅原神社境内で一五〇か村二〇〇〇人に及ぶ集会を持ち、地主からの質地奪回を申し合わせた。四日から騒動勢はほら貝を吹き、鳶口を持って五〇人、六〇人と集団で質田地に踏み込み耕作を行うという実力行使に出た。そして、一八日には七〇〇～八〇〇人が菅原村天神堂境内に集まり気勢をあげた。地主側も六日に直江津今町へ二〇〇人が集まり協議し、代表二七人を江戸へ送った。三月二九日稲村代官所では、評定所が地主側に与えた書付について説明することを触れたため、百姓二〇〇〇～三〇〇〇人が代官所へ集まり騒ぎ立てた。また、質入人の代表として出府し帰郷した者たちは、質地は耕作のために地主から取り返しても構わないと村々に宣伝して歩いたりしたため、騒動はますます拡大の動きを見せた。こうしたなか幕府は、享保九年閏四月五日、越後の幕府領三三万一〇〇〇石を諸藩へ預けた。内訳は、高田藩が一〇万七〇〇〇石、会津藩が七万石、長岡藩が六万四〇〇〇石、館林藩が四万七〇〇〇石、新発田藩が四万三〇〇〇石であった。とくに騒動の中心地を預かることになった高田藩は、五月一八日より稲村・福田・高野・川浦の各代官所支配地を受け取った。六月五日、高田藩は支配の所管が代わったので改めて願いを聞くという理由で、江戸表へ出府したものなど騒動の中心と思われる質入人四四人と各村の庄屋を藩邸へ出頭するように命じた。出頭した質入人たちは高田城内の臨時取調所で、庄屋から切り離され、紙頭巾をかぶされ、足かせ・手錠のうえ縄で縛られ武具蔵へ押し込められた。また、六月末までに他の騒動関係者もことごとく高田藩により捕縛された。七月八日には、江戸で入牢となっていた六人も高田へ唐丸籠で送られてきた。高田藩はこの六人の供述が一致するまで、水責め・木馬責めなどの拷問により藩の意図どおり罪状を白状させた。猛暑のなかのこの取り調べで六人中の五人までが判決の日を待たずに獄死した。ほかに、投獄された一〇一人中、一二月末までに五五人が判決を待たずに牢死した。享保一〇年三月一日、高田藩は処分を発表し、磔五人・獄門晒首一〇人・死罪一〇人・遠島二〇人・所払一九人とし、さらに四日江戸での牢死者のうち磔二人・獄門一人・死罪一人を追加、また地元で死んだ一人も死罪の判決を下した。質入人のほとんどが四石以下の零細農民であった。この時期、出羽幕府領でも質地騒動（長瀞質地騒動）が起こり、幕府へ流地禁止令を撤回させる（享保八年八月）などの影響を与えた。

【史料】越後国質地騒動記　えちごのくにしっちそうどうき

冒頭に「質地御触書ニ附心得違越後国騒動記」と記された頸城質地騒動の全過程にわたる記録。内容は、享保七年の幕府流地禁止令やその前段に発令された享保三年質地御触書を始め、質地騒動の発生、騒動の経緯、質置人・質取人の概要や願書、相談日記、判決・処罰内容などの原記録が収集されている。このように騒動全般に及ぶ公文書を中心に編集されていることより、騒動の鎮圧と探索にあたった高田藩関係者によりまとめられたものと推測される。新潟市滝沢定春家所蔵。中村辛一編『高田藩制史研究』五に所収。（山本幸俊）

〔参〕滝沢定春「越後質地騒動」（『歴史評論』六九）、『新潟県史』通史四、『越後と佐渡の一揆』

享保七年（一七二二）

石見国那賀郡浜田藩領検地反対騒動

前年の享保六年は当地は不作、七年も凶作で飢饉状況となった。この年は幕府が上米を大名に課したので、参勤費用は緩和されたが、上米負担は農村に波及した。浜田藩は五〇〇〇石の臨時増納が必要となった。藩は先年来検地をたびたび実施して年貢増収をはかってきたが、この年も検地を実施する必要に迫られ、下見の藩役人を領内に派遣したところ、百姓の怨嗟の声が領内に満ちた。巡検役人は周布村で、水田一面に糞尿を撒き悪臭を広めて役人を追い払うという抵抗にあって引き上げたが、その発頭人として原井組大庄屋兼吉地村庄屋の三郎右衛門を捕らえて吟味、徒党訴願の企てがあったことをつきとめ、三郎右衛門を斬刑に処した。しかし藩は、領民の訴願の強さに対応するため、翌八年より春定高から二七五二石用捨、収穫時に早稲・中稲は小検見、晩稲は小平均検見という検見法を適用することを申し渡して落着させた。

【人物】吉地村三郎右衛門　よしじむらさぶろうえもん

生年不詳〜享保八年三月六日。那賀郡原井組大庄屋（割元）兼吉地村庄屋。享保七年の検地政策に反対する一揆出訴を計画するとともに、藩役人の巡検にあわせて、周布村の田すべてに人糞（ダルゴエ）をかけて、下見の竿入れに抵抗する戦術を指導した。藩役人はあまりの臭気の強さに作業ができず、閉口して通り過ぎたが、事後、発頭人を調べ、三郎右衛門を捕らえ、徒党の企みの発頭の罪も含めて享保八年三月六日（二一日あるいは一九日などの説がある）、本人は斬罪、家族は所払、家財は闕所とした。三郎右衛門の処罰について、原井組庄屋三三人が連名で減刑嘆願をしたが、原井村庄屋坂根茂左衛門ただ一人が、藩の意向をうかがい署名しなかったため一同の願出という扱いにされず嘆願の効果が弱まった。そのうえ茂左衛門は三郎右衛門の後任の原井組大庄屋の役儀を引き受けた。しかしわずか数年後の元文五年（一七四〇）に庄屋役・割元役とも取り上げとなり、黒川村庄屋坂本与七郎にその役儀を預けられたという。茂左衛門の家はまもなく絶え、屋敷は狐狸の棲む処となり、諸人は化物屋敷と呼んで夜行を憚り、冷酷な行動が自己の身に輪廻したとみなした。しかしその後、信心堅固な僧が寺地とし真光寺を築いたという。（深谷克己）

〔参〕『島根県史』九、『那賀郡誌』

享保八年（一七二三）二月七日

出羽国村山郡幕府領長瀞村質地騒動（長瀞質地騒動）

享保七年四月、幕府は質流れによる土地集積を防止するため質流地禁止令を発令し、漆山代官所から長瀞村名主へ触れ出された。しかし、名主はこの禁令が質入人と質取人の間で騒動を引き起こすことを心配して村内に知らせなかった。村内四六人の質取人のうち有力な六人からも質入人たちに知らせないようにとの賛同を得ていた。同八年一月初旬、村外からこの禁令を知った質入人は、「御徳政之御触」と理解し、質地・流地・譲地となった田畑や屋敷も金子なしで取り返すことができると質入人たちに呼びかけていった。幕令では、確かに今後一切の田畑の質流れは禁止するとされたが、借用金の限度額をはっきりさせることや、すでに質入地の場合は小作料の上限を決めて元金の年賦返済をすることなどが規定されていたのである。しかし、質入れしている百姓たちにとっては、隠蔽する質取人たちへの怒りと土地取り戻しの強い願望から「御徳政」として受けとめられたのである。二月七日、百姓たちは金を借りたものや水呑百姓まで三八〇人の連判を取り付け、名主方に押し寄せて禁令を読み聞かせなかった不正を追及した。質地・流地・譲地の返還ばかりでなく、払い過ぎた金や利息の返還まで求めた。彼らは一一日にも名主宅に押し寄せた。名主・質取人たちの訴えを受けた漆山代官所では、代官交代時期にあたるためにしばし待つことを伝えたが、質入人たちは名主方から借金証文を奪い取る動きを見せ始めた。二月一三日、代官所は双方の出頭を命じたが、質入人たちの監視の目のなかをようやく四六人の質取人が出頭したものの、質入人たちは誰一人として応じなかった。そればかりか、質取人たちの留守中、一三日から一七日にかけて妻子や家財にあたり散らしながら質地流地証文を残らず奪い取った。この証文数は三二〇通、金額にして三九八〇両にのぼった。しかも、質取人六名には「村方惣百姓中」に対して無利子による田畑の返済は双方合意のうえであるとの添証文を書かせていた。四月、長瀞村名主・組頭らは連名で、質入人たちの行動を「大騒ぎ前代未聞之事」「我が儘に強勢仕候」と書き表わし、これらに「一身神水の風聞」も加わって危機感をあらわにした願書を残すほどであった。幕府は、山形藩へ鎮圧部隊の派遣を命じ、弓・鉄砲で武装した六〇〇〜七〇〇人が出動し、指導者の摘発にあたった。また、近隣の仙台・新庄・上山・鶴岡の諸藩も境界まで警備の人員を派遣した。幕府評定所では、召喚された質取人と騒動指導者への取り調べが行われ、七月、磔二人、獄門四人、遠島九人、田畑取り上げ牢舎五人、牢舎一人、過料九一人の刑が下された。八月、幕府は流地禁令を撤回し、質地地主の展開を追認せざるを得なくなった。

【史料】長瀞騒動記　ながとろそうどうき

　享保七年の流質地を禁止する幕令に始まり、指導者らの処罰、同九年入牢処分を受けた者の釈放記事までが収められている。八年三月からの百姓と金主側の村役人・地主、そして漆山代官所の三者が騒動の渦中で切迫したやり取りをしている様が描かれ、次に評定所の尋問のために騒動指導者と金主の双方が前後して江戸にのぼっていく記事が続いていく。とくに金主たちは七月二日に帰路に着くまで江戸町中を見物し、神社仏閣や吉原を始め江戸の景観が記され、当時の家屋敷数や人数なども具体的に判明する。一方、長瀞村では四月中旬の山形藩兵出動が人数や武具類などの装備まで詳述され、その物々しさを知ることもできる。評定所の景観と陣容、七月一五日の判決とそれに続く厳しい処罰の内容がわかり、また処罰者から取り上げた田畑を村で責任を持って耕作し年貢を上納する旨の請書の記載に見られるように、騒動後の様子も詳しい。長井政太郎『出羽百姓一揆録』に奥山某氏所蔵の写本が収録されている。

（浅見　隆）

〔参〕『山形県史』二、『新庄市史』三、『出羽百姓一揆録』、田村栄太郎『近世の農民一揆』上

享保八年（一七二三）一二月一六日
陸奥国白河・岩瀬・石川・田村郡白河藩領減免強訴

　白河藩領では、享保八年三月に同藩領岩瀬郡牧之内村の百姓が白河城大手門前高札場へ村役人の不正を糾弾する捨目安をし、一一月に庄屋が死罪に処せられるなどの村

内矛盾の顕在化した年であった。また風損・川欠・青立などで不作のため、収穫が激減し、年貢納入に差し迫るほどであった。こうしたなか一二月一六日、石川組の百姓が年貢の半分を来春まで延期するよう同組大庄屋へ願い出、役所への取り次ぎを願った。しかし、大庄屋はこれを断ったため、百姓らは白河城下へ押しかけ強訴に及んだ。藩は願いの筋を一応聞き届けることで百姓を帰村させたが、このことが他の村々にも聞き及ぶと、同様の動きが領内各地域へも波及した。一九日夜には浅川組・小高組が、二〇日夜は小作田組、二一日夜は川曲組、二三日夜には旗宿組の百姓らがそれぞれの組の大庄屋宅へ押しかけ、年貢未納分の来春延納を願い出た。同月二八日、藩は領内各組の大庄屋を通して、惣郡中に対し次のような触れを出した。すなわち、村々の田畑の被害に応じて高引すること、難渋の百姓は大小庄屋吟味の上、春に届け出させその上で立ち行くよう取り計ること、であり事実上百姓の要求が受け入れられた旨が伝えられた。強訴に対する詮議などについては不詳である。また、当一揆での村役人は、天和期に領民を代表して江戸越訴を実行したり、享保五年強訴のように一揆に参加するなどの行動を取らず、むしろ、強訴の対象となっていることから、当一揆はこの地域における支配構造の転換の一つを示すものとして評価されている。　（齋藤悦正）

〔参〕『福島県史』三、『矢吹町史』一、『鏡石町史』一、『天栄村史』一

享保九年（一七二四）一一月
常陸国新治郡旗本堀氏領田中村祭祀騒動

田中村の日枝山王社遷宮にあたって、享保九年一一月四日、古方百姓が遷宮の供奉を新方百姓とは別々に務めたいと出願し、代官から許可された。これに対し、新方とされた百姓から諸事惣百姓一同で行う慣行を根拠に異議が出され、代官の決定に反対した。古方七五名は、先年の加島送りの諸役相談の時、新方八〇名の若者が参加せず古方だけで務め、以来新古に分かれた以上、一同での遷宮供奉はできないと反論した。争論は翌一〇年一一月になっても解決せず、再三にわたる代官の仲裁を拒否した新方は、代表をもって江戸の堀氏屋敷へ出訴した。このため遷宮の実施が延期され窮地に立った古方は、神主、堀氏領の玉取村西芳寺、山木村円乗寺、下郷六か村名主などの取り扱いで、新方の要求をほぼ認めて内済した。同一二年七月には、村内の百姓与治兵衛が年貢の一番成を未納し、御用金割符を拒否し戸〆に処せられた。同一四年二月には、遷宮一件で新方の頭取を務め、与治兵衛一件で仲裁に入った惣左衛門と三右衛門が、前年九月畑方二番成の半金日延を名主から拒否されたことに端を発し、両名主と割番の年貢納入不正などを訴えたことで、騒動が再燃した。閏九月には、三左衛門と惣左衛門倅文右衛門が幕府勘定組頭へ越訴し、両人は所払になった。その後の展開は未詳である。　（西脇　康）

〔参〕白川部達夫『日本近世の村と百姓的世界』

享保九年（一七二四）一二月
但馬国朝来郡幕府領減免越訴

但馬では、連年の大旱魃によって村々が困窮していた。このため、生野代官所支配村々は年貢の軽減を生野役所へ嘆願したものの、代官飯塚孫次郎長隆が江戸在府であったため、享保九年に江戸へ下り訴訟をした。しかし、代官が取り合わないため、朝来郡楽音寺村の松岡新右衛門らは勘定奉行へ申し出たが、一二月二三日に訴状・書面を吟味もしないままに縄をかけられ、牢舎を命じられた。当日、奉行から、年貢については相応の用捨があるから帰国するように命じられ、不本意ながら銀納値段が国相場より若干増えても違背しない旨を記した証文を一札取られて帰国した。しかし、翌年三月二四日になって届いた村々の免状には、取箇の用捨はなく、米銀の厳しい取り立てが命じられた。そこでやむなく五月に、朝来郡一〇か村百姓惣代として楽音寺村の松岡新右衛門ら六人が、江戸の目安箱へ長文の訴状を入れて村々の苦境を訴えた。各村に共通した願意は、高免の上、連年の凶

作によって村方が著しく困窮しているので、吟味してほしいという点であった。但馬地方では当時、宝永六、七年（一七〇九～一〇）の大旱魃に次ぐ大旱魃に見舞われていたが、従来のような損毛に応じた引高がなく、凶作ほど高免になるという事態が生じていた。さらに、生野領分では以前から生野蔵米納を基本にし、残米の少々を所払にしてきたが、次第に銀納率が高まり、石代値段も増える一方であった。その上、銀納の期日も厳しく定められ、上納銀も村方から京都へ運ばされ、その費用が嵩んでいた。これら年貢の用捨引き、増値段の免除、六月の皆納入などが訴状の主な要求であった。こうした箱訴の背後には、元和年間（一六一五～二四）に、生野奉行山川庄兵衛が実施した「地なし」（無地高）による一貫した増徴があり、打ち続く大旱魃と享保改革期の定免制実施の過程で噴出した矛盾が、この箱訴の推進力になったと考えられる。首謀者として楽音寺村松岡新右衛門が遠島となり、その他の出訴者も欠所処分にあったようである。

【人物】松岡新右衛門　まつおかしんえもん

箱訴の首謀者とみなされた楽音寺村の松岡新右衛門は、八丈島に流された。同島の流人帳には、彼は享保一〇年一二月に八丈島に着き、在島生活通算三八年を経て宝暦一二年（一七六二）九月三日に病死したと記されている。法名安養院愁岳浄品居士。後年、楽音寺村にある楽音寺境内には、村民が資を募って彼の供養墓碑を建立したが、そこにはその没年月が宝暦一二年八月五日とも刻まれている。また、明治三五年（一九〇二）、同寺に「朝来義民之碑」が建立された。

（山﨑善弘）

〔参〕『兵庫県史』四、『山東町誌』上

享保九年（一七二四）

出羽国秋田郡秋田藩領坊沢村重課反対直訴

享保九年、肝煎長崎兵助と村民との間で出入りがあり、永年の肝煎の不正、不満に加え、凶作のなかでの貢租の過徴に対し長百姓が総退職して城下久保田へ出訴した。しかし、肝煎が密かに藩役人に金銭をまきちらしていて敗訴した。次いで直訴を企てたが、享保一〇年三月に二一人（一七人ともいう）が入牢、一一月三日には一六人が追放され、六日に成田喜兵衛・成田喜左衛門（喜兵衛伯父）・戸嶋与市右衛門・戸嶋吉兵衛（兄弟）・戸嶋権助の五人が坊沢村西端の桜木岱で死罪となり三昼夜晒された。

【人物】
成田喜兵衛　なりたきへえ
成田喜左衛門　なりたきざえもん
戸嶋与市右衛門　としまよいちえもん
戸嶋吉兵衛　としまきちべえ
戸嶋権助　としまごんすけ

坊沢村の百姓、五義民。ともに享保一〇年一一月六日に死罪に処された。成田喜兵衛は享年四一、法名別宗道剣信士。成田喜左衛門は享年不詳、法名別山道機信士。戸嶋与市衛門は享年三五、法名寂知宗空信士。戸嶋吉兵衛は享年二八、法名一山道超信士。戸嶋権助は享年不詳、法名一灯宗源信士。処刑当日藩から二人の急使が派遣され、助命の御用状が坊沢村永安寺と綴子村宝勝寺に託されたが、肝煎の策略により遅達し間に合わなかったと伝えられる。また、戸嶋三郎兵衛は処刑当日逃亡し（追放者の一人か）、後日村に戻り剃髪し、五義民の菩提を弔ったという。永安寺には三郎兵衛が願主の六地蔵がある（享保一二年五月建立）。斬首された所が首切塚と呼ばれていて古い五義民墓石があったが、大正一三年（一九二四）一二月、二〇〇回忌に五義民碑を建立し、盆踊謡にもうたわれていた。また、お盆に舞われる獅子舞は最後には五義民碑の前で踊る習わしになっている。

（堤　洋子）

〔参〕佐藤貞夫『五義民』

享保一〇年（一七二五）一〇月二三日

美作国久米北条・久米南条・勝南郡幕府領破免検見要求越訴

美作国の幕府領では、享保九年から増米定免法が実施された。翌一〇年は大旱魃で、美作国内三代官所のうち倉敷および古町代官所管轄の村では破免検見が適用され実施されたが、土居代官所管轄六六か村では認められず、定免の実施を強要された。そこで、一〇月二三日から土居代官所管轄下の百姓計二二〇〇人余が、相次いで、津山藩の藩政改革を指導するため津山に来ていた幕府役人八木主馬・大岡弥太郎の両名に破免検見の実施などを要求したが、聞き入れられなかった。このため、一一月、久米北条郡上打穴北村弥市郎など七名の惣代は、代官の苛政を糾弾し、破免検見実施・夫食拝借・石代銀納値段引き下げなどを江戸勘定奉行所に訴願した。これも失敗したが、なお訴願を継続し、一四年三月勝南郡行信村矢吹孫左衛門などが惣代として再度勘定所に願い出、七月、救恤を得るなど一定の成果を上げた。また、倉敷代官所管轄の勝南郡二一か村でも、享保一〇年一一月、東吉田村市右衛門・上相村伊左衛門の両名を惣代として、年貢減免・夫食拝借・石代銀納の赦免などを勘定所に願い出ている。

（横山　定）

〔参〕長光徳和編『備前備中美作百姓一揆史料』一、『岡山県史』近世Ⅱ

享保一一年（一七二六）一一月二一日
美作国真島・大庭郡ほか津山藩領強訴・打ちこわし（山中一揆）

一八世紀にはすでに危機的な財政状況にあった津山藩では、享保期に久保新平の登用による財政改革が行われた。改革は年貢増徴策のみで、享保一一年にも四%の追加年貢（四歩加免）を課し、例年より一か月以上早い完納を命じた。一方、津山藩主松平浅五郎が一一月一一日跡継ぎのないまま死去し、取りつぶしや藩領西部の真島・大庭郡幕府領化などの噂が広まった。そうしたなか、二一日大庭郡河内触（触は大庄屋の管轄区域）大庄屋・中庄屋が同郡西原村郷蔵で自分の作徳米を移動しようとしたのを、郷蔵を監視していた百姓たちに発見された。これを契機に、藩役人や村役人に対する不信が噴出した。また、大庭郡久世村郷蔵では、藩役人により年貢米の積み出しが実施され、これを発見した百姓たちは差し止めを要求したが、結局深夜に強行された。これに危機感を抱いた百姓たちは、仲間村牧分徳右衛門・見尾村弥次郎を発頭人として、一揆集結の廻状を真島郡小童谷・同郡三家・大庭郡湯本（山中三触）・同郡目木・同郡河内・西西条郡富の六触の村々に発し、一二月五日までに富触を除く五触の百姓三〇〇〇～四〇〇〇人が大庭郡久世村に集結した。そして、川下げ中の年貢米を没収し、また蔵元にある米も没収し、一揆の管理下に置いた。この時、米を渡すことを拒否した蔵元一軒が打ちこわされた。さらに、大庭郡目木触大庄屋・中庄屋宅を打ちこわし、その後津山城下へ向かおうとしたが、六日夕刻、津山から出張してきた代官と交渉し、五か条の願書を提出した。藩は、一揆の要求をほぼ認め、年貢本途一四%・四歩加免米免除とその過剰米の返還、大庄屋・中庄屋・庄屋の罷免、代わって百姓が選んだ惣代（各触に二名）・状着（各村に一名）の設置を認めた。一揆側もこれに同意し、いったん解散した。一方、東部でも、西部からの天狗状の到来により一二月九日ごろから騒ぎ立ち、一二日に東北条郡小中原・同郡綾部・東南条郡一宮・同郡野介代・勝南郡川辺の五触百姓、一七日に西西条郡二宮・同郡院庄・同郡塚谷・西北条郡田辺の四触百姓がそれぞれ別に集結し、城下近郊の村に屯集した。そして、藩役人に願書を提出し、藩側も村役人については一部の大庄屋の罷免を認め、その他についてはおおむね西部並の回答を与えた。これにより、騒動は収まったかに見えた。しかし、西部のとくに山中地域の百姓たちは、強訴の成果である過剰分年貢米返還の藩側の履行を待たず、自らの実力でそれを実現しようとした。二一日頃からこの行動は始まり、山中三触を中心にたちまち広がった。蔵元・米切手などを取り扱っている商人や村役人宅などに押しかけ、米や金銀などを没収し、一揆の管理下に置いた。ここでも、これに従わない庄屋一軒を打ちこわした。これに対し藩側は、このような一揆の行動を「盗賊」の行動と見なし、翌一二年一月四日にようやく山中地域の鎮圧を決定し、総勢二四〇人と鉄砲六八挺・大砲一門を派遣した。派遣された代官には生殺与奪の権が与えられた。一方、百姓たちは、藩鎮圧部隊の派遣を知ると、その進入路となる大山街道の拾石峠へ集結し、その後藩鎮圧部隊の新庄村への移動に呼応して進入路上の黒田村の山に集結するなど、山中地域への侵入を阻止しようと交通の要路を固めた。また、百姓たちは、この段階に至って、鎌・まさかりなど農工具中心であった得物から、鉄砲を所持するに至ったと史料は伝えている。藩鎮圧部隊は頭取たちの出頭を命じたが、一揆側は津山藩による支配拒絶と「百姓中一統」での行動を主張し、藩鎮圧部隊の元に出頭しなかった。このような一揆側の行動を受け、藩鎮圧部隊側は百姓たちに対して、鉄砲の即時放棄と拒否した場合には「跡亡所」になるまで鎮圧する旨を申し渡した。そして、藩鎮圧部隊は、一揆指導者の捕縛・処刑を行いながら、新庄村から山中地域へ侵入した。一揆側は、藩鎮圧部隊に一揆解散を宣言する一方、徳右衛門名などで一揆参加を呼びかける廻状を発するが、半信半疑でためらう村などが多く、百姓集結が思うように進まなかった。この結果、一二日に予定していた大庭郡湯本触大庄屋宅打ちこわしも実行できず、翌日再度集結して打ちこわしを行うことにしたが、一三日未明、頭取徳右衛門など奥山中を中心とした百姓三二名が捕縛され、事実上一揆は終結した。強訴の成果は、四歩加免の免除のみ認められ、ほかは破棄された。処罰者は、西部で一四七人、このうち十分な吟味なしに打首獄門となった者四五人、取り調べ後礫・獄門六人の多くを数えた。また東部では八人が処罰された。

【人物】　仲間村徳右衛門　なかまむらとくえもん

真島郡仲間村牧分に住む百姓で、一揆の「騒大将」的役割を果たす。史料では、池田（生田）姓が付されたものもある。伝承では運送業に従事していたともいうが、不詳。享保一一年一一月二一日の西原村郷蔵での騒動後、徳右衛門は、見尾村弥次郎とともに発頭人として、美作西部六触の百姓たちに久世村集結を呼びかけた。以後一揆の行動を指揮し、一二月六日津山から出張した代官とも頭取の一人として交渉した。この時、年貢米の差し押さえについて、藩主死去に伴う半知により山中筋は「天下御旗本領」となり、その前に藩役人が年貢米を盗み取ろうとしているのだから年貢米を差し押さえた、と主張したと記録されている。強訴終了後、強訴の成果の一つである惣代（三家触）に就任。しかし、徳右衛門の活動は、三家触にとどまらず、その後も一揆の頭取として活動した。享保一二年一月の闘争では、藩鎮圧部隊と対決する姿勢を示し、各地に百姓を配置した。藩鎮圧部隊の威嚇などにより一揆の弱体化が進むと、九日、徳右衛門は、藩鎮圧部隊には一揆の解散を宣言し、その一方で村々には徳右衛門名の廻状を出し一揆への参加を呼びかけた。しかし、一一日・一二日には参加者が少なく、翌一三日再度土居河原に集結することにした。一三日未明、土居村山手の柿の木坂で休息していたところを、内通者によって手引きされた藩鎮圧部隊に襲撃され捕縛された。この急襲によって、頭取格の東茅部村喜平次・土居村忠右衛門ほか二九人も捕縛され、一三日午後二五人が打首獄門となったが、徳右衛門は喜平次・忠右衛門とともに網をかけられた籠で津山へ護送された。吟味の後、三月一二日、津山城下西辺の院庄滑河原で、町在の見物人約一〇〇〇人が見守るなか磔となった。刑場へ連行される間、徳右衛門は「謡抔うたう」、「口上申」などしたと伝えられ、彼の信念の強さと気丈ぶりが窺える。百姓たちは、徳右衛門ら一揆犠牲者を記憶し、一揆の伝統を継承しようとした。嘉永年間（一八四八～一八五四）には、百姓たちの強い意向を背景として、仲間村牧分村役人が徳右衛門の法名「清眼」に「則勇」を追号し、徳右衛門御前と呼ばれる石碑を建立した。この碑をめぐっては、「村役人が祟りを恐れて建立した」とか、「庄屋をにらんでいる」などといった百姓たちの口碑が生まれたり、刀・鎌などが奉納され、お参りすると頭が良くなり願い事が叶うとして信仰されたりした。また、明治四年（一八七一）の新政反対一揆において、指導者の一人が徳右衛門の位牌を背負って一揆参加者を励ましたという伝承も残されている。

【人物】見尾村弥次郎　みおむらやじろう

真島郡見尾村の長百姓で、一揆では「脇大将」的役割を果たす。史料では、樋口（火口）姓が付されているものもある。享保一一年六月の見尾村内土地紛争の内済証文に了簡人としてその名が記されている。一揆当初から、仲間村牧分徳右衛門らとともに頭取として行動した。一二月一〇日の強訴成功後、見尾村の状着となる。そして、享保一二年一月の闘争では、真島郡三家触の旭川下流域の村々を取りまとめる役目を果たしたが、再三の呼びかけにもかかわらず、この地域の百姓たちの結集はあまり成功しなかった。一三日未明、土居村での徳右衛門らの捕縛によって、弥次郎は姿を隠した。藩は、見尾村周辺一〇か村の百姓に捜索を命じ、一村に一人ずつ身代わりを出させ、発見が遅れれば身代わりを処罰すると厳命したと伝えられている。一四日、弥次郎は、見尾村のひぢりが嶽の岩窟に潜んでいるところを発見され、鉄砲を構えた藩兵に取り囲まれて捕縛された。この時、弥次郎が鉄砲などを構えて抵抗したため、「美国四民乱放記」では母親、「作州津山御領分百姓騒動之由来」では妻子に縄をかけ、弥次郎の見えるところにいかせたので、やむなく降伏したと記されている。一八日津山に送られ、三月一二日、津山城下西辺の院庄滑河原で徳右衛門とともに磔となった。法名は、享保一二年九月建立の真島郡黒杭村大林寺の法華経一字一石塔に「終青」と刻まれている。大正六年（一九一七）三月一七日、勝山町城北有志者青年団によって、生家のそばに義民樋口弥治郎碑が建立された。また、弥次郎がひぢりが嶽に隠れていた時、彼の飼い犬が食事を運んでいたという伝承から、その傍らに義民弥治郎忠犬塚も建立されている。

【史料】美国四民乱放記　みこくしみんらんぼうき

津山郷土博物館所蔵のものが伝わる。奥書から、享保一二年六月中旬に「神風軒竹翁」なる人物によって作成されたことが判明する。『平家物語』などの引用や、仏教用語を不適切ながら使用している箇所があり、筆者はある程度教養を習得した人物といえる。フィクションを多用した物語で、フィクションは頭取徳右衛門を天草四郎時貞の孫とするなど、指導者たちやその行動などを描写する際に多く使用されている。それによって、史実ではないながら、一揆の姿を生き生きと描き出している。しかしその一方で、一二月一〇日以降の行動は、一揆側に「悪心」が起こり、「津山ヲ蔑ニ」したため「天罰」を受け「自ラ亡ブ」ことになったと記しており、筆者の視点はあくまでも領主の「仁政」的世界のなかにとどまっているといえる。刊本としては、『民衆運動の思想』（日本思想体系五八）、『備前備中美作百姓一揆史料』第一巻などがある。　（横山　定）

［参］長光徳和編『備前備中美作百姓一揆史料』一、横山定「美作国津山藩一七二六（享保一一）年百姓一揆の運動構造」（『歴史評論』五八三）、

享保一三年（一七二八）八月一八日
筑後国生葉・竹野・山本郡久留米藩領年貢増徴反対強訴（久留米享保一揆）

享保一三年、久留米藩はそれまで石高の一〇分の一であった夏物成（麦・菜種などへの課税）を三分の一に引き上げた。これに正徳二年（一七一二）以来の年貢増徴策に対する不満も加わって、二月二七日ごろより領内東部の上三郡（生葉・竹野・山本の三郡）を中心に百姓の不穏な動きが見られるようになった。三月一日から三日にかけて各村の態勢が整えられ、郡中が結束し、誓詞・血判のうえ嘆願書が作成された。願書はそれぞれの組ごとに出されており、現在五通ほど知られている。それらに共通する要求事項は、夏物成増徴の撤回を始め、正徳期税制改革の不当性・苛酷さを訴えるとともに、諸出銀代米上納の減免、牛馬売買運上銀の赦免、雑穀類の印銭廃止、夫役減少などであり、承諾ない場合は年貢納入の拒否あるいは他藩領への逃散をほのめか

し、さらに回答が延引されれば城下へ強訴するという構えを見せていた。当時、藩内部では藩主有馬則維の独裁およびこれを取り巻く本庄主計ら側近派と、これに激しく反発する譜代家老たちとの対立があった。則維は側近グループで固めた藩主独裁の支配機構に改革し、税制改革によって藩財政の増収をはかるため、正徳二年から年貢徴収方法を土免制（定免制）から春法（検見取法）へ改正し、併せて耕地面積の調査を実施して一挙に生産力上昇分の収奪を敢行していた。藩内部の対立が一揆への対応策にも分裂・動揺を来たし、解決を遅らせることにもなった。結局五月二二日に藩側回答が出され、夏物成増徴の撤回など多くの譲歩が見られたが、正徳期以来の年貢増徴策廃止については却下された。

　そのため再び不穏となり、七月から八月初旬にかけて各組で嘆願書の作成が進められ、強訴の計画が練られた。それまで郡を越えた組織は形成していなかったが、この間に生葉・竹野・山本の上三郡での組織化が進み、彼らは「上三郡百姓初日寄合極書」なる申し合わせを定めた。申し合わせの内容は、相談のために村々へ入り込む時に耕作の支障とならないこと、村への商人入り込み禁止、遊戯や喧嘩・口論の自重、奢侈禁止などのほか、強訴実現のための戦術確認と厳しい制裁事項が盛り込まれており、上三郡の百姓たちが傘連判した。八月一八日に村々を出立した百姓たちは、二〇日に山本郡飯田村の善導寺に五七〇〇人余が集結した。この時、それまで嘆願書を作成するなど一揆をリードしてきた大庄屋・庄屋たちが強訴の制止に動き出したが、一揆勢は引き返す格好をしながら、善導寺から木塚村へ進んだ。二三日、再び庄屋の制止を押し破って府中切通しまで進出した一揆勢は、さらに城下まで入り込もうとするが、家老稲次因幡の命を受けて出役してきた郡奉行安藤和久之丞・栗生左太夫と交渉することになった。郡奉行は高一〇石につき一石一斗の年貢減免を申し渡し、二四日には家老からの申し渡しも出されたので、一揆勢は納得して次第に退散した。この強訴によって、百姓側は本年貢を正徳期の税制改革以前の状態にまで引き戻すことはできなかったが、一一％の減免を始め、検見については有利な条件を獲得し、夏物成については増徴の全面撤回を手にし、そのほかの要求もほとんど叶えられた。しかも一人の犠牲者も出さず、百姓側の全面的な勝利であった。この成果を生み出した要因として、一揆が庄屋層をも含んだ惣百姓の運動であったこと、加えて藩側の内紛が有利に作用したことが考えられる。

　一揆鎮静後、一揆を誘発した元凶として入牢中の本庄主計・久米新蔵は一一月三日に断罪され、本庄の子平右衛門も死刑を言い渡されたが、幼年であったため刑執行は五年後の一五歳の元服時に繰り延べられた。年貢増徴の政策主体を処分するだけで、藩内部の対立・抗争は納まらず、藩主則維は翌一四年七月に隠居し、頼徸に家督を譲ったものの、則維の家老に対する反感はこの後も機会あるごとに噴出、詳細は不明ながら、一揆勢に全面譲歩の回答を出した家老稲次因幡は同一九年に禄三〇〇〇石を取り上げられ、一〇人扶持の小身となり、藩境近い横隈村へ、次いで津古村に蟄居させられ、二年後に三五歳で没している。

（宮崎克則）

〔参〕『久留米市史』二、小川忠洋「筑後有馬藩における農民闘争」（『九州史研究』）、永尾正剛「久留米藩正徳期税制改革と享保農民一揆の考察」（『地方史研究』一一七）

享保一四年（一七二九）三月七日
陸奥国信夫・伊達郡幕府領減免強訴・逃散
（享保信達一揆）

　享保一三年は、長雨が続き秋には暴風雨で水押砂入が続出し、凶作となった。信夫郡の幕府領大森代官所付三五か村、伊達郡の幕府領川俣代官所付三三か村の計八万石余を支配していた岡田庄太夫俊陳（としのぶ）は、享保七年に着任して以来、年貢増徴、定免の実施をしており、一一年俊陳の後を継いだ子の庄太夫俊惟（としただ）もこれを受け、豊作年五か年を基準とした定免制に五厘増しの年貢を課し、夫食・種籾までも上納させた上、一二月には、凶作備蓄籾の拠出を命じていた。翌年三月七日、名主を始め領民は、夫食種貸拝借願と減免を求めて代官所に押しかけ訴願したが、聞き届けられなかった。このため、九日大森代官所付村々の二〇〇〇人余は、隣領ですでに年貢減免を行っている福島城下（板倉氏、三万石）へ向かい逃散を決行、同藩に公儀への減免願のとりなしを要求した。同藩は要求を取り上げなかったが、百姓らはその後も福島城下近在に留まり続けたため、一二日事態の深刻化を恐れた同藩は雨小屋を掛け、粥の施行をしている。一方、川俣代官所付の村々も三月一一日より会合を開き、一八日には川俣代官所へ種籾・夫食拝借願を出したが聞き届けられなかったため、翌一九日約四〇〇名が二本松城下（丹羽氏、一〇万石）へ押しかけた。二三日福島藩の報告を受けた幕府は、福島藩に対し百姓を退去させるよう下知し、二七日には福島に伝達、翌日より二本松藩とともに説得を始め帰村させた。この後、二本松はじめ相馬・仙台・米沢など近隣各藩では、領境を士卒をもって固めている。当時江戸にいた代官岡田は、四月四日二本松藩兵の護衛を受け、大森代官所へ到着した。代官の詮議は厳しく首謀者が次々と捕らえられ、数名は二本松藩の牢にも入れられた。閏九月二一日、江戸で判決が出され、頭取として立子山（たつごやま）村小左衛門・忠次郎が死罪獄門、村の頭取をし一揆の参加を勧めたとされる者九名が遠島、ほか家財闕所・所払や五〇日から七〇日の戸〆・過料などに処されたものは九〇名余に及んだ。この時、追放となった佐原村太郎右衛門は、密かに江戸へいき幕府への訴願を継続したが捕縛され、翌一五年に獄門に処された。事件後、享保一五年五月、岡田は当地の代官を辞任し、信達両郡の内五万三〇〇〇石余は二本松藩預りとされた。年貢率は緩和されたが、凶作時の一時的なものであった。享保一八年、当一揆後激増する夫食拝借要求のなかで、幕府は定免年季内の減免も認める政策に転じた。元文三年（一七三八）摂津国武庫郡旗本青山氏領逃散とこの一揆が罪例となり、寛保二年（一七四二）の御定書百箇条における徒党強訴逃散規定が生まれた。

【人物】佐原村太郎右衛門　さばらむらたろうえもん

享保一四年（一七二九）陸奥国信達一揆の指導者、義民。佐藤姓。天和二年（一六八二）～享保一五年（一七三〇）。享保一四年三月、大森代官所領の百姓を主導して夫食種貸要求・年貢減免を訴え代官所へ強訴、さらに福島藩への逃散を行った。代官の吟味の際には逐電し、江戸下谷長者町の公事宿白子屋文右衛門宅に潜伏した。五月・六月には七か条の訴状・追訴状をそれぞれ評定所の目安箱に投げ入れ訴願活動を行った。九月二一日幕府により一揆関係者の処罰が下されると、太郎右衛門は追放とされた。その後も幕府の様子を見届けるため江戸に潜伏していたが、国元の割元庄屋に向けて幕府の状況を知らせた書状を代官手代に知られ、通報を受けた幕府により一二月白子屋で捕縛された。翌一五年一月二一日佐原村荒田口で獄門に処された。享年四九。目安箱に投じた訴状は「太郎右衛門訴状」として後世の人々に書き写された。宝暦期に記された『大森騒動記』には、「弁舌りさい（利才）」の者と評されている。処刑の地でもある生地の佐原には、天明五年（一七八五）太郎右衛門一族の供養碑が、明治四四年（一九一一）には「義民太郎右衛門之碑」が、大正一四年（一九二五）には処刑場跡に「義民終焉之地」の碑がそれぞれ建てられた。昭和初期に造営された義民霊堂には、太郎右衛門の木像が安置されている。また昭和五五年（一九八〇）、二五〇年祭が執行され、その供養碑も残されている。「家内安全　義民太郎右衛門霊」との御札も作られた。

【人物】立子山村忠次郎　たつごやまむらちゅうじろう

享保一四年（一七二九）陸奥国信達一揆の指導者、義民。立子山村の百姓。陣屋への強訴を主導し、廻状を回し連判を行ったかどで捕縛され、二本松藩の牢に入れられた。同村組頭小左衛門とともに享保一四年九月頭取として獄門に処された。処刑された疣石（いぼいし）峠では、その岩肌にいつまでも血の色が残ったといわれ、人々が峠に登ると、雨が降ったともいわれる。峠に供養碑を建てることも遠慮され、安永二年（一七七三）にいたりようやく念仏供養碑が建てられたという。墓は、現在福島市立子山の日蓮宗一円寺境内にある。

【人物】岡田庄太夫　おかだしょうだゆう

陸奥国享保一四年（一七二九）信達一揆の際の大森代官。諱は俊惟（としただ）。元禄一〇年（一六九七）～宝暦六年（一七五六）。享保七年信達両郡の幕府領八万石を管掌する大森代官（川俣代官兼務）として赴任した父庄太夫俊陳（としのぶ）が同一一年一〇月に没したため、一二月家督を相続し、翌一二年一月父に次いで大森代官となった。豊作年をもって定免を設定し、夫食・種籾も収納させるなど年貢増徴を行ったため、享保一四年三月代官所領民代官所への強訴、福島・二本松両藩への訴願を起こした。一揆後、豊前国日田の代官となったが、そこでも年貢増徴策を取ったため、延享三年（一七四六）に一揆が発生した。たび重ねて一揆を発生させたが、その後も代官を歴任し、宝暦期には勘定吟味役に進み、のち寄合に列した。享年六〇、法名露伯。なお、子の九郎左衛門俊博は寛延信達一揆後の桑折代官であった。（齋藤悦正）

〔参〕『福島市史』二・九、『福島県史』三、『川俣町史』、『徳川禁令考』後集二、『図説福島県史』

享保一六年（一七三一）三月一一日
陸奥国和賀・稗貫・紫波郡盛岡藩領強訴

米価下落・銭相場上昇により困窮した百姓が、享保一四年から賦課された一坪二文の屋敷礼銭（坪役銭）などの課役撤廃、減免などを求め強訴したもの。享保一六年三月一一日（一二日とする史料もある）和賀郡鬼柳通上鬼柳・岩崎・煤孫・山口村の百姓（二〇〇余人とも五〇〇人ともいう）が、盛岡城下舟橋川原へ詰めかけ、青竹に挟んだ訴状を中心にかがりを焚き屯集した。藩は徒目付を派遣しこれを受理し、ただちに屋敷礼銭の賦課中止と年貢の減免を認めた。この強訴の影響で稗貫・紫波郡に動揺が広がったため、藩は説諭のため三月二三日に勘定頭横沢武次兵衛を花巻へ派遣した。横沢は、同日石鳥谷にて城下へ強訴に向かう黒沢尻通ほかの百姓六〇〇～七〇〇人に遭遇し、願書を捨てさせそれを横沢が拾い帰ることで納得させ、一揆を解散させた。藩は要求の大半を認め、一揆への処罰は行わなかった。盛岡藩領では同年六月一二日には稗貫郡大迫通、夏（月日不明）には閉伊郡大槌通でも一揆が発生している。（保坂　智）

〔参〕森嘉兵衛『南部藩百姓一揆の研究』、『紫波町史』、司東真雄『岩手の百姓一揆集』

享保一六年（一七三一）七月
飛騨国大野郡幕府領高山町打ちこわし
→享保一八年（一七三三）三月二一日
飛騨国大野郡幕府領高山町打ちこわし

享保一七年（一七三二）九月
出雲国神門郡松江藩領検見減免強訴

享保一七年、西日本を中心におそったウンカの大量飛来（蝗害）と低温不作で、松江藩領でも大きな被害がでた。収穫皆無の村もあり、例年藩内一〇郡で二九万石見込みのところ一七万四三二〇余石と実収六割を越す被害となった。行き詰まった松江藩は幕府から一万二〇〇〇両の拝借をしたが、各郡の百姓らの間でも緊張が高まり、請免法を中止して検見を実施し、実状に見合った減免を行うことを求める声が強まった。この年九月、神門郡では、松寄下村庄屋格伊助と荒木村百姓源兵衛（源左衛門）が頭取となり、松江城下に向かって百姓強訴を起こし窮状を訴えた。藩は、減免の要求を入れ、幕府貸付金で米を他所より移入、当面の飢餓を乗りきろうとした。同時に頭取の二人を召捕り、斬首のうえ七日間梟首した。しかし藩内の空気は鎮まらず、一二月五日仁多郡を中心とする諸郡百姓が松江へ向けて押し出した。意宇郡湯町・玉造まで進んだところを、藩の足軽・小人・鉢屋らが大勢で押し返した。この強訴で仁多郡大呂村喜兵衛、下横田村六右衛門が翌春籠舎となった。

【人物】松寄下村伊助　まつよりしもむらいすけ

生年不詳～享保一七年（一七三二）。神門郡松寄下村庄屋格の家筋という。姓は宅和、屋号は土居。強訴頭取の罪で獄門。過去帳では吉右衛門。伝承によれば、富裕な農家で、義心深く、周囲の切なる願いを断りがたく頭取の覚悟を固めたが、処罰を覚悟して、妻子を始め六親との俗縁を断って独り身の者として、荒木村の源左衛門と松江城下へ出府、検見を訴願した。藩役人が出張し実状を調べようとしたところ、両人の出府で要求は認められるものと思い村人はすでに稲を刈り取ってしまっていた。そのため藩は徒党しての一揆とみなし、また虚言で藩をだましたとして、両人を捕らえて斬首した。伊助の首は高瀬川畔に梟首され、源左衛門はよろず屋橋に七日間梟首されたという。親族は、後難を恐れ、松林寺に埋められた伊助を無縁仏のまま放置したが、のちに宅和家墓地に移した。伊助は松江で処刑される時、「竹は八月木は九月、伊助の首は今が斬り時」と詠んだという。以後、村人は凶作のたびに施餓鬼を営んで伊助の霊を祀るようになった。後年、高松村でも盛大な慰霊祭が行われ、昭和五年（一九三〇）二月二〇日、旧宅の一隅に「宅和犠牲神霊」と刻んだ石碑が建てられた。

（深谷克己）

〔参〕『那賀郡誌』、『出雲市誌』

享保一七年（一七三二）一二月一三日　伯耆国会見郡鳥取藩領山籠り

享保一七年は、蝗害の影響で鳥取藩領でも凶作となったが、年貢を例年どおり取り立てようとしたため、一二月一三日、二〇〇人ほどの百姓らが会見・汗入両郡境の壺瓶山へ立て籠もって藩の救済を訴えた。領民が一二月に「因伯百姓」の名で「因伯太守公」（鳥取藩主）に宛てて提出しようとしたとされる訴状は、激しく藩主を論難している。それによれば「扶桑国」の過半が「千年」の間でもまれな凶年に直面している。天災は誰も免れがたいのに「因伯太守公」はそれを考えず、「非道」な仕置を行っている。年貢米を一合一勺たりとも減じないで取り立てるために、八月から二月にかけて奉行が入れ替わり現われ、民の苦しみを顧みず餓死した百姓への憐愍の情も見せず、役所へ呼びつけて年貢を取り立てようとする。そこで是非なく困窮の百姓は一命を投げうち、厳冬の壺瓶山に立て籠った。天草四郎らが松倉長門守勝家を恨んで籠城した例もある。藩主からの「御救」が与えられないならばその恨みは筆紙に尽くしがたいほどである、と迫った。この山籠りの訴えに対して在方吟味役が出動したが、狼藉をして鎮まらないので、一二月二三日に郡代を松井番右衛門に交替させた。

（深谷克己）

〔参〕『鳥取県史』八

享保一八年（一七三三）一月七日　肥前国彼杵郡幕府領長崎町打ちこわし

享保一八年（一七三三）は、江戸で最初の打ちこわしが起きるなど、当時の米価高騰の状況を背景に他地域からの米穀の廻送に依存していた諸都市は、米穀量の激減により一様に深刻な影響を受けていたが、長崎もその例外ではなかった。一月七日、市内桶屋町・古町・今博多町・大井手町の米屋方に、飯米の確保に窮した下層民が押し寄せ、米を高値で売っているとして、脇差を差した上筑後町彦平次、棒を持った同町元助の指図に従いその家財道具を家の外へ投げ出し、穀物を撒き散らした。すぐさま、長崎奉行所によって三〇数人が捕縛されて入牢となった。そのなかには周防国からの旅人で本石灰町に宿を取っていた藤左衛門も含まれている。半年後の七月一日に、頭取とされた彦平次と元助に過料一貫文を科すという判決が下され、過料金を納入することで解き放ちとなった。残りの三一人については、入牢後間もなく、牢から出されて町預りなどとなり、結局のところは無罪おかまいなしという判決が下されている。

（安藤優一郎）

〔参〕『犯科帳』一

享保一八年（一七三三）一月二五日
江戸打ちこわし

享保期は全体として米価の低落が甚だしかった時期であり、幕府にとっては、その引き上げが最大の政治・経済課題となっていた。諸大名に対しては、江戸・大坂への廻米買米、領内での囲米、江戸・大坂での廻米制限を命じ、大坂では堂島米会所での空米取引を認めるなどして、その引き上げをはかっている。しかし、享保一七年（一七三二）七月に、畿内以西の地域が蝗害に見舞われ、大凶作となると、一転して米価は上昇傾向に入った。江戸では、一七年秋から米価が上昇しはじめたが、一二月二〇日、主に日本橋・京橋・築地地域の町からなる、い組・ろ組・せ組・す組・百組・千組の家持が、名主を通さずに独断で、米価引き下げのための手段を講じてくれるよう、北町奉行所に訴え出た。町方から奉行所に訴えでる場合は、名主の奥印が要件であり、正規の手続きを踏んでいないという意味では、この嘆願は直訴というべきものであった。町年寄側ではこれを受けて、困窮状況を報告するよう各町に命じたところ、裏店住まいの者は餓死寸前の状況である旨の報告を得た。しかし、二四日、北町奉行稲生正武は年番名主に対し、米価高騰で飢えに及ぶほどの者がいるならば、名主から訴えでるべきであるにもかかわらず、大勢で奉行所に嘆願に出向くのは不埒であると叱責し、結局実効ある対応策は何も取らなかった。

翌一八年に入ると、市中の状況はいっそう緊迫の度を強めていったため、一月一七日、各町の名主は町奉行所に、米価の引き下げ願を提出した。一八日、南町奉行大岡忠相はその願を却下したが、翌一九日には、百・千・す組の各町の店借・裏店借そして町人一同の名で、江戸への廻米制限の撤廃、米問屋による米の自由販売などを北町奉行所に嘆願している。実効ある対応策を取ろうとしない町奉行所に対して、町人側が自ら米価引き下げの具体策を提起したことは非常に注目される動きであった。一方、同日夜には、組合名主内で餓死に及びかねないほどの者の調査を申し合わせている。翌二〇日には、支配下の町人が米価引き下げを嘆願するため奉行所に出向くことを禁止すると申し合わせているが、前日に窮民が米の自由販売などを求めて北町奉行所に嘆願に出向いた動きを受けての対応であろう。このように、米価引き下げ策の提起などにまでエスカレートした町方での動きに対し、町奉行側もようやく二一日に、関東・奥州米の江戸廻送の自由化を打ち出している。二三日には、町年寄に御救米を支給する旨が申し渡された。約二万四〇〇〇人に五〇日分（男は一日二合・女は一合）を支給する予定であったが、そうこうするうちに、事態はますます緊迫化し、不穏な状況となっていった。そして、そのターゲットは、一七年まで町奉行・勘定奉行の指示のもと、米価引き上げに奔走し、一八万石もの米を買い占めていたと噂されていた米問屋の高間伝兵衛に向けられていった。すでに二〇日ごろから、高間ら七人の米問屋の身柄引き渡しを求めて、二〇〇〇～三〇〇〇人が奉行所に押しかけていたが、高間側もこの状況を危惧し、深川の蔵に保管している米二万石の廉売を申し出ている。二三日には、その申し出は許可されたが、大量ゆえにその売却に逡巡するうちに、窮民が本船町の高間の店へ押しかけたのである。二五日夜（一説に二六日）、数千人と伝えられる窮民により、高間宅が打ちこわされ、家財道具が堀に投げ捨てられた。この打ちこわしは一日で収束したものの、将軍御膝元での打ちこわしの最初でもあり、幕府当局に強い衝撃を与えることとなった。ちょうど、将軍世子家重が鷹狩から帰城する際の道筋で起きたことでもあったため、その衝撃度はより大きかったのである。二九日、町奉行所は、町の米屋が所持している米をもよりの町に売るよう督励し、米問屋に対しても米を小売りすることを特別に許し、また囲米行為があれば訴え出るよう命じる町触を出した。すでに決定を見ていた御救米の支給も晦日より開始された。さらに、窮民救済事業である江戸城御堀の浚いも始まった。そして、当面の間、地代・店賃の支払いを免除するともしており、総合的に情勢の鎮静化をはかったのである。このように、各方面に大きな影響を及ぼした打ちこわしであったが、その重大性にもかかわらず、町奉行所が処罰できたのは四人のみであり、張本人とされた彦兵衛が遠島、残り三人は重追放に処せられた。都市での打ちこわしの場合、量刑は重追放が相当であったが、彦兵衛のみ遠島となったのは、この打ちこわしが家重の帰城の道筋で起きたものであったことが問題視された結果であった。

【人物】高間伝兵衛　たかまでんべえ

享保一八年（一七三三）の江戸打ちこわしで、その対象となった江戸の米問屋。享保一五年（一七三〇）九月、幕府は上方筋から江戸に到着する米穀の取り扱いを高間ら八人の江戸米問屋に限定した。高間らに上方米取扱を独占させることで米穀流通機構の整備をはかるとともに、一連の米価引き上げ策にあたらせたのであるが、その中心が高間であった。すでに高間らは御目見得・帯刀を許されるなどの待遇を受けていたが、とくに高間の場合、買米御用のため大坂へ向かう道中は五〇〇石の格式での下向が許されており、破格の扱いであった。こうした幕府の権威を後ろ盾として、高間らは大坂での大量の買米を成功させ、米価引き上げに大きく貢献したが、畿内以西を襲った大蝗害により一転して米価が上昇しはじめると、窮民の高間に対する反感が高まっていった。一八年一月二五日、本船町の家宅が打ちこわされたが、当時高間は妻子とともに生国の上総に赴いていたため、この難からは逃れたという。しかし、その後も高間は上方取扱問屋として特権的な地位は保持し続けた。

（安藤優一郎）

〔参〕山田忠雄『一揆打毀しの運動構造』、南和男『幕末江戸社会の研究』、土肥鑑高『近世米穀流通史の研究』

享保一八年（一七三三）三月五日
丹後国加佐郡田辺藩領減免強訴

寛文八年（一六六八）以降、田辺藩は、牧野氏三万五〇〇〇石の所領であった。享保中期以降の畿内での米価の急落は、米納年貢に依存する当地域小藩の藩財政を圧迫した。これに加えて、田辺藩では、享保一三年（一七二八）に城下で大火が起き、同一七年には凶作と由良川洪水に見舞われた。しかし、同九年に藩主英成が京都所司代に就任し支出が増大していたため、こうした最中でも減免されることはなかった。反対に、西国大不作による大坂市場での米価の高騰を見込んだ藩は、自領も不作であるにもかかわらず、年貢納入を強制するありさまであった。そのため、中筋組・祖母谷組・池之内組の村々は、同一八年の一月から寄合を重ね、二月二九日、万願寺村で一味同心を確認、減免を要求することにした。さらに、川口下組・志楽組・大浦組が加わり、三月五日、六組の百姓が城下に詰め、銀札・米拝借などを藩に要求することとなった。そして、同日辰刻、六組九三か村・三〇〇〇余名の百姓が安久川原に集結、城下に押し寄せた。この時、百姓は、破れた着物・古蓑をまとい、「葛のよねこがし」を携帯食として持参、町屋では茶を乞うたが、狼藉厳禁・火の用心が申し合わされていた。城下では魚屋町の堀際（大手門北側）で座込み、藩・大庄屋と折衝し、減免と拝借米などが実施されることとなったので、七日朝、百姓は引き上げた。しかし、首謀者として赤松源右衛門兄弟などが捕らわれ、処罰された。この強訴は村役人が百姓の要求を積み上げ、一貫して組織的な行動がとられた強訴と評されている。このころ、近隣の福知山藩・綾部藩でも同様の強訴が相次いで起きていることから、享保以降の米価低落は、これといった産物を持たず、米納年貢に依存せざるを得ない当地域の小藩財政を危機に陥れたものと思われる。また、いずれの強訴でも要求の一部は実現しているが、藩財政悪化に対する根本的な対策は講じられなかった。

【人物】赤松源右衛門・佐兵衛　あかまつげんえもん・さへえ

加佐郡二箇村の百姓で、藩の記録によると、兄源右衛門は年寄、弟佐兵衛は平百姓とされるが、伝承では、兄が大庄屋、弟が庄屋だったという。源右衛門は貞享二年（一六八五）、弟佐兵衛は元禄二年（一六八九）

生まれといい、両名とも公事に尽くすことを楽しみにしたと伝える。強訴集結後の六月二三日、源右衛門を始め二箇村の一六名が藩に捕らわれ、年寄又右衛門と、源右衛門・佐兵衛の三名は入牢、一三名が村預けとなった。そして一二月二一日、三名は死罪、妻子は追放のうえ欠所、源右衛門兄弟は二か村の由良川渡し場で獄門となった。また、残る一三名は首代として、それぞれ白銀一二〇目を課され、命は助けられた。源右衛門は享年四九、佐兵衛は四五だったという。刑死七年後、源右衛門は光岡稲荷、三〇年後、佐兵衛は鈴岡稲荷として祀られ、後世、赤松義民として称えられ顕彰された。処罰が二箇村の百姓だけであることや、なぜ源右衛門たち三名が首謀者として捕らわれたのか、確実なことはわかっていない。大江町二箇に、昭和三五年（一九六〇）、地元史談会によって建てられた享保義民顕彰碑がある。　（岩城卓二）

〔参〕中島利雄「十八世紀三〇―五〇年代における田辺藩の百姓一揆」（『舞鶴地方史』五）、『大江町誌』通史上・史料

享保一八年（一七三三）三月二一日
飛驒国大野郡幕府領高山町打ちこわし

　米価高騰による打ちこわし。享保一六年（一七三一）稲が実らず米価が高騰、金一分と銭四百文で米四斗になり、七月、商家七軒が打ちこわしにあい、首魁六人が逮捕された。同一七年にも打ちこわしがあり、頭取大頭長兵衛、塗師累右衛門が逮捕された。さらに同一八年三月二一日に高山の端々の者数十人が城山二之丸に集まり、町場の者が米を買い占めたとして、商家を打ちこわすなどの騒動を起こした。二之町五丁目の袋坂屋與三兵衛の家に押しかけた一揆勢は、土蔵へ踏み込み、雑具などをひっぱりだしたが、與三兵衛は、驚く様子もなくたばこを輪にして吹き、横座に腹這い平然としていたので、一揆勢は彼の大胆さに恐れ、早々に逃げ出したという。打ちこわされた商家は与三兵衛を含め九軒といい、首謀者は逮捕され海老責めの拷問にあったという。頭取は追放となった。　（小椋喜一郎）

〔参〕『紙魚のやとり』、『大野郡史』中

享保一八年（一七三三）九月二六日
讃岐国大川郡高松藩領落合村年貢減免直訴

　享保の飢饉により二年間凶作が続き、落合村も被害を受けた。さらに年貢高額により、困窮化が進行したため、庄屋池田彦七は、惣百姓協議のうえ総代となり、年貢減免の請願書を作り、高松藩主松平頼豊に直訴を行った。これにより年貢は減免されたが、彦七は翌年斬刑に処せられた。

【人物】池田彦七　いけだひこしち

　大川郡落合村の庄屋。百姓総代として年貢減免を高松藩主に直訴し、享保一八年九月二六日斬首された。家族は闕所・追放され、阿波撫養に逃れて定住したという。のち、彦七は人々に「池田義民さん」と呼ばれ、鎮守の春日神社には池田彦七が祀られ、池田神社と通称される。境内に墓があり、釈宗祐信士と刻まれている。大正六年（一九一七）には社殿が改築され、顕彰碑が建立され、毎年九月二五日には祭礼が行われている。同年、「池田義民さんの歌」が作られ、祭礼の際には踊りに振付され奉納される。昭和五八年（一九八三）には二五〇年祭が催され、池田神社境内に「義民池田彦七翁二五〇年記念碑」が建立された。　（須田　努）

〔参〕野村岩夫「徳川時代における讃岐の百姓一揆」（『帝国農会報』一八―一二）、『大内町史』上

享保一九年（一七三四）二月一一日
伊予国宇摩郡幕府領（松山藩預地）豊田村直訴未遂

　享保一七年の大飢饉で、松山藩領では四七〇〇〇人の餓死者を出した。豊田村では餓死者は出なかったが、この危機に際して庄屋宇兵衛は、松山藩川之江陣屋へ年貢減免を再三嘆願したが、一向に返答はなかった。このため、同一九年、隣村の庄屋らとも相談して松山藩庁へ（一説には江戸表へ）直訴しようと計画した。しかし、かねてから対立する大庄屋秋山太郎兵衛の密告により、

松山藩に捕らえられ、二月に処刑されたという。

【人物】今城宇兵衛　いましろうへえ

豊田村の庄屋。今城家は、同村開発以来の草分け百姓で、江戸初期から庄屋を務める名家で、四代目の庄屋であった。宝永元年（一七〇四）生まれで、一九歳の享保七年（一七二二）に庄屋就任したという。豊田村は享保六年に松山藩預地になり、次第に年貢・運上の負担が増加したため、幕府直轄支配への復帰を内々に運動し、これが松山藩や大庄屋から睨まれる遠因になったといわれる。享保一三年ころからは村落を貫流する豊岡（豊田）川の治水に力を尽くし、同一七年に新堤防を完成させた。この事業には郷士で大庄屋の秋山太郎兵衛も参加していたが、彼は松山藩側に立ち、宇兵衛の幕府直轄復帰運動を妨害しはじめ、両者は対立するようになった。これが、減免越訴の密告につながるのである。同一九年二月一一日豊田河原で斬首された時、三一歳であった。死後数十年後に小祠が豊田村に建立され、義民として祀られた。この小祠が、現在の伊予三島市豊岡町豊田に鎮座する今城神社（若宮神社）となる。また、豊岡小学校南側にある墓は、天保一二年（一八四一）に建立されたもので、法名梅林幼香居士とある。（須田　努）

〔参〕『愛媛県農業史』中、『愛媛県史』近世下

享保一九年（一七三四）一一月一日
丹波国天田郡福知山藩領減免強訴

享保一三年（一七二八）、朽木玄綱が福知山藩主に就くが、このころには同藩の財政は極度に悪化していた。そのため、同一七年、玄綱は財政改革に着手するが、財政悪化に追い打ちをかけるように、同年には江戸屋敷が火災に見舞われ、藩は返済を約して百姓から御用金を徴収するものの、実際には返済のめどはなかった。さらに、この年西国地方は蝗害に襲われたため、翌一八年一月から二月にかけて、領内全村の庄屋・組頭が城下に集まり、御救米を要求し、下付された。しかし、続く一九年も不作にもかかわらず、減免されなかったので、ついに一一月一日、百姓は城下へ押し寄せ、免状通りの年貢納入はできないことと御救米を願い出る強訴に及んだ。一〇月末には、城下に集結していたと記す史料もある。打ちこわしや乱暴狼藉な振る舞いは起こらなかったようで、藩の説得により百姓は帰村し、一一月八日に願いは聞き届けられた。百姓の処罰は、翌年の大洪水復旧のため延期されるが、一一年後の延享元年（一七四四）になって突如、首謀者が断罪された。

このように福知山藩領強訴は、直接的には藩財政の破綻に加え、江戸屋敷類焼と西国蝗害などの不意の事態が重なりあって起きたが、そもそもの藩財政の破綻は、享保七年以降の大坂市場・福知山城下での米価暴落が大きな要因と考えられる。六年まで上昇を続けていた米価は、七年から一転して急落し、福知山でも五分の一程度までに下がった。これは特筆すべき産物を持たない藩財政を直撃し、藩は年貢を増徴して減収を補おうとした。一五年には新たに年貢地を打ち出し、同年から一九年までは高率の定免で年貢徴収を行ったようである。さらに、一九年九月に藩主玄綱が奏者番に就任し、支出増が見込まれたことも、この年が不作にもかかわらず、平年どおりの年貢徴収が強行された理由と考えられる。

【人物】本多又左衛門　ほんだまたざえもん

天田郡石場村庄屋。当初、強訴の処罰は見合わされていたが、延享元年（一七四四）になって突然藩の詮議が始まった。百姓が強訴の処罰がなかったことをいいことに、増長の振る舞いが目立ったためだという。詮議の結果、又左衛門が強訴の頭取であることが判明し、すでに死去していた彼の屍は掘り出され、首が刎ねられ、取り捨てられた。また、その妻子は追放、又左衛門家の田畑三四石余・山林九か所など家財は入札のうえ売り払われた。そのほかに、百姓に鎌持参のうえ、強訴に参加するように呼びかけた堀村庄屋横山佐次兵衛が死罪のうえ妻子が追放、すでに病死していたが、佐次兵衛の補佐をした同村組頭伝七の妻子が

追放されるなど計二四名が処罰されている。大正四年（一九一五）、又左衛門の顕彰碑が石場の薬師堂境内、昭和三一年（一九五六）、佐次兵衛の顕彰碑が堀の円浄寺境内に建てられた。また又左衛門旧宅前に、法名を刻した碑がある。なお、石場村は、万延元年（一八六〇）八月二〇日の市川騒動でも首謀者を出している。（岩城卓二）

〔参〕加藤宗一『三丹百姓一揆物語』二、『福知山市史』史料二

享保一九年（一七三四）
琉球国鹿児島藩領奄美大島代官不正越訴

渡連方（大島の行政区画の一つ）の与人（よひと）である文仁演は親類の佐富・佐喜美・稲里から利子込み一〇〇〇石の返済を迫られていた。文仁演は、佐富・佐喜美・稲里らが大島代官北郷伝太夫に贈賄していたことを知っていたので、代官に頼み込んで猶予してもらい、享保一七年冬の年貢勘定の際に佐富らに返済する算段をつけた。しかし、算段どおりに返済できず、文仁演と弟の西間切横目文仁志・筆子（てっこ）文仁覇は、大島代官から家財道具を売り払われ、下人・下女まで取り上げられた。そのうえ三人とも御役御免となった。これを恨んだ文仁演は、佐富・佐喜美・稲里の代官に対する贈賄を鹿児島藩庁に訴えた。藩は、享保一九年四月、代官北郷伝太夫と御付役五人・諸横目、文仁演親子兄弟を糾明するため鹿児島藩庁への出頭を命じた。翌享保二〇年冬、北郷伝太夫は徳之島、御付役のうち三人は喜界島に遠島となり、訴人の文仁演らも七島（吐噶喇列島）に遠島を命じられた。（紙屋敦之）

〔参〕「大島代官記」（『道之島代官記集成』）

享保二〇年（一七三五）七月三〇日
丹波国何鹿郡綾部藩領御救要求強訴

享保二〇年六月一八日より降り続いた大雨は、後年に「卯の年の大荒」といわれるほどの大きな被害を綾部藩領に与えた。死者一〇余人、浸水・倒壊家屋七〇〇軒余、領内の半分近い田畑が損害を受け、山崩れも二〇〇〇か所を越えた。この直後から年貢減免を求める百姓が集団で行動を起こそうとしているが、本格的になったのは、七月三〇日に検見下見の相談のために大庄屋が郡奉行のもとまで呼び出された時である。百姓は、鎌などを手に城下大手門まで押し寄せ、御救いがなければ渇命すると騒ぎたて、郡役代官を名指しのうえ悪口をわめきたてた。そのため、藩は大目付を百姓のもとに派遣し、事態の収拾をはかり、百姓の願いは聞き届けられた。（岩城卓二）

〔参〕『綾部市史』史料

享保二〇年（一七三五）九月二日
加賀国石川郡金沢藩領十村打ちこわし

享保二〇年九月二日夜半過ぎ、石川郡木津村・知気寺村・荒屋村・部入道村の百姓が、大勢で御扶持人十村の村井村与三右衛門とその悴六左衛門の家を襲って木戸・障子などを打ちこわした。野々市村少左衛門組木津村百姓作右衛門と高尾村六郎兵衛組知気寺村百姓九郎兵衛は、村の頭取になって村中に一揆の参加をすすめた罪で死罪に、高尾村六郎兵衛組荒屋村百姓は頭取として村中の百姓を呼び出して勧誘しただけでなく、他村まで参加を呼びかけた罪によって梟首に処せられた。また、打ちこわしに参加した四か村には、一村一歩の過怠免（罰として、一作の増免を命ずること）が課せられた。この一件については、首謀者の罪状、改作奉行らの吟味書、年寄衆の求刑願書、刑の執行、首切役人の氏名まで一括してわかるめずらしい史料（「享保二十年十村村井村与三右衛門方打毀一件」）がある。なお、「袖裏雑記」・「浚新秘策」などの別の史料によれば、享保九年九月三日早朝と翌年の九月二日の夜中に、七〇〇～八〇〇人の百姓が太鼓を叩いて気勢を上げるとともに、見分けがつかぬように頬かむりして笠を着て、十村村井村与三右衛門の家を打ちこわしている。しかし、発生月日・首謀容疑者名・内容などもほぼ同じことから、同一事件の記年違いと思われ、『改作旧記』所収の「十村村井村与三右衛門方打毀一件」には、「乙卯一〇月六日」「享保廿年」と明記しているので、享保二〇年の事件として

扱った。いずれにしても、吉徳襲封以来の「古格復帰仕法」のために「重き御用頭取」に任命された村井村与三右衛門が、旱魃などで不作にもかかわらず、百姓に不利な申告をしたことから起きたもので、「古格復帰仕法」による収奪強化策に対する百姓側からの反発が大きな要因であった。なお、加賀騒動の代表的な小説「見語大鵬撰」や「越後加賀見」にもこの打ちこわしが記述されている。　（吉武佳一郎）

〔参〕川良雄『打ちこわしと一揆』、若林喜三郎『加賀藩農政史の研究』下

享保二〇年（一七三五）一〇月二五日
紀伊国伊都郡高野山領新開地検地反対強訴

高野山は領内の新開地を把握するため検地を実施しようとして、村方に検地役人四人を派遣した。これに対して、享保二〇年一〇月二五日、細川・古佐布・椎出・四・志富田・安良見・細野・野田原・善田・笠木・東郷の一一か村から一三〇〇人余の百姓が高野山へ強訴し、検地の中止を強く求めた。高野山側は二五日に青巌寺で評議の集会を行った結果、村々の要求を聞き入れることに決し、ただちに志賀村に到着している検地役人に検地の中止と帰山を命ずる飛脚を遣わし、このことを一揆勢にも伝えた。一揆勢は要求が認められたので、全員が高野山から退散した。　（野中政博）

〔参〕安藤精一「近世高野山寺領農村の百姓一揆」（『日本歴史』）、『和歌山県史』近世

享保二〇年（一七三五）一一月一九日
陸奥国岩瀬郡長沼藩領減免強訴

長沼藩領（松平氏、二万石）では、折からの不作にもかかわらず年貢の取り立てが厳しく百姓は立ち行き難い状況であった。そのような中、同藩領内では、一五から六〇歳まで棒を持参の上、下村という原に集まるべしとの廻状が回った。一一月一九日、これに呼応した領民二〇〇〇人余が、「ふうき峠」にそれぞれ米一升・味噌汁椀一つ・六尺以上の棒を持参して屯集した。長沼陣屋からは目付・足軽らが派遣されたが収まらなかった。一揆勢は、間もなく陣屋へ押しかけ、町入口や陣屋前で鬨の声を挙げた。一揆勢は役人に対して、領内の不作への対応のないことや藩主の家督相続に伴う出金、江戸廻米の負担などの重課を訴え、聞き届けられなければ江戸表へ訴願する姿勢を示した。このため陣屋では、江戸へ知らせ一か月後に返答する旨を約束し、百姓勢を引き取らせた。その結果、一二月七日領内の村役人が召喚され、蕎麦年貢・手綱銭の免除などが申し渡された。願が聞き届けられない場合、百姓勢は、白河城下へ押しかける用意があったとされ、長沼藩側もこの点を事前に察知していたという。　（齋藤悦正）

〔参〕『会津藩家世実紀』一三三

元文元年（一七三六）七月
大坂町惣会所改革訴願

元文元年七月から一〇月にかけて、大坂三郷の南組・天満組の町人が、近年惣会所が町々に賦課する費用が前々の三倍にもなって難儀しているが、これは惣会所に務める惣年寄以下、惣代・物書らの私曲によるのであるから、惣会所の機構を改革してもらいたいと相次いで願書を大坂町奉行所へ提出した。七月、まず天満組の町民が願書を提出し（町数は不明）、次いで南組からは九月に六五町、一〇月に四二町、一一月にはさらに四七町と、南組総町数二五二町の内、一五四町の町民がそれぞれほぼ同じ趣旨の願書を提出するに至ったのである。この結果、惣会所側と町民側との数次にわたる激しい応酬が年を越えて行われ、翌二年三月および八月に町民側の主張がかなり認められて妥協の方向に進んだ。しかし、このころから町民側では負担の軽重をめぐる利害関係がからんで内部対立が起こり、一七町が運動からの脱却を表明するなど足並の乱れが生じてきた。この事件の最終的な結果については明らかでないが、惣年寄の専横を多少制限するに止まったようである。ところで、この事件の最中であった元文二年三月一五日、南組惣会所の小使（惣会所に雇われていた最下級の使用人）二五人か

ら月番町へ、突如一斉退職の申し入れがあったことを付け加えておかねばなるまい。一斉退職の理由は明らかでないが、町民の惣会所改革・経費節減運動のなかでうたわれた惣代給銀の半減、物書を定雇いから日雇いにするという要求が、小使の労働条件の悪化にも及んでいたことが考えられ、一斉退職はこれに対する抗議であったと考えられるのである。この事件は、惣年寄の仲介で四月二四日に全員が復職することで解決したが、このことから、この事件の背景には惣年寄の策動があったのではないかという予想も成り立つのである。（山﨑善弘）

〔参〕『新修大阪市史』四

元文元年（一七三六）一一月
備後国甲奴・神石郡幕府領減免強訴

甲奴郡、神石郡のうち四九か村、高二万七〇〇〇石の地は上下村の陣屋（石見国大森代官所の出張所）において支配した。享保二〇年（一七三五）年貢率を二歩上げたため、百姓たちは困窮した。さらに年貢未進者を籠舎に処したため、百姓たちは出牢を嘆願したが許されなかった。そこで巡見使通行の時期に合わせて嘆願書を提出したが取り上げられず、一一月、上下陣屋へ六〇〇〇～七〇〇〇人で強訴した。しかしそれでも目的は達成されなかったので翌元文二年冬に、村々の惣代が江戸へ越訴した。その間百姓は御城米の福山への運送を拒否した。この結果、上下陣屋の手代万年七郎右衛門は役儀を召上げられ、大庄屋は廃止となった。一揆指導者八人は、死罪・遠島・追放・所払などに処された。（三宅紹宣）

〔参〕『広島県史』近世一

元文元年（一七三六）一二月
越後国蒲原郡幕府領塩津新田など耕地所持権要求越訴（紫雲寺潟新田騒動）

紫雲寺潟は、幕府の享保改革の過程で開発されることになり、江戸町人竹前権兵衛ら一八人の請負願人が干拓し、享保一九年（一七三四）完工した。元文元年六月検地が行われ、一九三〇町歩・一万六八五八石余の新田が生まれ、紫雲寺郷四二か村が成立した。同年一二月、紫雲寺郷塩津新田の助十郎、真中新田文四郎、富島新田勘右衛門、竹島新田清兵衛の四人が耕地所持の権利をめぐって幕府へ越訴した。新田村百姓九〇〇軒を代表したこの訴えは、入植農民が一町歩につき一両以上の地代金を支払い、家作も行って移住したのに、検地では名請人として認められず小作人となったこと、宗門改帳では入植農民は名子扱いされていること、請負人たちは新田開発初年より御年貢と称して米を取り立てたり、加治川普請の人足賃銭を横領しているとした。これに対し請負願人たちは、翌二年二月に反論し、請負人が正式に年貢を納入する百姓であり、入植者との間には一年季小作契約証文を取り交わしていること、入植当初から両者合意で籾を請負人が徴収してきたこと、入植時には種子を与え、用水普請の際は扶持米を渡したこと、助十郎らがいうように年貢米を徴収したり人足賃銭を横領したことはないことを主張した。同年暮、裁許が下り、助十郎らの訴えは認められず、代表四人は新田村より追放され、他の農民も過料を徴収された。（山本幸俊）

〔参〕『新潟県史』通史四、『越後と佐渡の一揆』

元文三年（一七三八）七月一日
摂津国武庫郡旗本青山氏領逃散

尼崎藩主青山幸成の第二子幸通系の旗本青山氏領で、元文三年七月に百姓が家族ぐるみ近隣の村々へ大挙逃散する事件が起こった。これより先、享保一四年（一七二九）ごろから連年風損・旱魃が続いていたが、同一七年（一七三二）には西日本一帯はひどい旱魃と蝗の害に見舞われた。青山氏領でも、蝗害に際して、領民に救米を出し、また百姓の願いに応じて年貢不納米を江戸屋敷での中間奉公に振り替えることを認めている。ところが、翌一八年二月に代官安東茂右衛門が江戸より着任すると、まず年貢不納米の弁納のための中間奉公は認めないことに改め、残った不納米は代銀納せよと命じた。その石代値段は銀七八匁であり、当時の米値段四五匁五分（石当たり）に比して三二匁五分も高くなっていた。そのうえ、年貢率も九％上げるなどして、領民を苦しめた。このような安東の振る舞いは、享保一九年（一七三四）以降も続いた。その後元文二年（一七三七）、青山氏が駿府在勤となったので、安東は高一〇〇石につき金三両の御用金と米一五石の先納米を領民に命じたが、翌三年になって、その不納分を急に七月一〇日までに納めよと命じた。ところが安東は、それを七月五日限りに改め、さらに三日限りに繰り上げて、当日までに納められなければ、家屋敷田畑を捨てて村を出ていけと放言した。これを契機に、七月一日、二日ごろから、青山領八か村のうち次屋・浜・水堂・下大市・中・久右衛門新田の六か村の百姓が、村の入口に立ち去る旨の立て札を立て、庄屋だけを残して一斉に逃散に及んだ。また、下大市村惣百姓名の傘連判した訴状を大坂町奉行所に投げ込んだ。青山氏領村々の百姓が逃散して身を寄せたところは、多くが尼崎藩領村々であった。このようにして、一部の脱落はあったものの、庄屋指図の下に全村民が、そして数か村が互いに連絡を取り、一致して行動したのである。幕府は、七月二四日、逃散百姓の引受人を大坂東町奉行所へ召喚し、逃散した百姓の願意は江戸において吟味するから、預かっている百姓を村々へ帰らせるように命じた。この命令で、逃散百姓は二六日に帰村した。幕府は、その後、江戸へ百姓たちを召喚して吟味した結果、翌四年四月一一日に判決を下した。安東茂右衛門は大小取り上げ、「あほうはらい」（武士身分を剥奪しての追放）になった。一方、百姓側では、首謀者と目された下大市村庄屋六左衛門が伊豆へ遠島、下新田村庄屋弥兵衛・浜村庄屋弥次右衛門・中村庄屋甚兵衛が重追放となった。その他、六か村で二九人の百姓には過料銭が課せられ、六か村の大庄屋潮江村の岡村勘兵衛も戸締めとなった。なお、青山幸通も拝謁停止となった。『徳川禁令考』によれば、公事方御定書の徒党強訴逃散の処罰規定は、この一揆と享保一四年（一七二九）陸奥国信達一揆が基準となって定められた。

【人物】庄司弥次右衛門　しょうじやじえもん

浜村の庄屋。逃散に対する判決で重追放となったが、判決後牢内で病気にかかり獄死した。潮江村の教専寺の過去帳には、元文四年五月一六日付けで「秀観　浜弥次右衛門　江戸死」と記されている。尼崎市次屋一丁目にある伊弉那岐神社境内には、弥次右衛門の子孫が昭和一四年（一九三九）に建立した「義人弥次右衛門之碑」がある。その碑文には、村の窮境を救うために八五歳の老齢の弥次右衛門が単身江戸に赴いて幕府に訴えたが、幕府の忌諱に触れて獄死したと記されている。しかし、弥次右衛門が江戸へ代表越訴をしたという事実はなく、彼を事件の中心人物と見ることも、史実にそぐわないものである。（山﨑善弘）

〔参〕『尼崎市史』二、小野寺逸也「義民伝説の成立と再生」（『兵庫史学』六〇）

元文三年（一七三八）九月一七日
陸奥国磐城郡平藩領減免等強訴・打ちこわし（平藩元文一揆）

磐城平藩（内藤氏、七万石）領で元文三年に起こった全藩一揆。内藤氏は入部して以来、財政難が続いていたが、享保期以降領内の洪水、幕府の御手伝普請、江戸藩邸の火災などで出費が相次ぎ、加えて享保改革期の米価低落・諸色高の状況もそれに拍車をかけた。藩は、その打開策を家臣の俸禄減給や領内への御用金取り立て、年貢増徴、郷中役金の賦課に求めた。これに対し領内では、幕府への直訴を企てる動きも見られた。元文三年九月中旬頃より一揆への参加をうながした廻状が村々に回り、これに呼応した領民が一七日朝、平城下へ続々と集まった。一八日には芝原村長治兵衛、中神谷村武左衛門らに主導された領内各地の百姓約二万人（八万人とも）が城下へ集合し、打ちこわしを始めた。この際、一揆勢内では出立ちや各自の持参品などの申し合わせがあったとされる。まず、三丁目の高久組割元市郎左衛門宅や商家を打ちこわし、さらに郡方元締めである田町会所に押し寄せ土蔵を破却し、年貢関係の諸帳簿、領内の絵図や家中の書類などを焼却した。また、揚屋へ押しかけ、享保期に幕府へ訴願したかどで入牢となっていた荒目田村喜惣次などを解放した。さらに藩の勝手方御用を務める三松金左衛門の屋敷を激しく破却し、家老内藤舎人・内藤治部左衛門宅にも押しかけている。一時は、城下を一揆勢が占拠する状態になったため、藩は家中を急遽招集し、一八日夜、城内は大筒・弓・鉄砲・火矢などを用意し籠城の準備にかかる一方、番頭赤井喜兵衛が一揆勢との交渉に乗り出した。赤井は一揆勢より二〇か条に及ぶ願書を受け取った。その内容は、歩役金停止、貢租率の引き下げ、元文金改鋳の交換比率の適正化、貯穀の貸付、検見制度の改正、中間搾取の否定、不当使役の中止などであった。赤井は、返答の引き延ばしをはかり、願書を在府の藩主の元へ届けると約束することで、一揆勢を帰村させようとした。一揆指導者層もこれを受け入れたが、この段階で一揆勢内部にはこれに離反し、依然城下での闘争を継続しようとする者も現われ、内部の矛盾も生れていった。一方、藩内部でも一揆対策の主導権をめぐり郡方と番頭で対立が生れている。一〇月初旬、赤井が江戸藩邸より帰城すると、藩は江戸での回答を申し渡すとして代表を呼出し、その場で一応要求を受け入れる旨の返答を出した。しかし、代表者は尋問のため田町会所の揚屋入りを命じられ、この日出頭した中神谷村武左衛門ら一一人は身柄を拘束された。このころより藩内の一揆対策の主導権が郡方に移ると、探索は藩内全域に及ぶこととなった。各村々に役人が廻村して関係者の追及が行われ、多数の百姓が捕縛された。この間、領内では再び城下へ押し寄せようという事態も生まれてきていた。二三日、藩は百姓の要求に対し、役金の復活停止や郡奉行・代官などへの要求は聞き届けたものの、全体としては一転して拒否する内容を申し渡し、惣百姓に請書を提出させた。在方支配は一揆前に比して強化され、支配の末端にあった郷士・与力などの監視体制も強化、村落間の連絡ははばまれた。関係者の詮議は、約一年にも及び、元文四年八月、藩は幕府老中より百姓仕置の内意を得たことにより、芝原村長治兵衛・中神谷村武左衛門を頭取のかどで死罪獄門七日晒、法外の行動とのかどで平窪村与惣治・好間村利四郎ら五名を死罪獄門三日晒に処し、それぞれ鎌田河原に晒すなど獄門七名、死罪一名、永牢は二名にのぼった。また、永牢脱獄として荒田目村喜惣次も曲田河原で死罪獄門に処された。藩内でも家老内藤治部左衛門、内藤舎人、三松金左衛門らを役儀召し上げなどに処した。一揆の後、延享三年（一七四六）平藩主内藤氏は日向国延岡に転封となったが、この一因を一揆を発生させた失政と見る説もある。なお、昭和二五年（一九五〇）元文義民顕彰会が結成され、いわき市鎌田五霊神社境内（現いわき短期大学昌平黌学園）に顕彰碑が建てられた。

【人物】芝原村長治兵衛　しばはらむらちょうじべえ

元文三年九月磐城平一揆の指導者の一人。芝原（柴原）村に生まれる。吉田姓。生年不詳～元文四年。明治期に当一揆の指導者を紹介した『東洋民権百家伝』によれば、長治兵衛は一揆のさなか、藩の赤井喜兵衛らの交渉に際して、中神谷村武左衛門・中平久保村与惣治・上小川村与八・好間村理四郎らとともに、村の惣代たちに対し頭取を申し出、願書を取り出し印形を押させたという。このため頭取として捕縛され、翌四年八月二三日鎌田河原で中神谷村武左衛門とともに死罪獄門七日晒に処された。後、処刑された他の指導者らとともに義民として顕彰された。墓は、芝原村遍照院（現いわき市小川町）にある。（齋藤悦正）

〔参〕『いわき市史』二、鈴木光四郎『磐城平藩政史』、青木美智男「『元文一揆』の展開と構造」（『譜代藩の研究』）、『楢葉町史』一、小室信介『東洋民権百家伝』

元文三年（一七三八）一〇月四日
三河国碧海郡刈谷藩領立毛検見制反対集会

刈谷藩（三浦氏）では、享保末年から先納金・御用金の厳しい調達や領内惣検見などを命じてきたが、元文三年財政に明るい人物を雇って藩財政窮乏を打開することにした。藩の駿府御用金借用に口利きをした佐藤三太夫、その紹介による江戸の浪人酒井善兵衛、出自不詳の匂坂久米右衛門の三人で、佐藤と酒井は御用人格で勝手方・地方役、匂坂は目付格で郡代役に登用され、七~九月にそれぞれ着任、九月一五日郡奉行二名が更迭されて正式に三人が村方支配の全権を握った。これに先立つ八月一二日、匂坂は村々に新検見法である立毛検見を九月五日から開始すると通達した。上中下の石盛にとらわれずすべて実収に基づいて年貢を決定するという、いわゆる有毛検見法である。加えて、低免箇所を書き上げさせ、隠田摘発にも意を注ぐよう命じており、大規模な年貢増徴政策であった。八月一七日、刈谷周辺一二か村庄屋が元免（従来からの免）に引き合う田畑と古来から定免の田畑の検見免除を願い出たが受理されなかったため、一九日検見の全面中止を願い出たがこれまた無視されて、二九日から早稲の検見が開始された。九月一五日の役人交代は領民の不安をさらにかき立て、二二日領内全村四一か村が検見による年貢勘定の決め方はどうなるのかを代官に問い糺している。しかし、検見は進行し、古来から定免の山田天水場（一三七石余）にも及び、一〇月二日には天水場に関係する城付四町村の庄屋が検見免除の訴願を行った。このような庄屋層の訴願のなかで、村々百姓も各地で寄合を開き、三日夜の寄合で翌朝集会と強訴を行うことを決定した。翌四日朝、六〇〇~七〇〇人の百姓が知立道の山ノ神社で集会を開き、城下の町口門へ詰め寄せることを決めた。庄屋層は参加していないが、惣百姓の運動であった。藩は、各地での寄合の動きに応じてすでに隠し目付を領内に派遣して探索しており、強訴の情報を知った家老らは、検見現場から新役人三人を家老宅に呼び戻し、四日朝には家老の指揮のもとで佐藤三太夫と代官猪瀬庄兵衛を山ノ神の現場に急行させた。佐藤らが百姓の願書を受け取り家老のもとに届けると、折り返し願いの趣は承知した旨を代官を通じて百姓に伝え、集会は夜になる前に解散した。藩は、翌五日朝三家老の連名で検見の中止と新役人三人の逼塞を発表し、七日に酒井と匂坂の解雇、前郡奉行二名の復帰、一六日には藩首脳部内での激論の末、佐藤の解雇を決定した。一方、百姓側は一二か村が中啓書と誤証文を提出し、若干の科料米が課されただけで、処罰を免れた。この運動の勝利は、新役人とそれを快く思わない国元の藩首脳部の一部との対立という藩内事情が有利に働いたが、元文二年幕府勘定奉行に就任した神尾若狭守春央が、幕府領で強行した有毛検見法を阻止したという点で大きな意義を有している。実際、刈谷藩領の年貢量は一七三〇年代後半に若干の増加が見られるが、一七四〇年代以降は固定化されていくとの指摘がある。（斎藤　純）

〔参〕『刈谷市史』二、『安城市史』、宇野幸男『刈谷藩に関する研究』、同「元文三年の刈谷領徒党強訴」（『郷土文化』七ー一）

元文三年（一七三八）一二月一六日
但馬国朝来郡幕府領生野強訴・打ちこわし（生野銀山一揆）

元文三年一二月に、但馬の生野で銀山をめぐる一揆と代官所支配村々による一揆が相次いで起こった。まず生野銀山をめぐる一揆であるが、一二月一六日の夜半に、下財（鉱山労働者）八〇〇余人とその眷属二〇〇〇余人が代官所を包囲し、一手は新町の加奉（町役人）赤井佐治右衛門を攻撃してさんざんに打ちこわした。当時の生野鉱山は、若林山・千珠山などの開発によって産銅が激増しており、これに注目した幕府は、生野からの運上銀を年々増加させ、とくに元文三年度には急増していた。さらに幕府は、同年の四月に銅座を大坂内両替町に設置して、銅関係一切の商人をその支配下に置き、長崎廻銅の増加をはかった。こうした幕府による全国的な銅流通の独占は、地売銅については口銭を加えて銅座へ納入させたので、生産者の負担増をもたらすとともに銅値段の低落をもたらした。一〇〇斤の銅が、正徳銀で約二七〇匁であったものが、銅座開設後は元文銀一三〇匁に下落した。この下落は、一揆の攻撃対象となった佐治右衛門の申し出で大坂銅座が介入した結果だといわれ、彼は代官小林孫四郎と結託して生野産銅の流通に深い関わりを有していたと考えられる。こうした動向は、諸物価と銭相場の高騰を導き、銅山関係者は窮乏していた。このため、この一揆では、具体的には銅値段の増額と鉱山関係窮民の救済が要求された。一揆は、代官による賑給によって、一二月二二日に終息した。一揆参加者の処分は、翌元文四年一〇月に行われ、獄門二人、死罪二人、追放七人、遠島一人(佐治右衛門)、戸締め三人、過料銭一八四人(うち加奉一四人)に及んだ。処分された者は、銀山の採掘経営者であった札本や精錬業者の買吹、町政に関係していた月行事など、町方・銀山の上層部であり、彼らが下財などの直接的な労働者を指導して蜂起した一揆であった。幕府は、一揆後、元文三年冬から山師や買吹が銅値段に関して嘆願するところを聞き入れて改善したり、銅が不足している折りに安価でオランダ・中国へ輸出することによって起こる事態への対応を考えなければならなくなり、延享元年(一七四四)には銅座が入用の荒銅額を買い取り、残りは銅問屋から自由に売ることにした。

この一揆に続いて、元文三年一二月二九日未の刻、生野代官所は再び三〇〇〇人余の一揆勢に包囲された。押し寄せたのは、朝来郡の竹田町以南の幕府領村々の者で、養父郡建屋村の者も参加していた。要求は、取箇の引き下げと夫食貸の願いであった。これに対して、代官小林孫四郎は、年貢引き下げはできないこと、夫食については一村ずつ吟味のうえ、難渋者に貸し付けることを言明するが、百姓は納得せず深夜まで集結した。翌年元旦朝には、代官所陣屋の向かい側にあった井筒屋甚九郎の家が打ちこわされた。一揆勢は鎌・斧・鉈などでさんざんに打ちこわし、あばら屋同然になったという。甚九郎は、代官所の年貢銀掛改と生野銀山出銅貫目改を務めた商人で、年貢収奪に荷担している者とみなされたのである。その結果、代官小林孫四郎は、毛付高に対して免四つとし、飢夫食も支給することを約束した。しかし、過半の村方はこれを不服とし、元文三年の年貢から適用してほしいと主張したので、これを認めたところ、元旦夕刻に一揆勢は退去した。これより先、代官所の手勢では一揆勢を抑えかねた小林孫四郎は、姫路藩と福本の旗本池田三治喜以へ援軍を求めたが、竜野・安志・林田・小野の諸藩からも使者が到着した。その出陣・往返の激しさは、「天草以来の珍事と沙汰」されるほどであった(「元文世説雑録」)。逮捕された一揆参加者の吟味は二月一日から始まり、二二人が京都に拘留された後、七月に入って処罰が下った。七月一二日、殿村庄屋佐兵衛と百姓儀右衛門、野間村庄屋小兵衛と百姓久左衛門、久田和村前庄屋六郎兵衛の五人は、強訴の首謀者として賀茂川西の土手において処刑され、彼らの首は生野表竹田町の下川原にさらされた。また、野村庄屋善兵衛が斬罪、八人が遠島に処せられ、ほかに九人が追放などとなった。処罰者二二人のうち七人が野間村の者であり、一揆の中心勢力がこの村にあったことが窺える。また、処刑者のうち、一〇人以上が村役人関係者であり、この一揆が村役人・豪農層を中心に組織された惣百姓一揆であったことがわかる。

【人物】枚田弥兵衛　ひらたやへえ

名は元重。加都庄市場村の庄屋。持高五〇石余。代官所支配村々による一揆では、八人が壱岐国へ遠島に処せられたが、彼もそのうちの一人。彼は、廻状を出させて人数を結集したことにより遠島に処せられたのであった。弥兵衛が壱岐から但馬の妻や子供たちへ送り続けた書状が一〇数点残されているが、そのなかで彼は、ひたすら先祖からの田畑・屋敷の相続、帰参の立願、農業経営の指示、孝養などを訴え続けている。とくに帰参願いの運動を親類や知己の有力者を通じて働きかけるように再三依頼しており、帰参の願望が強かったことが窺える。しかし、弥兵衛は、宝暦二年(一七五二)一〇月一六日、壱岐の物部村で六二歳の生涯を閉じた。明治期になって、故郷の屋敷内に弥兵衛の子孫によって弥兵衛顕彰碑が建てられたが、その碑文によれば、壱岐での弥兵衛は、子供たちに手習いを教授し、島民に敬重されていたという。昭和一四年（一九三九）、枚田家屋敷内に顕彰碑が建立された。

【人物】小山弥兵衛　こやまやへえ

　磯部庄大内村の年寄。持高一〇石余。枚田弥兵衛と同様、代官所支配村々による一揆で廻状を出させて人数を結集したことにより、壱岐国へ遠島に処せられた。弥兵衛の孫娘は、幼時に祖父が強訴に加わって壱岐に流されたことを聞き、祖父を思慕していた。意を決した彼女は、旅行の便をはかるため、梁瀬村の桐葉庵に入って尼となり、心諒と改名した。そして二一歳の時、事に託して庵を辞し、ついに祖父を壱岐の暦応寺に訪ね、相擁して号泣したと伝えられている。すでに弥兵衛が壱岐にきて四六年を経ており、七九歳になっていた時のことである。その後、心諒は福岡の安国寺に寓居し、毎月一回、三年間にわたって島へ渡り、祖父を慰めたと伝えられている。そのうち弥兵衛が病死したため、彼女は遺骨を携えて天明八年（一七八八）に但馬に戻った。

（山﨑善弘）

〔参〕『兵庫県史』四、『山東町誌』上

元文四年（一七三九）一月八日頃
美作国久米南条・久米北条郡ほか幕府領袖乞騒動

→元文四年（一七三九）三月二日
美作国勝北郡幕府領押乞騒動（元文勝北非人騒動）

元文四年（一七三九）二月七日
播磨国佐用郡旗本松井氏領強訴

　元文三年の不作で、旗本松井氏領二〇か村（平福領）は窮乏し、年貢の納入はおろか、生活の目途の立たない状態に陥っていた。飢扶持願いのため、元文四年二月五日に平福町会所に集まるようにとの触れが回ったが、その日に参会した村が少なかったため、七日に再度集会を持つ廻状が回された。この頃から百姓らが平福町へ連日押しかけた。七日、役所は米と銀を支給したため、騒ぎはいったん収まった。ところが、三月に入って、いっそう激しい動きが展開しはじめた。三月七日、村々に天狗状が廻され、「明八日五ツ時に百姓残らず平福会所へ集合せよ」と、一揆を呼びかけた。これには傘状に一八か村が連判し、宛名は宗行村となっている。平福町を除く松井氏領のすべての村々が加わったことになる。これを契機として、三月八日に二〇か村の百姓が残らず平福町の地代官田住三郎左衛門方へ押しかけ、近隣の領主並の飢扶持を要求し、それがだめなら乞食札を下されるよう要求するなど、さまざまな雑言を吐いた。田住は、自分では処理できないので、直接役所へ申しでるように取りはからい、役所からは銀子・米ともで二貫目が支給された。しかし、騒動はおさまらず、一揆勢は要求を記した訴状を差し出すとともに、大勢が異形の姿で毎日町を騒がせ、往来を妨げるというありさまであった。訴状の内容は、御用銀、種米麦の元利、欠所地の問題など、凶作にあえぐ百姓に対しての種々の付加税、またはこれに類する負担の免除を願うというものであったが、これらの願意はほとんど聞き入れられなかった。一揆勢の逮捕・尋問は、七月二二日から八月二四日までの約一か月間にわたって行われ、吟味の結果、翌五年四月に判決が下された。首謀者の代表と目された正吉村の牛右衛門は死罪、同じく首謀者の来見村の十郎右衛門、末包村の久右衛門は追放、来見村の佐太夫は家屋敷没収、家財は妻子へ下し置き、末包村の四郎兵衛、末包村の平右衛門は家屋敷没収・所払、家財は妻子へ下し置き、正吉村の又右衛門は戸締めに処せられた。処罰された者は総計二五人で、そのうち七人が末包村の者でもっとも多いが、これは天狗状がここで作られたからであった。この一揆自体は、旗本松井氏領をおおう年貢納入をめぐる全領的一揆としての性格を持つが、元文四年一月、美作国で起こった非人騒動の影響下に生じたものであった。なお、この平福領一揆での領主の申し渡しのなかで、百姓が乞食に出ることによって外聞を悪くしたとあり、乞食・非人騒動の形態が領主の批政を周知させ、責任を追及する上で有効なものであったことがわかる。

【人物】正吉村牛右衛門　まさよしむらうしえもん

佐用郡正吉村の百姓で、一揆の首謀者の代表と目された人物。四一歳（判決当時）。この一揆の動きとしては、一月二一日ごろから下相談が始まり、二～三月にかけて江戸表への訴状の作成、平福町への非人物乞いとなったが、一揆の終始組織過程の中心になったのが牛右衛門であった。彼は頭取になって訴状に判形をつき、その証文を所持していた。また、飢扶持願いについては、彼が末包村の与三兵衛宅で平石衛門・四郎兵衛・久右衛門（次郎右衛門）らと相談し、喜右衛門の発言で文言をまとめている。さらに四月三日にも、二〇か村の百姓が平福会所へ集まることが計画されていたが、これについても牛右衛門が中心になり、一揆の結束を強める「かため証文」を作り、二〇か村の判取りを求めている。吟味の結果、多人数を集合・扇動して徒党に及び、二〇か村惣連判を首謀した行為によって、田畑家屋敷没収・家財欠所・死罪に処せられた。

【人物】来見村十郎右衛門　くるみむらじゅうろうえもん

佐用郡来見村の百姓で、この一揆の首謀者。七一歳（判決当時）。彼は、飢扶持願いの徒党に連判した人物であるが、役人の取り調べになかなか口を割らなかったため、牢舎から呼び出されて算盤責めにあっている。彼は、この一揆の以前に、旗本知行所役人を相手取って「無筋儀」を申し立てて村方を追放されていたが、その後帰村を許され、以後は善悪の儀に立ち会わないよう申し渡されていた。しかし、この一揆の飢扶持願いに際しては内々に村々を回って扇動し、そして平福町へ赴いて百姓たちを煽ったという。彼のように、いったん追放の刑を受けた者が、再び刑を受ける可能性を顧みず一揆を首謀していることは注目される。吟味の結果、田畑家屋敷没収・家財欠所・追放に処せられた。息子の佐太夫（判決当時二八歳）も、家屋敷没収・家財妻子へ下し置きに処せられた。

【人物】末包村久右衛門　すえかねむらひさえもん

佐用郡末包村の百姓で、この一揆の首謀者。六〇歳（判決当時）。彼は、天狗状をしたためた者であるが、彼もまた、十郎右衛門と同様、先年の山公事の際に頭取になって江戸表へ出かけ、「無筋之儀」を申し立てて百姓仲間放れになっており、以後は善悪の儀に立ち会わないよう申し渡されていた。吟味の結呆、田畑家屋敷没収・家財欠所・追放に処せられた。ほかに同村では、四郎兵衛（判決当時四四歳）・平石衛門（判決当時五三歳）が、家屋敷没収・所払・家財妻子へ下し置きとされた。（山﨑善弘）

［参］『兵庫県史』四、『佐用町史』上

元文四年（一七三九）二月二一日
因幡・伯耆国鳥取藩領減免強訴・打こわし（元文一揆、因伯民乱、勘右衛門騒動）

鳥取藩では、元文三年の凶作で村々に年貢未納者が続出した。しかし同藩が元禄一一年（一六九八）から実施してきた請免定法では、原則的に年貢減免を許さないことになっていたので、年貢未進者は次々と入牢させられた。一一月二四日には気多・岩井両郡で百姓三八人が入牢、一二月一二日には各郡で四七三人が入牢させられた。三年末から翌四年二月にかけては、村々から食糧のなくなった零細農民が「非人」（乞食）姿をして鳥取城下に出る者が相次いだ。藩はこの状況に対して有効な手を打てなかったので、元文四年二月中旬から不穏の空気が急速に高まった。これを知って説得に出向いた在方吟味役・郡奉行などの藩役人は追い返される勢いとなった。一揆の指導者は廻文を回して百姓らに行動を訴えた。一揆の発頭村として最初に行動に立ち上がったのは因幡国八上郡下船岡村であった。郡代の米村所平の知らせで藩の家老が一揆を知ったのは二月二一日の夜のことである。二二日になると、智頭郡の一揆勢は三万人といわれる規模に膨らんだ。一揆勢は参加者を増やしながら、大庄屋やその手代の家、「徳人」と呼ばれる富裕者宅を打ちこわした。二三日には、一揆の本隊が高草郡に到着、伯耆国から到着した一揆勢と合流した。

二四日には鳥取城下に近い安長・秋里あたりに数万人が群集し、千代川をはさんで鳥取城下を威圧した。この間、近くの郡村役人を打ちこわして廻ったが、その対象者のなかから一揆勢の要求を藩に取り次ごうとする大庄屋も現われた。藩は、百姓らの新法に対する恨みが強いことを知り、郡代の米村所平や在方吟味役を免職・閉門にし、一揆勢が城下町に入るのを防ぐために城下近郊で粥を炊き出して給した。同時に徒士目付を派遣して、一揆の要求一二か条を受理し、二五日に応急の回答をした。①麦年貢を一反につき一升に減じる。②前年の籾敷三歩とこれまでの三歩米・牛銀を貸す。③蔵納米の欠米は別俵で納める。④伯耆の新大庄屋は免職などの処置にし古役の者へ戻す。⑤大豆も米払いと同じ取り扱いにする。以上の五か条については藩側が全面的に認めた。⑥享保一六（一七三一）・元文二年の五分米を返却する。⑦普請所はその村限りの請合いにする。⑧地利米については去年の未済と講米はなしとする。⑨前年の追放人を返す。この四か条については藩は部分的に認めた。⑩別取り立て米はなしにする。これについては藩が拒否した。⑪永代証文を入れている借金でここ一〇年来のものは一〇年賦にする。⑫村蔵への納米はなしにする。この二か条については藩は回答を留保した。この回答について、一揆勢の評価が割れ、過半はそこに居残って要求を重ねたが、半数くらいの村々は引き上げた。一揆勢のなかの強硬な百姓は、二七日幟を立てて城下町へ進入を試みたが、景福寺のあたりで阻止され、川原に引き返した。川原に群集していた一揆勢もこれを境に、二月二七日ほとんどが村々に引き上げた。藩はそれ以後一揆の取り調べに移り、二月二八日に頭取の八東郡東村勘右衛門、その弟武源治らが捕らえられた。三月初めに八東郡六日市村の治右衛門、同郡釜口村平太夫、久米郡中田村勘兵衛らも捕らえられた。勘右衛門や勘兵衛らの指導者は連絡を取り合って一揆を催そうとしていたことが知られている。二月の一揆には伯耆からの参加もあったが中心は因幡国百姓であった。しかし、藩の一揆への厳しい対応や、三月の触れの内容が百姓らの願望と食い違っていたため、会見郡を始めとする伯耆国諸郡の百姓らの間に不穏の空気が高まった。三月下旬、米子に近い壷瓶山に会見郡の一揆勢が立て籠り、八橋郡の劔ケ野の御立山に集合した一揆勢は大庄屋や豪農の家を打ちこわし、借銀の一〇年賦手形を奪い取った。久米郡の倉吉近辺の一揆も、大庄屋、宗旨庄屋、庄屋など村役人宅を打ちこわした。四月になると、藩は徒士五人に足軽三〇人をつけて伯耆への出張を命じ、鎮圧にあたらせた。一揆勢は散発的だったので、第二次元文一揆とでもいうべき伯耆の一揆は次々と鎮められ、四月下旬に出張役人は鳥取に戻った。因幡の一揆、伯耆の一揆を通じてほぼ五万人の百姓が参加したといわれる。全藩領で一揆が起こったが、日野郡だけは起たなかった。要求条項の内容は複雑だが、元禄一一年以来の請免法に対する多年にわたる不満が爆発した全藩一揆であった。この後一年以上にわたって一揆関係者の捜索・召し捕り・取り調べが続き、一五一人が拷問を含む吟味を受け、そのうち、元文五年一一月、勘右衛門以下二〇人が死罪・梟首の刑に処せられた。また四一人が追放となった。また逃亡者も多くでた。勘右衛門と関係があったとされて上士を含む数名の藩士が取り調べられ、処罰された。藩はこの一揆に直面し、一八世紀後半に入った宝暦年間（一七五一―一七六四）、安田成信を中心に、請免制を土台にしながらもさまざまな改制を実行して矛盾の打開を試みた。

【人物】松田勘右衛門　まつだかんえもん

元禄一一年（一六九八）ごろ～元文五年（一七四〇）一一月二一日。鳥取藩元文四年一揆の中心的な指導者として活躍したが、一揆後捕らえられて梟首に処された。享年四二。因幡国八東郡東村の百姓。算数の技に熟達し、村落の事全般に精通しており、識見非凡の評判を日頃から得ていた。眼病の治療を上手に行ったので、藩の家中の家にも出入りでき、その縁を頼って在方の問題について藩に献策したが、用いられることがなく、そのためかねてから郡代の米村所平に含むところがあったという。勘右衛門は元文二年と判断される二九か条の改革意見書を藩当局か上層藩士かに提出しており、全文が「木鼠翁随筆」に収められている。意見書には「八東郡東村勘右衛門」と署名された前文が付けられており、「御上の御為」「御家中御為百姓町の為」であることを強調している。弟の武源治とともに一揆を計画し、元文四年二月蜂起した。一揆は藩内のほぼ全域に波及する大規模なものになった。勘右衛門は一揆を指揮するにあたり、火の用心をし、盗みを禁止するなど整然とした行動を呼びかけたという。一揆勢は鳥取城下へ押し寄せ、武力鎮圧にあって四散したが、要求の一部は聞き入れられた。勘右衛門に対する罪状によると、安長村川原で大勢の力を背景に藩の回答を取り付けたこと、村々が引き上げ一揆勢が減少したので、伯耆の百姓らを差出すようにと倉吉の町年寄に催促の書状を調えたことの二つのほかに、百姓らが希望する藩役人の名前を書いて持たせて押しかけたこと、という項目が上げられている。これは一揆勢の紙幟に書いた希望の藩役人氏名のなかに、二〇〇石取りの福角弥一兵衛の名を上げたことを指し、そのため福住は閉門から永暇になった。また勘右衛門は一揆後逃れて、鳥取藩の支藩池田家（東館）の家臣永原弥左衛門の長屋に潜んでいたが、露見して捕まった。永原弥左衛門は勘右衛門を匿ったかどで永暇となった。このことは、勘右衛門が眼病治療を行ったから武士に接近できたというだけでなく、藩政をめぐる家臣内部の対立があり、そのことが一揆百姓と上士層との交流となって現われたことを示唆する。勘右衛門は罪状に基づき元文五年一一月二一日、弟の武源治とともに安長村対岸の田島で処刑された。刑場跡に斬刑（ひときり）地蔵が祀られている。往時は「見殺しの地蔵」と呼んだという。勘右衛門の出身地である八東町東にも川沿いの路傍に碑があり、「東村勘右衛門碑」と刻まれている。裏面に「東村の勘右は宗吾に似たり」の文言を含む顕彰の漢詩が刻まれている。東の墓地の中の松田家墓所に勘右衛門の墓（法名は意達院大円宗休居士）と武源治の墓（法名は智明院規外玄則居士）があり、武源治末裔の松田家には勘右衛門の妻子の逃亡から現在に続く後日談が伝わっている。

【人物】米村所平広当　よねむらしょへいひろまさ

生没年不詳。鳥取藩蔵奉行・郡代を歴任し、請免制による年貢上納や河川鉱山の開発など藩政の経済面を主導してきた叔父米村所平広治の養子となって八〇〇石の家督を正徳四年（一七一四）に継ぐ。はじめ所右衛門。生家は御徒士格で三人扶持一八俵の軽輩。享保二年（一七一七）一揆の際に郡代に任じられたが、自ら願って辞職した。藩は広当を郡代に任じ、養父の広治を後見役に任じたが、広当らは救米を百姓に支給することを藩が決めていたので、請免法の本旨にもとるとして辞任した。享保一〇年（一七二五）、再び広治を後見にして、郡代・御勝手方作廻を命じられ、元文二年に元締兼務。元文四年一揆では蜂起直後の二月二三日に藩の判断で郡代免職となった。「因伯民乱太平記」では「民乱」の元凶と前文で糾弾され、文中でも「米村はかまぼこの料理人」との文言の意味を「所平の仕方は末々の百姓を味のあるだけはこそげ取り、骨と皮とにする」からとし、「米村をかわらけに」という主張は「かわらけは元の土にかえるもので、現在八〇〇石取りの米村を元の御徒士格に戻せ」との意味と記している。元文五年七月藩を追放された。

【人物】上野小平太只親　うえのこへいたただちか

貞享元年～宝暦五年（一六八四～一七五五）。鳥取藩中期の寄合組の上士（六〇〇石）。藩祖池田光仲の側室上野氏の子孫の養子となり、藩主の信頼が厚かったが、勘右衛門と面識があったことから一揆との関係を疑われて取り調べを受け、一揆後の四月、閉門の処分となった。「因伯民乱太平記」では、「上野小平太」の名で、百姓願書が理解できない藩主に対し、召しにより急ぎ登城してその意味を解説する武士として現われる。後に赦免され、「木鼠翁」と号して著書を著したが、そのうちの「木鼠翁随筆」には、元文一揆の裏話や勘右衛門の意見書（「八東郡東村勘右衛門口上書の写」）などが収められている。

【史料】因伯民乱太平記　いんぱくみんらんたいへいき

元文四年全藩一揆の一揆物語。民間で作成されたもの。一巻。一揆の翌五年（一七四〇）に成立。その翌寛保元年（一七四一）と記された写本もある。内容は同じだが、書題を「因幡豊饒太平記」「因幡民乱太平記」とするものもある。表紙と中扉が異なるものもある。異本では「因伯農乱記」「因府民豊記」などがある。十数種の流布本があるが、原本がどれかは不明。積年の苛政と前年の凶作で飢餓に見舞われた百姓らが減免訴願を行おうと、因幡国八東郡西御門という所に集まってくるところから始まる、簡潔な物語形式にまとめられている。藩側の公式記録では知ることのできない内容の豊かさがある。著者として序文を記しているのは「咄聴堂 集書先生」であるがこれが誰を指すかは不詳。ただ藩政に活躍した米村所平親子を「上を偽り下を苦しめ」と非難し、「乱は太平の基」という角度から百姓一揆を見ているところから判断すれば、その視座を撫民においていることは確かである。鳥取県立鳥取図書館所蔵本を底本とする「因伯民乱太平記」（中扉「因幡豊饒太平記」）が『日本庶民生活史料集成』六に収録されており、全貌を窺うことができる。　　　　　　　　　　　　（深谷克己）

〔参〕山中寿夫『鳥取県の歴史』。『鳥取藩史』一、米谷均「元文一揆踏査報告」（『岡山藩研究』一二号）

元文四年（一七三九）三月二日　美作国勝北郡幕府領押乞騒動（元文勝北非人騒動）

元文四年一月八日ごろ、幕府土居代官所管轄久米南条郡下神目・福渡村辺に同郡奥方の百姓たちが袖乞にでたのを始め、一六日にかけて同郡の百姓たちが相次いで岡山藩領赤坂郡西勢実村・津高郡建部新町へ袖乞に出た。このほか久米北条・勝北・真島郡の幕府領でも百姓たちが袖乞に出るなどした。この袖乞騒動はさらに拡大し、二一日には久米南条郡大戸村に集まった土居・倉敷代官所管轄の百姓たちが倉敷代官所に押しかけ、年貢上納の日延や夫食拝借を要求する願書を提出するなどした。騒動はいったん収まったが、二月末頃、鳥取藩領での百姓一揆に刺激された幕府下町代官所管轄勝北郡北野東村与三右衛門と同郡北野西村藤九郎は、近郷の富裕家に押乞することを相談し、三月二日北野村長谷野への集結を呼びかける天狗状を発した。当日、天狗状で指示された通り、古笠・古簑に牛追い綱を入れた荷俵を背負った出立（非人拵）で約三〇〇人の勝北郡の百姓たちが集結した。そして、北野村藤七宅に押し寄せ、一人米一斗ずつの夫食を要求し、渡さなければ土蔵を引き倒して勝手に奪い取ると脅した。結局、一人ずつ米三升を受け取った百姓たちは、その後も三日上町川村太郎兵衛宅に七四〇余人、四日荒内村伝右衛門宅・広岡村鉄屋に約一一〇〇人が押しかけ押乞をし、米や麦・酒などを供出させた。百姓たちは通常の強訴のように訴願運動を行うことはなかった。これに対して、下町代官所の役人が柿村まで派出し、また勝北・吉野郡の庄屋一〇数人が説諭のために騒動の現場に派遣されたが、失敗した。五日には、新たに参加した者を中心に約一七〇〇人が北野村長谷野に集結し、西下村文左衛門宅・市右衛門宅、坂上村仁右衛門宅に押しかけ、米・麦などを押乞をした。同日晩、下町代官所代官曽根五兵衛から津山藩に対して出兵が依頼され、翌六日物頭三人など総勢九〇人余りが派遣された。一方、この日、百姓たちは約二〇〇〇人が集まり、朝から所々でいろいろと強請がましく申しかけ、米穀を貰う者や無躰に喰物を乞う者がいるという状況であった。そのなかで関本村の男女九人が久本村で押乞をしているところを代官所の役人に捕縛された。百姓たちは九人を奪還する計画を立て、懐に石などを拾い入れた。そして、久本村宗尾坂で派遣された津山藩兵と対峙した。藩兵が空砲を撃ったところ、百姓たちは鬨の声を挙げ笑い出したため、次は狙いをはずし実弾を発砲したところ、百姓たちは方々へ逃げ去った。その後の取り調べにより、発頭人与三右衛門・藤九郎が死罪となったほか、重追放一人・国追放二四人・所払三人・村払一人・小前急度叱五五三人などとなった。

（横山　定）

〔参〕長光徳和編『備前備中美作百姓一揆史料』一、『津山市史』四

元文四年（一七三九）一〇月三日
但馬国七美郡旗本山名氏領強訴（小代一揆）

この一揆より先、享保一七年（一七三二）には、西日本一帯はひどい旱魃と蝗の害に見舞われていた。元文年間（一七三六～四〇）に入ってからも、天候不順のため各地に農作物の被害が頻発した。小代（おじろ）一揆はこうした状況下で起きたのである。元文四年一〇月三日、山名氏領（村岡領、六七〇〇石）のうち小代庄および大笹村など二一か村は村岡殿町まで、福岡庄の村々は高井村まで、熊次庄の村々は市原村まで、射添庄の村々は入江の橋詰まで、村岡を四方から囲むように押し寄せた。一揆勢から陣屋へ提出された訴状は一〇か条にわたり、①検見を願い出たが取り上げられなかった、②役人が大坂廻米を為替米にして商売まがいのことをし、余分の欠米を徴収された、③拝借籾に五割の利息を賦課された、④代官出張の際、多人数の賄いを小百姓まで割りかけられた、⑤例年年貢は翌年六月までに上納することになっていたが、当年は年内に皆済するよう命じられた、⑥大庄屋が百姓の訴訟を取り次がなくなった、⑦代官久山十郎左衛門は倹約の触元であるのに夥しく餅をつき、酒宴を開き、領民の悪口を述べた、⑧手代の上野四郎右衛門・多賀沖右衛門両人を領分百姓中へ引き渡し、郡中の家ごとに三日ずつ百姓の食べ物を与えて日雇い仕事をさせる、などの内容が記されていた。山名氏は陣屋で応対し、手代両人（これより先、元禄一三年（一七〇〇）一一月の強訴でその支配を忌避された人物ともいう）を百姓へ引き渡す件を除いて要求を聞き入れ、その結果、一揆勢は引き上げた。一揆の処分は、翌五年二月に行われ、首謀者と目された実山村助左衛門・忠宮村嘉右衛門・貫田村久兵衛・同次郎右衛門・大笹村安兵衛の五人が村払になった。しかし、寛保元年（一七四一）一月に大庄屋・庄屋・親戚の嘆願で村岡立ち入りを認められた。四人もの首謀者を出した小代庄の大庄屋小林安兵衛も、取扱方不届きとして五〇日の戸締と村岡立入禁止の処分を受けたが、寛保元年首謀者らとともに許された。一方、陣屋側の武士の処分としては、多賀と久山がそれぞれ寛保二年と三年に追放、断絶になったという。

（山﨑善弘）

〔参〕『村岡町誌』下、山根武「但馬村岡藩の百姓一揆」（『兵庫史学』七）

元文五年（一七四〇）五月一七日
豊前国宇佐郡宇佐神社領宇佐村減免越訴

宇佐神宮は、江戸時代には宇佐郡宇佐村のうちに一〇〇〇石を寄進され、大宮司は到津・宮成の両家が務めた。神宮領には、領主大宮司の下に代官がおり、その下に庄屋の宮田・松田・香下の三家が交代で務めていた。大宮司宮成家、庄屋宮田家の時に蝗害のために飢饉が起き、百姓三右衛門が庄屋に年貢減免を要求したが、聞き入れられなかった。そのため三右衛門は、大宮司家に訴願したが逆に処罰され、その後に江戸に出て幕府への直訴を試みた。三右衛門の意図は老中の耳に入り、百姓の願いは達せられた。しかし、三右衛門は穴牢に幽閉され、元文五年五月一七日に獄死したと伝えられる。

【人物】松田三右衛門　まつださんえもん

宇佐郡江熊村出身で、宇佐神宮到津家に仕えていたが、その後神宮領の百姓となる。蝗害による飢饉の際に、神宮領百姓の願いを受けて庄屋宮田家に年貢減免を要求したが聞き入れられなかった。これにより百姓たちが宮田庄屋に一揆を起こそうとして不穏な状況になったため、三右衛門は領主の大宮司宮成家に訴願したが逆に処罰された。その後、幕府への直訴をはかって江戸にでて、雲水の姿に身を変えて江戸の増上寺の縁下で暮らした。やがて増上寺の縁で三右

衛門の意図が幕府の老中の耳に入り、その願いは達せられた。しかし、大宮司家は三右衛門を穴牢に幽閉し、元文五年五月一七日に獄死した。宇佐村内辻の平という丘に葬られ、その墓前には線香の煙が絶えず、また「公事」（訴訟）の勝利を祈願するための墓参も多かったと伝えられる。しかし、『大宇佐郡史論』の三右衛門についての記述には疑問が残り、その実像は不明な点も多い。（村井早苗）

〔参〕久米忠臣『大分県の百姓一揆』、後藤重巳・豊田寛三『大分の歴史』六

元文五年（一七四〇）
下野国塩谷郡宇都宮藩領東船生村逃散

　元文四年、東船生村では、庄屋長右衛門とその罷免を求める小前百姓との間で村方騒動が発生した。この出入に対する藩の裁許を不服とした小前ら九四人が、翌五年に庄屋罷免を要求して村を立退いた。小前らは藩の対応如何では江戸への越訴も辞さない態度を示したため藩内では事件の処分を決しかねていた。しかし、目付役斎田軍平の意見を入れ、寛保元年（一七四一）一二月、宇都宮藩は幕府へ報告の上、関係者を以下のように処罰している。頭取の内出入発生以来の中心人物である勘三郎・伝兵衛は死罪、喜三郎・四郎右衛門は重追放、他に逃散の際に頭取に加わった市郎兵衛・儀右衛門・甚左衛門は所払とした。残る八七名の百姓には、頭取に同意して村を立ち退いたとして、おのおの持高に応じて過料銭を命じた。また、庄屋長右衛門にも詮議が及んだが、これまでどおり役儀を務めることとなった。（齋藤悦正）

〔参〕『栃木県史』通史五、『塩谷町史』二、長嶋元重「塩谷郡東船生村逃散事件」（『栃木史論』一〇）

寛保元年（一七四一）三月八日
伊予国浮穴郡松山藩領久万山地方紙専売反対強訴・逃散

　山間部に位置する久万山地方は、茶・和紙の生産が生業の中心であったため、年貢は大豆・茶の現物納もしくは銀納であった。享保飢饉以来、米価の騰貴が続き、茶の値段は下落し、銀納年貢は過重となっていった。こうしたなかで藩は紙専売の新仕法を企画し、楮の強制買い上げ、紙漉の強制などを命じた。寛保元年三月八日、久万山地域の下坂・北坂を中心とする一四か村の百姓たちが、紙専売仕法の撤廃を要求して、松山城下へ強訴に向かった。一揆勢が久米郡久米・井門・石井村まできたところで郡奉行・代官らが説諭を行ったことから、一揆勢は一〇日から一一日までの間に帰村した。しかし、この百姓たちの訴願に対して、藩は何ら対応を取らなかった。七月五日、久万山地域全体（北坂・口坂・下坂地方）が隣藩大洲城下をめざして強訴に立ち上がった。大洲藩でも埒が明かなければ、「何国迄も立越し強訴する覚悟」であるという。まず土佐国境の久主村の百姓が動き始め、日野浦に押し寄せたころには下坂の村々が次々と合流し、八日、大洲藩領露峰村に進んだ時には久万山三坂の村々がことごとく参集した。一一日、薄木村で大洲藩の代官が説諭したが聞かず、一三日、内子町に入り、松山藩役人らが出向き説得するが応ぜず、一五日大洲城下近くの中村若宮まで進んだ。この時の人数二八四三人という。松山藩は、久万の名刹菅生山大宝寺住職斉秀に説諭・調停を依頼した。斉秀は、藩との事前協議において、要求は半分以上を承認すること、一揆の頭取を探索しないことなどを約束させ、二四日に中村に赴き一揆勢にこれを提示して説得に努めた。その結果、一揆勢は松山藩との交渉に応じるとして、折衝を斉秀に一任することとした。八月一日、一揆勢は年貢・茶・小物成などの軽減、紙漉への新仕法撤廃などの要求書を松山藩に提出した。その要求は五〇数項目にのぼる。七日、松山藩家老が久万山に出向き、久万町の法然寺に各村の代表者を集め、要求の多くを承認する正式の回答を行った。紙専売の新仕法も廃止されたと考えられる。一揆勢はこの松山藩の対応に納得して、八月一一日帰村を始めた。一揆側には一人の処罰者も出さなかったこと、一揆勢と藩役人との間に、寺の住職が調停に入っている

点などは注目される。一揆終結後、藩は一揆発生の責任を追及し、家老奥平久兵衛・奉行穂坂太郎左衛門・物頭脇坂五郎右衛門を罷免のうえ、遠島に処した。のち脇坂は討首となった。その背後には、藩中枢部での政争があった。

〔参〕『物語藩史』七　（須田　努）

寛保元年（一七四一）九月二三日
下野国足利郡丹南藩領板倉村減免強訴

寛保元年の不作により、河内国丹南藩（高木氏、一万石）板倉村の百姓五〇名が、年貢減免を求め、九月二三日陣屋に押しかけた。同村の百姓六之丞が処刑されたが、その後代官も処分され、当村の年貢は軽減されたと伝える。

【人物】堀江六之丞・よね　ほりえろくのじょう・よね

下野国足利郡板倉村の百姓とその妻。寛保元年九月二三日、当年の不作により、板倉村の百姓五〇名は、領主の丹南藩陣屋へ年貢減免を求め押しかけた。同村百姓堀江六之丞は、百姓らを宥め、村役人とともに説得にあたったが叶わず、彼らと行動をともにした。陣屋側では、六之丞を頭取とみなし拷問を加えた。妻よねは、夫の無実を陣屋役人に訴えたが、着任早々の役人もいたことから、受け入れられなかった。そこで一〇月、江戸にいる藩主へ直訴し無実を訴えた。だが、その間に六之丞は国元で処刑され、よねものちに処刑された。その後、代官は処分され、同村の年貢は軽減されたと伝えられる。文化年間（一八〇四―一八一八）に堀江神社（六之丞八幡）が建立された。

〔参〕『近代足利市史』一　（齋藤悦正）

寛保元年（一七四一）一二月一九日
下野国河内郡旗本小出氏領減免門訴

寛保元年、旗本小出靭負知行所大山村の百姓は、当年の風損による収穫高減少のため、領主に検見を願い出た。しかし、実施された検見は減免どころかかえって例年以上の高免を強いるものであった。そのため、村民らは名主の制止を振り切り、一二月一九日に一一名が出府、二七日迄領主屋敷の門前へ詰めかけ年貢減免を嘆願した。しかし叶わず、領主の組頭諏訪七左衛門へ出訴した。訴状は取り上げられ、諏訪の屋敷で尋問が行われた。その後、先の門訴で村民側と一線を画していた村役人も訴訟に加わり、数年来の領主の過重な負担強要も訴えに盛り込んだ追訴を行った。しかし翌二年五月、和解が成立し済口証文が作成された。そこでの条件は当初領主から強要された内済の条件から前進するものではなかった。さらに、村民とともに行動した咎で名主は押込、組頭は譴責を受け、村民側の要求が認められたとはいえない結末となった。　（齋藤悦正）

〔参〕新保博「貢租に関する農民訴訟の一資料」（『三田学会雑誌』四五―六）

寛保二年（一七四二）一月二四日
陸奥国田村・岩瀬・白河郡白河藩領納租法等強訴

享保以来、凶作のため領内が疲弊していた白河藩（結城松平氏、一五万石）は、年貢延納の政策を行うなどしていたが、藩主松平明矩（義知）が将軍名代として京都へ派遣されると、その費用を町中へ才覚金として命じ、在方へも高掛金として全領に賦課したことで、領民は窮乏し、人口も漸減し田畑も荒廃する有様となった。寛保元年（一七四一）秋、藩主の播州姫路への所替が決定すると、移封の人足負担金を領内に課し、人足の白河帰郷の旅費まで高に応じて負担させた。一一月、大庄屋の立会いで郡中の庄屋らが連判し、年貢皆済の延期、年貢上納を古法どおりに復すること、金付奉公人の負担軽減、街道筋の荷口銭の取り立て反対など一七か条の願書を提出し、さらに所替を真近に控えた翌二年一月にも庄屋連判で、京都代参の際に徴収した高掛金始め、御用金・質米金・御頼金の返済を強く要望する訴えを起こした。このような動きとともに、二四日、田村・岩瀬両郡の百姓が騒立ち、次いで白河郡でも同様の動きを見せた。二六日早朝から百姓が白河城下に押し寄せた。一揆勢は大手先にも詰め寄る気配を見せ、向寺大橋や鹿島河原に集結した。この際二名の百姓が采配を振って指揮したといわれる。藩では、願い向きを取り上げるべく代官四人を派遣したが、百姓は直接願いを提出すると主張した。一揆勢は大手へ詰めることもなく、夜には本町へ向かった。このため藩は町に対し百姓らに宿を提供するよう触れ、粥の施行も行わせた。二七日、一揆勢は御用に伴う諸代金の過分な取り立てにより領民の反感を買っていた、桜町藤内・田町平三郎・大工町伝十郎宅など八軒を打ちこわして回った。在方では、越後より入百姓を入植させていた双石村庄屋など二名を打ちこわした。藩は、一揆勢との交渉のため代官を派遣、年貢町竜蔵寺に会するよう命じ、折衝にあたらせて二八日にようやく一揆は鎮静化した。この結果、藩は奉公人一人に一両二分の手当支給、藩の借上げ米金の一〇年賦返済、御頼金は藩貸付の米金や不納分で相殺することなどを約した。しかし、領民はこれを不服として再び結集、江戸への直訴を計画した。三月に入り領内の代表八名が江戸へ上り、勘定奉行木下信名に直訴状を提出した。そこでは村々の窮状と慶安検地以前の古法への復帰を訴えているが、その結果や当一揆の処罰などについては不詳である。二月、藩は桜町藤内と双石村庄屋庄内など三名を日頃百姓らに疎まれていた点を不届きとして役儀召放ちとした。　（齋藤悦正）

〔参〕『福島県史』二、『矢吹町史』一、『白河市史』七、『天栄村史』一

寛保三年（一七四三）七月五日
摂津国八郡三〇九村干鰯値段国訴

元文五年（一七四〇）に摂津国の村々は、市中の靫干鰯仲間が新組・古組に分かれ、その競り合いのために価格が高騰しているとして訴願した。引き続き寛保三年には七月五日に川辺郡一四か村が訴願したのを皮切りに、やがて八郡三〇九か村に広がり、仲間の市立問題のほか、干鰯商人による買い占め、外商売の者による売買、水うち・土砂入りの不正品売買、道売り、魚油搾りなどの禁止を求めて訴願した。それに対し町奉行は、干鰯仲間に仲間の市立問題、漁場状況、入津高について調査・回答を命じ、不漁状況と入津高の減少を認めたうえで、一〇月、新古両組の合体令を出した。その旨は訴願に加わった摂津八郡三〇九村に通知され、同時に干鰯商人による買い占め、外商売の者による売買を禁止する町触を大坂市中に出した。和泉国でも同様の訴願が堺奉行所に対して行われ、それを受けて河内でも、一一月、訴願の計画が進められるなど、摂河泉三国の村々を巻き込み始めた点で画期的な国訴である。　（藪田　貫）

〔参〕平川新『紛争と世論』

延享元年（一七四四）二月四日
陸奥国和賀郡盛岡藩領黒沢尻通新田開発反対強訴

寛保三年一〇月から和賀川に新堰を掘り、畑返し新田の開発が代官見立で行われた。この人足賃が安く設定され、村は負担に苦しんだ。寛保四年（延享元）二月四日、新田開発反対、これ以前に完成していた新田の本田並課役反対を求め、黒沢尻通黒沢尻町、北黒柳、藤根、長沼、上・下江釣子村などに発生した一揆は、二〇〇〇人余となり、花巻を避け山岸を城下へ向かった。翌五日説諭のために派遣された非番代官菊池三郎兵衛と見前・郡山付近で遭遇し、訴状を提出して解散した。藩は畑返し新田は希望するもののみとするなど、一揆の要求を認めるが、黒沢尻町長助、藤根村四郎右衛門ら五人を獄門、追放一五人などの処罰を行った。花巻給人三田六之進と竹村次郎右衛門は、一揆参加の疑いで吟味されたが無罪とされた。昭和五二年（一九七七）、藤根村四郎右衛門の顕彰碑が、子孫によって建立された。　（保坂　智）

〔参〕森嘉兵衛『南部藩百姓一揆の研究』

延享元年（一七四四）六月二五日
石見国鹿足郡津和野藩領柳村上納紙騒動

柳村など四か村の庄屋を兼ねる大庭茂右衛門は、地域特産の上納半紙を年内に上納することを命じ、その検査も厳重をきわめた。そこで二〇〇人余が集会し、柳村仁右

衛門が訴訟人となり、代官次いで郡奉行へ出訴したが取り上げられなかった。そこで仁右衛門は藩主へ直訴するために津和野町に出かけたが、宿にて郡奉行の捕手に捕縛され、延享元年六月二五日に磔に処されたと伝える。

【人物】柳村仁右衛門　やなぎむらにえもん

柳村蔵方役百姓。遠祖は美濃国の武士吉松美濃守で、寛文二年（一六六二）に柳村の土着したとされる。姓は吉松。騒動の遠因は、日ノ浦という土地をめぐる庄屋大庭茂右衛門と仁右衛門の争いであった。庄屋は仁右衛門をこらしめ、日ノ浦の土地を手に入れるために、上納半紙の年内納入を命じ、厳しい検査を行った。上手に紙を漉く仁右衛門であったが、いつも検査に落とされ、刎紙として返却される紙は悪質なものに変わっていた。そこで一計を案じ、自分の白髪をまぜて紙を漉いて上納した。検査の時、例の通り別人の悪質な紙が仁右衛門のものとして検査され、刎紙となった。仁右衛門は蔵のなかから白髪入りの紙を見出し、庄屋に突きつけてその不正を糾弾したが、かえって見取役人によって謹慎を命じられた。庄屋の悪政によって疲弊した村人は、二〇〇人余で集会を開き、仁右衛門を訴訟人に選んだ。仁右衛門は青原代官所、続いて郡奉行所に出訴したが、庄屋の手が回っていた代官や郡奉行は、この訴訟を取り上げなかった。そこで仁右衛門は藩主に直訴するために津和野町へでた。いつのまにか多くの百姓が津和野にでていた。しかし、直訴をする前に、郡奉行所の捕手に宿を襲われて逮捕された。郡奉行米原七郎左衛門は、仁右衛門を極刑に処すことを決め、江戸の藩主に認可を求める使者を送った。大目付大谷平左衛門は、郡奉行の処置が片寄っていることに気がつき、一日遅れで赦免願いの使者を江戸へ送った。藩主は郡奉行の要請どおり仁右衛門を磔に処すことを命じる使者を国元に送ったが、その後大目付の使者が到着したので、刑の執行を延期する使者を再度国元へ送った。しかし処刑を命じる使者が早く着き、延享元年六月二五日に仁右衛門は磔、二人の子供は獄門となった。仁右衛門は処刑されるにあたり、津和野町を三度丸焼けにすると宣言したが、その怨霊によるものか、津和野は何度も大火にあった。仁右衛門の法名は剣（謙）光良秀信士と阿国行念信士の二種類が伝えられる。この事件に関する史料は現存せず、現行の物語の元は、明治一五年（一八八二）に仁右衛門の子孫であるとする吉松弥左衛門が著した「伝書」による。文化五年（一八〇八）、仁右衛門父子を祀る若宮社が建立され、明治四一年（一九〇八）、一六〇回忌にあたり父子三人の墓碑が建立されたほか、彼らを祀る堂などが津和野町と日原町に散在する。

（保坂　智）

〔参〕池田潔ほか『上納制度と紙漉哀話』、『石見の郷土史話』

延享二年（一七四五）一月二三日
陸奥国信夫・伊達郡福島藩領特権商人不正等強訴・打ちこわし（福島三万石一揆）

延享二年（一七四五）、年貢高免と福島藩御用を行う豪農商の不正・横領をめぐって起きた打ちこわし。伊達・信夫両郡の年貢率は、上杉氏の時代以来四割一分であったが、年々五割から六割という高免となり、とくに延享元年が豊作であったため、加免とする旨の通達があり、百姓の困窮が深まることとなった。これに加え、藩の財政立て直しのため御用達に任命された福島城下本町の検断黒沢六郎兵衛ら五人の横領や、役威を背景にした不正も百姓の窮乏に拍車をかけていた。延享元年には、百姓らが愁訴を試みようと集会したところ、六郎兵衛が訴人をしたため、百姓勢が六郎兵衛宅に押しかけるという事件もあった。二年一月二三日、信達二九か村の百姓は福島城下へ押し寄せ、上町の飛脚問屋上州屋伝右衛門・本町の本陣黒沢六郎兵衛・北南町役人利右衛門・穀屋治兵衛・大笹生村源右衛門（佐藤姓）宅に押し寄せ、家屋敷をことごとく打ちこわした。百姓の訴状では、人馬役や普請の人足徴発や高掛御用金の迷惑を藩に訴えたほか、黒沢六郎兵衛の御林の材木運搬での不正、上州屋の草刈場の新田開発、穀屋治兵衛の御払米の不正、利右衛門の古金商売と称し盗賊から盗品を買い取る商売、漆木を百姓の草刈場に植えていること、さらに大笹生村源右衛門の御林の木材伐採と売買をめぐる不正や博奕の主催などを列記し、五人の者の不正を糾弾している。この結果、二月に藩は定免を用捨し、二年前の年貢率に引き戻す旨を通達したが、七月には百姓らの処罰を言い渡した。領分三〇か村の名主・組頭・惣百姓代に対し、名主と百姓代に三〇日の閉門を命じた。組頭は同様のところ宥免をもって急度叱りにとどめられた。当一揆は、享保・寛延・慶応の信達地方の一揆とともに「信達四大一揆」とされている。　（齋藤悦正）

〔参〕『福島県史』二・三、『福島市史』二

延享二年（一七四五）一月
摂津・河内国東成・若江・渋川郡幕府領検見反対越訴

　幕府は享保改革期に、新田開発政策と本田畑に対する増米定免法の採用などを軸とする年貢増徴政策を推進して、年貢の増収をはかっていった。こうした政策は、享保一〇年代（一七二五～三四）の前半にかけて一定の実を結んだが、同一〇年代後半には、享保の凶作・飢饉の影響もあって、新田開発による石高の増大にもかかわらず、年貢高は減少するという傾向に陥った。かくて延享元年、勘定奉行の神尾若狭守自らが、勘定組頭堀江芳極らを引き連れて異例の上方筋巡見を行ったのである。神尾の徴租は、有毛検見取法と田方木綿勝手作仕法とを軸として行われたが、その狙いは、従来低率であった新田と、経営上、百姓に有利と認められていた綿作に対する賦課に重点を置き、その発展成果を吸収することにあった。これら新仕法の強行によって、摂津・河内国幕府領では「前代未聞」の大増徴となった。これに対し、摂津・河内国幕府領の百姓は、まずそれぞれの代官所へ年貢の軽減を嘆願したが聞き入れられず、翌二年一月、大坂町奉行所へ減免を勘定所に上申してもらいたいと嘆願した。これは筋違いの嘆願であるとして町奉行から却下されると、百姓らは四月に大挙して京都にのぼり、京都町奉行・所司代はもとより、京都目付、さらには内大臣近衛内前、武家伝奏葉室頼胤・坊城俊将にまで年貢軽減方の斡旋を願い出たのである。京都町奉行所・所司代への嘆願が筋違いであるとして却下された後には、百姓らは京都青木代官所の元締栗原藤八の教唆によって堂上方へも訴願に及んだのである。五月には東成・若江・渋川郡村々を代表して東成郡の庄屋らが幕府勘定所に訴えた。百姓らの訴願内容は、田方木綿は百姓の勝手作りではなく、やむを得ず作っているのであるから田方木綿勝手作仕法を撤回してもらいたいこと、自分らの村々は水損・旱損の悪場のうえに凶作が続き、年貢の上納にも困っているのであるから増免を免除してもらいたいこと、などであった。しかし、幕府はこれらを取り上げず、年貢増徴を強行した。一方、幕府は先の堂上方への訴願を問題視し、大坂町奉行所に命じて、七月から吟味を開始させた。その結果、渡辺民部代官所支配下では、首謀者として河内国若江郡上若江村・同郡横枕村、同国渋川郡太子堂村の三庄屋が闕所処分となった。この他、同代官所支配下では河内国茨田郡で二か村二人、同若江郡一二か村で一四人、同渋川郡九か村で九人、摂津国東成郡二か村で二人、計二五か村で二七人が牢舎、のち村預りに処されたが、ほとんどが庄屋・年寄であった。彼らが赦免された翌三年一月には、堂上方に出訴した村々の庄屋・年寄の役儀取り上げと村方への科料処分が申し渡された。また、堂上方への出訴を教唆した青木代官所の元締栗原藤八は、過去二か年の検見の際、収賄していた事実も発覚して死罪となり、手代川上文吉は遠島、同中村嘉右衛門は中改易、延享元年の検見の際、収賄した元締と手代一一人は牢舎のうえ、払処分、代官青木は一〇〇日の閉門を命じられたのである。　（山崎善弘）

【人物】神尾春央　かんおはるひで

　貞享四年（一六六七）～宝暦三年（一七五三）。若狭守。貞享四年に下嶋為政の次男に生まれ、神尾春政の養子となる。元文

元年（一七三六）勘定吟味役、翌二年勘定奉行となり、老中松平乗邑のもとで年貢増徴政策を推進した。有毛検見法と田方木綿勝手作仕法を中心とする彼の増徴策は、百姓経営を窮地に陥れ、各地で一揆による抵抗にあった。延享元年の神尾自らの上方筋巡見が、本一揆と、延享三年但馬国朝来郡の木村勝右衛門による越訴を、また、寛延元年（一七四八）の年貢増徴指示は、同二年大和国の箱訴闘争を生み、さらに宝暦元年（一七五一）の年貢増徴指示は、同三年大和国の芝村騒動を引き起こしたのである。また神尾が推進した有毛検見法は私領にも取り入れられ、元文三年（一七三八）三河国刈谷藩、宝暦三年伊予国西条藩一揆の原因となった。さらに、寛延二年常陸国笠間藩一揆に対しては、要求拒否・首謀者厳科の方針を指示して、それまでの藩の対応を一変させている。神尾は「胡麻の油と百姓は絞れば絞るほど出るものなり」と述べたといわれ、彼の強引な増徴策を象徴するものとして知られるが、これは後に本多利明が『西域物語』のなかで書いたものであり、彼が本当にそのように述べたという証拠はない。

（保坂　智）

〔参〕『布施市史』二、谷山正道「延享元年勘定奉行神尾春央の西国幕領巡見をめぐって」（『近世民衆運動の展開』）

延享二年（一七四五）一一月一六日

上野国勢多郡前橋藩領年貢減免強訴・門訴

延享二年前橋藩領では、春先から天候不順が続いた。そのため一一月一六日、東領・中通り領、それに川通り領村々（以上勢多郡）百姓およそ一〇〇〇人が前橋城下に押しかけ、年貢減免を求めて田畑の検見を願いでた。百姓の勢いに押された藩役人は、要求のすべてを認める書付を渡し、ひとまず騒ぎを静めた。しかし、財政破綻に陥っていた藩は、百姓の願書を黙殺することにした。それを知った百姓は、江戸藩邸に押しかけて藩主に直訴する決意を固め、一二月一五日、勢多郡月田村など二〇か村の百姓三五〇人が江戸に向かった。そして、中山道蕨宿で願書を作成した後、二一日に江戸藩邸を包囲し、要求を認めるよう迫った。藩役人は、主張を認めるから代表者のみが江戸に残り、他の者は帰国するよう説得し、板橋宿まで足軽の警護をつけて送り帰した。しかし、藩は約束を反故にして残留する代表者を全員逮捕し、一〇人に入牢を命じ、直訴した村の名主一六人も監督不十分という理由で解任し投獄した。そのほかに上山上村の清太夫は入牢三〇四日、五か国追放、月田村の庄兵衛は入牢二九四日と「首替り」として銭一〇貫文の罰金という具合に多数の百姓が処罰された。さらに関係する村々には罰金を科し、百姓の要求を力で押さえつけた。

（中島　明）

〔参〕『群馬県史』通史四、『前橋市史』三

延享三年（一七四六）一月二二日

豊後国日田・玖珠郡幕府領越訴・逃散・強訴（馬原騒動）

延享元年（一七四四）より幕府日田代官となった岡田庄太夫俊惟が、従来無税地だった新開田などにも税を課し、ハゼ・漆・茶・ナシ・カキなどにも課税した。これに対して、延享三年一月二二日、日田郡求来里村・刃連村・上井手村・庄手村・馬原村・苗代部村・大鳥村・柚ノ木村・女子畑村・湯山村、玖珠郡戸畑村・代太郎村・魚辺村の一三か村の百姓が年貢軽減・夫食米拝借の直訴状を幕府に提出した。代表者は、馬原村の元庄屋穴井六郎右衛門、その二男要助、組頭飯田惣次の三名であった。同年二月二四日には、日田郡大山筋の百姓七〇〇余人が久留米藩領の筑後国浮羽郡吉井に逃散し、久留米藩は百姓を同地の寺々に収容して食料などを給与した。しかし、三月初めには日田代官により召し帰された。同じく三月には、徒党を組んだ百姓たちが代官所に夫食米の貸し出しを要求する強訴を行った。幕府に直訴した穴井六郎右衛門らは、同年一二月に帰郷したが、ただちに捕らえられて処刑された。また、直訴状に連名した一七三名の百姓たちも追放・過料などに処せられた。この結果、代官の年貢増徴政策に歯止めがかけられたといわれるが、闘いの細部にわたっては不明な点が多く、例

えば処罰者の人数についても諸説がある。

【人物】穴井六郎右衛門　あないろくろうえもん

日田郡馬原村の庄屋。日田代官岡田庄太夫の年貢増徴政策に対して年貢軽減、夫食給与を要求したが聞き入れられず、庄屋職を息子に譲り、馬原村組頭飯田惣治とともに江戸に赴き、延享三年一月二二日、訴状を幕府の評定所に提出。願いは幕府に達し、同年一二月に帰郷したが、ただちに捕らえられ、二九日に斬罪・獄門となった。組頭の惣治と六郎右衛門の二男要助も処刑された。その後、処刑された三名は義民として称えられ、馬原村ではその霊を慰めるために穴井山仏生寺を建立。現在日田市亀山公園と馬原の生誕地に義民碑が建てられている。大分県でもっとも著名な義民であるが、その行動は不明な点が多く、名前についても兵右衛門とする説があり、また江戸への出訴も二人で赴いたという説と、二男要助も伴い三人で出訴したという説がある。なお、岡田代官は、宝暦四年（一七五四）まで代官を務め、同年解任されて江戸へのぼる途中、相模国で六郎右衛門の三男に暗殺されたという伝承がある。しかし、岡田俊惟は、その後勘定吟味役に昇進している。（村井早苗）

［参］狭間久『二豊小藩物語』下、後藤重巳・豊田寛三『大分の歴史』六、『大分県史』近世Ⅲ

延享三年（一七四六）三月
但馬国朝来郡幕府領年貢減免越訴

延享元年、幕府勘定奉行神尾若狭守春央の巡見によって但馬国の幕府領は大幅に年貢を増徴され、同二年にも作柄に不相応な高免とされ、完納できない村もあった。しかし、生野代官所の年貢取り立て役人は、同三年二月二七日に与布土庄八か村の庄屋を柊木村に集め、取り立てを厳命した。そのため与布土庄八か村の庄屋たちは、同年四月にめぐってくる幕府巡見使に、この窮状を訴えることにし、その惣代として越田村の木村勝右衛門を選んだ。同様の相談は他の庄内でもなされたようで、それぞれの惣代は、まず三月に京都西町奉行所に訴え出、次いで四月には丹波福知山および但馬城崎で巡見使に訴状を提出したが、いずれも却下された。このため勝右衛門は単身行動を取ることにし、同月二四日には播磨北条で巡見使に訴えたが、またもや却下された。このやりとりを知った生野代官は、勝右衛門を逮捕しようとしたので、五月、彼は意を決して江戸へ向かい、六月二日に、老中酒井忠恭の屋敷に与布土庄七か村惣代として一〇か条の訴状を提出した。これは、神尾の巡見後の窮状の是正、荒れ地免除、神尾の巡見時の費用の負担、年貢の取り違いの是正などについて訴えたものであった。しかし、酒井からは勘定奉行の裁きを受けるように命じられたので、勝右衛門は神尾へ訴状を提出することになった。八月には、但馬から世話役庄屋と与布土庄の庄屋も呼び出されて江戸で吟味がなされた結果、生野代官元締の狩野領右衛門の不正が発覚し、狩野は切腹した。

【人物】木村勝右衛門　きむらかつえもん

朝来郡越田村の庄屋。勝右衛門は江戸での勝訴ののち、無事生還したが、江戸での失費が多額に上り、家運も漸次衰え、幕末には家産もなくなり、子孫も絶えてしまったという。彼自身は、安永四年（一七七五）一二月一八日にその生涯を閉じた。法名を恭戒定敬居士という。のち昭和三九年（一九六四）には、越田村の有志によって、稲葉山に「義民木村勝右衛門顕彰碑」が建立された。また、明治初年ごろの村では、「越田勝右衛門公事者でござる、いかな代官もかなやせぬ」という童歌があったという。（山﨑善弘）

［参］『但馬史』四、『山東町誌』上

延享三年（一七四六）六月二日
出羽国村山郡山形藩領山形町打ちこわし

米価騰貴を原因とした惣町的な打ちこわし騒動。米一俵あたり銭一貫八〇〇～九〇〇文ぐらいまで高騰した延享三年六月二日夜、米穀買占めをし万民に迷惑をかけたとの理由で、山形城下中心部の七日町加賀屋十次郎・十日町阿部久四郎および八日町村田与十郎の家・土蔵が打ちこわされ、諸道具も微塵にされた。「万善悪書留帳」（山形大学蔵）によれば、「惣町中之者共」が事前に連判をし、「惣町中」で三家を打ちこわした。山形藩は、三家に対して当主の隠居・子供への家跡相続および以後米商売を行うことの禁止を命じた。打ちこわしの後、米価は低落したため、騒動は鎮静化したが、周辺地域に衝撃を与え、例えば翌延享四年の上山一揆では上山城下町人が山形の例に倣って打ちこわしを行ったことが確認できる。（岩田浩太郎）

〔参〕『山形市史編集資料』五

延享三年（一七四六）七月一七日　越後国岩船郡村上藩領村上・岩船・瀬波町打ちこわし（塩谷騒動）

村上藩領内では延享元・二年と凶作が続いた。収穫の見込みも立たないなかで、塩谷町の米穀商定右衛門らは米を買い占め、数万俵を桃崎浜・塩谷港より積み出し、さらに買い占めをはかった。領民たちは米価高騰を恐れ、藩に対して米穀の津留を要求したが、聞き入れられなかった。六月、領民の間に不穏な動きが高まった。村上町年行事所の「延享三年万覚書」によれば七月一七日昼頃より打こわしが始まり、翌一八日まで定右衛門宅を始め岩船や村上町の米穀商らを次々に打ちこわした。一九日明け方ようやく騒動勢は引き、藩は騒動の取締まりに乗り出すとともに、米穀の津出しを禁止し、商人たちの持っていた米は領民に配給された。また、襲われた米穀商たちは自宅謹慎となり、家老・町奉行らも役儀取上げ・閉門となって終結を見た。町役人の再三の嘆願により、騒動参加者への処罰は行われなかった。（山本幸俊）

〔参〕『村上市史』通史二

延享三年（一七四六）七月　越後国魚沼郡幕府領（会津藩預地）浦佐組非政・大割元横暴糾弾越訴

享保七年（一七二二）の越後質地騒動の処理の過程で、魚沼郡七万石余の諸村は同九年から幕府領会津藩預地となった。幕府の享保改革を背景にして、会津藩のもとで次第に年貢増徴がはかられていった。会津藩では遠隔地魚沼郡の支配のために在地の有力農民を利用した大割元を復活させ、七組に分けて各組ごとに大割元を置いた。延享三年七月、浦佐組一五か村の百姓は会津預地の非政と大割元の横暴を幕府巡見使多田与八郎・本多市郎右衛門・村上与左衛門に訴えた。さらに、翌八月には代表を江戸表に送って直訴した。しかし、要求は却下された。（山本幸俊）

〔参〕『越後と佐渡の一揆』

延享三年（一七四六）九月五日　陸奥国田村郡守山藩領質物奉公人集会

生活逼迫から質物奉公人となった百姓が相次いでいた守山藩（松平氏、二万石）領では、元文元年（一七三六）、質物人八〇名余が取次役へ押し寄せるという事件があった。このような動きはさらに延享三年八月にも再発した。八月二四日には、領内大平村の権現山に三〇〇人ほどの集会があるとの風聞が流れた。しかし守山陣屋では、権現山への入山を禁ずる手配をしたため、集会は行われなかった。九月五日早朝になると、今度は山中村上野原に集会するとの風聞が流れた。陣屋では廻状を出し、出願の向きは村役人を通して願いでるよう命じた。百姓らは取次役の七郎右衛門に陣屋への願い向きの取り次ぎを迫ったが、七郎右衛門は、郡奉行が検見御用のため守山陣屋へ来る際に願いでるよう説得し、それぞれ帰村するよう指示した。このため百姓勢は同村明王堂に引き取るにとどまった。六日には、山中・大善寺・守山など二五か村の村役人より七郎右衛門を経て願書が提出された。それによれば、百姓らは身売奉公人の身の上のため、年寄・子供ばかりを在所に残しており、百姓相続が困難で夫役も務まらないこと、奉公に出ても給金のみで働かされ質物の元金が減りそうにもなく、奉公から抜け出すこともできないことが訴えられた。七日、奉公人らは前日から帰村せず明王堂に籠っていたが、さらに別の願書を差し出そうとしていた。守山町宿には八か村の役人が詰めてこれを見守っていたため、陣屋では、彼らをして百姓らを帰村させるよう命じたが、百姓らはこれに応じず依然明王堂に留まった。八日、七郎右衛門は陣屋に願書の受理の可否を伺い、なお五六か村の村役人も百姓勢に加わっていることを報告すると、事態の深刻化を恐れた陣屋側は、訴状を受理した。訴状には、百姓への立ち帰りを願うとともに、質物金を奉公で返済するのではなく年賦返済としたい旨が述べられるなど、先の願書より具体的な要求が掲げられていた。一一月九日、藩より裁決が出された。質地は、質入年数により六年から一〇年賦返済、享保から元文年間の分は相対とし、身代金は、現在奉公中の場合は帳消し、新規奉公は二か年で五分の一引きとするなど返済の割合・年限についても裁可が下り、百姓らの目的は一応達した。しかし、同時に指導者の探索が行われ、二一日には山田村の百姓二三名が召喚され、同日中に二名が入牢、一名が手錠、他二〇名は牢番・手錠人番に命じられるなどの処罰が下された。この内、手錠の者は寺へ駈入り嘆願したため、一二月には赦免されている。この騒動後、領内では五か村単位で金主と借主の交渉が行われたが難航し、翌年には、村側が陣屋に対し交渉の仲介を願いでている。なお、当地方での質物人の騒動は、この後宝暦五年（一七五五）にも起きている。

（齋藤悦正）

〔参〕阿部善雄『駈入り農民史』、『福島県史』三、『郡山市史』二、草野喜久「守山藩の質物一揆について」（『福島史学研究』一四）

延享四年（一七四七）二月一二日
肥後国葦北郡熊本藩領強訴

延享四年二月一二日、葦北郡湯浦・津奈木・水俣・久木野四手永の百姓七〇〇〇～八〇〇〇人が、熊本城下へ強訴しようと行動を起こした。翌一三日、百姓たちは佐敷に押し出したところで役人に押し留められ、佐敷詰役人続弾右衛門へ願書を提出し、一五日帰村した。その後、この願書に対する申し渡しも下され、一時は鎮まるかに見えたが、三月に至っても頭取が廻村し、「色々申合」わせる動きが続いた。こうした状況に対して、藩は、頭取として津奈木手永の七郎右衛門と儀左衛門を召し捕らえようとしたが、津奈木の百姓たちが大勢押し寄せるなどしたため、両人の召し捕りは困難であった。五月一〇日、ようやく藩によって両人が召し捕らえられるとともに、三〇〇人ほどの百姓も捕らえられ、吟味が行われたが、処罰は不明である。なお、久木野手永では七月まで不穏な状況が続いたという。強訴の目的については明確でないが、不正を行っていたとされる郡奉行小川孫兵衛の罷免を要求するものだったともいわれている。この事件の経過を伝える、熊本藩重臣松井氏宛の葦北郡郡奉行の書状（松井家文書「先例略記」所収）の二月一三日付・二月一五日付・三月二四日付のものには、小川孫兵衛と大村源内の署名が見えるが、五月一〇日付のものには大村の名前のみで、小川の名前は見えなくなっている。百姓たちが佐敷まで押し出したところで帰村したのは小川罷免の確約を取り付けたからで、にもかかわらず、三月に至っても頭取が廻村するような不穏な状況が継続していたのは、三月の時点でそれが実行されていなかったからであるとも考えられる。

（大橋幸泰）

〔参〕『新・熊本の歴史』五

延享四年（一七四七）五月一三日
出羽国村山郡上山藩領上山町打ちこわし、村々強訴（見留目原一揆）

上山領内では、延享二・三年の不作による米不足に加え、他所からの米穀が入らず、米価の高騰を招いていた。そこで延享四年五月初旬、十日町・二日町・新町の住民は夜分寄合を開き、米穀販売を組頭中に訴えた。町役人たちは独自に米穀を調達し、販売を開始した。しかし、わずかな調達米では渡世もなり兼ねるとし、五月一三日の夜、先の三町に北町・裏町が加わり、再び寄合いが持たれ、町内すべての穀屋・富裕町人の米の貯蔵を調査すること、私欲をなす穀屋に対しては、前年の山形町と同様に打ちこわすことを決めて、二日町から詮議が始まった。まず、同町斎藤権兵衛方へ三〇〇人が押し寄せ、毎年米を他所へ売り払い、私欲をなしているとのことで打ちこわした。御徒目付衆・町小頭・町同心が城の四方を警護したため、打ちこわし勢は北に向かった。その後、十日町吉野屋松本長兵衛方への打ちこわしは協議の末取り止め、毎市の米の相場を仕切っている池田屋権六方、吉野屋手代の片桐甚内方、藩の御用達である酒屋の大和屋高橋太右衛門方を打ちこわした。大和屋での打ちこわしはとくに激しく、本尊・位牌・仏具まで打ちこわした。続いて高橋徳右衛門方、大庄屋山田藤右衛門方、組頭彦三郎方、高橋庄三郎方へも押し寄せたが、家人の日頃の態度や一揆勢への対応を考慮して打ちこわしは行われなかった。一方小庄屋で穀屋を営む鈴木庄右衛門方は打ちこわされた。池田屋小池三右衛門宅では、寄宿していた御扶持人医師佐々木寿見と一揆勢との間で小競合いが起きている。この小競合いがのち仁左衛門・与平治の逮捕と処刑につながった。続いて裏町の金兵衛方と法円寺へ押し寄せるが、米を所持しておらず、一四日の八つ時半頃引き上げた。八つ時半から七つになると、藩は町奉行増戸庄右衛門以下計七〇余名にて、町内の検分を命じ、打ちこわされた二日町権兵衛以下五人に急度慎み・遠慮などの処分を下した。

この町方の動きに呼応する形で、在方にても一揆が起きるとの世評が立ち、藩は各番所の警護にあたった。一三日夜、小泉村・仙石村の方から、大勢が押し寄せ、北町川原にて百姓が結集し、鬨の声を挙げているので、そこへ町役人と藩役人が帰村するように説得へ向かった。説得は難航したが、一四日の七つ時となると、百姓たちはおのおの村へ帰った。一六日、惣郷中から各村百姓一、二人ずつ見留目原へ結集し寄合いがもたれた。藩ではこの事態を金二〇〇両・米三〇〇俵を下すことで打開しようとしたが、百姓たちは、「今回の騒動に及んだ原因は昨今の飢饉だけでは無い」とし、三七か村から三〇〇〇人余が見留目原に屯集した。藩では今回の騒動の調査を行った結果、百姓たちの恨みの矛先が中老渡辺小隼人と郡代金子仁兵衛にあることを理解し、藩の警護方針として追手城口と新丸の門を厳重に固め、もし一揆が「狼藉」に及んだ場合には切り殺しを許可した。一方、鏡橋口・二日町口の警備はとき、もし百姓が渡辺・金子両宅へ押し寄せてきても藩はそれに関与しないことに決めた。また、納方神尾忠右衛門、医師宇留野春庵、大庄屋山田藤右衛門の三人を見留目原へ向かわせた。この三人の説得に対し、百姓らは渡辺・金子両人の家宅を打ちこわし、一揆の所へ連れてきて積年の恨みを晴らしたい、また、山方の三春文六と村上次郎右衛門に対しても報復したいと述べている。春庵らは説得につとめ、百姓側から金納値段の引き下げ、津留の御免、山方奉行の罷免、駒頭役の停止などを含む一五か条の要求を提出させた。家老山村縫殿助の判断により、全条を聞き届けられたため見留目原を引き上げて帰村した。一七日、渡辺・金子両氏は遠慮を仰せつけられ、一八日に山方足軽の三春文六が山守役を罷免された。六月二日、町方にてつぶされた五軒の者たちの慎み・遠慮が許された。

この町方の打ちこわしや一揆は、その他の諸身分にも影響を与えた。まず四日の昼頃、足軽の本組・新組へ股引・半棒にて北町川原へ参会すべきという廻状が回っている。また、村々でも足軽が押し寄せてくるとの噂が流れ、六日の昼頃まで混乱した。また、山伏仲間五・六人が党を組み、支配頭清光院に対して、日頃の恨みを申し無礼を振舞ったり、座頭仲間にも惣録をねたんで御役所へ申し出ようとする企てがあった。九月二七日夜から、役所にて密談があり、一〇月三日の四つ時に役所にて、当夏中の騒動に対する尋問が村々三役に対して行われ、四日より騒動で徒党を組んだ張本人に対して取り調べが始まった。拷問を含む厳しい吟味により頭取が特定され、一二月二一日、新丁仁左衛門・二日町与平治は打首、関根村惣左衛門・牧野村太郎右衛門・多吉は打首・獄門とされた。ほかにも新丁新八は、所払・闕所、十日町吉野屋栄吉には過料二〇〇貫文、関根村惣左衛門の子与平治は所払を仰せ付けられた。また、山方足軽三春文六の帯刀御取り上げ、所払とし、同じく山方衆三名を永暇とし、金子仁兵衛・渡辺小隼人を減俸とする処罰を加えた。

（林進一郎）

【人物】

上山新丁仁左衛門　かみやましんちょうにざえもん

上山二日町与平治　かみやまふつかまちよへいじ

牧野村太郎右衛門　まぎのむらたろうえもん

牧野村太吉　まぎのむらたきち

上関根村惣右衛門　かみせきねむらそうえもん

延享四年一二月二一日、仁左衛門と与平治は上山町打ちこわしの頭取として死罪、太郎右衛門、太吉、惣右衛門は村々強訴の頭取として打首・獄門に処された。獄門は花立坂で行われ、同所には宝暦三年（一七五一）に供養碑が建立されている。仁左衛門は上山町同心役も務めた者で、打ちこわし当時婿養子伊八が同心役を務めている。剛の者で度重なる拷問にも屈しなかった。しかし、仁左衛門が白状しないため諸役人が苦労し、町内の者も役所に留め置かれて難儀していることを聞かされると、自発的にしゃべり出した。そこでは町の打ちこわしはいうまでもなく、村々の強訴の発頭人も自分であるとし、他の人々へ罪が及ばないようにと気を配り、百姓らの放免を求めた。処刑される日、藩から食事が出されると、死出の途でも食事がなくてはかなわぬと、握り飯を二つ食べた。太郎右衛門は牧野村庄屋で太吉はその忰。一揆を呼びかけた廻状が牧野村からでたことが吟味の結果判明し、廻状差し出しの頭取であることを白状した。余類を述べよとの厳しい拷問による吟味に屈しなかった。太郎右衛門は惣郷屈指の豪農であったと伝える。惣右衛門は上関根村庄屋で、太吉と一揆の内談をしたことを釣り下げの拷問によって白状した。彼は、太郎右衛門父子や自分がどのように催促しようとも、村々の百姓が心中に含みがなければ三〇〇〇人も集会しない、この集会は「皆人心一同仕候て寄合候」と涙を浮かべて述べた。与平治については「奥海道五巴」に特別な記載はない。太郎右衛門屋敷では、夜更けに家屋が震動し、男とも女ともつかない生首が転げるなどの怪異が生じ、太郎右衛門父子の怨霊のなせるわざであるとされたことから、明治二九年（一八九六）、現上山市牧野に「五巴碑」が建立された。その後大正一〇年（一九二一）、同碑脇に「五巴神社」が建てられ、現在まで例祭が行われている。なお、太郎右衛門の法名は実叟護真信士、太吉は長音唱沢信士でともに久昌寺に墓碑がある。惣右衛門の法名は覚性光円居士で墓碑は龍谷寺に、仁左衛門の法名は劔応了心信士で墓碑は称念寺に、与平治は法名利霜浄劔信士で墓碑は西光寺に存在する。

（保坂　智）

【史料】奥海道五巴　おくかいどういつつともえ

延享四年に起きた出羽上山藩における強訴・打ちこわしの経過を記した記録。上下の巻からなる。筆者は不明。題名の奥街道とは上山藩が位置する羽州街道を指し、五巴とは一揆の首謀者として処刑された五人のことを指す。領主側、あるいは百姓側に偏った立場からの記述ではなく、一揆の経過を客観的に、かつ丹念に記録しておこうとする姿勢が、全体的に見てとれるが、一揆に対する峻烈をきわめた厳しい吟味の様子が克明に記述されてもいる。その点からは、藩に対する無言の抗議を読み取ることも可能であろう。同史料は、一揆後まもなく成立したものと推定される。筆本は二部存在し、『日本庶民生活史料集成』六と『上山市史編集史料』二四にそれぞれ収録されている。なお、上山騒動に関する史料としては他に「延享年代上山藩内騒動記」（『山形市史編集史料』六所収）がある。

（安藤優一郎）

〔参〕『上山市史』、『山形県史』二、『出羽百姓一揆録』

延享四年（一七四七）五月二七日

出羽国村山郡陸奥棚倉藩領村木沢村押借

延享四年五月二七日夜、村木沢村の百姓・

名子・水呑ら二〇〇人余が中村木沢の郷蔵前に集まって連判し、一四人の有力百姓から一〇七五俵の救米を出してもらえるよう下村・中村の組頭に求めた。組頭は有力百姓に交渉し借米二〇〇俵の回答を得たが、納得しない百姓らは、翌二八日未明に河原へ移動し、四つ時から有力百姓三軒に踏み込み、二軒からそれぞれ米一五俵・金五両、米一〇俵・金三両を強引に「借取」っていった。有力百姓一四人は、大肝煎佐藤三郎右衛門とともに吉原役所に救いを求めた。村木沢村は前年に棚倉藩領となったばかりで、この飛地領を支配する棚倉藩の役所もまだ設置されていないため、吉原役所の務めで六月二日、一四人は棚倉へと出立した。この行動に対し、百姓らは狐塚山に集まり、借米・金を断念し、これからいっさい無心せず騒動を起こさない旨の詫言証文を提出した。（浅見　隆）

〔参〕『山形市史編集資料』五

寛延元年（一七四八）二月一二日
越前国足羽郡福井藩領御用金反対強訴（綴虫騒動）

寛延元年一月二二日、福井藩は御用金五万五〇〇〇両を町在に賦課した。二月一二日から一三日にかけて町方一統から町奉行に対して、御用金賦課と藩札両替停止により経済が衰退し、下層の者が飢渇に及んでいるとの訴願が行われた。同時に、城下の下層民がぼろを着て群集し、飢餓を訴えた。綴虫（つづれむし）と呼ばれるゆえんである。村々からも作食渇命願が多数出されたが、組頭（大庄屋）が受け付けてくれないので、一四・一五日には百姓が蓑を着けて城下に押しかけてきた。百姓は豪商宅に押しかけて酒食を強要したが、そのためか豪商のなかには百姓・下層町人とともに訴願に参加する者もでて、一七日には九名の富商が戸閉の処分を科せられるに至った。そうしたなかで、多数の百姓らが家老松平主馬宅へ押しかけ、式台にまで上がり込む勢いで強訴した。参加村は川北領・下領を主とし、その数は一三村（国事叢記）とも、二四村（続片聾記）とも、四五村（民間記録）ともいう。一八日、郡奉行と目付が御用金中止を確約し、町在の困窮者に救籾二七五俵を与えることで収拾した。なお、騒動の最中、府中や粟田部などで藩札の取り付け騒ぎが起きたという。（齋藤　純）

〔参〕『福井県史』、本川幹男「十八世紀越前における封建制の転換」（『福井県地域史研究』三）

寛延元年（一七四八）五月
讃岐国鵜足郡ほか高松藩領綿運上撤廃打ちこわし

高松藩は、延享四年（一七四七）に高松城下西通町綿問屋柏野屋市兵衛の建言を入れ、綿一俵につき運上銀一匁二分を生産者の百姓に賦課することとした。これに対して、寛延元年五月、高松藩領西部（鵜足・阿野・那珂郡など）の棉生産百姓数千人（一説に二万人ともいう）が柏野屋に押し寄せ、「運上を取るならば、肥料代銀二〇〇〇貫を借り受けたい」と申し立て、拒否されると打ちこわしを行った。藩兵が派遣されたが鎮まらず、日頃百姓の信頼を受けていたという郡奉行西岡与兵衛に説諭させ、打ちこわしは終息した。この騒動により、高松藩は綿運上銀賦課を中止した。（須田　努）

〔参〕佐々栄三郎『讃州百姓一揆史』

寛延元年（一七四八）一〇月二二日
出羽国村山郡幕府領寒河江・白岩地方救済要求江戸越訴

村山郡では延享二年（一七四五）から寛延元年（一七四八）まで四年間にわたり不作であった。このため、寛延元年五月以前から寒河江・白岩地方の百姓たちは柴橋代官所に救済を訴願していたらしい。しかし、代官所は、訴願を禁止し、これに背けば名主・組頭・五人組まで処罰する旨を触れ、百姓たちから誓約の連判証文を取った。しかし、水沢村大八は、白岩寒河江三九か村惣百姓名代として江戸にのぼり、五月一八日代官山本兵八郎へ願書を提出し、二六日まで訴願を続けた。代官山本の返答は、朝鮮通信使の御用が済むまで控えていろとのことであった。大八は、一〇〇日間以上も江戸に滞在する旅費がないため、二六日勘定奉行神谷志摩守に検使の派遣を願い出、同日帰国の途についた。しかし、その後代官から音沙汰なく、勘定奉行所からも検使が派遣されないため、大八は再び江戸に出、一〇月二二日、三九か村総代人として九か条の訴状を奉行所に提出した。訴状では、延享二年以来四年間の不作に加え、当年は旱魃に苦しめられているにもかかわらず、いっさい検見引きが行われず、むしろ定免への変更を迫られていること、白岩川普請の扶持米が今年に限って給付されないこと、減米代として三か年で金一二〇〇両のほか、検見費用・寒河江費用・朝鮮使節費用などの名目で銭なども徴収されたこと、所相場よりも高い年貢金納値段、検見の不正などを訴え、従来通り春に百姓一人に米二俵の夫食拝借米の支給と、当年年貢のうち三割の一〇か年賦拝借を願い出た。大八は入牢させられ、翌寛延二年一月九日獄中で病死した。この報せを聞いた大八の子大七は、遺志を継いで江戸の奉行所へ越訴したが、同四年四月二七日に処刑された。

【人物】伊藤大八・大七　いとうだいはち・だいしち

幕府領柴橋代官山本平八郎支配の白岩・寒河江両郡三九か村の一つ水沢村百姓親子。大八は、寛延元年五月一八日に代官山本の江戸役所に願書を差し出したのちに回答を得ることなく帰村した。同年秋に再び江戸に上り、一〇月二二日付けで三九か村「総代人大八」として訴状の提出に及んだ。五月の出願後の越訴禁止の誓約に違反したことからただちに江戸の獄に投じられ、翌二年一月九日に病死となった。この報せを水沢村名主から受けた大七は、年貢未納分を五人組に負担させられても立ちいかない状態にあることから、年貢の一〇か年賦と夫食米の要求を三九か村「総百姓代大七」として訴え出た。大七も捕縛され、寛延四年四月二七日に死罪となった。明治二四年(一八九一)、西川町水沢に伊藤大八大七義人之碑が建立された。　(浅見　隆)

〔参〕『山村小山村の歴史』、『出羽百姓一揆録』

寛延元年(一七四八)一一月一六日
丹波国多紀郡篠山藩領御用銀返還要求強訴
→寛延二年(一七四九)八月二〇日
丹波国多紀郡篠山藩領増徴反対強訴

寛延元年(一七四八)一二月二一日
播磨国印南・加古郡ほか姫路藩領減免強訴・打ちこわし（寛延一揆）

寛保元年(一七四一)、陸奥国白河藩主松平明矩は姫路に転封になったが、藩財政は大きな赤字を抱えたまま出発しなければならず、寛保二年・延享二年(一七四五)・寛延元年と、何の引き当てもない御用金を藩内都市のみならず農村にまで賦課し、寛延元年の御用金は二万両に達した。しかも、同年は旱魃と台風の影響で稲の収穫が思わしくなく、百姓たちからは年貢減免を求める嘆願が繰り返し行われた。しかし、財政難に苦しむ藩当局はそれを認めず、年貢納入期限を一一月晦日から一五日間遅らせることを認めただけであった。ところが、一一月一七日に藩主が死亡し、翌春には転封されることが幕府から通告されていたこともあり、一二月に入って藩当局は年貢納入を厳しく督促したため、百姓の不満が一気に高まった。

一二月二一日、飾東郡山脇村の市川河原に多数の百姓が集結し、年貢のさらなる延納を求めて、城下に押し寄せる気配を示した。その人数は、一〇〇〇人以上に膨れ上がったものと考えられる。これに対し、藩側は役人を派遣して百姓たちの要求を聞かせたところ、来年春までの年貢納入の延期願いが主な内容であった。そこで藩として評議のうえで善処することを約束して解散を命じた。その他にも、西条組大庄屋沼田平九郎・姫路町人米屋孫九郎・高砂町人宮屋長四郎の三人が村方を困らせている元凶であるとして、百姓どもへ貰い請けたいという要求があり、実現は困難であろうがとにかく評議のうえで返答すると申し聞かせた。この時に首謀者として入牢を命じられたのは、印南郡福居村・東阿弥陀村・西阿弥陀村・佐土村・中筋村の百姓一四人であった。この結果、百姓たちは年貢延納の要求については藩に認めさせることに成功したのである。

しかし、一揆が本格化したのは、翌年一月一六日以降のことで、この日、加古郡西条村の西条組大庄屋沼田平九郎の居宅が打ちこわされた。一七日になると、群衆はそれぞれ村に帰って騒ぎはひとまず鎮静したが、二二日には飾西郡飯田組今宿村に百姓たちが大勢集まり、栗山村・延末村・加茂村の庄屋宅を打ちこわし、手柄山の周辺に集結した。この騒動は、一日限りで収まった。続いて二八日に起きた飾西郡前之庄組大庄屋居宅の打ちこわしは、一揆勢がそのまま移動するかたちで、翌二九日には神西郡犬飼組、三〇日には同郡山崎組・神東郡八反田組・大貫組での打ちこわしに波及した。さらに一揆勢は南下し、二月一日から三日にかけて飾東郡・飾西郡・印南郡・加古郡の平野部・海岸部の村々で、連続的に打ちこわしが行われた。打ちこわされた家は、総計六〇軒とも五七軒ともいう。二月一日以降はこの一揆の高揚期で、それまでと異なり、打ちこわしが広域にわたって数か所で同時に起きている。また、その対象が多様化し、それまではほとんどが大庄屋だけを対象にしていたのに対し、商人・庄屋・百姓が打ちこわされることも多くなっている。それらの多くは、藩権力に直結していた御用商人・特権商人であった。一月一六日以降の動きは、市川河原の集結からの連続した動きとして理解されるが、必ずしもその発生要因が明らかとされていないのが現状である。しかしながら、打ちこわしが個々の大庄屋組で完結せず、広域に同時多発的に起きていること、しかも御用商人・特権商人に対する打ちこわしが行われていることから、この一揆は、姫路藩松平家の失政に対する不満という全藩的に共通する理由で起こったものと考えられる。

ところで、一揆の発生以来、藩当局が取った処置では一揆を鎮圧することができず、二月四日、事態を重視した大坂城代酒井忠用は、東西大坂町奉行に命じて配下の与力を姫路領内に派遣させ、一揆の正確な情報の収集にあたらせた。さらに、大坂城代の方針としては、一揆参加者の逮捕はすべて姫路藩に任せたが、逮捕者をすべて大坂に護送させ、大坂町奉行所で取り調べたうえで、大坂城代が判決を下している。このようにして大坂に護送された囚人たちは、不正があったとされる大庄屋も含めて三四三人に達した。最終的な判決が下されたのは、一揆後一年半以上も過ぎた寛延三年九月二三日のことで、加古郡野谷新村の伊左衛門、飾西郡古知之庄村の甚兵衛は磔、古知之庄村の利兵衛、飾西郡又坂村の与次右衛門は獄門、神東郡八反田村の清七、同郡南大貫村の勘三郎、同村甚右衛門は死罪に処せられ、ほかに遠島五人、播磨一国払四人、追放一八人、過料以下一六七人を数えた。これらの処罰者は飾東・飾西・神東・神西・加古・印南の六郡にわたり、逮捕者がでなかったのは領内二六組のうち五組にすぎないという。九月二三日、市之郷村の市川河原で磔・獄門の四人が処刑されたが、伊左衛門は五月に牢死したので塩漬けされた遺体が、獄門二人は前日に大坂で首を刎ねられていたので首だけが運ばれ、実際に磔刑が実行されたのは甚兵衛だけであった。

【人物】滑甚兵衛　なめらじんべえ

飾西郡古知之庄村の百姓。住居地の小字により滑甚兵衛と呼ばれた。一揆の時、四〇～四二歳で、持高一一石余。村内ではかなりの高持百姓であった。甚兵衛は、二月三日まで連続して続く打ちこわしの発端となった、一月二八日の飾西郡前之庄組大庄屋居宅の打ちこわしを巧みに組織したうちの一人であった。その後、甚兵衛宅が「なめら会所」とされ、打ちこわしによって機能しなくなった大庄屋に替わるものとして、前之庄組村々の庄屋・組頭や百姓たちが地域自治を運営しようとする試みがなされた。しかしながら、甚兵衛は居宅を会所に提供したことによって一揆の指導者とみなされ、磔の極刑に処せられ、さらに一揆を代表する義民として伝承されるようになった。法名釈恵證。なお、獄門となった同村の利兵衛は、同村枝郷塩田村の持高一〇石余の百姓で、一揆時に三八歳。甚兵衛とともに一揆の発端を指導し、「なめら会所」などでの大庄屋の帳面調べ（不正点検）を行ったという。安永一〇年（一七八〇、天明元年）一月、三三回忌にあたって甚兵衛の菩提寺の光専寺住職らの手によって甚兵衛の供養碑が滑に建立された。「浄土三部妙典塚」と刻まれた供養碑には、釈恵證の法名が記され、子孫が一字一石の写経をして埋めたものである。利兵衛の供養碑も近くの塩田にあり、同様に「三部妙典塚」と刻まれ、釈慶岸信士の法名が記されるが、建立年は明記されていない。昭和二九年（一九五四）、甚兵衛と利兵衛を祀る置塩神社が夢前町古知之庄に建立され、寛延義民社とも呼ばれている。

【史料】播姫太平記　ばんきたいへいき

　寛延三年成立。播陽隠士と名乗る匿名の人物が記したが、その実名は不明。本書のほか、「播陽誰身上」、「播陽多我身飢」、「誰我身飢」などの異本があり、これらが写本のかたちで現在に伝えられている。本書は、これまでに『校訂播姫太平記』、『新訂播姫太平記』に収録されている。記述はかなり正確であるが、物語として面白くするための誇張や潤色が多く、信憑性に不安があるといわざるを得ない。例えば、大庄屋居宅を打ちこわすのに数千人もの人数が取り囲んだなどというのは現実問題として不可能であり、実際は数百人だったであろう。それでも当時としては大騒動だったのである。

（山﨑善弘）

〔参〕『姫路市史』三、『兵庫県史』四、今井修平「姫路藩寛延一揆の原因について」（『兵庫県の歴史』三二）、島田清『寛延二年姫路藩百姓一揆と滑甚兵衛』

寛延二年（一七四九）三月一一日
大和国山辺・十市・式下・平群・宇陀郡ほか幕府領減免箱訴

　大和国の幕府領では、享保改革後期の元文二年（一七三七）以降、大名預所支配のもとで年貢増徴政策が推進されていった。年貢高は、幕府の勘定奉行神尾春央自らが巡見を行った延享元年（一七四四）をピークとして、その後やや減退傾向を示すようになったが、寛延元年（一七四八）秋の年貢額の決定を前に、神尾は各代官・預所役人を督励して、再度年貢皆済を指令するに至り、大和幕府領でも年貢高が再び上昇の傾向に転じた。これに抗して、大和幕府領の百姓たちは、年貢皆済時期にあたる翌二年の三月以降、広汎な反対運動を展開した。芝村藩預所では、山辺郡萱生村ほか八か村が三月一一日付で京都町奉行所へ年貢の減免などを要求して箱訴を行い、これと歩調を合わせて、十市郡百市村ほか一四か村と式下郡大安寺村ほか一一か村、平群郡立野村ほか七か村も、同様の箱訴を行った。この後、山辺郡の村々は八月にかけて数度箱訴を行ったようであり、宇陀郡今井村ほか一三か村も、年貢の減免などを要求し、八月二日と一二日の両度にわたって京都町奉行所へ箱訴に及んだことが判明する。なお、惣代となった西山村弥三郎・下井足村源右衛門・雨師村政右衛門の三名は、九月七日に芝村役所から入牢を命じられた。このように、芝村藩預所支配下の百姓たちは郡単位に結集し、執拗に減免闘争を展開したが、津藩預所支配下の百姓たちも、同年五月に騒動を展開した。その詳細は知り得ないが、鎮圧のために鉄砲の用意を考慮しなければならないほどの騒動であったことが、『庁事類編』の記述により窺える。この年には、大和の幕府領のみならず、各地の幕府領また私領でも減免闘争が高揚し、幕府は翌三年一月に強訴・徒党の禁令を発してこれに対峙した。

（谷山正道）

〔参〕谷山正道『近世民衆運動の展開』

寛延二年（一七四九）八月二〇日
丹波国多紀郡篠山藩領増徴反対強訴

　寛延二年一月二三日、篠山藩は、松平信岑が丹波亀山に去り、青山忠朝が入部した。その後、六月に百姓の願い出によって、藩は享保一四年（一七二九）から寛延元年に至る二〇か年の貢租の平均をもって定免に基づく貢租納入の公約をした。しかし、藩側は早くも八月にそれを破約して増徴をもくろんだ。当時藩主は寺社奉行として江戸在勤中であったので、その趣旨を伝える役人を下向させた。役人が隣藩の園部町まで到着した時点で、百姓たちは訴訟したが聞き入れられなかった。そこで、八月二〇日頃から毎日約一〇〇〇人の百姓たちが園部町の役人まで訴訟しに赴き、二三日には約四〇〇〇人の百姓が園部町川原橋に待ち受け、役人が領内に入るのを阻止し、村々の庄屋・年寄たちが訴訟したところ、ようやく願意が聞き入れられた。ところで、貢租の増徴を困難と知った藩は、その後、貢租外収入として萱・竹・飼葉・松茸運上・御林下草料定納・御林下草運上・炭竈運上・薪定納といった課役をもくろんでいる。この強訴は、新藩主入部の年の一揆として重要であるが、前年の旧藩主所替に際しても御用銀返還強訴が起きている。旧藩主がかつて百姓から借りていた御用銀を、不払いにして所替する意志を村々へ伝えたため、寛延元年一一月一六日には泉組・八上新村組・福住組・藤岡組などが、一八日には郡中百姓残らずが代官所に詰めかけ、その結果、二二日に藩側は高一石に対し三匁にて支払うことになったのである。寛延元年・二年の両度の一揆では、完全に支配者側が後退を示し、百姓側の要求が一定度聞き入れられたのであるが、これらの一揆がいずれも藩主交替期という藩体制の不安定な時期に起きていることは興味深い。　　　　　　　　　　　（山﨑善弘）

〔参〕岡光夫『近世農民一揆の展開』、『兵庫県史』四

寛延二年（一七四九）一〇月一四日
常陸国茨城郡笠間藩領減免強訴（山外郷一揆）

延享四年（一七四七）牧野定通が笠間藩（八万石）に入封、その二年後の寛延二年、不作状況下の茨城郡山外郷（四十数か村）で減免を求める大規模な一揆が起こった。笠間藩では先の領主井上氏時代の検見取を踏襲したが、藩収を安定させ徴集経費を切り下げるため、移封翌年の寛延元年から、幕府や諸藩で広まっている定免制に切り替えた。この年は不作だったため領民には定免制そのものが負担増大と印象づけられたようだが、その後の一揆においては定免そのものへの反対は表明されていない。一揆を組織していった中心の指導者は磯部村名主で磯部明神社の別当でもあった清太夫で、隣村亀岡村の萩原太郎左衛門と年貢減免を藩に要求することを相談した。一〇月一三日、山外郷の中央にあたる岩瀬村の大岡原に百姓代以下の百姓が集まるよう名主・組頭をはずして百姓代に宛てた密かな村継ぎの触れが回された。四〇〇～五〇〇人が集まり、頭取に富谷村の佐太郎を選んだ。百姓代寄合がもたれ、三回に分けられた年貢納入日のうち三期目の前の日にあたる翌一〇月一四日に再集合し、不作の証拠として実のつかない稲束を二束ずつ持参して城下町の笠間へ押し寄せ藩役人に突き付けること、取り上げられない場合は江戸へ越訴に上ること、その費用として参加者が二〇〇～三〇〇文を持参することを申し合わせた。集会の場では、年貢徴収への批判、不参加村には路銀を出させよ、竹槍を持って城下へ押し寄せよなどの声がとびかった。一四日になると、山外郷の入り口になる加茂部村の並松に山外郷の三分の二にあたる二七か村から百姓約一〇〇〇人が結集、計画を知らない村々の名主・組頭らの制止の説得を無視して、竹竿を持ち鬨の声を挙げながら城下町に押し寄せたが、城下入口で藩役人に押しとどめられた。折から藩主が没し服喪中であったので、藩はそれを理由に回答を後日とし、百姓らの当面の要求であった三期目畑年貢の延納を認めたので強訴勢は稲束を川に投げこみ、大声を発しながら帰村した。一〇月二一日、一揆勢は鯨ケ原に再結集し、田年貢の半納、畑年貢の未納分五か年賦に延期などを、名主代表を通じて訴願した。一一月七日に定長が新藩主になると、幕府勘定奉行神尾春央に一揆への対応を問い合わせ、神尾は要求拒否、首謀者厳科、定免制年貢収納の強硬策による収拾を指示した。藩はそれに基づいて、一二月七日、これまでの内々に事を済ませる方針を一変させ、一揆首謀者を割り出すため、村々の名主・組頭・百姓代を徹底して吟味、口述が一致しない場合は双方を対決させる

などして、清太夫、太郎左衛門、佐太郎の三人を捕らえた。清太夫と太郎左衛門は獄門・田畑家財没収、成人男子追放、佐太郎は死罪となった。また連絡役の百姓三人と二四か村の百姓代が手錠の処罰となった。藩は、畑年貢納入を延期しただけで定免制を強行したが、次の切り替えの年に、半分は「容赦」として軽減し、農政の姿勢を変えた。

【人物】富谷村佐太郎　とみやむらさたろう

生年不詳〜寛延三年（一七五〇）二月二日。富谷村百姓。藤井姓。一三日の集会で取りまとめの役を申し出て、百姓代らと富士の森で相談、年貢減免訴願が先決と主張し要求を集約、翌日の強訴頭取として活躍。七日後の鯨ケ岡集会には他出のため不参加。本人は死罪となったが家族は無罪で田畑家財（七石五斗余）を受け継いだのは発端の頭取でなかったためか。法名教誉是頓信士、墓地能福寺。

【人物】磯部村清太夫　いそべむらせいだゆう

江戸中期の百姓一揆の指導者。常陸国茨城郡笠間藩領磯部村（二四三石余）名主で磯部神社神主。系図では、清太夫家は、源頼朝に戦功の恩賞として与えられた筑波郡磯部郷に土着した磯部氏から、承久元年（一二一九）中郡磯部に分家した家で、その時以来磯部神社の神主に任じられた。近世になるころの清太夫家は、村高の四割を占め、多くの分付百姓を支配していた。寛延一揆の頃も百石の所持高を持つ大百姓だったが、隷属農民は解放されてわずかな下男下女で切り盛りする苦しい経営になっていた。古くからの村内の百姓との主従関係に似た依存関係も、凶作、年貢過重の状況のなかで清太夫家の負担となってはね返った。そのため清太夫は切実な減免要求を持っており、平沢村の祭礼に招かれた帰りに、隣村亀岡村の平七酒屋に立ち寄って仁兵衛老人と他領の年貢減免訴訟などを話しあった。仁兵衛が組頭の家筋の太郎左衛門にこのことを伝えたので、太郎左衛門は清太夫を訪ねて訴願について話し合い、訴願の方法、中心の要求、結集の日時・場所を選び、一〇月一四日の強訴が実現した。強訴には清太夫は表面に出ず、名主・組頭らが強訴を制止する動きに同調するように一〇〇〇人余の笠間城下への進行を押しとどめるふりをしながら後からついていき、城下入口の涸沼川にかかる大橋の袂で町組方に強訴勢が差し止められたところで、清太夫らが訴状を受け取り役所へ提出した。一揆後、清太夫の働きはすぐには発覚しなかったが、太郎左衛門の吟味により発端が明らかになり、一二月一六日、派遣された下目付・地方手代によって捕らえられた。清太夫・太郎左衛門の旦那寺である小塙村の月山寺、佐太郎の旦那寺である富谷村の能福寺が赦免願を出したが、却下された。その後も村々の要請に押されて山外郷の寺院惣代のかたちで赦免願いが出されたが、すべて却下された。判決は清太夫は死罪獄門・田畑家財没収。妻は無罪となったが、一五歳の倅千吉は所払、一〇歳の倅喜六は一五歳まで親類預け、弟彦五郎は所払となった。寛延三年二月二日に牢屋で処刑され、遺骸は藩の捨場所に葬られた。清太夫の首は太郎左衛門の首とともに山外郷、山内郷の境の加茂部村並松にある枕石と呼ばれる大石に置かれ、捨札が立てられ三日間さらし首になった。いつのころか犠牲者供養として十六夜念仏が施行されるようになり、毎年二月一六日、六〇歳以上の老人二〇人前後による念仏供養が行われてきた。供養念仏のなかには三人が村のために打ち首になり笠間の殿様が国替えになったという文句を持つものがあるがこれは昭和期に作られたものではないかと推測されている。山外郷の北東部の小塩部落には花崗岩の五体の地蔵尊があり、義民地蔵、小塩義民と呼ばれるが、建立の年代はそれぞれ別である。ここは裏街道の交差点近くで、住民の集合しやすい場所を選び、旧来からの念仏講のなかに繰り込んで刑死者を供養し伝承してきたことがわかる。昭和九年（一九三四）には「寛延義民地蔵尊碑」が建てられ顕彰が行われた。法名円山融昇居士。

【人物】亀岡村太郎左衛門　かめおかむら

たろうざえもん

正徳三年（一七一三）頃～寛延三年（一七五〇）二月二日。萩原姓。父親が亀岡村の組頭を勤めた上層農民で、自分の方から清太夫を訪ねて訴願のやり方を相談。加茂部村百姓代庄助と武右衛門、平沢村金之丞を説得、一〇月一三日の集会、一四日の強訴にも参加。一揆後、死罪獄門・田畑家財没収。清太夫と同じ処刑の扱いを受けた。父は村払、一一歳の倅卯之助は一五歳まで親類預け、弟元七は所払、女性は無罪。法名暁覚禅居士。（深谷克己）

［参］小室昭「笠間藩領寛延二年山外郷一揆」（『茨城百姓一揆』）

寛延二年（一七四九）一二月一〇日
陸奥国信夫・伊達郡幕府領減免強訴（寛延信達一揆・伊達彦内騒動）

寛延二年は三月より大旱魃による凶作であったが、信夫・伊達両郡の幕府領を管掌する桑折代官神山三右衛門の年貢取り立ては厳しく、検見のすえ二分五厘の増免、年内の皆済を命じたため、村方の困窮は頂点に達した。このため九月になると村名を環状に記して発頭村を隠した「わらだ廻状」が各村を回り、一七日夜、廻状での申し合わせどおり、信夫郡宮代村の山王社へ桑折より南郷の各村の重立ちが会集した。頭取は、長倉村組頭彦内とこれに賛同した信夫郡鎌田村源七・伊達郡伊達崎村名主半左衛門などで、参集した百姓らは起請文を作成し一味神水のうえ、北郷へも働きかけて、六八か村が代官神山へ嘆願書を提出した。農民らの要求は、年貢の三か年延納、一〇か年賦の代金納、当年年貢の皆石代などであり、願いが通らない時には江戸への出訴も辞さない構えであった。一〇月二日付で手代元締土屋恵助から願書の取りなしを誓約する起請文を得たが、その後も代官所からの沙汰がなかったため、一二月一〇日ごろから一斉に領内の百姓が桑折代官所へ押しかけることとなった。まず産ケ沢（うぶがさわ）村藤田河原に群集し、合図の狼煙を揚げると、桑折の西にある万正寺境内に待機した頭取三名が鐘を撞き、百姓勢は南・北両郷とも万正寺へ集結、桑折代官所へ押し寄せた。また古領と呼ばれた旧桑折藩（松平氏）領の百姓が大勢で代官所へ押しかけた。夜には産ケ沢へ引き上げたが、翌一一日の夕には古領・新領（旧岡村代官所領）ともに代官所へ押し寄せた。合図の鐘を打ち鳴らし、蓑笠に鎌・棒などを持つという出立ちで、代官所を包囲して鬨の声を挙げた。また代官所門前には青立ちの稲を山の如く積み上げたともいう。この時、信達両郡の惣百姓の名で神山に対し、年貢五分の減免、不熟米を安値段で来年まで延納とすべきこと、代官手代元締土屋恵助の身柄引き渡しの三点を要求した。一二日にも早朝から夜まで百姓らは桑折へ詰めかけたため、代官の手代堤三右衛門が神山に代わり一揆勢のなかへ赴き、説得して一揆勢を帰村させた。この間、代官所では未曾有の事態に仙台・福島両藩に援兵を要請しており、一三日には福島藩兵が、一五日には仙台藩から白石の兵が加勢として到着したが、すでに一揆勢の引き上げた後であった。代官所では、騒動の頭取と発頭の詮議を行った結果、彦内が頭取と判明し、その他の指導者も次々と捕縛された。翌寛延三年、彦内は獄門のうえ家財闕所、源七と半左衛門は死罪切捨、宮代村治右衛門・大笹生村長三郎は追放のうえ闕所になったほか、所払や過料に処された。この騒動の結果、年貢は減免・石代納五か年賦、一年に四度の分納となった。

【人物】斎藤彦内　さいとうひこない

寛延二年陸奥国信達一揆の指導者、義民。宝永五年（一七〇八）～寛延四年（一七五一）。伊達郡長倉村組頭。寛延二年、桑折代官として着任した神山三郎左衛門は、凶作にもかかわらず増税を行ったため、領内村々はますます困窮するばかりであった。九月「わらだ廻状」（「天狗廻状」ともいう）により各村の百姓が集結した宮代村山王社で、彦内は伊達崎村半左衛門（蓬田姓）、鎌田村源七（猪狩姓）とともに村々の強訴を主導した。一〇月から一二月にかけて桑折万正寺に集まった一揆勢を指揮し、桑折代官所に押し寄せて、年貢減免や石代納の延納などを要求した。一揆勢は代官所を包囲し、閧を挙げ、代官以下役人を驚愕させた。寛延三年四月一七日、彦内は村境の産ケ沢で獄門とされ家財闕所、半左衛門・源七は牢内にて死罪切捨に処された。彦内の墓所福源寺（現伊達町）に処刑直後建立された一〇〇日供養塔に一揆の顛末を刻したが、代官所側で碑文を削り取ってしまったと伝える。彦内は享年四二、法名は劔光常睡信士。半左衛門は伊達崎村（現桑折町）前屋敷に葬られた。享年五三、法名頓応了悟信士。源七は鎌田村鎌秀院（れんしゅういん、現福島市）に葬られている。享年三三、法名夢刃禅山信士。三名は義民として伝承され、大正七年（一九一八）、昭和五四年（一九七九）に顕彰碑が建立されている。なお当一揆は半井桃水の小説『天狗廻状』でも知られている。

【人物】神山三郎左衛門　かみやまさぶろうざえもん

寛延信達一揆時の桑折代官。諱は由明。寛延二年（一七四九）、それまで信夫・伊達両郡の幕府領支配を行ってきた岡村代官所の廃止、桑折藩の廃藩に伴い、五万四〇〇〇石を支配する桑折代官所が設定された。神山は同年秋に同所代官として着任し、幕府領支配とともに領内の半田銀山の支配を行った。しかし、折からの大凶作にもかかわらず領内に年貢増徴を命じ、また当地では蚕種の産地のため、石代納で当年貢を翌年に返済してきたところを年内皆済を強制、加えて手代元締として起用した土屋恵助への反感から支配村々に一揆を起こさしめた。代官所に押しかけた一揆勢に対し、福島・仙台両藩に援兵を要請したが、援兵が到着した時には一揆勢が引き上げた後であった。翌三年、長倉村彦内などを処刑したことにより、同年暮に江戸へ召し呼ばれたが、病死した。『伊信騒動記』には、神山が彦内の怨霊に悩まされ、彦内にとり殺されたとの当時の噂が記されている。神山の後任には、岡田九郎左衛門が着任している。

【人物】土屋恵助　つちやけいすけ

寛延二（一七四九）年陸奥国信達地方で発生した強訴の際の桑折代官の手代元締。諱は昌俊。一〇月二日、桑折代官所に押し寄せた一揆勢に対し、土屋は一命に替えて願書を受理し、その取り成しを約する旨の起請文を一揆勢に差し出して一応引き取らせたが、その後方策を取らなかったため、一二月に再び一揆を引き起こすこととなった。一揆勢はこの時年貢減免などとともに土屋の身柄引き渡しを要求している。『伊信騒動記』には、事件後新代官岡田のもとでは冷遇され、江戸下谷に借家して浪人の身となり、彦内の祟りで妻子と死別し、自らも病を得たとの後日談がある。

【史料】伊信騒動記　いしんそうどうき

寛延二年陸奥信達一揆の際の桑折代官手代堤三右衛門清信（臨江亭芦舟）による信達一揆の記録。三右衛門は出羽国米沢高畑の割元の家に生まれたという。幕府領の役人として一七年余りを過ごし、延享三年（一七四六）引退、旧里で晩年を過ごしていたが、寛延二年冬に伊達郡の代官に乞われて手代として再び公務に携わることとなった。しかし、着任まもなく一揆が発生し、一揆勢との交渉、説得役に駆り出されることとなった。宝暦六年（一七五六）三月三右衛門が六一歳の時、自らがかかわった一揆を、子孫の後学のためとして、陣屋で勤務していた頃の日記や、当時流布している実説を集めてまとめたものが当記録である。内容は三巻からなり、巻一では三右衛門が桑折代官所手代に任命される所から始まり、一揆の発生とその展開の有様を記し、巻二においては桑折代官所の対応や三右衛門の一揆勢との説得の様子などを述べ、巻三では加勢として代官が要請した福島・仙台藩との交渉、一揆指導者の詮議と処罰、三右衛門の桑折を辞す時の様子、その後の代官神山、手代元締土屋の消息などを伝聞記録とともに記している。本文においては、筆者自身の所感も述べられており、自らの功績の自賛も窺えるが、代官神山三郎左衛門や手代元締土屋恵助に対して批判の目を持って評価している点は興味深い。跋文では、あるべき治者像にも言及し、当時の下級役人の支配者観も窺うことができる。一揆が発生して七年後に記されたものではあるが、一揆を実見した人物による記録であり、当

時の書簡などを含み有用な史料といえる。黒正文庫所蔵の稿本を『編年百姓一揆史料集成』四に所収。（齋藤悦正）

〔参〕『福島県史』二・三、庄司吉之助『史料東北諸藩百姓一揆の研究』、『福島市史』二・九、『伊達町史』三、

寛延二年（一七四九）一二月一二日
陸奥国田村郡三春藩領減免強訴・打ちこわし

寛延期、陸奥国では打続く凶作に見舞われていたが、とくに同二年は長雨による冷夏で近年にない凶作であった。物価騰貴に手余り地も増大した三春藩（秋田氏、五万石）では、夫食・種・農具の支給、三か年の無年貢、その後三年間も年貢半免という条件で上総国から入百姓を入植させる政策を打ち出していた。一二月一二日から一七日にかけ、三春領の百姓数万人が、城の大手門に詰めかけ鬨の声を挙げた。この数日後には、二本松藩領さらに守山・会津各藩領などでも同様の騒動が起こり、現在の福島県中通り一帯は年貢減免を訴える声が各地にみちた。三春領の一揆勢は、城からでてきた奉行・代官の尋ねに対し、以前からの領民に対しても入百姓と同様の待遇にするならば取りつぶれることもなかったとして年貢半免を要求した。また、先に百姓側の主張に立っていたため知行召上・押込に処されていた郡代家老秋田市太夫の本知返還と前役復帰、さらには現職郡代・郡奉行二名の引き渡しを要求し、郡代を兼ねていた家老秋田治平に直接対談を求めた。役人引き渡し要求の際には、二名を鱠に叩いて酒で食べてやると罵ったという。これに対し、秋田治平は脇差のみで大手門に現われ、市太夫帰役の件は江戸へ伺いを立てること、郡代・郡奉行は百姓方へ引き渡すこと、さらに年貢半免を約し、一三日付で領内年貢半免の書付を渡した。しかし一揆勢は、印判がないとしてさらに抗議、結果一か村ごとに一枚ずつの印判の押された証文を獲得し、一七日にようやく鎮まった。この間、城下の大町・北町などでは一揆勢が酒屋・穀屋を激しく打ちこわした。翌三年三月以降、藩は騒動の責任追及を行った。年貢半免の願い出に賛成した者を探索し、自ら申し出る者がいないことをもって、村からは当初の割付状通りに上納したい旨の願書を提出させ、事実上年貢半免を白紙に戻した。これによって百姓への追及は緩められた。結果、御救金下付を受けたものの、一昨年の免率で年貢上納が命じられた。（齋藤悦正）

〔参〕庄司吉之助『史料東北諸藩百姓一揆の研究』、『福島県史』三、『郡山市史』二、『三春町史』二・九

寛延二年（一七四九）一二月一四日
陸奥国安達・安積郡二本松藩領減免強訴・打ちこわし（積達騒動）

寛延二年一一月頃より陸奥南部では、凶作と領主の年貢増徴策のため桑折代官所領、三春領など各地で年貢減免を求める強訴が発生し、二本松・会津、さらに守山各藩領にも波及した。二本松藩（丹羽氏、一〇万石）領では、年貢諸役の減免、藩政改革を主導した儒者岩井田昨非らへの批判として表われた。岩井田が藩士の戒めとして建てた戒石銘も誅求を示すと誤解し、領民を激昂させたという。すでに一〇月、安積郡の百姓が結集する動きがあったが、一二月一四日三春領と接する安達郡東部で結集すると、全藩一揆に発展した。一六日針道組の百姓も山に屯集、二本松城下への強訴を決定、鬨の声を挙げた。その数三七〇〇人余という。阿武隈川東岸に集結した一揆勢は、麻で指した着物に、食糧や鉈・鉞を入れた俵を一俵ずつ背負うという出立ちで、酒屋では代金を支払うこと、町人へ悪口雑言をしないなどの法度を申し定め、集団内部の規制をはかった。一七日、小浜町へ押しかけると小浜・糠沢組の百姓も合流した。このため藩では、郡奉行・代官らを小浜へ派遣、同町名主宅を本陣としたが、一揆勢はこれを包囲、同所を打ちこわし、一八日大平村島の内へ集結した。この時総勢一七〇〇人にのぼった。ここで藩との交渉が行われ、凶作による年貢上納難渋、郡代・郡奉行の検見の不備、諸運上の免除、郡代・郡奉行の罷免、岩井田の身柄引き渡しなど八

か条を要求・主張した。藩は年貢半免・用米金上納の延期などを申し聞かせたため、二〇日には鎮まった。しかし同日、一方で安積郡片平組の百姓も蜂起、郡山組・大槻組も呼応し一万八〇〇〇人が城下を目指して押し寄せ、途中の宿々では酒屋・穀屋を打ちこわしながら、城下に近い本宮組仁井田村下ノ原に迫った。藩は各所に藩兵を配置しこれに備え、本宮組代官は、一揆を仁井田で食い止め、城からの返答到着の間を稼ぐため、本宮村長百姓彦兵衛（冬室）らに一揆勢への説得と願向きを取りまとめさせることを命じた。翌二一日朝、郡奉行桑原関左衛門らが到着し年貢半免などの上意を伝えてようやく一揆は鎮まった。翌三年に至り藩は、岩井田ら改革主導層を罷免したが、一揆の主導者の弾圧も厳重をきわめた。二月、小浜で頭取を名乗った田沢村宗右衛門、村々に参加強制をした上太田村善右衛門が獄門、願書の連判を求め各村を回った東新殿村長百姓寿右衛門が死罪に処され、ほか家財没収や村替・過料などに処せられた者は一八人にのぼった。しかし、先に約した年貢半免は、各村名主名で自発的に放棄する証文の提出を強制して事実上反故とし、一〇〇石に付金二両の救金にすり替えている。当一揆は、長百姓らが指導的役割を果たした惣百姓一揆であった。年貢半免の獲得の情報はまたたく間に近領に及び、同月の守山藩領や塙代官所領の強訴として波及していった。

（齋藤悦正）

〔参〕『福島県史』二・一〇、『新編物語藩史』二、『白沢村史』、『本宮地方史』

寛延二年（一七四九）一二月二三日
陸奥国耶麻・北会津・大沼郡会津藩領減免強訴・打ちこわし（金曲騒動）

寛延二年、奥州南部では凶作と以前からの領主の年貢増徴策などから、一〇月の桑折代官所領を皮切りに、一二月には三春・二本松両藩領など奥州南部各地に全領強訴が展開していった。耶麻郡会津領（松平氏、二三万石）の村々では、藩境の接する二本松領での年貢減免を求める一揆の噂に接していた。一二月二一日、猪苗代川西組三城潟村の百姓は、今後夫食願などの願いを出さないという藩の条件付き借米を拒否し、同じく翌日川東組金曲村や西館村でも借米を拒否したことに端を発し、二三日、猪苗代の百姓約五〇〇～六〇〇人が猪苗代城下新町へ押し寄せた。当時、若松より代官佐藤半太夫が年貢取り立のため同町に宿泊しており、佐藤は願いの筋を申しでるよう説得したが、百姓らは若松への押しかけを断固主張した。猪苗代城代は目付以下足軽三〇人を出張させたが、鎮めることはできなかった。一揆勢は周辺村々に対し不参の場合は焼き払うとの参加強制をしながら北方筋へ向かい、喜多方・塩川に達した。ここで役人に対し、年貢増徴策を推進した郡奉行並河多作・西郷仁右衛門の身柄引き渡し、年貢の半免、夫食拝借など七か条の要求を掲げ、二四日には若松城下へ押しかけた。翌二五日、同藩兵の警備のなか、一揆勢は城下七日町口の木戸を押し破って城下に入ったため、藩は鉄砲で威嚇している。一揆勢は、年貢半免や定免制、金方一分に八斗代の復帰、夫食種貸要求、諸役負担の軽減、さらに西郷・並河の身柄要求とともに勧農政策を主張して並河らのため解職されていた郡奉行中野藤太夫の復帰などを口頭で要求した。この際、一揆勢には訴状はなかったといわれ、また年貢半免要求は当初から掲げられたのではなく、若松城下への強訴に至る過程で一揆勢のなかから生まれたものとされる。これらの要求が一応貫徹した後、対領主闘争から、郡奉行と連携としていた郷頭・肝煎層への打ちこわしに移行し、年貢帳面の破棄などが行われた。二五日から二八日にかけて高久組郷頭・代田組郷頭・野沢組郷頭宅がそれぞれ打ちこわしを受けている。城下の騒動は二七日ころより鎮静したが、翌年一月にも熊倉組で肝煎宅や質屋に押しかける動きや、一揆に不参した者への打ちこわしが続いた。藩はいったん一揆勢の要求を認め、年貢半減を実行しはじめたが、寛延三年一月、幕府の一揆禁令を受けて一転し、幕府の介入もあって、年貢半減は貧農のみとし、年貢は五分引の定免にとどまった。寛延三年二月には指導者五〇人余を逮捕、のち関係者二四〇人余を捕縛した。宝暦元（一七五一）年五月、一揆を指導したかどで川東組山潟村林右衛門、同村文右衛門、壺下村弥七の三名が三日晒のうえ磔、川東組金曲村半右衛門は三日晒のうえ火刑、山潟村彦六・上西連村端郷町屋伊三郎は三日晒のうえ獄門、川東国酸河野村清七は三日晒のうえ斬首の処罰が行われた。（齋藤悦正）
〔参〕『福島県史』二、『新編物語藩史』二、『西会津町史』

寛延二年（一七四九）一二月二四日
陸奥国田村郡守山藩領減免強訴

寛延二年一二月、二年連続の凶作と領主の年貢増徴が続くなか、桑折代官所領、三春・二本松・会津の各藩領で次々に激しい一揆が展開していた。これらの一揆で年貢半免などを獲得したという噂が、街道沿いの守山藩（松平氏、三万石）領下郷の村々へ伝わると、不穏な動きが起こった。二四日朝、下郷の村々は木村館や観音堂に屯集し、早鐘を撞いて鬨の声を挙げ、守山を目指し南下を始めた。街道沿いの中郷や上郷でも大平村三三観音山、守山明王山にそれぞれ手斧・鉈などの得物を持って集結、各村に参加強制が行われ、ついに全藩一揆へと拡大していった。各地では村役人・酒屋などから酒食の拠出を受けている。二五日暮、一揆勢は守山陣屋前に集結し、目付宛の要求書を門内へ投げ込み、さらに陣屋役人に対して口上で要求を述べた。これらの内容は、年貢を三春・二本松と同様半免とすること、取次役の廃止、目明し新兵衛の身柄引き渡し、陣屋役人三名の解任、質物奉公人拝借金の長年賦・無利息返済など計一五か条にわたった。この間、小検見役を務め在郷商人でもある取次役坂本七郎左衛門、目明し新兵衛・木賊田村庄屋・大善寺村庄屋宅の蔵・壁・家財道具を激しく打ちこわした。藩は、当初要求を聞き届けたうえで頭取探索を行うはずであったが、翌三年一月幕府が一揆禁令を触れると、これを契機に積極的に指導者の探索を開始し、弾圧を強化した。六月までに頭取以下がぞくぞくと逮捕され、その数は二〇余名に上った。詮議の結果、七月根木屋村伊左衛門・善兵衛が獄門、同村市左衛門・白岩村七郎右衛門が死罪に処され、他も追放や村預けなどに処された。一揆勢の掲げた要求で、藩に聞き届けられたものは夫食・種貸の拝借にとどまり、それ以外の要求を勝ち取ることはできなかった。この一揆は、他領の一揆情報が伝播するなか、三春・二本松各藩領などの一揆の要求を同様に望むなど、明確な意識と政治性を窺うことができる一揆として評価されている。（齋藤悦正）
〔参〕阿部善雄『駈入り農民史』、柳田和久「寛延一揆の展開と守山藩の対応」（『幕藩制社会の地域的展開』）

寛延二年（一七四九）一二月二六日
陸奥国白川郡幕府領減免強訴（塙・戸塚騒動）

寛延元年以来、陸奥国南部は天候不順による大凶作となったが、年貢は厳しく取り立てられたため、同二年九月頃から桑折代官所領始め三春・守山・会津・二本松各藩領でも強訴が相次いだ。各地での強訴とその目的が達成されたという風聞を聞くや、白川郡塙代官所領でも村々が動揺しはじめ、代官寛伝五郎（至方）の支配に対する反発の声が高まっていった。一二月二六日、代官所役人の廻村先である小田川村へ戸塚村百姓らが大勢押しかけ、年貢の残金の春までの延期を願い出たが、聞き届けられなかった。このため翌二七日戸塚村を始め宝坂・木野反村など一一か村が代官所へ押し寄せ願書を提出、凶作による村方の窮状と年貢納入のため種夫食まで質入れしている状況を訴え、村高一〇〇石につき金二〇両の拝借を願い出た。代官所側では江戸表への取り次ぎを約し退散するよう説得したが、大勢の百姓らは即刻の取り次ぎを要求し、代官所の門外にそのまま居座った。これに対し、代官所は江戸へ願書を送るとともに、近隣の棚倉藩（小笠原氏、六万石）に応援を依頼、物頭以下六三人を塙代官所に駐留させた。当時、代官寛は江戸の代官屋敷にあったが、翌三年一月、塙での模様を知ると江戸を発ち、一一日塙に到着、早速一三日より訴願を行った一一か村の名主・組頭・長百姓を呼び出して一揆頭取探索のため吟味を行い、村役人らを手鎖・入牢に処した。この後筧は二月一三日に病死し、一時風祭甚三郎が預り、一一月田中三治郎が後任となった。この間、幕府の一揆禁令もあり一揆の参加者・主導者の追及は厳重をきわめた。一二月一九日、一揆の頭取として戸塚村善兵衛は獄門、同村幸助と木野反村名主七三郎は死罪、戸塚七左衛門・長左衛門・宝坂村名主六右衛門は遠島に処され、さらに重追放・所払・手鎖・過料など多数が処罰された。一揆勢の要求した、年貢の三納金の納入延期、一〇〇石につき二〇両の拝借金は極難渋の者に手当てされるなどの要求は聞き届けられた。

【人物】戸塚村善兵衛　とつかむらぜんべえ

　寛延二（一七四九）年陸奥国白川郡幕府領強訴（塙・戸塚騒動）の指導者、義民。同一揆の頭取として活躍したが、一二月一九日に獄門に処された。同日死罪となった戸塚村幸助（斎藤姓）、遠島に処された同村七左衛門とともに、戸塚村観音堂（現矢祭町）に墓碑が存在する。法名は、善兵衛が正心道覚信士、幸助は直心即浄信士、七左衛門は唯心無外禅定門。昭和六年（一九三一）一一月、徳富蘇峰撰文による「義民弔魂碑」が建立された。同碑文では、善兵衛らの指導する二〇〇〇人余が、代官所へ押し寄せて代官との面談を要求したため、危機を察知した代官は近くの安楽寺に遁れ、そこで人々が同寺を包囲したため、代官は自刃したと伝えている。（齋藤悦正）

〔参〕『福島県史』二・三、『塙町史』一・二、『中島村史』

寛延三年（一七五〇）一月一五日
讃岐国多度郡ほか丸亀藩・多度津藩領強訴・打ちこわし（西讃寛延一揆・西讃騒動）

　讃岐国は延享元年（一七四四）・同三年・寛延元年（一七四八）に長雨・洪水の被害を受け、同二年にも六・七月の大雨により耕地・家屋の被害が広がっていた。こうしたなか、二年一〇月二四日には多度郡多度津藩領山階村の百姓が丸亀城下（多度津藩は丸亀藩の支藩で藩庁は丸亀城内にあった）へ強訴し、代官の説諭により帰村するといった事件が発生していた。寛延三年一月一四日夜、多度津藩領に一揆を呼びかける捨文がなされた。そして、一五日の昼から夜にかけて、多度郡多度津藩領一四か村（三井組）の百姓千数百人が天霧山に結集した。彼らは、大庄屋須藤猪兵衛の不正を糾弾し、家宅を打ちこわす準備を整えていた。同夜、多度津藩は大庄屋須藤猪兵衛をいち早く閉門に処し、用人長野甚左衛門・畑与左衛門を多度津に派遣して天霧山の一揆勢に訴状の提出をうながすが、一揆勢は容易には応じず、一六日ようやく七か条の願書を出した。用人は願書を藩庁に届けるから解散するように説諭したが、一揆勢はなおも天霧山・葛原村八幡宮の森に屯集し続けた。この間、三野郡五か村もそれぞれ願書を差し出した。多度津藩は三井組の百姓の年貢未進、借米問題などの訴願内容を受け入れる姿勢を示し、一揆は一八日にはおさまった。

　一方、多度津藩領に捨文がなされた同じ一四日、丸亀藩領にも一揆を呼びかける廻状が回った。そして一八日、丸亀藩領の那珂郡・多度郡の百姓たちも弘田村の朝比奈塚に集まり始めた。翌一九日、三野郡・豊田郡の百姓たちは本山川原に結集し、二〇日、岡本村庄屋太郎兵衛、観音寺坂本村の大庄屋米谷四郎兵衛宅を打ちこわした。丸亀藩は用人・大目付・地方奉行らを派遣するが、数千人もの一揆勢に説諭は不可能であった。二二日夜、那珂・多度・三野・豊田四郡の一揆勢は善通寺で合流した。総勢四万人とも六万人とも八万人とも記録され、村ごとの印を掲げ、鎌・鍬などを持つ蓑笠姿で、鬨の声を挙げ、貝・太鼓・鐘を打ち鳴らした。こうして全藩一揆へと大規模化していった。翌二三日朝、那珂・多度郡勢は善通寺村庄屋助四郎宅を打ちこわした。同日、丸亀藩の用人らが善通寺に赴き、善通寺誕生院客殿で一揆勢と会見、一揆勢はこの席で一三か条の統一要求を差し出した。

要求の主な内容は、未進・借銀・借米などに利子なし三〇年賦返済、年貢代銀納相場、村役人の不正取り締まりと免職、干鰯など新規運上銀の撤廃などであった。このうち三〇年賦返済など一〇か条は即刻要求が通り、残りの庄屋の年貢直勘定、新規運上撤廃、御用金返済の三か条は後日の回答となった。一揆勢はこれを受け入れ、各郡ごとに聞届書を受け取って帰村していった。しかし、その後、多度津藩・丸亀両藩は、寛延三年一月二〇日付の幕府の幕府領・私領百姓強訴徒党逃散禁令を理由として先の要求を反故とし、三月ごろからは一揆張本の捕縛を開始した。七月二八日、多度津藩では多度郡葛原村で多度郡三井村金右衛門・碑殿村甚右衛門が死罪獄門、丸亀藩では金倉川で三野郡笠岡村権兵衛・弥市郎・嘉兵衛、那珂郡七箇村金右衛門の四人を磔獄門、笠岡村平九郎・権兵衛の子新右衛門、三野郡大野村兵治郎の三人を打首獄門に処した。なお新右衛門以外の幼少の権兵衛の子三人は、縁座による死罪に処されている。ほかに永牢が丸亀藩で一人、追放が丸亀藩で三二人、多度津藩で八人となっている。のち彼らは、「七人童子」として怨霊話で怖れられる反面、「七義士」などと呼ばれて義民として顕彰されていった。善通寺誕生院境内には、大正一二年（一九二三）建立の七義民供養塔があり、七人の名が刻まれている。

【人物】大西権兵衛　おおにしごんべえ

丸亀藩領三野郡笠岡村の百姓。大西家は阿波白地城主大西覚養の弟の子孫で、長宗我部氏に追われて讃岐に逃れたと伝えられ、祖父は一〇〇石を所持する豪農だったといわれ、父治右衛門はその四男であったといい、字天神に家を構えた。母は大野村の高橋氏の女綾野。元禄一六年（一七〇三）生まれ。同村七尾山に住む木喰仙人という者に読書・算術を習い、那珂郡帆山村の関口流の達人小山耕雲斎について剣道と柔道、軍学を学んだという。享保七年（一七二二）父母ともに没し、その後、師耕雲斎の娘よねを娶り、新五郎・源二郎・平六・亀之助の四児を得た。妹の滝は耕雲斎の息子で同志であった金右衛門に嫁いだ。西讃騒動では一揆を組織し廻文を書いて回した筆頭の頭取として、寛延三年七月二八日、子供四人とともに金倉河原で処刑された。権兵衛は磔、長男新五郎は一揆の連判などに関係したとして打首獄門、他の三人の子は縁座で打首であった。享年四八。法名は法山覚入居士。新五郎は一六歳、源二郎は一三歳、平六は九歳、亀之助は五歳であった。妻よねも捕らえられ、獄中自殺を遂げたと伝承されるが、長林寺の大西家過去帳には寛延二年一一月二一日没とある。権兵衛一族の墓は三豊郡豊中町笠田笠岡の道音寺境内の小祠の内に座地蔵姿の石仏として祀られ、毎年八月の第一日曜日には権兵衛をしのぶ祭りが開催される。その周囲には、弘化五年（嘉永元年〈一八四八〉）の供養塔、一五〇年忌の石塔、嘉永二年一〇〇回忌の「七人聖霊」と刻まれた供養塔などが立つ。また、同所南の墓地には五〇回忌の寛政一二年（一八〇〇）の供養塔もある。明治三六年（一九〇三）、同所六ツ松に七義士神社（権兵衛神社）が建立され、昭和四九年「この世をば泡と見て来し我が心民に代わりて今日ぞ嬉しき」という権兵衛辞世が刻まれた大きな歌碑が立てられた。

【人物】笠岡村弥市郎　かさおかむらやいちろう

権兵衛と同じく字天神に住む博労で、鎮守の宮相撲では横綱を張る力持ちとして知られた。父は生駒氏の浪人で、同村では寺子屋の師匠をしていたといわれ、弥市郎三歳の時に没し、以後母が二反余を耕すかたわら村の娘に裁縫を教えながら弥市郎を育てたという。才知に富み、母に対する孝行も近在に知られ、「滑稽弥市」「孝行弥市」と呼ばれたという。西讃騒動では権兵衛と相談し廻文をこしらえ宿を貸したとして磔になる。享年二八（三五ともいう）。法名は大乗院釈弥宝居士。

【人物】笠岡村嘉兵衛　かさおかむらかへい

笠岡村字南の嘉兵衛は鍛冶職で、若い時は博奕もやり喧嘩沙汰にも及ぶ極道者だったが、父の死後はまじめに家職を継いだという。西讃騒動では権兵衛と相談し廻文をこしらえ宿を貸したとして磔になる。享年四三。南の集落に供養塔がある。法名は秋月道意。なお、妹の種は弥市郎の許嫁で、刑死後は当時二一歳で剃髪し尼となって兄と許嫁を弔ったと伝わる。

【人物】笠岡村平九郎　かさおかむらへいくろう

笠岡村の平九郎は大工で、父の家職を継ぎ、近在では名の聞こえた棟梁で、大西権兵衛家にも出入していた。西讃騒動では観音寺坂本村大庄屋米谷家打ちこわしで先頭に立ったとして打首獄門となる。享年四一。死罪の者のなかで、子供を除けば、平九郎だけが七義民に含まれていない。

【人物】帆山村金右衛門　ほのやまむらきんえもん

那珂郡帆山村百姓。百姓のかたわら関口流の達人として剣道と柔道を教えていた小山耕雲斎の息子。大西権兵衛・大野村兵治郎・三井村金右衛門・碑殿村甚右衛門は耕雲斎の弟子であったという。また、姉よねは権兵衛に嫁ぎ、金右衛門は権兵衛の妹滝を妻とした。西讃騒動では善通寺での藩役人との交渉で指導的役割を果たしたとして磔となる。磔刑四人の一人であり、権兵衛との深い姻戚関係から、那珂・多度郡勢の頭取であったのではないかと指摘されている。享年三八。法名は釈浄宗居士。仲多度郡仲南町十郷の帆山地区の観音寺山に明和六年（一七六九）に子孫によって建立された供養塔があり、墓とされる。明治三一年（一八九八）には一五〇回忌が催される。大正一一年（一九二二）金右衛門を祀った小山神社が高室神社境内に造られ、地元では「きんによもさん」と呼ばれ、記念碑もある。

【人物】大野村兵治郎　おおのむらへいじろう

三野郡大野村百姓。同村大上に居を構える豪農高橋兵之進（または利兵衛）の子で、小山耕雲斎の弟子で地方の剣客と称せられたという。飢饉の際には村民に金穀を分け与えたと伝える。岡本村庄屋太郎兵衛宅打ちこわしで先頭に立ったとして打首獄門となった。享年三九。兵次郎の所持した田二反余・屋敷五畝余・山林一町五反は大上集落に分け与えられたという。三豊郡山本町大野の大上に墓があり、首塚と二基の供養塔が立つ。法名は吹雲顕照信士。また、兵治郎を祀る高橋神社があり、追悼碑が立つ。その近くに兵治郎屋敷と呼ばれる一画がある。

【人物】三井村金右衛門　みいむらきんえもん

多度津藩領多度郡三井村百姓。荒野・山林の開墾を業としたといい、一説に黒鍬であったという。小山耕雲斎の弟子の一人。多度津藩領での徒党の張本人として打首獄門となった。享年四四。ただし、地元の伝承によると、金右衛門は一揆直後に大坂に逃れ、身代わりとして一揆で彼の片腕として活躍した同村原の門（紋）蔵（紺屋職）が打首獄門となったといわれ、円光寺境内に門蔵の墓と巨大な追悼碑が建てられ、同寺の過去帳にも刑死日の寛延三年七月二八日が明記されている。紋蔵の法名は釈道順。

【人物】碑殿村甚右衛門　ひどのむらじんえもん

碑殿村百姓。小山耕雲斎の弟子の一人で、五尺七、八寸の偉丈夫、飢饉の際には米麦を窮民に分けたという。権兵衛は、義弟の帆山村金右衛門を介して会談し一揆決行に至ったと伝える。多度津藩領民の天霧山への集合の際に頭取として活躍したとして打首獄門となった。弟六兵衛も追放とされた。旦那寺が書いたと考えられる「年忌記録」によれば、宝暦元年の一年忌から嘉永元年（一八四八）の一〇〇年忌まで「御領分中」によって仏事が執行されてきたことが知れる。法名は慈心院釈宗山信士。善通寺市吉原町の東西神社に大正一四年（一九二六）建立の追悼碑がある。

（須田　努）

〔参〕『豊中町誌』、『三野町誌』、『高瀬町誌』、『新編丸亀市史』二、佐々栄三郎『七人童子快挙録』、『讃州百姓一揆史』

寛延三年（一七五〇）一月一六日
伊予国浮穴郡ほか大洲藩領打ちこわし・強訴（内ノ子騒動）

寛延元年、大洲藩領では大洪水による被害が出、翌年には凶作のため百姓困窮となった。しかし、藩は年貢減免の措置をいっさいとらなかった。一方、藩の特権商人は藩役人・庄屋と手を組み小物成取り立ての請負などを通じて暴利を得ていた。寛延三年一月一六日夜、浮穴郡小田筋の百姓一五〇〇人ほどが結集し、寺村の庄屋栗田吉右衛門居宅を打ちこわしたことから騒動は始まった。彼らは、これに先だって薄木村九右衛門の指図に従い、薄木村天神宮で祈願し、一揆成功のあかつきには神社の「建立仕上」を誓っていた。一七日、一揆勢は薄木村・中田渡村の庄屋を襲撃したが、村役人の説諭により打ちこわしは行われなかった。一八日には喜多郡北表村の庄屋宅にも押し寄せ、奥筋の村々にも参加を呼びかけ、徐々に参加人数を増加させていった。また、別働隊は伊予郡中山村の美濃屋・玉屋両家を打ちこわした。一九日、五百木村の豪農又吉宅を綱を掛けて引きつぶした。さらに、古田村庄屋新六宅を綱を掛けて引きつぶしたうえ酒桶などを破壊し、綿屋源六宅も綱を掛け、蔵にあった諸品をことごとく「こやし坪」に投げ入れた。平岡村庄屋栗田儀右衛門に対しては、子孫に至るまで庄屋役に就かないとの約束を結び、打ちこわしを免除した。その後、宿間村庄屋山本九郎右衛門宅を打ちこわした。一揆勢は、二〇日内ノ子河原に合流した。その数一万八〇〇〇人に達したという。彼らは、内ノ子河原に小屋を急造し、以後二八日まで村ごとに固まって起居し、藩と対峙した。この小屋は、内ノ子より竹木・莚・縄などを取り寄せて造ったが、不足すると近隣の山から勝手に伐り出したといい、それらの山には立木が一本もなくなったといわれる。同村の豪農五百木屋は、一揆勢に対し「一日に飯米九拾石ヅツ」「小遣銭壱貫八九百目ヅツ」出したと記録する。一揆勢と大洲藩との交渉はいっこうに進展せず、一揆勢のなかには宇和島藩に逃散して強訴しようと主張する者もいた。この動きに危機感を抱いた大洲藩の支藩新谷藩は両者の斡旋に乗り出し、二三日、奉行津田八郎左衛門らが出向き、訴状の作成・提出をうながした。これに応じた一揆勢は、年貢の定免化、年貢納入時の計棒を百姓に不利なくり棒ではなく直棒へ変更、庄屋の帯刀を廃止、悪徳庄屋・組頭の交代、小物成徴収における蔵川屋八郎左衛門の請負の排除など、二九か条にわたる訴状を提出した。二七日、大洲藩からの回答が新谷藩を通じて発表され、庄屋の罷免など四か条は拒否されたものの、他の要求項目はおおむね容認された。さらに、法花寺・高昌寺・願成寺の和尚が頭取の捕縛を行わないよう大洲藩へかけ合い、その旨の一札を受け取った。その結果、百姓たちは二八日の朝帰村した。大洲藩は鎮圧策さえ講じ得ず、ほとんど拱手傍観であった。

（須田　努）

〔参〕『中島町誌』、景浦勉『伊予農民騒動史話』、『大洲市誌』、『内子町誌史』、『愛媛県編年史』七、『愛媛県史』近世上・下

寛延三年（一七五〇）一月一七日
下総国印旛郡佐倉藩領強訴

寛延三年一月一七日朝五つ時過ぎ、佐倉藩領成田筋の百姓八〇～九〇人が大勢で佐倉城内へ入り、代官役所に対し強訴を行い、年貢残分の上納は無理として、八月の早稲収穫まで上納を延期してほしいと嘆願した。藩では年寄の指示を仰ぎ、代官が一村一、二名の願人を残し、その他は帰村するよう命じた。一八日にも同様に大勢が強訴をしたが、徒党は不届きとして九か村・一七名を縄手錠のうえ町宿預に処した。百姓の強訴はこの後も続き、同夜に四か村約五八名、二〇日に四か村、二一日に一か村三〇名余が記録される。これに対し藩は、二三日江戸藩邸の指示で町在へ一揆禁令を出した。

（西脇　康）

〔参〕『佐倉市史』一、児玉幸多『佐倉惣五郎』

寛延三年（一七五〇）一月
肥前国高来・彼杵郡佐賀藩領諫早氏知行所召し上げ反対強訴・越訴（諫早騒動）

佐賀藩では寛延元年に藩主鍋島宗教の隠居・養子をめぐる御家騒動が発生した。反藩主派の有力家臣諫早茂行は、二年一二月に隠居・蟄居を命じられ、知行一万石を没

収されることになった。諫早家中は、上知反対派と恭順派に分裂し、反対派による運動が展開した。一方、百姓らも上知による年貢増徴の恐れなどから反対運動に立ち上がった。三年一月に江浦村の百姓二〇〇人余が諫早役所に詰めかけたのを皮切りに、知行地内の各村から百姓が役所に詰めかけたのである。二月、佐賀本藩から領地引き渡しの催促を受け、土地目録などが差し出されると、百姓たちの騒動はますます激化し、連日諫早会所に詰めかけ、三月中旬にはその人数は五〇〇〇人余にのぼった。この間、三月六日には百姓惣代が長崎奉行に直訴しようとして途中で逮捕される事件も起きた。四月中旬（五月上旬とも）日田代官岡田庄太夫に越訴したが、訴状の受け取りを拒否された。四月下旬から五月にかけて諫早に集結する百姓は一万から一万五〇〇〇人に達した。六月一日、佐賀へ強訴するため多良に集結した百姓は、村毎に印入の旗の下に結集し、その数は一万三〇〇〇～一万四〇〇〇人ほどであった。彼らは、食糧として麦粉三升持参、鎌持参、蓑笠の用意、村々に盗人に対する用心のために相応の人数を残すことなどを記した一一か条の議定を作成していた。しかし、諫早家重臣香田又左衛門、三村惣左衛門の説諭により、強訴するのをあきらめた。七月上旬には大坂町奉行所への箱訴も行われた。このようにあらゆる手段を尽して百姓は上知に反対したが、佐賀本藩の意志を覆すことはできなかった。八月二九日、上知反対派の指導者であった若杉春后が捕縛され、九月一〇日には大坂へ訴人を差し越すには及ばないとの連絡を受け、公訴の道がたたれたため、運動は急速に終息していった。この運動で武士団では若杉春后が磔、家老三村惣左衛門が生害獄門などに処されたが、百姓に対する処罰も厳しかった。すなわち、喜々津村土左衛門ら三人が磔、小江村九右衛門ら八人が獄門、ほかに生害一人、五郡払六人、三郡払八人などの処罰を受けたのである。なお、上知された土地が戻されたのは、一揆から一七年後の明和四年（一七六七）である。（保坂　智）

〔参〕古賀篤介『諫早義挙録』

寛延三年（一七五〇）七月一九日
甲斐国八代・山梨郡幕府領運上請負人打ちこわし（米倉騒動）

甲斐国八代郡と山梨郡万力筋の村々では、養蚕と煙草の栽培が盛んであった。八代郡小石和筋米倉村の長百姓平七家も、養蚕・煙草の生産に従事し、家産を上昇させてきた。寛延三年、平七はこれら特産物の運上金上納を幕府の石和・川田両代官所に願い出て、自らはその売買・輸送の請負人となることをはかった。これは百姓にとって増税と中間搾取の発生を意味した。平七と同様に請負願いを出していた山梨郡川田村長百姓八之丞と和戸村名主奥右衛門は、平七と競合しては不利となるとの思惑から、平七の計画を百姓たちに漏らし、とくに養蚕運上が決定すると難儀となると煽動した。こうして山崎村名主弥五左衛門と鎮目村名主七郎兵衛を中心として平七への反対運動が山梨郡万力筋の村々に高まり、八代郡へも広がっていった。七月一五日、八代郡大石和筋成田村の鎮守に万力筋と八代郡内一六か村の名主・長百姓らが寄り合い、万力筋松本村名主次郎左衛門を頭取として対策を討議し、一八日、八代郡小石和筋高家村での集会を決めた。廻状によって多数が参加した一八日の集会では、万力筋の者が平七宅打ちこわしを主張し、一九日には高家村にある小山城跡に八代郡と山梨郡万力筋の百姓大勢が屯集した。各種の騒動記は、その数を二万人とも五万人とも記す。やがて、百姓たちは、棒・鎌・斧などを持ち、竹貝を吹き鳴らし、村ごとの印を付けた紙旗を立て、米倉村平七家をめざしていった。この頃には石和・川田両代官所の手代たちが派遣されたが、一揆勢はこれを無視し、平七家を打ちこわした。平七とその家族は、事前に逃れて無事だった。この一揆の特徴は、事前に幕府への訴願運動がまったく行われていない点と米倉村平七のみを打ちこわした点にある。打ちこわし終了後八月一五日から、石和代官所は一揆関係者の捕縛・詮議を開始し、山梨郡では成田村名主七郎左衛門・長百姓治兵衛、万力筋では川田村八之丞・和戸村奥右衛門・鎮目村七郎兵衛・松本村次郎左衛門・山崎村弥五左衛門らを頭取として捕縛し、翌四年二月からは一六か村名主を含めて約八〇人の百姓が江戸で詮議となった。江戸での詮議は長引き、この間に疫病も発生し、死者多数（四〇～五〇名）に及んだ。事件から四年後の宝暦三年（一七五三）九月二一日、石和代官所において四代官（石和・川田・甲府・上飯田）立ち会いのうえ江戸町奉行所からの判決が言い渡され、頭取の次郎左衛門が獄門（牢死につき闕所）、七郎兵衛・治兵衛が遠島（牢死につき闕所）、奥右衛門・弥五左衛門が重追放のほか、数十名に軽追放・過料・手鎖などの刑罰が科せられた。吟味から裁許までの長期間、江戸滞在費用などを捻出したため、その後村々は疲弊したという。平七への処罰はなかったが、平七の運上願いは却下された。　（須田　努）

〔参〕飯田文弥「米倉騒動」（『甲斐路』三七・三八）

寛延三年（一七五〇）秋
上総国夷隅郡大多喜藩領門訴

大多喜藩阿部出羽守正甫は、寛延三年駿府在番を命じられ、夷隅郡領分の嘉谷・押日・浜・小池・深堀の五か村に対し御用金四〇〇両を賦課した。五か村では、そのうち半金の上納を請け合ったが、残りの免除を嘆願した。すると藩は報復として、当年から惣検見の実施、検見以前は鎌留、違反の場合は過料として年貢を三割増にすると通告した。また藩は同年に新規の基準による再検地実施を企図した。五か村は代官へたびたび先例どおりの検地を嘆願したが、聞き届けられなかった。ついに同年秋、五か村惣百姓は江戸藩邸に門訴を決行した。門訴の頭取は代官弥三左衛門の注進により深堀村の杢右衛門と断定され、藩によって死罪に処せられた。嘆願がどのように処理されたかなど、詳細は未詳。

【人物】最首杢右衛門　さいしゅもくえもん

宝永七年（一七一〇）～寛延三年一二月二三日。上総国夷隅郡深堀村の組頭。寛延三年秋、大多喜藩江戸藩邸に対する惣百姓門訴では代官の注進により頭取と断定され、家財闕所に加え、死罪が宣告された。死罪をめぐっては、すでに現竜院法印・東漸院法印が内密で助命の嘆願活動を数度行ったが効果がなく、同年一二月にやはり夷隅郡に所領を持つ同族の阿部大学領の真福寺住持が幕府評定所での再吟味と、代官と杢右衛門との直接対決を領主に進言し、あわせて助命を懇願した。しかしその甲斐もなく、この嘆願書が届いた前後と見られる一二月二三日に、城代宅において杢右衛門は斬首された。享年四一。新田村の天台宗坂水寺に葬られ、法名は勝光院西岳経雲居士。大多喜藩領五か村は追福念十百万遍の彫付を施した供養碑を、大原町の坂水寺境内に建立した。また、同町の最首家の墓地には「最首杢右衛門者匹夫而為百世神」という銘文がある墓碑が存在する。　（西脇　康）

〔参〕児玉幸多「百姓一揆の一史料」（『日本歴史』一四〇）、『房総叢書』一、『千葉県夷隅郡誌』

寛延三年（一七五〇）一〇月七日
佐渡国加茂・雑太・羽茂郡幕府領減免越訴
（佐渡寛延一揆）

一八世紀前期の佐渡では、元禄六年（一六九三）の佐渡一国総検地によって年貢高が増加した上、享保改革による産業の合理化政策によって金銀山が衰退するという状況であった。さらに、享保四年（一七一九）定免制が採用されて以来、享保一四年、寛保元年（一七四一）、寛延元年（一七四八）に年貢が次々と増徴された。このように百姓の負担が増加してきたうえに、寛延二年にも新任の佐渡奉行鈴木九十郎のもとでさらに年貢の増徴が申し渡されたため、百姓たちは減免を申し出たところ、「不埒」な行為を行ったとして二九〇人余が手鎖、二九人が入牢となった。こうした状況に対して百姓たちは、雑太郡辰巳村太郎右衛門・羽茂郡下川茂村弥三右衛門らが中心となり、年貢・諸役の軽減、役人の不正糾弾、国産品の他国移出と出国許可の緩和などを求めて幕府に出訴することにし、寛延三年七月、佐渡一国惣代として吉岡村七郎左衛門・椎泊村弥次右衛門を江戸に送った。書類不備のため両名は一時帰国したが、九月に下村庄右衛門・新保村作右衛門・和泉村久兵衛を加えて再び江戸に上り、一〇月七日、二八か条に及ぶ訴状を勘定奉行曲淵英元へ提出した。さらに翌四年二月、太郎右衛門始め一国惣代二一人の連署で佐渡在勤の奉行阿部信之へ願書を提出し、佐渡奉行所の民政改善を重ねて要求した。この結果、鈴木九十郎が佐渡奉行を罷免されたほか、宝暦二年（一七五二）七月の判決では、奉行所側・百姓側の双方に多数の処罰者を出した。奉行所側では、鈴木九十郎のもとで非法を働いていた地役人柴田惣左衛門が斬罪、大森五右衛門・荻野善左衛門が死罪になったのを始め、遠島七、重追放三、中追放一、軽追放一、暇五、押込二六など、百姓側では、辰巳村太郎右衛門・椎泊村弥次右衛門が死罪、椎泊村七左衛門が遠島になったのを始め、重追放三、中追放一、軽追放六、手鎖一などであった。騒動の直接的契機は年貢の増徴であったが、その遠因には、長年にわたって百姓の生活を苦しめていた奉行所・地役人の非法があったと思われ、年貢の減免こそ実現しなかったものの、奉行所・地役人による非法の抑止など二八か条の訴状に示された百姓の要求は、新任の佐渡奉行松平忠隆のもとで行われた宝暦改革の参考とされた。

【人物】本間太郎右衛門　ほんまたろうえもん

佐渡国雑太郡辰巳村百姓。もとは同郡山田村の名主だったが、享保二〇年（一七三五）六人の重立った百姓とともに佐渡奉行所から新田開発の許可を得て、元文二年（一七三七）辰巳村を成立させ、翌年長男に家督を譲って次男とともに辰巳村に移った。新田開発の指導者として、周辺地域の百姓からの人望を集めていたと思われ、佐渡寛延一揆の際、椎泊村緒方弥次右衛門らとともに訴状の草案を作成するなど中心的役割を果たしたため、宝暦二年（一七五二）七月一八日、死罪に処された。享年六〇。墓所は佐和田町山田の宗念堂にあり、その境内には村人が建立した頌徳碑と供養塔がある。また、辰巳の旧宅跡に建立された供養碑は、現在は佐和田町八幡の佐渡博物館に移されている。なお、ほかに弥次右衛門（死罪）と七左衛門（遠島）の頌徳碑が両津市椎泊の誓願寺に、本間作右衛門（軽追放）の記念碑が金井町新保の八幡宮に、永井七郎左衛門（中追放）の追悼碑が真野町吉岡にある。

（大橋幸泰）

〔参〕『越後と佐渡の一揆』、『両津市誌』上、『新潟県史』通史四

寛延三年（一七五〇）一二月
日向国宮崎郡延岡藩領年貢日延べ強訴・逃散（宮崎五か村騒動）

延岡藩は、内藤氏が入封した延享四年（一七四七）以来徴税強化策を打ち出した。寛延三年には大規模な虫害が発生し、村々からは検見願いが出されたが、藩はこれを拒否した。このため、年貢皆済時期の一一月一五日を過ぎても皆済できない村が多く、藩はとりあえず一二月三日を納期限とした。こうしたなかで、富吉村など六か村の百姓はたびたび寄合を開き、皆済日延べなどの訴願を準備した。宮崎代官は大庄屋・庄屋を通じて寄合中止を命じたが、寄合は続き、やがて他村からの参加者も増え、また郡内の村々はこの動向に注目して年貢納入を見合わせる村も出てきた。このため、代官は、皆済期限を一二月一五日に再延長し、また種・夫食を貸し付けるから日延べ願いを種子・夫食願に変更するよう各村に指示した。多くの村々で動揺が走るなか六か村のうち浮田村が一揆から脱落した。しかし、残る五か村（富吉・長嶺・大塚・瓜生野・大瀬）は連判してより結束を固め、一六日に惣百姓中として検見や未進分の年賦返済などを要求する願書を大庄屋へ差し出した。大庄屋らは各村の頭立百姓を呼び寄せて説得しようとするが、百姓たちはどこへでも一同で罷り出る申し合わせをしたからといって個別の説得には応じなかった。百姓たちは、役所にも一同で押しかけ、要求が容れられなければ鹿児島藩領に立ち退

くと申し合わせていたという。藩庁では願書受理拒否という強硬姿勢を示す郡奉行と、一揆拡大や他領逃散などを気にする慎重な藩首脳との間に意見の食い違いが生じ、対応策の協議に手間取ったが、二六日宮崎代官は独断で願書を受理し、正式な手続きによって延べ願を差し出させるという引き延ばし策に出た。しかし、年末年始の行事をいっさい放棄した五か村の状況にたじろぐ代官は、瓜生野村の直純寺に調停を依頼し、年賦返済を除いた要求を容れることで瓜生野村小前の説得に一時成功するが、百姓たちの大勢は年賦での返済方法を主張し、年明けの一月九日鹿児島藩領柳瀬村への逃散を決意し、瓜生野村北原に結集した。直純寺ほか七か寺による三日間の調停交渉の結果、一一日に調停を受け入れ、一揆勢は帰村した。一七日には頭取の詮議、参加百姓の処断は行わないという内容を含め、先の要求を全面的に認めた藩側の回答が示された。百姓側の全面的な勝利と思われた五か村強訴であったが、藩側の回答が示された当日、宮崎郡南方村の百姓一三人が佐土原藩領に逃散したことにより新たな展開を見せた。南方村百姓たちは説得に応じて翌日帰村するが、藩は宮崎代官の交替、村々取り締まりのため四組に一名ずつ村廻役を置くなど、地方支配を強化する一方、調停にあたった八か寺と郡内二〇か村の庄屋・年寄に褒美を与え、一揆参加者と騒動を鎮めた者たちとの分断をはかった。こうしたなかで、幕府日田代官岡田庄太夫は、三月六日付の書状で「日向国之儀別而国風悪敷」と先代領主時代の逃散を例に今回の一連の騒動を問題視し、頭取の吟味についても再考をうながした。その直後に、大塚村民の幕府直轄林の松木を伐採する事件と長嶺村の一一戸の逃散が起き、これに日田郡代が介入したことによって、延岡藩は五か村強訴の再吟味を含む一連の騒動の徹底的な糾明を迫られた。六月二九日に村廻役一〇名が新たに任命され、地方支配は四人体制から一二人体制となった。八月二二日、岡富村柳原において、大塚村庄屋久右衛門、富吉村弥七、瓜生野村甚兵衛、長嶺村常右衛門、大瀬町村太左衛門の頭取五人が打首となった。　（遠田辰芳）

〔参〕『宮崎県百姓一揆史料』、飯島端治「内藤延岡藩初期の農民闘争と領主の動向」（『譜代藩の研究』）

宝暦元年（一七五一）六月六日
土佐国高岡郡高知藩領佐川領山分騒動（佐川領一揆・別府山九か村一揆）

高知藩上席家老深尾繁峰は高岡郡佐川に領地一万石を与えられた。これは佐川領と呼ばれ、伊予国境の山間部である山分（別府山九か村ともいう）と里分に大別されていた。宝暦元年六月六日、その山分の大平・長者・桐見川・野老山・九喜・高瀬・川渡諸村の惣百姓が森村に集合した。彼らはここに五日間滞在して、森村の丹五右衛門を中心に領主への訴状を作成した。惣百姓らは六月二八日再び、森村に集合し、七月二日膳太夫が訴状を清書、三日には森村の中津川原に結集した。ここに小屋を掛けて二日間滞在し、八三〇人にのぼる百姓たちは、別枝の百姓らに参加を求めるが、徳路の番所役人に制されて七日間動けなかった。伊予へ逃散しようとしたのかどうかは判然としない。また、訴願内容を確認できる史料もないが、参加村落が山間地域に集中しているため紙の自由売買を要求したものと思われる。七月一三日、藩郡方の川原塚清兵衛と山崎又右衛門が現地に出張し、一揆勢を説得したため、百姓たちはそれぞれ帰村した。その後、七月二八日には佐川深尾家の代官が長者村に赴き、九か村の庄屋を集めて調査を始め、森村新助・忠右衛門・川渡村丹五右衛門・大平村利助・長者村作之丞・平六の六人を頭取として捕縛し、のちそれぞれ追放刑が科せられた。また、里分庄屋九名も庄屋役を罷免され、伊予へ追放される者も出たが、彼らが一揆とどう関係したのかは不明である。さらに、宝暦三年二月には、深尾氏の仕置役や代官たちも蟄居が命じられた。　（須田　努）

〔参〕平尾道雄『土佐農民一揆史考』、『高知県史』近世、『越知町史』、『佐川町史』上

宝暦元年（一七五一）八月七日
信濃国更級郡松代藩領新法反対強訴（田村騒動）

松代藩は、寛保二年（一七四二）の豪雨によって六万石余の被害を受け、さらに寛延四年（一七五一）にも大地震の被害によって藩財政は窮乏に陥った。そこで藩財政改革のために田村半右衛門を登用した。半右衛門は、寛延四年八月二日、領内の主な村三五か村の百姓を豪商の一族八田競の家に呼び出し、検見願いのない村は年貢の一割五分増にするので二、三日中に申し出よなどの三か条を申し渡した。この時半右衛門は、藩のために御用金を出すためには、博打、すりなりとも人々のぞみのままに行って差し支えないとの暴言を吐くに至った。これによって山中地域三万石の百姓は、七日、一村より一〇人の集会を触れたが、暮六つ時には赤坂川原に、山中七〇か村から集まった人数は、二〇〇〇人となった。一揆勢は、城下の馬場町にある八田競の家に押し寄せ、「半右衛門を出せ、すり・ばくち色々習い申したき」と叫んだという。この時半右衛門は土蔵に隠れ、酒絞りの舟に入れられ隣家に逃れ、そこで下女の木綿の着物を着て、二、三人に同じ格好をさせて願行寺に逃れ、さらに長国寺に逃げた。そこで衣を着せ僧二、三人をつけ矢代宿までいき、江戸に帰ったという。八田の家には藩郡奉行が駆けつけ、夜中なので明日の朝勘定所で願いを聞くというと一揆勢は引き上げた。八日、山中村々七〇か村惣百姓の名で奉行所に七か条の訴状が差し出された。それによると、前書きで田村半右衛門を惣百姓へ下しおかれたいと述べ、半右衛門による新法の廃止、扶給金高百石に金三分の上納の廃止、検見がなければ物成の外に一割五分増籾にて上納の廃止、山中は金納であったのに米納となったがこれも難儀であるなど七か条の要求が出された。藩はこれらの要求をすべて認めた。八月一五日、藩は頭取ならびに一揆を企んだ者の詮議を職奉行・郡奉行に申し渡しているが、逮捕されたものはいない。一説によると頭取に褒美が与えられたという。

【人物】田村半右衛門　たむらはんえもん

生年不詳～宝暦二年三月二三日。播磨赤穂の浪人大野九郎兵衛の子、郡右衛門という。江戸で松代藩士小松一学に出会い、経済的才能を認められ、寛延三年（一七五〇）六月、田村半右衛門の名で藩に召し抱えられた。当初番頭格二〇人扶持、後、勝手係として三〇〇石となった。城下一の豪商八田氏と手を組み、藩士の私曲を調べ、その弱みにつけ込んで御用金を課すなどのことも行ったという。一揆によって彼は江戸へ逃げ、新法も取りやめとなり、古例に復帰することとなった。同じく新規に召し抱えられた小山孝助が、半右衛門の悪事を幕府に訴えたのをきっかけに、宝暦二年二月牢舎となり、三月二三日打首となった。牢死したという史料も存在する。（小椋喜一郎）

〔参〕『松代町史』上、小林郊人『信濃農民史考』

宝暦元年（一七五一）一二月七日
伯耆国会見郡鳥取藩領百姓山籠り

宝暦元年、藩財政窮迫のため鳥取藩は八歩借米を全領に触れた。これに対し因幡国八郡と伯耆国六郡のうち五郡の百姓は納得し上納を済ませたが、伯耆国会見郡百姓のみはこれに従わず、下地請免を命じられた時の趣旨と異なると憤激して、一二月七日ごろから数日間、約三万人が壷瓶山に立て籠って訴えた。百姓らは山の木を伐って火を焚き、山下を通る者に昼夜燃えている薪木を投げつけたので、通る者が絶えてしまった。藩は借米のことでもあるので、強いて取り上げるというやり方を避け、会見郡の八歩借米を免除する旨の回答を与えた。しかし上納済みの他郡からだけ取ることはできないので、すべてを返却することにし、藩財政が逼迫しているので強いることはしないが、村々から願い出るかたちで借米を実行するのでめいめいの存念次第に御用にたつようにと触れた。同時に、小百姓でも八歩くらいの借米は何程のことでもないのにこのように騒ぐところを見ると、頭取は農業第一の百姓、身持ちのよい百姓ではな

いはずと強調しながら訴人を奨励し、隠せば罪科と触れた。逮捕者があったのかなどについては不詳。　（深谷克己）

〔参〕『藩法集』二鳥取藩

宝暦二年（一七五二）七月二九日
武蔵国秩父郡忍藩領大宮郷など年貢増徴反対強訴

宝暦二年七月、忍藩は、秩父領（大宮郷と八か村）の田畑屋敷の銭納年貢引き上げをねらって約一割の増永を通達した。田の少ない山間部のため、養蚕など小商品生産の利益を増永として吸い上げようとしたのである。増永の内容は、反あたり上中下田畑は永二〇文、下々畑・屋敷は永一〇文で、大宮郷の田畑三八〇〇反、下々畑・屋敷は六〇〇反なので、年八二両の増加である。これに対し、村々では反対の声が上がり、七月二八日、一郷八か村の村役人らが大宮郷惣円寺で集会を開き、高一〇〇石につき二五両の臨時課税は請けるが、一〇年賦で上納したいという案がまとまり、割役と代表者が忍表へ出かけて藩庁と交渉することとなった。ただし、代官と名主の話し合いにより、一〇年賦は五年賦と改められた。ところが、割役ら一〇人が出立する直前の同月二九日、村方の百姓二〇〇人余が荒川を渡り忍表へ向かって出発した。村役人の妥協策に不満であったためであろう。代官山本与一右衛門は、一行を寄居まで追いかけ、願いを聞き届けるから忍へいくことを思いとどまるよう説得し、結局高一〇〇石につき金三両、六年賦という条件で決着した。しかし、こののち大宮陣屋で厳しい取り調べが行われ、追放八名、手鎖五〇日七名、戸締三〇日四名、同一〇日六名、押込一〇日七名、同二〇日一名、御叱二名の処分が行われた。そのなかには名主が八名含まれている。　（山中清孝）

〔参〕『秩父市誌』、『松本家御用日記類抄』

宝暦二年（一七五二）八月一四日
和泉国日根郡岸和田藩領馬場村騒動

寛永元年（一六二四）以来、和泉国では稀有の旱魃によって凶作が続き、馬場・幡代村一帯は干害に加え虫害にまで襲われ、百姓の困窮は極度に及び、餓死に瀕する者さえいたという。百姓は、領主松平（防牧）氏へ救恤の嘆願をしたが聞き入れられなかった。かくて宝暦二年八月一四日、馬場村の百姓森田小平次が、藩の郷倉を破って蓄蔵米を村々家々へ分配したと伝えられる。

【人物】森田小平次　もりたこへいじ

もともと本名は久助といい、日根郡熊取村大久保の豪族降井氏の家来で北川市助という者の弟であったが、馬場村の森田家へ養子にいき襲名して小平次と名乗った。彼が郷倉を破った結果、騒動の首謀者と目される者一八人が刎刑と決まった。そのなかには小平次も加えられていたが、その時彼は、「我れ一人責めを負はゞ十七人の人は助かるべし」と思い、愁訴して発頭人となった。「身は一世の浮枕、名は万代の宝なり」と彼は後事を村民に託した後、「わが家の田畑百石に満なむまで永世諸役米を村中よりつとめくれよかし」といって、一一人の組頭から一一通の証文を請け、ついに馬場・幡代両村の境、ムタレ口の四ツ辻の成敗所において四八歳の生涯を閉じた。小平次の犠牲によって救われた村民は、彼を神と讃え、以来約束通り、森田家へ米一石五斗を永代村より贈り、諸役御免とした。なお、彼の実家市助方へも毎年米五斗を一代限り贈ることになった。また、以来、馬場村では、小平次が刑に処せられた八月二〇日（八月一四日ともいう）が、鎮守祭の日でもあったことから、小平次の魂を弔う意味で、同祭を戸閉祭（とたてまつり）と称し、一村戸を閉じて外出しないようになった。昭和一〇年（一九三五）四月、「義民小平次之碑」が泉南市馬場の極楽寺境内に建立された。　（山﨑善弘）

〔参〕竹内峰治「義民小平次」（『上方』九七）

宝暦二年（一七五二）一二月一三日
丹波国何鹿・天田郡綾部藩領御用銀反対強訴

この強訴は、藩財政の悪化を補うために御用銀が賦課されるようになったことに起因する。綾部藩財政は一七世紀末には悪化しつつあったが、さらに一八世紀初頭に旱魃・洪水などの災害に相次いで襲われ、藩財政は大打撃を受けた。しかし、藩財政悪化の最大要因は、享保期における全国的な米価の急落にある。正徳年間頃から上昇し続けていた米価は、享保七年（一七二二）に一転して急落し、綾部城下の米価もこの年を境に一気に三～四割下がった。こうした米価の低下は、特筆すべき産物を持たない綾部藩財政を危機的状況に陥れたものと考えられるが、同藩は御用銀や御頼無尽銀を賦課する以外に、藩財政を補う手立てを持たなかった。その後、米価はやや持ち直すものの低水準が続き、宝暦元年・二年にはさらに下落している。強訴は、この直後に起きていることから、米価のさらなる低下によって、ついに御用銀を工面することができなくなった百姓の怒りが頂点に達し、強訴に及んだものと思われる。一二月一三日夕方、百姓が各所に集結したことを知った大庄屋は、制止するとともに、藩に報告した。綾部組は大庄屋の制止を聞き入れたものの、栗村・小畑・中筋・山裏・川合組の百姓は、城下に押し寄せた。そして百姓は、当月分御用銀三〇貫目用捨、来年以降の御用銀用捨、足軽口用捨、御頼銀の返済などの要求を掲げ、町屋に乱入し、酒食をねだり、大庄屋方などを打ちこわすと気勢を上げた。これに対して藩から、当月分の御用銀は用捨、他の要求については後日回答するとの申渡しがあり、百姓は徐々に帰村した。しかし、年末と翌三年二月三日の回答では、藩財政悪化を理由に、大半の要求が退けられている。そして強訴に及んだことは不届きであり、首謀者は判明次第、処罰する旨申し渡されたが、その後、処罰はなかったようである。　（岩城卓二）

〔参〕村島渚「宝暦二年綾部藩百姓強訴顛末」（『綾部史談』一〇・一一）、『郷土農民騒擾資料集』、『三和町史』上

宝暦二年（一七五二）一二月一六日
三河国加茂郡挙母藩領減免門訴（芋八騒動）

宝暦二年一二月三日、飯野村八兵衛ら一五人を惣代として一六村・一二四一人の百姓が江戸へ向けて出立、途中岡崎城下で説諭されて九三六人は帰郷するが、舞木村清左衛門を代表とする三〇五人は江戸へ向かい、一六日朝江戸藩邸に大勢が詰めかけて訴願に及んだ。惣代のなかには庄屋もいた。訴状は二四か条からなるというが、検地縄の短縮と枡の増量（一斗枡を一斗五合入とする）による年貢増徴、挙母城普請への人夫役重課の二点のみが伝えられる。寛延二年（一七四九）内藤氏入部以降の挙母藩領村々の年貢の増徴は確認される事実で、また矢作川の水害を避けるため台地上に新たな築城を許可され、宝暦元年に縄張りが始まっていた。江戸藩邸では多くを帰村させ、三〇数人が年を越したが、一月下旬には三〇人ほどが帰村、二月一〇日残った清左衛門ら七人が挙母へ護送された。藩は二月に出訴一六村には一〇〇石につき米八俵、不参加三村には年貢米一割をそれぞれ一〇年賦として与え、三年間の定免を約束した。新城完成が天明五年（一七八五）までかかったのもこの一揆の影響があったであろう。他方、二月には頭取と目される一五人が拷問を伴なう吟味を受け、四月二二日飯野村八兵衛・善三郎、舞木村清左衛門・半六、四郷村紋右衛門・林右衛門の六名が打首となり、ほかに二名が追放に処せられ、江戸に出た村々庄屋に科料が課せられた（ほかに手鎖二十人・戸〆九人などがあったとの所伝もある）。飯野村の山本八兵衛は刑死時に二八歳の若さで独身、質実剛健、弁舌人を動かす気概があったと伝えられる。顔に疱瘡痕のあばたがあったため俗に芋八といわれたことから、芋八騒動ともいわれる。西加茂郡藤岡町飯野の林宗寺に中垣善三郎（庄屋）と連名の墓が残り、飯野神社には大正七年（一九一八）建立の供養碑がある。舞木村の永田清左衛門は、八兵衛の姉の夫で庄屋を勤め、理非を分別し衆に秀でた五〇有余歳の人物で、訴状を認めたのも清左衛門だったといわれ、むしろ彼が頭取だったとする説がある。安永八年（一七七九）二七回忌に猿投神社一の鳥居東方（豊田市舞木町）に永田清左衛門・永田半六連名の宝篋印塔が、また明治三五年（一九〇二）

一五〇回忌には供養塔が建立され、今日でも旧暦四月二二日には「ほうきょうさんのお祭り」が行われ、永田家に供物を捧げる行事が続いている。四郷村の小栗紋右衛門(庄屋)・山田林右衛門も豊田市四郷町雲龍寺境内に連名の宝篋印塔が残り、「安永八年四月二十二日・二十七回忌追善・施主当村中建立」とある。この建立は安永八年に藩から仏事法要が許されたためといい、またその後藩主自らが施主となって盛大に法要を営んだともいう。　(齋藤　純)

〔参〕『猿投町誌』、『豊田市史』二、『義人飯野八兵衛』、市古鍋三・永井忠夫『義民飯野八兵衛正伝』

宝暦三年(一七五三)二月二八日
備後国品治郡ほか福山藩領御用銀反対強訴・打ちこわし

福山藩では、延享四年(一七四七)以来度重なる旱魃、風水害によって百姓が窮乏していた。そのなかで藩主阿部正右(まさすけ)が幕閣に列し、財源が必要となったため、宝暦三年二月、三五〇貫の御用銀を賦課した。たまりかねた百姓らは、二月二八日夜、品治(ほんち)郡の村々から蜂起し、新市村天王川原に集結した。総勢二万人余りともいわれた一揆勢は、翌二九日は、芦田郡府中市・中須・宮内・戸手村、品治郡新市村の庄屋宅・有力商人宅などを次々と打ちこわした。同三〇日には安那郡川北・川南村へ進出し、両村庄屋宅を襲い、三月一日には早朝安那郡下竹田村庄屋宅を襲い、南下して深津郡宇山・三吉村庄屋宅を打ちこわした。さらに品治郡と同時に蜂起した沼隈郡の百姓も、上中下山南村・松永・赤坂・神・草戸など村々の庄屋宅や月番庄屋宅などを悉く打ちこわした。一方、藩側の対策は完全に立ち後れ、二月二九、三〇日と大目付・郡奉行や、代官を派遣したが効果が上げられず、三月二日になって藩はついに百姓側の要求を聞き届けたので、一揆勢はようやく引き上げ始め、翌三日に至って鎮静化した。一揆の結果、御用銀は免除となり、藩札の通用も停止した。しかし藩は三月一四日、郡中百姓惣代を召し出し、寛延三年(一七五〇)の幕法に照らして叱責するとともに、一揆首謀者の逮捕を厳命した。かくて岩成村百姓安十・友七の二名を発頭人として捕らえ、一二月一一日に城下において打首・獄門の刑に処した。(三宅紹宣)

〔参〕『広島県史』近世一、『福山市史』中

宝暦三年(一七五三)五月
下野国河内郡宇都宮藩領岩原村年貢勘定争論

宝暦三年一月、日光御神馬通行の時、岩原村の百姓が不調法を犯したことから、その入用金を村で負担しなければならなくなった。この時その割符方法について議論となったが、岩原村では慶長年間(一五九六～一六一五)以来、村掛入用出銭の割符は二〇軒の軒割が仕来りになっていたことを理由に、庄屋は軒割をもって割符した。ところが、同年五月に起こった同様の出銭については、庄屋は従来の仕来りに反し、三〇軒の面役による割符を命じたことで、軒役を主張する庄屋を含む「一軒」百姓と、面役を主張する「半軒・三分壱」百姓とが対立し、争論となった。この結末ははっきりしないが、軒割になったと予想される。しかしこの争論は、同四年春に起こった鎮守修復をめぐる争論として、表面上はかたちをかえて再発し、面役を主張していた「一軒」百姓の一人で石切肝煎の七右衛門が、軒役を主張していた「半軒・三分壱」百姓のうち四名が担当した石細工につき欠陥を指摘し、口論のうえ打擲に及び、さらに四名を上遷宮式に招待しなかった。この一件は村を二分する村方騒動に発展し、翌年二月「半軒・三分壱」百姓四名は吟味のうえ、村掛入用出銭の割符を含めた「古法」遵守を命じられたいと、代官へ出訴した。その結果、堀之内村能満寺、欠ノ下村吉祥院、荒針村名主の扱いで、同九年三月訴人たちの主張が認められないまま、訴人が触番役の未進分皆済を約束し、岩原村長林寺への入寺を科せられることに同意し、村役人などと内済した。　(西脇　康)

〔参〕斎藤善之「近世村落における『年貢勘定』と村方騒動」(『民衆史研究』二五)

宝暦三年（一七五三）一一月二日 大和国十市・式下・葛下郡幕府領減免箱訴（芝村騒動・十市騒動）

大和国の幕府領では、享保改革後期の元文二年（一七三七）以降、大名預所支配のもとで年貢増徴政策が推進され、寛延年間（一七四八〜五一）にかけて百姓一揆も高まりを見せるようになっていた。そうしたなか、幕府の勘定奉行神尾春央は、宝暦元年四月に各代官・預所役人を督励し、再度年貢増徴の指令を発した。これを受けて、大和幕府領でも年貢の増徴がはかられ、とくに芝村藩預所では、宝暦元・二年に、神尾自らが巡見を行い年貢高がピークに達した延享元年（一七四四）と並ぶ厳しい増徴が行われた。さらに、同三年にも、稲・綿ともに大不作であったにもかかわらず、重い年貢が賦課された。これに対して、預所支配下の百姓たちは、芝村藩へ繰り返し減免を願い出たが、聞き入れられず、免率引下げの約束も破棄された。ここに至って、十市郡葛本村ほか八か村による一一月二日の京都町奉行所への箱訴を皮切りに、芝村騒動が生起することになったのである。この騒動の中核にあったのは、十市郡の村々で、それゆえ十市騒動とも称されるが、江戸に召喚され吟味を受けたのは十市・式下・葛下の三郡三三か村の百姓たちであり、芝村藩預所の平坦部の村々のうち、かなりの村方がこの騒動に参加したことが知られる。それらの村々は、元文五年（一七四〇）より二割半無地増高を毛付高に組み込まれた「畝歩詰」の村々であり、惣百姓の支持のもと運動を主導したのは村役人層であった。この騒動に関して注目されるのは、①箱訴を執拗に行うとともに、要求貫徹のため稲の刈取り拒否という画期的な手段を用いたこと、②幕府（神尾）が年貢増徴を行うに際して、百姓を納得させるためにしばしば強調してきた有毛五公五民の定法を楯にして、芝村藩の過度の増徴に批判を加え、他藩への預所の変更を要求したこと、である。騒動に関する吟味は、翌四年一月から開始され、幕府勘定所は、大和は「大上之国」で百姓が困窮しているとすれば「能キ風俗致候」ゆえであるとし、「芝村御役所之御取箇ニ付間違ハ無之」と押し切るとともに、宝暦五年八月七日に仕置を決定した。すでに牢死した十市郡常盤村彦市が死罪、遠島が四人、追放が三二人で（なお牢死者は三七人）、そのほとんどは村役人層であった。こうして、この騒動は多大の犠牲を払って終わったが、この頃を境に、大和幕府領の年貢高は減少する傾向を見せるに至った。なお、関係した村々では、その後、犠牲者の位牌や記念碑が作られ、供養が行われるとともにその功績が伝えられていった。現在、橿原市葛本町の浄教寺の本堂には、小左衛門ら七人の犠牲者の俗名と法名が刻まれた位牌（天明四年〈一七八四〉に作成）と「位牌由来記」（文化三年〈一八〇六〉に作成）とが納められており、同市常盤町の春日神社の片隅にも、同じく孫右衛門ら七人の俗名と法名が刻まれた「連碑」と題する記念碑（宝暦一三年〈一七六三〉に造立）が残されている。また、同市膳夫町の念仏寺には、三郎助ら三人の俗名と法名が刻まれた墓石が、桜井市吉備の薬師寺にも、平兵衛ら三人の俗名が刻まれた墓石がそれぞれ残されており、後者のお堂には、明治三五年（一九〇二）に吉備区から施入された白木の位牌も納められている。

【人物】山口与十郎　やまぐちよじゅうろう

十市郡八条村の年寄役を務めていたが、芝村騒動の主謀者の一人として、田畑家屋敷闕所のうえ、膳夫村庄屋三郎助とともに、伊豆国新島へ流罪となった。五〇歳の時である。この後、彼が赦免されるまでの経緯については、安永八年（一七七九）に柳本藩の佐々木善行が著した『八条ものがたり』や『孝子庄右衛門行状聞書』に詳しい。それによると、与十郎の子庄右衛門は、闕所となった田畑家屋敷を落札した村方から譲られ、父の身を案じながら農業に励んでいたが、父からの手紙で眼病を患ったことを知り、新島へ渡って父の介抱をしたいと芝村役所へ再三願い出たが、聞き届けられなかった。明和二年（一七六五）の家康一五〇回忌の恩赦の際には、江戸まで下って父の赦免を乞うたが、許されなかった。この後、同年の大赦で罪を許された遠州芝田村権八が来訪し、彼から父が失明し窮迫した生活を送っていることを聞いた庄右衛門は、父の介抱のために新島に渡ることを決意し、ようやく幕府の許可を得て、同六年に父の許にたどりついた。庄右衛門は、父を介抱して新島での生活を送りつつ赦免の嘆願を続け、島役人の口添えもあって、安永七年一〇月にようやく赦免が認められるに至った。こうして、七六歳になっていた与十郎は、孝子とともに、二四年ぶりに故郷の土を踏むことができた。同年一二月一二日のことである。

（谷山正道）

〔参〕木村博一『近世大和地方史研究』、谷山正道「芝村騒動と『八条ものがたり』」（『ビブリア』一一二）

宝暦三年（一七五三）一二月一〇日
伊予国新居郡西条藩領年貢増徴反対強訴
（西条三万石騒動）

西条藩は寛文五年（一六六五）まで一柳氏が藩主であり、その後一時幕府領となったのち、寛文一〇年から紀伊徳川家の分家松平氏が藩主となった。新居・宇摩・周敷郡などで三万石を領有する。享保以前から定免制が実施され、他国にくらべ年貢率は比較的低位であったといわれる。しかし、一八世紀半ばには財政逼迫となり、宝暦三年は豊作であったため、定免制を廃止して有毛検見を採用し、年貢率を上昇させようとした。一一月七日、西条城下に領内の大庄屋・庄屋が招集され、有毛検見への移行が通達された。これによると、年貢賦課は五割増となり、村によっては二倍の高免となるところもあった。百姓たちは減免を嘆願したが、無視されたため、郷村又野の村上平兵衛、宇高村の高橋孫兵衛・高橋弥市左衛門らを頭取として、西条城下への強訴を計画した。一二月一〇日、領内一六か村の百姓たちは頭取を中心にして城下近郊の加茂川河原（神戸村宵の原か）に集合した。翌一一日、藩は、各村の庄屋を動員して説得に努め、百姓たちを帰村させる一方、年貢率を四つ五分に下げることを通達した。また、その後再び定免制に戻している。この点で、要求は貫徹されたと見られるが、菅原憲二によれば、減免は平地地域のみに適用され、山間地域の村落はむしろ年貢率が上がっているとの指摘もある。頭取三名は、約一年間入牢した後、翌四年一一月二一日斬罪に処せられた。連判状や立札を書いたといわれる郷村の山本寿渓は十里外追放となった。山本寿渓は冷泉流の能筆家だったという。

【人物】

村上平兵衛　むらかみへいべえ

高橋孫兵衛　たかはしまごべえ

高橋弥市左衛門　たかはしやいちざえもん

村上平兵衛は新居郡郷村又野、高橋孫兵衛・高橋弥市左衛門は宇高村の百姓。三名とも西条三万石騒動の頭取。宝暦四年一一月二一日、三名とも加茂川河畔で斬罪に処せられた。伝説によれば、藩士入山某が江戸に出て赦免状を得、馳せ帰ったが、西条に着いたのは処刑の翌日だったという。また、平兵衛の娘二人は、郷村又野から西条までの四里の道を毎日通って獄中の父を慰めたという。平兵衛の墓は又野の阿弥陀堂にあり、圓山智鏡信士（六一歳）と刻まれ、孫兵衛の墓は宇高の地蔵堂にあり、墓標には道相理祐居士とある。弥市左衛門の墓は宇高の観音堂にあり、浄観義光居士とある。この三名は「お三人様」「新居浜の三義民」といわれ、郷村中郷に高村神社が創建され義民として祀られた。明治以後は白山神社の境内社となったが、明治末期に白山神社は廃祀された。その後又野に村上平兵衛を祀る又野神社（平兵衛神社）が建立された。明治三六年（一九〇三）には平兵衛の墓の脇に一五〇年忌の供養塔も建てられた。また、昭和七年（一九三二）宇高の観音堂に三義民碑が建立された。さらに沢津の阿弥陀堂にも三霊塔がある。西条市中野に鎮座する伊曽乃神社は、歴代藩主の保護を受けた延喜式にも見える古社だが、藩主の発意により鎮守神社（「三社さん」）が境内社として建立されたといわれ、三義民が祀られている。当地域には、三人の命日に「足洗い」

と称して午後を休業し、「お三人様」にお参りすることが昭和に入ってからも行われており、春秋の収穫期には米麦を奉納したという。現在、宇高観音堂において三義民祭として命日の一二月二一日に慰霊祭が行われている。なお、新居浜市滝の宮公園入口にも滝神社から移設された三義民社の祠がある。　（須田　努）

〔参〕景浦勉『伊予農民騒動史話』、菅原憲二「宝暦期西条藩百姓一揆の再検討」（『社会科学研究』一九）、岡光夫『近世農民一揆の展開』、『愛媛県史』近世上・下

宝暦四年（一七五四）三月二〇日　筑後国竹葉郡ほか久留米藩領人別銀反対強訴・打ちこわし（久留米宝暦一揆）

宝暦四年（一七五四）に筑後国久留米藩領で起こった全藩一揆。参加者一〇万人余といわれる。同年二月、藩は極度の財政難の打開策として人別銀の賦課を布告した。藩士は高一〇〇俵につき銀札一〇匁、他はすべて八歳以上の男女一人につき六匁を差し出すことになり、これが積年の重圧と重なり百姓らを一斉蜂起させた。三月二〇日、生葉郡の若宮八幡宮（福岡県浮羽郡吉井町）に一か村の者が、その夜には竹野郡松門寺村（浮羽郡田主丸町）印若に七〇〇〜八〇〇人余が集まる。百姓の動きはその後急速に拡大していき、同月二六日には生葉・竹野・山本三郡の百姓一万六〇〇〇〜七〇〇〇人が竹野郡八幡河原（田主丸町）に集結、また川北の御井・御原郡も二五日ごろより蜂起し、二七日には百姓三万人が八幡河原へ合流し、一揆総勢は一〇万人余となった。この動きに立ち後れていた領内南部の上妻・下妻郡および三潴（みずま）郡でも二八日にはそれぞれ上妻郡吉田山（八女市）・三潴郡田川原（三潴郡三潴町）に百姓が結集し、ここに全藩規模の一揆となった。断罪書によれば、一揆の発頭村は竹野郡野中村（田主丸町）であり、同村の百姓久兵衛が発頭人となり、隣村高木村の者がこれに同意して立ち上がったとされる。これ以外にも発頭村があったと思われるが、百姓たちは梵鐘・太鼓・法螺貝を鳴らし、不参加村へは襲撃する旨を達して参加を強制し、また天狗廻状の回送による一揆参加への強要を行って、急速に勢力を拡大していった。これらの動きに対し、藩側は郡奉行を派遣し鎮圧に努めたが、いっこうに収拾がつかなかった。そこで家老有馬岩見を出動させ、惣奉行山村典善・岡田頼母とともに集結地を巡回させた。そして三月末には一揆の直接的原因となった人別銀の撤回を約束し、他の要求も検討のうえ回答する旨の書付を与え、これを承けて三〇日には三一通の訴状が提出された。要求内容は、(一)年貢減免と囲米・選米などの撤廃、(二)人別銀をはじめ諸運上銀、庄屋寄合入用銀などの減免、(三)穀物・紅花・藍などの移出入自由化、紅花・藍問屋の廃止、(四)藩庁の財政支出制限および大庄屋・庄屋の罷免に分類でき、同藩で起こった享保の一揆とくらべると、商品流通の自由化に関する要求が特徴的である。藩は家老連印でこれらの要求を一応認めたため、一揆勢は四月二日までにほぼ解散した。この間、藩権力と結託していたと思われる大庄屋・庄屋・在方商人・長百姓の家宅や札場など六〇軒が打ちこわされている。鉈や鎌を携帯する一揆勢が庄屋宅らの家財や諸道具などを破壊している。以上の全藩的な一揆が終焉した四月初旬より、藩の対応の不備から再び地域分散的な騒動が展開する。四月一三日、山本郡中泉村（久留米市）では庄屋始め三軒が打ちこわされ、同じ頃竹野郡大窪村（浮羽郡田主丸町）でも庄屋が打ちこわされ、一七日には御原郡本郷枝村（三井郡大刀洗町）庄屋の会所で箪笥・帳面が押し取られ、二九日には上妻郡北矢部村（八女郡矢部村）で庄屋宅が打ちこわされ、諸帳面・家財が破却されている。これらは庄屋層の不正追及をめぐる運動であり、なかには銀米取り込みの引き当てとして、田地三町九反余・山二か所を百姓中へ引き渡すことを約束した大庄屋もいる。また小作料の減免を求める動きも存在し、山本郡常持村（久留米市）では四月一九日に下作定について集会が持たれ、五月四日の夜には立札が建てられ、竹野郡では四月末に石垣村

や梁瀬村（浮羽郡田主丸町）でも下作定の要求が起こり、梁瀬村では長百姓の打ちこわしにまで発展しようとした。大橋・善導寺などに建てられた立札には、地主がしだいに夏成銀を引き上げているため、三割引きにするように、また秋作についても上田一反で六俵になっているので一割五分ずつ引き下げるようにと書かれていた。この分散的闘争の規模は、参加者数十人から数百人、なかには一〇〇〇人に達するものもあったが、多くは村規模の運動であり、五月末頃まで展開した。宝暦一揆に対して、藩側は厳罰で臨み、八月二七日、一八名を死罪に処し、一三一名を追放・村払・過料などとし、さらに一二月二七日にも一九名を死罪にしている。処罰者の中に大庄屋・庄屋一三人も含まれており、彼らは一揆への加担や不正により処罰されている。

【史料】筑後国乱実実記　ちくごのくにらんじつじっき

『筑後国乱実実記』は「黒正文庫」として岡山大学付属図書館にあり、奥書には伊東性隠林子真武（六六歳）が安永七年（一七七八）に写したと記されている。内容は藩主有馬氏の系譜から始まる実録体の記述であり、同種系統のものと思われる『南筑国民騒動記』や『久留米騒動記』もあり、藩政時代から写本が作成され流布している。宝暦一揆に関する基本資料としては、『米府年表』と『石原家記』があり、前者は久留米藩士戸田信一による編で永禄二年（一五五九）から弘化三年（一八四六）までの藩の事歴を詳細に記す。後者は久留米城下の商人木屋小兵衛が自家および世情の出来事を編年的に記述したものであり、ともに史料的価値は高い。他に福岡県内務部が昭和七年（一九三二）に発行した『旧久留米藩百姓一揆に関する調査』には、藩役人の記述である『高橋音門筆記』『吉田喜太夫筆記』などを収録している。　（宮崎克則）

〔参〕『久留米市史』二、向江強「宝暦四年久留米藩の農民闘争」（『日本史研究』一四二）

宝暦四年（一七五四）八月一〇日
美濃国郡上郡郡上藩領減免強訴・越訴（宝暦郡上一揆）

郡上藩金森氏は寛文一一年（一六七一）から元禄五年（一六九二）まで飛驒高山の城主であったが、突如出羽上山に移され、わずか五年にして同一〇年、美濃郡上に転封となった。短期間での両度の国替えが藩財政に後々まで影響を与えたという。こうして金森氏は、郡上郡内二万四〇〇〇石余、越前大野郡内一万五〇〇〇石余あわせて三万九〇〇〇石余を支配することとなった。元文元年（一七三六）頼錦は二三歳で家督を相続した。元文三年の初の入国の時は、城下宮ケ瀬橋の傍らに目安箱を置くなど民意を聞こうとしたが、次第に詩歌や書画を好む性格が深まり、政治は家臣任せとなった。さらに延享四年（一七四七）奏者番になってからは、藩の財政はいっそう苦しくなっていった。元文三年より毎年御用金御供米を申しつけ、村々に金子の用立てを命じ、ついには男女人別銭まで取り立てるほどであったという。このようなかで年貢の増徴が企てられた。幕府勘定奉行大橋近江守から藩の用人が、「検地竿入れ」によって開発隠田切添などを見つけ出し、それを口実に定免から検見に切り替えればうまくいくと入れ知恵され、大橋から、その頃各藩で改革を行っていた地方巧者黒崎佐一右衛門の召し抱えを勧められ、かれを任用した。「地方巧者新参は百姓騒動の触頭」といわれるように、足かけ五年にわたる長い郡上一揆の始まりは、地方巧者黒崎佐一右衛門の新規登用によって起こった。彼が藩に召し出されたのは、宝暦三年（一七五三）一二月七日のことである。知行一五〇石の御勘定吟味役としてであった。黒崎が領内を巡見するのは、宝暦四年の六月とあるが、すでに前年の一〇月に越前にある同藩領河合村で黒崎に差し出した「田畑改指上帳」が有るところからすれば、彼は召し抱えられる前から領内を調べていたと見ることができる。こうして宝暦四年七月二〇日、庄屋を集めて年貢の定免法から検見取法への通達が代官によって行われた。百姓の動きはそれより早く、一六日には上之保の那留ケ野にて郡中寄合する旨の廻状が回されている。二六日、庄屋たちは検見取法への移行を拒否した。この時城下近くの榎木川原には数百人の百姓が待機していた。八月二日、郡内の主立った百姓が中桐村南宮神社に集まり、神文を中心とした傘連判状を作成した。二日と五日に三〇〇人余が郡奉行山下藤右衛門の屋敷に陳情した。それに対し郡奉行は、検見は当年は止めるから願いを差し出せと命じた。七日、願いを代官所に差し出したが、それは郡奉行の一存であるとして拒否された。怒った百姓は、一〇日に強訴するとの触れを郡中に回した。一〇日、触れに従い郡内から高一〇〇石に三人の割合で村々から百姓が集まった。その数は八〇〇から三〇〇〇の諸説があるが、越前国にある藩領からも三〇〇人余が御蔵会所に押し寄せた。ここで一六か状の願書が提出された。追いつめられた藩は、一揆勢の要求により三家老の「免許状」を与えた。それは検見取法に百姓が反対であることや要求を江戸の藩邸へ通達することを約束したもので、一揆の初期の指導者小野村半十郎が一揆勢の前でそれを読んだ。ようやく鎮まった一揆勢は、かねて憎んでいた本町の池戸仁右衛門の家に乱入し酒食を強要、翌日には役人に通謀した小瀬古の又兵衛を坊主にするなどの行動にでた。黒崎は郡上から逃亡した。九月、庄屋たちは南宮神社に集まり、剣・小野・中野の庄屋が一年交代で「免許状」を保管することを決めた。

こうしていったんは解決したかに見えたが、翌五年七月、郡上表会所に郡内の村のうち一六か村の庄屋組頭が呼び出され、一八日には三〇数か村の庄屋らが美濃笠松の幕府陣屋に出頭を命ぜられた。二一日、美濃郡代青木次郎九郎から検見取実施を承服するよう申し渡された。驚いた庄屋は返事の日延を願い、代表が郡上に帰り相談、残りの村の庄屋も出頭。ついに請証文を取られてしまった。さらに、笠松からは、「免許状」を持参せよとの命があり、飛脚が持参しようとするが、百姓はそれを奪い取った。百姓は、藩境の母野に集まり始め、庄屋たちの郡上帰国を阻止したのである。このような状況を打開するために那留ケ野に集まった百姓たちは、江戸に越訴することを決定し、代表四〇人余が江戸に向かった。九月と一〇月に江戸の藩邸に村々惣代四〇人の名などで訴状を提出した。母野の藩境に集まった百姓は藩の説得にも応ぜず、一〇〇〇人余が交代で詰める毎日が続いた。一〇月、宗門奥印に庄屋の印が必要ということで、藩は笠松にいる庄屋の帰国を認めさせようとするが、一揆勢によって阻止された。下川筋では庄屋が密かに帰国し宗門奥印が行われるなどにより一〇月の末には宗門改めは終わっていた。この時、那留村文六が、宗門奥印の高札を引き抜き縄手錠となる事件が起きる。彼は、その後脱走、再逮捕され追放に処されたが、のちに立ち帰って捕らえられ、宝暦七年一二月打首となった。このころから藩の弾圧が始まり、半十郎ら主立った百姓が入牢となった。一方、江戸では剣村勘次郎・栃洞村清兵衛の二人が、金森家の頼錦の次男にあたる井上遠江守に先の一七か状と新たに書き加えた一六か状の願書を、一〇月、一一月の二度にわたって提出した。一七か状の訴状はどちらかといえば村内上層の百姓の要求が強かったが、一六か状の訴えは下層の百姓の要求を中心にまとめられていた。こうしたなかで百姓たちは、一一月頃、藩外の武儀郡関吉田観音の近くに家を借り「関寄合所」を設置した。密かに村々から脱出した人々がここで一揆の組織化を図り、江戸との連絡も密になった。一一月二六日、切立村喜四郎・前谷村定次郎・東気良村善右衛門・同村長助・那比村藤吉の五人が、老中酒井左衛門尉に駕籠訴を決行した。

このころ、郡上藩預地越前国石徹白の白山中居神社の社人間の争いにより、郡上藩へ預かりとなっていた神頭職杉本左近らが追放となる石徹白騒動も起きていた。この背景には、神道の支配をめぐる争いがあり、左近らの京都の公家の白川家派と、神主石徹白豊前らの神道を全国的にたばねる吉田家派の対立が続いていた。左近ら三人は、宝暦四年八月、吉田家の支配と豊前の命に従うべき旨の吉田家の下知状に承知の印を押せという豊前の横暴を、幕府寺社奉行本多忠央に訴えたが、本多は金森家に彼らを渡してしまい、郡上で宿預けの後入牢させ何の吟味もないまま放置されていた。宝暦五年一一月二六日、藩は左近らを追放するとともに、石徹白においても反豊前派の人々を追放した。何の罪もない老人子どもら九六軒五〇〇人余が飛騨白川に追放された。これらの人々は、事件の解決がつくまでの三年余の間諸国流浪の生活が続き、餓死者七〇人の大惨事となった。後、金森家改易の大きな原因ともなった事件である。

さて、一一月二六日老中酒井に訴えた駕籠訴人は、酒井家で取り調べの後、町奉行依田和泉守に渡され、幕府評定所での吟味が開始された。翌六年八月、藩の役人と村々庄屋、組頭、百姓代各一〇人、計三〇人が召喚され、評定所で駕籠訴人と対決、訴状の真偽が吟味された。さらに駕籠訴人らは、藩の入牢者などの赦免を願い出て、評定所はこれらの者の赦免を郡上藩に命令、一〇月には大多数のものが釈放された。一二月、駕籠訴人と庄屋らは帰国を許され、翌七年一月、駕籠訴人らは村預けとなった。このころ領内では一揆に立ち上がった「立者(たてもの)」百姓と反対派の「寝者(ねもの)」百姓の分裂が激しい抗争を巻き起こしていた。この分裂は、すでに一揆の初発段階の宝暦四年八月の強訴の直前から始まっていたと見られる。駕籠訴の行われた頃は、藩の弾圧により「立者」百姓は劣勢にあったが、駕籠訴人が村預けになったころより勢いを取り戻し、一揆への参加を「証文」という形で確認する組織化が盛んに行われていた。ところで、郡上藩は下川筋・明方筋・上之保筋という三筋を支配単位としていた。一揆の組織はこの筋を中心として闘われており、宝暦七年一二月、上之保筋各村の百姓一人ひとりを「立百姓」、「立水呑」、「寝者百姓」、「寝者水呑」、「中人」、「両舌者」といった形で書き上げている。一揆にかかった費用もこの三筋を中心として割り当てがなされている。なお、研究書などで「寝村」という表現が使われることがあるが、管見の限りでは「寝村」という文言は使用されていない。これは村内の分裂により一つの村がすべて一揆反対派にならなかったことなどの現われと見られる。

宝暦七年三月、参勤交代で帰国していた藩主は、駕籠訴人の五人を帰宅させるなどの処置を取ったが、藩は百姓の要求を取り上げようとはしなかった。一揆は膠着状態となり、藩は年貢未進状態に焦りを示し、下川・明方筋の村方三役を御蔵会所に呼び寄せるなどの策を取ったが効果はなかった。一二月、西気良村の甚助が、城下に買物にいったところを足軽嵯峨山勘平に逮捕された。藩は一八日夜、何の取り調べも行わないままに甚助を処刑してしまった。この事件は、のち百姓によって、処刑には捨札が必要なこと、夜中に処刑が行われたことの理不尽、公儀に訴訟中の百姓を勝手に処刑できないなどと指摘され、金森氏改易の一因となったものである。また、嵯峨山勘平は、のちの安永二年(一七七三)の飛驒大原騒動時の水無神社での発砲にも名前があり、大きな一揆に二度もかかわった人物である。このようななかで、翌宝暦八年二月歩岐島騒動が勃発した。二四日、「寝者」と藩の足軽が、上之保筋の一揆の頭取である帳本歩岐島村の四郎左衛門の家を襲い、「立者」側の一揆関係書類などを奪った。怒った「立者」側は、二六日に村々に招集をかけ、三〇〇〇人余(二二七〇人ともある)が集まった。翌日、鎮圧に駆けつけた藩側との間で乱闘となり、両者に多数の負傷者が出る大騒動となった。藩は厳しい探索を開始したので、駕籠訴人で一揆の中心人物の切立村喜四郎・前谷村定治郎らは、この騒ぎに紛れて飛騨から江戸に脱走、「関寄合所」も四郎左衛門を中心に再び活動を始めた。三月二〇日、歩岐島村治右衛門ら九人の百姓が、依田和泉守に願書を差し出したが取り上げられず、翌二一日箱訴を決意。四月二日、剣村藤治郎・東俣村太郎右衛門・向鷲見村弥十郎・市島村孫兵衛・二日町村伝兵衛・歩岐島村治右衛門の六人の名で箱訴状を差し出した。折から石徹白騒動の久保田九郎助・森清右衛門によっても箱訴がなされた。

ついに七月二〇日幕府評定所は、寺社奉行阿部伊予守・大目付神尾備前守・北町奉行依田和泉守・勘定奉行菅沼下野守・目付牧野織部の五手掛で吟味を開始した。これに老中田沼意次が列座し、吟味は一二月まで連日にわたって行われた。一〇月二八日、老中であった本多伯耆守正珍が老中一座の前で逼塞を言い渡されたのを皮切りに、翌二九日、若年寄本多長門守忠央は領地召上・美作津山藩松平越後守へ永預け、勘定奉行大橋近江守親義は陸奥中村藩相馬弾正少弼へ永預け、大目付曲淵豊後守英元は御役召放・小普請入閉門、郡代青木次郎九郎は御役召放・小普請入逼塞など幕閣を中心とした判決があった。この間、百姓の多くが牢死した。一二月二六日、藩主金森頼錦は領地召上・陸奥盛岡藩南部大膳大夫へ永預け、国家老渡辺外記（病死）・粥川仁兵衛は遠島、物頭寺社奉行根尾甚左衛門・寺社下役片重半助（牢死）は死罪、黒崎左一左衛門は存命ならば遠島（牢死）などとなっている。百姓側は、駕籠訴の切立村喜四郎（牢死）・前谷村定次郎は郡上で獄門、東気良村善右衛門（牢死）・同村長助・那比村藤吉は死罪、箱訴の剣村藤治郎・東俣村太郎右衛門（牢死）・向鷲見村弥十郎・市島村孫兵衛・二日町村伝兵衛・歩岐島村治右衛門は死罪、向鷲見村五郎作は箱訴に名前はないが箱訴人の一人であるとして死罪、帳本の寒水村由蔵・歩岐島村四郎左衛門は郡上で獄門、那比村彦吉は遠島などとなっている。石徹白騒動は、石徹白豊前が死罪のほか、杉本左近が江戸払、箱訴人は三〇日押込など比較的軽い処罰で済んでいる。獄門になった四人のうち牢死した喜四郎を除いた三人の首は、伊奈半左衛門の手代によって郡上に送られ、宝暦九年一月一八日から三日間穀見野の刑場に晒された。

幕府の中枢を巻き込んだ一揆は、老中本多氏や若年寄・勘定奉行などを改易などに追いやり、藩主金森氏も改易となった一方で、百姓側に多大の犠牲を出しただけでは終わらなかった。一揆の結果検見取法は中止され、年貢増徴は取り止められたが、評定所での吟味の最中に問題となった切添田畑の検地問題が生じていた。一揆後幕府信楽代官と新たに入封した青山氏によって、これまで百姓の余得と黙認されていた切添田畑の検地が行われ、七七五石余の負担増となるなど搾取は強化された。また、「立者」と「寝者」の対立はその後も長く続き、墓石の破壊などの事件も起きている。犠牲者の供養は、明和元年（一七六四）、七回忌が惣百姓の名のもとに悲願寺で行われたといい、以後虫供養の名のもとに村々で行われてきた。しかし、虫供養は怨念とたたりを恐れたものであり、対立感情の裏返しでもあったという。犠牲となった百姓たちは宝暦義民と称され、関係する各地に多数の顕彰碑などが建立されている。全体を顕彰する義民碑としては、大正一一年（一九二二）大和村の阿千葉城跡に「宝暦義民碑」が建立された。昭和六年（一九三一）には死罪となった那比藤吉（法名釈知禁、享年三八）のための「宝暦義民碑」が建てられ、碑文には「横死」と刻まれている。昭和三〇年（一九五五）には長滝寺に「宝暦義民碑」が建立された。また、八幡町の清水与之吉は、昭和一〇年代に義民の芝居を演じたり、講談師として郡内を興行している。昭和三九年（一九六四）こばやしひろし作戯曲「郡上の立百姓」が初演され、翌年には中国で公演し周恩来総理らが鑑賞。平成一二年（二〇〇〇）、この戯曲を原作として神山征二郎監督によって映画「郡上一揆」が制作された。

【人物】切立村喜四郎　きったてむらきしろう

宝暦郡上一揆の頭取。姓は島村。宝暦八年一一月二五日江戸の溜にて死亡。享年三七。法名釈正円。判決では郡上において獄門とされた。宝暦五年一一月二六日の五人の駕籠訴人の一人であるが、駕籠訴状には東気良村善右衛門と彼の二人の名前になっている。村預けになった時も、同じ駕籠訴人前谷村定次郎とともに、郡中回状によって「寝者」との交際についての指令を出すなど、一揆の中心として活躍した。宝暦八年二月の歩岐島騒動により定次郎とともに村から脱走後、八月町奉行依田和泉守のところに定次郎らと駆込訴えを行い逮捕される。なお、島村家は、青山氏になった明和四年（一七六七）に村の庄屋、天保年間袴御免を許されている。昭和五九年（一九八四）、同家の敷地内に義民碑が建てられている。また、江戸と「関寄合所」の書状には「島村喜四郎」としての名前が残るほか、宝暦六年三月江戸橋本町秩父屋平七のところで書き写した「美濃国郡上郡村々郷村帳」や江戸の地図などが子孫の家に残されている。

【人物】前谷村定次郎　まえだにむらさだじろう

　宝暦郡上一揆の頭取。姓は三原。享保一三年（一七二八）に助左衛門の長男として生まれる。宝暦八年一二月二六日、江戸で郡上において獄門の判決が下され、翌年一月一八日郡上穀見野で首を晒される。享年三一。独身と伝えられている。なお、万治年間（一六五八〜一六六一）に始まり天保年間（一八三〇〜一八四四）まで続く三原家の系図が残り、「貞次郎法名道恵」とあるが、彼の書いた書状には定次郎とある。白鳥町前谷に三原家の墓が残り、助左衛門と同じ石塔に「釈善西」（助左衛門）と「釈道恵」（定次郎）とある。喜四郎とともに駕籠訴を行うなど終始行動をともにし、一揆の頭取とみなされていた。この一揆は、親子兄弟親類などで「寝者」と「立者」に分裂した事例も多いが、父助左衛門は牢死・重追放、叔父孫兵衛は重追放、叔父吉郎治は三〇日手鎖と一族をあげて一揆の中心となって活躍している。屋敷跡には、助左衛門と定次郎の墓が残っている。

（小椋喜一郎）

〔参〕『郡上八幡町史』通史上、史料一・二、『大和村史』史料、『白鳥町史』史料一・二、『美並村史』史料、『岐阜県史』通史近世上、野田直治・鈴木義秋『郡上藩宝暦騒動の基礎的研究』

宝暦四年（一七五四）一一月一六日
信濃国佐久郡奥殿藩領減免強訴（田野口領一揆、孫右衛門一揆）

　佐久郡二五か村一万二〇〇〇石は、宝永元年（一七〇四）に三河国額田郡奥殿藩大給松平氏の飛地となり、文久三年（一八六三）、藩主が同地域内の田野口に住み田野口藩が成立した地域である。松平氏の前までは幕府領であった。松平氏になると、元禄一六年（一七〇三）には隠田の摘発などが行われるなど年貢の取り立ては厳しくなった。一揆は宝暦四年から五年にかけて起きた。四年は、不作で年貢の減免を願ったが、陣屋の郡代は聞き入れなかった。九月二五日には田野口村の百姓八五名が江戸屋敷に出訴に出かける事態となった。その後も村から江戸に出る者があったが、残された史料によれば、前書に「御箱訴奉指上候」とあり、幕府への箱訴が計画されていたと思われる。訴状は三一か条に及び、年貢取り立てに役人が乗物で廻村し、横柄な態度であり、金子や酒を袖の下に使わざるを得ないとか、年貢米は一俵に三斗五升ずつ入れながら、計算上では三斗三升として納めているなどと藩の役人の横暴などを訴えている。そして、信州の国柄に応じ外の領分並にしてほしいとしている。この訴状が幕府に提出されたかどうかははっきりしない。一一月一五日、惣割元名主の小林孫左衛門が騒動の発頭人として閉門となったことから騒ぎは大きくなった。翌日には三〇〇〇人余の百姓が陣屋に押し寄せた。この時は村々に願書を差し出させて鎮まったが、一二月一三日には再び百姓が押し寄せ回答を求めた。一六日に藩は、高一〇〇石に付き五俵の減免、春以来の未納分四〇〇俵を減租する、三分の一金納はすべて米納、津出しにしてしまうなどの回答を出した。回答に満足しなかった一揆勢は、このまま江戸に出訴すべしと岩村田に向かった。しかし、岩村田藩で役人の引き留めに出会い、一揆勢も強硬派と反対派に分裂して一揆勢は解散した。翌五年一月、沓沢村惣百姓の名で一一か条の訴状が藩に出され、春には江戸へ出立したと記録が残るが詳細は不明である。同年八月、小林孫左衛門・源蔵・文蔵・忠助・源五右衛門・藤四郎の六名が逮捕され郷宿預けとなった。そして翌六年六月二三日、孫左衛門は斬罪闕所、源蔵ら五人は田畑取上の判決が下された。ほかに閉門五人、五〇日間手錠五人などの処罰が科されている。

【人物】小林孫左衛門　こばやしまござえもん

享保一一（一七二一）か～宝暦六年六月二三日。通称孫左衛門、清茂と称した。伝承によれば、田野口村惣割元で一揆との交渉にあたったことと、孫左衛門がきた時に一揆勢が道を開いて慇懃な態度を取ったのは首領だからであるとのことで指導者として逮捕されたという。宝暦六年六月二三日、田野口村幸の神で斬罪に処せられた。享年三六。持高三三石八斗三合であったが、田畑屋敷林取上、妻と母は親類預けになった。密かに蕃松院に葬られ、墓碑を建てたという。昭和一五年（一九四〇）一二月に皇紀二千六百年を記念して、時の司法大臣風見章らによって田野口村に顕彰碑が建立されている。この時小林孫左衛門顕彰会によってパンフレットも作成されている。

（小椋喜一郎）

〔参〕「田野口の義民」（『信濃』五－一二）、横山十四男『信濃の百姓一揆と義民伝承』

宝暦五年（一七五五）九月一〇日
出羽国置賜郡米沢藩領米沢町打ちこわし

宝暦五年九月一〇日、米沢城下南原居住の下級藩士（原方衆）と城下南方の関・李山両村百姓ら五〇〇～六〇〇人は、米価高騰のおり、城下馬喰町酒屋遠藤勘兵衛宅に乱入し、黒川町裏の蔵を開かないのは不届きと「乱妨」に及んだ。また、南町奥山久四郎宅から五俵、柑屋町高橋喜右衛門宅から一〇俵の米を発見し、粥にして振る舞わせたりしたという。藩は、東町小島御蔵では原方衆、猿カ町では家中、東町・桐町などでは百姓へ一戸につき米三升の払い下げを行わざるを得なくなった。しかし、合計三〇俵と少なかったことや、一升四三文（一俵一貫七二〇文）と高値だったことから、一三日に再び騒動が起きた。総勢四〇〇～五〇〇人で、あら町宿場五十嵐伊総右衛門、立町油屋五左衛門、鍛冶町久右衛門などの土蔵を打ちこわして米金を奪い取ったという。前年幕府手伝普請役により家中への扶持米が十分に支給されなかったうえ、当年凶作で米価が高騰し、八月二五日公定米価が玄米一俵一貫五〇〇文とされたが、米が出回ることはなかったため、売り惜しみをしていると目された城下商人たちが打ちこわされたのである。藩は、鎮圧後、米の公定値段撤廃や酒・菓子類の製造禁止により米の流通をはかり、家臣の引き締めにあたった。町方では、翌六年一月遠藤勘兵衛、奥山久四郎、高橋喜右衛門と東町小嶋弥左衛門で合計五〇俵、同町山田安右衛門は一〇俵、大町吉井忠右衛門はとくに関・李山両村方面の百姓へ二〇俵の米を支給した。同年七月二七日、李山村繰返が原で、騒動の首謀者として藩士の笹野町矢野吉左衛門と実父簗川吉兵衛を磔刑、山口権次・今泉忠右衛門を斬刑、他は改易・閉門・叱に処し、百姓らに過料銀が科せられた。（浅見　隆）

〔参〕『出羽百姓一揆録』、『置賜民衆生活史』、『米沢市史』近世二、『山形県史』三

宝暦五年（一七五五）九月
日向国臼杵郡延岡藩領山裏村庄屋出入逃散

宝暦五年（春頃からか）山裏村では、庄屋が年貢勘定あるいは村入用割掛けなどで不正を働いたことから庄屋出入が起き、九月中旬に庄屋は退役願いを出すに至った。その後任を人選する過程で再び村内に対立が起こった。同村にはこれまで庄屋給がなかったため、惣百姓は一同連判して前庄屋の持高の一部を割いて庄屋給にあてることを藩に願いでたのだが、やがて村人の一部（約三分の二）がこの訴願から脱落し、この訴願を継続しようとして孤立した五七軒（一四八人）が九月末頃に山を越え豊後国岡藩領内に逃散した。藩は、村廻役を延岡に召還して吟味するとともに、郡奉行を高千穂の豊後境まで直々に派遣し、庄屋らを総動員して探索にあたらせ、一〇月に入ってようやく豊後国大野郡堂内村へ逃散したことが判明した。逃散百姓は、岡藩を仲介役にして交渉を重ね、逃散先での待遇改善を要求するなど、藩と対等に渡り合った。藩は、村役人に対し入牢を含む厳しい姿勢

を見せる一方、百姓には内々に済ませようと説得に努めた。一二月七日、逃散百姓が郡奉行に五か条の願書を差し出し、①庄屋給は前庄屋地高をあて、百姓の負担はないようにする、②村に残った者との対立解消をはかり、安全を保障する、③帰村後の生活保障、④前庄屋の不正取り立て金銭の返済、⑤逃散百姓に対しいっさい処罰しないことを要求し、藩はただちにこれを認め、一二日逃散百姓は帰村した。（遠田辰芳）

〔参〕『日之影町史』、『高千穂町史』、飯島端治「内藤延岡藩初期の農民闘争と領主の動向」（『譜代藩の研究』）

宝暦五年（一七五五）一〇月一九日
出羽国村山郡山形藩領山形町打ちこわし

宝暦五年は冷害とウンカの大量発生で凶作となり、春に米五升二五〇文が秋には一貫一〇〇文にまでなっていた。一〇月一九日夜、山形城下の住民が押し寄せ、地払い米を買い取るなどの米商売をしていた小白河町伊兵衛、薬師町源七、肴町久助の三軒（四軒とも伝える）を打ちこわした。町奉行が出動し、願いの筋があれば申し出よといわれながらも、打ちこわし勢は各町口を固めた家中の者たちに叩かれ、右往左往するばかりであったという。逮捕・処罰などのその後の経過については不詳。このころ、山形城下から北に三里の天童町でも打ちこわしが起きた。天童は、一日町・三日町・五日町・田町・中町・小路町の六か町からなり、一八人の酒造家がいた。また、一か月に一二日の市が立つ町で、米・紅花・馬などの取り引きもされ、周辺地域の物資の集荷や荷継ぎが行われていた。一〇月二二日夜、漆山代官所支配の百姓らは、一日町の米屋二軒を打ちこわし、続いて丹野伊兵衛・同伝兵衛宅にも押し寄せたという。仏光（向）寺住職が説得にあたったが、百姓らは聞かず、伝兵衛が酒を振る舞ったところ裏の小屋から火の手が上がったという。逮捕・処罰などのその後の経過については不詳。（浅見　隆）

〔参〕『出羽百姓一揆録』、『山形県史』三、『天童市史』中

宝暦五年（一七五五）一〇月二二日
出羽国村山郡幕府領天童町打ちこわし
→出羽国村山郡山形藩領山形町打ちこわし

宝暦五年（一七五五）一一月一七日
備後国恵蘇・三次郡ほか広島藩領打ちこわし

広島藩領では宝暦四・五年に例年の半作・三分作という大凶作に見舞われ、百姓らの窮乏は極に達していた。しかし藩は厳しく年貢を取り立て、ついに諸郡で百姓たちは減免・救済を求める一揆を起こした。宝暦五年一一月一七日、恵蘇郡比和組八か村が蜂起し、一九日には川北・門田村からも集まり、山内組や高野山組をも巻き込み、一一月下旬には四〇〇〇～六〇〇〇人ほどにもなった。一揆勢は頭庄屋や加印役宅などを次々と打ちこわした。また、この一揆は三次・高田郡へも波及し、三次郡では五〇〇〇人の百姓が一二月九日～一二日頃までに割庄屋・庄屋宅を八軒、高田郡では五〇〇〇～六〇〇〇人の百姓が同二一日～二六日頃までに割庄屋・庄屋宅を打ちこわした。藩は、城下への乱入を恐れ、城下・郡中のかわた・足軽などを動員し、可部まで出陣させて武力鎮圧の態勢を取った。同時に貢租の減免・米麦の貸与を聞き届けた。翌宝暦六年一月から多くの者が捕らえられ、取り調べが始まった。同三月には一揆に参加しなかった村に対し、「御褒美銀」として一石につき五文ずつが与えられている。一方、一揆の発頭人川北村左衛門、古頃村大夫美濃は打首・獄門の刑となり、六月六日に執行され、左衛門は川北村の須川越に、美濃は古頃村当根に晒された。太夫美濃は上古頃八幡宮の社人であるが、宝暦一一年（一七六一）古頃地方に局地的な早霜があり、稲が全滅したので当時郷蔵の鍵預り役であった彼が、自ら禁を破って蔵を開き村人の飢餓を救ったため、翌年春に斬罪に処せられたと伝える。これらの伝承は一揆記録「万旧録」と相違するが、義民亀井美濃を敬慕する村民の真情は今も変わらず、屋敷跡は旧態のままで存置され、昭和三

三年（一九五八）秋には頌徳碑も建てられた。

（三宅紹宣）

〔参〕『広島県史』近世一、『比和の自然と歴史』二

宝暦五年（一七五五）一一月
土佐国高岡郡高知藩領津野山郷国産問屋糾弾騒動（津野山騒動）

高知藩は、財政補填のため特産物への収奪強化をはかり、宝暦二年国産方役所を設置した。これは、城下町商人を問屋として指定し、特産物である和紙と茶を百姓から安価に買い上げる方法であった。高岡郡西北部の山間地域である津野山郷（越知面・船戸・四万川・檮原・北川・初瀬・中平・松原・芳生野の九か村）では、和紙と茶を高知城下通町の問屋商人蔵屋利左衛門に納入することになったが、不当に安く買い叩かれた。これにより困窮した津野山郷では、宝暦五年秋、代表九名が蔵屋の買い入れ停止を求めて藩に訴願した。しかし、藩はこれを無視し、さらに弾圧する動きを見せたため、百姓たちは、徒党を組み他国へ逃散するか、江戸へ直訴するか、または高知城下へ向かい蔵屋を打ちこわそうなどと、さまざまな意見を交わした。このことが藩に発覚し、同年一一月、藩郡代は足軽ら数十人を津野山郷諸村に向かわせ、庄屋ら二二人を捕縛した。吟味ののち檮原村庄屋中平善之丞・越知村庄屋津野喜之丞ら八人に入牢を命じ、他の一四人は釈放した。詮議のなかで善之丞が蔵屋利左衛門の非道を強く主張したため、翌六年四月一七日、両者が対決し、その結果蔵屋にも入牢が命じられた。そして、宝暦七年七月二六日、善之丞・蔵屋利左衛門ともに死罪に処された。この騒動により、藩は施策の方向転換を余儀なくされ、城外大腰掛に訴訟箱を設置して領民の訴願を受け付けることとした。その結果、国産改所廃止を求める訴願が続出したため、宝暦一〇年、藩は定納以外の和紙の百姓による自由売買を承認し、国産改方役所は廃止され、宝暦一三年には問屋制度も撤廃された。

【人物】中平善之丞　なかひらぜんのじょう

東津野北川村上岡吉右衛門の子で、中平家に養子に入り、檮原村の庄屋となった。檮原村には津野山郷の大庄屋が置かれたことから、善之丞も大庄屋であったともいう。津野山郷民の救済のために津野山騒動の頭取として活躍し、捕縛入牢後も舌鋒鋭く問屋蔵屋の非を糾弾し、蔵屋も処刑された。宝暦七年七月二六日、善之丞は檮原村神在居の長野駄場で斬首された。享年四九。法名一応唯心居士。藩では善之丞を助命せよとの急使を派遣したが、大雨の谷川を渡れず引き返したとの言い伝えが残る。彼が斬首された時に首が高知城の天守閣にまで飛び、鯱瓦にかみついたとの伝承も残り、藩主山内豊敷は善之丞を祀るために城内に小祠を建てたとも伝えられ、それがお城八幡で、のちの山田八幡宮となったともいう。また、処刑の日、高知城下付近は暴風・地震・津波に見舞われ、世人はこれを善之丞の怨霊のなせるものとして「善之丞時化」と呼んだと記録される。その後、義民・風神として祀られ、安政二年（一八五五）一〇月六日、一〇〇年忌には勤王志士らによる追善供養が行われ、明治一九年（一八八六）の大暴風雨の時には、これは善之丞の怨霊のしわざだとして檮原村との境の東津野村北川に供養塔として風神塚が造立された（東津野村史跡）。昭和四六年（一九七一）には記念碑が檮原町役場前に建てられ、昭和六〇年（一九八五）には風神塚前に高さ四・五メートルの両手をひろげ百姓たちを押しとどめている姿の銅像が建てられた。ほかに、檮原町川西路に墓があり（同町史跡）、同町神在居の若宮神社には善之丞が合祀され、同町檮原には頌徳碑がある。

（須田　努）

〔参〕広谷喜十郎「土佐の義民伝承」（『土佐史談』一七八）、平尾道雄『土佐農民一揆史考』、『高知県史』近世編

宝暦六年（一七五六）一月二二日
越前国丹生・今立郡幕府領打ちこわし（本保騒動）

宝暦六年一月二二日夜、丹生郡幕府領（本

保陣屋）の二〇数か村の百姓約四〇〇人が、本保村丈左衛門・江ノ上村又兵衛・二丁掛村加兵衛・片屋村次郎右衛門の四軒を打ちこわした。拍子木を合図に柱を斧などで切り込み、油・灰・味噌・醤油などを井戸に打ち込んだ。陣屋へは押しかけず、やがて解散したが、二五日夜、今度は今立郡二〇数か村の百姓約八〇〇人が味間野河原に集合し、真柄村七郎右衛門宅を打ちこわした。百姓は胴蓑を着け、鉢巻類をかぶり、斧・鉈・鎌・熊手・鳶口・棒などを持ち、「我々の喉をほし、其身ハ栄耀ニ長じ、傾城を買、博奕を打、家作を致し、諸道具を求め、珍味を喰ひ」などと悪口をいったという。打ちこわしにあったのは大庄屋などを務める頭百姓で、前年悪作のため陣屋に三分の減免を願い出たが受け付けられず、代表として頭百姓を江戸表へ送り訴願したところ、減免はなく、かえって増免を押し付けられて帰国した。その旅費を惣百姓は拠出しており、さらに頭百姓が増免了承の褒賞として御廻米船上乗納庄屋役を任じられたことから、その意趣を晴らすための打ちこわしであった。計画は早くから練られており、一月一六日に糺野で寄合が開かれ、一八日の寄会では傘連判状を作り準備を整えた。彼らが作成したという掟によれば、①計画の漏洩禁止、②意趣人のみを打ちこわすこと、③火の元用心、手向かわぬ者へは手出ししないこと、盗み厳禁、④農具はよいが「刺刀」は持参しないこと、などの規律を決めており、また前もって鯖江町などに多量の草鞋を注文したり、大寺などに「もっこう棒」や食事などを頼む手筈を整え、地域ごとに青・黄・赤・白・黒あるいは氏神名などの「合詞」を決めていたという。また、今立郡では初めの申合では参加動員は一〇〇石に三人だったが、始まると一軒に一人になったという。幕府領の打ちこわしではあるが、明確な目標、規律性、組織性、計画性をもち、庄屋層も参加・指導した点で、全藩一揆に通じる特徴を見せている。ところで、本保陣屋では周辺諸藩に出兵を要請し、二五日夜福井藩兵四〇〇人が出動し、鯖江・大野藩も出兵した。翌二六日福井藩役人の説得に対し、「御鉄炮に当り死候事本望也」という百姓もいたが、結局河原に戻り、代表の宮谷村新兵衛・萱谷村善右衛門が藩役人に要求を説明。藩役人の説得に応じて、暮には解散した。八月二五日、丹生郡余田村庄屋三郎兵衛が獄門、上野田村庄屋源左衛門・下野田村庄屋伜林右衛門が死罪のほか、遠島二人、追放一七人などの処罰が決まった。ほかに庄屋五一人などに過料が科されたが、参加村に対するものと思われる。（齋藤　純）

〔参〕『福井県史』通史、本川幹男「十八世紀越前における封建制の転換」（『福井県地域史研究』三）

宝暦六年（一七五六）三月一五日
丹後国加佐郡田辺藩領減免強訴

宝暦五年は凶作であったが、御救米などが下付されなかった。そのため、六年三月一五日、百姓二〇〇〇余名が町方・在方に出て、飯粥を強要し、年貢引下げを藩に要求した。この時百姓は「夜乞食」と称したという。大庄屋上東村次兵衛方には、一六日夜半、大雨のなか百姓が乱入、食事を強要され、打ちこわされた。これに対して藩は、領内全大庄屋八名の罷免、御救米下付を約束した。しかし、首謀者への処罰も厳しく、九月一二日、上福井村・八戸地村を中心に、三名が獄門、三名が打首、五〇余名が追放・過料に処された。この処罰者のなかには被差別民一五名も含まれていることから、強訴には幅広い民衆が参加していたと考えられている。この強訴の背景としては、享保以来続く米価の低落による藩財政悪化が上げられる。（岩城卓二）

〔参〕中島利雄『丹後に生きる』（『日本民衆の歴史・地域編』一〇）、『舞鶴市史』通史上

宝暦六年（一七五六）四月一二日
加賀国石川郡金沢藩領金沢町打ちこわし（銀札くずれ）

宝暦五年四月四日、金沢藩では財政再建の一環として、藩札（宝暦銀鈔）を発行することとし、七月一日より通用を開始した

が、不換紙幣であることや贋札作りが横行したことにより、物価高騰の要因となっていた。翌年四月一二日夜、窮民により茶屋三郎兵衛ら七軒の商人宅が打ちこわされた。この日は宵の頃から迷子を尋ねるように「市松」という名を呼び歩く者がいた。これが合図であったのであろう、五〇〜六〇人ほどが茶屋三郎兵衛を打ちこわした。打ちこわし勢の出立ちは、「常躰往来之者之通」であったが、帽子をかぶり目ばかり出していた。彼らは合い言葉を作り、拍子木や鐘を合図に行動した。「郡方旧記」には、少しも物を盗む者はなかったと記している。町奉行所は鎮圧に乗り出したが、屋根石を投げるなどして抵抗したため、一人も捕縛できなかった。むしろ藩側は、一二日以降、一〇日間にわたって一軒につき御救米三升を支給し、打ちこわされた米屋を米買占の嫌疑により投獄している。二九日には、藩札発行を立案した馬廻頭の前田源五左衛門や町奉行・町同心各二名を役儀差除の上閉門、町同心一名が役儀差除の上差控に処された。さらに、六月四日には、物価高騰の要因でもあった藩（銀）札の通用を停止することで、あわせて事態の鎮静化をはかっている。　（安藤優一郎）

〔参〕『加賀藩史料』七、川良雄『打ちこわしと一揆』

宝暦六年（一七五六）七月九日

能登国鳳至郡金沢藩領宇出津組打ちこわし

宝暦六年七月六日、宇出津組五十里村・柳田村など九か村の百姓が十村の源五宅に押し寄せたが、うまく源五に宥められてこの日は打ちこわしには至らなかったが、同九日の夜から翌朝にかけて、一三か村の百姓六〇〇〜七〇〇人（別の史料では数千人）が再度源五宅に押し寄せて打ちこわしを実行した。参加者は「ばんどり」という蓑と竹の子笠を身に着け、「とんび・三ツ熊手・ゆき」を持って家財諸道具をさんざんにこわすとともに、着類・諸道具四〇〇品余を盗んだあげく、三〇〇〜四〇〇人が町の富商の家に押し寄せて飲食を求め、さらに二〜三升ずつの米を強要した。首謀者は五十里村治平、中斉村甚左衛門、藤之瀬村宗兵衛・七右衛門・市・九郎三郎、藤波村宗五郎の七名で、金沢で皆牢死し、その家族は高を取り上げられたうえ屋敷払いになった。打ちこわされた十村源五も、謹慎のうえ十村役を除かれた。源五が銀札発行に何らかのかかわりを持ち、凶作の減免交渉にも消極的態度をとった遺恨から、懲らしめとして打ちこわされたのであろう。　（吉武佳一郎）

〔参〕川良雄『打ちこわしと一揆』

宝暦六年（一七五六）閏一一月中旬

阿波国名西郡ほか徳島藩領専売制反対強訴未遂（五社宮騒動）

徳島藩は近世初期から藍生産を奨励し、前期には麻植郡から名東・名西・板野・阿波各郡へと栽培地域を広げた。そして、享保一八年（一七三三）藍方奉行所を設置して専売制を実施し、生産・集荷・流通を統制して生産者である百姓の自由売買は禁じ、またはじめ藍作税、のち藍売買税を徴収した。宝暦四年、玉師株を新設して藍玉製造人・売場を限定し、無資格者の製藍を禁じ、翌五年には運上銀を徴収するとともに、搬送先の大坂の荷主たちの行動まで制限するなど、取り締まりをいっそう強化した。このため百姓の困窮化はさらに深まった。さらに同六年秋に暴風雨が発生し、稲作への被害が広がった。百姓たちは貢租減免の訴願を藩に行ったが、訴えは通らなかった。このため、一〇月下旬から名西郡の各地で百姓が集会する動きが始まり、同郡高原村でも一一月一六・一八日に王子権現（鳥ノ森）に惣百姓が集会して相談した。そして閏一一月中旬、高原村の常右衛門・山口吉右衛門・山口市左衛門・長兵衛・京右衛門の五人が頭取となり、名東・名西・麻植・板野郡村々へ強訴参加の廻状が出された。藍専売強化と凶作による窮状打開のため相談したく二八日に鮎喰河原に参集せよ、村々で貝・鐘・太鼓などの音が聞こえたら蓑笠姿で棒を持参して集まれ、との文面であった。廻状は檀家を強訴に参加させるため各郡の寺院・山伏へ発送され、協力に応じない寺院は焼き払うとおどしていた。寺院の対応は賛助・拒否・密告とさまざまであった。廻状が回ってきた村々では各所で集会が開かれ、梵鐘や太鼓の音が鳴り響くという不穏な状況が生まれた。寺院などからの通報により百姓たちの動向を察知した藩は、役人を派遣し、三人以上集まれば徒党とみなすと威嚇しつつ、二八日までに五人の頭取らを逮捕した。このため、大規模な一揆は阻止され、一部で散発的な騒動が起きるに止まった。翌七年頭取五人は磔となったが、藍生産者農民ばかりでなく村役人層や藍商人らも加わった惣百姓一揆の性格を持つこの騒動の影響は大きく、騒動直後には藩が葉藍一万貫を買い上げて百姓の窮状を軽減し、同八年には藍作税の徴収法が改められ、同一〇年には藍方奉行所と玉師株を廃止するなど、次第に専売制は緩和されていった。

【人物】

高原村常左衛門　たかはらむらつねざえもん

山口吉右衛門　やまぐちきちえもん

山口市左衛門　やまぐちいちざえもん

高原村長兵衛　たかはらむらちょうべえ

高原村京右衛門　たかはらむらきょうえもん

ともに名西郡高原村の百姓で、宝暦六年五社宮騒動の頭取。同村は一〇〇〇石の中老長谷川氏の給地。常左衛門（後藤姓、常右衛門とも表記されることがある）は五人組頭を務め、九月頃に高原村が出した嘆願書作成に関与していた。山口吉右衛門は駈出奉公人（給人の中間や小者、給人手作地での耕作などに動員される者で、駈出は新規に召し出された者をいう）で三〇歳ぐらい、「人柄相応の者」という。山口市左衛門は、給人長谷川氏の家来で小姓格の者の弟。長兵衛（宮崎姓）は百姓として以外は不詳。京右衛門は常右衛門の倅だが、同村百姓常次郎（後藤姓）の養子となっている。「名西郡高原村百姓騒動実録」に載る逮捕後の尋問記録によると、一一月一六・一八日に王子権現で開かれた高原村惣百姓集会で願書や廻状作成の中心となったのは山口吉右衛門で、山口市左衛門と長兵衛がこれに協力し（実際に文章を書いたのは喜来村乗心庵に寄留する道心の常心で、常心は一揆後逃走した）、彼らはその廻状案を常左衛門に見せたうえで村々に回した。京右衛門はその際に実家にいて、廻状案を三人から受け取って常左衛門へ取り次いだ。また京右衛門は、意図は不明だが、閏一一月二五日に麻植郡上浦村での操り興業の会場に高原村民とともに乱入し、喧嘩して傷を負っている。五人らは、閏一一月二五日頃から逮捕され、無名の廻状の作成者を絞り込むことを主眼に拷問による厳しい尋問を受けた。翌七年三月一八日、彼ら五人に磔刑の裁決が下され、ほかに家族らが追放などになった。二五日、徳島の鮎喰河原の刑場にて多数の百姓が見守るなかで五人が磔になり、処刑後は多くが押し合うように賽銭を投げ入れたという。天明元年（一七八一）二五回忌に際して高原村内に一揆での連判帳を塚に埋め、小祠を建てて五社大明神とした。寛政元年（一七八九）の三三回忌には社殿もできたが、同六年藩が禁止を命じたため融大明神と改称したものの、以後も祭礼や市などが盛大に催された。弘化二年（一八四五）藩が廃社を厳命したため、幕末には一時廃れたが、慶応三年（一八六七）に村民は再び融大明神の小祠を建て、明治一二年（一八七九）五社神社と改め、同一六年には社殿も建築され、現在も名西郡石井町高原に鎮座する。なお高原村薬師寺には彼ら五人を供養する宝篋印塔があり、位牌も安置されている。

【史料】名西郡高原村百姓騒動実録　みょうざいぐんたかはらむらひゃくしょうそうどうじつろく

宝暦六年阿波国徳島藩領で起こった五社宮騒動の記録。高原村は一揆が発生した村で、関係者による史料が残在しており、大崎増造（一八四八～一九一八）が明治中期にそれらを整理したもの。五社宮騒動の原因・発端・経過、百姓たちの要求、藩の対応、そして結果、藩の処罰などが知ることができる貴重な史料である。浚霄文庫（大阪市東淀川区後藤捷一氏）所蔵の写本が『日本

庶民生活史料集成』六に、徳島県名西郡石井町高原の大崎真兄氏所蔵の写本が『阿波の百姓一揆』に翻刻されている。（須田　努）

〔参〕『物語藩史』七、『かもじま町の歴史とゆたかな文化財』、『阿波藍沿革史』、三好昭一郎『阿波の百姓一揆』

宝暦七年（一七五七）六月二二日
武蔵国多摩郡幕府領八王子横山宿打ちこわし（八王子織物騒動）

八王子の縞買商人三河屋与五兵衛は、横山宿名主川口八郎兵衛の一族で、その名主宅に店舗を構えていた。宝暦六年一一月、この三河屋が八王子市場の織物売買の一手独占権を握ろうという野望を抱いて、年に金一〇〇両の運上を出すことを条件に市場独占願を幕府代官所に願いでた。これに憤激した八王子周辺の村人たちは、宝暦七年六月二二日の夜、鐘や太鼓を合図に水無瀬河原・大和田河原・ひよどり山の三か所に各地域ごとに集まり、三河屋と名主八郎兵衛の家などを打ちこわした。「桑都日記」によると、参加者は「八王子山根九万石村民結党する者数千人」とあり、「武州旧小山村見聞記」には「八王子横山町三河屋与五右衛門（ママ）市売買運上願にて、六月頃より市つぶれ、八王子町難儀するなり」とある。六月二四日市から八月八日市まで九市にわたって八王子の市場は閉鎖されたという。この騒動の結果、三河屋の市場独占願は却下となり、与五兵衛は家を捨ててどこかへ姿を隠してしまった。百姓の代表者一〇余人は幕府の取り調べを受け、翌八年六月に八幡宿年寄平右衛門が過料三貫文、一五宿村の村役人が計七〇貫五〇〇文の過料を言い渡された。八王子の織物史・市場史に特筆されるべき事件であった。（山中清孝）

〔参〕佐藤孝太郎『八王子物語』中

宝暦七年（一七五七）一一月二三日
越中国礪波郡金沢藩領城端町打ちこわし（城端騒動・北市騒動）

宝暦七年に、金沢藩領越中国礪波郡城端町で起きた打ちこわし。打ちこわされた米屋の所在した町の名前を取って城端騒動、あるいは打ちこわしの首謀者が所属していた村の名前を取って北市騒動ともいう。宝暦七年は、長雨などの天候不順のため礪波郡は非常な不作であり、米価は高騰を続けていたが、その原因は城端町の米屋が雨乞いをしたからであるという噂が北市村などに広まり、百姓の怨嗟の的となっていた。さらに、金沢藩の農村支配の実務を担っていた十村が、当年の作柄を見て三八万石を年貢免除の対象とすべきと上申したにもかかわらず、藩側はその三分の一ほどしか対象として認定しなかったため、農村の状況は緊迫の度を増していたが、それに伴い不作を招いたとみなされていた米屋への憎悪も、いっそう高まっていった。六月一〇日頃、野田村から城端町へ通る道筋に、雨乞いをした大桑屋市左衛門ら五軒の米屋への打ちこわしを呼びかける札が建てられた。よって、同村では番人を付けるなどの対応を取ったが、その時は、実際打ちこわしには至らなかった。しかし、一一月二〇日夜、二三日に山田野に一五歳より六〇歳までの者が集まり、城端町の米屋への打ちこわしを決行することを呼びかける名もなく宛所もない廻状が各村を駆けめぐった。廻状を作成したのは、北市村の源右衛門・三右衛門・又吉の三人であった。それに応じて、北市村など礪波郡の村や城端町の窮民二〇〇〇人が笠・ばんどり（蓑）を着て集結し、二三日夜、城端町に押し寄せ、大桑屋ら五軒の米屋を激しく打ちこわした。翌二四日、今石動奉行所の役人が出役し、大桑屋らを手鎖に処するとともに、打ちこわしに加わった者たちを次々と捕縛していった。今回の打ちこわしだけでなく、六月に、大桑屋らへの打ちこわしを呼びかける札が建てられたことも吟味の対象であったが、詮議は非常に厳しいものであり、その過程で多くの者が獄死している。一二月二七日に至って、六月の建札の首謀者であり、一一月の打ちこわしにも参加していた城端町の法乗寺門前に住む野田屋弥兵衛・細野屋与兵衛が刎首、廻状の作成者として北市村源右衛門・三右衛門・又吉の三人が在所において礫に処せられた。昭和三一年(一九五六)に、二〇〇回忌にあたり犠牲者供養塔が建立された。

(安藤優一郎)

〔参〕鎌田久明『日本近代産業の成立』二、『富山県史』史料近世四・通史三

宝暦八年(一七五八)四月一九日
阿波国美馬郡徳島藩領重清村庄屋不正駕籠訴(重清騒動)

宝暦年間、重清村の政所(庄屋)西岡重右衛門が二割方大きい枡などで年貢徴収の不正を行ったため、組頭以下百姓たちはこれを糾弾した。組頭角左衛門娘お秀の入婿与右衛門は、衆望を担って藩に訴願することとしたが、入籍手続きが済んでおらず、村民の代表として訴願することができなかった。そこで与右衛門に代わり、お秀が徳島城下に赴き、藩主への駕籠訴を決行した。この訴願は藩に認められ、庄屋重右衛門は罷免されたが、お秀は処刑された。与右衛門は、お秀の後を追って墓前で自害したと伝えられる。

【人物】重清村秀　しげきよむらひで

美馬郡重清村の組頭角左衛門の娘。讃岐から移住してきた与右衛門と結婚した。与右衛門は、書算に長じ、かつて政所の下役を勤めて実情に明るかったことから、お秀ともども村政に積極的であったという。このため、衆望を担って庄屋不正を藩に訴願することとしたが、まだ新婚で入籍手続きが済んでおらず、村民の代表として訴願することができなかった。そこで与右衛門に代わり、お秀が藩主へ駕籠訴を決行し、徳島の鮎喰河原の刑場で処刑されたと伝えられる。末裔井上家に残る位牌には「妙秀信女霊位　宝暦八寅四月十九日」とあり、お秀の後を追って自害したといわれる与右衛門は「秋雲道院霊位　宝暦九卯歳八月初七日」とある。お秀・与右衛門夫婦の墓は「秀塚」と称され、明治中期頃その秀塚にあった石塔を御神体にして近くに秀塚神社が建立され、一九三〇年代まで公事訴訟に霊験があるとして参詣者で賑わった。明治三五年(一九〇二)には『徳島毎日新聞』に「お秀・与右衛門重清騒動」という講談が連載された。

(須田　努)

〔参〕三好昭一郎『阿波の百姓一揆』、横山十四男『義民』

宝暦九年(一七五九)三月
越後国蒲原郡幕府領太子堂村など二六か村百姓検地反対越訴

宝暦四年に新発田藩領から幕府領の水原代官所へと編入された六六か村に対して、同八年、代官山中源四郎は幕府領総検地の一環として検地を断行することを申し渡した。六六か村は連署して検地延期の訴願を行ったが、代官は聞き入れなかった。同九年三月、一五年間の延期を主張する二六か村では、太子堂村庄屋藤兵衛ら五人を惣代として江戸へ送り、山中代官江戸役所を経て勘定奉行所へ出訴した。当初は検地の実施時期は未定であると却下されたが、藤兵衛らは再三検地延期を訴えた。その過程で、検地は幕府の命令ではなく山中代官の意向であったことなどが判明した。このため藤兵衛らは山中代官の非政を四か条にまとめ、五月二〇日勘定奉行所へ、山中代官罷免を訴える駆込訴を決行した。九月二日評定所の裁定が下り、代官山中源四郎は重追放、江戸役所元締手代は死罪、水原役所の国元締と前任の国元締および代官息子が遠島など、代官所役人一五名が処分された。一方、訴訟方の太子堂村藤兵衛らは庄屋役取り上げの処分だけであった。

(山本幸俊)

〔参〕『新発田市史』上、『豊栄市史』通史上

宝暦九年(一七五九)一一月二〇日
安芸国賀茂郡広島藩領竹原塩田浜子賃上げ騒動

瀬戸内海一帯の塩業は生産過剰により享保末年ごろから不況になり、竹原塩田では元文ころから浜子(塩業労働者)の賃金が引き下げられていった。宝暦九年一一月二〇日、上浜子らが頭取となって、賃上げを浜主へ要求する寄合への集合が呼びかけられた。そして寄合出席者が銭一文ずつ供出し、それで紙を買い、二七匁の賃上げ要求の嘆願書が作成され、浜主の忠海屋・大石

屋などに投げ込まれた。一二月八日に開かれた浜主の大寄合では、賃金引き上げが決定されたが、五匁引き上げにとどまった。そして塩浜役人は闘争の主導者と見られる浜子を逮捕して取り調べた。一五日から一七日にかけて浜子たちはここに押しかけたが、結局鎮められた。一二月二〇日から二一日にかけて関係者一七名が取り調べを受けた。その後、塩浜の秩序維持のため、総浜子の身元調査を実施し、統制が強化された。この賃上げ闘争で開かれた寄合には、「出ねば打ちころす」などのような一部指導層の強制的性格も見られる。また役人側の取り調べの際、自ら首謀者と名乗るものはなく、そこで浜子どうしを「両人対決」・「三人対決」などという方法で口論させ、自白を余儀なくさせるという手段を取っている。結果的には失敗に終わったが、労働運動の前史としての意義は大きく、後の文政一〇年（一八二七）浜子騒動に続くことになる。

（三宅紹宣）

〔参〕渡辺則文『日本塩業史研究』

宝暦一〇年（一七六〇）七月一三日
出羽国置賜郡米沢藩領北条郷青苧徴税反対強訴（青苧騒動）

米沢藩の専売制の一つの青苧役は主として下長井地方で賦課され、栽培の少ない北条郷には賦課されていなかった。しかし、藩主上杉重定の側近で小姓頭から郡代に出世した森平右衛門は、新法の一環として北条郷の青苧にも課税することにした。森に取り入っていた北条郷赤湯村佐藤平次兵衛の建言によるものといわれ、宝暦一〇年六月北条郷の青苧畑検地を実施し、新役の賦課を通達した。これに対し、同月、北条郷一一か村の肝煎は寄合を開き、肝煎・百姓三五四人の連判をもって青苧役反対の願書を提出した。元禄九年（一六九六）に青苧役免除の触があったこと、干害地域のため青苧の収穫は不安定で少ないことを理由に青苧役の撤回を求め、もし新税が中止されないのならば青苧の根を掘り倒さざるを得ないと結んでいた。そして、七月八日、北条郷の惣鎮守宮内村熊野神社に六〇〇人ほどが集まり、一人三銭ずつ一貫文を奉納して神力に頼んだ、その集会では平次兵衛を打ちこわせの声も上がった。同一三日の盆中には大勢が城下に詰め寄る強訴となった。しかし、代官小嶋次左衛門の説得で百姓たちは帰村した。森平右衛門は、西落合村肝煎四郎兵衛らを詮議するとともに、この一件を藩内反対派の謀略との見方を強め、百姓たちと小嶋らの関係を執拗に取り調べた。この結果、宝暦一二年四月、代官小嶋は断絶、四郎兵衛ら八人の肝煎が遠流の処分を受けた。なお、肝煎らは森によって初め死罪とされたが、家老竹俣当綱の反対で遠流に軽減されたといわれ、また森平右衛門は、宝暦一三年、竹俣当綱らによって誅殺された。青苧の新税は中止されたという。

（浅見　隆）

〔参〕『山形県史』三、『米沢市史』近世二

宝暦一一年（一七六一）一二月一一日
信濃国小県郡上田藩領減免強訴・打ちこわし（上田騒動）

宝暦騒動ともいう。上田藩における最初の全藩一揆で、宝暦年間に信濃国で起こった四つの全藩一揆の一つ。上田藩は、真田氏・仙石氏に続いて、宝永三年（一七〇六）に譜代大名松平氏が五万八〇〇〇石で入封し、その後の分知によって、宝暦年間（一七五一〜一七六四）には五万三〇〇〇石であった。譜代大名であるため藩主の関心は、領内改革よりも幕閣に重責のポストを得ることに向けられた。藩財政窮迫に対しても前代の支配方法のうえにその場凌ぎの貢租累加策を重ねてきたが、宝暦期に入るといくつかの新法を実行していっそうの増徴に取り組むようになった。金納年貢の相場を高めに定めたり、紙漉運上や川運上など領内産の特産物に対する課税を新設したり、江戸藩邸奉公人給金を奉公人供給元の村方に補わせる出人催合金を徴収したり、御用金・才覚金を徴発したり、数々の増徴策が取られた。宝暦一一年になると、新参郡奉行中村弥左衛門の発案で、元文五年（一七四〇）以来実施してきた定免法を検見法に切り替え、検見役人の宿代を村方負担とし

たため領内に怨嗟の声が満ちた。家臣に対しても、禄米の削減や借上げが行われたため、彼らの間にも在府の藩主の奢侈、権臣の行状への批判が強まった。宝暦一一年一二月一一日夜、上田城から西方三里の山間地浦野組夫神村百姓が蜂起、一夜で全領の百姓を決起させた。蓑を着用、鉞、鎌、松明を手に各組ごとに結集した一万数千人の百姓は、一二日未明上田城下に押し寄せた。一揆勢は、取り鎮めに出た郡奉行以下の藩役人らを追い散らし、大手門の木戸を破って、城代家老岡部九郎兵衛の屋敷を囲み、二一か条の訴状を手渡した。要求は種々の増徴に対するものと、検見役人の私欲停止、庄屋役五年交代など支配方法に対するものとがあった。岡部らは藩主への取り次ぎを確約、ただちに江戸へ出府した。夕闇になると一揆勢は城門から引き上げ、所々の打ちこわしを目的に三手に分かれて城下町と在方へ向かった。これに対して藩側は無力ぶりをさらけ出したので、一揆勢は勢いづき、上田藩領内はほとんど無政府状態になった。御用達一軒を手始めに町方の富裕特権商人、在方の割番庄屋・庄屋十数軒の家屋・土蔵・家財を微塵に打ちつぶし、ほかにも高値に売った肴屋などを打ちつぶし、酒や炊き出しを強要した。一二月一三日をむかえてようやく一揆勢は帰村したが、その後一か月あまり村々の連合をはかりながら、藩側と交渉を行い、要求の主要内容をすべて認めさせている。この間藩側は鉄砲などで武装して城内を厳戒する一方、非難の的になっていた郡奉行・代官ら七人を罷免した。また家老の岡部らは、江戸在府の藩主に迫って藩政刷新の一任を取り付け、帰国後、奥女中三六人中三一人に暇を出すなど冗費を大幅に削減し、藩主の遊興道具の破棄、飼犬・飼鳥の取り放ちなどを実行、二六日、全領村々代表を召集し、大麦代金返還、先納金免除、金納相場再吟味などを回答した。これに対して村役人らは二八日に承引の請書を出したが、村々の百姓はこれを認めず、再蜂起や江戸越訴の態勢を取って請書を取り戻させた。翌宝暦一二年一月九日、金納相場、催合金、新規運上に関する要求の大半が受け入れられたが、庄屋任期制の無視を怒った百姓は、それなら百姓自ら庄屋の不正を糾明すると庄屋宅に踏み込み、勘定帳面数か年分の詮議を強行するという事態があちこちで起こった。当初の主目的は年貢減免であったが、次第に上層村役人の特権や不正に対する闘争へと姿を変え始めた。これにつれて下層の町人・職人、小作人、「穢多」などの闘争も起こった。町方の町人一同は、村方と藩の対立がまだ収まっていない一二月二三日に、町奉行所へ数百人で押しかけて、救恤米の放出を迫り、成功した。翌宝暦八年一月には、領内の寺院一同が寺内の竹林にかかる年貢軽減を始め五か条の訴状を提出、大工・桶屋は公役の手当米の割渡し方法について訴願し、領内「穢多」一同も長吏頭の所へ押し寄せて、役儀や夫銭の割当てなど一三か条の要求を提出し、それぞれの要求の大半について成功をおさめた。藩は一月一五日、庄屋五年交代承認の廻状を出した。三月に藩は首謀者の糾明逮捕に乗り出し、約一年間の吟味を行い、夫神村の百姓半平、組頭浅之丞の二人を死罪（斬首）とし、浦野組庄屋二人を永牢（獄）とし、四人を追放、三人を村追放とし、その他多数を閉門・手錠などに処した。この一揆は以後の藩政と領民の関係意識の上に大きな影響を及ぼした。

【人物】夫神村浅之丞　おがみむらあさのじょう

享保一〇年（一七二五）頃～宝暦一三年（一七六三）。江戸中期の義民。浦野組夫神村組頭。姓は中沢。宝暦騒動では田沢村庄屋金次郎、夫神村名主太郎兵衛、百姓半平と相談、一二月一一日夜の蜂起を成功させた。「上田騒動實記」には、死罪を申し渡された浅之丞と半平が、宝暦一三年三月三日（三月二日の誤りと思われる）に中嶋河原仕置場で最後に交わす感動的なやりとりが記述され、半平の辞世に続けて「こはおくれたり、我も死出の道知べせん」と浅之丞が、「終に行く栖は西の空なれど先さきかけて道知べせん」と詠じ、集合した人々の賞賛の声を浴び、藩役人を感服させる情景が描かれている。「上田縞崩格子」の一本（上田市立博物館内花月文庫本）の「追補」には「散る花は昔誠の習ひかな　久和」とあり、同様の半平の辞世も収める。久和は俳号。歌句の見事さから、一揆物語作者の手が入っているものと推測されているが、当時のこの地方の村々で俳句が盛んであったことが知られており、記録者と頭取のどちらが作った辞世かは断定しにくい。処刑の際に役人が読み上げた罪状書には、浅之丞・半平が強訴を頭取したこと、刑を軽減し御慈悲により死罪にすると書かれている。この時三八歳（上記「追補」と墓石には三九歳）。この時期の宗門改帳では、浅之丞には父親安兵衛と妻に長女まつ、次女みよ、長男猪太郎、三女しちの四人の子供がいた。半平とともに、死骸は馬越村東昌寺の住職が引き取り、浅之丞には刃光禅定門と法名し、葬送・追善を懇ろに営んだ。処刑後の仕置場には罪状を記した高札が掲げられた。現在残る墓石の法名は法名竿外道刹信士とあり、格上げされている。大正一三年（一九二四）「宝暦義民之碑」建立。昭和一八年（一九四三）に義民一八〇年祭が行われた際に小冊子「宝暦義民伝」が刊行された。昭和五七年（一九八二）句碑建立。四月一五日の庚申堂の祭りの際に義民供養が行われる。

【人物】夫神村半平　おがみむらはんぺい

元禄一四年（一七〇一）頃～宝暦一三年（一七六三）。江戸中期の義民。夫神村百姓。姓は清水。平素から「侠骨」で郷里に知られる。浅之丞らと強訴を計画し成功させた。頭取吟味に際し「何れの国にても地方功者・新参は百姓騒動の触頭」と郡奉行中村弥左衛門を難詰した。牢中で病気になった半平を心配した妻が、浅之丞が頼みにきたので固辞したがさらに強いられて応じたと訴えるのを聞き、「吾唯其の首謀なり。」と叫んで否定した。「上田騒動實記」には、処刑に際し、六二歳（墓石は五九歳）の半平が、死出の覚悟をしかねて迷う若い浅之丞に対し「我々は五万八千石の大将なり」と励まし、「長生は娑婆ふさげとて今日ははや浮世の隙を春のあけぼの」と吟じ、遅れまいと浅之丞が辞世を詠じるやりとりが感動的に描かれる。「上田縞崩格子」の一本の「追補」には「いさぎよく散るや此の世の花ふぶき」という辞世が記されている。処刑後東昌寺住職が刃了禅定門という法名を与えたが、その後悟峯刃了信士と格上げされた。浅之丞の墓から五〇メートルほど離れて、半平の墓が建てられている。

【史料】上田縞崩格子　うえだじまくずれごうし

上田藩宝暦騒動を詳細に記述した百姓一揆物語。記録名は、上田地方の丈夫な特産紬として知られた上田縞の格子縞文様が崩れている状態を表わすことで藩政あるいは藩情の乱れを表現しようとしたと解される。一揆の全容を後世に伝えようとして民間で作成された記録として、「上田騒動實記」と「上田縞崩格子」の二系統があるが、後者は、原因から強訴・打ちこわしの三日間の模様を詳細に記述して宝暦一一年一二月末で筆を止めている点に特徴があり、騒動最中の一二月中か翌年一月ごろに、実際に一揆を見聞する立場にあった者によって作成されたものと推定されている。原作者・原本ともに不明だが、写本は上田領内外に十数点残存しており、当時の領民に広く読まれたことがわかる。冒頭の「誠に壱人貪戻なれば一国乱を起す事民の道に有之。豊年飢饉を思ふは百姓の天道なるべし。」という一句は、作者・読者の鋭い政道批判の観点を示す。『日本庶民生活史料集成』六に収録されている。

（深谷克己）

【史料】私議政事録　しぎせいじろく

宝暦上田騒動発生当時の郡奉行であった桂覚右衛門が、一揆直後の宝暦一二年一一月に書いた記録。内容は、郡奉行の職掌に関する意見書であるが、宝暦上田騒動の原因、首謀者に対する事柄などが詳細に描かれている。また、一二月一二日の一揆発生時の藩側の対応などが具体的に記されている貴重な史料である。桂は同時期に、一揆で見聞した事に自らの意見を述べた「小毖録」も書いている。「小毖録」とともに昭和五五年（一九八〇）、桂家から上田市立博物館に寄贈された。横山十四男『上田藩

農民騒動史』に収録されている。（林進一郎）
〔参〕横山十四男『上田藩農民騒動史』

宝暦一一年（一七六一）一二月二二日
信濃国伊那郡飯田藩領千人講反対強訴（千人講騒動）

飯田藩は、江戸下屋敷類焼や駿府加番などのため財政窮乏となったが、御用金をこれ以上課すわけにもいかなかった。そこで宝暦一一年一一月、郡奉行黒須楠右衛門は、一口二分（二両とするものもある）で一〇〇〇人（一〇〇〇口）が加入する千人講を計画した。一二月より毎月二分で一年に一口六両、五年間という予定であった。一揆が起こるまで三回行われたが、実際の加入口は七一一口だったという。千人講に加入する者は妻子まで時服に絹紬絹羽織を認めるなどの特権が与えられ、支払いができないと願い出ても脱退は許されず、一二年一月一六日の金集めには、別府村の庄右衛門、新助が辞退して町宿預けになるなど、最初から波乱含みであった。一二月二一日には松川を境とした北にあたる上郷一三か村が徒党、翌二二日には南部の下郷一万石の百姓が八幡原に藁一束ずつを持ち寄り、篝火を焚き鬨の声を挙げた。夜になると黒須の所に出入りしていた下山村庄屋六左衛門の家を打ちこわし、さらに上山村穀屋孫左衛門を打ちこわして城下に押し寄せた。この時藩は家老を中心として城下の入り口を固めようとしたが防ぐことはできなかった。町に入り、夜から朝にかけ大横町山田屋新七・池田町蚕種問屋米屋太兵衛・知久町南部屋清蔵を打ちこわし、本町山村屋善重郎を打ちこわそうとした所に藩の高沢六郎兵衛が来て、千人講その他何事も聞き届くべしとの書き付けを与えたので、善重郎は打ちこわされずに済んだという（打ちこわされたとする史料もある）。一三日朝には、上郷一万石の百姓も座光寺原に集まり、代官たちの止めるのも聞かず、下市田村庄屋平九郎・与右衛門、座光寺村庄屋七左衛門、下黒田村東庄屋仙右衛門・上黒田村庄屋篠田新助を打ちこわし、城下に押し寄せた。城下に入ると桜町油屋三十郎を打ちこわし、油を川に流すなど散々につぶした。三十郎が襲われたのは、黒須が逃げ込み隠れたためという。さらに伝馬町の千人講会所竹丸屋半兵衛を打ちこわした。そして上郷、下郷が合流し、町方も加わって大手門に集まり、黒須と代官小林茂次右衛門の引き渡しなど一三か条の要求を提出した。藩は黒須の暇は、今朝認められたと答えた。また、彼の始めた新法についても藩主への上申を約束し、墨付印形を上郷・下郷に各一通与えると、一揆勢は大手門を引き上げた。こうして収まったかに見えた一揆は、その後大横町の目明かし三保屋与市を打ちこわし、翌二四日には町方が諸運上御免のことを願うべしとまたまた大手門に集まった。藩はこれに対しても願いは聞き届けると答えようやく一揆は鎮静した。藩は、三月二七日、千人講の事、御用金返済の事、糸運上の事、御用人足御免の事、荷歩銭の事、炭代金の事、御小人歩増金の事、落木運上十分の一の事、大豆・餅米・真綿の事、御用紙相場願の事、林十分の一の事、松川人家大平の事、新田増米の事、柿相米の事、海道筋商売物願の事、御種貸米の事について回答をした。千人講は廃止となったが、他の条項については現状通りにするなど百姓の要求を認めないものもあった。七月になると村方の者が逮捕され、牢に入れられるものが多数出た。一〇月には町方の者も逮捕された。明和元年（一七六四）に軽罪の者は放免されたが、車廻状を出した桶屋喜三郎らが牢舎となった。その後全員許されたという。しかし、村々から強訴の詫状が取られるなどして、千人講の廃止以外の一揆の要求は覆されてしまった。（小椋喜一郎）
〔参〕平沢清人『伊那の百姓一揆』、小林郊人『伊那農民騒動史』

宝暦一二年（一七六二）二月
武蔵国多摩・高麗郡田安家領一九か村門訴・箱訴（宝暦箱訴事件）

宝暦一一年四月、御三卿の一つ田安家の郡奉行竹内勘左衛門は、年貢を増徴するため、西多摩の村々を巡検した。そして、本年貢だけでなく、荒地立帰り増米、桑運上、鮎運上、山銭などの新規の小物成や運上を賦課することとし、武蔵国多摩・入間・高麗三郡の所領七五村に申し渡した。これに驚いた二郡一九か村（多摩郡上・下長淵、新町、畑中、日影和田、下村三分、御岳、二俣尾、黒沢、富岡、下成木、大丹波、大久野、平井、山田、戸倉、入野、伊奈、三内、淵上、高麗郡岩淵）は、八月ごろにそれぞれ増永赦免願を出したが、逆に無理難題を押し付けられ、翌一二年二月に百姓二人が手鎖、名主ら三人は江戸の公事宿預けとなってしまった。やむなく赦免願いを取り下げて帰村したが、これを知った村々では病人・子どもを除いた惣百姓が江戸に出向き、同月、四谷の田安別邸（下屋敷）へ押し寄せた。『徳川実紀』に「農民に過分の課金をおして責はたりければ、その村々の農民これに応ぜず、四谷の別邸に群聚して訴へなげき」とあるのがこれである。しかし、郡奉行竹内により門前払いをされたため、今度は家老の山木筑前守・奥田備後守へ越訴したところ、手鎖・宿預けの百姓を大勢出してしまった。これに対抗して、村々に廻状が出され、四月四日大久野村まだら峰にて会合し、幕府に箱訴を決行することにした。箱訴は、閏四月二一日を皮切りに八月まで計九回行われた。御定法どおりの順法闘争であったが、そのつど処罰者が出た。三回目の時は評定所へ箱訴状に連名した者およびその村の村役人が呼び出され、訴状は彼らの面前で焼き捨てられた。それにもかかわらず九回にわたって行ったのである。九月に勘定奉行一色安芸守政注・安藤弾正少弼雄惟により吟味が始まり、一三年八月二六〇名が処罰を受けた。最高刑は軽追放であったが、一二年一二月から翌年七月までに判明するだけで一二名の牢死者が出た。うち四名が名主である。田安側の処罰は、郡奉行の竹内勘左衛門と代官中島五左衛門が食禄を没収されたのみである。この一連の闘争で百姓側が勝ち取ったものは新規小物成の廃止のみで、本年貢増徴は田安側の主張が認められた。本一揆の特徴は傘連判状が用いられ、くじ引きによって箱訴人を決定したりする組織形態と、あえて暴力を用いない順法闘争を繰り返したことにある惣百姓一揆であったが、結果は百姓側の敗北に終わった。　（山中清孝）

〔参〕『増補改訂青梅市史』、滝沢博『田安領宝暦箱訴事件』（青梅市史史料集二三）

宝暦一三年（一七六三）一一月中旬
武蔵国埼玉郡忍藩領大塚村徴租法・名主不正騒動

大塚村の年貢は享保一一年（一七二六）以来定免制であったが、宝暦一三年（一七六三）は違作のため三七年ぶりに検見が実施された。これに伴い同年一一月中旬、名主をして大塚村の村法といわしめた上中下三段平均の徴租法撤廃（三段分け徴租法の採用）をめぐって訴訟沙汰になり、二九日惣百姓連印の願書を持って名主五郎兵衛が藩に提出した。藩では代官が一二月四日、村役人を呼びこの願書を却下し、あわせて従来通りの三段平均を指示し、請印を取ろうとしたが、名主以外はこれを拒否した。これに対し藩では一三日再び説得にあたったが、請印に応じたのは七名にすぎず、請印を拒否した組頭・百姓代一八名のうち一二名を手錠に、残り六名を「介抱人」（帰村・謹慎）に処した。村では請印に応じた村役人を「抜け人」と称し、藩はかれらを名主とともに年貢納入事務にあたらせたが、反対派の村役人は年貢納入も拒否したため、二八日改めて累計一六名を手錠、二名を介抱人とした。年貢を皆済した百姓は、抜け人七名をあわせた九名に止まった。しかし翌明和元年二月三日、手錠人一六名の母親・女房たちが名主五郎兵衛の田畑位違い、年貢過納などの非分を藩へ直訴すると、名主不正をめぐる村方騒動に発展した。藩はこの直訴を取り上げるよう忍地方代官に命じた。代官は一一日皿尾組割役宅において、名主が三段分け徴租法の実施を受け入れるかわりに、名主に対する直訴を取り下げる条件をもって、南河原村在家名主に内済取扱を勧告したが、不調に終わった。こののち藩は吟味に入り、過去の年貢勘定帳などの再勘定を実施すると通告し、直訴の女性に立会を命じたがこれに応じず、結局名主の不正はないものとされた。九月二八日になると、手錠人の五名が江戸出訴に出かけ、改めて藩邸に名主の不正を何度も直訴した。これに対し藩は、一一月朔日直訴の百姓を捕縛し、さらに在村の百姓二名も捕縛し、ともに忍役所に入牢した。そして武州伝馬騒動の波及するなか、閏一二月一五日反対派の組頭の弟で江戸商人の善六が、自らの大塚村質地の扱いにつき名主に不正があるとして町奉行へ訴え、村役人の訴訟を幕府評定所のもとで有利に展開しようとしたが、七月四日筋違いとして却下され成功しなかった。この後、藩の吟味のもと途中で何回も内済が勧告されたが合意に至らず、この間入牢中の百姓に次々と病死者が発生し、その数は八名以上にのぼった。明和九年八月一五日、忍藩邸に祈禱僧として出入りする岡部藩領正光寺の僧が藩主へ取りなし、入牢者は追放・闕所などに処せられ、九年に及んだ争論は全面的に反対派が敗北して終わった。　（西脇　康）

〔参〕大舘右喜『幕藩制社会形成過程の研究』

明和元年（一七六四）九月一二日
下野国河内郡宇都宮藩領増徴反対強訴・打こわし（籾摺騒動）

寛延二年（一七四九）二月、戸田忠盈（ただみつ）に代わって肥前国島原より松平（深溝）忠祇（ただまさ）が宇都宮（六万五九〇〇石）に入封した。同藩では、転封の出費と収納高の減少、さらに日光での家光一〇〇回忌・家康一五〇回忌の法会御用とあいまって、慢性的な財政難となった。そこで藩はたびたび倹約令を発し、その一方で年貢上納の際の換算率（籾摺）を、従来同藩で行われていた籾一升を玄米六合とする六合摺から、五合摺にして率を軽減する代わりに、用捨引・検見引などの引方を大幅に削減する年貢増徴策を行った。その後、度重なる天災に見舞われながら、領民は生活の不安をこの新法への不満としてあらわにしていった。このため明和元年（一七六四）八月、藩は密かに村役人を召集し、戸田氏時代の旧法（六合摺）復帰の内示をしたが、この仕法替は、かえって藩と内示を受け承諾した筋元庄屋に対する領民の不信をかきたてるものとなった。九月一二日、西原筋・簗瀬筋の百姓が宇都宮城下の二荒山神社の馬場に屯集、今泉筋の百姓も合流し、その数は一〇〇〇人余にのぼった（一説に四万五〇〇〇人という）。藩から派遣された役人に対し、一揆勢は年貢仕法の変更をもとめ、いっこうに鎮まらなかったため、藩はさらに大横目松野源太夫を派遣し、ようやく引き取らせた。しかし翌一三日、一揆勢は西原村庄屋宅を打ちこわし、城下へ押し寄せた。これに大曽・戸祭・石井方面の領民も加わり、城下の諸口を破り、藩御用商人でもあった穀商石塚文右衛門宅を始め富商・酒屋・近村の庄屋宅を夜半まで打ちこわした。一四日になると、一揆勢は竹槍・木刀を持ち各地の酒屋を打ちこわしたという。これに対し、藩は棍棒を持って鎮圧にあたった。この間、騒動の拡大を恐れた藩は、弓・鉄砲による武力鎮圧も考え、幕府の許可を得るべく江戸の藩主の元へ急飛脚を送って事の次第を通報し、一方で近隣の壬生・古河両藩や日光奉行所にも危急の際の援護要請を行った。騒動は、一五日以降に一応の鎮静を見たが、周辺の他領にまで影響を与え、下野一国の百姓に結集の廻状が出されるなど、その後も騒然とした状況が続いた。後に藩は、関係者の探索・捕縛を行ったが、その一方で領民側の要求を受け入れた。翌二年一〇月、首謀者として御田長島村庄屋源之丞・今泉新田村庄屋六兵衛が獄門、上平出村太郎兵衛が打首に処され、関係者も多数処罰された。この一揆は、当初藩へ年貢減免を要求する強訴であったが、後半は村役人・富商などを打ちこわす運動へと変化した。また藩領を越える闘争の広域化をしめした騒動でもあった。

【人物】鈴木源之丞　すずきげんのじょう

明和元年（一七六四）、下野国河内郡宇都宮藩領で起きた年貢増徴反対一揆（籾摺騒動）の指導者。宇都宮藩領河内郡御田長島村の庄屋。藩主松平忠祇の時代、一揆の首謀者として、翌二年一〇月に今泉新田村庄屋六兵衛・上平出村太郎兵衛らとともに死罪に処せられた。享年六三。法名は義徳院宇領済源居士。処刑の後、明和三年宇都宮地方で大洪水が発生したが、世人はこれを源之丞の恨みの洪水と呼んだという。のちに、源之丞らは義民として祀られた。御田長島村には「喜国大明神」として源之丞を祀る喜国神社が建立されており、祠の傍らには供養碑もある。また子孫の鈴木家邸内にも供養碑が残る。六兵衛と太郎兵衛は、平出神社に「喜国明神」として祀られている。なお、この籾摺騒動には、いくつかの伝来史料から宝暦三年（一七五三）とする説があったが、現在では、明和元年が定説となっている。　（齋藤悦正）

〔参〕『栃木県史』通史五、『宇都宮市史』六、秋本典夫『北関東下野における封建権力と民衆』

明和元年（一七六四）閏一二月二二日
武蔵国児玉郡ほか幕府領ほか助郷重課反対強訴・打ちこわし（伝馬騒動、天狗騒動、武上騒動）

中山道では、江戸中期以降交通量が拡大してきたために、従来の定助郷や加助郷では対応しきれなくなってきた。そのうえ助郷に指定された村々からの助郷免除願が激増したため、幕府は宝暦一一年（一七六一）訴訟制限令を出し、同一三年には中山道の増助郷を実施するための村方調査を行った。こうした幕府の交通政策の行き詰まりと、助郷差村の増助郷要求の高まりを察知した在郷の豪農商・高利貸資本家は、宿駅の問屋・本陣と結託して、こうした動きに便乗して利潤を上げることを考えた。すなわち、助郷に正人馬を出す代わりに遠方の増助郷村々からは高一〇〇石につき金六両二分で代銭納させ、一方、問屋や地主らはこの金で宿場近在の人足や馬を安く買い上げて村方の人足を請負い、役金と請負い人馬の差額を利潤として儲けようとした。増助郷の出願人の中心は、足立郡川田谷村の高橋甚左衛門、入間郡入間川村の綿貫半兵衛、大里郡甲山村の根岸伴七らであった。高橋甚左衛門は、大宮宿助郷惣代に植田谷本村の勘太夫、上尾宿助郷惣代に平方村の清兵衛と沖村の権左衛門、桶川宿助郷惣代に川田谷村の平助を選び、内々に宿問屋や本陣と話し合い、三宿四人の助郷惣代より道中奉行に対して訴状を提出した。この願書は道中奉行安藤弾正少弼惟要に採用され、評定所で評議の結果、老中松平右近将監武元の承認を得た。この過程で、松平武元は出願人から賄賂を取ったといわれる。幕府は明和元年九月に、朝鮮人来朝の接待費用として、高一〇〇〇石につき、金三両一分・永一二五文を東海道、中山道沿いの一六か国の村々に賦課した。従来の一〇倍の国役金の賦課である。そして同年秋、翌二年四月の日光東照宮一五〇回忌を計画し、中山道・日光道中筋の村々の調査を開始した。街道から一〇里四方の村々に助郷の差村を行い、高一〇〇石につき人足六人、馬三足の増助郷を命じ、人馬が出せない村は金六両二分を差し出せというものである。調査は早速開始されたが、ほぼ同時に各地の村々から増助郷免除願が出された。そして、明和元年一二月二八日には、上州の者たちが大勢集まって、増助郷反対訴訟のため江戸へ向うという風聞があり、また天狗触という一揆参加の触状を媒介に、上州村々の百姓ら数万が各地に集結したという。武蔵国での騒動は、この上野国の動きに刺激されたものともいわれるが、今のところこのような上州での騒動は確認できていない。

閏一二月一六日、武州児玉郡十条村地先の身馴河原（十条河原）に、児玉・那賀・賀美・榛沢・男衾・秩父などの村々から多数の人々が集結した。その数一万八〇〇〇人余という。集会では、増助郷免除を江戸表へ願い出ることとし、出立の日を二二日と決めて、ひとまず解散した。二二日未明、約束通り村々から多くの百姓らが本庄宿へ押し出し、不参加村であった榛沢郡横瀬村の名主と寺を打ちこわし、安部家陣屋のある岡部村を避けて、二五日深谷宿に至る。深谷では幕府評定所留役の倉橋与四郎員尉らが説諭したが聞き入れず、二七日熊谷宿では忍藩兵と衝突して流血事件となった。さらに一揆勢は、鴻巣宿、桶川宿へと南下したため、幕府は江戸市内の諸門と江戸の各入口の厳重防備を命じた。また、目付や先手弓頭・鉄砲頭・火付盗賊改らに出動を命じ、関東郡代伊奈半左衛門忠宥に一揆の鎮圧を命じた。閏一二月二九日、伊奈忠宥は、家臣や足軽三〇〇人を桶川宿へ直行させ、増助郷免除を伝えたため、幕府への強訴は勝利した。

その後は、幕府と結託して利益をもくろんだ増助郷請負計画の出願人たち（在郷商人、地主、名主層）との闘争に転化し、各地で打ちこわしを開始した。打ちこわしは、閏一二月晦日から翌年一月五日にかけて、主として入間・高麗・比企の諸郡が中心であった。まず、入間郡上野村の名主弥左衛門、町屋村名主平蔵を打ちこわし、一月二日には入間川村の綿貫半兵衛を打ちこわした。同家は、江戸に出店を持つ在郷商人で、増助郷の出願人の一人であったため、母屋・質倉・穀倉などすべてが激しく打ちこわされている。二日から三日にかけて川越藩領の入間・高麗郡の村々で一〇軒余を打ちこわし、四日には足立郡川田谷村名主平助の家を打ちこわした。この平助は桶川宿の助郷惣代として出願に協力した者である。次いで一揆勢は、川田谷村の高橋甚左衛門を打ちこわした。高橋甚左衛門は、下男二三人を使い、酒造・質屋・穀商を兼ね、地頭所より高橋の苗字を許されていた名主で、増助郷出願人の中心人物であった。甚左衛門は、中山道筋の宿場にたむろしていたあぶれ者三〇人余を雇い入れ、一揆勢に対抗したため、一揆勢に三七人の負傷者が出た。一月五日から六日頃は、岩槻藩領ほかの村々で不穏な状況が続き、六日から七日にかけては羽生領で一三軒が打ちこわされた。これら打ちこわしの合計は三〇数軒にのぼる。この武蔵国での騒動の影響で、一月初旬に上野国でも集会呼びかけの廻状が回り、板鼻宿・高崎宿・倉賀野宿・新町宿の周辺でそれぞれ集会が開かれ、不穏な状況が続いた。

一揆の鎮圧のため、関東郡代や代官らが武力をもって鎮圧した様子は見られない。岩槻藩大岡忠喜、古河藩土井利里、久喜藩米津政崇などは一揆の状況を江戸に注進しているが、鎮圧には動いておらず、一揆の自然消滅を待っていた。一月一〇日ごろには一揆は鎮静していき、二〇日ごろより一揆参加者の探索が本格化した。そして、評定所の吟味を経て、明和三年二月一三日、一揆の張本人とされた児玉郡関村（旗本安藤氏知行所）の名主兵内が見せしめのため関村で獄門にされた。兵内は、十条河原で行われた寄合の廻状を執筆した人で（一説に児玉郡北堀村清福寺の住職栄覚が書いたとする説もある。栄覚は牢内または公事宿で死亡）、打ちこわしの首謀者ではないのにもかかわらず、唯一人獄門となった。また、榛沢郡榛沢新田村名主善次郎は、張紙を書き、店子の助八に持たせた罪により頭取の一人とされ、遠島となった。善次郎は、流された三宅島で文政八年（一九二五）二月一五日に没したといわれ、一揆当時三〇歳とすると、九四歳まで生きたことになる。ほかに、追放三〇人、うち所払一四人、江戸払一一人、江戸一〇里四方追放一人、軽追放一人、中追放一人、過料と手鎖一九八人、役儀取放一一九人、急度叱り三二人で、合計三六八人が処罰された。これらは、武蔵国では児玉・榛沢・比企・入間・高麗郡を中心に埼玉・足立・新座・横見・男衾・那珂の計一一郡八一村、下野国安蘇郡一村、上野国甘楽郡一七村、信濃国筑摩郡一五村にも及んでいた。しかし、「島原以来の大騒動」、「江戸御本丸にても御騒ぎ遊ばされ、大小名にかかわらずおびただしく動揺なされたり」と伝えられた大事件の割には軽い処罰であるといえよう。一方、領主側も、代官岩松純睦の手代太田源助、同江川英征の手代松岡郡右衛門の二名が遠島となったが、これは収賄がその理由である。評定所留役の倉橋員尉は御役御免の上閉門、勘定の成瀬隆繁も同じ処罰を受けた。ほかに重追放一人、逼塞一人、押込四人となっている。老中松平武元はおとがめなしとされ、道中奉行安藤惟要は道中奉行休役となった。伊奈忠宥は、一揆勢の江戸進攻を食い止めた功績により関東郡代兼帯勘定奉行に昇進している。領主側の処罰は、上に薄く下に厳しいものであった。

このように明和の伝馬騒動は、武蔵国を

中心に上野・下野・信濃も加えた広範囲の百姓らが一説に二〇万人（実数七〜八万人か）もの多数が参加して幕府領・藩領・旗本領の領域を超えて増助郷に反対して立ち上がり、要求貫徹のため江戸に向けて進軍し、増助郷を撤回させたものであった。また、問屋と結託して助郷を請負制にしようとした商業高利貸資本家を打ちこわし、その野望を砕いたのである。この一揆の新たな展開に驚いた幕府は、明和六年（一七六九）一月、一揆鎮圧に鉄砲を使用することに踏み切った。伝馬騒動のような広域闘争に対する領主的対応の一つである。出羽米沢藩の医師藁科貞祐は、伝馬騒動など明和の諸一揆を例に上げて「そろり〳〵〳〵と天下のゆるる兆も可有御座候哉、実に国を持給ふ主様方の御用心時に御座候」と書き記している。

【人物】遠藤兵内　えんどうひょうない

武蔵国児玉郡関村の名主。享保六年（一七二一）〜明和三年（一七六六）。十条河原での集会を呼びかける廻状を書き、集会で江戸への強訴を演説したという。明和三年二月一三日、首謀者として獄門となった。その二年後の明和五年、参加村の人々により「村々萬人講供養」として関村の観音堂境内に宝篋印塔が建立され、三日三晩の大供養が行われたが、これに寄進をした村は武蔵・上野国の一〇郡一一一か村を数える。文久三年（一八六三）の一〇〇回忌には、「関兵霊神」の神号を受けて供養祠が建立され、また同村の中沢喜太夫が「兵内くどき」を作詞作曲している。このくどきは、児玉神社で現在でも時折行われる「兵内踊り」の伴奏として歌われているもので、七七調のかなり長いものである。ただし、内容は将軍へ駕籠訴したことになっているなど事実と相違する点も多い。明治以降もたびたび供養や顕彰が行われており、児玉郡美里町関にある供養塔と供養祠は平成二年（一九九〇）にも修復工事が行われた。

【史料】天狗騒動実録　てんぐそうどうじつろく

明和二年（一七六五）一月中旬に武蔵国足立郡植田谷村の某が記したものといわれる。その内容は、増助郷や朝鮮人来朝国役金のことなど騒動の原因から、騒動が中山道諸宿へ進む経過、関東郡代伊奈半左衛門の鎮圧行動、植田谷勘太夫・狐塚甚左衛門・入間川半平らへの打ちこわしなどを詳しく記す。時々狂歌を挿入するなど文学的表現や誇張も見られる。表題の「天狗」は、打ちこわし中に屋根から屋根へ飛行自在の者が七〜八人いたため諸人が天狗のせいならんと風聞したためという。巻末に落書、ちょぼくれなどの写しもあり、社会風刺も見られる。国立国会図書館などに所蔵。『未刊随筆百種』一九、『日本庶民生活史料集成』六に収録されている。

【史料】東武百姓一件集書　とうぶひゃくしょういっけんしゅうしょ

本史料は、幕閣内の様子を伝える江戸からの書簡、川越・忍からの手紙など、四点の書状の写である。いずれも伝馬騒動の最中に直接または間接に騒動を見聞した者の報告書で、修飾や誇張も少なく、史料的価値は高い。国立公文書館などに所蔵。『近世社会経済叢書』一〇、『日本庶民生活史料集成』六に収録。

【史料】狐塚千本鎗　きつねづかせんぼんやり

伝馬騒動のあらましを宝暦一一年より明和三年まで記したもの。タイトルの「狐塚」は足立郡川田谷村（桶川市）の小字名で、騒動発端の一端をにないかつ一揆の攻撃目標となった高橋甚左衛門が居住していた。「千本鎗」は、その高橋家をめぐって多くの人々が烈しい攻防戦を展開したことに由来すると思われる。原本の作者および正確な成立年代は不明であるが、一揆後ある程度の年月を経過したのちに、足立郡に居住する有識者の手になったものと推定される。内容は足立地方の打ちこわしが詳述されており、文学的な潤色も多い。しかしながら反一揆的な叙述は見られず、この一揆の原因の一つの宿場問屋と在郷商業高利貸資本の結びつき、および彼らと幕府役人の結託なども巧みに描かれており、作成者の文学的素養も窺える内容である。桶川市川田谷の高橋家所蔵本を翻刻したものが『日本思

想大系五八・民衆運動の思想』に収録される。（山中清孝）

〔参〕『新編埼玉県史』通史四、『川越市史』三、北沢文武『明和の大一揆』、大館右喜『近世関東の地域構造』

明和二年（一七六五）四月

丹波国多紀郡篠山藩領垂水村新規破風争論

垂水村理兵衛（利兵衛）は新宅建造に伴い新規破風を拵えたため、明和二年四月惣太夫・紋右衛門が、その差留を郡奉行に出訴した。藩は内済を命じ、その過程で理兵衛の三代前彦右衛門は近江国生まれで、惣太夫たちの先祖で草上村弥惣右衛門の家来筋（ないし抱百姓）であったものが、慶安年間（一七五〇ー一七五二）に田畑・居宅・持牛を譲られ、垂水村の入百姓になったものと主張された。したがって新規破風の建造は、主家筋の許可が必要であるとした。結局この争論は、翌三年七月内済し、理兵衛・惣太夫・紋右衛門ともに弥惣右衛門家の出自と認定され、理兵衛の破風は許可され、同家断絶後も類家一軒はその権利を相続できるとされた。ただし村参会の座順は、紋右衛門類頭が理兵衛類頭より上座、また家来の呼称を今後禁止するが、理兵衛類頭は弥惣右衛門家へ対し年頭礼・葬送礼をつとめるよう命じられた。（西脇　康）

〔参〕岡光夫「篠山藩における村方騒動」（『村落社会研究』六）、同『近世農民一揆の展開』

明和二年（一七六五）九月

美濃国方県郡幕府領木田村「身上り」騒動

濃尾平野の諸村には、頭百姓と脇百姓の村内家格制が強固に存続し、これを頭分（かしらぶん）制と呼んだ。頭百姓は複数の同族団から構成され、村役人・井頭を独占し、冠婚葬祭には武士並に裃を着て帯刀し、瓦庇・長屋門・白壁・土蔵などの家作特権を行使し、名字を名乗って脇百姓を抑圧していた。木田村では、延宝二年（一六七四）八月に頭百姓（頭分）を許されたとの由緒を主張する長左衛門が明和二年九月に死去した際、その葬儀に百姓三九名が押し寄せ、倅・一類の者に対し裃を引き破るなど狼藉を働く事件が起こった。この一件は村役人が美濃郡代に訴え、関係者へ江戸出府の差紙が到来したところで内済が成立した。寛政七年（一七九五）五月になると、頭百姓への加入を嘆願していた脇百姓の徳右衛門・八十郎は、村への合計金二〇両の献金によって頭分次列（准頭分の意）に取り立てられ、門塀と白壁の家作を除く頭分格式を許可された。当時この措置は、当地方一般の頭百姓から軽蔑・冷笑を込めて「身上り」と呼ばれた。ところが、同年八月、脇百姓二四名がこの「身上り」に異議を唱え、自分たちこそが古来から頭分であったと主張し、騒動に発展した。村役人は即座に郡代へ訴え、翌年脇百姓二四名も郡代に「身上り」反対を訴えた。同一二年になると二名の「身上り」を認める代わり、二四名の脇百姓も合計金一二三両献金して一一名が頭分次列に加えられ、一二名（一名は死亡）が葬式の際に家族の裃着用許可となることで内済した。享和元年（一八〇一）、脇百姓一二名が献金により頭分次列に「身上り」すると、再び脇百姓二八名がこれに反対して郡代へ駆込訴を実行したが、この時脇百姓は自らの「身上り」は要求せず、献金「身上り」に徹底して抵抗した。しかし、その後の展開は未詳である。ただし木田村では、脇百姓が文化九年（一八一二）九名、文政一一年（一八二八）一一名が、頭分次列に「身上り」をとげており、村・頭百姓・領主へ多額の献金を上納する条件で、「身上り」が制度化したと推定される。（西脇　康）

〔参〕長屋和子「木田村の頭分制について」（『岐阜史学』六五）、西脇康「近世村落における『身上り』闘争の特質」（『同』七〇）、『岐阜県史』通史近世上、『岐阜市史』通史近世

明和三年（一七六六）一月一九日

美濃国池田・大野郡大垣藩領長瀬筋等強訴

（明和西濃騒動・盛枡騒動）

戸田氏一〇万石の大垣藩で明和三年に発生した、年貢納入時の込桝の軽減を要求して長瀬・池田・小島筋村々が起こした強訴。筋とは、延宝七年（一六七九）から地方支

配のために領内を十筋に分け、各筋に代官二人を置いたものである。大垣藩には、欠口米（かんくちまい）・込米の付加米の制度があった。欠口米は、年貢一石に五升で、うち口米三升は年貢米の欠減を補い、欠米二升は代官所の経費などにあてられた。込米は二升五合で、これは一俵に四斗を入れると、越年期間に減るおそれがあるので余分に入れる制度であった。宝暦末年より藩は、一斗桝に山盛り四杯を一俵にしたため、数升の増徴となった。また、大垣藩では、良質な米を納入することはもちろん、俵拵えも入念に行わなければならなかった。納米の拵え方が悪いと刎米とされて、納入期限後に筋ごとに清勘定と呼ばれる検査が行われた。明和三年には、一月二四日から三月一四日にかけ、根尾・西北山・外山・小島・長瀬・池田・柳瀬・赤坂・林・多芸・今村・古宮の各筋の順に清勘定が行われる予定であった。一揆はこの清勘定の前に起きた。一月一九日、長瀬筋一万石の百姓が徒党、翌二〇日には大垣城下に押し寄せようと大島堤に集結。その数四〇〇〜五〇〇人といい、その後さらに一〇〇〇人余が川をわたりぞくぞくと集まった。藩は安八郡楽田村に郡奉行らを派遣、百姓の願いを聞き請けたので一揆勢は退いた。二四日には池田筋が横井河原、二六日には小島筋の百姓が笠縫堤まで押し寄せて来た。藩の郡奉行らが願いを聞き届けると説得したので、翌二七日には一揆勢は引き払った。百姓の願いは聞き届けられ、込米は廃止された。さらに藩は、一万石に米六〇〇俵の救米を下した。その一方で藩は首謀者の池田筋池田郡宮地村喜平次・要介、長瀬筋大野郡有里村新五郎・重吉の四人を死罪獄門、居村において三日の晒首、家内は追放、持高家財闕所に処した。そのほか小島筋の者などが処罰を受けたが詳細は不明である。昭和四四年（一九六九）九月、池田町が発起となり大垣市など周辺市町村の協賛を得て、大垣城主直系戸田氏道の題字になる「明和義民の碑」が池田町宮地に建立された。また、同じ頃小林ひろし脚本による「盛枡騒動」が上演された。（小椋喜一郎）

〔参〕『岐阜県史』通史近世上、『大垣市史』上、『神戸町史』上

明和四年（一七六七）三月
肥後国球磨郡人吉藩・旗本米良氏領米良山逃散

米良山地方は肥後人吉藩領であるが、同藩に付属しながら旗本交代寄合衆として参勤交代を行う米良氏が支配し、幕府巣鷹山に指定されていた。宝暦八年（一七五八）から明和四年にかけて、川筋の村所・横野・板屋・八重・深瀬・竹原・勘女来の七か村の者が、領主米良主膳に反し、米良七郎左衛門こそが旧主の子孫であり七郎左衛門に仕えたいとの要求を突きつけ、一〇〇人以上が誓詞血判して、同一〇年・一一年・一二年および明和四年に四度も鹿児島藩領諸県郡須木に逃散した。百姓たちは、逃散のたびに飛道具を持参したという。延べ四〇〇人を超える百姓が逃散に参加しているが、とくに明和四年三月の四回目の逃散は一七〇人が参加する最大規模のものとなった。両藩の説得にもかかわらず、百姓たちは一歩も須木から動こうとしなかったが、八月幕府老中阿部正右の指示により囚人として送還することとなり、人吉藩に受け渡された。人吉藩は、川筋に居残った八三人も捕らえて吟味し、老中阿部の許可を受けたうえで、翌五年四月二八日、獄門二人・死罪四人を猪鹿倉野原で処刑し、ほかに永牢・所移・叱りなど計二五五人を処罰した。（遠田辰芳）

〔参〕『西米良村史』

明和四年（一七六七）八月一三日
越前国坂井郡福井藩領三国湊津出し反対打ちこわし

明和四年八月一三日夜四つ時、三国湊木屋甚右衛門宅に大勢が詰めかけ、津留にもかかわらず船に米を積んでいるとの抗議の声が上がった。藩の金津役所と町役人が積み荷を下ろして調べたところ、米七八俵があった。これは藩に許可された津出米であったが、凶作と米価高騰、津留の時節柄ゆえ、地払いすることにして決着がついた。

ところが、深夜九つ頃、隣の小針（尾張）屋五郎兵衛家が打ちこわされた。戸障子・柱を壊し、反物も表に投げ捨て、さらに柱に大縄をかけて引きずり倒そうとしたという。小針屋が大野地方から一万俵の米を買い占め、他国に積み出すとの噂があったためで、木屋への抗議行動は小針屋を油断させるために打ちこわし勢が企んだ計略だったともいう。四人が牢舎となったが、翌年四月赦免となった。（齋藤　純）

〔参〕『福井県史』通史、『三国町史』

明和四年（一七六七）一一月四日
佐渡国加茂・雑太郡幕府領強訴未遂（佐渡明和一揆）

佐渡では、寛延三年（一七五〇）の寛延一揆後、宝暦改革の一環として、宝暦三年（一七五三）地役人制に代わって、幕府から役人が派遣される代官制が設定されるとともに、佐渡奉行支配地と代官支配地とに二分された。以来、佐渡に赴任してきた代官所役人による年貢の厳しい取り立ては、百姓たちを苦しめていたが、そうした状況のなかで宝暦年間の不作や明和三〜四年の水害・虫害が重なったため、明和四年一〇月、百姓たちの間に年貢の減免や代官制の廃止を求めて出訴しようという声が高まった。そこで、重立った百姓らと長谷村の遍照坊智専により、佐渡奉行へ出訴するための訴状が作成され、南国仲五三か村（雑太郡・加茂郡の一部）に強訴を呼びかける廻文が発せられた。その廻文によれば、一一月四日、胴蓑・藁笠・かうせん（香煎＝米・麦を煎って、粉にひいたもの）・竹槍・吹貝・斧を持って相川に結集し、代官・蔵奉行・組頭に狼藉いたし、佐渡奉行のみによる支配を要求することになっていた。そして、四日から翌五日にかけて、二〇〇〇人ほどの百姓が相川へ押し出したが、役所まで押しかけず、明確な頭取も現われなかったこともあって、六日には帰村した。その後、一一月二六日、栗野江村加茂神社で智専・小倉村十左衛門・瓜生屋村中右衛門・三宮村助左衛門・舟代村五郎右衛門・目黒町村理左衛門が寄合を持ち、寛延元年からの三か年分の減免を願い出ること、もし聞き入れられなければ再度出訴することが取り決められたが、奉行所に察知され、二七日に捕らえられた。この結果、翌明和五年、石代納の許可や年貢の分納、仕付米の貸付けなどが実施されたほか、代官制が廃止された一方で、遍照坊智専が首謀者とされ、明和七年三月二一日、死罪に処せられたが、ほかの重立った百姓は許された。また、強訴にかかわった村々とその名主は過料・叱の処分を受けた。

【人物】遍照坊智専　へんしょうぼうちせん

佐渡国雑太郡長谷村真言宗長谷寺遍照坊の寺家。死後、憲盛法印と呼ばれる。羽茂郡小立村の島川家の出身で、幼時に妙法寺の小僧となって剃髪し、一七歳の時に修行のため京都にのぼり、帰国して遍照坊の住職になったという。佐渡明和一揆の際、重立った百姓とともに強訴の呼びかけを行ったうえ、訴状を起草したと伝えられている。しかし、この一件では、明確な頭取が認められず、百姓たちが相川まで押し出しながら強訴や打ちこわしなどもなかった。にもかかわらず、智専ただ一人死罪となったのは、事態収拾のために智専が犠牲になったということなのではあるまいか。佐渡の義民供養碑の八割が智専に対するもので、全島にわたっている。一揆後、各村々は憲盛法印の供養塔を建て、三月二一日の忌日には回向した。大正時代に旧遍照坊跡地に大きな供養塔が建てられ、現遍照院にも供養塔がある。（大橋幸泰）

〔参〕『越後佐渡農民騒動』、『両津市誌』上、『新潟県史』通史四、『越後と佐渡の一揆』

明和五年（一七六八）一月二二日
大坂家質差配所反対訴願・打ちこわし（大坂家質奥印差配所一件）

明和四年一二月二三日に、大坂三郷および端々の家質（かじち）・株質金融を一元的に管理する機関として家質奥印差配所が幕府により許可・設置された。従来の私的な相対（あいたい）による家屋敷や株・髪結床を担保とした貸借を否定し差配所への届出制とし、金銀貸借証文には差配所の奥印を受けることを義務づけた。差配所の願人は住吉屋町年寄紙屋利兵衛ら三名であり、大坂三郷の富商家（銀主）から集めた加入銀を家屋敷や株の質入れを届け出た者に貸付、奥印世話料を徴収し、幕府には一年に一万両の冥加金を上納するという構想であった。しかし、差配所の仕法では、個々の質入人が家屋敷や株を担保としたことが知られてしまうため、取引信用の低下に結果することが懸念された。さらに、質入人は差配所へ奥印世話料を新たに負担しなければならないことから、家屋敷や株の質入れがしにくくなった。このため、家質・株質金融に依拠する中小家持層・借屋人上層を中心に金融渋滞・経済活動の停滞についての危機感が高まった。また、差配所設置反対の訴願運動実施のため町々が普請・芝居興行などの自粛を行ったため、職人・日雇層を含めた広範な階層の生活へも影響が及んだ。差配所の設置がちょうど歳暮の節季払いの時期と重なったことも、金融に対する不安感が急速に広まった要因となった。当時「借銭つかえ」（「後の昢し実録」）と書かれたように、金融の緊縮は一般民衆の主貨である銭の貸借にも及んだことが認められる。これら諸要因により大坂三郷全体に不況に対する危機意識が形成されたことが、短期間における訴願運動の組織化に結果した。差配所設置反対の訴願準備は、年末から進められ、翌明和五年一月上旬から、火消組合の結合関係を基盤にした惣町的規模の反対訴願が町奉行所に対して行われた。借屋人が反対訴願の実施を町に依頼する連印証文を作成しているケースも確認でき（菊屋町文書）、訴願運動は家持町人・借屋人の広範な階層的基盤を得て展開された。しかし、町奉行所が差配所設置は江戸からの厳命であるとして訴願を受け入れず、二〇日には再訴願書を差し戻される町々が出たことを契機に、打ちこわしの実行を呼びかける寄合いが玉造稲荷社で開かれたり、落書が貼られる状況となった。三郷火消年番町は、差配所願人から幕府へ上納する冥加金を三郷で肩代りする案を作成し、なお惣町による訴願運動を模索しようとしたが、二二日からの打ちこわしを制止することはできなかった。一月二二日昼に一部の家持と借屋人層が中心となって願人の紙屋利兵衛店を打ちこわしたのを契機に、二三日～二五日に加入銀主など六〇軒前後に対する打ちこわしが三郷全域で展開した。差配所設置は人々に「変法」と認識され、奥印世話料取得と加入銀貸付利殖により「私欲」を満たそうとした願人・加入銀主に対する打ちこわしは、騒動勢により「大坂中を衰微させんとたくみし恨み」をはらし、「世界のためにかくする事也」と宣言されたと伝えられる（「上方巷談集」など）。騒動勢のうち七四名（家持一一名・借屋四五名・無宿七名・下人一一名）が逮捕され、遠島以下の処罰を受けた。この打ちこわしの結果、家質奥印差配所の設置は延期され、明和五年暮れから営業が強行されたが、加入銀貸付構想は撤回されるなど、訴願の一部が実現したことが認められる。結局、安永四年（一七七五）に差配所は廃止された。

（岩田浩太郎）

〔参〕『新修大阪市史』四、曽根ひろみ「大坂家質差配所一件」（『近代』六八）、岩田浩太郎「打ちこわしと都市社会」（『岩波講座日本通史』一四）

明和五年（一七六八）三月二二日　越前国坂井・今立郡ほか福井藩領強訴・打ちこわし（明和蓑虫騒動・越前大一揆）

福井城下では、明和五年三月二一日から不穏な動きが始まり、騒々しい雰囲気であった。二二日、城下の細民一〇〇人が安養寺に集まって飢餓を訴え、町組頭新屋兵左衛門・丸屋九左衛門宅にお救い米を願い出た。昼時には二〇〇人が大橋下に集まり、本町の町組頭二文字屋惣左衛門・久々津又右衛門に押しかけ、また別の一群が町組頭赤尾助右衛門に訴えた。各町ごとにその町組頭へ押しかけたらしく、二三日も一乗町の町組頭新屋三郎右衛門に訴え出、再び丸屋へも押しかけるなど、同じような動きが繰り返された。二四日になると、百姓が城下に入り、口々に「ひだるいひだるい、賄くれ」と叫んで市中を徘徊し、酒食を乞い、農具を質物として金を貸せなどと言い立てた。彼らは破笠・破箕・ボロをまとっていたので、蓑虫と呼ばれた。二五日には数百人が木田口・勝見口方面から入り、呉服町の御用達商人極印屋勝左衛門、塩町の御用達商人美濃屋喜左衛門宅を打ちこわした。拍子木を合図に集退散し、斧・まさかりで家財を壊し、呉服・質物を外に投げ捨て、酒樽の輪を切り落とした。これらを盗む者がいると打擲し、一品も盗むことはなかったといい、また打ちこわし後に十数人が残って火の元に念を入れてから退散したという。藩では頭取と思われる三〇人ほどを捕縛し入牢させた。翌二六日には城下七口に諸組の士を派遣して固めたが、同日には二〇〇〇人ほどが押し寄せ、防ぎきれなかった。その多くは志比領の百姓といわれ、大工町の牢屋に殺到して前日の入牢者の釈放を要求した。藩は、御用金の免除と入牢者の釈放を約束して退散させた。この日から市中の商家は店を閉ざしたという。二七日早朝に御徒士目付を早駈で江戸へ派遣するが、昼前には志比口、夕方には荒町口からまたもや百姓が押し寄せた。郡奉行が出て、御用金免除を言い渡すが、百姓は食を乞うて徘徊した。その数は三〇〇〇人といわれ、多くが竹杖を手にしていたという。藩が諸方より飯を集めて食べさせたので、四つ時には退散した。二八日に城下に入った百姓は六〇〇〇～七〇〇〇人に膨れ上がり、川北方面（下領）では二里も人の波が続いたという。そして、枡に不正があるとして大工町の大工頭で枡役人でもあった藤間又三郎（武仲）家を打ちこわし、さらにすでに三日前に打ちこわした極印屋と美濃屋に押しかけて残った家財をも破壊した。また、家老酒井外記の門前まで現われ、中老嶋田氏・目付太田氏などの家を打ち砕けとののしったともいう。二九日は木田・明里・松本・志比の諸口から二万人余が乱入し、木田旅籠町の川除普請請負鳥屋加兵衛、八幡町の御用米問屋伏見屋吉兵衛、妙国寺町の米問屋油屋長右衛門、志比口の煙草問屋筏屋喜右衛門、鍛冶町の紙屋新兵衛、松岡町の御用掛四郎丸（白丸）屋、野中屋を打ちこわした。藩では、城内への百姓の立ち入りも憂慮して、武具奉行に命じて諸組の武器を城代屋敷まで持ち出す一方、目付・郡奉行らを百姓の集合場所に派遣し、町在とも御用金免除を言い渡したが、百姓らは納得せず、百姓は八件の訴願（用水、先納、頼母子講、運上、御蔵枡、作食、定免、綿麻直納）をして退散した。藩ではこの要求を藩主に伝えるため急使を江戸に派遣した。以後、四月一、二日には散発的に百姓が城下へ入り込んだだけで騒動にはならず、三日にはほぼ鎮静化した。しかし、三日、郡部では川北の百姓が今立郡小黒町村の茂兵衛と丹生郡入村の弥三右衛門を打ちこわした。彼らは郡奉行の下で人足請負を行っていたという。ほかに今立郡水落村や府中、金津でも不穏な状況が見られた。こうして一二日間にわたる越前最大の一揆は終わり、藩は四月七日諸門の警固を解いた。

百姓らの要求は明らかではないが、五月一二日、藩は百姓の願意に対する回答書一六か条を触れ渡した。大別すると①飢饉の救済、②年貢軽減（検見願い）や先納中止、③商業流通問題（綿・麻の直納や米価の町相場）および新規運上の中止、④用水整備や種代・農具代の貸与、⑤訴願の迅速な処理、⑥藩役人の私欲贔屓や悪質な大商人の非違糾弾などで、藩はこれらのほぼ半数を受け入れた。六～七月には枡改めや用水事業を実施し、御用金の撤回も決めた。福井藩は以前からしばしば御用金を賦課したが、この年二月には藩主の帰国費用に窮して一万六〇〇〇両の御用金を課していた。また、昨年来の凶作で米価が高騰しているなか、藩の蔵米七〇〇〇俵が三国湊に輸送され、さらに一説には奉行佐藤与三左衛門が六軒の御用達に米を買い占めさせて米価高騰に拍車をかけた。打ちこわされた極印屋・美濃屋はそのうちに含まれており、波及した吉崎の見谷屋もその一人であった。極印屋・美濃屋は藩札の札所元締でもあった。この騒動に対する藩の対応は、強硬な鎮圧策を取らず宥和策で急場をしのぐものであったが、最終的には百姓の要求に譲歩しており、参加者への処分も行われず、逆に藩側では家老・勝手役・郡奉行・町奉行ら民政責任者十数名が処分され、極印屋・美濃屋なども処分を受けた。

なお、四月二日、坂井郡吉崎浦の見谷（三谷）屋助右衛門家が打ちこわされているが、これは当一揆の波及と考えられる。これには加賀大聖寺藩領民も加わっているが、見谷屋は越前米二〇〇石・大聖寺米二〇〇石を船積みしていたという。また、五月二日加賀国河北郡高松の商船が大聖寺河口で吉崎の百姓に抑留され、次いで大聖寺の塩屋港で大聖寺の藩の廻米船が吉崎の者によって乱暴を受けた事件も起きている。

【史料】北国侍要太平記　ほっこくじようたいへいき

明和越前大一揆の物語。全一〇巻。成立年代不詳。著者も不明だが、序に「一国乱」の「発端をさがして諸家万士の操をしめす」とあり、騒動を武士の忠義の欠如の結果としており、福井藩士の事情に詳しいので、同藩に関係する武士か。構成は、巻一が越前松平氏の由来、巻二〜六では騒動を起こさせる張本人として酒井与三左衛門の来歴（出世や策謀など）を物語風に述べ、巻七・八は騒動の原因をなった新法や米買い占め、過大な御用金賦課などが酒井と御用達との結託で行われたとする経緯を記し、巻九で騒動の経過、巻一〇で酒井らの処分・没落が描かれる。全体として読み物的な叙述で、内容も酒井の陰謀を綴ることに重点が置かれている。騒動自体に関しては、大庄屋の指導、郷士層の参加、鉄砲による鎮圧、二三万人の参加など、史実として疑問点もある。本書は名古屋市立鶴舞図書館蓬左文庫（尾崎久弥旧蔵本）三冊本と、岡山大学図書館黒正文庫に現存。前者は本川幹男「越前における百姓一揆の記録」（『福井県地域史研究』六）、後者は『編年百姓一揆史料集成』五に翻刻されているが、いずれも抄録。なお、「南越太平記」（旧狛家所蔵本）は本書と同一内容である。ほかに、この騒動については「明和五年蓑虫騒動記」「ひら仮名盛衰記」などの実録物も現存する。　（齋藤　純）

〔参〕『福井県史』通史、三上一夫「明和の越前大一揆について」（若越郷土研究一二の一）

明和五年（一七六八）四月二日
越前国坂井郡福井藩領吉崎浦打ちこわし

明和五年三月末に起きた明和蓑虫騒動が波及したもので、福井藩の御用達商人の吉崎町三谷（見谷）屋を打ちこわした事件。なお、吉崎浦は加越国境に位置し、加賀国の土地・領民が入り組んでおり、加賀国分は加賀国江沼郡大聖寺藩領であった。三谷屋が打ちこわされた直接の原因は、前年からの不作続きで領内の米が不足がちな状況にもかかわらず、三谷屋が他領に米を積み出さないという約束を破って、越前米二〇〇石と大聖寺米二〇〇石を買い占めて密かに津出したことが発覚して百姓の猛反発をかったことによる。『北国侍要太平記』などによれば、一揆総勢を五隊に分け、そのうちの一隊が吉崎の三谷屋に打ちこわしをかけることになったが、その際顔見知りを避けるため、参加者はみな手拭で顔を包んで胴蓑を着用し、わざと吉崎から遠い福井城下町周辺の村民が派遣されたという。四月二日の暁に蓮如山に集合した三〇〇〜四〇〇人が合図の鬨の声を挙げて山から駈け降りると、山向こうの北杉村や浜坂村周辺にいた百姓二〇〇人も合流して三谷屋に打ちこわしをかけた。他にめくら谷周辺に四〇〇〜五〇〇人、梨木谷に一〇〇〇人余りが待機していた。こうして打ちこわしが始まると、吉崎の町民は皆三谷屋の味方をして抗戦したため、死傷者を出す大乱闘になった。打ちこわしを邪魔されて押し戻された一揆勢は、報復のため吉崎村全体を焼き打ちにしようと不穏な動きを見せたが、大聖寺藩が藩兵や村役人を派遣して警戒にあたったため騒動には至らなかった。　（吉武佳一郎）

〔参〕川良雄『打ちこわしと一揆』

明和五年（一七六八）九月一三日
伊勢国鈴鹿郡亀山藩領強訴・打ちこわし（亀山騒動・亀山一乱・八十三村騒動）

度重なる藩主交代、両度の朝鮮通信使送迎の御用金、甲州河川普請助役の御用金で領民の負担が過重になっている所へ、藩は茶桑年貢を新設、永荒地扱いの土地も良田に復した分は年貢を賦課すると触れ、百姓米の専売制を計画した。検地計画は明和五年春から代官、大庄屋が練り、郡代・奉行・代官の部署も決められた。この動きを知った百姓が集合しはじめ、伊船村大庄屋真弓長右衛門が一揆の準備を進めた。九月一一日に亀山藩領八三か村の連名で檄文を出し、広瀬野に一五～六〇歳の男が古い蓑笠を着用し、鉈鎌鋸斧槌を持参し、村旗を作り、各自椀一個を紐で腰に下げ三日分の食糧を用意し、村役人が制止しても参加することを呼びかけた。九月一三日朝広瀬野で各村一人ずつの頭分を決め、村名を記した旗を集合地に立て、三〇〇〇人を本隊として三隊に分け、「評定所」を設けて協議機関にした。篝火用材・投石具なども作って寺から乱打用の半鐘を集めた。藩兵が出陣したが、一揆勢は「竹槍」で抵抗した。一四日未明、一揆勢は西富田村庄屋孫四郎宅で問責書を読みあげ、水車小屋・大戸・雨戸・鍋などを微塵にした。藩兵を率いた家老が願いを容れると説いたが、一揆勢は江戸で願うのみと叫んで抵抗し、投石具の振瓢石(ふんずりばい)を操り竹槍を揃えて進み、川合村庄屋方で粥を炊かせた。別の一隊が八野村庄屋才兵衛方に向かい、以前は山廻りだったが新田開発で帯刀御免の庄屋になり代官と組み、太閤検地さえ除いた古荒田畑を検地して一万石を打ち出そうとした、天命による天刑・天罰として家財を破却する、と問責書を読み上げ打ちこわしを実行、隣家に預けた雑具も微塵にし井戸に埋めた。井尻川原で一揆惣代が願書草案を作成、二通ずつ村惣代に渡した。その後、和田村庄屋喜兵衛方で酒を振舞わせ、茶屋町井尻屋平八方を、大庄屋に取り入り改築費用を百姓に負担させたから家宅を破却するが家財は見逃す、と問責書を読み上げ打ちこわした。九月一三日夜半から家中総登城となり藩主後見の指揮で、本丸ほか諸門と城下道筋の警備が決められた。一揆勢は羽若村庄屋服部太郎右衛門方へ向かい、古荒地を検地し、村方に費用負担を懸けたのは八野村才兵衛とこの者のせいだから天災として家財を破却する、と問責書で通告し、鋸で柱を引き切って倒した。その後、亀田屋・扇屋に米五〇俵を炊出させ、村旗を押し立てて西町鮫屋に着くと、米買占ばかりか田植時に四日市まで運び出し扶持米処理でも儲け、本田の疲弊を無視して新田開発を願い出た、その返礼に家財を破却する、と問責書を読み上げ打ちこわした。その後横町の大庄屋会所扇屋宗兵衛方に向かい、立身の詫びとして炊出しを承知したから本宅は許す、と問責書を読み上げ会所を打ちこわした。川原で夜中の評定を行い、翌朝からの打ちこわしの計画を決めたが、それより早く藩側が百姓の願いを聞き届けるという下文を手渡した。一揆の頭分が願書を提出したが、藩は銃隊に空砲を撃たせた。一揆勢は一札を要求し大目付の名で請取書が渡された。それに印形がないのを不満とした一揆勢は広瀬野で関係の藩・村役人更迭要求を確認し、頭分が死罪になれば碑石を広瀬野に建て八三か村名代が毎年墓参することを約束して解散した。隣藩の津・久居・桑名・神戸・菰野諸藩から急使が派遣されたが、亀山藩は自力で鎮圧した。一揆後郡代以下の藩役人が免職となり、大庄屋・庄屋多数も免職となった。頭取らの罪刑は幕府の指示で決められ、真弓長右衛門・辺法寺村喜八・小岐須村嘉兵衛の三人が鈴鹿川原で打首に処され、ほかに四人が永牢となった。

【人物】真弓長右衛門　まゆみちょうえもん

伊船村大庄屋。代々大庄屋家とされるが、享保元年(一七一六)の藩の調べでは大庄屋も村庄屋も別人だから、新田・用水開発で祀られたとされる父長左衛門の代に藩に取り立てられたものと思われる。長右衛門は父に劣らぬという評判で、学識才幹ともにすぐれ頭脳明晰・理路整然、人を畏服させる人物とされていた。一揆の時は村々に連絡を取り檄文を作成した。一説に、檄文発令者を信仰対象の広瀬野の狐の名、広瀬野源太夫にしたとも、「傘文」にしたともいわれる。国府村打田仁左衛門を補佐とし、小岐須村嘉兵衛、辺法寺村喜八、大岡寺村江戸屋某（七〇歳で若い頃江戸で剣・兵書を学ぶ）らを頭取として一揆を指揮、明和七年六月一三日処刑された。伝承では一身田の真宗高田派専修寺から命乞いの使僧が駆け付けたが遅延したという。一緒に処刑された辺法寺村喜八の義民碑を村人が不動院に建立し、命日に長右衛門ら刑死者三人を供養する八三か村の百万遍念仏が行われるようになり、明治初年まで続いた。

【人物】西村源兵衛　**にしむらげんべぇ**

亀山藩御用達。西町で屋号鮫屋を営む。商才に富み巨万の財を蓄え鮫屋と号したので「五万石を呑む大鮫」と噂された。永荒地検地、百姓米専売制の最初の献策者。一揆勢に酒五樽を供したが、百姓は酒を流して「渇しても盗泉の水を飲まない」と反発、問責書で新田開発献策を告発して、仏壇までも木端微塵に破壊した。したたかな源兵衛は三〇〇〇両を持って津に急ぎ、亀山一揆勢が米屋を襲うと触回り、売急ぐ米屋から安値で仕入れ松坂へ廻して六〇〇〇両を持ち帰ったと伝えられる。　（深谷克己）

〔参〕『亀山地方郷土史』三、『鈴鹿市の歴史』

明和五年（一七六八）九月二六日

越後国蒲原郡長岡藩領新潟町御用金反対打ちこわし（新潟明和騒動・新潟湊騒動）

明和四年四月、長岡藩は新潟町へ一五〇〇両の御用金を命じた。その方法は、四か月後の八月までに七五〇両を上納し、残金は九月より二分の利子を添えて翌五年八月までに元利合計九三〇両を上納するというものであった。この御用金は検断以下の町役人を除いた新潟町の町人に身分に応じて割りあてられたが、明和五年は全国的な不作で港への出入り船も減少し、町中の困窮が増していた。これを見た町人涌井藤四郎は、同年八月、残金九三〇両を期限の八月中に上納することは困難である、一〇月までは利息の一八〇両は上納するので、元金七五〇両は景気が回復するまで猶予してほしい旨の嘆願書案を考え、廻状をもって町中へ呼びかけた。九月一三日、涌井は賛同した町人たちを本浄寺の前寺西祐寺へ招集したが、この時岩船屋佐次兵衛・風間屋平吉など四〇名ほどが集まった。その席上で、町奉行所への要求として、①御用金の納入期限の延期、②地子の取り立や割当の時は一町内から三人ずつ立会人を出す、③町役人交代の際は公選とする、④長岡へ納める仲金は隔年とし、該当年でない年の仲金は小前層への拝借金に充てるなどの要求を取りまとめ、涌井と岩船屋を頭取に選出した。しかし、この西祐寺での集会を徒党だとして町役人へ訴えた者があり、九月二〇日に町会所へ集会した全員が出頭させられ、涌井は入牢、家族と五人組は町内預け、その他は禁足・戸閉などの処分となった。この処分を見た新潟町の人々は反発し、以後不穏な情勢が高まっていった。九月二六日夜九つ時、ついに騒動が発生した。下町の本明寺の鐘を合図に総勢六〇〇人ほどが日和山へ集まった。黒装束・覆面をした者の指揮で、手には鳶口・鉞などを持ち、二〇〇名ずつ三隊に分かれて町奉行所・町会所を目指した。途中、騒動勢は西祐寺の集会を密告した八木市兵衛宅を打ちこわし、町奉行側の鉄砲隊の発砲にさらされながらも一夜で一五軒を打ちこわした。町奉行側は騒動の鎮静化のため、翌二七日、入牢中の涌井を始め西祐寺の集会で罪を受けた者たちを赦免した。しかし、この日も不穏な状況はおさまらず、暮六つの寺の鐘を合図に再び日和山へ一〇〇〇人ほどが集結した。これは新潟町の下の方の町人が中心だったが、上の方の町々においても約七〇〇人が寺の鐘を合図に町奉行所・町会所へ向かった。この夜は富商など九軒を打ちこわした。二日間で打ちこわされた家は二四軒にのぼり、そのほとんどが検断・長老などの町役人・特権的町人、米の買い占めを行っていた米穀商や富商、彼らの配下として町民を弾圧していた中使・小役たちであった。九月二九日、涌井は町内毎の代表者を招集して、騒動の件でいかなる尋問があっても町中一同で行ったことを約した連判状を作成した。涌井は、その後、諸物価引き下げの処置を行うとともに、七人の米商人から買置米を一日二〇〇俵ずつ売り出させるなどの対策を実行した。町人の米の購入にあたっては一度に一俵と制限し、かつ涌井の改奥印のある小切手を必要とするなど、行政的手腕を発揮した。また、庶民が金策に苦しんでいるのを見て、新規に五軒の質屋を設け、利息も月三割であったものを二分とした。長岡藩では一〇月三日に騒動鎮圧のために藩士六〇名を派遣したが、一〇日後にはなすすべもなく撤兵し、町中寄合の願意により、藩は飢米一〇〇〇俵を供出させられた。涌井は、この供出米を一一月上旬に町中へ配布するなどし、新潟町の行財政を掌握していった。しかし、一一月下旬に至り、長岡藩では騒動の本格的な捜査に乗り出した。涌井始め騒動側の代表者や町奉行・町役人らを長岡へ出頭させた。同時に新潟町より出されていた地子免除の嘆願を却下し、逆にその上納を厳しく命じた。翌明和六年四月には裁判を長岡と新潟で行うこととし、九月には騒動にかかった経費として七五〇両が新潟町に割り付けられた。判決は明和七年八月二〇日にあり、涌井藤四郎と岩船屋佐次兵衛は首謀者として打首獄門、ほかに二名が永代追込、二名が永牢に処せられ、一町内銭二貫文ずつの過料が科せられた。涌井と岩船屋は、八月二三日に長岡より新潟へ護送され、同二五日に市内引き回しのうえ、鍛冶小路の牢屋敷で処刑された。この騒動は、幕藩体制下にあって涌井藤四郎ら非特権的町人層のみによる町政が二か月余も継続したという点で他に類例を見ない。当時の米価の高騰に対して何ら有効な手だてを講じようとしなかった藩や町役人に対して、指導者の涌井らの行動に民衆が共感して蜂起し町政を支えたという歴史的意義は大きく、騒動の影響は周辺地域に及び、また後世まで義民顕彰がなされていった。昭和三年（一九二八）新潟明和義人顕彰会によって建立された明和義人顕彰之碑が新潟市白山公園内にある。

【人物】涌井藤四郎　わくいとうしろう

新潟町民で明和騒動の指導者。名は英敏。処刑時に五〇歳で、享保六年（一七二一）生まれという（『新潟明和義人』）。「旭湊俚諺明和間記」によれば、涌井家は、寛永年間（一六二四～一六四四）に越前から佐渡に移住し、宝永元年（一七〇四）に新潟へ来て本町通五之町で反物屋を営む。屋号を越前屋といったらしい。ただし、家の所在地については、本町通二之町とも伝えられ、近年では藤四郎の代には片原五之町西の坂内小路にあったと推定されている。かなり人望のある商人であったらしいが、新潟商人としては新興商人で、坂内小路は新潟町の規定では呉服や布糸類を売買することが許されない地域であった。御用金延期の願書作成を行い、西祐寺集会で岩船屋佐次兵衛とともに頭取に選ばれた。そして、九月二〇日入牢させらるが、打ちこわし勃発と藤四郎釈放の要求により、同二七日に釈放される。以後二か月ほどの間、新潟町政は町中惣代として藤四郎の下で行われた。一一月二二日、長岡への出頭を命じられ取り調べを受ける。家族も町内預となり、一二月二四日には留守宅が家宅捜索され、諸帳面・書物などが押収された。明和七年八月二〇日の判決で岩船屋佐次兵衛とともに打首獄門となり、二三日に新潟へ護送され、二五日市中引き回しのうえ鍛冶小路牢屋敷で処刑された。首は横町の浜往来六地蔵のさらし場にかけられたが、二六日夜に数人の者が持ち去り、番人は見ぬふりをしたという。また、菩提寺の浄泉寺が藩に憚って供養しなかったため、町民から非難されたという。寛政九年（一七九七）長浜久七なる者が南山の松林に藤四郎の墓石を建てたが、憚って「寛保二壬戌八月洪水信濃川筋溺死者之霊魂」と表面に刻んだと伝えられ、明治一〇年（一八七七）、久七の旦那寺長照寺支配の題目庵（新潟市学校町通一番町）に移された。安政六年（一八五六）の寺門静軒著「新潟富史」は、この騒動について記述するなかで、「下総に荘五郎あるを知りて越もまた荘五郎あるを知らず」として藤四郎を高く評価した。明治二一年長照寺に佐次兵衛と連名の墓碑が建立されて現存（新潟市西堀通五番町）。同年に旭座劇場で行われた明和義人追善興行の収益金で作られたものである。

【人物】岩船屋佐次兵衛　いわふねやさじべえ

姓は須藤、名は規方。処刑時には七〇歳という（とすれば、元禄一四年（一七〇一）生まれか）。先祖は下野の出という。本町通湊町東の覚左衛門小路で呉服を商う。藤四郎と同じく、呉服類を売買することが許されない地域であった。騒動では、始めから藤四郎と行動をともにした。明和五年一二月一日長岡への出頭を命じられて取り調べを受け、九日には妻子が町内預となる。同七年八月二〇日の判決で藤四郎とともに打首獄門となり、二三日に新潟へ護送され、二五日市中引き回しのうえ鍛冶小路牢屋敷で処刑された。首と遺骸は旦那寺の法亀院が引き取って葬儀を行い、同寺の墓地に埋葬した。法名は良田種殖信士。一尺ほどの小さな墓が同寺に残る。明治二一年（一八八八）長照寺に藤四郎と連名の墓碑が建立されて現存する。

【史料】旭湊俚諺明和間記　きょくそうりげんめいわかんき

新潟明和騒動の経過を実録風に描いた記録。全五巻で、巻之一は発端、町検断の事、涌井氏由緒教誡の事、巻之二は諂諛の小人名利に奔る事、一揆蜂起の事、一人貪戻乱を発す事、巻之三は役人勢敗走の事、巻之四は加勢の間違、制事涌井氏に帰する事、再び勝念寺に会合の事、訴状披露之事、一件吟味之事、巻之五は五賀野右衛門召捕事幷浦島屋火事之事、一件落着幷小島屋火事の事、からなる。著者井上馬来は、本名を井上庄左衛門といい、片原通三之町に住む町人で、自ら騒動に参加したと記す。井上馬来著「明和旭湊俚諺」と題する写本（県立新潟図書館蔵）もあるが、内容はほぼ同じで、本書の方が原本に近いと思われる。また、著者不明の「明和五子年新潟町中之事」は、日時を追って経過を記載するが、本書と同一の記述箇所も見受けられ、井上馬来との関連も考えられている。旧来（昭和九年刊『新潟市史』など）は本書が物語的記述であることを理由に信用性が低いとされてきたが、近年はその史料的価値が再評価されている。昭和四〇年（一九六五）に新潟郷土史研究会が井上家旧蔵の写本を『新潟郷土古文献』第一集に「明和五子年新潟町中之事」とともに翻刻し、同五〇年『日本都市生活史料集成』六にも「明和五子年新潟町中之事」「新潟騒動留書附」とともに所収された。　（山本幸俊）

〔参〕『新潟市史』通史二、『新潟県史』通史四、『越後と佐渡の一揆』

明和五年（一七六八）一〇月七日
越後国魚沼郡幕府領十日町打ちこわし

明和五年七月、十日町村など一八か村は高田藩預りから会津藩預りに支配替えとなったが、この年は天候不順による不作で、各地からの騒動も風聞として伝わってきていた。十日町村では一〇月七日夜、藤左衛門らが中心となり触れ状を回し、正念寺の早鐘を聞き人々が集まり出した。一揆勢は、信濃屋佐治右衛門の屋敷と土蔵を打ち破り、ほかに二軒ほどを打ちこわした。会津藩小千谷陣屋ではただちに会津へ注進し、藩では役人を送り込み、二八日より参加者を逮捕した。逮捕者は二四人で、小千谷で取り調べを受けたのち会津へ送られた。首謀者の藤左衛門の処罰は、額に入れ墨をさせられたうえで魚沼郡内の会津藩預地管内より追放されるというものであった。　（山本幸俊）

〔参〕『十日町市史』通史三

明和五年（一七六八）一〇月一九日
但馬国出石郡出石藩領減免強訴

明和五年七・八月、出石城下は出水に見舞われた。領内村々も疲弊し、一〇月には下郷一二か村を中心に、年貢減免を求める強訴が起こった。一四日、出石郡大谷村の庄屋小兵衛は、下郷村々の代表を自宅に集め、強訴を企てようとしたところ、一〇人が参加し、七人が強訴に賛同した。一五日夜には、七か村二五人が、一六日夜には、一二か村一七人が密会し、一揆勢の合図、合言葉、独自の草鞋の履き方、一人ひとりが実の入っていない稲の束か大豆のからを持ち寄り、それを積み上げたかたまりに願書をはさんだ竹を刺して要求することを取り決めた。そして一九・二〇日両日に、鳥居村の河原に一二か村の百姓が集まることになった。大谷・福居・三木・伊豆・安良・島・田立・片間・丸谷・香住・上鉢山・下鉢山村の百姓たちであった。一揆勢は、田方の減免と畑方の減租を要求し、大庄屋によって藩に取り次がれた。一揆後、下郷三〇か村に対して救米六七〇石が支給された。一一月一六日には、参加者への処罰が申し渡され、牢舎三人、首鎖五人、手鎖一四人、追込め一三人、その他三人の庄屋が数日間の謹慎を命じられた。　（山﨑善弘）

〔参〕『兵庫県史』四、『出石町史』一

明和五年（一七六八）一一月二二日頃
備中国上房・小田・賀陽郡ほか松山藩・庭瀬藩・足守藩領強訴・打ちこわし

明和五年一一月二二日ごろ、上房郡松山藩領貞村へ同藩領の百姓たちが集結したが、藩役人の説諭により、いったん引き上げた。しかし、他郡からも百姓たちが集まり、村々に参加を強制しながら南下し、一二月五日下道郡下倉村で打ちこわしを行った。六日賀陽郡八田部村に押し寄せ、飯米などを無心するうちに、百姓たちの数は三〇〇〇人余りとなった。そして、岡山城下へ嘆願に赴く気配を示したが、藩役人との交渉により、諸負担の軽減・村役人の退役・下作算用改めなど一五か条の願書を提出した。藩役人も受諾する旨の証文を出し、騒動は終息した。しかし、続いて隣接する庭瀬藩領でも、一二月二三日、百姓約三〇〇〇人が小田郡矢掛村へ押し出し、同夜庄屋源次郎宅・綿問屋茶屋忠六宅を打ちこわし、その後同郡東三成村源次兵衛・西三成村郷宿・下宿を打ちこわした。そして、再び矢掛村に戻り、出張してきた藩役人に対し、郡中・村入用の軽減や年貢の軽減など二二か条の願書を提出し、綿問屋の廃止・検見の下毛年貢率を引くことなどが認められた。この結果百姓たちは引き上げたが、その後も二六日浅口郡玉島村柳屋が打ちこわされるなど不穏な状況が続いた。翌六年一月一五日、賀陽郡足守藩領でも百姓七〇〇～八〇〇人が足守町で三軒と同郡奥坂村庄屋宅などを打ちこわし、藩役人の証文を受け取り引き上げた。同藩領では二七日にも上房郡矢野・岩・田土村で不穏な動きがあり、ただちに藩役人が出張し、事態を収拾した。また、一八日には八田部村で再び騒動が発生している。この時期、備中国内ではこの他にも一揆が頻発しているが、その全貌を明らかにするには今後の史料発掘が必要となろう。　（横山　定）

〔参〕上原兼善「宝暦・明和期における備中農村の動向」（『近世瀬戸内農村の研究』）

明和五年（一七六八）一一月二四日
大和国添上郡ほか興福寺領ほか減免強訴・打ちこわし

明和五年一一月から六年一月にかけての数か月は、百姓一揆・打ちこわしの一ピーク時としてよく知られているが、大和国でも、五年一一月二四日の夜に、興福寺領の一三か村の百姓たちが添上郡大安寺村に押し寄せて「庄屋代官」ほか四軒の打ちこわしを行ったのを皮切りに、翌年一月中旬までの間に、旗本神保氏領・旗本平野氏領・多武峯領・旗本多賀氏領・郡山藩領・芝村藩領・幕府領・清水領・柳本藩領の、合計一〇の所領で相次いで一揆が発生していることが知られる。そのほとんどは、年貢などの負担の軽減を求めたものであった。これらの一揆に関して、まず第一に注目されるのは、闘争性の深化である。それまでは元禄六年（一六九三）や享保一〇年（一七二五）の郡山藩領の一揆などごくわずかを数えるにすぎなかった強訴が多発しており、とくに五年一一月二九日の夜に発生した旗本神保氏領の場合は、一〇〇〇人余の領民が高市郡池尻村の陣屋へ押し寄せ、陣屋から鉄砲を発砲してもただちにおさまらないほどの激しさであった。第二に注目されるのは、打ちこわしを伴う一揆の多発である。打ちこわされたのは、興福寺領での「庄屋代官」のほか大庄屋・掛屋などで、その多くは百姓身分に属しながら領主側の手先となって「百姓的世界」の存立を脅かす行為をなしたと一揆勢からみなされ、制裁の意を込めて打ちこわされたものと考えられる。第三に注目されるのは、旗本神保氏領と多賀氏領のケースで、一揆の際に地方役人の身柄引渡しを要求する声が上がっている点である。多賀氏領で郡代として召し抱えられた丹州出身の「渡り役人」川原惣右衛門のような、新参地方巧者による苛政がその前提にあり、困苦にあえいでいる百姓たちの世界を思い知らせるという形で彼らに制裁を加えたいという百姓たちの願望を反映したものといえる。第四に注目されるのは、所領規模に応じた一揆の規模の拡大である。畿内ではめずらしい数万人余もの百姓が参加した一二月中旬の郡山藩領（大和では七万七七五〇石）の一揆が最大規模であるが、幕府領（芝村藩預所吉野・宇陀郡）・芝村藩領（一万石）・旗本神保氏領（六〇〇〇石）の場合も、史料に表われた数字では、それぞれ数千人、二〇〇〇〜三〇〇〇人、一〇〇〇人余と、参加者数はかなりの人数に達している。それぞれの所領規模を考えれば、注目すべき数字といえるだろう。第五に注目されるのは、一揆の波及的展開である。大和においてあちこちの所領で一揆が波及的に発生・展開するという状況が本格的に出現するのは、この時期が最初であり、幕府が六年一月に発した一揆弾圧法令において、「最寄」の領主相互の連繋による一揆鎮圧を指令しているのは、こうした情勢に対応しようとしたものであったということができる。以上のような特徴を有するこの時期の大和の一揆は、上方筋を始め各地における一揆の展開と相まって、六年一月から二月にかけて幕府に飛道具使用許可令を始めとする一揆弾圧法令を矢継ぎばやに出させる契機となったのである。なお、一揆の波及性が高まるようになった要因としては、田沼期に入って以降の幕府の商品流通統制政策の展開に伴う地域全体の共通利害の形成や、商品流通をめぐる農民闘争（国訴）を通じての支配領域を異にする百姓相互の連繋の強化などが考えられる。（谷山正道）

〔参〕谷山正道『近世民衆運動の展開』

明和五年（一七六八）一二月一四日 越前国南条郡福井藩領今泉浦津出し反対打ちこわし

明和五年一二月一四日夜、蓑虫と呼ばれる百姓大勢が今泉浦の上野山で鬨の声を挙げ、同浦の北五右衛門宅を打ちこわし、上中津原村（美濃郡上藩と小浜藩の相給）の吉助・与右衛門宅も打ちこわした。その理由は、白崎陣屋（旗本金森氏）と千福陣屋（郡上藩）が米八〇〇俵を米屋で廻船問屋の北五右衛門と浜野三郎右衛門に託して津出ししたことにある。その依頼があった際に、今泉浦船持仲間では三月の福井城下打ちこわしを考慮して船積みを遠慮したが、白崎陣屋の依頼を受けた福井藩が積み出しを勧めたため、津出ししたという経緯があった。騒動後の捜索で赤萩村が発頭村と断定され、廻文を出した頭取として同村の弥太夫・久兵衛・久右衛門・喜右衛門が打首と決し、翌六年二月一三日福井城下で処刑された。弥太夫は廻文の執筆者で、騒動後伊勢参宮に出かけ、帰途敦賀にて捕らえられている。河野村赤萩の善導院境内には処刑された四人の供養碑がある。（齋藤　純）

〔参〕『福井県史』通史

明和五年（一七六八）一二月二三日 備中国小田郡庭瀬藩領強訴・打ちこわし
→明和五年（一七六八）一一月二二日頃 備中国上房・小田・賀陽郡ほか松山藩・庭瀬藩・足守藩領強訴・打ちこわし

明和五年（一七六八）一二月下旬 河内国古市郡幕府領古市村小作騒動・村方騒動

古市村では検見のうえ、村役人が小作年貢の免合（年貢率）を決めたが、明和五年は稲・綿ともに不作で、水呑（小作）百姓が免合を承知せず、一二月下旬以降、付近の宮山・城山・道場に数百人がたびたび参会・協議し、代官所へ押し寄せようとする動きが起こった。一方、翌年一月になると、高持百姓からも倹約願と並んで年貢算用と免合の公開、支配算用への百姓の立会といった村政の民主化要求が出され、小作騒動と村方騒動が平行して進んだ。騒動の過程では、捺印しない者は村八分にするとの強制を背景に白紙に印形を求め、また要求に応じない組頭宅を打ちこわすといった緊迫した状態となった。村人の連印を受けて、惣百姓は惣代を立て代官所に訴願に及んだが、惣代が処分されたのを機に水呑百姓との共闘は崩れ、四月には完全に鎮静化した。なお、明和五～六年にかけて、古市村のほか志紀郡大田村、摂津国平野郷などで小作百姓を中心に騒動が起き、幕府は、同六年二月、上方筋百姓強訴鎮圧令を出した。

〔参〕『羽曳野市史』二　（藪田　貫）

明和六年（一七六九）一月一三日
讃岐国多度郡幕府領塩飽島打ちこわし

塩飽島では、島民の多くが廻船業に従事してきたが、江戸中期以降廻船業の不振にともない多くは船大工・大工へ転業していき、大工職組合を組織していた。この大工職組合は規定に反した大工の大工職取り上げを決めたが、島年寄の吉田彦右衛門がこれに異議を唱えたことから、一月一三日、大工惣代伊兵衛を中心とする大工たちが本島笠島浦の吉田家を打ちこわし、さらに櫃石島の庄屋義平次、与島の庄屋次郎右衛門を襲う騒動が起こった。長年の間鬱積してきた年寄・庄屋に対する島民の不満がこれに拍車をかけ、翌日には本島泊浦の大工・百姓たちも参加して打ちこわしが拡大し、また泊浦の年寄宮本伝大夫に対する強訴も行われた。騒動は、大坂船奉行与力が出張し鎮圧された。大工惣代伊兵衛・大工又六・百姓弥次郎右衛門が死罪とされ、大工権兵衛が遠島、ほかに二一人の大工が島追放となり、参加しなかった者も含めて三五〇人余が過料とされた。

〔参〕『新編丸亀市史』二　（須田　努）

明和六年（一七六九）一月一五日
備中国賀陽郡足守藩領強訴・打ちこわし
→明和五年（一七六八）一一月二二日頃
備中国上房・小田・賀陽郡ほか松山藩・庭瀬藩・足守藩領強訴・打ちこわし

明和六年（一七六九）二月二日
信濃国筑摩郡名古屋藩領強訴（木曽騒動）

木曽騒動と呼ばれるものは明和六年、文化一三年（一八一六）、慶応二年（一八六六）の三回発生している。いずれも米騒動であるが、明和六年の騒動は米の買占めとも、山村氏に対する不平の爆発ともいわれるが、具体的な原因は不明である。一揆は二月一日昼、贄川宿に二〇〇人余が集まり、二日早朝奈良井宿へ押し寄せたことに始まる。奈良井宿では、万屋半左衛門の家を潰せと叫んだが宿役人に止められ、その後峠を越え藪原宿へ向かううちに、宮越・原野・上田の村々が加わり、総勢一二〇〇～一三〇〇人に膨れ上がった。関所に着いた頃には夜となり、家老の松井らが槍を持ち警戒にあたった。役人は各村の役人と面談し、説得を試みたが聞き入れず、夜通し関所の門外に屯し三日朝分散した。同じ頃、南部の上松宿・野尻宿の者も、岩郷村中平に一揆勢が押し寄せたとの報で、合流しようと押し寄せた。さらに福島宿の七〇〇人余がこれらの者と合流するために中平に向かったが、いずれも合流できないまま終わり、一揆勢は引き上げたという。三日福島宿上段組頭又治郎、弥平治、ほ並屋善右衛門の三人が牢舎となった。二八日には、名古屋から五十人目付らが到着し、吟味が開始された。萩原村佐左衛門らが逮捕され、彼は四月に本牢入となり、翌七年名古屋へ引き渡され、知多の篠島に流罪となった。このほか三七名が入牢となったが、そのうち一一名が追放とされた。さらに福島宿本陣庄屋らが御預一〇日間などの処罰を受けている。

〔参〕『木曽福島町史』一、『西筑摩郡誌』　（小椋喜一郎）

明和六年（一七六九）二月四日
河内国丹南・丹北郡ほか丹南藩領年貢不納騒動（郷中騒動）

明和六年、河内国丹南藩領村々（丹南・丹北・志紀郡）の内、二二か村（一二か村ともいう）の百姓が、麦不作のため拝借金と夫食米の下給を領主に願う騒動が起こった。二月四日から郷中百姓が寄り合い、九日には多人数寄り合い、一〇日には丹南藩領の志紀郡東老原村に出かけ、その後、丹南村の来迎寺境内で数度参会したという。この時の寄り合いには数千人の百姓が集結したといわれる。結局、百姓の要求は聞き入れられず、百姓側に立った村役人が年貢納入を拒否したので、ついに処断されることになった。吟味は江戸と大坂とで幕府によって行われた。江戸では北野田村庄屋井上吉右衛門を始め二二人が取り調べを受け、一一人が牢死したが、安永元年（一七七二）一一月二一日に江戸町奉行の裁許を受け、四人が中追放、二人は役儀取放しと過料銭五貫文、五人は無罪、同時に丹南藩役人二人は押込となった。大坂でも八二人の取り調べがあり、一人は牢死したが、大坂町奉行の裁許を受け、三六人が無罪、その他は所払・手鎖・村預け・過銭手鎖などとなった。藩主高木正弼（まさのり）はこの騒動の責任を問われ、大番頭の出仕を一時止められた。この一揆の他にも、明和年間（一七六四〜七一）には西国筋・上方筋で百姓一揆が頻発しており、幕府は西国筋・上方筋での百姓一揆の厳禁を達している。

【人物】井上吉右衛門　いのうえきちえもん

北野田村の庄屋。吉右衛門は庄屋役罷免と過料銭の処罰を受けたが、安永元年一二月一七日、江戸から帰国すると、村民の大歓迎を受けた。彼の跡庄屋については、村民一二九人がその子の徳左衛門でなければ村方は治まらないと藩主に願い出た。いま、北野田・南野田・西野の共同墓地の中央に「迎え地蔵尊」の像が立っており、その台石の背面には「釋教安貞順」とある。教安は吉右衛門、貞順はその妻きつの法名である。吉右衛門は帰国後まもなく剃髪して入道となり、安永四年（一七七五）に五四歳の生涯を閉じたのである。この地蔵尊は、村民が、騒動に参加して処罰された吉右衛門夫妻の菩提を弔ったもので、義民としての顕彰を地蔵尊の形をかりて行っているのである。（山﨑善弘）

〔参〕『堺市史』続一、井上薫「封建崩壊期における畿内小藩の動揺」（『ヒストリア』六）

明和六年（一七六九）一〇月二八日
伊予国温泉郡松山藩領松山町戸〆騒動

松山藩は、財政難のため、松山城下町に対して、明和五年から五か年賦で御用銀（差上銀、一部は諸商売株札交付に対する御礼銀）を賦課する一方、明和六年一〇月二七日には、借銀累積にあえぐ藩領農村を救済するために、町方から郡方へ融通した貸米銀の返済方法を利下げ元捨年賦とする申し渡しを行った。これら一連の財政金融政策に危機意識を持った松山城下町の惣町（古町分・外側分）は、翌二八日、御用銀の延納と利下げ元捨年賦令の撤回を求める訴願を行った。訴願は、各町年寄の惣町的な結合を紐帯としてなされた。そして、株札交付が振売商人を始め借家の諸商売をも広く対象としており、また利下げ元捨年賦令が農村との商取引を展開していた城下諸商人の利害にかかわるものであったため、訴願は本家（家持）・借家の広範な階層的基盤を得て実施された。町年寄衆や町衆は古町の寺々に結集し、町奉行の返答を催促するなど、二九日夜には半ば強訴状態となった。合法の枠内で訴願を維持しようとする大年寄・一一組大頭の指示を受け入れて、三〇日未明に寺々での結集を解いたが、各町に帰った町年寄衆・町衆は同日の朝からいっせいに戸〆（とじめ　閉店罷業）を行う戦術に出た。この惣町戸〆は、戸〆をしない町家は打ちこわすとする町衆の参加強制をも基盤として実現された。惣町戸〆は一日中実施され、同夜には提燈がたくさん掲げられて見物人が集まり、内外へのアピールがなされた。訴願要求の実現を迫られた町奉行が、同夜、家老に訴願を取り次ぎ要求実現に努めることを町年寄衆に確約したため、翌一一月一日は早朝から戸開けがなされた。三日に藩の回答が示され、御用銀上納年賦の長期化が認められた。また、利下げ元捨年賦令については、その対象を代官裏印証文による貸米銀などに限定することが明確にされ、田畑質入れや諸色売掛けなど一般の貸米銀については発令の対象外とすることが認められた。惣町戸〆の実力行使により、訴願要求の一部が実現する成果を得たといえる。一一月二五日、町奉行は戸〆の処分として押込遠慮を町々に申し渡したが、騒動の処罰はこれにとどまった。そして、一二月二一日には、町奉行が明和六年分の御用銀を全額、町方に貸し付けるとする措置（事実上の延納の承認）を行うに至り、騒動の成果がさらに獲得されたことが確認できる。（岩田浩太郎）

［参］岩田浩太郎「惣町一揆の論理構造」（『民衆運動史』二）、『愛媛県史』資料近世上

明和七年（一七七〇）三月二四日
伊予国喜多郡大洲藩領蔵川村年貢減免逃散（蔵川騒動）

凶荒が続き困窮した蔵川村の百姓たちは、藩に年貢減免を訴願したが、受け入れられなかったため、明和七年三月二四日徒党して越境し、宇和島藩領の宇和郡野村への逃散を実行した。これに対して、大洲藩と宇和島藩は協力して説得し、帰村させた。その後大洲藩では主謀者を探索したが見つけられず、庄屋・組頭を処罰することにしたが、これを知った百姓新之丞と吉右衛門が自ら名乗り出て、頭取として同年一〇月一九日、獄門の刑に処された。

【人物】蔵川村新之丞・吉右衛門　くらかわむらしんのじょう・きちえもん

ともに蔵川村の百姓で、蔵川騒動の頭取の一人。帰村後、大洲藩では主謀者を探索したが見つけられず、庄屋・組頭を責任者として処罰することにしたが、これを知った百姓新之丞と吉右衛門が自ら名乗り出たという。二名は、明和七年一〇月一九日に斬首され、大洲街道荒間路峠に梟首された。新之丞の妻は、夜ごと彼の首を自宅に持ち帰り抱寝し、未明には元に戻しておいたと伝えられる。のち、村民は村の西方の観音堂と東方の桜休場の地蔵尊に新之丞と吉右衛門が寄進したと刻み、施餓鬼供養念仏を行ったとされる。新之丞の法名は規外寛空禅定門、吉右衛門は本翁悟空信士。（須田　努）

〈文献〉『日本農民史料聚粋』四、『愛媛県史』近世下

明和七年（一七七〇）六月一五日
越前国敦賀郡小浜藩領敦賀町無尽反対強訴・打ちこわし

明和七年六月一五日夕、敦賀の新田河原に近郷四八か村の百姓が多数集まり、夜四つ時、無尽講世話人の吉田宗右衛門と柴田権右衛門家を打ちこわすべしと鬨の声を挙げ、藩の敦賀役所があった笙ノ橋まで詰めかけ、無尽講の中止を訴えた。この無尽講は、明和七年春、藩主酒井忠貫が参勤途中に市野々村の柴田権右衛門家に立ち寄った際、敦賀郡に設置させたもので、庄屋らは数年来の御用金・調達金賦課や米価高騰による困窮を理由に断ったが、敦賀役所が厳重に実施したものであった。騒動を鎮圧するだけの武力を持たない敦賀役所では、町奉行ら敦賀五奉行が無尽講の中止を請け合ったため、一揆勢は一六日申ノ刻頃に解散した。閏六月その専断を咎められて五奉行全員が更迭されたが、無尽講中止の約束は守られ、さらにそれまで五回の掛銀一一貫五〇〇匁余の一部が戻された。一揆側で処罰された者はいなかった。（齋藤　純）

［参］『敦賀市史』通史上、『福井県史』通史四

明和七年（一七七〇）八月二四日
備後国安那・深津郡ほか福山藩領借銀延期要求等強訴・打ちこわし

福山藩では、明和期に財政窮乏が慢性化し、明和六年、四代藩主阿部正倫（まさとも）が襲封したことに伴う臨時出費がかさんだ。さらに明和七年は大旱魃に見舞われ、領内の情勢は悪化していた。そのようなかで、八月中旬、安那郡川南村を始め、近隣の川北・下竹田村、深津郡千田村などで会合が開かれ、小作料の免除と借銀の返済延期を嘆願しようと話し合った。そして八月二四日安那郡下竹田村あたりで一揆となった。一揆はたちまち全藩に波及し、芦田・深津郡では八月二四日から二六日まで庄屋・御用商人宅が打ちこわされた。沼隈郡でも二七日に一〇〇〇余人が鞆町を襲い、

二八日までの間に庄屋・御用商人宅などが次々と打ちこわされ、領内で打ちこわされた庄屋は三〇軒余に及んだ。これに対し藩は一揆の鎮圧に乗り出すとともに、二七日とりあえず借銀の一五年賦返済と綿運上銀の引き下げを布告し、二八日には、多くの百姓を逮捕して入牢もしくは庄屋預けに処した。九月一六日、一九か条からなる百姓の要求に対して回答を示した。内容は、拝借米や大割銀などの返済一五年賦を認めたり、運上銀を減額するなど経済的要求はある程度受け入れたが、村役人の交代など人事に関するものなどの政治的要求については却下した。一揆に対する処分は安永元年（一七七二）一一月の藩主正倫の入国を待って行われた。まず一揆当時の国元の責任者を処分し、一揆の発頭人二人を逮捕して打首・獄門の刑に処し、また一人を謀書・謀判の罪で同じく打首・獄門の刑に処した。この一揆では要求のなかに福山藩領では初めて小作料免除がもられ、地主・小作関係の展開を前提とした農民層分解の進展が窺える。（三宅紹宣）

〔参〕『広島県史』近世二

明和七年（一七七〇）九月一一日
備中国小田郡幕府領笠岡村小作人種麦借請要求騒動（笠岡小作騒動）

明和七年夏、旱魃により大被害が出た笠岡村の小作人たちは、八月下旬、年行司孫左衛門方に麦種の借請を願い出たが、めいめいが地主と相対に願い出るように説諭された。九月六日夜、同村仁王堂町小作人久兵衛は、同町久蔵らと地主への種麦借請について協議した。そして、八日夜、同村天神山へ小作人たちが寄合、久兵衛の提案で、小作人一同で地主側へ種麦借請要求を行うこと、触歩行への賃銭や不参加者への罰金などが決定された。一一日早朝、仁王堂町への集結が村内に触れられ、集結したが、この動きを察知した町役人や笠岡代官所役人により、多くが捕縛された。頭取久兵衛・儀兵衛は死罪、触歩行九人（水呑百姓八人）は所払い、参加者は過料が課せられた。なお、久兵衛・儀兵衛の処刑後、地福寺の住職が願主となって処刑場に一基の供養墓が建立された。現在は移転され、笠岡市富岡の元小学校上がり口にある。久兵衛の法名は旭山照空、義兵衛は理諦信士。（横山　定）

〔参〕長光徳和編『備前備中美作百姓一揆史料』一、『岡山県史』近世Ⅲ、『笠岡市史』二

明和七年（一七七〇）九月
安房国平郡勝山藩領金尾谷村など門訴未遂

明和七年は大旱魃で、勝山藩西領の小原・白坂・金尾谷・深名四か村は田畑皆損同然の大損毛となった。このうち深名村は年貢減免が認められたが、残る三か村は翌年の種籾拝借を勝山陣屋へ嘆願しても許可されなかった。九月になると、三か村の百姓一八名が種籾拝借願いのため江戸藩邸門訴に出立すると、金尾谷村名主善兵衛は、ほか二か村の村役人とともに、百姓の出訴を引き留めるため追尾した。途中で一行に追いつき、門訴をひとまず中止させ、百姓の願書を村役人が取り次ぎ、藩邸に提出した。この時、善兵衛は勝山陣屋の代官であった稲葉重左衛門・藤田嘉内の更迭願いを単独で上書にしたため、あわせて出訴したと見られる。その理由としては、両人が軽々に訴訟・出入を受理するため、吟味が滞るばかりか費用が嵩み難儀であり、大名主と名主の間に無用な触本役を置き、百姓に礼物を要求して不正な配慮を施し、果ては御容赦米の不公平な配分を行うなど、「私欲・曲意」の働きが目に余るからとした。藩では願書を受理して吟味を行った後、村役人は全員帰村が許された。この願は功を奏し、一〇月になると、勝山陣屋から種籾代米が支給された。ところが、同時に来年の作付がほぼ終了したら、いかなる重科に処せられても違背しないという誓約書を村役人が書かされた。翌明和八年四月になると、勝山陣屋に百姓が呼び出され、徒党の頭取についての吟味が開始された。七月には、金尾谷村名主善兵衛、その弟で小原村名主平兵衛、白坂村組頭五左衛門、金尾谷・白坂両村百姓代一〇名が江戸藩邸に出頭を命ぜられ、吟味中は手鎖・宿預となった。この

うち、やがて金尾谷・白坂両村の百姓は手鎖を許され帰村を命じられたが、善兵衛と平兵衛は手鎖のまま藩邸に押込を命じられた。そして一一月二九日に、主命と偽った代官稲葉によって、善兵衛は闕所に加え、領分引き廻しのうえ金尾谷村地内境川の河畔、白塚河原で死罪に処せられた。平兵衛は闕所に加え、勝山陣屋で永牢に処せられた。しかし、夫善兵衛の無実を晴らすため、翌年二月藩へ嘆願書を提出した。それによれば、門訴を企てた三か村一八名の百姓こそが藩役人と結託して善兵衛・平兵衛を頭取に仕立てたものであり、藩主が前年六月以来大坂に出張中であったため役人が非道の仕置をしたとし、その再吟味と、生計のため善兵衛家督・家産の遺族への返還、平兵衛の永牢赦免を嘆願した。そよの死後の安永三年(一七七四)四月、老母みつと娘なほ・りつが、老中松平右京大夫輝高に駕籠訴し、家を再興したと伝える。

【人物】忍足善兵衛　おしたりぜんべえ

享保一三(一七二八)～明和八年一一月二九日。享年四四。通称は佐内(左内)・善兵衛。福沢村の生まれ、金尾谷村名主。前妻との間に子供二名、後妻「そよ」との間に幼少の娘二名、八〇余歳の老母みつ、「乱心」の妹一名、の合計八名家族であった。弟は小原村名主平兵衛。明和七年九月の小原・白坂・金尾谷三か村百姓一八名による江戸藩邸門訴未遂の頭取とみなされ、家族へはまったく連絡のないまま、闕所に加え、領分引き廻しのうえ金尾谷村地内境川の河畔で死罪に処せられた。享年四四。明治三二年(一八九九)に「義民忍足左内受難の碑」が富浦町福沢に建設された。

【人物】忍足そよ　おしたりそよ

忍足善兵衛の後妻。夫処刑の当日、村中が騒々しいので驚いて河畔に出かけたが、すでに役人は引き上げていたので帰宅した。やがて闕所が実行され、家族は路頭に迷ったが、御構地の沙汰がなかったので、一、二日は親類・好身の家の厄介になった。し

【人物】

稲葉重左衛門　いなばじゅうざえもん

藤田嘉内　ふじたかない

ともに勝山藩士、勝山陣屋詰の代官。従来とは異なる「新格」による支配・徴税策を展開し、それは「私欲・曲意」の働きと批判され、領民の強い反発を招いた。百姓の訴願・抵抗活動に対しては、厳罰をもって弾圧した。　(西脇　康)

〔参〕『鋸南町史』、『千葉県安房郡誌』

明和七年(一七七〇)一二月
摂津国島上郡高槻藩領西天川村訴願

明和七年から翌年にかけて、高槻藩領西天川村の皮多村民は、諸負担の軽減、あるいは撤廃を求めて高槻藩に対して訴訟運動を繰り返した。明和七年一二月以来、西天川村の皮多村民は、高槻藩独自の付加税である入ケ米をめぐる訴願を繰り返したが、そのなかで不埒な行動があったということで、同村の肝煎は手錠吟味を受けることになった。その後、皮多村民は不届行為を詫び、入ケ米上納を受け入れたので肝煎は手錠を差免された。しかし、それはその場逃れであって、後日、彼らは要求項目を変えて訴願に及んだ。すなわち彼らは国役銀・田役銀の免除を訴えたのであるが、国役銀は公儀御用、田役銀は土地に掛かるものということで拒否された。さらに高槻藩は徒党をした二一名を手錠にして吟味を行ったが、七名については徒党を離れ、誤り証文を差し出したので即刻ゆるされた。また一味に対する処分はとくに行われなかったようである。この訴願の結果、入ケ米については一二月二五日厳守で上納し、年貢については銀納直段二匁引で上納することが認められた。　(山﨑善弘)

〔参〕堅田精司「皮多村民徒党事件資料」(『日本史研究』三四)、『高槻市史』二

明和八年(一七七一)四月一日
常陸国久慈郡水戸藩領太田鋳銭座焼き打ち
(鋳銭反対一揆)

財政難の水戸藩は、御用商人に銅銭の鋳造を行わせ、その益金を収入にあてることを目論見、幕府に願い、仙台藩とともに、明和五年(一七六八)四月、三年間の約束で鋳銭事業の認可を得た。総元締は久慈郡

久米村の堀江権兵衛となったが、この事業を発案し藩や幕府金座の後藤庄三郎に働きかけた願主は、太田村の富商で米会所商人・庄屋でもある小沢九郎兵衛であった。鋳銭事業は、小沢九郎兵衛の藩に対する請負事業として行われた。鋳銭場は在町太田に設けられた。太田村はかつて佐竹氏の城下町であり、近世では那珂湊に次ぐ在郷町となり紙・煙草を扱う問屋が集中、藩の付家老の別邸もあった。当時の国内は銭不足が続いており、銭相場が高騰気味だったので、銭の増加は幕府の政策でもあった。事業は、三年間、領内で産出する砂鉄を原料にして、江戸の銭座の管轄の下に行い、一年に一〇万貫を鋳銭、吹高の一〇分の一を幕府に上納、水戸藩へは年に五〇〇〇両の冥加金を上納させるというもので、かなりな藩収が見込まれた。しかし、太田鋳銭が出回ると、銭不足は解消したが、銭相場が下落し始め、明和六年には銭六貫文にまでなった。銭下落は物価騰貴となって領民の反発を招いた。鋳銭座の御用商人が反感の対象となった。例年四月一日には静神社の神輿が平磯の海辺まで磯下りする渡御のならわしがあったが、領民はこの神輿渡御を利用して鋳銭場への反感を表わすことを考え、明和八年、一日の祭礼前夜、静神社に五〇〇〇〜六〇〇〇人が押し寄せ、神輿を担ぎ出し、平磯へ向かわず、途中で人数を増し三万八〇〇〇人の多数に膨れ上がり、久慈川を越えて太田に向かった。鋳銭場では門を堅く閉め、二〇〇〇人が警備していたが、神輿を先頭に群集は鋳銭場になだれ込み、内部を破壊した。この時、鋳銭炉に炭や夜具などを一挙に投げ入れて燃え上がらせたため火災が発生、さらに周辺にも放火したので、鋳銭座は焼け落ちた。打ちこわしの際、田畑の作物を踏み荒さないよう、百姓の妨げにならないようにという申し合わせがあったといわれる。打ちこわしの中心は、古徳村の木挽職人林右衛門、下村田村利重、門部村藤四郎ら小前百姓であった。目的を達した群集は、神輿を静神社に戻して散会したが、死者四五人、重傷者百余人に及んだ。藩は警備をさせた二か村の村役人を処罰、幕府には失火と報告、請負人小沢九郎兵衛らを罷免・閉門とし、暴動参加村の庄屋らを五〇日の入牢に処す一方で、貧民救済として太田村へ一〇〇両、領内へ銭五〇〇〇貫を放出し、領民の不満を緩和しようとした。そして藩直営に切り替え、同年一一月から鋳銭を再開したが、翌安永元年（一七七二）太田周辺の農民が祭礼を機に不穏な情勢となったので藩は神輿の出社を禁止、幕府の指示に応じて鋳銭をやめた。財政難の水戸藩は、安永三年にまた幕府の許可を得て鋳銭を再開、以後安永六年まで断続的に鋳銭したが、銭相場の下落が領民生活を混乱させ、春の祭礼のころになると領内に不穏な動きが現われるので、この年、太田鋳銭座をついに閉鎖した。（深谷克己）

［参］植田敏雄編『茨城百姓一揆』

明和八年（一七七一）七月二〇日
肥前国松浦郡唐津藩領新規増徴反対強訴（虹の松原一揆）

唐津藩は宝暦一二年（一七六二）土井利里から水野忠任へ藩主が交代し、新藩主が転封費用などによる財政窮乏打開のために年貢増徴策を実施した。明和八年一月、地方奉行小川茂木は、無年貢地（永川・砂押・水洗）に課税すれば一万俵の増収となること、減免措置の用捨引を廃止すれば五〇〇〇俵の利益があることを提案した。この提言により、無年貢地への竿入れが開始された。当時の唐津藩では、無年貢地と検地帳記載の田畑と一致しないことが多く、検地帳に永川・砂押と書き込まれた田畑が実際はどこの田畑にあたるのかわからなくなっていた。検地のため村々にやってきた藩役人たちは、無年貢地の実態を調べるだけでなく、従来の無年貢地すべてに課税することを強要した。これを直接的契機として、新藩主水野氏の新政策に不満を抱く百姓たちが同年夏から各地で集会を開くようになった。当初、一揆蜂起は七月一二日の予定であったが、この時は不同意の村もあったので実行に至らなかった。そこで再び七月一五日に廻状を出し、二〇日昼九つ時に虹の松原へ集合することを呼びかけた。廻状には、すでに要求項目がまとめられており、不参加の場合は放火すると書かれていた。

七月二〇日の明け方、城下に近く唐津藩領と幕府領との境、虹の松原の分石付近にぞくぞくと百姓・漁民らが集まり出した。参加者数は一万人とも二万三〇〇〇人ともいわれ、蓑・笠・鎌などを携えていた。一揆勢は村ごとに集結し、それぞれ目印を立てていた。村名を記した提灯を立て、夜に火を灯せば「群星」のように見えたという。また、一万人以上の集団を維持するため、集結場所に「中道」が設けられていた。連絡掛として村ごとに「組頭」を選出し、「中道」を通って情報の伝達が行われた。組頭は割印を持って行き来し、これがなければ捕らえられた。また、喧嘩禁止、藩役人への雑言禁止など内部規律を記した板を昼夜廻すなど、一揆勢は村を単位に統制の取れた集団であった。その食糧事情について見ると、集合時に各自食料を持参していたのは確認できるが、当初から何日分の食料を用意すればよいかわかっていたわけでなく、二、三日もすればその補給が必要となる。四日間ほど虹の松原に一万人以上が集結していた間、周辺の幕府領浜崎・砂子村の者たちが水・食料を売って大いに儲けたといわれ、売上高は銭五〇貫目に及んだという。また、糞尿の処理は大変で、松原内の砂を掘り返して埋めていたが、多人数のため七月の炎天のため、その臭気はたとえようもなかったという。一揆記録『虹濱鹵臭秘録』の鹵とは糞尿のことである。さて、駆け付けた藩役人が一揆勢に近づこうとすると、一揆勢はその手の届かない幕府領の虹の松原へ移動した。二一日に提出された六か条の願書は、第一条永川の無年貢地への課税廃止、第二条同じく砂押・水洗地への課税廃止、第三条用捨引廃止の撤廃、ほかに年貢米計量の四方霜振廃止、楮買い上げ廃止、新規運上廃止などの要求が掲げられていた。翌日、藩側は第一～三条の要求を認めて解散をうながしたが、一揆勢に帰村する様子はなかった。対応に苦慮した藩側は、庄屋、とくに大庄屋に一揆勢を帰村させることを求めた。庄屋層は残る要求項目を自らが引き受けて藩側と交渉する旨の念書をしたため、これを一揆勢に差し出したので二四日に一揆勢は帰村した。二七日、藩内の全庄屋が城下の福城寺に集合して対策を協議し、大庄屋が代官所へ出頭、一揆要求に対する回答を求めた。とくに大庄屋が中心となって、藩側と数度の交渉を続けた結果、八月九日に全面譲歩を勝ち取った。一揆勢と庄屋層は直接に結びついていないが、結果的には庄屋以下の惣百姓の抵抗によって、新藩主水野氏の年貢増徴策は頓挫し、藩側は新たな対応を迫られることとなった。一揆後、無年貢地への課税を進言した小川茂木らが御役御免・閉門となり、一揆首謀者として平原村の大庄屋富田才治、半田村名頭（麻生）又兵衛、同村名頭（市丸）藤兵衛、同村常楽寺智月和尚が安永元年（一七七二）三月一一日（二日とも）に処刑された。

【人物】富田才治　とみたさいじ

平原村の大庄屋。近世初期から庄屋を務める家柄で、才治の父理太夫は平原村に彊亭塾を設けて子弟の教育にあたった。当時の梶山村庄屋の日記には、才治と小学・論語などを購読したことや深夜まで学談したことが記されており、才治もまた子弟教育を行った。従来、彼は当初から一揆蜂起を考え、そのために知人とも断交して計画を練っていたとされてきた。しかし、隣藩の佐賀藩多久領家臣による一揆の調査報告によると、富田が意図した方策は自らが代表して唐津藩や幕府へ訴えることであった。七月中旬平原村で寄合が開かれているが、それは代表越訴を求める富田ら庄屋層と、強訴を主張する百姓たちとの相談ではなかったかと思われる。富田ら庄屋層の制止を振り切って七月二〇日に一揆が蜂起すると、富田も庄屋の一員として虹の松原の駆けつけ、一揆勢の帰村をうながし、解散後は中心となって藩側との交渉を行った。首謀者として自首した富田は、現在も虹の松原一揆の義民として地区民の崇敬を集めている。すでに慶応二年（一八六六）唐津藩の大庄屋会議において、富田才治の石碑建立が提議された。しかし、この時は長州戦争による混乱から実現しなかった。この後、明治四年（一八七一）の大庄屋会議でも、富田の一〇〇回忌を記念して墓碑建立のため村柄に応じた寄付額が審議されたが、実現したかどうか定かでない。明治三三年（一九〇〇）平原村中川谷の旧屋敷近くに旧唐津藩領二二〇村余の有志によって富田才治碑が建てられた。また、富田家墓地の下段に才治を祀る「しゃり様祠」があり、救農の恩人として崇められている。なお、才治が馬場組大庄屋の向杢弥に宛てた書状では、両親・兄弟・子の墓碑銘を書いてくれるよう依頼している。書状日付の八月二日が何年なのか明らかでないが、宛所の向は安永元年（一七七二）に死去しているから、これ以前のものである。前年は一揆の起こった明和八年であり、その時の書状とすると、八月は富田ら庄屋と藩側との交渉が続いていたころである。すでに一揆頭取として捕縛されることを予想して、家族の墓碑銘を依頼したのであろうか。ただし、書状には彼がなぜ一揆頭取として自首するに至ったかを探る手がかりはない。

【史料】虹浜菌臭秘録　こうひんししゅうひろく

　虹の松原一揆を伝える史料のなかで、『虹浜騒秘録』は一揆の起こった前後の不安な世情やこれにまつわる諸事件を記し、相当の準備期間をかけて書き上げられた一揆物語である（『松浦叢書』二）。これに対し、『虹浜菌臭秘録』はメモ風に書かれており、いささか断片的なところもあって前者ほど体系的でない（『日本庶民生活史料集成』六）。現存するのは写本で、幕末期に庄屋を辞めて二か所の塾で教育に努めた山口義生が写したもの。原著者と覚しき人が書いた跋によると、ある僧に依頼されて一揆を記録したというが、その人物・作成時期は不明である。メモ風の記述内容は、佐賀藩多久領『御館日記』（多久市郷土資料館）など同時代史料と比較しても一致する部分が多く、信憑性は高い。『虹浜騒秘録』と『虹浜菌臭秘録』は内容的に酷似しており、前書は後書を種本として書かれた可能性が高い。

（宮崎克則）

〔参〕『唐津市史』、『相知町史』上、宮崎克則「唐津藩における百姓一揆の展開と庄屋勢力」（『九州文化史研究所紀要』三九）

明和八年（一七七一）八月八日
越前国大野郡勝山藩領検見取反対強訴

　明和八年八月七日、藩は城下周辺の二〇か村の村役人を呼び出して、定免から検見取りへの改革を申し渡した。村役人は即答を避けた。翌八日、これを伝え聞いた領内五二か村の庄屋らは城下の尊光寺で協議した。夜には一般農民も集まってきたので、九頭竜川松原河原の芝原に移って寄合が開かれた。藩重役の評議のなかでは「この時節に要求受諾の文書などを渡せば、諸国の百姓らが勝った勢いに乗じて騒動を起こすので、飛道具を使わないで取り鎮めることが必要だ」という意見も出たが、結局は「百姓らが城下に押し寄せたわけでもなく、徒党とはいえない」という理由をつけて、要求を受け容れて収拾することにした。こうして、勝手方高橋氏（京都からきていた商人という）の罷免要求は拒否したものの、検見取りの中止、改革のため江戸から招かれた地方役二名の罷免、参加者への不処分などを確約し、騒動を取り鎮めた。

（齋藤　純）

〔参〕『福井県史』通史四、本川幹男「『勝山』における百姓一揆について」（『福井県地域史研究』一）

明和八年（一七七一）一一月一六日
丹波国多紀郡篠山藩領減免強訴・打ちこわし（明和篠山一揆）

　丹波地方では、明和七年の夏に三か月にわたる大旱魃が続き、翌八年も四月から六月にかけて日照りが続き、凶作に見舞われていた。この年の一〇月中旬、篠山藩領多紀郡矢代村の肝煎弥助は、波賀野村大庄屋の言と称して、稲を刈り取らないようにして年貢減免を願い出ればよいと、同役忠兵衛を誘い、同人宅へ村の百姓を集めて鎌留めを命じた。一一月五日には鎮守の一の宮社の馬場に百姓を集め、弥助・忠兵衛のほか徳右衛門・市左衛門が主導して、一六日には定免の書付が渡されるから、城南の監物河原に集まって直訴に出る計画を唱え、各自分担して各組への働きかけを始めた。藩の命令伝達順路を百姓側が活用して触継ぎ、分担者がその責任を放棄した地域でも、村々の自主的な情報伝達によって組織化を進めていった。この触れ継ぎを行った者の中には医者や盲人が含まれている。そして、予定どおり一六日の晩方には、郡中百姓三〇〇〇～四〇〇〇人が監物河原に結集して気勢を上げた。藩も代官を派遣して鎮めようとしたが、容易にはいかなかった。その時に百姓たちが提出した要求の主なものは、①旱害検分歩竿のこと、②二分以下の作柄は年貢を皆無にしてほしい、③加免として明和元年から四年にわたって上納した五一五六石余を元利とも返済してほしい、④御頼銀として寛延三年（一七五〇）から徴収した分を元利とも返済してほしい、⑤藩主青山氏の入部の際、寸志米として上納した米九一一石余を元利とも返済してほしい、⑥米一石につき売相場より五匁高い銀納を売相場にしてほしいというものであった。これに対し、藩側は一揆の気勢に押されて、願いの趣は聞き届けると伝えたため、一七日朝から百姓は退去した。しかし、そのうちに犬飼村の忠兵衛の言で、加免を企てたという八上新村大庄屋波部六兵衛・向井村大庄屋高橋兵左衛門・大山村大庄屋園田多助にその事実をただしたいということになり、百姓たちはこれらの大庄屋宅に押し寄せて打ちこわした。さらに、本荘村の伊兵衛ら四〇～五〇人が町同心の制止を振り切って城下に乱入し、上立町の鎌屋杢右衛門宅を攻撃した。一八日巳の刻過ぎには、上郡の百姓と思われる四〇〇～五〇〇人が町方へ引き返し、河原町の大和屋平兵衛宅を打ちこわし、未の刻に京口から退去していった。篠山藩主青山忠高は、明和六年六月に江戸に参府して以来病気のため在府していたため、一揆終焉後の同九年二月晦日、江戸用人須田覚之丞邦教が篠山に派遣され、三月一日から一揆参加者の逮捕が始まった。八月二九日に吟味が終了したが、安永二年（一七七三）三月二九日から再吟味が始まり、一一月一六日に終了している。同三年四月に藩が幕府老中へ提出した「多紀郡強訴一件仕置相伺書付案」による処分者は六九人で、うち二〇人が参加者を出したことで罰せられた大庄屋と村役人で、四九人が直接の関係者であった。また別の史料によると、打首一人、永牢四人、一国払い一人、郷払い四人、村払い一〇人、手鎖一三〇人、合計一五〇人が処分されている。首謀者の矢代村の弥助は、三年五月一六日に打首となった。ところで、篠山藩は、明和九年三月、一揆関係者逮捕に際し、百姓の要求に対する回答を行い、先述の百姓の要求については③④⑥を聞き届けている。　（山﨑善弘）

〔参〕岡光夫『近世農民一揆の展開』、『兵庫県史』四

明和八年（一七七一）一二月一一日
飛騨国大野郡ほか幕府領強訴・打ちこわし（大原騒動）

　いわゆる大原騒動とは、明和三年（一七六六）大原彦四郎が飛騨国幕府領の代官に着任し、その子大原亀五郎郡代が寛政二年（一七九〇）伊豆八丈島に流罪となるまでに起きた一連の百姓一揆を総称したものである。明和八年の明和騒動は、元伐（もとぎり）休山、年貢金納分の初納期の繰上、石代間合法の廃止、新役一〇か条、年貢米の江戸廻米などを原因とする。安永二年の安永騒動は検地問題、天明七年の天明騒動は、一条金という名の借り上げ金六〇〇〇両の賦課などに対するものである。騒動の原因となった数々の政策は、大原代官個人の「私欲」の現われた政策ととられているために大原騒動の名がある。一揆を記録した代表的な騒動記『夢物語』は、「今度之御支配様ハ金が欲しき故、いろいろ工ミ出し被仰渡ル也、江戸表よりの仰付にてハ有間敷候」と述べているが、実際は大原代官個人の政策と呼べるものはほとんどなく、当時の幕府勘定所を中心とした年貢増徴政策の忠実な実施にあったと見てよい。

　一揆の原因の一つである元伐休山問題は、明和四年（一七六七）に幕府が、御用木元伐を五か年以内に休山する旨伝えてきたこ

とから始まる。材木の品質の悪化などを理由とするものであった。元伐とは山中より材木を伐出すことをいい、これを河水に流して他国に出すことを川下といった。益田川・馬瀬川など南へ流れる川筋で材木を川下する地域を南方、宮川・高原川など北へ流れる川から材木を川下する地域を北方といっていた。もっとも元禄一二年（一六九九）からは、益田郡の阿多野郷三七か村、小坂郷一一か村の計四八か村の「南方元伐場所」のみ元伐稼としている。この元伐賃は年額平均七五〇〇両といわれた。また、食料として山方御救米六〇〇〇俵が、毎年代金一年後払の延売米の形で支給されていた。一方で幕府にとっては、山方の民に対する「御救」事業は、山林資源が豊かなときは利益も生んだが、資源の枯渇した時は相当な負担となった。ところで、金森氏の時代から飛驒は「人余って食足らざる下々の下国」といわれ、石高四万四〇〇〇石余はすべて飛驒の人々の食料としなければならなかった。とくに山方の村々は耕地に恵まれず、幕末まで元伐稼が続いた二五か村の一戸あたりの平均石高は〇、五石ほどで、元伐の休山は死活問題であった。明和七年、阿多野・小坂両郷の代表大古井村伝十郎たちは、休山中止嘆願のために江戸に下ったが何ら成果を得られなかった。

このように元伐問題で動揺している飛驒国に対し、幕府は八年春に突然年貢米三〇〇〇石の江戸廻米を命じた。これは郡中の反対で沙汰やみとなったが、秋についに元伐休山の命令が下された。また一二月三日、大原代官は美濃国郡上八幡・苗木、越中国富山、信濃国福島と高山町五か所平均で米の売り払い代金を決める安石代を廃し、米一俵につき一七匁とする永久石代を郡中に提案し、江戸表への申請のために必要な資金として三〇〇〇両の調達を村々に要求した。この提案に驚いた村々は、一一日、大野・吉城・益田の三郡の寄合を飛驒国分寺で開いた。この時、先に中止となったはずの三〇〇〇石江戸廻米を、高山町の丸屋平八が福嶋屋五右衛門・川上斎右衛門・屋貝権四郎らと共謀し、飛州惣代の名の下に勘定奉行所に願い出たとの風評がもたらされた。ちょうど一四日、江戸から帰国した大古井村伝十郎・中之宿村磯右衛門・湯屋村長三郎らによって、丸屋の企みは事実であるとの情報がもたらされた。怒った百姓は丸屋を捕らえて頭をまるめ、福嶋屋を捕らえ、二人の家と土蔵を打ちこわした。翌一五日、東本願寺末高山御坊輪番が調停のために国分寺を訪れるが効き目はなく、同夜川上・屋貝の両家を打ちこわし、一六日に国分寺から一揆勢は引き上げた。一方で三郡惣代は、四六か村九五名の名主・百姓代が傘連判をして、米の定値段の引き下げや新役の停止、元伐の再開などを願い出た。この時の要求がどの程度認められたかははっきりしないが、新役の中止などが認められたとされる。元伐の中止に対しては、村々の救済策として山方買請米制度が新たに設けられた。これは元伐賃として渡されていた米の過去一〇年分を平均した三四〇〇石（八五〇〇俵）を安石代で払い下げるもので、代金は一年延納を認めた。この制度は、安永七年（一七七八）に元伐が再開されてのちも継続されている。翌明和九年（安永元年）三月五日に打ちこわしの吟味が開始された。安永三年八月一六日に大古井村伝十郎は死罪（高山町牢屋にて死罪）、中之宿村磯右衛門は伊豆新島に遠島、湯屋村長三郎（牢死）・広瀬町村惣四郎は八丈島に遠島、その他過料などの処罰が下された。打ちこわされた丸屋ら四人は構いなしとされた。

安永二年（一七七三）二月、まだ明和騒動の処罰が下される前に、大原代官は国中の名主組頭を呼び出し、定免切り替えにつき加免、新田・切添立出畑田成地改のための田畑地引絵図・小前帳の作成を命じた。三月一一日には、地改奉行御勘定方水谷祖右衛門・瀧又右衛門、御普請方内藤浅次郎・今井勘助が高山に到着。一八日には、瀧郷花里村で地改が開始された。大原代官はすでに前年に検地の行われることを匂わしていたが、二月の命令と幕府役人の到着の短かさから考えても既定の方針であったことが窺える。この地改と呼ばれる検地は、宝暦四年（一七五四）に越後魚沼郡で行われ、一万五〇〇〇石の増石があったことに始まる幕府の一連の年貢増徴のためのものであった。では、飛騨ではなぜこのような大きな一揆となったのであろうか。幕府は、宝暦四年越後国の幕府領での古田畑の再検地を手始めとして、飛騨でも大垣藩によって行われた元禄検地の古田畑四万四〇〇〇石を再検地しようとしたことがまず上げられる。この検地は実際に測量することが目的ではなく、高に応じて三割・五割の高増を申し出ることで解決しようとしていた。花里村から始まった検地は、村によっては割増の指示もなくそこそこに帰る村や、冥加永を要求されるなどまちまちであった。そのために、江戸からの指示ではなく大原代官が私服を肥やすために行っているのではという疑問も出るのは当然であった。この検地に反撃するために、三月下旬に上野松森で寄合がもたれ、大垣藩への嘆願、代官への嘆願とそれが聞き入られない時は江戸勘定所への出訴などが決定された。この時寄合を指導し、大垣藩への越訴に出向いた大沼村名主久左衛門・町方村名主治兵衛は頭取と目された。四月一日に新町河原で寄合がもたれ、代官への嘆願書が作成され、代官に提出されたが埒があかず、ついに大沼村久左衛門らが、大垣藩の元禄検地の総奉行であった小原家に出訴したが、大垣藩は幕府領の問題に干渉できないとして相手にしなかった。ここで山口村新十郎が京都の公家二条家によって幕府への取り次ぎをしてもらおうと提案し、一部の百姓は京都に向かった。一方、代官や大垣藩からの届け出で、幕府は勘定奉行石谷備後守名で大沼村久左衛門ら一一人を召喚した。一一人は五月一七日に江戸着、翌日勘定奉行所に出頭したが久左衛門と治兵衛は入牢、ほかは宿預けとなってしまった。さらに奉行所は、代官に命じて国元の百姓の吟味を指示した。大原代官は、新獄舎を建設して吟味を開始した。六月八日久左衛門が牢死し、検地も再開された。七月二六日、牧ケ洞村善十郎・片野村伝七・舟津町村太郎兵衛・江名子村孫次郎・山本村彦兵衛・金桶村甚蔵の六人が老中松平右近将監に駕籠訴をした。同じ日、前原村藤右衛門らが勘定奉行松平対馬守の屋敷に駆込訴した。これより先、山口村新十郎は伊藤一学と改め公家侍風に装って江戸に潜入していたが、逮捕され八月一四日に日牢死した。また、五、九、十一月の三度、尾張藩評定所に箱訴が行われたがいずれも失敗に終わった。一方飛騨では、大原代官は江戸で駕籠訴をした者は郡中惣代ではない旨の口書印形を村々から提出させ、一揆の切り崩しをはかった。この印形を押さなかった者たちが、本郷村善九郎を中心として小割堤で寄合を開き、各地で寄合が持たれた。九月二二日、百姓は宮村鬼ヶ原に集結。その後一同は、同村の飛騨一之宮（水無神社）の神主に拝殿の使用と願成就の祈禱を依頼、祈禱は一七日に及んだ。集結した百姓は、九月下旬から十一月中旬まで一万人余に達したといい、これらの百姓のために炊き出しなどに多数の女性の参加があったことも見逃せない。また、一揆に協力的でない高山町に対して津留を行い、生活必需品が町に入ってこなくなり、町人が困るなどの事態になったり、数千人の陣屋への強訴によって、ついに一〇月二〇日には、代官に年貢納期の延期を認めさせた。これらの圧力に対し、大原代官は二六日、手代を郡上藩青山氏に派遣して出兵を要請した。同時に苗木・岩村・大垣にも出兵を要請する。二九日郡上藩一番手二八〇人が高山に到着。一一月二日には二番手一八〇人も到着。三番手は国境に詰めた。郡上藩の惣人数は四六〇人余に上った。一三日、藩による鎮圧を認める老中奉書写が郡上から到着。翌日に鎮圧方法の評議がなされ、一五日払暁、代官所手兵と郡上藩兵が高山を出立し宮村に向かい、三手に分かれ鎮圧を開始。空砲で脅したのち実弾を発砲、折敷村長次郎が即死するなど死者と負傷者が多数出た。この時神主山下伊勢・森和泉ら一〇〇人余が逮捕された。百姓は四散し村に逃げ帰った。一一月一七日には苗木藩兵一五〇人余、一九日には岩村藩兵二〇〇人余、一二月二日には大垣藩兵四〇〇人余が高山に到着して、一揆の頭取層の逮捕が始まった。富山藩も国境まで進出していた。苗木藩は舟津町付近の百姓三〇人余を逮捕、一一月二九日に本郷村善九郎が岩村藩によって逮捕された。この時本郷村近隣で七〇人余が逮捕された。大垣藩も古川町近辺で九〇人余を逮捕した。一二月四日には江戸勘定所から江坂孫三郎・布施弥十郎・甲斐庄武助らが到着し吟味が始まった。一八日江戸では駕籠訴の六人（伝七は牢死）と駆込訴の藤右衛門が死罪獄門となり、首は塩詰で高山に送られ、二七日高山桐生川原の万人講で晒された。一方で、一二月二三日に五〇人余が牢から出されたのを始めとして、二五日には五〇〇人余の町預けの者が許されるなど多くの者が釈放されたが、翌安永三年一月には一〇〇人余が逮捕されるなど厳しい吟味が続けられた。二月一二日には新たな検地役人が到着し八月まで検地が続けられた。これによって一万一四〇〇石余が打ち出され、飛騨は五万五〇〇〇石余となった。一二月五日、水無神社神主森伊勢・山下和泉、無数河村長次郎、宮村太七の四人が高山の桐生川原で磔、本郷村善九郎、町方村伊（猪）兵衛、吉野村喜重（十）郎、片野村新太郎、坊方村伝次郎、宮村又四郎、下坪村次左衛門の七人が死罪獄門となり、桐生川原で首が晒された。大沼村久左衛門、町方村治兵衛、山口村新十郎の三人は、牢死していたが同じく存命なれば死罪獄門との判決が下された。新宮村藤十郎、片野村吉左衛門は死罪。高山町上木甚兵衛ら一四人が遠島。その他重追放、過料など多数が処刑された。一方で高山町の屋貝権四郎ら六人に苗字帯刀など一揆に加わらなかった者に褒美が与えられ、郡上藩の家老鈴木兵左衛門の一〇〇石、佐藤権左衛門の五〇石など一揆鎮圧の藩士に加増が行われた。大原彦四郎代官は、安永六年五月二四日布衣郡代に昇格したが、帰国後妻が自害、自身も失明するなど不幸が続き、一揆のたたりとうわさされた。

天明元年（一七八一）七月、彦四郎の息子亀五郎が郡代となった。同三年八月、一条金なる名目で総額六一二八両を三郡村々から借り上げた。この一条金というものの性格は、現在も解明されていないが、当時の村々にとっても意味不明の借り上げであり、亀五郎への不信となった。同四年三月、高山町の八割にあたる二三〇〇軒余が焼ける大火があったが、郡代は扶食米三〇〇石を貸し付けただけであった。折からの凶作による飢饉により村々は破免を願い出たが許されず、安石代がようやく認められたが、郡代は天明三年の年貢皆済目録を引き上げ、安石代の目録のみを渡し、村々に割返すべき過納金一六〇〇両余の献納を申し渡した。同六年には飛騨一帯を冷害が襲い、ますます百姓らは困窮していった。にもかかわらず同七年には年貢過納金の一〇か年無条件献納を申し渡した。このような郡代の政策に対して不満は高まり、人々が秘かに集まり始めた。天明七年一二月、前の取次役広瀬屋清七郎の家に大村万助・上北村伊右衛門らが集まり、大村万助を惣代として江戸出訴を行うことを決定した。万助はただちに江戸へ向かい、翌年には上北村伊右衛門も江戸へ出立した。七月、この二人は老中松平定信の門に張訴を行った。数度の張訴により一二月、郡代所の元締田中要助が江戸に召喚され、張訴の七か条について取り調べが行われた。この頃、将軍家斉の代替りとして巡見使が全国に派遣されていた。寛政元年六月には御料所廻り巡見使が訪れるとの報により、郡代の詮索が厳しい中、五月、大沼村久左衛門の養子忠次郎は、能登白瀬村で巡見使に直訴をした。巡見使は、訴願は飛騨入国の際に正式に受理すること、その受理は百姓の都合の良い村を指定せよと忠次郎に答えた。五月二八日大萱村で巡見使比留間助左衛門・林宗三郎・工藤八右衛門に三郡惣代によって訴状が差し出された。六月中旬代官鈴木新吉の手代らを取調べのために飛騨に派遣した。一方、閏六月一三日に片野村甚蔵と松本村長三郎が松平定信に駕籠訴。江戸滞在中の上北村伊右衛門・大村万助・大沼村忠次郎らも取り調べられた。八月には大原郡代も取り調べのため江戸に召喚された。一一月、飯塚常之丞が新郡代となった。一二月二五日、郡代大原亀五郎は八丈島遠島、彦四郎時代の元手代で江戸で幕府御家人となっていた土井与三兵衛こと背尾順兵衛も遠島。元締田中要助と志茂六郎次は死罪、手代は重追放五人、中追放五人、追放三人と全員が処罰を受け、地役人も七割が追放・解職などとなった。百姓側は、広瀬屋七兵衛が死罪、上北村伊右衛門は牢死していたが存命ならば死罪獄門（大村万助は牢死していたが、判決では触れていない）。駕籠訴の松本村長三郎と片野村甚蔵は急度叱ときわめて軽い罪であり、一揆の中心人物大沼村忠次郎は何の罪にも問われていなかった。大村万助は安永騒動では褒美に白銀をもらっている。ここに歴史の不可思議さがある。かくして二〇年近く続いた大原騒動は多大の犠牲者を出しながら、最後は百姓側の要求が認められる形で終わったのである。

　大原騒動の義民碑は数が多い。明和騒動関係では、昭和三五年（一九六〇）に遠島（牢死）になった湯屋村長三郎（享年不詳、法名貞玄）の「義民長三郎之碑」が、小坂町湯屋の富士神社境内に建立され、昭和四一年（一九六八）には、死罪となった大古井村伝十郎（享年六七、法名浄念）の「義民伝十郎翁慰霊碑」が高山市三福寺町に建立されたが、のち久々野町久々野霊園に移された。

　安永騒動関係では、義民全員を対象としたもの、数人の人物を対象としたもの、個人の墓碑や顕彰碑が数多く存在する。もっとも古いものは、安永七年（一七七八）建立の吉城郡上宝村本郷本覚寺にある「寒念仏供養塔」である。同碑の周囲に獄門となった本郷村善九郎（享年一八、法名智徳厳勇居士）と、吉野村喜十郎（享年三四、法名実参超善信士）の法名が刻まれている。ただ、裏面に「三十三員光亡」とも刻まれ、この「三十三」が騒動の犠牲者の数であるとされるが、実際の処刑数とは一致しない。この碑は、昭和初年に門前の田の中に埋まっていたものが発見されたという経緯がある。安永一〇年には丹生川村に下坪村助右衛門組中により念仏供養塔が建立された。これは同村次左衛門（獄門、法名一剣了活居士）の供養塔と伝えるが、一揆で処罰された人々の供養塔の性格を併せ持っている。宮村大幢寺には、明和騒動と安永騒動の犠牲者三五名の法名を刻した「万霊塔」という碑がある。天明年間（一七八一～一七八九）の建立と思われるが詳細は不明。同寺には磔となった水無神社神主森伊勢（享年五四、法名法室了心居士）と山下和泉（享年四〇、法名清月玄空居士）の墓もある。寛政八年（一七九六）には、安永騒動の犠牲者の処刑が行われた高山桐生河原の万人講に、小八賀郷大谷村の久治によって「南無三世諸仏」と刻んだ供養塔が建立された。文政六年（一八二三）は安永騒動五〇回忌にあたり、鹿間村中によって神岡町の瑞巌寺に明和・安永・天明の各騒動の主な犠牲者三四名の法名を刻んだ供養碑が建立された。高山漆垣内に長尋となった三郎右衛門が、帰村後建立した碑があるが、建立年は不詳である。明治二四年（一八九一）には、高山宗猷寺に町の有志によって安永騒動と梅村騒動の犠牲者を供養した碑が建てられた。昭和二五年（一九五〇）には、宮村史跡保存会によって大幢寺に地蔵尊が建立され、同二九年には国府町安国寺に義民碑建設委員会によって「大原騒動義民之碑」が建立された。同三二年には、古川町の浄徳寺に地区の青年会によって「安永天明義民之碑」が建立された。

　数名の義民を供養したものとしては、天明二年（一七八二）中数河村（現古川町）の若連中により、「駕籠評請霊」の碑が建立され、駕籠訴した七人の法名が刻されている。またいずれも建立年不詳であるが、次のような顕彰碑が存在する。長尋となった宮原村清十郎が帰村後、上宝村吉野の豊受神社に建立した「発願同死霊光塔」は、吉野村吉十郎と本郷村善九郎を弔ったものと伝えられる。神岡町の藤波橋には、「一国駕籠訴横死為菩提」と刻されたものがある。高山滝町落合橋にある碑は、滝村が建立したものであり、江戸駕籠訴で獄門となった七人と大沼村名主久左衛門、町方村名主治兵衛（共に獄門牢死）の俗名が彫られている。古川町杉崎と太江には、杉崎村と古江村が建立した処刑された月である安永二年十二月と刻まれた供養塔が存在する。

丹生川村還来寺にある駕籠訴供養塔は、駕籠訴で獄門となった六人のほか、町方村伊兵衛、同村治兵衛、牧ケ洞村善十郎、大沼村久左衛門を祀っている。個人を対象とした墓碑や義民碑も数多く存在するが割愛する。本郷村善九郎と上木甚兵衛については、それぞれの項目を参照されたい。

天明騒動関係では、一揆で飛脚を務めた根方村弥平が文化九年（一八一二）に建立した、広瀬屋清七郎、片野善三郎、松本長三郎、古川伊右衛門、原田万助の供養碑が存在する。古川町の真宗寺には上北村伊右衛門（獄門牢死、享年六七、法名釈浄阿）の墓があり、昭和三五年（一九六〇）建立の「加藤伊右衛門之碑」もある。死罪の広瀬屋清七郎（享年四七、法名釈浄憚）の供養碑は多く、文政一一年（一八二八）に益田郡下呂夏焼、安政七年（万延元年〈一八六〇〉）に下呂乗政、昭和二年（一九二七）下呂森、年不詳同郡金山町に建立されている。また、明治四〇年（一九〇七）に萩原町古関の生家近くの楢尾神社境内には清七郎を祭神とする国吉神社が建てられ、同四五年には「殉義蘇民」の碑が建てられた。さらに近年「義民清七郎出生之地」の碑も建てられている。その他、昭和四九年（一九七四）三河村久右衛門を顕彰した「大原騒動義民久右衛門之碑」が国府町南春寺に建立されている。

【人物】大原彦四郎・亀五郎　おおはらひこしろう・かめごろう

彦四郎は第一二代飛騨代官（後郡代）。『寛政重修諸家譜』によれば、紹正（つぐまさ）とあり、享保九年（一七二四）一二月偉績を継ぎ、表火番より御徒目付となり、延享元年（一七四四）御勘定、同三年評定所留役、宝暦四年（一七五四）大坂御蔵奉行、同八年御勘定組頭、明和三年（一七六六）一月御代官となるとある。飛騨代官に任命されたのは、明和二年とするものもある。同三年五月飛騨高山の陣屋に着任。安永六年（一七七七）五月二四日、検地による増石の功績により飛騨郡代となり、布衣を着用することを許される。天明元年（一七八一）一二月二八日死去、享年六二。しかし、実際は安永八年九月二二日に死去していたが、二年間秘密にされたともいう。高山の素玄寺に墓がある。家庭的には恵まれず、安永二年に長男勝四郎が陣屋内で松井弁蔵と口論の末、自らの抜刀した刀によって死亡している。また郡代に昇進して安永六年八月一八日高山に帰ったが、次の日に妻が自害している。妻の墓は、法華寺にあり素玄寺（勝四郎の墓もある）にない。妻は信仰に厚く、神岡の正眼寺の「色代わり地蔵」によって、安永二年の一揆を知り、越中に逃れたという伝説が残っている。彦四郎は、晩年眼病に悩まされ、視力を失ったという。彦四郎は、楚諾と号し、俳句結社「水音社」起こしていて、墓には四句の俳句が記されている。また現在「大祭」と呼ばれる祭りは、神主の礫によって衰えていた水無神社の神主に、彦四郎が新たに信濃から梶原伊豆守を迎えて、飛騨式内八社と三郡二四の祭神の祭典を行ったことに由来するという。その他、彦四郎の献納した石灯籠が、桜山八幡宮、一本杉白山神社、水無神社に残り、国分寺には絵馬が残されている。墓は、倒された状態にあることが多く、飛騨の百姓の恨みの深さの現われといわれている。亀五郎は正純と称し、天明元年七月一七日父彦四郎の跡を継ぎ、第一三代の飛騨郡代となった。時に一八歳であった。寛政二年（一七九〇）八丈島に遠島となった。息子陶太郎は亀五郎の姉に養育され、一五歳の時、父の看病の名目で八丈島に渡ることを許され、文化八年（一八一一）父が赦免されたのに伴い江戸に戻った。亀五郎は文政六年（一八二三）六〇歳で死去。江戸に戻った息子陶太郎は小普請組入りとなり、切米一〇〇俵を与えられた。

【人物】本郷村善九郎　ほんごうむらぜんくろう

安永騒動指導者。吉城郡石神村の和仁家に生まれ、本郷村の馬場家の養子となった。安永三年（一七七四）一二月五日死罪獄門の刑を受け一八歳の生涯を終えた。善九郎が一揆の中で、大きな役割を占めるようになったのは小割堤の寄合あたりからと思われる。安永二年七月二六日、牧ケ洞村善十郎ら六人が松平右近将監に駕籠訴をした直後、村々の名主たちは代官所に出頭させられ、彼らは百姓惣代ではないという印形を押させられた。このなかで、高原郷を中心とした村々はこの印形を拒否し、善九郎、吉野村喜十郎、宮原村清十郎らが小割堤で寄合を開いた。ここでの善九郎の活躍はめざましく、地役人が蔵柱村の名主のところに説得に訪れた時も、家を取り巻き役人を追い返している。この動きと宮村太七ら久々野村で寄合を開いていた者たちが結合し一宮の大寄合となっていくのである。九月下旬から一一月中旬の二か月におよそ一万人近い人々が連日集まったという。ここで高山町への津留、数千人による陣屋への強訴、年貢延期願いなどが実施に移されていった。しかし、この寄合も郡上藩の襲撃により解散せざるを得なくなる。善九郎は、ひとまずこの襲撃からは逃れるのであるが、一一月二八日、高原郷の頭取逮捕に向かった岩村藩の三好源太夫らに逮捕された。この時の善九郎の潔さに三好も賞賛したという。処刑直前の一二月一日、妻おかよに宛てた遺書が子孫の万葉家に残る。また、辞世として「寒紅は無常の風にさそはれて莟みし花も今そちりゆく」という歌と「常盤木と思ふていたに落葉哉」という句がある。善九郎の墓は本郷村の本覚寺に妻子の墓とともにある。過去帳には「智徳厳勇居士　十二月五日　当むら馬場善九郎」とある。

また善九郎の墓は石神村（現神岡町）の生家和仁家の裏にもある。同村の両全寺の過去帳に「智徳厳勇居士　十二月五日　石神甚八郎内」とある。墓は俗名和仁善九郎と生家の苗字が記されている。なお、本覚寺には安永七年に建立された寒念仏供養塔があり、表に吉野村喜十郎（死罪獄門）の法名「実参超禅信士」と、裏に善九郎の「智徳厳勇居士」という法名が刻まれている。この塔は一揆後の早い時期に建立されたものであるが、昭和初期寺の門前の土木工事の際に地中深く埋まっていたのが発見されたものである。これは大原郡代の手によって埋められたとする説と百姓を騒動に巻き込んだ恨みから村人が埋めたとする説がある。墓と過去帳が二か所にあることとともに謎である。

【人物】上木甚兵衛　うわぎじんべえ

安永騒動で高山町町人として一揆の指導者となった人物。一揆後、高山町の町年寄たちが苗字帯刀御免として褒美の対象となるなかで、町人として唯一人新島に遠島刑となった。白川郷一色村三島家に生まれ高山三之町上木家に養子に入った。町人であったが、灘郷の村々に石高を有していたことが一揆に加わるもととなった。町の有力町人たちが多くの石高を持ちながら、傍観的態度にあったことに批判的で、安永騒動に八〇〇両余の金を融通したといい、自宅に町人を集めようとしたことや、花里村の元禄検地帳提出を拒否したことから一揆の頭取とされたという。一方で、大原代官の「水音社」の俳句の集まりにも参加していたといい、「くもの巣にかかりて二度の落葉かな」という辞世の句があり、巴山という俳号を有していた。安永四年（一七七五）、六二歳で島に流され、寛政一〇年（一七九八）八月一九日に島で八五歳の生涯を終えた。息子の三島勘左衛門は、父甚兵衛が病気で倒れたと聞き、幕府に島に渡る事を願い出、寛政三年島に渡航を許可され、同一二年飛騨に帰るまで島に滞在した。甚兵衛は、死後の文政九年（一八二六）御赦となる。島には「ひんだんじい」と呼ばれる墓が残り、今でも島人によって供養が続けられている。なお、勘左衛門によって書かれた「新島追慕編」「豆州七島風土細覧」などの著作や甚兵衛が故郷と交わした手紙が残っている。甚兵衛の闕所となった持高は、一揆後、花里村と西之一色村の名主に褒美として与えられたという。

【史料】夢物語　ゆめものがたり

大原騒動の騒動記。作者は天明騒動で、巡見使に訴状を提出するなど活躍した大沼村忠次郎といわれる。忠次郎は安永騒動の初期の頭取とされ、江戸で牢死（判決は獄門）した久左衛門の養子である。明和騒動・安永騒動・天明騒動の各騒動が、全一〇巻一〇七項目にわたって記述されている。ただし、明和から安永騒動の一巻から六巻は

「飛騨夏虫記」に類似する部分も多く、同書を基に記述されたものと思われる。本書の成立後、大萱村横山六兵衛が「夢物語」に加筆して「大夢物語」五巻を著わしている。その他「斐駄遊女（ゆめ）物語」などの写本がある。昭和三八年（一九六三）に大野政雄によって渡辺政定著『続飛驒叢書　夢物語』として翻刻され、昭和六〇年（一九八五）、高山陣屋に存在するものをもとに、大原騒動義民顕彰会によって飛騨夏虫記とともに影印本が刊行されている。

【史料】飛騨夏虫記　ひだなつむしき

大原騒動の騒動記。「愚人飛んで火にいる夏の虫」から「夏虫記」と名づけられたという。作者は高山の代官所（後郡代所）に出入していた医師加納東皐という。明和騒動と安永騒動を全一四巻一八四項目にわたって記述している。代官所内部に出入しているものしか知り得ないような事実が多く記載されている。「夢物語」は本書の影響を受けたものと考えられる。昭和二〇年（一九四五）に発見され、『飛騨春秋』に翻刻が連載された。また、「夢物語」とともに影印本が昭和六〇年（一九八五）に刊行されている。原本は高山市郷土館に所蔵されている。（小椋喜一郎）

〔参〕菱村正文『大原騒動の研究』、『図説大原騒動』、『岐阜県史』通史編近世上、『古川町史』史料三、『飛騨夏虫記・夢物語』

安永元年（一七七二）三月
信濃国佐久・伊那・小県郡等七郡幕府領江戸廻米反対訴願

信濃には佐久・伊那・小県・筑摩・埴科・水内・高井の七郡に三代官所と一預所支配下の幕府領があった。安永元年は、飯島代官所嶋隼人、中之条代官所竹垣庄蔵、中野代官所臼井吉之丞、預所飯塚伊兵衛の各代官によって治められていた。明和四年（一七六七）、これらの幕府領に対して年貢の江戸廻米に関する触れがなされた。老中松平右近将監により勘定奉行を通じての触れであり、幕府の年貢増徴政策の一貫として行われたものである。当時石代金納の増加が問題となった。というのは、江戸の石代値段に対して信濃の石代値段は半分ほどであった。そこで金納をやめて米を江戸まで送ればそれだけ幕府の収入も増えると考えられた。江戸の廻米不足を口実にこの触れを出した。しかし、百姓は江戸廻米は、現物納への変更とみた。この時はそれほどの反対もなかったが江戸廻米問題は中止となった。その後、同八年一二月に村々の役人が中之条の代官所まで呼び出され、再び江戸廻米を申し渡された。すぐさま実行に移せと命令されたが、すでにこの年の年貢代金は八分通上納していたので、今年は石代金のままと願った。そこで次年度からということになったが百姓は納得せず、明和九年（安永元年）三月、三四三か村惣代五四人が代官に訴状を提出する騒動に発展した。この訴状によれば、信濃は稲作の条件が極めて悪く晩稲が作れないし、米の質も悪い。また、廻米のため越後の今町浜や上州倉賀野まで難所の山を越え、雪も深くて運ぶのは困難が伴う。一年のうち四月から九月までしか耕作や山稼ぎはできない。もし廻米に日数を取られると畑も田も手遅れになり、百姓の相続が困難になるなどとして信濃の特殊性を強調している。そして、この上廻米を請けては一か年で百姓は潰れてしまうことは歴然としているとして、廻米の免除と前の通りの石代金納を願った。しかし、代官側は七月に江戸の竹垣庄蔵の屋敷に惣代一五人を呼び寄せるなどして江戸廻米を請けるよう迫った。このようなか百姓は反対を繰り返し、ついに同二年秋に江戸廻米は御免となった。ところが次の手として幕府は、年貢皆済期の繰り上げを申し渡し、安永六年には、高井・水内郡で中野代官所への強訴が行われる安永中野騒動に発展している。また、同時期飛騨国では明和騒動・安永騒動の二つの一揆（大原騒動）も起こっている。幕府の年貢増徴政策に対する百姓の大規模な反対運動が幕府に与えた影響は大きなものがあった。（小椋喜一郎）

〔参〕『長野県史』通史五

安永元年（一七七二）八月二二日
越中国新川郡富山藩領富山町打ちこわし

安永元年、富山町は藩役所より銀五〇〇貫目の御用金を命じられたが、同時に、現在流通している米切手の通用は当分停止することも申し渡された。しかし、この処置は町の経済を停滞させることとなったため、町からの嘆願が続出し、緊迫した状況となっていった。この施策を主導していたのは、中野町の黒瀬屋九兵衛・古寺町の能登屋勘四郎・稲荷町の八木屋八右衛門・一番町の谷屋小兵衛・長柄町の布瀬屋伊右衛門ら五人であったが、八月二二日、町奉行所へ嘆願のため出向いた者たちが袴を着し、草履履きのまま大挙して九兵衛・勘四郎・八右衛門宅に押し寄せ、あり合わせの大工道具で次々と家宅を打ちこわしていった。残りの二人については、藩役人が出張ってきたため、打ちこわされずに済んでいる。翌二三日、この五人の者は逼塞を命じられ、さらに御用金の上納も中止となったことで、町の状況は徐々に鎮静化していった。九月に藩はこのような打ちこわしが発生した場合には、町内で鬮を取らせ、一、二人を処罰すると触れた。　（安藤優一郎）

〔参〕『富山県史』史料五

安永元年（一七七二）

越後国頸城郡高田藩領直江津今町海産物自由販売越訴

高田藩では、海産物などの販売は城下の田端町問屋が独占的に支配していた。これに対して港を持つ直江津今町では、自由に販売できる権益を拡大するためにたびたび田端町問屋と争論し、藩へ訴訟を重ねていた。安永元年にも田端町と生魚出入事件が発生し、今町の豪商福永十三郎は江戸表へ出訴し、今町に有利な評定所の判決を得ることに成功した。これにより、安永三年一一月、藩は今町港に入荷する生魚の二割を今町内で自由に販売できることを許し、暖気の季節や入荷量の多い場合などは今町で塩魚・干魚を製造する自由を認めた。

【人物】福永十三郎　ふくながじゅざぶろう

福永家は、直江津今町にあって越前屋という屋号で廻船問屋を営む屈指の豪商であり、代々今町大肝煎を務めていた。七代十三郎も大肝煎を務め、宝暦元年（一七五一）の地震で大被害を受けた高田藩へ九〇〇〇両という御用金を調達したと伝えられ、藩から御勝手方御内用に任命され三〇人扶持を与えられていた。今町は高田藩の外港として流通の拠点であった。しかし、城下町高田を繁栄させるために、今町入港の主要商品は城下田端町問屋の手を経ないと今町での販売ができないよう厳しく統制されていた。こうした統制に今町側は反発し、十三郎も今町の権益拡大のために尽力した。宝暦九年（一七五九）九月、今町商人が今町陣屋に運上金を納めた上で信州へ送ろうとした塩鯖・塩カマスなどの四十物を、田端町問屋が差し押さえるという事件が発生したが、十三郎はこの機会に幕府の直接の裁許で今町商人の四十物販売権を確立したいと考えた。十三郎は他領である糸魚川町商人の協力を得て幕府奉行所へ訴え、宝暦一〇年三月の判決により審理は高田藩へ差し戻された。藩は、運上金を納めた四十物は領内では二重に納める必要はないと、十三郎の期待した判決を下した。その後、安永元年（一七七二）、再び田端町問屋を相手取り生魚の販売をめぐって訴訟事件となり、十三郎は江戸へのぼり、縁故のあった力士越の海を介して越前藩主松平慶永の力添えも得、今町に一定の自由販売を認める評定所判決を得た。しかし、十三郎は江戸から帰郷してまもなく安永三年七月四日に急死した。享年五四。法名仙厳梅古居士。今町の魚屋たちは、十三郎が反対派により毒殺されたものと信じ、火葬の残り灰をもらい、石の地蔵を祀った。この地蔵は灰塚地蔵と呼ばれ、現在は移転されて直江津東雲町徳泉寺境内に存在する。今町鮮魚商の守護神として顕彰され、明治一五年（一八八二）には顕彰碑が建てられ、昭和七年（一九三二）には、元灰塚地蔵があった場所である直江津中央一丁目に福永神社が建立された。　（山本幸俊）

〔参〕『新潟県史』通史四、『上越市史普及版』

安永二年（一七七三）四月一日

飛騨国大野郡ほか幕府領越訴（大原騒動安永騒動）
→明和八年（一七七一）一二月一一日　飛騨国大野郡ほか幕府領強訴・打ちこわし（大原騒動）

安永二年（一七七三）四月一七日
摂津・河内国在郷綿屋株差止め国訴

安永二年四月、大坂町奉行所は、大坂三郷周辺を除く摂津・河内の村々に対し、このたび実綿・繰綿・毛綿の綿関係商品を扱う商人を対象に仲買株一五〇〇株（冥加金一五〇両）を設けたいとの出願があったのでどうかと、回答を求める触を回した。これに対し、河内の村々では志紀郡二七か村が四月一七日に回答したのを皮切りに、次々と回答し、村内には専業の綿商人はいず、株立てされるとその株料にも差し支えるばかりか、株商人にしか販売できず販路が狭まる、として強く反対した。とくに綿製品は百姓第一の産物で、年貢上納のみならず肥料の元手にもなるとして、新規の出願を認めないよう訴えた。しかし、奉行所が在方株の促進を図り、平野郷などでは加入する者が相次いだため、翌三年八月、摂津・河内の綿場の村々は、それぞれ領主限りに代官所や蔵屋敷などに、年貢上納に差し支えるので株の設置を止めるよう、江戸表へ働きかけるように訴え出た。その結果、摂津・河内全域を対象とする株仲間の設置は見送られた。（藪田　貫）

〔参〕藪田貫『国訴と百姓一揆の研究』

安永二年（一七七三）六月
大和国一三郡村々綿繰屋・仲買株撤廃要求国訴

大和国では、安永二年に、奈良鍋屋町の綿問屋伊勢屋宇右衛門の願い出に基づいて、奈良奉行所によって綿繰屋・仲買株の設立が認可された。株仲間に加入したのは、同国内の五か所の町場（奈良・高田寺内・今井・田原本・丹波市）の綿繰屋・綿仲買・綿屋、計一八二人で、彼らは株札料を上納する見返りとして、同国内の実綿購入の独占権を認められるに至った。言い方を変えれば、株仲間加入者以外への作綿販売が禁止されることになったわけであり、大和の百姓たちは、六月一日付で奈良奉行所から株仲間設立の触流しがあった直後から、反対の意志を表明した。同年秋の作綿販売の時期になると、例年やってきていた他国の綿買集商人が大和に入り込まなくなり、株仲間商人による綿の買いたたきもあって大和の綿値段が下落し、綿作を生計の支えとしていた百姓たちの経営が大きく圧迫されるようになった。こうした状況を打開するため、大和の百姓たちは広汎な反対運動を展開した。所領単位で結集して各領主へ株仲間設立反対を願い出るとともに、綿作を行っていなかった吉野・宇陀両郡を除く一三郡の村々の百姓たちが、村役人層を指導層として支配領域の枠をこえて結集し、株仲間の廃止を要求して奈良奉行所へ、同年から実に四か年にわたってねばり強く嘆願運動を展開したのである。長らくこの国訴は敗北に終わったとされてきたが、結果はまったく逆であり、ねばり強い国訴の展開を前に、伊勢屋宇右衛門も休株を願わざるを得なくなり、奈良奉行所もこれを認め、同五年七月二日には、「以来去ル巳（安永二）年以前之通り」との裁許を下さざるを得なくなった、という事実が近年明らかになった。こうして、大和の百姓たちの作綿販売の自由は回復されたのである。（谷山正道）

〔参〕杣田善雄「和州繰綿問屋仲間の存在形態」（『日本史研究』一六〇）、谷山正道「近世大和における綿作・綿加工業の展開」（『広島大学文学部紀要』四三）

安永二年（一七七三）一二月一一日
信濃国水内郡飯山藩領御用金反対強訴（安永飯山騒動、安永の飯山領惣徒）

安永二年一〇月二二日、領内の川辺・外様・山之内三支配の全庄屋が飯山御会所へ呼び集められた。そして、庄屋たちは藩主の勝手が手詰まりになったので、御用金として高一〇〇石に金七両、高一石に銀四匁五分の割合で出すように申し渡された。しかし、すでに年貢の先納金を高一〇〇石に一〇両ずつ供出していた。また、外様地域では、代官春日井庄大夫の時の貸籾二〇〇〇俵についての決着がなされていないにもかかわらず、また御用金を申しつけらたので、村々では中止の声が相次いだ。さらに明和八年（一七七一）から安永二年まで三年連続の旱魃と水害で村々は疲弊していたのである。外様の庄屋たちは、顔戸村の蓮華寺で相談をしたが、百姓にはその内容は伝わらなかった。その後も南条村庄屋弥四郎の所で、外様の村々の連判状作成がなされ、弥四郎ほか庄屋四、五人が外様惣代として藩に訴訟することと決定がなされた。しかし、この藩への訴訟は失敗に終わり、ついに一二月一一日、外様組三三か村の百姓が、長峰針子平に集まった。だが、下筋の村が集まってこないので場所を戸狩成合沖に移し、ここに上下各地から六〇〇〇人余が集まった。そこで、貸籾二〇〇〇俵を取り持った戸狩小右衛門、小泉新田彦之丞と代官春日井庄大夫を打ちつぶせという声が上がったが、その場では両人を構うことなく、また、藩への訴訟には庄屋の力も必要であるのでともに訴える事となり、その日は解散となった。その後各地で寄合が持たれたが進展はなかった。一方、代官春日井は、百姓の寄合に恐れをなし、貸籾二〇〇〇俵を払い戻す手段に出た。そして弥四郎を味方にして百姓の説得を行わせた。一七日、中条村の寄合で御用金は残らず上納することとなった。山之内・川辺も上納すると伝えた。この弥四郎の言動は「うらかいり（裏切り）」と見られ、百姓の反発を買い、一九日には、再び六〇〇〇人が尾崎・小境に押し寄せた。そこで、城下会所への訴訟が決定された。翌二〇日にも寄合が持たれ、川辺、山之内にも使いが出された。これらの地域もすでに寄合がなされ、蓮村の近くまで押し寄せていた。藩は、御用金を一〇〇石に対し七両から一両五分にするとの譲歩を示し、村役人はそれを認めたが百姓は納得しなかった。二一日、ついに藩内の百姓は飯山へと向かった。川辺六〇〇〇人・山之内六〇〇〇人は静間沖に、外様六〇〇〇人は四谷村西沖へと集まってきた。外様村々の所へは、北条孫市が役人名代としてやってきた。家老本多十郎左衛門の奉書と代官の証文を持ち、百姓との交渉にあたった。そして外様の貸籾二〇〇〇俵は下し置かれ、先納金も同様、御用金は御免と伝えると、一揆勢はそれを請け、証文を北条に預けて引き下がり、南条村の西で夜を明かした。川辺、山之内が同様の証文に納得して引き上げたことを確認して翌朝引き上げた。外様の村々は、さらに三三か村の連判状堅めをした。なお、この連判状は翌三年の冬に回収されたという。また、南条村弥四郎、瀬木村弥野右衛門の二人の庄屋を踏みつぶすという相談もなされたが、中条村長門らの取りなしで、二人は外様村々を詫びて回って終わった。代官春日井庄大夫は役取り上げ、蟄居となっている。百姓の側に処罰者は出ていないと思われる。一揆の原因は、九年のうちに四度の御用金を課したことが上げられる。この一揆の後にも、御用金の申しつけはやまず、文化元年（一八〇四）には再び一揆が起きている。

【史料】信州水内郡常葉郷柳原庄飯山城幷高井郡御料所中野御役所惣徒　しんしゅうみのちぐんつねはごうやなぎはらしょういいやまじょうならびごりょうしょなかのおやくしょそうと

外様組を中心とした一揆勢の動きを書き留めた史料。尾崎村の宮本助太夫が著わしたもので、一揆から間もない時期に書かれたと思われる。彼はこのような百姓一揆が起こるのは、「地方役人悪キ」ゆえであると指摘する。また、本史料の末尾には、「扨孫子申伝へ事候」と書き出し、百姓一揆を組織するにはどのような点に注意したらよいかを書き連ねており、数多い百姓一揆史料のなかでも特筆できる。飯山市尾崎の宮本藤治氏所蔵。『長野県史』近世史料編八の二に収録される。なお、この一揆の史料としては神代村善財久蔵による「飯山想党記」（豊野町善財家文書）もある。　（小椋喜一郎）

〔参〕『飯山市誌』歴史上、『村史ときわ』

安永五年（一七七六）八月二五日

紀伊国那賀郡高野山領新開地検地反対強

訴・打ちこわし（高野領騒動）

高野山行人（惣分下）領では七五〇〇石の新開地検地が計画され、神野荘福田村の地士岡本忠太夫に対して、検地後に特別の手当を与える内約が取り替わされ、検地協力者とした。安永五年六月、福田村地士河野左近が所持する田地から検地を実施しようとしたが、左近は拒否した。検地の実施を聞きつけた鎌滝村長左衛門、津川村半六ら南郷村々（神野・真国・猿川庄）の主だった百姓は、寄合の後、岡本忠太夫宅への打ちこわしを村々へ触れ回った。八月二五日夜明けとともに、南郷百姓四〇〇〇人余が二手に分かれて法螺貝を吹き鬨を作り押し寄せ、忠太夫宅を打ちこわし、さらに忠太夫弟市左衛門および忠太夫宅出入の三八宅も打ちこわした。一揆勢は同夜帰村し、岡本忠太夫への意趣に基づく打ちこわしとしては峠を越したが、これが契機となって九月二八日まで一揆勢の頭取らによる会合が繰り返され、高野山の年貢増徴策と収穫の減収という背景のなかで、村々の要求は検地反対から減免要求へと変化していった。百姓らは一〇月三日に一揆参加の約定を取り替わし、六つ九分への免下げや夫料の廃止を中心とする四五か条の訴状を作成し、翌日、神野荘の各村百姓四人ずつからなる総代が高野山年預坊へそれを提出した。しかし、訴状提出の方法に違法性があるとして聞き届けられず、一〇月下旬に再提出した。同月一七日の寄合では江戸出訴を申し合わせ、二五日には年貢不納を決定した。こうした一揆への対応を協議するため、高野山の衆議は九月ごろから開かれていたが、再提出された訴状の回答については二三日の衆議でも決しなかった。そのなかで、二六日に渋田村の年貢納入をめぐり、反対した松ケ峯村源兵衛・空室村吉左衛門・菅沢村弥市郎が捕らえられ、不動堂に拘留された。これに対して学侶方百姓らは一一月一日に惣登りを決行し、不動堂を打ちこわして三人を救出した。そして、真国荘杢左衛門らが免下げ要求を実現させたのでいったん帰村し、同月四日に長谷村の谷に寄り合い、不参の百姓への打ちこわしを約して解散した。高野山学侶方から一揆の鎮圧を依頼された和歌山藩は、五日に郡奉行・地士らを派遣して警戒にあたったが、七日に行人方（惣分下）百姓三〇〇〇人余が高野山中門前に押し寄せ、興山寺門前へ集結後、裏門から六〇〇人余が押し入り、鬨を作りながら台所へ乱入し、寺内は騒然となった。興山寺は地士らとともに対応し、一村一両人ずつ庄屋・頭百姓を呼び出した。そこで和歌山藩主徳川治貞の指示を伝えると寺内の一揆勢は鎮まり、要求実現のため最後まで抵抗した百姓二〇〇人余も説得されて、同月一〇日に帰村した。終息後の一二月末に、高野山学侶方惣代西光院と行人方惣代尊勝院はこの騒動のことで江戸寺社奉行に訴え、安永七年閏七月、一揆の頭取六人が獄門（五人は病死）、地士一五人が名字帯刀取り上げ、庄屋二一二人・年寄八四人・百姓二二九八人が過料の処分を受けた。

【人物】岡本忠太夫　おかもとちゅうだゆう

那賀郡神野荘福田村の地士で、新開地検地で高一〇〇〇石を打ち出した際には永代三〇石を頂戴する内約を高野山と取り替わした上で、村々へは字名付けと偽り検地を実施しようとしたため、打ちこわしの対象となった。一揆勢に押し寄せられると、家を明け渡し、高野山へ登って状況を報告した。一揆終息後は、他の福田村地士二名とともに褒美として銀七枚の論功行賞を受けている。

【史料】高野領民一揆始末　こうやりょうみんいっきしまつ

安永五年高野領騒動の実録。『近世社会経済叢書』一〇などに掲載される。自序に安永八年二月とあり、一揆直後にまとめられている。筆者は井畑義珍で、本書に井畑又十郎が一揆に際し領分境の警固を命じられた旨が記されているところから、和歌山藩士と推定できる。上中下三巻で構成され、上巻は一揆発生からの経過、高野山の対処、論功行賞など、中巻は一揆勢退去後の領内治安対策、寺社奉行らの吟味、鎮圧加担者らへの褒美、蓮金院での評定、鎮圧勢の高野山登山などの記述が中心で、下巻は寺社奉行の裁許、裁許に伴なう請証文・一札などが記録されている。京都大学に所蔵され、その自序には子孫の心得として書き残す旨が明記されており、原本として位置づけられる。なお、同大学には「高野寺領百姓騒動実録」（一巻本）が伝えられるが、黒正巌によれば本書の写本のようである。また、『和歌山県史』近世史料四に掲載される「高野寺領百姓強訴実録（上・中・下）」は本書との類似箇所が認められる。　（野中政博）

〔参〕黒正巌『封建社会の統制と闘争』、『和歌山県史』近世

安永六年（一七七七）一月一二日
信濃国高井・水内郡幕府領減免強訴（安永中野騒動、小町騒動、木島騒動）

安永中野騒動は、幕府の財政政策と密接にかかわって起きた。同時期の安永二年飛騨で起きた大原騒動と中野騒動は、年貢増徴政策に反対した代表的一揆であり、安永六年九月の幕府の一揆禁令でもこの二つの一揆を具体的に列挙している。中野代官所では、臼井吉之丞代官の着任前から、年貢石代納金の納付時期や石代納の現米納付の切り替え、江戸廻米などをめぐって問題が生じていた。当時、高井・水内郡一三〇か村余、五万石の支配地では地域的事情から、年貢は皆石代納で、石代値段は、高井郡では飯山町と須坂町、水内郡では、須坂町と善光寺町のそれぞれ立冬一〇日間の平均相場が御立値段とされ、四回に分けて納入、皆済日は三月一五日となっていった。ところが、明和四年（一七六七）にはこの石代値段が江戸の米価の半値ほどになったため、金納を中止して米納とし、江戸廻米の命令がなされた。これは百姓の訴願により中止になったが、同八年にも廻米の命令が出された。この時も反対の動きは大きく、信濃の幕府領臼井吉之丞・島隼人・竹垣庄蔵・飯塚伊兵衛の支配下七郡三四三か村の惣代として五四人の名主による廻米御免願が出されるほどであった。これにより安永二年秋には廻米は御免となったが、それと引き替えのように、年貢皆済日を三月から一月に繰り上げるよう申し渡された。すでに前年に全国の幕府領に皆済日の繰り上げ命令が出されていたが、信濃の幕府領では、納期に関してはそれぞれの支配代官所によって少しずつ事情が異なっていたために、いっせいに月日を繰り上げるという動きとはならなかった。とくに中野代官所では反対が強く、依然として三月皆済が続けられていた。同五年に臼井代官は妥協案として二月皆済を示したが、村々は三月を譲らなかった。五月になって、臼井代官は来年の一月には皆済せよ、背けば処罰するとの厳しい命令を下し、村ごとに請書を差し出させた。ところが、安永六年の一月になり納付期限日を目前にして皆済延期の声が起きた。高井郡野坂田村治部左衛門は、名主の定右衛門の所で年番組頭次左衛門と相談をし、上新田村藤助にも呼びかけ一揆廻状を作成して村々に一揆への参加をうながした。一二日夜明けに木島平耕地に集合したのは、高井・水内郡一三〇か村のうち七一か村であった（一説に八二か村）。一揆勢は、最初に年貢の一月皆済を請け負った犬飼村の名主六左衛門の家を打ちこわし、次いで市ノ割村名主・岩井村名主宅を打ちこわした。越村川原では上筋（中野平）が合流して中野に向かった。中野に着くと割元名主中野善右衛門の家の打ちこわしにかかった。土蔵四つもある酒屋の家をさんざんに打ちこわし、諸道具、着物などを切り裂き、町の中の川に流した。川は池のごとくに水が止まり、水面は流されたものが盛り上がり水の上は小山のようになったという。家は大縄をかけて引きつぶした。陣屋の元締・手代が願いを取り次ぐと告げると、百姓は先年の通りの三月皆済、年貢の二つ引きを要求した。元締は願いを江戸に上申するとの書付に印を押して差し出すと、一揆勢は中野を引き上げた。一三日には、上筋の者が江部の酒屋を打ちこわし、草間村の名主で、中野善右衛門の舅の家も打ちこわしたが、一四日には鎮静化した。

一八日から厳しい吟味が始まり、松代から五〇〇人、飯山より三〇〇人の藩兵が出動、江戸からも吟味役人甲斐庄武助・鈴木門三郎がやってきて取り調べが行われ、唐

丸駕籠で江戸に送られた。同八月、上新田村年番組頭藤助（四九歳）と野坂田村治部左衛門（六七歳）は死罪獄門（二人は安田横吹で獄門に晒される）、同村西組年番名主定右衛門（三七歳）・年番組頭次左衛門（五一歳）は遠島（次左衛門は牢死）、同東組名主直右衛門（三〇歳）重追放（牢死）、上木島村源左衛門（五一歳）遠島（牢死）、計見村年番組頭作左衛門（五〇歳）・計見新田村定名主惣右衛門（四九歳）は遠島（牢死）、庚新田村定名主の倅九右衛門（二六歳）は中追放（牢死）、計見村平六（四六歳）遠島、山口新田村久右衛門（四八歳）は中追放に処された。その他村々に高に応じて過料などが課せられた。なお、一揆後も三月皆済が続けられた。その後四五年を経た文政五年（一八二二）の御赦で次左衛門と直右衛門が許された。また、文化二年（一八〇五）には治部左衛門子七郎次から親の年回忌にあたって仏事を行いたいとの願いが出されている。嘉永六年（一八五三）の史料には、治部左衛門が頭取となったのは因縁によって身代わりとなったとし、「子孫と申せば稀には礼儀を述べ候人あり」と記している。獄門の場所安田横吹にある赤地蔵は獄門となった二人のために建てたものといい、上新田宮脇の石の祠は、安永八年四月とあるのみだが、藤助のために建てられた祠と伝える。（小椋喜一郎）

〔参〕遠山孝典「安永中野騒動の形成過程」（『日本海地域史研究』九）、同「安永中野騒動」（『信濃』三六ー一二、三七ー一）『長野県史』通史五

安永六年（一七七七）三月一〇日
陸奥国閉伊郡盛岡藩領遠野町強訴

遠野町は、藩の重臣南部弥六郎の知行地であり、また北上川流域の農産物と三陸沿岸の海産物流通の拠点として発展した。この商品流通に注目した盛岡町町人重右衛門が、安永五年五十集問屋口銭取り立てを願い出、藩はそれを許可した。この口銭取り立ては遠野市の存亡にかかわるものとして、五年冬から赦免の訴願が展開したが認められなかった。そのため安永六年三月一〇日に、遠野町住民と周辺村落の百姓約三〇〇人が、盛岡城下への出訴のため、同町の早瀬川原に集会した。しかし同日昼過ぎ盛岡から口銭役免除が伝えられたため集会した町民らは解散した。（保坂　智）

〔参〕森嘉兵衛『南部藩百姓一揆の研究』

安永六年（一七七七）一一月一三日
河内・摂津国八郡綿延売買会所差止め国訴

繰綿の取引組織である延売買会所は、大坂町人野村屋五郎兵衛の出願によって、宝暦七年（一七五七）に堺、同一〇年大坂、安永三年摂津平野郷にそれぞれ設置された。このころ大坂では、安永二年三郷綿仲間が三所実綿問屋とともに株立てされ、さらに在郷の綿商人を対象に仲買株を設定するなど、大坂とその周辺を範囲とする綿市場の改編の企てが相次いだが、延売買会所もその一環であった。それに対し、同五年頃より延売買のために正綿の売買が進まず、綿価が下落。あわせて庭先に諸方から買い付けにきていた商人が農村に入り込まなくなったために、いっそう綿価が下落し、年貢納入にも差し支えるとして、同六年一一月一三日の若江郡村々の訴願を先頭に、翌七年一月にかけて、河内七郡・摂津住吉郡の村々が大坂町奉行所に訴願に及んだ。堺の会所についても泉州四郡村々が独自に訴願に及んだ。これらの訴願が功を奏して、天明七～八年（一七八七～八）にかけて、会所は相次いで廃止された。（藪田　貫）

〔参〕藪田貫『国訴と百姓一揆の研究』

安永七年（一七七八）五月一〇日
下野国都賀郡日光神領日光町打ちこわし

日光山修復は地元町人の稼ぎの場として重要であった。しかし、当時修復を命ぜられた萩藩は、江戸の請負人にこれを一手に引き請けさせた。地元の稼ぎとならない日光町では、これは東照宮の神威を削るものであり、日光町中を破滅に至らしめるとして、惣町人の名で目代役所へ願い出た。これと相前後して、町内では安永七年五月八日夜に神橋外の木置場の萩藩榜示杭一一本に何者かが墨を塗るという事件が起き、一

〇日に至って町中内外の一五歳以上六〇歳以下の者五〇〇人余が股引・草鞋姿で集結するという事態となった。彼らは、普請を請負った江戸町人の止宿する旅籠を打ちこわし、江戸請負人に同調したとみなした地元町人宅へも押しかけた。数日後、役所が吟味の末頭取一人を入牢、町代一八人を手鎖に処した頃には町中は鎮まった。幕府役人は二五日に江戸より到着、町人一一人を胴丸駕籠で江戸へ護送した。（齋藤悦正）

〔参〕『栃木県史』史料近世六、秋本典夫『近世日光山史の研究』、『日光市史』中

安永七年（一七七八）一二月七日
常陸国新治郡旗本本堂氏領上佐谷村等門訴（助六一揆）

志筑に陣屋を置き八〇〇〇石を一円的に支配する本堂氏は旗本最上層の一家で、当時の七代当主親房が大名の板倉家から入ってから実家の協力で藩体制に似た職制を整備した。そのもとで百姓支配が強まったため、安永五年に江戸門訴が実行された。これは和解となったが、和解金は志筑役所が取り込んだ。二年後、下佐谷村百姓代与惣左衛門は上佐谷村六郎次、高倉村庄右衛門と相談し、先年の和解金返還、年貢減免、稲吉宿助郷過重反対などを訴える文書を村々の高札場に貼った。触発されて知行所二五か村百姓が一二月七日から一一日まで嶋木原に結集、三人を頭取に選び、上土田村庄左衛門が願書を書いた。郡奉行永田元衛門が解散を命じたが、百姓側は拒否、一二日永田が江戸にのぼった。二一日に回答がなされたが、要求は無視されたため、百姓は二五日と二七日に集会、二八日に江戸屋敷に門訴した。翌年一月村役人らが入牢させられたため、百姓は集会を重ね、入牢者赦免を要求して再度門訴した。領主側は当時の幕府の断固たる処置の原則で応じ、九月、与惣左衛門が獄門、外三人が永牢、二人が手鎖に処された。

【人物】下佐谷村与惣左衛門　しもさやむらよそうざえもん

生年不詳—安永八年九月一六日。江戸中期の義民。新治郡下佐谷村百姓代（名主とも）。姓は福田。名を助六ともいう。安永五年（一七七六）の江戸門訴にも頭取となり、安永七年門訴でも、下佐谷村六郎兵衛・高倉村庄右衛門と相談、村々の高札場に掛札をして領民を結集させ、一揆の頭取を勤めた。領内の僧侶らが罪軽減のため江戸にのぼって訴えたが、安永八年九月一六日獄門の刑が申し渡された。墓碑は一念寺。子孫の福田氏宅にも供養墓があり、法名は秋露院深阿隔月義知劔翁居士。首塚があり、首切山の地名伝承が生まれた。閑居山の助六地蔵は領主が建立したとの伝承が生まれ、命日に助六地蔵祭が行われた。百万遍供養塔は陣屋代官杉山家が建立したという伝承がある。明治八年（一八七五）に助六百年祭が行われ、記念碑が建てられ供養が行われた。助六の霊は火ぶせの神になったとの口碑伝承がある一方、本堂家家臣らに対する助六祟りの伝承もある。「からかさも開けば人を助くるに、しずくの下には寺はないかも」との領主批判の俚諺伝承も生まれた。（深谷克己）

〔参〕斎藤善之『茨城県百姓一揆総合年表』、植田敏雄編『茨城百姓一揆』

安永八年（一七七九）二月一八日
越前国坂井郡丸岡藩領大庄屋制廃止など強訴・打ちこわし（丸岡騒動）

安永八年二月一八日昼七つ時、坂井郡北横地村の袋（布久漏）地蔵堂の森に数百人の百姓が集まった。百姓たちは、破れ蓑笠を着し、顔を包み隠したり墨丹で塗り、棒杖を携えていた。日が暮れると、村々へ繰り出し、一揆参加を呼びかけ、庄屋が動員に躊躇すると壁・戸板などをこわして脅した。こうして一〇〇〇人に増えた一揆勢は、松明をともしながら「ひだるい、ひだるい」とわめき、鬨の声を挙げて進んだ。夜五つ時に福島村組頭平木弥郎右衛門家を打ちこわしたのを皮切りに、翌一九日朝五つ時に女形谷村高桑甚兵衛、昼四つ時に野中村組頭鰐淵三五右衛門、七つ時に定重村組頭吉田弥助、再び福島村の平木弥郎右衛門、夜四つ時に高柳村組頭高嶋勘兵衛、八つ時に滝谷村組頭五十嵐三郎右衛門、二〇日朝に

は平山村庄屋熊谷重右衛門宅と、次々に打ちこわした。坂井郡内の村々は八組に分かれ、それぞれに組頭（他藩の大庄屋）が任命されていたが、そのほとんどが打ちこわされた。滝谷村の五十嵐家には藩札の札座が置かれていたが、百姓たちは「今の難渋はお上と百姓。お上に対しては恨みはない」として、札座には手出しをしなかったという。領内をほぼ一周した一揆勢は、金津町に集結し、やがて丸岡城下をめざす。その数は一万人に達し、藩兵が二重三重に警固した室町口を突破して城下に進入し、富田町の多葉粉屋藤右衛門を打ちこわした。また、豪商に酒食を出させたが、一揆のリーダーらは火の用心をいい聞かせ、商売物に手出しをした者は打擲して追い出すと制したという。夜になると、願いを聞くという藩役人の呼びかけを再三無視してきた一揆勢もようやく交渉の姿勢を見せ、神明社に集合して願意を示した。百姓は訴状を持っておらず、口頭で述べたが、彼らの要求は①大庄屋（組頭）役の廃止、②納所米先納取立の中止と一〇月津出米納入までの才覚米金取立中止、③庄屋の一人制と一年輪番制、④津出し経費の免除、⑤前年度先納米金の返済、であった。藩役人はすべて容認すると回答し、夜中に一揆勢は解散した。二二日、これを再確認した藩重役連署の書付が八三村全村の庄屋に一枚ずつ手渡された。いずれも数年来の農政への不満が露呈したもので、組頭への制裁を通じて藩政に対決した全藩一揆の一つであった。秋に大森村の百姓が徒党張本人として獄に下ったという記録もあるが、一揆勢への処罰は不明。

（齋藤　純）

〔参〕『福井県史』通史四

安永八年（一七七九）一〇月一七日
三河国碧海郡旗本久永氏領安城村憤死事件

安永八年夏は旱魃のため畑作が不作で、八月の矢作川決壊による大水害のため稲も皆無作同然となった。伝承によると、領内四か村は減免を再三訴願したが受け入れられなかったため、一〇月一七日昼ごろ安城村西尾庄屋中川覚右衛門が血書の上書を認めて郷蔵内（あるいは郷蔵の番舎内）で自害し、翌日村人が発見、領主久永内記章眞が派遣した検視役人は「武士にも及ばぬ立派な割腹」と激賞し、久永氏は年貢を全免、貯蔵米（六〇俵という）を領民に配給したという。ただし、『安城市史』は、村民の声に応えて救米の払下げ（あるいは放出）を独断で行い自害した、と解している。なお、久永氏は安城村に陣屋を構えており、郷蔵は領主の御蔵であったと考えられる。

【人物】中川覚右衛門　なかがわかくえもん

安城村西尾の庄屋で、久永氏の「国大官役」（現地役人）も兼ねる。田畑四八石余を所持と伝える。自刃した蔵は安城市安城町の了雲寺境内にあった。事件後、中川家は領主への用立金の債務のため田畑・家財を売ったが、子孫は残る。村民は明法寺（安城市安城町）に如来像を刻む墓碑を建てて弔い、領主も明治維新まで御蔵米のうち五俵を年々祭祀料として給与した。法名釈赦受。明治一一年（一八七八）に一〇〇回忌、昭和三年（一九二八）に一五〇回忌を行い、同一二年安祥毘沙門天に十三重石塔の忠孝塔を建て、同二八年東尾区民が了雲院門前に頌徳碑を建立した。

（齋藤　純）

〔参〕『安永の義民中川覚右衛門』、『安城市史』

天明元年（一七八一）四月二〇日
大和国全一五郡一〇〇〇余か村菜種手広販売ほか国訴

大和国では、安永二年（一七七三）に「大和御免油屋株仲間」の設立が京都町奉行所により認可され、計二八〇軒がこれに加入した。彼らは、冥加銀を上納する見返りとして、大和国内での絞油の独占権を認められ、産油を京都や大坂の油問屋へ販売したほか、地元での小売も行った。株仲間設立に際して大和国内の絞草購入の独占権まで認可されたわけではなかったが、彼らは、菜種買入相場を協定するなど仲間相互の連帯を次第に強め、さらに菜種流通ルートからの仲間外商人の締め出しをはかるとともに、仲間外の者の油小売についても差し留めるようになった。これに抗して、大和国では天明元年に広範な反対運動が生起した。全一五郡一〇〇〇か村余の村々（石高合計では三九万石余）の百姓たちが支配領域を超えて結集し、四月二〇日に奈良奉行所に京都への出訴の認可を願い出た後、五月九日付で惣代らが京都町奉行所へ提訴するに至ったのである。要求内容は、菜種の手広販売の認可など三点で、同奉行所は絞油屋側と百姓側双方の言い分を繰り返し聴取した後、六月一七日に裁許を下した。その内容は、①百姓が菜種を絞油屋に限らず肥屋・仲買などへも「国中限」に販売することを認める（なお、肥屋・仲買などは菜種の買占めなどの不正を行わないよう注意するように）、②絞油屋以外の者の油小売は認めるが、絞油屋から油を買い受けて販売し、絞油屋の営業の支障にならないよう注意すること、③絞油屋株の譲渡の範囲を郡内に限定している点については、百姓側からとやかくいう筋合ではない、というもので、百姓側が主張していた大和国内での菜種販売の自由と絞油屋以外の者の油小売は、これによって法認された。同時期の大坂周辺の同種の運動がいずれも不成功に終わっているのとくらべて注目されるが、成果をあげ得た主な要因として、油小売問題をも組み込むことによってほぼ大和の「国中一躰」（八割前後）の村々の連合を実現し運動を展開し得たこと、を上げることができよう。一方、③の点はともかく、①・②の点についてもそれぞれ限定があり、絞油屋の権限も一応擁護されたが、例えば何をもって「菜種買〆」というのか文面に解釈上曖昧な部分があり、後年に紛議の種を残すこととなった。

（谷山正道）

〔参〕奥田修三「大和における国訴」（『立命館経済学』八―四）、谷山正道『近世民衆運動の展開』

天明元年（一七八一）閏五月二日
出羽国村山郡幕府領寒河江町打ちこわし

大雨洪水と津留による米価高騰に対し、天明元年閏五月二日、寒河江町の八幡原に周辺村々の百姓たちが集結し、米穀商一二軒を打ちこわし、酒造家に押し入って飲酒した。この事件により米五升につき二五〇文が二〇〇文に引き下げられたという。周辺農村では富裕な百姓に対し押借も行われた。その後の処置などは不明。（浅見　隆）

〔参〕『大町念仏講帳』、『出羽百姓一揆録』

天明元年（一七八一）閏五月二〇日
越中国射水郡金沢藩領高岡町、同国新川郡富山藩領富山町打ちこわし

天明元年閏五月二〇日、米価の高騰を背景に、金沢藩領越中国高岡町で打ちこわしが起きた。打ちこわされたのは、先坂下開発屋庄右衛門・井波屋又七ら九軒の米屋などであり（一説には一七軒ともいう）、品物が路上に撒き散らされたり、切り刻まれて捨てられるというありさまであった。なお、この日には富山藩領越中国富山町でも、一八軒の町家が打ちこわされている。高岡の町奉行所によって捕縛されて投獄された者のうち、高岡の出身である首謀者三名は、一一月二七日、磔に処せられたが、この量刑は他の都市打ちこわしでの処罰例から見ても、きわめて重いといえるものであった。

（安藤優一郎）

〔参〕『高岡市史』下、『高岡史料』下

天明元年（一七八一）六月
丹波国桑田郡亀岡藩領保津村村方騒動

保津村では、五苗と呼ばれる長百姓と小百姓との間には種々の身分的差別があった。この騒動もそこに起因し、天明元年六月、小百姓の若者が裏革をつけた草履を履いていたことを、長百姓が村法違反だとして打擲し、領主に訴えたことに始まる。争点は、小作地・奉公人雇用などさまざまな問題にまで拡大しているが、小百姓にとってもっとも重要な主張は、長百姓と小百姓は同じ百姓であるという点である。小百姓によると、小百姓はすべて長百姓の家来というのは間違いであり、大部分の家はそもそも家来ではない。そして、家来であった家も奉公を離れて久しいにもかかわらず、長百姓が小百姓を家来のように扱うのは迷惑であるという。結末は不明であるが、身分的差別の解消が争われたという点で注目される村方騒動である。

【人物】保津村清蔵　ほづむらせいぞう

保津村の百姓。長百姓の女奉公人は小百姓から供給されていたが、その給米は、周辺村々より低く、年六斗と定められていた。そのため、この村方騒動において小百姓は給米引き上げを要求し、この定めは破棄された。さらに、女奉公人たちは待遇改善を求め、奉公拒否を申し立てるが、その寄合場所を提供し、煽動したのが清蔵である。清蔵は、同村がかかわるその他の騒動でも、たびたび中心人物として登場し、天明七年（一七八七）の口丹波一揆では捕らわれ、京都で入牢している。寛政一一年（一七九九）没。墓所は保津町文覚寺。（岩城卓二）

〔参〕井ケ田良治『近世村落の身分構造』

天明元年（一七八一）八月九日
上野国群馬郡ほか幕府領など絹運上反対打ちこわし・強訴（上州絹一揆）

天明元年六月二七日、幕府は、上野・武蔵両国の市場四七か所に一〇か所の絹糸貫目改所を設立し、七月二五日から絹や生糸などの規格を検査して改料を徴収する、という触書を村々に回した。その目的は、百姓と商人の間に起こる取引上のトラブルを防ぐため、改所が絹や生糸の規格を事前に検査し、取引を円滑化することにあり、その手数料は商人から徴収するとされていた。

これに対し西上州百姓は、「改料は商人から徴収するのであるから、百姓に負担を強いることはないと幕府は説明している。しかし、商人は勘定高い者であるから、その分だけ絹や生糸の価格の値下げを要求する。そうなれば改料は百姓が拠出することとなり、名目は異なっても実体は絹運上である」と判断し、強力な反対運動を展開することにした。七月、各地の農家から絹や生糸が市場に出荷され、盛大に売買が行われた。しかし、二〇日を過ぎると百姓は市場に姿を現わさず、商人も百姓の動きに同調して江戸へ帰ってしまったという噂が村々に広まった。市場は改所役人のみであったという所も見られた。そのため、山方から運び込まれた炭や薪なども売れず、また商品の運搬に従事した日雇い労働者、あるいは市場の清掃人足も収入の道を絶たれたので、彼らの間にも改所設立への反感が高まっていった。

七月下旬、改所設立運動を側面から支援したと噂される吉井藩領村々に集会を呼びかける檄文が各所に張り出された。それには「運上を差し出すことは、百姓にとって死活問題である。この際はっきりと反対の意思表示をしよう。そのため吉井川原で集会を開き、願人はもちろんそれを応援するすべての商人を打ちこわす決議をする。もしもこの集会に反対し、あるいは出席しない村方は焼き払う」と書かれていた。この集会をきっかけにして、各地で鎮守の森や寺院に百姓が集まり、運上反対を決議して気勢を上げた。八月七日、藤岡町や周辺村々百姓が公然と反対運動を行うようになった。その発端は、百姓集会の張札を町役人が破り捨てたことにあった。激怒した百姓は、町内の浅間神社や諏訪神社に集まり、幕府への直訴と実力行使を決議した。これは「藤岡町百姓蜂起」という知らせとなって周辺村々に伝わり、鮎川・三名川・浄法寺川などの川原で集会を開いた百姓たちは、改所設立反対を決議し、鬨の声を挙げ、一揆勢と化した。

八月九日の夜、かねてから改所設立計画推進の中心人物と噂されていた甘楽郡小幡村の新井吉十郎が、一揆勢に襲われ、居宅・土蔵・家具、そして便所まで跡形もなく打ちこわされた。この時頭取が、繭袋のなかから改所設立に賛成する商人と村役人を記した名簿を手に入れたので、以後これに従って打ちこわしを行うことにした。続いて頭取は、もう一人の推進者である小幡村荒井永助の処分をただちに行うよう、小幡藩に要求した。一揆勢の勢いに押された小幡藩は、翌朝人足を動員して永介の家を潰し、指揮者の奉行菊池逸八は責任を取って切腹した。それを確認した頭取は、一揆勢を七日市方面と吉井方面の二手に分けた。七日市に歩を進めた一揆勢は、富岡町の名主を手始めに、改所設立賛成者八人の家を微塵に打ちこわした。そして、七日市に入り、藩の用人横尾権左衛門が藩兵を率いて警備を固めている二軒を包囲し、明け渡しを要求した。その勢いに怖じ気づいた藩兵が撤退したので、ただちにそれを打ちこわした一揆勢は、その後も喚声を上げながら一の宮・宮崎でも標的とする商人を潰した。これに対し七日市藩は、このような事態の発生は前田家の恥辱であるとして用人を解任し、改所設立問題に対する藩の対応のまずさを一揆勢に陳謝した。一方、吉井宿に入った一揆勢は、代官を兼任する商人の家など三軒を打ちこわし、家財道具や商品を庭に積み上げて焼き払った。さらに一揆勢は、吉井藩が改所設立の願人である金井村半兵衛に支援の約束をしているという噂を聞き込み、陣屋を次の攻撃目標とした。事態の急変に驚いた藩首脳は、担当の代官臼田幸八と秋山文左衛門の両人を解任して謝罪の意を表わし、陣屋打ちこわしの危機を回避した。一二日の夕刻、一揆勢は藤岡町に入った。この町における標的は、百姓集会の張り紙を破り捨てた町役人であった。一揆勢は先を争って屋根に登って屋根瓦を道路に放り投げて微塵に砕き、家財道具や商品は庭に投げ出して踏みにじり、柱は鋸や鉞で切り倒し、あるいは引き倒した。これを声高に指揮した頭取は、家並みが接近しているため火を放つことは固く禁じた。さらに彼らは江戸商人の出張所は打ちこわすことなく、改所設立賛成者のみを血祭りに上げた。この日、藤岡で八軒の家が叩き潰された。続いて一揆勢は、人数を増しながら新町宿に入り、設立願書に名前を連ねる二人の発頭人を攻撃し、跡形もなく潰して気勢を上げた。そのほか新町における賛同者三軒、倉賀野宿で四軒を打ちこわした。

このように各地に点在する改所設立賛同者七三軒ほどを打ちこわした一揆勢は、この計画の真の推進者と目される高崎藩主松平輝高の居城を攻撃し、百姓の反対意思を公然と披瀝することにした。当時輝高は老中に就任し、田沼意次とともに幕府財政の要の地位にあって、今回の改所設立計画を強力に推進しているという噂が百姓の間で囁かれていた。そのため頭取は、高崎城を攻撃して計画を全面撤回させることが最重要課題と考えていたのでそれを実行することにし、周辺村々から百姓を動員して人数を増やし一揆勢の態勢立て直しをはかった。一方、高崎藩は、藩主が老中であること、あるいは改所設立の推進者であることなどから、一揆勢を高崎藩領内に一歩も入れることなく撃退するため、藩境はいうまでもなく城下の木戸も閉め切り、旅人などの通行も規制した。一三日夕刻、その数およそ数万人といわれる一揆勢は、その圧倒的な数をもって藩役人や村役人らの制止を振り切り、高崎城下に入った。そして、警邏中の高崎藩兵に対し、改所設立の触書を撤回するならば今夜の攻撃は中止すると通告した。しかし、藩の回答が手間取ったため、一揆勢は頭取の指示に従って御用達の大黒屋を打ちこわして気勢を上げた。その夜、一揆勢は高崎城を見下ろす観音山に集結し、一晩中止むことなく鬨の声を挙げ足踏みをしたので、それは地鳴りとなって城中を威嚇したという。一四日、交渉は決裂し、それを受けて一揆勢は喚声を上げながら再び城下に集結した。これを迎え撃つ高崎藩も藩士を総動員し、また鉄砲隊を編成して城の守りを固め、一揆勢を待ち構えた。藩兵や自警団の固める木戸を破って城下に進入した一揆勢が城の堀端まで進み、さらに城門に達しようとした時、城内から鉄砲を撃ちかけられた。空砲であったが轟音に驚いた一揆勢は、算を乱して後退した。御百姓に向かって鉄砲を撃つことは、武士としてあるまじきことであると激怒した頭取は、このうえは城を焼き払うのみと決し、再度攻撃することにした。かくて隊形を整えた一揆勢は攻撃を開始し、城門近くにまで押し寄せ城の石垣に手をかけた時、再び轟音が轟き、数人の百姓が倒れた。「御百姓に向かって飛び道具とは卑怯なり」と叫ぶ頭取の声も鉄砲の音にかき消され、一揆勢は高崎から退去した。町外れで休息し、人数を補強した一揆勢は、北上して川越藩前橋分領の関係者を攻撃することにした。彼らの標的は、改所設立の中心的役割を果たしている群馬郡西国分村の住屋文七であった。この報に接した前橋郡代所は、代官指揮の一隊を送って守りを固め、周辺村々の名主にも出動を命じた。一五日の夕刻、西北の方から鬨の声が挙がり、また熊の森で喚声が聞こえたかと思うと、半鐘が乱打され、それを合図に多くの百姓が垣根をこわして文七の屋敷に入り込んだ。鋸や鉈で柱に傷つけられ、土蔵から家財道具や商品が投げ出され、火を付けられた。このため郡代所は、川越本庁から急ぎ送られた鉄砲で鎮圧隊を編成し、村々からは目印の襷や白鉢巻をした若者一〇〇〇人ほどを動員し、総社町の光巌寺に本拠を置いた。そして、前橋町の商人から改所設立にはいっさい関与していないという誓約書を取り、利根川の警備をいっそう強化したので、一揆勢は解体した。

西上州百姓蜂起の報告は、関係諸藩から幕府に急ぎ報告された。一揆勢の高崎城攻撃という事態の思わぬ展開に接した幕府は、八月一六日、改所設立撤回の触書を村々に回した。百姓側の全面的勝利である。一九日藤岡町の市場が再開され、二〇日には高崎の市が開かれた。両者ともに周辺村々から大勢の百姓が集まり、以前より多量の絹や生糸が出荷されて盛大な取引が行われた。越後屋の手代は、藤岡や高崎で良質の絹を四〇〇〜五〇〇疋買い入れることができたと本店に一報を送り、一揆の後遺症がなかったことをともに喜んだ。二一日、百姓徒党禁令が発布された。そして、九月一日、かねてから内偵していた一揆首謀者の探索と逮捕が行われ、白倉村清助や後賀村惣助など各地の百姓が江戸送りとなり、そのほとんどが獄死した。天明二年一一月、首謀者と断定された白倉村の清助は遠島、清蔵は中追放のところ病死、後賀村の惣助は遠島のところ病死などの処罰が発表され、関係する村役人も、監督不十分という理由で叱責された。一方、この計画の推進者と目される高崎藩主松平輝高は、改所設立の独断専行と失敗の責任を周囲から追及され、九月二五日突然体の不調を訴えてこの世を去った。彼の死について「毒茶を飲んだ」という噂が、暫くの間江戸や西上州の村々で囁かれた。こうしておよそ七三軒を打ちこわし、高崎藩との全面的な対決までに至った絹運上反対一揆は、商業資本を利用しようとする田沼政権の経済政策に大きな打撃を与える事件となった。

【人物】白倉村清助・清蔵・伊三郎　しらくらむらせいすけ・せいぞう・いさぶろう

白倉村清助は、改会所設立の触書が村々に回った時、町屋村の吉十郎が影乗りであることを知り、村内の伊三郎と相談し打ちこわしを計画した。そこで彼らは「参加しない村々は焼き払う」という申触をすることにし、清助の悴清蔵に命じた。そのため多くの百姓が駆け付け、吉十郎の家をみじんに打ちこわした。吟味の結果、清助は遠島、清蔵は中追放の処分を受けるが獄死。伊三郎は不明。なお、嘉永元年（一八四八）白倉延命院に清助・清蔵両名の法名（清助は「嶌流道覚信士」、清蔵は「流岳寛良信士」）が並記された墓碑が建立されるが、施主名は人為的に削除されたと思われる痕跡がある。

【人物】天引村孫八　あまびきむらまごはち

孫八は、白倉村の定使を務めていたが、吉十郎の打ちこわしに参加して目的を遂げた時、小幡町の栄助も百姓の難儀も考えず、運上取り立ての仲間に入っている。この際吉十郎同様打ちこわすべきである、と白倉村の伊三郎とともに百姓を煽動した。そのため一同は声を上げて小幡町に押しかけ、栄助の家を襲って打ちこわした。遠島の処分を受けるが、獄死。

【人物】後賀村惣助　ごかむらそうすけ

惣助も徒党に参加しない村は焼き払うと百姓に触れ歩いた。打ちこわしの時惣助は、身元がわからないように顔を布で包み、笠をかぶって参加した。さらに惣助は、藤木村の勘左衛門・吉左衛門・庄右衛門、高尾村の三右衛門も運上取り立の仲間であるといって百姓たちに打ちこわさせた。遠島の処分を受けるが、獄死。

（中島　明）

〔参〕『群馬県史』通史四、『前橋市史』三、『群馬町誌』通史

天明元年（一七八一）一〇月一五日
近江国栗太郡膳所藩領強訴

膳所藩は安永七年（一七七八）に儒者の中根之紀を登用して改革を実行した。彼が一石につき銀三〇匁の用金を徴収したことが原因となって発生した一揆。天明元年一〇月に入ると一〇〇石につき一〇〇人ずつ出るようにという廻状が回された。これに応えて一〇月一五日には栗太郡狼川に二五〇〇人余が集会した。彼らは蓑笠姿で弁当を持参し、これといった得物は携帯しなかった。一七日頃までに中根の引き渡しを求め城下へ強訴し、城下を始め勢田・石部などで七軒を打ちこわした。同時期河内の膳所藩分領の百姓一二〇〇人余が、三井寺に集会したという風聞も存在するが、実情は不明。藩は要求を認めて一揆を解散させた。久保江村善五郎が逮捕されたが、獄中で自殺したため審理は中断し、ほかの百姓への処罰は行われなかった。一方中根は投獄され、代官四人が閉門となった。明治一七年（一八八四）、小室信介は『東洋義人百家伝』（東洋民権百家伝）のなかでこの一揆を扱い、西口与左衛門・中村新左衛門・躰六兵衛・皆川左五兵衛の四人の頭取が処刑されたと描いている。小室は「寝覚膳所物語」を典拠としたことを明らかにしているが、この史料は現存を確認できない。フィクション性の強いものであると推測される。

（保坂　智）

〔参〕『編年百姓一揆史料集成』五、『滋賀県史』三、『大津市史』上、『新大津市史』

天明元年（一七八一）一二月二四日
上野国利根郡沼田藩領見取地高入反対強訴（見取騒動）

沼田藩は、貞享元年（一六八四）のお助け検地以降、百姓が山林原野を開発して新たに田畑を造成した場合、これを見取田・見取畑と呼び、本田畑の高に加えないできわめて低い税率で課税していた。このことに目をつけた藩主土岐定経は、藩財政立て直しの一つとして見取地を高請地に組み入れる計画を立て、領内の有力百姓三人を土見役に任命し、完全実施に備えた。一方、藩の動きを察知した百姓は、天明元年一二月一四日に沼田で市が開かれた時の雑踏を利用して町中に代表を送り込み、反対運動の方法などについて密かに話し合った。その結果、一八日と一九日の両日、東の村々は立岩村の虚空蔵山、西の村々は町田村の法城院に百姓を集結させ、強力な阻止行動を展開することにした。一九日、東入りの村々百姓は、高平村の土見役勘兵衛・嘉平太親子の家に押しかけ、計画の撤回を藩に進言せよと要求した。西入りの村々百姓は、後閑村の土見役作右衛門と交渉し、土見役辞任を迫った。このようにして百姓は、土見役を味方陣営に引き込み、反対運動を盛り上げた。そして、二四日、領内の百姓は沼田城下に押し出し、神明社境内で合流して気勢を上げ、藩主に強訴する態勢を整えた。この時藩主定経は、大坂城代として任地に赴いていたので、重役の月岡修理が百姓代表と会見した。百姓は、実力行使を背景にして強い態度で高入れを中止するよう迫った。百姓の要求に理解を示した月岡は、「ただちに大坂へ行き藩主に百姓の意向を伝える。もし藩主が聞き入れない場合は、切腹を覚悟して計画の撤回を進言する」と約束した。そこで百姓は帰村し、月岡の帰藩を待つことにした。そして、同二年二月、大坂から帰った月岡は、「領内の年貢はいままで通りとし、見取地の高入れ計画は中止する」という触書を廻した。五月下旬、藩はかねてから内偵していた一揆頭取の逮捕を始めた。生品村の五兵衛親子三人が二六日に、そして二九日には百姓の集合地となった法城院の住職と立岩村の佐七というように、主立った者五〇人ほどが逮捕された。やがて四一人が腰縄付きで村に帰され、残る九人が再吟味となった。最終的には佐七、奈良村の要右衛門と民右衛門の三人が頭取と断定され、ともに永牢となった。

（中島　明）

〔参〕『川場村の歴史と文化』、『白沢村誌』、『群馬県史』通史四

天明二年（一七八二）五月三日
淡路国三原郡徳島藩領強訴（縄騒動）

この一揆の原因は、安永一〇年（天明元年、一七八一）三月、徳島藩洲本役所が淡路国に「縄趣法」を発したことにある。「縄趣法」とは、村々の縄ない人を調査し、貸付銀を銀札で貸し付けたうえで縄を上納させ、大坂の賀島屋預兵衛に送ることによって、新たな収入源を得ようとした政策である。しかし、村々は縄ない人を少なく申告し、またその上納縄も粗悪な物であったりして、洲本役所はその政策の貫徹に苦慮した。天明二年五月三日夜、金屋組の上内膳・納・山添の三か村百姓が松明を持って下内膳村組頭庄屋宅へ押しかけ、「縄代莚之儀御免」を願ってくれるように強訴した。役所は、一二日に「縄代莚之儀御指止」を決めたが、翌一三日夜には中筋組広田宮村など六か村が、広田宮村の鐘を合図に中筋村組頭庄屋宅へ押し寄せ、三〇年来の新法の差し止めを強訴した。一五日夜には先の六か村に鮎屋村など三か村が加わり、九か村の百姓が中筋村組頭庄屋宅へ強訴した。この三〇年来の新法の内容は明確ではないが、流通米を郷問屋に買い取らせる増米法と、木綿会所や紙の専売制が含まれていたと考えられる。藩は中老で洲本役所の仕置役仁尾五郎左衛門と賀島右兵衛を謹慎とし、増米請持の板東永蔵・高田冨次郎を親類預けとする一方、広田宮村才蔵・同善助、山添村清左衛門、上内膳村久五郎、新村長右衛門ら七人を逮捕し、村々に役人を派遣して鎮定した。この時、寺の鐘を押さえていることは注目される。この七人のうち才蔵と清左衛門が頭取とされ、天明三年二月二三日獄屋で打首にされ、桑間村川原で獄門にかけられた。天保三年（一八三二）、渡辺月石が「堅磐草」のなかでこの一揆についての物語をまとめ、それを元に明治一七年（一八八四）に小室信介が『東洋民権百家伝』のなかで宮村才蔵伝をまとめ、さらに同二六年、本吉乙槌（堺利彦の兄）が欠伸居士の筆名で「縄騒動」という小説を大坂朝日新聞の付録として出版するなどして、才蔵と清左衛門を中心とした義民物語が成立した。

【人物】

広田宮村才蔵　ひろたみやむらさいぞう
山添村清左衛門　やまぞえむらせいざえもん

縄騒動の頭取。義民。ともに天明三年二月二三日に処刑された。才蔵は中筋姓で享年三五、法名は法道覚阿信士。清左衛門は姓・享年不詳、法名は仙翁智言信士。義民物語によれば、一揆の要因は洲本の商人吉田屋平六が、板東永蔵・高田冨次郎とともに領民に縄の供出を命じ、大坂へ出荷したことによる。縄の審査は厳格をきわめ、人々は金納を願った。縄の形を少しでも損じない灰（灰縄という）を上納させたともする。才蔵と清左衛門が首謀者となり同志を集めた。広田宮村の鐘を合図に集まった楠之助（法名道安信士）、力士楓山（若楓長吉、法名秋楓庵己覚信士）ら数千人が洲本をめざして桑間川原まで強訴した。藩は新法を停止したが、二人を捕らえ獄門に処した。江戸の藩主は二人の赦免を伝える使者を派遣したが間に合わなかった。二人の首は才蔵の妻と楓山が奪い葬った。才蔵の霊魂は蝗（いなむし）となり祟りを起こした。天明四年建立の地蔵尊は才蔵地蔵と通称され、虫除けの神として信仰されている（洲本市中川原町三木田に所在）。才蔵・清左衛門の墓碑は淡路島の各地に散在する。明治三一年（一八九八）に「天明志士紀念碑」（旧藩主蜂須賀茂詔撰文）、同四〇年に「天明志士之墓」（板垣退助撰文）が、緑町大宮寺裏山に建立され、昭和五八年（一九八三）には天明志士二〇〇年記念大祭が営まれた。

（保坂　智）

〔参〕小室信介『東洋民権百家伝』、『洲本市史』、『兵庫県史』四

天明二年（一七八二）八月一六日
和泉国大鳥・泉郡一橋領強訴（千原騒動）

泉州一橋領の貢租は、実際の米価よりも一～二割高い石代納であり、これは百姓にとっては年貢増徴となっていた。また明和七、八年（一七七〇、一）から始まっていた不作は、その後いっそう激しくなり、

天明二年になると、有毛検見取法と田方木綿勝手作仕法のためもあって木綿作は不作に陥った。そこで八月七日に、新家村組頭次兵衛の伜勘七が発頭人となり、土生村の了意・富木村忠兵衛・原田村甚左衛門・伝兵衛らが、大鳥郡大鳥組九か村から一、二名ずつを草部村の元禄堤に集め、年貢減免願いを協議した。勘七・了意らは、泉郡府中組・信太組・山方組の百姓にも年貢用捨願いを相談したいので黒鳥村の牛神山に集合するように呼びかけた。この集会は、四〇〇〜五〇〇〇人が参加して同月一六日から一九日まで連日続けられ、検見願い、年貢の減免・延納を訴えることになった。一方、一橋家の府中代官所は、一九日に惣代庄屋に出頭を命じ、彼らに百姓の説得を依頼した。そのため、万町村庄屋伏屋長左衛門・長承寺村庄屋代理の年寄清左衛門ら一一人が、地方同心・手代一三人に付き添われて説得に赴き、牛神山で百姓代表の二〇人と折衝した。しかし、二〇日になっても百姓は依然として結集し、一〇〇〇人ばかりが府中村の泉井上神社の御旅所、御館山に集まった。この夜から情勢は一変し、大鳥組の二〇〇人ばかりを中心とした百姓は、千原村庄屋川上左助を襲撃したのである。川上家は、宝暦七年(一七五七)から創設されていた一橋領知の年貢銀取り集めの下掛屋を兼ねていた。百姓はかねてから、下掛屋の設置により、銀一貫目につき下掛屋分として二匁の入目銀が増したとしてこれに反対し、大坂直掛を願っていた。このことが千原騒動を生む直接の原因となったわけである。この打ちこわしには五四か村全体ではなく、川上家の下掛けの村々が参加した。ここでは、年貢の減免・延納願いの強訴が、直接的に地元の庄屋・下掛屋を打ちこわすに至ったのであった。翌二一日にも六〇〜七〇人ばかりが牛神山に集合した。ここに至って府中代官所は、幕府代官大屋四郎兵衛・万年七郎右衛門・青木楠五郎を通じて岸和田藩兵の派遣を要請し、これに応じて岸和田藩は和気村に一五〇人を出動させ、城内に二五〇人を待機させた。伯太藩も二〇〇人余りを伯太の一里塚に出動させた。その後、騒動は終息に向かったが、二六日に堺町奉行所の役人が南王子村村民を逮捕したのを皮切りに、百姓らは厳しい探索を受けることになった。九月一四日から一六日の間、大坂入牢者は一一六人を数えた。南王子村一八人・府中村一七人を始め、原田村は庄屋林蔵など五人、長承寺村は九人であり、庄屋で惣代庄屋をも兼ねていた彦左衛門も嫌疑をかけられて、用達大黒屋清兵衛方に宿留めを命じられた。その後も逮捕者が続出したが、入牢中や釈放後に病死するものが多かった。千原騒動で検束された者は、史料的に判明する範囲では少なくとも一四八人で、処罰者は、死罪一人、遠島五人、入墨五〇敲一四人、五〇日手鎖三人、三〇日手鎖二人、五〇敲三〇日手鎖二人、一五日手鎖九三人、五〇日過怠牢二人であった。また全村が総額三〇八貫文の過料銭を取られた。この騒動の結果、いったん下掛屋は廃止されて年貢銀は大坂直掛けとなり、年貢延納願いも認められ、年貢納入の仕法にも変化が見られ、夫食拝借銀も翌年四月に村々へ支給された。あわせて大坂用達大黒屋清兵衛の収賄も明るみに出され、清兵衛は町預け、家財付立てとなった。この騒動は、摂河泉地方には数少ない全藩一揆の特色を備えている。

【人物】土井忠兵衛　どいちゅうべえ

千原騒動の首謀者の一人。富木村の生まれ。忠兵衛は堺奉行に捕らえられたのち、天明三年九月に遠島処分を受け、翌年四月に遠島される予定であった。しかし、その前に大坂入牢中に死去した。法名釈了順。富木村の楷定寺の過去帳によると、その死骸は村に戻らなかったことを伝えている。しかし、村民のために牢死した彼の行為は、その後長く一橋領知村々に伝えられ、明治三七年(一九〇四)一二月には楷定寺の境内に「土井忠兵衛之碑」が建てられ、籠講(いかっこう)を作って供養の財源とした。現在でも、毎年一月九日には五四か村の村民が集まって法要を営み、忠兵衛の義挙を讃えている。　(山﨑善弘)

〔参〕『堺市史』続一、『和泉市史』二、森杉夫「天明期の百姓一揆」(大阪府大『社

会科学論集』一）

天明二年（一七八二）一〇月九日
近江国滋賀郡比叡山領上坂本村強訴

天明二年は五月以来たびたび出水し不作となった。上坂本村の百姓は減免を願い許可されたが、一〇月に入ると不作状況は予想以上のものであることが判明したため、いっそうの減免と合力米の給付を嘆願した。寺は減免は拒否したものの、合力米の給付を考慮するので困窮者の名簿を提出することを命じた。これを減免嘆願人を割り出す手段であると考えた百姓らは、延享三年（一七四六）以来問題となっていた高掛り銀賦課への不満もあいまって、一〇月八日に坂本各町惣代が集会して廻状を廻し、翌九日強訴するため蓑笠姿で比叡山の鳥居まで詰めかけたが、年寄たちの説得で解散した。一一日、寺が合力米の給付を触れたため一揆は終結した。頭取の元年寄越後・百姓佐兵衛は上坂本払、百姓善吾は町払に処された。（保坂　智）

〔参〕『編年百姓一揆史料集成』五、『新大津市史』

天明二年（一七八二）一二月一三日頃
伊勢国員弁郡ほか桑名藩領強訴・打ちこわし

長年洪水に悩まされ、天明二年にも六、七月の洪水・大風に見舞われた百姓は、年貢減免を要求したが、藩はこれを拒否して、八月中に地並帳を作成して田地ごとに札を立てて年貢量を決めることを命じ、流失田への減免はしないが一様に年貢率五分下げ、村高七石ずつを算定基礎額から引くと触れた。同時に領内村町へ御用金四〇〇〇両を課して督促した。各村庄屋が窮状を訴えたが聞き入れられなかったため、一二月一三日頃、約四〇〇人の百姓が員弁郡大泉長宮に屯集、城下町へ向かう者から所持品を奪ったり、桑名城内へ年越しの飾物を運ぶ者を追い払って焼き捨てたり、米・麦・豆類を運び入れる者から荷を奪ったりした。一七日、一揆勢は員弁郡笠田新田の藩御賄い大庄屋二井文五右衛門家へ押し入って身支度し、当夜、阿下喜へ一〇〇〇人程が向かって藩御賄い稲垣専八・善兵衛・治右衛門宅はじめ、町方の家へ押し入って飯食の提供を求めた。一揆勢は所々の神社境内で夜を明かして二手に分かれ、川合村伝左衛門・孫四郎、日内村半蔵方で朝食を出させ、別の一隊と合流して総勢二〇〇〇余人となり、員弁郡古田村庄屋近藤佐吉宅を打ちこわした。一九日、一揆勢は員弁郡一帯・朝明郡西部・桑名郡西部に拡大して三万余人に膨れあがり、桑名郡多度村の地方役人平野伝左衛門宅を打ちこわし、次いで同郡戸津村地方役人西田喜太夫宅を打ちこわそうとしたが、法泉寺住職のとりなしで中止した。二〇日は終夜、一揆勢が多度川原から平野新田、六把野に及ぶ三里余りに群がり、出張った藩役人も制止できずに退去した。一揆勢は北大社村地方役人木村誓太郎宅を打ちこわし、農家や森林に寝泊まりして篝火を焚いた。二一日には、朝明郡田口新田山目付鈴木藤治宅へ向かって太鼓・竹貝を吹き立て、本宅・酒蔵・質蔵・稲屋などを打ちこわし、金箱を破壊して撒き散らした。藩は郡奉行以下御用人・番頭・代官二人、足軽二〇人、鉄砲二〇挺、鑓一筋、小者二〇人の態勢で出張り、願いの筋を叶えるから代官に申し出るよう言い渡した。惣代として朝明郡田口村喜兵衛・員弁郡塩崎村佐藤治が、先年どおりの納米を認めることを要求、それを了解する旨の一札（墨付）を得て百姓は村々へ引き取った。しかし別の一揆勢が、山目付の宇賀神村神谷七右衛門宅を打ちこわし、二一日には東村善左衛門、南村三郎助・久右衛門方から一戸に四〇俵ほどの米を出させた。二二日は、永井村元庄屋・小牧村郷目付・丹生川村元大庄屋・田口村元大庄屋・鼓村元山目付・長井村藤治宅を打ちこわした。長井村藤治は寺の御絵伝を大庄屋仲間で借り出し、その借用返金を百姓に分担させたためであった。打ちこわしの場所へ郡奉行以下前日の陣容が火事装束で出張って前日と同じ申し渡しを行い、願いを聞き届ける旨の一札を与え、村々庄屋一年交代の要求も聞き入れた。一札は員弁郡丹生川村真正寺に預け、村々が写し取ることを申し合わせて百姓は退散した。一揆後、藩は、在村の山目付・郷目付・地方目付をすべて罷免し、翌年、員弁郡山田村弥平治・桑名郡多度村安右衛門・朝明郡伊坂村兵右衛門ほか各村から頭取二七人を捕らえ、その後も多数の百姓が入牢させられた。

（深谷克己）

〔参〕『桑名市史』本、『多度町史』

天明三年（一七八三）一月一八日
出雲国飯石・神門郡松江藩領三刀屋町ほか
強訴・打ちこわし（三刀屋騒動）

　松江藩領ではこれまで五年も凶作が続いてきたが、天明二年五月から六月にかけ霖雨による洪水が発生、河川氾濫で約五万石の損害が出た。そのため米価が一升一〇〇文と騰貴した。一方同藩では藩政改革の一環として明和八年（一七七一）以来、年に一割五分の増免が行われてきていたので、百姓らは行き詰まり、多数の餓死者が出る飢餓状況となった。職人・商人も道具や衣類を売り払い、蕨・葛を食べる有様になり、城下各所に百姓崩れの物乞いがあふれるようになった。このような状態のなかで、年が明けた一月一八日、斐伊川沿いの飯石郡三刀屋町と神門郡大津町（村）で下層町民による打ちこわしが始まった。一八日から急速に人々の集合が始まり、一九日になると、三刀屋町で飯石郡下郡役（郡統括の大庄屋役）宮岡屋上代市兵衛宅を襲って器財を破壊した。市兵衛は、郡中の御用米を引請けて藩には銀納で上納し、領内各地の藩の蔵に米を積んでおいて米穀欠乏の時期を見ては高値で売り出し利潤を貯えてきたと恨まれていた。同日、大津でも森田源兵衛宅を襲って道具衣類を打ち砕いた。源兵衛も強欲に自分だけの利潤をはかり小前層の渡世の障りになると憎まれていた。この動きに周辺の村々が呼応して大規模な百姓一揆となり、参加者は一万七〇〇〇人余に及んだ。一揆勢は松江城下へ強訴する勢いになった。大津へ押し寄せた一揆勢は、大津の下郡役の森広幾太家へ迫り、「郡中難儀」を藩へ申し立ててほしい、「無左は押潰し可申」（「天明凶作一途」）と威嚇した。この勢いに押された幾太は、一揆勢に松江の藩役所に願書を提出することを確約した。翌二〇日朝、乗馬で急行した幾太は松江に到着し、立町の犬山屋庄右衛門方で出訴の支度をととのえ、願書を藩の御用所へ提出した。神門郡百姓中の名で用人・郡奉行に宛てた願書によると、①増免の免除、②借銭は一〇年賦、③高一〇〇石に一〇石ずつ作食貸付け、④飢扶持の給付、⑤酒造の停止、⑥御用米の過剰下げ渡し停止、⑦牛馬代借用、の七項目が取り上げられ、末尾で再び藩からの作食米拝借の必要を強調している。藩はこれに応じて救恤米を放出し、畑上納減免などの措置を発表し、同時に幾太など一六名（大津町一〇人、武志村五人）を捕らえ、大津の幾太と瓦師三之助、武志村年寄藤左衛門、紺屋新五郎が入牢、他は郡追放となった。大津の一人は逃走した。翌年、幾太も放免され、藩は、郡奉行以下の役人を百姓教戒不行届きのかどで叱りの処分にするとともに、緩和策として、三月、銭二万五〇〇〇貫を救恤の資とし、飢扶持米下付、畑上納減免、銀札通用、恵贈金下付など種々の懐柔策を実行した。

【人物】森広幾太　もりひろいくた

　享保一〇年（一七二五）〜寛政一二年（一八〇〇）一一月一五日。享年七六。松江藩神門郡下郡役。大津町（村）の森広久兵衛延貞（元祖は和田小太郎義盛という）の四男に生まれたが、家督を継ぐ。性剛毅といわれ算数に長じ家産を興す。宝暦八年（一七五八）三三歳で郡役人格、乗馬合羽御免、神門郡組頭役。下郡役、小算用格、御勘定方御支配を勤める。帯刀御免、居屋敷永代御免地米三五〇俵。五八歳の時、天明三年（一七八三）大津に集合した百姓一揆に遭遇、これを押し止め、衆にかわり単身藩庁へ愁訴。入牢の一人大津町瓦師林蔵が拷問を受けて発頭は幾太と述べたため首謀者と目され、入牢。松江月照寺住職道誉の斡旋で天明四年一月放免。死後石塚村妙仙寺に葬る。法名森直院道哉日実居士。井原青々園が出雲の佐倉宗五郎と評した。「大津の義人」といわれる。この一揆の物語的な経過記録である『雲国民乱治世記』は幾太の記述したものとされる。この史料では、発頭組織者は六尺四、五寸の大男で、八の字の一つ紋のついた黒ちりめんの羽織を着て、大きな鉾を手にした異人、とされ、その異人の分身が同時に各所に現われ、これに急き立てられ率いられて打ちこわしが行われたと書かれている。　（深谷克己）
〔参〕『人づくり風土記』三二、内藤正中『島根県の歴史』

天明三年（一七八三）二月一日
大坂打ちこわし

　天明二年凶作による米価騰貴、田沼政権の貨幣政策による銭相場下落、綿不作による関連業種の不況などを原因とした都市騒擾。同三年二月一日昼過ぎ、大坂玉水町加嶋屋久右衛門宅が米買占めを理由として打ちこわされた。また同時に、堂嶋新地一丁目の松安庄右衛門も打ちこわしの対象とされたが、警備を固めたために免れている。松安は、安永三年（一七七四）より大坂三郷および町続在領の搗米屋駄売屋株差配として搗米屋から株料を徴収するなどしていたため、米価高騰の要因を作ったと目された。その後も不穏な状況は続き、内平野町の両替商米屋平右衛門を始め「重立候米掛り之商人幷両替屋銭屋」を打ちこわすとする張紙が橋々門々に貼られた。二月八日には、大坂への城米回漕を請け負った廻船方御用達苫屋久兵衛宅が打ちこわされそうになったが、警護により免れている。加嶋屋打ちこわしでは、騒動勢はまず張札で打ちこわしの予告を行い、当日は加嶋屋門前での童の飛礫により見物人などの群衆状況を形成してから打ちこわしを行っており、行動には計画性が認められる。（岩田浩太郎）
〔参〕『新修大阪市史』四、岩田浩太郎「三井大坂両替店記録における天明の大坂および江戸打ちこわし関係史料について」（『三井文庫論叢』二七）

天明三年（一七八三）二月一日
石見国安濃郡幕府領大田町打ちこわし

　天明三年初から石見銀山大森代官川崎平右衛門支配所安濃郡大田町では、米が高値し下層住民（百姓身分）が難儀するようになった。一月二〇日晩から「むほん」状況となり、毎夜川原へ藁を持ち寄り火を焚いたり、藁帽子に火をかけて焼いたりしはじめた。彼らは、米五〇文、麦三〇文、地升で下作米を取ってきたのを京升に変えるなどの要求を申し合わせた。二五日、南北在町役人が相談、極難者に救恤米を支給しはじめたが不足し、川原の集団と町役人の交渉が行われたが、解決できず、二月一日（一説に二日晩からとも）打ちこわしが始まった。町々へ押し出した打ちこわし勢は、棒・鎌・鋤のほかに竹槍を持ち出し、大和屋・高松屋・三次屋・吉野屋ほかの店々へ押し入り、打ちこわし（「打ちめぎ」）を行い、早鐘をつき、商売物、店の戸・戸棚のほか仏壇までこわした。「騒動日記」に採集された事前か事後かの張紙には、「川合大明神　米安公」「下かたいちとふめいわく（下方一同迷惑）」「「おおたはけおろたへもの」「もれたる物（者）を火まつりにいたし候」などの文言が見られる。町役人らは相談して仲人を入れ、鎮まる模様であったが、さらに「無道」に行動を広げそうだったので、大森代官所へ届けて公儀役人の出動を求めた。何人かが捕らえられ、いったん鎮まったが再び騒動になりそうだったので、町役人から公儀役人の出動を求めるという騒ぎもあった。大森入牢を言い渡されたのは南町庄七・儀右衛門・惣右衛門・定八・甚五郎・喜右衛門・重兵衛・佐四郎の八人である。その後八人の旦那寺や真宗寺院が大森へ出頭して御免願いを行い、帰村の許可が出た。また二月五日付で「大田村南北村在町不残」の連印で参加後悔の詫び証文が提出された。大田の騒動を知って他の地でも米の値下げを実行する所があった。　（深谷克己）
〔参〕『日本近世飢饉誌』

天明三年（一七八三）二月二七日
京都打ちこわし

　前年の凶作の影響で、天明三年は、一月から畿内全域で米価が急騰した。二月一日、大坂では米を買い占め、米価をつり上げているとの悪評が高かった大坂の豪商加島屋久右衛門方などが打ちこわされた。そして、二七日、近江国大津、山城国紀伊郡伏見、京都の町人三〇〇余名が、京都河原町四条上るの米屋を打ちこわした。米を買い占めたためだという。この年、京都市中では、その後も、いつ打ちこわしが起こるかわからないような状況が続き、町奉行所は、富裕者による施行を呼びかけている。（岩城卓二）

〔参〕『高山彦九郎全集』二

天明三年（一七八三）三月
伊勢国度会郡伊勢神宮領山田町打ちこわし

宝暦年間以来二〇年間も低米価を享受してきた伊勢神宮外宮門前町の山田町は、米不足の季節を迎えて天明二年凶作の影響を受け始め、市中の小売米が銭百文で七合ほどまで上がってきた。大坂・京都など近国の大都市に打ちこわしが起こった翌三月、御木曳行事の時に、中之郷町恵川半九郎、浦口町古森善右衛門、一色村松葉久助の米穀商三軒に、米と油を買占めているとして下層民を中心にした町民大勢が押寄せて打ちこわしを行い、家宅と家財を壊し、商いの穀物を撒き散らした。（深谷克己）

〔参〕『宇治山田市史』上

天明三年（一七八三）五月二六日
美作国西北条郡津山藩領津山町打ちこわし

天明三年五月二三日夜、津山城下中心部の町々の関貫（かんぬき）に、「惣町中」の署名で「伏見屋茂七不届有之、廿六日夕家打崩候」という内容の張紙が張られた。この報告を受けた町奉行所では、犯人の逮捕と張紙の焼却を命じ、二六日には忍の者を出すなど警戒を強めた。しかし、同日夜、予告どおり伏見屋茂七宅が打ちこわされ、続いて豊屋喜兵衛・樫野屋茂市・神田屋利介宅が打ちこわされた。伏見屋は米商人、樫野屋は米買宿、神田屋は搗米屋であり、打ちこわしの原因はこれら商人の米の買い占めにあったと考えられる。町奉行所は、「頭取同様」などとして一三人を領分追い払いなど処罰し、また打ちこわされた伏見屋・神田屋のほか米商人二名をそれぞれ処罰した。（横山　定）

〔参〕『津山市史』四

天明三年（一七八三）七月二〇日
陸奥国津軽郡弘前藩領青森町打ちこわし
（青森湊騒動、杉畑騒動）

連年の天候不順、不作にもかかわらず、天明二年夏、藩は江戸と大坂へ二〇万俵、加賀へ三万俵の廻米を強行した。翌三年は大凶作となり米は値上りし、飯米は底をつき、餓死者が続出していたにもかかわらず、藩用人は米一〇万石から二〇万石の津出しをしている。このような状況のなかで、七月一〇日青森浜町から出火、二八〇軒余と町奉行所が焼けるという大火事になった。それから何となく不穏になり、売米もなくなった。一八日晩から町中騒がしく、一九日には青森町杉畑に集まるようにとの触れが回った。この集合地の名から杉畑騒動とも呼ばれる。翌二〇日には、一匁で米一升四合の払い下げを要求して名主会所や馬喰町海草屋（町奉行所焼失後の御用扱い）へ向かった。そして町民三〇〇〇人余が棒・熊手などを持ち豪商九軒を始めとした米問屋一一軒（三〇軒とする資料もある）の家蔵を打ちこわし、米八〇〇〇～九〇〇〇俵を持ち出した。青森町奉行では収拾がつかず、弘前表から二二日鉄砲組九〇余人が到着し威嚇して鎮め、落合専右衛門など四〇人を捕縛した（一〇月五日に落合専右衛門を除く全員が釈放されている）。願書七か条には、廻米の延期、豪商の買いだめ反対、米の私売買を禁じる米留所の廃止、役人の往来時の無料宿泊などの反対、役銭口銭の延引、名主会所をやめ町年寄を一人から二人に、目明しの廃止が書かれていた。廻米船二艘のうち一艘は取りやめ積米を売り払ったが、一艘は出帆している。一五日には十三町で銭五〇文支給の訴があった。二二日、鯵ヶ沢町では町端に一〇〇〇人余が集まり打ちこわしに及びそうな様子を見せた。そこで町奉行相沢作左衛門が二、三か所から米を出させ一人一升三合までを売り出させ収まった。延寿院に集まって作成した五か条の願書には、廻米の差し止め、船中立合役人の引取、質屋営業の継続、売米の値下げなどが書かれていた。船頭たちからは廻米を積み出さないとの証文を百姓に出している。二六日には隣の盛岡藩野辺地町でも米を求めて大勢集まり騒いだ。二七日広須・木造新田でも廻文が出て百姓二〇〇〇人余が、凶作時用の貯米一万俵余の返却を求め、弘前へ押出し、石渡川をはさんで弘前町奉行と対決した。郡奉行が願書を受け取り、百姓たちの願いを受け入れるようにするといって引き上げさせた。しかし、村々の頭取七名が入牢となり、米は渡されなかった。この時金木組の百姓二〇～三〇人が江戸へのぼり藩主の駕籠脇で万民が餓死に及んでいることを言上したとも、新田百姓一〇〇人余が江戸屋敷門外に詰め、国表の米が払底だと申し出たともいう。三〇日には深浦町の三〇〇人余が米問屋三国屋と秋田屋の二軒を打ちこわすが、八月二日までに家一軒に一俵ずつ渡し鎮まった。八月中旬には頭取五人が町預となった。七月頃弘前町では強借りが多く、その後餓死者も続出、秋田藩へは数万人が流亡した。深浦の荘厳寺の僧聞岌など七〇人が江戸へのぼり藩主へ訴え出、幕府にも直訴したと伝えられる。聞岌は入獄、その後荘厳寺を追院され能代の五智如来堂に身を寄せた。一族の津軽多膳も出府し藩主へ窮状を訴えた。翌四年一月、幕府から一万両を借り、米一〇万俵を津軽へ送ったが効果はなく、流亡者、餓死者は増え、田畑の三分の二は荒廃した。そこで新藩主は津軽多膳を家老として藩政改革に着手した。天明六年には松風新作と称する弘前藩士によって「夢の松風」が書かれた。ここには、天明の飢饉のなかで藩政を牛耳る家老とその一味の悪事と津軽多膳など改革派の闘いの様子を騒動について詳しく述べながら描いている。

【人物】落合専右衛門（仙左衛門）　おちあいせんえもん（せんざえもん）

正徳年間（一七一一～一七一六）生、青森大町で酒造業を営み、伊勢屋市郎右衛門と呼ばれる。宝暦四年（一七五四）五月、国恩報謝のため願済のうえ、自分物入りで安方町御蔵数棟を建立した。後に名を落合専右衛門（仙左衛門ともいう）と改める。俳号九三子。町年寄番代を務める。身代が傾き、晩年は手習いの師匠をする。青森湊騒動では廻米停止を求める藩への願書を書いたとして弘前へ送られ入牢させられた。願書には丸く連判してあったため頭取がわからず四〇人が入牢させられたのだが、すでに余命幾何もないので罪を一身に負うことを決心し、頭取は自分一人だと名乗り、余人の赦免を求めたと伝える。天明三年一二月一〇日牢死した。七〇余歳であった。法名釈哲悦。蓮心寺境内に葬られ、一本のイチョウが植えられる。「専右衛門のイチョウ」として現在旧市内唯一の大木となっている。墓は三内霊園に移されている。また明治三九年（一九〇六）に年忌法要が営まれた。

（堤　洋子）

〔参〕『青森市史』人物、『深浦町史』上、『弘前市史』藩政

天明三年（一七八三）七月二二日
陸奥国津軽郡弘前藩領鰺ヶ沢町強訴
→天明三年（一七八三）七月二〇日
陸奥国津軽郡弘前藩領青森町打ちこわし
（青森湊騒動、杉畑騒動）

天明三年（一七八三）七月二七日
陸奥国津軽郡弘前藩領広須・木造新田強訴
→天明三年（一七八三）七月二〇日
陸奥国津軽郡弘前藩領青森町打ちこわし
（青森湊騒動、杉畑騒動）

天明三年（一七八三）七月三〇日
陸奥国津軽郡弘前藩領深浦町打ちこわし
→天明三年（一七八三）七月二〇日
陸奥国津軽郡弘前藩領青森町打ちこわし
（青森湊騒動、杉畑騒動）

天明三年（一七八三）八月二二日
陸奥国岩手郡盛岡藩領盛岡町打ちこわし

天明三年は土用に入ってもやませが吹き寒い日々が続いた。とくに八月一七・一八の両日に大霜が降り、凶作が決定的となると、米価は一駄五貫文を越えるまでに急騰した。二二日、数百人の窮民は、盛岡城下

油町の米屋新助店へ米の安売りを求め殺到したが、新助が米を売却しなかったことに怒り同店の家財を打ちこわし、蔵や床下に隠匿していた米を散乱させたが、米は一粒も盗まなかった。町奉行や徒目付が駆けつけたが、一人も逮捕することはできなかった。藩は新助を迎買・買占の咎で奥通へ追放、家財闕所の処分を行った。（保坂　智）
〔参〕森嘉兵衛『南部藩百姓一揆の研究』

天明三年（一七八三）八月二三日
加賀国石川郡金沢藩領宮腰町打ちこわし

天明三年の凶作による米価の高騰は、金沢藩領にも及んでいた。八月二三日の日暮頃より、石川郡宮腰町で町年寄を務め、酒造業も営む八右衛門ら二三軒の家宅が打ちこわされた。二三軒の職種は酒屋のほか、紙屋・銭屋・菓子屋などさまざまであったが、そのうちの酒屋弥三右衛門に至っては、米を買い占め、売り惜しみをするばかりでなく、船で他地域に積み出していたことが憎悪の的となっていた。そのため、打ちこわしの際には、所持している船までも破壊されている。なお、打ちこわしに加わった者への処罰は不明である。（安藤優一郎）
〔参〕『加賀藩史料』九、川良雄『打ちこわしと一揆』

天明三年（一七八三）八月二六日
陸奥国白河・岩瀬郡白河・棚倉藩領打ちこわし

天明三年八月二六日、白河町の米問屋桑名清兵衛・山田小平・桜町善蔵宅を大勢で打ちこわす事件が発生した。これは、東北地方一帯の大凶作のなか、米問屋が米の〆売りをしたことで米価が暴騰し、白河町や周辺諸村の民衆を圧迫したことに起因するものであった。白河町にいた郡代柳川儀右衛門も打ちこわしのなかようやく逃げ帰るありさまであった。近隣の長沼藩領（松平氏、二万石）でも冷害の影響が甚だしく、村々各所で寄合が持たれ、騒然とした状況が続いた。翌二七日には、須賀川の惣百姓・水呑・寺門前の者二〇〇名余が明現山へ屯集し、のちには近村の者も含めその数は二〇〇〇人に及んだ。一揆勢は鬨を挙げ、物持ち宅へ押し寄せ、米金を拠出させ、さらに町内一戸ごとに麦や銀、極貧の者へ米一、二俵ずつを拠出させた。町役人が出張して一揆勢を宥め、米価を一升七二文に下げさせたことでようやく終息した。一方、棚倉藩（小笠原氏、六万石）領内でも米の無心に大勢が常世北野村へ押しかけ、有徳人宅の打ちこわしや強訴が行われ、頭取が入牢となっている。（齋藤悦正）
〔参〕『会津藩家世実紀』一二八、『棚倉町史』四

天明三年（一七八三）九月一九日
陸奥国宮城郡仙台藩領仙台町打ちこわし
（安倍清さわぎ）

仙台藩は年平均二〇万石を江戸廻米し、江戸消費米の多くをまかなっていた。藩にとっては重要な財源で、そのため年貢米のほかに、百姓の手元にある米を前金を交付して強制的に買い上げていた（買米制）。天明三年は凶作で米価は高騰、藩は米の他郡他村出を禁止したため、城下では米が払底する状況となった。藩は、前の出入司安倍清右衛門に対し納戸金で調達していたはずの米の城下での払い米を命じた。しかし、清右衛門は、納戸金を流用していたため、江戸へは金を送り、石巻から江戸廻米直前の買米を仙台に廻した。九月一五日から城下二日町大黒屋店に穀売方所を設け、柵で囲み藩役人が立ち合い、市中値段より高値で売り出したが、死傷者が出るほど殺到し、すぐに売り切れた。一八日には穀売方所の売り米が底をつき、買えなかった者三〇〇〜四〇〇人が若年寄大条内蔵人屋敷へ行き、清右衛門が払い米を売るようにと月番奉行へ掛け合ってもらうが、不調に終わった。一九日も昼には米は売り切れ、買えなかった者大勢が中瀬河原に集まった。大番士布沢義蔵が城下北一番丁木町通角の安倍宅で払い米の直談判をするが決裂、夜になり見守っていた三〇〇〇人から数千人が安倍屋敷を打ちこわし、続いて大黒屋を打ちこわした。翌朝、布沢義蔵、鍛冶屋権平、髪結い、焼肴屋、香具師万六と安倍清右衛門が捕縛

され、清右衛門は茂庭主水預けとなり、義蔵は後に江ノ島へ流罪となる。同二〇日清右衛門の米穀売方所は廃止され、四穀町の米問屋で払い米を行った。翌五年春、榴ケ岡釈迦堂で歌舞伎狂言『安倍清さわぎ』がかかり大評判だったが、四日目に藩が禁止した。

【人物】安倍清右衛門　あべせいえもん

仙台の木綿商人。明和三年（一七六六）献金により武士に取り立てられる（金上侍）。明和四年、関東諸河川普請手伝いで藩財政に関与し、その後も多額の献金を続け、安永四年（一七七五）には四〇〇石に、安永八年には出入司（勘定奉行に相当）になる。蔵元に代わり買上本金を納めることで買米の権利を得、現金で低価格で買米を行い利を追求したため、百姓は買米を「安倍米」と非難した。天明元年（一七八一）番頭格御納戸金倍合方になり、藩米の調達にあたる。天明三年の騒動ではこれまでの「安倍米」への不満が爆発した。騒動翌日茂庭主水へ預けられ、天明六年五月二七日改易となる。同六年五月、一万両余の献金をしていた子の清治は大番士に取り立られた。寛政六年（一七九四）三月二一日、七三歳で没、善導寺に葬られる。（堤　洋子）

〔参〕「飢饉録」（『日本凶荒史考』）、『伊達家世臣家譜続編』一、『宮城県史』二二

天明三年（一七八三）九月二二日
下野国足利郡足利藩領足利町打ちこわし

→天明三年（一七八三）九月・一〇月
下野国足利郡足利町・都賀郡栃木町ほか打ちこわし

天明三年（一七八三）九月二三日
越前国坂井郡福井藩領三国湊打ちこわし

三国湊では、前年来の凶作で春から米価が高く、天明三年八・九月にはさらに高騰した。また、春以来米・雑穀とも津留となり、商売も衰微していた。九月二三日、三国町内の下西町川端惣次郎と新郷屋の抜け荷が見つかって大騒ぎになった。夕方になると、この川端惣次郎が打ちこわされ、さらに番匠屋七郎兵衛、上町の平野屋勘兵衛が打ちこわされた。新郷屋は戸板を少々壊されたが、主人が他行中とのことで打ちこわしには至らなかった。ほかに、池上屋平七が塩の買い占めで襲われたが、塩を半値で安売りすることで打ちこわしを免がれ、米屋の茶屋八郎右衛門も米の半値売りを約束して難を逃れた。夜四つ時過ぎに金津奉行が出陣し、騒動は終息。一〇日後、数人が逮捕され、廻文を回したとして上町の魚屋又右衛門ら三人が入牢処分となったが、ほどなく赦免された。打ちこわされた川端・番匠屋・平野屋も短期間入牢し、また町代・町庄屋も交代させられた。一二月、藩は三五〇人の町民に一斗ずつ、計八〇俵の救い米を下した。（齋藤　純）

〔参〕『三国町史』、『福井県史』通史四

天明三年（一七八三）九月二七日
上野国三郡・信濃国二郡打ちこわし（上信騒動・梵天騒動・国越騒動）

天明三年七月の浅間山大爆発による降灰は、上州、とりわけ西上州に集中的に見られ、その状況は「地に青草なし」と表現されるほどであった。降灰と河川の氾濫によって農作物は全滅し、中山道を始めとする諸街道の交通が途絶した。そのため信州の佐久米を飯米として養蚕業に専念していた西上州百姓、あるいは佐久米の駄送などで生計を立てていた馬方を始めとする両国の交通労働者や職人、さらに佐久郡でも小作人を中心とする貧農の生活を直撃した。そのような状況下で利に聡い商人の画策が絡んで、諸物価、とりわけ米価が高騰したので、為政者の無策と商人の画策が異様に浮かび上がっていった。

九月二七日、高崎藩領村々の百姓数百人が板鼻宿に押しかけ、商人に米の安売りを要求し、また藩役所の対応に不満を持つ他の百姓は、年貢減免と救済を江戸屋敷に直訴するため倉賀野宿に集結し、気勢を上げた。二九日、この動きが安中藩領に飛び火し、妙義山麓の桜塚で集会を開いた百姓は、検見や救済を求めて城下に集まって藩の迅速な対応を求める決議をし、次いで地域の豪商・豪農への打ちこわしを宣言した。そ

の夜、信州から峠を越えて駆けつけた百姓と合流した百姓は、凶作を見越して佐久の米を買い占め、あるいは青田買いを行っていると噂される碓氷郡上磯部村の商人を襲い、打ちこわしたのち火をかけた。これを発火点として百姓は、安中城下や板鼻宿の米商人に対して米価の値下げを要求した。以後、五料・新堀・郷原の村々、あるいは上州における佐久米の中心的市場である松井田宿でも米商人が打ちこわされた。さらに百姓は、峠越えの拠点である坂本宿に向かい、そこでは米商人と中馬宿が攻撃の対象となった。この時入山村方面からも多数の百姓が駆けつけたが、その主体は信州佐久郡の百姓であったと推測されている。

一〇月二日、百姓たちは碓氷峠を越えて信州に入った。梵天を持った者が先頭に立ち、何々組と組の名前を書いた旗や幟を押し立てた百姓がその後に続いた。所持した得物は、斧・掛矢・杵・鎌・鋸・鉈・まさかりなどであった。それらが中核部隊を形成し、最後尾には四、五尺の棒を持った一四、五人の百姓が続いたが、彼らは脱落者の防止や規約違反の者を監視する役目を負っていた。碓氷峠から佐久郡軽井沢宿、そして沓掛宿に至る過程で頭取は、上州百姓の立場を説明し、同様な状況に置かれている沿道百姓も一揆勢に参加するよう呼びかけ、またそれを明記した廻状を周辺村々に廻した。このようにして上信百姓の連合軍を結成した頭取は、「酒樽は切り払うこと。家財道具は蹴散らし、衣類は引き裂き、金銀は投げ散らすこと。家には綱を掛け、まさかりや鋸で柱を切り倒してひきつぶし、火をかけ焼き払うこと。ただし、関係なき隣家への延焼は必ず阻止すること。なお、家財や金銭には絶対手をかけてはならない。これらに違反する者は見つけ次第打ち殺す」と守るべき事項を大声で指示した。これに対し一揆勢は鬨の声を挙げて応えた。このように規約を結び隊形を整えた一揆勢は、沓掛宿に入って蔦屋を打ちこわし、ほかの米穀商人には米の安値販売を確約させた。そして、「岩村田の布袋屋、あるいは野沢の隅屋などを打ち潰し、米の安値販売を実現させる。村々百姓は一軒一人必ず参加せよ。従わない者は焼き払う」という触書を回し、人数を増やした。先頭に梵天を押し立て、鉦や太鼓を叩きながら鬨の声を挙げ、夜中にもかかわらず岩村田宿になだれ込んだ。法華堂など四軒の商人を打ちこわし、続いて志賀村・香坂村・平賀村・中込村などの米穀商人には実力行使を背景にして米の安値販売を約束させた。中込の種月院は、住職が日頃から米の売買に熱中して巨額の利益を手中にしていたので、打ちこわされた。さらに佐久における米市場の中心をなす野沢村に押し寄せた一揆勢は、金台寺の土蔵をつぶし、商人には炊き出しを命じ、三塚村に入って四軒の商人を襲った。五郎兵衛新田村では米の安売りを確約させたが、この時火消し纏や村名入りの高張提灯、あるいは長念寺の提灯などが持ち去られた。

四日早朝、一揆勢は八幡宿を襲い、穀屋二軒を打ちこわした。続いて守山村・柏木村・小原村で標的を打ちこわし、小諸町の与良口で気勢を上げ、城下に進入する態勢を整えた。そのため海応院を始めとする寺院の住職が説得にあたり、商人は藩の命令を受けて炊き出しを始め、事が穏便に納まるよう懸命の折衝を行った。一方、小諸藩も鉄砲や石火矢で武装した藩兵を動員して木戸を固め、また近郷から徴発した四〇〇人の人足には棒を持たせ、実力で一揆勢の城下通行を阻止する態勢も整えた。これに対し、頭取は「小諸藩に抵抗する意思はまったくない、ただ米を買い占めている商人に天誅を加えるだけである。もし小諸藩が商人に米の安売りを命じるならば穏やかに城下を通行し、決して迷惑をかけない」と釈明した。そこで藩の首脳は、このような状況下で鉄砲などを用いるならば一揆勢の猛反発を買い、事態はよりいっそう深刻化すると判断し、彼らの城下通行を認めた。

小諸城下を無事通過した一揆勢は、小県郡新張村に入って酒造家を襲い、酒蔵・家財ともに焼き払った。そして、一手は根津村で質屋を打ちこわし、千曲川を越えて佐久郡布下村に入った。他の部隊は朴屋村の酒造家蓬屋を襲い、打ちつぶした。この時一揆勢は「蓬屋をもぐさにせよ」と叫びながら、味噌や醤油などを井戸に投げ込んだといわれる。当面の目的を達した一揆勢は、東和田村で合流して商人を打ちこわした後、田中に向かい海野村に入った。そして、上田城下に進入する態勢を整えた。この時一揆勢は、商人から奪い取った綾錦を御幣のように切り割いて、一手々の先頭に押し立てて、気勢を上げた。迎え撃つ上田藩は、鉄砲隊や抜刀隊を編成して待ち構えた。これを知った頭取は、夜になってから神川に沿って北上して海善寺に向かうよう一揆勢に指示し、吉田・小井田・上原などで村役人や商人の家を攻撃した。そして、真田村に入り、穀屋を焼き払った。次いで横尾、中原村に乱入した後、伊勢山村に入り、六日再び上田城下侵入を試みた。しかし、上田町の入口にあたる川久保橋上で伊勢山村名主が率いる自警団の反撃を受け、隊列を乱した一揆勢は、切り倒される者、川に落ち込む者、あるいは山中に逃げ込む者などが続出し、この日一揆は解体した。

このころ、松代・松本・高島の信州諸藩も、地蔵峠や保福時峠などに藩兵を出し、一揆勢の領内侵入を阻止する態勢を固めた。さらに六日、西上州から新手の一揆勢が志賀峠、あるいは内山峠を越えて再び佐久に侵入するという噂が広まり、佐久諸藩は迎撃と両国百姓の連帯を阻止する態勢を固め、松本藩も完全武装をした二一六人の藩兵を急ぎ平賀陣屋に送り、警備を一層強化した。一〇月九日、上田藩主松平伊賀守は、老中田沼意次へ一揆鎮圧の報告書を提出した。騒動鎮圧後、幕府は一揆の頭取と関係者の探索をするため、江戸町奉行牧野成賢と大坂町奉行曲渕景漸に対し上州と信州の取り調べを命じた。その結果、江戸送りとなった百姓は両国で一〇〇人にも達し、入牢となったが、その後の消息は明らかではない。しかしその大部分は獄死し、再び故郷の土を踏むことはできなかったと伝えられている。次いで一一月、幕府は打ちこわしへの参加を強制する頭取、あるいは焼き払いや打ちこわしを指示した者を確認したら、支配領域に関係なく代官所に密告せよという触書を村々に回し、村役人のみならずすべての百姓にその内容を徹底させ、また触書を各戸に掲示するよう指示した。なおこの騒動は、上野国群馬・碓氷・甘楽の三郡、信濃国佐久・小県の二郡に広がり、打ちこわされ、また焼き払われた家の数は、上信両国で一四五軒、その内訳は西上州（碓氷・甘楽郡）が二八軒、佐久郡が九一軒、小県郡が二六軒であった。この騒動について、杉田玄白は「真の一揆の萌しなりと、心あるも心なしもみな眉をひそめたり」（『後見草』）と記している。（中島　明）

〔参〕『群馬県史』通史四、『長野県史』通史六、『佐久市志』近世

天明三年（一七八三）九月・一〇月　下野国足利郡足利町・都賀郡栃木町ほか打ちこわし

天明三年（一七八三）浅間山噴火などがもたらした物価暴騰で、足利町では、九月ころには飢饉になるとの噂も立ち、世情は騒然となった。また穀相場の高騰は、穀商の買い占めにあるという噂も立つようになった。九月二二日夜、足利町近在の百姓が大勢で足利町の穀屋伝兵衛宅に押しかけ、家財を破却し、鬨の声を挙げた。次いで一〇月三日、佐野の天明町でも打ちこわしが起き、穀商二軒が打ちこわされた。翌四日には、栃木町で数百人が酒屋・穀屋を打ちこわし、九日になると、田沼町でも打ちこわしの噂が立っている。これらに対し、足利・佐野方面は伊奈半左衛門配下の役人が鎮圧、大勢を捕らえ江戸へ送った。天明町へは彦根藩兵が、また葛生町へは館林藩兵がそれぞれ出張、一〇月中旬には一応は鎮静したが、一一月に佐野は再び騒然となった。当時の不穏な情勢は、常陸や同国那須郡へも風聞として流れ、のち那須郡大田原町でも同様の打ちこわしが発生している。（齋藤悦正）

〔参〕『栃木県史』通史五、『佐野市史』通史上

天明三年（一七八三）一〇月三日

下野国安蘇郡彦根藩領天明町打ちこわし
→天明三年（一七八三）九月・一〇月
下野国足利郡足利町・都賀郡栃木町ほか
打ちこわし

天明三年（一七八三）一〇月四日
下野国都賀郡足利藩領栃木町打ちこわし
→天明三年（一七八三）九月・一〇月
下野国足利郡足利町・都賀郡栃木町ほか
打ちこわし

天明三年（一七八三）一〇月七日
能登国鳳至郡金沢藩領輪島町打ちこわし

天明三年は、能登でも天候不順により大凶作となり、米価が高騰した。餓死者も各所で続出したが、輪島町が所在する鳳至郡や珠洲郡の惨状はとくに甚だしいものであった。そうした窮状を背景に、一〇月七日夜、輪島町でも、角屋与三兵衛ら八軒が打ちこわされた。家財道具は破壊され、金銀は撒き散らされ、衣類は引きちぎられた。よって、郡奉行・盗賊改方が出役して多くの者を捕縛し、獄死者が続出したものの、首謀者は結局のところ判明しなかった。また、打ちこわされた八軒に対しては酒造の停止を命じることで、藩当局は米価の引き下げをはかっている。　（安藤優一郎）

〔参〕『加賀藩史料』九、『輪島市史』資料二

天明三年（一七八三）一〇月一一日
上野国群馬郡川越藩前橋分領打ちこわし

天明三年一〇月六日、川越藩前橋分領の群馬郡東国分村周辺で、打ちこわしの風聞が流れた。それはたちまち分領全域に広がったので、前橋陣屋は警戒態勢を強化するため領内を巡回し、村役人の注意を喚起した。そして、九日「善養寺領と前通りの村々は、一一日暮れ六つに二子山へ集結せよ。参加しない村は焼き払う」という張札が各地で見つかった。一一日、百姓は陣屋役人あるいは村役人の妨害や説得を振り切って二子山に集まり、一二日の暁八つ時に行動を開始した。彼らは一四、五人、あるいは二、三〇人の集団となって、裏道を通って城下町の天川町から中川町に侵入し、酒屋を潰した。さらに片貝町・桑町・竪町・諏訪町・横町・田町へと進み、それぞれ標的としていた七軒の商人を打ちこわし、暁七つ頃東通りの村々へ退散した。この日、善養寺領や西領でも質屋や酒屋が一揆勢に襲われ、一三軒が打ちこわされた。急報を受けた川越藩は、一揆鎮圧に鉄砲使用を決意し、幕府へ願書を提出し許可された。（中島　明）

〔参〕『前橋市史』三、『群馬県史』通史四

天明三年（一七八三）一一月三日
越後国頸城郡幕府領柿崎町など打ちこわし
（柿崎騒動）

宝暦・天明年間の凶作によって、越後の町場での米価の高騰は平年の六、七倍にも達し、窮民たちの生活困窮に拍車がかかっていた。代官所が所在する幕府領出雲崎では、地主・酒屋層が幕府の酒造三分一減石令を無視して新米の買い集めに走っているとの風聞が広まった。何も対策を講じない代官所を見て、宿場町で同代官所支配でもある柿崎町の漁師兵左衛門・善三郎・清八・惣右衛門らは、浦浜に篝火を焚き多くの百姓たちを集め、同志に加わらない者には米を与えないと触れ出した。一一月三日、総勢数百人が手に手に竹槍・鳶口を持ち、声を挙げて進み出した。途中の村々の百姓もこれに加わり、角取村酒屋作左衛門宅を襲撃して母屋・土蔵・酒蔵を打ちこわし、長持・箪笥を持ち出した。続いて、上小野村では酒屋勘右衛門と下小野村庄屋治三郎および地主で医者の泰庵を襲い、食事を乞い金品を強要した。さらに、夜九つ時には高寺村組頭市郎右衛門宅の母屋・土蔵を破り、米を撒き散らし放火して引き上げた。その後、騒動勢は再び柿崎浦浜へ引き揚げ、祝酒で夜を徹した。翌日より騒動勢の検挙が開始された。出雲崎代官所では高田藩に応援を求め、五〇名余を捕縛して出雲崎へ護送した。代官風祭甚三郎は、軽罪の者は数日内に釈放したが、中心者と目された兵左衛門・惣右衛門・善三郎・藤七・清八・庄吉・与七の七名を投獄した。その後も取り調べは続き、天明五年七月の裁許で、兵左

衛門は打首、善三郎は遠島、清八は五〇敲とし、ほかに一二九名に過料銭五五文を科した。兵左衛門は一一月二七日に出雲崎尼瀬の火葬場で打首となり、遠島を命じられた善三郎は佐渡へ流された。　（山本幸俊）

〔参〕渡辺慶一「柿崎の酒屋うちこわし一揆」（『頸城文化』二一）

天明三年（一七八三）一一月一七日　駿河国駿東郡小田原藩領減免強訴（御厨一揆）

天明三年は、いわゆる天明の大飢饉により多くの犠牲者が出た年であった。相模国小田原藩の駿河分領である御厨地域でも、凶作の影響を受け、飢えに苦しむ百姓が多数出ていたため、小田原藩では男に一日につき米一合、女には五勺の割合で、御救米を支給した。一方、村々は検見願い、さらに年貢減免願い（六割を免除）を提出したが、年貢割付状の内容が、期待を大きく裏切るものであったため、小田原城下への訴願を企図するに至った。一一月一七日、駿東郡萩原村など二八か村の百姓五〇〇名余は永原に集結し、夜には箱根関所手前の山中村に到着した。首謀者は、萩原村の久右衛門、新橋村前名主常右衛門らであった。この動きは小田原に急報され、地方組の小奉行三名がその日のうちに箱根関所に到着した。小奉行は、箱根宿名主佐五右衛門とともに、村役人を通じて減免を願い出るよう一揆勢を説得し、帰村させることに成功した。ところが藩は、一揆勢が帰村すると態度を一変させ、弾圧姿勢を明確にしはじめた。一九日、藩側は一一月四日付で幕府が発した一揆禁令を村方に達した。この法令は、九月から一〇月にかけて上野・信濃を席巻した上信騒動に衝撃を受けた幕府が、上野・信濃など五か国に向けて発したもので、そこでは頭取層の捕縛ないし申告が命じられていた。駿河はその対象ではなかったが、小田原藩では、折しも出されたこの幕令を利用したのである。二四日には、各村から村役人を出頭させ、今回の強訴を謝罪する旨の請書を提出させた。そのうえで、一二月一一日に年貢割付状が出されたが、六割には遠く及ばない一割の減免に過ぎず、村側は落胆したが、さらに一揆の吟味がそれに追い打ちをかけた。翌四年二月一八日より吟味は開始され、八月に判決が下された。萩原村の久右衛門が死罪、新橋村の常右衛門が永牢、そのほか九名の百姓が村払に処せられた。御厨の百姓は要求を貫徹することができなかったが、この年小田原藩では、財政の窮乏にもかかわらず、領内に夫食金一〇〇〇両を下げ渡している。それも無利息二〇年賦という条件であり、この一揆が藩政に少なからず影響を与えたことが確認できる。

【人物】新橋村常右衛門　にいはしむらつねえもん

新橋村の百姓。田畑・屋敷地合わせて三反三畝一四歩を所有し、安永期までは名主を務める。また、寺子屋師匠も勤めた。萩原村の久右衛門とともに、年貢六割減免の実現に奔走するも、目的を達することができず、天明四年八月に永牢に処せられた。翌天明五年三月一八日に獄死したが、七回忌にあたる寛政三年（一七九一）三月一八日に、常右衛門が師匠を務めていた寺子たちが供養塔を建立。法名本安常心上座。この時、死罪に処せられた萩原村久右衛門は天明八年に子ノ神社に合祀された。明治一八年（一八八五）、久右衛門の霊を子ノ神社から分離し、村払となった浅右衛門・常右衛門・又右衛門らとともに四名が四相権現として萩原神社の別殿に祀られた。　（安藤優一郎）

〔参〕『御殿場市史』通史上、『小田原市史』資料近世

天明三年（一七八三）一二月二八日　下総国印旛・千葉・埴生郡佐倉藩領安石代強訴

天明三年（一七八三）一二月二七日、上高野村名主宅における年貢寄合の節、先崎村の隠居百姓の丈七は台所にきて、百姓代三郎治、および下高野村百姓代友右衛門へ年貢不納の直訴を勧め、先崎村の鷲宮へ参集するよう村々へ伝達した。翌二八日、丈七が頭取となって大勢の百姓とともに佐倉

城下へ押し寄せ、安石代を藩に強訴した。他方、赤萩村百姓九兵衛も二八日に名主の命令で寺台村を訪ねた時、六右衛門から聞いた強訴の計画を信用して村の百姓に伝達した。そして自ら頭取となって年貢不納の強訴を村々に伝達・組織し、二九日に一揆勢に合流した。佐倉城下に参集した一揆勢は西郷・印西筋の村々で構成され、次第に大勢の百姓が城下の角来(あるいは宮小路)あたりから田町門の向かいまで屯集した。二八日、藩命によって対応に出た代官の山本源八・広田十郎太夫・小泉佐助は、大勢で騒ぎ立てては尋問もできないので、一か村百姓代・長百姓一、二名ずつ出頭するよう命じた。それに応じた百姓たちは、当年田方の内損が多く、畑方は皆損同様であり、もはやこれ以上上納する年貢米がないところ、村役人は種籾を摺り立て上納するよう迫り、これを受け入れては来春の田方仕付ができなくなり、また夫食にも欠乏し難儀至極と窮状を訴えた。そこで百姓たちは、未納分年貢米については金一〇両につき米五〇俵替えの安石代上納と、夏作収穫までの夫食拝借を嘆願した。これに対し代官は、すでに定免の村へは破免検見を、検見の村へは減免と畑方二割の一律減免を実施しており、また安石代は相場が一三、四俵替えであり「不法相当」であり許可できないと回答した。そして事態の収拾を町宿に託し、百姓たちへは町宿と相談して嘆願内容を改めるよう教諭した。やがて町宿は代官に対し、金一〇両につき米二五俵替えの安石代を願い、夫食拝借を撤回することで妥協できるか伺ってきた。代官は評議した結果、この斡旋案を了承したため、町宿と新町太右衛門が調停に奔走した。しかし百姓たちは三〇俵替えを譲らなかったので、支配代官の広田が二七俵替えまでは藩上層部の譴責を受けてても請け合うが、それ以上は妥協できないと通告したので、二九日未明に至り百姓たちもついにこれに合意した。代官のはからいで粥を支給された百姓たちは礼を申し述べ、徐々に帰村の途についた。同五年五月一六日、藩は印旛郡九五か村、千葉郡三か村、埴生(はぶ)郡二六か村の合計一二四か村の村役人三七二人を出頭させ、一揆の処分者を公表した。それによれば、頭取とされた丈七は、隠居の身分でありながら重々不届き至極として、死罪のところ慈悲により永牢、田畑・山林・屋敷は闕所、家は母へ支給、家族は村払とされた。頭取の九兵衛は不届き至極として、死罪のところ慈悲により永牢、田畑・山林は闕所、家は親に支給、家族は村払とされた。また永牢の賄は、過怠として出訴した全村が負担するものとされた。他方、強訴に参加しなかった千葉郡二六か村は褒賞された。

（西脇　康）

〔参〕木村忠夫「天明三年の佐倉藩一揆について」(『九州史学』二五)、『佐倉市史』

一

天明四年(一七八四)一月六日
下野国那須郡大田原藩領大田原町打ちこわし

天明三年(一七八三)の浅間山の噴火は、先年からの不作による物価騰貴に拍車をかけた。白河藩では、穀留を実施したほか宇都宮近辺で奥州米を買戻し、白河への廻送を始めた。翌四年一月六日(一説に閏一月四日)、白河に近い大田原藩(大田原氏、一万八〇〇〇石)領では、渇命にあえぐ中郷・狩の郷筋の百姓が町方の穀屋・酒屋など六軒へ押し寄せ、金銭穀物の押借り、家蔵の打ちこわしを行った。これに対し藩では、町奉行・代官以下が鎮圧にあたり、百姓一六、七名を捕縛。頭取とされた石林村五郎左衛門と弥五兵衛の二名が引廻しのうえ打首、同村甚右衛門・万次郎も張札をしたかどで頭取同様とされ打首に処されるなど重い処断がなされた。下野では、前年より足利・壬生・小山ほかでも同様の打ちこわしが各所で頻発している。大田原町打ちこわしの後二月下旬にも、同郡芦野宿(旗本芦野氏領)で打ちこわしがあり、下野全域にわたって不穏な社会状況が展開した。

（齋藤悦正）

〔参〕『栃木県史』近世史料四、『大田原市史』前

天明四年（一七八四）二月二八日
武蔵国多摩郡幕府領羽村ほか打ちこわし（武州村山騒動・天明の義挙）

天明二年には冷害で不熟、翌三年は洪水と浅間山の噴火で、多摩地方の百姓らは大きな打撃を受けた。穀類を購入しようにも高値で入手できず、餓死者も多数出た。天明四年二月、羽村の名主宇助、同太郎右衛門、組頭伝兵衛らが集まり、張札を書いた。相談場所には玉川上水の陣屋が使われた。二月二六日夜、数人の信頼できる仲間が一夜のうちに四〇数か村に檄文を貼った。その文言には「二八日暮六つ時、石高一〇〇石につき二〇人の人数を出せ。参会しないと大勢押し寄せるぞ」とあった。そして、当日、箱根ヶ崎村池尻には二〇〇〇〜三〇〇〇人が馳せ参じたという。手には斧や鉈、鋤、鍬などを持っていた。こうして二九日朝までに打ちこわされた家は、中藤村の文右衛門、五右衛門、名主佐兵衛、百姓代与七、高木村庄兵衛の五軒であった。庄兵衛は、質稼で油屋惣代も兼ねていたという。被害の書上によれば、文右衛門家では六間×一四間の屋敷、新穀藏・雑穀藏・質物藏など四つの土蔵、油道具、濁酒などとあり、その豪農ぶりがわかる。三月二日、江戸の両町奉行所が同心を派遣し、羽村の前記三人のほか福生・箱根ヶ崎・青梅・砂・原山など二〇か村ほどの六三人が捕らえられ、江戸送りとなった。処罰は不明だが、多くが獄死した。後世「天明の義挙」といわれ、明治二七年（一八九四）四月羽村の有志と参加者の子孫により羽村の禅林寺に顕彰碑「豊饒碑」が建てられた。（山中清孝）

〔参〕『羽村町史』、辻光子「天明四年村山地方打ちこわしの社会的経済的基礎」（『大和町史研究』八）、『天明一揆史料』（『羽村町史史料集』五）

天明四年（一七八四）三月二日
信濃国伊那郡飯田藩領米強借

天明四年三月二日、飯田藩毛賀村の庄屋清治郎の家へ、女性七〇人余が男三人の付き添いでやってきて米を無心した。また、夜には三二人ほどがやってきた。いずれも町方と箕瀬あたりのものということであるが、名前を尋ねても名乗らなかったという。翌三日朝には、男女五〇人余がやってくるなど、およそ二五〇人が米を強借に出てきた。二日間で、嶋田・毛賀・駄科村の金持ちの家へ米借りに群がり、なかには一日に米二〇俵も与えた家があったという。一人に五合、一升と少量であるが、大勢のため毛賀・宮下村では二日間に五〇俵も与えた。また、飯田町でも三日、池田町弥兵衛などの家に女性ばかりが訪れ、この節難儀をしているのでと無心を申し出た。手強き無心のしかたではなかったが、城下は騒然となった。その後も八日には、飯田町問屋に、知久町・桜町辺りの者女子二九人が、この節米が高くて難儀しているので、秋の米のできるまで無心したいと願い出た。断っても帰らないので、一人に鳥目五〇文ずつを与えたらようやく帰ったという。これは天明の飢饉時とはいえ、女性が中心となって強借したためずらしい事例である。（小椋喜一郎）

〔参〕平沢清人『伊那の百姓一揆』

天明四年（一七八四）三月
摂津国川辺・武庫・有馬郡打ちこわし

天明の飢饉は、とくに天明三年に厳しさを増したが、翌天明四年に摂津の川辺郡小浜町など九か村の者大勢が、米屋打ちこわしの張紙によって見佐の森に集まり、小浜町平助ら七軒、米谷村惣兵衛ら四軒、有馬郡生瀬村九郎右衛門ら二軒を打ちこわした。武庫郡川面村の者も参加しており、三郡にわたるものだが、地域的には生瀬・米谷・小浜と三田・有馬から大坂へ通ずる街道に沿ったもので、天明期に摂津で続出する打ちこわしの最初の動きであった。（山﨑善弘）

〔参〕『兵庫県史』四、『宝塚市史』二

天明四年（一七八四）五月六日
出羽国村山郡山形藩領山形町ほか打ちこわし

天明四年五月六日夜、村山郡佐倉藩領などの百姓らが平清水・小立・岩波の三か村に動員をかけて集会をもち、山形城下南東一里の東郷岩波村組頭善蔵宅を打ちこわした。善蔵は、飢饉に際して、酒田よりの米を仙台方面へ越米し、そのため妙見寺辺では一俵四貫文ほどにまで高値になり、麦までも値上がりしてしまったからだという。佐倉藩陣屋の柏倉役所から役人が出動し、五、六人を捕縛し入牢とした。五月一〇日になると、山形城下でも、火の見やぐらの鐘を合図に町々から二〇〇〇人ほどが集まり、米穀屋六軒（七軒とも伝える）を打ちこわした。なかでも仙台商人と取り引きがあり、羽州街道と仙台街道の交差点に位置する三日町の米問屋甚蔵宅は「大つぶれ」の状態にされた。この打ちこわしでは、五、六人が捕縛され入牢とされた。この甚蔵打ちこわしを子供たちは流行唄にしたという。

（浅見　隆）

〔参〕『山形市史』中

天明四年（一七八四）六月二三日
越前国敦賀郡小浜藩領敦賀町穀屋打ちこわし

天明三年の大凶作で三年の秋以来米価が高騰していたが、米商人の買い占め・売り惜しみで拍車がかかり、四年一月には前年のほぼ倍の一俵銀四二匁まで騰貴した。一月二八日に北町奉行所門前に落書が張られ、それには無高百姓一人に二俵の拝借米救助を要求し、それが実現しないなら米屋などに押借りすると書かれてあった。「敦賀郡中」の名で、宛先は小浜藩だけでなく、鞠山藩・野坂領（安房勝山藩代官所）・井川領（旗本酒井氏）にも及んでいた。閏一月に御影堂前町には、船野長左衛門ら豪商や米買い占め商人を「火にてお見舞い」すると脅す立て札が立てられた。これらの商人のなかには施行をする者も現われ、藩も敦賀郡内百姓に米三五〇俵を貸付けたが、焼け石に水であったらしい。六月二〇日夜、網屋伝兵衛宅の腰板と三宅俊助宅の門前に、来る二三日に米買い占めの八軒を打ちこわすとの張紙が張られたが、藩も町方もこれまでのような脅しとたかをくくっていた。しかし、この時すでに村々には「二三日暮六つ時、敦賀川原口に集まれ」との天狗廻状が回っていた。二三日夜、新田河原に集まった百姓らは、鬨の声を挙げながら塔場口から町に入り、まず御影堂前町の桶屋長次郎、続いて東町吉田屋伊兵衛、西町油屋市太夫・米屋生水文助、三日市町安田仁右衛門、唐仁橋町船野長左衛門を打ちこわし、夜明けになって引き揚げる際に塔場町米屋近江屋久助を壊した。この七軒（八軒ともいう）のほかにも、家内に踏み込まれて酒食を強要された家が数軒ある。一揆勢は、米などをまき散らすことはあっても、強奪することはなく、整然と組織的に行動したという。二四日にも百姓らが集まったり、鬨の声を挙げたりする動きがあったが、いずれも少人数で、夜にはそれも収まった。一揆後、藩は徒党禁止の触を廻し、今後一揆に参加しないとの血判起請文を村々から取り立てた。二月以降頭取の探索が行われ、杉箸村の百姓彦左衛門・甚三郎（両名とも倅）・勘四郎が頭取として斬罪獄門・欠所処分となった。勘四郎は逃亡したため永尋となり、彦左衛門・甚三郎は六月二六日来迎寺野で処刑され、塔場口の土橋に首が三日間晒された。ほかに杉箸村の村役人らが入牢など、廻状を回した二〇村の庄屋らが叱となった。

（齋藤　純）

〔参〕『敦賀市史』通史上、『福井県史』通史四

天明四年（一七八四）七月一九日
信濃国小県郡上田藩領下室賀村村方騒動

一件記録によれば、絶大な権勢を持つ下室賀村庄屋は、村人に横暴で、屋敷の近くでは冠り物も取って歩かせ、年貢割賦状も見せず、村の共有地の収支や夫銭、伝馬人足割り当てなども公表したことがなかった。飢饉のさなかの天明四年七月一七、一八の両日、磯之丞らが難儀の百姓に共有地の麦を貸し出してほしいと庄屋に訴えたが、庄屋はこれを断った。そこで村人は一九日に大勢で小泉村の庄屋に訴え、麦一七俵余のごまかしが明らかになった。しかし上田の代官が百姓らを呼び出し、手錠のうえ組合預けとした。百姓は郡奉行に駆込訴を行うが、入牢のうえ吟味が始まり、永牢、領分

払・村払、手錠追込の処罰者を出した。

【人物】下室賀村磯之丞　しもむろがむらいそのじょう

生年不詳~天明七年七月二四日。姓は小山。記録と伝承では食い違いがあるが、民右衛門とともに庄屋不正の訴えの先頭に立って入牢させられた。伝承によれば、牢外の百姓らは毎夜村はずれの橋のたもとで対策を練り、その結果を書いて二重底のメンパ（木製弁当箱）に入れ、食事の差し入れの振りをして連絡を取り合い訴願を勝利に導いたという。記録によれば、天明五年に永牢を言い渡され（民右衛門は領分払い）、天明七年に牢死した。民右衛門とともに若者だったという。専念寺の過去帳に「庄屋出入ニつき籠死ス」と明記され、法名は「出岸（出願）転秀信士」とつけられた。村は、磯之丞の菩提を弔うため高三石を奉納している。この時か暫く後に専念寺境内に墓石が立てられたが、これは明治一二年（一八七九）に「村中」によって再建された。昭和二年（一九二七）には法名を昇進させ、「義彰院顕誉正道永芳居士」と変えられた。（深谷克己）

〔参〕横山十四男『上田藩農民騒動史』

天明四年（一七八四）一〇月八日
丹後国熊野・中・竹野郡幕府領石代銀延納強訴・打ちこわし

天明の大飢饉は、丹後地方にも大きな被害を与えた。天明三・四年と不作が続き、米価は高騰、餓死者も多数出た。こうしたなか、天明四年一〇月八日夜、年貢納入に苦しむ幕府領久美浜代官所支配の熊野・中・竹野郡の百姓は、熊野郡岩出峠に集結した。中心となったのは熊野郡佐野村幸左衛門で、浦明村庄屋忠右衛門が代官所に事の次第を知らせる一方、百姓の説得にあたったものの不調に終わり、百姓は打ちこわしをしながら、代官所のある久美浜町に押し寄せた。ここで、同町の庄屋が要求を代官所に取り次ぐ旨申し出たので、百姓は石代銀延納と籾納の減免を訴えたところ、代官所がこれを聞き届けるとの返答をしたため、百姓は引き上げた。ところが、代官所は豊岡・宮津・峰山の諸藩に出兵を要請し、強訴参加者の捕縛に乗り出した。捕縛の知らせを受け、参加者が食料を持って山中に隠れる村もあった。打ちこわしの中心となった熊野・中郡の百姓一〇〇余名が捕らえられ、首謀者七名は死罪・遠島に処された。また、百姓の要求を聞き届けた代官所元締長谷川恭右衛門も御役御免となっている。（岩城卓二）

〔参〕『網野町誌』上

天明四年（一七八四）一一月一二日
信濃国水内郡松代藩領強談（山中騒動）

天明三年七月六日の浅間山爆発により天候が不順となり、藩の山中地域は収穫がほとんどないありさまであった。同四年も山中地域は他所にくらべると不作であったにもかかわらず、藩は一〇月二五日には村々の名主を松代に呼び寄せ、昨年の年貢や拝借金利子の猶予分などを年内に皆済せよと申しつけた。その夜町宿で念仏寺村と伊折村、久木村の百姓三人が密談をして、酒屋に金子無心に行き分限相応に山中百姓が借り受け、その金で年貢や拝借金を皆済するほかあるまいということになった。そのためには大勢打ち寄せそろって無心するがよかろうということになり、集合場所は念仏寺村城之平で、一一月一二日は八幡宮祭礼の日で追鳥の御用の最中であるからそれに紛れて集まることとなった。そして笹平村から通って中尾山相生の松の下と田之口通りの石川坂あたりで松代から帰ってくる村役人を待ちかまえ、右のことを連絡すると取り決めがなされた。一二日、山中三万石の鬼無里・日影村を除く村々の百姓が城之平に集まった。そこで打ちこわしはしないこと、酒はいっさい飲まないこと、刃物の類は持たない事を申し合わせ、酒屋から金子用立ての書面を受け取ったら帰村することとし、一三日に城之平を出立した。最初に中条村新酒屋要右衛門、次いで新町村下之酒屋源八、同質屋治右衛門、同江島屋久右衛門、同久保喜伝二と新町の四酒屋を廻った。久保喜伝二宅では飯を焚き三石ほどむすびを作ったが、一人に一個もあたらなかったという。それから穂刈村酒屋林右衛門へいこうとしたところ、林右衛門はたまたま新町の親類の所にきていて、その場で金子用立ての書面を差し出している。途中、藩の職方同心三人が道をふさいでいたが、鬨の声と人数に驚いて帰った。そして赤田村酒屋久五郎の所にいったところ、なかなか返事をしないので村上の柴原へ移動、そこに久五郎分家の薪百駄余があり、それを焚いて野宿することとなった。翌一四日の明け方になりようやく久五郎の書面ができ、次いで五明村惣左衛門にいき、そこで寒さ凌ぎに酒を出そうといわれたが断り、むすび六、七石の炊き出しを受けた。その後二柳村幸右衛門のところにいったが酒造仕入れ金もないとの返答であった、同家には、御郡奉行名代片金嘉金次らの役人が藩代表としてきていた。役人は、城へ立ち入れば江戸の藩主の首尾にも差し障り、山中一統御百姓強訴にもなるので自分たちに願いを申し出てくれといったが、だまされてはだめだと三分の一余りの人数が村を出た。しかし赤坂船渡しの所で役人に引き留められ交渉が始まった。一揆勢のなかから地京原村清助、久木村嘉惣治、長井村武七が、人々に推された形で交渉人となり、それから二日間交渉が続いた。一揆勢は拝借金の上納は百姓の立ち直りまで延期すること、前からの酒屋は作り高を減らし、新酒屋と揚酒屋は百姓が立ち直るまで作りをやめること、御立相場は慈悲をもって決めること、新たな諸運上を廃止し宝暦八年（一七五八）段階に戻すこと、山中は作夫食もない百姓が多いので糠なりとも引き続き支給することなど八か条の願書を差し出した。藩の役人は要求を認め、上申を約束したが、一揆勢は証文を要求したため、覚書に印を押して渡した。そして水内村、小根山村、吉原村からの請書を代表として差し出させ、ようやく交渉はまとまり、一五日暮れに一揆勢は帰村した。この時の交渉で清助が古法を持ち出したため、後に親の清兵衛が逮捕される口実となった。その後一二月になって、藩は四か条の回答を出した。それによると、酒造は公儀の掟もあり、止めることはできないが、当寒造は居村隣村へ相談の上造高を申し出るようにした。揚酒屋は、村役人より商いを止めるよう職方奉行に申し出れば止めさせる。職方懸御手当は、当暮上納割合の分は支配代官所立て替えをもって上納する。ただし、来春中に飢百姓の取り続くように上納を申しつける。昨年の年貢は二分五厘取り立て、拝借金などは今年の分は延期、ただし、来春支配代官所で調べて年賦にする。諸冥加金は延期する。このように百姓の願いをかなり認めた回答がなされた。翌五年二月になって、一揆の首謀者の取り調べが始まった。地京原村など一三か村二一人が逮捕された。山中の寺院二五か寺が処罰を穏便に取りはからってくれるように願書差し出すと、二柳村で役人が渡した書き付けを藩に差し出すことなどを要求してきた。その後何度も嘆願がなされ、赦免が認められた者もいたが、三月一日、地京原村与惣右衛門、伊水村平兵衛、山三条村三郎右衛門、念仏寺村宇右衛門の四人が追放、伊折村源兵衛ら八人が手鎖・戸〆、伊折村三役人など一〇村の三役人なども手鎖・戸〆となった。しかし地京原村の清助と清助の父清兵衛、同人弟勝弥の三人は処分のないまま牢に留められ、同六年五月に勝弥と清助は赦免、清兵衛は永牢となった。

【人物】北沢清兵衛　きたざわせいべい

生年不詳～寛政四年（一七九二）一二月一八日。山中騒動の頭取として永牢となる。一揆の時に子の清助が、二柳村での交渉で古法のことまで詳しく知っていて、頭取として願い事をしたのは、親の清兵衛が前もって教えていたからだということで入牢させられた。清兵衛は、祖父の代から一〇〇年来村役などを勤めてきた家柄であった。そのため一揆勢の願書にあった諸運上の件で宝暦八年（一七五八）の月割上納の古法なども知っていて、それを清助に教えた可能性はある。弟勝弥と子清助は天明六年五月に赦免されたが、清兵衛は永牢となった。清助は、父清兵衛のために妻子を連れて松代に引っ越し、名前を孝吉と改め父親に差し入れを続けた。清兵衛は寛政四年一一月六日に病気のため出牢が許され、一一月一八日死去した。その際、藩は道橋奉行に赤坂・笹平の舟渡の先触れを出させ、駕籠をもって清兵衛の遺骸を地京原村へ運ばせるといった便宜を取りはからっている。念仏寺村外雲院で葬式が行われた。子の清助は村で寺子屋の師匠となり、文久元年（一八六一）一〇月建立の筆塚が残されている。

また、文政三年（一八二〇）成立の「天明記」という山中騒動の史料は、藩士北沢源治兵衛の尋ねに対して、弥忠治が「我等親清兵衛義誠ニ無実之罪ニ墜入候始末」を記録したものである。　（小椋喜一郎）

〔参〕『上水内郡誌』歴史、『松代町史』下、田中薫『近世村落の動向と山中騒動の研究』

天明五年（一七八五）九月二六日
山城国紀伊郡幕府領伏見町越訴

伏見は、水陸交通の要衝として栄えた町であったため、幕府は、直轄地とし、伏見奉行をおいて支配した。安永七年（一七七八）一一月、近江国小室藩一万一〇〇〇石余の藩主小堀政方が、伏見奉行に就いた。初代藩主は、国奉行・茶人として有名な政一（遠州）で、小堀家では、この政一と政方の父政峯が伏見奉行を務めている。越訴の経緯を物語風に記した『雨中之鑵子』によると、就任当初の政方は、町役負担の軽減、宗門改の簡素化などを実施し、伏見町人に歓迎されていた。ところが、質に入れていた小堀家の家宝「在中庵茶入」を請け出すため、富裕な伏見町人に御用金を賦課したことから、次第に町人たちの不満を買うようになっていった。家宝を質に入れたのは、政方が大坂城大御番頭時代に起こした料理屋の娘とのスキャンダルをもみ消すためで、急遽請け戻さなければならなくなったのは、京都所司代が家宝の拝見を所望したからであった。その後、御用金が次々に賦課されるようになっていったが、これは、政方が側室およしに熱をあげたためであった。また、賄賂が横行し、奉行所役人やその下働きをする町人たちの非道も目に余るようになっていった。そこで、こうした非道を糺そうと、文殊九助、丸屋九兵衛、麹屋伝兵衛などの町人を中心に、密かに寄合を重ね、江戸に出訴することとなった。寄合場所となったのは、奉行所の権限が及ばない深草瓦町の真宗寺院である。寄合では、費用の工面が問題となったが、懇意にする江戸町人から用立ててもらえるように手配することを申し出る町人や、江戸の公事宿を紹介する日用頭などがおり、とりあえず丸屋九兵衛一人が江戸に向かうこととなった。ところが、九兵衛は無筆であったため、虚無僧中村靭負を同道し、天明五年夏に出立、江戸では馬喰町白川屋利右衛門方を旅宿とした。そして、伏見町内に住む元勧修寺宮の家来から紹介された老中田沼意次の奥祐筆千葉与七郎を訪ねる。九兵衛は、毎日のように千葉方を訪れ、懇意になったある日、ことの次第を千葉に打ち明けた。千葉は、折を見て主人に伝えることを約束、九兵衛はいったん帰京した。町人たちは、深草の寺院や京都先斗町の借座敷で今後の対応を相談し、今度は、九兵衛、文殊九助、麹屋伝兵衛の三名が江戸に向かうこととなった。そして、天明五年七月、三名は出立し、馬喰町白川屋に到着すると、九助は、知人の兄で、老中松平康福に仕える者を訪ね、協力を依頼した。また、九兵衛は、千葉与七郎を介して、田沼家用人と知音となるなど、願書差出しの手筈が着々と準備されていった。ところが、金五両と引き替えに、三名に同道することを要求し、断られた中村靭負が褒美の金ほしさに、小堀家役人に訴えたため、ことが露見、小堀家は三人の捕縛に乗り出した。そこで三名は、千葉与七郎の紹介で、深川の禅寺陽岳寺に身を寄せることとなった。しかし、病人の伝兵衛は、京都久世村の縁類方に送り返され、当地で死去する。また、三名が陽岳寺に逃げた後、小堀家の手が及んだ白川屋は、謀言によって、小堀家の探索を混乱させるなど、九助たちに協力した。陽岳寺にかくまわれた九助と九兵衛は、同寺照道和尚の協力を得、出訴に備える。そして、九月二六日、両名は、照道和尚と清雲寺の僧侶が認めた訴状を手に、股引脚絆、古草履、ゆかたに半合羽を着し、焼いた握り飯を入れた柳行李かついだ旅人の出立ちで、寺社奉行松平資永の下城を屋敷門前で待った。訴状には、奉行所役人たちの不正など小堀家支配の非道さが、事細かに記されていた。昼七つ時、資永が下城し、役人が門前で倒れ伏せている両名の退散を命じたところ、両名は起き上がり平伏し、御訴訟の者であると訴状を差し出した。役人は両名を突放したが、資永の命で、訴状が取り上げられ、両名も屋敷内に連れ入れられた。そして、同日深夜、老中松平康福、若年寄、町奉行、松平資永列座のなかで、老中より訴状棄却、両名の入牢が申し渡された。しかし、松平資永の計らいで、両名は神田中町の公事宿近江屋甚兵衛預けとなった。ここで九助たちの越訴は失敗に終わったかに見えたが、一二月五日、評定所より呼び出しがあり、訴状の受理と、伏見へ帰ることを許された。そして、同二七日、小堀政方は伏見奉行を罷免されたのである。翌六年一月一六日、両名は伏見に到着、人々からたいへんな歓迎をうけた。二〇日には、新奉行久留島道祐が着任し、京都東町奉行丸毛政良と久留島による吟味が始まり、九助ら七〇余名も拘引され、取り調べを受けたが、二年近くかかっても遅々として進まず、越訴の中心人物たちは、次々に死去した。しかし、天明七年九月、丸毛政良が罷免され、吟味は京都から江戸に移ることとなり、一二月末、九助・九兵衛たち九名が江戸に送られた。そして、評定所での吟味の結果、天明八年五月六日、小堀政方は領地没収のうえ、相模国小田原藩主大久保忠顕に永預け、嗣子政登は改易、非道の振る舞いがあった家臣たちは、死罪以下の断罪に処されたのである。一方、町人側は一人も処罰されなかったが、九助、九兵衛ともに、江戸に送られてすぐの一月中に死去しており、幕府の裁定があった時には、越訴の中心人物に生存者はいなかった。このように、『雨中之鑵子』は、九助など町人の動向を中心にこの越訴の経緯を記すため、小堀家や幕府の動向が見えにくいが、伏見奉行を罷免された政方は、幕府から差控えを命じられた。天明六年三月に、それを許された後も、吟味が穏便に済むように江戸で謹慎生活を送っていた。ところが、同年一〇月、『雨中之鑵子』で越訴の一因とされる側室およしの方が江戸に下向、政方は正妻との離婚に追い込まれた。さらには、甥で書院番頭小堀政弘の不祥事が発覚した。小堀家は越訴が敢行されるや、いち早く、訴状で糾弾された役人に謹慎を命じるなど、懸命に事態の収拾をはかっていた。天明六年一月、伏見表の用人など五名が揚り屋入りを命じられた時には、京都所司代を通し老中への斡旋を画策している。そして、事態収拾にあたって、小堀家がもっとも頼みとしていたのが、老中田沼意次である。『雨中之鑵子』からも、小堀政方と老中田沼意次が親密な関係にあったことが窺えるが、これはほぼ確実で、政方の伏見奉行就任は、田沼の後ろ盾ともいわれる。そのため、天明六年八月、田沼が老中を罷免されたことは、田沼の力を介して、ことを穏便に済ませようとしていた小堀家にとって大きな痛手となった。田沼に代わって幕政の実権を握った松平定信は、小堀政方と親しかった京都町奉行丸毛政良を、吟味遅滞を理由に罷免、評定所での吟味を命じ、天明八年三月、町人からの借金返済のため頼母子無尽が企てられたこと、徴収した地子銀が不正に利用されたことなど六か条の糾問が幕府から小堀家になされ、同家の失政がほぼ確定した。そして、評定所で吟味開始後わずか五か月で、領地没収、改易という小堀家にとって最悪の裁定が下ったのである。老中松平定信が幕政の実権を握って以降の、こうした急な事態の進展は、定信がこの越訴一件を利用して、田沼派の一掃をはかったためではないかと考えられている。また、越訴でありながら、町人側が一人も処罰されなかったこともめずらしい。

【人物】文殊九助　もんじゅくすけ

伏見下板橋二丁目の刀鍛冶。四郎包光、宗兵衛を名乗るが、家業を子に譲ってから九助と改名、町年寄を務める。当家は代々薩摩藩の御用を務め、家老の定宿となったが、武家の作法に通じていたことが江戸での人脈形成に役立ったという。評定所で吟味のため、天明七年一二月、江戸に送られるが、道中寒気のため病となり、翌年一月三日、江戸の公事宿で病死。享年六四。九助たちを援助した深川陽岳寺に葬られた。丸屋九兵衛、麹屋伝兵衛の墓もある同寺には、明治三〇年（一八九七）、伏見の有志により義民の碑が建てられたが、関東大震災で崩壊。その後、碑は再建された。こうした顕彰活動は明治期に盛んで、小室信介『東洋民権百家伝』にも取り上げられた。その他、『伏見義民伝　天明騒動』、『文殊九助実記』、『伏見義民録』などの刊行も相次ぎ、歌舞伎の題材にもなった。明治一九年（一八八六）、伏見町の有志によって義民百年祭が行われ、翌年、伏見の御香宮境内に、義民の碑が建てられた。題字・碑文は三条実美、勝海舟の書である。そして、これを契機に、伏見義民保存会が結成された。明治一三年に九助の招魂祭が行われた伏見大黒寺には、寛政元年（一七八九）に建立された遺髪塔が建つ。

【人物】丸屋九兵衛　まるやくへい

伏見京町北七丁目の住人。町年寄。天明八年一月からの評定所の吟味では、病を押して出頭するものの、九助を追うように、一月二三日に死去。『雨中之鑵子』によると、死に際して、一〇のうち九までたどり着きながら、一を果たす直前に犬死にするとは残念だといったという。九助と同じく、深川の陽岳寺に葬られた。

【人物】焼塩屋権兵衛　やきしおやごんべえ

同家は、代々、伏見廻八か村の一つ深草村で瓦焼、瓦焼の余熱で焼塩を製造していた。越訴の時は、伏見で九助たちをささえた。天明七年一一月、獄死。深草の宝塔寺に墓所、藤森神社に大正九年（一九二〇）建立の「義民焼塩屋権兵衛君碑」がある。

この越訴では文殊九助、丸屋九兵衛のほかに、この焼塩屋権兵衛、麹屋伝兵衛、柴屋伊兵衛、板屋市右衛門、伏見屋清左衛門の名がよく知られている。このうち麹屋伝兵衛は『雨中之鑵子』では、山城国久世村で死去したことになっているが、陽岳寺の記録は、天明五年一一月、同寺で死去とされる。

【史料】雨中之鑵子　うちゅうのかんす

寛政七年（一七九五）作成。作者は伏酔隠士とあるのみで不祥。越訴に関係した人物によって資料が提供され、それに基づいて、伏見の某知識人が記したと推測されている。原本の所在は不明。昭和一二年（一九三七）五月、伏見義民保存会が一五〇年祭を執行した際、伏見の文殊家に伝えられていた写本の写本が、天明伏見義民伝『雨中之鑵子』として刊行される。『日本庶民生活史料集成』六に翻刻されているのは、これを底本とする。また、町単位で古記録・事件などをまとめた近世文書にも、越訴の訴状が「伏見駅騒動願書」として、記されている場合があり、この越訴が当時の人々に広く関心が持たれたことが知られる。

（岩城卓二）

〔参〕『京都の歴史』六、藤田恒春「大名『改易』の構造」（『史泉』六五）

天明六年（一七八六）一〇月一六日
遠江国豊田郡幕府領・浜松・掛川藩領打ちこわし（笠井騒動・二俣騒動）

天明三年七月の浅間山噴火などを原因とした不作による物価騰貴は、遠江国長上・豊田郡にも深刻な影響を与え、不穏な状況となった。同四年一一月一八日に、「油屋綿実問屋中請衆一統ニ悪事」として、小野・二俣村などで八件を打ちこわすという廻状が回ったが、この時は未遂に終わった。なお、史料によっては同三年一一月にも同地域で打ちこわしの風聞が流れたとするものもある。そして天明六年には実際に打ちこわしが起きた。九月一六日には、米穀の他所廻し禁止、無株の酒造禁止、諸借金を「半掛」にすることを求めた立札が笠井村に立てられ、また閏一〇月一六日に三方ケ原に集会すべき旨の廻状が回ったが、実際に打ちこわしが起きたのは一〇月一六日のことであった。竹筒を吹いて集結した打ちこわし勢は、米穀を占め買いしていた浜松藩領笠井村へ押し寄せ、庄屋佐次兵衛ら四名の家宅と二〇か所の土蔵を打ちこわした。笠井村は、この地域の木綿取引の中心地であり、米穀・酒・油の売買も活発に行われていた。一揆に参加した村は末島村など二三か村一〇〇〇人余で、畑方の村々であった。

この笠井村打ちこわしの報を聞いて、翌一七日夜には、頬被りした七〇〇～八〇〇名余の百姓が、米穀の買い占め、売り惜しみをしていた二俣村名主甚右衛門ら五名の家宅に押しかけ、鉄棒・竹棒などで打ちこわした。途中四、五人が捕縛されたが、四〇～五〇人が「ぬき身」を振り回して解放したという。一揆の吟味は、笠井・二俣個々に行われたが、もよりということもあり、代官伊奈半左衛門が一括して行うこととなった。判決が下ったのは、天明七年九月のことで、笠井村一件については、頭取として寺島新田村清蔵が死罪、西美薗村甚右衛門と小右衛門忰小七は頭取に差し続くものとして、また同村平助と新七は廻状を作成した罪で遠島、下神増村万之丞は衣類や木綿を盗み取ったとして入墨放の処罰を受けたが、いずれも牢死している。また二三か村に過料銭一五〇貫文が課された。二俣村打ちこわしに対する判決日は明らかではないが、山東村源吉、船明村甚八、青谷村八右衛門が頭取として死罪、上野村伝助忰藤蔵(二七歳)が差し続く者として遠島、東藤平村治郎右衛門忰善之助、大薗村甚右衛門、無宿宇兵衛が盗みを理由に入墨放とされたが、善之助を除きいずれも牢死している。この打ちこわしは、幕府領・浜松藩領・掛川領に跨るものであった。(安藤優一郎)

〔参〕『浜北市史』通史上、『静岡県史』資料一〇

天明六年(一七八六)一〇月二〇日 近江国蒲生郡旗本朽木氏領八幡町町方騒擾・打ちこわし

天明六年一〇月二〇日から天明七年二月二五日まで足かけ六か月(閏一〇月がある)に及んだこの騒動は、①町会所入用をめぐる惣年寄との対立、②拝借金年賦をめぐる旗本役所との対立、③町方自治をめぐる金方との対立の三つの段階に分けることができる。天明飢饉による諸色高騰によって町民が困窮していた一〇月二〇日夜、二一日に会合を行う旨の出所不明の廻状が回り、畑屋源右衛門宅には張訴が行われた。二一日、町中の年寄が集会する「惣寄」が持たれ、源右衛門から張訴の内容が公開された。この張訴は四か条にわたり、その内容は①町会所の入用が多く迷惑であるので勘定をすること、②町方に対して横柄な態度である惣年寄の退役、③町中惣代の選出、④会合の上で諸事を調べ惣年寄に尋ねることであった。惣年寄内池甚兵衛と村井金右衛門に対し会所帳面の閲覧を要求したが拒否された。年寄たちは連日「惣寄」を開いて対策を協議した。また町中には年寄たちを督促する張紙が貼られた。このようななか、ついに惣年寄が折れ、閏一〇月一日には一六冊の帳面が公開された。この日開かれた「惣寄」には、渋染の紙子の鎧を着用し、頭には黒木綿に星の入った頭巾を猪首に冠った者もいた。公開された帳面では解明するに不充分であるとし、二日の「惣寄」には六〇〇人余が参加した。この圧力により六年分の帳面が公開された。その後、帳面を吟味するため「惣寄」と町を一三組に分け、それぞれの年寄たちが集会する「筋寄」が開かれ、閏一〇月一〇日までには不審箇所が判明した。この「惣寄」と「筋寄」は、この騒動が集結するまで連日のように開かれていく。この間、町中ではもう一つの問題が持ち上がった。閏一〇月八日、金方の猪狩四郎右衛門・梅村弥左衛門が販売した米などの代金の未済を、旗本の御用金拝借証文に書き換えさせ、その取り立てが苛酷であるというものであった。打ちこわしの噂を背景に、源右衛門らは、この拝借金を三〇年賦とする交渉を行った。そしてやはり閏一〇月一〇日に、金方の責任で三〇年賦とすることを認めさせた。一六日には、惣年寄から三八三両二歩余が町方へ渡され、惣年寄・金方は戸〆、会所手伝い五人を押し込めにすることで騒動は収拾するかに見えた。

しかし、一八日、旗本役所が難渋人の書き上げを命じたことから、闘争は旗本役所に対するものへと発展していくのである。町中は二二日に一三〇三軒の難渋人の書き上げを提出、二八日には①飢饉による困窮の救済、②減免、③年頭・八朔礼の簡素化、④講銀の残り下げ渡し、⑤銀納値段の

知行地平均並への引き下げ、の五か条からなる訴状を提出した。役所は銀納値段については要求通り認め、難渋人への米五〇俵下げ渡しなどの対応を取る一方、一一月八日、惣年寄の町会所入用不正については交渉の結果を追認するが、拝借金三〇年賦要求は不当であるとされ、さらに惣年寄両人の復役が打診された。それに対し一五日、町中の相談により畑屋源右衛門と川内屋宇兵衛を町中物代に選出した。もっとも源右衛門は一件の惣代であることを理由に町中惣代を辞退し、最終的には宇兵衛と手習師匠半治が町中惣代となった。一八日、町中は、火の用心、会所へ年貢納入すること、米高直にならぬようにすることなど一二条の「町方示合書付」を作成し、惣年寄から会所道具の引き渡しを受け、町内の自治は町中惣代が町会所を通じて行う体制をととのえた。また、先の閏一〇月二八日の訴状に対し、八朔礼の三か年免除、五年間の地子銭二分引き下げ、(七年間続けられていた一分引き下げも継続されることとなったため、実質的には三分引き下げ)などが認められた。そして、二月二日には、町会所から江戸表への「直書」(直訴)を容認するように求めている。この間、一件の惣代として活躍した畑屋源右衛門が、一月六日ころより病気となり、二五日からは連日病気平癒の祈禱が行われたが、二八日に病死している。淋病であった。

このような町中物代と町会所による自治の動きに対し、旗本側は家老吉川丈右衛門を中心に反撃にでた。二月九日、町会所・町中物代によって運営される自治的な動きに対して、会所は御用のための会所であって、それを町方の会所であるかのように取り扱うのは不当であること、町中惣代の選出は不用であり、町方支配のために設置されている惣年寄を経由して諸事取り扱うこと、一連の寄合は徒党の筋にあたることなどを触れ、されに「直書」の願いも、江戸出訴には役所の添翰が必要であるとした。一五日、町民はこの通達に反論し、支配所は役所だけであり、会所は御用会所ではなく町方の会所であること、惣年寄は町方支配のための機構ではなく、町方の願筋の取次役であると主張した。二六日、旗本役所は弾圧に乗り出し、町中惣代の宇兵衛・半治を手鎖押込、重立の馬淵屋五兵衛息子、薬屋五兵衛、酒屋金七を手鎖町内預け、畑屋源右衛門家内を追放、年寄甚六を戸〆に処した。しかし、この日、蓮照寺に町民が多数集会し、年寄らが赦免願いに役所門前に詰めかけ、町民は金方の梅村・猪狩両家を打ちこわした。この実力行使により、役所は先の処分を撤回せざるを得なかった。二月二九日、惣年寄の入札が行われ、町中惣代の宇兵衛と半治が選出され、役名を惣年寄兼惣代と定めた。この騒動に対する処罰は行われなかった。

この闘争は、「惣寄」・「筋寄」という町民の寄合を基盤として展開し、町民自身が町中惣代を選出し、町会所を運営する自治的機関の設立をめざしたものであるといえる。さらに、この自治的機関が直接領主である旗本へ訴願しうる直訴権をも獲得しようとしている。この直訴権は従来通りの添翰を必要とすることで落着したが、支配機構としての性格を持っていた惣年寄は、惣年寄兼惣代として、町民を代表する自治的組織としての性格を持つものであることを認めさせることに成功している。闘争の前面には、「惣寄」を構成する年寄たちが立ったが、背後には彼らの動きを支える広範な町民たちがおり、闘争が困難な局面にさしかかると、張訴などによって闘いを押し進め、ついに打ちこわしの実力行使により旗本役所を屈服させたという面を見逃すことはできない。

(保坂　智)

【人物】畑屋源右衛門　はたやげんえもん

天明六年(一七八六)一〇月からの近江八幡惣町騒擾の指導者。上池田町三丁目の町人。「惣町中」や「惣町中難儀之者共」の名による張訴が源右衛門の町屋敷の門口へなされ、惣年寄の不正の糾明を頼まれる。年寄の会合でも惣年寄への交渉を依頼され、引き受ける。惣寄(会所での惣町中年寄の会合)を基盤にして、町政運営の改革のための惣町的な訴願運動を組織し、惣年寄に対する会所帳面の公開、金方役に対する御用金返済の猶予、さらには代官に対する地子年貢の引き下げなどの要求運動を一貫して主導した。しかし、運動終結前の天明七年一月二八日、病気のため五五歳で死去した。

【史料】池井蛙口記　ちせいあこうき

天明六年（一七八六）一〇月からの近江八幡惣町騒擾の記録。原型は菊判横帳、コヨリ仮綴本で上巻六四丁・下巻四六丁の二巻からなる。筆者は池田町四丁目川端前宣（四代目薬屋五兵衛）であり、現在も川端家に所蔵されている。川端前宣は、一件当時、池田町四丁目の年寄代として会所での惣寄に参加し発言をするなど運動を担った一人であり、のちに手鎖の処罰を受けた人物である。序文によれば、請われて会所における論談を会席において日々筆録したとあり、一〇月二〇日より翌七年五月一三日までの惣寄の議論や領主の申渡し、訴願状や町々の動向が詳細に、かつ生々しく記録されている日記である。個人の私的な日記体ではなく、例えば薬屋五兵衛に関する記載も客観的に書かれており、惣町中年寄の側のいわば公的な記録としての性格を持つ。都市騒擾の主体による記録として第一級の質を有する。表題の読み方については種々の見解があるが、「治世悪口記」の意味を寓したものとする見解が有力である。現在までのところ異本は確認されていない。『文化史学』（同志社大学文化史学会）二二・二三・二五号、『日本都市生活史料集成一〇・在郷町篇』に翻刻されている。（岩田浩太郎）

〔参〕富井康夫・西村さだ子・藤本幸雄「池井蛙口記」（『文化史学』二二・二三・二五）、『日本都市生活史料集成』一〇

天明六年（一七八六）一一月九日
備後国恵蘇・三次郡広島藩領強訴

広島藩では、天明期（一七八一～八九）凶作が続き、とりわけ北部山間地帯が打撃を受けた。天明六年は大凶作で、米価が高騰した。このようななか、恵蘇郡では庄屋が年貢徴収を強行する一方、百姓の請願なども庄屋・藩役人らによって握りつぶされるような状況で、ついには一揆が起こった。一一月九日恵蘇郡伊予組五か村が蜂起し、一〇日川北村へ移った。ここで参加を呼びかけて総勢三五〇余人となった一揆勢は門田村に向かい、浜口屋で評定中の割庄屋、庄屋などを襲い、戸障子などをこわして追い払った。一二日総勢五〇〇人となった一揆勢は、三日市村へ向かった。これに対し藩役人総勢一〇〇人が鎮静を行ったが、一揆勢は三日市村へ入り、一人五合の食料を得た。一三日、田原村、市村へ移動、食料の要求を拒否した組頭宅の家財を運び出した。一四日以降、木屋原村へと移動するなかで割庄屋・庄屋・組頭らの家財を次々没収。高野山組一〇か村の百姓も加わり、総勢五〇〇〇人となった。藩は代官、目付を泉村へ派遣するとともに、捕方として足軽（弓・鉄砲などで武装）・革田など総勢一〇〇〇人を送り込んだ。二一日以降、奥門田村金尾峠に立て籠る一揆勢と、泉村の藩の武装兵は、南北で対峙した。このなかで寒さと食料不足から一揆勢のなかにも脱落者が現れるようになった。藩は要求を聞くという方針での鎮静化をはかり、一揆勢は二七日に山内組上村山王峠で願書を提出することを約し、市村に入り村単位に願書を作成、藩に提出して鎮静した。天明七年一〇月、藩は一揆の発頭人二人を捕縛し、打首・獄門の刑に処した。なおこの一揆の顛末を謡った「ちょんがれ」は、藩や村役人に対する鋭い風刺が見られ、当時の民衆意識が窺える史料として知られる。恵蘇郡一揆の影響を受けて、隣接の三次郡でも一二月四日一揆が起こった。この日、川立村の百姓一〇人余が大力谷村の宮山へきて篝火を焚いたことから、近村の百姓が集まり始めた。五日、羽出庭村に集まった総勢四〇〇人は三次方面へ押し出した。これに対し郡役人が出て説得したが応ぜず、夜は志和地谷に屯した。六日代官が出張して要求を聞くという方法で鎮静工作を行ったところ、難渋につき年貢上納不足を免じてもらいたいという要求を提出して引き取った。また同六日夜には四十貫村、畠敷村の百姓六〇～七〇人が岩屋寺山に籠り、篝火を焚き、付近の百姓も加わって総勢一〇〇人となった。河内川を渡り、七日東入君へ押し出したが、

三次から駆けつけた役人の説得を聞き入れ引き取った。（三宅紹宣）

〔参〕『広島県史』近世二、『庄原市史』近世文書

天明六年（一七八六）一一月二二日
土佐国幡多郡高知藩領宿毛郷年貢減免・重役退役強訴（宿毛一揆）

土佐国幡多郡宿毛郷を知行していた高知藩家老山内源蔵は、財政建て直しのため、血筋にあたり大島浦で廻船問屋を経営していた大目三郎兵衛に農政を担当させた。仕置役となった大目は、宿毛領内の本田・新田の区別なく年貢を引き上げ、普請人足の扶持米を切り下げるなどの苛政を行い、また課役にかこつけて私腹を肥やすなどの不正行為も行っていた。これに天明六年の不作も加わり、ついに百姓たちは一揆を起こすにいたった。天明六年一一月二二日夜、宿毛の鐘を合図に郷内の百姓・町人八〇〇～一〇〇〇人ほどが大庄屋宅付近の麦畑に屯集した。彼らは、鍬の柄に鎌を付け、寄棒や大槌・大綱なども携行していた。大庄屋が鎮めようとするが無視して、知行主山内源蔵の土居門前まで押し寄せ、貢租の減免と大目および大目が抜擢した下役・大庄屋たちの退役などを要求した。同郡中村の者の情報によると、大目の屋敷を打ちこわし、大目の身柄を百姓に引き渡すよう要求し、さらに宿毛町人ら四軒を打ちこわしたという。源蔵の説得により、二五日には一揆は鎮静化した。一揆発生中、大目は高知に出ていたが、一二月二日宿毛に戻ったところを禁獄され、罷免されたうえ大島へ追放された。大目が抜擢した下役・大庄屋たちも謹慎とされた。年貢率も引き下げられたとの史料が残されている。なお強訴を行った百姓たちの処罰については不明である。（須田　努）

〔参〕『宿毛市史』、平尾道雄『土佐農民一揆史考』

天明六年（一七八六）一二月四日
越後国刈羽・三島郡椎谷藩領先納金返済等越訴

天明六年、飢饉のなかで百姓の窮状は増し、椎谷藩領の刈羽・三島郡内三一か村の百姓は、同年一二月初めから不穏な動きを示し、藩に対して、①年貢先納金六〇〇〇両のうちまだ返済されない五一〇〇両を百姓に返却すること、②未払いの藩米移送人夫賃三〇〇〇人分を支払うこと、などの要求をまとめた。そして、一二月四日、籤で惣代に選ばれたという妙法寺村弥藤七ら庄屋九人が出府し、藩主堀式部少輔著朝が病気療養で滞在していたという親類堀縫殿家へ訴状を提出した。しかし、訴状は受け取られなかったため、庄屋たちは一時帰国し、再び出府して村松藩と須坂藩に取り次ぎを嘆願したがこれも断られた。このため、代表九人は天明七年一月二四日、寺社奉行所に駆込訴を決行した。寺社奉行は庄屋たちを領主の堀家に引き渡し、堀家では一応百姓の要求を聞き入れて帰国させた。しかし、藩は約束を守らず、一部の庄屋たちを抑留したりしたため百姓たちは集会を企てる動きを見せ対抗した。寛政二年（一七九〇）二月、江戸から騒動鎮圧の命を受けて辻勇之進と藩士三名が椎谷陣屋に着任し、五月五日、辻は一三か村の庄屋九人と百姓五人を死罪と決定、翌六日足軽の押見弥吉を百姓に加担したとして獄門とした。死罪の判決となった庄屋・百姓の一四人はいずれも行方不明だったため永尋となり、彼らの所持田畑三〇〇石は村預けとなった。ほかに騒動に関係した庄屋二〇人・百姓代一人はそれぞれ過料銭が課せられた。この弾圧に対して、七月二九日、代表四人が老中本多忠籌へ直訴。そのうち北野村庄屋与治右衛門・五日市村百姓代次郎兵衛の二人は椎谷藩邸へ渡され、八丈島へ流刑されるなどして死去した。残りの二人（油田村庄屋所左衛門・大津村百姓代新兵衛）は、八月一六日、隣接して飛地領があった白河藩主松平定信に百姓の負担軽減を願いでたが、筋違いであると却下された。そこで、九月一一日、二人は評定所の目安箱にその訴状を入れた。評定所では、五回の尋問ののち二人を帰郷させ、寛政四年八月に至り、幕府は椎谷藩主を不埒として交代させ、一万石の

所領のうち五〇〇〇石を所領替えした。新藩主堀直起は未払い人夫賃の支払いや先納金の年賦返還を百姓に約束したので、騒動は鎮静した。約六年にも及ぶ百姓の粘り強い闘争であった。

【人物】西村弥藤七　にしむらやとうしち
代表越訴した妙法寺村庄屋。宝暦四年(一七五四)一月一五日刈羽郡半田村庄屋阿部紋三郎の長男として生まれる。幼名吉弥。一六歳の時、刈羽郡妙法寺村の西村家に養子に入り、藩主堀直宣に御目見のうえ、庄屋役と問屋役を命じられる。三一か村の代表として同志八人と江戸へ越訴した時は三三歳であった。要求実現に奔走したが病となり、帰郷後、親類の柏崎町閻魔堂別当今井助之進方で養生し、さらに村預けの身となった。しかし、越訴に対する処分で危険が迫ったため、分家文右衛門を伴って上野国館林町茂林寺に身を寄せ、そこで近在の子弟に手習いを教授する。その間、国元では永尋の処分で家・土地は闕所、家財は妻子に下された。寛政五年に至って倅倉蔵に跡式相続が認められ、文化五年(一八〇八)八月ようやく帰国が許され、仮赦免となる。文政一二年(一八二九)六月、七六歳で死去。弥藤七ら惣代となった人々は義民として伝承され、大正一一年(一九二二)、二八人が発起人となり天明義民建碑期成会が組織され、物部神社(刈羽郡西山町二田)に天明義民碑が建立された。近年は五年ごとに天明義民近慕会により義民顕彰祭が行われている。　(山本幸俊)

〔参〕『西山町誌』、『椎谷藩史』、『新潟県史』通史四

天明六年(一七八六)一二月八日
伯耆国汗入・日野・会見郡大山寺領凶作救米強訴(大山騒動)

天明六年の天候不順で大山寺領は作柄が悪く凶作の恐れが出た。寺領惣百姓は作柄検分を願い出た。しかし寺領差配の年行事は中程度の作柄と聞こえており、当年から七か年平均免にしてほしいとの願いを聞き届けたばかりだから救済の検分願いは聞き届けられないと突っぱね、さらに年行事の名で、百姓らが近年怠惰となり年貢未進を重ねているので今年中に未進分を取り立て、以後未進すれば家財闕所にするとの書付を作成し申し渡そうとした。寺の役僧らは、百姓から願書が出ている時節柄過激に過ぎる新法とそれを抑えたが、一方では村側の検分願いも聞き届けることはできないと申し渡した。その返事が遅滞したため百姓らは騒ぎ始めたが、大庄屋が鎮めて九月二七日再び検分願いを提出した。寺側は検分に時間や費用がかかるとして村側の下検分を指示、その書類に基づいて救米を与えて鎮めることにし、少し以前になる宝暦年間(一七五一〜一七六四)の御救いの先例をもとに本坊三〇〇俵・一山中一〇〇俵の救米分担が決まった。救米については百姓が気の毒であるという観点から一山が申し合わせをしたのでのちに「一山一味徒党之連判」とみなされた。しかし返答を待つ百姓は、一二月八日から汗入郡中組の大勢が騒ぎ始め、日野・会見郡百姓も加わり大河原へ大勢集合の勢いとなった。大庄屋から参加を戒める通達が出され、村々でも歩き役の者を使って村民に注意が行われたが、村によっては「福引」にいくという口実で寄合し「強法」行動への参加を決める所もあった。大河原の一揆勢は一〇日から大山寺へ登り始め、夜中禅智院などで焚き火を燃やし、夜が明けると本坊へ下がった。一一日は本坊から申し渡しがあって、一揆勢は下山を始めた。一二日晩から一三日にかけて本坊に群集して訴えを行い、一二日に百姓は帰村した。翌年一月から頭取吟味が始まり、捕らえられる者もあったが、逃亡する者もあった。添谷村百姓儀惣治は大山禅智院の弟にあたり、騒動の「帳本」となって願書の草案を経寿院へ頼んだが、経寿院から禅智院へ紹介、禅智院が草案を書き、経寿院が清書した。翌天明七年春、詮議が厳しくなって儀惣治は禅智院に隠されたが、やがて経寿院と禅智院が相談、添書を持たせて讃岐国丸亀藩領豊田郡花稲村庄屋平六方へ向け出奔させた。しかし隠れ場所がわかって七月、召し捕らえられ、丸亀から船で備前へ送られた。そして、鳥取藩領へ連

れ戻されて入牢、吟味が行われた。禅智院は上京、経寿院も出奔した。処罰についてははっきりしない。（深谷克己）
〔参〕『鳥取県史』八

天明六年（一七八六）一二月八日 備中国都宇郡旗本花房氏領箕島村減免投込訴

天明六年、旗本花房氏領（高松領）では稲・綿とも不熟で凶作であったが、年貢は百姓の想像以上に高免であった。百姓たちは年貢減免を高松役所に願いでたが、聞き入れられなかった。そこで、一二月八日夜、旗本戸川氏妹尾役所・旗本戸川氏早島役所・庭瀬藩役所に年貢減免を投込訴した。しかし、なんら沙汰がないため、一三日再度投込訴を行った。また、惣百姓で江戸表へ嘆願しようという相談がまとまり、一五日に村内又鍬への集結を記した立札が村内に立てられた。一六日夜中までに約一二〇人の百姓が集まり、未明には岡山藩領津高郡今保村に達したが、岡山藩領の村役人に押し留められ、結局、岡山藩が願いを取り次ぐということで、百姓たちはやむなく帰村した。その後も不穏な状況は収まらず、切り崩しをはかる役人たちの工作にも百姓たちは屈しなかったが、その結末は不明。（横山　定）
〔参〕長光徳和編『備前備中美作百姓一揆史料』一、『岡山県史』近世Ⅲ

天明六年（一七八六）一二月一六日 備後国品治・芦田郡ほか福山藩領改革政治反対強訴・打ちこわし（福山天明一揆）

明和六年（一七六九）福山藩四代藩主となった阿部正倫は、前代からの財政窮乏、家督相続による臨時出費の増大への対応を迫られた。正倫が老中田沼意次の下で幕府の要職を歴任するなか、財政支出もさらに増大していったが、上下（じょうげ）銀の融資や、大坂の御用達商人からの多額の借金でなんとかしのいでいた。しかし、幕府から上下銀の返済を厳しく督促された。なお、これに前後して多額の費用をつぎ込んで展開した老中就任運動は、不成功に終わった。こうして本格的な財政再建に取り組まざるをえなくなった藩は、遠藤弁蔵を勘定方の責任者に登用してその実施をはかっていく。弁蔵はまず天明四年（一七八四）、新藩札を発行し、翌年には強力な木綿統制などを実施して財政の拡張に努めた。また、大坂・城下・在郷からの多額の藩債、上下銀の未払の負債を強引な年賦償還で処理するなど、主に大坂資本に依存して財政再建を進めた。弁蔵が財政再建にあたった天明二～六年は、全国的に気候が不順で、長雨・洪水・冷害による凶作が続いた。とくに福山藩では、天明六年は稲作・木綿作とも大凶作であり、未進の累積は増すばかりであった。にもかかわらず、皆済督促は例年以上に厳しく行われた。米価は年末には一石一〇五、六匁に急騰し、百姓は極度に圧迫された。年貢割付下付を前に一二月一四日不穏となり、一六日夜半、品治郡・芦田郡あたりから早鐘・竹ほらなどを合図に、遠藤弁蔵の苛政を追及して蜂起した。早鐘は各地の寺で撞かれ、瞬く間に全藩一揆へと拡大した。一揆は品治郡天王川原に集結したころから行動は組織性を帯び、村単位に行動した。そして大挙して府中市に向かい御用達商人を襲い、反転して新市村のあたりで二手に分かれ（松永・鞆を中心とする沼隈方面と、神辺を中心とする品治・安那方面）、各地の庄屋・豪農などを次々と打ちこわした。藩は鎮圧の強硬策を主張する弁蔵の意見を退けて、穏やかに説得する方針で臨み、藩役人を領内各地に派遣し、願いは聞き届けるから引き取るようにと説得に努めた。そのため、一二月二〇日に分郡山手村、二二日には安那郡徳田村の庄屋宅に集結して、三二か条の要求をまとめて提出した。藩はこれの藩主への取り次ぎを約束し、また、夫食米代として稗六〇〇〇石の購入代金を貸し付けたので、百姓は引き揚げ、ひとまず一揆は収拾した。

江戸在住で領内の情勢に疎い正倫は、一揆の原因を、遠藤弁蔵を中心とした収奪強化には求めなかった。このため天明七年一月一六日、藩は百姓との約束を破棄し、年貢を納めるよう指示した。年貢上納期限である一月二六日、松永・今津方面で火の手が上がった。一揆勢は今度も天王川原に集結して、以後二手に分かれ、藩領全域を前回とは比較にならないほどの激しさで打ちこわした。郡中の月番庄屋をほとんど打ちこわし、小庄屋も八割は打ちこわした。二月六日、神辺に集結した一揆勢は、弁蔵の処罰と要求の実行を訴えて、岡山藩へ越訴することを決め、その代表数十人を国境の備中国高屋村まで見送った。代表を送り出した一揆勢は、二〇日ごろまで藩領諸方面で打ちこわしを展開した。一揆は、村役人層だけでなく、ほぼ全域で藩と結びついた庄屋・特権商人（御用達商人）層を選別して集中的に攻撃している。正倫が一揆の策謀者とみなした山本弁助・佐藤新四郎一統の居宅が打ちこわされていることからも、藩主がいかに一揆を誤認していたかがわかる。岡山藩への越訴は、ただちに岡山藩から江戸表の正倫のもとに注進された。事態の重大さに気づいた正倫は、遠藤弁蔵の役儀召放・差控えを命ずる一方、百姓の要求は願いのとおり申し付ける以外に方法はないと決意し、江戸大目付服部半助を国元へ派遣し、事態の処理を命じた。第一次蜂起の一揆の要求のうち藩が受理した要求内容は、祝儀米・御用銀賦課・年貢等の納入方法・村入用に関するものなど、藩の支配の根幹には触れない、いわば技術的処理の範囲に限られる。藩が却下した要求内容は、村々の庄屋の交替や検見役人に関するものなど、藩の権限に属するもの、未進願い・拝借米の返済・畳表運上・綿役所の廃止など、藩財政・専売制に直接関係するもの、村々の内借・質物証文や頼母子講など、百姓内部の問題であるが豪農層保護に関係するものである。これらの要求は、藩側の収奪強化への反対だけでなく、村役人の村支配のあり方や活動が百姓にとって重要な問題に、つまり、地主＝高利貸しなどの活動が、弁蔵の収奪強化と同様に百姓の生活を苦しめていたことを物語っている。藩が一転して百姓との約束を破り、要求を拒否したことに対し、百姓が「御上様之御取りさばきあしく」（貫井家日記）と藩主批判を行い、今回の蜂起を「どうり」（道理）の一揆と位置付け正当化している点が注目される。ここに、それまでの一揆には見られなかった百姓意識を読み取ることができる。一揆が鎮静化し、要求に対する回答が示された後、藩は処分にとりかかった。首謀者のうち逮捕・入牢させられた者は七〇名にのぼったが、天明七年三月七日に正倫が老中に就任したことで、全員が恩赦として釈放された。したがって藩側の処分としては、遠藤弁蔵を免職・入牢にした以外は、若干名の地方役人を処罰し、庄屋・組頭、各一〇余人程度を免職・追込・村預けにしたにすぎなかった。

【人物】遠藤弁蔵　えんどうべんぞう

父遠藤元右衛門は切米一〇石取の下級藩士。安永二年（一七七三）福山在番目付となり、たびたび江戸にでて藩主に改革を進言し、信任をえた。天明二年藩政の中心人物となり、新銀札の発行、綿運上銀の新設などを次々に実施した。天明三年新知一〇〇石の徒士頭となり、次いで勝手向取締役となった。財政立て直しのため新税を設け、年貢徴収を強行したため、一揆が起きた。藩の責任を一身に背負わされ、天明七年二月九日に元締役・取締役を解任、四月に隠居処分、寛政元年（一七八九）に至って指籠（さしこ）に押込られ、翌年には指籠に監禁されたまま病死した。

【史料】安部野童子問　あべのどうじもん

天明七年の自序があり、浪華城南隠士の匿名がある。隠士が備後鞆の保命酒を飲んで午睡している時、安部野童子が現われてこの書を贈られた体裁をとるが、著者は不明。内容から見て福山藩の内情や農村の実情に詳細な知識を持っていることから、福山藩と関係のあった人物の手になると推測される。江戸時代から写本として流布し、数種の異本がある。『日本庶民生活史料集成』六所収。（三宅紹宣）

［参］『広島県史』近世二、『福山市史』中、徳田太郎『備後天明一揆』

天明六年（一七八六）一二月二四日

備中国小田・後月郡幕府領強訴

天明六年一二月一八日か一九日ごろ、幕

府領の小田郡大江村重三郎と下稲木村権助は、強訴の相談をし、二三日夜七日市河原への集結を呼びかける張札を立てることにした。そして二二日夕刻、下稲木村と岩倉村にこの張札を立てた。実際には二四日夜上稲木村観音堂の鐘を撞きながら声高に集結を呼びかけ、出てこない家には門戸を打ちたたくなどした。倉敷代官所では手代などを派遣したが鎮圧できず、二五日近隣の岡山・福山・庭瀬・岡田の四藩に対し出兵を要請した。二六日上稲木村境の小田・後月郡の一揆勢約七〇〇人に対し、倉敷代官所・岡田藩の役人と小田・後月郡の村役人が説諭にあたり願書の提出を求めた。しかし、願書を持つ者は一人もなく、結局百姓たちの要求を村役人が書き留め、岡田藩の役人に提出した。その内容は、年貢米納入の日延、夫食拝借、郡中大割などの減少、強訴の吟味を行わないことであった。岡田藩の役人は取り次ぎを約束し、一揆は解散した。要求が認められたかどうかは不明。権助・重三郎は吟味中牢死、一九か村の百姓一三一一人に対し過料が課せられた。（横山　定）

〔参〕長光徳和編『備前備中美作百姓一揆史料』一、『岡山県史』近世Ⅲ

天明六年（一七八六）一二月二五日
紀伊国牟婁郡和歌山藩領田辺町打ちこわし
→天明七年（一七八七）五月一三日
紀伊国海部・名草郡和歌山藩領和歌山町

天明七年（一七八七）一月四日
出羽国村山郡幕府領白岩地方打ちこわし

天明三年以来の凶作で夫食不足と米価高騰に見舞われた村山地方では、酒造禁止が命じられ、郡中惣代名主や庄屋中でも酒造禁止の議定書を作成し、密造した酒は飲み尽し、見逃した名主には科料銭などをかけるなどと目を光らせていた。同七年一月四日ごろ、湯殿山別当本道寺と岩根沢の日月寺で道者接待用に密造していることがわかり、白岩地方山間部の村々の百姓が押しかけて酒を飲み尽くした。七、八日には六〇〇～七〇〇人が酒造改めと称して白岩町の町屋三軒に押しかけ、炊き出し・酒肴を強要し、過料銭三〇～五〇貫文を課した。九日には、さらに大勢が西里村の酒造屋二軒を打ちこわした。酒蔵の諸道具はもちろん、大まさかりで酒樽のたがを切った。幕府柴橋代官所から役人が出動し、飯代や夫食代として一人に米五合を支給することを約束したため鎮まった。処罰は参加者へ科料銭二、三貫文を課したのみで終わった。（浅見　隆）

〔参〕『大町念仏講帳』、『山村小山村の歴史』

天明七年（一七八七）一月二五日
上野国山田郡出羽松山藩領桐生新町打ちこわし

天明七年一月二五日早朝、山田郡の山地・二渡・浅部村など桐生新町周辺村々の百姓およそ三〇〇～四〇〇人が竹ぼらを吹きたて喚声を上げながら桐生新町に乱入し、穀商人の菊屋と金子屋を打ちこわした。さらに彼らは酒屋の近江屋の襲撃を試みたが、陣屋役人や町役人らの出動によって阻止された。打ちこわしの原因は、打ち続く凶作と米価高騰のなかにあって、標的となった商人が米の買い占めをし、価格を操作しているという噂が広まっていたことにある。騒動終了後、出羽松山藩を中心とする関係諸役人による捜索が行われ、幕府領の山地村、あるいは彦根藩領飛駒村、旗本領浅部・猿石・高沢村など多数の百姓が逮捕され、そのうち三〇人ほどが江戸送りとなった。江戸における取り調べは厳しく、半数が獄死した。また、打ちこわされた菊屋も牢内でこの世を去って闕所の処分を受け、関係する村役人もそれぞれ過料を命じられ、騒動に終止符が打たれた。（中島　明）

〔参〕『桐生市史』中

天明七年（一七八七）二月四日
紀伊国牟婁郡和歌山藩領新宮町打ちこわし
→天明七年（一七八七）五月一三日
紀伊国海部・名草郡和歌山藩領和歌山町打ちこわし

天明七年（一七八七）二月一五日
長門国美祢郡萩藩領厚保本郷苧楮買請強訴

明和五、六年（一七六八、九）ごろ、従来、藩が買い受けていた美祢郡河原村の苧楮を紙請百姓に売り付けることになり、このうち六六把を厚保（あつ）本郷が買い受けることになった。安永六年（一七七七）から厚保本郷が買い受ける苧楮が代銀請負となり、現物が値上がりした場合の追加支払いは河原村の負担とした。安永九年から苧楮が値上がりし、追加支払いが必要な状況になったが、河原村はこれを拒否した。そのため厚保本郷の紙請百姓は、追加支払いの支給を求めて強訴に至った。天明七年二月一五日に原村八幡社に集まり、一六日早朝に一〇九人が吉田勘場に押しかけた。大庄屋旦原作左衛門は、岩ヶ河内畔頭利左衛門組の忠左衛門ら数人を代表として、勘場内にて話し合い、詮議を行うことで納得した。しかし一揆勢は解決のめどが着くまでは帰村しないと主張したため、厚保本郷庄屋来島が説得にあたり、同夜帰村させた。詮議は、代官や他の役人、大庄屋らが交代してしまい、既に確実な文書もなくなってしまったために、明確な裁定は下されなかった。

（三宅紹宣）

〔参〕『美祢市史』

天明七年（一七八七）二月一六日
土佐国吾川郡高知藩領池川郷紙専売制反対逃散（池川紙一揆）

高知藩では、財政難を打開するため、宝暦五年（一七五五）津野山騒動の影響で同一三年に廃止していた国産方役所を、明和三年（一七六六）に復活させ、楮と紙の販売を特権商人に独占させる方針をとった。仁淀川上流の池川・用居・名野川地域の山間村落では、楮・紙の生産が重要な生業となっていたが、問屋制度復活のため、これら特産物は御蔵紙とされ、問屋商人京屋常助に納入することとなった。天明五年には、わずかに自由販売が許されていた平紙の売買も禁止され、大目に見られていた伊予松山の商人の抜け買いも厳重に禁止されることになり、これに乗じて問屋京屋は三割以上も安く買いたたいた。加えて同年以来の凶作で、村落の困窮化が進んだ。天明七年一月、池川郷の百姓たちは、藩に訴状を提出したが、無視されたため、天明七年二月一六日深夜、五百数十人が池川郷土居の矢須（安）河原に集合した。六〇歳以上の老人と一五歳以下の子供、婦女子を除く池川郷・用居郷の男子全員という。彼らは、池川口番所・用居番所を抜けて上野山の国境を越え、伊予国浮穴郡東川村などを経て、松山藩へ逃散を行った。そして、同郡久万町の名刹菅生山大宝寺に入り、保護された。同月二四日には名野川郷の百姓一一七人も逃散して、大宝寺で合流した。七〇〇人以上に増えた百姓たちは、松山藩との交渉を始めたが、松山藩ではこれを拒否し、帰村を促した。高知藩も郡奉行らの役人を派遣して説得したが、百姓たちは応じなかった。三月に入ると、大宝寺住職と脇寺の西光寺僧侶が調停に入り、百姓から一七か条の願書を出させるとともに、百姓たちを処罰しないことを高知藩に約束させた。さらに、国産平紙問屋の廃止と紙の自由売買の許可、国産改役場の廃止を通達し、来る一〇月を期して実施する旨も確約された。こうして一揆は成功裡に終わり、三月二一日、百姓たちは帰村していった。八月には町奉行・郡奉行らが責任を問われて解任された。翌八年九月、池川の百姓段右衛門・同組頭弁右衛門が逃散の張本人として捕縛され入牢させられた。その後、この二名は死罪とされたとの伝承もある。集会場所となった池川町土居の安ノ河原には、紙一揆記念碑が立つ。

（須田　努）

〔参〕『高知県史』近世、『池川町誌』、平尾道雄『土佐農民一揆史考』

天明七年（一七八七）三月二三日
周防国都濃郡萩藩領大潮村ほか救恤要求強訴

天明六年（一七八七）の凶作により翌七年二月、都濃（つの）郡鹿野で愁訴の動きがあった。次いで三月二三日夜、都濃郡鹿野・大潮村の百姓などが集まり始め、二五日に大潮村に約一三〇〇人が結集した。これを取鎮めにきた役人に対し百姓らは、困窮のあまり渡世できなくなったので、馳走米・

山立銀の免除、作付飯米の貸し付け、飢飯米の支給を要求した。藩側は馳走米・山立銀の負担は諸郡一統としてその免除は認めなかったが、飢飯米についてはとりあえず米五〇石支給することにし、百姓らはようやく帰村に納得し騒動は治まった。この一揆の指導者五人は捕らえられて萩に護送され、四月六日籠舎に処せられた。（三宅紹宣）

〔参〕『毛利十一代史』八七

天明七年（一七八七）四月二二日
土佐国高知郡高知藩領高知町打ちこわし未遂・強訴

天明期は不作が続き、米・麦・大豆などの値段が高騰し、高知藩は醤油製造などを制限した。ところが、高知城下通町の虎屋弥五右衛門・鉄屋弥次兵衛は麦を買い占めて密かに醤油を作り、また米も囲い込んで相場をつり上げた。四月二二日、これを不正として、町民一〇〇余人が虎屋を襲い、麦を放り出そうとしたが、町役人・下横目らが仲介に入り、町民は引き上げた。しかし、同夜、一六〇人余に増加した町民は鉄屋を襲い、藏から麦一〇〇俵を取り出した。この麦は買い占めの証拠として駆けつけた町役人に引き渡されたが、町民は町役人と口論に及び、鉄屋と町役人との癒着を糾弾する発言もあった。鉄屋も打ちこわしを免れ、町民はいったん退散したが、翌日八幡川原に結集した。そして、虎屋・鉄屋の追放を要求する願書を藩の目付に提出した。この結果、五月六日、虎屋・鉄屋は入牢とされた（鉄屋はまもなく赦免される）。同月二九日には、騒動の中心人物一二人が捕縛され、投獄された。なお、この騒動の前後には、高知藩領の御畳瀬・日下・種崎・赤岡・山田など各地で打ちこわしなどの騒動が起きている。（須田　努）

〔参〕平尾道雄『土佐農民一揆史考』

天明七年（一七八七）五月一〇日
大坂周辺打ちこわし

天明七年五月一一日からの大坂三郷打ちこわしに前後して、連鎖的に展開した周辺地域における騒擾。田沼期の米穀市場政策・貨幣政策などの諸矛盾が集中した大坂で、同月の全国的連続的な都市騒擾の起点となる打ちこわし騒動が生起した。江戸米価引き下げのための幕府による買い米策や米穀素人売買勝手令の発令による下り米流通の促進、凶作下の諸地域への出米の増加などの諸要因により、天明期の大坂市場は米穀払底化＝米価高騰の状況となったため、大坂町奉行は米穀他国積禁止令や「差略積」（＝米高制限）の指示により三郷外への米穀移出を禁止ないし制限し、大坂三郷の米穀確保をはかった。そのため、大坂市場から米穀供給を受けていた畿内諸都市をはじめ、三郷に隣接して町場化していた町続在領の村々で飯米の払底化＝米価高騰が見られ、住民の困窮化が進行した。

こうした大坂米穀市場政策の矛盾をもっとも深刻に受けた町続在領の木津村での打ちこわしが、大坂三郷を含む周辺地域の騒擾の起点となった。天明七年五月一〇日夜、木津村米屋が同村および難波村の者により打ちこわされたのを契機に、翌一一日夜に大坂三郷の周縁部で打ちこわしが起き、一二日朝からは中心部を含む三郷全域に打ちこわしが展開した。一二日昼からは、三郷の搗米屋に対して民衆が押買（安売り強要）を行う行動が中心となったため、搗米屋は戸〆をし売切の札を掲げて休店した。そのため、一三日朝から、三郷の民衆は「尼崎其外近在」の諸都市へ米穀雑穀を買いにいく行動をとるようになった。これらの結果、畿内諸都市の米穀危機は大坂と直接に連鎖し、周辺地域で連続的に騒擾や不穏な情勢が展開した。堺では重要な米穀供給源である大坂市場での騒擾展開に連動して、早くも一二日夜に米屋三〇数軒が打ちこわされた。河内国志紀郡柏原村でも同夜、米屋三軒へ対する押買が行われたことが確認される。

一三日からは、三郷の民衆による周辺地域への米買いの行動が本格化したこともあり、町場化している天王寺村・木津村・難波村・平野郷などで搗米屋に対する押買が見られた。さらに、京都・兵庫・郡山・奈良・伏見・大津・八尾・西宮・尼崎・古市・

佐野・和歌山などの各都市で米屋に対する打ちこわし・押買ないし未遂などの不穏な情勢が、波及的に展開した。京都では、近江屋（南宮）忠蔵およびその他の米屋が米穀買占めによる相場操作を行ったことを理由に打ちこわすとする情報が流れたが、未遂に終わった。一三日夜に兵庫湊で米屋六軒打ちこわし、同夜郡山で米屋五軒打ちこわし、一四日朝～一五日に奈良で米屋二〇数軒打ちこわし、一五日に茨木町で米屋打ちこわし、一七日に枚方宿で搗米屋打ちこわしおよび船積問屋へ米船積差し留めを願う強談、などが展開したことが確認できる。日時や実態が確認できていない騒擾事例も多くあり、今後の課題である。（岩田浩太郎）

〔参〕『堺市史』三、岩田浩太郎「打ちこわしと都市社会」（『岩波講座日本通史』一四）

天明七年（一七八七）五月一一日
大坂打ちこわし

　天明七年五月に全国主要都市で連続的に展開した騒擾の起点となった都市騒擾。五月一〇日夜の、大坂三郷に隣接する町続在領の木津村米屋に対する打ちこわし（主体は木津村・難波村の者）が契機となって、大坂市中各所で連続的に都市騒擾が起こった。すなわち、翌一一日夜に天満伊勢町の茶屋吉右衛門（米質商売・造酒屋）が米買占めを理由に打ちこわされ、天満舟大工町松安庄右衛門（御城米御用達、天明三年二月にも打ちこわしの対象とされた）も目標とされたが、与力同心の警護により難を免れた。さらに同夜、安治川辺の搗米屋六、七軒が打ちこわされた。このように一〇日は町続在領、一一日は大坂三郷の北・西の周縁部で打ちこわしが起きたが、一二日朝からは中心部を含む三郷全域に打ちこわしが展開した。打ちこわしの対象とされた業種は米問屋・搗米屋が中心であるが、他業種（古手・呉服・両替など）も米買占めを理由に多数打ちこわされていることが確認される。一二日昼まではとくに悪辣な商売をした商家に対する見せしめの打ちこわしが中心であったが、昼からは搗米屋に対する押買（おしがい　安売り強要、拒否すれば打ちこわしをする）の行動が中心となった。最終的な打ちこわし総軒数は正確には確認しがたいが、「年代記」には九一軒の打ちこわし被害者の住所・名前が書き上げられており、「尾張葉栗見聞集」では「米屋分百八十軒」が打ちこわされたとある。

　大坂三郷全域で打ちこわしが展開する大騒擾となった背景として、①幕府貨幣政策の影響、②搗米屋仲間の動向、③大坂米穀市場の変動、などが指摘できる。①大坂市場の地位強化による全国経済統制を企図した田沼政権の貨幣政策により銭相場が低落し、天明七年に入ってその傾向はいっそう進展した。そのために、銭を主貨とする民衆の購買力の減退→困窮化が進行した。②家質金融の停滞など大坂市中の金融閉塞化の進展と銭相場低落による売掛銭回収の遅滞化を原因として、三郷全域の搗米屋は仲間で申し合わせて五月節句より掛売り停止＝現銀売り（即時払い）へと米の小売方法を切り替えたため、日頃掛売り＝節季払いを頼みとしていた民衆にとって打撃となった。③幕府による大坂市場統制を嫌う加賀藩など諸藩の中期藩政改革のなかで、大坂廻米の減少化＝地払いの増加をはかる動向が見られたため、とくに端境期の米穀供給が不安定となり、それが天明凶作により顕在化したことや、幕府の米穀市場政策（江戸米価引き下げのための大坂での買い米や下り米流通促進のための米穀素人売買勝手令の発令など）により大坂有米が減少し、さらに新たな下り米流通ルートと結び付いて暴利を得ようとする他業種にわたる大坂町人の米買占めの動向により、大坂米価が暴騰した。これらの要因により、大坂三郷の全域で搗米屋に対する相対売買交渉（掛売り・安売り要求）→喧嘩口論→群衆状況の形成が見られた。そして、先述したように町続在領における打ちこわしを契機にして、五月一一日夜から一二日にかけて悪辣な応対をした搗米屋や買占めを行った町人に対する見せしめの打ちこわしと、搗米屋に対する打ちこわしを強制力とした押買（→拒否すれば打ちこわし）の行動が展開したのである。この意味では、天明七年大坂打ちこわしは、田沼期の幕府経済政策の諸矛盾を背景として生起したと位置づけられる。大坂が同年五月の都市騒擾の全国的連続的展開の起点となったのも、全国米穀市場変動の矛盾が大坂にもっとも先鋭化した形で集中した結果であったと把握できる。

（岩田浩太郎）

〔参〕岩田浩太郎「打ちこわしと都市社会」（『岩波講座日本通史』一四）、同「三井大坂両替店記録における天明の大坂および江戸打ちこわし関係史料について」（『三井文庫論叢』二七）

天明七年（一七八七）五月一一日
筑前国夜須郡秋月藩領秋月町打ちこわし（宇七崩し）

天明七年、諸国凶作の影響で上方、西国にも打ちこわしが頻発したが、福岡藩の支藩秋月藩（五万石）でも、富商の占買いで穀物不足となり、米価が「壱俵六銭七拾五匁」まで上がった。綿油を商う富商宇七は穀物の買込みを行ったことがわかり、本町辺の者一五〇人ほどが「一味徒党」して、五月一一日夜半、宇七方へ押寄せ店をこわし、家財を引散らかし、器物を微塵にこわすなど打ちこわしを実行した。綿屋・油屋も打ちこわしの手はずだったが、だれかが大勢の足軽が高桃灯で取鎮めに来たといったため逃げ散った。この年は前後三日と違わず下関・博多・久留米・甘木の四か所で打ちこわしが行われた。詮議の結果、畳屋忠蔵・合羽屋左平の二人が頭取とされ、本牢脇に新たに作られた「永牢」入りとなった。そのほか六人が「釘付」の処罰となり、一味の者は一人銭三匁の過料となった。永牢入りの者も、寛政元年（一七八九）に許された。鎮まってから、この打ちこわしは「宇七崩し」と呼ばれるようになった。

（深谷克己）

〔参〕『福岡県史』資料六・七

天明七年（一七八七）五月一二日
摂津・和泉国堺町打ちこわし
→天明七年（一七八七）五月一〇日　大坂周辺打ちこわし

天明七年（一七八七）五月一三日
大和国郡山・奈良ほか打ちこわし

天明七年五月の大坂周辺打ちこわしに連動して起きた大和地域の騒擾。五月一〇日夜に大坂三郷町続在領の木津村で打ちこわしが起き、一一〜一二日に三郷全域に打ちこわし・押買が展開した後、一二日夜〜一三日からは、大坂市場から米穀供給を受けていた周辺の近在諸都市で打ちこわし・押買・不穏状況が連鎖的に展開した。大和地域でもこれに連動する形で騒擾が起きた。五月一三日夜に郡山城下の柳町・高田町・豆腐町・堺町などで米屋五軒の打ちこわしが起きた。そのため一四日から、城下町々は木戸を閉め警戒体制を敷いたことが確認される。続いて奈良では、一四日朝から夕方にかけて米屋二〇数軒の打ちこわしが起き、また翌一五日にも一〜二軒が打ちこわされている。金銀銭や米穀・塩・素麺などを大道へ撒き散らし、諸道具や鍋・釜・着物などを微塵に打ち砕く徹底した「こぼち」であった。奈良では、一六〜一七日になっても、酒屋・質屋を打ちこわすとする張紙が貼られ、不穏な情勢が暫く続いた。また、五月一五日に葛下郡三倉堂村で、借家人が米屋に対して安売りの行動を行ったことが知られる。押買は、同夜の同郡下田村、翌一六日夜の狐井村・長尾村・南今市村でもみられ、河内国に近接する田方綿作・菜種栽培地帯の村々で米屋に対する押買の行動が一般的に展開したことも確認されている。五条・高田・今井・三輪・丹波市などでも打ちこわしないし不穏な情勢が展開したとする記録もあり、騒擾状況が大和盆地のほぼ全域に波及したことが窺われる。さらなる今後の実態研究が課題となっている。

（岩田浩太郎）

〔参〕『郡山町史』、『奈良井上町年代記抄』

天明七年（一七八七）五月一三日
紀伊国海部・名草郡和歌山藩領和歌山町打ちこわし

天明六年から七年にかけて、全国的な飢饉による米価騰貴に対し、紀伊国内でも打ちこわしが発生した。田辺では、天明六年一二月二五日、藁笠をつけた一揆勢が米価引き下げ、佐津川幸右衛門の罷免、結託商人の処罰および仲買商の在所居住を要求して、源中利兵衛方を打ちこわした。同月二八日には酒屋新蔵、質屋善右衛門方を、別の一揆勢は山家屋和七方などを打ちこわした。新宮では、米価の高騰に対して、天明七年二月四日に米仲買商宅を打ちこわした。和歌山では、米価の高騰に怒って、五月一三日に、百姓が借金をしていた神波屋半兵衛、酒屋元右衛門、米屋次右衛門方を打ちこわし、建具・諸道具を壊した。粉河村では、同月二五日に早鐘を合図に質屋惣二郎方を打ちこわし、油屋八右衛門方では行灯を、大工善六方では諸道具・戸棚・箪笥・鍋・釜などをこわした。　（野中政博）

〔参〕楠本慎平「紀州田辺領百姓一揆年表とその解説」（『熊高紀要』）、笠原正夫「田辺町方の騒擾について」（『都市史の研究・紀州田辺』）、『和歌山県史』近世

天明七年（一七八七）五月一三日
摂津国八部郡幕府領兵庫湊打ちこわし

天明七年五月に全国主要都市で連続的に展開した騒擾の一つで、五月一三日夕方から深夜にかけて、兵庫湊の中心部に位置する四か町の合計六軒の米屋（北中町米屋十兵衛、小物屋町平野屋半右衛門、木場町岡本屋伊左衛門・爪屋嘉兵衛、木戸町和泉屋弥兵衛・和泉屋伊兵衛）が打ちこわされた。打ちこわし参加者のうち、二二日までに兵庫勤番所与力らによって逮捕され大坂へ護送された者は、八か町・一か村の合計一八名で、周辺部の町々居住者が多い。五月一一日からはじまった大坂三郷打ちこわしの影響により兵庫湊も騒然としてきたため、一三日に兵庫勤番所は名主と協議して米安売を開始しようとしたが間に合わなかった。当時、兵庫湊は大坂に匹敵する納屋米（民間流通米）集散市場として成長しており、大坂をはじめ各地の米穀市場と緊密な流通関係を形成していた。打ちこわし当時の状況として注目すべきは、江戸米穀市場との流通関係である。打ちこわし直後の六月一日に兵庫湊の問屋・穀物仲買に対する穀物調査が実施され、問屋所持米合計（廻船荷主からの預り分と問屋の購入分の合計）二七六四俵のうち四五％が江戸廻送用であったことが判明したように、兵庫→江戸の米穀流通が活発に展開していた。当時、田沼政権の米穀素人売買勝手令などの米穀市場政策により上方から江戸への下り米流通が活性化していたが、兵庫湊もこうした米穀流通の中継地として位置づいていたことがわかる。また、大坂町人による兵庫納屋米の買占めの動向も米価高騰の要因となった。さらに打ちこわしの直後に、内々に米を江戸に廻送した北宮内町北屋久左衛門が騒擾の要因をつくったとして手鎖・町内預けの処分を受けたことも確認され、兵庫湊の米価騰貴＝食糧危機が、兵庫→江戸の米穀流通の活発化をはじめとする当時の米穀市場流通変動と結びついて起きたことが指摘できる。　（岩田浩太郎）

〔参〕『新修神戸市史』歴史Ⅲ近世、岩田浩太郎「打ちこわしと都市社会」（『岩波講座日本通史』一四）

天明七年（一七八七）五月一八日
肥後国熊本藩領熊本町・川尻町・宇土町打ちこわし

天明の飢饉の影響で米価高騰が続いていたところ、現物を持たずに米穀を売買して米価を操作する歩札商なる投機的商売が流行したため、歩札商への反感が高まった。そこで、天明六年秋・翌七年春の天候不順による物価高騰を直接的契機として、二〇〇人ばかりの人数が歩札商宅に押し寄せ、五月一八日熊本町で七軒、その後川尻町で二軒、宇土町で二、三軒を打ちこわした（松井家文書「先例略記」、別の史料では相違あり）。また、他の町でも不穏な動きがあった。熊本藩による出動に対して、打ちこわし勢はすばやく逃走したが、「翁草」によれば、後に熊本町古町の三人が頭取だと自首してきたので、熊本藩はこの者に牢舎を命じるとともに打ちこわされた者にも謹慎を命じた。一説には、庄五郎という相撲取りがすべての罪をかぶったとされる。ま

た、打ちこわしを行った方に褒美が与えられ、打ちこわされた歩札商が閉門を申し渡されるなど、かえって厳しい処分を受けたともいう。

（大橋幸泰）

〔参〕『山鹿市史』、『新・熊本の歴史』五

天明七年（一七八七）五月二〇日
江戸打ちこわし

天明七年五月二〇日以降、数日間にわたり江戸全域で展開された打ちこわしは、政治・経済・社会など各方面に多大な影響を与えた出来事であった。その要因は複合的なものであったが、最大の要因であり、この時ピークを迎えた米価高騰は、前年の六年（一七八六）秋に始まるものであった。六年七月に関東筋を襲った大風雨は、近年に例のないほどの大洪水を引き起こした。作物は甚大な被害を受け、米を始め諸物価がいちじるしく高騰する原因となったが、九月、江戸町奉行所は上方米・地廻り米の荷受けを、問屋・仲買に限らず米穀商人以外の者にも許すことで、江戸入津量を増加させ、米価の引き下げを図る米穀売買勝手令を発した。しかし、幕府が意図したほど効果は上がらず、翌七年に入ると事態はさらに悪化した。江戸の各所で、三井や白木屋といった大商人による下層民への施行も広範に実施されたが、米価は依然として高騰を続け、不穏な状況が醸成されていった。五月九日、町奉行所は再び米穀売買勝手令を発し、一五日には、幕府は大坂城代堀田正順に対し、大坂城の備蓄籾一四万石の内七万石を江戸に廻送するよう命じた。二四日に、大坂東町奉行所は浜方年行司を呼び出し、三万五〇〇〇石の買米を命じたのも、同じく江戸廻送の意図に基づく対応策であった。大坂城代に城詰米の廻送を命じた同じ一五日には、会津藩・白河藩・二本松藩・越後高田藩の四藩に、各居城に収められている幕府城詰米を江戸に送るよう命じた。会津藩の場合、若松城の城詰米七〇〇〇石の内五〇〇〇石を、六月下旬を期限に江戸廻送することが命じられていた。このように、幕府は江戸に米を集中させる施策を次々と断行していったが、結果からいえば、あまり効果はなかった。大坂の場合で見ると、城詰米は間に合わず、市場における大量の買米は大坂市中を不穏な情勢に陥れたため、二九日には買米分の市内放出を余儀なくされている。会津藩などの城詰米も、東北地域が連年の飢饉で疲弊しており、迅速な継送は困難であった。さらに、藩士への扶持米に代用していたため、備蓄米自体さほどなく、規定どおり廻送することは現実的には不可能であった。米穀売買勝手令に至っては、同令により荷受けを許した米屋以外の者による買い占め行為により、逆に米価高騰の要因となった。江戸の米価を引き下げ、都市民の飯米を確保するための施策が、各方面に深刻な影響を及ぼすばかりか、逆に米価引き上げの要因となる事態を生んでいたのである。しかし、江戸の米価が高騰しているという情報は諸国を駆け回り、諸国米の江戸廻送が活発化する大きな要因となっていたのもまた事実であった。つまり、江戸廻米量自体は増加していたものの、市中での流通量増加に直結しなかった結果、米価は異常な高騰を見たのである。商人の蔵にとどまらず武家屋敷なども利用した、米屋のみならず米穀商人以外の者による買い占め行為が広範に見られたことが背景にはあった。そして最終的には、町奉行所の対応の遅れが事態を決定的なものとしたのである。五月上旬の江戸の米価は、小売米（白米）が銭一〇〇文につき四合〜四合五夕の割合であったが、一六〜七日頃になると三合にまで高騰し、小売りを行う多くの舂米屋は休業に追い込まれた。一八日、南北小口年番名主は町年寄に、御救米を町方一統に支給するよう町奉行に掛け合ってほしいと願いでた。一九日、町奉行所は大豆の食用督励、あるいは本船町などの米仲買から米を買い入れるようにという指示を与えたが、町方の嘆願を容れて御救米を支給するまでには至らなかったため、後に御庭番が指摘したように、状況は急激に悪化した。南北小口年番名主が町年寄に嘆願に出向く前から、米屋などへの打ちこわしは散発的に起きていたが、こうした状況を背景に、ついに二〇日夜、赤坂一帯で

米屋二三軒が打ちこわされた。以後、その波は山の手地域から街道沿いに、江戸一円・宿場町そして在方にまで広がっていった。

　このように、米屋は勿論、他商売の者による買い占め・売り惜しみを背景に、前代未聞の打ちこわしが展開していったが、それは江戸に限られなかった。全国各地における連鎖的な都市打ちこわしは、五月一二日の大坂での打ちこわしを皮切りに、全国各地の都市で連鎖的に打ちこわしが起きたのであり、幕臣森山孝盛をして「同時之諸国騒動」といわしめた情勢に陥った。江戸の打ちこわしの場合、打ちこわされた家屋は一〇〇〇軒前後と推定されている。その大半は米商人や春米屋であったが、米穀売買勝手令で米穀の荷受けが認められていたこともあり、綿問屋・古着屋・紙屋・薬屋といった米穀商売以外の者も、その買い占め・売り惜しみ行為により多数打ちこわされている。また、浅草蔵前の札差も打ちこわしの対象となった。打ちこわしは地域住民と米商人・春米屋間の日常生活における地域間矛盾の集中的表現として起きたものであるため、その対象の多くは打ちこわし参加者の居町・隣接した町の米屋などであった。なお、六年七月の関東出水の際に、罹災民に施行を行った米屋は打ちこわしを免れているが、三井などの大商人も近隣の町などにも施行対象を拡大することで、打ちこわされずに済んでいる。各町では、商人などを中心に有徳の者による施行が広範に実施された訳であるが、その一方、自衛のため木戸の閉鎖などを実施したり、町を防備するために人足を多数雇う例も見られた。ところが、市中取締を任務とする町奉行所は有効な対応策をなんら取りえず、町方の評判は非常に悪かったが、幕閣内でも勘定奉行から町奉行の対応を批判する声が公然と上がっていた。よって、奉行も鎮撫のため騒動の場所へ出向くことになったが、打ちこわしに乗じて盗みに及ぶ者を捕縛するにとどまっていたため、二三日、幕府は長谷川平蔵ら先手頭一〇名に市中取り締りを命じ、手に余れば切捨も許容すると申し渡している。しかし、先手組にしても、実際に捕縛活動を行ったのは二組ほどというのが実情であり、幕府の権威はいちじるしく失墜した。町奉行所が捕縛した者についても、結局のところは私的な喧嘩であるとして、処罰できたのは三七人にとどまり、重追放（二二人）が最高刑であった。ところで、打ちこわし以前からの課題である町方一統への御救については、同日、召仕を使う者は除いて対象者を三六万二〇〇〇人と見積り、一人につき米一升分の代金（銀三匁二分）を支給する旨を通達した。打ちこわしに強い衝撃を受けた幕府としては、こうした御救策により事態の鎮静化をはかったのであるが、この程度の対応では状況はもはや好転せず、いっそうの対応策を余儀なくされる。そして、この打ちこわしは政治面でも、次のとおり重大な効果をもたらした。

　当時、後に寛政改革の立役者となる松平定信の入閣運動が、御三家や将軍徳川家斉実父一橋治済により進められていたが、田沼意次の影響が強い幕閣の抵抗により、その運動は頓挫していた。幕閣内で定信の入閣に強硬に反対していたのは将軍側近の御側御用取次横田準松であったが、この打ちこわしの事実を正確に家斉に伝えなかった責任を問われ、五月二九日に罷免されている。これを機に定信の擁立運動は好転し、六月一九日、老中首座に就任する。このことから、江戸打ちこわしは政治的にも重大な影響を与えた出来事として研究史上注目されている。なお、横田が解任された翌日の六月一日には、御庭番を通じて対応の不手際が指摘されていた北町奉行の曲淵景漸が、打ちこわしの責任を問われて西丸留守居役に転任となった。

　さて、幕府の御救策および商人などによる近隣地域への大規模な施行により、緊迫した社会情勢はいったん鎮静化に向かったが、翌二日、幕府は武家・寺社・町方に限らず、自家の飯米用以外の余分な米は米屋に売り払うよう命じた。米屋などが買い占めた米穀を、その依頼を受けた武家屋敷などが自家の囲米として隠匿する行為が見られたのである。よって、こうした囲米行為を禁じることで、市中の米穀流通量の増加をはかったのであるが、当の囲米行為を取り締まるべき立場の町奉行所側には、賄賂を贈られ見分に手心を加えているという風聞もあった。さらに、当時江戸の米価が高騰しているという情報が全国をかけめぐったことで、諸国から江戸への米穀の流れは大規模な展開を見せていたが、この打ちこわしはその流れを一転させた。品川沖にまで入っていた諸国米が、今回の騒動で浦賀に戻り始め、地廻り米の入津も止まってしまった。御庭番も報告したように、このままでは再び打ちこわしが起きる危険性があり、幕府としては市中の流通量を増やし、米価引き下げの思い切った施策を取ることに迫られていた。六月八日、職掌外ではあったが、関東郡代伊奈忠尊は江戸町方の救済にあたることを命じられた。伊奈は関東郡代としての職掌を活かし、各地に家来を派遣して、下付された二〇万両をもって時価を大幅に上回る代価で米穀の買い付けにあたった。買い入れの場所は関東のみならず、甲州・信州・奥州にまで及んだ。大量に買い付けられ江戸に送られた米穀は、一八日より始められた各町への支給に使われた。伊奈が大量の米穀を買い集めたことで、当該地域では米価が高騰していたが、江戸の不穏な情勢は伊奈の町方救済により急速に鎮静化していった。そして、それと時期を合わせるかのように、定信が幕閣の中心となったが、政権成立の背景となった江戸打ちこわしに象徴される深刻な社会状況を踏まえ、江戸の米価安定そして都市民の飯米確保とは、以後定信政権にとり至上課題となったのである。

（安藤優一郎）

【史料】やれでたそれ出た亀子出世　やれでたそれでたかめのこがでたよ

天明七年五月の江戸打ちこわしを主題とした黄表紙。蘭徳斎（勝川）春童作、天明八年（一七八八）刊。大東急記念文庫蔵。話の筋書きは以下のとおり。鎌倉鶴ヶ岡の萬年屋角右衛門（萬角）という商人が、当時流行っていた「すっぽん料理」に発想を得て「亀料理」を思いつき、亀料理の貸座敷料理店を始めた。店は繁盛し、町中の評判をえた。そこで萬角は、竜宮へ亀の買占めに行き、たくさんの亀を俵につめて竜宮の仮蔵へしまい込む。亀に流行をとられたすっぽん仲間は、このままでは「渇命」になると相談し、萬角を打ちこわしに行き、さんざんに打ちこわす。この騒動を耳にした鎌倉の執権秩父の重忠は、役人にすっぽんたちを逮捕させ吟味した。と同時に、萬角の買占めた亀俵を竜宮の仮蔵から取り上げ、亀を助けてやるとともに、諸人に御救い米を支給し仁政を施す。亀騒動も鎮まり、頼朝公の仁政も重忠のおかげであるとして、重忠が加増を受けるところで話が終わる。時代を鎌倉に取り、米買占めを亀買占めにして江戸打ちこわしを風刺したもので、萬角は南伝馬町の萬屋作兵衛（田沼の米一万俵を預っていたと噂された）、竜宮は当時大量に囲い米をしていた武家屋敷を連想させる設定となっている。亀（米）を大道に撒き散らすなど、打ちこわしの描写もリアリティーがあり、誰もが江戸打ちこわしを具体的に想起する傑作となっている。題名は天明末年に流行した俗謡「やれ出たそれ出た、亀の甲が出たはよ、親もむぐれば子もむぐる、ノコノコサイサイ、ノンノコサイサイ」から取ったものと推測される。寛政元年（推定）に「新建哉亀蔵（あたらしくたつやかめぐら）」と改題されて再刊されていることが確認される。天明の江戸打ちこわしを主題とした黄表紙としては唯一のものであり、当時の民衆意識や政治風刺のあり方、および都市打ちこわしの巧妙な記録伝承のあり方などを考察するうえできわめて貴重な作品である。『東京市史稿・産業篇』三一に翻刻されている。

（岩田浩太郎）

［参］山田忠雄「一揆打毀しの運動構造」、安藤優一郎『寛政改革の都市政策』、南和男「天明江戸打ちこわしの黄表紙」（『日本歴史』四五三）、山田忠雄「政治と民衆文化」（『歴史評論』四六五）、岩田浩太郎「打ちこわしと民衆世界」（『日本都市史入門』Ⅱ）、片倉比佐子『天明の江戸打ちこわし』

天明七年（一七八七）五月二〇日
安芸国安芸郡広島藩領広島町打ちこわし

天明六年の冷害（広島藩領で一二万石の減収）、藩の米穀他所売禁止令を破る上方などへの米穀流通の展開、城下米穀商・富商による買占めにより、市中米価が騰貴した。天明七年五月二〇日夜半から二一日払暁にかけて、借屋層が蜂起し、米屋忠右衛門や豪商三国屋次郎右衛門など、中島組・白神組・新町組の米穀商や綿改所頭取役・勘定所御用聞・大年寄役など九軒を打ちこわした。その後も毎夜、小屋橋・猿猴橋に群衆が見られ不穏状況が続いた。二四日に中通組東魚屋町宮崎屋徳右衛門借屋茂八ら借屋九名・立番所人悴一名が逮捕され、六、七月に町方で自警体制と防ぎ方人足の組織化が進められ、漸次鎮静した。なお広島では、すでに天明四年二月に、藩命により他所米売捌きを管掌した勘定所御用聞町人が高値を理由に打ちこわされた事件が起きている。　（岩田浩太郎）

〔参〕『広島市史』二

天明七年（一七八七）五月二四日
備後国御調郡広島藩領尾道町石打

瀬戸内海の交通の要衝であった尾道は、天明期を境として諸国廻船の寄港が減少し、米穀入津量も減少傾向をたどり始めていたが、天明飢饉も相俟って、当時は米価が非常に騰貴していた。そのような折、五月二四日夜に、石原屋勘四郎・林屋半次郎方へ窮民が押し寄せて、投石に及ぶ事件が起きている。すでに四年前に、町方には投石行為は禁止する旨が通達されていたが、この事態を受けて、改めて町会所では投石を禁じるとともに、見物にでることも禁止する通達を町に出している。そして、今回の石打を契機として、広島藩では「穀物売買定法」を定めて、廻船の寄港による米穀入津量の増加につとめている。　（安藤優一郎）

〔参〕『尾道市史』下、『新修尾道市史』五

天明七年（一七八七）五月二五日
紀伊国那賀郡和歌山藩領粉河村打ちこわし
→天明七年（一七八七）五月一三日
紀伊国海部・名草郡和歌山藩領和歌山町打ちこわし

天明七年（一七八七）五月二六日
駿河国安倍郡幕府領駿府町打ちこわし

天明七年五月以降、米価高騰を背景として、全国各地の都市で米屋などに対する打ちこわしが連鎖的に起きていた。幕臣森山孝盛はその状況を「同時之諸国騒動」と日記に記したが、駿府などでの打ちこわしも、その一つであった。五月二六日、駿府城下の町民により一四軒が打ちこわされた。翌二七日にも、同じく城下の江川町・伝馬町で不穏な動きが見られたが未遂に終わった。なお六月一三日には、東海道藤枝宿で二、三軒が打ちこわされ、翌一四日には駿府城下に近い丸子宿で打ちこわしが起きた。同時期、山方の村々では、有徳の者に米や麦の安売りを求めるため、竹筒の声を合図に青木原などへの参集を呼びかける廻状が回されていたが、これは未遂に終わったようである。このような情勢を背景に、翌六月二一日、町方に対して二四一石余の御救米を支給する旨の町触が出された。　（安藤優一郎）

〔参〕『静岡市史編纂史料』三

天明七年（一七八七）五月二七日
下総国千葉郡佐倉藩領千葉町・登戸村・寒川村打ちこわし

飢饉の影響で都市を中心に飯米不足、米価高騰による打ちこわしが頻発するなか、譜代大名堀田氏が支配する佐倉藩でも「江戸表騒動」（二〇日）の波及を警戒していた。しかし五月二七日夜、佐倉と江戸を結ぶ千葉街道の宿場・港町である千葉町で米屋九軒（近江屋ほか）に対する打ちこわしが行われた。参加者は三〇〇人以上に及び、事後も弥陀山に参集して気勢を上げた。それが波及して翌二八日に隣接する港、登戸村で二軒が打ちこわされ、同様に港である寒川村で七軒が打ちこわされた。町村ともに都市下層民と呼ぶべき者が主体で、「若者」が中心にいた。若者らは事前に「白幡大明神」へ集まって相談した。二九日には村町役人や僧侶が説得して鎮静化に向かい、佐倉藩役人が出張して鎮圧した。千葉では、

「弟」や「無宿」など五人、登戸村では「倅」など七人、寒川村では一〇人の合計二二人がとらえられた。吟味の結果、五名が追放、他は戸〆・押込となった。（深谷克己）
〔参〕『佐倉市史』二、木村礎・杉本敏夫編『譜代藩政の展開と明治維新』

天明七年（一七八七）五月二八日
肥前国彼杵郡幕府領長崎町打ちこわし

天明七年は、長崎の町人も春以来、米価の高騰に苦しんでいたが、五月二八日夜に、大勢の窮民が米屋に押しかけて打ちこわしを実行するという風評が長崎の町に広まっていた。それを聞いた大黒町の亀五郎ら三人は、米価高騰の原因は米屋による買い占め行為にあるとみなし、当日の打ちこわしに加わった。亀五郎らは、打ちこわされた一四軒の米屋のうち三軒の打ちこわしに加わり、格子をこわしたり、投石、あるいは穀物を撒き散らすなどの所業に及んだ。この打ちこわしに対し、長崎奉行所では六〇人ほどを捕縛して牢屋に入れたが、吟味の結果、亀五郎ら三人が過料銭一貫文を命じられた以外は、すべてお構いなしという判決であった。（安藤優一郎）
〔参〕『犯科帳』四

天明七年（一七八七）五月
山城国紀伊郡伏見町ほか打ちこわし

この年、天明飢饉の影響で、畿内全域で米価が急騰した。五月一〇日夜、大坂に接する木津村で米屋五兵衛方が打ちこわされたのを皮切りに、飯米に窮した人々が、米屋へ押し寄せ、無理やり米を買い取り、拒否した米屋九〇軒余を打ちこわした。一二・一三日、摂津国兵庫、和泉国堺、大和国奈良、山城国では、紀伊郡伏見町、相楽郡木津町、同郡笠置町、久世郡淀町で米屋が打ちこわされた。京都市中でも、相場師の南宮忠蔵方を打ちこわすか、刺し殺すとの噂が立った。打ちこわしを警戒した町奉行所は、四月末から、各町や富裕者が困窮人を助けるようにとの触をたびたび市中に通達、忠蔵も銭一〇〇貫ほど施行した。そのため、京都市中では、打ちこわしが起こらなかった。六月初め、町奉行所は、これは町役人がよく働き、困窮人も無体な行為を慎んだためであり、奇特なことであると、賞美する触を通達している。（岩城卓二）
〔参〕『日本近世飢饉志』、『京都町触集成』六、『年代記・明和の春』

天明七年（一七八七）五月
摂津国武庫郡尼崎藩領尼崎町打ちこわし
→天明七年（一七八七）六月一七日
播磨国赤穂郡赤穂藩領相生浦打ちこわし（家潰し騒動）・周世村強訴

天明七年（一七八七）六月一〇日
播磨国揖東郡林田藩領打ちこわし

天明の飢饉・不作は、天明三年（一七八三）以降厳しさを増したが、林田藩（藩主建部政賢）領内では、天明六年秋の不熟がことに激しく、林田領民は藩に対して検見をしてくれるよう願ったが聞き入れられず、同七年三、四月ころまで年貢未納分の取立てが厳しく続いた。さらに、未納分は六月に麦年貢で納め切るように命じられたが、この年の麦作もまた不熟であった。領民は麦での年貢上納の免除を願おうとしたが、大庄屋はそれを藩に取り次がず、藩からはなおも家財道具や農具を売ってでも年貢を納めるよう命じられた。このようなありさまであったので、領民はひしと困窮するにいたり、六月九日夜に百姓三〇〇〇人ばかりが林田城下へ集まり不穏の気配を示した。この日は打ちこわしには及ばなかったが、翌一〇日昼ごろから百姓の男女が、林田大手口久保村の大庄屋三木弥兵衛宅へ押しかけ、食事の無心を申しかけた。弥兵衛は、これに取り合わず、代官にこの旨を急報した。駆けつけた役人は百姓たちに願意を承るから引き取るように伝えたが、百姓たちはいっこうに承知せず、大勢が役人に取りかかり狼藉に及んだので、代官は退散を余儀なくされた。この日の夜から翌一一日にかけて、百姓たちは、弥兵衛宅のほか、町家の大黒屋久兵衛・龍野屋吉右衛門・山下屋三次郎の三軒を打ちこわした。一一日夜には、騒動はさらに大きくなり、東保村の大庄屋新右衛門や六九谷村庄屋三郎太夫ら富家に食べ物を強要し、太田村の中庄屋弥吉郎宅を打ちこわした。一二日には、觜崎村の大庄屋が食べ物を強要された。さらに百姓たちは、翌日にかけて、觜崎宿村の西楽寺・同村庄屋市郎右衛門・沢田村庄屋長兵衛・東保村庄屋五郎太夫ら富家へも押しかけたが、いずれも炊き出しで接待したので、打ちこわしを免れた。このような形勢に対処すべく、林田藩は、すでに一〇日に龍野・姫路藩に、一一日に岡山藩に加勢救援を求めたが、山崎・三日月藩からも役人が出張し、安志・山崎藩、そして新宮村の旗本池田頼定の所領でも領境を警備した。さらに林田藩は、一二日に村々に対して金一〇〇〇両をお救い銀として下付することを決めた。このような状況になって、騒動は鎮静に向かった。林田藩では、一四日に騒動の首謀者八、九人を召し捕らえ、入牢を申しつけて事件は落着した。（山崎善弘）

〔参〕『龍野市史』二、『兵庫県史』四

天明七年（一七八七）六月一七日
播磨国赤穂郡赤穂藩領相生村打ちこわし（家潰し騒動）・周世村強訴

　天明年間（一七八一～八）には飢饉・不作が相次いだが、天明七年に入って窮迫状態はいよいよ進行した。こうしたなかで、五月には、江戸・大坂を始め全国各地で大規模な一揆・打ちこわしが起こったが、尼崎・池田・伊丹・茨木・兵庫・平野郷・古市・八尾あたり一帯でも打ちこわしが起こっている。とくに尼崎町では米屋三五軒が打ちこわされたという。その後、同町では米価が高騰し続け、一石が銀二三〇匁にまで達したため、富豪が救助米を施行したり、大寺・天神社に千度参りと称して、五穀豊穣を祈願する者が群集したという。また、六月一七日夜には、播磨国相生村でも村民が集まり、鬨の声を挙げ、米屋六軒を打ちこわした。その参加人数は五〇〇人余りであったという。群衆の主な要求は、救米の拝借にあったようであるが、赤穂藩からは、二二日から二四日までに村民一九九人に対し、一人五合の救米が支給された。打ちこわしの終焉後、赤穂藩はその参加者の逮捕に取りかかったが、吟味のうえ、九助が頭取と見なされ、一〇月九日には尾崎河原で死罪に処せられ、相生村の比坂峠で獄門にかけられた。村民一同は、戸締・追込、村役人も全員戸締めに処せられたが、一一月三日にその処分を解かれている。相生市の北坂峠に九助を供養する一揆地蔵が建てられている。なお、相生村打ちこわしの同日の六月一七日には、同郡周世村の女性ばかり一〇〇人余が、赤穂藩陣屋へ救い米を求め強訴した。男は農作業を行っているために女ばかりがでてきたが、近く男女一緒に参るといった。庄屋が食事の世話をし、藩が高一石につき銀二匁の御救い銀を支給することで収まった。（山崎善弘）

〔参〕『兵庫県史』四、『相生市史』三

天明七年（一七八七）六月
肥後国天草郡幕府領（島原藩預地）銀主打ちこわし

→寛政五年（一七九三）五月七日
肥後国天草郡幕府領（島原藩預地）西目筋「百姓相続方仕法」改正強訴未遂

天明七年（一七八七）一〇月二二日
播磨国多可・加東郡ほか幕府領ほか打ちこわし（多可郡酒屋騒動）

　天明七年一〇月、困窮する「農工商」の名で、加古川流域の幕府領・一橋領知をはじめ姫路・三草・小野・尼崎・古河藩領や旗本領の五八か村の庄屋・年寄にあてて口上書が出され、昼夜を問わず早々にこれを順達するように指示してあった。この五八か村は、多可（一六村）・加東（三六村）・印南（三村）・加古（二村）・美嚢（一村）の五郡にわたる。その廻状には、幕府から三分一酒造令が出されているにもかかわらず、酒造家は一向に慎まず、秋作も大不作であるためますます米価が高騰し、百姓・町人ともに飢渇に及ぶありさまであると記され、さらに隠酒造と酒詰樽の加古川積み下し禁止を要求し、このままでは騒動の起こる可能性のあることが記されていた。この口上書との前後関係は明らかでないが、一〇月二二日夜、三〇〇〜四〇〇人が多可郡津万島村の酒屋利右衛門宅へ押しかけ、さらに一一月一日夜に中畑村の酒屋源四郎宅、二日夜に西田井村の酒屋定兵衛宅、三日夜に下比延村の酒屋定右衛門宅を打ちこわした。騒動勢は、四日夜には福地村・岡村へ押しかけることを宣言していったん引き上げたが、当日には二〇人ばかりしか集まらず、火を焚き、声を挙げるにとどまった。一一月三、四日の両日にわたって西田井村の定兵衛から急報を受けた生野代官所は、四日九つ時に酒造見分在郷取鎮役として手代平石証吉・渡辺久治両人らを派遣し、彼らは夜五つ時に的場村に到着、平石はその夜俵田村に宿泊した。彼らの主目的は酒造改めであり、八日には任務を果たして生野へ帰っていった。このころには騒動も収まったかに見えたが、八日夜になって、二〇〇人ばかりが俵田村酒屋利兵衛宅を打ちこわした。九日、生野代官所から手勢が的場村に派遣され、一〇日にはもっとも被害の大きかった俵田村を検分して、手代三人で評議の上、一橋家、古河・三草・尼崎藩の各領主へ用書を飛ばした。しかし、騒動はこの日を境に終息した。打ちこわし参加者に対する処罰は不明である。（山﨑善弘）

〔参〕『西脇市史』本、『兵庫県史』四

天明七年（一七八七）一一月一九日
丹波国船井・桑田郡園部藩領ほか打ちこわし（口丹波一揆）

天明の飢饉による米価高騰によって、各地では打ちこわしが激発していた。天明七年六月、松平定信が老中に就任、酒造制限令を発布し、米価抑制をはかるが、その効果は現われなかった。丹波地方でも米価は高騰、京都の相場よりもさらに銀一〇匁近く高かったため、京都に近い口丹波と呼ばれた船井・桑田両郡では、一一月初頭より、不穏な空気が流れていた。当初、百姓は船井郡観音寺村の善蔵などを中心に酒造制限令を遵守するよう酒屋との交渉を進めていたが、次第に、交渉では手緩いとの意見が強まり、一九日、打ちこわしに及んだ。百姓は北之庄村の酒屋藤左衛門方を皮切りに、杉村川勝定右衛門方、そして観音寺村善蔵方を相次いで打ちこわした。さらに、村々に人足を強制、従わない村は打ちこわすと脅し、船井郡上河内村油屋惣八方に押し寄せた。惣八は、酒食を振る舞い、打ちこわさないように懇願するが、聞き入れられず、居宅・土蔵・雪隠・諸道具などことごとく粉砕された。その後、百姓は、園部城下に押し寄せ、大手門突入をはかるが、待ち構えた藩兵に阻止された。また、篠山藩兵が援軍として到着したため、百姓は退却した。当地は、亀山・園部・篠山藩領、幕府領、旗本領などが入り組む地域であったが、百姓は所領を越えて打ちこわしに参加した。打ちこわしは、桑田郡でも多発し、国分村猶八方、江島里村の旗本津田家代官所などが襲われ、亀山城下にも押し寄せている。同時多発的打ちこわしで、その全体像は不明であるが、参加者は多い記録で三〜四万名とある。二三日頃、終息に向かったようである。打ちこわし勢に酒食を振る舞い、金品を差し出すことで打ちこわしを免れた者も多いが、三〇軒近くが打ちこされたことが確認されている。『御仕置例類集』によると、桑田郡馬路村彦七と船井郡屋賀村助七が中追放、桑田郡北中村勘蔵が軽追放に処されているが、その他、二〇〇名以上が投獄されたという。また、観音寺村善蔵は、居宅を打ちこわされたものの、首謀者として捕らわれ、京都町奉行所で牢死した。（岩城卓二）

〔参〕井尻良雄編『天明七年口丹波の百姓一揆』、湯浅貞夫『天明の地鳴り』

天明七年（一七八七）一二月二二日
相模国津久井・愛甲郡幕府領酒屋等打ちこわし（土平治騒動）

天明七年一二月二二日の夜半、相模国津久井の玄関口にあたる上川尻村久保沢宿の酒屋近江屋源助宅が打ちこわされたことから始まり、二八日には、十数キロ離れた日連村勝瀬の酒造屋惣兵衛が打ちこわされ、翌年一月四日には青山村・中野村・鳥屋村・根小屋村で酒屋が打ちこわされ、六日愛甲郡半原・田代両村の酒造屋・質屋の打ちこわしで終息する。参加者は二八か村の一〇〇〇人近くと推定され、襲われた側は酒造屋や米穀物を買い占めた商人たちであった。頭取は、牧野村篠原の専蔵（土平治）はじめ、青野原村の伴蔵・利左衛門。参加者は、金品を盗んだり火を出さないように注意した上で、酒蔵のほか家具・道具は手当り次第ぶちこわし、衣類まで引き裂いた。打ちこわしが終息すると、かねての計画どおりに、土平治は出向いてきた幕府役人に直接訴え出て、召し捕らえられた。一月一四日までに八〇人ほどが取り調べを受け、専蔵・伴蔵・利左衛門の三人が江戸送りとなる。天明八年八月、勘定奉行根岸鎮衛から処罰が言い渡され、専蔵・伴蔵・利左衛門は死罪、ほかに一人が手鎖、二八か村に過料が科せられた。一方、襲われた酒造屋は、幕府の酒造制限に違反した罰で江戸払い・諸道具取り上げの判決を受け、以後の酒造活動が不可能となった。天明の飢饉と各地での一揆・打ちこわしの高揚のなかで、天明七年六月に老中首座となった松平定信は、まず酒造三分の一制限令を発したが、津久井の一揆参加者はこれを守らず米を買い占め米価をつり上げている酒造家たちを制裁したものであり、幕府が騒動の終息した天明八年一月に米穀占売・酒密造禁止と徒党・打ちこわし厳禁を発令したのは、土平治騒動の影響があったものと考えられている。

【人物】牧野村土平治　まぎのむらどへいじ

『渡辺土平治騒動記』などの一揆物語で一揆指導者として登場し、「民を平らかに治める」という意味で付けられた名という。伝承によれば、戦国大名北條氏政の家臣渡辺河内守義政の系譜を引き、近世になって土着した篠原村の名主家に生れ、一二歳の時江戸小石川の松平讃岐守に奉公したが、父が死亡したため一八歳で帰村し家を相続したという。この土平治という人物は、創作性の強い一揆物語に登場するのみであったため、長らく架空の人物と考えられてきたが、昭和四九年（一九七四）川鍋定男氏が論文で、牧野村篠原組茂兵衛の倅の専蔵の別名であることを明らかにした。地元の史料によれば、専蔵は、天明初年の村方騒動に関わり、村内外で「土平治」としての信頼を高め、やがて一揆の指導者になりえたと考えられる。子孫の佐藤家（藤野町牧野篠原）には、土平治の位牌（法名観窓自得信士）、小祠、墓石が現存。一九八〇年代前半、神奈川県が広く県民に呼びかけ選定した「神奈川の百人」、「神奈川の史話百選」にそれぞれ土平治・土平治騒動も選ばれた。昭和六二年（一九八七）には、地元津久井で土平治騒動二百周年実行委員会が結成され、関係文書の収集・保存から現地踏査など多様な行事が開催され、生家前に記念の植樹と建碑で事業を締めくくった。

【史料】渡辺土平治騒動記　わたなべどへいじそうどうき

本書（『藤野町史資料編』および『編年百姓一揆史料集成』に所収）を含めて、土平治騒動に関する騒動記は、騒動の起きた津久井地方を中心に八点が確認されている。あらすじは、一揆以前の疲弊した実態と酒造人の米買い占め、土平治の出現と人格、一揆集団の形成過程、打ちこわしの開始と土平治の活躍、幕府の鎮圧軍と一揆勢との全面対決、土平治らの捕縛となっており、どの写本も大同小異の内容である。指導者の土平治を中心にして一揆に参加した人々の思想・意識や行動の様子がリアルに描写されており、作者は『太平記』などの軍記物や『桃太郎』などのおとぎ話からえた知識をもとに創作したものと推定される。なお所蔵者はいずれも組頭などを務めた村役人の家柄で、村人に読み聞かせたこともあったという。原本の成立や作者は今後の調査が待たれるが、写された年代の判明するものは、早い順に文政五年（一八二二）の『津久井県騒動記』、次いで本書の文政九年、安政五年（一八五八）の『土平治一代記』・『県内凶年騒動鏡ヲ写』などである。

（高橋正一郎）

［参］『神奈川県史』通史三、『城山町史』六、川鍋定男「義民土平治の実在と思想形成」（歴史手帖一二―一二）、高橋正一郎『歴史の鉱脈』

天明七年（一七八七）一二月 飛驒国大野郡ほか幕府領越訴（大原騒動天明騒動）
→明和八年（一七七一）一二月一一日 飛驒国大野郡ほか幕府領強訴・打ちこわし（大原騒動）

天明八年（一七八八）四月一二日 摂津・河内国二二郡八三六村肥料国訴

この肥料国訴の先陣を切ったのは摂津の村々で、豊島・川辺・武庫郡一五九村、島上・島下一二〇村、西成郡六五村が、天明八年四月二日に訴状を大坂町奉行所に提出。これを受けて河内でも訴願が計画され、河内・若江・茨田・讃良・古市の諸郡では郡ごとに訴状を作成し、惣代を選んだ。こうして最終的には四月一二日、摂津八郡・河内一四郡の計二二郡八三六村の訴願となった。四月二二日と五月二八日に審理があり、七月二七日、惣代を呼び出した上で決着を見た。訴状では、冒頭に肥料価格の高騰が掲げられ、干鰯については、混ぜ物の不正販売の取り締まりとならんで、靫三丁の干鰯商人に関わらず諸国の魚肥を扱う者は農民と相対で取り引きするように求めた。また粕類についても価格の高騰が指摘され、米一石値段の五％程度での価格の安定および池田・伊丹の酒造業地城での買い占めと他国売りの禁止を求めた。干鰯の入荷量の減少につれて、酒・醤油・油の醸造過程から生まれる粕類の肥料としての位置が高まっていることの反映である。これらに対し奉行所は、干鰯・粕類ともに不正品の販売については農民の要求を汲み、大坂には町触、摂津・河内には国触として発令したが、他の要求は拒否した。訴状には上記のほかに、「百姓難渋一件」として菜種の販路拡張、古道具屋仲間と質屋株の解散、竹屋仲間による竹の下値買い取りの是正なども合わせて掲げられているが、いずれも却下された。国訴がかならずしも、商品生産に限定されないことを示しているが、同様なことは同年の和泉一国の訴願でも確認できる。そこでは綿延売買会所と秤改めの廃止、干鰯漁場取り立て願、虚無僧の不行跡などの六項目が提起されていた。この年には四月以降、松平定信政権になって初めて諸国に巡見使が派遣され、河内の若江郡などが巡見使に対して訴願した際には、上記の要求も入っている。したがって、新政権への期待が国訴を誘引した事情も考慮される必要があろう。（藪田　貫）

〔参〕藪田貫『国訴と百姓一揆の研究』、谷山正道「寛政改革政権の成立と畿内民衆」（『近江歴史・考古論集』）

寛政元年（一七八九）五月七日 東蝦夷地アイヌ反和人武力襲撃（クナシリ・メナシの戦い、寛政蝦夷騒動）

場所請負人飛驒屋久兵衛の経営する場所であったクナシリ（国後）島、および野付水道をはさんで対岸のメナシ（目梨）地方（現在の標津郡海岸部を中心とする一帯、当時はキイタッフ場所のうち）で、寛政元年五月初旬から中旬にかけて、多数のアイヌが蜂起し、同地に出稼ぎする和人が襲撃された事件。クナシリのフルカマフでは五月七日、メナシ地方のチウルイでは五月一三日に蜂起したといわれ、クナシリからメナシ地方へ波及した。クナシリでは、運上屋のあったトマリをはじめ、ヘトカ・マメキラエ・チフカルヘツ・フルカマフで合計二二人、メナシ地方では、シベツ・チウルイ・コタヌカ・クンネヘツ・サキムイ・ウエンヘツないしオロマップで合計四九人、総計七一人の和人が殺された。松前藩から派遣された交易を監督する上乗役一人のほかは、すべて飛驒屋の雇人で、現地の運上屋・番屋に勤める支配人・通詞・番人、あるいは飛驒屋手船大通丸の船頭・水主であった。雇人の出身地は、南部領下北地方（とくに大畑）の者が多く、飛驒屋が大畑に出店したあと松前に進出したため同地から出稼ぎが増えた。和人襲撃は用意周到に準備されたと思われるが、のちに松前藩の鎮圧隊に投降したアイヌの口書によれば、蜂起に至った原因として、わずかの雇代で〆粕生産に動員され酷使されたこと、仲間の死が毒をもられ殺されたと確信するほどに、権力を笠にきた皆殺しの脅迫や慣習破りが日常化していたこと、番人らのアイヌ女性に対する強姦行為がたびたび起こったことなど、出稼ぎ和人の横暴が我慢ならないものとしてアイヌの間に共通の感情として存在していた。こうした和人の横暴は、アイヌ社会の慣習に無知な新参出稼ぎ者の振る舞いという側面もあるが、より本質的には飛驒屋の経営事情が大きく関与していた。飛驒屋武川久兵衛は、もともと材木商で飛驒国の下呂に本店を置く遠隔地間商人であるが、松前に進出した飛驒屋は松前藩に対して約一万一〇〇〇両もの貸金があり、その引き当てとしてエトモ・アッケシ・キイタッフ・クナシリ・ソウヤの五場所を請け負い、独占的な営業権を手に入れたものであった。多額の貸金を急いで回収しようとする資本の論理が、それの手下となった出稼ぎ和人によるアイヌの酷使を生み出すことになったのである。アイヌの蜂起が飛驒屋の下代によって松前城下にもたらされたのは六月一日で、松前藩は番頭新井田孫三郎以下総勢二六〇人余の鎮圧隊を編成し、六月一一日より順次出立させ、七月八日ノカマッフ（現根室市）に陣を構えた。アッケシの乙名イコトイ、ノカマッフの乙名ションコ、クナシリの乙名ツキノエといった道東アイヌの有力者の協力を取り付けて、蜂起アイヌの投降・出頭を促し、七月半ばまでにクナシリ・メナシのアイヌ三〇〇名余がノカマッフに到着している。取り調べの結果、クナシリ四一人、メナシ八九人の計一三〇人が「徒党」アイヌであるとみなされた。このうち、頭取もしくは殺害に直接手を下したとされる三七人が死罪の判決を受けた。七月二一日、現地で斬罪が執行されたが、その執行中に処刑対象者が牢内でペウタンケ（危急のさいの絶叫）を上げて騒いだので、牢内に鉄砲を打ち込むなどして三七人全員を殺した。クナシリでは、マメキリ、ホニシアイヌ、ノチウトカン、サケチン、イヌクマ、メナシではシトノエ、ケウトモヒシケ、ホロエメキといった人たちが頭取で、若手のアイヌが蜂起の中心となっていた。鎮圧隊は処刑者全員の首を塩漬けにし、「御目見蝦夷」を引率し、七月二七日に現地を出発、九月五日松前城下に着いた。城下では帰陣の示威行列が行われている。ちなみに、蠣崎波響の「夷酋列像」はこの蜂起鎮圧を契機に画かれたものである。この「蝦夷騒動」は、単なる松前藩内部の問題にとどまらなかった。松前藩江戸藩邸から幕府に最初に報告されたのは閏六月一六日で、同月下旬、幕府は盛岡・弘前両藩に対して出兵待機命令を下している。実際の出兵にはいたらなかったが、ほかに青島俊蔵・笠原五大夫を松前に派遣し、情報を探らせている。時の松平定信政権にとって、いちばんの危惧は、アイヌの蜂起の背後にロシア人が関与していないかという点であった。それは、杞憂にすぎなかったが、以後幕府による北方対策が焦眉の課題として浮上する。（菊池勇夫）

〔参〕根室シンポジウム実行委員会『三十七本のイナウ』、菊池勇夫『幕藩体制と蝦夷地』、『松前町史』通史一上

寛政元年（一七八九）閏六月二一日
越後国魚沼郡幕府領（会津藩預地）越訴

幕府領の越後国魚沼郡浦佐組の三用谷九か村では、年貢納入の際、虫野村の郷蔵へ運送することになっていたが、雪のなかの険しい自然環境で行われる命がけの作業であったため、百姓たちは三用谷内へ別の郷蔵を設けることを強く望んでいた。また、宝暦一三年（一七六三）会津藩預地になって以降、大割元制のもとで諸入用が多くかかるばかりでなく、大割元の非法に百姓は苦しめられていた。こうした状況に対して、村々は寛政元年閏六月二一日（訴状の日付は同年二月付）、幕府巡見使中山貞五郎へ、続いて一〇月、赤羽村百姓仁右衛門・大桑原村名主太郎右衛門の二人が、勘定奉行曲淵景漸へ訴状を提出し、同二年三用谷内の雷土村に郷蔵を設置することに成功した。さらに同三年、浦佐組のほか三か村を加えた一二か村の惣代として赤羽村仁右衛門および六日町組百姓が、老中松平定信に訴状を提出した（前者は七月、ただし訴状の日付は六月付、後者は八月に実行）結果、同五年大割元制の廃止が実現した。仁右衛門

らへの処罰は手鎖にとどまった。

【人物】上村仁右衛門　かみむらにえもん

越後国魚沼郡赤羽村の百姓。浦佐組惣代として、寛政元年勘定奉行曲淵景漸へ駆込訴、同三年老中松平定信へ駆込訴を行った。この結果、直訴の内容は受け入れられ、仁右衛門の罪も問われなかったが、某代官がねたんで謀殺しようとしたため、僧侶に身を隠し放浪したという。のち、村へ帰り文化四年（一八〇七）七月一日に病没。明治二八年（一八九五）、三用河畔に「義民仁右之碑」が建立された。（大橋幸泰）

〔参〕『越後佐渡農民騒動』、幡本三吉「会津御預所浦佐・六日町両組農民越訴」（『歴史学研究』二―五・六）

寛政元年（一七八九）一一月
武蔵・下総国一〇一六か村下肥値下げ訴願

寛政元年一一月、年貢上納のため江戸宿に集まった名主たちが、勘定奉行へ下肥値段引き下げ願いを提出した。江戸での下肥汲み取り代が年々高くなっていたためである。同年一二月、この運動は拡大して一九領四九三か村に膨れ上がり、まず「領々申合議定」を作成し、下肥値段、既得権の保護を取り決めた。翌二年二月、寛政改革の物価引き下げ令に呼応して下肥値段引き下げ願を再び勘定奉行に提出したところ、武家方・町方と相対による解決を指示された。そこで、今度は三二領八七四か村の統一要求、行動規定を定め、町方に要求する形で勘定奉行所に提出した。勘定奉行は、町奉行・町年寄を経て、年番町名主へこの議定書を手渡した。同年一二月、百姓の領々惣代二〇名、江戸町名主代表二二名を呼び出し、白州で直接対決させたが、奉行所は裁断はせず、あくまで当事者同士の相対による解決を指示した。同三年二月には東葛西領東小松川村と稲毛領菅・宿河原村の百姓の間で既得権をめぐって内部対立があったものの、江戸町方との間で地道な話し合いが続き、寛政四年六月、参加村数は武蔵国埼玉・荏原・多摩・橘樹郡ほか、下総国葛飾・千葉郡ほかの一〇一六か村となり、百姓側の要求をほぼ町方側がのむことを条件に議定書を差し戻し、新たな領々申合議定を作成し、各領ごとに一村毎の小前連印が行われ、落着した。この訴訟に加わったのは、下総の千葉・行徳・金町、武蔵の八条・岩淵・峡田・平柳・野方・府中・世田谷・馬込・品川・六郷・川崎・稲毛・神奈川領で、東京二三区のほぼ全域と千葉県、川崎市、横浜市、府中市を含む広域である。いわゆる関東型国訴の一つといえるであろう。（山中清孝）

〔参〕『御霊屋料岸家文書』、岩田浩太郎「寛政期江戸廻り下肥値下げ運動における領々惣代」（『関東近世史研究』一六）

寛政元年（一七八九）一二月
常陸国新治郡旗本本堂氏領上佐谷村ほか二四か村減免等江戸出訴

旗本本堂大和守志筑領二五か村七五〇〇石余は、安永七年（一七七八）の一揆（助六一揆）で獄門を含む厳しい処罰にあい、その後はどんな事態でも惣代になろうとする者がでないありさまになった。その後村高の三分の一にあたる二五〇〇石余が荒地化し、潰れ百姓が多くなったのに過剰な接待浪費を強いる検見で物入りが嵩み、さらに年貢の割増しさえ命じられて百姓相続が危うくなった。そこで村役人から再応減免を願いでたが聞き入れられなかった。寛政元年一二月に百姓一統で江戸出訴を行おうと行動を起こしたところ、村役人が領主の役人の一札をもって善処を約束し出府を止めたので信用して帰村した。しかし約束は守られず頭取吟味まで始まったので、領主の遊興や水戸街道の助郷過重ほか七か条の要求をまとめて寛政二年二月惣代が出府し、老中松平定信に駕籠訴した。この結果、認められなかった項目もあったが、徒党強訴として咎めないことを始め、検見役人には弁当持参、禁酒を命じることなど、いくつかの要求が認められた。（深谷克己）

〔参〕植田敏雄編『茨城百姓一揆』

寛政元年（一七八九）
信濃国伊那郡幕府領向関村名主入札争論

寛政元年小前二七名が連判書をしたため、

名主の押領を吟味してほしいと頭百姓に嘆願したが、取り上げられなかった。同三年になると、小前二七名は名主役を入札制にしたいと役所へ出訴し、向関村八幡院などが取扱人となって、三月にこれが許可され内済した。入札制に伴ない、名主候補として頭百姓から二五名が選任され、そのうち落札者が一年交代で務めることになり、その実施は翌年とされた。ところが、小前二七名は七月ごろから入札制に反対しはじめ、同五年四月には自分たちだけで入札し名主を決定したいと要求し、惣百姓で入札したいとする頭百姓と争論となった。頭百姓は飯島役所へ訴え、惣百姓による入札制の確認と、諸勘定への小前立ち会いの自由が認められ内済した。翌六年八月には、前年の訴訟費用(「歩銭」)について、出訴に参加しなかった小前が惣百姓割付に反対し、飯島役所へ出訴したが、その顛末は未詳である。　(西脇　康)

〔参〕伊坪達郎「近世村落の変貌と村方騒動(上)(下)」(『信濃』三九—三・五)

寛政二年(一七九〇年)二月一九日
越後国古志郡幕府領種苧原村・池谷村山論

寛政二年二月一九日に種苧原村と池谷村の境である芹沢という地所をめぐって争論となった。種苧原村の者が二〇〇人以上出て、ほら貝を吹き鬨の声を挙げて、池谷村の雑木を三〇〇本近くも伐採した。驚いた池谷村では様子を見に使者を派遣したが、種苧原村の者に山刀で追いかけられるありさまであった。種苧原村が伐木の強行に及んだ背景には、自村内で展開していた村方騒動が影響していた。種苧原村では、年貢米金や村入用・拝借金処理の不正について庄屋善右衛門を石瀬代官所へ訴え、そのなかで論地である芹沢地内を勝手に蓬平村へ売り払い代金二五両を着服したことを上げていた。百姓たちは、自分たちの主張の正しさと勢力を誇示し、団結を固めるために伐木したのであった。木を切られた池谷村では早速、徒党を組んで盗木した種苧原村の行為を石瀬代官所へ訴えた。その訴状によると、芹沢の土地はもともと池谷村の土地であったのを、種苧原村善右衛門家が田畑を開発したので検地帳は種芋原村の帳付となった。しかし、天明七年に種苧原村では年貢金の調達に苦慮し、村内で協議したうえで、その耕地を池谷村へ二五両で売り戻したことを主張した。石瀬代官所ではまず、伐木事件を起こした三人の百姓を罰した後、近隣の荷頃村と虫亀村庄屋に内済を命じたが失敗。同年一一月にいたり、代官所の仲裁でようやく内済が成立した。その内容は、芹沢の地所は種苧原村のものだが、高四石六升二合の田畑は池谷村の所持と決まった。そのため、改めて金三五両を池谷村から種苧原村へ納めるということになった。全体的には種苧原村に有利な内容であるが、池谷村も芹沢に土地を確保することができた。以上のように、この争論は山野の帰属をめぐる村落間の対立と村方騒動が複雑に絡み合って展開した事例である。(山本幸俊)

〔参〕『山古志村史』通史

寛政二年(一七九〇)六月
武蔵国入間・多摩郡幕府領ほか九二か村糠値下げ訴願

寛政二年六月の訴願の中心となったのは、入間郡上新井村の名主善右衛門と上安松村の友右衛門である。参加村落は当初五〇か村であったが、のち六七か村となった。八月には武蔵野新田の村々二五か村もほぼ同じ内容の訴願を行っている。訴願の内容は、寛政改革で物価引き下げ令が出されたのに百姓にとってもっとも大事な肥料の一つである糠の値段が下がらない、安く売るよう江戸問屋に命じてほしい、糠は尼崎→大坂→江戸→所沢という流れで運ばれているが、問屋らが暴利をえているため高い、大坂から直接購入したら安くなるのではないか、問屋のなかには粟の糠や黍の糠をまぜて量を多くし質を下げている者がいるので彼らを取り締まってほしい、というものである。勘定奉行久世広氏・柳生久通は、訴願側と江戸の問屋一四人の惣代を呼び事情を聴取し、まぜものをしないこと、利潤は四分に押さえることなどを約束させ、ともに請書を提出した。そして、勘定奉行より大坂町奉行所へ申し入れを行い、大坂の糠屋や生産地尼崎の糠屋を呼び出し、糠の値下げとまぜもの禁止を命じ、一〇月に請書を提出させた。ほぼ同時期に展開される下肥値下げ運動より規模は一回り小さいが、運動は百姓側の勝利に終わったのである。なお、安政六年（一八五九）にも同様な訴願と闘争があったが、文久元年（一八六一）に却下されてしまった。（山中清孝）

〔参〕『清瀬市史』、伊藤好一『江戸地廻り経済の展開』、山中清孝「寛政、安政〜文久期の糠値下げ運動について」（『所沢市史研究』一四）

寛政二年（一七九〇）八月
肥前国彼杵郡幕府領浦上村山里村方騒動（浦上一番崩れ）

寛政二年七月一七・一八日、長崎代官手代塚田郡兵衛・浦上村山里庄屋高谷永左衛門らの密告で、忠右衛門ら一九人の百姓が「異宗」（キリシタン）を信仰しているとして、長崎奉行所に召し捕らえられたことを発端とする。庄屋方が当時推進していた山王神社奥之院仏像建立のため、村民に醵金を求めたところ、この一九人が拒否したことが直接的な契機であった。これに対して八月、一九人の悴および本人たちが無実を訴えて出牢願を、またこれとは別に村民一同も連署して出牢願を提出しようと庄屋高谷永左衛門に奥印を求めたところ、「リウス仏」という仏を念じたことを認めなければ奥印を拒否するとしたため、散使（庄屋の補佐役）深堀安左衛門から奥印を得て出牢願を提出した。次いで九月一八日、庄屋方も預けの処分を受けるなかで、長崎奉行所による吟味が始まり、その結果、一二月に証拠不十分として捕らえられていた一九人が釈放された一方で、塚田郡兵衛・高谷永左衛門はそれぞれ代官手代・庄屋を免職となり、後任の庄屋として永左衛門の悴藤九郎が就任した。その後も庄屋方は「異宗」探索を密かに続け、永左衛門は翌三年一二月四日付で村内の内偵報告書を長崎奉行所に提出した。これが伏線となって、翌四年二月九日、大村藩領浦上村吉兵衛の密告を契機に、今度は先に一九人の出牢に尽力した深堀安左衛門ら五人（のちさらに五人）が召し捕らえられ、「異宗」問題が再燃した。前回と同じように、五月に捕らえられた者の親族が出牢願を提出したが埒が明かずに一年が過ぎた。そこで、翌五年六月三日、深堀安左衛門の家人久米次郎が太宰府参詣と偽って密かに江戸にのぼり、主人の「異宗」容疑を晴らすとともに、庄屋方のこれまでの動向を「私欲」「強欲」として糾弾する直訴状（日付は五月付）を、前長崎奉行で当時勘定奉行となっていた久世広民へ提出した。結局、長崎奉行所に直接提出するよう差し返されたため、久米次郎は一一月二〇日、長崎代官高木菊次郎を通じて長崎奉行平賀貞愛に訴状を提出した。これがどのように扱われたかは不明だが、以後長崎奉行所による吟味が積極的に進められた。この間、長崎奉行所による吟味に対して、潜伏キリシタンたちは信仰に関してあくまで白を切り通したばかりでなく、庄屋方と徹底して争った。最終的には寛政八年、「異宗」はなかったものとして長崎奉行から幕府へ報告され、「異宗」の存在が否定されて処理された。その後「異宗」問題は、二番崩れ（天保一三年〈一八四二〉）・三番崩れ（安政三年〈一八五六〉）・四番崩れ（慶応三年〈一八六七〉）と繰り返し表面化し、そのたびに潜伏キリシタンたちは白を切り通したが、四番崩れではそれまでの態度を転換して自ら信仰を表明し、徹底的に抵抗した結果、西欧列強の圧力もあって、明治六年（一八七三）キリシタン禁制の高札撤去に結実した。（大橋幸泰）

〔参〕大橋幸泰『キリシタン民衆史の研究』

寛政二年（一七九〇）一一月二七日
三河国碧海郡刈谷藩領借財返済高割賦課反対集会

財政難に苦しむ刈谷藩（二万三〇〇〇石）では、享保期から年貢先納が常態化し、領民は藩へ訴願を繰り返していた。寛政二年一一月、藩は江戸商人鹿島屋清兵衛からの借金五四〇〇両余の返済を、領内村々へ転嫁して高割りによる出金を命じた。村々は高一石につき銀二三匁、年貢高のほぼ同額を負担することになった。庄屋たちは反対の訴願を出したが、妥協策に同意せざるをえなかった。一方、百姓たちは、一一月下旬には寺参会と称して各地の寺院で集会をもち、百姓代を中心に議論を重ねて一揆を準備した。一一月二七日朝、百姓たちが藁蓑笠姿で刈谷城東の弘法山と南東の恩田山などに集合した。これを山参会と称し、参加者は庄屋・組頭を除く四二か村の一五歳から六〇歳までの百姓三万人といわれ（実際には不参加村・不参加者があった）、竹筒を吹き立て、「城下へ押し寄せ、叶わずは江戸へ出訴する」（『刈谷騒動記』）と、昼夜をわかたず鬨の声を挙げてどよめいた。藩側は、城下進入を阻止する防備を固めつつ、大庄屋高取村善兵衛を先頭に四二か村庄屋を山に派遣して説得させたが、蕎麦殻・粟糠・稗糠などの目つぶしを投げつけられて引き返した。翌二八日、元家老多米主膳が出動し、「願いは聞き届けた。御免の札を渡すから各村一人ずつ取りに来い」と叫ぶと、一揆勢から「それは頭取を探すための策略だ」との声が上がったので、庄屋が城まで取りに行くことになった。山参会は一二月二日まで続き、この間、西尾・岡崎・挙母・名古屋の諸藩が藩境まで出動している。一揆後の吟味の結果、寛政三年九月七日、刈谷町百姓代油屋善蔵が発頭人として永牢処分となり、参加した百姓は所持高に応じて過料を課せられた。また、庄屋・組頭も責任を問われて役儀取上げ・過料を命じられ、大庄屋善兵衛も永牢になった（牢死）。他方、藩側では、同年九月八日に町奉行が逼塞、代官二名が閉門処分になった。また、藩主土井利制は、同年六月一〇日幕閣に呼び出され、騒動が起きたのは不届きだが、すぐに取り鎮めたので咎めはなしと沙汰された。しかし、利制は差扣の伺いを出して自ら一か月間謹慎し、寛政四年六月、城廻り一万石を除く所領が陸奥福島地方の村々と替えられ、五五〇〇俵の減収となった。幕府は、本家筋の土井大炊頭が若年寄であったため表向きは責任を問わなかったが、実質的には処分は大名まで及んだ。一揆の結果、同藩では長年領民を苦しめた年貢の先納金制度が廃止され、年貢率・額ともに低下した。

【人物】刈谷町善蔵　かりやまちぜんぞう

刈谷町の中町に住み、油屋の屋号を持つ商人で、刈谷町百姓代の一人。藩御用飛脚宿を勤め、年貢米・蔵米を預かることもあった。天明六年（一七八六）には藩命で惣代三人の一人として江戸の鹿島屋に五〇〇両の借金を申し込んだこともある。善蔵は刈谷町庄屋の指示で町民代表として寺参会に出席したが、代表に推されたのは「常々むつかしき」者で、藩政のことも「とくと呑み込ん」でいる人物であったからである。「山寺参会での果てしない議論のなかで、「山へ大勢寄り合う」ことを提案し、この発言が発頭人として処分される根拠となった。一一月二七日の山参会への参加は藩の城下封鎖によって果たせず、三〇日には監禁され手錠をかけられてしまい、一揆には参加できないままに終わった。しかし、取り調べのなかで善蔵の提案が明らかになり、寛政三年九月七日、本来死罪のところを減刑されて、田畑・家屋敷没収のうえ永牢処分となり、妻子は親類預けとなる。取り調べ中から中風による右半身不随となっていた善蔵は、寛政四年八月三日吐き気と癪気が始まって意識不明となり、五日に牢死した。二六日親類に貰い下げられて弔われた。年齢は不詳だが、役職や江戸へのぼったことのある男子がいたことから、高年であったと考えられる。善蔵家のその後は不明。

【史料】刈谷騒動記　かりやそうどうき

一二丁の一冊本からなり、成立・筆者は不詳。写本が数点現存し、『刈谷藩における寛政一揆史料集』、『福島市史資料叢書』一〇、宇野幸男『刈谷藩に関する研究』にそれぞれ異なる所蔵者の写本が翻刻されている。写本には後世の加筆があるようで、原本は一揆後遠くない時期に成立したものと思われる。写本は何れも刈谷周辺に伝存するが、「三州は」とか「土井山城守は」などという説明文があるところから、原本は三河以外の地で成立・流布したものか。短文だが、リアルな実録風表現で一揆の経過を記録する。冒頭に「盛ナル時ハ制シ、衰ヘル時ハ制セラルトカ」という教訓文があり、また末尾に「御紋ヨリ内ゑよ（栄耀）車が廻り兼、百姓にむりな金かりや様」（土井家の家紋は水車）など落首四首が載る。

（齋藤　純）

〔参〕刈谷古文書研究会『刈谷藩における寛政一揆史料集』、『刈谷市史』二

寛政二年（一七九〇）一二月六日
松前藩領江差地方漁民大網使用等反対強訴（江差漁民騒動）

　一七八〇年代から江差地方の前浜は鰊の凶漁に見舞われた。西蝦夷地で場所請負人による大網を使った鰊〆粕の魚肥生産が盛んになっており、江差地方の漁民たちは大網使用による大量捕獲が不漁の原因であると疑った。寛政元年松前藩は漁民の嘆願の動きに対して、大網の使用禁止と油絞の禁止を打ち出した。しかし、翌二年になっても請負人の大網使用がやまず、春の鰊、秋の鮭とも凶漁となった。そのため同年一二月、江差地方の漁民たちが松前城下をめざして出発し、一二月六日江良町村に一八〇〇人余、清部村に五〇〇人が押しかけた。その要求は、新興の場所請負人である栖原久五郎・阿部屋（村山）伝兵衛両家の場所経営をやめさせ、近江商人の請負復活を願うものであったといわれる。松前藩は、藩士を派遣するとともに城下の僧侶を動員して説諭させた結果、一〇日には解散帰郷した。翌年一月、藩は騒動の指導者一七人を捕縛し、入牢または町預とした。（菊池勇夫）

〔参〕『新撰北海道史』二、『江差町史』五

寛政二年（一七九〇）
出羽国雄勝郡秋田藩領金屋村検地反対越訴

　天明五年（一七八五）の訴願により寛政元年平均打直検地が行われるが、村人が期待したものではなかった。肝煎佐助は、惣百姓の同意をえて長百姓六人とともに藩へ再度訴願した。見かねた代官軽部剛太が給禄から玄米一五〇俵を貸し付けて春農を終えたが、検使四人がきて厳しく尋問し、叱責される。翌二年、藩主佐竹義和の参府時に院内口で直訴しようとするが捕らえられた。

【人物】金屋村佐助　かなやむらさすけ

　天明二年（一七八二）から文化一〇年（一八一三）までの三二年間金屋村肝煎役を勤めた。肝煎役勤続の功により生涯二人扶持を拝領するが、文化一〇年一〇月三日、七〇余歳で死去した。金屋村では正保三年（一六四六）後竿検地（三度目の総検地）で村高が二倍半に増えたため、潰れ・欠落などで家数も減り、村借財は増える一方だった。肝煎になった佐助は、藩に減免、打直検地を願い出、数年後に検地が行われた。しかし、藩主に直訴を試みて捕らえられ、久保田へ送られる途中に代官軽部と行き会い、その取りなしで入牢三〇日で無罪となった。そのうえ、永久の田地守護のため若干の米を賜り、引き続き肝煎役を命じられた。後世、村人は八幡神社境内に田神塔を建て、軽部剛太と佐助を祀ってその徳を讃えたという。

（堤　洋子）

〔参〕『湯沢市史』

寛政三年（一七九一）二月五日
越後国三島郡長岡藩領減免訴願

　寛政元年九月、幕府領であった越後国三島郡岩田村・飯塚村・朝日村・来迎寺村・同村古新田・浦村・道半村・宮川新田・中沢新田の九か村（来迎寺村と同村古新田を同一村と見て八か村とする見方もあり）は、同郡王番田村など長岡藩領の一三か村の幕領編入と引き替えに、長岡藩領川西組に編入されることとなり、一二月一〇日、九か村の村役人は、以後長岡藩の仕置に従うべき旨、命じられた。この所替えの背景には、幕府領岩田村など九か村の十楽寺堰組と長岡藩領三九か村の飯塚堰組の、渋海川からの用水供給をめぐる長年の確執があった。明和七年（一七七〇）の幕府裁許でそれぞれの水量が一応定められたが、その後の洪水の影響で地形が変わってしまったことや、前者が上流、後者が下流に位置していることなどから、長岡藩領の村々には十分な水量が供給されず、両者の対立は解決しなかった。そこで長岡藩は、十楽寺堰組の九か村が天明六年（一七八六）淀藩領から幕府領に替わったのを機会に、この九か村を自

領に編入して長年の用水争論を終わらせようと、所替えを幕府へ申し出て許されたのである。これにより、従来とくらべて負担が重くなったため、九か村はしばしば諸負担軽減の願書を藩に提出した。その結果、高役の免除や手当米の支給などが認められたものの、納得しない百姓も多かった。そこで、寛政三年一月二八日、九か村の組頭・百姓代ほか同志の百姓五九人が談合し、車連判を作成し、一味神水により結束を強めたうえ、二月五日に九か村は百姓・組頭・百姓代四六人連印の嘆願書を、川西組割元を通じて藩へ提出した。藩により九か村の結束切り崩しがはかられた結果、朝日村・道半村・宮川新田・中沢新田の四か村が連判から外れたが、岩田村・飯塚村・来迎寺村・同村古新田・浦村の五か村は最後まで藩に妥協しなかった。結局、藩は諸役免除や手当米の増額を認めたが、頭取と見なされた浦村組頭岡村権左衛門が打首獄門となったのを始め、関係者が処罰された。

【人物】岡村権左衛門　おかむらごんざえもん

越後国三島郡浦村組頭。『寛政義民岡村権左衛門』によれば、藩への度重なる減免訴願によっても埒が明かず解決が延引するなか、百姓の結束を高めるため連判帳が作成されたが、これを車連判の形にしたのは明確な頭取を選ぶことができなかったためで、その後、百姓の苦しい状況を知りつつ免役を恐れ密かに役人と通じている庄屋をさしおいて、権左衛門が頭取に推薦されたとある。吟味の結果、強訴徒党を企てたとみなされて、寛政四年八月二五日、打首獄門に処せられた。処刑されるにあたり、権左衛門は妻やをに親へ孝養を尽すように伝えてほしいと頼んだという。その後、文化五年（一八〇八）の同日、一七回忌法会が行われた際、長岡藩主牧野家より寡婦やをが「孝養家事勉強の美徳」を賞されたという。また、明治二八年（一八九五）、権左衛門の子孫岡村佐忠太が有志の協力により、浦村字行之塚に顕彰碑を建立した。

（大橋幸泰）

〔参〕『越後佐渡農民騒動』、『長岡の歴史』二、『越路町史』通史上

寛政三年（一七九一）四月一五日
甲斐国山梨・八代・巨摩郡牢番役訴訟一件

近世後期、甲州三郡においては、三五か村に一八〇軒の被差別民が居住し、主に農業に従事、竹皮細工などで生計を立てていた。彼らには甲府城内の牢番役が課せられ、毎日四人ずつ交代、無給で労役をつとめた。この課役は、寛保二年（一七四二）以前は恒常的なものではなく、甲府牢内で死罪が執行される際に呼出され、雑務を課されていたのであるが、この年、重罪人の入牢があり、その監視のために四か月間毎日四人ずつ牢番役をつとめたのを契機に常例化した。以後、貧しい生活のなかで、前後三日余をかけて牢番役を果たしていたが、甲府牢守二名により種々の不法の扱いを受けた。そのため、宝暦（一七五一～六四）ごろ、牢番勤務の免除を願って、定番二名を自費で雇い入れることを、当時の牢守文八・平右衛門に申しでたが、定番雇用のために集めた調達金一二両を取り上げられたうえ、なお二名の牢番役は継続となった。明和七年（一七七〇）、全国的な旱魃は彼らの生活も脅かし、惣代を立てて牢守に賃銀を要求した。しかし拒否されたので、三名の惣代を選んで勤番頭の八木丹後守へ訴え出た。が、これも失敗、惣代三人は牢守に引き渡され入牢となった。牢守が銀次・甚蔵の代になってからも、度重なる金銀の無心を始め、死罪の時支払われる給与の一部搾取、代金未払い、牢内修復費用の賦課と、より不法がはげしくなった。このような状況の下、寛政三年四月一五日、甲州三郡一八〇軒の代表として、市部村の作右衛門ら三人は江戸町奉行初鹿野河内守信興へ出訴した。牢守二名の不法を訴え、死牛馬取得の権益を確保するべく弾左衛門の支配に入ることを要求したものであった。訴えは斥けられ帰村。一〇月二日、再び作右衛門および上手村常四郎を惣代として、江戸町奉行に出訴するが、またも失敗。さらに同年末、今度は村名主・甲府の代官を通して江戸町奉行に訴状を提出したが、却下となった。翌

年七月には老中へ出訴、ついに取り上げられ吟味にいたった。一二月の判決では、作右衛門・常四郎は手鎖、一同急度叱り、牢守甚蔵は罪あるも病死のため構無しとされ、要求はまったく通らずに終わった。が、約二〇年後の文化七年（一八一〇）、再び弾左衛門配下への編入を願って江戸町奉行に出訴している。　（椙山聖子）

〔参〕伊藤好一「江戸時代における部落民の抵抗」（『部落』三八）

寛政三年（一七九一）七月
越後国魚沼郡幕府領（会津藩預地）大割元制反対越訴
→寛政元年（一七八九）閏六月二一日
越後国魚沼郡幕府領（会津藩預地）越訴

寛政三年（一七九一）一一月二七日
河内国茨田郡幕府領鴻池新田小作年貢減免騒動

寛政三年一一月二六日、凶作と病気のため地主鴻池家への小作年貢の納入に苦慮していた東村の百姓が、中新田の寺島を訪ねた際、同様の窮状を訴えた小作人百姓と相談し、同夜鴻池家の小作人に広く呼びかけ寄合を催した。その席では、中新田が減免されたことが話題となり、減免願いをすることに意思統一された。翌二七日夜、行司の勘介宅に惣百姓が集まり相談したが、意見の一致を見ず、困窮の小作人のみで鴻池家の会所へ減免を嘆願したが、拒否された。二八日夜勘介宅で相談し、小作年貢不納の百姓九名の減免願を入作百姓に託して会所へ嘆願したところ、拝借米が認められ小作年貢皆済となった。しかし同年末、百姓たちはなおも拝借の嘆願を鴻池本家へ直訴した。その結果、直訴は本家の激怒をかい、翌年二月から開始された吟味では、閏二月ほとんどの小作地を引き上げる申し渡しが下されたため、小作人が詫書を提出して訴願を撤回した。　（西脇　康）

〔参〕川上雅「鴻池新田における地主小作関係の展開」（『大坂の研究』第四巻）

寛政三年（一七九一）一二月二五日
丹波国天田郡綾部藩領強訴（川合組強訴）

寛政三年一二月二五日の朝、大島村の鳥ケ坪に多くの百姓が集結した。大庄屋・庄屋は願いを藩に注進するので、回答があるまでは綾部城下に入ってはならないと申しつけた。しかし、百姓は城下に乱入して、まず九右衛門方、夜には、九郎左衛門・三郎右衛門・味方屋儀平治・黒井屋伊兵衛・野田村勘左衛門方を打ちこわした。百姓の願いは年貢、とくに畑方年貢の減免と御救米であり、とりあえず後者の要求が聞き届けられたため、翌日には引き上げている。この強訴は、天明飢饉以来、当地方で天候不順が続いたことに起因するが、とくに畑方年貢の取り扱いに百姓の不満が集中していることから、畑方で展開していた木綿作への年貢賦課方法が原因ともいわれている。また、七つの大庄屋組のうち川合組を中心にひき起こされたことから、川合組強訴とも呼ばれている。翌年、参加者の詮議が始まり、川合組大庄屋下川合村弥左衛門と上川合村伊右衛門に永牢が言い渡されたが、寛政八年（一七九六）、領内隆興寺のとりなしにより、領外追放となった。追放となった弥左衛門は近隣の旗本領細見辻村に居を構え、後年、倅と孫が赦免を願いでたものの却下されたという。　（岩城卓二）

〔参〕村上祐二「綾部領寛政三年強訴資料」（『綾部史談』二九）、『三和町史』上

寛政四年（一七九二）二月
武蔵国都筑郡増上寺領王禅寺村村役人非法争論

寛政四年二月、王禅寺村百姓五八名の惣代は、名主・年寄の非法と村入用の軽減、年貢諸勘定の百姓代立会、諸割符の門割から高割への変更について、増上寺輪番所へ訴えでた。吟味では、村役人は年貢諸勘定の百姓代立会のみを認めたが、それ以外は村の慣例と物価高を理由に要求を拒否した。領主は百姓の要求をほぼ正当なものとして認めたが、内済と諸帳簿の整備を勧告した。帰村後、村役人と百姓の間で名寄帳・年貢本帳の改訂、各百姓に対する年貢手帳の交付が実施された。次いで、負担すべき

諸入用の内容と諸負担の基準金高が確定され、百姓代立会のもとすべて高割にすることが決定され、それらは議定書などで明文化された。以上のように、全面的に百姓の要求が取り入れられて内済したが、騒動の後に年寄二名が退役、かわって騒動で百姓惣代を務めた二名が就任し、さらにそのうち一名は文化五年（一八〇八）名主に就任した。（西脇　康）

〔参〕長谷川伸三『近世農村構造の史的分析』

寛政四年（一七九二）一二月二七日
甲斐国山梨・八代郡田安領五四か村重課・苛政反対越訴（太枡騒動）

八代将軍徳川吉宗の次男宗武に始まる田安家は、延享三年（一七四六）山梨・八代郡内に三万〇〇四一石を領有し、山梨郡一町田中村に陣屋を設置して六三か村を支配した。太枡騒動はこのうち五四か村が参加した越訴である。その原因は、寛政年間に代官手代山下治助が年貢徴収にあたって新枡（一斗枡とされたが、実際は一斗一升の容量があった）を使用し、増加分を横領するなどの不正行為を働いたことにある。「太枡」のゆえんである。しかし、訴状を見ると、坪刈検見による年貢増徴、川除普請の扶持米の支給が先送りにされたことなど、寛政三年から行われた田安家による「新規御仕法」により、百姓たちの困窮化が進行していたことがわかる。これら田安家の収奪強化が原因となり、代官手代山下の不正を直接の契機として、一揆は発生した。伝えられるところによれば、熊野村の長百姓鮎沢勘兵衛が綿塚村重右衛門と金田村重右衛門の二人に呼びかけて発起し、領内の地域ごとに寺院（歌田村東地院など）で寄合をもったとされる。時期は不明だが、多人数で陣屋へ強訴を行ったが、取り上げられなかった。このため、頭取たちは「多人数江戸表へ差出」す越訴を計画し、一村に一人ずつの村役人を惣代に選出し、大野村神主飯田長門・小原村医者早川石牙が訴状を起草した。また、村方に残って万事を取り仕切る国惣代として、下石森村長百姓与次兵衛と南八代村長百姓惣兵衛とが任じられ、それぞれ山梨郡と八代郡を引き受けた。二人の重右衛門も国元に残って、江戸登りの者との連絡にあたることとなった。江戸出立直前に八代郡二か村・山梨郡六か村が越訴からの離脱を表明したため、多数がこれら八か村に押し寄せる動きも見られたが、仲裁人によって止められる事態も起こっている。一二月二三日、江戸馬喰町の旅籠に止宿した五四人の惣代は、出訴する両郡惣代二一人を選んだ。そして、一二月二七日、寺社奉行立花出雲守種周に越訴を行った。寺社奉行は願書を取り上げ、二八日惣代を呼び出して吟味を行い、その後田安家に引き渡した。田安家では、彼らを入牢のうえ、吟味を開始した。翌寛政五年一月一三日、旅宿残留者から一八人の代表を選び、入牢釈放の嘆願書を田安家へ提出したが、彼らも入牢させられてしまった。彼らの吟味の結果、旅宿が探索されてさらに五人が逮捕され、残った者はわずかに一二人になってしまい、国元から五人の惣代が新たに江戸に登った。そして、二月六日、残留者と追出府のうち五名の代表が桔梗門外にて老中松平定信への駕籠訴を決行した。この五名もその場で捕らえられ田安家に引き渡され、入牢となった。吟味は、松平定信により寛政五年七月まで継続して行われた。この間、四名が牢死した。七月一八日、勘定奉行所より刑が言い渡され、綿塚村重右衛門と金田村重右衛門の二人が獄門、鮎沢勘兵衛（牢死）が死罪、下石森村与次兵衛ら四人が遠島（与次兵衛以外の三人は牢死）、訴状起草者の一人である大野村諏訪明神神主飯田長門は重追放となり、参加村の村役人・小前百姓たちには広範囲に過料銭が言い渡された。一方、代官手代山下治助は追放となり、新枡は廃止された。

【人物】金子重右衛門　かねこじゅうえもん

八代郡金田村の長百姓。太枡騒動の頭取三人のうちの一人で、終始指導者として関わり、とくに国元に残す国惣代の設置の発案者である。しかし、江戸出訴には加わらず、江戸との連絡など国元での指導を担った。老中駕籠訴後の寛政五年二月中には捕らえられ、七月一八日の判決で獄門となり、即日獄内で斬られた。二一日から三日間郷里の日川川原で首を晒され、二三日金田村西蓮寺に葬られた。享年四五。初め法名を鉄光利道信士といったが、天保八年（一八三七）に住職が贈院して金剛院鉄譽智道居士と改められた。文久三年（一八六三）田安代官磯部氏の勧めで金重大明神として祀られた。墓は、八代町金田の西蓮寺にあり、昭和五三年（一九七八）一八五回忌の法要が営まれた。

【人物】三沢重右衛門　みさわじゅうえもん

　山梨郡綿塚村の長百姓で、享保一七年（一七三二）代々名主を務める家に生まれた。天明三～四年（一七八三～四）の甲斐一国規模での甲州枡一件の訴願で、惣代一四人の一人として江戸に出訴している。寛政四年の太枡騒動の頭取三人のうちの一人で、終始指導者としてかかわり、とくに離脱を表明した八か村に押し寄せる動きは重右衛門の指揮下で行われた。しかし、江戸出訴には加わらず、江戸との連絡など国元での指導を担った。老中駕籠訴後の寛政五年二月中には捕らえられ、七月一八日の判決で獄門となり、即日獄内で斬られた。二一日から三日間郷里の日川川原で首を晒され、二三日菩提寺の等々力村園城寺に葬られ、石塔が建てられた。墓表には浄華衆釈瑞慧滅度と刻まれる。享年六二。なお、倅の周蔵も陣屋への強訴や離脱八か村への押しかけに参加し、本来ならば手鎖に処せられるところであったが、老齢の父重右衛門を介抱したいと申しでて一緒に入牢したことから、その孝心に免じて咎めに及ばずとされた。昭和五三年（一九七八）一八五回忌を機に勝沼町綿塚の飯縄神社境内に顕彰碑が建立された。

【人物】鮎沢勘兵衛　あゆさわかんべえ

　山梨郡熊野村の長百姓。太枡騒動の頭取三人のうちの一人で、発頭人と目され、陣屋への強訴や寺社奉行への越訴に参加して、入牢した。剛直で聞こえた勘兵衛は、拷問にあって「甲州男子の腕には筋金が入って居るぞ、いくらでも責めろ」といって腕を差し出し役人を罵ったとの伝承もある。翌五年七月一八日の判決で死罪とされたが、それ以前に牢死していた。六月ごろのことかともいう。勝沼町休息に供養塔があり、法名を遠離院浄眼日清居士という。なお、ほかに南八代村の幸左衛門と惣兵衛の顕彰碑が、それぞれ昭和四七年（一九七二）と四八年に、ともに八代町南の自性寺に建てられている　（須田　努）

［参］竹川義徳「山梨農民騒動史」四（『甲斐史学』一三）、飯田文弥『太枡騒動』、『八代町誌』

寛政五年（一七九三）二月九日
伊予国宇和郡吉田藩領紙専売反対逃散（武左衛門一揆・吉田騒動）

　宇和島藩の支藩吉田藩は、三万石程度の小藩であり、一八世紀に入ると藩財政は逼迫していった。吉田藩では、年貢・課役は本藩宇和島藩より重く、各種の夫食給付は軽かった。その後、紙方役所を設置して、山間村落の特産物であった和紙の生産を藩専売制とし、百姓の自由販売を禁じた。生業を和紙生産にたよる吉田藩領内の百姓の難儀は深刻となった。この専売事業を独占していたのが、特権商人である法華津屋（高月与左衛門・小右衛門両家）であった。寛政四年一一月、藩はこの紙方仕法をあらためて強化したが、その中旬から山間村落を中心にして法華津屋打ちこわしの計画があるとの風聞が広がった。ことの真偽確認のため、藩命により藩の諸産物抜荷改方役人であった吉田商人提燈屋武兵衛が調査を行ったが、鉄砲で殺害されてしまった。その後、藩は郡奉行小島源太夫・鈴木作之進などを送り込み、穏便に訴願するようにと諭したことから、年が明けて寛政五年一月六日、百姓らは紙楮の事、年貢納入の事などに関する一七か条の願書を提出した。藩からの回答は、とうてい百姓たちの納得できるものではなかった。しかも、藩は万一に備えて村方の鉄砲を差し出すように命じた。ここから一気に情勢は緊迫していった。二月九日、山奥筋の高野子村などから騒動が始まり、三間川筋を三手に分けて村々を回って「不参加ならば打ちこわし、焼き払う」などと参加強制を行い、二月一〇日、一揆勢は鉄砲をうち（空砲か）、ほら貝の音を鳴らし人数を増加させていき、騒動は浦方も含め吉田藩全域に拡大した。同一一日には宮野下村に五〇〇〇人が屯集した。八三か村中、不参加は三か村に過ぎなかった。一揆勢は鎌や斧、そして長さ五尺ほどの綱を持参し、それらを繋ぎ合わせられるように片方を輪にし、もう一方をこぶにしてあった。同日、郡奉行横田茂右衛門が出目村へ出向き、訴願を聞き届ける態勢をとったが、百姓たちは訴願については一言も述べず、「うそつき代官」などの悪口雑言を浴びせ、横田ら奉行は帰るしかなかった。一二日にかけて、本藩の宇和島城下へ逃散・強訴を行うことに決定し、一部は宇和島藩領の近永村に入り、代官に願書を提出した。これに続いて、宮野下村に屯集していた大勢も越境して中間村の八幡川原に着いた。この間、法華津・長蔵屋などの特権商人は、一揆勢に対して三〇俵ほどの炊き出しを行った。八〇〇〇人とも一万人ともいわれる一揆勢は、八幡川原に小屋掛けし、村ごとに木綿の旗を立てていた。一四日、硬直した事態打開のため、吉田藩家老安藤儀太夫継明が八幡川原に赴き交渉しようとしたが、一揆勢に拒否され、彼らの目前で切腹自害を遂げた。宇和島藩も仲介に乗り出したため、一揆勢は、一五日、宇和島藩に斡旋を依頼して訴状を提出した。これは、年貢升の規定、紙方役所廃止、楮の専売制度廃止、大豆銀納値段の規定など一一か条にまとめられていた。これを受け取った宇和島藩家老らは吉田に赴き、吉田藩は一揆勢の要求を全面的に受け入れることとなり、一五日夜、宇和島藩から一揆勢に対して要求承認と主謀者を探索しない旨の報告を受け、一六日に一揆勢はそれぞれ帰村した。吉田藩は、二月二六日に二三項目からなる回答書を正式に通達した。その後、藩は主謀者を探索しないとの確約を破って内偵を開始し、四月から七月にかけてこの一揆の頭取とされた武左衛門ら二三名を捕らえ、ほかに八二名が取り調べられた。そして、武左衛門ら九人が入牢し、他は釈放された。判決の詳細は不明。なお南予地方では、武左衛門一揆を歌った数え歌が残されている。

【人物】上大野村武左衛門　かみおおのむらぶざえもん

　宇和郡上大野村の百姓で、武左衛門一揆の頭取。武左衛門の動向を示す史料の残存は少なく、以下は伝承が中心である。武左衛門は、土佐から来た流れ者で、炭焼きなどをしたすえに紙漉き地主に信用され、その小作人になったとされる。また、天明七年（一七八七）土佐の池川紙一揆などを経験し、その後伊予に流れ、村に住み着いたともいわれる。藩の悪政と百姓救済のため一揆を決意し、「一口浄瑠璃」を歌いながら村々を廻り、一揆の準備と組織化を行っていった。「チョンガレ武左衛門」「桁打武左衛門」と呼ばれた武左衛門は、このような桁打を三年間行い、吉田藩領内村々から二四名の同志をえて、強訴の機会を待ったという。一揆においては表だってでず、八幡河原での交渉では副頭取格の是房村善六が応対したといわれ、病気だったとも、宮野下村に待機して戦術指導したとも伝えられる。一揆の要求はすべて貫徹され、首謀者は探索しないと約束させた。しかし、藩は極秘裡に調査し、武左衛門ら指導部二四名を逮捕した。そして、翌七年三月二三日払暁、武左衛門は下大野村と清水村との境の筒井峠で斬首された。三七歳であったといい、妻と娘は逃げ、長男は出家、次男は山伏となって諸国を行脚したと伝える。また、善六は永代牢、他は流罪となり、安藤継明一七回忌に庄屋・寺院の嘆願で大赦されたという。武左衛門の首は上大野の街道筋に七日間晒され、村人は上大野の瑞林寺に埋葬して小さい墓石を建てたが、藩はその墓石を破壊し、一切の供養を禁止した。しかし、人々は密かに山中に小祠を造って回向したといい、盆踊り唄やわらべ唄、ちょんがれ節などで歌い継ぎ、供養を続けた。地域に伝わる「いのこうた」では「ひとつ非道のお裁きあれば、ふたつふせ火が下からおきる、みっつ三間から騒動がおきた、よっつ吉田を恨みにおもう、いつつ生命にかけあう騒動、むっつ村の武左衛門さまが、ななつ何にもわが身にかけて、やっつ八幡河原にそろえ、ここで九つ小室が宮よ、とうで殿様切腹なさる」と唄われる。処刑地筒井坂にある一字一石塔は、武左衛門の供養塔という。昭和元年（一九二六）武左衛門旧宅を見下ろす勝山城跡に「義農武左衛門碑」が建立された。北宇和郡日吉村明星ケ丘には、大正八年（一九一九）制作、昭和二年建立の「武左衛門翁及同志者碑」がある。近年、同地は武左衛門広場と命名され、武左衛門堂や武左衛門一揆記念館も開館した。また、日吉村では「武左衛門太鼓」が創作され、毎年「武左衛門ふるさと祭」も挙行される。

【人物】安藤継明　あんどうつぐあき

吉田藩家老。通称は儀大夫。延享四年（一七四七）生まれ。寛政五年二月一四日、武左衛門一揆の事態打開のため、一揆勢の目前で切腹自害を遂げた。享年四七。末席家老であったが、本藩に推挙された藩内きっての善政主義者といわれ、一月の回答をめぐる評議でもこの際民力を養い藩政を一新すべきと力説したが容れられなかったと伝えられる。藩主御一門格の手厚い葬儀が行われ、吉田立間尻の海蔵寺に埋葬された。海蔵寺に墓参をすると病気が治るとの噂が広まり、近隣の百姓が参詣したとされる。明治六年（一八七三）、かつての屋敷跡（吉田町東小路桜町）に継明を祀る安藤神社が建立された。宇和島市伊吹町の八幡河原には「安藤継明忠死之碑」がある。（須田　努）

【史料】庫外禁止録　こがいきんしろく

吉田藩中見役鈴木作之進著。寛政七年春にいったん成立したが、その後「追加」が記されている。一揆の発端から頭取らの捕縛まで記載されているが、処罰については触れていない。鈴木は一揆鎮撫の役で活動しており、一揆についての基本的史料である。従来知られていた武左衛門一揆の史料は、文化年間以降に成立したものが多く、武左衛門は架空の人物ではないかとも考えられて来た。この武左衛門について、同書は「一囚人ノ内御領中一円ノ頭取ト号スル者ハ無シ。武左衛門ト申者詳ニ事分ル者ニテ、山奥中ノ願書モ取計ヒ、夫ニ付テハ所々ヨリ少々ズ、ノ礼物モ受ケ候故、先ツ此者第一ノ頭取トハ成ルナリ」と記述し、その実在と性格を明らかにしている。同書は個人蔵であるが、元安藤神社所蔵時に、武左衛門一揆顕彰に力を尽くした元日吉村長井谷正命が筆写した本が、同村教育委員会により平成七年（一九九五）に出版された。（保坂　智）

〔参〕景浦勉『伊予農民騒動史話』、松浦泰『南予の百姓一揆』、藤田泰造「義民『武左衛門』伝承の一考察」（『歴史研究』一九七二年九月）、『愛媛県史』近世上・下

寛政五年（一七九三）五月七日

肥後国天草郡幕府領（島原藩預地）「百姓相続方仕法」改正強訴未遂

寛政五年一月二六日、数年来郡中から嘆願が続けられてきた「百姓相続方仕法」という徳政法令が、島原藩から郡中大庄屋へ申し渡された。しかし、その内容は、借金の利息と小作料の引き下げを命じるものにとどまったため、百姓の期待を裏切るものであった。そこで、一町田組・大江組の百姓一〇〇人余が、五月七日都呂々村木場にて騒ぎ立てた。この件については、富岡役所詰役人によって収拾されたといわれているが、百姓たちの不満は収まらず、翌六年二月、出米願と称して、今村板之川内・櫨宇土村鶴野にそれぞれ百姓たちが集まり騒ぎ立てた。この時は、数名の処罰者を出したといわれている。さらに、寛政八年二月一日、借金が嵩んだ百姓が一町田村に集まり、同村より小宮地村まで三〇〇人余連れ立って「袖乞」（物乞い）して歩くという騒ぎを起こした。松田唯雄『天草近代年譜』では、この時銀主宅を打ちこわしたとされている。騒ぎの責任者として重立った者が捕らえられ、寛政一一年九月一〇日江戸で処罰が言い渡された。その結果、一町田村弥七・白木河内村兵右衛門が遠島に処されたのを始め、重追放二人、中追放一人、軽追放六人、食場村など一四か村に過料銭九〇貫文の処罰が下された。一連の騒動は寛政五年に発布された「百姓相続方仕

法」に対する百姓の不満が表面化したものであり、一八世紀後半における天草の高利貸商人である銀主と百姓との矛盾が深まったことに遠因があった。すなわち老中田沼意次の積極的な経済政策を背景に商品経済の展開が活発化するなかで、天草では商品生産を行って生活を補おうとする百姓に、高利で資金を貸し付ける銀主が大いに利益を上げていった一方で、百姓たちは逆に銀主からの借金に苦しむ状況となり、天明七年六月牛深村銀主万屋助七宅ほか五軒への打ちこわしを端緒に百姓と銀主との確執が表面化した。これは、同村岡分年寄市郎兵衛・同弟五郎兵衛を中心に同村百姓が銀主宅に押しかけ、質地分として渡した年貢・諸役銭の返還を要求したが、受け入れられなかったため同銀主宅を打ちこわしたものである。このような百姓の銀主への不満が、その後「百姓相続方仕法」制定要求として具体化されたといえよう。この件については、寛政二年判決が下り、市郎兵衛・五郎兵衛が獄門となったのを始め、彼らを補佐した岡分組頭和吉・同八兵衛が死罪、岡分組頭宇助ほか一六人が役儀免職の上、重蔵、打ちこわされた銀主万屋助七は百姓から取り上げた田地召し上げのうえ、過料三貫文、牛深村中へ過料一五〇貫文、牛深村庄屋へ過料五貫文、大庄屋へ叱、という処罰が言い渡された。以上のような百姓と銀主との確執を島原藩も無視することはできず、寛政八年四月に改めて、無利子・一〇～二〇年賦質地請け戻しを主な内容とする一一か条の「百姓相続方仕法」を発布した。

（大橋幸泰）

〔参〕松田唯雄『天草近代年譜』、鶴田八洲成「天草天領農民一揆の地域史研究（一）」（『熊本史学』五二）、『苓北町史』

寛政六年（一七九四）二月
肥後国天草郡幕府領（島原藩預地）出米訴願

→寛政五年（一七九三）五月七日
肥後国天草郡幕府領（島原藩預地）「百姓相続方仕法」改正強訴未遂

寛政六年（一七九四）四月二一日
摂津・河内国二〇郡六五〇村肥料国訴

天明八年（一七八八）訴願の六年後の寛政六年、摂河の村々は再び肥料値段の引き下げと肥料の「駄玉掛ケ目」（重量・品質）の適正化を求めて、四月二一日、訴願に出た。その数は摂河二〇郡六五〇村で、天明八年より一八〇村減少しているが、それは主に西摂の豊島・武庫・川辺の村々で、六月に別行動で訴願に及んでいる。訴状では干鰯・種粕・干粕などの価格が天明初年より高騰したと主張し、審理の過程では肥料商からの送り状をもとに、その高騰ぶりを証拠として提出した。天明飢饉後に酒造減石令がでたことで、酒粕類の供給量が減ったことが、肥料価格の高騰に拍車をかけたものと思われる。天明訴願で見られた他所売りの禁や百姓直買要求は消えているが、かわって六月一〇日、村々は肥料の不正販売を糺すとして大坂市中に惣代五、六人を派遣し、監視団を組織した。監視団は谷町代官所郷宿亀屋喜兵衛方に常駐し、市中や靫・海部堀川あたりを見廻り、不正商売を摘発し、その費用は摂河村々にかけた。

（藪田　貫）

〔参〕藪田貫『国訴と百姓一揆の研究』

寛政六年（一七九四）五月二七日
出羽国置賜郡米沢藩領番所焼き打ち

寛政六年五月二七日未明、最上近郷の一七か村の百姓が、下長井郡萩野中山村に設置されていた米沢藩の二つの番所を襲った。同村円蔵を頭取とする二〇〇人が、番人河（川）田新右衛門の奥番所を焼き打ちし、同時に番人高橋忠右衛門の前番所では諸道具を微塵に打ちこわし、備えてあった槍を奪い取ったという。原因は、荒砥で桑問屋を営む大貫藤左衛門の日記によると、河田の次男吉兵衛と高橋の嫡男藤右衛門の二人が、番所を通る通行人から無理に諸荷物を取り上げたり、また普段から悪事を働き、最上一帯の人々から恨みをかっていたことによるという。同村は、米沢藩領の最北端、置賜地方と村山地方を結ぶ交通の要路にあたり、藩は抜荷禁止の徹底や通行人の監視を番所に担わせていた。明和・安永期改革では商業統制が強化されていたが、寛政三年の改革では、米穀の領外移出の自由を認めたように、物資の流通を盛んにすることがはかられた。このようななかで番所役人の不正も起こるようになり、円蔵らの行動がとられたと思われる。一一月、召捕られた頭取円蔵は、同年一一月二七日に米沢において火罪に処せられ、一方、河田新右衛門と高橋忠右衛門は役放（免職）の処分を受けた。

【人物】萩野中山村円蔵　はぎのなかやまむらえんぞう

萩野中山村百姓。番所襲撃の全責任を負って寛政六年一一月一七日に火罪に処された。処刑時に村人は壱丈塔婆の建立を約束したが、ふさわしい石が見つからなかったため、地蔵尊に祀った。しかし、この約束を破った祟りからか、ほとんど火災がなかった村で火事が続いたと伝える。寛政九年（一七九七）九月の銘が刻まれ、円蔵の霊をなぐさめる目的で曹洞宗中山寺山門脇に五尺たらずの地蔵が祭られている。処刑から四四年後の天保九年（一八三八）には、円蔵の位牌が同境内の金毘羅大権現堂の本尊の奥に隠されて供養された。今でも旧暦三月一〇日には円蔵供養祭が行われている。なお、処刑の場面で村人が建立を約束したとされてから九〇年、明治一七年（一八八四）には、「慈覚院円相逸心居士」と法名が刻まれた、高さ三メートルの壱丈塔婆が建てられた。　（浅見　隆）

〔参〕原敬一「ある百姓一揆の伝承」（『置賜文化』六九）

寛政七年（一七九五）二月一四日
阿波国三好郡徳島藩領上名村給人非違逃散

寛政七年二月一四日早朝、徳島藩給人藤川隼太支配下の上名村のうち平名・柿尾の百姓四六人が、伊予の銅山への稼ぎにでると称して、伊予国宇摩郡今治藩領新瀬川村まで逃散を行った。これに対して藤川隼人は、佐野村小高取石川繁之助・組頭庄屋唐津忠左衛門を伊予に遣わし、現地の大庄屋真鍋藤九郎・井川金左衛門らと連絡を取りつつ、逃散百姓の説得を行った。逃散の理由は、藤川の百姓使役が過重で、手当も支給されず、藤川の用人幸八が特権を利用して百姓が生産した茶・煙草などを安価で買いたたいていること、などであった。双方の役人たちはできるだけ内々に事を収めようと懸命で、越境は伊予仙竜寺への参詣ということにして逃散としての罪科は問わない、四か条の要求は藤川に届け出て叶うようにするなどと説得を重ねた。その結果、二月二四日、逃散百姓たちは石川・唐津に付き添われて帰村した。その後の実際の結果については不詳。　（須田　努）

〔参〕『編年百姓一揆史料集成』七

寛政七年（一七九五）一一月八日
陸奥国和賀・稗貫等五郡盛岡藩領買米・寸志金等反対強訴

盛岡藩では天明飢饉後も農作が安定せず、寛政年間に入ってもほぼ隔年に不作となる状況であった。とりわけ寛政七年は半作に近い不作となった。藩財政も松前出兵などもあり極度の窮乏状態にあった。藩は、藩士から知行・俸禄の借上げなどを行う一方、百姓・町人らに対する収奪も強化した。とくに藩財政維持のためには年貢米のみの江戸への廻米では足らず、百姓から買米した米をも江戸へ送った。この買米値段は極度に低く、寛政七年では、市場相場は一駄につき二貫八〇〇文のところ、買米値段は一貫八〇〇文であった。さらに寸志金と称する用金を高掛りで賦課した。あるいは商品流通などに対する課役も、新規の設置あるいは旧来値段の増額などが行われた。とくに山役銭と馬役銭の増額に対する不満が強く、前記の買米、寸志金とともに一揆の主要な要求となった。

一揆は和賀・稗貫・岩手・紫波・閉伊郡の盛岡以南の北上川流域の穀倉地帯から畑作地域まで広がっているが、それが一つの集団に組織されて行動するのではなく、通（代官所支配区域）を単位に連鎖的に盛岡城下へ強訴するという形態をとっている。最初の行動は、一一月八日に城下に近い日詰・長岡通から起こされた。同通一五か村の九〇〇人（異説七〇〇人）が、城下中の橋まで押し寄せ、盛んに鬨を挙げた。徒目付山口瀬左衛門らが応対し、買米などを免除したため、同日夜迄に帰村した。九日には徳田・伝法寺通の二〇〇人ほどが城下近い仙北町まで押し寄せた。一一日には花巻通に日詰・長岡通を加えた二〇〇〇人余が、郡山へ出張していた徒目付らの防備を押し破り城下へ押しかけたが、新山川の舟橋がはずされていたため城下へ入れず、花巻郡代太田忠助の説諭で帰村した。鬼柳通では一〇月二八日から法螺貝が吹かれ、所々で集会がもたれるなど不穏な状況であったが、一一月一〇日に肝煎が呼び出され諸上納の督促を受けたことから、翌一一日から直接行動が開始された。古着、藁帯、破れ笠の出立ちで、筵に白紙を貼り「御境目鬼柳通」と墨書した旗を先頭に一〇〇〇人余が一二日、城下へ強訴したが、前日同様舟橋を渡れず、町奉行小向周右衛門、目付嶋川栄左衛門・岩舘宇内らに二二か条（異説二一条）の訴状を提出した。買米・寸志金・山役・馬役免除の割判付書類を入手して帰村した。安俵・高木通では、一一日頃から各地の寺などで集会がもたれ、一三日朝、晴山・谷内・丹瀬・倉沢・浮田・中内・宮田村などの百姓が一揆を起こし、役人宿所となった土沢町検断の家を打ちこわした後、同日夜六〇〇人余で舟橋まで強訴した。その他同一三日には黒沢尻通七〇〇人余、二子通八〇〇人余も舟橋へ押しかけ、一四日には花巻通太田村、安俵通上・下小山田村五〇〇～六〇〇人が同じく舟橋まで押しかけた。一五日には大迫通を中心とした四五〇〇人（異説三〇〇〇人あるいは一万人）が簗川に押し寄せ、そこの囲みを破り城下へ突入、石町・六日町の囲みをも破って城に近い中の橋まで押し寄せた。この時、家老藤枝内記は切腹しようとしたが役人に止められた。寸志金・買米・山役・馬役が免除されていると説得するも大迫通の百姓らは納得せず、三閉伊行米穀役免除と家老毛馬内三左衛門・奥瀬要人の罷免を要求した。毛馬内に対しては百姓への引き渡しも求められた。米穀役の免除とすでに二人の家老は役を罷免されているとの説諭を受け一揆は帰村した。同日は黒沢尻通の三〇人余と、万丁目通八〇〇～九〇〇人も押し寄せたが、いたって静かな様子であった。一六日に二子通の一八、九人、一七日に花巻通飯豊村四人の村役人が、百姓らに焼き討ちの脅迫を受けて出訴にでてきた。一九日には宮古通の三〇〇人も城下へ押しかけた。

　大規模な一揆であるが、打ちこわしはほとんど発生していない。わずかに土沢町で役人の宿所となった検断宅一軒のみである。しかしこの一揆を、村役人層の統制下にある強訴とみなすことはできない。一六・七日の両日、村役人たちが百姓の脅迫を受けて出訴にでてきたことからも判明するように、闘争主体は一般の百姓たちであったと見ることができる。藩は一揆の原因となった買米・寸志金・山役・馬役・三閉伊行米穀役などを免除したように、一揆の要求を基本的に受け入れた。一揆参加百姓に対する処罰は行われていない。役人に対する処罰は大規模に行われた。席詰中野筑後、家老藤枝内記・毛馬内三左衛門・奥瀬要人が御役御免となり（毛馬内と奥瀬は半知取上）、元〆本堂源左衛門・村松権右衛門も御役御免、身帯家屋敷取り上げとなり、代官・蔵奉行などもそのほとんどが入れ替えられた。なお同年一二月三日には、八戸藩の紫波郡志和通の百姓三〇〇人が、囲籾の拝借、拝借米の破棄、馬役銭の減額などを求め代官所に強訴しているが、一揆への処罰、藩の処置は不明である。（保坂　智）

〔参〕森嘉兵衛『南部藩百姓一揆の研究』、司東真雄編『岩手の百姓一揆集』

寛政八年（一七九六）二月一日
肥後国天草郡幕府領（島原藩預地）袖乞騒動

→寛政五年（一七九三）五月七日
肥後国天草郡幕府領（島原藩預地）「百姓相続方仕法」改正強訴未遂

寛政八年（一七九六）一二月二六日
伊勢国一志郡ほか津藩領地割令反対強訴・打ちこわし（安濃津地割騒動）

伊勢騒動・洞津騒動・小倭騒動ともいう。藩は国益増大のため寛政四年に菓木役所を新設し、二年後には蔭伐令を実行、山裾だけでなく菓木植樹のため境内の木も切らせた。寛政八年には、切印金の借入返済を無期延期にすることを触れ、一志郡の極難渋村三八か村の山林田畑地割平し（ならし）を発令した。前後して村々の勤労を見張る常廻目附、間引を見張る堕胎目附の廻村、倹約令・囲穀・義倉などの諸政策を実施した。これに対し藩主江戸参勤中の寛政八年一二月、地割り対象の小倭郷九か村から大庄屋同意で赦免訴願が行われ、藩も一度は実施を見合わせたが、一二月二〇日頃郡奉行茨木理兵衛が地割役人を派遣し強行の構えをとった。これを見て五人組頭や百姓が寄合を重ね、一揆組織のため他村を説得し、廻文も三度出された。二六日夕方から、蓑笠を着け竹槍を持った百姓が小倭郷へ集まり始め、鉄砲を放ち鬨を挙げた。一揆勢は、出なければ焼打つと威しながら村々を誘い立て津城下をめざした。二手に別れて一隊は津南方の半田山に陣取り、一隊は津西方家所村常廻目附清水慶蔵宅、志袋村庄屋吉岡専蔵宅、野田村大庄屋菓木係河村十右衛門宅を打ちこわし、神戸村に進んだ。河村十右衛門宅では衣類・諸道具を微塵にし、五穀・味噌醤油を撒き散らし、瓦を割り建具・柱も鋸・斧で切り「三千五百両盗取」った。二七日未明一揆の拡大を知った藩は諸方面へ代官・大庄屋を派遣、神戸村へ進んだ一揆勢には郡奉行・郷代官・大庄屋をあたらせたが、一揆勢は強引に半田山の一隊と合流、岩田町方面へ進んだ。藩は家臣を城下町の諸口に配し、町家にも警護人足役を命じ、伊賀上野城下でも鉄砲隊が布陣した。津・上野間の連絡と村々探索には伊賀者が動員された。一揆勢は城下橋南地域へ進入し、商家へ押し入って飲食し、岩田町綿屋平左衛門方で茶を所望して水を出されると、商品・道具・衣類を切裂いて路上や岩田川へ撒き散らした。加判奉行岡本五郎左衛門は足軽を潜入させて懐柔、一揆勢を阿弥陀寺へ引き入れ、願書提出を促した。一揆勢は願書を提出して半田山へ引き上げた。安濃郡の村々を駆り立てた一揆勢は二七日夕刻に津西方へ押し寄せ、茨木理兵衛と直面したため説得を聞かず、木戸口を破り商家へ押し入って飲食し、着物・反物・銀銭を奪い取り、鍵屋庄右衛門宅を打ちこわした。加判奉行岡本が正覚寺で、同長田三郎兵衛が光沢寺で説得してやや平穏になったが、三つ目の一揆勢は河内谷、加太方面を駆り立てて村役人宅を打ちこわしながら、二七日夜津北方の塔世橋へ進入した。藩兵が「空鉄砲」三〇挺を打ったため、一揆勢は後退したが、引き返して藩士の真槍に追い返され、石火矢砲台も設けられたので城下進入はできなかった。そこで一揆勢は、下部田中茶屋町米見役合羽屋平六、大部田村地割役赤塚十郎兵衛宅などを打ちこわした。一揆勢には溢れ者・雲助・乞食・小盗人なども入り交じり、二八日朝には加判奉行が周辺民家に朝食炊出しを命じた。二八日加判奉行二人は、西・北方の一揆勢に対して願いの趣きを聞き届ける書付を渡そうとしたが、一揆勢は受け取らず、半田山一揆勢と合流したいと主張、交渉の結果岩田町阿弥陀寺での受け取りを承諾した。岡本は、下が上を制する風潮が他所へ広がれば日本中の騒動になり、天皇・将軍に言い訳もできないから武威で抑えると説いた。南方の一揆勢は、極楽町の常廻目附森川儀右衛門宅を打ちこわす許可を郡奉行神田又三郎に求めた。郡奉行は制止不可能を知って城代家老に伺いを立てたうえで許した。一揆勢はさらに山之世古町地割役奥彦左衛門宅を打ちこわし、魚店・米店・八百屋・呉服屋などに押し入り、京口・大門あたりでは田端屋・久保田屋・倉田屋などへ入り込んで飯・酒・草鞋・足袋などを奪った。西・北方一揆勢と同様に要求が実現された。加判奉行が阿弥陀寺と光沢寺で数回説得、一揆勢はその後も打ちこわしを計画していたが、二八日昼過ぎから大雪になったため居村へ帰った。一方、一志郡雲出郷百姓も二七日朝から一揆の態勢に入り、遅れて岩田町へ到着したが、先行の一揆勢が離散した後だったので帰村した。一志郡石名原村組の百姓も大村まで繰り出したが、他組の百姓の帰村を聞いて引き返し、途中で家城村役人宅に乱暴を加えた。二九日安濃郡の一揆勢が栗加村大庄屋平松八兵衛・荒木村鳥見役荒木村右衛門宅を打ちこわし、城下へ進出の動きを見せて荒木村川原へ集合したが、藩兵が実弾発砲を決めたのを知り解散した。帰路、質物無銀返済をせまった。

藩は二九日常廻目附・地割役人廃止令を出す一方、質物を無利永年賦や無銀で請け戻そうとする行為を厳しく禁じた。参加者三万とも六万ともいわれた大一揆直後の寛政九年の正月儀式を藩はすべて中止し、伊賀者を派遣して指導者を捜索するとともに、政治責任者の処罰を進めた。城代家老藤堂仁右衛門は政事取扱停止、加判奉行岡本五郎左衛門・長田三郎兵衛、郡奉行神田又三郎、郷目附井野清左衛門、郷代官八田喜三太は役儀御免・減格・減知、郷代官箕浦友右衛門・川西作兵衛は慎み、百姓に憎まれた郡奉行茨木理兵衛は知行・屋敷地没収、親類方蟄居を命じられた。一揆側は、大村・南出村・佐田村・八対野村・山田野村など一志郡諸村の大庄屋・庄屋・年寄・百姓・無足人、倅百数十人以上が吟味を受けた。大庄屋池田佐助、組合頭町井友之丞、庄屋森彦兵衛、同人倅森惣左衛門、庄屋多気藤七、庄屋倉田金次、百姓伝九郎・佐太夫・嘉内・藤松らが入牢となり、池田佐助、森彦兵衛は牢死した。町井友之丞、森惣左衛門、多気藤七は打首・獄門になり、家族は親類預けになった。城代家老藤堂仁右衛門の家来三塚三郎次郎と山形佐五左衛門も参加の疑いで入牢、牢死した。

【人物】町井友之丞　まちいとものじょう

一志郡谷杣村組合頭を務めたが、一揆の張本人として二年後の寛政一〇年一二月一九日に、川口村森惣左衛門、八対野村多気藤七（義民碑には藤七郎）とともに津北方の塔世川原で処刑され、三本松で晒首になった。この時三〇歳に満たなかったといわれるので、明和年間（一七六四―七二）の生まれと推定される。頭取捜索に派遣された伊賀者の報告書によれば、谷杣村の友之丞方へ頭取どもが「毎々寄合」ったという。谷杣村の背後の山腹に一〇人ほどが車座になれる談議穴と呼ばれる穴が残され一揆の計画を練ったと伝承されているので（昭和四五年〈一九七〇〉前後）、友之丞方というのは家屋内ではなく談議穴であったかと思われる。友之丞の祖先は、町井治部少輔源定勝と名乗る伊賀の城主だったといわれる。伝承では、三人は前々から親しい間柄で、一人は胆力、一人は文才、一人は経営の才に富んでいたといわれ、茨木理兵衛の新法が村の平和をかき乱し経済を破壊すると考え、密議を重ねて新法撤回の請願書を書き、津城附近に落し文にしたという。三人はそれが江戸の藩主に送達されたと聞いたが、いつまで待っても沙汰がないのでやむをえず強訴の手段をとった。この時三人は一身を犠牲にする覚悟をしたという。しかし暴力を用いる考えはなく、打ちこわしを行ったり物品を奪うような行為が起こらないよう苦心をしたといわれる。一揆勢が岩田橋から城下に乱入した際も、友之丞は大音声で、御城下を犯してはならんと身をもって制止したが、一揆勢はその叫びを聞かなかったと伝える。牢内から、死後の供養を頼んで、鼻紙に「獄中述懐」と題する漢詩「重君重国訴民嘆（以下略）」と二首の辞世「おそろしき屠所の陸路のけわしきも船にまかせる身こそやすけれ」「有難き君の恵の一太刀に罪とか（咎）消えて弥陀とあらわる」をしたためた。多気藤七の辞世は「筑波山葉山茂山ちりはてていろなきもとの山となり行く」。森惣左衛門の辞世は「罪障も功徳とかはる御仏のおしへうれしき法の旅立」。晒首の一つは怒り、一つは憂え、一つは笑いを含み、いずれも目を閉じていたと言い伝えられる。町井家の菩提寺であった善福寺の過去帳には「即是剣覚」という法名が記されている。一揆物語は刑死者三人を「世直し大明神」と記している。大正二年（一九一三）榊原村青年会が発起して、区民一同賛成のかたちで一志郡谷杣村の海泉寺に顕彰碑を建立した。碑面上部に町井友之丞の詩「獄中述懐」、中心部に「多木藤七郎・町井友之丞・森惣左衛門」の氏名が大きく刻まれている。記録によっては処刑の日時、処刑者の氏名あるいはその表記にくい違うものもあるが、むしろ三人についてよりは、牢死によって後に三人と同じ義民扱いを受けずに終わっている者がいることに注意をはらうべきであると思われる。

【人物】茨木理兵衛重謙　いばらきりへえしげかね

寛政改革の新法を主導して百姓に憎まれ、一揆後知行・屋敷地没収、親類方蟄居の処罰を受けた。寛政元年（一七八九）に岡本五郎左衛門景淵が加判奉行になると同時に郡奉行になり、実務に精通した外山与三右衛門をえて財政再建を主眼とする諸政策を進めた。一揆後の藩の申し渡しでは、村方のことは「静謐」を旨に進めるべきなのに村方の反発を前もって察することができず、外聞の悪い状況を招いた。百姓が茨木の姓名を出してかれこれ非難したのは、私欲でないとしても、役柄不心得であり、指図を無視して一揆現場に出向いたのも沙汰の限りであると咎めている。茨木家は家族ともに百々直順方に預けられたが、理兵衛は五年後、「謹上陳情書」を残して脱藩した。大坂で浪人生活を送ったといわれるが、文化九年（一八一二）に次の藩主に原禄高三〇〇石で召還されている。私欲に基づく政治ではなかったが、犠牲的に責任を取らされたと判断されたためと思われる。

【史料】寛政一揆岩立茨　かんせいいっきがんたちばら

筆者は「葉無之種成」と自署し、「自序」の日付を「寛政九つの年一月延て隙な日」としているが、正確な筆者姓名は不祥。また末尾の「後の噂」の所に「此三人此度一揆の張本たるを以て刑せられ、数万人の命に代りたり。爰を以て右三人を世直し大明神と称して人皆是をしむ。（略）寛政より享和、文化、文政に移り、米価四十俵替ニ至る」とあるので、百姓の行動を理解できる立場を立つ人物が筆者であったこと、一揆を同時代に体験し、文政年間（一八一八～一八三〇）に書き加えができるような年代の者が筆者であったものと推察される。構成は、序・発端・切印金之事・蔭切の事・常廻目附の事・倹約触の事・田畑山林平均の事・百姓蜂起の事・潰屋略記・儒者流時に不逢・後の噂からなる。原本は不明だが、明治二五年（一八九二）、三重日報社を発行所とし松田豊幹を編集者として出されていた『草蔭冊子』の第一〇～一三集に活字で紹介され、また岡山大学の黒正文庫に写本が残されており、『編年百姓一揆史料集成』七に収録されている。　（深谷克己）

〔参〕深谷克己『寛政期の藤堂藩』、『津市史』一

寛政九年（一七九七）三月六日
陸奥国江刺・栗原郡ほか八郡仙台・一関藩領買米反対強訴

天明飢饉後藩財政は悪化し、年貢化した買米（百姓の手元にある余剰米を前金を渡し強制的に買い上げる制度）は百姓の負担増加と不満を高めた。寛政八年頃、仙台から奥通りにかけて「小松送り」と呼ばれる厄ばらい行事が流行したが、この疫病神は奥郡奉行小松左門を指していた。寛政九年三月六日夜、盛岡藩境近くの江刺郡伊手村百姓清三郎の呼びかけで村民が集会し、仙台城下へ強訴することを決め、途中村々に呼びかけながら進み、八日には一六〇〇人余が岩谷堂で集会、仙台にのぼろうとするが、岩谷堂邑主（給人）伊達大炊に説得され、九日願書を渡していったん解散した。一一日夜には江刺郡高寺村で同様の動きがあり、一一か村数千人が集会、一二日伊達大炊の家来に諭され願書を渡した。一八日江刺郡野手崎村でも集会、強訴しようとするが、水沢邑主伊達和泉に止められ願書を渡した。三月下旬には磐井郡衣川、志田郡・遠田郡でも集会。胆沢郡では中野村正覚坊・与五郎・市太郎、徳岡村幸作らを中心に血判神文の誓いをして他村に呼びかけ、四月二日に川上一七か村百姓が石宇山に集会、前沢までいき、邑主三沢信濃の家臣に願書を渡し、藩庁への取り次ぎと四月二九日までの返答を約束させて解散した。東山南方一〇か村では四月上旬から観音山へ、門崎・相川衆は大峯山に集まり呼びかけ、代官に願書を渡した。一五日からは仙台藩目付大槻喜右衛門が一揆取り鎮めのための触れを持

って廻村を始めた。一七日、支藩一関藩では磐井郡摺沢村・寺沢村など一一か村百姓一四五〇人が一関に向かった。その途中肝煎宅を打ちこわし、二〇日一関藩田村家役人に願書を渡した。東山北方では、一八日上奥玉村菊右衛門親子と長之助が中心となって村々に呼びかけながら仙台にのぼろうとするが、二三日薄衣邑主泉田大隅家中に願書を出した。その後、菊右衛門らは登米郡・遠田郡・本吉郡へと呼びかけて歩いた。一関藩領磐井郡流郷では峠村惣左衛門、富沢村源蔵を中心に廻文を回し、一三か村一三〇〇余人が肝煎宅を打ちこわし、二三日田村家郡代に願書を渡した。続いて二五日には同郡薄衣村、本吉郡北方の四か村、登米郡狼河原周辺村々が相次いで蜂起した。そして、流郷永井村に始まった一揆は栗原郡石越村・若柳村などの百姓を合流し、二六日夜には登米・栗原郡一三か村の集会を開き、二七日栗原郡築館へ向かった。ここで栗原郡一迫・二迫・三迫の一揆勢と合流し、五〇か村余・四万人の集会を開き、仙台にのぼろうと、途中奥羽街道筋の出格子を打ち破り酒店などを荒らしながら南下し、高清水まで押し寄せた。そこで高清水邑主石母田備後、真坂邑主白河上野の説得で願書の藩庁への取り次ぎの約束を得て解散した。同時期に登米郡佐沼郷からは瀬峰へ、栗原郡文字村からは一二〇〇人が築館へと押し寄せたが、それぞれの邑主に願書を渡し解散した。胆沢郡では返答期限の二九日に藩が首謀者として正覚坊らを捕まえたが、一度は村民らに奪い返された。五月一日には見分森で集会、徳岡村組頭宅を打ちこわし、要ケ森には二〇〇〇人余が集まるが、目付大槻らによって正覚坊が捕らえられ解散した。この頃、玉造郡では中新田町に百姓が集合したとの風聞があり、宮城郡でも一揆があり、七北田に集まり城下に入ろうとする動きに対し藩目付がでかけて警戒している。

一揆に加わった人々の様子は、桐貝・木貝・くるみ貝を吹き、大鐘・太鼓を合図に呼びかけ、鬨の声を挙げ、夜には篝火を焚き、村々の印纏として杉葉・竹がら・青木葉などをまきつけた棹、村名の頭文字を書いた筵旗を立てて歩き、仕事着の雪ばかまにぼろを着て乞食のような姿だったという。この一揆に共通する要求は、諸償（郡村の諸入用）の軽減化、藩の返済・支払い金の下げ渡し、買米の強制割付の軽減と適正価格での買い上げ、貢租先納の廃止、商人・諸職人税の軽減、夫食米や種籾の貸し下げ、郡村方役人の減員と経費削減、大肝煎の廃止や肝煎の年期交代制と不正行為などであった。

藩は五月二日に要求をほとんど入れた形で「寛政の転法」を布告、ようやく一揆は鎮静化した。郡奉行小松左門は免職、北条・平両郡奉行は役替、佐沼と登米の大肝煎は追放となる。その後、藩は十数人の首謀者を捕らえ、伊手村百姓清三郎、中野村山伏正覚坊、峠村惣左衛門、中奥玉村勘左衛門、富沢村源蔵は死罪、佐沼本郷兵作、清蔵、南方村惣作、上奥玉村菊右衛門親子らは流罪、その他は徒刑（懲役）などに処した。清三郎の供養碑（岩手県江刺郡伊手口沢）、正覚坊菩提塔（水沢市高根神社）、峠村惣左衛門供養の首切り地蔵（西磐井郡花泉町老松）がある。

【人物】中野村正覚坊　なかのむらしょうかくぼう

江刺郡中野村五宝院の山伏。俗名治五右衛門。一揆当時は俗体となって桜井多仲と名乗る。寛政九年百姓一揆の指導者の一人で、江刺郡下伊沢地方の一揆を指導した。市井の風評によると、体格偉大でたくましく、軍陣にあれば大将のような力量を持ち、天文・算数・八卦・兵術学にも優れた人物であったという。諸郡村に次々と一揆を起こさせ、藩や邑主の対応を見ながら周到な計画をたて集会を重ねていった。万一の場合の奪還計画も事前に幸作らに告げてあったという。四月二九日中野村に潜んでいるところを代官菊池千蔵と足軽一〇人に捕まるが、妻・倅が太鼓を打つと村人が大勢集まり正覚坊を奪い返した。五月二日夜前沢村要ケ森での集会を知った藩目付大槻・小梁川は、足軽三〇人をつれて出向き、説得するとともに正覚坊を捕らえた。再度奪い返そうとする動きのなか、密かに仙台に送られ、翌年七北田刑場で打首となる。処刑日は不明。子孫が後年供養のために作った位牌には、妻の法名と並んで「権大僧都法印真覚　寛政十年十二月十九日」と書かれている。文政年間（一八一八～三〇）には五宝院（現高根神社）に正覚菩提塔という供養碑が建立され（昭和一四年〈一九三九〉再建）、義民として顕彰されている。妻と幼児は逃がれて佐倉栃木の常楽寺に隠れたといわれる。水沢地方には家族は秋田に走ったとか、常楽寺に入る前に百岡の生城寺に隠れたとか、種々の伝説がある。

【史料】書上大槻家譜草藁　かきあげおおつきかふそうこう

筆者の大槻喜右衛門安賢は、知行高二五五石、仙台藩主伊達重村・斉村・周村に仕えた目付役。寛政九年の一揆に際しては、四月一五日同役の目付小梁川市左衛門とともに小人組を率いて廻村、各地の百姓の動静を聴取、説諭して歩いた。本記録は、その一揆鎮定始末書ともいえるもので、三月一〇日の藩の対応から始まり五月の首謀者の処罰まで、一揆側の要求・行動・組織などが細かく記される。とくに一揆側代表との問答から始まり、百姓と足軽の乱闘、そして正覚坊を召し取るまでの数日間の記述は、当事者ならではの臨場感あふれるものである。なお、この一揆についてはほかに、岩谷堂邑主伊達大炊の家老から藩奉行宛の書信、藩目付小梁川靭負の仰せ達しの写しなどがまとめられている「江刺郡南北強訴一件」、折壁・小梨あたりの有識人から見た「僊台領騒動記」などがある。これらは、『江刺市史』第五巻四資料編近世Ⅲ、『北上市史』第三巻などに所収されている。

（堤　洋子）

〔参〕『水沢市史』三、鯨井千佐登「仙台藩の百姓一揆」（『宮城の研究』四）

寛政九年（一七九七）六月二六日
越中国婦負郡富山藩領打ちこわし

寛政九年（一七九七）六月二六日夜半、野積谷下乗嶺村十村役源右衛門宅に押し寄せて家財を取りこわした後、八尾町の高嶺宗三郎・館屋善兵衛、米穀商臼屋権次郎宅に押し寄せ、家・土蔵を打ちこわし、家財・米を路上に撒き散らした事件。藩の取調べに対して被害者四名（うち八尾町の三人は手鎖）は何の趣意なのか、一向に覚えがないと否定した。しかし、野積谷源右衛門の場合は、斃牛馬がでれば必ず皮太に知らせて引き取らせるように命じたことから、百姓の恨みをかったらしい。というのは、養蚕地のこの地方では、皮太がくるまで斃牛馬を放置すると、蚕に流行病がつくというので、これまで川に流したり埋めたりしていたからである。また、八尾の三人の場合はともに米穀商で、野積谷紙漉人に対する仕送りと前貸しを兼業しており、日頃から何かと非道を重ねて百姓の怨嗟をかっていたからである。首謀者として野須江孫一郎・中村六郎兵衛・東原村甚右衛門・清水村彦右衛門・上牧村伝兵衛・島地村与市郎・水口村山右衛門など九名が逮捕されたが、関係書類の焼失で処分の結果は不明。

（吉武佳一郎）

〔参〕『富山県史』通史四、坂井誠一『富山藩』

寛政九年（一七九七）九月一〇日
土佐国長岡郡高知藩領豊永郷強訴未遂

土佐国高知藩領長岡郡豊永郷（三六か村）のうち梶ケ内・安野々・川戸・長淵・桃原・八川・西久保・柳野の八か村では、切手相場の高騰や参勤交代での送夫負担などを迷惑として、八月頃から藩に愁訴を行ったが、説得されうやむやにされた。九月初旬、村々では三〇〇人余りが強訴を企て、これを察知した藩では九月六日に役人を派遣してきた。九日、豊永郷大庄屋宅で交渉が行われたが、その際約二〇〇人の百姓が集まって成り行きを見守った。この交渉で藩役人が即答を避けると、翌一〇日、百姓は交渉の場である大庄屋宅には来ず、三〇〇人の百姓が河原に屯集し、駆けつけた藩役人や大庄屋らと口論に及んだ。藩は、これを徒党とみなして頭取たちを捕縛した。その結果九月二九日、梶ケ内村組頭熊右衛門・百姓重次郎・みこ市太夫、安野々村元組頭要助・現組頭五右衛門、川戸村の社人西村文吾・

組頭与太夫、長淵村百姓総左衛門・嘉助、桃原村百姓亀丞・源介、八川村百姓市右衛門・半兵衛の一三名が捕縛された。処罰については不明である。一方、強訴を未然に防いだということにより、在地土豪の豊永惣次右衛門・豊永甚右衛門には金子が下賜され、藩役人らにも恩賞がでた。(須田　努)
〔参〕平尾道雄『土佐農民一揆史考』

寛政一〇年(一七九八)一月二四日
陸奥国白川・石川・岩瀬・田村郡越後高田藩領減免強訴・打ちこわし(浅川騒動)

寛保二年(一七四二)に白河藩主松平義知が姫路へ転封となったことで、白川・石川・岩瀬・田村各郡にまたがる同藩領の八万四〇〇〇石余が越後高田藩(榊原氏、一五万二〇〇〇石)の飛地として編入された。このため高田藩は石川郡浅川村に陣屋を設置し、同国の支配の拠点とした。この頃農村では、年貢増徴による人口減少や荒廃地の増加などが農業経営を圧迫しはじめていた。さらに陣屋支配を補強した大庄屋を始め村役人層の年貢取り立て、領内産馬の監督・取扱いに関わるせり駒制に立脚し、大きな権限を有した駒付役や馬喰の不正も、百姓の負担を一層過重にしていた。そのうえ、寛政九年は、四月の強風と降雹が苗代作りに打撃を与え凶作となった。これにもかかわらず、年貢諸役の取り立ては緩むことなく、近隣の棚倉藩や塙代官所領などが農村救済策を実施したのにくらべ、なんら施策がなかったことが、騒動への引き金となった。翌一〇年一月、白川の町に「狼の縞犬」が出没し人々を悩ませていたため、白川近在の浅川領の村々は、犬の駆除を口実に陣屋から鉄砲を残らず借り出した。次いで二二日、一五歳以上六〇歳以下の者は八幡社へ参会する旨の落文が各村々の坪ごとに出された。これに呼応し二四日には八幡社に百姓が得物を持って屯集、近隣の山林などを含め約三万人が集結したという。八幡社殿では刀・脇差を指し、扇鉢巻きの姿の頭取二四名が主導したといわれ、このうち上野出島村半重郎は、博奕渡世から改心し村の窮状を見て、大工・桶屋をしながら領内を廻り蜂起の呼びかけをしたとされる。一揆勢内では、良い着物を着ない、刀類を帯びないこと、金銭を奪わない、個人の意趣で打ちこわさない、役人への悪口は慎む、大酒をしないこと、火付けをしない、敵対する者でも殺さぬこと、抜け駆けをしない、女子供に構わぬことなどを取りきめ、集団内の規律維持をはかった。頭取以下一揆勢は南北二手に分かれ、南勢の約二万人は金山村を目指し、同所の金山組大庄屋石井又左衛門、庄屋善左衛門宅を打ちこわした。約一万人といわれた北勢は、三春・二本松各境まで押しかける動きを見せた。二五日、浅川陣屋では、郡奉行伊藤勘左衛門以下一〇〇名が滑津ケ原に出張、一揆勢との交渉にあたったが失敗し、陣屋を固め、国元の高田や江戸藩邸、さらに隣藩に援兵を要請した。この間一揆勢は浅川城山に籠って気勢を挙げた。二六日、陣屋の要請に応じた白河・棚倉両藩兵が陣屋へ駆けつけ、ほかに三春・二本松・守山各藩、さらに水戸・会津両藩も、藩境の防備に兵を繰り出している。同夜、一揆勢は陣屋元へ押寄せ、町の大庄屋・駒付役・馬喰宅を打ちこわして陣屋へ迫った。このため陣屋では武力での鎮圧を決意し、一揆勢二六名を切捨て殺害し、ほか一〇〇名の手負いを出した。打ちこわしの軒数は各組すべての大庄屋一二軒、庄屋二八軒始め、駒付役や馬喰など合わせて八八軒、さらに打ちこわしの目標となった者から家財を預ったとされる寺院二か寺も打ちこわされた。二七日、陣屋の鎮圧に一時退去した一揆勢は、先の北勢と里白石で合流した。盛り返しを恐れた伊藤は、一揆参加者の処罰をしないこと、困窮者への手当支給、大庄屋以下の諸役人は全員謹慎させると通告して宥めたため、これを契機に一揆は終息した。しかし、百姓の動きが鎮静したと見た陣屋は、四月にいたり一揆の指導者の探索を始め、二六人を逮捕した。寛政一一年二月、駒付役五人、各組大庄屋全一二人を免職し、一年間の代行者を任命する一方、一揆指導者の処刑を行った。上野出島村半十郎・左源次・喜曾右衛門の三名が首謀者として断定され、うち左源次はすでに牢死、半十郎は浅川町大橋で打首、家内は追放となった。喜曾右衛門は高田で永牢・家内追放となった。喜曾右衛門は高田護送中、信越国境で処刑されたともいわれる。村々には高一〇〇石につき過料二貫文が課された。この一揆により、百姓側は領主の年貢増徴策を阻止して年貢率一か年の据置き、大庄屋・駒付役の罷免、せり駒役金の引き下げ、駄馬冥加銭二〇〇文の廃止を獲得したが、同一二年閏四月には罷免した大庄屋全員が帰役した。なお、この地方では翌享和元年にも石川郡で騒動の企てが起こっている。

【史料】浅川騒動見聞録　あさかわそうどうけんぶんろく

寛政一〇年（一七九八）陸奥国白川郡浅川騒動の記録。全三巻よりなる。巻一では、騒動発生の原因の一つである大庄屋の問題点や、前年四月の強風と降雹による凶作に触れ、領民の蜂起の経緯などを述べる。また騒動参加を促す落文を収録、打ちこわし展開の様子を詳述し、陣屋役人との交渉の場面などを記す。巻二では、石川村大庄屋鈴木茂七郎宅や郷士鈴木茂市郎宅の打ちこわしの様子を記述。筆者が情報収集したとされる、打ちこわし被害者側の諸道具書上を収め、その後城山に籠った一揆勢の様子と陣屋側の対応として奉行伊藤勘左衛門らによる一揆勢の殺害など武力鎮圧の場が描かれている。巻三では、切捨てとなった者が無宿として晒され処分される様を陣屋の触を引用しつつ述べ、打ちこわしに遭った大庄屋以下村役人・駒付役などの名を列挙、加勢として出張した白河・棚倉各藩の陣容を書上げている。しかし、一揆後の関係者処分などについては、ごく簡単な記述に留まっている。当記録の成立年代や筆者については不詳だが、筆者は当一揆を実際に見聞した人物と思われ、記録にあたっては他からの情報収集も行っている。筆者の感慨や立場は、陣屋役人が一揆勢を切捨てる場面にもっともよく表われている。すなわち、筆者はこの様を「稀代の悪事」「前代未聞の咄の種」といい、また一揆直後に陣屋が触れた廻文を謀り事をもってしたものと評している。藩主に対しては公の敬称を用いる一方、役人側に対しての敬称はほとんど見られない。大庄屋に対しては、その行動が騒動の原因になったとして批判的な立場を示している。『岩磐史料叢書』中巻に所収。なお、当一揆に関する記録としては他に「奥州浅川騒動実録」「浅川陣屋附百姓騒動荒増」などがある。（齋藤悦正）

〔参〕『矢吹町史』一、『福島県史』三・八、北島正元「寛政十年浅川騒動覚書」（『対外関係と社会経済』）

寛政一〇年（一七九八）三月一一日
但馬国城崎郡豊岡藩領強制借上げ反対強訴

豊岡藩では、寛政四年・六年の両度にわたる江戸屋敷焼失や藩主の婚礼などで財政の窮迫が進んでいた。このような状況への対応策として、例えば同七年一月、豊岡藩は藩札の信用回復をはかって札場銀主を交代させた。さらに同一〇年二月、江戸屋敷への仕送り金に詰まったため、摂津国神戸村の俵屋辰次郎から融資を得ようとした。その融資銀二七〇両に対し、城崎郡三一か村の年貢米三六〇石を引当にし、村役人の連印を取った。しかし、この銀子を借りるためには、古債の名目銀を返済しなければならず、藩は前年暮に城崎郡領一万石に対して銀八〇貫の御頼銀を命じた。しかし、百姓たちは承知しなかった。そのため、三月一一日、豊岡町の田中庵に勘定方高階権輔・塚原源内・尾藤又右衛門が出張し、上組・下組の大庄屋二人と両組内村々の庄屋・百姓惣代ら三、四人を召し出して掛け合いを始めた。ところが、昼九つ時から田中庵広庭・晴雲寺門前道から和久田にかけて田蓑に笠を付けた百姓たちが夥しく集まり、御頼銀免除を願った。このため掛け合いはまとまらず、勘定方は引き揚げ、大庄屋二人と庄屋たちは町宿の三木屋彦左衛門宅へ退いた。百姓たちは、町内の高札場から宵田町一帯へ詰めかけ、郡奉行下役が説得に出向いたものの、御頼銀を免じなければ何日でも引き取らないと主張した。その結果、夜七つ時過ぎに郡奉行が御頼銀御免の書付を与えたため、一揆勢は退去した。なお、この時に惣百姓中から両大庄屋に宛てて、夫銀の軽減と夫銀帳の公開を求める願書が町宿に投げ込まれた。これに対し、庄屋たちは困惑して退役の願書を大庄屋へ提出したという。このような領民の強訴にもかかわらず、五月になって藩は再び御頼銀を強行し、城崎郡三一か村へ銀六〇貫、二方郡村々へ三〇貫、町方惣町中へ三〇貫目を、六か年賦で課した。六月七日には、城崎郡三一か村の庄屋・年寄・頭百姓二人・小百姓惣代一人ずつが強訴の咎で藩の評定所へ召し出されて譴責され、上組五人、下組五人の庄屋が取りはからい不十分として追込めを命じられた。百姓中への処分がどうなったかは明らかでない。　（山﨑善弘）

〔参〕『豊岡市史』上、『兵庫県史』四

寛政一〇年（一七九八）六月五日
美作国大庭郡ほか幕府領石代納越訴

　美作国の幕府領では、年貢米の約四割を米で納入させて大坂へ廻送し、残る年貢米を三分一銀納・三分二銀納として口米などとともに銀で納めさせていた。寛政九年、幕府はこの米から銀への換算基準を改正し、一〇月一か月間の津山藩払米相場の平均を石代納の上米値段として換算する「新規御趣法」を命じた。この新基準は、例年より一石につき銀四匁四分余増となり、かなりの負担増となるものであった。美作国内の幕府領は、久世代官所管轄大庭・西西条郡六二か村、但馬国生野代官所管轄西西条・西北条・東北条・勝北・吉野郡五四か村、丹後国久美浜代官所管轄吉野郡三五か村、龍野藩預所英田・勝南・久米南条・久米北条郡七七か村が存在した。これらの幕府領では、まず管轄（分）ごとにそれぞれの役所へ「新規御趣法」の撤回を嘆願した。しかし、要求実現が困難なため支配分を越えて統一行動を取ることにし、一一月二六日大庭郡久世村で久世・生野・龍野の三分惣代による「立会」を開き、「新規御趣法」の撤回を江戸に越訴すること、惣代を各分二人ずつ選出すること、費用は三分の高割りとすることなどを申し合わせた。その後各分の「立会」が開かれ、久世村での申合わせの承認、惣代の選出、願書の検討が行われた。しかし、龍野藩が預所惣代に出府延期を指示し、翌一〇年四月まで延期するなど江戸出府は困難をきわめた。一方、寛政一〇年二月二六日、久美浜分でも願書が差し戻されたため、江戸越訴に参加することになり、美作国幕府領一統での越訴が可能となった。しかし、四月四日になっても龍野藩預所の情勢に変化なく、龍野分は秋までの延期を要請した。再度の延期に対して、四月八日久世分では百姓たちが延期の理由を追及するなど不穏な状況となった。そこで、一九日久世分惣代大庭郡目木村上分庄屋甚三郎・生野分惣代勝北郡広戸村市場分庄屋弥兵衛・久美浜分惣代吉野郡中山村百姓利右衛門が出立、二五日龍野分惣代勝南郡池ケ原村庄屋伊八郎・英田郡三海田村庄屋善兵衛が龍野藩の意向により他より遅れて出立した。五月二五日江戸到着、六月五日勘定奉行柳生久通屋敷へ駆込訴を行った。取り調べを受けた結果、訴えは差し戻しとなった。惣代は改めて所轄の役所に願書を差し出し、勘定奉行所への取り次ぎを嘆願したが、却下の上帰国を命じられた。この間久美浜分惣代利右衛門は宿替を命じられ、残った三分惣代四人は、七月二二日大下馬で老中松平信明へ駕籠訴を行った。願書はいったん受け取られたが、「差越願ニ付」差し戻しとなった。しかし、その後勘定奉行所で取り調べが続けられ、一〇月二〇日、勘定奉行所において、「新規御趣法」の撤回と、それにかわって一〇月下一五日間の津山払い米値段の平均を基準とし、それから三升分差し引いた値段を石代納の上米値段とすることが言い渡された。　（横山　定）

〔参〕『編年百姓一揆史料集成』七、『津山市史』四、『岡山県史』近世Ⅲ

寛政一〇年（一七八九）八月七日
美濃国海西郡幕府領・高須藩領打ちこわし
（下川騒動）
→寛政一〇年（一七九八）一二月二六日
美濃国厚見郡加納藩領強訴（水難一揆）

寛政一〇年（一七九八）一二月二六日

美濃国厚見郡加納藩領強訴（水難一揆）

加納藩永井氏三万二〇〇〇石で二度の水難により年貢用捨を求めた強訴。寛政一〇年四月八日、木曽川・長良川の氾濫により流域の村々は大被害を受けた。さらに七月一五日にも大洪水にみまわれ、稲作は皆無の状態となった。加納藩は、この二度にわたる水害に対して何の手当も出さないばかりか、厳しく年貢を取り立てた。折りから、鏡島村で普請人足にきていた百姓から、一二月二六日に加納城下に押しかける旨の「盲配符」が回された。約一〇〇〇人が晩方六条村に集まり鬨を揚げ城門にせまった。目付など三人が騎馬で出向き鎮めようとしたが、一揆勢は、「発頭人は両度の大水」などと叫んで馬から引きずり下ろそうとした。馬から降りた三人は願いを聞き届けるとして、当年は年貢を用捨する旨の二通の証文を与えたところでようやく一揆勢は引き上げた。翌日から取り調べが始まったが、暮のこととて吟味は中断された。翌二月中旬、御救米が二八〇〇俵ほど出されたが、同二七日（田辺氏見聞録では三月二七日）、再び一揆勢が厚見郡鶉村浅右衛門の家を打ちこわした。これは「盲配符」を留め置いたからという。しかし、加納に向かった一揆勢は人数も少なく、大きな一揆とはならずに終結した。目付などが鎮圧に出、明け方までに三五人が逮捕され、入牢一〇人などの処罰がなされたが、赦免された。その後、江戸から家老らが一揆の吟味にやってくるに及んで五月から再び厳しい取り調べが始まった。両度の強訴は不届だとして、五月一八日に二六人が入牢となるなど、合わせて三五人が入牢となった。七月一七日、これら入牢者のうち初めの一揆の指導者西ノ庄村又吉と鏡島村吉蔵、二度目の一揆の指導者下茜部村多蔵と中茜部村助右衛門（彦四郎ともある）は死罪を免れたが、家屋敷田畑取り上げ、家内残らず追放となった。その他その身追放五人、過料銭六貫文の者が一一〇人余あった。また村々の庄屋には過料一五貫文が科せられた。なおこの時の洪水による被害から、八月七日、西濃地域の幕府領・高須藩領を中心として御普請会所の海西郡安田村の喜兵衛の家など一五軒を打ちこわす事件があった。これは下川騒動と通称される。（小椋喜一郎）

〔参〕『岐阜県史』通史近世上、『柳津町史』佐波、『加納町史』下、『岐阜市史』通史近世

寛政一二年（一八〇〇）六月二日
播磨国赤穂郡赤穂藩領赤穂塩田浜子集会

寛政一二年六月二日、西浜の日雇全員が一人あたり米一斗の貸し渡しを要求して三度も集会を開いた。これに対し、浜人側は、村方騒動になっては役中の落ち度になるおそれもあるとして、一日分の賃銀として日雇一人に二匁ずつ渡した。九月には、東浜でも御崎新浜村の日雇が臨時手当を要求したが聞き入れられず、強訴しようとして騒いだ。西浜では、この年ころから、翌年の賃金や前貸銀の決まる年末になると集会を開き、浜人側に圧力をかけるなどの日常闘争を展開している。さらに、製塩の最盛期をねらって、「はやり正月」の名目で、怠業して臨時手当を要求した。文化三年（一八〇六）六月一一日にも浜子の「惣休」があり、数名の者が処分されている。「はやり正月」は次第に日常化していったようである。（山﨑善弘）

〔参〕『赤穂市史』二、渡辺則文『日本塩業史研究』

寛政一二年（一八〇〇）一二月一四日
丹波国多紀郡篠山藩領酒造出稼ぎ制限撤廃越訴

宝暦～天明期（一七五一～八九）の西摂酒造業の変貌・発展のなかで、篠山藩領の百姓は池田・伊丹などへ酒造百日奉公（酒造業への季節的な出稼ぎ）にでかけていた。こうした状況に対し、藩は最初の条件付許可制から賦課金徴収制、さらに新規出稼ぎの全面禁止という厳しい政策を取るにいたった。これに対し、寛政一二年一二月一四日、市原村の清兵衛がその子佐七を伴なって江戸へ下り、酒造出稼ぎ制限の撤廃を求めて、江戸在府中の藩主青山忠裕に直訴した。清兵衛は直訴後、文化八年（一八一一）

四月に出牢を許されるまで一〇年を越える捕囚生活を過ごすことになったが、この直訴の結果、享和二年（一八〇二）八月に藩は酒造百日奉公を公認した。

【人物】市原村清兵衛　いちはらむらせいべえ

篠山藩領多紀郡市原村の百姓。貧農で、寛政七年一二月には年貢未進がかさんで「分散」（財産譲り渡し）を申しつけられていた。釈放について記された文化八年四月二九日の「藩日記」には、「元市原村之者、当時帳外、清兵衛・佐七」が江戸表へ直訴したので吟味したところ、「我意強く申張り、何分吟味詰め難く、数年入牢いたし」とあって、頑強に取り調べに応じなかった元本百姓、いまは帳外れの清兵衛の姿が浮かび上がってくる。彼は出牢後、いったん姿を消すが、文化一〇年四月四日付の訴状を持って、同月九日に箱訴している。これは年貢納入時の込米制の廃止を訴えたものといわれている。この訴状は文政二年（一八一九）八月に焼き捨てられたが、翌三年二月にも清兵衛の訴状が焼却されたことが判明することから、もう一度箱訴を行ったようである。このように清兵衛は、出牢後も藩政への批判を失わなかったが、藩は彼の取り扱いに苦慮して、ついに国払を命じた。追放された清兵衛は、伊丹に移住したが、丹波杜氏の恩人・義民として、大正八年（一九一九）に京都松尾神社境内、昭和二六年（一九五一）には篠山城址に義民碑が建立され、現在も崇められている。今田町市原の峠道に清兵衛旧宅跡が残る。　（山﨑善弘）

〔参〕『兵庫県史』四、嵐瑞澂『市原清兵衛』

享和元年（一八〇一）六月二七日　出羽国村山郡幕府領・山形藩領ほか打ちこわし（村山一揆）

前年の凶作の影響が享和元年二月ごろより米価高騰となって表われ、五月ころからは紅花が豊作で価格が下落し、例年の三分の一ほどの手取りしかない状態となっていた。そのうえ最上川大石田河岸からの大坂廻米の強行が米価高騰に拍車をかけ、三斗六升入り一俵が金一歩二朱と銭二五〇文となった。村山郡の百姓たちはそれぞれの村役人に米価引き下げを要求したが、生活に余裕のある村役人たちはいずれ郡中惣代名主の寄合があった時に相談しようというだけだった。六月中旬から山形・天童周辺の各所に百姓らが屯集し、連夜のように貝を吹き立て松明を燃やすなど不穏な状況が生まれた。二三日頃からは天童の三本松の原や愛宕山などに集結し、一味同心を呼びかけ、同心しなければ家を焼き払うとの無名の廻状が村々に回されたという。こうして一〇〇か村余の人々が集まり出し、米価高騰の原因は山形四日町酒屋新五兵衛や渋江村三条目の小八らの富豪が、七〇〇〇俵余を買占めたためとの話が広がっていった。

二七日、三本松から動き始めた一揆勢は、まず天童の北の久野本村明石屋八兵衛（友吉ともいう）を打ちこわした。酒田本間家の手先といわれる富豪で、三本松や愛宕山に集まった人々が飯の炊き出しを求めたところ断られたためという。二八日には後沢村尹助宅を打ちこわしながら天童町に入り、数千人が一日町穀屋武助・酒屋甚太郎、五日町穀屋六兵衛を打ちこわした。天童をでた一揆勢は、二九日朝渋江村三条目の小八宅に押し寄せて微塵に打ち砕き、小八の聟左平治宅も打ちこわした。さらに拝塚村で小八の縁者の庄太郎など五軒を打ちこわした。家や土蔵、家財はもちろん、酒樽を切り、質物を取り返し、証文を焼き払った。小八宅では諸道具が燃やされた。六月二九日には、山形城下周辺の沖野原や馬見崎の河原は、回状に呼応した者や参加強制によって集まった百姓たち数千人（一説に数万人）で埋め尽くされ、「最上一統之騒動」といわれた。鐘を打ち鳴らし、鬨の声を挙げ、夜を待って山形町に突入した。四日町新五兵衛宅を打ちこわすのが一番の目標だった。しかし、城下の銅屋町入口では弓・槍・鉄砲で警備する藩士らと衝突し、百姓のなかには脇差・斧・槍・棒・石礫で応戦する者もおり、一〇数人の死傷者も出た。ほかにも城下各所でこぜりあいが生じた。このため、百姓らはいったん河原に引き揚げた。

翌七月一日、寒河江代官所手代が河原に出向き、百姓らの要求を聞き取った。米・酒の値下げや質物の利下げ、肥料となる油粕・米糠の仲買停止と直売り、前年年貢のうち囲置米の地払い、夫食米支給の五つの要求があった。手代は囲置米の放出を除いては受入れ、七月一〇日までに願いのとおりにするとした。これによって多くの百姓は帰村したが、一部はこの日山口村名主儀左衛門宅を打ちこわし、河原子村次郎七宅に石礫を投げ、二日には山家村若松寺（若松観音で知られる）の塔中である本寿院にも乱入し、諸道具をこわした。高利貸しを行っていたことから借金証文や大福帳を焼き捨てたとも伝える。この七月二日には米沢・鶴岡・二本松・新庄・福島・上山・仙台の諸藩の援兵も出動し、警戒と騒動の指導者の捕縛にあたっており、四日頃までには鎮静化したとされる。八月首謀者は江戸へ送られ、一〇月には評定所留役が山形に来て取り調べを行い、翌享和二年四月幕府の判決が下された。判決では、徒党の頭取と認定された沼沢村専助こと医師寿仙が獄門（ただし獄死）、頭取に差続く者として山寺村松之助（獄死）・新蔵・紋蔵、山口村権次、河原子村太郎・金次（獄死）が遠嶋に処せられ、ほかに数十人に入墨・所払などの処罰が下され、また、天童一日町甚太郎、山形四日町新五兵衛、後沢村尹助は酒造株などを取り上げられ所払となった。参加村約一〇〇か村には過料銭が課せられたが、その所領は幕府領柴橋・寒河江・尾花沢代官所、米沢藩預地、山形藩・天童藩・下総佐倉藩・常陸土浦藩に及ぶ。なお、無宿弟（大）五郎ら八人は獄死のため、落合村国平次ら五人は逃亡のため、刑が課せられなかったが、いずれも指導層と思われる。彼らのうち数人は無宿・寄留人で、また倅も多い。米を買い喰いする者たちで、米価高騰が生活に直接響く階層であった。

【人物】秋田弟五郎　あきただいごろう

大五郎・代五郎とも見えるが、幕府判決書には弟五郎とある。元秋田藩士でのち浪人となったと伝えられ、無宿とされる。騒動の時は二二歳、身長六尺余、八人力の持ち主で、大まさかりを使うと評判で、銅屋町ではそれを使って山形藩士と渡り合ったという。また、豪家へのゆすり・たかりを行ったとも伝えられる。出動した仙台藩兵により捕縛され、頭取の一人として寒河江陣屋に送られ入牢となったが、獄死。

【人物】落合村国平次　おちあいむらくにへいじ

村山郡落合村の百姓。騒動の時は五八歳という。山形城下と接する小白川村の儀蔵の子分となり、「強勢」を好む者で、「公事沙汰」（民事訴訟）を解決することで暮らしていたという。市左(右)衛門の名も持ち、医者の真似ごとをもしていたという。銅屋町での渡り合いでは数か所に傷を負い、山越えして仙台藩領に逃亡したと伝える。

【史料】羽州山形騒乱記　うしゅうやまがたそうらんき

作者は陸奥国刈田郡白石城下本町の村上要祐と見え、四二歳の享和元年一二月の作とある。序において騒動勃発の理由に始まり、打ちこわしの経過と城下藩兵との衝突の様子を描き、後半は新庄・秋田・山形・鶴岡・上山・仙台など周辺諸藩の出兵の様子を具体的に記す。打ちこわしや衝突、諸藩出兵の様子などは軍記物風・講談風の物語として誇張された部分も多く、村名・人名なども誤記が多い。頭取らを悪人と記し、諸藩出兵に詳しいところから見ると、武士的な立場の者が小説的興味で書いたものであろう。序の村山郡の各代官・各藩の政治について善悪を評論している部分は興味深い。白石城下本町の半沢勝平を持ち主とする稿本が岡山大学付属図書館黒正文庫に所蔵され、『編年百姓一揆史料集成』七に翻刻されている。

（浅見　隆）

〔参〕『出羽百姓一揆録』、『山形市史』中、『天童市史』中、『東根市史』通史上

享和元年（一八〇一）一一月四日
阿波国海部郡徳島藩領浅川・牟岐村年貢米選別法改悪・代官苛政反対逃散

享和元年一一月四日夜、浅川村の百姓三〇人が山道を越えて土佐国安芸郡高知藩領の白浜・河内村境に逃散した。甲浦分一役

所の高知藩役人が応対して、国法に違反するため藩内での居留は認められないと説得したが、逃散百姓は応じず、近年海部郡のみ年貢米の選米規準が改変されて厳しくなり（米を小盆の上で一粒ずつ選別して良質の米のみを納めさせる「ぼんえり」という方法）、良質米を二石用意しても五升しか受け取ってもらえず、選別作業のため農作業にも支障がでるほどで、海部郡代官所に訴えても取り上げてくれないので、土佐で果てる覚悟で逃散したと嘆願した。これに続いて、一一月一一日には牟岐村一五三人が山越えして土佐藩領柳瀬村に逃散した。徳島藩では、幕府に知られることを恐れて、庄屋多田本左衛門らを派遣して内々に解決できるよう高知藩に懇願し、要求を受け容れることを言明して百姓を説得し、逃散百姓は一一月一七日に帰村した。徳島藩は、帰村後の飯米の調達にも応じた。この後、海部郡に苛政を強いた海部郡代佐和滝三郎らの処罰が行われ、郡代奉行所手代浜古与右衛門・安田吉右衛門・武田林右衛門は打首となった。武士身分を剥奪されて入牢中の佐和滝三郎は脱獄したが、城下に潜伏中に捕縛され、その後牢死した。（須田　努）

〔参〕三好昭一郎『阿波の百姓一揆』

享和二年（一八〇二）七月二九日
紀伊国牟婁郡和歌山藩領尾鷲町米屋打ちこわし

尾鷲浦は、前年から米不足だったが、享和二年の七月は風雨のため米積船が入らず米価が上がり続けるなかで、米屋が買占めているとか安く買取り高値で売ろうとしているなどの噂が広がった。七月二八日に米一〇〇俵ほどが入津したが、不満はおさまらず、連判願書が準備され、打ちこわしへの参加をすすめる動きも活発になった。二九日夜に貝が吹かれて人が集まり、手拭で顔をつつんで米屋の表戸をこわし、米麦、半紙・菅笠・焼物・蚊帳、食器、塩、酒などを撒き散らした。打ちこわされたのは飴屋忠兵衛、越後屋善兵衛、弁右衛門、寅吉で、免れた米屋もあった。騒動はその夜だけで鎮まったが、翌日は取り鎮めの人員が配された。頭取の庄八・金兵衛・弥助・才吉・佐次郎の五人が徒党狼藉の罪で入牢のうえ城下一〇里・牟婁郡追放となった。その他、揚屋入・居村追放、押込・過料の処罰を受けた者が多数にのぼった。打ちこわされた商人も揚屋入・戸閉のうえ営業停止・町宿預け・過料四百文の処罰を受けた。（深谷克己）

〔参〕『尾鷲市史』上

享和二年（一八〇二）一二月一一日
大和国山辺郡ほか幕府領ほか減免強訴

綿が大不作であった享和二年の一二月、大和の国中（くんなか。奈良盆地）では、百姓一揆・打ちこわしが相次いで起こった。京都小堀代官所支配下山辺郡ほか「南在方」の幕府領の百姓たちは、村役人を通じての減免願が聞き届けられなかったため、九日頃から寄合、代官所へ直訴すべく一一日夜に京都へ向かった。その数五〇〇～六〇〇人。これを聞きつけた代官所の役人らは、山城国相楽郡薮の渡で彼らを押し止め、願いは聞き届けようと申し渡したので、一揆勢は退いた。一五日夜には、柳本藩領で激しい一揆が起きた。江戸表から派遣された「新役」田口善右衛門が「色々新規之儀」を行ったことが原因であった。一揆勢の押し寄せのすさまじさに、陣屋内から鉄砲が放たれ、一人の死者と多くの負傷者を出す事態となったが、芝村藩主の子息が仲裁に入り、なんとかおさまった。このほか、一九日夜には、旗本水野氏領式下郡法貴寺村で「御取カ（箇）之儀ニ付庄屋代官」を打ちこわすという一件があり、他領でも騒動があったようである。（谷山正道）

〔参〕東義和『被差別部落と一揆』

享和二年（一八〇二）一二月一五日
大和国式上・山辺郡柳本藩領強訴
→享和二年（一八〇二）一二月一一日
大和国山辺郡ほか幕府領ほか減免強訴

享和二年（一八〇二）一二月一五日頃
陸奥国檜葉・田村郡幕府領等強訴（仁井町騒動）

田村郡仁井（新井）町は常陸国笠間藩領（牧野氏、八万石）であったが、周辺は幕府領・藩領の錯綜地であった。そのため諸領の年貢金は、仁井や浅川・塙など各地の相場米の価格を平均して設定していたが、仁井町（小野新町村）の名主頭藤田与四郎は、相場より高い値を書上げて役所へ提出、近隣百姓らの不満を集めた。享和二年（一八〇二）一二月一五日ごろ、塙代官所支配の百姓三〇〇人ほどが与四郎に対し、米相場書上の取り消しを求めて蜂起した。これに対し、与四郎ほか商人二〇名が対応し一応は収まった。しかし、二六日夕方に再び騒動が起こった。川俣代官所支配の楢葉郡上川内村など四か村の百姓四〇〇名ほどが小野新町村北方に押しかけた。小野新町村円蔵が与四郎と交渉することとなり、百姓らはこれを見守ったが、夜になって、越後新発田藩領（溝口氏、五万石）の田村郡飯豊村など三か村の百姓二〇〇名余も仁井町本町口より乱入、与四郎宅に押しかけた。先に屯集していた川内村などはこれを押さえて、上川内の修験泰順・百姓五右衛門など四名が頭取を名乗り、与四郎と交渉した。この結果、与四郎から金一八六両貸渡しをえたほか、翌年以後は安値段に相場を書き上げる旨の一札を獲得して終息した。この間、他の富商にも無心を迫り、また鉄砲を打ち放ち、篝火を焚き鬨を挙げたともいわれる。笠間藩では、近隣諸藩にも鎮圧の援兵を乞い、三春藩など九藩が呼応し、領分境で待機するなど、翌一月上旬まで警備が続いた。文化三（一八〇六）年に処分が言い渡された。先の上川内村を含む五か村と、それらに呼応して小野新町に押しかけた飯豊村他二か村は、村高に応じて過料を命じられ、各名主などもそれぞれ過料銭を課せられた。円蔵は急度叱、修験泰順ら頭取四人は吟味中に病死とされている。（齋藤悦正）

〔参〕『福島県史』三、庄司吉之助『史料東北諸藩百姓一揆の研究』

享和二年（一八〇二）一二月一九日
大和国式下郡旗本水野氏領法貴寺村打ちこわし
→享和二年（一八〇二）一二月一一日
大和国山辺郡ほか幕府領ほか減免強訴

享和三年（一八〇三）二月七日
陸奥国閉伊郡盛岡藩領遠野通強訴

重臣八戸（遠野）弥六郎の知行所閉伊郡遠野通宮守、小友、上・下升沢、上・下綾織、附馬牛村などの百姓が、享和三年二月七日に借財の年賦返済、伝馬負担の軽減などを求め、遠野の踊岡野に集会したが、村役人などの説諭によって解散した。なお三八〇〇人が減免を求め強訴し、八戸氏は三三名を捕縛したとする説もあるが、史料典拠は不明である。（保坂　智）

〔参〕森嘉兵衛『南部百姓一揆の研究』、同『宮守村誌』

文化元年（一八〇四）八月二五日
丹波国多紀郡篠山藩領高屋村河原別村運動

高屋村河原は、本村高屋村の枝郷。本村は嘉永四年（一八五一）で戸数三一戸、一六〇人であるのに対し、河原は同五年で戸数一七戸、四二人であった。本村から転嫁される高負担を免れるため、河原一の大高持（河原の保有高の六〇～八〇％を所持していた）である宗兵衛家三代の指導の下に、五〇年以上にわたって別村独立運動を継続した。（原田）宗兵衛家は村内西誓寺の住職もつとめた。文化元年三月二七日、惣左衛門（第六世・了恵）は「別村」を思い立ち、篠山西町荒田屋儀兵衛をたのみ、家老・郡代・郡奉行に内意を伝えた。八月二五日、村方に披露し「村〆り儀定書」を作成。小百姓・無高層も含む全戸の運動を開始した。同二年一一月、別村願いを二、三年差し控えるよう命じられるが抵抗。同三年、役所は訴えを却下。同八年、本村を訴えることは不届との沙汰が下された。文政八年（一八二五）から、住職は大宗兵衛（第七世・了海）に代替りしている。同一二年一月、別免を要求。七月、本村は反対するも別免が叶えられ、上納は河原で取り立て、本村へ取り次ぐこととなった。天保七年（一八三六）九月、「村方改道筋定書」を定め、自ら生活規制を実行。同九年一〇月、諸役など二重掛りの撤廃の願書を提出した。一一月、ついに別村が許され、宗兵衛は庄屋を申し付けられた。が、翌一〇年二月、本村の小前が「非道理申募候」ため、別村許可が取り消された。同一二年、宗兵衛は大坂城代に直訴。同一三年、二重諸掛りが撤廃された。弘化二年（一八四五）、住職は原田宗兵衛（第八世・了観）に代替りした。嘉永元年（一八四八）、本村が別村を承認、和談が成立、「仮約定書」を作成した。安政三年（一八五六）四月に役所も別村を認め、五月、川西村と命名、ようやく別村が達成された。長期間の別村運動においては、村方評議をし、村内の反対者を取鎮めるなど、団結をはかるべく注意が払われた。また運動の諸経費は、宗兵衛家がすべて負担した。別村後、宗兵衛家は大きな借金を抱えることとなり、自家経営から地主経営へと移行した。村内では、人数、軒数、牛数（牛持の家数）がともに増し、無高の家は激減、村内の経済的蓄積は前進した。（椙山聖子）

〔参〕井口正秀「近世後期の皮多村の分村問題」（『近世部落史の研究』下）

文化元年（一八〇四）一〇月一七日
陸奥国岩手郡盛岡藩領厨川・飯岡通借財年賦要求強訴

　岩手郡飯岡通上・中太田村など一一か村、厨川通上厨川村など七か村の百姓数百人が、借財年賦返済を求め金主へ押しかけ、文化元年一〇月一七日に盛岡城下久慈・材木町まで押し寄せた。藩は町奉行本堂仁右衛門・嶋川英左衛門・葛西市右衛門らを派遣し、彼らの説諭によって一揆は解散した。この一揆は、同年二月に諸士に対して出された借財年賦返済令が影響していると考えられる。一二月二二日に藩はこの一揆に言及した徒党禁令を発布したが、そのなかで借財年賦令に触れている。そこでは、諸士に対する借財年賦令は、「多年所務之内御借上被成候上勤筋ニ寄借財相嵩次第ニ困窮」している状況に対して出したものであるが、百姓らに対しては「近年諸役等も不少被相免」ており、また公儀の役を務めている時は「御高に応し候出金被仰付候御定例」であるが、それも賦課していないのであり、にもかかわらず借財年賦を求めるのは不当であるとしている。同日、在方の借財について実意をもって取りはからうこと、二割半以上の高利を取らないことを触れている。藩はこの一揆に衝撃を受けた。この一揆は盛岡藩のものとしては必ずしも大規模なものとはいえないが、死罪四人、追放三人という厳しい処罰を行っている。さらに翌年一一月一七日には徒党禁令を再度発布している。そこでは年不詳（禁令では「近年」とある）の稗貫郡台村に発生した伝馬役割合をめぐる一揆とこの一揆に具体的に言及し、ともに頭取を死罪に処したことを明記して、禁令の徹底をはかった。（保坂　智）

〔参〕森嘉兵衛『南部藩百姓一揆の研究』

文化元年（一八〇四）一〇月一九日
常陸国河内・信太郡幕府領ほか新規助郷差村出願人打ちこわし（牛久助郷騒動）

　水戸街道の牛久宿は、荒川沖宿と一緒に人馬継立てを義務づけられた合宿だったが、宿の疲弊のため一八世紀後半以降、助郷差村の増加を願いでて、助郷村から人馬不当割付、賃銭不当出納の反感を買っていた。このようななかで文化元年四月、牛久宿問屋麻屋治左衛門は、牛久・荒川沖両宿総代の立場で江戸に出て、定助郷差村の願書を幕府勘定奉行所へ提出した。八月に願い筋の聴問があって願書が取り上げられ、治左衛門は九月一七日牛久へ戻った。治左衛門の屋号が麻屋なので、この出願は「あさや願い」と呼ばれることになる。幕府勘定奉行所役人が牛久宿へ出張し、村柄検分のため、差村に指定されている村々に対し、牛久宿出頭の急廻状を出した。出頭して帰村した村役人から無期限の定助郷差村化を告げられた村々の百姓は強く反発、出願した麻屋治左衛門に対する反感を強めた。この間、人馬請負人の久野村和藤治は、これまで阿見村の組頭権左衛門と密かに相談していた、定助郷でなく加助郷差村化によって負担を広く少なくする企てを独断で出願した。これらの動きが、三人の裏面での結託の疑惑と、助郷村増加による不正利得を計画しているのではないかという疑惑を村々の間に深め、不穏状況はより激しいものになっていった。一揆の発頭人は小池村勇七、同村吉十郎、桂村兵右衛門の三人で、いずれも四〇歳前後の壮年であり、村内上層の百姓であった。三人は、一八日朝、村々の高札場に女化稲荷への参集を呼びかける「無名の張り札」を掲げた。張札の文面は吉十郎が考え、倅の乙次郎に書写させたという。一九日にかけて、関係村五五か村から約六〇〇〇人が結集した。始めは不満と怒りをぶつけるだけで混乱するのみであったが、三人が頭取となることでまとまり、三人は、不参加村に対して一五歳から六〇歳までのすべての男が女化原へ結集することを求める催促状を出した。これに対し、中止を働きかける村役人の動きもあったが、一揆勢の空気は助郷減免の具体策よりも、不満の対象である当初の画策人への制裁行動を優先させるものになり、打ちこわしを決議し、女化稲荷に神護の祈願を行ったのち、鬨の声を挙げて行動を開始した。一揆勢は一九日に人馬請負人久野村和藤治、二〇日に麻屋治左衛門、二二日に阿見村権左衛門の居宅を打ちこわした。梵天を振って指揮する頭取のもとで、打ちこわしは組織的に行われた。幕府は三代官を急派し、鎮圧に鉄砲使用も認め、佐倉藩・土浦藩・谷田部藩・仙台藩龍ヶ崎陣屋などの出兵を命じた。一揆勢は藩兵出動の情報もあり、制裁の打ちこわしを終えると解散した。その後、上郷出張陣屋を本部に探索が始まり、一〇〇人余りが逮捕されて取り調べられた。江戸伝馬町の牢へ送られたが、文化二年一月、三人の頭取が牢死、同年八月に正式に頭取獄門、遠島、惣百姓過料の裁許がでた。要求については、一〇年間の期限付きの助郷差村化となった。

【人物】麻屋治左衛門　あさやじざえもん

生没年不詳。姓は飯島。牛久宿問屋で定助郷差村出願を行い、助郷村百姓の打ちこわしの対象にされた治左衛門は「女化日記」では、姿は四尺ばかりの非力な小男だが、私欲に迷わず他の難儀を見捨てない人物であり、人馬負担に疲弊した牛久宿民に懇望され、よんどころなく新規定助郷差村の願人になることを引き受けた人望高い人物に描かれる。しかし治左衛門の出願をきっかけに起こった騒動では、助郷村百姓から、金銭を貪る我意強欲の者と憎まれて打ちこわされた。一揆後の裁許では久野村和藤治が謀書・謀判、阿見村権左衛門が密議で処罰されたのに対し、治左衛門は咎められず、事後も牛久宿問屋・役人を務めた。それだけに反宿場・反麻屋感情の緩和をはかる必要を考えたのか、文政六年（一八二三）に道標を兼ねた頭取の供養塔（高さ一メートル、法名は小池村吉重郎が「唯願本誓居士」、小池村勇七が「還著道本居士」、桂村兵右衛門が「明誉道鏡信士」）を建てた。助郷村側による顕彰としては、嘉永四年（一八五一）に小池村で頭取の菩提を弔う永代施餓鬼が企画されたがまとまらなかった。

【史料】牛久騒動女化日記　うしくそうどうおなばけにっき

牛久助郷騒動の百姓一揆物語の一つ。この一揆の記録については「牛久騒動女化日記」系統、「常久肝膽夢物語」系統、「女化原夢物語」系統、「女化騒動記」系統、その他「百姓騒動一件」など、の五系統二一写本が確認されている。「女化日記」の書写年代で騒動にいちばん近いのは文政八年（一八二五）なので、原本の成立はそれ以前にさかのぼるとみられる。原本作者は田宮村役人長岡氏と推定されている。書写年代を明記したものだけでも江戸期から明治期へかけて数種あり、忠実な書写と一揆関係全域への広い分布が特徴である。六巻からなり、牛久宿の成立から騒動の原因、経過、結果を「一　差村百姓共徒党乱妨之事」のように見出しを立てて記述（挿絵なし）。打ちこわしにあう麻屋治左衛門への高い評価や「愚民」というような表現から宿場側の立場とされてきたが、「一人貪戻なれバ一国乱を興す」と明記し、三人の頭取や一揆勢のエネルギーをもっとも生き生きと伝える記録でもある。『牛久市史料近世I』に全文収録。『編年百姓一揆史料集成』八に抄録。（深谷克己）

〔参〕高橋実『牛久助郷一揆の構造とその

世界』、植田敏雄編『茨城百姓一揆』、『阿見町史』

文化元年（一八〇四）一二月一三日
石見国鹿足郡津和野藩領百姓逃散（大野原騒動）

文化元年一二月一二日、樋口村庄屋斎藤仁左（右）衛門から下役人へ、年貢不足につき一合一勺も容赦しない厳しい取り立ての算段をするよう指示があった。下役人に対し、百姓は旱損だから蕎麦に振り替えたり、翌年の麦の収穫期まで延ばすことを願い、下役人宅での人ごとの追求にも抵抗した。そのことを訴えられた庄屋は、不埒人を連れてくることを指示したが、百姓らは効果のないことと断り、呼び出しにも応じなかった。組頭らも百姓らの手強さを弁明、庄屋は、不足金のことで相談の仕方があるとようやく呼び出し、やりとりが続けられたが、大晦日を限り懸け鍋をはずしても納めさせると威嚇したところから、一三日夜中、百姓は徒党を企て逃散（「抜出」）した。村役人が探索の結果、大野原の河原で見つけ、説得のうえ立戸送場まで連れ帰り、粥を炊かせて給し、藩役所へと知らせた。ひそかに発頭人の調査が始まったが、三月二七日この大野原騒動のことについてか大勢罷りでようとする動きが起こった。この騒動では発頭人桑原平左衛門、紙役助次郎の両人がわかって牢舎となり、村払に処された者もでた。四月になって大野原騒動の拷問を伴う吟味が始まり、庄兵衛ら三九人は帰宅指示。発頭人は文五郎、頭取は恒八と決まり、牢舎となった。喜三松はかつての百姓「山入」行動の発頭であったことが問われ、蓼野村への「所退」に処された。松右衛門・長次郎・勘六・七右衛門の四人は、徒党逃散行動を触れ歩いたかどで「閉戸」、組頭四人も「閉戸」となった。庄兵衛ら三〇余人は「差扣」となった。（深谷克己）

〔参〕『島根県史』九

文化元年（一八〇四）一二月一九日
信濃国水内郡飯山藩領御用金反対強訴（五位野騒動）

五位野原に押し寄せ、城下の様子を窺ったことから五位野騒動と呼ばれる。文化元年六月、藩は惣代庄屋を呼び出し六〇〇〇両の御用金を申しつけた。さらに外様、山之内（山地）、川辺と三つに分けた支配所のうち外様と城下町分の代官左沢喜左衛門からも、惣代に対して無尽といいつくろって、外様・川辺・山之内の三支配所で各一五〇両、町分限で一五〇両を上納してほしいとの依頼があった。惣代たちは上納できないと訴えたが、聞き入れてもらえなかった。七月一八日、外様は享保一一年（一七二六）の城の火災の時に一〇〇両上納し、その利息として貰った金を忠恩寺の百両無尽としてかけてあるので、その金を町分と外様で五〇両ずつ分け上納の金にするということに決めた。しかし、川辺・山之内は金がないし、村に割り当てもできないとのことであった。だが、藩の督促は厳しく、一〇月二〇日、外様と町分は半分の七五両を納入、さらに一二月中旬に残りを無尽金などで納めた。川辺・山之内も一二月一八日ころにようやく納入することができた。しかし、川辺・山之内の百姓はこの納入に納得しなかった。川辺は八月の出水で年貢上納ができないありさまであり、山之内も近年まで悪作で御用金を納める余裕はなかったのである。一九日、川辺から騒ぎが始まり、二〇日には山之内も動き初め、五位野原に押し寄せ、さらに静間村抜塚のあたりまで進んだ。その数三〇〇〇～四〇〇〇人という。ここで、代官付人二人らが駆けつけ説得にあたったが、「百姓ども」という言葉に怒り、付人二人は手込めにされ、刀を取り上げられて逃げ出した。夜になり、永江村天正寺、上今井村の普賢寺・西光寺の僧が仲介に入り、一揆勢はひとまず永江村まで引き下がった。三寺の僧は藩の会所で交渉し、御用金の御免、代官左沢の引き渡しなどの願いは寺の預りとすることを認めさせ、一揆勢は引き上げた。二一日には、一揆に加わらなかった外様・町分にも御用金御免が通知され、二五日には、先に納入した金も戻された。翌二年一月一三日には、左沢喜左衛門が役儀御免差し控えとなるなど藩の役人の処分も行われた。これで治まったかに見えたが、この一揆に加わらなかった外様の百姓は、同二年四月五日暮に戸狩村の峰に集まり、庄屋藤之助のところから薪などを取り寄せる騒ぎとなった。一揆勢は、二月二七日に藩主の嫡子が死去した跡を藩主の叔父熊之助にしろとの要求を出していた。庄屋たちは容易ではない願いであり、藩に願書を取り次ぐと説得したので、一揆は翌六日に引き上げた。九日に、外様三三か村の庄屋はこの願いを藩の会所に差し出している。江戸の藩主は、百姓の願いは何なりとも聞き届けよと命じて御用人を国許へ派遣し、四月二六日年寄中嶋半兵衛・中老本多小十郎・宗門方本多権八・林方田中定右衛門の差し控えを命じ、代官左沢喜左衛門は改めて追放、御領分江戸三御屋敷武家奉公御構の処分を下した。川辺・山之内の代官二人も役御免となっている。村々は吟味の沙汰に及ばず、急度御叱という処分であり、百姓の勝利ともいうべきものであった。

（小椋喜一郎）

〔参〕『飯山市誌』歴史上

文化元年（一八〇四）
信濃国上田藩領対頭筋集団訴訟

　上田藩領においては、小十郎家が被差別民の頭役を務めており、文化三年の覚書によれば、盗賊追捕・牢番・刑吏などの公役＝「弐拾壱役」をその配下の村々で担っていた。うち「四役」は「村役」（「庭役」）といい、「御尋者等」があって遠方へでる時の「御用」であったが、坂下・両山根（鎌原・西脇両村）・中吉田・本海野の五か村が務めた。この五か村は小十郎の相談役である「年寄役」を出し、小十郎直属の特別な地位を占めていた。残る「拾七役」は「鍵役」といい、うち「七役」は川東八か村、「八役」は川西八か村（実際には九か村）、「弐役」は川中島五か村があたった。「鍵役」は「遠方御尋者等之御用」には出ず、牢番を勤めた。牢番には、本番、加番、夜番があり、二人ずつ出すことになっていた。牢番は「村役」も夜番以外は務めることとなっていた。文化元年、右の配下の村々のうち、川東七か村（加沢、田中、下原、真田、曲尾、伊勢山、塩尻）、川西八か村（東前山、保屋、別所、下之郷、中之条、築地、岡、馬越）、川中島四か村（稲荷山、岡田、今里、戸部）から小十郎ら「頭筋」の者を相手取って集団訴訟が起こされた。同年九月付の訴状では、一五か条にわたって、小十郎および年寄たちからかけられた「難儀」が書き上げられている。その内容は、小十郎やその家内、分家、親類、そして、年寄たちに対し、「仁義」「見舞」といった儀礼的な負担が多大にかかること、公用の際に小十郎の私用の手伝いをさせられること、また夫銭、諸勧化などの割付が多く、かつ頻繁にあること、加えて皮革の他領販売を禁止されたことなどで、それらの禁止・撤廃や軽減を訴えている。この訴訟は三年余係争が続いたが、文化四年一一月、内済となった。同月一八日付の済口証文は全一〇か条で、右の訴訟要求のうち、皮革の他領販売のみ認められなかったが、他の要求はほぼ貫徹された。この後、文化六年、文政四年（一八二一）にも訴訟事件が起こされている。

（椙山聖子）

〔参〕塚田正朋『近世部落史の研究』、『部落の歴史』東日本

文化二年（一八〇五）八月二七日
摂津・河内国五六五村菜種国訴

　「明和の仕法」によって摂津・河内・和泉三国の絞油屋が在方株として設置され、大坂油問屋の傘下に入るに及んで、彼らは在地において菜種や綿実といった油原料（種物）の購入独占権をえることとなったため、農民との間に新たな問題が生ずることとなった。例えば、安永六年（一七七七）の摂津国武庫・川辺郡一二三か村訴願は、絞油屋以外、とくに干鰯屋・肥料商などへの菜種の販売を求めているが、これは菜種の収穫を見込んで肥料商から肥料を買い請け、それで表作の肥料の手当をするこれまでの形態が、「明和の仕法」によって妨げられたことを示している。この時の菜種を引き当てに干鰯屋などから肥料代銀を借り受けられるようにとの出願は、さらに寛政九、一〇年（一七九七、八）にかけて、武庫・

川辺・豊島・島上・島下・八部郡と西摂から北摂にかけて広がっている。また一方、豊島・武庫・川辺、河内国古市郡では菜種の収穫時に売り子を雇い、彼らに販売を委託したいとの要求も出されているが、絞油屋が公認されることによって、絞油屋が少ない地域では百姓が売り払うために遠方までかけなければならないために生まれた要求である。しかし、いずれも「種物売捌の儀は五畿内村々一同の御手法」との理由で取り上げられなかった。文化二年になると、七月五日、兎原・武庫郡村々が訴願し、「仕入銀の姿にて銀子を調達したい」という従来からの要求を繰り返したが、却下され、八月七日には方向を転じて油屋が新規に目代や手先の者を仲買として菜種を買いつけている点に絞って出願している。かつて百姓の立場から申請された買い集め人が、油屋の側から設けられるにいたって百姓との間に対立を生じている。また、訴状では、油屋が申し合わせ値段を決め、それより高く買わない、六月末日までは菜種を買わないといった協定をしていることに強く抗議している。八月に入ると、訴願は西摂から河内にも広がり、二七日には摂津・河内五六五か村にいたる。この過程で、菜種だけでなく綿実の問題も取り上げられ、綿作農民とも連合し、「両種物売捌手狭」の打開を求めている。また、あわせて灯油を在方の油屋から直接購入できるようにとの新たな要求も提起された。原料の販売だけでなく、灯油の消費問題にも視野が広がっている。審議は日延べを繰り返して閏八月に及び、一〇月、目代・手先を使っての買い付けは止めるようにとの回答をえている。また、奉行所が摂河泉の油稼人年行司の認可を取り消しているのも、訴願への配慮であろう。天保九年（一八三八）の訴願では、この点を評価している。しかし、他の要求については「油一件の義は江戸表より御下知の御仕法」という理由で、一二月に却下された。　（藪田　貫）

〔参〕津田秀夫『新版封建経済政策の展開と市場構造』

文化三年（一八〇六）五月
大和国四分幕府領諸株・諸組合全廃ほか訴願

文化三年三月付の「大和国惣百姓」よりの願書のあとを受け、大和国幕府領四分惣代どもが奈良奉行所へ訴願に及んだもので、「御料所限」の訴願ではあるが、同国の全幕府領（三代官所・一預所）村々が結集し、事前に私領方の同意を取り付けたうえでこれを行い、私領も含めた大和一国全体にかかわる諸問題が要求として提示された。要求事項は、①諸株・諸組合の全廃、②諸職人の労賃引き上げの制止、③名目銀の貸付規制、④他国出稼の禁止、⑤専業的木綿織稼の禁止、⑥奈良奉行所への上申書代筆係の設置、⑦触流しの一元化、⑧春日若宮祭礼仮屋御殿木用材伐採役人の廻村禁止、⑨華美風俗取締令の触流し、の九項目で、①のような画期的な要求が含まれている点と、商品流通面に限定されない生産や生活にかかわる多様な要求が出されている点が注目される。これに対する奈良奉行所側の対応については、一部しか判明しないが、要求の②④⑤については、具体的経緯はよくわからないものの、文化七年の代官所からの触書（請書）に反映されるにいたったこと、要求の①については受け容れられなかったが、③とともにその後の運動に継承されていったこと、が知られる。　（谷山正道）

〔参〕奥田修三「大和における国訴」（『立命館経済学』八―四）、谷山正道『近世民衆運動の展開』

文化三年（一八〇六）六月
播磨国赤穂郡赤穂藩領赤穂塩田浜子怠業
→寛政一二年（一八〇〇）六月二日
播磨国赤穂郡赤穂藩領赤穂塩田浜子集会

文化三年（一八〇六）
阿波国三好郡徳島藩領勢力・芝生村年貢減免逃散

阿波国徳島藩領三好郡芝生・勢力村は灌漑の不備により、干害が起きやすい地であった。文化三年は大干魃で作物は実らず、両村民は藩に租税減免を訴願し、藩は検見役人を両村に派遣した。勢力村の百姓は検見役人の宿舎に年貢減免の訴願を行ったが、見通しがたたなかったため、こぞって讃岐国へ逃散した。藩は内々に処理するとして説諭し、逃散百姓たちは帰村した。しかし、藩は約束を反故にして頭取三名を捕縛して入牢させ、庄屋秀左衛門も庄屋役を取り上げられた。勢力村の庄屋を兼帯した加茂宮庄屋平尾七郎右衛門は、文政年間（一八一八～一八三〇）に河内谷用水を完成させた。

【人物】杦蔵母　すぎぞうはは

史料的には確認できないが、三好郡三野町の青蓮寺境内に逃散で処罰された頭取三人を祀る「みのり地蔵」がある。文化九年に勢力・芝生・加茂宮三村が施主となって建立したもので、地蔵尊の台座に伊三良（法名釈貫練信士）、伊三治（法名釈知本信士）、杦蔵母（法名釈妙光信尼）の三人の俗名と法名が刻されている。三人は逮捕された当夜に処刑され、村人がその遺骸をひそかに盗み出して埋葬したと伝えられる。女性の義民としては、阿波国の秀、丹波国の藤田こんなどとともに、稀有な存在である。（須田　努）

〔参〕三好昭一郎『阿波の百姓一揆』

文化五年（一八〇八）閏六月二七日
加賀国能美郡金沢藩領小松町打ちこわし

文化五年は、前年の不作の影響を受けて米不足であるうえに、大坂への廻米量も多かったため藩の貯蔵米は少なかった。そのため、金沢藩領内の米価は一様に高騰したが、なかでも小松町の米価高騰は甚だしく、五、六月には、小売米が一升につき八三文という例年の三倍増にまで暴騰した。町年寄並を務める久津屋三郎助と質屋で米仲買兼業の小杉屋六兵衛が、米を買い占めて米価を釣り上げていたのである。町奉行の河村茂三郎も、これに結託しているという風評も流布していたが、閏六月に入ると、米価はさらに上昇し、状況は緊迫の度を高めていった。閏六月二七日夜に勧帰寺の鐘を撞き人を集め、三〇〇人ほどの窮民が子供の太鼓や拍子木を合図にして八日市町に店があった久津屋と小杉屋に押し寄せて、家財道具をことごとく打ちこわした。周辺に竹槍や棒を持った人数を配し、町付足軽や町役人が近づくのを防いだという。また、引き揚げるにあたり、今度は両家の土蔵を打ちこわし、鉄砲で奉行を撃ち殺すために近々くるとのべたという。しかし、騒ぎはこれにとどまらず、二九日には、金平村・沢村から飛道具を持った徒党の者たちが城下に押し寄せるという風説が立ったが、この風説は藩当局を驚愕させた。危機感を強めた藩では、小松の城中および諸門を固めるだけでなく、徒党の者たちが実際に飛道具を持っていれば、臨時に指揮下に入れた足軽をして発砲させてもよいという指令まで町奉行に下したほどである。さらに、金沢からも足軽五〇人が急派されているが、間もなく事態は鎮静化したようである。一方、小松の町奉行所は、当初十村の沢村源次組下の百姓三人を捕縛するなどの対応を取ったが、探索の結果、張本人は町方の高堂屋庄次郎・沖屋庄兵衛という者が、尾小屋村肝煎の太郎右衛門を介して村方に廻状を回して、窮民を町内に引き入れ、打ちこわしが引き起こされたことが判明した。庄兵衛は途中獄死するなど厳しい吟味が行われた結果、翌六年（一八〇九）五月二八日にいたり、庄次郎と太郎右衛門は、小松町端の須天村・今江村境界近辺の御林で磔に処せられた。しかし、町奉行の河村は今回の打ちこわしの責任を問われて、その直後に奉行職を罷免されており、打ちこわされた久津屋と小杉屋も投獄されている。そして、小杉屋は無罪放免となったものの、久津屋については家財没収のうえ、小松町を追放になるといった処分が下されている。（安藤優一郎）

〔参〕『新修小松市史』、『加賀藩史料』一一

文化五年（一八〇八）
河内国古市郡幕府領古市村庄屋不帰依争論

古市村は新検株・古検株・三郎左衛門株の三株からなり、年貢上納などは三郎左衛門が一時新古両株を預り担っていた。文化四年に三郎左衛門が病死すると、同株の年寄次郎右衛門が三株年寄の仮頭になり、三

株の諸帳面を預り後任となった。ところが、三株を統合する庄屋役の人選について争論となり、新古両株の小前百姓一六六名は独自に両株の庄屋役として年寄の源左衛門を擁立し、連印して代官に願った。これに対し捺印しなかった小前二三名も代官に庄屋不帰依を訴えたため、吟味のうえ入札が命じられ、両株で実施したところ、やはり源左衛門が落札となった。この結果、同五年八月一四日、再び代官に庄屋役を願ったが許可されず、いったん入札を無効とし、両株の合意ができるまで年寄の治兵衛・次郎兵衛に取締が命じられた。その後、源左衛門が同八年病死すると両者に和談の機運が生まれ、同一〇年八月、次の条件をもって、年寄次郎兵衛を新古両株の取締に願うことで内済が成立した。それは争論入用を村で支弁する、過去七年間の諸勘定を清算する、年貢勘定を免状下付しだいに着手する、村入用の削減と諸役勤め三株年番制を採用することであった。しかし、この時合意した小前二三名は、諸帳面を次郎兵衛に渡すことを拒否してなおも抵抗し、代官の説諭で渋々応じたものの、一〇月一六日次郎兵衛が庄屋役に就任することだけは絶対反対すると嘆願した。この後の顚末は未詳であるが、この当時実施された入札紙二〇四枚が現存し、なかには田鶴という女性名も含まれる。　（西脇　康）

〔参〕『羽曳野市史』五、津田秀夫『日本の歴史』二二（小学館）

文化六年（一八〇九）二月
甲斐国山梨・巨摩・八代郡幕府領五八七か村米穀自由売買訴願

文化六年二月、甲府勤番は特権商人である甲府の米穀問屋仲間の意向を受け、百姓による米穀売買の禁止、信州から移入する肥料の独占販売許可などを内容とする触書を公布した。これに対し、二月中に甲府代官支配の一九一か村が甲府代官所に反対の訴願を行い、郡中惣代が江戸へ出訴し、一〇月には、市川代官支配・石和代官支配の村々も加わり、総数五八七か村が甲府米穀問屋仲間五人を相手に勘定奉行所に訴訟を行った。甲斐国のほぼ全域に及ぶ広域訴願運動である。訴状には、従来米穀の自由販売を行ってきたが、米どころか肥料まで甲府の穀問屋の独占なると、農業経営が差し支えると記されている。裁決は文化八年（一八一一）に出た。その内容は、文化六年の甲府勤番の触書を破棄し、五八七か村の米穀自由売買を認めたものであった。　（須田　努）

〔参〕安藤正人「甲州天保一揆の展開と背景」(『天保期の人民闘争と社会変革』上)

文化六年（一八〇九）六月二七日
信濃国小県郡上田藩領入奈良本村村役人不正強訴未遂

文化六年六月二七日未明、上田藩浦野組入奈良本村の百姓が三手に別れて上田城下に強訴に押しかけた。しかし、途中の海野町問屋柳沢太郎兵衛方で二六人、堀村で一五人、諏方部村で四九人がそれぞれ差し止められてしまった。海野町で止められた一隊は、問屋などが中之条村まで引き上げて口書で申し立てよという説得に対し、後から大勢がくる予定になっているので引き上げる訳にはいかないといって引き上げようとしなかった。しかし、堀村・諏方部村で後続が差し止められたと聞き、願書を問屋を通じて藩の奉行所に差し出すこととして中之条へ引き上げた。口上書は七か条あったが五か条にまとめたものが取り上げられた。内容的には庄屋父子の不正を訴えるものが中心であり変わりはない。それによると、去年は不作で検見があり、引米があったと聞いたがまだ知らせがないこと、また救米も他村では割付があったのに入奈良本村にはまだ沙汰がないこと、年貢の割付が年ごとにきちんとなされていないこと、庄屋祐助・藤五郎親子は山畑の畦をごまかしなどしているので小前は困窮していること、博奕に対する郷法が厳しすぎること、新宿を建てられては迷惑であることなどいずれも庄屋親子がからんだものであった。その後、海野町の問屋らが間に入って内済の工作をしたが百姓は聞き入れず、奉行所吟味となった。翌七年五月二五日に判決が下り、頭取の勇吉は永牢、助吉追放、新兵衛村払、手錠五人、咎牢三人、過料六人、押込二人などの刑に処せられた。庄屋は役取放押込となった。

【人物】堀内勇吉　ほりうちゆうきち

生年不詳～文化七年一二月一四日。入奈良本村組頭として庄屋不正強訴の頭取とされる。永牢となり、牢で病死。享年五八。法名は一燈梅点居士。勇吉宮という祠が青木村入奈良本に建立され、青木村史跡に指定されている。強訴に押しかけた六月二七日に、村人は仕事を休み祭礼する行事は明治初年まで続けられた。現在は、四月二七日に子孫の堀内家を中心に行われている。

（小椋喜一郎）

［参］『上田小県誌』、横山十四男『上田農民騒動史』、同『信濃の百姓一揆と義民伝承』

文化六年（一八〇九）一二月五日
信濃国伊那郡飯田藩領ほか紙問屋打ちこわし（紙問屋騒動、紙屋騒動）

飯田藩の紙問屋設置に反対した紙漉百姓が、問屋開設者四軒を打ちこわした一揆。飯田藩領下郷と隣接の高須藩領、幕府領今田村などの伊那谷は、初秋から春にかけての農間余業に楮を原料とする紙漉の盛んな地域であった。傘や元結、水引の原料紙として飯田町を中心として多くの取り引きがなされていた。文化四年一一月四日、飯田町本覚寺において町会所から惣町組頭へ、城下に青物問屋設置の願いがある旨知らされ、同一〇日、今度は毛賀村林六郎左衛門（林新作から改名）から二日に藩に御用紙を引き受ける紙問屋設置の願いがなされ、藩の許可があった旨の通知がなされた。これによれば、領内で生産された紙はもちろんのこと、他領の紙も紙問屋の改印形がなければ紙をいっさい取り扱ってはならないこと、領内の紙は代金一両に付運上銀一匁六分、領外よりきた紙は代金一両に付銀六分の口銭を問屋に納めること、新作の居宅を元会所、城下本町一町目板屋藤次郎店に出張会所を置くというものであった。これでは町方元結、水引屋、商人はいうに及ばず領内の紙漉、他領の紙漉、他国商人も困るとのことでその中止を訴え、合わせて青物問屋廃止も藩に訴えた。二二日に藩は、文化五年まで延期するとの触れを出した。一方、幕府領今田村を中心とした三〇～四〇か村の百姓の代表は、六郎左衛門から紙問屋を止め相対売買自由の詫証文を取った。ところが文化五年八月紙問屋の一件が再燃した。六郎左衛門の免許の願い下げのかわりに城下惣町へ問屋免許が下りることとなったのである。五丁目惣代問屋松沢六左衛門・七丁目惣代福沢弥平治・六丁目惣代桜井平七を中心として藩の奉行所に願い出されたものであった。これは、六郎左衛門が、郡奉行赤川七郎右衛門と謀ったものといわれ、文化六年一〇月本町一丁目に紙問屋が開設された。紙漉の村々は再三紙問屋の廃止を訴えたが聞き入れられず、ついに六年一二月五日夜、今田村、知久平村などを中心とした村々が決起し、紙問屋の手先を務めていた駄科村金作、毛賀村次郎作、清作の家を打ちこわし、問屋の中心人物林六郎左衛門の家も打ちこわした。文化七年九月、打ちこわされた四人などの吟味が開始されたが、一揆の首謀者の村などは判明しなかった。一件は、同一二月江戸差し出しとなり、二四日寺社奉行阿部備中守からの召状により、六郎左衛門らは江戸に送られた。調べは長引き、今田村芳右衛門、長重、仲右衛門、長治郎、勘兵衛、源五右衛門、卯兵衛、島田村喜源治、吉右衛門、八幡町孫三郎、兵蔵、勝蔵といった一揆の中心人物は皆病死した。同一二年八月九日、ようやく判決となった。今田村上組忠右衛門ほか四五人は長重、仲右衛門、長治郎の強いての申し勧めに同意し、打ちこわした科により過料五〇貫文、善右衛門は、過料三貫文であった。紙問屋の柴田彦作・平七は押込、同奥村吉左衛門は急度叱、六郎左衛門ら打ちこわされた四人は構いなしとなっている。文化一三年、今田村上・中両組が「南無阿弥陀仏」の碑を飯田市竜江東照寺境内に建立。東照寺一八世見岡和尚撰文になるが、この和尚は安政南山騒動の義民小木曽猪兵衛の大伯父にあたる。また昭和一九年（一九四四）、宇兵衛の子孫奥村金一が、先の碑脇に「至誠殉難者之碑」を建立している。なお、「紙問屋事件犠牲者江戸送り道中詠歌」が残っている。

【人物】毛賀村新作　けがむらしんさく

藩の御用商人として紙問屋を設立を企て打ちこわされた。文化四年一一月二日新作の名で紙問屋設置を願い、同五年一〇月一〇日に親が死去したのため改名し、林六郎左衛門の名で問屋の願い下げが行われている。同七年九月五日打ちこわしの一件で取り調べを受け、一二月二六日へ江戸出立。取り調べは厳しく、他領の紙に口銭を掛けることで飯田に紙が入ってこないのではないかと役人に「大音声」で糺されたりしたが、不埒の筋もないとのことで構いなしとなり、打ちこわしの際盗まれた衣類五品を返却されている。　（小椋喜一郎）

【史料】紙問屋一件　かみどんやいっけん

一揆後の江戸吟味の経過を中心とした記録。筆者は、今田村奥村政兵衛（伊吉）二五歳。文化八年二月に江戸表へ召集された九名の内の一人で、文化一二年八月に無罪となって江戸より帰村している。当史料は、その奥書に、「時于文化十二亥年九月中旬江戸出入一件荒増之始末壹冊書後世残書茂可相来哉與愚筆を以写置候者也」とあり、帰村後の九月中旬に、一揆のあらましを後世に残すため作成された。内容は、幕府の達書や裁許状、百姓側の請書などの写しが記録されており、吟味の過程が詳細に判明する。また、紙問屋騒動には、当史料の他に町方役人の記録した『御城下町紙問屋始末之記』も存在し、百姓側・町人側双方の記録から経過を知ることが可能である。なお当史料は、『伊那史料叢書』八（再刊『新編伊那史料叢書』三）に所収されている。　（林進一郎）

〔参〕小林郊人『信濃農民史考』、同『伊那農民騒動史』

文化七年（一八一〇）六月一四日　長門国阿武郡萩藩領川上村水車設置反対強訴

寛政元年（一七八九）阿武川下流の川島庄太甲庵に水車の設置が許可された。川上村は阿武川の川船を利用し、薪・炭・板などを積み下り、萩で売りさばいて生計を立てていたため、文化六年（一八〇九）水勢を衰えさせて川船の通行を妨害している水車の撤去を嘆願。郡奉行所はこれを拒否した。翌年、川上村の村民数百人は再度水車撤去を要求し、六月一四日萩へ強訴へでようとし椿瀬まででた。藩は目付役人を派遣し、これを取り押さえた。この結果、太甲庵の水車は撤去されることになった。しかし、文化七年八月二六日に六人が一揆関係者として逮捕されたのを始め、川上村・福井上村・萩橋本町の計六八人が逮捕された。翌八年四月一六日（一五日とも）発頭人の平助・権太は斬首された。

【人物】藤原平助　ふじわらへいすけ

川上村一揆を先頭に立って指導し、弁舌優れ、心剛の者として、一ノ谷の権左衛門（権太とも呼ばれる）とともに捕らえられ、文化八年四月一六日、萩の大屋において斬首された。墓は川上村字筏場の路傍、阿武川に面して建てられ、「文化八未四月一六日、自性了空信士、藤原平介、四二才」、その側面には「水車とけて嬉や川上の名の身ぞ残す谷尻の上」とあった。大正七年（一九一八）、平助・権太の義民碑「川上二義之碑」が川上村青壮年団により建立された。　（三宅紹宣）

〔参〕『川上村史』、『萩市史』一

文化七年（一八一〇）六月二一日　越後国魚沼郡幕府領（会津藩預地）塩沢・六日町打ちこわし

三国街道の宿場町であった塩沢町・六日町では、米の買占めが米価高騰を進め、不穏な状況が生れていた。文化七年六月二一日夜、六日町において数軒の富商を襲う打ちこわしが発生したのをきっかけに、同二三日夜には塩沢町でも大勢が徒党して町内甚八方や中村新田勘左衛門・上十日町村蔵之助方へ押し寄せ、穀物を投げ捨て、戸障子や家財道具を破壊した。さらに、二六日夜には竹之又村庄屋杢右衛門や吉里村武右衛門方が襲われ家屋や家財道具・土蔵が打ちこわされた。小千谷陣屋を中心に騒動鎮圧が図られ、首謀者と見られた六日町権内・塩沢村平右衛門・卯十郎・平五郎らが七月四日に小千谷陣屋へ引かれ、同一五日に会津城下へ移された。会津藩の判決で、四人は左肩に入墨をされ、小千谷において三日間の晒のうえ所払の処分となった。

（山本幸俊）

〔参〕『上田村郷土誌』

文化八年（一八一一）五月二一日
肥後国天草郡幕府領今富村村方騒動

天草下島西目筋の大江村・崎津村・今富村・高浜村では、キリシタン禁制下においても、一七世紀以来潜伏キリシタンが代々信仰を伝えていたが、幕府領天草を預り地としていた島原藩の探索によって、文化二年この問題が表面化した。天草崩れと呼ばれるこの事件では、総計五〇〇〇人余りの「異宗」（キリシタン）信仰者が摘発されたが、最終的には改宗することを前提に全員許されるということで決着した。この天草崩れを伏線として、文化八年今富村では、天草崩れで許された「異宗回心者」を中心に、庄屋上田演五右衛門を排斥しようという気運が高まり、「合足組」と呼ばれる集団が形成された。五月二一日、この集団により、演五右衛門を免職し、前庄屋大崎吉五郎の血筋の者を庄屋に任命することを求める訴状が、富岡代官所に出勤中の大庄屋に提出された。その後、埒が明かないまま一年が過ぎたため、「合足組」は、翌九年五月九～一六日、村内鎮守八幡社で、二〇か条に及ぶ庄屋排斥の訴状を作成し、富岡代官所（島原藩）へ強訴した。この時、惣代兼助ら八人が手鎖の処分を受けたが、数か月後には許された。それでも庄屋排斥が実現しなかったので、同年秋年貢上納に行き詰まったことを契機に、一一月二二日、「合足組」一八〇人余が強訴しようと富岡代官所に向かったところ、道中の都呂々村において同村庄屋・年寄に説得され、二五日に引き返した。結局、この騒動は、文化一一年五月九日、演五右衛門が庄屋を辞任することを条件に「合足組」と演五右衛門が和解することで決着したが、これだけ間があいたのは、天草が文化九年一二月に長崎代官所支配にかわったため、引き継ぎなどに手間取ったものと思われる。最終的には、文化一二年九月、長崎代官から判決が下されて終結した。ただし、実際に演五右衛門が庄屋を退役したのは、文政三年（一八二〇）であった。今富村庄屋上田演五右衛門は天草崩れの際、島原藩から託された「異宗」摘発の責任者であったことから、演五右衛門は、この村方騒動の原因を天草崩れの報復と見た。しかし、「合足組」には「異宗回心者」が多数を占めるものの、非「異宗」信仰者である「素人」も含まれており、また「合足組」が作成した訴状には、「異宗」問題は記されておらず、借入証文の奥書の年季を故意に短くするといった庄屋非法を糾弾する内容となっていた。折りしも天草では、寛政八年（一七九六）、二度目の「百姓相続方仕法」という徳政法令が発布されて間もない時であったが、この法令の不十分さから百姓経営の安定化は実現していなかったため、その原因が庄屋演五右衛門の非法に集約され、こうした村方騒動として展開していったものと思われる。

（大橋幸泰）

〔参〕平田正範『天草かくれキリシタン宗門心得違い始末』、大橋幸泰『キリシタン民衆史の研究』

文化八年（一八一一）八月一八日
陸奥国津軽郡弘前藩領大鰐組ほか柴草刈取場要求強訴

柴草刈取山を持たない大鰐・尾崎・大光寺組一九か村の代表として石郷村庄屋兵助が郡奉行野呂助左衛門に明山（藩有林の開放）を訴願し、居土村芦ノ沢を明山とすると口頭で許された。その旨は大鰐組代官所へは知らされたが、山方番所には届かなかった。数日後、入山を山方番所の山役人に拒否された百姓たちは、原田村の伝兵衛が書いた廻状を回し、文化八年八月一八日五〇〇人余が草刈り道具を持ち芦ノ沢の柴草刈場へと向かった。山役人に拒否されるが、入山鎌入れを強行し乱闘、さらに宿川原村にある大鰐組代官所に押し寄せ抗議した。

翌一九日には藩庁に直訴するため七〇〇人余が弘前城下へと出発するが、途中大雨に阻まれ帰村した。一一月藩は郡奉行野呂を罷免。頭取の兵助（三六歳）と伝兵衛（四四歳）は鞭刑三〇と大場御構一〇里四方追放。原田村庄屋助之丞は再審後無罪放免。明山は認められた。昭和五七年（一九八二）、原田神明宮に「義民原田村伝兵衛顕彰碑」を建立した。　（堤　洋子）

〔参〕『大鰐町史』中

文化八年（一八一一）一〇月五日
加賀国石川郡金沢町打ちこわし

文化八年の金沢町では、米仲買の油屋半四郎らが買い占めを行っていたため、米価が高騰していた。そのため、一〇月五日に十間町にあった中買座に押しかけ、半四郎を引き渡すことを求めた。その強談の首謀者は越中からやってきた米仲買三、四人ほどであったが、往来の者たちも加わったことで、二〇〇〜三〇〇人に膨れ上がり、半四郎を渡せ、殺したいと叫び、ついには同所が打ちこわされた。町奉行所の役人も取り締まりのため出張ることもなかったようである。二〇日、町会所において半四郎は差し控えを命じられ、他の五人の米仲買も、仲買業を停止させられているが、これは買い占め行為が罪に問われたことを意味していた。なお、打ちこわしを実行した者への処罰については不明である。（安藤優一郎）

〔参〕『石川県史』三、『加賀藩史料』一一

文化八年（一八一一）一一月一八日
豊後・豊前国岡・臼杵藩領ほか強訴・打ちこわし（文化一揆）

文化八年一一月から翌九年三月にかけて、豊後岡藩領より始まって同臼杵藩領に波及、さらに佐伯・熊本・大分・中津・島原・日出の諸藩領および幕府領日田・四日市両代官所管内という現大分県全域に連続的に発生した一揆。また最初に世直し大明神が登場した一揆として注目されている。

文化八年一一月一八日夜、豊後岡藩城下西方の四原（柏原・葎原・恵良原・菅生原村）の百姓の一五歳から六〇歳の男子全員が、ほら貝・鐘・太鼓を鳴らして山刀・竹槍・大鎌・鉄砲などを持ち、玉来町の吉田峠と鍵畑に集結した。その数は二〇〇〇人とも四〇〇〇人ともいわれ、玉来町の女・子供は寺院に逃げ込んだ。郡奉行の長尾助五郎は、玉来町の庄屋や横目の大津金左衛門を一揆勢のもとに派遣し説得させたが成功せず、城下の光西寺の僧侶を遣わしたが追い返され、翌朝満徳寺の僧侶を遣わしたがこれもまた逃げ帰ってきた。一揆勢は、玉来町に押し寄せ、さらに城下近くの山手河原に進み気勢を上げた。そして、長尾助五郎に対し、惣奉行横山甚助による専売制や新規課税を中心とした新法の廃止、新法により設置された御物会所・製産会所・塩問屋の破却、横山の屋敷や新法に荷担した商人明石屋惣助宅の破却などを要求。長尾は、惣奉行井上十郎左衛門に報告し、井上は家老中川平右衛門らと協議して御物会所・製産会所の活動を停止して諸品買い上げをやめることにしたため、一揆勢は帰村した。その後、山手河原など数か所に「四原世直大明神」と記された高札が建てられた。四原の一揆勢が引き上げる帰途、大野郡岡藩領井田郷の百姓に対し一揆不参加を罵倒したために、激昂した井田郷では、犬飼町に押し寄せ打ちこわしを行うという落とし文を緒方・宇目・朽網の各地に回した。一二月四日昼過ぎ、井田郷の一五歳から六〇歳の数千人の一揆勢は、犬飼町に押し寄せて新法に荷担した商人宅、御物会所、塩問屋などを打ちこわし、犬飼役所に乱入した。夕刻に城下から奉行の相良三五、代官の梶原茂右衛門らが到着し、一揆勢は要求書を提出した。その後、犬飼から城下に至る道筋の大庄屋・小庄屋・豪農・富商などを打ちこわした。五日になると、井田勢に加えて緒方・宇目・朽網勢も菅田に集結し、総勢一万五〇〇〇人に達したとも伝えられる。一揆勢は城下近くの挟田まで進み、ここで家老中川平右衛門が一揆勢の要求を聞き届ける旨を申し渡して慰撫したが、その後も三手に分かれて破却が続き、八日になると一万人余りが玉来から城下に入ろうとし、藩側は四ツ橋口に鉄砲二〇〇挺を並べ

て対峙した。藩は、家老中川平右衛門の「新法の廃止、古格御定法の維持、拝借銭給与」の下知を改めて示し、一揆勢もこれを了承して解散した。なお、朽網郷の百姓も、四原や井田郷の一揆に呼応し、一二月七日から八日未明にかけて、朽網郷内で打ちこわしを行った。朽網郷からは、四日に井田郷の一揆に合流して犬飼に向かった者や七日に玉来に向かった者もいたらしい。

岡藩での一揆は、最初に臼杵藩に波及した。臼杵藩では、藩財政建て直しのために、すでに人別銭賦課、頼母子講組み立てによる財政運用資金の調達、紙専売制などが行われていたが、文化年間になると中西右兵衛によって「文化の新法」が推進され、問屋会所を設け諸品を統制して運上・口銭を課し、歩質場を設置し高利貸を行い、さらに諸運上による増収をはかった。この臼杵藩領では、一二月二〇日夜、岡藩に隣接する三重で一揆が蜂起し、庄屋や歩質方役所・紙方役所などを打ちこわし、翌二一日になると、三重・野津・川登の約二万人が呼応して、庄屋・弁指・紙方役所や新法に連なる商人宅などを打ちこわした。同日、藩側は郡奉行・代官を説得に派遣し、中西右兵衛も野津市まで出向いたがさんざんに打擲された。午後になると、家老加納玄蕃が野津市に出馬、夜半に至り一揆勢は玄蕃の説得に従い四〇か条の願書を提出して新法の廃止を要求した。この要求のうち人別銭・頼母子・牛馬仲買運上・縁談方・紙方・歩質方・鉄砲運上・問屋会所の廃止が約束され、一揆勢は解散した。しかし、二二日から二三日にかけて、吉野・戸次・丹生・森町・横尾方面の百姓六〇〇〇人が各所で打ちこわしを行い、二三日夜には大津留河原に植田組からの参加を加えて七〇〇〇人が集結、臼杵城下への強訴を企てたが、近隣の龍泉寺・法雲寺・専念寺・願行寺が一揆勢の願いを取り次ぐという説得により解散した。この一揆により、臼杵藩は、一二月二一日に新法廃止を約束し、二三日に中西右兵衛を罷免、翌文化九年一月四日に「在中油屋運上」ほか大分郡にかけられていた「十品運上」の廃止を通知し、中西右兵衛によって進められた新法は挫折した。一方、首謀者の検挙も行われ、処罰は責任を取って自害した玉田村弁差曽右衛門ら五人が梟首、永牢一人、村預け囲入れ二人となった。

翌文化九年一月になると、一揆は延岡藩豊後領に波及した。日向国延岡藩(内藤氏)は、豊後国大分郡・国東郡・速見郡の内にも領地二万六〇〇石余があった。延岡藩は大分郡千歳(せんざい)村に代官所を設置し、各郡に大庄屋を置き支配した。一月二日、大分郡の村々の百姓ら六〇〇〇〜七〇〇〇人(一説には一〇〇〇人)が竹槍・斧・鉞・鎌を持ち、高挑灯・幟を押し立て、貝・鐘・太鼓を鳴らして戸無瀬山に集合、庄屋や豪家を打ちこわしながら千歳代官所に向かった。寺院が仲介に入り、一月五日に鶯野川原に集まった百姓らは、村役人の削減、村入用の調査、公役の削減、運上の廃止、救済銀の支給などの要求を記した願書を寺院に渡し、翌六日に居村に帰った。大分郡の動きに呼応して速見郡由布院の百姓らは、一月五日に大分郡龍原村(速見郡に属す)の山林下役小野恵八郎宅を打ちこわし、大庄屋の取り次ぎで櫨・楮・五千人講・運上の廃止や拝借銀の支給、検見役人の減員、荒地の年貢免除、酒値段の統制などを要求した願書を提出して解散した。三月末から一揆の頭取の探索と捕縛が行われ、一部が延岡に送られた。

豊後佐伯藩では一月一一日夜、因尾村に因尾・横川・赤木・仁田原・上直見・下直見・中野の七か村四〇〇〇人の一揆勢が集結、ほら貝・鐘を鳴らして赤木村の炭山手代の手先宅二軒を破却し、その後、因尾村の紙場所役人宅・大庄屋宅を破却して横川村に向かい、翌一二日朝に同村の紙場所・同仲買宅・造酒屋の三か所を打ちこわした。その後、下直見村に向かい役人たちと出会うが、役人たちは一揆勢に押されて切畑村に退いた。一揆勢は、下直見村の内の岩井戸村の豪家に押し寄せて借財帳消しを要求、豪家側ではこれを呑んだために破却を免れた。藩では、家老戸倉織部が切畑村の洞明寺に出陣し、同村の大庄屋に押し寄せた一揆勢に発砲、一揆勢に死傷者がでた。そのうえで戸倉織部は一揆勢を説得、一揆勢は年貢減免、牛馬や竹木運上の廃止、家中奉公や炭山夫方の軽減、助合銀や家別銭の廃止、村役人の減員など一〇か条の願書を提出した。戸倉織部は助合銀の廃止を受け入れ、死傷者への養生料・弔料も受け入れた。その他の要求についても藩主への取り次ぎを約束したので、一揆勢は退散した。しかし、約束は果たされず、同年六月に首謀者の処罰が行われ、死罪や島流しなどに処せられた。

　豊後国大分・海部・直入の三郡には肥後国熊本藩（細川氏）領二万三〇〇〇石余があり、鶴崎に番代を置いて五手永を統轄し、番代のもとに郡代・大庄屋などを設置していた。文化九年一月一一日、この熊本藩領の海部郡馬場・神崎村などで不穏な動きがあるという風聞があり、郡代が兵を率いて領民数人を捕らえた。これに対し、馬場村では鐘を鳴らし人を集めたが、郡代が鶴崎に救援を求め五〇〇余人が駆け付け、馬場村の首謀者を捕え騒動は未発に終わった。

　一月一五日、豊後国直入郡幕府領（日田代官支配）下田北郷一二か村の百姓五〇〇人は、岡藩の一揆の影響を受けて仲村の鎮守八社神社（黒鳥明神）に集まったが、それ以上の行動にはいたらなかった。大分藩領では、文化八年末、豊後国大分郡野畑村の百姓三〇名が城下に出て越年のための拝借銀を藩に要求し、藩が拒否すると城下にとどまり、年が明けると領内各地で不穏な状況になり、百姓たちは質地の利米の軽減や不正な村役人宅の破却を求めて野山に集結した。橋爪村の大庄屋の注進により藩は代官を派遣、百姓側の要求のうち三種類の運上の廃止を約束した。一月二二日に藩が首謀者の野畑村の律右衛門ら五名を捕らえたため、野畑村の百姓が城下に押し寄せようとした。藩は先手を打って不正があるとされた村役人を罷免し、騒動が終息した。律右衛門は処刑されたが、他の四名は釈放された。

　一月、豊後国玖珠郡幕府領二七か村の村々の内で他地域の情報を聞き、ある村の庄屋に依頼して日田代官所に願書を提出。代官所の役人が徒党を結び願いでれば厳科に処すとして願書を差し返したために、庄屋は村々にこの旨を伝え説得したために、村々はこれを承知した。二月四日、岡藩では前年一一月一九日に家老中川平右衛門が一揆勢と交わした約束がはかばかしく実行されなかったために、井田郷を中心に一揆が起こった。一揆勢は、志賀村の若宮に結集し、翌五日に一揆勢一〇〇〇人と藩兵が衝突、一揆勢に多くの犠牲者と逮捕者を出した。同年六月、岡藩では死罪を含む多くの処罰が行われた。

　二月初め、豊前中津藩領の豊後に近い山間部の板場・松木・北山・香下の四組九八か村の百姓が、諸品売買・牛馬売買・奉公人雇い入れなどへの課税、縄を安値で買上げ大坂へ積み登せて利益を独占すること、年貢増徴などの撤廃を要求して、城下へ強訴を企てた。藩では、郡奉行や代官などを派遣して要求を受け入れる方向で説得したために、いったんは収束した。しかし、二月一九日に再び一揆勢が結集し、他の地域も巻き込んで二二日にかけて打ちこわしが行われた。藩兵が出動して鎮圧され、その後も何回か百姓が蜂起するが、三月末に首謀者が入牢となった。八月、赤尾丹治ら八人が獄門に処された。

　豊前宇佐郡四九か村と豊後国東郡五〇か村は肥前島原藩領であり、藩は国東郡高田城跡に陣屋を置き領内を支配した。文化九年二月一六日、岡藩の一揆の影響を受けて宇佐郡山蔵組の百姓が桶底山に結集したが、高田陣屋の役人により取り鎮められ、翌一七日に退散した。三月になると、国東郡高田組の村々でも、高田町・柴崎町の豪家に押しかける動きがあったが、役人の説得によって鎮静した。三月四日には宇佐郡山蔵組下市村の三女神社に一揆勢が集まり、一〇年間の借銀の破棄、質物の返却、小作米の半減の要求をまとめ、「豪富」の者の所へ押しかけて聞き入れられない時は打ちこわすことになった。一揆勢の要求は、ほとんどの家々で認められたが、佐田村の佐田屋（山路屋）孫蔵が受け入れなかったために打ちこわした。その後、高田役所に向かおうとしたが、現地に急行した役人の説得により鎮静した。五日には宇佐郡長洲組の百姓が高田役所に向かおうとし、また、同日夜には宇佐郡橋津組の百姓が猫橋に集結して大庄屋・庄屋宅などを打ちこわし、その後刈宇田村の貴船社に集まったが、いずれも役人の説得によって取り鎮められた。八日には国東郡獅子袋山（築地村）、四郎丸山（長岩屋村）にも百姓が集結したが、役人により鎮められた。

豊前下毛・宇佐二郡の幕府領の村々は、四日市代官所の支配下にあったが、三月二日、宇佐郡山方一三か村の百姓は年貢増徴による困窮を江戸へ愁訴するために蜂起した。これに呼応して、四日市周辺の里方の村々でも植田川原に集結し、富家の打ちこわしを企てた。四日市陣屋は、三月・四月の二次にわたって首謀者を捕縛し、逮捕された者は入牢や村預けとなった。三月、豊後速見郡日出藩領でも、二日の四日市代官所内の一揆の動きの影響を受け、不穏な動きがあった。郡代合屋八左衛門は、先手を打って百姓を取り調べ、首謀者を入牢処分とした。

以上のように、豊前・豊後の広範囲に展開した文化一揆において、百姓の要求は、一八世紀半ば以降の領主財政悪化打開のために商品流通に新たな財源を求めた「新法」政策の破棄であり、また豪商・農への借銀破棄や小作料軽減を求めるものであった。

この一揆によって「新法」政策は破綻し、幕藩領主は新たな改革を模索せざるをえなくなった。

【人物】玉田曽右衛門　たまだそうえもん

豊後国臼杵藩三重郷玉田村の弁差（村役人）。文化九年一月に臼杵藩の文化一揆の指導者の捕縛が始まると、自分一人が一揆の発頭（首謀者）である旨を記した家老加納玄蕃あての手紙を妻にことづけ、庄屋に届けさせて自害した。藩は、曽右衛門一人を首謀者に決め、その首を獄門にした。その後、妻は首をねんごろに葬ったという。昭和三九年（一九六四）、三重町に「義人曽右衛門碑」が建立された。

【人物】赤尾丹治と母・妻　あかおたんじとはは・つま

豊前国中津藩領宇佐郡赤尾村の大庄屋。中津領内伊藤田村より赤尾村大庄屋三左衛門の養子に入った。養父の代より用水路の開鑿に尽力してきたが、たびたび藩に井堰工事費の加免新税の廃止を要求したが受け入れられなかった。文化九年（一八一二）三月、豊後岡藩に始まった文化一揆にも触発され、赤尾・佐野両村の百姓の先頭に立って藩に強訴した。城下に乱入しようとしたところを藩兵のいっせい射撃にあって捕らえられ、刎首獄門になった。丹治捕縛に際し、その留守宅に捕手のものが入って丹治の老母を縛ろうとした時に、丹治の妻が子の留守に親が縛られては子の道に反するといって自らを縛ることを主張、一方母も妻は他より嫁いだ者であるから捕らえられては申し訳ないとして自分を縛ることを主張したと伝えられている。大正八年（一九一九）、宇佐市赤尾に「悪虫や生まれかわりてみだの国」という丹治の辞世の句を刻んだ碑が建立された。また、昭和四八年（一九七三）には田中角栄首相題字の「赤尾丹治翁顕徳碑」が宇佐市小倉池に建立されたが、碑文は用水路建設などの諸事業のみ触れられ、一揆には言及されていない。

【人物】赤尾村幸吉と妻　あかおむらこうきちとつま

豊前国中津藩領宇佐郡赤尾村の百姓。文化一揆の首謀者の一人とされ、捕吏が留守宅に向かって老父を縛ろうとしたところ、妻が三歳の幼児を抱きながら夫のかわりに入牢するから老父を許すように要求、受け入れられないと夫を捜し出し捕縛させた。以後、夫を入牢させたことに責任を感じて庭で暮らして謹慎したために、藩よりその貞節を賞され鳥目三〇貫文を与えられ、幸吉も極刑とならずに永牢となり、のちに許されたと伝えられる。

【人物】横山甚助　よこやまじんすけ

豊後岡藩第一〇代藩主中川久貴の側近。前藩主久持の弟福次郎を豊前小倉藩家老の家へ養子にやり、大和郡山藩主松平氏より迎えられた久貴の藩主としての地位を安定させた。文化五年（一八〇八）惣奉行に抜擢された藩政改革を断行、藩財政再建のための「新法」を次々に打ち出す。御物会所を設置して大豆などの穀類、ナタネ、タバコをすべて買い上げ、百姓による売買を禁止。製産会所を設けて木材、木炭、マキなどを一手に買い上げ、塩や魚なども専売制にした。さらに夜なべ仕事にも課税し、民を「ぬれ手ぬぐい」のようにしぼり取ろうとした。そのため、横山の新法は、文化大一揆の発端となった。文化八年一一月一八日の四原の百姓一揆では、横山の新法の廃止と小倉に養子にやられた福次郎を藩主に迎えることが要求された。この結果、蜂起当時江戸にいた横山は隠居を命じられ、その後入牢となり、新法の大部分が廃止された。

【人物】中西右兵衛　なかにしうへえ

豊後臼杵藩士。享和三年（一八〇三）に小姓頭から側役に昇進し、勘定方総元締として財政再建政策に着手。文化年間（一八〇四～一八一七）になるといわゆる「文化の新法」を推進し、問屋会所を設け諸品を統制して運上・口銭を課し、歩質場を設置し高利貸を行い、また諸運上による増収をはかった。そのため、文化八年臼杵藩一揆での憎悪の標的となり、一揆勢を説得するために野津市に出向くと、一揆勢に囲まれ打擲され寺院に逃げこむことになった。藩が一揆勢の要求を受け入れて一揆が収束した後、藩によって退任させられた。

【史料】党民流説　とうみんるせつ

豊後・豊前文化一揆についての根本史料。豊後日出藩に隣接する幕府領速見郡小浦出身の儒者脇蘭室著。蘭室は肥後熊本の藪孤山に師事し、のち肥後藩に仕えた。その後豊後杵築藩の三浦梅園に師事し、西洋の学問を志し、小浦に塾を開き師弟の教育にあたった。この塾に入門したのが帆足萬里で、蘭室は梅園・萬里のかけ橋となり、豊後における学問の発達に貢献した。岡藩での一揆を初発とし、臼杵藩を波及、豊後・豊前の幕府領・諸藩領における一揆を雷同として、その経緯・挿話などを記述。とくに末尾に付録として人物欄で取り上げた曽右衛門・丹次・幸吉の母や妻たちの言行が取り上げられている。刊本は、小野武夫『徳川時代百姓一揆叢談（下）』に著者不明のまま京都大学法学部所蔵本を収録。その後に久多羅木儀一郎により著者が判明、『脇蘭室全集』に収録。昭和五九年（一九八四）に、この一揆を見聞した後藤碩田（一八〇五―八二）が収集・筆写した史籍などの集成「碩田叢史」（県立大分図書館所蔵）所収のものを底本として、京大本・蘭室本で補ったものが、『大分県地方史料叢書八巻』（『文化一揆史料集（一～三）党民流説』）（豊田寛三・秦政博・楢本譲司編）に収録された。なお『編年百姓一揆史料集成』九（昭和五七年（一九八二）刊）も大分本を底本として収録している。

（村井早苗）

〔参〕久米忠臣『大分県の百姓一揆』、狭間久『二豊小藩物語』上下、後藤重巳・豊田寛三『大分の歴史』六、『大分県史』近世Ⅰ～Ⅳ

文化一〇年（一八一三）四月一八日頃　美作国久米北条・久米南条郡幕府領陣屋廃止越訴

文化一〇年一月、美作国内の相模小田原藩領の久米北条・久米南条・勝北郡五二か村二万四三四九石は上知となり、二月二八日大坂鈴木町代官重田又兵衛当分預りの幕府領となった。小田原藩は久米北条郡西川に枝陣屋を置き領内を支配していたが、大庄屋や中庄屋たちは幕府領になってもこれまでどおり西川枝陣屋による支配を嘆願した。しかし、郡中入用の増加や西川枝陣屋と結託した大庄屋ら「苗字帯刀御趣意之庄屋」への不信・不満を抱く小前百姓層は、西川枝陣屋廃止・大坂直支配嘆願を主張し、四月一八日頃、久米北条郡の五グループ一九か村が大坂へ出訴した。しかし、庄屋の奥書印形がないなどを理由に却下された。そこで五月に再度、久米北条郡一六か村・久米南条郡一か村の百姓八六四人の惣代宮部下村良助・桑下村理助が、村役人の奥書印形のある訴状を大坂鈴木町代官所へ提出した。代官所は、この嘆願を一部百姓の先走り的行動ととらえ、願いを聞き届けなかった。また、代官所の意向を受けた大坂郷宿は、当面西川枝陣屋支配を承諾し、組合村単位に一人ずつ惣代を選出して役所勤や郡中御用向を行うなど三か条の調停案を提示した。しかし、一七か村の小前百姓たちは西川枝陣屋支配拒否の立場を崩さず、六月二六日、一七か村百姓惣代と一七か村を含む一九か村の村役人が相次いで嘆願書を提出するなどした。その後、代官側の説諭もあり、七月中旬に百姓惣代の多くは小前百姓説得のため帰国した。一方、七月二四日鈴木町代官所は「関東表より御下知」により西川枝陣屋支配を決めた。小前百姓たちは、百姓惣代四人と庄屋惣代三人を上坂させ、八月一一日百姓惣代と庄屋惣代の双方から大坂直支配実現の嘆願書を提出した。しかし、「関東表より御下知」の壁を崩すことはできず、八月二四日惣代たちは大坂を離れた。あくまでも西川枝陣屋支配拒否を貫く一七か村の小前百姓たちは、宮部下村多三郎・桑下村貞助を惣代として江戸越訴に及ぶことを決定し、二人は閏一一月二〇日勘定奉行曲淵甲斐守宅に駈込訴を行った。訴えは取り上げられたが、二人は詰番宿預けとなった（後に釈放）。越訴の結果は不明であるが、文化一二年（一八一五）一七か村中一五か村が備中国倉敷代官所管轄、二か村が津山藩預りとなったことから、西川枝陣屋支配拒否という点では小前百姓たちの願いは実現したといえる。また、処罰については、越訴自体の罪は問われず、翌一一年六月、惣代江戸派遣費用捻出のため文化一〇年の年貢を一時納入延期した罪で村役人・惣代を含む一七人が捕縛・投獄された。

（横山　定）

〔参〕大林秀弥「文化十年久米南条、北条十七ヶ村江戸越訴事件」（『作陽学園研究紀要』一三―一・二合併、一四―二）

文化一〇年（一八一三）九月二二日　陸奥国津軽郡弘前藩領減免強訴（民次郎一揆）

　文化五年四万七〇〇〇石の弘前藩は一〇万石に増封、それにより蝦夷地勤番の人数の負担も増加した。そのため、同一〇年二月には「文化の検地」ともいう開発地調べが行われ、隠し田畑の摘発が行われた。その上、松前出兵による課役も多く、米価も騰貴し、しかも冷害であった。領内は不穏となり、九月二二日、岩木川左岸の駒越組四八か村に触れが回り、代表の百姓が葛原山に集まり強訴を企てるが、発覚して頭取五代村十兵衛は捕らえられ村追放となった。二四日には右岸の猿賀組百姓が廻文を回し、二五日、大勢が検見と減免を要求して弘前城下へ押し寄せる途中、境関川原で阻止され四人捕らえられた。また二六日には尾崎・大光寺組百姓一〇〇〇人余が代官役所に押しかけようとするが、発覚し一〇人が捕らえられた。津軽平野北部の高杉組鬼沢村の代庄屋民次郎らは、密かに木造新田・金木新田などの各村庄屋に呼びかけ、九月二六日立石村に数百人を集めて相談した。二七日には猫淵山で集会を開き、同夜弘前をめざして行進を開始した。二八日朝にかけて藤代・高杉・広須・木造新田の四組の百姓二〇〇〇人余（七〇〇〇～八〇〇〇人とも四〇〇〇人ともいう）が岩木川の浜町河原に集まった。その中には未熟の青稲を持つ者もいた。そして検見による減税を求めて弘前城の亀甲門に強訴した。その一部は賀田門まで進んだともいい、また城下の御蔵町では相模屋久兵衛宅を打ちこわした。しかし、大組物頭山本三郎左衛門に諭され、願書を差し出し帰村した。藩内での討議では、上席家老笠原八郎兵衛は従来の方針を押し進めるべきと主張し、城代家老津軽頼母は一〇万石増封による藩士の増員は見合せ、検見を行うことを主張した。結局笠原は罷免され、検見が行われて四二か村が「皆引」になり、減税が認められた。藩は、一二月二〇日には在方富豪に米四万俵の供出を命じている。その一方で、翌日から頭取の探索が始まった。三〇日には十腰内村甚太郎・勘十郎、廻関村の弥五右衛門、大森村善太郎、玉川村左五兵衛の五人が、一〇月二日には楢木村伊三郎ら八人が捕縛された。そのなかには野木村たけという人物もおり、女性であるとする説もある。計五〇余人が捕らえられ三五人が処罰されたなか、民次郎が首謀者として一一月二六日取上刑場で斬罪となった。立石村庄屋作太郎と木造新田山田村の弥三右衛門は鞭刑三〇と永牢となるが、一二月二八日の恩赦で出牢の上追放となった。願書を清書した鬼沢村忠三郎は鞭刑一八と居村払いとなった。

【人物】藤田民次郎　ふじたたみじろう

高杉組鬼沢村庄屋彦兵衛の次男。兄彦太郎は別家したため、父の死後、一四歳で家を継ぎ代庄屋となる。一揆の前に妻と娘をん（四か月）を離縁していた。文化一〇年一一月二六日、一揆の首謀者として取上刑場で斬刑。時に二二歳（二五歳ともいう）。妻はのちに民次郎の弟の彦六に嫁し、娘は妻の実家山口姓を名乗る。民次郎の実像については不明な部分が多いが、頭取と見られた者のなかで民次郎に対してのみ苛酷な刑罰が行われたことから、義民として顕彰された。明治一四年（一八八一）には「弔藤田民次郎霊建碑有志協議ノ廻文」が、同一六年には「鬼沢村山口民次郎之慰魂報徳之碑石建立之主意之条々」が作られ、物語化していく。同二一年（一八八八）には「義侠山口君之碑」の碑文まで書かれたが、建立にはいたらなかった。墓は鬼神社の後方墓地にある。生家があったという鬼沢の自得小学校校庭には、昭和二七年（一九五二）「義民民次郎出生之地」の碑が、同六一年（一九八六）には「義民民次郎顕彰之碑」が建立されている。（堤　洋子）

〔参〕『弘前市史』藩政

文化一〇年（一八一三）一〇月一三日　信濃国水内郡善光寺領善光寺町打ちこわし

文化一〇年は不作のため九月ごろから米価が高くなり、白米の小売りは、銭一〇〇文につき一升二合となった。そのため善光寺の大勧進では、飯山藩に籾五〇〇俵の買い入れを申し込んでいた。やがて一〇月になって新米も出始め、銭一〇〇文に米一升三合になったが、一三日の夜五つ過に突然二〇〇人余（松代藩同心の報告では三〇〇～四〇〇人）が、顔に墨を塗りほおかぶりなどをして顔をかくし穀屋などを打ちこわし始めた。前髪立ちの一三、四歳の少年が先頭に立ちめざましい働きをしたという。善光寺町では新町一軒・伊勢町二軒の穀問屋、大門町酒屋一軒、大門町一軒・東町五軒・西町六軒・桜小路三軒・横沢町三軒、不明一軒の計二三軒（うち穀屋は一八軒）と、町続きの松代藩領後町でも四軒が打ちこわしにあった。後町では一揆勢に押し寄せられるのを防ぐため大門町との境に梯子を集めて並べたが、これがさらに一揆勢を刺激し打ちこわしにあったという。当時善光寺町の穀屋は二七軒あったといい、大部分が打ちこわしの被害にあったが、穀問屋小泉屋七左衛門は食物を用意し、袴着用で罷り出て、種々詫びたところ一揆勢は食物を食べただけで引き上げたという。一揆後、善光寺、松代藩、幕府中之条代官所それぞれが取り調べを行ったが、代官所は関係が薄いと手を引き、松代藩に吟味が一任された。しかし、吟味はなかなか進まず、首謀者六人は一年余の入牢の後、翌一一年所払などの刑に処された。善光寺はこの一揆を契機に、町の商人から三七〇両の金を集め、困窮民に支給した。小林一茶の「七番日記」にこの事件の記事が見える。（小椋喜一郎）

〔参〕小林計一郎『長野市史考』

文化一〇年（一八一三）一〇月一五日　越中国婦負・新川郡富山藩領強訴・打ちこわし

文化一〇年一〇月一五日から一一月二二日にかけて、婦負郡・上新川両郡から決起した一揆の集団が富山・八尾の豪商宅を打ちこわしたが、さらに農村部へ波及して十村役や有力地主をも襲って打ちこわした事件。長雨による不作で百姓が出した見立願いを藩が却下したことと、江戸表から二万石の年貢籾納が強制されたことが、この打ちこわしの直接の原因であったが、間接的には人別銭の免除や豪商の新田開発・苧かせ独占反対などの要求などもあり、これらには藩の政策や豪商の高利貸しに対する反感が深くかかわっていた。これより先の一〇月一〇日には、引免の算定に不正があった嫌疑から入膳組手代与左衛門宅と書役与三九郎宅が打ちこわしにあっている。この打ちこわしの頭取として栂山村九兵衛は永代牢（のち牢死）となり、荒屋村太左衛門は翌文化一一年七月に所礫になり、その実子と養子の二人は金沢で打首のうえ梟首になっている。また、豪商の新田開発に反対を背景してか、この年の夏に久江村伊三郎の穏田ざしが打ちこわされ、九月には宮崎村の佐治兎衛門の穏田ざしが打ちこわされている。さらに、同年九月には吉江中村の百姓が、戸出村に押しかけようとして、苗加村の九本杉に三〇〇〜四〇〇人が集まり、水島村川原にも約五〇〇人が屯集した。そして、この年には礪波・射水両郡で四三七名の走人を出している。このような状況のなかで、年貢の減免を要求し、かつ、二万石の年貢籾納の増徴に反対して富山藩領内の村々から集まっていた百姓の一団が、一〇月一三日から富山に集まり始め、一五日には四五〇〇名もの百姓たちが塩野の新開を請け負っていた岡田屋喜兵衛宅へ向かい、握り飯の振る舞いを強要し、夕方には河原町屋宗五郎宅へ五〇〜六〇人が押しかけて飯米を求める嫌がらせをするとともに、夜半には岡田屋の高番人であった大久保村次郎の作小屋を打ちこわした。翌日から連日、ばんどり・蓑笠を身に着けた百姓たち数百名が松明を灯して富山城下に向かおうとしたが、十村の説得や郡役人などの出動などで阻止された。一九日には五福にあった河原屋宗右衛門・宗五郎宅が打ちこわされたが、その際、河原屋使用人の投石や役人の槍による負傷者などで三名が死亡した。一揆勢の要求のうち、二名の逮捕者の釈放を実現すると退散した。同じころ八尾町では、大野屋三郎兵衛・玉生屋久左衛門・升屋庄次郎・高嶺屋宗三郎・福嶋屋忠左衛門・塗師（井浪）屋与兵衛・米屋（飛騨屋）喜兵衛・黒田屋久右衛門・長谷屋太右衛門・中山屋又吉・小川屋助三郎・城生屋庄次郎の一一軒が打ちこわしにあった。その内、三人は米商人、二人は塩野新開の吟味人と資本人、残りは両替商兼高利貸や鍛冶屋などであることから、日頃の恨みを晴らされたと推測される。一揆勢の打ちこわしによる圧力によって、藩は四〇〇〇石の拝借米を許可するとともに、籾納を廃止し、人別銭・開発方・苧かせの縮り方を当分見合わせることにした。その後は一揆は農村部に波及し、二〇日夜から二二日にかけて、塩野開発願人であった下条村国助・長沢村久兵衛・広田村嘉兵衛・深谷村九兵衛・城生村宗右衛門・野飼村半右衛門・庵谷村久四郎・友坂村藤兵衛・岩稲村喜衛門・境ノ新村五郎兵衛宅が打ちこわされた。二二日夜半には、開発村にあった岡田屋の作小屋と西押川村の雨はらし小屋が打ち荒らされた。さらに、藩側の警戒が解かれた一一月九日の夜には、二〇〇人余りの百姓が寒江筋にでて、有力十村で塩野の開発方に関係のあった高木村半兵衛・本江村九郎右衛門・中沖村善兵衛宅を打ちこわした。一五日には四〇〜五〇名が羽根村肝煎方へ、一六日には長沢村肝煎・小川子村肝煎方へ、一七日には杉田村太郎兵衛方へ押しかけ、余米（小作年貢米）の減免を要求したが、こうした余米騒動は二二日まで続いた。一揆の終息前後から二〇名が逮捕され、苛酷な拷問のうえ文化一二年五月になって、北山村孫三郎・高木村徳十郎・高田附村五左衛門は永牢、友坂村三六・上高善寺村善助・大坪村大兵衛・楡原村彦次郎・須原村助太郎は三か国追放、大塚村茂八・福原村与三兵衛は御領分追放、以上の一〇名が頭取として処罰された。打ちこわしの被害を受けた側でも、河原町屋宗五郎が槍で死傷者を出した罪で三か国追放、御扶持人十村は「役儀差除・追込」の処分を受けた。藩の責任者でも、勘定奉行山崎但見・同中村志摩丞、新開発方奉行恒川織蔵、同役所役人須田彦六・三田村五兵衛・飯島久作・安井守衛が役儀差除きあるいは減知などの処分を受けた。

【史料】百姓惑乱一件留帳　ひゃくしょうわくらんいっけんとめちょう

文化一〇年（一八一三）、富山藩領婦負・新川両郡にわたって起きた百姓一揆の記録。筆者は不明だが、郡役所の役人が職務上の必要から記録した留帳と推定されている。この一揆に関連した公式文書が生のまま引用されており、いわば公式文書集といえるもので、史料的価値は高い。原本は不明だが、写本は富山県上新川郡新保任海の岡崎初雄氏所蔵本があり、上下二冊で計四〇〇枚余に及ぶ。写本の筆者は岡崎孫次郎で、当時御扶持人十村の任についており、この一揆に際しても藩首脳部と百姓の中間的立場で苦労した人物の一人である。富山県郷土史会『百姓惑乱一件留帳』で翻刻されている。（吉武佳一郎）

〔参〕『八尾町史』、『富山県史』通史四、坂井誠一『富山藩』

文化一〇年（一八一三）閏一一月八日
能登国羽咋・鹿嶋郡金沢藩領貸米要求強訴・打ちこわし

文化一〇年は凶作で、口郡（能登半島南部、羽咋・鹿嶋両郡の総称）一五五か村から見立願を出したところ、見立代わりとして一万二〇〇〇石の貸米があったが、その貸米は見立願い村以外にも一律に貸し渡されたため、復古方主附であった本江村惣助に百姓の憎悪が集中した。閏一一月八日、鵜川村喜兵衛元組が延払米を要求して子浦の惣助御用取捌役所へ押しかけたのを契機に、一〇日には押水周辺の百姓約二〇〇人が押しかけて惣助に悪態をついて退散し、一一日には数百人が押しかけて貸米の不足を訴えるとともに、春木村小山の方に大勢が鬨の声を挙げたり、竹筒やほら貝などを鳴らして示唆行為をした。また、一二日には、酒井組と能登部組の百姓約一五〇人が、①貸米の増額、②高方仕法の廃止、③手上免・手上高の撤回、④糸白方仕法の廃止、⑤金沢城の焼失の際に出された冥加金の返済などを訴えて惣助に罵声を浴びせるとともに、そのうちの約一〇〇人がさらに酒井村一楽宅に強訴した。一三・一五両日にも、各地で鬨の声を挙げたり、竹筒やほら貝を鳴らしたり、かがり火を焚くなどの動きが続いた。さらに二九日夜には、笠師組鉋打谷の百姓六〇～七〇人が笠師村九郎次に貸米増額の嘆願を要望した帰途、中島村蔵宿今本屋と酒屋甚左衛門方で飲食を強要したあげく、米の買占めをしていた米屋助左衛門宅を打ちこわした。足軽などの探索の結果、藤瀬村肝煎与三郎が発起人で、村番頭を使って村民を徴集したことがわかり、与三郎は公事場で刎首のうえ居村で梟首になり、村番頭二人と小金森村の百姓二人が牢死したほか、多くの者が禁牢になった。その後も不穏な状況は続いたので、藩は御扶持人取計米という名目で米三〇〇〇石を貸与したほか、千石蔵・千石代など称して米や銀子を貸与・給付して、ようやく年貢の完納を果たした。（吉武佳一郎）

〔参〕川良雄『打ちこわしと一揆』、若林喜三郎『加賀藩農政史の研究』

文化一一年（一八一四）一月
甲斐国都留郡幕府領忍草村年寄衆不正争論

忍草村は年寄衆と呼ばれた一二軒が村役人を独占し、村政いっさいを運営していた。ただし、名主・組頭の決定には毎年惣百姓が入札を行い、その最高札の者が就任する掟であったという。ところが、年寄衆はこの掟をやがて空文化して村役人を輪番制にし、文化一〇年の大凶作では過去六年の貯穀金配給を拒否して私的流用を犯し、伝馬人足役を小前のみに賦課するなどの不正を行った。翌年一月、小前八九名は連判して年寄太郎右衛門に対し貯穀金の均等配分を迫り、善処を約束させた。しかしこれに対し、年寄衆は惣百姓が徒党を組んで乱暴したとし、谷村代官に出訴した。吟味では、小前の主張が認められ、代官は村方書類の公開と勘定を命じた。帰村後、年寄衆が代官の命を拒否すると、再度代官の指示で上吉田の刑部佐渡と隣村倉見村の市右衛門の立会で勘定が実施され、不正が露見した。六月二日になると、名主・組頭の従来どおり入札制、小前から百姓代二名の新規選出、年貢勘定不正金の小前への返済、村入用勘定の百姓代立会と高割賦課実施などを約束した、年寄衆から小前惣代への議定書が提出された。（西脇　康）

〔参〕古島敏雄『山村の構造』

文化一一年（一八一四）四月三日
越後国蒲原郡村松藩領新法廃止強訴・打ちこわし（下田騒動）

村松藩では、寛政から文化年間（一七八九～一八一七）にかけて、藩財政を立て直すために年寄役堀玄蕃を中心に強力な藩政改革を行い、領民の負担が増していた。文化一〇年は大凶作に見舞われ、村々から夫食拝借願が多く出されたが、藩は取り合わないばかりか、翌一一年にかけて多額の御用金を賦課した。とくに山間の森町組・七谷組は田畑が少なく、賃稼ぎなどで生計をたてる零細百姓が多かったため、文化一一年三月、七谷組黒水村の百姓惣代・村役人が、七谷御蔵手代桜井寿平親子の不正糾弾や宿人足の負担軽減を願う嘆願書を提出した。一方、森町組では大庄屋らによる厳しい荒地改めが実施され、不穏な動きが高まっていた。四月三日朝七つ時、下田郷牛野尾谷の遅場村・葎谷村・吉ケ平村の百姓が一揆に立ち上がった。一揆勢は当初五〇〇人ほどであったが、その日の夜、荻堀・鹿峠川原に集結した時には約一万人に膨れ上がっていた。そこから一揆勢は各方面に分かれて動き出し、森町方面では四月三日夜、森町役所を打ちこわして出張役人を追い出し、屋根・敷物・家財を五十嵐川へ投げ込んだ。その後、庭月村へ向かい、当時葎谷村肝煎を務めていた猪三治宅を襲い、葎谷村検地帳やその外の帳面類を焼却した。また、大浦方面に向かった一揆勢は、高岡運上取立番所を打ちこわした。鹿峠川原から七谷方面の一揆勢は、七谷組の者と合流して二〇〇〇〜三〇〇〇人となり、黒水村運上取立番所や七谷手代桜井寿平宅などを打ちこわした。鹿峠から見附方面に向かった一揆勢は、四月四日暮六つ過ぎ、下田から見附に入り、翌五日までに新法実施に協力した大庄屋・村役人・見附役所を打ちこわした。村松藩では、各地の村役人より一揆発生の知らせを受け、目付加藤孫助らを派遣して一揆鎮撫にあたらせた。一揆勢は、①新法の廃止、②改革の手先となった藩役人の処罰、③藩年寄役堀玄蕃の引渡しなどを要求したが、藩側は堀玄蕃の引渡しは拒否したものの、新法についてはすべて廃止する方針を示した。この藩目付加藤孫助の説得に応じない一揆勢は、なお大庄屋宅などを打ちこわし、村松城下へ乱入の構えを見せたため、大筒や鑓を用意して警戒にあたる一方、郡奉行宇佐美甚内を派遣し交渉にあたらせた。甚内は新法御免の墨付きを領内各組へ発給したため、一揆は四月五日には終息した。この一揆において六六軒が打ちこわされるが、それらはいずれも堀玄蕃による新法の実施に協力した藩下級役人・大庄屋・村役人・運上取立番所などであった。村松藩では、早速、新法実施の責任者である堀玄蕃を罷免し、代官波津弥作は役儀取り上げ、運上取立役桜井助七・同寿平・山田忠右衛門らは入牢のうえ家屋敷取上げ・追放とした。そして、用人野口源右衛門を年寄役に登用し、一揆の事後処理にあたらせた。野口は、領民の困窮がいちじるしいことを見て三〇〇〇石の拝借米を認めるとともに、村役人を除いた百姓一戸に四斗ずつの米を配給した。さらに、村々から「迷惑筋願い」として藩への要求を出させ、不当な願い以外は善処することを約束している。しかし、なお領内には不穏な動きもあったため、藩は一揆首謀者の捕縛を開始した。五月一九日には上大谷村与惣次と黒水村平八が、六月五日には葎谷村御番所役人坂本忠兵衛・百姓徳次郎・長八らが捕らえられ、見附三組でも庄川村利左衛門・堀溝村忠二郎が逮捕され、村松城下へ送られた。藩では翌一二年五月に判決を下し、頭取として葎谷村百姓七蔵を斬首のうえ家内追放、闕所、同村百姓徳次郎も斬首・家内追放となり、分家重四郎の倅栄吉が家財・田畑・山林を相続した。そのほか、下田郷では六人の百姓が追放の処分を受け、一〇人の村役人が免職となり過料銭が課せられた。そして大庄屋六人には「常々申付け方不行届き不埒のこと」として謹慎が申し付けられた。全領民からも過料銭を徴収した。昭和一四年（一九三九）、下田村民は葎谷村七蔵ら三人の顕彰碑を熊野神社境内に建立した。

【人物】堀玄蕃　ほりげんば

村上藩主堀直寄の弟直里の流れをくむ村松藩きっての門閥で、代々藩士中最高の禄高二〇〇〇石を与えられ、年寄役を世襲してきた。玄番は安永六年（一七七七）年寄役、寛政五年（一七九三）郷方勝手方、享和二年（一八〇二）相役の堀主税の失脚後は藩財政建て直しのために自ら藩政改革を主導した。文化一一年騒動勃発により年寄役を罷免された。
（山本幸俊）

［参］松永克夫「村松藩政の展開と全藩一揆」（『新潟県史研究』四）、『村松町史』上

文化一一年（一八一四）五月八日
越後国古志郡長岡藩領栃尾町打ちこわし

在郷町として発展した栃尾町では、天明・寛政年間（一七八一～一八〇一）ごろより縞紬生産が特産物として普及・展開してきたこともあり、新たな日雇・小職人層・雑業層が定着するようになっていた。そして、この下層貧民層と特権商人との対立がしだいに深まっていった。文化一一年五月三日から騒動への参加を呼びかける組織活動が、土々町の石松たち日雇層を中心に積極的に開始され、八日夜には滝之下村で集会を開き、夜半過ぎには四〇～五〇名が金沢川原に集結し、大声で気勢を上げて大町の米屋長兵衛方を打ちこわした。その後、騒動勢は二〇〇人ほどに増え、米屋や紬仲買商人などを打ちこわして回った。これに対して、町役人たちは騒動勢が町内大橋辺に進んだところを制止し、いったん解散して翌朝に検断富川伊右衛門まで願いでるよう説得した。しかし、騒動勢は解散することなく、米価引き下げのために穀留めなどの施策や特権商人優遇策の廃止など七か条の願書を提出した。町役人はこの七か条の要求を全面的に承認し、町役人が署名・押印した書付を頭取の清七に手渡した。これにより打ちこわしは一応収まったが、翌九日早朝、頭取の清七らは町々一軒より一人ずつを金沢河原に呼び集め、町中一統の団結を誓う連判状に印形を取った。これには各町の組頭（紬商人など）も参加しており、騒動は下層貧民だけにとどまらない町中一統の広がりを持つ結果となって終わった。長岡藩による処分は一一月七日に言い渡され、石松が敲のうえ領内追放となったほか二八名が町追放処分となり、頭取といわれる谷内町喜兵衛倅清七は出奔したため永尋となった。なお、文化一一年には、越後国では一揆・打ちこわしが集中した。栃尾町打ちこわしに先立つ四月三日に蒲原郡村松藩領全藩一揆が発生し、その影響のもとで栃尾町打ちこわしが起こった。栃尾町に続いて五月一五日には同郡幕府領加茂町・上条村で七軒の町屋が打ちこわされ、一八日に同郡幕府領中条宿で四軒の打ちこわし、一九日には同郡白河藩領五泉町で一二軒の米屋が無宿人たちにより打ちこわされるというように波及していった。そして、同二四日に蒲原・岩船両郡にわたる広域の騒動（越後両郡騒動）が勃発するが、これも中条宿打ちこわしに直接的影響を受けており、これらの連続性・波及性が注目される。

【人物】栃尾町石松　とちおまちいしまつ

栃尾町の町はずれにある土々町に住む日雇い。騒動時に四二歳であるから、安永二年（一七七三）生れと思われる。文化一一年五月三日に谷内町の紋吉（飴屋商売）に雇われて出向き、昼休みに紋吉と話すなかで、米価値下げのための行動を決意した。二人には一か月前に起こった村松藩領全藩一揆が念頭にあり、手分けして組織活動を開始した。石松は、さっそく三日夜から知り合いの小商人・小職人らに呼びかけ、八日夜の滝之下村での集会に臨んだ。彼は穀留を願い出、叶わなければ打ちこわしを行うことを考えており、集会でもこれらの戦術をめぐっていろいろ評議されたが、打ちこわしを強硬に主張する日雇層の一人である清七の煽動で、打ちこわしが開始された。以後は、清七ら日雇層が先導して打ちこわしが展開し、石松の供述によれば自身は二軒の打ちこわしに参加しただけだったという。一一月七日の処罰では、人々を誘い立てた罪で敲のうえ領内追放を言い渡された。処罰者のなかではもっとも重罪であった。
（山本幸俊）

［参］佐藤誠朗『幕末・維新の政治構造』、『栃尾市史』上

文化一一年（一八一四）五月一五日
越後国蒲原郡幕府領加茂町・上条村打ちこわし

→文化一一年（一八一四）五月八日

越後国古志郡長岡藩領栃尾町打ちこわし

文化一一年（一八一四）五月一八日
越後国蒲原郡幕府領中条宿打ちこわし
→文化一一年（一八一四）五月八日
越後国古志郡長岡藩領栃尾町打ちこわし

文化一一年（一八一四）五月一九日
越後国蒲原郡白河藩領五泉町打ちこわし
→文化一一年（一八一四）五月八日
越後国古志郡長岡藩領栃尾町打ちこわし

文化一一年（一八一四）五月二四日
越後国蒲原・岩船郡幕府領ほか打ちこわし
（越後両郡騒動・野口騒動・菅田騒動）

文化一一年五月二三日夜、越後北部の荒川・胎内川沿岸の村々八〇余か村に檄が飛ばされた。これらの地域は、蒲原・岩船両郡にまたがり、幕府領・白河藩預地・白河藩領・黒川藩領・旗本松平氏領・村上藩領が錯綜していた。檄（落文・張札）は、近年は不作で一般の百姓はたいへん困窮しているが、今年はさらに高値で難儀な上、米の買い入れ船で他国に積み出す金持ちもいて、いっそう高値になっている。ついては明日相談したいので、一軒に一人ずつ百姓道具を持参して飯出野に参集されたし、といった内容であった。飯出野は入出野とも書き、野口新村周辺の広い林野で、近村の入会秣場である。二四日朝、飯出野に集結した約五〇〇〇人の百姓たちは、米を買い占める地主・高利貸・廻船問屋などに対し、米の安売り、小作料三か年猶予、米の積出し停止、救金を要求し、ほら貝を吹き声を上げて行動を開始した。まず十二天村（旗本松平氏領）の庄屋宅に押し寄せ、米や大豆を庭に撒き散らし、衣類を焼き捨てるなどした。高野村では、一揆勢に仲立ちするものがあり、米一〇〇俵を安値で出すことを約束させた。横道村でも仲立人により米一五〇俵を供出。東牧村では大庄屋へ談判の結果、村役人が羽織・袴姿で酒と飯を持って村境に出迎え、米六〇〇俵を安値で出した。一揆勢は一〇〇〇人ほどになり、黒川町（黒川藩領）に乱入。町役人は酒や飯を出して交渉し、米一五〇〇俵を安値で出し、小作料納入を三か年停止とした。荒島村（白河藩領）では、一揆参加を差し止めた庄屋宅へ乱入して打ちこわし、籾を撒き散らした。春木山村・鍛冶屋野村では所々に飯を出して置き、村役人が挨拶にでて難を逃れた。羽ケ榎村（白河藩預地）まで進んだ一揆勢は、二五〇〇人余にも膨れ上がり、米三五〇〇俵を出させ、小作米を三か年停止とさせた。佐々木村（幕府領）では村役人が村境まででかけ交渉したが解決せず、庄屋宅が打ちこわされた。大津村と金屋村・海老江村では村役人の丁寧な対応で無難。以後日本海の海岸部に沿って進み、桃崎浜（村上藩領）では酒・飯で接待のうえ、米三〇〇〇俵の供出と三か年港穀留めで決着。荒井浜（白河藩預地）に押し寄せた一揆勢は火付けを始めたため、村役人らがでて酒や飯を出して詫びた。しかし、それでは治まらなかったため、米五〇〇俵〜二〇〇〇俵を川下げする約束をさせられた。中村浜・築地村（ともに白河藩預地）では、家捜しをして証文や帳簿を探した。こうして二六日までの三日間に二〇軒余を打ちこわした。最大二五〇〇人余が参加したという。

この一揆に対し、幕府領を統括する水原代官所では、手代らが一揆の拡大防止に努めたが、有効な手が打てず村上藩へ助力を求めた。村上藩では、郡奉行・町奉行が足軽八〇人ずつを平林町と塩谷浜・桃崎浜へ派遣し、空砲を放って一揆勢を威嚇した。これにより、荒川以北への波及を防止した。黒川藩では、黒川町端に足軽五〇人ほどで固めていたが、一〇〇〇人を越す一揆勢になす術もなく退却するしかなかった。近隣の新発田藩でも、館村陣屋の加勢依頼を受けて役人を加治川渡場付近へ派遣した。白河藩五泉陣屋の求めで、会津藩も出動している。一揆鎮圧へ積極的に動いたのは白河藩で、二六日から一揆の捕縛に踏み切った。出雲崎詰めの元締岡雄左衛門と手代大塚万右衛門を中条町に止宿させ、近郷村々へ一揆取鎮めを触達し、人足一〇〇〇人ほどを集めて一揆勢の捕縛にあたった。一揆は、これによっておおむね鎮まった。翌二七日までに一八人を捕らえ、その後も逮捕者は増えて三四か村一四〇人以上にも達した。逮捕者がもっとも多かったのは白河藩預地の萱田村で三〇人、次は旗本松平氏領平木田村の一五名であった。六月一六日には、江戸評定所より留役・書役の役人が到着し、厳しい吟味が開始された。八月には、九人を囚人駕籠で江戸へ護送し、以後勘定奉行による吟味が行われたが、一六〇人余を再度江戸まで呼び寄せるなど厳しい取り調べであった。翌文化一二年五月三日、評定所の判決が言い渡され、頭取とされた野口新村（幕府領）の次太郎と檄文作成者とされた萱田村（白河藩預地）助左衛門が遠島で、ほかに江戸十里四方追放四人、入墨追放三人、中追放二人、所払は萱田村で七人、手鎖は萱田村の一五人、この他にも急度叱の刑を受けた者が多数いた。また、一揆に加わった野口新村ほか三三か村には、村高に応じて過料銭が賦課された。一方、一揆への参加を差し押さえた村々の庄屋には、苗字帯刀や銀が与えられた。なお、最高刑が遠島にとどまったのは、当年が家康二〇〇年忌であったからともいう。

この一揆は、参加者が異なる領域を越えて結集し、同一の要求を掲げて展開した点に、最大の特質がある。その前提条件として、当該地方における商品生産・流通の進展拡大と市場の形成があり、地主・高利貸・廻船問屋らは、領主財政に深く入り込みつつ、広い範囲の百姓と土地および金融関係を持っていた。さらに百姓側も、領域を越えて生活の糧を求めた活動を行うにいたっていたからである。なお、この一揆は、為政者始め各階層に影響を及ぼした点でも注目される。寛政の改革で知られた松平定信は、文化一二年に著わした『函底秘説』で、「餓死するよりはと蜂起し、米屋・富豪の家を打ち潰し、放火などすることは恐るべき」と驚愕し、領主の一揆への対応を細かに記している。また、当時の有識者層の神官や商人などの日誌類にも、この一揆の様相を書き留めているものが多い。

【人物】野口新村次太郎　のぐちしんむらじたろう

岩船郡野口新村の百姓。通例野口村と呼ばれることが多いが、公式には野口新村が正しい。安永八年（一七七九）から一揆当時まで組頭であったことが確認される。また、大工であり、野口新村と坂町村の大工役を勤めた。組頭としての社会的な役割と大工としての職業的な活動を通じて、豊かな社会的経験と広い視野を形成していたと考えられ、安永八年の野口新村と坂町村との村間争論では、組頭として村の利害を代表して活躍した。これらの経験は、次太郎の訴訟能力を高めたり、周辺村々の百姓の信頼を深めることにもなったと思われる。野口新村は、九戸のみの小村で、うち四戸が水呑であり、次太郎も持高では一石に満たない貧農層に入り、寛政期には五反余を質入れしている。農業だけでは生活できず、諸稼ぎによって生計を立てていたと思われる。一揆終幕と同時に捕らえられ、牢内で病死する。遠島に処されたのは死後のことであった。享年五四。両郡騒動は、地元では「次太郎騒動」とか、彼の屋号から「甚之助騒動」と称されて後世伝承され、当地方の近代小作争議では小作人解放の先達者ともされた。

【史料】蒲原岩船両郡騒動実記　かんばらいわふねりょうぐんそうどうじっき

両郡騒動の実録物語。成立・筆者は不詳だが、記載内容は百姓側のみならず武家側の動静も詳知し、かつ取り調べや裁許まで知りうる者で、論じ方は為政者側ということから、騒動地域の大庄屋・庄屋クラスの者の手になるものと推定される。写本は数点現存し、大筋は同じだが、表現や精粗の違いで二系統に分類できるといわれる。その一つは岩船郡神林村板垣家所蔵本などで、板垣本は昭和三年（一九二八）新潟県内務部が『文化十一甲戌蒲原岩船両郡百姓騒動記』として刊行。もう一系統は、より詳細で表現も平易な紫雲寺町大木家所蔵本などで、大木本は『越後佐渡農民騒動』『小作騒動に関する史料集』などに翻刻され、同系統の新潟大学教育学部所蔵本は『日本庶民生活史料集成』六に収録されている。

（高橋正一郎）

〔参〕高橋正一郎『歴史の鉱脈』、『越後と佐渡の一揆』、『新潟県史』通史四

文化一二年（一八一五）四月二八日 陸奥国和賀・稗貫郡盛岡藩領北上川流域村々強訴

文化一〇、一一の両年は不作であったが、藩は収奪の手をゆるめなかった。とくに従来から百姓らの不満のもとであった買米（藩による米穀買い上げ）は一〇〇石につき一九駄二斗とされ、その値段も町相場一駄三貫八〇〇文のところ、一貫七〇〇文とされた。この買米制への不満を中心に、代官・帳付・肝煎の不正、牛馬売り買いへの課役、塩役・紅花役の御免などを求めた一揆。日時不明だが、松林寺村で久八、清助ら小前百姓が、買米に関して同村肝煎門右衛門の不正を追及し、給人へ訴願するための集会を開いたのが一揆の口火となった。文化一二年四月二八日には、八幡・寺林通り二三か村五〇〇人ほどが、去秋の買米割増への不満、仕付米拝借を求め盛岡城下近くの仙北町まで強訴した。藩は目付・勘定頭を派遣して百姓らを説諭し帰村させ、一方で代官黒沢喜兵衛・駒嶺六郎・松田小十郎を罷免・差控、屋敷・半知取り上げの処罰をするとともに役人らを廻村させて要求を出させ、買米割・諸郷割・人足割などの吟味を開始した。その結果、代官駒嶺六郎と帳付与六（一揆後出奔）の不正が発覚し、八幡・寺林通へ米五〇〇駄を下げ渡した。また松林寺村の肝煎門左衛門は野田通に追放の処分を受けた。さらに五月二七日に大目付・寺社町奉行兼帯宮手弥市らを廻村させ、大勢による出訴を禁止するとともに、村々に木札五、六枚を配布し、この木札を持参したものが城下役人宅などへ出訴することを認めた法令を通達させた。しかし翌二八日鬼柳・黒沢尻通の百姓一〇〇〇人余が、盛岡城下へ強訴した。藩役人は出頭の者の名前を書き出して訴願するようにと説諭したが、一揆は一〇〇〇人が皆頭人であるとしてなかなか受け入れなかった。しかし、津志田で対応するという藩の説得に応じ、そこまで退き一四、五人の代表を残し大部分は帰村した。遅れて二子通りの村々も出訴した。一揆後、藩は村々からの訴願提出を認めたため、多数の訴願が出され、多くの要求が認められた。また藩は、同地域の代官・帳付の総入れ替えを行った。百姓に対する処分は、前者の一揆では松林寺村の久八と清助がそれぞれ田名部九艘泊・田名部牛滝へ追放、後者では村崎野村徳助・上根子村長助・横川目村茂吉事茂兵衛がそれぞれ花輪銅山・野田通・五戸市川へ追放に処された。（保坂　智）

〔参〕司東真雄編『岩手の百姓一揆集』、森嘉兵衛『南部藩百姓一揆の研究』

文化一二年（一八一五）五月二七日 上総国市原郡旗本小栗氏領越訴・暴行

旗本小栗七郎左衛門は、知行二七四石余のすべてを、惣社村四一七石余のうちに相給であてがわれていた。小身旗本の財政窮乏はことのほか激しく、領民への年貢先納や領主暮方賄金の賦課が恒例化し、文化元年（一八〇四）からは年貢以外に多額の御用金上納を義務付けた。百姓たちは困窮のなか借金をし、家財・諸道具・衣類などまで売却して御用金上納の工面をしていたが、その額は文化一二年までに二〇〇両余に及んでいた。御用金は返済を前提にしていたが、いずれの返済もないまま、追加の御用金が再三命じられるありさまであった。文化一二年四月三日に小栗氏の末妹が病死すると、慣例によってその葬送入用金五両が賦課された。名主・組頭は即刻に承知・代納したが、領主の下知に従い惣百姓の高割賦課にしようとしたところ、百姓代の平助・巳之助は承伏しなかった。そのため名主は百姓代を不帰依で領主に訴え、四月二〇日から四度にわたって領主が飛脚をもって百姓代に江戸出頭を命じたが無視された。五月二七日、小栗氏は強制出頭させるため「引立」飛脚を派遣したが、平助の指示で村内国分寺の鐘を撞いて惣百姓を呼び寄せ、帰路にあった飛脚を小栗氏領惣百姓だけでなく、相給の幕府領百姓五、六名とともに「徒党」がましく取り囲んで「手向」かい、つ

いに退散させた。こののち惣百姓は毎日寄合を催し、名主・組頭の指示に従わなくなった。六月三日になると、用人若林剛助が派遣され、翌四日名主宅において百姓代の吟味が行われた。その席で用人は「たとえ一村が潰れようとも出金せよ」と威嚇したという。しかし江戸に護送される段になると、惣百姓が結集し用人に悪口雑言をはくなど抵抗し、百姓代の引き渡しを拒んだため、用人は組頭を伴ない帰府を余儀なくされ、やがて名主も出府した。一八日再び用人若林、雇家来で寿町家主山田市五郎、小者三名に、帯刀した名主太兵衛、組頭吉兵衛が百姓代捕縛のため来村した。そして翌一九日暁八つ（一説に明五つ）ごろ、一行の五人が巳之助宅へ土足で上がり、同人に暴行を加え、手足を捕縛し腰縄とし、散々に刀で峰打ちした。深夜の不意打ちのため、家族は盗賊の侵入かと思い、乳児の周兵衛もこの異変のため泣き騒いだ。と同時に、予め打合わせたとおり早鐘が撞かれ、竹槍・木刀・梯子などを持参した惣百姓が巳之助宅へしだいに駆けつけ、鬨の声を挙げて蜂起し、一行を包囲した。その衆人環視のなかで、五人の者が巳之助の前後左右を囲んで出立し、名主・組頭は長脇指を抜き、山田は刀を抜いて振り回し「一人も残らず斬り殺そう」と悪口雑言をあびせながら、惣百姓を寄せ付けないよう護送した。ところが途中、高岡藩領の加茂村出口畑で先回りしていた百姓勢と追尾の百姓勢に挟まれ、ついに抜刀のうえ乱闘に発展した。大勢の百姓勢に対し、用人たちも防戦に努めたが、山田と名主・組頭は深手を負ったという。この間、巳之助の縄は倅の市之助によって解かれ、用人たちは同村の百姓七右衛門家に逃げ込み、やがて帰府した。すでに蜂起以前、小栗氏領に入作する相給の幕府領百姓が勘定奉行へ嘆願していたが、この後、百姓代は小栗氏の上司であった小普請組支配の石川右近将監忠房へ駆込訴を行った。他方、小栗氏も自ら統治能力がないと上司に訴え、一件は勘定奉行曲淵甲斐守景露によって、早くも七月一一日から吟味が開始された。そして一二月二二日には裁許が下され、百姓代の平助は重追放、巳之助は所払、百姓善蔵は中追放、巳之助倅市之助は過料三貫文、百姓二一名は過料一〇貫文、また名主は過料五貫文、組頭は急度御叱、幕府領百姓六名は過料三貫文、隣村加茂村百姓は御構なしとなった。用人などの裁許は不明。なお追放刑の三名は、刑に服さず帰村・在村したことが判明し、のちに再吟味を受けたが、巳之助は文政五年（一八二二）将軍家斉の左大臣任官、従一位叙爵によって赦免された。　（西脇　康）

〔参〕西脇康「旗本相給村落における農民闘争」（『市原地方史研究』第一〇号）、『市原市史』中

文化一二年（一八一五）七月六日
甲斐国巨摩郡幕府領九七か村減免越訴

甲斐国巨摩郡幕府領（野田松三郎代官所支配）の畑作地域では、文化一〇年からの旱魃・雪害により麦の凶作が続き、困窮化が進行していた。文化一一年には秋作も皆損であったため検見を願い、その結果損毛分の減免が行われたが、翌年四月になってその減免を取り消す旨が通達され、六月には年貢皆済が督促された。村々では、前年秋の減免措置の実行を代官所に嘆願し、また勘定奉行所への訴願を取り次ぐように代官所に訴えたが、いずれも無視された。このため、九七か村の惣代として川西村長百姓太兵衛と上津金村長百姓治郎左衛門が江戸に出て、七月六日、勘定奉行柳生主膳守久通宅に駈込訴を決行した。しかし帰村して代官陣屋へ訴えるよう説諭されただけであった。代官所に不信感を抱く惣代二人は帰国せず、一二日、老中青山下野守忠裕に駕籠訴した。今度も柳生氏を経て代官役所に引き渡されたため、さらに同月、箱訴を行った。しかし、今回も取り上げられず、八月に帰国して改めて甲府代官所に訴願した。その結果は不明である。　（須田　努）

〔参〕『編年百姓一揆集成』九

文化一二年（一八一五）一二月一一日
出雲国仁多郡松江藩領減免強訴

不作が続いて、横田筋上阿井村など六一

か村では、文化一二年には常食の芋まで生育しなかった。そのうえ鉄山業が不振でそこからの稼ぎも減った。百姓らは仁多郡内で村別に三八通の願書を作成、それぞれに連判した。願書には、前書で田方銀納や経営借金で難儀していることを触れて、①荒苧不作、②増免斗代容赦、③種子代玄米返納、④菜種勝手売買・直上納、⑤他国煙草禁止、⑥上方登米俵替え、⑦残米下渡し、⑧拝借方考慮、⑨銀上納から銭上納へ、⑩寺院畳表・上葺割当中止、⑪他国楮禁止、などを上げている。一二月一一日、百姓らは願書を持って押し出したが、郡境で郡役人が足止めし、取り次ぐ約束をしたので確約書を取って帰った。これに対し藩は「理分」があっても「徒党」の罪は逃れがたいとして詮索が始まり、頭取が捕らえられた。打首四人（他に牢死一人）、追放六人、戸〆八人などの処罰者を出し、村々から百姓連署の願書差出後悔の詫び一札が徴集された。

【人物】大呂村伝六　おおろむらでんろく

生年不詳～文政二年（一八一九）六月九日。大呂村組親。当年の同村庄屋は和兵衛であり、組親の性格ははっきりしない。伝六の罪状は、先年の冬にも出訴を主導したかどで召し捕らえられたにもかかわらず、再び頭取となって人ごとに一揆の同意を進め、他村へも出かけて催促したというもので、大間木村役人庄左衛門、中村年寄平左衛門、石村年寄次兵衛とともに松江城下で入牢、文政二年（一八一九）六月九日斬首された。伝六と同じ大呂村では忠蔵が同国楯縫郡へ、九兵衛が同国出雲郡へ追放となり、年寄役弥市・弥兵衛・宇右衛門の三人が役儀不行届で戸〆となっている。処罰者の人数から見て同村が中心であり、伝六が最高の頭取であったことはまちがいない。大正一三年（一九二四）一一月、鳥上村（大呂村の後名）青年団は、文化年間に農民窮状と藩政不正を訴えた数万人の行動で首謀者が斬首されたが、そのさい「伝六翁」は「首謀者にあらざりしも一身を犠牲となし万民を救った」とし、その犠牲的精神を郷民の鑑とするためにと団員の自費で石碑建設を企画、翌一四年三月中旬に除幕式が挙行された。（深谷克己）

〔参〕『島根県横田町誌』、『木次町誌』

文化一三年（一八一六）五月
琉球国鹿児島藩領徳之島強訴（母間騒動、母間論議）

轟木村にある二〇五石余の入作に対する出米の件で、文化一三年五月に母間村の百姓六三〇余人が徒党し強訴に及んだ。代官和田平七が掟（うっち）の喜玖山を捕らえて牢に入れたため、母間村の百姓たちは、同年六月九日、鉄砲・竹鎗・魚突類を所持して牢屋に押しかけ、喜玖山を救出して村に連れ戻った。翌一〇日夜、喜玖山は喜佐知・喜久澄ほか一二人と板附船で母間村を出帆、鹿児島の藩庁に直訴した。それに対し、代官は惣横目（目付）冨屋を藩庁に出頭させ、逆に喜玖山らが無手形で島を抜け出した罪を藩庁に訴えた。文政二年（一八一九）四月、喜玖盛・冨里ら四人は徳之島に帰島を許された。冨奥は鹿児島で病死。七人は有罪とされ、翌三年七島（吐噶喇列島）に遠島となった。（紙屋敦之）

〔参〕『徳之島面縄院家蔵前録帳』（『道之島代官記集成』）

文化一三年（一八一六）七月一八日
信濃国筑摩郡尾張藩領奈良井宿打ちこわし（奈良井騒動）

文化一三年七月一八日、奈良井村庄屋・問屋又左右衛門らが、盆前宿入用の勘定に集まったところ、宿内の飯米が払底しているという話題となった。そこで穀屋・小売屋に手当てさせようと使いを出す一方、藩の福島役所へも蔵米二〇〇俵を拝借したいと年寄六郎左衛門を送り出した。この頃、村人が産神社で寄り合いを開いているとの情報がもたらされた。驚いた村役人たちは、今日の夕の飯米が続くかどうかがまず問題だと、穀屋・小売屋の在庫を調べたところ一四俵あったので、下町に七俵、上町に五俵、中町二俵と役人持ち合いの飯米を配る手はずを整えた。そして、このことを知らせようと神社に駆けつけたが中に入れてもらえなかった。一方で一揆勢は、穀屋平七らに呼び出しをかけていたが彼らはいっこうに現われず、事態は進展しないまま暮れになり、下町の者が、鬨の声を挙げて集まってきた。この時上町万助が、駕籠の棹を振り回し村役人の提灯を打ち落とし、あとからきた一揆勢も石を打ちかけたので取り押さえることもできないありさまであった。一揆勢は、鍵屋清治郎方の打ちこわしに取りかかり、礫を投げ、戸壁を打ち破り、次いで鈴木屋類助に取りかかったところへ、大宝寺などの寺僧が駆けつけ、村役人とともに取り鎮めようとしたがどうすることもできなかった。さらに武左衛門、長十を打ちこわし、半平、藤右衛門に酒を出させ、次いで茂兵衛、孫七を打ちこわし、半左衛門方でも酒を飲むなどした。打ちこわされたのは八軒であった。その後、専念寺に五〇～六〇人が駆け込み早鐘を撞き、町内を三度火事と叫び、贄川宿太田三左衛門を打ちこわすとして走り回ったが、その後の経過は不明。打ちこわされた家は穀屋が多かったが、米が払底した原因ははっきりしない。　(小椋喜一郎)

〔参〕百瀬虎之助「文化年間の奈良井騒動に就て」(『信濃』六ー八)

文化一三年(一八一六)一一月一二日
駿河・遠江国幕府・掛川・田中・浜松・横須賀藩領減免強訴・打ちこわし

文化一三年閏八月四日、駿河・遠江国一帯を台風が襲った。多大な被害を受けた村方では、おのおの藩役所や代官所に年貢減免を願い出た。遠江国掛川藩では定免の村方に五%の減免を通達した。しかし、上湯日村など五か村の百姓三〇〇人余は、いっそうの減免を求め、一一月一二日城下に向かったが、その途次、本所村庄屋与次右衛門などの説得を受け入れたため未遂に終わった。翌一二日(一三日とする史料もある)には、今度は掛川藩領駿河国志田郡一一か村の百姓が、村役人の制止を振り切り、城の大手門に押し寄せた。郡奉行が年貢を若干免除する旨を伝えたため、事なきを得たが、その成果は上湯日村の百姓を再び立ち上がらせた。一七日に近隣の村を糾合し強訴をはかったが、庄屋や藩役人が必死に説得し、何とか帰村させることができた。だが、二四日には、再び駿河領の百姓が城下に迫った。このような波状的な強訴の結果、掛川藩では計三五%の減免を余儀なくされたが、そのことは隣藩に伝播し、各城下への強訴を連鎖的に引き起こす結果となった。遠江国浜松藩では、二〇日と二四日に、蓑を着た美薗村など八か村の百姓六〇〇人余が、横須賀藩でも、同じく両日に、下山梨村百姓が各城下に押し寄せた。横須賀藩領の百姓は、その際城門を打ち破ったという。また、この頃幕府中泉代官所でも強訴が行われている。状況は駿河も同様であった。

駿河国田中藩は百姓の年貢減免願いに対し、三〇%の損毛までは減免を認めない強硬な姿勢を取っていた。よって、細島村庄屋増田五郎右衛門が頭取となり、二三日、領内七〇か村の百姓五〇〇〇人余が、蓑を着て鎌をさした姿で大挙して城下に押し寄せた。一揆勢は、藩主本多正意宛の願書を提出し、その夜には郷宿二軒を打ちこわした。田中藩は、その威圧に耐えかね百姓の要求を容れざるをえなくなり、翌二四日、三〇%(二〇%という説も)の減免を通達した。各領内における同時多発的な強訴により、領主側は百姓の減免願いの受諾を余儀なくされたが、一揆が鎮静化すると弾圧に転じた。まず掛川藩の場合は、吟味に先立ち一二月二五日、強訴に加わらなかった百姓に褒美米を与えた。その後、翌一四年二月より関係者を呼び出して吟味を開始し、厳罰を科す予定であったが、折しも藩主太田資始の近親者の法事が執行されることを考慮し赦免とした。田中藩の場合は、三月より吟味を開始し、一一名を捕縛した。文政元年(一八一八)六月、頭取の五郎右衛門を打首、その他永牢二人、追放五人の処罰を受け、強訴に加った村には過料が課されたが、掛川藩と同じく強訴に参加しなかった百姓には褒美米・銭を与えた。駿遠二国にわたる文化一三年のこの一連の一揆には、ある藩での強訴が他藩にも波及し、相互に関連し合いながら一揆勢が要求を実現させていくという特徴が見られた。その意味で、同八年の豊前・豊後二国にわたる一揆、一一年の越後での一揆と共通する面を持っていた。

【人物】増田五郎右衛門　ますだごろうざえもん

安永六年（一七七七）、駿河国志田郡田中藩領細島村庄屋の家に生まれた。文化一三年一一月二三日の田中藩領七〇か村の強訴は、五郎右衛門が同村の村役人と相談のうえ、年貢の減免を直接藩主に訴え出ようとしたもので、大挙して城下に押し寄せて提出した藩主宛の願書は、五郎右衛門が作成したものであったという。一揆後の厳しい取り調べにもかかわらず、百姓側は首謀者の名を挙げなかったが、五郎右衛門はその窮状を見兼ね、強訴の罪を一身に浴びるため、自ら名乗りでた。吟味の結果、五郎右衛門を後押しした二名は永牢・家財闕所、五名の百姓は追放、強訴の過料として庄屋は三貫文、年寄は三貫文、小前百姓にはおのおの二〇〇文を課したが、五郎右衛門は頭取として打首・家財闕所と決まった。文政元年六月二八日、五郎右衛門は源昌寺原の刑場の露と消えた。享年四二であった。遺骸は細島村の全仲寺に密かに埋葬された。法名義山玄忠居士。田中藩の百姓は、以後毎年その命日である六月二八日を首斬り正月と称して農作業を休み、墓参をして供養を続けた。明治一八年（一八八五）には自由民権家らにより藤枝市長楽寺の天神山下に顕彰碑が建立された。大正一五年（一九二六）にも、旧細島村の八幡神社（現島田市東町）に頌徳碑が建てられた。昭和二四年（一九四九）七月、GHQ静岡民事部の後援を得て、「民主まつり五郎祭」が行われた。

（安藤優一郎）

〔参〕『大井川町史』中、『静岡県史』資料編一〇、『義人五郎右エ門』

文化一三年（一八一六）一一月　伊予国喜多郡大洲藩領紙専売反対強訴未遂（大洲紙騒動）

大洲藩では、明和八年（一七七一）以来、五十崎・北平に楮役所を設置して、特産品である楮と和紙の専売制を敷いた。これ以降、楮・和紙は、楮役所で安値に買いたたかれるようになり、百姓たちの難儀は深まった。また文化年間には、藩内各地に紙改役所を設置して、和紙専売を強化した。藩は、安値で買い入れた和紙を独自の流通ルートで江戸に移出販売を行ったので、莫大な利益を上げたが、一方、楮・和紙の自由売買を厳禁され百姓の困窮は深刻化した。このようななかで、柚ノ木村の庄屋三瀬孫四郎が紙専売制反対の訴願を行ったが、要求は無視されたため、孫四郎のほか黒木村百姓伊三郎・北只村庄屋上田八十八・大洲中町都屋純助らが中心となり強訴を計画した。しかし、大瀬村庄屋曾根某と内ノ子村庄屋宇都宮某が藩へ密告したことにより、文化一三年一一月初旬に孫四郎らは捕縛され、同月一四日（二八日とも）、上田八十八を除く三名が処刑された。その後、この一件をきっかけに藩は、百姓の要求を聞き入れる対応を取り、和紙・楮専売制は緩められていった。刑死した三人は、大洲三義民として尊崇された。

【人物】三瀬孫四郎　みつせまごしろう

喜多郡大洲藩領柚木村の庄屋で、大洲紙騒動の発頭人。代々庄屋を務める家柄で、手習いの師匠もしていたという。紙専売制に反対する訴願を再三行ったが無視されたため、黒木村百姓伊三郎・北只村庄屋上田八十八・大洲中町都屋純助らを誘って強訴を計画した。しかし、事前に発覚し、文化一三年一一月一四日、斬首獄門とされた。処刑の日は、朝から晴れ渡っていたが、斬首の間に俄に雷が響き、大雨が降り始め、あたりに鮮血が漂ったとされる。享年三一。遺体は二八日に下げ渡され、自宅裏山に埋葬されたが、墓石を建てることは禁じられた。義民として尊崇され、木像が柚ノ木村の延命地蔵尊を祀った庵寺に併置されたが、庵寺焼失で灰燼に帰したという。その後、富士神社境内に小祠を建て旭神社と称したという。大正四年（一九一五）の一〇〇回忌には、妙法寺地蔵堂に記念碑が建立された。同時に、本空自性信士に追号して義光院本空自性居士とある。なお、廻状などを準備したとされる黒木村小黒木の百姓伊三郎は、檀那寺の西福寺に埋葬された。当初は墓石を建てることは禁じられたが、のち黒木村・小里村に小祠が作られた。法名は松岩夢雪信士。享年三七。大洲中町の都屋純助は大洲西方寺に埋葬され、法名は釈一形為霜信士。享年三九。西方寺は明治初年に移転したため墓の所在は不明である。

【人物】上田八十八　うえだやそはち

　享和・文化年間に喜多郡大洲藩領北只村の庄屋を務め、大洲藩の庄屋惣代も務めた。大洲紙騒動の頭取の一人で、孫四郎の伯父にあたる。文化一三年一一月に捕縛されたが、弟が資財を尽くして藩に哀訴したため、死罪を免れ、長浜沖の青島に流罪となったとされる。天保一五年（一八四四）八月没。　（須田　努）

〔参〕『愛媛県農業史』中、『日本農民史料聚粋』四、『愛媛県史』近世下

文化一四年（一八一七）七月三日
京都上・下京町組町代争論（文政町代改儀一件）

　近世の京都では、町々の連合組織として、町組が形成されていた。この町組は町政の単位であり、それを担う町代を雇用していた。上京一二組・下京八組に一二名の上町代がおり、それぞれに下町代一、二名と雑用・書記を担当する者がついていた。本来、町代の役務は、京都町奉行所と住民の間に立ち、町触の伝達や住民からの届け・願書などを取り次ぐことであった。しかし、一八世紀に入り、町奉行所が積極的に都市行政を展開していくようになると、町代の役割は拡大し、町奉行所の下級役人化していった。そのため、町組からすると、町代は雇用人であるにもかかわらず、無礼な振る舞いが目立つようになったと写るようになっていった。文化一四年七月に始まる町代改儀一件は、こうした町代の位置付けをめぐって、町組と上町代が一年以上にわたって争ったものである。ことの発端は、文化一四年四月、下京上艮組の町代が跡目相続の挨拶に下駄履きで町組にやってきたことにある。これに立腹した同組釜之座町年寄石黒藤兵衛は、謝罪させようとするが、町代がこれを拒否したため、七月三日、藤兵衛など同組一二町の年寄は、町代の身分や務め方を訴えるに及んだ。これに対して、町代仲間として抗したため、藤兵衛たちは下京の町代全員を訴えようと、下京八組の団結を企てる。町代と通じる町組もあり、結局五組しか加わらなかったものの、上京一二組との団結が実現し、争論は京都中を巻き込む大騒動となった。その後、訴訟組と離脱三組との間でも、もめ事が起きたりしたが、文政元年（一八一八）一〇月、町組の主張が全面的に認められて終決した。そして、町代は何事も町年寄の指図に従う町組の雇用人として位置付けられた。この騒動は、町組と町代の対立、町組の勝利による町自治促進の契機と評されることが多い。しかし、近年、町代改儀一件については、単に町組と町代の争いという構図だけでなく、争論以前からの町奉行所の対応や、町組以外の住民組織である仲間組織の形成など、当該期の社会構造の変動全体を視野に入れた検討の必要性が指摘されている。　（岩城卓二）

〔参〕辻ミチ子『町組と小学校』、塚本明「近世中期京都の町代機構の改編」（『日本社会の史的構造』）

文化一四年（一八一七）一〇月二〇日
常陸国河内郡など幕府領生板など六か村減免門訴（生板一揆）

　幕府領吉岡次郎右衛門代官所の支配下にあった常陸国河内郡生板村・大徳村本村新田・宮淵村本村新田、豊田郡中妻村・上中石下村などは凶作と重課に苦しみ、文化一四年村役人に申し立て、生板村・大徳村では村役人が代官所に訴えたが拒否された。わずかな一件書類と伝承によれば、生板村の百姓万平が発頭人となり、同村市左衛門・与五右衛門と図って他村に呼びかけ、出訴を企てた。一〇月二〇日、支配領村々の百姓らとともに国元を出立し、江戸浅草の代官邸に出向いたが、村役人が差し止めたので、三人だけが残り、減免を門訴した。しかし拒否されたので、江戸町奉行所に代官非道と村民窮状を訴えた。三人はその場で

捕らえられ、小伝馬町の牢に入れられ、初め吉岡代官の取り調べを受け、次いで勘定奉行所の取り調べを受けたが、その間の拷問などにより、三人は相次いで牢死した。その他の村々にも手鎖、急度叱、過料銭などの処罰者がでた。しかし門訴の四年後、代官吉岡は解任となった。

【人物】生板村万平　まないたむらまんぺい

明和七年（一七七〇）—文化一四年（一八一七）。江戸後期の義民。生板村百姓。姓は片岡。万兵衛とも。村内上層の代々組頭家片岡能右衛門の次男。本家の近くに分家し、西坪の万平と呼ばれる。北相馬郡小文間村西方の中村金左衛門の娘ときと結婚。持高一三石余、馬一頭。本家の兄熊右衛門は組頭で三三石余。万平は正義感強く行動力があり、村のために尽し信頼を集めていたという。門訴をはかった浄玄の与五右衛門（四石余）、関場の市左衛門の二人の逸話は伝わっておらず、子孫も不明だが、他村への働きかけで重要な役割を果したという。伝承では、江戸出訴の三人を見送るために朝早くから雪の中を、蓑をおい笠をかぶった近隣の百姓が雪を踏みしめ握り飯をたずさえて妙行寺境内に集まり、五〇〇～六〇〇人に増え、万平らを立木の明神様まで送ったという。また出立が決まると、万平を思いとどまらせるために、本家で何回も親族会議が開かれ、ついに祖母がこのような孫は持ちたくても持てないから望みどおりにさせてほしいの一言で決行の同意がでたという。万平は願書作成者の吟味で過酷な拷問を受けたが、江戸にのぼる途中の渡し舟の中で出会った武士に頼んで書いてもらったと言い張って一身に罪を引き受け、代官吉岡との対決を迫ったという。また吟味役人に徒党の頭取であろうと詰問され、頭取は代官の吉岡次郎右衛門様と答えたといわれる。首謀者三人は江戸の小伝馬町牢で次々と牢死、万平は文化一四年一二月二〇日絶命、享年四八であった。毒殺ともいわれる。六年後の文政六年（一八二三）一一月、丈余の供養塔建立、その後毎年一〇月二〇日を命日として供養。大正二年（一九一三）中村永伯編『義人片岡万平伝』刊行。大正六年には茨城県の青年教育の教科書に記述され、大正八年雑誌『日本及日本人』の義民特集号に転載。昭和四七年（一九七二）一一月二五日生板村妙行寺で三義民の一五五年祭が行われ、林基氏が講演。また顕彰会の名で『生板の三義人』刊行。四メートルをこす供養塔中央の万平の法名は義篤院慧戒徹証居士。関場の市左衛門は等岳照樹居士。浄玄の与五右衛門の法名は但然慧燈居士。

（深谷克己）

〔参〕『生板の三義人』

文化一四年（一八一七）一二月二二日
近江国滋賀郡比叡山領下坂本村戸閉め・打ちこわし

数年来の不作による困窮に悩んだ下坂本村（町場化している）では、文化一四年一二月二〇日ごろ、山門による救助を求める寄合を開き、難渋者は「戸閉め」して意志表示をすることを決定した。二二日、この決定に従い相応の生活をしている者も含め多くの家が一斉に戸を閉めた。山門からは早急に戸を開けるようにとの布達がなされるが、一斉戸閉めの抗議行動は二九日まで続いた。この間の二六日、山門に内通し、相続講銀の貸付を渋り百姓らから反感を買っていた肝煎三軒を打ちこわした。二七日には、二〇年間の減免、下坂本村に代官所を設置することを求めた訴状が提出されたが、山門の審議ははかどらなかった。そのため住民は一月になっても集会を続け、二二日には四か所で捨訴が行われた。二八日にはこの捨訴状に惣代が署名して正式に受理された。山門は要求を全面的に拒否し、寄合の中心であった勘兵衛ら四人を領分追放、一三人の惣代を戸閉などの刑に処した。

（保坂　智）

〔参〕『編年百姓一揆史料集成』一〇、『新大津市史』別

文政元年（一八一八）三月二一日
豊後国国東郡杵築藩領打ちこわし

文政元年三月二一日、来浦手永の百姓が郷町富来に押し寄せて打ちこわしを始め、打

その後二〇〇〇～三〇〇〇人が田深に移り商家などを打ちこわした。翌二二日には古市、今市へと進み、二三日になると安岐へも波及し、二四日未明には城下へと向かった。藩は、足軽三〇人に鉄砲で武装させ打ちこわし勢を阻止する一方、諸役人を派遣した。その結果、騒動の原因を藩の御用商人らによる米や油の買い占めのための物価騰貴であるとし、下関から米と油を買い入れて村に配分、さらに諸品値下げを命令したために、騒動は収束した。（村井早苗）

〔参〕久米忠臣『大分県の百姓一揆』、狭間久『二豊小藩物語』、『大分県史』近世Ⅱ

文政元年（一八一八）一二月一五日
大和国吉野郡旗本中坊氏領減免強訴（竜門騒動）

　奈良県吉野郡竜門地方では、「一つとえ竜門騒動は大騒動　二十までつくった手まり唄　うたおうかいな」で始まる手まり唄が、長らく唄い継がれてきた。この竜門騒動は、第二次世界大戦後、国民的歴史学運動が推進されるなかで注目され、木村博一らによってその掘り起こしが行われた。一揆が起きたのは、文政元年一二月一五日夜のことで、旗本中坊氏領のうち矢治村を除く一四か村の百姓数百人が、吉野郡平尾村の代官所へ押し寄せた。江戸から派遣された代官所出役浜島清兵衛（清とも市大夫ともいう）が、この年、例年よりも米納年貢分を増やすとともに、銀納分についても石代値段のつり上げをはかり、領民の声を無視して増徴を強行しようとしたためである。村役人らによる合法的訴願では埒が明かないと判断した西谷村細峠の又兵衛・源八らは、領内各村へ張札を行って強訴への参加を呼びかけ、これに応じた百姓たちが、打ち合せ通り寺の鐘を合図に代官所へ押しかけた。竹槍を携えて一番に代官所内へ駈け入った比曽村の定吉が、浜島によって一刀のもとに切り捨てられると、百姓たちの怒りは頂点に達し、屋根の上に逃げ上がった浜島を追いつめて竹槍で殺害し、諸道具も打ち砕いた。このあと、百姓たちは、平尾村大庄屋の酒蔵を襲って引き上げたが、一揆の次第は、逃げ延びたもう一人の代官所出役によって幕府五條代官所へ、さらに奈良奉行所へ急報され、数日後に出張してきた同奉行所の役人らによって、三〇〇人余の百姓が捕らえられ奈良へ護送された。その後、翌二年二月にいったん全員の帰村（村預け）が認められたが、新しい奉行のもと四月から本格的な厳しい吟味が行われ、一一月に細峠の又兵衛ほか十数人が入牢を命じられた。江戸伺いのうえ、翌三年一二月二日には仕置が決定され、主謀者の又兵衛ほか三人が「死罪」、四人が二四か国払となり（又兵衛など四人はすでに牢死）、関係各村の庄屋・年寄も過料に処せられた。一揆の後、柳村の年寄熊谷五兵衛は、『陣屋騒動百姓一揆記』を著し、その末尾に「以後右騒動かましきハ子孫至迄も何程人がさそても罷出候事ハ致候事ハ一切無用なり」と書き残したが、一揆の精神は、「二十でおさまるこの歌は　うとうておくれ孫子供たのむわいな」で終わる手まり唄に託して、後世まで伝えられた。

【人物】西谷村又兵衛　にしたにむらまたべえ

　西谷村の属邑細峠（桜井地方と竜門地方とを結ぶ道に沿った峠集落）の百姓で、同じ細峠の源八らと談合して強訴の計画を練り、張札をしたため各村に張って回った。一揆後、奈良奉行所の役人に捕らえられて文政二年一一月から入牢となり、三年一二月に発頭人として奈良町引き廻しのうえ陣屋最寄において獄門と申し渡された時には、すでに牢死していた。竜門の手まり歌には、「又兵衛さん　いとしいわいな」「又兵衛さんの仇を取ったら　ほんもうかいな」という一節が見出される。なお、文化五年（一八〇八）の「名寄帳」に彼の名前は見えないが、同一四年には村内で最高の炭役負担者となっていたことが、「小物成名寄帳」から窺える。（谷山正道）

〔参〕木村博一『近世大和地方史研究』

文政二年（一八一九）二月一一日
加賀国石川郡金沢藩領鶴来町御用金反対強訴

→文政九年（一八二六）六月二一日
加賀国石川郡金沢藩領粟ケ崎町御用金騒動

文政二年（一八一九）五月二八日
阿波国那賀郡徳島藩領仁宇谷組夫役軽減強訴（仁宇谷騒動）

仁宇谷地域は、那賀川上・中流の五八か村からなる山間地帯で、木挽き・炭焼といった山稼ぎが生業の中心をなす地域であった。仁宇谷組頭庄屋を勤める仁宇村の柏木叟右衛門は、この五年間に諸役・村入用などを村々百姓から徴収していたが、この徴収・運用に関して不正を行い、これを着服して贅沢し、高利貸の元手にするなど、私欲の悪評が高かった。そして、文政二年、藩主蜂須賀斉昌の巡行に際しての諸費用（人夫賃・飛脚賃など）として村々百姓に米銀が賦課されたが、叟右衛門は三回分納の嘆願を拒否し、五月二〇日を期限に全納するよう迫ったので、百姓たちの怒りは頂点に達した。五月二八日から百姓たちが吉野村川口や仁宇之津川原などに集まり出し、人数は日々増加して、三〇日には八〇〇人ほどが阿井村蓮台寺へ屯集し、徳島城下への強訴を唱えた。この間、百姓たちは、海部郡へ出稼ぎにでている者へ飛脚を出して呼び戻したり、村ごとに「村中一統連判」を行い、不参加者を洩人と呼んで付き合い・取引・縁組み・牛馬売買拒否などの制裁を決め、さらに村々から二、三人の惣代を出して傘連判状を作成し指導層を結成するなど、強訴の組織化をはかった。こうして延野村百姓兵助・大久保村肝煎勝郎太・吉野村百姓権右衛門・影谷村百姓万吉・平野村百姓清五郎・谷内村百姓久米蔵・中山村百姓平右衛門の七人の指導者の下で、六月三日には三〇〇〇人余が和食村に集まった。村役人や郡代手代の必死の説得も功を奏せず、一揆勢は叟右衛門宅に押しかけて、諸役賦課の割付を記載した「郡中諸割賦帳」の公開を迫り、諸役・村入用の減額を求めた。六日、藩はついに叟右衛門を謹慎処分にして組頭庄屋役を罷免し、七日には郡代楠本官八・赤川三郎右衛門が出張して訴状を受け取り、徒党の詮議は行わないことを約したため、一揆勢は帰村した。その後も百姓の代表は寄合して評議を重ね、文政三年にはさらに具体的な訴状を作成している。文政四年九月になると、藩は百姓の要求を容れて夫役賦課の軽減化をはかった。しかし一方、確約を反故にして頭取の探索を開始し、一六人が捕縛され、兵助・勝郎太は斬首・獄門、久米蔵・権右衛門・平右衛門は永牢中に牢死、万吉・清五郎ら三人は阿波・淡路二国追放となった。なお、後年のことであるが、諸役の割付が村役人ではなく百姓代らによって行われていることを示す嘉永五年（一八五二）の「郡中諸割賦帳」（小仁宇村）が残されており、これも仁宇谷一揆の成果を示すものであろう。（須田　努）

〔参〕『徳島県の歴史』、『阿波の百姓一揆』

文政二年（一八一九）六月一六日
阿波国美馬郡徳島藩領東端山村給人重課逃散

阿波国美馬郡徳島藩領東端山村の給人長坂三郎左衛門は、借金の抵当に端山村の文化一四年（一八一七）分年貢のうち五〇石をあて高利貸から金を借りていた。文政元年この借金を返済するために徴税強化を企図した。これに対して、翌二年二月に家賀名の百姓多左衛門らが年貢減免を訴願し、三月には家賀広谷名の百姓三〇余名が平野名の轟神社に集まって年貢半減を要求する訴願を行った。また同時に、庄屋の不正も追及した。しかし、百姓たちの要求は無視されたため、六月一六日、栃谷名の多左衛門と鍛冶屋名の兼蔵を頭取とした家賀広谷名の百姓たちは、美馬郡岩倉山大滝山の縁日参詣と称して、讃岐国高松藩領に逃散を行い、高松藩領内への居留を願いでた。徳島藩では逃散百姓たちの還住を行い、いったんは入牢を命じたが、吟味の結果、東端山村の年貢は減免された。（須田　努）

〔参〕『一宇村史』

文政二年（一八一九）九月一三日
越後国頸城郡糸魚川藩領御頼金賦課反対越訴・強訴・打ちこわし（黒川騒動）

糸魚川藩は一万石の定府大名で、藩主松平（越前）出雲守直春を始め大半の家臣は江戸詰めということもあり、早くから慢性的な財政窮乏に陥っていた。このため御用金や御頼金などが連年のように領民に課せられ、加えて糸魚川町の数度の大火や凶作、姫川の氾濫も重なっていた。文政二年八月二七日、国元を支配する郡代黒川九郎治が九三七五両の御頼金の上納を命じた。九月二日朝、この御頼金を申し渡された庄屋ら六七人のうち六二人の家の柱に「今回の御頼金は受けるな。万一受ける者は江戸へ出て自分たちで直上納せよ。そうでないなら下々のものはお前たちを怨むぞ」と書かれた張紙があった。翌三日、張紙をされた重立層は糸魚川町一の宮へ集まって相談し、張紙の指示どおり御頼金の直上納と小前層への拝借米の実施、信州送り品への課税廃止を訴願することとし、四八人が江戸へ出府して藩役所へ願いでることになった。四八人は、さっそく四日夜、江戸板橋宿で落ち合うことを約束して、北国街道・三国街道・甲州道中の三手に分かれて出発した。一方、小前層の不穏な状況も拡大し、九月一三日夜四つ時、近在の者たち多数が糸魚川の浜辺に集まり、その後町年寄松山察右衛門宅など三か所を打ちこわした。さらに翌朝、二〇〇〇人が藩陣屋門前へ押しかけ、御頼金取り立て中止を訴えた。その夜も三〇〇〇～四〇〇〇人が新屋町浜に集まり、再び陣屋へ押しかけたので、黒川郡代とその妻子は近くの寺や問屋へ逃れた。こうした百姓の動きは、一六日朝まで続いた。江戸藩邸へ出訴した四八人は、九月二一日と二四日に取り調べを受けた後、二九日までに全員が国元へ帰国した。一〇月三日に家老中村惣八が糸魚川陣屋に到着し、ただちに郡代黒川九郎治を罷免して帰府させ、町年寄松山察右衛門を閉門に処し、領内鎮静の布告を行い、越訴の町庄屋六人、村庄屋三七人は閉門、同じく越訴の百姓五二人、村組頭二人押込、ほかに西浜三七か村へ過料銭五〇〇貫文を課す処分が行われた。しかし、一か月後にはこれらの処分の多くは刑を免除されている。また、藩は上納金を七年間で二八〇〇両減ずるなどの緊縮政策で財政難の刷新に努めた。

【人物】黒川九郎治　くろかわくろうじ
もと高田藩浪人という。糸魚川藩へ召し抱えられ、御近習となる。文化六年（一八〇九）から同一四年まで郡代として糸魚川陣屋を統括する。初め御用人として八〇石で七人扶持、後には家老職に昇格。文政元年一〇月、再び糸魚川郡代として国元支配を任される。強引な御用金などの徴収により騒動を惹起させたため、文政二年一〇月罷免帰府させられた。　（山本幸俊）

〔参〕『糸魚川市史』三、『新潟県史』通史四

文政三年（一八二〇）三月
伊予国野間郡松山藩領波止浜町浜子・日雇人打ちこわし

松山藩領波止浜町では塩田経営が広く行われ、浜人（塩田地主）らは多くの浜子・日雇いを塩田での重労働に従事させていた。浜人たちは浜子・日雇の賃金を松山藩札ではなく、当時下落傾向にあった今治藩札で支払うことにした。浜子・日雇たちは今までどおりに松山藩札での支払いを要求したが、浜人たちは浜子には今治藩領出身の者が多いことを理由に、彼らの要求を無視して、今治藩札での支払いを強行した。そこで、文政三年三月猿師町武右衛門・女郎町与吉・新町和平治が中心となって日雇人ら数百人がかけや・石棒などを持ち浜人渡部源吉・森野屋伴蔵の居宅二軒を打ちこわした。松山藩から藩兵が出動し、騒動は鎮圧された。数名が逮捕されたが、まもなく放免された。その後、武右衛門は頭取であると自ら名乗りでて、一〇〇〇日間の入牢となった。武右衛門の入牢中は、倅を石炭日雇頭にするなど、町中でその妻子の生活の面倒を見たという。なお、打ちこわされた浜人で高部村庄屋の渡部源吾は、今治へ追放となった。　（須田　努）

〔参〕『編年百姓一揆史料集成』一〇

文政四年（一八二一）七月五日
武蔵国橘樹郡等幕府領等溝の口用水騒動

文政四年は旱魃のため、河川の取水村と流末村との対立が激しくなった。七月一日川崎領中島村医師栄助が溝ノ口村名主七右衛門を訪れ、近々流末の川崎領村々が同人方へ乱暴・狼藉に及ぶ計画をしているとし、内済に立ち入った。そして、川崎領村々用水路へ一尺余分に水を入れるよう条件を示して談判した。これに対し七右衛門は、用水が日々減水しておりその配分には応じられないと断った。すると同月五日五つごろ、川崎宿医王寺の鐘が大師河原村粂七によって撞かれ、九つごろに大勢の百姓が川崎宿に参集した。関係諸村の役人はこれを制止することができず、百姓勢に江戸出訴をさせないため六郷渡船場を川留めにした。翌六日朝四つごろ、川崎領の中島・小田・大島・川中島・南河原・渡田・菅沢などの諸村約一万三〇〇〇～四〇〇〇名が、紅白の木綿幟に村名を記し、高張提灯・鉄砲・鑓・竹槍・大鳶・鉄鍤・樫木棒を持ち、法螺貝を吹き、溝ノ口村へ押し寄せた。次いで百姓勢は名主七右衛門の居宅付近にいたり、すでに家族を避難させ、周辺の屋根へ石と熱湯を置いて応戦する七右衛門の手勢と戦い、ついに同人の居宅・土蔵などを散々に打ちこわし、年貢米・公文書・家財・諸道具などを散乱し、さらにそれを引き裂き、あるいは用水に投げ込んだ。この時、打ちこわしの対象は隣家など合計一〇軒余にのぼった。頭取は中島と記した幟のもとで指図していた栄助であったが、七右衛門は即座に江戸の代官役所へ出訴した。同日暮れ六つごろには川崎領の百姓勢数百名が江戸馬喰町の代官役所門前に集まり、訴えにでた七右衛門の止宿先などを探索し、見つけしだい斬り殺されるとの風聞が立った。代官役所では御用屋敷表門、百姓門ともに締め切りにしていたため、七右衛門は裏門から逃げ出したという。一件の吟味は代官大貫次右衛門・中村八太夫によって吟味されたうえ、勘定奉行松浦伊勢守忠の再吟味によって、同五年一〇月一六日裁許が下された。その結果、川崎宿の医王寺の鐘を撞き村々百姓を集め、実質的な頭取とみなされた大師河原村の粂七は江戸一〇里四方追放、打ちこわしを受けた七右衛門は所払、橘樹郡川崎領村々、溝ノ口・久地両村と川崎宿外一九か村の村役人・百姓は過料銭に処せられた。　（西脇　康）

〔参〕石井光太郎「溝ノ口村用水騒動録」（『経済と貿易』七三－四）、『神奈川県史』史料七

文政四年（一八二一）一一月二四日
上野国那波郡川越藩前橋分領減免門訴未遂

文政四年、川越藩前橋役所は、定免制を廃止し検見によって年貢高を決定する、という触書を領内村々に回した。この年貢増徴政策に対し那波郡東善養寺村など七か村百姓は、一〇月二九日に名主の林八右衛門を介して反対の願書を提出したが、役所はそれを無視して検見を強行し、過大な年貢を押し付けた。これを契機にして百姓集会が開かれ、七か村の代表は一一月二三日力丸村の勧農附属羽鳥幸五郎と交渉を開始し、百姓も八右衛門の家に押しかけて年貢減免を訴えた。しかし、話し合いが進展しないことに業を煮やした百姓は、翌二四日江戸の川越藩邸に直訴する決意を固め、集団で「家出」をした。これを聞きつけた八右衛門は、前橋役所に事態を急報するとともに、百姓の後を追いかけ武蔵国榛沢郡成塚村で村に帰るよう説得した。八右衛門の説得は夜を徹して行われ、二六日百姓は帰村することにした。しかし、これを徒党と断じた前橋役所は、年貢納入後に関係者の吟味を始め、取り調べの過程で八右衛門を頭取に仕立て上げ、文政五年閏一月二三日に永牢を命じた。

【人物】林八右衛門　はやしはちえもん

名は制備。明和四年（一七六七）二月二日生れ、幼名は東茂吉。父は庄七、母は勢多郡下増田村の奥田氏の出身。林家は、家系図によると源姓を伝え、信濃源氏満快より七代の時に林姓を称し、那波氏に属した。近世初頭の事績は不明であるが、林氏一六代にいたって本家より分かれ、以後八右衛門を襲名するようになった。八右衛門は、五歳の時に父が病死したため、以後祖父儀兵衛と生活をともにする。九歳の時矢田村祝昌寺の光円和尚に手習いを学び、次いで

山王村禅養寺恵陳和尚に師事した。一五歳にして下山して本家の林七右衛門の家に同居し、一七歳の時浅間山の大噴火と打ちこわしを経験した。一八歳で本家の婿となるが、翌年菊と結婚して分家し独立した。寛政四年(一七九二)、東善養寺村名主に就任。しかし、妻子の眼病治療などを始めとする出費が続き、それを発端にして家運がしだいに衰え、所持する田畑を手放す事態にまで追い込まれた。そのため文化年間の初頭と思われるころ、江戸にでて旗本奉公をしながら蓄財し、また居宅などを売り払って借財を返済した。その後八右衛門は村に帰り、「農業の味を知りて油断なく出精」(『勧農教訓録』)して居宅を新築し、伊勢参りに出かけるまでに復興した。文政二年(一八一九)再び名主に就任した八右衛門は、以後、「枯村」と表現される川越藩前橋分領村々の復興に尽力。この年の七月、前橋役所は一定の村々を担当して農村復興にあたる勧農掛を創設し、その附属に地域の実力者五人を任命し、その下に八人の野廻り役を設けたが、そのなかに八右衛門がいた。彼は東善養寺村の上がり地一町六反余の御雇人による耕作の監督、あるいはその失敗から浮上した入百姓政策の実効化に専念した。しかし、「百姓共家出致一件」が起こり、百姓の立場から年貢問題を解決しようとして減免願書を役所に提出したため、その頭取に仕立て上げられた八右衛門は、文政五年閏一月二三日入牢。同一三年八月牢内でこの世を去った。享年六四。

【史料】 勧農教訓録　かんのうきょうくんろく

林八右衛門が門訴未遂の頭取として前橋役所から永牢を命じられ、その獄中で過ぎし事を省みながら認めた記録。それは騒動の発端から結末まで、また自分の半生を振り返って経験した諸事を記録し、子孫に対する「勧農」のための「教訓」の書である。三巻からなり、巻之一は「此度騒動発端の事」、「勧農役所被建候事」、「信州ヨリ百姓家内引越しの事」、「七ケ村百姓一同御門訴と号退散の事」、二之巻は「七箇村一統の者呼戻し被仰付事」、「御年貢米取立之事」、「徒党強訴御吟味の事」、三之巻は「御吟味詰ニて御捌の事」、「迷心不分明の論」、「一生の間浮沈の事」、最後に「子孫江教訓の事」を記して終わっている。八右衛門は子孫に対する教訓として、農業に専心すること、すなわち「其中ニも平百姓が然るべし」と説き、さらに子弟の教育についても「読書算用諸礼儀は心ニ掛けて教へべし」と強調した。一揆史料としても、上層農民の思想を知るうえでも貴重な記録である。原本の所蔵者は函館市松蔭町の林喬木氏。『日本庶民生活史料集成』六に所収されている。

(中島　明)

〔参〕『前橋市史』三、『群馬県史』通史四

文政四年(一八二一)一一月
陸奥国閉伊郡盛岡藩領甓綿村強訴

宮古通甓綿村の給人甓綿瀬左衛門領の百姓数十人が、給人による課役や取り扱い不当を申し立て、蔵入地百姓となることを求めた一揆。文政四年一一月に宮古代官所へ出訴。代官所で吟味中の翌五年六月、再度大勢で代官所へ押しかけ、吟味中の代表を奪い遠野町へ出訴したもの。遠野へ赴いたのは仙台領へ逃散するためだとも伝える。藩は瀬左衛門の不正を認め、七一石余の知行地を取り上げ金方渡のうえ隠居の処分を下したが、一方一揆に対しては、知行所肝煎本右衛門は打首・三日晒し、老名清兵衛は打首、同長蔵を七戸へ追放に処した。

【人物】

甓綿村本右衛門　ほろわたむらほんえもん
甓綿村清兵衛　ほろわたむらせいべえ

本右衛門は甓綿村の甓綿瀬左衛門知行所肝煎。品右衛門とも書く。清兵衛は同村老名。文政四年一一月の甓綿村一揆の頭取として活動し、六年二月二七日に宮古藤原の刑場で処刑された。本右衛門は享年三八。清兵衛は享年七一。処刑の知らせが甓綿村に伝達されると、二人を奪取する目的で若者十数名が、また本右衛門の娘「おつた」(一八歳)は、父の身代わりとなることを求め白装束・白鉢巻で宮古に向かったが、到達した時はすでに処刑後であって目的を果たせなかったと伝承する。「身はたとえ宮古

藤原に消えるとも（本右衛門）後の世までも名は香しく（清兵衛）」が辞世として伝えられる。本右衛門の法名は得翁寿宝信士、清兵衛の法名は大応智覚信士。処刑の翌年、村人の手により村内北野天神境内に二人の座像を安置する小祠が建立され、農業神として今に崇敬されている。例祭日は三月一七日。

（保坂　智）

〔参〕『岩泉地方史』下

文政五年（一八二二）一月
備中国小田郡幕府領三山・東水砂・西水砂・星田村所替反対箱訴・駕籠訴

文政三年（一八二〇）一二月、完成後に岡山藩が「備中国領地高外新田」を幕府に差し出す条件で、幕府から岡山藩に対し正式に興除新田開発が命じられた。興除新田造成に伴ない、庭瀬藩領都宇郡山田村（一六六三石余）が新田用水路の道筋にあり庭瀬藩板倉氏の拝領高が減少することになったため、代替地として幕府領小田郡三山・東水砂・西水砂・星田の四か村計二二三七石余をあてることになった。しかし、四か村では小前百姓を中心にこれに反対し、文政五年一月、幕府領支配継続を要求し倉敷代官所・福山藩・岡山藩へ箱訴などを行い、幕府老中に駕籠訴を行った。幕府は、評定所留役を笠岡陣屋へ派遣して取り調べ、百姓たちの訴えを退けた。

（横山　定）

〔参〕長光徳和編『備前備中美作百姓一揆史料』二

文政五年（一八二二）七月一日
信濃国伊那・筑摩郡高遠藩領強訴・打ちこわし（わらじ・木綿騒動）

一揆の原因となった御用人の名から興津騒動、後半に藩の飛び地で起きた打ちこわしの地域名から洗馬（せば）騒動ともいう。高遠藩の財政は、藩主内藤頼寧の頃窮乏の極に達し、門税と称し金一〇〇両を差し出した者に新たに門を建てることを許すなど、あらゆる手段で財政の赤字を解消しようとしていた。しかし、文政五年一月、高遠藩が大坂加番を命じられたことでさらに藩財政が逼迫した。そこで、御用人であり郡代・元締も兼ねた興津紋左衛門とその兄で年寄の浅利平大夫は、六月一三日、領内の名主ら六〇〇人余を城内に集め、男は一五歳から六〇歳までの者に一日につき草鞋二足、女は一軒につき毎月木綿一反を五年間（四月・五月、九月・一〇月を除く年八か月）にわたって上納すべきことを申し渡した。また、世話人を一村に二人置くこととし、七月から実施となった。ところが、七月一日（六月晦日ともある）、上伊那の辰野村の小前八〇人余が笠原天神山ふもとまで押し寄せ、次いで赤羽村小前二〇人余も同所に集まった。辰野村の六八人が役所に願いでたところ、難渋の者は役を勤めるに及ばないとのことだったので引き取り、赤羽村も同じような役所の回答で引き取った。翌二日沢底村八四人、三日羽場・北大出村一五〇人余、両樋口村一二〇人余、平出村一〇〇人余、宮所・宮木・新町二五〇人余、上嶋村一〇〇人、時雨沢村三〇人、両横川村二五〇人余など三日間で一〇〇〇人余が押しかけて、同様の回答をえて引き上げた。四日には火山・栗林村で小前男五〇人余、女八人、五日春近郷・中沢両郷二〇か村およそ三〇〇〇人余、女八〇人余、川下り郷およそ一八〇〇人余、女五〇人余と次から次へと御役所に押し寄せ、八日までに一万人余が押し寄せた。とくに女性が混じっているところは注目すべきである。

一方で七月二六日、藩の飛び地筑摩郡洗馬郷七か村で誰とも知らず、落とし文がなされ、八月一日、西洗馬村薬師堂の庭で寄り合いを開くとあった。洗馬郷のこのような動きは、落とし文に「巳年七か村名主が藩に六〇〇両差し出したが、藩からの返金がなく、名主はこれを村々に高割りしようとしている」とあるように、藩の御用金の負担問題が背景にあった。薬師堂に集まった一揆勢一〇〇〇人余は、一日から二日にかけて、草鞋集めの世話人を中心として、橋の掛け替えなどで不正のあった者など、小曽部村増蔵・本洗馬村半蔵・同倍蔵・同仲七・同勝次郎・同権之丞・古見村又左衛門・針尾村平左衛門・同定兵衛・西洗馬村諌右衛門・同丈右衛門・同滝蔵・岩垂村庄蔵・

同代右衛門の一四軒を打ちこわし、その他少し疵を付けた棟数は六〇軒余に上ったという。一揆後の一〇月、藩は、打ちこわされた一四人を召し出し、四人を手錠、一〇人を宿預けにする一方、一一月六日、同心など三〇〇人余を繰り出し、頭取の逮捕に向かった。本洗馬村一八人・岩垂村八人・小野沢村六人・岩垂村八人・針尾村七人・古見村六人・小曽部村八人・西洗馬村九人の六二人が逮捕された。翌六年七月七日、西洗馬村の良右衛門・助四郎・喜右衛門が永牢家内闕所、本洗馬村喜三郎・岩垂村仙松が伊那郡樫尾払、西洗馬村の政蔵・民蔵が伊那郡太田切払、小曽部村丈右衛門が諏訪郡金沢払などの刑となったが、同八年四月一三日に、永牢の三人は出牢、村方押込、追放の五人は村方へ足入御免となるなど全員が罪を軽減された。また、同三月二五日、興津紋左衛門は、重追放、浅利平大夫は、永の暇、信濃一国・江都御府内払などとなり、その子たちも処分され、その後諏訪山浦辺に住んだという。（小椋喜一郎）

〔参〕『長野県史』通史六、小林郊人『信濃農民史考』

文政五年（一八二二）一二月一三日
丹後国与謝郡など宮津藩領人頭税反対強訴・打ちこわし（宮津藩文政一揆）

宝暦八年（一七五八）、宮津に入封した本庄氏は、歴代藩主が幕府役職への就任をめざした家柄であり、二人の藩主が老中に就任している。その一人であり、強訴当時の藩主宗発は文化九年（一八一二）から奏者番、文政元年（一八一八）から寺社奉行を兼任し、さらに上の役職への就任を狙っていた。同藩財政は早くから悪化の一途をたどっていたが、五代将軍綱吉の生母桂昌院を先祖に持つという家の格式維持にかかる費用に加えて、藩主の猟官運動が活発化したことで、一九世紀初頭の藩財政は危機的状況にあった。文政五年の強訴は、藩主が幕府役職就任をめざし、そのことが藩財政を逼迫させ、強訴が起きたという点で、譜代大名のあり方を問う民衆運動である。

さて、財政悪化に対して藩は、倹約令の徹底、藩士俸禄の借り上げ、御頼銀などを実施し、財政再建を試みたが、効果はなかった。そこで、藩財政運営のために登用されたのが、沢辺淡右衛門である。御勝手頭取に就任した沢辺は、藩のために京都・大坂、そして藩の飛び地に近い大津で、金策に手を尽くした。しかし、金策もしだいにいき詰まり、借り手が表沙汰になれば、寺社奉行の要職にある藩主宗発の地位を揺るがしかねないようなところにまで金策の手を広げていたようである。真偽のほどは定かではないが、大塩平八郎が蜂起の直前、老中に届けようとしたといわれる建議書では、大坂商人と結託した宮津藩の不正無尽が告発されており、一九世紀初頭、同藩は、深刻な財政難のなか、綱渡り的な借銀を重ねていた可能性が高い。こうしたなかで藩内での資金調達のため打ち出されたのが万人講であり、これが強訴の直接の引き金となった。これは、老齢幼少者を除く領民五万二〇〇〇人から一人一日三文の銭を徴収しようという人頭税である。この万人講に加えて、文政五年には一万五〇〇〇俵分の先納銀が命じられるが、百姓を強訴へと駆り立てることになったのは、万人講で集めた銭の一部が、これを徴収する手組の者の役得になっているという話が伝わったことによるという。耳にしたのは石川村奥山分の為次郎であり、彼はこれに憤り、同村の新兵衛とともに、強訴を計画、一二月八日より村々に落し文をして、強訴への参加を呼びかけた。一二月一三日夜、竹の皮にたっつけ袴で、鉈・鎌などを携えた百姓は、上山田村大庄屋小長谷安四郎方や石川村大庄屋芦田庄兵衛方に乱入、家を潰し、土蔵に侵入し、諸道具・着物などを焼き捨てた。さらに、石川村八郎兵衛方、万人講徴収にかかわる岩滝村千賀八郎助方などを次々に打ちこわした。藩は、城下への乱入を防ぐため、各所に藩兵を配置したが、一五日夜、百姓は城下に侵入した。城下では、白柏町茶屋清二（清治郎）方・町名主一文字屋甚二方などを打ちこわした。打ちこわしは、五〇軒に及んだ。百姓の要求は、先納銀一万五〇〇〇俵の撤回、万人講の廃止とその徴収のために増員された大庄屋など手組の減員、沢辺など三名の役人の罷免、城下に乱入した際に捕らえられた百姓の釈放と強訴の詮議をしないこと、というものであった。これらの要求は、元江戸家老栗原理右衛門の取り次ぎで藩に受諾されたかに見えたため、百姓たちは引き上げていった。ところが、翌年一月の藩からの正式回答は、百姓の要求とは大きな隔たりがあり、救米下付と万人講徴収銭額の引き下げ、大庄屋の減員と沢辺など勝手掛役人四名が罷免されたに止まった。一方、打ちこわしにあった者には手厚い保護がなされ、藩から米が給付されている。さらに百姓の詮議が始められ、翌年四月二二日に首謀者として為次郎は獄門、新兵衛は打首、他二名が永牢、六名が領国追放に処され、一名が牢死した。処罰された者は石川村と奥山分に集中していることから、強訴はこの地域での不満が引き金になったと考えられる。また、栗原理右衛門とその子百助は、百姓側と通じていたという理由で、理右衛門は一七年間座敷牢に拘禁された。一方、藩主宗発は、大坂城代・京都所司代を経て、天保二年(一八三一)老中にのぼり詰めている。

【人物】沢辺淡右衛門　さわべたんえもん

号は、北溟。明和元年(一七六四)、宮津藩侍医の家に生まれ、享和元年(一八〇一)藩に出仕、御側御用人儒者や藩主宗発の文学御相手を務めた後、再三の固辞も許されず、文化七年(一八一〇)に藩財政運営に携わる御勝手頭取に就任した。一部の一揆物語・記録では、沢辺は百姓から鬼畜生のように罵られる強欲な人物として描かれているが、彼が強訴を振り返って記した「老いのくり言」によると、彼は自らの信望を失うことを覚悟で、藩のために金策に手を尽くしたという。一方、江戸屋敷の財政悪化への危機意識は弱く、この強訴の背景には、沢辺たち国元と、栗原理右衛門ら江戸屋敷方との財政再建をめぐる対立があったとされる。

【人物】栗原百助　くりはらももすけ

父理右衛門は、江戸家老の職にあったが、藩財政再建をめぐって沢辺と対立し、強訴が起こる直前に職を解かれ、宮津に帰国していた。一揆物語には、百姓の側に立った行動を取ったため、強訴後、拘禁されたと記されるが、実際には解職を逆恨みし、万人講の仕組みを百姓に暴露し、強訴を誘発したためだと考えられている。理右衛門とともに、百助も囚われの身となったが、文政九年(一八二六)二月脱獄した。江戸の若殿に強訴の始末を言上するためだといわれている。いったん近隣の幕府領に逃げ込み、若狭の国を経て、近江国まで達するものの、追っ手に追い詰められ、自害して果てたという。文政一一年妻子が江戸へ召し出され、百助の子息は一五人扶持で取り立てられている。一揆物語・記録では、栗原親子は百姓の味方であったことが強調され、百助逃亡も詳しく叙述されている。そのためか、明治に入って最初に注目されたのが百助で、彼を主役にして演劇が催されたり、伝記が新聞に連載された。大正一五年(一九二六)には、宮津地方有志によって、一揆の首謀者新兵衛・為次郎と、百助を顕彰する「義士・義民追頌碑」(題字頭山満)が宮津市文殊に建立された。

【人物】石川村新兵衛　いしかわむらしんべえ

石川村奥山分の百姓。宮津藩士関川権兵衛方で、万人講で徴収された銭が、手組などの役得となっていることを知った同村の為次郎とともに、強訴を計画する。終結後、捕らわれ打首に処された。一揆物語では、捕縛時の潔い態度や、自白を迫る役人の責めにも屈さない様子が描かれているが、強訴時の活躍は詳しくない。石川村神宮寺、新兵衛出生地常吉村には、密かに新兵衛・為次郎を供養するために丈六地蔵が建立されたといわれている。しかし、宮津地方で新兵衛・為次郎の顕彰が盛んになるのは、橋立新聞紙上での文政一揆物語連載によって両名のことが広く知られるようになる大正末年のことである。栗原百助とともに、追頌碑が建立され、以後、両名は、文政一揆の首謀者として広く認知されるにいたった。

【史料】農民蜂起与謝噺　のうみんほうきよさばなし

著者不明。天保年間（一八三〇—四四）には作成され、弘化年間（一八四四—四八）には、増補潤色した写本が作られたという。一揆の首謀者である新兵衛家にも残されている。文政一揆は、石川村周辺から藩領全域に拡大し、各所で打ちこわしが起きたが、本書の叙述は石川村周辺百姓の行動にほぼ限られている。捕縛前後の新兵衛・為次郎の様子も詳しく叙述されていることから、作者は石川村周辺人物の可能性が高い。栗原理右衛門・百助親子の叙述も詳しく、とくに百助逃亡時の叙述に多くが割かれている。文政一揆の顕彰活動が盛んになる契機となった橋立新聞での文政一揆物語連載は、本書を意訳したものである。この一揆の史料としては他に、『宮津騒動夢物語』、『天橋立見聞集』といった一揆物語がある。　（岩城卓二）

〔参〕『丹後史料叢書』一・二、『石川村誌』、『宮津市史』本文二、史料二・三、岩城卓二「義民の誕生」（『新しい歴史学のために』二四四）

文政六年（一八二三）五月一九日
紀伊国名草・那賀・伊都・海部・有田郡和歌山藩領紀ノ川筋打ちこわし（こぶち騒動、宮郷一揆、紀州一揆）

文政六年四月一七日から五〇日余りも降雨を見ない紀ノ川周辺では、宮井用水が水不足となり、田植えもできない状況に陥った。このため紀ノ川流域では、村間の用水出入りが激しくなった。五月一九日（二九日の異説も）に名草郡和田・坂田・吉原・広原・神崎村百姓三〇〇人余は、宮湯の歩頭（用水管理人）である鳴神村庄屋へ押し寄せ、取水の談判をした。しかし、聞き入れられなかったため家財などを打ちこわし、さらに同村地主清吉（岩橋村の歩頭で俵吉の異説も）をも同様に打ちこわしたうえで引き取った。その後も宮郷では水論による不穏な状況が続き、宮郷百姓と新川流域の百姓の対立が激化していった。この状況が藩政に対する不満に飛び火し、同月二七日、宮郷百姓ら六〇〇人余が年貢減免を求めて岡崎切通しまで押し寄せた。藩役人五〇人余が差し向けられ、交渉の結果一揆勢は帰村したが、途次に酒屋が打ちこわされた。二八日には、名草郡坂井村の亀池から灌漑用水を引いている村のうち、渇水により田植えができなくなった下流域の毛見浦・布引・内原・本渡・紀三井寺・岡田村の百姓二〇〇〇人余（五〇〇人の異説も）が、鍬・鎌を携え関をつくりながら、且来村庄屋、多田村庄屋、同村楠右衛門、薬勝寺村庄屋宅を打ちこわし、金銀米銭・諸道具などを井戸へ投棄した。その後、小田村庄屋宅も打ちこわされたが、ここでは庄屋が山方仲間を招集し、鉄砲で反撃したため一揆勢は逃走した。岡田村などの百姓勢に且来村庄屋宅が打ちこわされたことへの報復として、且来村百姓が岡田村庄屋宅を打ちこわしたといわれる。同月二八日には、名草郡吉原・広原村などで早鐘が聞こえ、その周辺でも釣鐘・半鐘が鳴るなど不穏な状況となり、さらに一揆への参加を触れ回ったため、翌二九日、九〇〇人余の百姓が岩橋村の鬼ケ池に集結した。吉原・広原・坂田・和田・神前村の一揆勢に井辺・鳴神・津秦・有家・秋月・出島・栗栖村の百姓も合流し、それぞれ鳶口・鎌などの得物を携行して一万三〇〇〇人余に膨れ上がった。この寄合では、宮湯への水を確保するために、那賀郡岩出の六ケ湯（堰）を打ちこわすことを決定した。一揆勢が岩出へ押し寄せる途中で参加してくる百姓もあり、栴檀木村にいたるころには二万五〇〇〇人余となった。一揆勢は川筋に堰き止めを見つけると、大庄屋宅および同家質蔵・米蔵を打ちこわし、証文類を破って井戸へ投げ込んだ。そして引水設備などを破壊しながら岩出へ押し寄せた。岩出では新川筋百姓二〇〇〇人余が堰を守ろうとしたが、一揆勢に押されて敗走した。この後一揆勢は二手に分かれ、六ケ湯と宮井用水路の堰を破壊し、二手のうちの一手一〇〇人余の一揆勢は那賀郡小倉組大庄屋宅を打ちこわした。この際、大庄屋宅から発砲を受け、さらに小倉組下百姓五〇〇人も大庄屋の援軍として駆けつけ、一揆勢に抵抗したため、多数の死傷者が出た。この後一揆勢と小倉組下勢の対立は数日間に及んだ。六月四日から五日にかけては、名草郡北島村の一揆勢が庄屋宅を襲撃した。大庄屋と庄屋が役所に訴えたので、広瀬牢番が捕手を派遣し、一揆指導者を捕縛した。しかし、北島郷の一揆勢数万人が押し寄せ、捕縛者を奪い去った。また、六日から七日にかけて、那賀郡中山村で騒動が発生した。粉河村打田掛百姓六〇〇人余は、水を盗んだ治左衛門を糺明するために寄合をしていたが、中山村庄屋忠次が内済を申し出た。しかし落着せず、五〇人余の粉河村百姓が治右衛門・忠次宅など一〇軒余を打ちこわした。頭取は久吉・長太郎・文治といわれる。六月八日から九日にかけては、伊都郡内に騒動が起こった。名倉・大野村の百姓が雨乞い祈願や米価高騰への対処のため寄合を催し、一〇〇人余の百姓が米屋や酒屋を打ちこわした。この騒動の頭取は、大工宇兵衛・十蔵・新兵衛・古手屋吉兵衛・八百屋惣助といわれる。その後途中から一揆へ参加する百姓もあり、一揆勢は総数二〇〇〇人余となり、二手に分かれた。一手は紀ノ川南岸へ渡り、入郷村の守安三十郎、学文路村の高橋紋右衛門宅などを打ちこわし、一手は橋本町へ押し寄せ、土生屋四兵衛・山家屋弥右衛門宅や藩の仕入役所を打ちこわした。その後、一揆勢は、不参者に対する打ちこわしを触れ回り、兵庫・中島村などの加勢もあって参加者が増大し、恋野村大庄屋、高野山領中道村上田権之助、東家村一色小十郎・堀江平兵衛宅などを打ちこわした。藩仕入役所を襲撃した一揆勢で市脇川原へ集結した一〇〇〇人余に対して、六月九日に伊都郡胡乱者改役らは説得を開始した。一揆勢はこれを聞き入れ、入郷村善之右衛門らを頭取として四か条の願書を差し出して解散した。しかし、これを不満として分裂した一揆勢は激化して、紀ノ川周辺村々を打ちこわしながら西進した。伏原村米屋、名古曽村大庄屋、名倉・大野・西飯降村の豪商宅などを打ちこわし、中飯降村造酒屋などを打ちこわした一揆勢は、妙寺村大和屋孫三郎を始め丁町村・大薮村・大谷村・加勢田中村を打ちこわしたうえ、那賀郡穴伏村に押し寄せた。藩は鎮圧を試みたが失敗し、一揆勢は鳴神酒屋宅など合計一三軒を打ちこわした。六月一〇日には、那賀郡名手組で川上の一揆勢が布屋・米屋などの商人宅を打ちこわした。藩の説得はここでも失敗し、一揆勢は粉河へ押し寄せ、丹生谷兼助・高野辻庄屋・吉野屋・小間物屋宅を打ちこわしたうえ、後田村小間物屋・竹屋宅を打ちこわし、粉河町へ乱入した。粉河の地士八塚勝次郎は一揆勢に酒と米を供出したが、一揆勢は酒樽を打ち破り、さらに玉屋・塩屋・きせる屋などの豪商および酒屋宅を打ちこわした。根来街道に向かった一揆勢は、地士と大庄屋兼務の造り酒屋をも打ちこわした。一揆勢の要求を受け入れ、または助成した商人らは打ちこわしを免れた。その後、粉河で一揆勢は二手に分かれ、太鼓を打ち法螺貝を吹き半鐘を鳴らしながら、一手は根来街道から、一手は鳥井坂から城下へ向かい、豪商・村役人宅などを打ちこわしながら押し進んだ。鳥井坂から大和街道を進んだ一揆勢は、途中の那賀郡深田村で四軒、上田井村で三軒、黒土村で三軒、上野村で二軒を打ちこわし、尾崎村では材木屋友之丞の材木と新兵衛の家財道具に放火して狼烟とした。その後、畑野上村で二軒、井坂では庄屋・大庄屋ほか一軒を打ちこわした。一揆勢は松明や提灯を携えて一〇日夜に井坂を発ち、鬨をつくって岩出へ押し寄せた。根来街道を進む一揆勢は、那賀郡中山村で四軒、赤尾村で三軒、勢田村では所々、四日市村で四軒、南中村で一軒、七坂で一軒、新村で大庄屋宅、根来組岩本坊を打ちこわし、焼き払いも行った。その後も、酒屋や山瀬善太郎宅を打ちこわし、大井村では一軒、西坂本村では三軒を打ちこわし、ここでも焼き払いが行われた。岩出組大庄屋水栖村藤田新五郎、曽屋村桃井八九郎宅をも打ちこわし、曽屋村大庄屋宅では発砲を受けたため、放火のうえ打ちこわした。さらに金屋村で一軒、名草郡山口西村で大庄屋宅一軒、永穂村では庄屋宅ほか一軒を打ちこわした。永穂村で酒食を受けた一揆勢は上野村観音寺で休息し、その後宇田森村で一軒を打ちこわした。根来街道を西進してきた一揆勢は、ここから一手が川沿いに那賀郡岩出へ向かい、一手が田井の瀬を渡った。こうして粉河で二手に分かれた一揆勢は、さらに各地で豪商宅などを打ちこわしたうえで岩出に集結し、松明などを燃やしながら太鼓・半鐘を鳴らし法螺貝を吹き立てた。この時にも清水村で打ちこわしと焼き払いが行われた。藩は、一揆鎮圧のため奉行下条伊豆守・立石新五郎・稲葉三蔵ら五〇〇人余を那賀郡三谷へ派遣し、始め郡役人方ら三〇〇人余を説得にあたらせたが、一揆勢が聞き入れなかったため退去した。気勢を上げた一揆勢は、岩出番所を打ちこわし、一一日早朝に紀ノ川を渡り、山東矢田を越えてきた貴志谷勢三〇〇〇人余と合流した。一揆勢は、那賀郡大垣内村で大庄屋宅、満屋村で三軒、吐前村で一軒を打ちこわしたうえで、名草郡松島村へ押し寄せ、二軒を打ちこわした。藩は、一揆勢が城下へ乱入するのを防ぐため、先陣として奉行金沢弥右衛門と竹槍組五〇〇人・熊手鳶口組三〇〇人・鉄砲組一〇〇人ら一〇〇〇人、後陣として町奉行土生広右衛門と熊手鳶口組三〇〇人・鉄砲組一〇〇人を地蔵の辻に備え、台付き大筒三門を若宮八幡堤に設置するなど、松原村から中之島までを固め、城下周辺諸門など海陸ともに厳重に警固した。城下の警戒ぶりを知らない一揆勢二〇〇〇人余は、三軒家から地蔵の辻へ押し寄せたが、鎮圧勢から発砲されて後退した。土生広右衛門は、武力を背景に説諭を行うと、一揆勢は抵抗することなく願書を差し出した。これによって、国中惣百姓は、南龍院（徳川頼宣）時代の免率、畑なみの田地は畑免、古荒れ地開墾の免除、他国米の流通自由化、藩の仕入方役所の廃止、用水路の境切りの免除、不作見分の実施などを要求した。一揆勢の要求は、用水路境切りの一条を除いて、条件付きではあるが聞き入れられたため、一一日夕刻ごろに帰村した。藩による捕縛は、一四日から開始され、紀北一帯へ藩役人が派遣された。なお、一揆発生の情報が流布すると、那賀郡野上方面の村々は早鐘を鳴らし鬨をつくり酒屋を打ちこわして丸栖村に集結、さらに野尻川原へ進み、山東郷は伊太祈曾の宮へ集結し、黒岩・南畑・大河内の百姓は黒岩の楊柳観音へ集結したが、いずれの一揆勢も、藩役人・村役人らの説得で鎮まった。一一日夜には一揆の余波で、粉河村が不穏な状況となったが、間もなく終息した。

高野山寺領安楽川庄上野・加和・小路・市場村でも一一日から不穏な状況となり、百姓らは年貢減免、未進年貢の年賦上納、石代納の立値の引き下げを要求して登山し、強訴に及んだ。これに対して高野山側は説諭しながらも年貢減免を聞き入れたが、百姓らは強訴を悔いて要求を放棄、一〇月に高野山領一件は落着した。一八日頃には有田郡小豆嶋村周辺百姓九〇〇人余が太鼓・半鐘などを鳴らし鳶口・鎌鍬などを携行し、富豪・村役人・大船持宅を打ちこわした。新堂・北湊村でも同様の打ちこわしが発生した。藩は取り締まりのため、代官ら一〇〇人余を武装させて派遣し、徒党の百姓を多数捕縛したため、一揆はようやく終息した。一連の一揆で七三〇軒余が打ちこわされ、参加者への処刑は七月九日から八月中旬までかかって八軒家で行われ、死罪三二人（三三人とも）、追放四七人、押込・過料多数に及んだ。また、勘定奉行ら藩役人も処分されたようであり、翌年の藩主徳川治宝隠居もこの一揆のためといわれる。五郡において広域かつ連続的に勃発した一揆で、通称こぶち騒動と呼ばれる。「こぶち」は、紀州方言「こぶつ」の名詞形で、打ちこわしを意味する。

【史料】南中一奇譚　なんちゅういっきたん

文政六年こぶち騒動の顚末を記述。和歌山県立図書館と東京大学に写本が伝えられる。県立図書館本は嘉永五年（一八五二）二月の筆写で、美濃紙半截で表紙を除き九三枚からなる。東大本は天保一三年（一八四二）の筆写。内容から「百姓一揆談」や「蒼生一奇談」とは別系統とされる。事実経過は大同小異であるが、一揆勢の要求箇条と要求に対する城中の評定、一揆勢への回答、鎮圧勢諸士への論功行賞などが詳細に描写されている。庄田平功は、物語的色彩が少なく、史料的価値は比較的高いとしている。筆者は藩側の情報を入手できる立場にいたと推定できる。『和歌山史学』一五に収録されている。なお、同一揆の史料としては他に「口五郡百姓騒動実録」(『和歌山県史』近世史料三)や「南陽夢一揆」(『編年百姓一揆史料集成』一〇)など多数存在する。

(野中政博)

[参]関山直太郎「文政六年の紀州百姓一揆」(和歌山大学『経済理論』一〇)、庄田平功「文政六年紀州百姓一揆覚書」(『歴史評論』七〇)

文政六年(一八二三)五月二五日
摂津・河内国一〇〇七村綿国訴

文政六年摂河二国の村々の大半を巻き込んで、二つの大きな訴願運動が連続して行われた。一つは大坂の三所実綿問屋に対して実綿の自由販売を求める訴訟で、いま一つは油と種物をめぐる訴訟である(後者については、文政七年四月一三日の項で述べる)。綿についての訴願は、四月半ば、大坂近隣の今宮村庄屋新左衛門ら五名の幕府領組合村惣代が、近年、実綿の値段が下落しているので、その対応を協議したいとして、大坂上本町の郷宿浜屋卯蔵方に集まるよう呼びかけたことに始まる。そして、四月一七日、摂河両国から五〇人ばかりの代表が集まり、「御料私領大参会」が催された。この集会では、実綿価格低落の原因は大坂の三所実綿問屋にあるとして、問屋が「手儘」に取り計らっている証拠を集め、なんとか実綿が手広く販売できるように提訴しようということが決められた。しかし、村によって綿ではなく菜種を作っている場合もあり、そのような村々では、近年、油屋たちが申し合わせて菜種の買入価格を踏み下げているので、それも合わせて訴え出ようということになった。この協議を受けて、以後、摂津・河内の各地で訴願の準備が進められ、一郡もしくは同じ所領限りで惣代が選ばれ、「頼み証文」が手交された。例えば、河内古市郡では古市村庄屋三郎左衛門を郡内一五か村の惣代として選んだが、証文では、三所実綿問屋の弊害を指摘し、わずか九軒の町人に諸国の人民が苦しめられているとしたうえで、摂河両国では範囲が広過ぎ取り締まりが行き届かないので、一郡限りに取り締るようにとの方針に従い、あなたを惣代に頼む、途中どのようになっても我々は違背しないが、諸経費についてはできるだけ倹約に努め、負担には必ず応ずる、と誓約している。頼み証文には郡ごとに若干内容に差があるが、国訴という運動のなかには村役人を起点とする委任関係が確立していることを示している。その意味でも一〇〇七か村という村数と並んで画期的なものである。このようにして実綿訴願については、五月二五日、まず七八六か村が訴訟し、二六、七日にも二二一か村が追訴し、一〇〇七か村となった。訴願のなかで農民たちは、摂河の村々では広範に綿作を行い、その販売銀で年貢銀を上納し、さらに肥料代ほかの諸経費支払いにも充てていると農業生産の状況を述べたうえで、次のように訴えている。「これまでは綿の取り入れ後、各地の商人が実綿を買い付けに農家までやってき、その買い人気で相場が自然と立っていたが、近年、大坂三所実綿問屋が申し合わせて新法を立て、実綿を他国へ売ったり、船積みしたりするのは問屋以外にはできないとして、それを侵した者には詫び証文を取り、法外な口銭を要求している。そのため在方の商人たちは彼らの手先同様になり、他国の商人もそれを嫌って買い付けに来ない。そのため綿の値段も、彼らの思うように踏み下げられている」。このころ惣代の一人として大坂に出ていた白川村庄屋左源治の手控えによると、当初、奉行所に差し出した訴状には、三所実綿問屋の取り放ち(解散)を要求する文言が入っていたが、係役人寺西弥五兵衛の指示によって削除されたようである。あわせて寺西の指示に従って、これまで三所実綿問屋に取られた詫び状を証拠として提出している。綿訴願は、六月二八日に三所実綿問屋が奉行所に召喚されて答弁、他の商売の者や船宿が在方と直接取り引きするのは問題だが、在方の百姓が直売り・直船積みすることはなんら支障がないと回答した。その結果、綿訴願いは急速に終息に向かい、七月六日、百姓に対し奉行所は三所実綿問屋以外にも手広く売買してよいとの回答を示し、二三日に訴状は取り下げられた。こうして綿訴願は、百姓の大連合の前に三所実綿問屋仲間が譲歩する形で終結を見たが、この時百姓たちは、今後同様な事態が生じ、実綿の売買に支障が生じるような事態が起これば、すぐに天王寺・今宮・勝間の三村に通報するようにと申し合わせているが、現実にそれは安政元年(一八五四)の国訴となって現われる。なお、この国訴は、天保一三年(一八四二)に作成された町奉行阿部正蔵の意見書にも触れられ、大坂へ出廻る綿の減少に拍車をかけたと指摘されている。　(藪田　貫)

〔参〕藪田貫『国訴と百姓一揆の研究』

文政六年(一八二三)八月六日
伊勢国桑名郡ほか桑名藩領打ちこわし

桑名藩は領内の庄屋に、村々から年賦返済の約束で助成講金を徴収させていたが、藩主転封と知った百姓は講金返済を庄屋に催促した。確答をえられなかった百姓は藩役人に直接確かめ、渡し済みの返答をえたので、庄屋の処罰を訴えたが、藩は発頭人三〇人ほどを召捕らえた。そのため文政六年八月六日から桑名・員弁郡の百姓が蜂起、次いで朝明・三重郡でも蜂起し、庄屋・肝煎宅を打ちこわした。一揆勢は野陣を張って鬨の声を挙げ、太鼓を打ち鐘を叩き竹の法螺貝を吹き、不参加なら焼き払うと威しながら村々を動員して打ちこわしを続け、前家老山田半右衛門の再任を要求した。藩は同心衆・町役人らに見廻りを命じ、馬上三〇騎、足軽三〇人が武装して百姓を説得したが打ちこわしはやまなかった。津・亀山・菰野・大垣・和歌山藩と幕府領美濃笠松代官所が鎮圧に加勢、桑名町奉行や幕府領笠松郡代の説得で八月九日ごろ鎮まったが、打ちこわしは庄屋一二七軒、百姓二三軒を含め総棟数八百軒余に及んだ。一揆後、頭取の員弁郡石榑村文左衛門・丹生川村源左衛門、朝明郡田光村田中政右衛門の三人が処刑になったが、講金返済の要求は入れられた。　(深谷克己)

〔参〕『四日市市史』、『桑名市史』本

文政六年(一八二三)九月六日
陸奥国伊具郡仙台藩領丸森村諸役減免訴願

丸森は、仙台藩の蔵入地や藩主一門伊達(亘理)藤五郎などの知行地が混在する村であった。一揆の最初の動きは、文政六年六月丸森村百姓が代官所に押しかけようと丸森船場神明社境内に集合したとも、あるいは八月伊達藤五郎知行地付の百姓が道普請の寄合をした際ともいわれる。百姓らは、九月六日に藤五郎支配向役で小斎村に住む菅野彦助宅に願書を提出した。内容は、高掛の諸役負担と人足役などの負担軽減、さらにこれに伴なう大肝煎・肝煎の不正を訴えたものであった。訴状を作成し訴願を指導した丸森村元肝煎多兵衛は、訴状の効果を高めるため、さらに八〇人余の惣百姓連判に改め、百姓ともども再び彦助宅に押しかけた。しかし、嘆願書の内容は偽りであるとして却下され、また一連の行動を徒党強訴の行為とされ、多兵衛以下百姓らは捕縛された。詮議の結果、百姓七〇名が三年奴から押込・戸〆などの刑に処された。

【人物】菊池多兵衛　きくちたへえ

字は尚久。菊池家は代々苗字帯刀を許された郷士の家で、多兵衛は丸森村の肝煎を務めた。村の重立ちとして訴状を作成し、百姓たちとともに菅野彦助宅に押しかけて提出した。さらに亘理伊達城下へ、また上仙して仙台藩主に直訴したとも伝えられるが不詳。多兵衛は牢舎となり、文政八年三月牢死した。処罰はその後に行われたが、本人牢死のため家財闕所とされた。のちに遺骸を仙台自在庵から丸森に移すことが許され、竹谷神明脇の菊池家墓地に葬られた。法名は笠翁儀忍信士。大正一一年(一九二二)顕彰碑が建設され、翌年四月旭ケ丘公園で顕彰碑の除幕式が行われた。　(齋藤悦正)

〔参〕『伊具郡誌』、『丸森町史』、平重道『百姓一揆』(『仙台藩の歴史』三)

文政六年(一八二三)一一月
駿河・遠江国五郡幕府領一一三か村茶生産

百姓訴願

文化一〇年（一八一三）、江戸十組問屋仲間は、菱垣廻船積問屋仲間として、新たに六五組・一九九五株の株仲間の公認を願いでて許可された。静岡の代名詞ともいうべき茶についても、江戸茶問屋仲間が二〇株で公認されたが、それに連動して駿遠二国の茶商人も地域ごとに「駿府組」「川根組」「森組」に編成され、江戸茶問屋の従属下に入った。それまで茶生産に携わる百姓（木元）は、駿遠二国の茶商人を通じて江戸などに送るか、あるいは自ら直接市場に送り売り捌くか、いずれかの方式を取っていた。しかし、この株仲間の公認により後者の流通方式は「外荷」として不利な扱いを受け、前者の方式にしても口銭などが不当に徴収され、いずれにせよ安く買い叩かれる結果となった。茶の代金をもって年貢を納入していた百姓は困窮し、この問題の元凶であった江戸茶問屋仲間の廃止をめざすことになった。だが、勘定奉行所への訴状提出に必要な添状を発給する代官所の指導および関係村々での会合が重ねられた結果、江戸の茶問屋を直接今回の訴訟の相手（被告）とするのではなく、駿遠二国の茶商人仲間を相手として手広くの売買を求める訴訟を提起することに方針を転換した。文政六年一一月、駿河国安倍・志田郡、遠江国榛原・周智・豊田郡の幕府領一一三か村の茶生産百姓らは、江戸の勘定奉行所に出訴した。訴状は翌七年に書き替えられた上で再提出され、審理に入ったが、一〇年一二月、証拠不十分として訴状の取り下げを命じられ、事実上敗訴した。百姓の窮状は充分に認識しつつも、株仲間を通じて商品流通の統制をはかり、かつ冥加金の上納を受けていた幕府の苦しい立場が反映された結末であろう。なお、天保一二年（一八四一）の株仲間廃止後、嘉永四年（一八五一）に株仲間再興令が出されると、再び同様の問題が噴出し、同六年（一八五三）三月、茶生産百姓が勘定奉行所に出訴した。そして、安政四年（一八五七）八月にいたり、茶の直売りを認める旨の判決が下された。こうして百姓は文化一〇年以前と同じく茶を自由に売り捌くことが可能となったが、そこでは文政期の訴願運動の教訓が生かされていたのである。　（安藤優一郎）

〔参〕宮本勉「駿遠茶一件の歴史的特質」（『近世静岡の研究』）、上白石実「文政茶一件」（『地方史研究』二七七）

文政七年（一八二四）三月
河内国丹南郡高槻藩領伊賀村庄屋不帰依争論

伊賀村庄屋近兵衛が相談もなく若池を沢田村龍三郎へ質入れし、このままでは年貢上納の際、利息銀を賦課される恐れがあると危機感を募らせた惣百姓は、庄屋不帰依の訴訟を起こす決意をし、文政七年三月、頭百姓に対し訴訟諸入用を高割負担にする頼み証文をしたためた。閏八月一九日、惣百姓は近兵衛の老衰・病身、および代勤の倅の家出を理由とし、その庄屋退役を訴えた。これに対し翌八年六月五日の近兵衛の反論によれば、昨年八月に文政三年の水論入用銀を勘定・割賦したところ、惣百姓は村方の溜池の水がかりが悪くなったとし、庄屋退役を訴えた。しかし、溜池は先祖ほか二軒が築造した個人所持のものであり、村が所持するものでない。従来、その余水の恩恵に預る村方から毎年四月に樋祭りと唱え饗応を受けてきたが、それも水論以降廃止された。また、後継者には養子を迎えたとし、まったく惣百姓の主張に根拠はないと反論した。その後の展開は未詳である。　（西脇　康）

〔参〕『高槻市史』五

文政七年（一八二四）四月一三日
摂津・河内・和泉国一三二〇村菜種・油国訴

文政六年五月二五日の摂河綿国訴と並行して準備された油・菜種の訴願の方は、同年五月二六日に、河内三日市村五兵衛の作成した案文が大坂に集まった惣代に示され、実際に出願したのは六月一三日のことで、摂津・河内一〇〇二か村、惣代は六三人である。綿国訴の惣代が横滑りしたのではなく、河内古市郡では綿国訴の惣代古市村庄屋三郎左右衛門に、改めて頼み証文を手交している。この間、大坂の惣代たちから「油の問題は摂津・河内・和泉三か国同様なので、一緒に訴願に加わるように」との打診が和泉の村々に対してなされているので、惣代たちは綿国訴よりも広範な連合を組織しようとしていたことがわかる。和泉の参加が決まったのは九月のことで、古市郡では、摂津・河内・和泉三国が申し合わせ、一郡限りに惣代を決め、出訴することに決まったからということで改めて郡中で調印している。そして、翌七年四月一三日、和泉国を加え一三二〇か村（一四六〇か村という史料もある）が出訴した。六年六月の訴願では、油を大坂経由でなく、在方の絞り油屋から直接購入したい、年行司同様の者が油屋仲間にでき、不当に価格が踏み下げられている菜種を肥料商に前貸しの形で販売できるようにしてほしい、の諸点を主張したが、七年四月の訴願では、油については主張を継続しながら、種物については大きく転換し、油仲間が公認されてから、三か国でおよそ二％人口が減り、耕地が荒れたと指摘し、その回復のために種物の販売価格が引き合う仕法の設立を求めた。奉行所から油屋の回答をもとに返答があったのは一二月二一日のことで、翌八年一月一二日返答書を提出。それに対する奉行所の回答は三月四日に出された。その回答は、「油屋から直接購入させることは定法に背くので認められない」とするものであった。提訴から数えて一年九か月後にえた回答は、百姓の要望にまったく添わないものだったが、その背景には、油に関する幕府の仕法が存在していた。（藪田　貫）

〔参〕津田秀夫『新版封建経済政策の展開と市場構造』

文政七年（一八二四）一二月一七日
相模国高座郡烏山藩領田名村門訴

文政七年一二月一七日、下野烏山藩相州領の田名村民が江戸藩邸に大挙して押しかけ、門訴に及んだ。当時の藩は、財政逼迫のため御用金の賦課、年貢の先納と金納化、そして月割りなどを領内の村々に迫っていたという背景がある。直接的には、相州領の陣屋役人と村内有力者との間のなんらかの不正を察知した百姓が実力行使にいたったものと推定される。門訴の時の伝承として、「江戸に押しかけた村人は、麦を煎って作った麦こがしを持っていった。食料でもあったが、捕まったら屋敷の畳の上で吹いてやろうという算段だった。麦こがしを畳の目に入れるとノミが発生しやすくなるので侍たちを困らせてやろうということと、麦こがしを見せて農民の困窮の様子を分からせたいということであった」という。事件後、頭取の八郎衛門始め参加者は召捕らえられるが無事帰村。一方、役人の郡司・谷の二人は、翌年一月二八日、藩から処分を受けた。

【人物】田名村八郎右衛門　たなむらはちろうえもん

田名村の名主。生没年不詳。烏山藩江戸下屋敷に門訴後、召捕らえられて吟味を受けることになったが、白州で八郎右衛門は、年老いて耳が遠いのを理由に奉行役人に平伏しなかったと伝えられている。事件後、八郎右衛門らは無事に帰村した。相模原市田名には、八郎右衛門の墓石が現存する。（高橋正一郎）

〔参〕『相模原市史』二、『烏山町史』

文政八年（一八二五）七月二九日
但馬国城崎郡豊岡藩領豊岡町など打ちこわし

豊岡藩では、銀札を乱発したため、その信用下落を導き、銀札と正金銀の引き替えも停止状態となった。文政八年に入って、銀札の暴落と諸物価の高騰はさらに進行し、札遣いの生活をする領民は、生活苦を余儀なくされた。しかし、一方では銀札相場の変動に乗じて利を貪る富商もいた。こうした状況下、七月二九日五つ時ごろ、火事と称して人々が集まり、城下滋茂町の塩谷与兵衛宅を打ちこわし、さらに同町・中町などの富商宅を打ちこわした。集まった人数は、町方で約六〇〇人、在方で約二〇〇〜三〇〇人であったという。藩庁はさっそく、宵田町口まで藩兵を派遣したが、一揆勢が激しく抵抗したため、藩兵は退却した。しかし、一揆勢はその後もますます気勢を上げたので、止むなく発砲し、二人が死傷した。それでも一揆勢は、さらに上組九日市村や下組一日市の大庄屋宅をも打ちこわし、三〇日になってようやく終息した。打ちこわされたのは、町方で三九軒、在方で八、九軒に及ぶが、多くは金銀売買人宅で、こうした富商が攻撃目標であったことがわかる。一揆後、逮捕されたり、呼び出されたりした者は一〇〇余人を数えたが、彼らの多くは大工・米屋・髪結などの職人・小商人・日雇層で、一部には一日市村など近隣九か村の百姓も含まれていた。翌九年四月三日には最終的な判決が下され、首謀者と目された寺町の若松屋庄五郎は、永牢・家内追放・欠所に処せられ、ほかに三人が追放、二人が追込め、一〇人が叱に処せられた。

（山崎善弘）

〔参〕『豊岡市史』上、赤松啓介『百姓一揆』、石田修一「文政八年但馬京極藩の強訴について」（『日本歴史』一一三）

文政八年（一八二五）八月二八日
上野国甘楽郡幕府領ほか下仁田村ほか打ちこわし

文政八年、西上州の村々では六月から冷たい雨が降り続き、信濃国佐久郡の稲作も生育が順調でないという風聞が広まった。それを受けて佐久米の入荷が減少して米価が上昇し、その陰では下仁田商人が投機的行為を行っているという噂が百姓の間で公然と囁かれるようになった。八月、凶作が決定的になると、佐久郡の幕府御影陣屋は佐久米の上州移出を禁止した。こうしたなかで、八月二五日、甘楽郡下仁田村名主源五右衛門の表戸や村役人の家などに下仁田商人の米買い占めを非難する張紙が見つかった。翌二六日には下仁田村庚申塚に、百姓集会開催と打ちこわしの対象となる商人の名前を明記した張紙が見つかった。二八日暮六つ、下仁田村常住寺の早鐘を合図におよそ一〇〇〇人の百姓が下小坂村の小坂に集まって篝火を焚き、法螺貝を吹き鬨の声を挙げた。そして、鏑川対岸の青倉村でも火の手が上がったのをきっかけにして、下小坂村と下仁田村の米商人四軒が打ちこわされ、さらに南蛇井村の商人二軒を襲った。そして、百姓たちは、坂詰村と本宿村の米商人を攻撃し、信州佐久に進攻する態勢を整えた。この地域は下仁田村が幕府領と旗本領、下小坂村が小幡藩領、南蛇井村が清水家領、そして青倉村が館林藩領だったので、鎮圧は混乱したが、最終的には幕府岩鼻陣屋役人が事の処理を行った。一方、信州佐久の御影陣屋や小諸藩・岩村田藩・奥殿藩田野口役所は、上信の峠を固める一方で、西上州への米移出を再開した。

（中島　明）

〔参〕『群馬県史』通史四

文政八年（一八二五）一一月二三日
美作国吉野郡ほか幕府領・津山藩領ほか押乞・減免強訴・打ちこわし（文政非人騒動）

美作国では文政三年から天候不順や風水害・虫害が重なり、同八年には年貢納入が困難になったため、一一月二三日から丹後久美浜代官所管轄美作国吉野郡三〇余村・約一五〇〇人が、簑を着て鎌を持つ非人姿で出張陣屋のある下町村へ押しかけ、年貢半方三〇年賦などを要求した。一二月四日播磨国佐用郡旗本松平氏領（平福領）でも非人姿の約一〇〇〇人が、陣屋のある平福村庄屋宅を打ちこわすとともに飲食を押乞し、その後代官田住氏宅を打ちこわし、説諭にきた近隣の旗本松平氏長谷領代官・同佐用領代官・五か寺院に対し土の塊などを投げつけるなどしたが、結局寺院方に数か条の願意を伝え、さらに押乞などをした。その後再び騒動は美作国内に拡大し、六日から七日にかけ、但馬生野代官所管轄勝北郡「新領支配村々」百姓約一六〇〇人が強訴して年貢半方一〇年賦を要求、これに刺激され、一一日同代官所管轄吉野郡「古支配」村々百姓約二〇〇〇人が蜂起し、尾崎村庄屋宅で郡中入用勘定帳を取り上げ、説諭にきた寺院方に対して一万両拝借と年貢半方一〇年賦を要求した。一七日夕刻龍野藩預所でも勝南郡から騒ぎ立ち、約二〇〇人が英田郡倉敷村に出て飲食を押乞し、翌日近隣の百姓も集め約一〇〇〇人が同郡湯郷村に向かったが、「大寒」のため引き返した。一九日には勝北郡でも騒動が起こり、二〇日同郡植月中村に約五〇〇人が屯集しているところを龍野藩役人に襲われ二〇人ほどが捕縛された。さらにこの日は久米北条郡奥山手辺でも非人姿の約五〇〇人が同郡西川に押しかけるなどした。津山藩領でも、一〇日勝北郡勝加茂東村・坂上村へ他領より非人姿の約五〇人が入り込むなど不穏な状況が伝播し、この日東北条郡楢井村で四、五人が非人姿となりでかけたところを庄屋に説諭され退散、翌日同村の約四〇人が再びでかけたがこれも説諭され退散している。一二日には東北条郡原口・楢井村など一五か村の百姓が非人姿となり、同郡小中原村へ約三〇〇人が集結し、夜同郡行重村西分で火を焚いているところを各村庄屋に説諭され退散している。一三日には、同郡上横野村の約一五〇人が非人姿となり集結したが、これも大庄屋などの説諭により解散した。津山藩では説諭のため、一四日、郡代所詰めの役人一五人を領内に派遣した。しかし、騒動は収まらず西方にも広がり、一五日、西北条郡西一宮村など六か村約一〇〇人が同村庄屋方で飲食を押乞。一六日同郡小原・上河原村の者約三〇人が小原村で焚き火。一七日同郡藤屋村など三か村約六〇人が非人姿となり集結、その後円宗寺村など三か村の者と合流し、竹田村の酒屋で飲食を押乞。同日東北条郡上高倉村に非人姿の約四〇〇人が集結。一八日東南条郡高野本郷村など五か村約六〇人が東北条郡草加部村の酒屋に押し寄せ、酒を押乞。同日、西北条郡上・下田邑村の者多数が初めて津山城下に入り、夜中町中を徘徊。翌一九日も久米南条郡井口村など三か村の者が城下新魚町の商家などで飲食を押乞。同日、西西条郡古川村の者が同郡神戸・院庄村を誘い、多人数で久米北条郡三河挙母藩領宮尾村へ押し入り、その後同郡錦織村中庄屋宅で飲食を押乞。また、勝南郡金井村の者二〇人も非人姿となり行方不明となっている。二〇日には、西北条郡の真加部・寺元・原・薪森原・河本ほか九か村でも単独あるいは数か村の者が一〇〇人未満の集団となって居村周辺を縦横に押乞をしている。参加者も百姓のみでなく被差別民も集団となって行動している。また、勝南郡でも新田村の年貢未納者が非人姿で行方をくらまし、居村不明の非人姿の百姓が黒坂村など六か村を誘い中山村に集結、庄屋宅で食事をし、その後稲穂村中庄屋宅へ押し寄せ、管轄区域の百姓を非人に出すように要求した。これらの騒動は、群発的で多数の村々が連携して行動することなく、拡大前に村役人や藩役人の説諭によって退散している。しかし、二〇日夜、勝南郡河辺村の丘陵に非人姿の者数百人が集結し、篝火をたき、法螺貝を吹き鬨の声を挙げるなどした。この集団は一一か村に及ぶ多人数となり、その後同村観音山に移り、深夜腹支度のため下山したが、村役人出張により引き返し、西吉田の方へ立ち去った。津山藩は、これを非常事態と受け取り、二一日物頭三人と約二〇〇名の藩兵を各地に派遣し、百姓の捕縛など事態の収拾にあたった。この結果、二一日に久米北条郡宮部上・同下村などで群発的な騒動が発生したものの、その後はいったん鎮静化した。しかし、騒動はさらに、文化一四年（一八一七）に加増された西方の大庭郡に拡大した。二四日、大勢が非人姿となって騒動が起こり、同郡下和村・上下長田村から周辺村々に拡大、翌日下徳山村中庄屋宅などで飲食を押乞するなどした。この後、約七〇〇人の百姓たちが同郡真加子村へ向かい、津山藩郡代に対し、①年貢を幕府領早川八郎左衛門代官時代なみに減免すること、②諸入用減少のため「御用向御料所格之通」にすること、③来年分作付手当差し支えのため上納年貢四歩用捨を要求する願書を提出した。願書提出後に一揆は解散したが、藩役人は発頭人などの捜索・捕縛を行い、一三人を津山へ連行した。なお、大庭郡百姓の要求は認められなかったが、津山藩では二五日銀札二三〇貫目五か年賦貸付などを決定し、翌九年一月二七日手当米一六五八俵を下げ渡した。この騒動に津山藩領では二二一か村のうち一五九か村が参加したが、その行動は群発的で相互に連携を持つものではく、また訴願運動を行ったのは大庭郡一六か村のみで、明確な要求を示さなかったのが大きな特徴といえよう。（横山　定）

〔参〕長光徳和編『備前備中美作百姓一揆史料』二、『津山市史』四

文政八年（一八二五）一二月四日
播磨国佐用郡旗本松平氏領（平福領）非人騒動

→文政八年（一八二五）一一月二三日
美作国吉野郡ほか幕府領・津山藩領ほか押乞・減免強訴・打ちこわし（文政非人騒動）

文政八年（一八二五）一二月一四日
信濃国安曇郡松本藩領打ちこわし（赤蓑騒動、四ヶ庄騒動、大町組騒動）

赤蓑騒動と呼ばれる由縁は、一揆勢が野葡萄の木の皮で作った赤色の蓑を着ていたとか、しなの木の皮で編んだ赤毛の蓑を着ていたことによる。一揆が最初に発生した村々の地域から四ヶ庄（しかじょう）騒動、大町組騒動ともいう。文政八年一二月一四日、松本藩領の大町組四ヶ庄の佐野・沢渡・飯田・森を中心とした村々から法螺貝の合図とともに赤蓑を纏った一団が北上した。この年白米は一両に七斗五升と高騰、冷害による凶作、大町・松本の麻問屋の麻の買い叩きなどが原因であったという。塩島新田の半蔵・新平の両酒屋を打ちこわし、次いで南下し飯森村藤左衛門、藤四郎の両家を襲った。彼らの家が襲われたのは、藤左衛門・藤四郎の二人がたくさんの米を所持していたにもかかわらず、市場で売らないで半蔵に売り、半蔵はこれで酒造りを始めたためという。一揆勢は、手拭いで頭を包み、手に棒、杵、斧、鉞を持ち、腰に刃鎌を差し押しかけた。大町に向かった一揆勢は、飯田、佐野、木崎と打ちこわしていった。大町の北二里余の海ノ口で、折から年貢収納のため出張してきた藩の大町陣屋代官・同心たち二〇〇人余が大町に一揆勢を入れないために固めていたが、一〇〇〇人余に膨れ上がった一揆勢を前にどうすることもできず引き返した。一五日の夕、大町に乱入した一揆勢は、新町茶屋弥兵衛、三河屋茂七、曽根原権次郎店を始め麻問屋・酒造屋・質屋・穀屋・肴問屋・大庄屋など二〇軒余を打ちこわした。さらに松本城下を目指し南下した。松崎村高橋平兵衛の家の前では一揆勢はかむり物を取って進んだという。これは平兵衛が日頃難渋の者を救っていたからだといい、藩の役人も信望のある豪農らを一揆勢の説得に引っぱり出したが、かえって百姓の藩への不信感を募らせる結果となった。池田町にいたるころには数千人の人数となり、夜から一六日朝にかけ池田町では、大庄屋角屋関勘五郎、同じく大庄屋西中屋市川嘉左衛門を始め、穀屋・目薬屋など九軒を打ちこわした。糸魚川街道を南下した一揆勢は、高瀬川海道橋で再び代官の阻止にあったが石を投げて突破し、保高新田まで押しかけた。その頃西松川のあたりからも一揆が起こり、保高川原を取り固めた代官らは押し挟まれて退却し、一揆勢は保高町へ乱入した。ここでも大庄屋井口半蔵など穀屋・油屋九軒を打ちこわした。ここから二手に別れ、一つは等々力村に入り、他の一派は矢原に向かい、再び合流して新田町村に入っている。保高組・成相組・長尾組で打ちこわされた家は六〇軒余であった。成相新田村の市郎治の家では、小判・文金を崩散し、足の踏み場もないほどであったという。藩の鎮圧は、一六日になってようやく本格的となり、城下の西の入口六九口、北の入口安原口・博労町口を固め、一揆勢が城下に侵入するのを阻止する体制が取られた。六九口には大筒二丁、新橋には、騎馬の武士と大筒・弓・鉄砲が用意され、熊倉橋にも鉄砲二五丁が配備され、橋が外された。成相新田町村に大目付らが鎮圧に出向き、一揆の要求を聞いたが、統一的な要求は出されなかった。ただ、飯田村庄屋らによって、麻はどこへ売ってもよいことにする、麻運上を免除する、塩運上を免除する、小物成をいっさい免除する、の四項目が奉行に出された。この最中にも打ちこわしは続けられ、なかには藩士に物を投げつける者もいた。夜になり、さらに

六〇〇〜七〇〇人の鎮圧部隊が到着し、空砲を撃つなどによって一三〇人余が逮捕された。ようやく一揆は鎮まったかに見えたが、一七日の夕、藩の北部の小谷の村々でも一揆が起こり、石坂村の酒造屋など八軒余が打ちこわされた。一八日には、大網村・中谷郷堂で二軒を打ちこわしたが千国村で長源寺の住職に説得されて解散した。これを小谷騒動とも称する。一揆で打ちこわされた家は一六五軒にのぼる。うち大庄屋六・庄屋二四・酒屋三二・穀屋六・麻屋六などとなっているが、なかには一人で酒造家・麻問屋・肴問屋を兼ねていた者もいた。藩は、成相新田で一三〇人余を逮捕の後、二三日には一揆の頭取として佐野村増右衛門らを大町で逮捕、翌年一月一三日には同じく頭取として沢渡村枝郷三日市村和左衛門ら一一人を、二月一四日には沢渡村定吉・治兵衛ら五人が逮捕された。一二月二二日に裁決が下され、増右衛門・和左衛門・定吉・治兵衛の四人は永牢となり、その他に大町組追放などに処される者もあったが、他の一揆にくらべると比較的軽い罪であった。その他、佐野村に過料銭三貫文、沢渡村に銭拾貫文、峯方庄屋が苗字帯刀・独札礼取上、組追放となり、その他麻問屋御取上長く蟄居になる者などもいた。また奉行が御役御免になるなど藩士数名が処分を受けている。なお、治兵衛、定吉、和左衛門は牢死、永牢の増右衛門は弘化三年（一八四六）村下御免として村預けとなった。一揆の様子を歌った「ちょぼくれ」が史料として残り、「百姓にふみつぶされて丹波（松本藩主）ぐさ　あかくなりたりあおくなりたり」といった狂歌もある。

【史料】赤蓑談　あかみのだん

赤蓑騒動を記録したもの。漠亭山人と号しているが、著者は六角鬼洞という。元松本藩士であったが、病気のために禄を辞して隠棲。医師として仁科の里を往来していたが、一揆に出会いそれを記録したという。作者自身、一揆後の一二月一七日に大町の陣屋を打ちこわし士となすの噂に対して町防備の計画をした体験なども記述されている。また激しい打ちこわしを「じつにこの騒動百姓一揆の類にあらず」とか「百性騒動の作法に外れ」と非難しているが、それは百姓一揆には特有の行動様式があり、近世の人々が百姓一揆の作法として認識していたことを示すものである。大町市高橋鴻生氏所蔵の写本が『新編信濃史料叢書』一九に翻刻されている。　（小椋喜一郎）

〔参〕『松本市史』二、『長野県史』通史六

文政九年（一八二六）四月
播磨国加西郡嶋・野田両村役改名反対闘争

このころ、野田（皮多）村の者と戸田井村の者との間で喧嘩が起こり、その際野田（皮多）村の七、八人の者が「無実之縄目」を受け、三〇〇目の金子も掠め取られた。この「戸田井村一件」につき、大坂川口役所は、野田・嶋両（皮多）村に対し、村字の差止、庄屋・年寄・百姓代という村役人の役名を「皮多頭・小頭・小走り」と改名すること、および「取次」の設置を命じてきた。これは、両村の行政支配系統を一般村落と区別し、その農業的な基盤を否定しようとするものであった。役所の強制に対し、野田（皮多）村は、文政九年四月、願書を提出するが、「御聞済無之」と「取次」を通じて申し渡された。その時大坂屋嶋・野田それぞれの「取次」が願書を差出し、役人に「御菓子料」も渡した（さらに一〇〇目宛の費用がかかったという）のだが、役所側は願書も金子も「不届」とし、再度提出したものと思われる。嶋村の願書では、当村が近世初期より一村をなし、村中田畑を所持している「皮多百姓」であることを挺子に、改名されれば「古格」を失い借金ができなくなり、年貢上納に支障をきたすこと、他の「皮多村」との付き合い、縁組ができなくなることを訴え、改名反対を要求した。また野田村の口上書においては、「皮多」が斃牛馬をつかさどることは「神国万代不易之法」であるとし、「八幡重来授與記」や「弾左衛門由緒書」に依拠しながら、両村のみ改名を命じられたことへの不当性、村の字の減少は領地の減少になることなどを主張した。野田（皮多）村では、同年一二月にも口上書を作成、そ

の同じ書面に「大辨書」を翌一〇年六月付で記している。それによると、「取次」をなくし庄屋を命じてくれるよう願い、その願いが叶えられないならば、「牛馬取り候事止め、平百姓願い上げ候所存に一決」したという。この間、これ以後の経緯は不明だが、天保二年（一八三一）の嶋村の小作証文には、庄屋・年寄と書かれ記名されており、村役改名の強制は撤回されたらしい。

（椙山聖子）

〔参〕前圭一「『皮多』の抵抗意識ノート」（『兵庫史学』六五号）、『編年差別史資料集成』一三

文政九年（一八二六）六月八日
陸奥国閉伊郡盛岡藩領長沢・老木・根市村強訴

　二五〇石取の給人四戸甚之丞は、閉伊郡長沢・老木・根市村に一五〇石余の知行地を与えられていた。四戸は参勤同行費用・蝦夷地出向費用などの名目で御用金を徴収するなどの収奪強化を行ったのに対し、同知行地の蔵入地化を求めた一揆。文政九年六月八日、四戸知行所の百姓一一九人が長沢村長沢川原に集会し、翌日宮古代官所へ強訴のために出立した。一揆は田鎖村で代官所役人の説諭により帰村するが、帰宅せずそのまま同川原で七月二六日まで屯集を続けた。藩は四戸の不正を認め隠居差扣の上、給地を取り上げ金方とし、知行地は蔵入地となった。一方、頭取元右衛門が打首、一二名が追放・村払に処された。

【人物】内舘元右衛門　うちだてげんえもん

　宝暦六年（一七五六）—文政一〇年閏六月九日　長沢村百姓清重郎の三子、同姓長八家を継ぐ。持高三斗七升であるが、文政二年相続安堵金として一二両のほか、寛政から文政期に八両一分二朱と銭三貫四〇〇文の御用・冥加金を上納し、居村のほか花輪・老木村の百姓らへ少額ながら貸し付けを行っており、経営は比較的順調であったと考えられる。文政九年六月の長沢・老木・根市三か村の四戸甚之丞知行地一揆に頭取として活動し、打首に処された。享年七二。法名一峰寛心信士。「ほのぼのと野地はいつも花盛」が辞世として伝えられる。村人は彼を農神長元地神宮として祀り、嘉永四年（一八四八）に二五回忌、安政六年（一八五九）に三三回忌、文久二年（一八六二）に三六回忌が営まれ、明治に入っても二九年（一八九六）の七〇回忌をめざして顕彰碑建立の動きがあったが、実現しなかった。また長沢村の鬼剣舞は彼の命日に踊られ、彼を慰霊するものであると伝える。

（保坂　智）

〔参〕『岩泉地方史』下、武田功「一揆・農神・剣舞」（『東北民衆の闘いと文化』）

文政九年（一八二六）六月二一日
加賀国石川郡金沢藩領粟ケ崎町御用銀騒動

　財政難に窮した金沢藩は、文政元年に仕法調達銀という名目の頼母子講で領民から金を徴収しながら、同三年には償還期限を五年も延ばし、さらに同九年には契約を破棄して返済をしないことにした。そのあげく同年六月九日になると、御用銀七〇〇〇貫目を同月二〇日まで納入するように全領民に命じた。このため各地に動揺と不満が広がった。すでに文政二年二月一一日には石川郡鶴来町の百姓六〇〇人ほどが御用銀賦課に反対して金沢に強訴し、八名が禁牢に処されていたが、文政九年六月二一日なると、全領の在郷町で波状的に騒擾が起きた。まず、二一日加賀国石川郡粟ケ崎では豪商木屋（木谷藤右衛門）の経営にかかわって生活していた百姓二〇〇人余が、四五〇貫目の御用銀の重課で木屋が破産することを危惧して、粟ケ崎の橋の上に集まって「食えぬ、食えぬ」と号泣するとともに、翌二二日には惣代二〇名が木谷家に対する御用銀の減額を藩に嘆願するように肝煎に愁訴した。同じころ、金沢藩領の加賀国能美郡小松町、越中国射水郡高岡町でも騒動が起こり、日中は戸〆して店をあけず、夜になると多数が集結して声を挙げて騒いだ。越中国砺波郡戸出村でも、一〇〇人、二〇〇人と集まり、「くへぬ〳〵」と声を挙げた。加賀国石川郡本吉湊、越中国砺波郡今石動町、同郡城端町、射水郡氷見町でも、四〇

○～五〇〇人ほどが騒ぎ、七月九日・一〇日にはもっとも盛んとなった。城下金沢でも融通方にかかわる商人宅に多数が集まるという騒ぎがあった。このため、藩は翌春になっても御用銀の完納を強制することができなかった。　（吉武佳一郎）

〔参〕川良雄『打ちこわしと一揆』、若林喜三郎『加賀藩農政史の研究』下、『加賀藩史料』一〇

文政九年（一八二六）七月五日
美濃国厚見・方県郡磐城平藩領強訴（長森騒動）

　磐城平藩安藤氏六万八〇〇〇石は、宝暦六年（一七五六）美濃加納から陸奥国磐城平藩五万石に移封となった。享和三年（一八〇三）美濃国内に一万八〇〇〇石余を加増され、厚見郡長森切通村に陣屋を置いた。厚見・羽栗の二郡を東方、方県・本巣の二郡を西方とし、少ない陣屋役人を補うために郷役人として東方の切通村と西方の方県郡木田村庄屋を惣元取とし、その下に組元取、郷目付を置いた。陣屋の外に会所を置き、郷役人二人が交代で詰め、訴訟などはこの会所で裁き役所のようになっていたが、経費が嵩み、百姓は会所の廃止を再々願ったという。文政八年元取総代が、江戸へ呼び出されて多額の御入用金を申しつけられ、磐城まで断りに出向いたが、是非無く二万五〇〇〇両の金子工面を受けてしまった。庄屋たちは国に帰った後、村々に「殿様無尽講」と名づけ、五か年の高掛り出金と一五歳以上六〇歳以下の男子は、一か年に両度の金一分の出金を申し渡した。村々はやむなく請書を差し出した。しかし厚見郡日野村は引き延ばしたので、陣屋は厳しく請書の提出を申し渡したが、日野村の百姓はどんな御仕置も苦しくはないと聞き入れなかった。ついに七月、日野村の極困窮の百姓は、陣屋へ強訴に及ぼうとした。途中轟という所で、日野村に説得に向かった惣元取などの役人と交渉し、日野村の入用金は免除となった。これを聞いた隣村水海道・前一色・北一色・野一色の各村は七月五日から一色山に集まり、麓に釜を並べ粥を炊き、山には三斗樽の酒を並べ、篝火を焚いて陣を構えた。出立ちは、渋張笠に田簑を着、ザル・棒・竹槍・肌刀を皆それぞれに用意していた。一揆勢のなかには、臼井流の剣を使う者も多く、陣屋の力だけでは鎮めることができなかった。そこで美濃笠松の郡代、加納藩、尾張藩岐阜町奉行所の応援を求めた。加納藩は甲冑に身を固め、岐阜町奉行所は、鉄砲一〇挺を用意するなどして陣屋の近くに構えた。百姓は厚見郡村々百姓惣代・方県郡村々百姓惣代による三か条の訴状を郡奉行代官宛に提出、ついに藩は元取役庄屋会所勤、殿様無尽講、人別割附金の廃止を認めた。文政一一年になり、藩は吟味を開始、約一〇〇人が逮捕され、牢死七人が出た。追放刑に処せられた者もあり、そのなかには、後年になって赦免願いが出されたものもあった。また、自分が助かりたいために罪なき人をおとしめた人物の書き上げも残されている。（小椋喜一郎）

〔参〕『岐阜県史』通史近世上、『岐阜市史』史料近世三

文政一〇年（一八二七）八月二〇日
安芸国賀茂郡広島藩領竹原塩田浜子騒動

　竹原塩田では、文政一〇年浜の経営方法が皆持から片地場持（塩田面を二分し、一日おきに作業する方法）にかわり、その結果、下層の浜子である「水はなえ」層の労働強化へとつながった。八月二〇日夜、吉平が発頭人となって各浜の「はなえ」に呼びかけ、出雲社境内で最初の会合を開き、給銀の増加を要求することについて同意を得た。さらに閏月に伴なう二〇日分の給銀上積みの問題が出、竹原塩田のほとんどの浜から参加した六〇～七〇人の「はなえ」が日雇橋に集合し、二六日に閏月の二〇日分の給銀上積みの要求と、もしその要求が通らない時は九月一日を期して在所（故郷）へ引き上げることを決定した。これに対し浜主たちは二八日・二九日と集会を開いて対策を協議し、計画実行前日の二九日に発頭人三人を逮捕し、実行を阻止した。翌九月一日から塩浜役人による取り調べが始まったが、だれも白状せず、手におえず藩役

人の出馬を要請し、一九日から一〇月五日までの間徹底的に吟味が行われた。取り調べ後の処罰は明らかでないが、首謀者とされた吉平らは郡追放になり、佐兵衛以下二五名は入牢となった。この闘争は下層浜子である「はなえ」層のみによって計画され、下層の浜子が直接に対経営者闘争にでたことは注目すべきことであり、前回の宝暦九年（一七五九）の浜子騒動の時から文政にかけての間に、日常闘争を通して浜子の地位向上があったことがその前提として考えられる。　（三宅紹宣）

〔参〕渡辺則文『日本塩業史研究』

文政一一年（一八二八）七月二七日
越前国大野・吉田郡幕府領・福井藩領ほか打ちこわし

七月、大野・吉田両郡四一村の名を連ねる傘連判の付された廻状が村々を回った。それには、「七月二七日夜六つ時、蓑虫を起こす。一人も残らず出よ。野津又村伝兵衛が百姓を難儀させている」などと書かれていた。蓑虫とは、越前では百姓一揆の代名詞である。予告どおり、二七日八つ時、大野郡幕府領の村々、吉田郡福井藩領浄法寺村周辺の百姓五〇〇〜六〇〇人が大野郡美濃郡上藩領野津又村の庄屋伝兵衛家に押し寄せて打ちこわした。伝兵衛が隣村の同藩の領主林を買い受けて材木伐採を行ったことから雨降りになり、世上一統が迷惑したからという。翌日夜も伝兵衛宅を打ちこわす者があり、それより百姓は勝山城下西入口に接する九頭竜川高島河原に寄り集まった。しかし、待ち構えていた藩兵が実力で排除し、死者二名と負傷者多数を出し、一揆勢は四散した。一方、吉田郡の者は一揆不参加を理由に幕府領小舟渡村（森川村）の茶屋仙助を打ちこわし、比島村の渡しを利用して対岸の勝山藩領に渡ろうとしたが、ここでも勝山藩兵に阻止され、一人が死んだという。また、福井藩領の者は郡上藩若猪野陣屋に押しかける予定であったという。勝山藩は一揆に対して初めて武力行使したといわれ、ほか福井・大野・丸岡・鯖江・郡上の諸藩も鎮圧体制を整えた。一揆参加村は大野・吉田両郡六一か村を数え、幕府領・勝山藩領・福井藩領・大野藩領・丸岡藩領・鯖江藩領・郡上藩領にわたる。このため、吟味は江戸で行われ、天保二年（一八三一）に裁許が下されたが、入牢中に一四人が死亡し、残り数人が軽罪となっただけに終わった。なお、原因については、打ちこわされた伝兵衛が取り調べで、原因は材木伐採ではなく、むしろ藩札の値段違いではないか、勝山周辺では福井藩札と勝山藩札が併用され、勝山商人は近郷百姓から米などを買う時は安い福井藩札で支払い、町方から売り出す品は勝山藩札で取り立てており、これを是正するため高島河原に集まったと答えている。これを重視すれば、一揆は材木伐採による雨天の俗信を利用して伝兵衛を打ちこわし、その勢いで勝山へ向かった、と考えられる。　（齋藤　純）

〔参〕『福井県史』通史四、本川幹男「文政十一年越前勝山一揆について」（『日本海地域史研究』八）

文政一一年（一八二八）八月二六日
肥前国佐賀郡佐賀藩領佐賀町打ちこわし

文政一一年（一八二八）八月九日、佐賀の城下を強風が襲い、町は大きな被害を受けたが、二三日にも再び強風が襲い、以後、連日この状態が続いた。この強風により家を失った町人は雨露を凌ぐ場所もなく、路頭に迷うという惨状を呈していたため、城下の有徳の者や慈悲ある者たちは、身分相応に米や金銀銭を施行していた。ところが、慶長町の武富八郎次という藩の米御用達を務めていた者は、当時米を一万石も所持している豪富な者であったにもかかわらず、一粒の米も施行しようとしないばかりか、大豆から塩にいたるまで手付金を渡して買い占めたため、米価を始め諸物価高騰の原因となった。よって人々の怨みを買っていたが、そうした状況のなか、二六日夜、数百人の窮民が八郎次の家の前に集まり、米の廉売を求めたが、八郎次の手代は窮民の要求する額では売ろうとはしなかったため、居宅を打ちこわすにいたった。この後、八郎次の囲米は藩命により廉売されたが、打

ちこわしを行った者への処罰は何もなされなかったようである。　（安藤優一郎）

〔参〕『浮世の有様』一

文政一二年（一八二九）五月八日
越後国頸城郡高田藩領直江津今町打ちこわし

文政一二年春、直江津今町では米価が高騰し小前層の不穏な人気が高まった。このため、今町の重立層が米一升について二文ずつ補助金を出したり、高田藩でも津留を続けて米価の値下げをはかった。その最中、今町の商人が頸城郡内の幕府領（高田藩預地）の米六〇〇俵を売却し、それを知った小前層が怒り騒ぎ立てた。五月八日暮六つ時から集まった六〇〇～七〇〇人が寺の鐘をつき、火事と叫びながら気勢を上げ、夜四つ時半までに米穀商や町役人など九軒を打ちこわした。この騒動に驚いた今町の富裕層は二五〇〇俵を安米として放出し、小前層の急場を凌いだ。高田藩では翌九日より騒動の指導者を探索し、逮捕・入牢させた。入牢者は一八人で、その内無宿者が三人含まれ、五年間の牢舎の処罰となった。また、原因となった幕府領米の津出について、その手続きを明確にするように改めた。　（山本幸俊）

〔参〕『新潟県史』通史五、中村辛一編『高田藩制史研究』六

文政一二年（一八二九）一二月二九日
土佐国土佐郡高知藩領森郷大庄屋ら不正糾弾強訴未遂（森郷騒動）

文政一〇年に森郷大庄屋和田氏ら村役人の不正が発覚した。石原村組頭川村六左衛門は、不正の証拠を押さえたのち、同志二名とともに郡奉行所に訴えた。しかし、郡奉行所は訴訟を却下したうえ、六左衛門を捕縛して追放とした。六左衛門は再度訴訟を起こすが投獄された。この後、大庄屋不正糾弾の訴訟は下元万六に引き継がれた。文政一二年になると、三年間も続いた不作によりついに飢饉となった。このような状況下に庄屋の年貢着服などの不正が発覚したのであった。文政一二年一二月二九日（同年一月一三日ともいう）、万六を頭取とする石原村の百姓二〇〇人余は、西石原の押の川の岩屋に結集し、強訴を行おうと高知城下をめざして出発し、大庄屋宅に討ち入り、入牢させられていた六左衛門らを助け出した。しかし、途中、城下西入口にあたる井口村において、久万村庄屋らにより差し止められ、説諭のうえ帰村させられた。六郎左衛門・万六は捕縛後、大庄屋らの不正を糾弾し、藩はこれを受け入れて大庄屋ら村役人らを処罰し、大庄屋と横目は処刑された。六左衛門は文政一三年に牢死、万六は伊与木郷へ追放された。

【人物】下元万六　しももとばんろく

伴六とも書く。大庄屋ら村役人の不正を追求した石原村組頭川村六左衛門の投獄後、これを引き継いで強訴を指導した。万六は峯石原に居住した百姓で、天明四年（一七八一）生まれ、村役人ではないが、侠気・義気があり、村内のもめ事を仲裁するなど、広く人情に通じた人物であったという。いわば、一九世紀に多く登場する一揆の頭取のタイプである。強訴未遂後、万六は捕縛されたが、大庄屋らの不正を主張し、藩はこれを受け入れ、大庄屋ら村役人を処罰した。万六は、高知藩では大方切（片坂限り西へ追放）と呼ばれる重追放の処罰を受け、幡多郡伊与木郷へ追放となった。伊与木郷では、初め前大庄屋の問崎源左衛門の下男となり、のち小黒川村の名本今西和平の奉公人となり、その後赦免されたが、同村の娘兼と結婚して定住した。弘化五年（一八四八）に没し、墓は同村の集落はずれの桧林に建てられた（現幡多郡佐賀町小黒ノ川）。なお、嘉永三年（一八五〇）に没したとする説もある。万六の「いごっそう」と機知は伊与木郷でも評判となり、「どくれの万六」と親しまれ、現在でも万六の伝説が語り継がれ、「万六踊り」が行われている。なお、佐賀町に隣接する高岡郡窪川町でも万六伝説が流布している。

【人物】川村六左衛門　かわむらろくざえもん

森郷石原村組頭。東石原に居住。文政一〇年大庄屋ら村役人の不正を追求して

同志二名とともに郡奉行所に訴えた。しかし、訴訟を却下され、六左衛門は逮捕されて長岡郡布師田村へ追放された。文政一二年、六左衛門は再度訴訟を起こすが投獄され、いったんは百姓たちにより救い出されるも、強訴の頭取であるとされて入牢となり、同一三年獄死した。享年六五と伝えられる。（須田　努）

〔参〕『佐賀町農民史』、『土佐町史』

天保元年（一八三〇）九月四日
越後国古志郡長岡藩領栃尾組上納炭軽減強訴（炭一揆）

長岡藩では、栃尾郷四八か村を炭村と称して、藩と家中に必要な炭を上納する義務を課していた。炭村の各村々は、文政一〇年（一八二七）に藩へ嘆願書を提出し、上納炭の軽減と自ら販売できる売炭を認めるように要望したが、藩はこれを厳しく取り締まった。文政一三（天保元）年九月四日朝、吹谷村に多数が集結して申し合わせ、午後には蓑笠姿の百姓約五〇〇人が栃尾町へ押しかけ、代官に対し、炭買い入れ値段の改定、売り炭の自由化などを要求した。翌五日にかけて一揆勢はさらに膨れ上がり（割元の調べで三九村・一二七九人の参加が確認）、長岡城下を目指した。しかし、長岡を目前にした永田村で長岡藩御内目付らの説諭によりいったん引き上げることにした。以後一〇月初旬まで炭村と藩との交渉が繰り返されたが、一〇月九日には栃尾組惣百姓の名で再び蜂起を呼びかける高札が立てられ、割元らへの打ちこわしや代官の罷免などの要求も加えられていた。炭村側の要求は天保二年八月にいたり藩側に受け入れられて終わった。参加者への処分は、叱など軽微なものに止まった。（山本幸俊）

〔参〕佐藤誠朗『幕末・維新の政治構造』、『栃尾市史』上

天保元年（一八三〇）一〇月二九日
越後国蒲原郡長岡藩領新潟町打ちこわし

米価の急騰のなか、文政一三（天保元）年一〇月二八日、何者かによって米一升七〇文を要求する張札がなされた。この時の新潟町の米相場は一升一三五文まで高騰しており、この要求に対して町役人は一升八〇文で米屋に売り出させた。しかし、一升七〇文の要求が受け入れられなかった町民たちは、翌二九日夜五つ時前、下町願随寺の鐘を合図に棒や鳶口を持って浜へ集結した。そこから二〇〇～三〇〇人ずつ分かれて町へ押し出し、検断・町役人・廻船問屋・米屋・油屋などを始め小破の被害も含めると一〇〇軒以上もの家を打ちこわした。これを見た町役人たちは要求を受け入れ、騒動は鎮静化した。長岡藩は藩兵を新潟町へ派遣し、首謀者三〇～四〇人を逮捕し、長岡へ送り牢舎させて取り調べたが、死罪に処せられる者はなかった。一方、新潟町検断役人二人は、事件の責任を負って退任した。（山本幸俊）

〔参〕『新潟市史』通史、『新潟県史』通史五

天保元年（一八三〇）一二月一四日
但馬国出石郡出石藩領減免強訴

天保元年、出石藩はその財政窮乏を打開すべく、年貢増徴をはかって定免制を強行した。同年七月の出水によって窮乏していた下郷は、九月に入って藩に検見を願い、役人の廻村を実現させたが減免は認められなかった。一二月一三日には村々の組頭・百姓代のうちの一人ずつが代官に呼び出されて年貢完納の督促を受けた。ついに一二月一四日夜八つ時に宮内村前の往還に多数の百姓が集まり、一五歳以上の男子は参集するよう村々へ廻状が出された。この日、下郷三〇か村から集まった百姓たちは宮内村から水上（むながい）村へかけての往環に屯集した。代官からは庄屋を通じて願意を申し立てるよう内意が伝えられたが、百姓たちは聞き入れず、一五日夜には出石の河原口まで押し寄せた。ところが、代官が騎馬で出向くと百姓たちは恐れて逃げ散った。逃げ後れた六～一〇人が捕らえられ、一六日に白州で吟味を受けたが、一七日には帰村を許されている。一方、下郷村々から一人ずつが召し捕らえられて出石の溜まり牢に入れられ、二〇日に吟味を受けた。

その結果、福居村・伊豆村の一人ずつ、大谷村の二人が入牢させられたが、翌二年四月一一日には赦免されている。比較的軽い処分であった。　（山﨑善弘）
〔参〕『出石町史』一、『豊岡市史』上

天保元年（一八三〇）暮
和泉国泉郡一橋領南王子村庄屋不帰依騒動

南王子村では、庄屋である利右衛門と庄屋見習年寄である太兵衛との間で、文政六年（一八二三）以来、庄屋役をめぐって争いが続けられてきた。同八年から九年にかけて、村の氏神である牛頭天王社を再建、また一〇年には旦那寺、西教寺の庫裏修復が行われたが、この経費負担は村内の無高・小前層の生活を圧迫し、新興商人層にとっては、右の費用の村借のために定められた村内田畑などの質入制限が、彼らの経済活動を押さえるものであった。さらに、寺社再建修復費においては村役人に対し不正疑惑が起こっていた。この疑惑を契機として、天保元年暮より騒動が表面化、翌二年二月一九日には、小前百姓惣代六名から大坂川口役所に願書が提出された。また同日、一八一名が連署した願書も提出された。そこでは村行政における依怙贔屓、村財政への疑惑、寺社再建修復費に関する不分明、村役人、ことに両庄屋の増長、不行跡などを追及し、利右衛門・次兵衛（その後死亡）の二人の庄屋への「不帰依」が表明されている。太兵衛や年寄の五兵衛らは庄屋追及の側に回り、この結果、村内約三〇〇戸は利右衛門方と太兵衛方にほぼ二分して争われることとなった。利右衛門方は、村内持高における高持層が大半を占め、村役人層を中心とした旧勢力層であり、一方、太兵衛方は村内持高において一石未満や無高の者が大半を占めるが、王子村への出作高が多い者が多数含まれ、皮革関連商人が多い新興勢力層、と対比できる。後者は主に皮革関連、とくに雪踏関連の商工業に従事、その参謀格的存在である五兵衛や久兵衛の場合は、大坂市中の問屋と多額の取り引きをする有力な在方商人であった。彼らは出作高を増して、村内においても発言力を高めてきていたが、それに対し、利右衛門方は村高の有無を強調することで、村内支配を維持しようとしたとされる。この騒動は、天保二年九月二一日、太兵衛方の多人数が負担増大に反対して川口役所に「強訴」するといった事件（処罰された者はほとんど無高であった）を経ながら、同六年に和談が成立した。同年四月の「村方申合」では、寺肝煎三名の設置、村方惣代一〇名の新設、庄屋、年寄の職権の縮小（高掛り・人別掛りに限定）が取り決められた。　（椙山聖子）
〔参〕『奥田家文書』、畑中敏之『近世村落社会の身分構造』

天保元年（一八三〇）七月二九日
周防国熊毛郡萩藩領強訴
→天保二年（一八三一）七月二六日　周防・長門国一一郡萩・徳山藩領一円強訴・打ちこわし（長州藩天保大一揆）

天保元年（一八三〇）
上野国碓氷郡旗本領上磯部村分郷騒動

上磯部村は伊予国西条藩と旗本五名の相給であったが、天保元年小前百姓は六給村役人へ伝馬役銭の引き上げなど七か条を要求し、村役人はこれを一定度受け入れたが、要求のうち二か条、すなわち組頭による伝馬宰領の勤仕、夫銭割合に小前惣代を立ち会わせる件は認めなかった。村役人によれば、まず伝馬宰領は四給組頭の役地が僅少であり、また諸役用が繁多のため当初から免除されており、この件は公儀の三年前の申し渡しもあるから小前で務めるべきとし、次に諸勘定は六給村役人が立ち会うとはいえ、西条藩領と竹田氏領以外の四給は名主のみの立ち会いしか認められていないと、従来の仕来りをもって決定したという。しかし、これに納得しない小前たちは出訴構えを取って大勢で騒ぎ立て、「家出」を決行したため騒動となった。小前たちは村内松岸寺、下磯部村普門寺などの立ち入りで、岩鼻・高崎両宿で差し戻され、竹田氏役所が相給領主と協議しながら訴訟の吟味にあたった。その結果、同四年三月牧村氏領の小前が出訴に参加せず、全村六給の同意がえられていない点を問題にされ、従来どおりにすべきとの裁許が出され、小前が全面的に敗北した。同一三年竹田氏領では、名主弥左衛門が先年御用金用弁の祝儀酒代金を惣百姓に分配せず押領した件が発端になり、名主を罷免され、入札名主制が実現した。同一五年一二月、元名主の過去三年間にわたる年貢・夫銭などの不正が組頭・小前によって摘発され、翌年の入札名主制が再度領主に認められた。ところが、この制度によって選任された名主専右衛門は、弘化元年（一八四四）一二月になると年貢上納ができず、領主によって「等閑」とみなされ退任に追い込まれ、再び元名主弥左衛門が就任した。これに対し小前二二名は翌年春、専右衛門の無実と入札名主制を要求して騒動を起こした。この動きは他の五給へも波及し、五給村役人・小前は専右衛門に不正はなく、弥左衛門の在任一〇か年の夫銭帳こそ調査すべきとし、竹田氏役人へ嘆願した。しかし、この後も弥左衛門が名主を務めており、この要求は実現しなかった。　（西脇　康）

〔参〕菅野則子『村と改革』、広瀬隆久「天保期村方騒動と相給村落」（『天保期の人民闘争と社会変革』上）

天保二年（一八三一）七月二六日
周防・長門国一一郡萩・徳山藩領一円強訴・打ちこわし（長州藩天保大一揆）

幕末期の長州藩には、大量の下層農・貧農が増加しており、買食いによって生計を維持していた。物価騰貴と米穀の買い占めは下層農・貧農を圧迫し、買占米の高騰をはかるさまざまな陰謀が行われているとの疑惑による、不穏な動向が各地で発生した。例えば、文政一〇年（一八二七）、三田尻宰判宮市天満宮祠官が祭を依頼され、天神山へ幟を立てたところ、西佐波令ほか諸村の百姓が、風雨発生を企む「風招き」ではないかと疑惑を抱き、祠官宅を打ちこわした。次いで文政一二年（一八二九）、小郡宰判江崎村では、干鰯問屋治助は、穀類買占、抜け売りの疑惑を受け、追及を受けた。また年代は不詳だが、三田尻宰判中関の西村屋栄吉は、大風雨を発生させる俗信のあった皮類を取り扱ったという疑惑を受け、打ちこわされた。長州藩は、文政一二年（一八二九）から財政立て直しや藩主毛利斉元の世子の結婚費用捻出のため国産取り立て政策を開始した。実施にあたり、国産品の取り立てのため豪農（商）層を採用し、商品の安値買い上げを行った。これに対する矛盾も激化した。天保元年七月一三日、熊毛宰判浅江市で酒価高騰する理由は酒を他所へ積出すことにあるとして、積出しを妨害し騒動が起きた。さらに七月二九日、約三〇〇人が荷俵叺などを負い、竹杖や鎌などを持ち萩へ出訴しようとして徳山で阻止された。熊毛宰判の島田村・室積村と上関宰判の田布施村の村民も徳山まで出訴に及び、藩役人に止められた。浅江村では以後も不穏な状況が続き、九月中ごろに再び酒積出しを妨害する騒動が起こり、九月下旬に首謀者が捕らえられた。

天保二年の大一揆は、天保二年七月二六日、山口宰判小鯖村の観音原における「皮騒動」を発端として蜂起した。当時、瀬戸内海沿岸地域において、「稲の穂ばらみ期に青田の近くを皮が通ると、大風雨が発生する」という俗信が信じられており、百姓たちが皮番所を設置して警戒にあたっていた。そこを通りかかった御内用御用達商人石見屋の荷のなかから皮が見つかった。これを大風雨を発生させて買占米の高騰をはかる陰謀と見て、三田尻宰判中関の石見屋を打ちこわした。これを契機に、萩本藩領のほぼ全域と、支藩徳山藩領にわたる大一揆へと展開した。七月二七日、一揆勢は、さらに米相場に関係して買占米の高騰を企んでいると見た家や、村役人、町方役人の家を次々に打ちこわした。三田尻宰判では、打ちこわし軒数は一三五軒にのぼった。二九日夜には、鯖山峠を越えて山口宰判へ向かい、八月一日暁より山口宰判の者も加わって仁保市から打ちこわし始め、山口の本町を通り、夜中までに矢原村・朝倉村まで打ちこわした。八月二日、藩の役人によって、鎮静化のために要求書を提出させる工作が行われ、湯田の龍泉寺において要求書を提出後、解散し帰村した。要求書は、富・大市（いずれも富くじに似たもの）・産物方・相場所の廃止を求めるものなど一〇項目であった。山口宰判における打ちこわし軒数は一三七軒で、村役人、町方役人、木綿問屋などの商人、藍方会所などであった。小郡宰判へ向かった一揆勢は、七月二九日宰判境を越え、河東の諸村を打ちこわした。八月二日暁、東津川端へ出たが、西進をはばまれ、散り散りに引き返した。小郡宰判における打ちこわし軒数は二二軒、村役人、米穀取扱商人、在郷住宅諸士などであった。徳地宰判では、七月二九日、防府の一揆が押寄せるのを防ぐ名目で結集が行われた。次いで八月一日、堀村で騒動が起こり、宰判内の諸村を廻って打ちこわした。八月三日、要求書提出の鎮静工作が行われ、要求書を提出した後解散した。徳地宰判における打ちこわし軒数は一〇軒、米穀取扱商人や社家などであった。「皮騒動」より発生した一揆は、以上のような展開の後、ひとまず終息した。次には、各地域の問題を背景として展開した。

八月一三日、大島宰判三蒲村で、米を積出して売払おうとした給庄屋が打ちこわされた。さらに一五日、屋代村で米買占者の不正を訴える騒動があり、二〇日には小松村で酒造家が打ちこわされた。八月一六日、先大津宰判蔵小田村で綿・米の買占疑惑により商人打ちこわしが行われた。次いで八月二六日、日置村から蜂起して向津具村まで広範囲に展開している。先大津宰判における打ちこわしは四五軒、綿商・油屋・濃物屋などの商人および庄屋が対象となっている。前大津宰判では、八月一八日、瀬崎浦で米屋四軒が打ちこわされた。八月二六日、三隅村においても米屋三軒外の打ちこわしがあった。美祢宰判では、八月二〇日、赤村の八幡社への結集から蜂起した。二一日大田市へ出、宰判中の諸村を廻って打ちこわし、二三日にいたって鎮静した。美祢宰判における打ちこわしは五八軒、村役人や商人などであった。吉田宰判では八月二二日、於福村西ノ宮八幡社への結集を契機とした。二三日、伊佐村の打ちこわしが行われ、四郎ケ原で二手に分かれ、一手は大嶺西分へ向かい、一手は海岸へ向かって所々を打ちこわし、二四日に鎮静した。吉田宰判における打ちこわし軒数は六五軒、村役人、紙屋などの商家や酒造業者などであった。舟木宰判では、八月二二日、美祢宰判の一揆勢が、宰判境を越えて入り込み、瀬戸村を打ちこわし、二三日には吉部市からさらに沿岸部一帯の諸村を打ちこわした。また、八月二四日には捻小野村でも庄屋の不正疑惑から蜂起し、舟木宰判一帯へと展開した。舟木宰判における打ちこわし軒数は四一軒で、村役人および干鰯・油などを取り扱う商家が中心であった。小郡宰判河西においては、八月二二日、江崎村で蜂起し、諸村を打ちこわし、二四日岐波村にいたって鎮静した。小郡宰判河西における打ちこわし軒数は二三軒、村役人や米穀・干鰯などを取り扱う商人あるいは買占の疑惑を受けた綿会所などであった。奥阿武宰判では、八月二二日、吉部村から蜂起し、諸村を打ちこわしながら北進して江崎村まででた。八月二四日、蔵目喜でも一揆が起こり、生雲から嘉年村・徳佐村へと展開した。奥阿武宰判における打ちこわし軒数は七一軒、村役人や商人、産物会所、越荷会所である。当島宰判では、八月二五日、明木村で打ちこわしが行われた。また、二六日、川上村から蜂起し、山口宰判篠目村を打ちこわし、佐々並市まででて、二八日鎮静した。当島宰判における打ちこわし軒数は二三軒、村役人、酒屋、米穀や楮などを取り扱う商人であった。熊毛宰判では、八月二九日、下久原村おいて要求書が提出された。九月二六日になって藩側の回答が示されたが、これを不満として直訴に及んだ。さらに一一月三日、直訴関係者逮捕の動きに反発して蜂起し、村役人九軒を打ちこわした。支藩徳山藩にも波及し、九月一日、福川村百姓による高斗原八幡宮の昼籠りが行われた。これに呼応して夜市（やじ）村の寮で寄合が行われ、蜂起した。福川村・富田町の村役人や米屋・紙屋など九三軒を打ちこわし、九月三日鎮静した。こうして二か月以上にわたって、防長二国一三宰判および徳山藩の地域で七四一軒を打ちこわした大一揆は終わった。

一揆打毀対象は、①村役人層、町方役人層、②御内用御用達商人、米商人、酒造、櫨板場、木綿問屋、干鰯商、楮商、紺屋、紙屋、油屋、質屋などの商人、③藍方会所、産物会所、越荷会所、撫育方会所、綿会所、綿制道運上会所など、藩の国産取り立て政策にかかわる会所、④在郷住宅士、目明し、⑤被差別部落、⑥社人などである。打ちこわし理由は、物価騰貴と米穀買い占めによる生活困窮であり、米商人あるいは米相場師に対する打ちこわしが先行している。村役人の不正疑惑は、ほとんど米の取り扱いに関する問題であり、米穀欠乏の状況を反映している。一揆の主体は、「買喰」層＝下層農・貧農であり、「百姓一統」意識、あるいは参加強制圧力によって中層農をも動員する型において、一揆が展開している。一揆指導者は、誅伐一〇、永籠舎八、永遠島一六、遠島一九、郡退二七、村退一六、閉戸一六などの刑に処され、多数の犠牲者を出した。一揆は藩政当局者に大きな危機感を与え、やがて長州藩天保改革が取り組まれることになった。

【史料】（百姓）御仕置帳　ひゃくしょうおしおきちょう

長州藩による天保大一揆の裁判記録であり、一揆の全体像を把握する上でもっとも基本的な史料。総丁数一八〇〇丁余の大部なもので、主な内容は次のようなものである。「聞合覚」一揆参加者の動向にかかわる聞込みや風聞の報告書。「御窮方被仰渡其外諸沙汰」一揆指導者の逮捕の記録など。「覚書」各宰判ごとの経過記録。「口書」個人別の取り調べ調書。「寄書判断御裁許共」各罪科別の判決書。「御代官其外口上書弁判断御裁許共」各宰判ごとの代官以下の役人の報告書。本史料は、一揆参加者の聞込みなどの捜査、逮捕、取り調べ、判決、刑の執行と、裁判の全過程を伝えており、当時の裁判制度を知る上でも貴重である。原本は山口県文書館蔵。『編年百姓一揆史料集成』一二に主要部分が収録。

【史料】周長乱実記　しゅうちょうらんじつき

巻一から四の構成で、一揆の各地における展開の状況を、某氏が大坂で梓行した形式で述べたもの。斎藤氏所蔵の写本を、昭和四年、御薗生翁甫氏が謄写本にして知友に頒付したものが伝存している。筆者不明であるが、御薗生氏は防府記事のとくに微細ことから三田尻勘場に関係する人士の筆のすさびと推定している。殿様祭りの記事や落書、能・狂言になぞらえた藩政批判など興味深い記事が多い。（三宅紹宣）

〔参〕田中彰『幕末の藩政改革』、井上勝生『幕末維新政治史の研究』、三宅紹宣『幕末・維新期長州藩の政治構造』

天保二年（一八三一）九月八日
安芸国佐伯郡広島藩領大竹・小方村紙値段引上張訴

広島藩領では、天保期には冷害・旱魃により凶作が続き、米価が高騰して動揺した。天保二年、隣接する長州藩で天保大一揆が起こり、その影響を受けて不穏な状況となった。同年九月八日、紙生産地帯である大竹・小方村の百姓は、専売制による買い上げ価格が低く押さえられたことに反発して、紙値段の引き上げを要求して広島城の南門に張訴した。（三宅紹宣）

〔参〕『新修広島市史』七

天保二年（一八三一）一〇月一五日
安芸国山県郡広島藩領戸河内・上筒賀・中筒賀村米安売強訴・打ちこわし

長州藩天保大一揆の影響を受け、戸河内村柴木（しわぎ）では、天保二年一〇月一五日西善寺の鐘を乱打して一六四人が河原に集まり、篝火を焚いて気勢を上げた。そこへ同村役人が駆けつけ、説諭したので、米所持者は相場で米を売ることなど一〇か条の要求を提出して鎮まった。発頭人とされた林兵衛は郡追放、その他は閉門となり、庄屋・組頭も三日間の閉門に処せられた。続いて一〇月一七日上筒賀村三谷郷辺りで放火があり、その後間もなく寺の鐘を撞くなど騒ぎ始めた。一揆勢は、村内を三手に分かれ、庄屋・組頭・富家を打ちこわした。当初は村役人の説得を寄せ付けなかったが、やがて代官・番組・近隣の庄屋・組頭・長百姓らが多数出張し、米の安売り、内借借方・頼母子銀返済の猶予、材木などの払い下げの公正など一二か条の要求書を提出することでようやく鎮まった。この結果閏一一月二四日、発頭人とされた中筒賀村吉郎次は永牢に処され、二人は晒しの後、領分追放となり、その家族も村追放となった。　　　　　　　　　　　　　（三宅紹宣）

〔参〕『加計町史』上

天保三年（一八三二）七月二八日
筑後国竹野郡久留米藩領亀王組打ちこわし
（亀王組騒動・亀王一揆）

領内亀王組の大庄屋竹下仁助は、組の運営と大庄屋に課された「調達銀才覚」のために借財を重ね、その返済額を組内村々の春免高に比例させて割当てた。その取り立てを天保三年七月二三日から開始したが、応じたのは、庄屋が自分で立替えた一村だけで、他の村々は出銀割当てを不当として支払いを拒んだ。なかでも耳納山麓付近の山辺筋村々には不穏の気運が高まるなか、麦生村の矢倉八幡神社に百姓が集まり始めた。ここではまだ庄屋らは割当ての出銀を徴集することを望んでいたが、大庄屋や小庄屋を批判する声が高まり、庄屋らは取り立てを諦め、帰村を求めた。しかし、二八日夜、山辺筋の森部村で釣鐘が撞かれ火が燃やされて騒然となり、百姓らが結集して行動を開始した。参加者はほぼ二〇〇〇人に及び、夜中行動して二九日の昼食を筑後川河原でとり、亀王組四〇数か村を一巡した。その間、大庄屋竹下家ほか小庄屋宅および田主丸町の高利貸商人宅など三五軒を打ちこわした。打ちこわしには「手軽シ・軽シ・中・重・極重・極々重」の六段階を決めて実行した。大庄屋宅は「極々重」の対象とされた。打ちこわし後、一揆勢はさらに石垣村の平原に集まった。久留米藩は郡奉行や足軽らを石垣村の観音寺に派遣して、一揆百姓の代表三〇〇余人と郡奉行の会談が行われた。百姓らは、今回の打ちこわしは大庄屋借財の村方転嫁に対する反対行動であることを訴え、頭取を詮議しないこと、打ちこわした大庄屋・小庄屋の更迭を求めた。藩がこの要求に応じたので、夕暮時に百姓らは引き上げた。しかし、藩は翌八月二二日から厳しく指導者の割出しを行い、拷問を伴なう詮議の結果、翌天保四年一〇月一八日、山辺筋の東麦生村庄八・益永村伊八の二名を梟首、石垣村次郎吉・東麦生村市蔵の二名を刎首に処し、他に関係者の処罰（郡屋入・入牢・七郡追放・三郡追放・竹野郡追放など）を命じた。大庄屋竹下仁助は「七郡追放」となり、三潴郡大善寺村で謹慎となった。　　　　（深谷克己）

〔参〕荒川秀俊「天保三年久留米領亀王組の百姓騒動」（『日本歴史』二四五）、『久留米市史』二

天保三年（一八三二）八月一二日
信濃国諏訪郡高島藩領乙事村若者組狂言興行争論

高島藩では明和八年（一七七一）以降、天保元年まで数次にわたり、村々で催される大神楽・狂言・歌舞伎などを村入用削減と風俗統制の見地から規制していた。そのなかで天保三年八月一二日、乙事（おつこと）村の下村若者組両組が、村役人へ道祖神願文と主張し、狂言、湯立・浄瑠璃の真似を興行した。二〇日には名主が若者頭を事情聴取し、三〇日には両組若者全員が名主宅で村役人の叱りを受け、一件は一応落着した。ところが、一二月五日になって藩は八月一二日の興行を詳細に報告するよう命じた。村役人は若者組の書き上げた興行演目・配役・主演者などを取捨選択せず、翌日そのまま報告した。これに対し若者組は、興行したのは許可されている湯立真似に過ぎない、また上村若者組の同様の行為を不問にするのは不公平とし、村役人の報告の是非について対立し、九日、村役人が非を認めて詫びた。一二月一〇日、藩は一件の関係者を召喚し、演者の当人八名を五人組一統預け、若者頭を禁足に処し、一九日、村役人を過料銭・慎、当人を戸閉に処した。この処罰は、一二月二五日には御免となったが、翌年一月一三日村役人は公

平を図るため、あらためて上村を含む若者組全員に過料銭一〇〇文を課し、三月までの訴訟入用負担の協議では、若者組の主張が採用されて当人八名の負担免除が決まった。（西脇　康）

〔参〕冨善一敏「天保三年信州高島領乙事村若者組狂言一件について」（『論集きんせい』第一三号）

天保三年（一八三二）閏一一月二四日
信濃国高井郡松代藩領仁礼村小作騒動

仁礼村では例年一二月一日に村方三役・頭立・小前惣代の寄合で小作料を決定していた。その日の迫る天保三年閏一一月二三日、馬追駄賃稼をしていた仁礼村の百姓七三郎が、凶作を理由に小作料減免の嘆願活動を計画し、賛同者をえて全小作人へ申し触れをした。同夜の小作人寄合では、田方一俵代銭一貫文・畑方一俵代金二朱の相場として交渉すること、惣代六名を選出することが決定され、翌日小前惣代へ嘆願交渉した。しかし一二月朔日の寄合で田方三割五分・畑方四割八分の減免が決定されると、小作人たちは強い不満を抱き、村内の明神の森へ集まり、正式に小作人惣代八名を決め、翌日から惣代は田方一俵代銭一貫文・畑方一俵代金二朱の相場の採用か、この相場の差額分の不作長借を要求し、小前惣代に再寄合を交渉した。そしてこれが拒否されると、翌二日夜小作人は明神の森に集まり藩への強訴を決定し、七三郎が先頭に立ち九三名の小作人とともに九つ時、小前惣代宅へ挨拶し、山内最大地主の清八郎宅へ投石を行い城下をめざした。ところが井上村付近で追尾してきた村役人に制止され、小作人の要求が約束されたので強訴を断念した。一二月一一日、藩から一件関係者に差紙が下り、七三郎など重立六名は入牢となって吟味が開始された。動揺した小作人は、要求の取り下げによって処罰の回避をはかろうとし、一四日九三名の連印で村役人などに詫状を提出したが、翌年四月九日小作人八名が過怠夫、小作人惣代八名、村役人は過料に処せられた。（西脇　康）

〔参〕青木孝寿「天保期の小前騒動について」（『信濃』八－九一・〇）、『上高井誌』歴史

天保三年（一八三二）
河内国錦部郡狭山藩領滝畑村直訴

滝畑村では、狭山藩へ年貢を上納することはもちろん、この村を取り巻く山の山年貢六三石も近江膳所藩へ上納しなければならなかった。そこで村では、山年貢を半分に引き下げてもらいたいと代官所へ嘆願したり、山役人にいったが聞き入れられなかった。そのため西喜左衛門という人物が、山年貢をまけてもらいたいと記した書付を持って、瀬田の橋の下で乞食をしながら膳所藩主本多氏が通行するのを待ち、三年後の天保三年、ようやく直訴に成功し、翌年からは山年貢が下がったと伝えられる。

【人物】西喜左衛門　にしきざえもん

滝畑村の百姓。喜左衛門は直訴には成功したものの、村に戻ってみると、村民はしびれをきらしており、喜左衛門が何をいっても聞き入れてはもらえなかった。そして遂には、村内の平という所まで追い出され、皆に竹槍で突き殺されてしまったという。しかし、翌年からは山年貢が下がったため、村民は喜左衛門に気の毒なことをしてしまったということで、彼の墓を建て、毎年一四日にはその墓へ六斎をしにいった。また、瀬田から着て帰ったという蓑や笠も、大切に郷倉へしまっておいたという。（山﨑善弘）

〔参〕宮本常一「三義人伝」（『上方』九七）

天保四年（一八三三）七月九日
陸奥国鹿角郡盛岡藩領花輪通上ノ郷強訴
→天保四年（一八三三）八月・九月
陸奥国盛岡藩領各地打ちこわし・騒擾

天保四年（一八三三）八月一五日
陸奥国津軽郡弘前藩領青森町米騒動

天保四年六月、青森町民は、気候不順で凶作が予想されるので、蔵米一〇〇〇俵の払い米と江戸廻米積み出し中止を願いで、江戸廻米は停止となった。八月には平年の三分作となり、他領へ逃げる者も多く国境での餓死者も多かった。再三の町民の蔵米

払い下げ要求にもかかわらず、八月一三日、弘前蔵へ駄送するための馬数百匹が差し向けられた。払い米がないばかりか青森蔵が空になることに不安を感じた町民は、一五、一六日に蔵前へ大勢押し寄せ、米の移送を取止めて払い米をするよう訴えた。飯料として八〇〇俵を一俵五五匁で払い下げが認められたが、首謀者四人は捕らえられ入牢となった。一八日、藩は米・大豆などいっさいの食料を無役で湊に荷揚げすることを認め、また他領へ食料を出すことを禁じた。（堤　洋子）
〔参〕『青森県史』三、『弘前市史』藩政編

天保四年（一八三三）八月一五日
陸奥国閉伊郡盛岡藩領大迫町打ちこわし
→天保四年（一八三三）八月・九月
陸奥国盛岡藩領各地打ちこわし・騒擾

天保四年（一八三三）八月一八日
出羽国秋田郡秋田藩領久保田・土崎湊米騒動

天保四年は凶作により、夏には城下久保田やその外港の土崎湊での小売米が底をつき始め、七月には小間居（小前）が払い米を要求して騒ぎ立てた。八月一八日朝、久保田では庄屋と米町の者が集まり、払い米を要求して愁訴した。同朝、土崎湊で、「川舟だ」という仙北からの下り米の触れを合図に仲士（荷役人夫）を中心とした五〇〇～六〇〇人が湊の浜に集まり、手には米を担ぐ鉤を持ち、藩の御用聞商人や搗屋などへ押しかけ、米を無心した。断られると、蔵に保有する米を帳面にしたため引き上げ、神明宮社内に集結したが、藩役人の説得により解散した。藩は、湊小間居には家口に応じて飯米三〇日分を支給、久保田でも五～一〇日分の払い米を行った。二七日仲士ら四人が捕縛され、町奉行江間郡兵衛が解任された。（堤　洋子）
〔参〕「八丁夜話」（『新秋田叢書』二）、柴田次雄「秋田藩における都市騒擾の研究」（『秋田地方史の研究』）

天保四年（一八三三）八月一九日
陸奥国和賀郡盛岡藩領土沢町打ちこわし
→天保四年（一八三三）八月・九月
陸奥国盛岡藩領各地打ちこわし・騒擾

天保四年（一八三三）八月二二日
陸奥国紫波郡盛岡藩領日詰町打ちこわし
→天保四年（一八三三）八月・九月
陸奥国盛岡藩領各地打ちこわし・騒擾

天保四年（一八三三）八月二三日
陸奥国盛岡藩領盛岡町打ちこわし
陸奥国閉伊郡盛岡藩領大槌町強訴・打ちこわし
→天保四年（一八三三）八月・九月
陸奥国盛岡藩領各地打ちこわし・騒擾

天保四年（一八三三）八月・九月
陸奥国盛岡藩領各地打ちこわし・騒擾

天保四年は六月に入っても寒い日々が続き、冷害による凶作が予想された。米価が騰貴したため盛岡領内は各地で騒然となり、生存をかけた闘争が展開した。その始めは七月九日に鹿角郡花輪通上ノ郷村々の強訴である。花輪通も冷夏であり、夏なのに「綿入に道服重ねにて寒さ相凌ぎ候」（『毛馬内郷土史稿』）であった。そのため六月一六日からは米屋が販売を中止している。そんななか上ノ郷村々の百姓五〇〇人ほどが代官所へ詰めかけ、穀物の払い下げを要求したのである。花輪町では彼らに酒飯を与えて帰村させた。この強訴の結果や処罰は伝わらない。七月末に領内は暴風雨となり、凶作が決定的になると、米価はさらに高騰した。八月一日、岩手郡雫石町の町民七〇人ほどが、夜中に米銭を強要する事件が起きた。さらに三日晩から四日にかけて雫石通上野村で四四人の百姓が、「当分くらし居候者」五人へ穀物の無心に押しかけた。無心された五人が村役人に申しで、「地頭」に出願するというので、村役人は無心した穀物を返却させ、すでに食糧としてしまっていたのであろうか、残りは秋に返済することで解決した。八月一四日には紫波郡日詰町の町民五〇〇～六〇〇人が検断所へ押しかけ、下町では米を売る者がいないので払米

をしてくれるように求めている。町役人たちは豪商の井筒屋・幾久屋より米を一駄ずつ出させて帰宅させたが、これは同町の米騒動の序曲にすぎなかったことは後で知ることになる。

八月一五日、ついに打ちこわしが発生した。閉伊郡大迫中町の清助と川原町煙草屋勘兵衛が前日に相談し、それぞれが「商向」や「触下」に連絡したので数十人の集団となり、上町米屋伊四郎宅へ押しかけて打ちこわしたのである。一二月二日に清助は田名部通へ、勘兵衛は七戸通へそれぞれ追放となった。続いて八月一九日に和賀郡安俵通土沢町で打ちこわしが起きた。一六日、十二ケ村（村名）百姓左七が重立となり、同村百姓と土沢町の町民が払米願いにつき稲荷社で寄合を持った。その後左七は寄合で決めた願書に調印させるために不参加者の家を廻った。それがどのようにして打ちこわしへ発展したかは史料的な確認ができないが、一九日に米屋一三軒が打ちこわされ、検断の子供が腕を折られた。代官は下米一駄六貫七〇〇文（一両に相当）と定め、分限相応に米を供出し、町へ半分、村々へ半分の払米をするように命じて騒動を鎮めた。この騒動に関連して左七とほか二名が追放の処分を受けているが、左七は打ちこわしには参加せず、ほかの二名は寄合・打ちこわし共に参加していない者であり、打ちこわし参加者はまったく捕縛できなかった。

米価騰貴と打ちこわしに直面した藩は、二二日に米穀払を奨励し、米穀差配役を各地に派遣するなどの対策に乗り出すが、時すでに遅かった。二二日、すでに一四日に騒動を起こしていた日詰町で打ちこわしが起き、八〇〇人ほどが米屋一六軒（史料により一四軒とも一七軒ともある）を打ちこわし、さらに一日おいた二四日には富商三軒を打ちこわした。この打ちこわしに対する処罰はなされていない。そして、ついに打ちこわしは盛岡城下へ波及した。二三日、八日町の米屋二軒、二四日には馬町の米屋六軒、二日あいての二七日に同じく馬町の米屋が襲われて米穀を取り出された。「飢饉考」には、八日町の打ちこわし参加者を厳しく吟味して追放に処したとあるが、家老席日記である「雑書」にはその旨の記載がなく不明である。ただ二七日の騒動に関係した馬町の庄治郎が城下住居構となったことだけが「雑書」から確認できる。二三日は盛岡城下だけでなく、盛岡領に囲まれた八戸藩の飛び地である紫波郡志和町でも米屋一軒が打ちこわされ、頭取が追放となっている。

さらにこの日には太平洋岸の閉伊郡大槌町でも強訴・打ちこわしが起きている。この一揆は吉里吉里湊船頭久治が発案し、八月二一日に大槌湊船頭子々松の女房に伝言したことから始まる。伝言を受けた子々松は、翌日の庚申待を利用して船頭や水主らに話して参加をつのり、二三日に大槌町に押しかけた。町役人が説得にでたがそれを排除し、代官所へ押しかけて米価の引き下げのほか釣り針一手売、布海苔買入、沖漁舟役銭、産物買入方の免除を求め、帰路に一三軒を打ちこわしたものである。この打ちこわしには大槌町の町民も参加しており、打ちこわされたのは米屋のほかに産物役人や布海苔問屋も含まれている。子々松の女房という女性が、伝言を受けて夫に話すという形で一揆組織の上で重要な役割を果たしていることが注目される。久治・子々松のほか大槌湊船頭徳松の三人が追放の刑を受けたが、子々松女房は処罰されていない。その後二七日には稗貫郡万丁目村で米買占を理由として一軒が打ちこわされた。九月三日には鹿角郡毛馬内町周辺村々の百姓四〇〇〜五〇〇人が、米価騰貴を理由に貝を吹いて町へ押し寄せ、代官所の役人の説諭を石礫で破り、中以上の者四〇軒ほどを打ちこわしている。さらに同月一二日には、閉伊郡達曾部・下宮守村の百姓四〇〇〜五〇〇人が、土蔵改めと囲麦の払い下げを求めて強訴し、途中で代官所役人の説諭で解散した。

この一連の打ちこわし・強訴、とりわけ盛岡城下での打ちこわしによって危機意識を持った藩は、伝統的な飢饉対策である米穀の移出を禁止する穀留を解除し、盛岡への廻米を奨励する政策を取った。するとこの政策に対決する闘争が発生した。九月三〇日、三戸郡三戸町の商人忠兵衛が、同町町民や川守田村百姓によって打ちこわされたが、それは忠兵衛が払米一〇〇駄を糶買いし、盛岡へ送ろうとしたのを阻止するためであった。また岩手郡沼宮内町では、九月一六日に穀留解除に反対する張札が張られた。その後一二月二〇日、沼宮内町の藩蔵の稗一〇〇駄を盛岡へ移送しようとすると、五日市村の百姓らは伝馬役を拒否して稗の輸送をくい止めようとしている。そのほか、四年の飢饉時には、藩有林に不法に入山して伐採を行う行為が頻発し、なかには制札を破壊するという行為にでる者があった。このような騒擾状況は、盛岡藩における天保期の民衆運動の第一段階であり、天保七、八年には大規模な強訴・逃散が展開することになる。　（保坂　智）

〔参〕森嘉兵衛『南部藩百姓一揆の研究』、保坂智「南部藩の諸闘争と藩政」（百姓一揆研究会編『天保期の人民闘争と社会変革』上）

天保四年（一八三三）九月三日
陸奥国鹿角郡盛岡藩領毛馬内町周辺強訴・打ちこわし
→天保四年（一八三三）八月・九月
陸奥国盛岡藩領各地打ちこわし・騒擾

天保四年（一八三三）九月一二日
播磨国・丹波国六郡幕府領等加古川筋打ちこわし（加古川筋一揆・播州一揆）

天保四年は全国的な凶作の年で、播磨でも凶作によって世情不安となっていた。このような状況の下で、九月、加古川筋の商人たちは米を買い占め、下流の高砂へ積み下ろしたので、米値段が古米一石につき銀一一五、六匁、新米一〇五、六匁にまで騰貴した。そのため、川下げを阻止しようという動きが生じたのである。九月一〇日の夜には、加東郡新町村・社村近辺の堂宮や高札場に張紙がなされ、そこには米の川下げを阻止するため、一二日に新町村近くの稲荷野に集まって相談したい旨が記されていた。一二日の暮れには、どこからともなく人が集まり出し、人数を増して竹の筒を吹いて法螺貝のような音を鳴らしながら、新町村を目指して進み始めた。同じころ、加東・加西両郡入会の青野原新田にある加東郡河高村内の一千坂という野原にも、何国の者とも知れない者が集まり、貝を吹きながら川を渡って、稲荷野からの勢力と合流した。一揆勢は、新町村に入ると、近くの小屋を引き倒して農具などを持ち出し、仲買の川西屋庄助を始め、問屋の仁兵衛・甚兵衛、酒屋の孫兵衛、油屋の小一兵衛、その他二軒の合わせて七軒の裕福な商人の居宅を打ちこわした。一揆勢は、鋤・鍬・鎌・棒を始め鋸・鳶口などで家具・家財をこわし、柱や天井、瓦まで破壊する家もあり、問屋では荷物もさんざんに取り散らした。その後、一揆勢は南の北野村に向かい、干鰯屋の新十郎・次郎兵衛・猶左衛門、銀貸・問屋の松尾与市郎、酒造家の金五郎の五軒を打ちこわしたが、途中の村々にも参加を呼びかけたため、しだいに人数を増していった。さらに、一揆勢は南下して、垂水村の干鰯屋の与右衛門ほか一軒、野村の問屋一軒を打ちこわしたあと、二手に分かれた。一手は、そのまま加古川の東岸を南下して上田村に向かったが、同村の酒造家の文兵衛は酒食を一揆勢に施したために打ちこわしを免れた。上田村を通過した一揆勢は、福吉村の酒造家で酒桶を一つこわし、大門村では銀貸・酒造の善次ほか問屋四軒、仲買一軒、質屋一軒の七軒を打ちこわした。もう一手は、川を渡って西岸の河高村、曽我井村の問屋を襲い、対岸の大門村から渡河してきた一手と合流して、河合中村の庄屋で銀貸・問屋を営む三枝五郎兵衛ほか一軒を打ちこわした。一三日の早朝には、西・新部・長丁・鍛冶屋・粟生・阿形・来住・太郎太夫の各村で、銀貸・酒造・問屋・呉服屋などが打ちこわされた。太郎太夫村の近藤亀蔵は、播磨国第一の銀貸と称され、小野藩の掛屋も務めていたため、藩の役人が警備にあたっていたが、役人は一揆勢に追い払われ、亀蔵宅は打ちこわされた。太郎太夫村を出た一揆勢は、北へ向かう者と南へ向かう者とに大きく二手に分かれた。そのうち北へ向かった一手は、小野藩の陣屋がある小野町では酒造家の宇兵衛から酒食を振る舞われただけで通過し、北・古川・東古瀬・屋度の各村で銀貸・干鰯屋・酒造家を打ちこわした。屋度村からはさらに二手に分かれ、一手は東条川を遡って小田・南小田・曽根・池田・垂水・小沢の各村で打ちこわしを行ったが、一四日の早朝になって一揆勢は解散した。屋度村から北上したもう一手は、山国・社・木梨・梶原・上滝野の各村を進み、どのあたりで一四日になったかは不明だが、多可郡板波・和田・西脇・郷之瀬・富田仲間・津間・下比延・上比延・福地・津間井・大門・北・黒田・石原・舟町・小苗の各村を経て、丹波国氷上郡の野坂・岡本・谷川・奥野々の各村でも打ちこわしが行われた。その後、山を越えて柏原町へ向かおうとしたが、柏原藩の役人が坂辻まで出張してきているのを見て、一揆勢は解散した。太郎太夫村から南へ向かった一手は、加東郡樫村、美嚢郡中石野村で銀貸・酒造家を打ちこわしたあと、さらに二手に分かれた。そのうち一手は、美嚢川を遡っていき、高木の陣屋、三木の陣屋の役人に阻止され、何人かが捕縛されて逃げ散った。しかし、大部分の勢力は、中石野村から南下して姫路藩領に進入し、一三日の午後から夜にかけて印南郡国包村で干鰯屋の畑平六、酒造家の又蔵宅を打ちこわし、井ノ口の渡しを越えて見土呂村の木綿問屋の大西甚一兵衛と惣七、干鰯屋の吉兵衛・宇兵衛、呉服屋の惣右衛門の五軒、さらに芝村では問屋の藤左衛門・善右衛門・太右衛門の三軒を打ちこわした。芝村からは加古川を再び渡り、加古郡西条村で酒造家の伊平治と庄助、治兵衛の三軒、大野村で大庄屋の荒木弥市右衛門の居宅を打ちこわしたあと、寺家町に進行した。寺家町では大工屋忠蔵と中屋藤七、大野屋五郎左衛門、新兵衛ほか二軒と寺家町付近の小字居屋河原の大野屋利兵衛が被害にあった。その後、一揆勢は南下して、高砂に向かった。高砂には姫路藩を始め、加古川上流に所領を持つ諸藩の蔵屋敷が集中していたため、迅速に鎮圧部隊が出動してきたので、一度は一揆勢は逃げ散った。しかし、再び寺家町まで戻って加古川を渡って集結し、印南郡天下原村の木綿屋の庄蔵と宇兵衛、さらに神吉村の大庄屋神吉五郎太夫と銀貸の九郎左衛門の居宅を打ちこわした。その後、大国村に押し寄せようとしたが、姫路藩の鎮圧部隊がやってきたので、一揆勢は逃げ散って消滅した。多可郡や丹波国では、北へ向かった一手によって、一四日にも打ちこわしが続いていたが、小野藩や多可郡の幕府領を支配する代官の要請を受けた姫路藩の鎮圧部隊が出動してきたので、一五日の朝には鎮静したようである。

この一揆の及んだ地域は、播磨国加東・美嚢・印南・加古・多可郡、丹波国氷上郡の計六郡、約七八か村にわたる。打ちこわしに遭った家数は、二一八軒とも百数十軒ともいわれ、家業の判明する者を分類すると、兼業を含めて、銀貸三〇軒、問屋二一軒、酒造二一軒、干鰯屋一五軒、木綿屋四軒、呉服屋四軒、仲買三軒、大庄屋三軒、庄屋・年寄・油屋・米屋・酒屋・質屋・医師・眼療医師各一軒である。これを見ると、目標となったのは米屋や問屋だけでなく、銀貸・干鰯屋・酒屋など、百姓への貸付銀を持つ富裕な豪商農層が多いことがわかる。これは、一揆が当初の目的である米穀の川下げ阻止から離れ、豪商農層に対する零細な小百姓や日雇・雑業者層による借金銀の破棄や救恤要求に変化していたことを示している。一揆の参加人数については正確な人数はわからないが、延べ人数は一万人を越していたと考えられる。

ところで、一揆の終焉後、一揆の中心地である加東郡へは、大坂町奉行所から与力二人と手先の者が派遣されて、一揆参加者の逮捕が開始され、一揆の最中に姫路藩や明石藩の役人によって逮捕された者も合わせて、全員が大坂に護送され、大坂町奉行によって吟味がなされた。その結果は、天保五年六月、江戸の幕府評定所で判決が下された。もっとも重い処罰の獄門は加東郡上滝野村の百姓市郎右衛門一人で、これは稲荷野に寄り合うための張紙を行ったためであった。死罪も加東郡社村の日雇の槌之助一人で、これは打ちこわしを先導したためであった。そして、遠島が二人のほか、所払・手鎖・入墨のうえ敲などが四三人で、すべて加東郡の者たちであった。そのなかには、皮多二人、無宿二人が含まれていたが、その他は百姓である。その他に、参加者を出した村々は過料を申し渡されたが、その村数は姫路藩を含めて一五の支配地で一六七か村、百姓三一一六人、皮多一一六人に及んだ。全般的に軽い処罰であった。一揆の参加者として処罰を受けた百姓の大部分は、日雇・雑業に従事する貧窮者であったろう。

　この一揆の様相は広く世間に伝わり、多数の風聞書を生んだが、例えば「雑記後車の戒」には「幟多く有りて、米六十目、麦四十目にすへしと記せるも有、又ハ天狗世直しと記せし幟多しと云々」と記されている。これは、一揆勢のなかに漠然としてではあるが、世の中が変わってほしいという「世直し」への願望が芽生えつつあったことを示しているといえよう。また、「天下泰平我等之命者為万民」とか「為万人捨命」などと記した旗や幟も見られたという。

【史料】播州村々百姓騒立手続之写　ばんしゅうむらむらひゃくしょうさわだちてつづきのうつし

　天保四年九月の成立。又九郎なる人物が筆者だが、不詳。一揆で被害にあった加東郡屋度村の医師谷川家に伝わる。一揆の風聞書のなかではもっとも信憑性があると考えられ、支配領主別に一揆で被害に遭った者の氏名・職業にいたるまで、詳細に記録している。また、参加人数についても、風聞書によっては七万人にも達したと書かれた例があるのに対し、一二日に稲荷野に集まったのは一四〇〜一五〇人で、一三日に太郎太夫に一万人集まったという風聞があるが、一か村に一〇〇人の割合で一〇〇か村から集まらないと一万人にならず、それはありえないとし、三〇か村から五〇人ほどがでて一五〇〇〜二〇〇〇人というのが妥当であろうと推定している。客観的な記述を心がけていることが理解できよう。『加古川市史』五、『小野市史』五、『編年百姓一揆史料集成』一二に収録されている。このほかにも、一揆の風聞書は各地で記され「播州表百姓一揆大騒動之一件」、「雑記後車の戒」、「播州一揆聞書」、「播磨国五郡強騒動雑録」、「天保動乱記実録」などが残されている。　（山﨑善弘）

〔参〕『加古川市史』二、『兵庫県史』五、宮川秀一「天保四年における加古川筋の百姓一揆について」（『兵庫史学』一）

天保四年（一八三三）九月一九日
武蔵国橘樹郡幕府領神奈川宿米騰屯集

　米価暴騰で困窮した東海道神奈川宿の窮民が、天保四年九月一九日夜、荒町裏や青木町・権現山などに屯集し、米の安売りや困窮者への米五〇〇俵放出などを要求した。要求が受け入れられない時は、打ちこわしに発展するような勢いであったという。宿役人らは、二〇日急遽協議して銭一〇〇文につき八合売りを決め、実際の米価は七合売りであったので、その一合の差額は有徳人が出金して負担することを決めた。しかし、二二日にも米屋へ雑言を吐く者もおり、夜中には金蔵院の鐘が鳴るなど不穏な状況が続き、宿役人や米屋はその後も八合売りを継続することに努め、打ちこわしへの発展を防いだ。騒ぎの首謀者は誰ということではなく、自然と寄り合ったということにされ、幕府にその旨を届けでた。　（高橋正一郎）

〔参〕『神奈川県史』通史三

天保四年（一八三三）九月二八日
武蔵国葛飾郡幕府領幸手宿打ちこわし

　天保四年九月一九日、幸手宿の穀屋たちの家々に張札があった。その文言は、今月二二日昼九つ時に討入りに参るというもので、手伝う者は荒宿の正福寺に集まれというものであった。幸手は二と七の日が市日であったが、このため二二日の市は延期となった。穀商や名主らは対策を練ったが、よい策がでないまま放置された。二八日夜、米相場引下げを要求する廻文が出され、幸手宿三か町より五〇〇〜六〇〇人が集まって、荒宿長島屋善六や右馬之助町搗米屋庄兵衛ら一九軒と隣村上高野村弥右衛門ほか三軒の計二三軒が打ちこわされた。この事件に関連して清吉・惣吉ら打ちこわしの頭取や小前百姓、村役人ら計一五〇人ほどが取り調べを受けた。とりわけ清吉は廻文を書いて宿内にまわし、宿内の三か寺で釣鐘を激しく撞いた罪により所払となり、惣吉は清吉に全面的に協力した罪で同じく所払となった。勘右衛門ほか三人は過料銭三〜五貫文、平吉は打ちこわし中に往来に散乱していた木綿の反物二反を盗もうとしたところを仲間に見つかりなぐられ怪我をしている。このことが不届という科で入墨のうえ敲の刑に処されている。その他小前百姓ら一四〇人は急度叱、名主も急度叱、年寄・組頭は叱となった。このうち、清吉(四〇歳)は名主右馬之助の店借で無高、鶏卵売捌き渡世、惣吉(宗吉)は吉野村年寄孫八の店借で無高、豆腐屋渡世、勘右衛門(五七歳)は百姓熊蔵の店借で饂飩蕎麦商であったことが注目される。小作の農間に卵・豆腐・饂飩・蕎麦などを小売りする日雇稼ぎらが打ちこわしの闘争主体だったのである。また、清吉の供述によれば、鶏卵の仕入れに下総国猿島郡小手差村に赴いた際に荒宿にもよく顔を見せる無宿新蔵に出会い、打ちこわしの同時蜂起を勧められたという。騒動の波及を恐れた幕府は、関東取締出役を廻村させ、組合村々に幸手宿打ちこわしを例に上げた触書を出し、豪農商の米買占めを禁止するとともに、貧農・日雇層・無宿らによる騒動の風潮を威圧し、村々百姓連印の請書を提出させている。なお、翌五年四月二七日に再び張札があり、打ちこわし後の米穀安売りや施米の配分に関する宿役人の不正を糾弾した。その後、この張札を誰が出したかをめぐって宿内の百姓同士で代官所に出訴が行われ、結局一二月に内済となっている。　(山中清孝)

〔参〕『幸手市史』近世資料Ⅱ

天保四年(一八三三)九月二八日
江戸町張札

天保四年は気候不順に災害が加わったため、天明三年(一七八三)以来の大凶作となった年である。江戸に入る米穀量は減少し、米価は高騰した。こうした状況の際、御救米を支給することで江戸の都市秩序の安定に大きく寄与していた町会所は、二度にわたって其日稼の者に御救米を支給し、富裕な町人による施行も広範に実施された。八月一三日には、米穀商人による囲米行為を厳禁したが、これを逆手に取って、九月二八日、米六〇〇〇俵を囲米していた芝三田の米屋松屋が一〇月一日から三日間白米を廉売する旨の張札が、芝・高輪・本所・深川の町の木戸や橋の欄干に張られた。一〇月一日、この張札を見た困窮者が数百人も松屋にやってきたが、松屋はまったく知らないことであり断ったところ、騒動となったため、止むなく施行を行い、打ちこわしを免れることができた。翌二日、こうした張札行為を禁じる町触が出された。　(安藤優一郎)

〔参〕北原糸子『都市と貧困の社会史』

天保四年(一八三三)九月下旬
大坂町張紙・屯集など米騒動

天保四年は全国的な大凶作となり、各地で諸色の物価が高騰し、人々を苦しめた。大坂では、諸国からの廻米が減少し、八月下旬には、米価の高騰が進み、米一升が銭一六〇文となり、貧しい人々はことの外困窮した。こうした状況に対し、大坂町奉行所では、八月、米商人の米買い占め、囲い持ちを禁じ、九月にも、米仲買に米の不正売買によって米価を釣り上げること禁じ、町々・商家の囲い米を売却することを命じたりした。しかし、天満あたりの所々には、このように米価が高騰するのは大坂町奉行の政治が手ぬるいからだと書かれた張札が見られ、九月二〇日過ぎには、米を買い占めた者の家を打ちこわすから、志のあるものは集合するようになどと書かれた張札が天満天神の鳥居や近郊の大仁村などに見られた。また、町内所々の橋に、米を買い占めた者どもの家を打ちこわすから、玉造稲荷に集合するようにと書かれた張札が見られた。天満新宅のあたりでは、米を買い占めている富商の大根屋惣兵衛を打ちこわすといって五人連れが暴れまわったが、うち一人は打ち殺され、一人は召し捕らえられ、三人は逐電するという事件も起こった。このような状況下、十三・野田村などでは、まだ実も入っていない早稲米が、一石につき銀一〇五匁で売り出されたという。
（山﨑善弘）

〔参〕『大阪府史』七、『日本庶民生活史料集成』一二

天保四年（一八三三）一〇月七日
常陸国新治郡旗本本堂氏領二五か村減免強訴

江戸中期以降四回の百姓一揆を経験してきた旗本本堂氏の志筑領は、化政期の改革と天保元年以来の凶作・飢饉状況の下で、四年八月の台風被害を契機として、村々から検見引き方願いを提出した。しかし皆無同様の実りに対して天保四年一〇月六日の上納額回答が不満な内容だったので、その夜のうちに領内二五か村の申し合わせが終わり、七、八日、小前百姓ら七〇〇余人が嶋木原に集合、年貢半免・小物成全免を始めとする一四か条の願書を作成、志筑陣屋に押しかけ割元方に突きつけたが、陣屋の圧力で村々へ退散した。九日、小前らは嶋木原へ集合、江戸出訴を決めたが、陣屋側が稲吉宿で出府を阻もうとしたため方針を変更した。小前一同は、水戸藩の徳川斉昭が在国であることを知り、同藩の郡奉行所へ出訴することを計画したが、陣屋側が捕手を出動させたため帰村、翌日裏街道から水戸表に出訴、代表三一人が下稲吉村久兵衛を惣代にして窮状を訴え、水戸藩領百姓に取り立ててお救いを願いたいという惣百姓名の訴状を提出した。水戸藩の圧力で内輪に扱う方針が取られ、年末には全訴人が無罪、五〇〇俵の年貢軽減となった。
（深谷克己）

〔参〕植田敏雄編『茨城百姓一揆』

天保四年（一八三三）一〇月一八日
肥後国天草郡幕府領袖乞

天保四年九月、新開場見分御用のため、幕府勘定改役が廻村してくる際、宮田村才八郎が「願筋有之ものハ願出ル様ニ」との触状を偽造したことから、都呂々村武平は、町山口村市平・食場村弥右衛門・同常右衛門の名前で、質流田畑は二〇か年賦請け返し、頼母子講・借銭は一五か年見合わせ、質入れした衣類・道具などは無代で取り戻す、という内容の願書を作成し、食場村太市とともに直訴しようとした。両人は富岡町の旅宿まででかけていったが、村役人が多数詰めていたため、多人数で願いでた方が得策と判断してその場での願書提出は取りやめ、その後村々を回り百姓を煽動した。この呼びかけに応じて、一〇月一八日以降、本戸組・一町田組・大江組村々の百姓が集団で騒ぎ立て、所々にて銀主や地主宅に押しかけ、米銭など袖乞いして回り歩くという行動を取った。二二日以降重立ったものが捕らえられたが、一一月八日や一二月六日にも百姓たちが集まって騒ぎ立てるというように、不穏な状況が断続的に起こった。天保八年一〇月、長崎奉行から判決が下され、都呂々村武平を始め五人に遠島が言い渡されたほか、関係者が処罰された。百姓たちがこのような行動をとったのは、寛政八年（一七九六）四月に発布された「百姓相続方仕法」の期限が切れたことで、田地の請け返しができなかった百姓が同法の復活を願ったからだと思われる。（大橋幸泰）

〔参〕松田唯雄『天草近代年譜』、鶴田八洲成「天草天領農民一揆の地域史研究（一）」（『熊本史学』五二）、『苓北町史』

天保四年（一八三三）一〇月頃
相模国高座郡遊行寺領西村百姓跡式争論

天保四年一〇月ごろ百姓喜右衛門が死亡すると、その跡式（家督）相続をめぐって子の喜右衛門（もと弁蔵）と「構主」（質取主）の大久保町平蔵後家こうとの間で争論となった。喜右衛門は、相手こうが村役人と結託して不正を働いているとし、寺社奉行へ駆込訴を行い、いったん内済したが、やがて古来一二石の田地に不足すると独自に調査しているうち、同五年五月姉たつが突如寺社奉行に駆込訴をした。即座に村役

人が呼び出され、たつは連れ戻されたが、途中で逃亡した。そして、たつの捜索中、再度喜右衛門が寺社奉行へ駕籠訴した。この後、喜右衛門の五人組は連座・縁座を免れるため、喜右衛門を組から除外してほしいと領主遊行寺役所に嘆願したが、許可されなかった。同年七月寺社奉行の吟味が開始され、一〇月喜右衛門跡式はこうが継承するべきものとされたが、持高八石余のうち喜右衛門は八石八升余、こうは三斗余の配分がなされ落着した。

（西脇　康）

〔参〕『藤沢市史』五

天保四年（一八三三）一一月一三日
若狭国遠敷・大飯郡小浜藩領小浜町打ちこわし

天保四年の飢饉で米価が高騰していたが、奥羽などの「諸国津留」により米の入津が減って米払底となり、一俵銀三五～四〇匁だった米価が秋には五二匁に騰貴した。藩では町方難渋人へ一人に米一斗のお救い米を与え、富裕な町人も粥などの施行を行った。そうしたなかで、米屋・問屋数軒の米買い占めが発覚し、処罰される事件も起きた。町方は比較的に救済策が行われたが、村方に対しては救済が遅れたため、農漁村の百姓・漁師らが小浜城下に押し寄せることになった。騒動の発端は、遠敷郡名田庄三重村の神主左近が近郷の米を買い集めていたことにあり、百姓一四、五人がこれを問い詰めたところ、小浜の木綿屋伝助の依頼で二〇〇〇俵もの米を集めたことが判明した。名田庄は農耕よりも山稼ぎに依存する山間部で、伝助は名田庄に米を仕送りしていた商人であったが、この年はむしろ米を買い集め、丹波へ高値で売ろうとしていたのである。百姓たちは、寺の庭で藁を燃やし鐘をついて「火事だ」と叫んで数百人を集めたといわれ、途中茶屋などに酒食を強要しながら小浜に向かった。一一月一三日夜八つ時、百姓約一〇〇〇人が鬨の声を挙げながら小浜城下西口から入り、鵜羽小路の木綿屋伝助宅に押し寄せた。百姓たちは、始め買い占めた米を一俵二五匁で売り払うよう詰め寄ったが、駆けつけた藩の同心が百姓を打擲したためこぜりあいとなり、これに怒って家財・諸道具を始め酒樽まで微塵に打ちこわした。この際、百姓たちは藩に対して、①米一俵二五匁での下げ渡し、②地舟の停止、③年貢を伝助らに代納させる、などを要求した。続いて大津町の町年寄西島又兵衛宅も打ちこわした。翌一四日には早鐘を撞いて池河内や根来、大飯郡佐分利谷の百姓も加わり、西津や大島の漁師たちは舟を漕ぎ着け、二〇〇〇～三〇〇〇人にものぼったという。夕方になると打ちこわしが始まり、一五日未明まで、二ツ鳥居町の御用達米屋長兵衛、再び西島又兵衛、その隣家の宇久屋長右衛門、瀬木町の井筒屋勘右衛門、川縁町の尾野屋次兵衛、質屋町の木綿屋伊兵衛・四十物屋庄兵衛、大蔵小路の茶屋（三島）孫右衛門を襲った。これらのうち宇久屋・尾野屋・木綿屋・四十物屋は、先に買い占めで処分された店である。このころになると、藩は鉄砲を使用する軍事的な鎮圧策に転じた。一五日朝、百姓らは瀬木町の井筒屋清右衛門を打ちこわしたが、ここに鉄砲隊を含む藩兵が出動した。始め空砲を撃ったところ、百姓たちは「鹿などだったら驚いて逃げようが、百姓は人間なればそのような脅しに屈しない」と言い放ったので、実弾を発射して二〇～三〇人が負傷し、やがて四散したという。なお、小浜打ちこわしの前後に、遠敷村で源助、東市場村で孫四郎、名田庄田村で庄兵衛が打ちこわされており、大飯郡内浦一二か村の百姓らが集会して高浜へ向かう動きも見られた。

【史料】天保太平記　てんぽうたいへいき

内題に「小浜嗷訴見聞記」とある。小浜市立図書館酒井文庫所蔵。藩主酒井家の旧蔵。著者・成立ともに不明。「今年天保四年」「来ル午ノ春」とあることから、騒動直後に書かれたものか。実録物風の記録だが、打ちこわされた家の内情なども注記しており、町方の実情に詳しい者の手になるか。ただし、漢字とカタカナで表わされており、一般の町人ではないであろう。内容は、騒動の経過を一揆側・町方・藩の三者の動きを追いながら活写し、末尾に風刺の狂歌二〇首を載せる。この騒動を扱った同様な実録物に「天保四巳虫咄」（『わかさ名田庄村誌』所収）があるが、同書が騒動の背景として金持ち・貧乏人ともに身分不相応の奢りがあると傍観者的に指摘するのに対し、本書では米買い占め商人の利欲が米価高騰を生み、万人の遺恨によって禍いその身に及ぶと、米買い占め商人の責任をついている。『日本庶民生活史料集成』六に翻刻されている。（齋藤　純）

〔参〕『小浜市史』通史上、『福井県史』通史四

天保四年（一八三三）一一月一七日
下野国那須郡烏山藩領減免・米騰強訴・打ちこわし

天明以来、烏山藩（大久保氏、三万石）は収納米金の低下、支出の増大などからくる財政逼迫打開のため、家中に内職・開墾などを求める「厳法」を実施していたが、天保四年七月には、家中給与を五か年間家禄によらず年齢別に支給する面扶持を導入した「厳法再生」令を布達した。しかしこの政策は、家中への倹約のみならず、領民への年貢増徴の強化にも拡大するものであった。また天保四年は、凶作による米価騰貴が甚だしく、畑作地帯の東郷の百姓は、とくに困窮していた。当時、城下鍛冶町木戸前の酒造屋井筒屋覚兵衛が米を買い占めているとの噂があったため、東郷の百姓は井筒屋に米の売り出しを交渉したが、一粒の米もなしと断られた。しかし、その後同宅から米の砥ぎ汁が多量に流れているのを発見したため、同宅への反発は強まっていった。一一月一七日の夕、東郷九か村の百姓は上境村千足峠に集合、竹法螺を吹き、峠を下り烏山下河原に集結した。藩では、家老菅谷八郎右衛門の指図で大手門などの要所に藩士を配置し、酒屋・穀屋などには手代・足軽などを出張させた。しかし一揆勢は、鍛冶町の木戸を押し破り、井筒屋を打ちこわし、続いて穀屋那須屋忠左衛門・紙屋忠助宅も打ちこわした。また元町では穀屋三軒を打ちこわした。さらに酒造屋へ押しかけようとしたところ、かねて出張していた藩兵に遮られ、酒食の炊き出しを受けている最中、一揆勢と藩役人との交渉が行われた。一揆勢は、目明し三河屋忠兵衛の引き渡しを要求し、ついに藩より三河屋召捕りと入牢の約束を取り付け、いったんは鎮静化した。しかしその後、年貢減免や秋成年貢の値下げなど九か条にわたる要求を出し、再び交渉が続いた。翌一八日には、城下周辺の村々も騒然となり、東郷のみならず、西郷・南郷・北郷もそれぞれ各地に集合し鬨の声を挙げた。やがて狼煙を合図に東郷と南郷は合流し、鍛冶町木戸外へ押し寄せ、再び井筒屋で酒造道具を打ち砕き、家財道具も打ちこわした。二〇日になると藩は玉込め鉄砲を備えた藩兵を領内各所に配置した。二三日夜には、興野村名主で藩御用達を務める石塚定右衛門宅を打ちこわすべしとの落文があったため、同宅を鉄砲五〇挺を含めた藩兵に警備させた。これにより定右衛門宅の打ちこわしは未遂となった。二七日、藩は百姓の要求を取り上げ、検見歩刈引き、年貢二分五厘減免を領内に触れたため、ようやく鎮静化した。本騒動の首謀者探索は難航したが、東郷小木須村名主隠居ほか四名が首謀者とされ、家財闕所・所払以下の処罰を受けた。また、その他のものは「一同叱置」にとどまった。また、井筒屋は騒動の要因となったことと減醸令に違反したかどで牢舎となっていたが、出牢の際過料として一五貫文が言い渡された。（齋藤悦正）

〔参〕『烏山町史』、『栃木県史』通史五、長倉保「烏山藩における文政・天保改革と報徳仕法の位置」（『日本歴史』三三八）

天保五年（一八三四）一月七日
陸奥国九戸郡八戸藩領強訴（稗三合一揆）

文政二年（一八一九）に藩は、天明飢饉後、極度の窮乏に陥った藩財政を立て直すため、「御主法替」と呼ばれる藩政改革を展開した。この改革の中心となったのが、「御勝手御役人惣座上」の野村武一（のち、改革の功績により中老役となり、軍記と改名）である。藩はまず、預切手を発行していた御用聞和泉屋喜兵衛や、領内最大の豪

商七崎屋半兵衛を取り潰し、彼ら特権商人との癒着関係を整理した。そのうえで「産物取扱調会所」を設置し、大豆や〆粕・干鰯という特産品を買い上げ、藩主導のもとで遠隔地流通に投入した。領内の流通に関しても、木綿・細物・蝋燭・煙草などに「一手売り」(流通独占)を認め、礼金収奪をめざした。また年貢収奪の増加をめざして新田開発を展開し、文政一一年からは領内惣検地も展開した。これらの政策の結果、藩財政は好転し、文政一三年には一万五〇〇〇両が藩庫に納入されるなどの成果を得た。一方、収奪強化にさらされた百姓らは窮乏し、潰れ・欠落百姓などを生み出した。そんななかで天保四年の大凶作が襲ってきた。領内全域で収穫がほとんど皆無というこの凶作により、食糧が不足し、穀物値段は急上昇したため、多くの領民は飢えに陥った。藩は村限りの穀留を命じ、有力百姓らの救恤に期待した。同時に領内の貯穀量を調査し、ついに領内穀物の一元的統制をめざし、「稗三合政策」を展開するのである。それは一人一日の食糧を稗三合とし、それ以外の在地における貯穀をすべて藩が安価に買い上げるというものであった。「稗三合政策」が行われると、作付も出来なくなるという不安が充満し、是川・糠塚・嶋守村では、政策の撤回を求める訴願が提出されたが、藩はこれを拒否した。一月七日の夜中、久慈通森・畑田・山口村周辺で起きた一揆は、四〇〇〜五〇〇人で久慈代官所へ強訴した。代官は「稗三合政策」の撤回を認めた書付を渡しいったんは収束するが、後勢の一揆が押し寄せ八戸城下への強訴へと発展した。九日に大野日払所に詰めかけた時に、すでに一揆勢は三〇〇〇人ほどに膨れ上がっていた。一〇日、軽米村に到達した一揆は、大雪に阻まれてここで二泊した。一二日、軽米を出立した一揆は、途中の中居林村で勢揃いし、役人の説得も振り切って城下鍛冶町まで押し寄せた。同日夜には山根通の百姓二〇〇〜三〇〇人余も新井田村まで押し寄せている。一三日、藩は要求を認めた二一か条からなる書付を渡したため、一揆は解散した。この久慈を中心とした一揆は、統制が取れており、道具類・刃物類は持たず、打ちこわしも行われなかった。同日夜、浜通の百姓三四〇〇余人が下町大手際まで押し寄せ、町内へ入ろうとする一揆と役人との間に小競り合いが起こった。侍のなかには怪我人が出、刀・脇差を奪われる者もいた。一揆は、野村軍記・武一親子に一日稗三合で農業をさせ、出来なければ引き裂いて領民が一口ずつ食べるので、彼らを百姓に引き渡してくれることを求めた。浜通の一揆は翌朝解散するが、一四日には長苗代通二五〇〇余人が、途中正法寺関所・大橋関所を打ちこわして八戸城下へ押し寄せた。役人が願書を提出することを求めるが、誰一人進みでる者なく解散した。藩は、野村軍記父子に一揆の責任をとらせ、役儀を取り上げ預けの処分を行ったが、一揆参加者に対する処罰は行わなかった。一揆の要求については、願書は現存しないが一三日に藩が出した二一か条の赦免書によれば、「稗三合政策」の撤廃を始め、塩・大豆・粕油の買い上げ中止、煙草・肴役などの廃止、諸運上の廃止などであり、「御主法替」を全面的に否定するものであった。

【人物】野村軍記　のむらぐんき

安永三年(一七七四)〜天保五年(一八三四)。八戸藩士。父野村朋宗。通称武一。寛政五年(一七九三)近習役となり、その後刀番役・大目付・寺社奉行などを歴任。文政二年、「主法替」と称する藩政改革で活躍。その功績により藩主より軍記の名を賜い、天保二年には中老役側用人兼帯となる。天保五年の稗三合一揆により、その責任を取らされて役儀を取り上げられ、同年一〇月死亡。享年六一。

(保坂　智)

〔参〕菊池勇夫「文政天保期における八戸藩の藩政改革と農民闘争」(『史苑』三六—一)

天保五年(一八三四)一月二六日

出羽国仙北郡秋田藩領新法反対強訴・打ちこわし(前北浦一揆・奥北浦一揆)

天保四年の大飢饉で米価は高騰し、領内各地は不穏な状況になってきた。八月には土崎湊で沖仲士による打ちこわしがあった（天保四年八月一八日の項参照）。藩は、家口米仕法を実施するため領内全域で有米調査を行い、余米はすべて藩で買い上げることとした。飢饉の影響が他地域よりひどくないといわれていた仙北地方では、阿仁銅山への廻米確保のためもあって、勘定奉行金易右衛門が仙北郡郡奉行となり、とくに厳しく行われた。しかし、藩の仙北米確保が難航するなか、天保五年一月二五日、新任の郡方吟味役鎌田順兵衛が前任者の一人三合で五月までという言を違えて、飯米一人二合五勺扶持で三月までと申し渡した。そのため、二六日、役人の言は信じがたいとして、家口米仕法に反対し、前北浦四三か村から一軒一人ずつ山刀・鎌・古脇差などを持ち数千人が集まり、長野御役屋を取り囲み強訴した。奥北浦百姓も加勢したという。マタギも鉄砲持参で参加している。夜は生木を刈り篝火を焚き鬨の声を挙げた。二七日長野御役屋の役人では埒が開かないので、城下久保田へ直訴するため大曲から花館、神宮寺へと押し寄せていった。焼飯や粃餅などを腰につけていた。郡奉行金は神宮寺の渡しの綱を切り落としてこれを阻止し、願書を受け取ることを約束して二八日朝ひとまず帰村させた。その後長野御役屋で代表者から願書（藩の借上げ米の免除、春農米・銭拝借の要求など）を受け取った。その要求をほぼのんだ形で藩は事態を収拾し、処罰者はいなかった。この一揆を聞いて土崎湊町の近辺やその周辺村々で騒ぎが起きている。二月三日夜には生駒氏領由利郡矢島町で院内銀山への廻米をしている家を打ちこわそうと、棒・鳶口を持って集まったが、町役に知れ止められた。一〇日頃には仙北郡荒川村でも払米、救米が差し支えているといって大騒ぎがあった。

このように、前北浦一揆に引き続いて各地で不穏な動きが続くなか、藩では米繰りも金策もつかず、仙北筋で集めた米を城下へ運ぶこともできず、家口米仕法を放棄せざるをえなかった。その決定の前日の二月一八日、阿仁銅山廻米蔵宿を務める奥北浦の西明寺村肝煎九右衛門宅へ百姓が大勢押しかけるという風説が流れたため、役人が西明寺村へ急行したが、その夜は別条がなかった。翌一九日の朝から七〇〇人～八〇〇人の百姓が山刀・鎌を持って集まり、昼には一三〇〇人余に増えて、九右衛門の屋敷を取り囲んだ。役人の説得も聞き入れず、蔵の阿仁銅山廻米一四俵を炊いて「押喰」し、鬨の声を挙げほら貝を吹きたてて角館に向かって行進した。役人のいう代表者だけの陳情には承知せず、角館町に入る手前で、梅沢村清右衛門宅へ押しかけ二〇俵余を炊き「押喰」し、二〇日には卒田村肝煎儀助宅へ三六〇〇人余が詰めかけ打ちこわし、その後角館には入らず、雲然（くもしかり）村肝煎久吉の家蔵を徹底的に打ちこわした。廻米蔵宿の小山田村万右衛門、小淵野村和三郎、門屋村六右衛門宅で酒飯を「押喰」した者もいた。そして、久保田へ向かって歩き出したところで夜を迎えた。角館の佐竹北家給人が役屋貯えの米を炊き出して振る舞い説諭するが聞き入れず、ついに北家の佐竹義術が自ら角館郊外の河原にでて取り鎮めた。佐竹北家の責任で銅山廻米の停止を約し、願は文書で受け取ることとしてひとまず帰村させた。二七日に奥北浦百姓から一七か条の願書が出された。その要求は、郡方廃止、馬役銭廃止、野山役廃止、木山方廃止、養蚕方廃止、郷備籾廃止などで、たんに凶作による米不足から銅山廻米を阻止するというのではなく、寛政改革以降藩が行ってきた政策に反対するものであった。二月二二日郡奉行金易右衛門が罷免された。二八日佐竹義術が約した角館・西明寺・檜木内に囲ってある銅山廻米はそのまま回送するが、家老須田内記が六郷方面で集めた久保田送りの米から三〇〇石を奥北浦の救い米と払い米に回すこととした。

奥北浦一揆直後の二月二二日、佐竹南家の湯沢町で困窮人が払米を要求して郷蔵や南家門前に押しかけて騒いだ。要求は春農米・銭拝借などであるが、郡方支配を抜けて佐竹南家の支配に戻りたいというものが含まれていた。二六日には稲沢村長四郎の家へ多人数が米無心に押しかけた。藩では要求には答えず、急遽二六日に上三郡（仙北・雄勝・平鹿）の藩主巡行を決め、三月四日から一八日にかけて一揆状況の鎮静化をはかって説諭の巡行が行われた。三月八日には湯沢で肝煎・長百姓たちに直接説諭した。一三日には六郷東根村百姓が駕籠訴との風説、六郷東根村、上野田村などで騒いだ。一四日には板見内村、本堂城廻村、山谷川崎村などで騒ぎ、駕籠訴を企てた。一五日には角館町周辺数か村の百姓が駕籠訴を企てるという情報があった。藩主のいく先々のこのような動きのほかに、三月一三日には、角館から西明寺村にかけての阿仁銅山への廻米を運ぶ街道筋の村々の肝煎宅に押し寄せ「押喰」をし、さらに門屋村六右衛門（廻米蔵宿）宅へ二〇〇〇人余で押しかけた。三月一九日からは首謀者一〇余人が捕らえられ、七月には梅津外記家人の本堂城廻村住居星山源蔵が第一の首謀者として捕らえられた。角館給人が扇動したともいわれている。五人牢死したが、ほかは郡払いなど処罰は軽いものであった。打ちこわされた雲然村肝煎久吉は一郷払い、首謀者とされた雲然村市太郎は六年になって検見願の無調法で逮捕され、八年に親類預りとなっている。五年三月には大坂などから米や穀類が土崎湊に着いたが、飯料不足は続いた。そのため、町人からは余米買上げ、給人からは扶持借上げを、領内正銭不足にもかかわらず米買入れのための正銭沖出しを行うが、六月には藩はなすべき手を失ってしまう。七月二六日には、秋田郡神田村で渡米が不足しているため春田から実を刈り取って飯料にしたいと申し立て騒ぎがあったとの知らせが入った。八月下旬には下三郡（秋田・山本・河辺）の藩主巡行をあわただしく行った。このように不穏な動きが続くなか、藩は飯米確保と莫大な借財返済のため奔走し、さしたる改革もできずに衰微していった。（堤　洋子）

〔参〕小沼洋子「凶作と一揆と藩政」（『天保期の人民闘争と社会変革』上）、秋田近世史研究会『藩政時代の村・羽後における飢饉・一揆』

天保五年（一八三四）二月九日
讃岐国高松藩領鵜足郡宇多津村・阿野郡坂出村・那珂郡金毘羅領金毘羅村など打ちこわし

天保の飢饉の影響と米商人の売り惜しみにより、讃岐国でも米価は高騰した。高松藩では、財政窮乏への対策として文政期から銀札の濫発を行ってインフレを招いていたから、なおさらであった。阿野郡北の大庄屋渡辺氏は天保五年一月の御救米願でその管下一三か村での飢人二二五四人・難儀人八七五人と報告しており、そうした窮民にとって米価高騰は生活を直撃する痛手であった。二月九日夜、鵜足郡の港町宇多津村の百姓たちは、本町の藤屋伊勢松ら七軒の米屋・質屋を打ちこわし、隣村の阿野郡北の坂出村内浜の坂本屋も襲撃した。藩の津留にもかかわらず、抜売・抜買を行っているとみなされたからである。これによって宇多津では翌日に米価が下がったことを知った坂出村安五郎らは、一一日夜、天神堂で集会し、米価を銀一匁につき一升売りにするよう村役人に交渉することにしたが、棒・鳶口などを持参する百姓たちはしだいに二〇〇人に膨れ上がり、翌一二日にかけて坂出村で七軒、西庄村で一軒を打ちこわした。米屋・質屋・肥屋・魚問屋・大庄屋などである。三月になると、宇多津では一三人、坂出では二〇人が入牢させられたが、隷属的な貧農である間人が多いのが特徴的で、大工や相撲取りなどもいる。また、坂出の刑死者は塩田開発のための移住者が多い新開集落の者で、製塩業での日雇層と推測される。翌七年閏七月六日、宇多津では多人数を呼び集めた頭取として百姓伝十郎が磔、ほか一名が打首獄門、坂出では頭取の百姓安兵衛（芳五郎）は磔、百姓藤六（吉六）・間人九助・同石蔵（友八）は獄門に処せられた。ただし、友八以外は牢死していた。ほかに備前へ追放となった者も多数いた。晒首にされた刑場には諸人が焼香し、「米安霊神」といって回向したと伝えられる。坂出市御供所町の田尾墓地には九人の名を刻んだ六地蔵がある。刑死者四人のほかに牢死した者も含められているのであろう。また、同町の常磐神社は刑死者四人を祀って天保八年に創建されたものとも伝えられるが、塩田ゆかりの神社ともいわれ、真偽のほどは不明。一五日夜には、那珂郡でも大規模な打ちこわしが発生し、金毘羅社領金毘羅村で二五軒、幕府領（松山藩預地）榎井村で一六軒、高松藩領四条村で八軒の米屋・酒屋・質屋・旅館など富裕な商人を打ちこわした。米価高騰によるもので、米屋は一六日から一石につき一一〇匁で安売りすることになった（米価は一三〇匁だったという）。高松藩は二〇〇〇人に及ぶ藩兵を出し、一七日夕方には鎮静した。ほかに丸亀藩・松山藩も出兵している。三月下旬、捕縛された者のうち主だった三七人が高松と松山に入牢させられたが、倅身分や無宿者が多く、相撲取りや虚無僧も含まれていた。処分の結果は不明だが、支配が入り組んでいたため、裁許の方法について幕府評定所へ問い合わせ、評定所でも先例を検討している。（須田　努）

〔参〕沢井静芳『天保五年中讃打こわし事件とその歴史的背景』、佐々栄三郎『讃州百姓一揆史』

天保五年（一八三四）四月二七日
武蔵国葛飾郡幕府領幸手宿施米要求張札
→天保五年（一八三四）六月
江戸周辺打ちこわし

天保五年（一八三四）五月一二日
大坂米価高騰屯集
→天保五年（一八三四）
大坂周辺米騒動

天保五年（一八三四）六月一一日
武蔵国足立郡幕府領千住宿打ちこわし
→天保五年（一八三四）六月
江戸周辺打ちこわし

天保五年（一八三四）六月一二日
武蔵国埼玉郡幕府領越谷宿袋町・本町地借ら施米要求屯集
→天保五年（一八三四）六月
江戸周辺打ちこわし

天保五年（一八三四）六月二四日
武蔵国埼玉郡旗本領加須町など打ちこわし
→天保五年（一八三四）六月
江戸周辺打ちこわし

天保五年（一八三四）六月二九日
摂津国西成郡幕府領稗島村打ちこわし
→天保五年（一八三四）
大坂周辺米騒動

天保五年（一八三四）六月
江戸周辺打ちこわし

天保四年ごろからの天保飢饉によって生じた米価騰貴と米買い占めは、関東においても都市や在郷町・宿場町などにいちじるしい影響を及ぼした。まず、天保五年四月二七日、葛飾郡幕府領幸手宿で張札騒動があった。施米要求の張札だが、前年九月の米屋打ちこわし後の施米の事後処理をめぐる不正追及の意味合いもあり、施米世話人の清兵衛・伝兵衛・仲町名主市郎兵衛と張札の犯人とされた百姓長兵衛・五兵衛との間での訴訟に発展した（一二月に内済で決着）。次いで六月一一日、日光道中の最初の宿駅である千住宿で米屋一一軒が打ちこわされ、そのうち米を多量に買い占めていた米屋五人が入牢になったという（滝沢馬琴『馬琴日記』）。松浦静山（肥前平戸藩主）『未刊甲子夜話』によると、千住の米屋は一〇〇文、二〇〇文という小口の購入者には米を売らないので、貧窮者が彼らは人ではないと断じて打ちこわしたという。これに対し米屋は熱湯をかけて応戦したため、人々はかえって怒り、米をことごとく道路にまき散らしたといい、これは自分たちが盗賊ではないことを示すためであるという。また、この打ちこわしでは、幕府は一〇〇人余を入牢させた。翌一二日、埼玉郡幕府領越谷宿袋町・本町の地借たちが鎮守に寄合してお救い米を要求し、一三日には中町の地借・店借が集まった。町年寄がかけ合い、富裕な者たちが施米を行って騒動が大きくなるのを防いだが、これらの屯集は前日の千住宿打ちこわしの余波と考えられる。

六月二四日夜には、埼玉郡上三ツ俣村（旗本領）の龍蔵寺に面体を隠した三〇人ばかりが押し寄せて早鐘を鳴り響かせ、集まった二〇〇人ほどが加須町や久下村などの米屋など一三軒を打ちこわした。仲裁に出た龍蔵寺住職に対し、打ちこわし人たちは名主ら豪農六人が計六四両を差し出せば中止するとの書付を差し出し、その要求通りに金を出すと立ち去った。同年中に頭取として無宿富蔵が遠島、喜惣次と藤三郎が中追放に処せられた（藤三郎は判決前に獄死）。なお、上三ツ俣村・久下村ともに加須町に隣接する地域である。ほかに武蔵国では、月日は不明だが天保五年に埼玉郡旗本領菖蒲町（戸ヶ崎村の内）で穀屋ほか三軒を打ちこわした事件があり、高声で打ちこわしを呼びかけた同町の馬吉と寺の半鐘を打ち鳴らした佐五兵衛が中追放、次郎吉が所払いに処せられた。また、埼玉郡岩槻藩領岩槻新町でも医師宅に大勢の者が乱入する事件が起きている。（山中清孝）

〔参〕『幸手市史』資料編、青木美智男「天保期、関東における一揆と打ちこわし」（『天保期の社会変革と人民闘争』上）

天保五年七月三日
大坂町打ちこわし
→天保五年（一八三四）
大坂周辺米騒動

天保五年（一八三四）
常陸国新治郡土浦藩領坂村強訴（志戸崎騒動、坂村大騒動）

土浦藩（土屋氏、九万五〇〇〇石）出役高野喜蔵（喜兵衛）と坂村名主長左衛門による年貢不正取り立て・横領をめぐって発生した一揆。天保五年脇坪・志戸崎の百姓らが慈眼寺や歩崎観音に寄合い、恒助（貝塚姓）らを頭取として東郷名主惣代細野冉兵衛へ嘆願、さらに藩役人へ直訴を企てたが失敗、再び冉兵衛に藩への取り次ぎを要求した。このため冉兵衛は百姓に加担、一揆勢は高野を捕縛した。藩は鉄砲・槍で武装した捕方を派遣し、冉兵衛以下を捕縛した。出役高野は追放、坂村名主は退役となったが、頭取恒助は打首、冉兵衛は牢死、他の百姓らも追放・手鎖などに処せられた。

【人物】細野冉兵衛　ほそのぜんべえ

明和元年（一七六四）～天保六年。新治郡土浦藩領東郷名主惣代で天保五年志戸崎騒動（坂村大騒動）の指導者。明和元年深谷村に生まれる。二一歳で名主、のち東郷名主惣代となる。領主へ救助米の下付を願いでたり、私財をもって荒廃地を開墾するなど、兼ねてから人々の支持を得ていたという。文政期には、土浦領の天童北目陣屋へ一揆の鎮撫使として出張した功により、五人扶持苗字帯刀を許されたという。天保五年、恒助を頭取とする一揆勢に、藩への取り次ぎを要求され一揆勢に加わった。出役高野喜蔵を捕縛し自宅へ連行するが、藩兵に捕らえられ永牢を申し渡され、天保六年一月牢死した。享年七二、法号は晴連院有徳賢心居士。墓碑は恒助とともに下軽部長福寺にある。恒助の法名は宝性院行義説民居士。のち「義民冉兵衛」として東郷では長く称えられたという。（齋藤悦正）

〔参〕『出島村史』、同続、『茨城県史』市町村Ⅲ

天保五年（一八三四）
武蔵国埼玉郡旗本領菖蒲町打ちこわし
→天保五年（一八三四）六月
江戸周辺打ちこわし

天保五年（一八三四）
大坂周辺米騒動

天保五年二、三月ごろには、少しずつ米価が高騰していたが、三月二七日にいたって米価は一〇匁ばかり値上がりし、その後もさらに米価は値上がりし続け、五月一〇日頃には肥後米一石が一五三匁五分、加賀米一石が一三四匁五分まで値上がりした。そのため、飢えに苦しむ困窮者七〇人ばかりが、大坂城の堀へ身を投げたという。また、家出をして乞食となる者も多かったという。こうした状況下、一二日には困窮者三五〇人が、玉造稲荷で米屋を打ちこわすといって屯集する事件が起こった。しかし、大坂町役人たちが静まるよう説得し、町内で申し合せて施行を行い、町外からも追々施行が行われたので解散したという。こうした事件は以後も続発し、五月中旬ごろには、ついに安倍川筋で米屋一軒が打ちこわされた。また、六月二九日夜から七月一日までの一昼夜の間に、西成郡稗島村では米屋一二軒が打ちこわされた。その原因は、米屋仲間が申し合わせて、米一升につき銭三二文を上乗せして売ったからなどという。さらに、七月三日には、大坂町瓦橋の米屋一軒が打ちこわされた。その原因は、この米屋の名前入りで、白米一斗を銭六〇〇文で売ると記された張札が所々に張り出されたので、困窮者たちが米を求めてやってきたところ、この米屋は、張札の内容は単なる浮説だといって取り合ってくれなかったからだという。　（山﨑善弘）

〔参〕『日本庶民生活史料集成』一二

天保六年（一八三五）四月一三日
美濃国安八・海西・石津郡幕府領ほか打ちこわし（万寿騒動）

天保六年四月五日、二日以来の雨のため万寿新田の圦樋が抜け、高須輪中が冠水した。決壊した箇所が新普請を施した場所であったこと、しかも従来ならば洪水となるほどの水位でなかったことから、普請の手抜きと、普請代金の着服が噂された。海西郡秋江村から車廻状が回った。四月一三日、六一か村四〇〇〇人余が万寿新田へ押し寄せ、普請関係者宅一〇軒を打ちこわした。そのうち儀助宅は笠松郡代、大助宅は信楽代官嫡子が被害検分のために出張していた宿であった。儀助宅では郡代の荷物・道具も打ちこわしの対象とされた。笠松郡代らの説得を拒否し、帆引新田・七右衛門新田・本阿弥新田・安田新田で普請関係者五軒を打ちこわして解散した。郡代の要請により大垣・名古屋・桑名・高須の諸藩が出兵している。大垣での吟味の結果、一三名が江戸送りとなり、磔一（非人身分）、獄門三、遠島一、中追放七（うち一人は入墨中追放）、過料一〇貫文一の処罰が下されたが、過料の一人を除き、いずれも牢死している。なお笠松郡代も江戸に召喚されたが、途中で死去しており、自害したともいわれている。一揆関係村落は笠松郡代・信楽代官所の幕府領のほか、名古屋、高須両藩領、二旗本領に及ぶ広域闘争であった。　（保坂　智）

〔参〕『岐阜県史』近世上、『大垣市史』上、『編年百姓一揆史料集成』一三

天保六年（一八三五）八月一日
出羽国山本郡秋田藩領能代町打ちこわし

天保四年の飢饉以来、領内の米不足は続いていた。六年、売米がほとんどでないなか子供芝居を観に集まった大勢の小前を相手に米一升一〇〇文を一五〇文に値上げした。閏七月末から砂山に集まり相談し、八月一日暮、顔面に墨や朱を塗った一五〇人余が願勝寺で早鐘を撞き鳴らし、「火事よ、火事よ」と町中を触れ歩いた。これを合図に斧、まさかりを持った者三〇〇人余が集まり、馬口労町の搗屋・米屋を始め一三町内五〇軒余の家や蔵を微塵に打ち砕き、二日暁に引き取った。三日夜能代奉行は、極窮者へは一升二五文で、中位者へは五〇文や一〇〇文で売るよう命じた。一〇月になり二四人が捕まるが、そのほとんどが能代の材木場で働く定仲士（荷役人夫）であった。最終的に追放一二人、能代惣町払二人の処罰がなされた。　（堤　洋子）

〔参〕『能代市史稿』四、柴田次雄「秋田藩における都市騒擾の研究」（『秋田地方史の研究』）

天保六年（一八三五）
和泉国泉郡一橋領南王子村、対王子村出作争論

南王子村は一四三石余の村高を所持していたが、一般村落への出作が進められ、天保期に出作高は最大（天保四年で四六七石余）となり、村高の三倍以上にのぼっている。王子村への出作が増大していくにあたっては、王子村の村民から、もしくは王子村村内に田畑を所持していた近隣の村々の村民から、南王子村の村民が買い請ける形で行われたが、宝暦から明和期（一七五一〜一七七二）にかけて買請が集中し、安永末年に八一石余でほぼ完了した。そうした

状況の下で、王子村との出作をめぐる争論が、安永期（一七七二～一七八一）に始まり、天明期（一七八一～一七八九）、天保期（一八三〇～一八四四）、明治初期と繰り返された。天保期では、天保六年に、出作地の高掛入用や用水問題における王子村庄屋の非道に対し、南王子村側から出訴しようとしたが、富秋村庄屋・尾井村庄屋が仲裁に入り、翌七年に内済が成立した。しかし、この時の申し合せは履行されることはなく、同一〇年には非常な旱魃となって、用水問題があらためて浮上した。南王子村の出作人は王子村に掛合いにいくが、「其方共儀者出作之儀殊ニ賤敷者共、此方共と同様之儀ハ決而不相成」などと「権威ヲ以」て言い放たれるばかりであった。しかし、南王子村側は、「御年貢并高掛り之儀」については、身分の問題を持ち込むことを拒否し、①天保七年から一〇年までの四年分の夫銭割方を明白にすること、②小池用水抜下げにつき公平を期すため、出作人から水入見分人を出すこと、③年貢諸入用は入作差配人を決め、その者から本村に一手納入すること、また本村からの申し渡しなどもこの差配人を通じてすることを要求、川口代官所に出訴した。天保一三年に至り、代官所から和済を進められ、同年一二月、浦田村庄屋・尾井村庄屋の取り扱いで和解・決着した。その条件は①四年分の夫銭割方は取扱人に一任、②以後については尾井村庄屋が帳面一点のみ取り調べる、③小池用水抜下げは、王子村役人が平等に入渡し、富秋村庄屋の弟が出作地の水入方を見回る、④小池普請人足は本村同様に入作人からも出す、⑤年番で入作物代を決め、年貢諸入用の一手持参、本村からの申し渡しなども行うといったものであり、その成果は大きかった。しかしながら、免状などの公開はなされず、臨時入用は多くかけられるようになった。また、出作地の溜池の樋が壊れても普請されないなど、王子村との関係は修復されず、明治元年（一八六八）に再び出訴することとなった。（椙山聖子）

〔参〕森杉夫「出作をめぐる差別と争論」（『大阪府立大学紀要』人文・社会科学二七）、『奥田家文書』

天保七年（一八三六）七月一八日
伊豆国賀茂郡幕府領下田町打ちこわし

天保七年は、全国各地で米価暴騰を要因とする一揆・打ちこわしが頻発した年であったが、伊豆もその例外ではなかった。韮山代官江川太郎左衛門支配下の下田町は、江戸・大坂間の海上交通の拠点であったが、後背地に米作地帯がなかったため、この時期、米価は高騰していた。七月一八日、若者組を中心とする二〇～三〇人が四軒の米小売り商人宅を打ちこわした。翌一九日より町役人による吟味が開始されたが、町役人の下の町頭は吟味には消極的であった。町役人は韮山代官所に出張吟味を要請しようとしたが、下田町周辺農村の名主は、今回の一件が知れると御救米の支給に支障が生じてしまうことを恐れ、その阻止を図り、町頭も内分の取り計らいを求めたため、それは未遂に終わった。しかし、結局は代官所の知るところとなり、二〇歳前後で、悴身分の者を中心に多数が逮捕され、首謀者である政兵衛は重追放、同じく万吉・竹蔵は所払、伊之助ら一一人は過料銭などの処断を受けた。この事件は、当該期に支配下の町村で打ちこわしが頻発していた江川に、相模大磯宿・武蔵八王子宿打ちこわしと並んで、とくに強い印象を与えた事件であった。（安藤優一郎）

〔参〕高橋敏「打毀しと代官」（『地方史研究』一一九）

天保七年（一八三六）七月二九日
相模国淘綾郡幕府領大磯宿穀商等打ちこわし

天保七年七月、東海道大磯宿の米・雑穀の値段は以前より増しての高騰で、一般の宿民や漁民が困窮に陥った。宿内に旅籠など店舗を構える小商人の多くも経営危機となり、宿泊者の飯米確保にも困る米不足の状況であった。そこで南北両組の窮民と小商人は、二八日夜、浜辺での寄合を計画し、篝火を焚きほら貝を吹いたが、一〇数人しか集まらなかった。このため、小前惣代らが軒別に集会参加を呼びかけ、二九日夜には宿民のほとんどが寄合に参集した。そして、一二人の代表者が宿内きっての豪商で廻船問屋兼穀商の川崎孫右衛門に対し、米の安値放出を要求して交渉した。しかし、孫右衛門は江戸へ出向いていて不在で、その親類らとの交渉が長引いたため、浜辺での集会参加者は川崎屋に押しかけて打ちこわし、土蔵の米・雑穀などを往来などにまき散らした。さらに、小売米屋孫七など六軒の居宅・土蔵などを打ちこわし、夜九つ半ごろにようやく鎮まった。川崎屋の届出によれば、同家の被害は、米八〇俵・大豆二一一俵・大麦六九俵・小麦五七〇俵・塩一六六俵などにのぼった。　　（高橋正一郎）

〔参〕『神奈川県史』通史三

天保七年（一八三六）八月四日
駿河国安倍郡幕府領駿府町打ちこわし
→天保七年（一八三六）一〇月七日
駿河国志田・益津郡幕府・田中藩領ほか打ちこわし

天保七年（一八三六）八月七日
陸奥国津軽郡黒石藩領黒石町米強借

天保四年から続く飢饉で七年は米価が甚だしく高騰し、六月には米売座（町内大家から保有米の提供を受け平等に分売）が再開された。藩命による黒石稲荷神社の神楽殿建立には町五組合わせて五〇人の人夫が動員されたが、作事が終わった八月七日に町の小売米が急に値上がりし、銭一匁につき八合となった。この日、上町組町内の者が騒ぎ出し、町内豪家の近江屋善助・山崎善兵衛宅へ若者一四六人が押しかけ、一匁につき八合五勺で米を売らせた。一二日には一八〇人で名主宅へ押しかけて一匁につき一升を求め、石郷屋伊兵衛宅には六〇～七〇人が押しかけ強願した。近江屋・山崎では上町組町内の者に一匁につき八合五勺で売るとともに、小者一戸につき米一升ずつ振る舞い、不足分は石郷屋が廉売した。徳兵衛町では萬太郎が同値段で販売した。首謀者五人が一七日から二五日まで馬喰町の牢屋に入牢させられた。　　（堤　洋子）

〔参〕『黒石郷土誌』

天保七年（一八三六）八月一五日
越中国婦負郡富山藩領八尾町打ちこわし

天保七年八月一五日夜、野積谷などの山々で火を焚き、そのまま八尾町にでて、福山三郎兵衛・升屋庄治郎・大野屋善右衛門・長谷屋仁兵衛・中山屋和兵衛・吉川屋八右衛門・上か嶋屋平右衛門・豆腐屋宗四郎・舘屋善兵衛・ぬし屋与兵衛の一〇軒を打ちこわし、田中屋兵治宅など四軒の店を荒らした事件。打ちこわしに参加した者は入牢になったが、その後の詳細は不明。この年は長雨や風水害による大凶作で、多くの飢人がでるとともに、ばんどり（蓑の一種）を着た百姓数百人が連日のように富山城下の覚中町旧旅屋まで押し寄せた結果、藩は一万石の減免を認めるとともに、多くの拝借米を許している。また、七日には今石動で近在百姓の「集訴」があり、一〇月二日には、礪波郡般若組安川村の天王山付近で二〇～三〇人による声合わせが聞かれ、さらに一一月三〇日には、射水郡氷見でも百姓五〇～六〇人が「空腹」などと声高に申して騒ぎ、一二月になると、一五〇〇人ほどが竹筒を吹きながら種々の雑言をいって連日にわたって騒ぎ立てたため、一四日から極々難渋者一三〇六人に一人米七勺ずつ粥にして施すことにしたが、二月一五日にはついに打ちこわしに発展し、御座町中村屋徳左衛門・上伊勢町上庄屋六三郎・下伊勢町太田屋又六郎宅など町役人が襲撃された。　　（吉武佳一郎）

〔参〕『福岡町史』、『富山県史』通史三

天保七年（一八三六）八月二一日
甲斐国八代・山梨・巨摩・都留郡幕府領ほか打ちこわし（甲斐一国騒動・郡内騒動・甲州騒動）

天保四年から天保七年にかけて全国的な凶作が続いた。とくに天保七年におそった冷夏は麦作・稲作に甚大な被害を与え、夏から米価が騰貴した。甲斐国東南部の山間地帯に属する郡内地方（都留郡の通称名）は、畑作中心の村が多く、養蚕・製糸業を中心とした地域であり、飯米を国中地方（甲府盆地）からの移入に頼っていた。このため、同地方では米価高騰の直接の打撃を受け、飢饉への不安が増大していった。天保七年八月中旬、都留郡黒野田・白野・中初狩・真木・大月・犬目などの二二か村の代表は、谷村にある幕府囲米の借用、甲府の米穀商人からの廻米の実施などの内容を持つ願書を各村ごとに作成し、谷村代官所に提出した。しかし、谷村代官所（出張所陣屋）がこれを拒絶したため、黒野田村泰順らの代表が国中地方の山梨郡万力筋熊野堂村の米穀商小川奥右衛門宅に赴き、米穀の融通を求めた。しかし、俗に一二〇〇石ともいわれる大地主でもあり、八万俵も買い溜めていると噂される奥右衛門は、けんもほろろに拒絶した。このような動向と平行して、七月一五日ごろから、郡内地域では上谷村・下谷村などの有徳人が打ちこわされる事件が単発的に発生した。そして、八月一七日、谷村では代官西村貞太郎の不在をついて、上谷村新八郎を頭取とする一三か村の百姓たちが、玉知屋を始め谷村の七軒の米穀商を打ちこわした。

　この谷村の打ちこわしに連動して、八月二〇日、甲州道中沿いの都留郡二二か村の百姓たちは初狩宿と白野宿の中間にある天神坂林で集会し、下和田村治左衛門（武七）と犬目村兵助を頭取、中初狩村伝兵衛らを副頭取に選び、黒野田村泰順が起草したと伝える盗みや暴力禁止などの一揆組織の申し合わせを確認したという。そして、村々へ廻状を回し、明朝に一揆を開始することを決めて、いったん散会した。彼らは、村ごとに目印の旗や法螺貝・鐘・太鼓を持ち、参加者は飯椀・まさかり・斧・鎌・刀などを用意するよう呼びかけた。二一日早朝から、都留郡内村々から百姓が中初狩村の森に結集し、国中地域に向かった。郡内の黒野田宿では米の強借を行い、笹子峠を越えて駒飼宿へとでた。そのころには数千人の勢力になり、駒飼宿では幕府石和代官所手代・郡中惣代から帰村するようにとの説得を受けるが、ここで国中地方最初の打ちこわしが発生する。一揆勢は、勝沼から石和にかけての地域で地主・米屋・質屋などを打ちこわし、二二日、熊野堂村の奥右衛門に対し強借の交渉を行うが、これに失敗すると、同家を微塵に打ちこわした。この奥右衛門家打ちこわしをきっかけに、一揆の性格は変貌していく。ここまでの中心勢力は、郡内地域の百姓たちであり、その目的は米の強借と打ちこわしによる米価下落であった。しかし、奥右衛門家打ちこわし後ころから、国中地域の「悪党」たちが多く一揆に参加しはじめ、数千人を超える数に増加していった。彼らの中心は無宿人であったが、国中地域の農村から騒ぎを聞きつけ集まってきた百姓たちも多くいた。かれらの多くは若者たちと思われる。この段階から打ちこわしの際に盗み・火付けが行われるようになっていく。治左衛門・兵助ら郡内の百姓たちは、このような一揆の変質を見、コントロールが不可能であることを悟り、奥右衛門家打ちこわし後に帰村していった。ここから、甲州騒動は第二の段階を迎える。

　「悪党」を中心とする一揆勢は、石和陣屋の手付・手代の防衛を突破し、石和宿を打ちこわした。ここから一揆勢は二手に分かれ、一手は笛吹川を西南に向かい、さらに富士川に沿い南下し、各所で打ちこわしながら小石和村から市川大門村へ、そして、二三日には富士川の河岸があり穀物商が多い鰍沢に入り、穀物商など三八軒を打ちこわした。もう一手は、再度笛吹川を渡河し、川田村から甲州街道を西へ進行して打ちこわしを行った。この間、「悪党」たちは、抜き身をひっさげ、村々の百姓を脅して参加を強制し、一揆勢はますます拡大していった。そして、当初は強制により参加した百姓たちも、打ちこわしを実行していくなかで「悪党」に同化していった。また、当初から盗みを目的として一揆勢に参加する周辺村々の百姓たちも増加していった。一揆勢は、酒折・板垣村において甲府代官井上十左衛門の手付・手代による防衛線を破り、甲府城下へ迫っていった。甲府代官井上自身は「御城内御蔵をも拝見仕り度き」（「甲斐国騒動一件御裁許書」）といった行動を一揆勢が取っているとの風聞があったため、酒折村へ向かわず、甲府城の米蔵防衛に赴いた。「悪党」らに指導された一揆勢は、幕藩領主に甲府城を襲いかねないとの恐怖を与えたのである。二三日、甲府城下において、一揆勢は、幕府代官の説得にも応ぜず、また要求も示さず、有徳人の家屋を打ちこわした。とくに緑町の質屋竹原田藤兵衛家は打ちこわされた後、家屋に放火された。「悪党」に指導され一見無秩序に見える騒動であるが、甲府城下での有徳人打ちこわしという制裁行為には一定の論理・基準が見受けられた。天保四・五年の凶作の際に施行を行った者は打ちこわしを受けていないのである。「悪党」は打ちこわしの対象を主体的に選定し、施行しなかった有徳人への社会的制裁を実行していたわけである。この甲府城下での打ちこわしでは家屋への火付けも行われ、穀物商ら一六軒が打ちこわしを受けた。

この間、甲府代官井上からの出兵要請を受けた信州高島藩は、甲信国境に藩兵を待機させた。さらに、甲府代官井上は村々に一揆勢の殺害を命じた。甲府城下を打ちこわした一揆勢は、二四日、巨摩郡から北上し、各地を打ちこわし、一揆勢への参加を強制しながら、韮崎宿を目指した。その途中から一揆勢は分裂しはじめ、また荊沢村では村人たちによって一揆勢四人が殺害され、一三人が捕縛されるという事態に遭遇した。二五日には、大八田村で、甲府代官支配の兵から鉄砲などによるいっせい攻撃を受け、多くの死傷者を出した。この後、潰走した一揆勢は、刀・竹槍などで武装した村々の百姓たちにより殺害・捕縛された。また旧武田の浪人たち、剣術を心得た者も一揆勢を殺害していった。そして、二八日、幕府は甲府代官の出兵要請を追認し、沼津藩・諏訪藩・高遠藩に出兵を命じた。甲府代官・諏訪藩の軍事力、さらに百姓たちの暴力の発動により、一揆勢が殺害・捕縛され、甲州騒動の最終局面を迎える。幕府の鎮圧軍は台ケ原宿に布陣し、鉄砲を使用して一揆勢を殺害し、大八田村では一揆勢と村民（浪人も含む）との間で戦闘が行われた。こうして、甲斐国のほぼ全域の一〇〇〇か村以上から数万人が参加し、一一八か村にわたって三一九軒を打ちこわした大騒動は終幕した。逮捕者は数百名を超え、翌九年五月の判決での処罰者は、百姓四七三人・無宿一一五人にのぼり、重刑では百姓二人・無宿二人が磔、百姓三人・無宿七人が死罪、百姓二七人・無宿一五人が遠島とされた。処罰者のうち一一七人は牢死しており、重刑の者のほとんどが「存命ならば」と記されていた。

この騒動は、幕府領・三卿領などを越え、甲斐国全域に展開した大規模な広域闘争であるのみならず、訴願・強訴を基盤とする従来の百姓一揆からは大きく逸脱した行動を取っていた。幕藩領主への要求はいっさい行われず、武器の携行・使用、盗み、家屋への放火までが行われた。ゆえに彼らは「悪党」であると認識された。騒動後半の国中地域での打ちこわしの頭取は、無宿人などであったが、多くの百姓たちも「悪党」として参加し、「異形の姿」に着替え、武器を帯び、盗み・火付けを行ったことに注目すべきである。この逸脱する「悪党」に対して、幕藩領主のみならず村民らも武器を持って鎮圧にあたったが、暴力行使の正当性は一揆勢を百姓の集団ではなく、武器を持った「悪党」であると認識したことによる。幕藩領主が「仁政」を掲げ、また百姓たちは「百姓成立」「百姓長久」を主張する、この均衡の上に徳川の平和は存在していたが、幕藩領主が飢饉などの対策を立てられず、「仁政」といった責務を放棄していくと、権力は揺らぎ出し、百姓一揆も大きく変容し、暴力化していく。甲州騒動は、一九世紀の大きな社会変動の一つの現われとして位置づけられよう。そして、このように「悪党」化した甲州騒動は、幕藩領主および隣接諸地域の豪農たちにも恐怖を与えた。水戸藩主徳川斉昭は、甲州騒動を大坂の大塩平八郎の乱、三河加茂騒動とともに、「内憂」の典型としてとらえた。甲斐国に隣接する相模国津久井郡・愛甲郡、武蔵国多摩郡などを支配する幕府代官江川太郎左衛門は、一揆鎮圧後の甲州地域を巡検し、その結果、軍事力の弱い幕府直轄地の地域防衛として農兵設置の必要性を意識し、多摩地域においてその組織化を始めていく。同時に、瓦版（山梨県立図書館郷土資料室甲州文庫所蔵）や人々の交流などを通じて甲州騒動の情報は広まり、打ちこわしの対象となる豪農層に戦慄を与え、多摩の豪農たちは自衛のため剣術を学び始め、農兵に参加する者も増えていった。

【人物】犬目宿兵助　いぬめじゅくひょうすけ

姓は水越。甲斐一国騒動の頭取の一人。寛政九年（一七九七）に都留郡幕府領犬目村（宿）の組頭を務める水越市郎右衛門の子として生れた。犬目宿は、二五疋・二五人を伝馬負担とする甲州街道の宿場であった。水越家は、水田屋の屋号を持ち、村の草分け百姓の一人で、年寄格を有する村落上層の家であった。しかし、市郎右衛門の代から経済的には没落傾向にあった。兵助は、天明三年（一八三二）四方津村名主の妹りんと結婚し、天保七年二月に長女たきが生れた。兵助も組頭を務め、水田屋としての宿泊など宿場関係の経営を引き継いだ。飢饉が深刻化し米価が急騰した同年八月、兵助は、下和田村治左衛門（武七）・中初狩村伝兵衛・黒野田村泰順らと、谷村代官所（出張所陣屋）への救助願いと売り渋りをしている国中地域の米穀商への交渉・強借を計画をし、八月二〇日の天神坂集会で治左衛門とともに一揆の頭取となった。その時兵助は四〇歳である。その間の八月一五～一七日、兵助は四方津村名主である義兄（妻りんの兄）に妻と生れたばかりの赤子たきの養育について相談し、一揆後の連座を恐れ、妻りんと離婚すること、水田屋はたきの成長後に相続させること、それまで妻子は実家で暮らすこと、などを記した書置きを認め、妻りんとの離縁状も残している。兵助は、二一日、一揆勢を引き連れて笹子峠を越え国中地方にでて、熊野堂村奥右衛門に強借の交渉を行い、これに失敗すると同家を打ちこわしたが、これをきっかけに一揆が「悪党」化した騒動へと変貌していったため、兵助ら郡内勢は帰村した。騒動が八月二八日に鎮圧されると、郡内地域でも二〇〇人以上が捕縛されたが、兵助は八月二六日まで犬目村に潜伏し、「我等両人心掛ケ次第之事」という弁明書を書き上げた（我等両人とは兵助と治左衛門のこと）。彼は、一揆が郡内勢の思惑と相違した方向に激化したことを不本意とし、一揆の当初の目的と計画とを記していた。そしてその後、兵助の長い逃亡生活が開始された。彼は、九月六日から翌年八月二〇日まで、およそ一年にわたって旅日記を記しており、逃亡の足跡をたどることができる。それによると、犬目宿から武州に抜け、上州高崎を通過し、浅間山麓の関所（碓氷の関か）を経て信州に入り、九月末日には加賀国金沢城下に逗留、一〇月には若狭・丹後を通過して、一一月には播磨へと西に向かい、一二月には四国に渡って丸亀城下に入り、金比羅山へ参詣し、伊予国で年を越している。以後二～四月の間、四国の村々に逗留しているが、野宿・托鉢なども行い、村々ではそろばんの指南などをして過ごした。日記には、別れた家族、とくに娘たきへの思いが夢の形をとって記載されている。五月には宮島・岩国などに入り、備前国岡山城下に、六月には姫路城下に逗留。ここで折り返し東へ向かい、七月には大和国奈良多武峰をめざし、東大寺大仏殿に泊まってもいる。八月には伊勢国に入り、伊勢参りを行っている。ここで日記はとぎれる。このように、各地の札所をめぐっての逃亡であったことが理解できる。日記のなかには政治的な言説（領主への批判、社会的批判）はいっさい見られない。その後の兵助はどうなったのであろうか。兵助の子孫の家に代々伝えられる話によると、兵助は上総国木更津に住み着き、奈良と改姓した。ここで寺子屋の師匠をし、妻りん・娘たきを犬目宿から呼びよせ、木更津で次女きせが生まれた。次女誕生後、家族そろって犬目宿に戻ったという。犬目宿に残された宗旨人別帳から、弘化・嘉永のある段階で兵助ら家族が犬目宿に戻っていることが確認できる。そして、兵助は慶応三年（一八六七）七一歳まで生きたことも確認されている。なお、天保九年の兵助に対する裁許は、最初に頭取であったこと、鶴瀬宿の口留番所を破ったこと、打ちこわしの指揮をしたことなどにより、石和宿で礫に処すとされた。墓はなく、上野原町犬目の共同墓地の奈良家墓域に昭和六四年（一九八九）子孫によって建立された「犬目村兵助之碑」が建つ。法名は泰山瑞峯居士。

【人物】下和田村治左衛門　しもわだむらじざえもん

都留郡下和田村の百姓。姓は森、通称武七と呼ばれた。甲斐一国騒動の頭取の一人で、郡内局面における中心的人物。天保七年には七〇歳の老人で、明和四年（一七六七）生れか。同年の宗門人別帳によれば、妻と娘二人、婿と孫一人がおり、倅二人は家をでていた。天明八年（一七八八）に一石一斗余あった所持高は、文政六年（一八二三）には三合、天保三年（一八三二）には一斗一升六合と急激に零細化しており、農業以外に絹仲買などの稼ぎを行って生計を立てていた。武七は、「近郷ニしられし男伊達」であり、公事訴訟を好み、長脇差を帯びるなど無宿風であり、仲間のなかでは親方と称されていたと記録されている。天保七年の飢饉に際して、彼は、当初単独で百姓救済のため有徳人から金銭の押借をすべく行動し、二〇〇軒もの家にかけ合ったが、相手にされず一揆を志したとされる。その際、「代官たちは百姓を撫育し、民の困窮を救うのが責務であり、そのために、我々百姓は重い年貢・諸役を勤めてきた。しかし、この飢饉の最中、代官たちは、我々を救済しようともしない」と述べたという。年貢・諸負担と引き替えに、幕藩領主は民衆救済を担う社会的責務があるのだという被治者意識・主張が明瞭に現われている。このような治左衛門の呼びかけに応じて、兵助などが連判の起請血判を作成し、一揆の中心勢力となっていった。平素から治左衛門と兵助の間には交流があったと考えられる。八月二一日、一揆勢を引き連れて笹子峠を越え国中地方にでて、熊野堂村奥右衛門を打ちこわしたが、これをきっかけに一揆が「悪党」化した騒動へと変貌していったため、治左衛門ら郡内勢は帰村した。騒動後郡内地域でも二〇〇人以上が捕縛されたが、治左衛門は猿橋・宮谷両村境の谷奥である蛇窪に潜んだと伝えられ、兵助と相談の上、二六日猿橋に出張していた谷村代官所役人に自首し、兵助を逃がすことにした。一一月一六日、石和の牢舎で死去。天保九年五月の裁決では、「存命ならば」礫とされた。なお、大月市下和田に墓が残り、大月市文化財に指定されている。法名は的翁了端信士。

【史料】甲斐国騒動実録　かいのくにそうどうじつろく

甲斐一国騒動の実録的記録。甲斐国の石高、領主の変遷、そして天保七年当時の幕領の陣屋支配の状況（支配代官名）を記し、天保四年以来の凶作と百姓たちの困窮化、米価の上昇を述べている。次いで、八月一五日の郡内地域での谷村打ちこわしから書き始め、頭取としての下和田村武七（治左衛門）・犬目村兵助の記載も見られる。そして、奥右衛門家の打ちこわし後から、「博奕打のあぶれもの」が多く参加しはじめ、郡内勢は帰村していくことにも触れている。以降国中地域での打ちこわしについては、日数を追い細かく記され、諸藩の動員体制にも触れている。打ちこわし勢を「悪賊共」と表記しており、本史料の筆者を考えるうえで参考になろうか。特記すべきは、甲斐御岳山金桜神社の神官や国中の神官たちが武装して一揆を鎮圧している状況を記している点である。最後に主立った一揆側の処罰者を記し、石和代官西村貞太郎・甲府代官井上重（十）左衛門らの処分も載せている。成立年代および筆者は確定できないが、騒動の詳細を伝えるもので、甲州騒動を理解する上での基本的な史料といえよう。山梨県立図書館郷土資料室甲州文庫所蔵の写本が『日本庶民生活史料集成』六に所収される。

【史料】並（韮）崎の木枯らし　にらさきのこがらし

甲州巨摩郡河原部村名主平賀秀長の日記の一部である。平賀は文政一二年（一八二九）から安政五年（一八五八）まで拾集録と題名をつけた日記一八冊を残している（国立国会図書館所蔵）。これらの日記の一つとして天保七年（一八三六）の甲州騒動を実見して記録したものが「並崎の木枯らし」である。表紙には、「天保七申年十月日　並崎乃木枯　追加ノ三十四　平賀源作郎　弘化四未年三月拾集録　三拾四番ニ加ル」と記載されている。甲州騒動を記した史料は騒動記の類をも含め数多く存在しているが、「並崎の木枯らし」は騒動発生当時の記録として一級のものといえよう。天保の飢饉の有様、郡内地域から起こる騒動初発段階の状況、そして国中地域にいたっての暴力的な打ちこわし、幕藩領主の鎮圧、とくに大八田村・台ヶ原などで幕府・諏訪藩の武力攻撃によって打ちこわし勢が殺害されていく様子などが、叙述されている。なお、この拾集録には、「弘化四年　甲州騒動略実記」といったものも存在している。（須田　努）

〔参〕『大月市史』通史、『甲府市史』通史二、深谷克己『八右衛門・兵助・伴助』、須田努『「悪党」の十九世紀』

天保七年（一八三六）八月二三日
下野国安蘇郡彦根藩領天明町打ちこわし

天保飢饉による諸色暴騰のなか彦根藩（井伊氏、三五万石）の飛地佐野領では、八月二三日夜四つ時ごろ、富岡村観音山に竹貝を合図に大勢が屯集し、九つ時より大町の穀商青山九右衛門・吉田ほか一軒、中町飯塚・遠長の計五軒を打ちこわした。このうち大町三軒の打ちこわしは激しく、吉田宅の井戸は穀物を投げ捨てたため埋まったという。これらに対し関東取締出役・天明町人・佐野陣屋役人が出張し、打ちこわし勢の内数人を捕縛し、追々召し捕らえられた者も入牢となった。打ちこわしを受けた穀問屋は二五日頃より一二、三日の間戸〆となり、九月上旬から穀類値段は下げられた。しかし、間もなくして諸色が再び高騰を始め、六日には荒町へ集会するよううながす張札が天明・犬伏両宿助郷村々を回り、周辺部に拡大する動きを見せるなど、不穏な状況が続いた。（齋藤悦正）

〔参〕『佐野市史』通史上、資料二

天保七年（一八三六）八月二五日
信濃国更級郡上田藩領稲荷山打ちこわし（稲荷山騒動）

天保七年は、天保の飢饉で米の値段は上がり、一両に米七斗が八月には四斗五升と急騰、餓死する者も多くでるありさまであった。このような状況のなかで八月二五日、稲荷山宿の稲荷明神の山続き、湯之崎元町道など数か所で篝火を焚き大勢の者が集まる騒ぎとなった。稲荷山は博徒などの集まる治安の悪い所といわれていた。こうして集まった一揆勢は、藩の役人が差し止めるのも聞かず、稲荷山宿に押し寄せ荒町の平兵衛の家を打ちこわし、さらに庄吉・休治宅を打ちこわし、中町に押し寄せた。藩は横町角ではしご留めにしようと試みたが大勢のため防ぐことができず、友之丞宅が打ちこわされた。またたく間に人数は増加し、彦左衛門宅を打ちこわし、また戻って友之丞宅を打ち砕き、八日町に押し寄せ利左衛門、円蔵宅が打ちこわされた。そして八つ時過ぎに残らず何方となく引き取っていったという。翌二六日、小前が夫食がないというので、藩は一〇〇文に付き一升で売り出した。二七日、藩は幕府に六人を逮捕したと報告し、さらに一揆勢が押し寄せ取り鎮めがむずかしい場合は、鉄砲にて打ち払い、品により玉込めでもよいかと伺いを立てている。これに対して幕府は、時宜により玉込めをも用いてもよいと答えている。また、九月八日には逮捕者は領内の百姓なので、藩の役所で吟味すると報告している。藩の幕府への報告は逮捕者六人のみとあるが、実際には九月一日に牢入九人、手鎖四九人を出した。さらに五日には一七人が逮捕され手鎖になっている。これらの者がその後どのような刑を受けたかは定かではない。（小椋喜一郎）

〔参〕村沢武夫『信濃の歴史』、『長野県史』近世史料七―三

天保七年（一八三六）九月二一日
三河国加茂郡幕府領・挙母藩領ほか打ちこわし（加茂騒動・加茂一揆）

383　天保7年（1836）

天保七年春以来三河では寒い日が続いていたが、八月一三日の大暴風雨が凶作を決定的なものにした。加茂郡山間部では多くが飯米に事欠き、山野草で飢えを凌ぐ有様で、米価は暴風雨後にほぼ二倍に急騰した。九月中旬、在郷町九久平村のはずれ菅沼に住む百姓定七の伜仙吉・繁吉の兄弟は、米価急騰によって生活が苦しくなる一方なので、騒立の風説が広まれば米屋が恐怖して米価を引き下げるだろうと考え、周囲の者に騒立の風聞を触れて歩いた。九月一六日、繁吉は人の世話や仲裁がうまい下河内村辰蔵の家を訪問し、一揆の発起を依頼した。辰蔵は「米価を引き下げるには、酒造家が仕込みを減らすこと、領主が安く払い米をすることが必要だ。そのためには、まず村々の米商人・酒造家などを打ちこわすと流言を広め、百姓が寄合すれば、どこからか仲裁があるであろう。また、制止のために各領主の家来が出張してくるであろうから、彼らに安値の払い米を願おう。万人の難渋を救うために、一肌脱ごう」と応じ、騒動の計画が練られた。兄弟は木挽き仲間や若者衆などに声をかけ、二〇日夜には松平郷の石亀坂で準備の寄合が開かれ、翌二一日の夜五つ時ごろに滝脇村の石御堂観音が祀られている峠で集会が行われた。人数は五〇人ほどで、笠をかぶり、鎌・よき（斧）・まさかりを携え、竹筒を吹き鳴らし、鋸を持つ者、椀を用意している者もいた。参加村名は帳面に記された。辰蔵が「米は半値に引き下げさせ、頼母子講（無尽）は二年間休み、そのほか酒や諸品も値下げさせたい。そうなるように米屋や酒屋にも頼んで回りたい。領主たちにも年貢金納相場が半値になるよう願おう。このままでは暮らしが立たない」と演説し、騒動が開始された。まず最初に狙われたのは滝脇村（旗本松平数馬領）庄屋丈右衛門で、村民の一揆参加を拒否したため、打ちこわされた。二二日の朝が明けるころには二〇〇～三〇〇人ほどに増え、近村随一の酒造家で米価つり上げの張本人として恨まれていた大沼村（旗本石川伊予守領）新井前の日野屋源八宅に向かい、門を打ち破って乱入、家財や諸道具をことごとくこわし、屋根瓦まで落とした。酒蔵の酒樽もこわされ、帳面や証文を流れる酒のなかに捨てて突き破り、日野屋に対する借金の破棄をも実現しようとした。二二日は六所山山麓を回りながら、額田郡折地村（岡崎藩領）庄屋助右衛門、岩谷村（旗本梶彦之丞領）穀屋藤四郎、大津村（奥殿藩領）酒屋平兵衛、茅原村（同前）御用達甚兵衛などを打ちこわした。夜になると、奥殿藩や旗本の役人が下河内村まで出張し、一揆指導部との交渉が行われた。交渉にはもっぱら辰蔵があたり、①年貢金納値段を一両につき八斗の相場にする、②頼母子講の二年間休会、③各領内の酒造家に酒を安売りさせる、などを要求した。奥殿藩役人らは年貢金納値段は一両につき六斗なら可能と答えたため、辰蔵は指導部と相談して金納相場六斗を願うことに決めた。ひとまず交渉が成立し、役人は藩の了解をえるためにいったん帰った。ところが、待機している参加者のなかから辰蔵に対する不満や批判の声が噴き出し、「辰蔵は騒動の発頭人となりながら、今度は騒動を収めようとしている裏切り者だ」との声が上がり、辰蔵宅が打ちこわされるという事件が起こった。その中心となったのは足助町の打ちこわしを主張する足助町近辺の百姓たちで、あくまでも商人らを打ちこわせという急進的な人々、酒も加わってお祭り気分に高揚・興奮する人々も、一両に六斗という辰蔵の妥協策に大きな不満を抱いたのである。天保期の加茂郡には挙母城下および九久平・足助・猿投の在郷町をそれぞれ中心とした地域的市場が成立しており、騒動はこれらの市場圏を連鎖的につなぐように展開したのだが、九久平地域で騒動を収めようとする辰蔵たちと足助を打ちこわせという藤兵衛たちとの意見の対立は、彼らと各地域的市場との利害関係の濃淡にあったものと思われる。

一揆勢はただちに出発し、途中二三日午前に中村（奥殿藩領）米屋中根文七、同村米会所曽吉、矢並村（名古屋藩領）質屋友吉を打ちこわしながら、昼過ぎ足助町に突入した。その人数は四〇〇〇人といわれ、西町では酒屋山田屋与茂八・米屋木市屋仁兵衛、本町では酒屋白木屋宗七・同上田屋喜左衛門・質屋紙屋利兵衛空家、足助近郊の有洞村（吉田藩領）庄屋重蔵、山蕨村（吉田藩と二旗本の相給）庄屋源助が打ちこわされた。竹筒の音を合図に四方をとり囲み、「なんじらよく聞け。金銀のあるにまかせ多くの米を買占め、貧乏人の難渋を顧みず、酒となして高値に売り、金銭かすめ取りたる罰は逃るるべからず。今日只今、世直しの神々が来て厳罰を当てようぞ。観念せよ」と叫びながら打ちこわしたといわれ、自らを「世直し神」として罰を与えるのだと打ちこわしの行動を正当化している。「貧福平均」を願い、社会の変革を夢見る世直し意識が表面化する早い事例として注目される。商人たちは打ちこわしを免れるために弁当や酒、菓子、果てはわらじ・手ぬぐい・たばこ・ゴザ・笠・合羽まで差し出し、足助陣屋（旗本本多主水）は要求に応じる旨の高札を立てるしか手の打ちどころがなかった。やがて、一揆勢は挙母城下をめざして西下し、二四日暁には矢作川の寺部堤に集まり始めた。集結人数は三〇〇〇〜四〇〇〇人といわれ、舟で矢作川を渡って挙母河原へと移り、城下の入口へと向かう。しかし、町の入口には挙母町役人らが竹槍を持って待ち構え、その背後には挙母藩兵が鉄砲を構えて待機していた。挙母藩は解散するよう説得するが、一揆勢は「こざかしい、その竹槍は何にするのじゃ。世直しの神に向かって、かかってくることもできまい。世直しの神を招待に出たか。もし防ぐ了簡ならば、厳罰を与えん」と我先に進んだという。挙母藩兵が発砲し、死傷者がでて一揆勢はちりじりになって逃げた。ちょうどその時、岡崎藩兵が矢作川の堤を上ってきたため、挙母藩兵と岡崎藩兵にはさみ打ちにされ、さらに名古屋藩の一隊も駆けつけたので、多くが召し捕らえられた。逃げ延びた一揆勢は、やがて矢作川東岸の勘八山に再集結し、夜を徹して再び足助町へと向かった。また、西岸の猿投地域でも、逃げ帰った者と新たに駆けつけてきた者たちが集まり、数百人が商人宅に押しかけた。一〇〇〇名にのぼる諸藩の鎮圧部隊に攻撃され、死傷者も出し、多数の仲間が逮捕されながらも、なおも再結集して騒動を続行しようとしたのである。

二五日未明、足助町に再び打ちこわしの波が襲った。新たに騒動に加わろうと集まってきた信濃境や美濃境の村々の人たちと挙母から逃げ帰った者たちが合流し、穀屋兼味噌屋石原屋忠吉・穀屋浅屋幸吉・紺屋惣助・穀屋車屋源蔵・与右衛門を打ちこわす。夜明けには中馬街道を信州方向へ出立し、平沢村の八幡の森で休息し、後勢が追いつくのを待った。しかし、この時、岡崎藩兵が足助町に居残っていた数百人を逮捕し、一揆勢を追ってきた。そして、二五日の昼すぎ八幡の森で一三〇人ほどが逮捕され、加茂騒動は幕を閉じた。

参加者は加茂・額田両郡二四〇か村と挙母城下七町からおよそ一万数千人、その参加村は幕府領・五藩領・一九旗本領・四寺領にわたり、広域騒動の代表的な事例である。打ちこわされた商人・豪農らは、二四軒。天保九年閏四月一四日、老中水野越前守忠邦の差図のもとで勘定奉行深谷遠江守によって裁許が言い渡され、五〇数人が処罰を受けた。うち極刑は、九久平村繁吉・北川下河内村辰蔵が獄門、九久平村仙吉と向村仙蔵・松平郷柳助・杤本村藤兵衛が遠島である。また、二四〇か村と挙母城下七町には村高一〇〇石に付三貫文の過料銭が課せられた。鎮圧に活躍した岡崎藩に対しては、五月二一日老中水野忠邦から褒美の達しが下された。加茂騒動が幕府に与えた衝撃は大きく、三河各領主からの注進に目を通していた老中水野忠邦は、自藩の浜松藩重臣に手紙を送り、甲斐一国騒動と加茂騒動の連続性に心配し、騒動が東海地方に広がらないよう警戒すべき旨を命じ、やがて軍制改革に乗り出す。天保九年に将軍に政治改革の必要性を建言した水戸藩主徳川斉昭は、「戊戌封事」のなかで「内憂外患」の一つに加茂騒動を上げ、今や民衆は上を怨み、上を恐れなくなっていると述べている。

【人物】松平辰蔵　まつだいらたつぞう

三河国加茂郡下河内村の百姓。姓は松平

で、古くは領主の旗本中根太郎と縁戚関係にあった家柄。天保七年の騒動時には四一歳で、寛政八年（一七九六）の辰年生れ。母・女房・伜二人の五人家族で、丁稚と馬一匹がいた。田三反七畝余、畑七反余を所持し、村内では上位の百姓であった。『鴨の騒立』によれば、四〇坪の本宅と三二坪の新宅を持つ。農間に割木を作り、また割木の仲買も営んだらしい。このため天保四〜五年の割木騒動の際に扇動者となり、百姓と九久平割木問屋との仲裁人となって百姓の要求を通すことに成功させており、日頃から争論の調停者として活躍していたという。『鴨の騒立』は、辰蔵を「邪智ありて、小ざかしく口きく男子なり」と評すが、この筆者の価値観を捨象すれば、辰蔵は智恵があり、賢く、弁舌が巧みであるということになる。加茂騒動では前半の指導者として活躍するが、のちの取り調べで「我が家の暮らしは困らないが、諸人が難渋しているので、世間を世直しして難渋を救おうとしたのだ」と述べたという。その取り調べの際に、役人に対して「米を買占め、露命をつなぐ米をつぶして酒にすれば、諸人難渋の基。御領主様も取り立てる一方で、御慈悲もありません。人の喉首をしめる者は、ときにはつらい目にあっておかないと冥途に行く時にえらいめにあいます」「上がゆがむと、下はなおゆがみます」といい放ったという（『鴨の騒立』）。このように辰蔵は、義侠心や行動力に富み、巧みな弁舌による説得力・紛争調停能力を持ち、また吟味役人の尋問に平然と答えるという権威を恐れないたくましい自負心を持った人間であった。この人柄によって松平・九久平地域の民衆の信頼をえていたのである。騒動後には九月二五日名古屋藩役人に捕らえられ、名古屋藩寺部陣屋を経て幕府赤坂陣屋に抑留されて取り調べを受け、翌八年三月一〇日江戸へ送られ、獄中で牢死した。九年閏四月一五日の判決で獄門となり、下河内村と滝脇村との境に罪状を記した捨札が建てられた。墓は、豊田市九久平町梁場の共同墓地に残る。

【人物】渡辺政香　わたなべまさか

『鴨の騒立』の著者。神職名は助太夫、字名は三善、号名は保宝葉園・磯泊散人など。安永五年（一七七六）三河国幡豆郡横須賀村の寺津八幡宮神主の家に生れ、兄の死により寛政一一年（一七九九）二四歳の時家職を継ぐ。白川派に属す。一五歳で同郡羽角村の浜島錦城に入門、のち伊勢山田の山口角太夫（凹巷・韓聯玉）や伊勢の国学者足代広訓に師事し、博学な考証家・文人となる（『西尾市史』三）。地域での争論の調停にも奔走した。平田派国学者との交流も盛ん。大著『三河志』を始めとする史誌、神道論、詩歌集・紀行文など数十編の著作を残し、百姓一揆については『鴨の騒立』のほか、『天保甲斐国騒立』（甲斐一国騒動）、『浪華騒動聞書』（大塩の乱）、『濃州郡上郡金森家騒動聞書』（宝暦郡上一揆）などを記録する。天保一一年（一八四〇）六五歳で死去。著書や蔵書は西尾市立図書館岩瀬文庫に所蔵される。

【史料】鴨の騒立　かものさわだち

渡辺政香著。半紙本一冊、八二丁。ほかに巻頭に折り込み地図一葉が挟み込まれ、その裏に詳細区分図が貼付される。本文初頭には「寺津八幡書庫之印」と角形朱印が捺してある。八二丁のうち、本文五八丁は政香の筆だが、岡崎藩鎮圧記録や判決などを収めた追録（二四丁）の大部分は別の筆跡（四男政敬）で、追録末尾の半丁が政香の筆による。筆者自筆の本文は騒動後の遅くない時期に執筆され、追録は判決前後に追加されたものと推定される。同じ西三河地方とはいえ加茂郡から少し離れた地であるためか、地名などに不正確な箇所もあるが、複数の聞き書きを考証しつつ騒動の経過をリアルに再現しており、とくに打ちこわしの様子や白洲での吟味の場面などが生き生きと描写され、全国的にも著名な一揆実録の一つとなっている。なお、渡辺政香は『鴨の騒立』の下敷きとなった『参河国加茂郡百姓一揆聞書』も残しており、そのなかに浄瑠璃口調で綴られた作者不明の『鴨とりの騒噺申』という一揆物語が収録されているが、『鴨の騒立』の生き生きとした一揆描写の部分はこれに全面的に依拠したものである。原本は西尾市立図書館岩瀬文庫蔵で、全文は高橋磌一『乱世の歴史像』、『日本庶民生活史料集成』六、近藤恒次編『三河文献集成』近世編下、本文のみは『日本思想大系五八　民衆運動の思想』に翻刻されている。

【史料】応思穀恩編　おうしこくおんへん

八冊本で、本編六冊と付録二冊からなる。内閣文庫蔵。ほかに宮崎道郎が三冊本を所蔵という（国書総目録）。天保四〜九年の飢饉・災害・米価・施行・一揆などの諸史料を集めた記録。飢饉を教訓に米穀の恩を後世に伝えたいとの序文があり、これが書名の由来である。天保九年の成立か。各藩からの届出が主で、編者は幕府関係者かと推定される。ほかに各地からの書簡や雑記も写し、施行・米価の瓦版も綴り込む。とくに付録は天保七・八年の一揆史料集となっており、付録一は加茂騒動を中心に盛岡藩領一揆・生田万の乱・能勢騒動、二は甲斐一国騒動を収録。天保四年の加古川騒動や天童・幸手・福井打ちこわしについては『編年百姓一揆史料集成』一二、甲斐一国騒動・加茂騒動・駿河打ちこわしは同書一三、盛岡藩領一揆・能勢騒動は同書一四にそれぞれ翻刻されている。（齋藤　純）

〔参〕『豊田市史』二・七、布川清司『農民騒擾の思想史的研究』、齋藤純「三河加茂一揆と旗本領主支配の危機」（『天保期の階級闘争と社会変動』上）

天保七年（一八三六）九月二四日
大坂打ちこわし

大坂周辺では、天保七年の春先から悪天候が続いていたが、四、五、六月にも大風雨が続き、淀川が出水して、川筋低地の村々では水没する村もあり、大坂市中では橋が数か所押し流されるというありさまであった。七、八月には、続いて全国的に冷害と水害に見舞われ、この年の大凶作は必至となった。そのため米価は日増しに高騰し、五月まで一石が八〇匁であったのが、六月には一〇〇匁を越え、七月には一一〇匁台、八月には一二〇匁台、九月には一四〇匁に達した。また、七、八月の水害で、近在の畑作物も被害を受け、いっせいに高値となったため、下層民は雑食の手当にさえ苦しんだ。こうした状況下、八月三日には、市中の大江橋に、富家や米屋を打ちこわすことを記した張紙が見られ、続いて淀屋橋・老松町、そして大坂町奉行所の門にまで同趣旨のことが記された張紙が見られた。大坂町奉行所では、不正な商いをしたり、米を買い占める者は召し捕ること、市中の米を市外に持ち出すことを禁ずるなどの警告を発し、八月中旬には、不正な枡を用いて利を貪った米屋二三人を検挙したりした。しかし、九月に入って、さらに米価が高騰したため、米を買い占めた者を打ちこわす旨が記された張紙が所々に見られるようになった。そして二四日の夜、遂に高津五右衛門町で、雑穀売買の紛争から、多数の者が雑穀屋を打ちこわし、その近辺の米屋十数軒も巻き添えを食らって打ちこわされた。この騒ぎで八〇余人が捕らえられて投獄された。新穀類出回りの時期である一〇月に入って、米価はやや下落したが、この月も大凶作であったので、一一月に入ると再び米価は高騰し、一二月にはなお高騰し続けた。この頃には、大坂近在の村々でも飢渇に苦しむ者が見られるようになり、野田・福島村の百姓たちは、この飢饉では年貢の上納ができないと寄り合って騒ぎ立て、また中橋筋過書町あたりの木戸には、大坂三郷を焼き払う旨が記された張紙が見られたりもした。こうした状況は、翌八年になっても変わらず、二月一九日には、大坂市中に大塩の乱が勃発することになるのである。（山﨑善弘）

〔参〕『大阪府史』七・岡本良一『大塩平八郎』

天保七年（一八三六）一〇月七日
駿河国志田・益津郡幕府・田中藩領ほか打ちこわし

天保七年は駿河国においても雨続きで、たびたび大水が発生するなど天候不順であり、米価が騰貴した。七月中に志田郡幕府領伊久美村の小前百姓が、同郡滝沢村の宇八に大勢で無心に押し寄せる事件が起きている。その後、八月四日には駿府町において、本通三丁目、七間町二丁目、江川町、新谷町、伝馬町、宝泰寺門前の各所で七軒の米屋が打ちこわされた。この騒動に対する処罰の詳細は不明であるが、数人が入牢となり、追放に処されたとする史料がある。島田・岡部宿周辺の騒動は、同年九月二〇日頃から計画された。九月二二日に瀬戸川原へ集会すべき旨の張札が、島田宿などに貼られたが実現にはいたらなかった。ところが一〇月五日、田中藩の領分払米の入札が行われ、同藩勝手方御用達の志田郡築地上村の長左衛門と益津郡浜当目村の鹿之右衛門が一〇両につき九俵という高値で入札したことから、これが占め買いにあたるとして状況は一挙に緊迫した。同月七日夜五つ時、幕府領島田宿内で集会が持たれ、長左衛門宅へ押し寄せた。その参加村落は幕府領金谷・島田両宿を始め、掛川・横須賀・岩村・田中藩および旗本領の一五宿村で、人数は一五〇人余であったという。笠・手拭いをかぶり、あるいは蓑笠姿の出立ちで長左衛門宅を打ちこわし、日下村勘右衛門宅へ押し寄せようとしたところを、島田宿役人らの説得で帰村した。翌八日夜五つ時、鹿之右衛門宅を打ちこわすために岡部宿を出立したが、同人宅は田中藩役人が警固していたため、同人親類の浜当目村鹿五郎宅を打ちこわした。参加村落は、幕府領岡部宿を始め、岩村・田中藩領、旗本領の一四宿村で、人数は一五〇人余であった。打ちこわし勢のなかには、元結際に白紙を結びつけたものがまざっていたという。打ちこわしの途中で田中藩役人が、鑓、抜身で斬りつけたため負傷した者が多くでた。私領での打ちこわしではあったが、江戸より勘定留役を派遣して駿府で吟味を行うなど、幕府もこの打ちこわしを非常に重要視していたが、処罰などについては不明である。島田宿の三人が処刑されたが、いずれも首謀者の替え玉であったという話も存在する。　（安藤優一郎）

〔参〕『静岡県史』通史四

天保七年（一八三六）一〇月
武蔵国埼玉郡清水家・旗本領久喜町打ちこわし

久喜町付近の村々は、天保四年から凶作が打ち続き、天保六・七年と大風雨、冷気の影響によって穀類不熟の年が続き、大豆や大根などの商品作物も打撃を受けた。一方、穀類は高値となったため、無高に近い貧農小作層が中心となり天保七年一〇月に久喜本町へ押し寄せ、元名主の正助や百姓久兵衛、医者の宮本周達らの家を打ちこわした。元名主の正助やその下男たちは、槍・長脇差で応戦、双方に負傷者が多数でた。打ちこわし勢が多数捕らえられ、打ちこわしにあった者や村役人も江戸に呼ばれて取り調べが行われた。打ちこわし参加者が江戸で拘留されたため、久喜寄場組合二二か村の惣代上清久村の名主らが身柄赦免運動の先頭に立ち、その費用八両余は組合村で高割で共同負担された。なお、武蔵国北東部の地域では、久喜町の打ちこわしの直後の一二月に葛飾郡幸手町で打ちこわしがあり、一二月二九日には埼玉郡清水家領琴寄村でも一三か村・一〇〇〇人余が施米を要求して名主・大地主・質商小林官吉宅を打ちこわす騒動があった。また、同年には埼玉郡加須村、騎西村でも打ちこわしがあったと伝えられるが、この打ちこわしに関する唯一の史料である高梨輝憲『飢饉噺聞書類集』は、年代・地名に誤りが多く、おそらく天保五年の加須、戸ヶ崎（現騎西町）の打ちこわしの誤りと推定される。　（山中清孝）

〔参〕『久喜市史』、『加須市史』

天保七年（一八三六）一一月一〇日
上野国山田郡旗本領ほか大間々町打ちこわし未遂

天保飢饉の最中、天保七年一一月八日、日頃から大間々町米商人の言動に反感を抱いていた勢多郡沢入村など山中村々の百姓が、大間々町の糀屋あるいは麻屋を襲撃するという噂が立ち、実際に打ちこわしを告げる張札も各地で見つかった。そして、一〇日夜、百姓およそ一〇〇〇人が松明を振りかざし鬨の声を挙げながら大間々町に押し寄せた。この知らせを受けた町役人は、町内の一五歳以上六〇歳以下の男子を召集し、目印の白木綿の鉢巻をさせて守りを固め、町の入口には梯子などを横にして道路を封鎖した。そこへ村々百姓がなだれ込み、暗闇のなかで乱闘となった。それを聞きつけた隣村の桐原村の役人が駆けつけ調停を試みたが失敗したので、水沼村星野七郎右衛門が仲裁に入り、彼が私財五〇〇両を百姓に提供することなどで事態を収拾した。発頭人は座間村の米吉ほか七人と断定され、江戸送りとなったが、取り調べの過程で五人が獄死するという悲惨な結末となった。なお米吉は縄付・手鎖・村預、そのほか草木村の伊平次など四人が縄付・村預、座間村の徳松など五人が村預の処罰を受けた。

（中島　明）

〔参〕『群馬県史』通史四

天保七年（一八三六）一一月一九日
陸奥国和賀・稗貫郡ほか盛岡藩領強訴

天保七年は寒い夏となり、東北地方は大冷害となった。連年の凶作と度重なる御用金・臨時課役の賦課によって窮乏していた百姓の経営はたちまち危機に陥った。さらに前年に発行された七福神札という銭札は、充分な準備金を持たず発行したため急速に信用を失い、激しいインフレ状況を引き起こした。八月末から九月にかけて餓死者が出始めると、領内各地は不穏な情勢となった。藩は例年の年貢徴収方法である概免（定免）をやめ、検見取りとすることとしたが、大凶作に見合うだけの減免を行わなかった。さらに藩は村々にある米を管理しようとして穀改役人を廻村させた。これらが直接的な契機となり一一月に一揆が発生した。

一九日に大迫通大迫町とその周辺村落の百姓らは、盛岡城下への強訴を試みたが、藩の重臣南部土佐の家臣に説得されいったんは解散した。しかし、二一日に再度蜂起し、二〇〇〇〜三〇〇〇人で城下近くの簗川まで押しかけた。同日、大迫通の一揆に触発されて日詰通でも一揆が発生し、二〇〇〇〜三〇〇〇人ほどが城下近くまで強訴した。二五日には、花巻・土沢町周辺の安俵・高木通などの百姓数千人が一揆を起こし城下を目指した。一揆は役人の説得を振り切って進み、途中五大堂村では同心一名に暴行し、死亡させるという事件を起こした。城下中の橋で役人の説得を受け入れて本隊は帰村を開始したが、その後も少数の部隊が次々と城下へ押しかけた。

藩は一揆が悪政の張本人として糾弾する家老花輪栄と用人志賀覚太夫を罷免するとともに、側役人四人を代官兼帯として領内各地を廻村させ、訴願を受け取らせることとした。とくに一揆発生地域の中心的な町である花巻へは、家老毛馬内典膳を派遣した。この役人廻村は、手順を踏んだ訴願を提出させることで、強訴へと発展することを防止しようとしたものである。百姓たちの願書はこの役人のもとに殺到した。毛馬内へ提出された訴状は「葛籠ニ入て既ニ片馬ニ満」というほど多量なものであった。しかしこの政策は、盛岡以南の北上川流域に限定されていた一揆を、領内全域へ拡大させる契機ともなった。一二月八日福岡通一戸町周辺村々の強訴は、一戸町に強訴し、三軒の家を打ちこわしたが、臨時代官兼帯への訴願を目的に発生したものであった。また翌八年一月、毛馬内通でもこの政策を受けて村々の要求を取りまとめ、肝煎らに見せて歩いて闘争を準備する人物が現われている。この他一一月末から一月にかけて、野田・宮古・大槌通などの太平洋沿岸地域や盛岡以北の五戸通で地域的な一揆が発生した。

これらの一揆の要求は、地域によって差異があるが、おおむね次のとおりにまとめられる。①年貢減免、諸役銭延納。地域によっては年貢半免を求めたところもある。②買米制反対。百姓取米を藩が安価に買い入れるこの制度は、凶作ゆえに七年は中止されていたが、さらに長期にわたる停止や制度的廃止を求めた。③御用金・借上金などの名目で賦課される臨時課役免除。④銭札反対。地域により額面通りの通用から廃止まで差異がある。⑤種籾・仕付料拝借。⑥諸役人の不正追及、罷免要求。家老花輪栄・用人志賀覚太夫らに対するものから、代官・下代、村役人までに及ぶ。⑦借財年賦要求。これらの要求に対し、藩は花輪・

志賀を罷免した以外は有効な対策を立てえなかった。不満を高めた鬼柳・黒沢尻通など北上川流域の百姓ら二〇〇〇人余は、一月一四日大挙して仙台藩領の六原・相去へ逃散し、逃散百姓の仙台領民化あるいはその地の仙台藩預地化を求めた。この事態にあわてた盛岡藩は、仙台藩に逃散に対する内分の取り扱いを申し入れるとともに、百姓らへは要求に対する善処と処罰を加えないことの二条件を出して説得に努め、一八日には四名の代表を残し帰村させることに成功した。四名の代表も仙台藩の吟味を受けた後の二四日に盛岡藩へ引き渡された。しかし盛岡藩は、仙台藩と一揆に対してなした処罰を加えないという約束を守らず、二六日にはこの四名を逮捕し、二月一〇日には斬罪に処した。

　この連続的で広範な地域での一揆は、盛岡藩政に重大な影響を与えた。藩の穀倉地帯である北上川流域村々への年貢重課・買米制による収奪は限界に達した。そこで藩は全面的な藩政改革を施行せざるをえなくなる。横沢兵庫を登用して積極的な殖産興業・流通統制を中心とする天保改革が開始されることとなるが、それは弘化・嘉永の二度の三閉伊一揆の原因となっていくのである。（保坂　智）

〔参〕保坂智「南部藩の諸闘争と藩政」（『天保期の人民闘争と社会変革』上）、森嘉兵衛『南部藩百姓一揆の研究』

天保七年（一八三六）一一月三〇日
越中国射水郡金沢藩領氷見町打ちこわし
→天保七年（一八三六）八月一五日
越中国婦負郡富山藩領八尾町打ちこわし

天保七年（一八三六）一二月二九日
武蔵国埼玉郡清水家領琴寄村打ちこわし
→天保七年（一八三六）一〇月
武蔵国埼玉郡清水家・旗本領久喜町打ちこわし

天保七年（一八三六）一二月
武蔵国葛飾郡幕府領幸手町打ちこわし
→天保七年（一八三六）一〇月
武蔵国埼玉郡清水家・旗本領久喜町打ちこわし

天保八年（一八三七）一月一四日
陸奥国和賀・稗貫郡盛岡藩領逃散
→天保七年（一八三六）一一月一九日
陸奥国和賀・稗貫郡ほか盛岡藩領強訴

天保八年（一八三七）二月一九日
大坂大塩平八郎の乱（大塩一件、大坂一件）

　大坂東町奉行所元与力大塩平八郎を指導者とする幕政批判の兵乱。天保四年は、東北を始め全国的に凶作・飢饉の状況を呈し、経済の中心都市大坂にも、諸国から大坂に廻米される数量が減少したため影響が出始めた。市政を統括する大坂東西両奉行所から、米商人の買占禁止令や酒造高減少令などの方策が講じられたが、効果を上げようとする積極性に欠けていた。そのため市中所々には、米買占商人への打ちこわしの浮説や威嚇の張札などが溢れ、不穏な空気がみなぎった。その後も作柄不良による社会不安は続いたが、大坂の米価はやや小康を保っていた。ところが、天保七年半ばになると、各地で風水害が多発し、冷害による凶作を見越した米仲買商人らがさかんに米の買いだめを行ったため、大坂の米価が急騰してきた。奉行所は再び米買占禁止や酒造制限などを触れ、大坂豪商の施行も行われたが、いずれも不徹底、不十分で傍観的であり、とうてい窮状は打開できなかった。西町奉行の矢部定謙が前年九月に江戸に戻って新任が決まらないため大坂町政は東町奉行跡部山城守良弼が背負うかたちになったが、跡部は施行のための用金という名目で豪商から金銀を出させたものの、市民救済に活用することは少なく、水野忠邦の実弟であるという威勢を借りて与力・同心の働きを蔑ろにするなど、大坂市民からも悪評を買った。さらに、米の不足と値上がりのなかで、飢えた市民がわずかな自家用飯米を取り引きするのを探知しては捕らえて入牢させたりした。その一方で、翌天保八年四月に予定されている新将軍宣下（第一二代家慶）の式典に備えて上方から米を運送する命を江戸の公儀から受け、与力内山彦次郎を使って兵庫で米を買い集めさせ、それを江戸へ回送することを強行した。また当時の大坂豪商は、施行も時折は行ったが、渋る者もあり、飢饉と知りつつ暮らしぶりを抑えず、米の買占めを行う者もあった。幕府の江戸廻米政策や豪商の買占めは、大坂の米を品薄にし、ますます価格上昇を助長した。

こうした事態を眼前に見てきた東町奉行所元与力大塩平八郎は、東町奉行に対しては何度も救済策を上申し、豪商らに対しては義捐金の拠出をうながした。しかし、いっこうに効果がなく、大塩は、ついに彼らを姦吏・貪商とみなし、最後に残された手段として誅罰を加えて窮民を救うことを決意した。大塩は、養子の大塩格之助、与力瀬田済之助、同心渡辺良左衛門ほか洗心洞門弟らと挙兵の計画を練った。そして、天保八年二月一九日を期して、天満の大塩居宅から兵を挙げることを決めた。また大塩は、決起予定日の数日前に自己の蔵書をすべて換金し、窮民一万人に対して金一朱ずつ分配することにした。これは町の組織を通すものではなく、河内屋(喜兵衛・新次郎・紀一兵衛・茂兵衛)という版元グループが、「大塩平八郎先生御一分」で「御所持之書類」を残らず売り払って施行を行うので、配布の引札を所定の場所に設けた会所へ持参すれば必ず渡すと触れた。この施行に対して、東町奉行跡部良弼から無届けであるとの横槍が入ったが、大塩の反論と、いったん予告した救恤を中止すると不満から混乱が引き起こされるとの奉行所の判断で実行された。

また、挙兵に先だって、「四海こんきういたし候ハ、天禄なかくた(絶)たん、小人に国家をおさめしめは災害幷至と」という文言で始まる長文の檄文を数多く作成した。檄文の作成は版木師市田次郎兵衛に請け負わせ、挙兵計画が漏れないよう洗心洞のなかで字を切り離して彫らせるなど工夫がなされた。板刷り作業を行った者は洗心洞に禁足し、完成した檄文は絹の袋に入れ、表に「天より被下候村々小前のものに至迄へ」と書き、裏には伊勢神宮の大祓を貼付けた。檄文は、大きな村の神社の神殿に張り付けて村々から参加者を募ろうとした。檄文の末尾は、「摂河泉播村々庄屋年寄百姓幷小前百姓共へ」とし、大坂近在の村々に配られた。呼びかける者は村役人層だけでなく小前百姓にも及んだ。被差別部落の者にも参加の働きかけがなされた。文中に挙兵の理由とその正当性を訴え、「一揆蜂起之企」でも「天下国家を簒盗」する行為でもなく、「無道之者」をこらしめ、「天命を奉じ天討を致す」行動であることを強調した。そして「いつにても大坂市中ニ騒動起り候と聞伝へ候ハヽ、里数を不厭一刻も早く大坂へ向駆可参候」と、挙兵の時を待機して応じることを呼びかけた。また、決起に先だって大塩施行の引札配布に町村や困窮人宅を回った一党の白井孝右衛門らは、大坂天満に火が上がればさっそく大塩屋敷に駆けつけるよう伝えていた。結果的には兵乱だが、檄文から見れば、武士身分のみの士族反乱ではなく、門弟の武士を中核にした士農連合の一揆軍を構想していた。大塩の当初の計画は、二月二日に着任したばかりの西町奉行堀伊賀守利堅が、一九日に恒例の行事として先任の東町奉行の案内で天満を巡視する機会に挙兵するというものであった。奉行らは天満組に入ると、堂島米市場、天満青物市場、天満宮、惣会所を巡回し、最後に迎え方の天満与力宅で休息することになっていた。その朝岡助之丞宅は洗心洞の道を隔てた向かい側で、到着は夕刻になるはずであった。その時に不意に兵を挙げて両町奉行を倒し、町々に火を放って豪家を襲うことを申し合わせていた。その際に奪う金穀は、ただちに窮民に分配することにしていた。

ところが挙兵の時が目前になると、一党の間に動揺が起き始めた。河合郷左衛門は覚悟しきれず逐電した。一党の仲間であった平山助次郎と吉見九郎右衛門が心変わりした。平山は旗幟や武器を見て恐怖が募り、東町奉行所に駆け込んだ。吉見は檄文を入手しておき長文の自筆訴状をしたためて、当日の暁方西町奉行所に密訴した。それを知った大塩は、事前に制圧されないように、計画を急に変更して、即座に決起することにした。挙兵間際にも門弟宇都木靖のように諫止しようとした者がいたが、大塩はこれを斬り、決起に踏み切った。

一党は、一九日朝、大塩邸に自ら火をかけ、奉行を迎える朝岡宅に棒火矢を打ち込み、門弟ら七〇数人と行動を開始した。大塩から駆けつけることを求められていた近在の農民も加わり、一党は一〇〇人ほどの勢力になった。彼らは、「救民」の旗を数本立て、「天照大神宮」「湯武両聖王」「八幡大菩薩」「春日大神宮」「東照大権現」「南無妙法蓮華経」などの旗幟を掲げて押し出した。事前に用意した大砲（大筒）を引いて進撃し、行く先々で砲撃を行ったり、焙烙玉を投げつけたり、火矢を放ったりした。各自は槍・長刀などを携行して、振り回した。そして、天満一帯を火の海にしながら進み、正午ごろには船場にいたった。このころには群集的な参加者で人数が増え、一党は三〇〇人ほどになった。豪商の店が並ぶ船場では、今橋筋と高麗橋筋の二手に分かれて進んだ。今橋筋では鴻池屋善右衛門・庄兵衛・善五郎などの一族の諸店、天王寺屋五兵衛、平野屋五兵衛、高麗橋筋では三井呉服店、升屋など豪商を軒なみに襲って放火し、店や蔵をすべて破壊した。晴天のため西南の風に煽られて炎が船場一帯をおおい始めた。金穀は路上に撒き散らされ、窮民らが取るに任せた。このころになって、町奉行所が、鉄砲奉行配下の鉄砲同心や城方京橋・玉造口の両定番らの加勢をえて鎮圧に出動したが、東町奉行跡部は遅れて到着した。奉行が砲声に驚く馬から振り落とされる醜態もあった。しかし、大塩一党も訓練を受けたことのない烏合の衆だったから、鎮圧勢の前にはまったく無力であった。小規模な砲撃戦を交えたが、二回目の交戦で一人が狙撃されると総崩れになった。その後は態勢を立て直すことができず、大塩勢はわずか半日で鎮圧されて、四散した。大塩父子も潜伏した。

一党の砲火で広がった火災は、翌二〇日の夜まで燃え続けた。焼失家屋の家数は三三八九、世帯（竈）数では一万二五七八に達した。火災の範囲は、大坂市街のほぼ五分の一に及んだ。兵乱後の厳重な首謀者探索で、関係者が自首、自殺、あるいは捕えられた。しかし、大塩父子は見つからなかった。大勢焼け出されたにもかかわらず、世直しの願望を強めつつあった市民の多くは大塩の決起に好意的で、「大塩様」と呼び讃える向きさえあり、懸賞金のついた密告奨励も効果が上がらなかった。しかし、約四〇日後の三月二七日、大坂靱油掛町の美吉屋五郎兵衛宅に父子ともに潜伏していることが探知され、幕吏の包囲のなかで大塩父子は隠れ家に火を放ち、そのなかで自刃し、焼けただれた死体が発見された。

大塩兵乱後、大坂の市中には各所に御救小屋が設けられて一万人以上の飢渇民が救済された。被災した豪商らがいっせいに再建工事を開始したため、通常より高い賃金で多くの大工や人夫を雇い、町々の経済を潤した。このため、こうした現象を「大塩様のおかげ」とする空気が生まれ、大塩存命の風評をよみがえらせた。それがさらに「大塩死せず」の伝説になっていった。大塩騒動が天下の台所である大坂で起こったこと、指導者が元幕府与力であり著名な学者であったこと、などによって、兵乱の情報はたちまち全国に広まった。大坂に設置された全国諸藩の蔵屋敷からは国元や江戸藩邸へ探りえた情報をいち早く記録して送った。また、砲撃された豪商は各地の取引先や支店に向けて迅速に事件の委細を書状のかたちで書き送った。江戸の滝沢馬琴も一〇日ほど後には大坂の豪商が親類にあてた書状から事件の情報を入手している。また、飛脚問屋のなかには自ら事件の情報を遠隔地に発信する者もいた。こうした騒動後の情報の飛びかいによって民衆の間には圧制への批判意識が煽られ、いくつもこれに連動したり波及したり影響を受けた一揆が起こった。天保八年四月には備後国御調郡三原町で八〇〇人ほどが「大塩平八郎門弟」と書いたのぼりを掲げた騒動が起こったといわれる。六月には越後国柏崎で国学者生田万の乱が起こった。七月には摂津国能勢郡幕府領で山田屋大助の騒動が起こった。これらはいずれも、「大塩門弟」「大塩残党」という旗を掲げた。学者のなかには自身の著作のなかで、「四海困窮せば」という大塩の檄文の冒頭の文句を借用する者もいた。また、天保九年春には九州などで大塩騒動を題材にした講釈や芝居が人気を呼んだという。天保九年八月、幕府は裁決を下し、大塩父子ら二〇人を磔、一七人を獄門、三人を死罪としたのを始め合計八〇六人を処罰した。処刑された者のほとんどはすでに死去しており、大塩は塩詰め死体で磔になった。なお、大阪市北区天満一丁目の道路沿いに、乱の際に焼けて倒れかかったといわれる朝岡邸の槐の木が昭和五九年（一九八四）まで残っており、今はその跡に「大塩の乱槐跡」の石碑がある。

【人物】大塩平八郎　おおしおへいはちろう

寛政五年（一七九三）～天保八年（一八三七）。江戸後期の大坂町奉行所与力、儒学者で大塩の乱の思想・実践両面における指導者。名は正高、のち後素。通称は平八郎。号は中斎。大坂町奉行所与力大塩敬高の子として天満の与力屋敷で生れた。大坂では、与力は東西両町奉行所に三〇騎ずつ配置され、高二〇〇石（実収八〇石）、屋敷地五〇〇坪を与えられていた。大塩家は天満筋長柄町の四軒屋敷にあった。与力は代々大坂に在住し、さまざまな役得があって実入りは良かったといわれる。平八郎の父母は早くに死に、祖父に養育された。一三、四歳の頃から東町奉行所に見習いとして出仕した。平八郎は一五歳の時に自家の系譜を見て、祖先が今川氏の一族でその臣下だったが、のちに徳川家康に仕え、その末子筋の家が大坂で与力家になっていることを知った。若い平八郎は、祖先にくらべて自分が奉行所与力の見習いの境遇にあることに強く恥辱を感じた。ただし、平八郎の祖父は阿波藩家老の家士の出であった。平八郎は一人前になってからも由緒の意識が強く、阿波藩との関係は度外視して、清和源氏—足利氏—今川氏—大塩家という「血統」を誇りにし、祖先の大塩波右衛門が家康から弓を与えられたことにちなんで養子の格之助の子に弓太郎という名を付けた。商人から留守中に届けられた音物の魚を手紙を付けてその町の町年寄に送り返すような謹厳さも、そうした家筋の矜持と不可分であった。しかし、平八郎は幕吏として特別の昇進に恵まれることもなく、ほぼ四半世紀間吏務に精励した。少年のころの定町廻役から始め、やがて難事件を解決する名与力の評判をえた。文政一〇年（一八二七）キリシタン逮捕事件、同一二年奸吏糾弾事件、同一三年破戒僧遠島事件などで力量を示した。また平八郎は、文武の両道に励み、とくに槍術にすぐれた。しかし、俗塵にまみれているという自己認識は消えることがなく、そうした鬱屈を抱えた者が罪人を裁くことに悩んだ平八郎は、自分の「病」を治める方法として儒学を学ぶことを選び、自己の内部の功名意識の克服をめざした。やがて独学で陽明学を修め、「良知を致す」という聖人接近の考え方を知り、自己の内部に功利的な打算の念がないかどうかを常に点検する態度で物事に臨んだ。平八郎は、一日を一年と見て一瞬も無為に過ごすことのないように生きたが、その一つの背景としては、身体的に薬効の期待できない持病を持っていたことがあった。こうした厳しい学問への態度を見て、知友の頼山陽は平八郎を「小陽明」と称するほどであった。与力を務めながら学者としても知られ、自邸を学塾とし洗心洞と名づけて同僚の子弟や近在の上層農民に講じた。文政八年（一八二五）にできた「入学盟誓書」には「我門人たる者は忠信を主とし聖学の意を失ふべからず」と冒頭に掲げ、「小説及び雑書を読むべからず」、「経業を先にし詩章を後にす」と命じて、俗臭を排した。天保元年（一八三〇）信頼していた上司の東町奉行高井実徳が辞職するに際し、今後は自分の能力を発揮できる機会は与えられないと判断して、高井に殉じるかたちで三八歳で退職した。学問で自立できる自信もこの決断の背景にあったと考えられる。これ以後、洗心洞で学問と教育に専念した。『古本大学刮目』、『洗心洞劄記』などを著し、自己と世界を一体のものとし、万事を一身に受けとめる「帰太虚」の思想を展開するにいたった。こうした研学の日々のなかで、天保七年（一八三六）は経済の中心都市大坂が前年からの飢饉の影響を受け始め、市中に餓死者が続出するようになった。平八郎は、当時の大坂東町奉行跡部山城守良弼に対して、救急策の必要をしばしば上申したが、身分を弁えぬ不届者と叱責されたりした。そこで、「知行合一」を信念とする大塩は、蔵書をすべて売り払って市中の窮民に分け与え、同時に近在の村々へ挙兵の檄文を撒布した。このころの平八郎の身内の者は、妾のゆう、養子格之助とその妻みね、孫弓太郎、養女いく、婢りつがいたが、この五人は紙屋幸五郎方に身を寄せた。平八郎らは、天保八年二月一九日に「救民」の旗を掲げて決起した。しかし、奉行所役人と城兵の出動で一日で平定された。平八郎父子は姿を隠したが、約四〇日後の三月二七日、大坂市中に潜伏しているところを発見され、包囲のなかで自刃した。大塩平八郎の身体的外貌は、潜伏中に手配された人相書によれば、「年齢四拾五六歳、顔細長く色白キ方、眉毛細ク薄キ方、額開き月代青キ方、眼細クつり候方、鼻常躰、耳常躰、せい常躰中肉、言舌さわやかにて尖キ方、鍬形付甲着用、黒キ陣羽織」というものであった。弁舌爽やかで鋭いという特徴は、外貌ではないが、いかにも妥協を許さない学者たろうとする平八郎の印象をよく表わしている。この時四五歳であった。大阪市北区天満一丁目の大阪造幣局職員住宅内に洗心洞跡碑があり、墓は大阪市北区末広町の成正寺にある。

【史料】大塩平八郎一件書留　おおしおへいはちろういっけんかきどめ

詳しくは「大塩平八郎一件評定所一座書留」。一帙全五冊。国立史料館所蔵（三井家編纂室が明治四四年〈一九一一〉に購入し、昭和四一年〈一九六六〉に文部省史料館に移譲）。大塩の乱に関する幕府評定所一座（寺社奉行・江戸町奉行・公事方勘定奉行）の裁判記録の写本。大塩の乱の裁判記録が一括揃っている点が特色。評定所にとっては、「大坂町奉行跡部山城守組与力大塩格之助養父大塩平八郎頭取、同組与力・同心等徒党いたし大坂市中放火及乱防候一件」という性格の事件で、一件書留は大きく三部で構成されている。第一部「吟味伺書」は、七五〇名余に及ぶ吟味対象者に対して、評定所一座が吟味し量刑原案を簡潔に黒線枠内に「吟味書」としてまとめて老中に伺い、次に当人の供述書を記録して、末尾を「不埒之段、吟味詰候処、銘々可申立様無之由申之候」と締める。自刃焼死した大塩平八郎・格之助も同じ書式で記録される。ただし、「酉三月廿七日於大坂塩詰之死骸直溜預」と注記され、供述は平八郎らと関係した者たちにさせている。吟味は広範に行われ、密告者の平山・吉見からその係累者、与力・与力妻・同心・同心妻、若党・中間、医師・医師女房、僧侶・師職・所化・願人、庄屋・年寄・組頭・百姓・百姓女房・百姓倅、町人家持・町人借家、穢多、無宿、下男・下女、相撲年寄、神主妻などに及んでいる。以上の「吟味伺書」はさらに糾問対象によって三つに分けられ、合わせて一件書留の過半の分量となっている。第二部「御仕置附書付」は、吟味対象者の量刑の妥当性を伺う文書で、先例や公事方定書、他の被疑者との比較などで、一貫性のある量刑にしようとするものである。大塩平八郎父子は首謀者だが、「一味之もの共ニ見合」て別段重いということはないから、塩詰死骸を引廻したうえ大坂で磔、江戸・大坂で科書捨札とされている。第三部「別紙之分大坂一件書物」は、吟味の際に作成された関係書類で、首謀者・一味の親族名前書など種々の記録が含まれている。刊本は、『史料館叢書九』（東京大学出版会）に収められている。（深谷克己）

〔参〕幸田成友『大塩平八郎』、岡本良一『大塩平八郎』、宮城公子『大塩平八郎』、『大阪市史』二、『大塩平八郎一件書留』

天保八年（一八三七）三月一〇日
大和国広瀬郡多武峯領救恤要求強訴

多武峯（とうのみね）は、三〇〇〇石余の朱印地を有する天台宗寺院であったが（現談山神社）、大塩平八郎の乱が起きて間もない天保八年三月一〇日に、同領広瀬郡百済・広瀬両村の百姓二〇〇人が、百済村二条の寺内に集まり気勢を上げた。前年は大凶作であったにもかかわらず、年貢の重さは相変わらずで、新規に御膳米の運搬などを命じられたりし、領民の不満が高まったためである。この時は、大庄屋の説諭によっておさまったが、四月一九日に三〇〇人が百済村の新坊に集まり、村役人に出訴を要請した。これに応じて村役人は、二三日に多武峯に登り、飯米・肥代銀の貸与方を交渉したが、多武峯側が示した条件を窮迫した領民たちは納得せず、五月三日に四〇〇～五〇〇人が多武峯へ強訴に赴いた。さらに、六月二六日から二八日にかけて、約五〇〇人が再度多武峯へ押しかけたが、門前町役人の説諭により退き、うち一〇〇人余はさらに奈良奉行所へ訴えでようとする動きも見せた。七月に入ると、当初から多武峯領の動静を把握していた奈良奉行所が間に入り、多武峯に領民の救恤をうながすとともに、両村の村役人には徒党の罪を侘びるよう諭した。結局、新穀ができるまで領内の飢人に一人一日粥六合が与えられることになるとともに、一〇月一一日に百済村の林重三郎（百済北方大庄屋）が役儀召し放ちのうえ五〇日間の戸閉めを命じられたのを始め、約五〇人に処分が申し渡され、一件落着となった。（谷山正道）

〔参〕『桜井町史』続、『広陵町史』

天保八年（一八三七）三月一七日
越後国魚沼郡幕府領打ちこわし

天保年間に入ると、魚沼地方特産の縮布の値下がりと、逆に原料である青苧の値上がり、凶作や米価の高騰により、小前百姓の生活は窮迫した。こうした折、米穀を取り扱う幕府領会津藩預地太田嶋村地主磯兵衛は米を高値で売り出した。これを見て田沢村仙太郎が廻状を作成し村々を勧誘、干溝村八右衛門や通山村与左衛門も趣旨に賛同し積極的に村人へ参加を呼びかけた。三月一七日夜、騒動勢六〇〇人は太田嶋村磯兵衛を襲い、家屋・土蔵を打ちこわし物品を奪った。その後も不穏な状況が続き、二二日正面ヶ原へ集結し、夜になり中深見村久四郎家・要次郎家を打ちこわし、家財・帳簿類を焼却した。また、秋成村藤治郎家も打ちこわし、味噌・豆類を奪った。二三日早朝芦ヶ崎村の長坂辺りで炊き出しを受けた際には、人数も一万人もあろうかと噂され、ほら貝を吹き立て、手には鎌・棒・手斧・鳶口などを持ち、大声を上げながら大井平方面へ進んだ。途中、土蔵持ちの家へ炊き出しを要求し、大井平村甚右衛門の住居と土蔵を打ちこわした。一方、同じ日の昼近く、幕府領脇野町陣屋支配寺石村の者たちも甚右衛門家を打ちこわし、次に外丸村津右衛門家にも米価引き下げと諸帳簿の引渡しを要求し、炊き出しを受けて退散した。騒動への参加者は、役所が調べた結果、約二〇〇〇人にのぼった。騒動が終息した後、取調べは早速三月下旬より始まり、容疑者・逮捕者が十日町陣屋や小千谷陣屋へ連行され、そのうち頭取数名は会津城下へ送られた後、江戸勘定所へ護送された。八月には幕府勘定所で再吟味があり、国元においても一〇月と翌九年一月に十日町陣屋において尋問が行われた。判決は天保九年五月九日幕府勘定所で言い渡され、一揆廻状を作成した仙太郎は獄門（牢死）、仙太郎を助けた八右衛門・与左衛門は遠島（ともに牢死）などの判決を受けた。（山本幸俊）

〔参〕『津南町史』通史上

天保八年（一八三七）五月一七日
美濃国恵那・土岐郡岩村藩領国産仕法反対強訴

岩村藩松平氏三万石余で起きた強訴。四代能登守乗保の西丸老中昇進などにより財政の窮乏に陥った藩は、文政九年（一八二六）五代能登守乗美の襲封と同時に家老丹羽瀬清左衛門を登用し藩政改革に着手した。清左衛門は、禄米の借り上げ、村方法度による倹約の申し渡しなどを行い、天保元年（一八三〇）には、慶安御触書と六諭衍義大意を木版で領内に配付し支配の強化を図った。さらに「国産の儀に付心得方申談存意書」を出し、国益思想を徹底。国産所を設置し、村では開墾・養蚕・植林、町では織物を普及させ藩内の産業を活発にしようと試みた。しかし、天保四年の飢饉を始め、同五年の江戸藩邸の類焼、同七年の飢饉により藩の財政はますます窮乏していった。一方、木綿・絹織を藩内で生産開始したものの、その経営はうまくいかず、織物事業などで借財が嵩み二万四〇〇〇両余の赤字となった。天保八年は、前年の凶作のため岩村領内でも飢人が出たため、二月から飢人の調査が行われ、飢扶持の支給が行われた。また、三月には岩村の藩蔵の囲籾が配分された。しかし、「飢扶持御渡方幷御囲穀御渡方」の調査のため、四月一三日に家老丹羽瀬清左衛門が江戸から到着したことで様相が一変した。清左衛門はそれらの再調査を開始し、一方で去年冬に領内で借用した米四〇〇〇俵と金二六五〇両の返済を迫った。また、町役人・産物取扱人を呼び出し、飢人がでたことを責め、「天王山ニて首をくゝり可申」といって太縄を与えたりしたため、産物取扱人などから出奔する者もでた。清左衛門と百姓の対立が決定的となったのは、五月六日に「取帳」の提出を命じたことにある。村役人たちは、「取帳」は「村々〆くゝりの帳面故、先年より御覧ニ入候例無之」としてこれを拒否し、訴願に立ち上がった。同一七日城下の岩村を除く五二か村の村役人たちは、咎に不同がある時は一同で詰めること、願いがかなわない場合には清左衛門宅へ押し寄せ乱暴すること、入牢者がでた時は牢を打ち破ること、一揆経費は二万石で高割にすること、などを申し合わせ、六か条からなる連判状を取り交わした。そして、「文政七申年御改革以来村方難渋之次第」一五か条と「御産物ニ付難儀仕候次第」六か条の計二一か条と清左衛門の押し込みを要求する訴状を郡奉行に提出した。訴状の末尾には、小前たちが「銘々手頃之品幷兵糧之用意」をしていることを強調し、願いが受け容れられない場合には清左衛門の受け取りのために岩村役所へ押しかけるとある。郡奉行から訴状を受け取った家老大野五左衛門は、百姓大勢が槙ケ根（一書に塔ケ根）に押し寄せていたこともあり、清左衛門の隠居と、願いを江戸に伝える約束をして事態を収集した。その後村役人たちは、山田村盛久寺などで大寄合をして五左衛門らに任せることを決めた。ところが清左衛門も反撃を開始し、五左衛門と代官が百姓の後押しをして騒動を起こしたとして、代官に閉門を申し付けた。二八日、岩村と近郷の村役人が呼び出され、無尽休会の三か年延長、延び延びになっていた村々の飢人への粥を実施するなどが伝えられたが、清左衛門の退役を認めていないため村々の騒動はおさまらなかった。六月六日、先に「取帳」を抜け駆け的に提出した下肥田村庄屋宅を打ちこわし、雨乞いと称して下郷の三〇〇人ほどが神昆村の桜堂薬師に集まり始めた。彼らは蓑笠を着し、兵糧や竹槍も準備していた。上郷の村々でも集会が持たれた。この情報は周辺諸藩にも広まり、問い合わせがあり、また領境まで出兵する準備も進められた。このような事態に藩士たちも驚き、乗政寺書院に集まり「御役外八拾一人」の連印にて清左衛門の逼塞、五左衛門の江戸出府などを要求して立ち上がった。六月一四日、清左衛門は遠慮を申し付けられ、五左衛門は事態を江戸に報告するために出立した。七月一〇日、江戸から帰った五左衛門は、清左衛門に役儀取上蟄居を命じた。また、村役人には押込三日の軽い処分がなされ、さらに一〇月には、先の訴状のうち、二〇か条にわたる回答がなされ、百姓の要求はほぼ全面的に認められた。あわせて領内の九〇歳以上の男二人女一〇人に対して米二俵が与えられる旨の通達もなされた。

（小椋喜一郎）

〔参〕『恵那市史』通史、史料、『岩村町史』

天保八年（一八三七）六月一日
越後国刈羽郡桑名藩領柏崎町生田万の乱
（柏崎騒動）

天保四年から飢饉が続き、とくに同七・八年は大凶作となり、米価を始め諸物価も高騰し越後各地で不穏な動きが起きていた。このような状況下で、天保八年六月一日未明、柏崎で私塾を開いていた国学者生田万が、同志を率いて、桑名藩越後領四郡六万石を統括する柏崎陣屋へ乱入する事件を起こした。彼は、同年四月の友人あての手紙に「此節は四斗四升入り一両二朱に御座候、五六里はなれし山方にては葛之根などを喰ひ、小児をば川へ流し申候、（中略）扨大塩平八郎の事御写し被下辱、当方にても諸所の届書並大塩の四ヶ国への捨文等、逐一に写し御座候」と書き、庶民の生活窮乏と大塩平八郎の乱への関心を示していた。生田の行動は、五月一〇日、蒲原地方を旅するとの名目で柏崎を出発したことから開始された。この時、柏崎にいた蒲原郡源八新田出身の門人山岸嘉藤次も同道した。その後、三条や新潟に止宿し、国学を講義したりしている。同二七日、蒲原郡新発田藩領荻島新田庄屋小野沢佐右衛門を尋ね、佐右衛門は甥の同領同郡大島新田庄屋五右衛門の二男古田喜一郎を呼んで接待した。さらに、翌二八日には旧知の鷲尾甚助、同郡下保内村医師熊倉玄泰の子玄道、剣術士鈴木城之助もきて、一同酒宴となった。こうして同志七人が揃い、夜半まで密談が続いた。七人のうち小野沢・古田・山岸は生田の門人で、鷲尾は尾張藩浪人で神道無念流を修め諸国を回った後、蒲原郡加茂町に道場を開いていた。鈴木は水戸藩浪人であった。そして二八日夜半、一行は三条へ遊びにいくとして家をでて、二九日は蒲原郡石瀬村で一泊し、翌三〇日昼頃に三島郡間瀬より弥彦見物の名目で出船した。この時乗船したのは六名で、熊倉玄道は口実を設けて姿を消していた。船は寺泊沖を進んで、夜半過ぎに柏崎近郊の荒浜村へ上陸した。ここで庄屋と組頭宅を襲って金品を強奪し、それを村民に分けて扇動し、約一〇名ほどの村人が一緒に柏崎に向かい、六月一日早朝に陣屋を襲撃した。この時、陣屋は前年二月の大火で類焼して再建中であり、役人は周辺の民家に仮住いしており、陣屋内は無人に近かった。生田らは二手に分かれ、生田・鈴木・山岸が陣屋内に入り、武器類の強奪をねらったが失敗。そこで普請中の仮門に放火し、駆けつけた役人らと斬り合いの乱闘となった。鷲尾と古田・小野沢らは、町からの救援を阻止すべく、町から陣屋に通じる鵜川橋を守った。陣屋内の斬り合いで鈴木は斬死、傷を負った生田と山岸は陣屋をでて橋上で仲間に助けられ、浜まで逃げたが、そこで二人とも自刃した。古田と小野沢は鉄砲で殺され、鷲尾は逃亡した。一方、襲撃された陣屋側は、死者三人、勘定頭以下数名が負傷した。荒浜村より同道した百姓たちも四散し、襲撃は短時間で幕を閉じる結果となった。浜辺には「奉天命誅国賊」と書かれた白旗が捨てられ、斬殺された旗持ち百姓の白旗には「集忠義討暴逆」と書かれていたという（後者の旗については「集忠臣征暴虐」との説もある）。このように、この騒動は生田万・鷲尾甚助・鈴木城之助の三浪人と生田の門人を加えて実行された。荒浜村から若干の百姓の参加があったものの、桑名藩領の百姓や柏崎町民と連帯して戦ったものではなく、生田により柏崎や越後各地で国学を学んだものが広範に組織されて立ち上がったのでもなかった。生田らは大塩平八郎門弟あるいは大塩党を名乗り、荒浜村で村役人宅から強奪した金品を村民に配分したことから、窮民救済を目的としていたこと、また白旗に記された文言から柏崎陣屋役人らの領民窮乏に対応しない施策への抗議行動でもあったと考えられる。騒動後、米穀商が小売米を値下げしたり、陣屋側も飢人扶助米を配給するなどの施策が見られることから一定の影響を与えたことが窺える。しかし、生田らの目的や要求などは必ずしも明確に示されておらず、陣屋襲撃の実行計画も綿密に練り上げられたものとはいえない。このように不分明な部分も多いが、天保の大飢饉のなかで大塩の乱と連動して起きたことにより、幕藩社会の動揺が顕著に示された事例として広く知られている。

【人物】生田万　いくたよろず

上野国館林藩出身の国学者。享和元年（一八〇一）館林藩家臣生田信勝の長男として出生。二一歳までに『大中道人謾稿』三巻をまとめた。文政七年（一八二四）、二四歳で江戸へ出て平田篤胤門下として国学を学び、一〇年に帰藩して藩政改革の意見書「岩にむす苔」を上申する。しかし、採用されず藩をでることとなった。しばらく江戸で生活を送り、天保二年（一八三一）父の死によって帰藩を許されたが、すでに家督を弟が継いでいたため、上野国太田に国学塾を開いた。天保七年五月、平田塾門下で柏崎神社神官の樋口英哲らの熱心な勧誘により柏崎に移住する。柏崎で開いた学塾は桜園と称され、門人は二〇人余であった。門人には樋口英哲を始め、富商の間瀬九郎右衛門、町年寄中村市左衛門、酒造家・大肝煎の山田儀八郎・十郎平親子、船問屋・大肝煎の山田重弘・重秋親子、町年寄で大庄屋を勤める市川幸知などがおり、ほかに蒲原郡各地から手紙で教えを求める人々がいた。門人たちは、万の古道歌学の学識・才能を尊敬し、和歌の添削を求めて集まった。このように学塾桜園の門人は町役人・富商・地主たちであり、飢饉によって生活の貧窮にあえぐ階層ではなかった。万が柏崎にきた天保七年と翌八年は大凶作が続き、領民は飢餓に襲われていたが、桑名藩柏崎陣屋では何の施策も取ろうとしなかった。そこで生田は領民救済の嘆願を再三行うが、容れられなかった。八年二月の大塩の乱の影響もあり、六月一日柏崎陣屋の襲撃を決行。陣屋役人との斬り合いで傷を負い、浜まで逃げて自刃した。三七歳であった。なお、事件後ただちに妻子も捕らえられたが、六月三日朝、牢内で妻の鎬（三一歳）は五歳と三歳の娘を絞め殺し、自らは縊死した。柏崎市学校町に墓碑と供養碑があり、同市西本町三丁目の八坂神社境内に明治三二年（一八九九）建立の生田万神道碑がある。

（山本幸俊）

〔参〕『柏崎市史』、『新潟県史』通史編五、新沢佳大「越後生田万の乱」（『大塩研究』一一）、『越後と佐渡の一揆』

天保八年（一八三七）七月二日
摂津国能勢郡幕府領騒動（能勢一揆）

天保八年七月、大塩の乱の後を追うように、摂津国能勢郡幕府領に「徳政大塩味方」と称する一揆が起きた。その首謀者は大坂在住で多田院の家来といわれる山田屋大助、書道の師匠といわれる今井藤蔵、研屋の佐藤四郎右衛門の三人であった。二日夜、彼らは今西村の杵ノ宮の鐘を鳴らして周辺村々の百姓を集め、徒党への参加を呼びかけた。その折、徒党への参加を拒絶した者が殺害されるという事件も発生した。その結果、国崎・吉川・黒川・東山・吉田・止々呂美・古郷・中川原・木部・野田・矢問・町野・上京・萩原・多田院・平野・笹部・山下・一庫の計一九か村から、最盛期には約二〇〇〇人の百姓が参加したという。その後、大助ら首謀者は、訴願のためと称して富農・富商に人足・銭・飯・武器などを強要し、拒絶する者はその居宅を打ちこわすなどしながら組織を拡大していった。四日には、大坂町奉行所が近隣諸藩の援助によって防備体制を築くと、京都へ向かう予定であった群衆は、本拠杵ノ宮を出立し、川辺郡木器村の興福寺に籠城した。翌五日には鎮圧のための戦闘が開かれ、首謀者三人が捕り手の砲撃に倒れることによって騒動は終末を告げた。騒動の参加者の処分は翌年九月二日に大坂東町奉行所によって決定された。首謀者三人の罰は不明であるが、遠島二人、中追放五人、軽追放一人、所払い一人、押込一人、手鎖五人、関係村々三三か村が過料銭を取られるという厳しい裁許が下された。騒動において大助らは、村々へ廻状を送ったが、その内容は、飢饉への救恤として全国の総有米高を調べ、これを全人口平均に割り当てるよう各領主へ仰せ付けられたい、困窮から脱却するために天皇から各領主へ徳政令を発布するよう仰せ付けられたい、という二点の要求から成るもので、宛て名は「関白殿下」とあり、朝廷への願書という形式を取っていた。この廻状を見る限りでは、この騒動では反幕的思想が明瞭に看取できるほどに天皇の比重が大きくなっていた。しかし実際には、大助らは京都へと向かおうとはしていたものの、訴願もしておらず、この騒動は能勢・川辺郡を巻き込んだに過ぎなかったのである。

【人物】　山田屋大助　やまだやだいすけ

能勢一揆の首謀者の一人。能勢郡山田村の出身で、大坂斉藤町の儒者篠崎小竹の借家に住んで、薬屋を営み、剣道の指南もしていた。父根来源六の代に大坂に移り、豪商加島屋久右衛門方へ薬療方として出入りしていた。彼は大塩の乱に影響を受け、親友の今井藤蔵・佐藤四郎右衛門らと語らい、妙見詣りを口実に大坂をでて能勢へ向かったのであった。しかし、大助らには計画性が乏しく、また徒党への参加を拒絶した百姓を殺すなどして彼らを脅し、組織を拡大していくというように、百姓の共感をえることにも乏しかった。大助は彼が能勢の出身であり、多田院の家来であった以外に、この地の百姓との間にほとんど何のつながりもなく、徹底した百姓引回しをあえてしたといえる。（山﨑善弘）

〔参〕岡本良一『大塩平八郎』、『新版池田市史』概説、林田良平「山田家大助の能勢一揆」（『大塩研究』三）

天保八年（一八三七）九月
甲斐国八代郡幕府領東河内領三六か村代官手代私曲越訴

天保七年の甲斐一国騒動終了後、河内領に赴任した市川代官所手代葉山孫三郎は、廻村して騒動に数多く参加した無宿・「悪党」などの詮議にあたったが、その際に廻村先々で強権的行動・私曲を行った。このような葉山に対して、東河内領のうち山間部の三六か村は、宮原村長百姓忠左衛門ら物代五人を江戸に派遣し、天保八年九月、葉山と彼の権威を利用した郡中取締人の不正を糾弾する駕籠訴を幕府勘定奉行内藤隼人正に行った。その訴状には、籾種貸付の返金をめぐる不正、村々への強制的御用金賦課、また葉山の廻村時の出費過多などが記されていた。ただし、訴状の直接の相手は、手代葉山の権威を利用している巨摩郡西島村などの名主八名となっており、郡中取締人との出入の形式を取っていた。一方、巨摩郡桃園村などの里方八二か村は、桃園村長百姓与左衛門ら一七名を惣代として、一〇月二六日、葉山の永勤を願う訴願を幕府勘定奉行所に行った。訴状のなかで、この八二か村は、葉山の廻村により夜盗・「悪党」の横行がなくなり、平穏を取り戻したことを上げ、彼の業績を評価している。葉山の支配領域内での相反する越訴は、各地域の社会・生産構造の相違から生まれたと考えられる。葉山の罷免を訴願した山方村々では、農業のみでの生計は困難であり、山稼ぎ・農閑渡世などの依存度が大きく、領主のお救い金への依存度は大きかった。一方、里方村落は、農業生産力の向上に支えられ、有力な地主が存在し、彼らの多くは天保七年甲州騒動において打ちこわしの対象とされていたのである。このように、この代官手代の解任・永続を求める駕籠訴には、当該地域の社会関係が色濃く反映されていたのである。（須田　努）

〔参〕飯田文弥「天保八年甲州市川支配所河内領の駕籠訴」（『甲斐の地域史的展開』）

天保八年（一八三七）一二月二三日
信濃国水内郡飯山藩領減免強訴（飯山騒動、飯山藩天保騒動、浅野騒動）

飯山藩は、藩内を外様・山地（山之内）・川辺に三分して統治していた。天保八年一二月二三日の夜来、米山三ツ峯で山地・川辺の百姓が法螺貝を吹き、一〇か所ほどで火を焚き、松明をともして鬨を挙げ、火事よと叫びながら城下に向けて押し出し始めた。途中、永田村利三治の酒蔵で酒を飲むなどしたあと、郷方の家などを打ちこわし、城下に近い静間村の五位野が原に集結した。そこへ蓮村永国寺、静間村蓮行寺・法転寺の三か寺と川辺の村役人などが取り鎮めに現われたが、石礫を投げて追い返した。その後、城下愛宕町妙専寺、伊勢町大聖寺、上町真宗寺が藩の奉行衆より呼び出され、先の三か寺とともに百姓の願いを取り次ぐように依頼された。百姓の要求は、昨年は凶年で年貢の上納ができないので今年は半納とし、免二つ下げにすること、上納籾一俵に付一六貫目、二斗八升摺、金納相場は、一〇両に付四〇俵値段を一〇年間続けること、奉行の浅山仁兵衛ら六人、郷方三六人の身柄を貰い受けたいなど七か条であった。寺々が要求の取り次ぎを約束し、広田孫大夫、小田淳左衛門の請印を得たので百姓は引き上げた。この時打ちこわされたのは、静間村石川長蔵、高橋藤三郎、坪井勘七の三人、浅野村西原九兵衛、嶋津利右衛門、南郷村戸右衛門は少し打ちこわされただけですんだ。二六日、藩からの触れが回り、金納相場は二俵安、籾上納は二厘引、蔵〆は来春まで延引との回答がなされた。村々は承知せず再び騒動になりそうになったが、暮もおしつまっていたため鎮静した。翌九年一月二一日、村々庄屋・百姓代・五人組・平百姓二人ずつが弓田藤左衛門の屋敷に呼び出され、先に出された七か条についての弁解がなされた。これに対して百姓は承知して請書を差し出した。一揆後一年余り経過した同一〇年一月二六日、西原九兵衛は死罪獄門、仙右衛門・次郎兵衛は永牢、共に家財取上、家族は領分追払闕所となった。ほかに浅野村作五郎・大倉村要左衛門は、領分追払、家は家人に下された。また、山地・川辺の村々惣百姓には、過料銭一〇一四貫文を村高に応じ、山地・川辺の庄屋一人につき銭三貫文、組頭百姓代に銭一貫文ずつが科せられた。中でも浅野村は、惣百姓へ銭一〇〇貫文、庄屋銭一〇貫文御役取上、組頭・百姓代銭五貫文御役取上と重い過料が科せられた。

【人物】西原九兵衛　にしはらくへえ

天明五年（一七八五）か—天保一〇年（一八三九）一月二六日。代々九兵衛を名乗り、その六代目。西原家は浅野村の庄屋役を務める三軒のうちの一軒で、天保九年当時の持高は二〇〇石余であった。飯山藩の勝手方金御用達を務め、苗字帯刀も許された。小間物・太物・水油を扱う商人でもあり、古屋九兵衛と称した。一揆後の取り調べに対し、先庄屋唯右衛門が使い込んだ負債を、高割で負担することになれば、大高持である九兵衛の負担は大きいので、騒動を起こせば弁済金が延期になると考え、落し文を書いて配らせたことから一揆が発生したと供述し、獄門に処された。享年五六。しかし、彼は「誠ニ無実之罪ニ落入」と牢中から書き送っており、子の金之助らが冤罪であることを訴える訴訟活動を行ったが、果たせずに処刑された。「清濁之分ぬ娑婆をけふ立て弥陀之浄土に清める守れしさ」という辞世の歌を残す。同一一年、九兵衛を供養する地蔵尊が飯山市新町に建立された。

【史料】浅野騒動　あさのそうどう

西原九兵衛の子孫の家に残された浅野騒動に関する史料をいう。騒動記のようにまとまった史料ではなく、村から九兵衛にあてた証文など一紙文書を中心としたもの。これまで西原家に秘蔵されたいたが、昭和四〇年代（一九六五～）に公開された。『新編信濃史料叢書』一九巻に収録されている。浅野村庄屋で唯右衛門引請人の島津利左衛門らから、唯右衛門の質入れした田畑を西原九兵衛が請け戻し、質流れになるところを救ったことに感謝して出した一札など唯右衛門の借財に関する史料。九兵衛が飯山に設けた二人の婚外子とその母おちせに対しての養育金や生活費に関する遺言書に対する、ちせから息子金之助に差し出された一札、獄中の九兵衛から金之助に出された書置などおちせに関する史料、九兵衛から金之助にあてた書状など当時の九兵衛の牢内の状況を知ることのできる史料もある。江戸にでた金之助から幕府評定所にあてた訴状、親類にあてた書状、助命にかかわった東叡山林光院から浅野村正見寺などにあてた書状、一揆の判決書など九兵衛の側からの一揆の実態がわかる史料である。浅野騒動は天保年間の一揆であるにもかかわらず史料がほとんどないといわれたが、この史料群によって浅野騒動の真相の一端が明らかになった。　（小椋喜一郎）

〔参〕松野耕陽「天保年間飯山騒動に関する史料」（『信濃』六―六）、『長野県史』通史六、『飯山市誌』歴史上

天保九年（一八三八）閏四月二三日
佐渡国加茂・雑太・羽茂郡幕府領越訴・強訴・打ちこわし（佐渡一国騒動）

江戸幕府一二代将軍徳川家慶の将軍襲職に伴い、天保九年閏四月から五月にかけて、佐渡に御料巡見使・諸国巡見使が来島した際、羽茂郡上山田村善兵衛は佐渡一国惣代として、閏四月二三日、先発の御料巡見使（閏四月一九日来島、二七日離島）に訴状を提出し、次いで、五月一七日、後発の諸

国巡見使（五月一三日来島、一三日離島）にも訴状を提出した。この訴状は三月一五日以来、善兵衛が羽茂郡惣代の村山村白山権現祠官宮岡豊後、雑太郡惣代の畑本郷村季左衛門、加茂郡惣代の加茂村半左衛門らとたびたび会合を重ね、村々の意見を集約しながら作成したものであった。内容は多岐にわたっているが、年貢・諸役の負担軽減や役人の不正に対する糾弾など、これまでの佐渡の一揆で主張されていたことのほかに、奉行所の専売制度・鑑札制度の廃止を要求していることに特徴がある。一八世紀後期以降のいちじるしい商品経済の展開のなかで、佐渡奉行所の積極的な奨励もあって国内諸産業が発達したが、そうした経済状況の変化に対応して、文政期（一八一八〜二九）佐渡奉行泉本正助は広恵倉という専売機関を設置し、百姓から飯米を除くすべての米を強制的に買い上げて米屋に高く売り出すという行為を行っていた。また、酒造・搾油・薬草栽培などに鑑札制度を設け、営業特権を与えるかわりに冥加・運上を賦課するという、一種の株仲間の制度によって佐渡の商品経済を奉行所が統括していた。こうして、佐渡奉行所は百姓の商品生産の利益を収奪していたのである。善兵衛は、このような佐渡奉行所の不法な収奪を糾弾する訴状を巡見使に提出したわけである。善兵衛は奉行所から出頭するよう求められたが、これを無視した。結局、五月二二日小木町で捕らえられたが、この善兵衛逮捕を契機に、一揆は新たな段階に入った。すなわち、善兵衛の釈放を求めて大勢の百姓が行動を開始したのである。百姓たちは、小木町の巡見使旅宿を包囲し、善兵衛釈放を強訴したが、二三日巡見使が宿の裏口から逃げるように脱出して離島したため、善兵衛の奪還を企図し、人数を増やして奉行所のある相川へ進撃した。一揆の収拾策を検討していた佐渡奉行鳥井八右衛門は、善兵衛を釈放せざるをえないと判断し、二五日善兵衛を一揆勢に引き渡した。この間、一揆は周辺村々へ参加強制の動員をかけながら人数を増やす一方で、一揆の情報を奉行所に通知した八幡村名主四郎吉宅を打ちこわした。善兵衛奪還に成功した一揆勢はさらに勢いを増し、二五日夜、善兵衛逮捕に協力した者や、専売制・鑑札制に関連する諸問屋一三軒を激しく打ちこわした。さらに、六、七月の米価高騰を契機に一揆の矛先は米穀商に向けられ、八月六日羽茂郡丸山村での打ちこわしを始めとして、一三一軒の米穀商・諸問屋などに対する打ちこわしが起こった。佐渡奉行所は一揆を収拾することができず、この間、佐渡は無政府状態が続いた。

幕府は、八月一日高田藩に対して出兵を命じ、翌二日当時江戸に滞在中だった佐渡奉行篠山十兵衛と評定所役人らを派遣することを決めた。八月二九日、篠山十兵衛は高田藩兵とともに相川へ入り、続いて九月二日、評定所役人と幕府軍が合流した。これにより、二九日に善兵衛が再逮捕されたのを始めとして、前後して指導者が捕らえられ、一揆は収拾された。現地での一通りの吟味を終えると、翌天保一〇年三月一六日、重立つ者を江戸に移し、吟味が継続された。天保一一年八月七日判決が下され、善兵衛が獄門に処されたほか、宮岡豊後が死罪、遠島二人、重追放六人、中追放五人、所払四人、逼塞一人、手鎖二人、過料五二三人の処罰が言い渡されたが、この時善兵衛など一揆の頭取一八人はすべて牢死していた。また、この吟味の間、役人の不正や失態も明らかにされ、佐渡奉行鳥井八右衛門が免職の上、逼塞に処されたのを始め、在府中であった篠山十兵衛、前奉行若林義満も逼塞の処罰を受けたほか、多くの地役人が押込などの処分を受けた。この一揆の結果、新任の佐渡奉行川路聖謨のもとで、広恵倉を中核とした諸産物の独占的な専売制度が改められ、広恵倉は金融業務のみに縮小されたほか、役人の綱紀粛正が図られた。また、この一揆は、天保一〇年水戸藩主徳川斉昭が幕府に提出した、幕政改革意見書「戊戌封事」にも触れられていることはよく知られており、老中水野忠邦による天保改革の契機の一つになった一揆でもある。

【人物】中川善兵衛　なかがわぜんべい

佐渡国羽茂郡上山田村の百姓。天保九年巡見使来島の際、佐渡一国惣代として訴状を巡見使へ提出し、捕縛された。一揆勢の釈放要求により善兵衛はいったん釈放されたが、高田藩兵入国とともに再捕縛され、江戸で吟味を受けた。この間、善兵衛は、一揆を指導するというよりも、打ちこわしのような実力行使を抑え、あくまで訴願運動により要求を実現しようとする姿勢を見せていたが、善兵衛釈放を実現して意気盛んになった一揆勢を抑えることはできなかった。善兵衛は、判決が下る（天保一一年）前の天保一〇年四月二四日に獄死していたが、獄門に処された。享年三五。法名光明院普観長善居士。羽茂町村山の気比神社境内にある明治二一年（一八八八）建立の善兵衛追悼碑は、善兵衛の五〇回忌にあたり建立したものである。善兵衛などの天保義民顕彰碑は島内各地にあるが、畑野町には佐渡義民奉賛会が昭和一三年（一九三八）に建立した佐渡一国義民堂がある。

（大橋幸泰）

〔参〕『越後と佐渡の一揆』、『両津市誌』上、『新潟県史』通史五

天保九年（一八三八）六月二四日

肥前国松浦郡幕府領（唐津藩預地）庄屋不正巡見使訴願・山籠もり

文化一四年（一八一七）唐津藩主水野忠邦が、七万石のうち一万七〇〇〇石を上知して浜松藩へ転封した。この時新幕府領となった四三か村は唐津藩（小笠原氏）の預地とされた。天保九年一月ごろからこの幕府領の百姓たちが各所で屯集し、四月には幕府巡見使へ庄屋不正を記した訴状を提出した。庄屋による年貢割付の不正や庄屋給・庄屋用捨高の不正取得などを糾弾し、世襲化した庄屋の交代を求めたのである。その背景には、幕府領化による庄屋制度などの変更があった。しかし、巡見使から確たる返事はなく、百姓たちは筑後国三池・豊後国日田・日向国方面へ巡見使を追いかけて何度も訴状を提出したが、巡見使は唐津藩へ願うよう勧めるだけで、訴状を取り上げなかった。また、唐津藩も百姓の要求を聞こうという態度はなかったので、六月二二日、平山下村の五社権現で郡中惣寄合が開かれた。幕府領四三か村の村々から各一、二人出席したようで、不参加の村もいくらかあった。そこでは、佐賀藩へ訴え、その斡旋で問題の解決をはかることが決定され、二四日、一八〇〇人の百姓が佐賀藩多久領の小侍番所へ年貢割付や村明細帳についての庄屋不正を訴えた。この時は、佐賀藩の立会いのもとで唐津藩が百姓の要求を受け入れ、庄屋不正を調査するという約定書を取り交わし、百姓たちは帰村することになった。しかし、唐津藩はそれを守らず、指導者の逮捕を行うのみであったので、九月には町切村の元三郎らを頭取として一三〇〇人余の百姓が再び小侍番所へ訴願に赴いた。これも佐賀藩の介入により、唐津藩は百姓の要求を聞き入れ、五か村の庄屋を退役させた。だが、唐津藩はあとに庄屋を立てようとせず、従来どおりの年貢割付を行い、取り締まりを強化するだけであった。そこでさらに一一月二三日、代表二六人が小侍番所へ訴えたが、佐賀藩は自領内への侵入を防ぐため藩境に多数の藩士を派遣した。一二月二三日には唐津藩役人が村々に入り込み、指導者一〇人を捕らえて牢に押し込めた。同日、指導者を捕らえられた浦川内・広瀬・中島村の百姓たちが藩境に集まり始め、次々に参加者が増え、彼らは藩境の広瀬村金比羅岳へ登った。二六日の報告によると、二三か村から合計一二四一人が参加していたという。金比羅岳では、上に一の会所、麓に二の会所を作り、会所にはそれぞれ頭取を置き、惣頭取に元三郎、副頭取に厳木（きゅうらぎ）村の百平を選び、ほかに楠村の無宿敬吾、牧瀬村の丈右衛門を頭取に選んで指導にあたった。惣頭取の会所は大会所と呼ばれ、とくに大きく小屋掛けをし、二重の竹垣で囲み、村々から選んだ屈強の者二四、五人が常時詰めていた。また、一五〇間の長屋を作り、山道には削った竹を並べ、落とし穴を造るなどの防備を施した。食料の村割をめぐって内紛もあったが、翌年二月まで山籠りを続けた。佐賀・唐津藩の説諭にも帰村する様子

なく、二月、幕府勘定奉行は両藩に対し、早々に召し捕るため切捨て、または鉄砲を使用しても構わないという指示を与えた。そこで両藩は二月二八日を惣弾圧の日と定め、佐賀藩では鉄砲一〇〇挺を用意し、約一八〇〇人が藩境に集結した。唐津藩でも家老・郡代・物頭・馬廻衆・側筒衆・足軽衆らが出動し、鎮圧隊は数千人と噂されるほどの数となった。唐津藩先陣の鉄砲隊が会所へ発砲すると百姓三人が倒れたといわれ、たちまち百姓勢は武力鎮圧された。五三七人が捕らえられ、広瀬村・中島村に連行されて取り調べられたのち、一二三人が唐津城下へ引き立てられた。鎮圧の際に押収された百姓勢の得物は、六尺棒一四〇本、鳶口一二本、小脇差二本、会口二本、鎌五二挺、山刀九挺、斧八挺、鋸二挺、包丁二三挺、担い棒八一本、竹槍一三本、竹棒一〇六本などであった。幕府は、勘定所留役を筑後国三池幕府領に派遣し、捕縛者を同所に移送させて吟味を始めた。天保一二年一一月、長崎奉行所で判決が言い渡され、頭取の元三郎は遠島、本山村此助は重追放、川西村儀左衛門は中追放となり、ほかに所払・過料・叱・手鎖など処罰者は三〇〇〇人余にのぼる。一方、庄屋も三五人が処分されており、うち一〇人は家財没収所払となった。また、唐津藩郡奉行も役職罷免・押込処分となり、そして天保一三年、唐津藩は幕府領預りの任を解かれ、幕府領四三か村は日田代官所の直轄となった。

【人物】寺沢元三郎　てらさわもとさぶろう

長崎奉行所の判決記録『犯科帳』によると、豊後国日田郡幕府領竹田村無宿とある。彼がいつ唐津の幕府領へやってきたか明らかでないが、本山村覚五郎の偽名を使ったり、町切元三郎と呼ばれているところから見ると、本山村・町切村に居住していたと思われる。本山村の広作、長部田村の専作、町切村の武兵衛は、元三郎を止宿させたり、数か月雇ったとして過料銭を課されており、日雇などで暮らしていたようである。当初、百姓側の指導的立場にあったのは田代村の名頭大助で、長崎廻米をめぐる庄屋不正を調べるため長崎に赴いた際に、唐津藩からの連絡で長崎奉行所盗賊方に捕らえられた。その後、元三郎が中心となって佐賀藩への訴状を認めたり、佐賀藩小侍番所への出訴を実行し、やがて金比羅岳に登ることになる。捕縛後の元三郎は、唐津藩から筑後国三池へ送られ、ほかの二人の頭取（儀左衛門・此助）とともに江戸送りとなった。判決は天保一二年一一月にでたが、彼はすでに死亡していた。厳木町浦河内には元三郎ら三人を祀る祠が存在する。（宮崎克則）

〔参〕『厳木町史』、長野暹「天保九年肥前上松浦幕領における農民闘争」（『村方騒動と世直し』下）

天保九年（一八三八）七月一六日
尾張国愛知郡名古屋藩領名古屋町打ちこわし

天保九年七月一四日、名古屋城下で呉服などを商う商人宅に、ある尾張藩士が、商品の代金七五匁の支払いに訪れた。その際、五匁まけるようかけあったところ、その商人は断ったばかりでなく、そんなにほしければ五匁を恵んでやるかのような言動をしたため、藩士は怒って帰ってしまった。この商人は強欲で評判であり、日頃から人々の憎悪の対象となっていた。そして、この時の遺恨を晴らすため、一六日に、手ぬぐいで顔を包んだ多くの下級武士が手に棒や斧を持って、この商人の門を破り、家財道具のみならず家宅や土蔵まで粉々にしたのである。日頃から、その強欲さゆえに憎まれていたため、多くの町人がこれに加勢したという。後日、この商人は藩に訴えでたが、かねてから評判の悪かった者であるため、打ちこわしに参加した者は不明ということで沙汰やみとなった。この打ちこわしは、都市の下層民ではなく、下級武士が打ちこわしに加わったという意味で非常に稀有な事例であり、研究史上でも注目されている事件である。（安藤優一郎）

〔参〕『浮世の有様』八

天保九年（一八三八）八月二六日
加賀国石川郡金沢藩領検見願訴願

天保九年、蝗とウンカの異常発生と冷害による凶作で被害を受けた石川郡の二八か村の百姓が、十村を通して藩に見立て願いを出したが、八月二六日に来村した改作奉行名越彦右衛門の一行は、ほとんど被害のなかった村の、しかももっとも収穫の良い田を意図的に調査して年貢の減免を認めようとしなかった。このため、下安江村・西念新保村・南新保村の村役人が再三別の場所の見立てを嘆願した。奉行はその場で村役人一五名を逮捕して虐待し、五名が牢死した。生き残った一〇名もいったんは出牢を許されたが、翌年二月には持高を没収された。また、この三か村の一一三名が越中五箇山に流刑処分になり、九年後許された時はすでに一六名が死去していた。強訴とはいえない事件にもかかわらず、このように厳しい処分がなされたのは、凶作の減収の他に、江戸城西ノ丸焼失に伴なう御手伝普請が金沢藩に課せられていたため、三か村を見せしめにして各村から誓約を取り、何が何でも年貢を皆済させようとする藩政策の犠牲になったのである。明治三三年（一九〇〇）、最初に訴願した村役人一五名を義民として顕彰する「天保義民之碑」（勝海舟題字）が、金沢市木ノ新保町に建てられたが、金沢駅建築の際に金沢市西念町に移された。また、この事件を題材にした児童文学として、かつおきんや『天保の人々』が創作されている。（吉武佳一郎）

〔参〕川良雄『打ちこわしと一揆』、大場芳朗『天保義民と加賀藩農政』

天保一一年（一八四〇）二月二七日
豊後国大野郡臼杵藩領黍野組訴願

臼杵藩では、天保八・九・一〇年と不作が続き、その一方で天保改革が厳重に実施されており、百姓の不満が高まっていた。そのため、大野郡野津の黍野組大庄屋佐土原基右衛門が野津市代官に年貢減免を願いでたが、許されなかった。さらに、代官が藩に申し立て野津の田中・川登・黍野の三組を分割して寺小路組を新設して四組とすることをはかったため、天保一一年二月二七日、三組の大庄屋は組替え反対を藩庁に願ったが、これも受け入れられず、翌二九日、黍野組大庄屋佐土原甚右衛門は責任を取って切腹した。

【人物】佐土原基右衛門　さどはらもとえもん

豊後国大野郡臼杵藩領野津黍野組庄屋。天保一一年、年貢減免を要求したが認められず、さらに野津の代官による組替えに対して反対訴願を行ったが、これも受け入れられなかったため、二月二九日、責任を取って切腹した。その後、火事などの不吉な事件が続いたため、嘉永三年（一八五〇）、藩主と野津の村々が共同で、基右衛門を祀る神社を建立したと伝える。現在は他の神社と合祀されて、板屋原神社（大将軍社ともいう。現大野郡野津町板屋村）となっている。大分県下の義民のうちで神に祀られたのは基右衛門一人である。（村井早苗）

〔参〕久米忠臣『大分県の百姓一揆』、後藤重巳・豊田寛三『大分の歴史』六

天保一一年（一八四〇）九月
上総国市原郡旗本領米原村分村騒動

米原（よねわら）村はかつて北部集落を上畑（かんばた）村、南部集落を米原村と称し、延宝三年（一六七五）の山論裁許絵図でも両村として扱われた。ところが、元禄一四年（一七〇一）の分郷によって旗本御手洗氏と岩手氏の相給となり、同一五年幕府による上総国郷帳で米原村一か村と扱われたことなどで、上畑村の村号は消滅した。その後、村内では旧米原村は上組、旧上畑村は下組と称し、下組は上組の枝村に位置付けられた。米原村は分郷によって上下両組に分割される坪分けではなく、両組にわたり居屋敷入り交じりに分割されたため、その対立をさらに複雑にした。下組は上畑の村号を主張し嘆願したが、文政三年（一八二〇）四月岩手氏用人から米原村上畑と称するよう申し渡され、以後村号につき嘆願しないと誓約させられた。一方、御手洗氏が天保一〇年（一八三九）氏神の近村加茂村の加茂大神宮の祭礼、および葬送入仏供養に限り上畑村を称することを許可すると、翌一一年分村騒動は新たな展開を

見せた。三月に関東取締出役薄井彦五郎が改革御趣意の高札建立を命じ、初め上組に建てられた高札が、八月一四日上組村役人によって下組村役人に無断で下組地内に移設されたことが発端となった。九月、下組惣百姓は岩手氏の上司小普請組支配の津田美濃守正人に駆込訴を行った。しかし百姓の身柄は岩手氏に引き渡され、名主・組頭は御門留、百姓代は手鎖・御門留に処せられると、翌日勘定奉行に出訴した。こうして幕府の下知をえるため待機したが、一〇月になると、下組は指定された郷宿が相手の上組と同一では迷惑とし、再び津田氏に駆込訴を決行した。その効果がないうちに、一二月になると、勘定奉行佐橋長門守桂富に不法出入が正式に受理され、評定所で吟味が開始された。途中内済が成立し、上下それぞれの独立性は尊重され、上組村役人の行為は理不尽と咎められたが、結局村号については米原村のみとされた。

（西脇　康）

〔参〕小幡重康『上総国上畑村旧名主木村家文書』、『市原市史』中

天保一一年（一八四〇）一一月二二日
出羽国田川・飽海郡鶴岡藩領領地替反対訴願（三方領地替反対一揆・天保義挙）

天保一一年一一月一日、幕府は、川越藩を鶴岡藩、鶴岡藩を長岡藩、長岡藩を川越藩へと転封する、いわゆる三方領地替を発令した。一一月七日に転封令が鶴岡藩領に伝えられると、同月後半から訴願の動きが組織化されるようになり、川南の京田通西郷組書役本間辰之助は、二二日、藩と連携を取りながら百姓らを江戸出訴に差し向けた。この動きに、川北の遊佐郷でも大庄屋や組頭が一二月末の江戸出訴を組織し、川北・川南の共同行動も呼びかけられていった。翌一二年一月末になると、領内でも集会を呼びかける立札が現われ、川北の五丁野谷地に八〇〇〜九〇〇〇人の百姓らが集結するようになった。このころまでは、村役人らが主導する動きであり、都市においても特権商人らは長岡への「御供願」を出しているだけであった。二月一日の大浜集会では藩主の善政を称え、「雖為百姓不仕二君」と忠義を尽くすことを表わした旗が立てられ、転封阻止の祈禱も繰り広げられた。この集会を経て、百姓らの動きは活発化し、一〇日川南の中川通上藤島村六所神社には一万人前後が集結した。一五、一六日には一万五〇〇〇人にまで達し、これ以後、新たに下層農民から指導者がでるようになった。「天狗共より」と称して、各村に参加強制が働きかけられ、藩は郡奉行・代官を回村させ教諭にあたらせ、村役人らも運動を自らの統制下に置こうとしたが、それを越える動きと要求を持ち始めていった。当初の要求は転封に伴なう人足調達や摺立籾の長岡移転への不安、新領主による検地の実施や救米が途絶えることへの不安などであったが、二月以降は藩への夫食米・郷蔵米放出要求などが出され、下層農民の動きが尖鋭化するようになった。都市にいる川越藩への内通の者を打ちこわそうとする動きも見せ始めていた。一方、都市民らは「御供願」から領主引留へと転換し、運動への資金提供をはかるようになっていた。活発化する百姓の動きに対し、当初からの指導層、本間辰之助、鶴岡日明加茂屋文治（一一）、玉龍寺文隣らは危機感を募らせ、四月の「江戸大登」や隣国への訴願へと百姓らを導くようになり、四月に水戸、五月に仙台、六月に秋田・会津、七月に米沢と各藩への訴願を実施した。この間、幕府からの転封日限催促に対し、出訴した者たちから京の関白や天皇にすがるほかないとの声もでていたという。

鶴岡藩は、発令当初から田安家や御側御用取次水野美濃守、将軍家斉のお伽を務めた中野石翁らへ働きかけて転封阻止の内部工作を行った。一二年一月一五日以降、外様大名一同による伺書の提出、紀州藩や水戸藩の支援、六月には国元で訴願を受けた仙台藩主が幕府に帰国願を提出するなどして、幕府と諸大名の亀裂が深まっていった。六月二九日、江戸で転封阻止の藩の意向を受けて動いていた経済学者佐藤藤佐は、江戸町奉行矢部駿河守定謙に幕政の腐敗と転封令の不当性を主張していた。こうして五

月から将軍家慶の転封中止の意向に抗っていた老中首座水野忠邦も、七月一二日に三方領地替令を撤回せざるをえなくなったのである。鶴岡藩領での三方領地替反対一揆は、藩はもとより諸大名、幕閣を巻き込む政界の変動をひき起こし、幕府の権威が大きく失墜していることを暗示させる出来事となった。この一揆は「天保義挙」と呼ばれ、一揆参加者と藩主を祀る酒井神社が建立され、また昭和一五年（一九四〇）には、義挙一〇〇年と皇紀二千六百年を記念して鶴岡市善宝寺に「荘内天保義民塔」という顕彰碑が建立された。

【人物】佐藤藤佐　さとうとうすけ

　飽海郡升川村の出身、一〇歳で江戸にでて、財政に明るく弁舌も巧みで公事師となり、矢部駿河守定謙にも用いられた。また諸大名の財政についても指導し、実績を上げることが多かったという。天保一一年一二月、川北地方の百姓らが江戸にのぼって相談した相手とされ、翌年一月二〇日井伊掃部守、太田備後守、脇坂中務大夫、水野越前、同家来の中山備中守らに駕籠訴する計画を立てて一一名の百姓らに決行させたといわれている。また鶴岡藩の江戸藩邸留守役大山庄太夫や桜井順助らとはかって、酒田の豪商本間家の番頭格であった白崎五右衛門を川越藩に潜入させ、内部事情を探り、噂を流して攪乱させるような手配もしていた。この間、藤佐が意見を求めることもあった矢部駿河守定謙は江戸町奉行に就任していた。七月阻止運動の指導者として藤佐親子は奉行所に召喚され尋問を受けた。藤佐六七歳の時であった。転封の不当性を訴えた供述内容は、矢部を通じて幕閣のもとに伝わり、転封令撤回のきっかけになっていったという。矢部は一二月職を解かれ、桑名に禁固とされ、食を絶って死去したが、藤佐と大山庄太夫は矢部の霊牌を自宅に安置して冥福を祈った。また藤佐と白崎五右衛門は、鳥海山麓蕨岡神社に刀を贈り、矢部神社として祭っている。なお藤佐の長男泰然は順天堂病院の創始者であり、藤佐とともに江戸町奉行所に召喚された次男然僕はのちに酒井家表医師となっている。

【人物】玉龍寺文隣　ぎょくりゅうじぶんりん

　法華宗総本山本成寺三世日陣聖人が鳥海山麓に開基した玉龍寺の中興一一代住職。玉龍寺は日陣聖人が去ってからは無住となったが、寛文元年（一六六一）一〇代日嶽師が上江地村に堂を建立して移転し、中興初代住職となった。文隣は、姉川の合戦で敗北した朝倉氏の家臣真柄十郎左衛門の子孫で、羽黒を経て代々鶴岡に居住し、真柄氏と称していた。若きころに江戸の谷文晁の門下に入って絵を学び、文隣と号した。天保二年玉龍寺住職日誦となり、転封令に反対する川南地方の農民らによる江戸訴願の動きを受けて、川北地方の訴願運動を計画・実行していった。天保一二年二月末には、川南・川北の両地方が連携した訴願運動が計画されたが、西郷組書役本間辰之助、鶴岡加茂屋文治（二）、遊佐郷石辻組十日町大組頭梅津八十右衛門、宮内組青塚村大組頭渡部多一郎、荒瀬大組頭堀謹次郎、中川通十文字村肝煎伊之助らとともに指導者として名を連ねている。三月三日川南・川北百姓・寺院の惣代三九名が江戸に出発し、文隣も加わり、願書を東叡山法親王に差し出していた。なお指導者の一人、鶴岡七日町で旅籠屋を営む目明の真柄小文吾直国こと加茂屋文治は、文隣の義弟にあたるという。昭和一五年（一九四〇）「天保義挙百年」を記念して玉龍寺境内に文隣碑が建立された。

【人物】本間辰之助　ほんまたつのすけ

　三方領知替反対一揆の指導者。庄内藩京田通西郷組馬町村の大庄屋書役。領知替発令も間もない一一月一一日、馬町村村役人らと協議して、「殿様の御徳」を書き上げた転封阻止の訴状を持たせ、西郷組一二人による江戸訴願一番登りを実行させた。辰之助自ら江戸への路用金を出す一方、各村の村役人一九名に二朱ずつ出金させた。駕籠訴に出立する百姓らには「帯刀分の小役向ニ携候ものなどとは必ず申すことなかれ」と注意し、一般百姓らによる自主的な訴願である体裁を取らせるようにした。この動きを始めとして、一二月に入ると遊佐郷大組頭らによる江戸出訴の実現がなされた。翌年一月、辰之助は前年の江戸出訴に続いて、さらに組織化を働きかけており、加茂港町の特権商人秋野茂右衛門、大家八郎治、秋野与七らを通じて出金と出願人の手当をはかっていた。この時点では、川南地域の動きはそれほど活発ではなかったが、二月の川北地域での一万人を越えるともいわれた大浜集会や藩主の江戸出府の情報を得て、辰之助は家斉の死をきっかけとして、川南地域一五か所に立札を立て、組織の拡大をはかっていった。集会の情報を廻村中の郡代に報告をしたりと藩との緊密な連絡を取りながらの行動であった。このころを境に全藩的な百姓らによる結集が見られるようになり、辰之助は、鶴岡町加茂屋文治や玉龍寺文隣らと三月、四月の「江戸大登」を実現していった。

【史料】合浦珠　がっぽのたま

作者は鶴岡藩士内藤盛業で、転封の発端から中止にいたるまでを網羅した合計三一八三丁に及ぶ大部の史料。初めに転封令・御触書と幕府・諸大名の動向、次に長岡藩や川越藩での動きと寺院の祈禱の動きが収録され、そして中川通、山浜通、川北地方、荒瀬郷・平田郷など、鶴岡藩内の各地域ごとに運動の詳細が記されている。また江戸訴願の様子や指導者らの言動が日記で知ることができ、水戸・秋田・会津・米沢など諸藩への訴願の様子からもこの幕令による波紋の大きさが窺える。雑説落書や流行り歌の収集まで行われており、集会の図や村ごとの旗印などの挿入図も豊富である。原本五六冊は致道博物館所蔵。『編年百姓一揆史料集成』一五に抄録されている。

【史料】夢乃浮橋　ゆめのうきはし

作者は転封反対運動の中心人物の一人であった真柄小文吾（加茂屋文治）で、転封令撤回の翌一三年六月に史料を集めて書き記したものに、大柳金右衛門の挿絵が付されて編纂されたもの。到道博物館所蔵の三巻本と酒井神社所蔵の五巻本があるが、ほぼ同時に作られたと考えられる。三巻本と五巻本では少し異なる部分や絵の構図も異なるものがあるが、一一月一五日の本間辰之助宅での江戸登り密談から転封の中止を知り人々が喜ぶ様子まで、約八〇枚の絵と詞書きで構成される。指導者たちの集会やそこで作成される起請文、江戸での駕籠訴の様子、大集会に参加する蓑笠姿の一揆衆の出立ちや得物、幟や旗など百姓一揆の作法が描き出されている。なお、同書を踏まえて別の絵師の手で作成された「四方喜我志満（よもぎがしま）」（本間美術館所蔵）もある。さらに、同一揆を描いた絵巻として「百姓一揆絵巻」（横浜市立歴史博物館所蔵）がある。国立歴史民俗博物館の展示カタログ『地鳴り山鳴り』には、三巻本の絵と詞書きすべてが収録されている。

（浅見　隆）

〔参〕『鶴岡市史』上、『酒田市史』上巻、浅見隆「〈三方領知替〉反対闘争」（『天保期の人民闘争と社会変革』下）

天保一二年（一八四一）二月九日
肥後国球磨郡人吉藩領専売制反対打ちこわし（茸山〈なばやま〉騒動）

椎茸・茶・苧など専売政策に反対する百姓が、天保一二年二月九日早朝、人吉城下周辺に集結した。その数は一〜三万人といわれるが、一万人ほどが実数であろう。一揆勢は、斧・鉈・山刀・竹槍などの得物を携え、村ごとに木綿旗・紙旗を立てて隊列を整え、前後に鉄砲を配置し、進行時は鉄砲、退却時は法螺貝を吹いて行動し、城下町商人への打ちこわしを展開した。その対象は専売制に荷担する商人で、被害軒数は史料によって違うが一五軒から三〇軒、家財・商品類を破却し、家屋・土蔵を引き倒した。藩側は、ただ城内進入に対する警備を行っただけであった。打ちこわしは二月一二日ごろには終息し、藩は専売制の廃止を通達した。専売品は紙・椎茸・苧・茶・人参などで、一揆勢が問題にしたのは藩の買い上げ値段が相場よりも安く、また代銀の藩札は年貢諸役の代用にできず、実際には額面の二割減でしか通用しなかったためである。頭取は不詳だが、郷士層が参加しており、彼らの指導によると思われる。人吉藩領では郷士が在方軒数の三分の一近くを占め、郷士は武士集団の一員で苗字帯刀などの身分的特権を持つが、本来無給で、田畑を耕作し年貢を納めており、百姓的性格も濃厚であった。これら郷士は百姓とともに五人組を構成し、また講を結成するなど密接な関係にあり、そうした日常的な結びつきが茸山騒動の社会基盤であった。明治二年（一八六九）にも藩の椎茸栽培強制に反対して第二次茸山騒動と呼ぶべき騒動が起きるが、その際に首謀者として捕らえられたのも百姓と郷士たちであった。茸山騒動によって専売制を否定された藩では、四年後の弘化二年（一八四五）、財政窮迫を理由に倹約を厳達するとともに専売制を再開した。しかし、その専売制は七年間に限定されたもので、代銀の一部は藩札でなく現銭で支払われ、代銀札での諸上納の代替も可能とした。これらは茸山騒動の成果である。

【人物】田代善右衛門　たしろぜんえもん
名は政(正)典。人吉藩家老。勘定奉行・用人・郡奉行などを歴任。文化一四年（一八一七）財政改革の意見書、翌一五年には殖産興業の建白書を提出し、文政四年（一八二一）から家老に就任。天保一一年から実施された専売制政策の中心人物で、打ちこわしの最中の二月一〇日、人吉城のすぐ東側にある永国寺の裏山で切腹した。その山からは球磨川を挟んで対岸の城下町が眼下に見える。なお、弘化二年（一八四五）の専売制再開は、田代の弟忠左衛門が家老に就任した時のことである。　（宮崎克則）

〔参〕『人吉市史』、宮崎克則「肥後人吉藩の藩政改革と『茸山騒動』」（『地方史研究』三六－六）

天保一二年（一八四一）七月一〇日
摂津国豊島郡岡部藩領桜井谷箱訴（桜井谷騒動）

天保八年七月の能勢一揆の時、残党狩りが行われたが、この事件から発展する形で桜井谷陣屋役人の糾弾問題が起こった。天保一二年七月一〇日、大坂東町奉行所へ再度にわたって、桜井谷陣屋代官らが不正な取扱をしたという箱訴があった。これについては町奉行所から岡部藩に伝達されたらしく、藩では江戸屋敷から役人を出張させて取り調べたところ、不正が発覚した。その結果、陣屋役人全員を更迭した。この時、出役人は民意を聞く姿勢を示したので、能勢郡村々から、大坂堂島御用場の撤去、陣屋役人に公正な人物の派遣、出役人接待の簡素化などが嘆願された。その後、折からの政局の危機に、藩は調達講を設けて領民を強制的に加入させ、また夫役の徴用に備えてその費用捻出のため、夜なべにわらじ作りを命じるなどした。さらに安政四年（一八五七）の春には、藩は藩札発行について領民の了解を求めようとした。これに対し、摂津国豊島・能勢・川辺・有馬郡の二四か村惣代は、五月二日に嘆願書を出して札元の領分引き受けを要求するなどした。こうした緊迫した状況下、陣屋役人と彼らにかかわった村役人の横領が明らかになると、百姓はついに一二月二四日に陣屋役人を襲撃し、村役人宅へも打ちこわしをかけた。こうして桜井谷騒動が再発したのである。その首謀者は、南刀根山村の甚兵衛・野畑村庄屋清右衛門であったが、騒動後の彼らの処分は軽かった。この結果、代官が更迭され、農間稼賃の上納が廃止されるなど、藩政には百姓の意見が聞き入れられるようになった。　（山﨑善弘）

〔参〕『豊中市史』二、小林茂「摂津国豊島郡桜井谷騒動について」（『歴史評論』四六）

天保一二年（一八四一）八月
大和国大和川筋剣先船荷揚地変更反対ほか国訴
→宝永二年（一七〇五）二月
大和国大和川筋剣先船運賃引上げ反対ほか国訴

天保一二年（一八四一）一二月四日
阿波国三好郡徳島藩領山城谷村逃散（山城谷騒動）
→天保一三年（一八四二）一月六日
阿波国美馬・三好・阿波・麻植郡徳島藩領専売制反対打ちこわし（上郡一揆）

天保一三年（一八四二）一月六日
阿波国美馬・三好・阿波・麻植郡徳島藩領専売制反対打ちこわし（上郡一揆）

美馬・三好郡では、特産物の煙草に専売制が施行されて百姓の自由売買が禁止され、竹木・牛馬などにも運上が賦課され、百姓の生活は困窮していた。さらに、年貢の指紙納入制度（年貢高に応じて個々の百姓が、米切符を購入してこれを藩に納入する）が取られたことにより、天保飢饉以降の米価上昇のあおりを受けて上納値段が上昇していた。これらを原因として、天保一二年一二月四日、三好郡山城谷村の百姓六三一人が、同村瀬広名の御蔵本百姓利喜次の名子丞作を頭取として、伊予国宇摩郡今治藩領上山村に逃散した。徳島藩は運上銀の改正などを約束し、一八日に帰村させた。三好郡山城谷ではその後も不穏な動きがあり、翌一三年一月四日には国政名を中心に多数が里方へ押しかけて年貢相場の引き下げを要求した。こうした動きに影響されて、一月六日夜、同郡加茂山村の百姓重松・鹿次郎、桑内村百姓六次郎らを頭取とした多数の百姓たちが鍛冶屋敷に集合、さらに西庄村・中庄村の百姓を合わせ二〇〇〇人余となり、松明を持ち、手斧・鎌・鋸などを得物とし、鐘・太鼓を鳴らし、年貢・諸役減免、煙草などの特産物への藩の統制廃止・自由売買許可などを唱えながら、佐藤惣平ら三〇軒の者に炊き出しを強要した。村役人の制止を無視して、加茂村の組頭庄屋で煙草裁判役川原五郎右衛門宅を襲撃し、引き続き庄屋や有徳人らの居宅、土蔵・納屋などを打ちこわしていった。吉野川北岸に渡る頃には四〇〇〇人にも膨れあがり、七日午後、藩役人が要求を聞き入れてようやく鎮まった。その頃、三好郡井内谷で四〇〇人ほどが鐘・太鼓・竹貝を鳴らして蜂起し、漆川・大利村でも騒動が起こった。翌八日に東山明沢、九日には太刀野山、一一日には美馬郡重清・郡里村などでも屯集・騒動が起きた。一五日には阿波郡にも波及して、大俣村の板東町次郎を中心にした百姓三〇〇人が西野川村の組頭庄屋川人藤三郎宅を襲い、またこれとは別に香美村で取立役三軒が打ちこわされた。騒動はさらに上流部に及び、二一日重清村で森太（森蔵・森次ともいう）に率いられた百姓八〇〇人が庄屋を打ちこわし、筆頭家老稲田氏の奉行宅も狙う勢いで、二二日郡里村でも打ちこわしが行われ、二三日には祖谷山の数百人が土佐国へ逃散するなど、二月初旬まで徳島藩領西部の吉野川中上流域は一揆の波に覆われた。各地での一揆勢を鎮圧するために、藩は郡代の指揮下に領内の郷鉄炮・村役人たちを総動員して一五〇〇人余の兵力を投入したが、一揆勢は投石などで藩役人らに対抗した。その結果、年貢現物納の実施、楮・漆・煙草の専売制廃止などを藩側に全面的認めさせることに成功した。しかし、藩の捕縛は熾烈をきわめ、六月二五日、加々美村熊蔵・幾兵衛、重清村森蔵が死罪とされ、打首の後旧居村で獄門にされたほか、多くの頭取たちが処刑・追放刑に処せられた。なお、のち山城谷地方では一揆の「かぞえ歌」が作られ、「一つかへ、一つ阿州の上郡山城谷からの騒動が起らうかいな」「三つかへ、皆々揃へし蓑や笠、鎌や釘を腰に指し出て行こかいな」「五つかへ、幾月も幾日も大騒動、たぶさを投げかけ御鉄砲注進かいな」「六つかへ、無理をいふのは組頭、是では在所が治まらん、どうせうぞいな」「十かへ、徳島家中の御郡代、止まって呉れいと百姓衆に断りかいな」と歌われ、一揆の状況や百姓たちの心情が伝えられ記憶されていった。三好郡三加茂町鍛冶屋敷には首謀者として処刑された重松・鹿次郎・六次郎を供養する地蔵尊があり（嘉永二年〈一八四九〉建立）、美馬郡美馬町重清には打首になった森太を祀る小祠が建てられ、阿波郡市場町大俣にある板東町次郎の墓は町史跡として保存されている。（須田　努）

〔参〕『徳島県の歴史』、『三好郡史』、三好昭一郎『阿波の百姓一揆』、松本博「幕末徳島藩における領主的危機と『世直し』状況」（『徳島藩の史的構造』）

天保一三年（一八四二）七月四日
土佐国吾川郡高知藩領名野川郷大庄屋不正糾弾逃散（名野川逃散）

名野川郷は仁淀川上流、伊予国境の山間部に位置し、名野川村本村的場には土佐三番所の一つである名野川口内番所が置かれていた。天保一二年閏一月、番頭大庄屋小野庄右衛門が天保二年（一八三一）から同一〇年まで年貢米を過分に徴収した不正行為が発覚し、勤事差控の処分を受けたが、百姓たちは過分に徴収した分の年貢返済を要求し、その後も不穏な状態が続いた。その解決のため、遅越口番人庄屋藤崎命平と大尾口番人庄屋上岡下助が調停に立ったが、かえって彼らは百姓を扇動し、問題を大きくしていった。この動向を藩は察知し、天保一三年七月二日、所用で高知城下に出府した上岡下助を捕縛し入牢させた（のち獄死）。また、藩は名野川差配役として島本卓次を現地に派遣し、七月四日藤崎命平に出頭を命じたが、命平は自宅で自殺を遂げた。伝承によれば、自刃前に百姓を呼び集め、自分は責任を取って自害するが、お前たちは急いで村を逃げ、どんな理由であってもだまされて帰村してはならないといい、遺言状を鴨居に張って切腹したという。下助の入牢と命平の自殺は、百姓たちに衝撃を与え、七月四日夜には一部の百姓が同郷峠ノ越を経て伊予国浮穴郡松山藩領七鳥村へ逃散しはじめた。六日、逃散の急報を得た藩は郡奉行川田猪久蔵・毛利源六郎らを名野川に派遣し、伊予国境の警備を固めた。しかし、七日以降も伊予への逃散は増加し、八日までに八村（川口・田・遅越・森山・北川・下名野川・宗津・相能）から三一三人を数えた。この逃散百姓のなかには、脇差・鉄砲を持参した者も多くいた。彼らは松山藩によって七鳥村に抑留され、高知藩から役人が説諭に赴いても服せず、一五日には七鳥村を脱して久万町の菅生山大宝寺に立て籠もった。天明七年（一七八七）二月の池川紙一揆において百姓たちは、大宝寺の仲介により勝利したことから、同様の期待があったと考えられよう。しかし、このことは逆に高知藩を硬化させ、七月一六日、藩は鎮圧の強行策を決定し、郡奉行寺村勝之進を先頭に三〇〇人ほどの藩兵を名野川に派遣し、郡奉行らは、大宝寺の仲介を排除しつつ、松山藩と百姓の還住について交渉し、松山藩は高知藩兵を領内に入れ、逃散百姓を実力で還住させることに同意した。二五日、高知藩兵は郡奉行川田・毛利の指揮のもと伊予国内に入り、大宝寺を包囲し、松山藩兵も要所を固めた。この結果、逃散百姓約三〇〇名は還住を承諾して脇差・鉄砲を取り上げられ、高知藩兵に捕縛されて名野川に戻った。このうち頭取たち五四名は高知城下に留められ、吟味を受けた。弘化元年（一八四四）七月、処罰が公表された。この逃散は、百姓たちの主体的な行動ではなく、大庄屋らの煽動によるものとされ、大庄屋小野庄右衛門は苗字帯刀の特権を剥奪され免職、自殺を遂げた藤崎命平家は跡目断絶とされ、天保一三年八月に牢死していた上岡下助家も跡目断絶とされたが、逃散百姓には罪が及ばなかった。　　　　（須田　努）

〔参〕平尾道雄『土佐農民一揆史考』

天保一三年（一八四二）一〇月一四日
近江国野洲・甲賀・栗太郡幕府領ほか検地反対強訴（近江検地反対一揆）

一揆の発生地が甲賀郡であったことから甲賀騒動、また強訴が行われた三上村の名を取って三上騒動、さらに発頭人の土川平兵衛の名をとって平兵衛騒動とも呼ぶ。天保一二年一一月、京都西町奉行所は、近江国の村役人を呼び出し、新開可能の地を見分する検地を言い渡した。近江国では天保初年に元水戸藩士大久保今助、天保七年には江戸の家持与兵衛による検地が行われ、百姓らの反対などによって挫折したという経験があった。今度は幕府勘定方が直々に検地するというのである。一二月、幕府勘定方市野茂三郎を見分役とする検地が、仁保川筋の野洲郡野村から開始された。この検地では、検地役人が公然と賄賂を取り、本来対象外であるべき本田にも竿を入れ、しかもその検地竿は、公定が六尺一分であるのに、五尺八寸という短いものであり、さらに、彦根・名古屋・仙台藩など大藩の村々には甘く、旗本や小藩領の村々では苛酷な打ち出しが行われたという。

天保一三年八月に入ると、三上村庄屋平兵衛（土川姓）、杣中村庄屋文吉（吉瀬姓）、市原村庄屋治兵衛（田島姓）らを中心に、野洲・甲賀両郡で一揆が準備され始めた。彼等は肥料値段引き下げのため、あるいは「座頭寄」と称し、八月一〇日に野洲郡戸田村で五三か村の庄屋らが集会したのを手始めに、甲賀郡水口宿、野洲郡桜生村などで庄屋らによる集会が開かれ、検地への対策が協議された。一〇月一一日、公役市野らが三上村の本陣大谷家に宿を取り、野洲川筋の村々の検地を開始すると、情勢は一気に緊迫した。一三日、杣中村文吉、市原村治兵衛が一五歳以上六〇歳までの男子に集会参加を呼びかける廻状を回した。その呼びかけに応え、一四日夜八つ時、甲賀郡深川市場村の矢川神社境内に蓑笠姿の百姓らが結集し、早鐘をつき、横笛を鳴らし、関の声を挙げた。水口藩から役人が駆け付けたが、それを無視して動き出し、一五日には見分先調役である田猪野村庄屋伝兵衛と五反田村庄屋久太夫宅を打ちこわし、再び矢川神社境内に結集した。同所は水口藩役人が警備していたが、それを破って森尻村庄屋得右衛門宅へ押しかけ、彼が廻状を藩に通達したことを理由に打ちこわした。さらに、同藩が警備していた杉谷村庄屋九兵衛、丹後国宮津藩領の三本柳村庄屋和助宅を打ちこわした。この和助は大久保今助の検地に荷担したことが打ちこわしの理由であった。そして一揆は横田川原に集結した。一六日、横田川原を出た一揆は東海道石部宿へ押しかけた。同所は膳所藩が警備していたが、大勢の一揆のため防ぐことができず、逆に同宿に一揆への炊き出しを命じたほどであった。この炊き出しを指示したため、のちに同藩士中村式右衛門は江戸十里四方追放の刑を受けている。石部宿を出た一揆は、菩提寺村庄屋佐兵衛が見分に荷担しているとして打ちこわし、三上村へ押しかけた。同村で炊き出しを受け、竹藪に入って竹槍を製作し、市野の旅宿である本陣大谷家および三上藩陣屋へ押しかけた。三上藩は鉄砲を準備して一揆を防ごうとしたが、一揆は本陣に乱入して検地の中止を要求し、御用書物や御用の長持などを破損させた。市野は裏山へ逃亡していたが、三上藩役人の取り扱いで検地十万日日延の証書を一揆に渡した。一揆はその目的を達成して一六日夜八つ時頃に解散した。一揆に参加した人数は一万二〇〇〇人（史料によっては五万ともする）ほどであった。

一揆後、ただちに京都町奉行所から与力・同心が派遣されて一揆参加者の逮捕・吟味が開始された。一〇月二二日には市原村治兵衛が水口宿で逮捕されるなど、主要な人物は次々と逮捕され、京都に送られ厳しく吟味された。一二月中旬には江戸から関源之進・戸田嘉十郎が大津に出役し、京都町奉行所から「科人」の引き渡しを受けて大津で吟味を行った。拷問を伴なう厳しい詮議によって、この間に杣中村庄屋文吉、同村百姓平兵衛（黄瀬姓）、杉谷村庄屋九兵衛（西浦姓）などが牢死した。三月四日、三上村庄屋平兵衛ら一一人が唐丸籠で江戸に送られたが、途中石部宿で宇田村庄屋惣兵衛（藤田姓）、桑名宿にて深川村庄屋安右衛門（田中姓）、藤枝宿にて氏川原村庄屋庄五郎（山中姓）が死亡した。一一月に江戸にて裁決が言い渡されたが、この時に生存していたのは遠島に処された油日村百姓惣太郎（杉本姓）一人であり、三上村平兵衛や市原村治兵衛ら七人は江戸にて牢死した。一揆に対する処分は、その全体像は明らかではないが、三上村庄屋平兵衛と上野村百姓九兵衛（田島姓）が獄門とされたほか、死罪三、遠島四、重追放二、中追放二二などの処罰が確認できる。一方見分役の市野茂三郎が御役御免逼塞を命じられたほか、普請役・京都同心各二名が追込、膳所藩士中村式右衛門が江戸十里四方追放のほか、三上・水口・膳所の各藩士および幕府大津・信楽両代官所の手代らが処分を受けている。

この一揆の特徴は、第一に庄屋層の支配領域を越えた結集によって組織・指導された広域強訴闘争であることである。第二には、これほどの大規模な一揆にもかかわらず打ちこわしは少数であり、しかも検地に荷担した者に限定されていた。検地という大きな課題の前に、百姓内部の矛盾は表面化しなかったのである。そして最大の意義は、幕府天保改革の一環である収奪強化政策に真っ正面から対決し、その政策を全面的に中止に追い込んだことにある。

この一揆の頭取たちは、天保義民として後世の人々によって顕彰されている。まず弘化元年（一八四四）に水口大徳寺の僧光誉は、一揆犠牲者を供養する無縁塔を建立した。明治二〇年代半ばから本格的な顕彰活動が展開し、明治二五年（一八九二）西浦九兵衛碑、二六年「保民祠」、二八年野洲郡三上の「天保義民碑」、三一年甲西町伝芳山の「天保義民之碑」が建立された。このような顕彰活動の高まりのなかで、河邨吉三は『天保義民録』を発表し、その後の同一揆研究の基礎的文献となった。昭和期になると昭和五年（一九三〇）に藤森成吉が『蜂起』を、一〇年には宇野超爾が『戯曲義民』を発表し、文学の題材として取り上げられた。現在も活発な顕彰活動が展開しており、とくに平成四年（一九九二）には野洲郡で天保義民一五〇年祭が行われ、甲賀郡では六年に一揆が結集した矢川神社近くに天保一揆メモリアルタワーが建設された。また一一年にはＪＡなどの協力をえて「天保義民伝」がテレビ東京系列で全国放送された。

【人物】土川平兵衛　つちかわへいべえ

野洲郡三上村庄屋。土川家は三上神社創建に伴い三上村に居住した家で、中級の社家士の子孫であるとされる。平兵衛は妻みさとの間に二男三女をもうけている。平兵衛は陽明学を学び中江藤樹の人となりを慕ったという。天保の三上騒動以前の文政一一年（一八二八）五月、助郷負担が大藩の領民に軽く、旗本領の百姓に重いことを道中奉行へ訴え改善させたと伝える。一揆における平兵衛の役割は、判決書によれば、肥料値段引き下げを理由とした集会を開いて一揆の端をなしたこと、杣中村元庄屋文吉（黄瀬姓。天保一三年一二月、京都にて牢死。享年五七）と内談し、市原村庄屋治兵衛と談合して廻状を回したことを理由に存命ならば獄門とされた。判決書にその文言はないが、発頭人としての刑罰であったことは疑いない。八月六日付の上永原村野依又右衛門にあてた平兵衛の書簡が残されており（大篠原共有文書）、そこには「諸色者下直ニ相成候へとも、こへ物（肥物）高直ニ而百姓一統困入候間、其趣意を（於カ）越前買〆之儀ニ御座候間、御取調も被下度旨願出候へ者、御聞済可被下候哉」と肥料値段引き下げの集会を呼びかけており、これが八月一〇日の五三か村戸田村集会へと結実していったものと考えられる。強訴のさなか、平兵衛がどこにいて、どのような役割を果たしたかは不明である。杣中村文吉が酒飯を強要し、差し出さないものは打ちこわすと一揆衆に命じていること、市原村治兵衛が一〇月一六日に三上村にて石打を命じていることが確認できる史料（「三上騒動ニ付日記」明治大学刑事博物館所蔵）があり、文吉や治兵衛が強訴の指揮を執っていたと考えられる。また、上野村百姓九兵衛への判決書によれば、公役市野の旅宿で「十万日延期」の交渉を行ったのは杣中村平兵衛（黄瀬姓。同じく頭取の一人であった平治の弟であるが別に家を立てていた。天保一三年一二月二五日大津にて牢死。享年四一。なお平治は一四年に江戸にて牢死。享年四七）であった。上野村九兵衛は、杣中村平兵衛の指揮に従い先頭で公役旅宿へ乱入し、御用書物長持を破壊したとして「乱妨頭」として獄門の刑に処されたが、一四年に江戸にて牢死。享年三七。土川平兵衛がいつ捕縛されたのかは明白ではないが、逮捕されて京都・大津で吟味され、一四年三月四日に他の一〇名の者と一緒に唐丸籠で江戸に送られた。この時、「人のため身は罪とがに近江路を別れていそぐ死出の旅だち」という辞世を残したとされる。同年四月二五日、判決が下される前に江戸にて牢死。享年四二。坂田又右衛門という者が、五月一六日に千住回向院にて葬儀を行ったという。法名得善信士。後に義晃院釈善棟と改められた。強訴の時、三上村では酒米残らず、食いつぶされた状況であったので、村人のなかには平兵衛に恨みを持つ者もあり、その家に石を擲つ者もいたといわれる。しかし、明治二六年（一八九三）保民祠、同二八年「天保義民碑」が建立されるまでには、義民として讃えられるようになり、昭和一六年（一九四一）には興農同盟が「土川平兵衛像」を建立している（三上小学校校庭に現存）。

【人物】田島治兵衛　たじまじへえ

甲賀郡市原村庄屋。天保一三年の三上騒動で三上村庄屋平兵衛や杣中村庄屋文吉らとともに一揆を組織した。とくに一揆直前に行われた九月二六日の甲賀郡庄屋の集会は、治兵衛が主唱者であったという。強訴においても、三上村で一揆勢に石打を指示するなど強訴を指揮していたと思われる。一〇月二二日、水口宿にて捕縛され、京都で吟味を受けた後、大津に送られた。「百足再来記」は、この吟味中の治兵衛についての二つの逸話を記している。その一は京都の牢中の時のことで、庄屋治兵衛が捕縛されたことにより、村方帳面の勘定に困った年寄役が、牢中の治兵衛をたずね、帳面の勘定を頼むとただちにそれを成し遂げた。その態度に人々は治兵衛の肝の大きさに感じ入ったという。第二の逸話は大津にて吟味を受けた時のことで、役人が「十万日日延」の証文は役に立つと考えているのかという尋ねに対し、謀書謀判は天下の御法度であると答え、その書類の正当性を主張し、役人がたまらずだまれと叱責すると、「だまれとあれハ致方御座なく候へ共、御尋ゆへ申上候」と応じたという。一四年三月四日、土川平兵衛らとともに江戸へ送られ、判決前に同所で牢死したが、正確な日にちは伝わらない。享年六一。どのような処罰を受けたのかも不明だが、死罪であったと推測される。家財闕所、家族は追放とされたが、領主の旗本松平小之助は、長子平吉のみを追放とし、しかも一年後には帰村させて財産を与えたこと、また甲賀郡新治村の三好隆益は、田島家の衰退を危惧し、稲荷講を興してその利益を田島家に与えて家を立ち直らせたと伝える。昭和二九年（一九五四）、甲南町市原の西願寺境内に「天保義民田島治兵衛碑」が建立された。　（保坂　智）

【人物】大久保今助　おおくぼいますけ

水戸藩仕官の際には伊麻祐とも書く。宝暦七年（一七五七）一月三日、常陸国久慈郡亀作村の貧農の家に生まれる。一四歳の時に家出して半年ほど水戸で奉公人をしたのち、江戸にでた。酒屋の丁稚奉公や樽拾い、内藤氏・水野氏などの大名の中間などをしたといわれ、二三歳頃からは歌舞伎役者三代目瀬川菊之丞の衣装番となり、芝居小屋の仲間らに小金を貸して身上を増やしたという。一説には、富籤で一〇〇両が当たり、富商への足がかりとなったという。三〇歳ごろには京橋に上総屋を開き、米の空売買、無尽講元、芝居興行、土木請負、風呂屋・床屋の経営など手広く事業を営み、やがて大名貸しまで手がけるようになり、江戸でも有数の富商となる。一方、二〇歳代前半に沼津藩主水野出羽守忠友・忠成（ともに老中）の家宰土方縫殿助と知り合い、その縁で水野氏や田沼意次らとも交際したともいう。その後、煙油紙など水戸藩の国産品を江戸で交易する権利をえて、藩へ年に一〇〇〇両を上納するほどの成果を上げた。一説には、享和三年（一八〇三）水戸藩主第八代斉脩が将軍家斉の第一三子峰姫を娶る際に、幕府から峰姫の化粧料として毎年一万両を下げ渡されることになり藩財政に貢献することになったが、この化粧料下付を工作したのが今助だったともいう。こうして今助は、文化一四年（一八一七）、六一歳の時、水戸藩から五人扶持を与えられて藩士に列し、以後一五人扶持、二〇人扶持、一〇〇石二〇人扶持、一五〇石と加増され、文政八年（一八二五）には勘定奉行格、翌九年同格上席となり五〇〇石、同一一年御城附格まで昇進した。このため、「日本の陶朱公」「今太閤」と評判された。この間、文政一〇年に小石川の藩邸が焼失した際には、再建費として一万両を献納している。今助の出世は、当時の水戸藩政を支配していた定府家老榊原氏の庇護によるものだったが、斉脩継嗣問題での紛糾を経て文政一二年九代藩主に斉昭が就任すると、榊原一統が粛正され、今助も小普請組に左遷され、天保二年（一八三一）禄を辞した。今助が近江の琵琶湖岸とその川筋の村々の新田検地を幕府に願いでて、大津・信楽両代官所手代とともに再検打出しを行ったのは、近江においては文政年間のこととされるが、この不遇の時期以後の天保初年ことと思われる。水戸藩士の身分で他領の新田開発を行うのは無理であろうこと、大津周辺の村々には「大久保新田」という名称の天保五年の新田検地帳が残存するからである。なお、これらの新田の反別記載の下部には「地主　貞之助」と記されているのが多数あり、近江では貞之助は今助の子といわれている（水戸藩側の史料では不詳）。今助は、検地により高入れ・打ち出しを請け負うかわりに、町人請負新田を企てていたのである。天保五年初め、大津に設けていた「今助会所」で病いとなり、江戸に帰って一三日目の二月一七日、七八歳で死去。干拓に反対していた漁民が届けた饅頭に毒が入っていたためと伝えられる。これにより、今助の検地は失敗に帰した。なお、天保八年には江戸新肴町の家持与兵衛が再び大津・信楽両代官所手代とともに検地を企て、反対する村人たちの声に押されて間もなく中止されたが、与兵衛は今助の手代といわれる。同一二年から始まった幕府の近江検地はこうした今助の新田計画の延長線上にあり、近江の百姓らの反対一揆もまたこれらの経験によるものだった。（齋藤　純）

【史料】百足再来記　むかでさいらいき

三上騒動を題材とした一揆物語。書名の由来は、野洲郡の三上山は一名百足山と称することからくる。上下二巻。構成は、検地役人の到着と竿改めの実施、三上村平兵衛らによる肥料値段引き下げを名目とした集会を記述した後、「田猪野村五反田村乱妨之事幷矢川神社馬場先ニテ勢揃ヒノ事」、「三上村騒動之事幷市野茂三郎姥ケ懐江隠るゝ事」、「針村文五郎本書持帰る事附り磯尾村正道之事」（以上上巻）、「京都御奉行所御詮儀御下向之事附り市原村治兵衛召捕るゝ事」、「加藤様本多様御家中御咄しの事附り中村式右衛門返答六ケ敷事」、「関源之進戸田嘉十郎殿御下向之事幷科人江戸表におもむく事」からなる。各項に一・二葉の絵が描かれている（もっとも絵入りは一種類の写本だけで、その他は絵があることを表示するだけで絵が省略されている）。このうち百姓一揆の姿が描かれているものは三葉で、いずれも蓑笠姿でめいめいに竹槍を所持している。現在確認される写本は四種で、「百足再来記」のほか、「実録百足再来記」、「三上山百姓騒動記」、「遊女（ゆめ）物語」とそれぞれ表題は異なるが、内容は同一である。弘化四年（一八四四）写（実録百足再来記）と書かれているものがもっとも古い写本年代であり、一揆終結後のまもない時期に作られたものである。なお、筆者は不明。林仲市氏所蔵の「百足再来記」が『近江の天保一揆―記録集Ⅰ』に、岡山大学黒正文庫所蔵の「遊女物語」が『編年百姓一揆史料集成』一六に収録されている。なお、「百足再来記」のほかに、「近江国田畑御見分ニ付騒動写」という系列の写本が流布しており、現在五種の写本が確認されている。この系統は、事項を羅列したもので、物語としてまとめられていない。なお、この写本の多くは嘉永・文久期になされている。そのうちの一種である黒正文庫所蔵本には「亀光元年」という私年号が付けられている。黒正文庫本は『編年百姓一揆史料集成』一六に、滋賀県立図書館所蔵の「近江国新開御見分ニ付三上騒動始末記之書置候」は『近江の天保一揆―記録集Ⅰ』に収録されている。（保坂　智）

〔参〕河邨吉三『天保義民録』、松好貞夫『天保の義民』、宇野宗佑『庄屋平兵衛獄門記』、『野洲町史』通史二

天保一四年（一八四三）七月二二日
武蔵国入間郡旗本領長瀬村ほか徒党（武州鼻緒騒動・長瀬騒動）

武蔵国入間郡長瀬村の近辺は、竹細工や鼻緒（竹の皮などで生産）の産地で、入間郡の被差別民は右のような竹細工のほか養蚕労働に携わっていた。天保一三年三月、比企郡岩殿山に天水鉢を奉納するべく、長瀬村を含む近隣の講中の被差別民が集まった。その際「此上如何やうの六ケ敷儀、出来致共、一連可致」（「越長譟倒記」）と議

定、一八か村が参加した。翌一四年七月二二日、長瀬村の辰五郎が入間郡越生今市町に下駄の緒を売りに行き、残った鼻緒を売ろうと日野屋喜兵衛方に立ち寄った。しかし買い取らないため、他の市人と交渉するうち、値段などで争いとなった。喜兵衛は辰五郎を「村番非人」に命じて送り返した。帰村後、辰五郎は村の仲間たちと相談、その夜および翌二三日、喜兵衛方に押しかけた。この件で上野村平左衛門が仲介に入り、取調べた結果、喜兵衛方に「越度」があると裁定。このため、喜兵衛は組合村々の惣代に廻状を回し、同日夕方から評議、関東取締役に出訴した。この間、組合村々集会の節、和談が試みられたが、長瀬村側が拒否したのを機に、事件が明らかになるまで市場への出入禁止を通告した。八月四日夜、関東取締役富田錠之助手先の者が召捕りを開始、夜には人足三〇人を連れて長瀬村に出動した。が逆に木太刀、六尺棒、竹鎗などを持った六〇人余の者に取り囲まれ、二九人が長瀬村に「捕子」となった。長瀬村では、この一件を江戸浅草弾左衛門に出訴することを決め、万吉、林蔵ら五人を出府させたが取り上げられず、そのまま入牢となった。一方、近隣の仲間へ通達、その結果六〇〇人余が長瀬村に集結、防禦を固めた。七日、取締役富田の交渉により二九人は解放。その後取締役園部弾次郎も到着し、五六か村から人足八三〇人余、鉄砲一〇一挺を徴発、弾圧に乗り出し、長瀬村だけでなく計二三か村二五二人の被差別民を逮捕するにいたった。今市町で吟味の上、九七人が江戸送りとなり、約七〇〇〇人の警固で二四日出立、二六日江戸に到着した。直後から取り調べが開始され、弘化二年（一八四五）四月五日に裁許が出されるまで続けられた。取り調べには勘定奉行跡部良弼、留役増田作右衛門があたった。この間、牢死者が続出し（約五〇人）、中でも天保一四年九月一六日（六人）、一七日（一九人）に集中している。長瀬村など被差別民側の処罰は、獄門一人、死罪一人、重追放四人を始め、手鎖八五人などで一〇〇人以上に及び、重罪者の多くはすでに死亡していた。かたや、喜兵衛ら五人は手鎖、越生今市村、長瀬村の名主などは過料銭といった処分であった。なお「越長草倒記」（「越長諜運記」は第拾以降「越長草倒記」と表記されている）には、吟味の過程で、「騒動の根本」とされた長吉・貞右衛門（ともに牢死、重追放）が語った言葉として、「此騒動は江戸始つて初めてと有は是日本一の騒動也、其騒動に発頭人と見立られし所は千両道具我々ども冥加に叶ひし所、一ち度死ねば二度とは不死、一命捨る時は本望也」（長吉）、「こつちにも荒神様か有、我々下司下臈の身分なれ共、蟻の思ひも天に昇る、此恨いつかはらさんや」（貞右衛門）と記されている。

（椙山聖子）

〔参〕『日本庶民生活史料集成』一四、仲村研「穢多駆騒動記」（同志社大学人文研究所・社会科学三―一三七）

天保一四年（一八四三）閏九月
美濃国席田郡旗本大島氏領上之保村家作騒動

幕府は天保一四年に奢りがましき家作の禁令を発し、これを受けた旗本大島氏は六月領内に幕令を触れ流し、請印を命じた。次いで七月、上之保村の庄屋寿平らは惣百姓を集め、領主からとくに指示があったとし、庄屋一統八軒以外の庇・天井張・畳敷・瓦葺土蔵を禁じ、違反家作の撤去を命じた。その指示に対し惣百姓は、上之保村のみの措置は納得できないと反対したため、九月上旬代官堀口佐藤太、庄屋寿平は江戸にのぼり協議した。帰村して閏九月二三日、改めて庄屋は所持地または耕作地が高三〇石以上のものは瓦庇を、高二〇石以上のものは杉皮庇を認め、それ以外は撤去を命じ、請印を迫った。この措置に承伏できない百姓六〇余名は、江戸出訴を決行し中山道を下った。しかし、追分宿で宿名主新太郎が説得にあたり、新太郎を同行して帰村した。新太郎の交渉の結果、代官は翌年一二月まで家作撤去を延期した。ところが一一月五日、領主役人が突如江戸出訴の百姓に対し捕縛の挙に出て、四名が入牢、二名が手鎖に処せられた。そして八日から、代官堀口、新任の庄屋・代官大熊寿平が各組の組親を集め、江戸出訴者を白状させようとした。翌九日、用人役筆頭で寿平の娘婿であった大熊領兵衛が江戸から到着すると、百姓の入牢・手鎖を赦免し、家作撤去の励行と江戸出訴者の白状を強要した。しかし一一日までに上之保村の家主のほとんどが逃散してしまい、交渉相手のいなくなった領兵衛は、幕府笠松陣屋へ事情を届け、むなしく江戸へ帰府した。逃散した百姓も笠松陣屋へ事情を注進し、やがて三名が江戸の領主に対し領兵衛・寿平の罷免を嘆願したが、即座に捕縛された。吟味は一二月二日から、領主臨席のもと領兵衛が役人四名を従え、領主屋敷の表居間縁側に一人ずつ呼び出し行われた。その結果、翌年一月五日三名は詫書を提出し、帰村が許された。他方上之保村では、二月になると高持惣代四名が、逃散のため春年貢の上納と作付が困難になったとし、領主に百姓の帰村勧告を要請した。三月には、中西郷・見延両村庄屋が内済取扱を行い、領主に重ねて嘆願したが、かえって領主は大熊領兵衛を上之保村に派遣し、四月には惣百姓に家作撤去の請印をとる対応にでた。しかし大熊が帰府した直後の五月、上之保村にある領主菩提寺の弥勒寺が大熊から善後策を一任され、家作撤去令は沙汰止みとして解決した。

(西脇　康)

〔参〕吉岡勲「美濃国席田郡上之保村の家作一件騒擾」(『皇学館論叢』一一―四)

天保一四年(一八四三)一〇月

武蔵国葛飾郡東葛西領・多摩郡野方領幕府領ほか村々下肥値下げ訴願

天保一四年、天保改革の物価引き下げ令に呼応して、葛飾郡中平井村ほか五九か村は下肥価格の引き下げを勘定奉行に出訴した。この出願は町奉行へ移され、町奉行は天保一二年の下掃除代一年分計三五四九〇両余を一割下げることを諸色掛名主に命じた。五九か村は領内議定を作成し、下肥値段のつり上げ禁止、下掃除権を取るため高値で他人の権利を侵害することの禁止などを申し合わせた。それでもこの規定破りがあとを断たないので、同一五年四月、葛飾郡青戸・曲金村の名主は、多摩郡田無・清戸村などに下肥売捌値段引き下げ方の共同戦線を張ることを申しでた。ただし、野方領の出願費用などはすべて葛西領持ちという内容である。寛政元年(一七八九)一一月の一〇一六か村による下肥値下げ運動には遠く及ばないが、この下肥値下げ運動もいわゆる関東型国訴の一つである。遠く離れた村々を結び付けたのは、寛政期の議定にかかわった馬喰町四丁目の江戸宿久兵衛らの活躍が推定される。

(山中清孝)

〔参〕伊藤好一『江戸地廻り経済の展開』

天保一四年(一八四三)一二月二七日

肥後国天草郡幕府領打ちこわし

天保一四年二月二三日、肥後国天草郡二江村平吉・同村源吉・楠浦村松之助・小宮地村藤十・上村久助・同村安兵衛の六名が、天草の高利貸商人である銀主からの質地請け戻しを要求する嘆願書を長崎奉行所へ提出した。寛政八年(一七九六)四月に発布された「百姓相続方仕法」の期限が文政九年(一八二六)に切れて以来、期限内に質地の請け戻しができなかった百姓たちは、天保四年一〇月に同仕法の復活を求めた強訴未遂事件をひき起こしていたが、同じ趣旨の嘆願を長崎奉行所に対して実行したのである。彼らの身柄が長崎代官高木作右衛門に引き渡されるとともに、三月一五日、本戸組大庄屋木山重兵衛・御領組大庄屋長岡五郎左衛門・二江村庄屋池田寅之助・志柿村庄屋永野九郎兵衛・小島子村庄屋吉田謙助の五名が長崎代官所に召還され、天草の内情調査が実施された。その結果、嘆願の趣旨はおおむね理解され、五月に富岡役所から郡中の大庄屋・庄屋へ質地請け戻しについての通達が出された。これを受けて大庄屋・庄屋たちは、郡役所における会合で、過去一〇〇年前にさかのぼって移動した質地を請け戻すことを認める内容の「取極桁書」を作成した。これに対して、郡中の銀主らは、九月にこの「取極桁書」に反対する嘆願書を長崎代官所へ提出したため、富岡役所が銀主惣代富岡町大坂屋吉郎兵衛らを説諭する一方、長崎代官高木作右衛門が廻村して百姓らに諸事倹約をうながす通達を出し、両者の対立を鎮めようとしたが、銀主と百姓との対立は深まるばかりであった。結局、質地をめぐる百姓の不満は解消されず、銀主への批判とともに富岡役所・長崎代官への信頼が失われていった。こうした状況のなかで、一二月二七日、大矢野島の百姓約二〇〇〇人が中村宮津の諏訪神社境内に集まり、上村の銀主竜吉宅に押しかけて質地請け戻しを迫った。これを聞いて駆けつけた大矢野組大庄屋吉田寛蔵の説得により、百姓たちはいったん引き返したが、翌二八日再び諏訪神社に集結し、銀主へ圧力をかけようとした。大庄屋吉田寛蔵が銀主らに百姓の要求を受け入れるよう申し入れると、銀主らは一月一一日まで回答を延期する旨返答し、吉田寛蔵がそれを百姓らに伝えたため一揆勢は解散したかに見えたが、その一部が翌二九日にかけて数軒の銀主宅を打ちこわした。年が明けた一月五日、大矢野島の百姓約三〇〇〇人は、銀主が約束した一一日の回答を待たず三たび諏訪神社に集結し、上村の竜吉宅に押しかけて打ちこわし、一一日以降一揆は大矢野島から上島に移った。そして、二二日までに、大矢野組九か村（全村）・破岐組九か村（全村）・栖本組一三か村（一四か村中）から合計約二万五〇〇〇人の百姓が参加し、三〇軒の銀主宅と参加強制を拒んだ二軒の庄屋宅を打ちこわした。質地請け戻しを念頭に、高利貸し商人に対して徹底的に制裁を加えたのであった。処罰は、三回目の「百姓相続方仕法」発布と同じ日の弘化三年（一八四六）一月一八日に申し渡され、二八か村に村高に応じた過料が命じられたほか、四名が遠島、一六名が中追放、二三名が村払、六名が叱、一一か村二二名が過料に処せられた。　（大橋幸泰）

〔参〕鶴田八洲成「天草〝法界平等〟一揆」（『天保期の人民闘争と社会変革』下）、『苓北町史』

弘化元年（一八四四）四月二日

出羽国田川・由利郡幕府領支配替反対越訴・騒動（大山騒動）

　田川郡内には江戸前期以来幕府領として大山領（一万石、二三か村）、丸岡領（一万石、三四か村）、余目領（五〇〇〇石、一五か村）があり、明和六年（一七六九）からはこれに由利郡内の幕府領も加えて鶴岡藩酒井氏の預地となっていたが、天保一三年（一八四二）七月より幕府尾花沢代官大貫治右衛門の管轄に入り、大山に陣屋が置かれた。しかし、弘化元年二月九日、幕府は再び鶴岡藩預地を発令した。わずか二年後の領地替えの意図は不詳だが、私領なみに年貢取り立てなどの支配を強化しようとしたものと考えられている。この報せは一六日に現地に届いたが、にわかに百姓らの動きは活発となり、村役人に対し小前連印による支配替え反対の嘆願が出され、二三日には田川郡三領と由利郡も含めた七三か村村役人惣代も大山陣屋と尾花沢代官所に嘆願書を提出した。一方、江戸幕府への訴訟を計画し、代表六名が江戸へのぼり、四月二日に老中土井大炊守へ、同五日には勘定奉行戸川播磨守に駕籠訴を強行したが、いずれも却下された。嘆願の趣旨は、鶴岡藩預地時代には、用水・境目争論などにあたっては不利な扱いを受けてきたこと、家中らの横暴な振る舞いに悩まされたこと、そして何よりも藩が諸役銭をかけ、年貢金納にあたっても重い負担を強いたことを上げている。これらの扱いによって明和六年（一七六九）には一〇〇〇軒あったものが七〇〇軒まで減少しており、再び同じような扱いがなされれば立ち行かなくなるというものであった。江戸出訴人に予定されていた六人のうち、余目組の二人が親の病気を理由に出府に不参加、あるいは途中帰村して後退するなど、一揆から離脱する動きが見え、それが年番名主の画策によるものであるとして、大山村の者が年番名主両人を拘束するなど、一揆内部にも対立が生じていた。引き渡しの四月二八日が近づくと、四月一一日に加賀屋弥左衛門が起草し、修験永順が筆者となった廻状が回った。また、二三日には出府の訴願人に船を出すことを拒否した湯野浜村名主宗右衛門と金蔵宅が打ちこわされた。先の廻状によって百姓らは二六日の夜から大山村に集結し、竹矢来を組み、鶴岡から大山に入る橋を半ば落として番人を置いた。旗を立て、ほら貝を吹き鳴らし、半鐘を打ち、藩役人を実力で阻止しようとした。この結果、引き渡しは延期せざるをえなくなり、二八日には百姓らも帰村した。しかし、七月には江戸から吟味方役人が派遣されて一揆参加者の取り調べが始まった。角田二口村では吟味を受ける証人を鬮で選出し、万一打首となる場合は村役人が身代わりとなること、弔金一〇〇両を出すこと、一日につき銭三〇〇文の手間銭を払うことを約束する契状が作成されている。八月には越後国岩船郡塩野町で三〇〇〇人以上を召喚しての吟味が行われた。そして、主だった者五名は江戸送り、二三名は鶴岡送りとなった。弘化二年には大貫代官も罷免された。同三年五月、獄門二名（加賀屋弥左衛門、田中三郎治）、遠嶋二名（鈴木庄兵衛・喜兵衛）など多数が処罰された。なお、弥左衛門・三郎治・庄兵衛らは酒造業を営む大地主で、庄兵衛は大山村名主を務めており、これら有力者が運動の中心をなしたのが特徴的である。一一月一八日、事務の引き継ぎが行われ、同地は鶴岡藩預地となり、一揆はその目的を達成できなかった。

（浅見　隆）

〔参〕『鶴岡市史』上、『大山町史』、『羽黒町史』上

弘化二年（一八四五）七月二一日
美濃国石津郡旗本高木氏領多良郷強訴

高木氏は石津郡の時・多良郷に西・東・北の三家で四三〇〇石余を与えられた交代寄合であった。西家はうち二三〇〇石、東・北が各一〇〇〇石余で知行所の多良郷の宮村に居住、三家で隔年交互に参勤交代を行い、美濃の諸河川の河道維持のための川通掛を、これも三家年番で務めていた。高木氏も他の大名旗本と同じように財政の悪化は避けられず、多額の借金によって家計は運用されていた。天保二年（一八三一）の西家の借財は、二一三一両、文久三年（一八六三）で四一九六両であった。借入先は京・名古屋の商人、山田奉行所、松坂商人、大垣藩、知行所内百姓といったところであった。なかでも知行所内からの借金は講などを含めて多額にのぼり、商人からの借金も百姓の印形で借りているありさまであった。弘化二年七月二一日に起きた多良郷九か村強訴もこの借用金に端を発している。この日西高木家の屋敷に投げ込まれた訴状には、「紀州様御名目金、我々百姓之印形ニて御上様へ御拝借」とあり、高木家の返済が滞っているが、もうこれ以上の負担は拒否するという内容であった。これは紀州藩御貸付役所が近江坂田郡志賀谷にあり、近江商人の金が紀州藩の名目で運用されたものといわれる。一揆勢は、訴状を投げ込んだ後、御台所算用方の役人の森勝右衛門の家を打ちこわし、八幡宮南の河原に集まり、勝右衛門ら七人の役人の引き渡しなどを要求して二日間にわたって交渉を繰り返した。これに対して高木家は、志ケ谷金（志賀谷金）のことはもっともであると回答している。しかし、一揆後も借金の返済は進まず、百姓は志賀谷役所に出頭して返済猶予を願いでている。また、幕府寺社奉行所から呼び出され代表が入牢の憂き目にあっている。九月二三日、領主高木修理自らの手で一揆の取り調べが始まった。一二月二四日、頭取奥村助左衛門は所持の田畑家財取上、当国御構、堂上村長太夫は追放・当国御構、禰宜村弥三右衛門・宮村兵八・下多良村太八は村替などの処罰を受けた。さらに、一揆の処罰は家臣にも及び、足軽水谷金蔵は、彼の家で一揆の相談の寄合が行われたとして永之暇、これに加わった代官三輪佐七は扶持召上・永暇などの処罰を受けた。元来、高木家の家臣は知行所内の百姓から登用されていたために、百姓と日常的に深いつながりがあったと思われる。また、打ちこわされた森勝右衛門ら御台所方、御馬役などの役人はいったん追放されるが、翌年には帰参を許されたという。

（小椋喜一郎）

〔参〕『岐阜県史』通史近世上、史料近世八

弘化二年（一八四五）八月上旬
安芸国山県郡広島藩領扱苧自由販売強訴
（太田騒動）

広島藩は領内主要産物の木綿・紙・楮の専売制を強化していったが、山間地帯の特産品であった麻苧・扱苧（こぎそ、麻の繊維をはぎ取り灰汁などで晒したもの）については、自由販売を許していた。しかし弘化二年二月、その流通統制に乗り出した。この統制に対し、最大の生産地であった山県郡太田筋の生産者農民たちは、その廃止を嘆願した。藩は同年八月三日、扱苧改所頭取豊島屋円助らを山県郡に派遣し、翌四日、下筒賀村において流通統制の趣旨説明を行おうとしたが、近隣諸村の百姓六〇〇人余が集まり、円助めがけて石・草履などを投げつけ、騒動となった。藩は八月一二日、代官を加計村に派遣し、翌日、加計・下筒賀両村の村役人・長百姓を呼び出したが、百姓たちもぞくぞくと集合したので、代官は百姓の説得のため太田筋一〇か村を回った。九月上旬、代官の回答のないまま、升突役人が入郡し、同一二日、戸河内村に宿泊したので、翌一三日、待ちわびた百姓五〇〇人ほどが駆けつけ、嘆願した。升突役人は説諭に努めたが百姓側は聞き入れず、城下への直訴をほのめかし、危機的様相となった。そこで嘆願を伝達すると約束し、ひとまず鎮まった。九月一七日、扱苧方懸り役が、百姓に対し従来どおりの自由販売を許すという藩の決定を申し渡した。しかし百姓たちは、領内全域に触れ出すよう要求したが回答はえられず、翌日、藩役人と百姓の間で不穏な状況となった。そこで割庄屋佐々木八右衛門が駆けつけ、百姓の要求を実現させるよう嘆願することを条件に騒動は鎮まった。藩は一〇月、ついに「扱苧売買取引趣法」を全面的に撤廃した。弘化三年二月、騒動に参加した者など百姓二四二三人を処罰したが、三日押込という軽い処分であった。　（三宅紹宣）

〔参〕『広島県史』近世二、『戸河内町史』通史上、畑中誠治・土井作治「幕末期芸州藩における経済的対抗の一考察」（『社会科研究』一二）

弘化二年（一八四五）一一月
肥後国天草郡幕府領「百姓相続方仕法」復活強訴
→弘化四年（一八四七）一月二八日
肥後国天草郡幕府領打ちこわし（法界平等一揆）

弘化二年（一八四五）
甲斐国都留郡幕府領真木村年寄肩書争論

真木村では草分百姓の系譜を持つ一二軒が草創（くさわけ）百姓と唱え、年寄の肩書を付ける特権があった。この特権を行使できる家はのち新規に八軒、三軒と拡大され、合計二三軒が年寄層を構成した。ところが弘化二年、天保七年（一八三七）の百姓一揆（甲州騒動）に関係したとして追放に処せられた草創百姓六左衛門が、訴訟文書に年寄の肩書を記したため、新規三軒組の年寄が小前六〇名余とともに谷村陣屋に委ねられたが進展せず、五年後の嘉永二年（一八四九）冬、訴えられた草創百姓の惣代は勘定奉行の久須美佐渡守祐明に出訴したが受理されなかった。そして翌年三月二五日になると、石和陣屋の役人が村に出張して草創百姓で追放人の又兵衛と栄五郎を召し捕らえ、入牢に処した。ところが、吟味は肩書の件ではなく追放人の立ち帰りの件で進行されたため、同年八月草創百姓の太郎左衛門が老中に直訴、九月には追放人の又兵衛妻せいの代人を兼ねた追放人の栄五郎妻美江が老中阿部伊勢守正弘に駕篭訴した。その嘆願の内容は肩書の件と追放人の件を分離して吟味されたいというものであった。この一件は安政五年（一八五八）ごろに内済したようであるが、その後の経過と結末は未詳である。　（西脇　康）

〔参〕『大月市史』史料

弘化三年（一八四六）閏五月一〇日
遠江国長上・敷知郡ほか浜松藩領打ちこわし（浜松騒動）

文化一四年（一八一七）九月、浜松藩主井上正甫は陸奥国棚倉への転封を命じられ、かわって肥前国唐津藩主水野忠邦が浜松に入封した。老中に就任し天下の政治を担うという志を持っていた忠邦は、長崎警固の助役が課せられていた唐津藩主では幕府の役職には就くことができなかったため、表高は六万石であったが実収二〇万石以上といわれた唐津藩から、幕閣要職者を輩出していた浜松藩六万石への転封を謀って、将軍徳川家斉の信任厚い側用人水野忠成（後老中）に賄賂を贈り、その甲斐あって浜松に移ることができた。そして、移封が決定するや否や寺社奉行に就任し、老中への階段を一歩のぼった。なおその際、浜松藩領では庄屋らが井上家の転封に反対して金折村市野右衛門ら六名を惣代として江戸に下向させ出訴する動きが見られたが、願いは却下された。忠邦は、その後京都所司代・大坂城代と順調に昇進し、天保五年（一八三四）には念願の本丸老中に就任したが、その裏では莫大な工作費用を惜しみなく使った。しかし、その負担は領民にしわよせされ、御用金の賦課を始め、無尽講への強制的な加入などさまざまな名目での貸し付けにより収奪をはかったが、このことは後に一揆の遠因となった。水野忠邦は、天保一二年より天保改革として知られる幕政改革を断行したが、反動的な政策が諸階層の反発を招いた。そして、江戸・大坂一〇里四方を幕府領とする上知令の発令が命取りとなって、一四年閏九月、老中を辞任した。翌一五年六月にはいったん復職したが、弘化二年（一八四五）には再び罷免となり、九月には老中時代の不正を咎められて二万石減封のうえ隠居・蟄居を命じられた。翌三年、忠邦の後を継ぎ藩主となっていた水野忠精は、懲罰的な意味合いを持つ出羽国山形への転封を命じられた。閏五月七日、浜松城は上野国館林から移封された前領主の井上家に引き渡されたが、水野家は転封にあたり、領民に貸付金の返済を厳しく迫った。だが、自らが借り上げた御用金や無尽の掛金は借用したままであったため、不審に思った百姓たちは無尽掛金は勿論、長年にわたり義倉に積み立てていた籾・稗の返済を、庄屋のなかから任命され義倉の管理や無尽の割付などに携っていた勧農長に求めた。しかし、勧農長が義倉の籾・稗を私用に廻していたことが発覚したため、ついに同月一〇日、浜松北方の長上郡有玉陣屋支配下の五三か村の百姓が蜂起した。一揆勢は天秤棒や息杖を持って義倉に押し寄せた。他村の庄屋立会で俵数を改めると不足であり、勧農長の不正が確認された。一揆は義倉の籾を配分し、その後、長上郡有玉下村の高林伊兵衛ら勧農長を務めていた六名の居宅を打ちこわした。水野家は五人を入牢させたが、吟味はアメリカ船の遠州灘への出没もあって遅々として進まなかった。そのさなか、今度は浜松南方の敷知郡三島陣屋支配下の五八か村の百姓が蜂起した。六月二〇日、一村から二人ずつでて米津浜で集会し、翌二一日には一村から八人ずつが三島陣屋近くの龍禅寺で集会し、義倉について勧農長庄屋の釈明を求めたが、満足な返答はえられなかった。そこで二二日早朝、三〇〇人ほどが向宿村庄屋高林七郎右衛門方へ押し寄せた。ここで水野家郡奉行山川伴蔵らによる弾圧を受け（「破地士等窠」では発砲したとする）、四人が捕縛されたが、七郎右衛門家を打ちこわした。その後一五歳から六〇歳の男子が参加するようにとの触れを回し、天秤棒・鳶口・斧・大鋸などの得物を持ち、「緋もみ之赤旗」（遠州浜松騒動記）を押し立てて瓜内村庄屋七郎左衛門、江之島村庄屋源兵衛などの勧農長宅を打ちこわした。その後、一万人余に膨れ上った一揆勢は、水野家用人清水帯刀の首を貰い受け、藩米の売却から不当の利益を得ていた御用達池田庄三郎を始め城下の特権商人宅を打ちこわすと呼号し、二三日には城下への進入をはかった。水野家は自力で抑えることができず、ついに井上家に助力を請うにいたった。井上家は、藩兵を城下への入口の各所に配置する一方、一揆勢を説得して城下への進入を断念させた。事態は鎮静化に向かい、八月五日には浜松領内の郷村が井上家に引き渡された。八日には、残務処理のため浜松に残っていた水野家の家中も山形に向け出立することになったが、その前日の七日、敷知郡寺島八幡地において水野家中の山形出立を阻止しようとする騒ぎが起きた。この地は年貢率が九割を超える高率であったため、百姓が田地相続金の名目で金子を積み立てて利鞘を稼いでいたが、その元利が一五〇〇両にも達していた。水野家でも永続金として七〇〇両を下付してこれに加え、合わせ二二〇〇両を藩役所に預けさせたうえで、その利息をもって年貢納入時には百姓に貸し付けを行っていた。水野家は移封に際し、この相続金は山形に移った後送金すると伝えたため、百姓たちは全額返済を求めたのである。よって、水野家は再び井上家に助力を依頼せざるをえず、その調停により相続金は利付七か年賦、永続金は無利息七か年賦という線で妥協が成立し、ようやく浜松を出立することができた。水野家中が浜松を去ると、大道で酒が振る舞われ、にわか狂言が催されるなど、浜松中が喜びにわき返ったという。しかし、この移封に際し、水野家が四年三月を返済期限として庄屋などから借り上げた金子は、結局元利とも返済されず、庄屋らは藩当局に水野家へ返済をかけ合ってくれるよう願っている。なお、打ちこわしの吟味は続けられていたが、嘉永三年（一八五〇）一二月二日、闇夜でのことで不明であるとして打ち切られている。大名の国替という政治的空白期に、それまでの藩政の矛盾が一気に噴出したのだが、この一揆は水野家の後入封した井上家の領内統治を規定した。勧農長などの豪農を通じた支配方式の採用を断念せざるをえず、井上家は新たな支配方式を模索していくのであった。

【史料】破地士等窠　はぢしらず

六七丁の一冊本。猪古斎主人の筆であるが、浜松の儒者内田乾隈が一揆直後の弘化三年秋に著したものといわれる。原本は不明であり、嘉永二年（一八四九）一一月下旬に峯野峯隆が写したものが現存。内容は、水野忠邦の浜松への転封から始まり、水野家による領民搾取の具体的内容が続く。そして、水野家の山形移封を契機に始まった領内の一揆・打ちこわしのありさまが詳細に描かれ、水野家が井上家の助力により危機を脱しほうほうの体で浜松を去った後、領民による歌舞音曲の声が数日間止まなかったことも記されている。最後に、「浜松領見打毀作」という題の七言絶句が掲げられ、文章は終わっている。この記録は、水野家に対する強烈な批判精神を持って著わされ、誇張された表現も見られるが、総体的にはほぼ事実を伝えたものと評価できよう。題名は、序文によれば、著者が自分の拙い文章を恥じずに書いたという意味で付けられたが、「地を破る士等の窠」と読めばきわめて意味深長なものがあり、一揆・打ちこわしを起こすにいたった領民の止むにやまれない心情がよく表現されたものといえよう。『日本庶民生活史料集成』一三に所収。

（安藤優一郎）

［参］北島正元『水野忠邦』、斎藤新「弘化三年一揆と浜松井上藩政下の小組合」（『地方史静岡』二一）

弘化四年（一八四七）一月二八日　肥後国天草郡幕府領打ちこわし（法界平等一揆）

天保一四年（一八四三）暮れから翌年一月にかけて肥後国天草郡上島で展開した銀主宅打ちこわしの後、天草の百姓にとって経済的状況がなんら変化しなかったため、弘化二年一〇月御領組大庄屋長岡五郎左衛門ら百姓一〇数名は密かに江戸にのぼり、一一月「百姓相続方仕法」の復活を要求して幕府勘定奉行所へ訴状を提出した。さらに五郎左衛門は、一二月に老中阿部正弘にも訴状を提出したため、身柄を長崎代官へ引き渡され、入牢を申し渡された。質地請け戻しを要求するこのような運動が展開されるなかで、幕府は、翌三年一月一八日、ついに三回目の「百姓相続方仕法」を発布した。しかし、前回の内容にくらべて請け戻し可能な質地の制限が大きいことや、貸借期限が短いことなど、百姓たちにとって不満の残るものであり、入牢中の五郎左衛門への同情や、仕法発布と同日に言い渡された天保一四、一五年打ちこわしの判決への不満とも重なって、百姓たちが運動を起こす気運が再び高まっていった。こうした状況のなかで、弘化三年一二月、古江村庄屋永田隆三郎・新休村熊蔵らが新休村鎮守において密かに会合を持つなどして、一揆の計画が具体化していった。明けて翌四年一月、百姓たちはいくつか準備のための集会を持ったうえで、同月二八日、約一〇〇〇人が湯船原村の河原に集結し、銀主宅打ちこわしを決行した。一揆勢は、古江村謙助宅を始め上島の銀主宅を次々と打ちこわすと、二月一日には一揆勢の一部が下島にも入り、下島北部の銀主宅を打ちこわした。二月三日までに四〇か村約一万五〇〇〇人の百姓が参加し、一一八軒の銀主宅（一部は庄屋宅）を打ちこわしたうえ、貸借証文などを焼き払った。これに対して、一揆鎮圧のための体制は、一揆がほぼ終息した後に整えられた。一揆の報告を受けた長崎代官高木健三郎が二月四日に富岡陣屋に到着し、七日には島原藩兵約五二〇人が来島のうえ、本戸村明徳寺に進駐した。この軍事力を背景に、翌八日以降約一八〇人が捕らえられた。幕府による吟味は、七月七日幕府評定所留役増田作右衛門・三橋貫之進らの来島後に行われ、一揆で中心的役割を果たしたとみなされた古江村庄屋永田隆三郎・河内村時右衛門・馬場村七右衛門などが捕らえられた。また、一揆に先立って江戸にて直訴を決行したため、長崎奉行所に入牢していた御領組大庄屋長岡五郎左衛門は、病気を理由に弘化四年三月実家に戻されていたが、この一揆の吟味の過程で再び捕らえられた。吟味の結果、嘉永二年（一八四九）二月二日、日田郡代池田岩之丞により判決が言い渡され（弘化四年五月、天草郡は長崎代官支配から日田郡代支配へと変更されたため）、古江村庄屋永田隆三郎・河内村時右衛門、馬場村七右衛門が死罪となったのを始め、遠島一三人、中追放一二人（うち入墨の上二人、敲の上一人）、江戸払い二人、所払い九人（うち入墨の上一人）、重敲一人、敲三人（うち入墨の上二人）などとなった。これら一揆を主導したのは、頭取の永田隆三郎を例外として、質地請け戻しを強く要求する小前百姓や無高百姓であった。なお、長岡五郎左衛門は押込の処分となった。また、打ちこわしの対象となった銀主や、傍観していた庄屋などへも急度叱や過料などが科され、一揆当時の富岡陣屋役人と長崎代官手代にも押込などの処分が下された。

【人物】永田隆三郎　ながたりゅうざぶろう

肥後国天草郡古江村庄屋。弘化四年一揆の頭取。寛政二年（一七九〇）に古江村庄屋義右衛門の嫡子として生れる。嘉永二年（一八四九）に獄門。享年六〇。法名は松誉浄徹寿仙居士。天保一四年暮れから翌年一月にかけて、肥後国天草郡上島で展開した銀主宅打ちこわしの後、村役人（大庄屋・庄屋）連署の願書が長崎代官所へ提出されているが、永田隆三郎はその惣代であった。その内容は、質地請け戻しを要求する小前百姓の騒ぎについて恐縮しながらも、小前百姓が相続できるような方策を取ってほしいと要求し、銀主と小前百姓が「銘々立行」ける仕法を望む、というものであった。このように、当初隆三郎は、村役人として、合法的訴願によって銀主と小前百姓との確執を解決する道を探っていたが、先の打ちこわしに対する厳しい処分や、弘化二年の長岡五郎左衛門の直訴に対する幕府の対応、弘化三年に発布された三回目の「百姓相続方仕法」の内容などに失望し、ついに一揆を組織するにいたったのである。また、隆三郎は、持高三七石余であったが、弘化四年当時、その半分が銀主に質入れされており、村役人の立場にあっても小前百姓と同じような銀主との経済的確執があったことも、一揆を組織した要因として考えられよう。なお、隆三郎は、文政一一年（一八二八）一二月、古江村稚児崎沖の瀬の古墳地二か所に「南無阿弥陀仏无縁法界平等」の碑文の石碑をそれぞれ建立している。また、昭和四七年（一九七二）二月、古江稚児崎緑寿会によって栖本町古江に顕彰碑が建立され、平成一一年（一九九九）には一五〇年祭が営まれた。　（大橋幸泰）

〔参〕鶴田八洲成「天草〝法界平等〟一揆」（『天保期の人民闘争と社会変革』下）、『苓北町史』

弘化四年（一八四七）一一月一七日
陸奥国九戸・閉伊郡盛岡藩領強訴（弘化三

閉伊一揆)
天保七・八年（一八三六・七）に盛岡南方北上川流域地方を中心として発生した一揆は、年貢増徴と買米制を中心とした従来の藩政を全面的に否定した。この事態に直面した藩は、側役人の横沢兵庫を家老に登用して藩政改革を行った。横沢は殖産政策を展開し、その成果を三都資本と藩内農村の豪商・農（多くは献金により郷士格を取得しており金上侍と称される）を通じて統制しようとしたものであった。また藩財政を補完するために御用金徴収も試みた。とくに天保一四年に一軒につき一貫八〇〇文を五年間徴収するという軒別役が賦課され、領民の経営を圧迫した。この軒別役徴収期間は、別の御用金を賦課しないとされていたが、弘化四年一〇月二五日に五万二〇〇〇両の御用金が賦課されたのである。一揆関係地域である野田・宮古・大槌通のいわゆる三閉伊通の賦課額は、それぞれ一四三〇両・三二〇〇両・三四六〇両である。
野田通の村々では、すでにその年の三月頃から一揆を準備していたが、理由は判明しないが延期されていた。そこに多額の御用金を賦課したことが火に油をそそぎ、一揆へと繋がったのである。一一月一七日ごろから出立した一揆勢は、「狼狩り」と称して村々の百姓を駆り立て、一九日には沼袋村尾肝要に泊まり、二〇日には大芦野に五〇〇〇余人が集結した。野田代官所の役人が、そこに出向き説諭を試みるが、一揆はそれを拒否した。一八日には田老村でも一揆が起こり、小本・中野村など宮古通北部の村々をかり出した。野田通の一揆は南下し、乙茂・小本・摂待村などを経て小堀内に集結した。それまでに宮古通の一揆も吸収している。このころから一揆駆り出しの合い言葉は、「仙台へ手間取り」へ変化している。二升石村で全員の葬式を行って一揆を起こしたと伝えられる勢力が、野田通の村々を駆り出して南下していたが、二三日にはこの勢力も合流して一〇〇〇〇人余となった一揆勢は、田老村に出張してきた宮古通代官所役人の説得を拒否し、同村へ押し入った。二四日には、役人の警備を突破して代官所所在地である宮古町へ入り、鉄山師門村儀助の出店で酒屋の若狭屋徳兵衛宅を打ちこわした。この一揆で唯一の打ちこわしである。二五日、一揆は宮古町を立つが、同町と鍬ケ崎町からの参加者がいなかったため戻っている。二六日、両町からの参加者を含めて宮古を立ち大槌町をめざした。大槌通山田町に入ったのは二七日である。同町では、野田・宮古・大槌代官所の役人のほか、城下から派遣された役人も警備していたが、一万人余に達した一揆勢は「物の数不思押やふ」って町内に押し入った。代官所所在地大槌町には二八日に到着した。一揆は一万六〇〇〇人に膨れ上がり、同町だけでは収容しきれず、隣村の安渡・吉里吉里村などにも分宿した。二九日、一揆は大槌町を出立するが、これまで「仙台へ手間取り」＝仙台領逃散を標榜していたが、突如道を変え遠野町をめざした。遠野町は盛岡藩家老南部弥六郎の知行地であり、弥六郎家の家臣団も居住している。弥六郎は一万二〇〇〇石を領有する盛岡藩最大の給人で、寛永四年（一六二七）に知行地内の犯罪の処罰権を与えられるなど、独自の支配を行う権限を持っていた。三手に分かれた一揆は、和山・笛吹・仙人峠を越え、一二月二日から四日までの間に遠野町早瀬川原に集結した。この間に帰村者もあって、川原に集結した人数は一万一〇〇〇人余であった。これより先の一一月二八日、藩は一揆鎮撫のため重臣（近習頭）南部土佐を派遣していた。一二月三日、土佐らは一揆説諭のために早瀬川原に出張したが一揆勢に拒否され、四日、一揆の要求によって弥六郎家老新田小十郎が願書を受け取った。要求は野田・宮古・大槌三通で約八四〇〇両にのぼる御用金免除を主たるものとし、そのほかに牛馬・塩・濁酒・魚類などに対する新規課役と、代官所下役など増大する役人の減少を二五条にわたり求めたものであった。御用金免除のほか塩問屋・濁酒新役など一二条は即時免許し、その他は盛岡へ伺ったうえ取りはからうという土佐の処置を、一揆は受け入れて五日に解散した。
頭取の切牛の弥五兵衛（万六）はこの結

果に満足せず、同年暮から一月にかけて再蜂起を呼びかけて領内を廻村した。その範囲は野田・宮古・大槌通を始め遠野から北上川流域にまで及んだが、二子通上根子村で逮捕され、嘉永元年（一八四八）六月一五日、盛岡の牢内で牢死した。この一揆に対する処罰の全体像は不明であるが、野田通安家村の忠太郎と俊作が北郡田名部通牛滝に流罪となっている。一方藩側では、直接的責任者として家老横沢兵庫が休役させられ、藩主の利済も隠居に追い込まれた。

【人物】佐々木弥五兵衛　ささきやごへい

　生年不詳〜嘉永元年六月一五日　陸奥国閉伊郡浜岩泉村切牛の百姓。万六とも称す。小本の叔父と通称される。百姓のかたわら塩を内陸部へ駄送する仕事にも従事していた。弘化一揆以前に、十数年間にわたり領内を廻村し、全領域同時蜂起を組織して歩いたと伝えられる。弘化一揆の時は七〇近い老人であるにもかかわらず頭取を務め、一揆に先行して村々を組織する役割を果たし、遠野町早瀬川原では訴状を提出した。弘化一揆後、その成果に不満で、再蜂起を呼びかけるために村々を廻村したが、二子通上根子村で逮捕された。嘉永元年六月一五日、盛岡の牢内で牢死するが、彼の逮捕を聞いて三閉伊通の百姓たちが再蜂起することを恐れた藩は、法的な手続きを取らず牢前で斬殺したとする史料も存在する。なお弥五兵衛と万六は異なる人物であるとする説も存在する。昭和四六年（一九七一）、田野畑村の四方見山（後、田野畑村歴史民俗資料館敷地内に移転）に、弘化・嘉永両度の「一揆の像」が建立されたが、二体の銅像のうち一体は嘉永六年（一八五三）一揆の頭取畠山太助、もう一体は弥五兵衛をイメージしたものである。

【人物】安家村俊作　あっかむらしゅんさく

　文化七年（一八一〇）〜明治六年（一八七三）年九月三日。陸奥国閉伊郡安家村百姓で易に通じ、揚酒屋を営む百姓茂右衛門の長男。佐々木姓。後菊池姓を称す。百姓名茂右衛門。天保一一年（一八四〇）二月から一二年七月まで村肝煎役を務める。天保一三年と弘化二年（一八四五）の二度わたりに西国巡礼を行い、また松前に出向いたことがあるなど、村を越えた広い見聞を持っていた。弘化一揆では訴状の下書きを作成するなど頭取の一人として活躍。一揆後帰村したが、嘉永元年（一八四八）一〇月に逮捕され、同三年田名部通牛滝へ追放となった。同六年五月に発生した嘉永三閉伊一揆では、同村忠太郎とともに赦免願いが提出されたため、同年一〇月に赦免され帰村。その後年次不明であるが北海道へ渡り、菊池政美の名前で北海道開拓使の下級役人となった。

【人物】横沢兵庫　よこざわひょうご

　二〇〇石取の給人柴内其馬の弟。忠助と称した。上田通代官などを務めた横沢円治の養子となる。側役人としてだんだんと出世し、年次は不明であるが藩主利済より兵庫の名を賜ったという。天保七・八年（一八三六・七）の北上川流域を中心とした強訴・逃散や、飢饉や借知政策により窮乏した下級武士団の不満、さらには近習を登用する利済によって藩政から疎外された門閥譜代層の不満などにより、危機的な状況となった盛岡藩を立て直すための天保改革を推進した。天保八年一一月、側頭であった横沢は藩主に上書を提出するが、この上書は彼のめざした政策の方向性を示している。それによれば、盛岡藩を「皇国に無比類広大無量の御国」ととらえ、領内にある米穀・鉱物・薬種・海草などの数多の産物の生産を奨励し、それを三都や諸国に流通させることで国益を増進させようとするものであった。天保九年一月に家老となり、商品生産・流通を重視する政策を展開したが、これが弘化三閉伊一揆の要因となった。三閉伊地方の百姓らの憎しみを受け、一揆は横沢という沢に住む悪獣を退治するために山狩りすると称して結集したともいわれる。弘化一揆後の嘉永元年（一八四八）三月、家老職を「休息」とされ、一〇月には願い上げて隠居したが、一二月一七日に謹慎を命じられた。さらに嘉永六年の一揆後には、すでに藩政を動かす立場ではなくなっているにもかかわらず蟄居を命じられている。それは横沢が敷いた天保改革の路線が、弘化一揆にもかかわらず継承され、嘉永一揆によって解体させられたことを示している。

（保坂　智）

〔参〕「内史略」（『岩手叢書』四、五）、早坂基『切牛の万六』、森嘉兵衛『南部藩百姓一揆の研究』、茶谷十六『安家村俊作』

嘉永元年（一八四八）八月一〇日
信濃国高井郡松代藩領山林開発反対強訴（沓野騒動）

嘉永元年八月一〇日、沓野村の観音堂に本郷七組と新田組、渋湯組の百姓が、佐久間象山の指示による金山試掘のための人足差し出しについての寄り合いを行った。象山は、弘化元年（一八四四）から嘉永四年の間、藩の飛び地であった佐野・湯田中・沓野の郡内三か村と呼ばれる村々で、初めは郡中横目役、次いで利用掛として殖産開発事業にあたっていた。そして、杏・桐・漆の苗木の植え付け、杉・檜・唐松などの植林、馬鈴薯、薬用人参の作付けを行っていた。この他鉱物資源の開発、温泉の調査による入浴客の増加なども行おうとしていた。しかし、これらの事業は、藩のために行われたもので百姓の利益とはならなかった。それどころか長期にわたる人足の徴発、人足賃の不払い、さらには山稼冥加金の増徴策、硝石採取のための床下の土取りなどによって百姓の不満が日々高まっていた。そして、干し草刈の忙しい時期にあたって、金山試掘のための人足差し出しを名主たちが強行しようとして鎌留めの触れを出したことで不満が一気に爆発し、城下への強訴となったのである。強訴には、一五〇〜一六〇人が参加したが、多数の集団ではなくさみだれ式に行われた。佐野村組頭嘉右衛門らが藩の郡奉行所に差し出した史料によると、最初に、四ツ角という所で渋湯組四三人を差し止め、更科峠の峯で一四、五人、大嶋河原で三七人、福島村入口で一六人、関崎で七人、鳥打峠茶屋宇右衛門方で二五、六人、三本松で一人を差し止めた。しかし、もっとも先頭を切っていた本郷の外助ら四一人は東寺尾村に到着していた。そして、佐七と源吉が城下の郷宿長崎屋新三郎にいき、沓野村から一五〇〜一六〇人が来るので受け入れの手はずを頼んだ。しかし、新三郎は、藩の郡奉行所に知らせたので、同心が出向き、四一人は東寺尾村の名主宅に連行され、手鎖や腰縄を付けられ郷宿預けとなった。九月一日には象山が村にきて取り調べるにいたった。とくに冥加金増徴反対についての取り調べを厳しく行っている。また、不参加の渋湯組に褒美鳥目二〇貫文、個人として、菓子器一、模様付ラシャ切れ一尺四方を与えている。その後も藩の取り調べは続き一二月一一日に判決が出された。前名主の栄八は押し込み、小前惣代広治は所払い、本郷月組頭佐七・勝三郎は過怠人足三五日、次郎吉は同二〇日などとなっている。

【人物】佐久間象山　さくまぞうざん

文化八年（一八一一）二月二八日〜元治元年（一八六四）七月一一日。松代藩士。名は、国忠、のち啓（ひらき）。通称修理。象山は号でしょうざんともいう。天保四年（一八三三）、江戸の佐藤一斉に入門。一度帰藩したが、同一〇年、象山書院を神田お玉ケ池に開く。同一二年、藩主が老中・海防掛となったのをきっかけに顧問として海外事情を研究。江川太郎左衛門に入門。海防八策を提出するなど西洋兵学を研究。同一四年郡中横目、弘化元年（一八四四）三か村利用掛となる。嘉永元年に沓野騒動が起きたが、責任を問われることはなかった。しかし、彼の強引な事業の進め方は、地域開発の指導者としてふさわしくないと見られた。同二年、鉱山の試掘事業は中止、三年に江戸に住むようになり、同四年、正式に江戸住まいが認められ、利用掛から離れる。沓野村では悪魔象山とあだなされ陰口を聞かされたと言い伝える。昭和一三年（一九三八）に象山神社が松代に建立された。

（小椋喜一郎）

〔参〕『長野県史』通史六、『山ノ内町誌』、『佐野の歴史』

嘉永元年（一八四八）一二月一二日
播磨国揖東・揖西郡龍野藩領増徴反対強訴・

打ちこわし

弘化四年（一八四七）、龍野藩はその財政窮乏を打開すべく、年貢徴収法の変更で増徴を行ったため、嘉永元年と二年に一揆が継起した。まず、嘉永元年一二月一二日の夜、龍野藩領中組百姓二四〇〇～二五〇〇人が龍野城下近くの揖保川の東の川原に集まり、城下の川岸に詰めた龍野藩役人と対峙する事件が起きた。そこでは百姓の代表一〇余人がでてきて、①代官三木新蔵が浦上井の上流にある岩見井の堰を石でふさぎ、浦上井の方へ水が流れないようにした、②近ごろ年貢米取立が厳しい上に俵ごしらえも肥後米のようにするよう求められる、③姫路枡と称する新しい枡をこしらえ、厳しく量って欠米の償いを命じられる、④一俵で五合以上も欠米を出せば手鎖を命じられる、といった点を上げて、代官の不当な取りはからいを糾弾した。①からは、今回の一揆は、浦上井組村々が中心であったことがわかる。一揆勢は、一二日夜八つ時には村へ退いて、ひとまずことはおさまった。藩は、この事件の取り調べで、門前村の元庄屋弥右衛門を首謀者とみなし、同村の三人、栄村の五人、東用村の五人を召し捕って吟味した。その結果、門前・栄・東用村の各一人が残されて入牢となった。ところが、この事件から一月と経たない嘉永二年一月一二日の夕方、東村琴坂池のほとりに多人数が集まり、またもや強訴の形勢となった。一揆勢は、長尾村庄屋宅を打ちこわし、そこから北沢・住吉・竹万村へと移って、竹万村でも庄屋宅を打ちこわした。田井・北山から布施郷村々へと移動する間に、人数は一五〇人ばかりとなった。一揆勢は、さらに野田村の茶碗山にのぼり、新在家・正条村へと移動し、揖保川の川場に百姓が充満したという。それから、一揆勢は川を東へ渡り、揖保中・今市村あたりでも放火し、中・上村庄屋宅を荒らした。次いで、中陣山から山下・大道・四箇村へと移動した。この行動に集まった人数は、史料には四〇か村三〇〇〇人とも五〇〇〇人とも一万人とも記されている。龍野藩では、この動きに対して兵を派遣し、一三日明け方にかけて、八〇～九〇人を召し捕らえ、手鎖をかけて町宿預けとした。しかし、一四日にも福地村の者が大勢で吉福村の八木明助方へ押し寄せたという。事件後の聞き込みで、中垣内村の九人、中垣内小田村の六人、住吉村の一人が首謀者と目され、結局五月二三日、小田村の水谷又兵衛と住吉村藤左衛門に入牢、小田村長坂の宇右衛門と治三郎、中垣内村歌右衛門に村追放が言い渡された。なお、一月二二日に大庄屋たちも集会し、この一件の起こりは年貢徴収法の変更と枡入れのことにあるとして検討し、その後、年貢の納め方を旧に戻すことを骨子とする具体案を藩に提出している。龍野藩は、それを原則的に認めた。龍野市揖保町には「庄屋弥右衛門彰功碑」が、同市揖西町には「琴坂一揆記念碑」が建立されている。（山﨑善弘）

〔参〕『龍野市史』二、赤松啓介『百姓一揆』

嘉永二年（一八四九）三月一七日
陸奥国安達郡二本松藩領鈴石村名主罷免騒動

嘉永二年三月一七日の夜、鈴石村慈現大明神へ養蚕成就の心願のため夜籠りしていた時、名主大内六郎の非道な取り扱いで多くの百姓が潰人や欠落人になり、その田地相続でさらに潰人がでていることが、若者たちの間で問題になった。そして若者たちが中心となって、惣百姓で名主の夫役賦課や高利貸をめぐる不正を三〇か条に書き上げ、傘連判状にしたため、その罷免を村目付の取り次ぎで代官へ訴えることになった。ことの次第を知った村役人は、慈現大明神へきて説得にあたったが、三月二一日夜、頭取長之丞が手脇二名、大世話人四名、中世話人一〇名、若者一〇六名を従え、東大平村の武藤判蔵など扱名主両名に願書の取り次ぎを迫り、強引に村目付をもって代官へ訴状を提出させた。二五日、郡奉行の差紙を持参して手代が来村したが、一五歳から六〇歳までの男がすべて慈現大明神と薬師に参集して、一部は武藤判蔵宅へ移動し、扱名主の指示を受けたいと、手代の事情聴取を拒絶した。その夜、手代が慈現大明神へきて差紙の趣旨を告げると、武藤宅に参集した百姓が引き上げ、代官にその件を注進した。三〇日になると、藩の会所で吟味が開始され、まず名主大内六郎が呼び出され拝領物と格式が剥奪され、翌四月一日に村役人・世話人に訴意がただされ、二日に頭取・類人二四名が呼び出され、頭取三名は入牢となった。六月一日には、吟味の申し渡しがあるといって村中の百姓が二本松城下に押し寄せた。二六日、一件の裁許が下り、名主大内六郎は罷免のうえ闕所、目付・組頭など村役人は過料、百姓の一部は過怠人足となった。のち名主闕所の処分と村借金の相殺勘定に取りかかり、惣百姓の名主に対する借金は帳消しになり、一一月一六日に完済した。また、極月晦日に連判に同意せず村八分とされた百姓と金五両で、翌年一月一八日名主に密告して村八分となった百姓と金三両でそれぞれ和解し、七月二五日村内諸事が落着し、観音堂に惣百姓が集まり、酒を飲み手打式が挙行された。追放の刑を受けた三人と、拷問が原因で死亡した一人を顕彰する碑が大正九年（一九二〇）と昭和六〇年（一九八五）に二本松市に建立された。　（西脇　康）

〔参〕『二本松市史』六、『福島県史』通史三

嘉永三年（一八五〇）一一月一八日
信濃国伊那郡飯田藩領入会山強訴（笠松山騒動）

笠松山の檜・椹・樅・栂・栗の五木は、藩主の伐採木であり、百姓が自由に伐採することは禁じられていた。嘉永三年、藩は笠松黒川入山の諸木払い下げの触れを出し、山元締上飯田村羽生与八が請けて、五木と槇の木の屋根板作りのために職人を多数雇い入れて伐採しはじめた。驚いたのは入会権を有していた下殿岡・上殿岡・大瀬木・北方の四か村であった。この諸木払い下げのなされた場所で上納の薪と日用の飯炊き用の薪を取っていたのである。また、木葉もなくなり田畑の肥料にも困ることになった。村々は、八月に御山方御役所に伐採中止を訴えたが取り上げられなかった。一〇月にも訴願をしたが聞き入れられなかった。御山方の役人山口弾二は、断固として訴願を斥けていた。そこで村役人のやり方は手ぬるいと、一一月一八日、小前百姓らは、蓑笠に身を固めて城下に強訴することにし、上茶屋松川河原まで押し寄せた。この時の村役人細田久兵衛の役所で陳述した口上書によれば、百姓らは追手門を取りこわせば藩主は取りつぶされるか移封となるのは必定であり、藩主さえ交替すれば願意は貫徹すると考えていたという。藩が諸木払い下げと槇木屋根板にする件は中止されたと告げたので、百姓は河原から引き上げた。その帰り村々から四、五人ずつでて与八の職人たちの所にいき、杣小屋の屋根壁をこわし、屋根板千束余を没収した。その後、山口弾二は御山方を罷免され、一人扶持金二両二分を召し上げられ、二席下がり閉門となった。そして、下殿岡村公文所鎮治郎・上殿岡村勇次郎・大瀬木村弥兵衛・北方村袋座久左衛門の四人が逮捕されたが、入牢九五日で放免された。入牢に要した費用は八八両であった。翌四年一一月に一件の判決が出、杣小屋をこわしたものは三五日の無賃人足、松川河原まで押し寄せた者は、二〇日間の無賃人足となった。（小椋喜一郎）

〔参〕『伊賀良村史』、小林郊人『信濃農民史考』

嘉永三年（一八五〇）一一月一四日
大和国平群郡幕府領法隆寺村ほか小作料引き下げ越訴

大風雨などの影響で稲・綿ともに不作となった嘉永三年の秋、大和国平群郡では、「苅田も不仕」小作料の引き下げを要求するという小作人らの注目すべき動きがあり、さらに、引き下げ額をめぐって地主との間で妥結を見なかった法隆寺村など幕府領の小作人らは、一一月一四日の夜に、「小作米勘弁方」を願うべく大津代官所へ向け大挙して出立するという行動にでた。法隆寺村の人数は不明だが、竜田村では一八〇人、窪田村では一六〇人、西安堵村では一〇〇人ほどがでかけたという。これを聞きつけた関係各村の村役人らは、あとを追って山

城国綴喜郡八幡辺で追いつき、彼らの大半を引き戻したが、残りの小作人らは大津に至り代官所への嘆願を決行した。幕府大津代官所は、嘆願を越訴とみなし、出願者や首謀者を村預けとするとともに、「徒党ケ間敷儀決而仕間敷」との一札を村方から取り、村役人や地主に対しても「不行届」として小作米の用捨を命じた。その結果、騒動は落着するにいたった。　（谷山正道）

〔参〕『安堵村史』、『斑鳩町史』

嘉永六年（一八五三）五月一九日
陸奥国九戸・閉伊郡盛岡藩領逃散（嘉永三閉伊一揆）

　弘化四年（一八四七）の三閉伊一揆によって藩主利済は退位に追い込まれ、その子利義が嘉永元年（一八四八）六月に襲位した。しかし実権をゆずろうとしない利済と利義との間に対立が生じ、利義はわずか一年で退位を余儀なくされ、三子の利剛が藩主となったが、実権は利済が掌握した。この利済のもとで石原汀・川島杢左衛門・田鎖茂右衛門ら側近勢力が藩政を運営し、譜代の家臣は遠ざけられた。石原らは、いちじるしく悪化した藩財政を立て直すために、商品生産・流通に対する課役を賦課した。この政策の展開のために、三都・盛岡の商業資本とともに、村々の豪農・商を金上侍（金納郷士）として特権を付与し、政策実行の手足とした。また村々への御用金賦課も行われた。ここに弘化一揆の成果は、完全に覆された結果、再度の大一揆が発生することになった。

　弘化一揆直後、頭取であった切牛の弥五兵衛が、再蜂起を企図して領内を回り、逮捕され牢死するという動きがあったが、本格的な再蜂起への動きは嘉永五年秋以降である。このころ、閉伊郡野田通の重立が仙台領気仙郡に現われ、逃散地を確保するための相談を、地元民としている。すでにこの時には逃散という闘争形態を想定していたと考えられる。情勢が一挙に緊迫するのは、嘉永六年二月に藩が「官所改正郷割」と称する御用金を賦課したことによる。三月に入ると野田通安家村・岩泉町周辺で不穏な状況となったが、頭取の袰綿村忠兵衛が突然死亡したため中止された。四月には大槌通栗林村でも命助も参加した集会が持たれ、一揆が準備されるが、藩の知るところとなり蜂起は中止された。

　五月一九日、野田通田野畑村で決起した一揆は、「手間取り（賃稼ぎ）に行く」と称し村々から人々を駆り出し野田通を進み、二四日に大披鉄山を打ちこわし、二六日には上田通門村にいたり、大披鉄山経営者で金上侍の佐藤儀助から五〇〇両を調達した。その後岩泉町を通り宮古通へでて、二八日に小本村へ到達したが、一揆勢は三〇〇〇〜四〇〇〇人にのぼった。二九日に宮古町に入り、ここで二日間逗留するが、その間に商人刈屋勝兵衛宅（佐藤儀助の出店）を打ちこわした。宮古を立ち山田町に入るのは六月二日であるが、この間に一揆の人数は宮古通諸村からの参加者を加え八〇〇〇〜一万人に拡大している。山田町において一揆は隊列を整理した。一揆は田野畑村をでる時から、小〇（困るを意味する）の幟を持ち出していたが、この幟を田野畑村太助らの大旗本あるいは本陣組と呼ばれる頭取集団が持ち、一番から順に番号の下に村名を書いた旗を作り、行動の目安とした。さらに紅白のたすきをかけた集団が、本陣組を警護していた。なお山田町にくるまでの一揆勢のなかには、女性や子供が加わっていたとする史料も存在するが、実否はさだかではない。宮古通では、いくつかの村で一揆に同行した全員の名前が確認できるが、すべて成人男子である。またその村では一揆に同行するか、村に残るかは村全体で決定しており、個人の意志で参加・不参加を決めていない。三日、大槌町に到着し、五日朝出立するまでここに逗留した。大槌代官所の役人が全員逃走するなか、小鎚村諸荷物取立御用所と大槌町作兵衛宅を打ちこわした。五日、藩境の釜石村に到着するが、この間大槌通諸村からの参加者を加え、一揆集団は二万五〇〇〇人に拡大した。六日、一揆は約半数を帰村させ、残りは仙台藩領気仙郡唐丹村へ逃散した。

　一揆は仙台藩役人に、①前藩主利義の復

位、②三閉伊地方を仙台藩領とするか、幕府領にするか、のいずれかになることを求める「大綱三ケ条」と、四九条（史料により条数が異なるものがある）からなる盛岡藩の非政を列挙した訴状を提出した。「大綱三ケ条」の要求は、藩主をも含む盛岡藩の現体制を全面的に否定することにつながり、一揆史上画期的な要求である。四九条の訴状は、①貢租の納入方法改善、②用金賦課・役銭調達反対、③諸商品の専売と新規および増額された生産・流通課役反対、④諸役人増大に伴なう諸経費負担、⑤「金上侍」制度の否定に大別される。その品目は牛馬・海産物など一五に及ぶ、③

唐丹村において、一揆と仙台・盛岡両藩の間で交渉が持たれることとなった。逃散後暫時帰村者がでたとはいえ、数千の人々が残留したままでの交渉は、仙台藩にとっても、一揆側にとっても負担が大きく困難であった。そこで代表が残り交渉することとした。より多く残そうとする一揆と、少なくしたい仙台藩との間でやりとりがあったが、最終的に四五人が残り、ほかは帰村することとなった。六月一七、一八日の両日に二九九七人の百姓が帰村した。この「四五人衆」のなかには、発頭村の田野畑村の頭取太助や、大槌通の頭取である栗林村の命助などが参加しており、一揆の指導部としての性格を持つ集団である。しかし、太助と並ぶ田野畑村の頭取喜蔵は含まれていない。さらにその選出基準は、参加村落の規模に応じて、大村から一人半、中村から一人、小村では二か村で一人というものであり、一揆参加村落の惣代という性質の強い集団でもあった。「四五人衆」と村との間では、頻繁に書状がやり取りされ、惣代の交代も行われている。

七月に入ると情勢は再度緊迫した。盛岡藩は、八日に諸荷物役取立御用役所に関する令、一四日には郷割など三両以下の者免除の令など、一揆の要求に一定の譲歩を示しながら、一方では五日に遠野役銭取立所を再開し、八日には一揆に対して「温情」的対応を主張する大老南部弥六郎、老職楢山五左衛門らを御役御免、差控とし、藩の中枢から門閥譜代家臣団を駆逐し、石原らの権限はいっそう強化された。このような盛岡藩の姿勢に対し、八日には再建されたばかりの遠野役所を打ちこわしたのを始めとして、百姓らの反撃が開始される。一〇日に「四五人衆」から再蜂起をうながす書状が村々に出され、それに呼応する一揆が起こる。一二日大槌通栗林・橋野村の二五〇人余が唐丹に逃散した。一八日には田野畑村の倉治を頭取とする野田通の一揆が起き、野田・宮古通の三五〇〇人が二六日に宮古町周辺に押し寄せた。盛岡藩はこの一揆に対して発砲し、頭取の一人である田野畑村馬之助を始め数名の死傷者を出し、これを鎮圧した。なお七月から八月にかけては、閉伊郡以外に雫石、五戸・三戸、沼宮内、福岡、田名部の各通でも一揆が発生している。とくに五戸・三戸の一揆は二〇〇〇～三〇〇〇人が参加した大規模なものであった。

七月の闘争に驚いた仙台藩は、「四五人衆」と村々との連絡を絶ち切るため、彼らを藩境の唐丹から気仙郡盛町へ、さらに九月には仙台城下へと移した。また老中へ一揆を内達し、幕府へ公達することを盛岡藩へ通報した。動揺した盛岡藩は、一〇月四日に石原汀・田鎖茂左衛門を罷免し、五日に南部弥六郎の御役御免差控を免じ大老に就任させた。また一揆の要求項目の大半は、七月二〇日に認めていたが、まだ認めていなかった諸条項を九日に免除した。一揆はその要求をほぼ達成したのである。そのうえで「四五人衆」受け取りのため、大老南部弥六郎らを仙台に出向かせた。

弥六郎らは、南部土佐を始め宜しからざる役人二〇〇人を処罰したこと、要求はおおよそ免除されたことなどを示して、仙台藩役人とともに「四五人衆」に帰村を迫った。「四五人衆」は容易にそれを認めなかったが、諸上納は直納とすること、三閉伊百姓の借財は三〇年賦とすること、一揆参加者を逮捕しないこと、大槌通の金上侍小川澄・小川市左衛門・小川直右衛門を登用しないことを認めるならば帰村すると軟化した。弥六郎らは、借財三〇年賦の要求は認められないが、貸主に催促をしないように触れを出すこととし、その他を認めたため、「四五人衆」は帰村することを承諾し、いっさい咎めをしないという書状に弥六郎が奥書した安堵状を受け取り帰村することとした。一〇月二七日、「四五人衆」は仙台藩から盛岡藩に引き渡され、ここに長期にわたった一揆は終焉した。

盛岡藩は、百姓との約束を守り一揆に対する処罰をいっさいしなかった。ただ頭取の一人として活躍した大槌通栗林村の命助は、翌安政元年（一八五四）に同村で発生した村方騒動に対する吟味に不審を抱き、同年七月二二日に盛岡藩を出奔した。彼は安政四年七月一四日、二条家家臣三浦命助として盛岡藩に戻ってきたところを逮捕され、元治元年（一八六四）に牢死した。藩役人に対する処分は、南部土佐・石原汀・田鎖茂左衛門・川島杢左衛門を始め二百数十人に及んでいる。そのなかには弘化一揆で休役とされた家老横沢兵庫が含まれ、蟄居の処分を受けた。また元藩主利済は、隠居にもかかわらず政治向に干渉し、恣の所行に及んだとして、幕府から藩下屋敷に謹慎を命じられた。

【人物】三浦命助　みうらめいすけ

文政三年（一八二〇）、閉伊郡大槌通栗林村の屋号「東」の分家百姓定助の長男として生れる。分家とはいえ本家と同居していた。「東」の家は村役人を務める家柄で、父定助も肝煎役を務めたことがある。幼少より学問を好み、遠野町小沼八郎兵衛について四書・五経を学んだ。天保七年（一八三六）、一七歳の時、秋田の院内鉱山に出稼ぎにでた。同九年、父定助が没したため帰村し、一九歳で家を継ぎ、まさと結婚した。まさとの間には三男三女をもうけている。背のたけ五尺七寸三分、体重三〇貫、肩幅は二尺二寸あった大男であると伝えられる。命助は農業のかたわら荷駄商いを行い、その取引先は大槌・山田・片岸・釜石・遠野・宮古のほか、仙台領気仙まで広がっている。また年季奉公人を一人雇っている。弘化四年（一八四七）の一揆の時、命助は二八歳であったが、一揆に参加したことを確認することはできない。嘉永六年の三閉伊一揆は、命助が三四歳の時に発生した。この一揆は五月に発生するが、それ以前の三月ごろから野田通を中心に一揆の準備が進められていた。栗林村でも四月一五日に、甚助、六左衛門らを中心とした集会が持たれたが、その集会には命助も参加し、白色の着物を用立てている。一揆が発生した後、命助がいつ一揆に加わったのかは確認できない。しかし、集団とともに仙台領に逃散したことは確実である。命助が一揆に参加した目的は、重役の石原汀と結託し、国産針金・鮪網十分一などの一手請負する大槌通給人小川澄ら三人の排斥と、藩政全体を改善するために、前藩主利義を復位させることであったと、後に自ら書き残している。一揆は仙台・盛岡両藩と交渉する惣代四五人を残して帰村した。頻繁に交代する四五人衆であるが、命助は交代せず一貫して惣代を務めたと考えられ、いつしか発頭村の頭取である野田通田野畑村太助に準ずる大槌通の頭取になっていった。八月中旬に四五人衆が動揺しはじめると、太助がそれを説得し、命助がそれを支持したとする記録があり、また一揆勝訴後、四五人衆から依頼され、塩竈神社へ金を奉納していること、さらに安政元年（一八五四）三月八日には、太助ら一五人とともに遠野町へ赴き、一揆終結の礼として南部弥六郎へ馬三匹を献上しようとして謝絶され、謝辞のみを述べて帰村したことなどが、命助がこの一揆の重要な惣代の一人であったことを示している。

一揆は勝訴し、四五人衆も無事帰村した。命助も栗林村に戻り日常の生活に戻った。その後、彼は村の老名役に選出されている。この命助の生活を一変させる事件が起こったのは、一揆の翌年（安政元年）七月五日のことであった。栗林村の小間居六左衛門と松次郎らを頭取とした三〇人ほどが、大槌代官所へ強訴にでたのである。老名である命助はその後を追いかけ、御廟坂で追いついて彼らを説諭して帰村させた。六左衛門らの主張は、肝煎平右衛門を退役させ、伝四郎に務めさせること、および善左衛門を老名役につけることであったから、この事件は村方騒動であるといえる。肝煎平右衛門は命助の親類であった。大槌代官所から二人の役人が栗林村に出張して吟味・調整のさなかの七月二〇日、再度六左衛門らが大槌代官所へ出訴した。この時彼らは、先の要求に加えて、嘉永六年四月一五日の栗林村集会が発覚し、代官所に内々に取り扱ってもらうために使った経費六両一分を軒割で徴収したことを問題とし、その返済を求めた。命助らは代官所に赴き、直接代官に老名役辞任を申しでたが、慰留されて帰村した。しかしすぐに代官所から出頭を命じられ、直接代官に申しでたことを「直訴」として叱責され、宿預りとされた。この間の代官所の動きに穏やかならざるものを感じた命助は、七月二二日に宿を出奔した。なお、命助が出奔したあと、この村方騒動は村役人は退陣せず、軒割銭を百姓らに返済することで解決した。

宿を出奔した命助は、剃髪して義乗、さらに明英と名乗り、藩境近くの仙台藩領にいたと考えられるが、後、仙台藩領遠田郡南小牛田村の当山派修験寺東寿院に住み、安政三年二月二五日には、出走した先住の後住となり、里山伏としての生活を送ることになった。同年一〇月二三日、当山派の本山醍醐寺から院号・錦地の免許をえるために京へ上った。一二月、無事にこれを許可された命助は、五摂家の一である二条家の家来列になる願いを提出して南小牛田村へ戻った。四年閏五月、再度上京して二条家家来列になることを許された命助は、七月一四日、「二条殿御用」という衛府を立て、大小を帯びた武士姿で、家来を二人連れて藩境の平田番所を通り盛岡藩領へ入った。しかし、この二条殿家来三浦命助が、嘉永六年一揆の頭取であり、代官所の宿預り中に出奔した栗林村命助であることを見破られ、甲子村に宿泊しているところを捕縛された。盛岡に送られ入牢させられた命助は、その獄中で留守家族にあてた通称「三浦命助獄中記」を書き、元治元年（一八六四）二月一〇日に牢死した。享年四五。法名天量自晴禅居士。明治四四年（一九一一）頃、元仙台藩足軽小頭伊藤清は、命助の姉まつよからの依頼を果たし「南部義民伝」を書いた。また昭和三八年（一九六三）、栗林町民は命助旧宅前に「三浦命助之碑」（釜石市長鈴木東民題字、岩手大学教授森嘉兵衛撰文）を建立した。

【人物】畠山太助　はたけやまたすけ

多助とも書く。文化一二年（一八二九）〜明治六年（一八七三）五月二七日。父多次郎の長男として閉伊郡田野畑村に生まれる。多次郎は、天保七年（一八三六）一一月田野畑村など五か村が岩泉へ強訴した時、所役人佐々木彦七へ訴願した五人のうちの一人で、一揆で重要な役割を果たしたと考えられる。また弘化四年（一八四七）の遠野強訴（弘化三閉伊一揆）でも、その役割は明確ではないが、強訴に参加して遠野に赴いている。太助が家督を相続したのは嘉永三年三五歳の時と推定される。持高五斗余の中・下層に属する百姓であった。嘉永三閉伊一揆の時は三八歳であり、伯父の喜蔵、弟与市らとともに発頭村の頭取として一揆を指導して仙台領唐丹村へ逃散させた。逃散後も田野畑村重吉の名で四五人の残留代表として一貫して一揆を指導した。八月中旬、四五人衆は逃散地の唐丹村から盛へ移された。仙台藩役人は、この上は幕府へ通達することになるから、そうなれば江戸で仕置を受けることになると説諭した。長い闘いのため、望郷の念もあって四五人衆は動揺し、助命を前提に帰村しようとするものが大勢となった。この時太助は、このまま帰村すれば政治も改革されず、重科に処されることは必定である、「我々共命を捨候ために、国元の御法例も聢と相直り可申、為衆民の死る事は元より覚悟の事なれは、今更命惜み可申哉」（「内史略」）と発言し、四五人衆の動揺を押しとどめた。一〇月、盛岡藩は一揆の諸要求を全面的に認め、しかもいっさい処罰を加えないという大老遠野弥六郎の奥印がある書状（「安堵状」と通称する）を渡して、ようやく四五人衆を帰村させることができた。この「安堵状」は、一揆の代表として太助が受け取り、自宅に持ち帰った。現在も子孫の畠山氏宅に存在する。一揆後、太助は田野畑村で百姓として生活した。維新後の明治二年（一八六九）、盛岡藩は旧仙台領白石に転封されることになった。領内各地で転封反対の運動が展開したが、二月付の九戸・閉伊郡九か村の転封反対の嘆願書には、田野畑村を代表して太助が署名している。同六年四月、田野畑村にて地券取り調べに反対する一揆が発生した。この一揆の中心人物である佐藤忠吉・佐藤繁蔵とともに太助も拘束され、盛岡に送られて厳しい吟味を受けた。太助はこの吟味に耐えきれず、同年五月二七日、宿預け先の旅館河内屋権兵衛宅の馬屋にて縊死した。享年五八。河内屋の主人は、太助は昔の佐倉惣五郎のような人だとして、盛岡市本誓寺の自家の墓地に墓碑を建てて葬った。法名釈祐洞。一方、田野畑村の四方見山の共同墓地にも墓碑が建てられている。法名正岳法憐居士。昭和四六年（一九七一）、田野畑村先覚者切牛弥五兵衛・田野畑村太助記念像建立期成会が、四方見山に「一揆の像」を建立した。像脇の碑には太助が持ち帰った安堵状が刻まれている。また、昭和六三年（一九八八）には盛岡市本誓寺境内に「畠山太助顕彰碑」が建立され、四五人衆を励ました文言が刻まれている。

【人物】畠山喜蔵　はたけやまきぞう

天明四年（一七八四）～文久三年（一八六三）。弘化四年（一八四七）の遠野町強訴（弘化三閉伊一揆）には六二歳で参加し、嘉永三閉伊一揆には六八歳という老齢にもかかわらず頭取として活動した。藩の探索書によれば、喜蔵の風体は、「目鼻大ふり、色赤き方、目の下に少ほくろ有、せひ高く五尺四五寸」であったという。一揆が逃散した後は、四五人衆には含まれていない。七月二二日、太助が病気となったので、釜石に止宿している喜蔵に看病させたいという願いが、一揆により提出されており（許可されなかった）、単純に帰村したのではなく、仙台領境に出没し、四五人衆と領内百姓の連絡役を果たしていた可能性がある。文久三年（一八六三）に死去。享年七八。法名天光軒自山明翁禅居士。嘉永一揆の最高頭取畠山太助は喜蔵弟多次郎の子で、喜蔵とは伯父・甥の関係にあたる。また太助の弟与市を養子にむかえたが、この与市も嘉永一揆の頭取の一員である。

【人物】石原汀　いしはらみぎわ

藩御用漆師鈴木善助の子で、初め保兵衛と称した。煙草刻み職人だったとする説もある。藩主利済の生母清鏡院につながる縁で出世し、汀の名を与えられた。嘉永一揆当時の盛岡藩は、御側出身の成り上がり武士団が藩政を掌握し、門閥譜代層を圧倒していたが、石原はその筆頭であり、一揆発生時には御近習頭、若年寄、御用人兼御本〆として藩政に重きをなした。その威勢は「御領内を掌のうちに握るばかりに国政を心のまゝにす」（「三閉伊通之百姓於仙台愁訴願之日記」）と称された。百姓らの怨嗟の的となり、三浦命助も石原退役が彼の一揆における主要な要求の一つであると記している。一揆後の一一月八日、身帯・家屋敷・家財取上、蟄居を命じられた。維新後、茶人として生活し、士族の娘らに茶を教えていたが、明治三八年（一九〇五）没。享年八九。

（保坂　智）

【人物】みの

宮古の米問屋（小嶋屋近藤茂右衛門）の娘で、父親の代理で蝦夷地交易を行って家産を作り、元治元年（一八六四）、独身で一生を終えた（六八歳）。きっかけは判明しないが、安政六年（一八五九）、六三歳の時、盛岡で入牢の三浦命助が家族あてに認めた三冊の帳面（「獄中記」）と手紙を預かり、栗林村（元釜石市）の生家まで届けた。命助は家族に、首尾良く届けられたら、おみのを伊勢大神宮の御使いとみなして感謝し、礼金として銭二貫文を必ず差し上げるようにと書き送っている。

【人物】三浦まつよ　みうらまつよ

マツとも、ハルとも呼ばれ、命助の実姉で本家後家。同じ家屋に住んでおり、命助脱走後は屋号で「東」と称された家の事実上の当主。命助の帳面が届けられたころは五一歳で、『南部義民伝』によれば、命助捕縛に向かった捕手に対し、罪なき人に縄を打つ法があるなら縛すべし、かわりにこ

の白髪婆を捕らえよと反論し、捕手を追い返したとある。（深谷克己）

【史料】内史略　ないしりゃく

盛岡藩の和算学者横川良助（安永三年〈一七七四〉～安政四年〈一八五七〉一二月二三日）の著。岩手県立図書館所蔵。前巻二四巻、后巻二〇巻の合わせて四四巻からなる。盛岡藩政および盛岡藩領内で生じた諸々の事件などを収録したもので、盛岡藩研究のための基本的史料となっている。百姓一揆や打ちこわしについても、多様な情報を収録している。収録されている一揆は、天明三年（一七八三）盛岡町打ちこわし、寛政七（一七九五）・八・九年の諸一揆、天保七（一八三六）・八年の和賀・稗貫郡の強訴・逃散や同時に発生した諸地域の一揆、弘化四年（一八四七）および嘉永六年の三閉伊一揆・嘉永元年岩泉代官所設置反対一揆などである。とくに、三閉伊一揆に関する記述は大部にわたる。弘化四年一揆は后巻一〇の末尾と一一巻のほぼ一巻分にわたり記述されており、切牛村弥五兵衛（万六）捕縛の情報は、他の史料では見られない貴重なものである。嘉永一揆は、后巻一四の半ばから始まり一五、一六の両巻すべてをついやし、一七巻の冒頭には同時期に他地方で生じた一揆、さらに最終巻である二〇巻の末尾には、三浦命助の帰国と捕縛に関する記述が収められている。これらの一揆情報のなかには田野畑村太助留の写や、三浦命助が帰国時に所持していた諸書類の写しが収録されている。とくに森嘉兵衛が名づけた「人間善悪書取帳」という部分は、子孫の三浦家にも残存しない、一揆組織内部を知る貴重なものである。『岩手史叢』一～五として公刊。また『日本庶民生活資料集成』六には、弘化・嘉永三閉伊一揆の部分が収録されている。

【史料】遠野唐丹寝物語　とおのとうにねものがたり

嘉永六年三閉伊一揆を描いた一揆物語。著者は「会陽の住仙龍軒南石」とあるが実名は不詳。末尾に「嘉永六年極月求にて書畢」とあるように、一揆直後に成立したものと思われる。盛岡藩内の対立から書き起こし、三月の未発一揆、五月の逃散、仙台藩領での交渉、四五人衆の帰国などが描かれるが、「仙国御城下掛合之義は後編出来次第」とあるように、仙台領内の四五人衆の動向については詳しくは触れられていない（後編は今のところ発見されていない）。その欠点はあるものの、数ある嘉永一揆史料のなかではもっとも整備された物語である。とくに盛岡藩役人に対し、「汝等百姓抔と軽しめるは意得違なり、百姓の事を能承れ、士農工商、天下の遊民皆源平藤橘の四姓を離れず、其命養故に農民斗を百姓といふなり、汝等も百姓の内なり（一書には百姓に養るなり）」と述べて、その警備を突破したとされる部分は、一揆時の高揚した百姓意識を示すものとして注目されている。写本は現在二種類確認されており、岩手県立図書館本は『編年百姓一揆史料集成』一八に、岩泉町関口喜多路氏所蔵本は『岩泉地方史』下に収録されている。なお、『徳川時代百姓一揆叢談』上には、新渡戸仙岳旧蔵本（岩手県立図書館本と思われる）を翻刻したものが収められているが、一部改変されている。

【史料】三浦命助獄中記　みうらめいすけごくちゅうき

栗林村百姓命助は、二条家家来列として盛岡藩に戻り、捕縛されて入牢させられたが、この牢中で安政六年（一八五九）から文久元年（一八六一）の間につづった書類。大福帳などと記された冊子に記録されたものだが、森嘉兵衛が「獄中記」と名づけて以来、この通称で呼ばれている。留守家族に「東」の家を維持していく方法を教えるために書かれたもので、子供らにも読めるようにかなを多く使用し、しかも方言で書かれていることが特徴である。嘉永三閉伊一揆については触れていないが、幕末社会の民衆意識を知る格好の史料である。釜石市栗林の三浦家に伝わる四冊が知られていたが、北海道に移住した命助の子定助（のち定吉と改名）の家系である興部町の三浦家にも八冊残されていることが発見された。栗林三浦家の獄中記は、森嘉兵衛『南部藩百姓一揆の指導者三浦命助伝』、『釜石市誌』

三、『日本思想体系五八民衆運動の思想』に収録され、北海道のそれは神田健策・武田功・早坂基「三浦命助『獄中記』新史料に関する一考察」(『弘前大学農学部学術報告』四三)に収められている。(保坂　智)

〔参〕森嘉兵衛『南部藩百姓一揆の研究』、同『南部藩百姓一揆の指導者三浦命助伝』、深谷克己『南部百姓命助の生涯』

嘉永六年(一八五三)七月
遠江国周智郡上山梨村・仲井用水組合五か村用水圦樋争論

上山梨村地内の片田堤には、寛文年間(一六六一～一六七三)に新規圦樋(井堰)が伏せ込まれ、流末五か村が組合を作り、仲井用水として管理・利用してきた。しかし井元の上山梨村が、文化一四年(一八一七)七月の旱魃でこの圦樋を止め争論になり、五か村組合が寺社奉行に出訴し、一〇月の内済では全面敗訴の結果となった。嘉永六年夏も五〇日余り降雨のない旱魃であったが、七月になり上山梨村が仲井用水より上流の龍泉堤に新規の圦樋を伏せ込むと、五か村組合との対立が再発した。ところが、七月一一日一転して二〇年以来の大雨・洪水となり、仲井用水の圦樋が流出し、上山梨村の田地六〇〇石が荒地になった。五か村組合は一二日以降水留手伝人足を出したが、上山梨村はこれを受け入れず、独自に堤の修築にあたった。そこで一七日五か村組合は平宇村の法願寺に参会し、一八日代表三名が圦樋伏替の願書を圦樋の地所の領主である横須賀藩の江戸藩邸へ提出し、上山梨村はこれを阻止しようとしたため争論となった。両者の調停には、はじめ西尾藩代官藤本儀左衛門があたったが、内済は成立せず、八月二六日五か村組合は寺社奉行へ出訴するため江戸へ出立した。しかし九月二一日関係領主間の協議により地元での示談と方針決定したため、出訴を断念して帰村した。その後交渉は難航したため、翌年七月五日五か村はついに寺社奉行へ出訴した。翌日仮吟味が行われたが、一一日にはやはり内済が勧告され、一同は帰村した。この後、示談交渉は急速に進展し、閏七月九日五か村組合の主張が認められ、仲井用水を再興する方針で内済が成立した。(西脇　康)

〔参〕『袋井市史』通史・史料三、大塚英二「近世後期の用水相論と圦樋技術の展開」(『日本史研究』三〇三号)、同「水利秩序の変容と地域・村落間格差」(『地方史静岡』一七号)

嘉永六年(一八五三)八月二三日
越後国古志郡長岡藩領栃尾郷諸課税減免強訴・打ちこわし(栃尾騒動)

栃尾郷では、嘉永六年八月二三日、紬生産村々の寄合を呼びかける高札が各所に立てられた。同夜、割元・村役人が警戒するなか、紬の売れ行きが悪くなったので百姓一統で相談すると称して、東谷・西谷の村々から約三〇〇〇人の百姓たちが吹谷村に集結した。そして、赤谷村・小向村を経て、栃堀村で割元覚左衛門宅を打ちこわし、着類・諸道具を水中に投げ入れ、御蔵所へ願い立てるために栃尾町へ向かった。途中、大川戸橋で代官萩原友之丞・樋宮幾平の制止を受けたため、石つぶてを打って抵抗した。一揆勢は代官に、①紬役銀の廃止、②新田開発による新規高請けの中止、③才覚金利息米の支払いと以後の才覚金の中止、④荏・大豆・小豆の一年間上納免除、⑤御用炭の藩による買い上げ実施、⑥割元・庄屋の年番勤制の実施、などを要求した。代官たちは要求を藩に伝えることを約束し、一揆勢が長岡へ向かうのを押しとどめた。このため、一揆勢は栃尾町まで進み、秋葉山へ立て籠もった。翌二四日昼過ぎには栃尾町の酒屋次郎右衛門とその所有長屋一〇軒を打ちこわし、名木野村方面に向かって同村忠左衛門宅を手始めに、川谷・北谷の百姓を巻き込みながら小貫村・熱田村・新町村・河野村・田井村・椿沢村の割元・郷横目・庄屋宅を打ちこわし、再び栃尾町へ戻った。夜になると、塩谷方面の一揆勢も郷横目への打ちこわしを行いながら栃尾町へ集結し、その数は一万人にも及んだという。そして、町役人や富裕商人ら一八軒を打ちこわした。二五日になって、一揆鎮圧のため藩の盗賊奉行竹垣徳七ら二五人、郡奉行花輪彦左衛門ら二〇人、郡奉行村松忠治右衛門ら四〇人、物頭萩原喜右衛門ら八〇人、鉄砲も三〇挺が栃尾へ送り込まれた。これら藩兵の武力を見て一揆勢は解散を余儀なくされた。しかし、しばらくは打ちこわしが再発するという風聞が絶えなかった。二六日には、今度は巻き添えを受けた町民たちが報復を企てて騒然となり、町会所へ群集しはじめた。集まった町民たちは、今回の事件による救済を町役人に要求し、町役人は郡奉行に取り次いだが、何も回答がえられなかったため、郷中への打ちこわしの実行を迫った。そうしているうち、町役人や足軽の制止を振り切って、大勢のものが騒ぎ立て蔵所近くまで押し寄せた。このため郡奉行がでて金一〇〇両と米五〇〇俵を支給することを約束したので、町民たちは納得し引き上げ、村方への報復打ちこわしは回避された。二七日からは一揆指導者の逮捕が開始された。二八日、三〇日には割元・庄屋が蔵元へ出頭させられ、厳しく責任を追及された。同時に、九月五日まで郡奉行・代官らが村々を回村し、百姓の説諭にあたった。九月四日には割元・郷横目らの平生の取り締まりや不行届きの責任が問われ、罷免や叱り・戸締などの処分が行われた。騒動の鎮圧に成功した藩は、九月二三日、一揆勢から出されていた諸要求を拒否することを決定し、一〇月一日に村役人や百姓惣代を蔵所に呼び出してその旨を伝えた。一二月三日、一揆指導者の処分が言い渡され、永牢として荷頃村孫七・助之丞の二人、組追放として半蔵金村伊之七・栃窪村信蔵の二人、叱・戸締として田ノ口村弥次兵衛・中村善四郎・甚左衛門の三人、その他三九人に対して叱・追込が言い渡された。また、二五か村の庄屋・組頭・横目の村役人には叱の処分があったが、全体として寛大な処分であった。この騒動は、長岡藩の天保初年以来の重税および嘉永改革に端を発しているが、天保期を通じて闘われた一揆や打ちこわし・村方騒動のなかで蓄積されてきた領民の経験・力量が一挙に表面化したものといえる。打ちこわしを受けた対象が主に町役人・村役人に置かれていたことや、酒屋・質屋・金貸し・米穀商・紬買商人ら、長岡藩の嘉永改革が打ち出した役銀取立・新田開発に積極的にかかわったと目された者が集中的に打ちこわされた。藩側においても樋宮幾平・萩原友之丞の両代官を罷免したのをはじめ、栃尾組割元四人全員を更迭するなど、長岡藩政に大きな影響を与え、安政改革の契機となった。

（山本幸俊）

〔参〕佐藤誠朗『幕末・維新の政治構造』、『栃尾市史』上

嘉永六年（一八五三）八月
相模国高座郡旗本領矢畑村質地請け戻し騒動

矢畑村は嘉永六年四月、従来検地帳に代えて高帳を使用していたことを領主堀金次郎の用人から咎められ、即刻村方で「地押し」を実施して検地帳を作成するよう申し渡された。七月には領主から「地押し」の施行細則が通達され、月末までに所持者ごと一筆ずつ書面にしたため、絵図面を提出するよう命じられた。ところがその作業の過程で、小前百姓は所持地の大部分を名主伝兵衛・栄助両家へ質地に差し出していたため、書面を作成するため名主たちに古証文や絵図面の閲覧を要求したが、これに応じてもらえなかった。そこで八月になると、組頭二名を含む百姓三三名が領主役所に訴え、「地押し」を円滑に推進するため質地の請け戻し、ないし古証文の書替を嘆願した。その吟味のなかで、名主が村民の本銭返しによる質地請け戻しを拒否し、また質地を無断で現状変更し、さらに小作人を他村百姓に限定して矢畑村百姓の労働機会を喪失させている、などの不正が明らかになった。翌年三月には、三三名の百姓が再度領主に訴え、名主の藤沢宿助郷勤方をめぐる専横、年貢上納をめぐる不公正な賦課などを理由にその退役を要求した。この争論には途中で下総国十三間戸村名主が取扱人となり、七月に一応の内済が成立した。その内容は、名主に渡った質地の半分を質入れ値段で請け返すかわり、小前方から金三

○両を名主に支払う、残る質地の半分は小前方に永小作させる、小前方が質地にする場合は名主方へ入れることなどであった。しかし名主の一名はこの案に合意したが、残る名主が反対し、閏七月名主とその女房が、領主本家筋の堀出雲守役所に嘆願したことで不成立に終わった。小前方も九月になって、領主に内済事項の履行をめぐる斡旋を嘆願した。争論は安政二年（一八五五）勘定奉行の吟味に移されたが、この間両名主は退任し、同四年五月吟味は取り下げられ、再び領主の元で内済が勧告された。やがて元名主が上野凌雲院二代目円条坊・役僧正行坊に仲裁を願い、萩薗村と茅ヶ崎村の名主も立ち入り、万延二年（文久元・一八六一）一月残る元名主と小前方の内済も成立した。これにより、元名主所持の質地九町歩が小前百姓に請け戻され、小作滞納金も減額され、「地押し」も惣百姓で実施し、名寄帳も一緒に作成されることが決定され、現実に実行された。　（西脇　康）

〔参〕『茅ヶ崎市史』一、四、三浦俊明「開港期における旗本知行地の村方騒動」（『関西学院史学』一四）

安政元年（一八五四）閏七月二七日
摂津・河内国綿国訴

　嘉永七（＝安政元）年六月、大坂町奉行所より三郷隣接村々に、仲間外の者が綿を取り扱うため綿屋仲間が衰微・難渋しているとして、今後、兼業の者でも必ず綿屋仲間に加入することを命じる旨が触れ出された。文政六年（一八二三）五月の大国訴と天保一三年（一八四二）の株仲間停止令によって後退を余儀なくされた市中綿問屋たちが、嘉永四年（一八五一）の株仲間再興令を機に、再びその宿願を果たそうと動いたのである。百姓が即座に対応したのは当然であった。同七年閏七月二日、谷町・鈴木町両代官所管内の郡中惣代六名の連名で、「急談」を告げる廻状が各地の組合村に発せられた。文政六年の訴願によって実綿・繰綿販売の自由を実現させたのに、この度願人があり、認められればまたまた手狭まになるとして、六日の参会を呼びかけるものであった。果たして六日、大坂の郷宿亀屋喜兵衛方にて摂河両国の「大参会」が開かれ、難渋の始末を嘆願することに一決、すぐに組織作りにとりかかった。ここでも頼み証文を介して、惣代選出が進められたが、このたびは指導部によって雛形が作られ、それがいっせいに回された。また証文では、綿問題ばかりか、菜種販売や肥料価格の高値についても行動することが謳われた。このようにして摂津・河内で組織化が進んだが、西摂の武庫・兎原・八部の三郡では支障がないので参加を見合わせると回答した。菜種作地城であるため、綿問題には消極的であった。これに驚いたのは郡中惣代たちで、一三日再考をうながす回状を送り、現状には問題なくとも今後難渋するだろう、文政国訴の折りに申し合わせた事情がある、不参加の郡があれば他の郡に対し不都合である、綿だけでなく菜種・肥料の項目もある、と訴えている。しかし、最終的に参加をえられず、西摂を欠いたまま閏七月二七日に出願された。百姓たちは、綿屋仲間が再興されたとしてもそれは市中に限ることで、在方での変更はないと主張した。結局その主張が入れられ、以後百姓や在方の商人が他国に綿を直接売り、船積みすることは自由と確認され、八月一三日、惣代らが訴願を取り下げて国訴は終わった。　（藪田　貫）

〔参〕『新修神戸市史』歴史Ⅲ

安政元年（一八五四）
琉球国八重山郡中山王領多良間島越訴（多良間騒動）

　安政元年、多良間島の仲筋・塩川両村の蒲戸砂川・麻加路仲筋・三戸狩俣・山戸来間・仁牛仲筋の五人が下級島役人の不法・横暴を糾弾する訴状を認め、首里王府に直訴した。多良間島は嘉永五（一八五二）年の飢饉に続いて安政元年には二度の大風に見舞われるなど塗炭の苦しみのなかにあったが、それでも島役人は利を追い民を虐げたからである。王府は、翌二年三月、松川里之子親雲上朝尭・与儀筑登之親雲上喜展らを派遣し、島役人の横暴を調査させた。その結果、蒲戸砂川らの訴えを認め、その行動を称えて五人に筑登之座敷の位階を与えた。ところが、その後彼らは増長し、横暴な振る舞いが目立った。そのため逆に、百姓たちに訴えられることになり、王府より位を表す簪（かんざし）を取り上げられた。

（紙屋敦之）

〔参〕『平良市史』一、『球陽』

安政二年（一八五五）春

松前国檜山郡松前藩領乙部村ほか漁民西蝦夷地場所鰊網切騒動（西蝦夷地網切騒動）

安政二年春、松前藩の江差村近在から熊石村にかけての漁民四〇〇〇人ないし五〇〇〇人が、「追鰊」と号して、三半船・保津知船合わせて五〇〜六〇艘に乗り組み、山刀・鎌・鐇・腰マキリなど「得物」を携えて、日本海沿いの西蝦夷地口場所シマコマキから中場所フルビラまでの鰊漁場で、笊網・起し網を見つけしだい切り破った。フルビラまで北上したところで、詰合（勤番）の役人の制止によって鎮静化した。乙部村の真之吉、蚊柱村の三蔵らが中心人物とされるが、処罰は不明である。三蔵はそのころヲタスツ・アルトに鰊出稼場を持っていた者で、二八取りと呼ばれる小漁民であった（漁獲高の二割を漁業権を独占する場所請負人に納めたのでその名が生まれた）。安政元年二月、松前藩は西蝦夷地クトウからアツタ場所までの笊網・起こし網によるニシン漁を禁止していたが、翌二年の春にも請負人による大網が使用されており、これに怒った追鰊の二八取り漁民が制裁を加えようと起こした事件である。建網を使用して大量の漁獲高を上げようという場所請負人と、刺網を用いた零細な漁民との間の利害対立が背後にあった。また、同年秋にも、江差村から熊石村セキナイまでの漁民およそ三〇〇〇人が江差の町役所に建網全廃を訴える訴願行動を起こしている。松前藩は零細漁民の保護を前提に大網を規制してきたが、安政二年以降蝦夷地が幕府領化されると、幕府は大網を容認する方向に政策転換していく。

（菊池勇夫）

〔参〕『松前町史』通史一下

安政二年（一八五五）四月一日

紀伊国牟婁郡和歌山藩領村替反対打ちこわし（村替騒動、知行替騒動）

和歌山藩では新宮領の治政上の不備を解消するため、安政元年一一月に北山組の神山・桃崎・神上・長原村を新宮領へ編入させる旨を通達したことが発端となり、編入に反対する四か村の百姓は和歌山城下への訴願を企てたが、藩役人の説得により実現しなかった。翌年三月五日には、有田・日高郡の新宮領東丹生図・星尾・中・財部・荊木村と、奥熊野の和歌山本藩領本宮・木本・粉所・赤倉・赤木・丸山・長尾・平谷・尾川・長井・大河内・板屋村、本宮組の湯峰・渡瀬・下湯川・久保野・平次川・曲川・檜葉・小々森・皆地・武住・大瀬村との村替えが断行された。さらに二五日には新宮領主水野土佐守忠央に、木本浦の二歩口役所と熊野川内外の流木の差配および口熊野小色川村ほか三か村の仕入方役所の貸出金取り立てなどの権限が付与された。これに対し四月一日、木本村百姓が極楽寺に集結し、本宮組でも四か村の百姓が徒党を組んで本宮川原へ押し寄せ、両所で不穏となったが、代官らの説得で鎮まり、翌二日に願書を提出した。一揆勢は、南龍院（徳川頼宣）時代の仕入方役所などの存続を要求するとともに、百姓相続の基盤を崩壊させる村替えに反対した。同月二一日には代官仁井田源一郎が派遣されたが、極楽寺に集結した一揆勢（木本勢）は村替反対を訴え、篝火を焚き気勢を上げて抵抗したため、仁井田は二三日に帰藩し、不穏な状況は二七日まで続いた。五月一日までに入鹿・北山勢が木本勢へ合流した。しかし、六月一二日に一揆勢の分裂が決定的となり、一揆指導者の浜地善之丞（地士・元大庄屋）と前川五兵衛（胡乱者改）らが、山方商人とともに村替賛成派に転じた。和歌山藩は八月一八日、勘定吟味役下和佐伴左衛門・公事方頭取夏目源次郎・代官宮井孫十郎らを奥熊野代官所へ派遣するが、木本一揆勢は二二日に柳本兵左衛門（兵八とも）を指導者、忠七・庄六を常詰として組織を強化した。同月二九日に代官所へ出頭を命じられた本宮一揆勢の指導者層三七人が木本へ到着し、一揆勢は極楽寺へ集結した。三〇日から本宮勢指導者三七人への説得が始まり、いったん帰村を許されるが、一揆勢は九月八日に本宮社中月番所と古座目付関千之助へ村替反対を訴え、また本宮大社へ祈禱を依頼するなど、抵抗を激化させたため、藩は仕入方の継続を決定し、一〇月一九日には村替の延期を決定した。しかし、翌安政三年三月になると、家老久野丹波守から再び村替えを命じられたため、四月一三日に百姓一五〇〇人余が早鐘を鳴らしながら極楽寺に集結し、村替延期の願書を代官喜多村進助へ提出した。代官は一六日に説得を始めたが、一揆勢は法螺貝を吹き早鐘を鳴らして抵抗した。松の木をくりぬいた大砲を製作したとする説（『熊野市史』上）もある。四月二九日には、一月に山方争論のため藩に呼び出された柳本兵左衛門ら一二人（村替反対派）のうち四人が村替賛成に転じた。柳本は一揆勢の説得にあたらされたが、一揆勢は聞き入れず、五月になると代官所へ押し寄せ、さらに伊勢神宮への参詣を企てた。八月一五日には、村替反対の柳本・庄六ほか三人が百姓牢への入牢を命じられ、庄六は翌月二五日に牢死した。八月二五日までに藩による処分が決定し、村替賛成に転じた四人が帰村となったが、これを阻止しようとする一揆勢は、二七日に早鐘を鳴らし、主立った家一〇軒余を打ちこわした。翌年五月一一日、藩から村替の実施を命じられた江戸詰勘定組頭吉田庄太夫が木本浦に到着し、糾問の後、閏五月一二日に一揆勢に村替の中止を誓約した。同月二二日には入牢中の村替反対派が釈放されて帰村し、これに続いて村替賛成に転じた者も釈放されて帰村した。

【人物】吉田庄太夫　よしだしょうだゆう

和歌山藩士。嘉永年間に勘定奉行となり、その後江戸詰勘定組頭に進んだが、安政の村替騒動の際に、一揆勢を説得できず、一揆勢の要求である村替中止を受け入れることを独断で決定した。江戸に戻り一揆勢との誓約を守ることに努めた結果、村替の中止を藩に決定させたが、万延元年（一八六〇）八月二九日に独断決定の責めを負い自決したという。墓は和歌山市の本覚寺にある。安政五年一月には、本宮一二か村が存命中の庄太夫を祀った石祠を下湯川淵流寺に建立した。文久二年（一八六二）三月には、木本村民が「大明神」と彫った神碑を木本神社右脇に建立し、誓書・下和佐切紙を埋蔵し、庄太夫が祀られた。七月三〇日には、北山組が神山村の上山神社境内に庄太夫を祀り、「ショウダイさん」と称した。同日、入鹿組も赤木神社に「山王大竜権現」として庄太夫を祀った。昭和一八年（一九四三）には木本町主催の感謝祭が催された。

【史料】木本浦村替一件書類　きのもとうらむらがえいっけんしょるい

安政二年の村替騒動に関する公的な書類群。南牟婁郡木本町役場に保存されていたが、散逸が甚だしく、失われなかった書類が『紀伊東牟婁郡誌』上巻、『紀伊南牟婁郡誌』上巻に活字化された。実録的叙述ではないので一揆の経過などを辿るには難があるが、一揆中の木本浦の動向を知るには格好の史料である。内容は、村替え後の南龍院時代の仕来りを要求した嘆願書（安政二年四月二日付）、木本浦の不穏から静謐への状況報告と村替反対の再応嘆願書（五月付）、木本仕入方役所引き払の願書（五月付）、誤入一札・不調法誤一札など（五月付）、要求貫徹のための祈禱の要請状（五月七日付）、小前への説得の達（五月付）、出府願（安政三年一月）などで構成されている。（野中政博）

〔参〕『紀伊東牟婁郡誌』上、『紀伊南牟婁郡誌』上

安政二年（一八五五）六月二日
摂津・河内国一〇八六村菜種国訴
→慶応元年（一八六五）五月二〇日
摂津・河内国一二六三村菜種国訴

安政二年（一八五五）一一月一九日
豊前国宇佐・下毛郡旗本小笠原氏領強訴（時枝騒動）

時枝領は旗本小笠原氏五〇〇〇石の領地

で、中津藩領、幕府領（四日市代官所）と入り組んでいた。嘉永六年（一八五三）、江戸から当役（目代）として片岡孫兵衛が宇佐郡時枝陣屋に着任し、百姓連判による嘆願の禁止、肥後の赤米の種子の割高な下げ渡し、諸事につき過料申し付け、貢納米の再納入、過重な御用金賦課とえこひいきなど苛政を行い、百姓の恨みをかって「ちょんがり」（ちょぼくれ）に歌われるほどであった。安政二年（一八五五）一一月一九日、下毛郡秣村の半十郎が領内に落し文をまき、一揆勢数百人が集結して陣屋を包囲し、片岡は下時枝村庄屋宅へ、さらに善光寺の裏山に逃げた。一揆勢は、一揆に荷担しない宇佐郡元重村に出向き庄屋宅を打ちこわした。翌二〇日、片岡は陣屋に戻って陣屋内の役人宅に隠れたが、数千人に膨れ上がった一揆勢は片岡の帰陣を聞いて陣屋内に乱入し、諸帳簿を破り捨てるなど「乱暴狼藉」を行った。片岡は、再び善光寺に逃れ、その後、船に乗って逐電、江戸に帰った後に追放されたといわれる。騒動は、中津藩兵・小倉藩兵が時枝領に入って二月末に終息した。翌安政三年三月二七日に処分が行われ、半十郎らが入牢となった。

（村井早苗）

〔参〕久米忠臣『大分県の百姓一揆』、後藤重巳・豊田寛三『大分の歴史』七、『大分県史』近世Ⅲ

安政三年（一八五六）一月二三日
三河国碧海郡幕府領中根新田小作騒動

中根新田は享保期、巨海村地先の海岸付州を埋め立てて成立した請負新田であったが、安政元年一一月四日の東海大地震、翌二年八月二〇日の高潮で壊滅的被害を被った。石井新田に居住する地主善之助によれば、その復旧普請金二五〇〇両余は質地などで工面したというが、その返済の都合もあり、中根村から入作する小作人に対し、翌年から小作米を引き上げる意志を固めた。同三年二月朔日になると、この風聞を耳にした小作人は翌日一同で小作人元締に面会し、田方八斗、畑方七斗八升への小作料引き上げを知ったという。そして小作人惣代が八日以降、中根村庄屋へ小作料の減免願の取り次ぎを依頼した。しかし、地主善之助によれば、すでに一月二三日に小作人五名が誓詞連判のうえ団結し、すべて本田百姓なみの取り扱いを受けたいと要求し、地主の打診を拒絶する行動に出て騒動になったという。地主善之助は即座に中根村の村役人へ仲裁を願ったが要領をえず、この間、同村神明社境内に建立された地主先祖の石碑が小作人により持ち去られ、空き地で破壊される事件も起こった。小作料をめぐる争論は善之助以外の地主との間でも生じていた。やがてこの争論には大庄屋などが扱人として入り、二月一六日以降小牧の郷宿で内済活動が始められた。小作人たちは地主への談判を北浜・刈宿両村役頭に依頼し、二六日寺津・刈宿・巨海三か村の小作人物代が入用金の公平負担について協定した。四月一四日以降は、小牧陣屋の白洲で地主と小作人の和解が勧告された。その結果、中根新田の六割六分の地所を所持する他の地主たちは、大風波の手伝人足を従来どおり小作人に負担させるかわり、小作料の引き上げを断念した。しかし、小作人は小作米を今後定額にする条件でなければ応じられないとし、これを拒否する地主善之助と折り合いがつかなかった。そこで地主善之助は単独で支配を受ける幕府代官の赤坂陣屋へ出訴し、小作人の領主と関係が深い旗本松平氏に小牧陣屋へ対する談判を依頼した。そして八月二〇日、善之助は中根村の村役人と小作人七一名を相手取って江戸出訴を行い、一〇月二三日訴状は勘定奉行に受理され、一二月二日には評定所で対決と決定された。一一月八日には、寺津・刈宿・巨海三か村の小作人惣代が中根村小作人に対し、訴訟入用金の公平負担について協定した。こうして評定所の吟味は勘定奉行本多加賀守安英の掛で、留役は水野良助・甘利八左衛門が担当し、善之助の地所については三か年の間、一反につき米四合の引き上げとすることで内済がまとまり、同四年七月二日の済口証文提出をもって落着した。しかし、小作料をめぐる争論は万延元年（一八六〇）以降もしばしば再燃した。

〔参〕『西尾市史史料』三

（西脇　康）

安政三年（一八五六）四月一七日
信濃国水内郡幕府領牟礼村規制強化反対逃散

安政三年四月初め、牟礼村の被差別民五人が、博奕をして捕らえられたのを契機に、八か条にわたる規制強化がはかられた。その内容は①博奕禁止②下駄・足駄・傘・日傘などの使用禁止③雪踏・足袋などおよび絹類の使用禁止④神事、仏事の幟高張などを建てることの禁止⑤神事仏事の際、他所で百姓に紛れて酒食などすることの禁止⑥下家屋根を取り払うこと⑦看板、窓敷板を止め、土間にすること、すべて何事にも百姓に紛らわしい風体の禁止⑧町方へ買物にでても「身分之礼儀」を失わないこと、である。これに対し、牟礼村では、善次ほか九人の名でいったん請書を提出したが、同月一四日あらためて調印の取り下げを要求する嘆願書を提出した。そこでは、博奕禁止以外の規制について反論を展開している。まず足袋などの禁止に対しては、「身分柄之者共迚、四季暑寒ヲ不存者壱人も無之」として厳寒の時の「極難」を訴え、幟などは「泰平之御仁徳ヲ奉賀」し「国恩」に報い感謝する印であるのに、これを禁止するというのは神仏を軽んじ、「異国外国」に等しい「亡国の行状か」とまで厳しく批判している。また、「身分に紛候方」があるのはむしろ百姓であって、牛馬を食べたり、「毛付草」を商ったりするのは迷惑だと反論。屋根などに関しては、自分たちばかり規制を受けるのは、「天下一統御政事トハ承知難仕」とその不当性を訴えている。看板禁止に対しても、商売に支障をきたし、父母妻子が養えず「渇命之根元」となるとし、さらに買物にでた際、礼儀は守るが売買の品によって値段の高下をいうのは「無是悲次第」と考えてほしいと述べている。そして、この規制強化に加えて、博奕者の処罰がなされるとしたら、「天下二重之御仕置」であるとして追及している。以上のような嘆願書を受けて、村方役人は一五日に居宅調査を行い、中野陣屋に出訴した。一六日には陣屋から、善次らに対し出頭命令が出されたが、一七日夕方善次ら村の男たちのほとんどが逃散、五月になって帰村した。これらの行動を指導したのは中野村の孫右衛門という人物といわれ、先年善次の所に家族で引越してしばらくの間居住していた。帰村した者たちは、入牢や咎の処罰を受けたが、菩提寺である長谷寺を介して赦免の嘆願がなされた。

（椙山聖子）

〔参〕尾崎行也『信州被差別部落の史的研究』、『部落の歴史』東日本

安政三年（一八五六）五月
駿河国有渡郡三保神社領三保村開墾地配分越訴

安政元年（一八五四）一一月四日、宝永四年（一七〇七）以来の大地震が東海地域を襲い、津波や火事のため二〇〇〇～三〇〇〇人が死亡した（安政東海地震）。翌五日にも紀伊半島沖を震源とする地震が東海地域にも及んだ（安政南海地震）。この二つの大地震により隆起し、干上った海縁の土地六万坪を開墾すべく、三保村の小前百姓は領主の三保神社神官太田家の許可を得、翌二年春より汐除けの堤の築造を開始した。八月からは耕地の開墾に着手し、三年三月には完了したが、太田家と密かにつながっていた村役人は、いっこうに開墾地を配分しようとはしなかった。このため、五月に小前百姓は藤五郎ら五名を惣代として幕府駿府代官所に出訴したが、藤五郎と兵五郎は捕縛され獄につながれた。二名の釈放を求めて百姓らが執拗に嘆願した結果、二人は釈放され、開墾地の配分についても村役人と小前が十分に相談するよう申し渡された。間もなく両者で妥協が成立したが、それは小前一二八名に分けられた土地が五町九反余であったのに対し、名主徳右衛門ら二〇名には計八町八反余も配分されるという不公平なものであった。

【人物】三保村藤五郎　みほむらとうごろう

三保村の百姓。遠藤姓。名主を務めたこともある藤助の息子で、小前のなかでは上

層であった。同じく小前惣代に選ばれた兵五郎とともに、村の顔役的な存在であったという。訴願運動の過程で二名は捕らえられたが、粘り強い運動の結果、二名は釈放され、不公平ながらも小前は開墾地の配分を受けることができた。ところが、藤五郎は、慶応二年（一八六六）に贋判の名目で突然投獄された。翌三年暮には釈放となる筈だったが、その前日に何者かの手により殺害された。太田家の策謀という説がある。領主の太田健太郎は赤心隊に参加して活動した。しかし、慶応三年一二月一八日、幕府軍の残党が太田宅を襲撃し、これを殺害した。この時村民は領主を守らずに逃亡したと伝える。明治四年（一八七一）、兵五郎を中心にした村民たちは、開墾地近くに藤五郎稲荷を建てて祀った。昭和七年（一九三二）、神社の改築に際し、境内に顕彰碑が建立された。現在のJR三保駅近くに鎮座しており、毎年三月一五日には祭が執り行われている。（安藤優一郎）

〔参〕静岡大学文理学部歴史学研究会「三保の藤五郎」（『歴史評論』六七・六八）、『清水市史』一

安政三年（一八五六）六月一三日
備前国御野・津高・上道郡岡山藩領村々強訴（渋染一揆）

岡山藩は天保期（一八三〇〜一八四四）以降財政難に苦しんでいたが、いっそうの財政危機に瀕し、それを乗り切るべく安政改革に着手した。安政二年（一八五五）一二月の倹約令もその一環で、日常生活のさまざまにわたって全二九か条の節倹を命じた。その最後の五か条「別段御触書」は、「皮多百姓」を対象とするものであり、年が明けて安政三年一月、村々の役人から判頭たちに申し渡された。以後衣類は無紋渋染・藍染に限るなど、新たな差別強制であった。判頭たちは拒否の態度を示し調印を保留した。そのようななか、上道郡一日市村の伝次郎、庄太郎の名で邑久郡、和気郡、赤坂郡の各村々へ廻状が出され、同月一二日集会、その場で願書の案文が披露された。この結果、城下近在の国守、富原、竹田、二日市、神下五か村の判頭より、一五日常福寺へ集まるよう五〇余か村に触れが回され、結局二一日神下村助三郎宅に集合した。その席に持ち寄られた草案の中から、国守村豊吉のものを採用、嘆願書が作られた。残りの村へも豊吉が出向き印形を取ったうえで、二月七日、五か村の判頭が目明しのもとへ持参、一八日に郡奉行へ提出となった。この願書のなかでは、自分たちが田地、高を所持し、年貢を上納していることが強調され、また番役など御用を務める者であることなども主張されている。藩は願書を受け取ったが、その一方で「別段御触書」への調印を村々に強要、上道郡沖新田、一日市村など次々に調印に応じる村ができ、国守村、竹田村までも調印するにいたった。神下村では、今後の対策を協議、逃散して「（播州）竜野様か姫路様かへ御縋り申」との意見もでたが、福里村弥市の言に従い、邑久郡虫明の岡山藩家老伊木氏に願いでることに決定した。六月一三日から一四日にかけて、八日市河原に結集、三〇〇〇人（実際は千数百人か）にのぼった。その出立ちは「夏の殊成ら、白ひ菅笠皆かつぎ、白扇風をまねかれて、笠も揃合音高し」というものであった。一行は虫明へと向かい、その夜武装した伊木勢（岡山からも加勢）と強訴勢との交渉が始まり、ようやく一五日、願書を取り次ぎ、「御評定」になるとの返答をえ、帰村となった。その後、伊木氏の役人が願書を岡山へ持参、八月一日評定の結果、実質的に要求は貫徹された。しかし、九月から指導者の取り調べが行われ、国守村豊吉、竹田村紋之介は、「御呵・手錠・追込・閉門」、神下村権十郎など一二名が長屋入などの処罰が命じられて入牢した一二人のうち、途中一人釈放、六人牢死。旦那寺を介しての釈放要求運動もあって、安政六年（一八五九）六月一四日、残り五人の者は釈放された。（椙山聖子）

【史料】禁服訟歎難訴記　きんぷくしょうたんなんそき

渋染一揆の記録。安政二年の倹約令発布から入牢させられて存命中の五人の出牢願いが出された六年六月まで記載されている。

筆者は上道郡神下村判頭豊五郎。神下村は一揆の中心村落の一つであり、豊五郎も二月七日に願書を目明し衆に提出するなど積極的に活動した人物であったが、安政四年に出奔したため処罰を受けていない。渋染一揆の基本史料というだけでなく、一揆の積極的参加者の著述として貴重な文献である。原本は豊五郎の子孫大西家蔵。刊本には『日本庶民生活史料集成』六巻などがある。（保坂　智）

〔参〕『編年差別史資料集成』一八、『日本庶民生活史料集成』六、柴田一『渋染一揆論』、『部落の歴史』西日本

安政三年（一八五六）八月
常陸国新治郡旗本堀氏領佐村名主不帰依騒動

安政三年八月、領主堀氏は西の丸留守居から槍奉行への役替に伴ない、入用金を高一〇〇石に三両の割合で賦課したが、この減免願いの取り次ぎをめぐって名主と小前が対立し、小前一五名は名主不帰依を主張し、年貢・入用金の納入を拒否して騒動になった。この背景には、佐村名主の若年と零落があったという。九月に入り同領の上田中村役人が取り扱いに入り、一一日の調停では二名を除き納入に合意し、一件は落着しそうになった。しかし、一三日いったん合意した小前一三名が江戸にでて領主屋敷に門訴を決行した。その内容は、入用金割符が名主の独断で減免を取り次がない不正、田方免除分と公金をめぐる名主の不正・押領などの告発、および組頭入札制と名主罷免要求であった。これに対し領主は、名主の休役と組頭による代行、組頭入札制、国役高による夫金割符などを命じ、一〇月までに内済が成立した。翌年四月、領主の任命した百姓代に小前一三名が不帰依を表明し、うち四名は皆済請証文への調印を拒否した。一件は小前が詫証文を書くことで決着したが、領主は同六年一月名主年番制を採用し、同時に上田中村名主を佐村の後見とする村政改革を実施した。（西脇　康）

〔参〕白川部達夫「幕末維新期の村方騒動と主導層」（『茨城県の思想・文化の歴史的基盤』）、「幕末維新期の村方騒動と諸階層の動向」（『信濃』三二―二）

安政三年（一八五六）一一月一九日
下野国那須郡黒羽藩領国産政策反対強訴

下野北辺の外様小藩である黒羽藩（大関氏、一万八〇〇〇石）では、化政期以来財政再建のため藩政改革を行ってきたが、成功を見ず、このようななか領内で強制的に講・無尽で集めた資金で家中の高利貸しが横行していた。安政二年、藩主増昭が夭折して以来、藩政の先頭に立っていたのが筆頭家老大沼半太夫・物頭大吟味役津田武前らであった。彼らは、自ら無尽講を威勢に任せて催す一方、同年の安政大地震による江戸藩邸の復旧を目的に始めた諸材木の差止め・買占めと、その運送方の組織を国産政策の一環として組み入れていった。また、領内からは有徳人を用達人として選定し御用金調達に奔走した。これら藩のやり方は、強制的で不公平な取り扱いや農繁期の不当な夫役賦課などから領民の強い反発を招いた。安政三年、新藩主として丹波篠山藩青山家から養子（増徳）を迎えると、領内では初入部を機に直訴を行おうとする動きがでてきた。九月頃から各所で集会が持たれ、北金丸村の八右衛門らが中心となって領内村々へ廻状が出された。集会では、上納御免を要求する訴状が作成され、これを受けて箱訴や投げ込み訴などが行われたが功を奏せず、徐々に強訴の計画が進められていった。一一月一九日夜、那珂川の西岸にあたる須左木・須賀川などの村々の百姓が蜂起した。かれらは、川を挟み黒羽城や武家屋敷と対面する余瀬白旗山に立て籠り気勢を上げ、強訴についての協議を行った。しかし、まもなく藩兵が出動したため帰村し、強訴は未遂に終わった。一揆が高揚したなかで作成された嘆願書には、一部の石代納要求、米価引き上げの非難、材木国産による新規運上の廃止、家中無尽・講強制への反対、不公平な御用金調達の反対など多様な要求項目が上げられ、さらには一連の政策責任者である津田武前らの罷免要求も掲げ、藩政批判を行っている。鎮圧後の領民

は、続いて訴願という合法的手段で抵抗を続けることとなったが、そこでは、家中高利貸や講の中止、借金返済の延期と二〇か年賦返済、質物として家中に取り上げられた山林田畑の返還の三点に絞られ、藩政批判を含む要求は一揆責任者の詮索も恐れてか除外された。このような領内の動きは、領主層内部にも大きな波紋を投げかけた。一揆発生から五日後、家臣八名が藩主へ突然直訴を行った。それは、一揆の原因が高利貸付にある点を指摘し、ひいてはそれを行ってきた藩の役人の責任を追及するものであった。一揆が、藩政の矛盾を露わにさせたのみならず、領主層内部に亀裂をも生み出さしめたのであった。翌四年二月、領内に触れが出された。百姓窮乏の原因は、怠業や分不相応の借財に帰されたものの、家臣の無尽講や高利貸の禁止、国産政策の撤廃は受け入れられた。四月四日には、北金丸村の八右衛門、須賀川村の五右衛門、須左木村正右衛門の永牢を始め、計三二名を押込や牢舎に処す判決が出された。翌日には家中の処分が発表され、家老大沼半太夫・津田武前らは御役取上蟄居を命じられ、直訴を行った藩士たちも閉門に処せられた。この事件は、領主的危機を露呈させ、藩政に大きな対応を迫るものであり、のちの文久・慶応期（一八六一～一八六八）の藩政改革に向かううえでの一大画期としてとらえられている。

（齋藤悦正）

〔参〕『栃木県史』通史五、須永昭「黒羽藩の藩政改革と百姓一揆」（『幕末の農民一揆』）、『黒羽町誌』

安政四年（一八五七）二月二九日
遠江国豊田・周智郡幕府領ほか分一銭反対強訴（分一騒動）

元和三年（一六一七）、静岡藩主徳川頼宣は、信州の木材などが天竜川を下っていくことに注目し、豊田郡鹿島村に十分一会所を設け、通過する材木・板などから十分一税（分一銭）を徴収することを始めた。頼宣が和歌山に移封された後は、幕府中泉代官所がその業務を受け継いだが、実際の業務を請け負っていたのは、遠江の在郷商人であった。この形態は長らく続いたが、水野忠邦による天保改革での株仲間の解散に合わせ、鹿島十分一会所は徴税業務を中止することになった。しかし、水野が失脚して改革が挫折すると、会所は分一銭の徴収を再開するにいたった。元和以来、在郷商人の請負による分一銭の徴収に苦しんできた豊田・周智郡の山方の山内奥之山組七三か村は、この事態を受けて、弘化四年（一八四七）一一月、豊田郡横山村名主利右衛門・大井村名主源次郎らを代表として、奥之山組による請負を願いでた。この七三か村は、主に中泉代官所支配下の村であったが、掛川藩領の村も含んでおり、支配領域を越えた訴願の形態を取っていた。翌五年（一八四八）にも、同様の願書が提出された。ところが、安政二年（一八五五）一一月、分一銭の請負人である筏問屋で西鹿島村名主を兼ねる又三郎と池田村名主善右衛門が、木皮・楮・石・石灰・椎茸・灰・草・茶・竹皮の九品目を新たに徴税対象とすることを代官所に申しでて、同四年一月に認可され、二五日より徴収が開始された。これに対し、七三か村は新規の徴収を中止してほしい旨の嘆願を代官所に執拗に行った。だが、徴収の中止は受け入れられなかった。ついに二月二九日、七三か村の百姓三〇〇〇人余は、蓑笠姿で近くの万能橋に集結し、分一の廃止と出願人の横領調査を出役人に強訴した。この報を受けた代官所側では、急遽中止を決定し、さらに新たに請負人となった舞坂宿問屋須田又十・見付宿問屋古田平八をして事態を鎮静化させた。管見の限り、代官所がこの強訴に関して百姓を処罰した形跡を見出すことはできない。なお、この強訴姿を絵にした「安政四年新分一一揆絵日記」（天竜市伊砂伊藤家蔵、『天竜市史』上巻に写真収録）が残されている。

（安藤優一郎）

〔参〕若林淳之『静岡県の歴史』近世、『天竜市史』上、枝村三郎『遠江・駿河・伊豆三国近世百姓一揆』

安政四年（一八五七）一二月二二日
常陸国河内郡谷田部藩領積穀反対江戸出訴

天保飢饉以来、備荒策として谷田部藩（細川氏、一万六〇〇〇石）では積穀を実施していたが、安政四年は不作であったこともあり、納入状況は思わしくなかった。そこで藩は、一二月一九日未納者を詮議すべく役人を派遣した。不穏な動きがあるとの噂もあった館野村では、庄屋が上原村庄屋とともに取りなしてことなきを得たが、二二日に至り館野村の館野原では槍を携行した忠左衛門が発頭人となり、同意した同村浅吉・金兵衛始め、上原・中内村の百姓と合わせ二八名が江戸藩邸へ出訴した。翌五年一月一五日、陣屋では江戸から引き取らせた百姓を呼出し吟味を開始した。翌日には江戸から到着した家老秋田助太夫も吟味に加わった。吟味の結果、徒党のかどで首謀者忠左衛門は財産没収のうえ永牢、浅吉・金兵衛は谷田部領追放、残りの百姓は全員三〇日の手鎖に処された。この訴願により積穀は米から雑穀に改められた。（齋藤悦正）

［参］『谷田部の歴史』、植田敏雄編『茨城百姓一揆』

安政四年（一八五七）一二月二四日
摂津国豊島郡岡部藩領桜井谷打ちこわし
→天保一二年（一八四一）七月一〇日
摂津国能勢郡岡部藩領桜井谷箱訴（桜井谷騒動）

安政五年（一八五八）七月一一日
加賀国金沢藩領金沢町騒擾（卯辰山騒動）
→安政五年（一八五八）七月・八月
加賀・越中・能登国金沢藩領打ちこわし
（加越能大一揆）

安政五年（一八五八）七月一五日
加賀国石川郡金沢藩領鶴来町打ちこわし
（鶴来騒動）
→安政五年（一八五八）七月・八月
加賀・越中・能登国金沢藩領打ちこわし
（加越能大一揆）

安政五年（一八五八）七月一六日
越中国射水郡金沢藩領高岡町打ちこわし
（高岡騒動）
→安政五年（一八五八）七月・八月
加賀・越中・能登国金沢藩領打ちこわし
（加越能大一揆）

安政五年（一八五八）七月一六日
越中国射水郡金沢藩領氷見町打ちこわし
→安政五年（一八五八）七月・八月
加賀・越中・能登国金沢藩領打ちこわし
（加越能大一揆）

安政五年（一八五八）七月二〇日
越中国射水郡金沢藩領放生津町打ちこわし
→安政五年（一八五八）七月・八月
加賀・越中・能登国金沢藩領打ちこわし
（加越能大一揆）

安政五年（一八五八）七月二五日
越中国礪波郡金沢藩領井波町打ちこわし
（長崎村茂右衛門騒動）
→安政五年（一八五八）七月・八月
加賀・越中・能登国金沢藩領打ちこわし
（加越能大一揆）

安政五年（一八五八）七月・八月
加賀・越中・能登国金沢藩領打ちこわし
（加越能大一揆）

安政五年の冷雨・水害による凶作と家臣救済のための銀札一万貫の増発によるインフレで、物価、とくに米価が高騰し、金沢藩領各地に打ちこわしが波及的に起こった。まず、冷雨による凶作は、縄ケ池に金気の物を投げ入れたために山神の祟りが起きたのだという浮説を信じた加賀国石川・河北両郡の山手の百姓数百人が、七月初め、鷺原・二俣両村の肝煎宅を打ちこわした。これを契機に七月一一日には、金沢城下の窮民の老若男女約二〇〇〇人が卯辰山の庚申塚に登って、山頂から城内の殿様に届けとばかりに「米価貴くして食を得るに能わず、ひだるい、喰れん」などと、夜通し大声で泣き叫び、翌日にも四〇〇～五〇〇人が「ひだるい、ひだるい」と絶叫した（卯辰山騒動）。一五・一六日には、白山村など能美郡山方の百姓数百人が、猪鎗などを携帯して石川郡鶴来町に押し寄せ、米商人や富商を打ちこわした。その後、打ちこわしは越中・能登両国にも波及し、越中では七月一六日に今石動・高岡・氷見、一七日に福光・戸出、二〇日に放生津、二五日に井波、二七日に福野、さらに八尾・中田・魚津・泊・水橋・東岩瀬などでも打ちこわしが起き、能登では子浦・所口・宇出津・飯田・輪島などで起こった。八月二・三日までの間に、加賀・越中・能登三国の在郷町を中心にほぼ全領的規模で打ちこわしや不穏な動きが波及し、「御国初以来百五拾年之間に未曾有之変事」に発展した。金沢の卯辰山騒動では、藩は貯蓄米五〇〇俵と町人からの借米一万俵を放出して、一升一〇〇文で売らせて民衆を慰撫するとともに、町奉行を引責辞職させた。その一方で首謀者の探索に乗り出し、その結果、髪結床能美屋佐吉・日傭稼ぎ河原市屋文右衛門ら五人が刎首のうえ梟首に処せられた。のちに、この五人に二人を加えて観音山に七体の石地蔵が城下商人綿津屋政右衛門によって建立され、この通称「七稲地蔵」は現在は金沢市東山一丁目の寿経寺門前に移され、安政義民として顕彰されている。また、鶴来騒動では首謀者五人が磔刑に処せられた。高岡騒動では、窮民八〇〇人余が米商人や富商の福岡屋など四〇～五〇軒を打ちこわしたが、町奉行の一人長屋八内の尽力で処刑者を一人も出さなかったため、彼を讃えて「長屋御祭」が行われたという。氷見では、大野浦五室屋が米を船積みしようとするのを阻止するため、漁船数百隻を出して元船を破壊したほか、源常屋ほか二〇軒余も打ちこわした。この氷見の打ちこわし事件では、首謀者として岸田屋勘七が磔刑、飯久保屋（中村屋とも）吉右衛門が刎首のうえ梟首になった。また、二〇日夜の放生津では、綿彦など一〇軒余が打ちこわされた。さらに、七月二五日夜に五箇山十数か村の百姓が大挙して井波に襲来して米商人三谷屋喜兵衛ほか三軒を打ちこわした。この際、高島屋の手代長助が槍を使用して一揆勢の一人を突き殺したという。この「長崎村茂右衛門騒動」では、傘連判状を作成し、夜毎に閑乗寺に大勢が集合して松明を焚き、竹ぼらを吹き、「いくぞ、いくぞ」声合わせをするなど、用意周到な計画をしていたため、首謀者の探索に難儀したが、万延元年（一八六〇）一〇月一八日に首謀者として長崎村茂右衛門が磔に処せられたほか、五箇山各村の村役人二一人が投獄され、そのうち一二人が牢死している。この騒動については、後年、井波町に「義人長崎村茂右衛門磔の地の碑」、同町と利賀村長崎には「安政義人慰霊之碑」が建立された。輪島では、八月二日の夕刻から夜中にかけて、米商人や高利貸しを兼業していた富商・村役人などが打ちこわされたが、その首謀者一一人が検挙され、うち三人は翌年九月二七日に金沢公事場で刎首のうえ輪島東郊の三昧で梟首された。輪島騒動の首謀者三人も地蔵尊が建てられて義民として弔われている。なお、越中ではほとんどの町方で打ちこわしが起きたが、農村部では小作騒動の様相を呈した不穏の動きが、以下のように続いた。一〇月三日より六日まで、下新川郡泊付近の百姓六〇〇～七〇〇人が泊町の小沢屋など七軒に押しかけて作徳米を三分の一に減免せよと要求し、一四人が逮捕された。また、一〇月一六～七日夜には、高野組常願寺村の八間砂山で五〇～六〇人が藁を焚いて声合わせをし、二五日夜から島組新屋町広口用水縁で二〇～三〇人が声合わせをし、二七日の明け方まで不穏な動きを示した。一二月五日には新川郡三位組と五箇庄組の貧農が泊町喜四郎・孫右衛門、五箇庄組大家庄村六郎兵衛宅に、翌六日には三位組山崎村勘左衛門・南保村太郎兵衛・伊左衛門・五郎左衛門宅に押しかけて小作料の減免を訴えている。

　加越能大一揆の特徴は、米商人・高利貸・富商を打ちこわしの対象としたいわゆる米騒動であるが、①たんに町方の貧民だけでなく、山方の百姓や浜方の漁民が多く参加していること、②「ひもじいわあい」などといって大勢で夜通し泣き叫んだり、「声合わせ」あるいは「おういおうい叫び」という示威手段を取ってそれなりの成果を上げていること、③ほぼ全領に波及して起こったが、城下町と在郷町との点と点での連鎖的波及で、しかも単発な結果に終わっており、都市と村とが面と面で広域的につながる世直し一揆にしては不十分なものであったこと、しかし、④この一揆は、領主層に危機意識を呼び起こし、尊攘派・藩政改革派と守旧派との対立抗争を激化させて政局に大きな影響を与えたこと、⑤金沢城下・高岡・氷見・放生津では、声合わせや押し乞いなどに女性の参加が見られることなどが上げられる。なお、この事件を題材にした児童文学作品として、かつおきんや『安政五年七月十一日』『山から声が降ってくる』がある。（吉武佳一郎）

〔参〕川良雄『打ちこわしと一揆』、若林喜三郎『加賀藩農政史の研究』、坂井誠一『富山藩』

安政五年（一八五八）八月二日
能登国鳳至郡金沢藩領輪島町打ちこわし（輪島騒動）
→安政五年（一八五八）七月・八月
加賀・越中・能登国金沢藩領打ちこわし（加越能大一揆）

安政五年（一八五八）一〇月三日
越中国下新川郡金沢藩領泊町打ちこわし
→安政五年（一八五八）七月・八月
加賀・越中・能登国金沢藩領打ちこわし（加越能大一揆）

安政五年（一八五八）一一月一八日
薩摩国河辺郡鹿児島藩領加世田郷郷士・百姓苛政反対集会（加世田一揆）

鹿児島藩領は一一三の郷からなり、多数の郷士が在村していたが（天明四年〈一七八四〉に外城を郷に、衆中を郷士に改称）、郷の行政中心地である麓に住む郷士と村に住む郷士の間では身分的・経済的格差が著しく、麓郷士は小作や大工・鍛冶などで生活している在村郷士を唐芋郷士と呼んで蔑視した。鹿児島藩ではキリスト教とともに一向宗も禁制で、安政五年一〇月領内いっせいに一向宗の糾明を行った。これへの反発を契機に、困窮した加世田郷の在村郷士が百姓と連合して、一一月一八日小湊村小松原の御蔵に数千人が集結し、麓郷士の苛政を訴えた。郷士は刀や竹槍、百姓は鎌や鉈を持ち、藩庁への訴願を協議し、また麓を襲撃する構えも見せた。しかし、三日目の二〇日、日新寺の住職のとりなしで一揆は解散した。赤生木の郷士加藤源兵衛が入獄三年・種子島流罪四年となったほか、郷士一一〇人が投獄されたが、藩は首謀者が一向宗の信徒だったか否かに問題を矮小化し、麓郷士の苛政を不問に付した。（紙屋敦之）

〔参〕宮崎克則「南九州諸藩における「武士」と「百姓」の一揆」（『九州文化史研究所紀要』三八）

安政六年（一八五九）二月
伯耆国河村郡鳥取藩領大谷村鉄山鉱害騒動

大谷村の鉄山開発は、砂鉄の採掘に伴い河川・田地などが汚染されるため、秋の彼岸から春の彼岸までの期間に限って、稼人の久米郡進木与三右衛門が藩から特別に許可されて実施していた。しかし安政四年美作国大庭郡下和村に日野郡梅林喜平治が爐場を建設すると、この約束が守られなくなり、下流村との補償問題も解決しなかった。そのため六年二月、下流の久米郡下田中村の百姓六〇余名が鉄山を襲って、採取された砂鉄を川に投棄し、坑夫との間で乱闘になった。下田中村はこの一件を藩に直訴しようとしたが、藩から目付役が駆けつけ、従来の鉄山の操業慣行を厳守させることとし、同年四月大谷村鉄山稼人の久米郡進木与三右衛門、美作国下和村鉄山稼人の日野郡梅林喜平治、大庭郡下和村・久米郡下田中村・大谷村の惣代の間で内済させた。（西脇　康）

〔参〕安藤精一『近世公害史の研究』、『鳥取県郷土史』

安政六年（一八五九）八月二二日
下野国都賀郡吹上藩領野尻村地芝居強行・役人暴行（野尻騒動）

吹上藩（有馬氏、一万石）領野尻村では、村の入口にあたる野尻橋がたびたび出水で流失していたため、安政五年名主石川多市らが中心となり、近村にも寄進を募り定橋を建設した。しかし、翌六年七月、その橋も流失してしまったため橋供養として日天月天と水天宮の建碑を、地祭として地芝居の興行を計画した。当時、地芝居興行は禁止されていたが、多市は寄場組合の役人などへ関東取締出役の手入れがないよう話をつけ、芝居興行にふみきった。八月二二日、興行を始めたところはからずも関東取締出役広瀬鐘平の手先の手入れがあった。このため、居合わせた隣村の者とともに大勢が竹木などを手に取り捕り方を打擲、大乱闘となった。捕り方はいったん引き上げたが、再度大勢で野尻村へ来村し、多市の妻子始め数人が召捕られ、鹿沼宿に連行された。さらに詮議が及び、近村の者も合わせて百数十名が逮捕、江戸送りとなり、万延元年（一八六〇）、死罪一名・遠島四名を含む裁許が出された。　（齋藤悦正）

〔参〕『鹿沼市史』前、越山巌「野尻騒動前後」（『下野史学』九）

安政六年（一八五九）一一月一三日
伊豆国賀茂郡幕府領熱海村網子門訴

熱海村では文政期（一八一八～一八三〇）以来、鮪網の経営をめぐり網元（地方と称される）と網子（浜方と称される）との間で争いが生じていたが、安政期に入ると不漁がそれに拍車をかけた。安政六年一〇月に網子側が根拵網を張り立てたことに対し、幕府韮山代官所が中止を命じるにいたると、網子二一四名が代官所にその撤回を求め、一一月一三日に門訴した。この一件は幕府評定所の扱いとなり、文久三年（一八六三）六月二五日、判決が下った。網子側の要求は認められたが、首謀者平七は遠島、五名の百姓が村払、残り二〇八名には過料銭四〇貫文が課せられた。

【人物】釜鳴屋平七　かまなりやへいしち

熱海村の網元で、姓は二見。平七が持っていた鰯を煮る釜が浜風を受けてボーといい音を立てたので、縁起がよいとして釜鳴屋と屋号をつけたという。網元として、本来網子とは利害関係を異にしていた平七であったが、肴問屋や他の網元に経営特権を奪われたことで、一転して網元と対立する立場となった。そして、安政六年一一月、平七は網子とともに韮山代官所（代官江川太郎左衛門）に強訴するにいたった。平七は、代官所の獄で五年間の幽閉生活を送ったのち、文久三年六月二五日に遠島（八丈島）に処せられた。江戸伝馬町の牢に入れられた平七は、一〇月に八丈島に送られたが、一一月四日、その途次の伊豆大島で病死した。享年三五。同地の海中寺に埋葬されたが、明治に入り菩提寺の温泉寺に改葬されたという。平七が獄中から家族・親類に宛てた手紙が現存し、また熱海港沿いの海浜公園（熱海市和田南町）には、昭和四六年（一九七一）に澤田政廣制作の釜鳴屋平七銅像が建てられた。　（安藤優一郎）

〔参〕平野龍之介『熱海漁業の先覚者釜鳴や平七と英国初代公使R・オルコックと愛犬物語』、『熱海市史』上

安政六年（一八五九）一一月九日
上野国山田郡出羽松山藩領桐生町糸飢饉駕籠訴

安政六年六月、日米修好通商条約に基づいて幕府は、横浜・長崎・箱館の三港を開港した。これによって上州生糸も価格の高い横浜へ売却されるようになった。そのため機業地桐生への供給は激減して急激な生糸の価格騰貴にみまわれ、機業家は操業停止、あるいは経営破綻に追い込まれ、失職した職人も不穏な動きをするようになった。この事態に桐生町役人は、七月八日、「糸の飢饉で稼業が取り続きがたい」と勘定奉行格塚越元邦に愁訴状を、さらに九月二七日桐生領三五か村惣代六人も生糸輸出停止の嘆願書を幕府に提出した。そして、一一月九日、出府中の如来堂村名主や桐生新町の代表によって、登城途中の大老井伊直弼と老中間部詮勝に駕籠訴が決行された。しかし、事態の転換はすでに望みがたく、幕府からのさしたる回答もないまま、万延元年（一八六〇）二月生糸輸出停止運動は打ち切りとなった。　（中島　明）

〔参〕『桐生市史』上

安政六年（一八五九）一一月三〇日
京都西陣織職人打ちこわし

　安政六年六月の横浜開港によって、京都の主要産業である西陣織は大打撃を受けた。国内生糸の大半は横浜へ送られたため、原料が激減、一一月に入ると価格は暴騰し、一か月で二倍にはね上がった。そのため、織屋は操業を短縮、七月から一一月の間に約半分の織機が休機することになり、手間働や糸繰職といった下職一〇〇〇人余りが職を失うことになった。こうしたなか、一一月一九日、市中で下職の難儀を救うための御所への千度詣参加を呼びかける旨の張紙があり、三〇日には生糸商、一二月二日には糸仲買が打ちこわされた。さらに、三日には、交易延期のための御所千度詣を五日から行うとの張紙があった。このころから、京都町奉行所や有力町人による施行が本格的に行われるようになり、とりあえずは平穏を取り戻している。西陣織は京都の基幹産業であったため、京都町奉行所も養蚕業育成に乗り出し、幕府にも生糸確保策を具申するなどの対策を講じた。（岩城卓二）
〔参〕『井伊家史料幕末風聞探索書』下

安政六年（一八五九）一二月二七日
信濃国伊那郡白河藩領租法据え置き強訴（南山一揆）

　南山騒動ともいう。南山は信州の伊那谷を走る天竜川東の海抜七七〇メートル余の神之峰の南側一帯の地域のことで、ここに点在する総村高七八〇〇石余の三六の山村は南山郷三六か村と呼ばれた。長く幕府領で一時期飯田藩領になったこともあるが、再び幕府領に戻された。幕府領時代の年貢は皆石代納で、飯田・諏訪・松本三町の立冬平均相場を基準に代金納した。しかし弘化三年（一八四六）奥州白河藩の飛地領一万四〇〇〇石余が伊那郡に置かれて南山郷はその半分強を占めることになった。陣屋を飯田町北方の市田原町において支配を始めた白河藩に対し、編入時から南山郷は執拗な租法据置き訴願を行い、そのため当初の七年間は幕府領時代の代金納方式がそのまま踏襲された。しかし嘉永六年（一八五三）郡奉行に任命された務川忠兵衛は対外防備の経費増加の中で増徴策を工夫し、陣屋に近い村々は現物米納とし、遠い村々は代金納のままだが年貢米を換金する際の値段よりも一〇両あたり一俵分だけ安くする方式を取り、白河藩に五〇〇両から一〇〇〇両の増収をもたらした。安政二年（一八五五）南山郷村々は従来通りの租法への復帰を訴願したが、入牢三人・手鎖二人の処罰となり、その後も手鎖人の数が増え、二度と嘆願行動をしないという請書まで提出させられた。この時の訴願で三六か村総代になった今田村元庄屋の小木曾猪兵衛らは、無力感から立ち直って要求の実現を決意し、江戸に出府して公儀に働きかけると同時に、南山郷の一揆状況を盛り上げることに努力が傾注された。江戸内願には今田村中原治部右衛門を派遣し、地元では村役人層を説得し、陣屋見回り役を務める者の目をかすめながら佐倉宗吾の講釈を聞かせ、百万遍講を粧って相談を進めるなど、多様な試みが行われた。そのなかで迎えた安政六年冬の換金相場は、商人が法外な高値で蔵米を落札したため引きずられてはね上がり、急速に抗議の声が充満して村々で相談が始まった。そして高値で落札した商人への交渉も行いつつ、小前惣代を含む村々惣代を陣屋に送ったが、訴願は成功しなかった。そこで南山郷村々は一二月二七日夕刻、ついに強訴の手段に踏み切った。猪兵衛らは、この強訴で米川村の伴助、今田村の順左衛門・文右衛門・権左衛門という貧農の隠居や、村医者などを惣代にした。南山郷一六〇〇人の強訴勢が蓑笠を着用し松明を掲げ、天竜川の今田村の渡船場に篝火を焚いて集結した。一揆は惣百姓強訴の形になり、二七日深夜に渡河して市田原町の陣屋をめざした。この時、惣代たちは、天照皇大神宮、八幡大神、春日大明神という三旗を作って携行しようとしたが、村役人らが徒党がましい目印を持つのはお上を恐れない致し方と反対した。陣屋に到着するためには飯田城下を通る必要があるため、翌二八日、飯田城下で飯田藩重役に徒党強訴の者に領内通行を許すことはできないと進行を阻まれた。問答のうえ惣代らは願書・口上書を提出、それらを陣屋役人でなく白河藩江戸藩邸の重役に取り次ぐことを訴えて拒否された。強訴勢は飯田藩領を通り抜けることはできなかったが、二八日夜、同藩領の八幡原へ白河藩奉行務川忠兵衛を引き出すことに成功、そこでの惣百姓による対藩交渉が実現した。厳寒のなか、当地の町民らが炭、薪、藁、粥などを差し入れた。奉行との交渉には小前層の惣代らがあたったが、大声あげての掛合いには老齢の伴助が面目を発揮した。徒党強訴は天下の法度という原則論で百姓らの要求を斥ける奉行に対し、伴助は背後の強訴百姓をたくみに煽りながら一歩も退かずに応酬し、ついに飯田藩重役らが立ち会う場で、前々のように天領なみ石代金納の言質を取り付けた。伴助らは越年夫食の要求も出したが、村役人層がお上の弱みにつけ込みすぎると押さえたため実現しなかった。強訴勢は二九日に帰村したが、奉行個人の口頭約束であるため反古にならないよう、一揆状況を持続させ、翌安政七年一月に南山郷内部の議定をあらためて取り交わして江戸出訴も行い、罷免された務川にかわって着任した奉行牧田平兵衛に対し、村役人層の惣代九人が二月八日、一七か条に及ぶ訴状を提出、三月にも再提出した。この結果、藩の正式な回答として、石代金納への復帰、定免、起返り地年貢・渡船造替金・新規運上廃止、見回り役罷免等々の要求が認められ「開作夫食」として二〇〇両が給与された。こうして一揆は終息し、経費は各村の分割負担とされた。しかし、この一揆は惣百姓の要求は実現できたが、小作料を納め、特別の救米を求める小前層の利害を十分に代表しなかった。そこで米川村伴助は救米三〇〇〇俵の要求で小作貧農や被官層を結集させようとし、運動の過程では地主の家に押しかけて小作料の金納化を認めさせたり、萬場村の神社境内で小作人集会を開くなどしたが、地主・村役人層の反発で計画は挫折した。伴助は捕らえられて、永牢となった。脱牢を試みるなど屈しないしたたかさを保ったが、明治維新により放免された。

【人物】松尾順左衛門　まつおじゅんざえもん

文政九年（一八二六）に松尾亨庵の長兄の子として生まれた。のち亨庵次兄の養子になり、今田村で医業を開いた。性質に「任侠」の風があったという。四石八斗余の耕地を持っていたが、農民というより頭を丸めた村医者であった。「かきあつめ」の著者川手重孝は「強情我儘で一旦思ひ詰たる事あとへハ引ぬという気性」と記している。安政二年の訴願以降猪兵衛の相談を受けていたと思われ、江戸内願のことなども知っていた。『平均直段嘆願書　御下ケ書外色々』と題する横帳の自筆記録を残しているが、その末尾には安政七年三月三日の大老井伊直弼の暗殺事件についての記述がある。井伊大老は南山一揆江戸訴願の重要な標的であった。順左衛門は、安政六年惣百姓強訴で伴助らと四人の惣代に選ばれた。この時三四歳で、奉行務川との掛合いでは大向こうをうならせる伴助のような即妙さはなかったが、知識ある者らしい論を展開した。一揆後の伴助らの小前一統の強訴計画は断ったらしい。子孫の家に肖像画が残されている。

【人物】小木曾猪兵衛　おぎそいへえ

文化一二年（一八一五）一月二三日、信州伊那郡今田村大平の庄屋役も務める上層の農家で、田井舎という家号を持つ家の猪兵衛の長男として生まれた。幼名は亀弥。長じて猪兵衛（猪平とも）天保飢饉の翌八年（一八三七）私財を投げ打って救恤活動を行った知識人で、今田村内に塾を開いていた松尾亨庵に学んだ。亨庵が救恤活動を行った年、猪兵衛は二三歳であるから、この行為を知っていたか手助けしたに違いなく、そのような経験が、のちに猪兵衛が地元の住民の難儀から目をそらさなかった一因であったと推測される。猪兵衛は本格的に学問を修めており、師匠が不在の時はかわりに代講する力を持っていた。性格についても評判が高く、温厚篤実で胆略もあると評された。あるいは後の南山一揆での働きを讃える義民化の動きが進んで、このような評価がより増幅されたかもしれない。

猪兵衛は二五歳の時に江戸へ出て、漢方医浅田宗伯に学んだ。当然同門生や他の知識人との交友があり、そのなかで、内憂外患に充ちた幕末期の天下の情勢を認識する程度が深まったと思われる。猪兵衛はその後郷里に戻り、庄屋役を勤め農耕生活を行い、そのかたわら寺子屋を居村で開いて地元の子弟に教えた。村人は猪兵衛のことを「大平の御師匠様」と呼んだ。安政二年訴願の時は庄屋ではなかったようであるが、すでに在村文化人として深く土地に根付いた猪兵衛は三六か村惣代の一人になることを引き受け、実質的な筆頭頭取の役割を果たした。金野村壱人百姓金野三十郎の父政之進、今田村下組文助とともに入牢処分を受け、この訴願が挫折した後も今田村は一揆の発頭村の働きを続け、猪兵衛はその中心にあって、江戸内願、調査、領内宣伝、会計などに人を配し、きわめて計画的組織的な運動を繰り広げた。猪兵衛は南山郷の百姓を立ち上がらせるために、「佐倉義民伝」の台本を使って講談をしたりした。一〇件近い一揆の実例を調べたことも知られている。白河藩陣屋に内通する者を警戒して、家族の者にも話さず、表座敷は御獄行者の祈禱会を催しておいて、密かに別の場所で会合を行うなどの工夫を重ねた。安政六年の惣百姓強訴で小前層を惣代に立て、なかでも長年郷里を離れていた米川村伴助を説得し南山郷へ引き戻したのも猪兵衛であると思われるが、確証はえられない。もしそうでなかったとしても、立案は猪兵衛が行ったと考えてまちがいないであろう。

【人物】北沢伴助　きたざわばんすけ

寛政八年（一七九六）信濃国伊那郡米川村（当時幕府領）百姓吉右衛門と、同村向垣外大淵忠蔵の娘である母との間に、長姉、長兄佐次右衛門、次兄勘兵衛、次妹よし、に次ぐ末子として生まれた。幼名は止吉。生家は父の代に分家した家で、家号は久保ノ上、姓は北沢である。長兄の佐次右衛門は、一九世紀初頭の文化期に二度米川村名主を務めたが、文化一一年（一八一四）に自殺。次兄も恋慕のもつれから自殺している。このため二〇歳前の止吉が相続し、名を当主名である吉右衛門に改めた。妻を小野子というところからこのごろ迎えている。二〇代の後半には酒造営業に手を染め、田地を売り始めた。三〇代の前半ごろ、身持ち不埒のかどで村役人に詫び状を書いている。法全寺の大般若経転読の実現のために努力した。三九歳の時妻を失う。四〇歳の時、村の講運営のことで訴えられそうになり、隠居して長男俊吉に家督を譲った。当主名吉右衛門は家督人に譲り、伴助と改名（伴介とも書く）し、「生馬の目を抜くといふ無双の強情者」と「かきあつめ」の著者川手重孝に評された資質は早くから現われており、この年にも村方騒動の頭取になっている。他方で米川村惣百姓から「悪事」を訴えられている。このころ、増右衛門後家きんと再婚した。四一歳の時、酒造道具を借用するため、川手家に家財を譲っている。この年にも、村人と争論を構えている。天保九年（一八三八）には家財・酒造道具すべてを川手家に譲り、長男吉右衛門は水呑として米川村にとどまったが、伴助は妻きんと次男増弥を連れて南山郷の中の唐笠村に移った。伴助はそこでも落ち着けず、今田村にも居住した。長男は飯田城下へでて商売を始めたため、北沢分家は廃家になった。伴助は、さらに中山道和田宿へ移って暮らしたが、一〇年あまり後に次男の増弥が米川村に戻り、伊十郎と改名して北沢分家を復興した。安政三年（一八五六）南山一揆の中心者であった今田村の小木曾猪兵衛らに請われて一揆の「先手」になることを覚悟して和田宿から飯田藩城下の茶屋町に移住、商いを始めた。安政六年一二月、六四歳になっていたが、南山郷惣百姓強訴の惣代の一人として奉行務川忠兵衛と渡り合い、要求実現に大きく貢献した。一揆の終息後、強訴惣代のかどで吟味を受けて一か月ほど入牢したが放免となった。伴助は一揆の成果に満足せず、小前一揆を計画したが実現できず、五月には金比羅参詣を行った。帰郷後もくじけず、村々に取り戻しの運動を進めて回ったが失敗に終わり、一〇月小作騒動を起こした。運動は盛り上がったが、頭取として捕らえられ入牢。翌月、永牢の裁きが決まった。文久二年（一八六二）七月、牢内から抗議の手紙を送り、翌月脱牢を試みて失敗した。一一月、倅の伊十郎宅の座敷牢に移されたが、おとなしくせずたびたび牢外へ出歩いた。明治元年（一八六八）維新の特赦で出牢し、七三歳の老人として下賜金二百疋を与えられた。出牢後、小間物商いを営んだが、明治一七年（一八八四）三月二二日八九歳で死去した。法名は功応三十六翁居士。

【人物】務川忠兵衛　むかわちゅうべえ

商家の出身といわれるが、陸奥国白河藩（阿部氏）の家臣として、弘化三年（一八四六）同藩領のうち出羽国二万八〇〇〇石余が上知になり、かわりに遠州、播州のほか信州伊那郡に三万石余の新地が与えられた際、伊那郡領の三人の代官の一人として着任し、新設の市田原町陣屋において郡奉行牧田貫一郎の下で働いた。その後人事異動で務川忠兵衛が郡奉行に昇格、糸屋・水車運上・漆運上など新税を工夫、領民の反発を強めた。嘉永六年（一八五三）に異国船警戒経費などを名分に幕府領時代の石代金納方式を変更しようとして南山郷三六か村の頑強な抵抗を招き、奉行を罷免された。

【史料】かきあつめ

可喜愛都米、加織亜都米、加織阿津免など当て字を自在に使って表題を付けた無慮百冊の帳面。筆者は、幕末に信濃国伊那郡米川村の名主を務めた川手重孝で、名主時代は周八郎、隠居して重孝を名乗った。重孝は、明治二八年（一八九五）から一年一〇冊の予定で執筆を始め、明治四二年に七二歳で死去した。執筆の動機は、地域の事や家のことなどを記録して古事を知る糸口にするためと述べ、同時に「北信」地域に対する「南信」に生きる者としての対抗感もにじませている。この帳面群のうち、「加織亜都米拾遺巻之五」「加織阿津免二集巻之第十二」に、南山一揆で活躍した伴助のことを記録する。おそらく名主として、村賄いを命じられた永牢中の伴助の扱いに苦労したためで、伴助について詳しく記述するだけでなく、その生家である北沢家の来歴や系図についても調べて書いている。牢内から伴助が送った三通の手紙も、当時名主であった川手家に保管されている。

（深谷克己）

〔参〕平沢清人『百姓一揆の展開』、『南山一揆』、深谷克己『八右衛門・兵助・伴助』

万延元年（一八六〇）四月一日
丹波国多紀郡篠山藩領強訴（万延元年惑乱一件）

篠山藩には、米商人を介在させて年貢収納を行う平手形制度があった。年貢米の過半は、米商人らが九～一一月に何度か入札して藩から手形を下付され、代銀を藩に納入するとともに、手形を村々に持っていって米か銀と引き替え、村はこの手形を藩に納めるという制度である。米商人は手形の価額と米相場値段との差額を収益とし、藩は年貢収納経費の節減と安定的現金収入確保ができたのである。当初は、手形一石に米一石と引き替えられていたが、幕末に近づくにつれ、米と手形との引換えの際の差額が大きくなり、米値段にくらべて手形入札価格は上昇を続けた。この頃の入札価格の平均は銀一〇六匁八分で、村では米価が九三匁九分であり、その差は一二匁九分となるが、このような状況下で米商人が手形を買い占めたりしたため、値上げに拍車をかけた。このため、村々では安政四年（一八五七）以来毎年のように嘆願していたが、藩はなんらの処置も取らなかった。このようななかで、万延元年（一八六〇）四月一日、福井組一二か村の百姓三〇〇人が、雨のなか、蓑笠姿で日置村の豪農で郡取締の波部六兵衛方に押し寄せ、先の愁訴の回答を聞きただした。これを契機に、三日には泉組・畑組の百姓たちが篠山城東の王子山などに集まり、四日には小多田組などの百姓たちが弁天川原や堂山頂上などへ集まって気勢を挙げた。一揆勢は、傘連判廻状を回し、寺の鐘をつき、法螺貝を吹き、鬨の声を挙げ、買継ぎの米商人を貰い受けたいと叫んだ。このため、代官や郡取締が出動して、八日までかかって取り鎮めた。四月一日から七日間にわたるこの一揆は、延べ四〇〇〇人余の百姓を動員し、村から村へ波のように伝わり、一九か所において交渉や示威が行われ、一石につき二斗の上打を五升に減少させ、さらに米一石と手形一石の引換えを要求したが、その目的は達せられなかった。しかし、この動乱の後に藩は達書を出し、手形に換える場合は五升の差とすることになった。藩は、一九〇〇人余を取り調べ、文久元年（一八六一）六月、東浜谷村の磯八と曾地口村の定右衛門の二人を永牢、塩岡村の重助ら六人に領分払・居村払、三組八七か村の一九六一人に過料銭を課した。このうちには皮多村も数か村含まれ、皮多らも一揆に参加したことを窺わせる。

【史料】万延元惑乱一件　まんえんがんわくらんいっけん

天・地の二冊からなる。現存する写本は、篠山藩の小役人であった畑春丘が友人の筆写したものを借りて写したもので、元来は郡取締がまとめた記録。一揆後遅くない時期に成立したものであろう。郡取締は、弊害のあった大庄屋にかわって、天保二年（一八三一）に上層農民数人を登用して設置された中間支配機構である。本書は、見聞記とは違って、一揆に直接関知した郡取締が詳細に文書や記事を整理したもので、郡取締の立場からではあるが、かなり客観的かつ正確に記されている。地の部には、代官の下役人である組付人が書き留めた記録が収録されている。嵐瑞澂氏所蔵本が『日本庶民生活史料集成』一三に翻刻されている。（山﨑善弘）

〔参〕岡光夫『近世農民一揆の展開』、『今田町史』

万延元年（一八六〇）五月二一日
信濃国諏訪郡諏訪藩領木之間村小前騒動

万延元年五月二一日の夜、無尽入札の帰途小前一〇名余が申し合わせ、八王子森に会合して謀議した。翌二二日早朝、小前を中心に印形を持参の上参集するよう事触が回され、寄合では歩役（定使役）と役人（夫役人）の村中順番務め、村役人の入札制導入、兄弟役の廃止などを協議したが、途中で村役人層の大前は解散を命じ、参会者の離反を勧誘した。これに対し、小前五名は組頭三名を先立て、暮六つごろになって九か条からなる要求書を大前に提出した。二三日から小前・大前の間で交渉が行われたが合意に達せず、二六日大前は藩の柳口役所へ訴えた。藩ではいったん訴状を却下し、十分調査のうえ訴えるよう諭したので、村の大前層による吟味が開始された。その間、小前は吟味の呼び出しを拒否し、二七日代表一二名が城下へ駆込訴にでたが、二八日大前はこれを若宮新田で差し留めた。しかしそのうち二名が説得中に脱走し、二九日大前は正式に藩へ裁許を求めて出訴した。藩は即日歩役・兄弟役など一部小前の要求を認め、大半の要求を却下すべきとする斡旋案を示した。この後、両者で内済努力が続けられ、六月一四日議定書が作成され、七月一〇日村役人の入札制などが追加されて内済が成立し、村政の民主化が進展した。（西脇　康）

〔参〕東京大学文学部内農村史料調査会『近世農村の構造』

万延元年（一八六〇）七月六日
美濃国郡上郡郡上藩領生糸専売反対強訴
（御趣法騒動）

郡上藩青山氏四万八〇〇〇石余で生糸専売に反対して起きた強訴。藩主幸哉が財政難を理由に、弘化三年（一八四六）寺社奉行を辞任せざるをえないほど追い込まれた郡上藩は、藩政の改革に着手した。同年藩士に趣法書をもって切米の廃止と扶持米で給与を支払うと触れるなどにより、借財の整理を実行に移したが、累積の借財は一七、八万両もあり焼け石に水であった。安政三年（一八五六）にも「御趣法書」をもって五万両を村々などから一〇か年で調達しようとしたが三年で一年分も集まらず、一二月には上之保筋の村々四九か村が那留ケ野に集まるなどの騒動となりこの計画も挫折した。同六年には大坂鴻池より借金返済を迫られ、幕府に訴えるといわれて、御趣法世話方が間に立って藩と鴻池の調停にあたることになった。また藩は、「御上様米講」により米一五〇〇俵余の頼母子講を企てたが、これもうまくいかなかった。万延元年には世話方会所が城下に設けられ、町と村から御趣方懸という世話役が出仕することになった。当初は一〇年で五万両の御用金を集める予定であったが、五月になって急に方針が変更され、新たに米札手形を発行し、この手形で領内の生糸を買い上げ、これを江戸・横浜で売りさばき、売り上げの半分は米札手形引替金、残りの半分は借財の返済に充てるなどとした。六月に「申談之覚」二六か条が出された。この覚は藩の窮状を訴え、百姓の抵抗を防ごうとしたものであったが、七月六日の夜下川筋百姓が立ち上がった。三〇〇〇人余がふけみが野に蓑笠、竹槍、鎌、鍵、鳶口などの得物を手に集まり、御趣法懸粥川村の小酒井太平治の家に押しかけ、盆の凌ぎのため一軒に米一俵と金一分を要求するなどの行動に出た。藩では奉行を始め五〇人余が下川に出動したが、寺に陣を構えたのみで手がでなかった。九日には鉄砲一九挺を持って郡代も到着。同日、明方筋でも御趣法懸西気良村の高田新右衛門の家に嶋方の五〇〇人余が徒党し、下川筋や明方筋からも二〇〇〇人余が押し寄せた。藩が小酒井と高田の二人を入牢させたためようやく一揆は治まった。その後七月二五日に深戸村に二〇〇人余が集まる騒ぎもあったが大きな動きにはならなかった。小酒井・高田の二人は二〇日余で釈放されたが、その後再び入牢させられ、文久二年（一八六二）一月に赦免となった。藩は同年一一月に御趣法改革の中止の「御意書」を出してようやく一件は終わった。

（小椋喜一郎）

〔参〕『岐阜県史』通史近世上、『八幡町史』通史上、『大和町史』通史・史料、『明方村史』史料、『美並村史』通史・史料

万延元年（一八六〇）八月二〇日
丹波国天田郡福知山藩領強訴・打ちこわし（市川騒動）

福知山藩財政は、すでに一八世紀初頭には行き詰まっており、その後も好転することなく借財は嵩む一方であった。そこで藩は、天保一一年（一八四〇）に原井惣左衛門を勝手掛に登用し、財政改革に着手させた。原井とともに改革を推進したのが小身から抜擢された市川儀右衛門と商人から士分に取り立てられた関三蔵である。のちに原井は家老、市川は郡奉行に昇進していることから、改革は一応の成功を収めていたものと思われる。ところが、その施策は領民にとっては厳しいものであり、ついに万延元年八月二〇日、町在の領民が参加する大規模な打ちこわしが起きた。八月二〇日夜、夜久郷広瀬川原に百姓が集結、ほら貝や大勢の鬨の声に呼応し、さらに百姓が集まってきた。蓑笠に竹槍・鎌・鉈を携えた百姓たちは、いくつかに分かれ、途中で産物売買などにかかわる者の屋敷を打ちこわしながら、城下に迫った。藩は兵を配置して、これに備えたが、百姓はこれを打ち破り、産物売買など藩の財政改革にかかわる者の屋敷や正直会所などを打ちこわし、諸道具・産物などに火をつけた。そして市川屋敷にも乱入し、投石のうえ屋敷・土蔵を破壊した後、一三か条の要求を掲げ、藩との折衝に入った。この時には町方も加わり、「郷町」両方からの要求として藩の役人に手渡された。要求は一三か条からなるが、その一つとして産物指定の撤廃が上げられている。財政改革の常套手段として、同藩でも藩専売制が強化されたが、嘉永六年（一八五三）では桐実・真綿・漆・蒟蒻玉・煙草など八品目が特産物に指定されていた。これらの産物は、領内に設置された産物会所で入札のうえ売買値段が取り決められた。当地方は目立った特産物に恵まれなかったが、そのなかでも桐実・漆・蒟蒻玉は、最初に打ちこわし勢が集結した夜久郷の山村にとっては主要な生活の糧であり、藩専売制はこうした山間部農村の生活を直撃していたものと考えられる。しかし、打ちこわしの参加が領民全体にまで及んだ大きな要因は、安政五年（一八五八）一一月の「正直会所」の設立である。これは供給物資の確保と物価安定のため、領内で売買される商品を産物に指定し、売買のたびに口銭を徴収するものであった。産物指定は、五穀・砂糖・荒物・炭・材木・小間物・紙など、あらゆる生活必需品に及び、口銭が

徴収されないのは井戸水だけといわれるほどであった。産物指定とともに、百姓を苦しめたのが藩札仕法である。同藩では少なくとも安永三年（一七七四）以降藩札が通用していたが、財政改革の最中にはこの使用が徹底されている。藩札以外の領内での使用は禁止し、領民がえた金銀はすべて藩の銀札座で藩札と交換させた。他藩の藩札使用も禁止し、使用者は処罰した。さらに、藩札発行の準備金として町方の者に銀札座に積金を命じたり、毎月分限に応じて藩札を積金させるなどして藩札の円滑な流通をはかった。領民は、藩札流通のため取られたこうした諸施策の実施から財政改革が始まったと考えており、打ちこわしでは産物指定とともに、藩札仕法の撤廃を強く求めている。また、藩は、打ちこわしが起きる直前の四月より「喰延し」と称する飯米節約策を打ち出して、町方の場合は一人につき毎月米三、四升の貯米を命じているが、やはりこれも撤廃が求められている。その他、年貢減免、御頼金の拒否や四郷取締役の廃止などが、主な要求であった。四郷取締役とは、財政改革を遂行するため、在方を南郷・豊富郷・金谷郷・夜久郷の四つの郷に分け、代官が支配したものである。さらに、財政改革の中心人物である原井・市川・関の三名については、名指しのうえ、その罷免を求めた。三名の罷免は留保されたものの、要求は聞き届けられたため、二日七つ時頃、百姓は引き上げた。この打ちこわしでは、町方では一〇〇軒ほどが襲われたが、被害を受けた家には藩から米が下げ渡されている。首謀者は石場村石坪万右衛門と直見村衣川利右衛門といわれ、利右衛門は事前に隣国の出石藩に出向き出石騒動の前例を調査したとも伝えられている。こうした大騒動は、福知山藩家中を動揺させるとともに、当時奏者番の職にあった藩主朽木綱張をも驚愕させた。そのため、一定身分以上の家臣には打ちこわしについての意見具申が求められている。こうした動揺する藩内の様子を教えてくれるのが「朽木丹下殿御演下書」（『福知山市史』史料編二）である。これは、藩主の側近である御用人朽木丹下が作成したものであるが、そこでは原井・市川を登用し、財政改革にあたらせ、一定の成果が上がっているものとばかり思っていたところ、実は両名が私利私欲に走り、打ちこわしを引き起こすことになったことに対する藩主綱張の深い自責の念が綴られている。そして、原井・市川の功績とその行き過ぎを止められなかった責任を家臣全体に転嫁し、両名への寛大な処置を訴えている。国元では、朽木丹下は原井たちと同罪であるとの意見が強く、これを察知した丹下が藩主の自責の念を披露し、家臣全体の責任とすることで、それを押しつぶそうとしたねらいがあったものといわれている。結局、原井・市川は処断される前に自害し、裁許の結果、関三蔵は追放、丹下も家禄召し上げのうえ蟄居に処された。一方、領民は一人も処罰されなかった。この打ちこわしは、直接的には藩の財政改革によって引き起こされたものではあるが、安政六年（一八五九）の開港以降に正直会所や「喰延し」といった施策が打ち出されていることから、その背景には開港による物価騰貴や商品流通の混乱があったものと思われる。なお、この打ちこわしは、明治に入ると「福知山騒動天田日記」という芝居に仕立てられ、自由民権運動盛んな時期には親しまれたという。

【人物】石坪万右衛門　いしつぼまんえもん

天田郡石場村庄屋。酒屋も営み、小柄なことから「小万」と呼ばれ、百姓間のさまざまな問題も「小万」に頼めば解決したといわれている。打ちこわしの中心人物で、武装した藩士を前に一三か条の要求を読み上げ、「受け入れるか、否か」と迫ったと伝えられている。そして、藩から全面的に認める旨の返答があった時は、しばらく百姓たちの歓声が止まらなかったという。文政六年（一八二三）生まれと推測されることから、打ちこわし当時は三七歳である。明治三一年（一八九八）没。福知山市石場の薬師堂には、大正五年（一九一六）建立の石坪万右衛門と本田又左衛門両名併記の顕彰碑がある。本田又左衛門とは、享保一九年（一七三四）一一月一日、福知山藩領で起きた御用金徴収に反対し、減免と皆済期日の延長を求め城下へ強訴した一揆の頭取であり、石場村庄屋であった。

【人物】市川儀右衛門　いちかわぎえもん

寛政一二年（一八〇〇）生。父政右衛門は、代官・大納戸を務めたが、のちに太鼓門番に左遷されたという。出仕した儀右衛門は、佑筆としての能力は評価されていたが、藩政の桧舞台に登場するのは原井惣左衛門によって財政改革が強力に推し進められるようになる嘉永二・三年（一八四九・五〇）ころからである。御借財掛に就いた儀右衛門は、この時すでに五〇歳になっていた。その後、原井の右腕として手腕を発揮し、一五〇石を与えられ、郡奉行に就く。改革は、原井惣左衛門と儀右衛門を中心に進められたが、打ちこわしの記録では儀右衛門が改革の中心人物として描かれており、すべては彼の指図であるとも記されている。この打ちこわしが市川騒動とも呼ばれるゆえんである。

（岩城卓二）

〔参〕『福知山市史』三・史料二

万延元年（一八六〇）九月八日
和泉国泉郡南王子村死牛取締訴願

南王子村は「古昔」より死牛馬の「取捌持場」を有しており、その数は泉州三郡で二三八か所ほどであった。ところが、その持場＝草場の村のなかで、南王子村に死牛を無償で渡すことをせず、同郡の塩穴村の者へ売り渡すという事態が何回か起こり、そのつど南王子村は訴えてきていた。万延元年八月、南王子村の草場中の大鳥郡梅村他八か村（七か村とも）において、雪踏などを取り扱う皮革商人塩穴村の作右衛門ほか三名へ死牛をわたしたことが発覚した。このため、南王子村は九月八日堺奉行所に訴えでた。相手方の塩穴村及梅村などの者は召し出され糺を受け、塩穴村とは一一月二三日には「済口」が成立した。すなわち、塩穴村の者は今後南王子村の草場村々には立ち入らないことを約定し、またすでに「取捌」をした死牛の代銀として三五〇匁が支払われた。しかし「素村」（平人の村）の梅村などは、堺奉行所が旧例通り南王子村の者にのみ死牛馬を渡すべきと命じたにもかかわらず、「向後随意江呉遣し度」と拒否した。南王子村は、このままでは「混雑之基」となり、かつ「当村小前末々ニ至迄、可及渇命」として、今後は死牛が出た村に「取捌」にいく時、「死牛取捌惣代」のうち一人を付添に出し、「御田地等」が決して穢れることのないようにするから、死牛馬とも南王子村に貰い受けたいと、翌二年二月一九日、庄屋利右衛門ら一〇人の名で、再び堺奉行所へ訴えでた。また二月二五日には川口役所へも願いでている。ここでは、南王子村の当時の窮状が詳しく述べられ、村役人六人と「取捌株持物代」惣兵衛が連印している。さらに、三月一〇日にも同様の願書が、利右衛門より出された。堺奉行所は江戸表に判断を求め、幕府は「仕来之通り」にすることを命じ、草場の権利を再確認している。この結果、南王子村は文久二年（一八六二）一一月、「斃牛馬取捌方取締書」を「斃牛馬取捌方」七五人の連名で作成し、「取捌」人足に「慥成明手之もの」一人を付き添わせ、「解捌方」を見届させ、帰村の道中にあっても「麁忽之儀」がないようにすることを取り決めている。

（椙山聖子）

〔参〕『奥田家文書』、前圭一「近世皮多の斃牛馬処理権」（『近世部落史の研究』上）

万延元年（一八六〇）一一月一三日
丹波国船井・天田郡幕府領等打ちこわし

上大久保村半左衛門ほか三名が計画し、万延元年一一月一三日、三〇〇〇～四〇〇〇名が酒値段を高騰させ、酒造の時期に米価をつり上げた同村の酒屋辻金右衛門方を打ちこわしたことに始まる。その後、近隣の岩崎・兎原・和田村など一二か村の質屋・油屋・醤油屋など在方商人方を襲撃し、米・酒・油値段引下げや掛売帳消し、さらには小作料半減を要求した。当地は、幕府領・旗本領・大名飛び地領などが錯綜するため、鎮圧には近隣の園部・亀山・綾部・篠山藩などが出兵、竹槍を持って藩兵と戦闘を交えた百姓もいる。同年の篠山藩領や福知山藩領での打ちこわしが、波及したものといわれ、これらの打ちこわしの背景としては、万延元年の貨幣改鋳による物価騰貴が考えられる。

(岩城卓二)

〔参〕岡光夫『近世百姓一揆の展開』

万延元年(一八六〇)一一月一七日
遠江国周智・豊田郡幕府領・掛川藩領強訴(二俣蓑かぶり一揆、北遠一揆)

万延元年五月一七日、大洪水が北遠江を襲った。これに伴ない米価がしだいに高騰した。八月に入ると浜名郷村々で騒ぎが発生した。このような状況に対応するため、幕府中泉代官所は一〇月三日に酒造半減令を出し、一一月七日には米穀の買占め、他国売りを禁じた。しかし、一七日に周智郡犬居地域の四五か村(幕府領・掛川藩領)の百姓一五〇〇~一六〇〇人(一説に四〇〇〇人)が城下村(掛川藩領)に押し寄せ、一万俵の借用を求め、受け入れられない場合は米・稗の安売りを求めた。安売りの要求が容れられたため百姓は帰村したが、一九日には、今度は豊田郡横川村(幕府領)など四か所一〇〇人余は天宮村近くまで押し寄せた。さらに、翌二〇日には豊田郡東雲名村(幕府領)など三か村の百姓一〇〇人余が、秋葉街道を南下し、船明村で役人に阻止された。二二日には豊田郡阿多古地域(幕府領)の一八か村の百姓三〇〇〇名が塩見渡に押し寄せ、さらに二三日には奥山九か村の百姓八〇〇人余が千草まで押し寄せた。米価騰貴から各地の百姓が連続的に立ち上がり、城下・天宮村など物資集積地をめざして強訴したが、役人に阻止されたものである。この一連の騒動は、いずれも打ちこわしまでにはいたらなかったようである。これらの一揆に対する処罰の詳細は不明である。

(安藤優一郎)

〔参〕『天竜市史』上

万延元年(一八六〇)一一月二六日
丹波国天田郡飯野藩領強訴(五千石騒動)

丹波国北部の一五か村五〇〇〇石は、延宝五年(一六七七)以降、上総国飯野藩保科氏領であった。強訴の発端は、前年に御用銀九六〇貫目が賦課されたことによる。これは、百姓の嘆願によって二四〇貫目に減額されたものの、万延元年、さらに一〇八貫目が追加された。そのため、上佐々木村の機屋元右衛門などを中心に強訴が企てられるにいたり、一一月二五日夜半、「明日郷中談合のうえお上にお願いするので、三岳山の中腹千ケ原に集まるべし」との廻状が村々に回された。ためらう村には参加を強制し、二六日、百姓は、天座村医師玄信、小野原村弥右衛門、夷村庄屋仁兵衛など、常日頃不満を持つ六軒を次々に打ちこわし、御用銀の減額と納入延期、上納米値段の改めなどを代官に要求した。この間、打ちこわしを免れるため、富裕者からは炊き出しが行われた。二八日、代官から御用銀減額など要求の一部を認める旨の回答があったため、百姓は引き上げた。しかし、要求の大半ははねつけられ、文久元年(一八六一)四月、上佐々木村の元右衛門・松屋安左衛門が欠所のうえ追放となったのを始め、一〇人以上が追放・過料などに処された。この年、丹波国では同様の強訴・打ちこわしが相次いでおり、それが波及したものと思われる。

(岩城卓二)

〔参〕『福知山市史』三、史料二

文久元年(一八六一)一月二三日
下野国足利郡足利町ほか各所打ちこわし

安政の開港以降、貿易による品薄と織物業の不振に作物の違作が重なり、諸物価が騰貴したが、これは織物業の中心都市として発展した足利町にも波及した。加えて、安政六年(一八五九)の渡良瀬川洪水も米価高騰に拍車をかけた。またコレラも流行し、栃木町では多数の死者もで、一連の社会不安から、米穀の買占め、売り惜しみをしていた富商に対する不満が高まった。このため、万延二年(一八六一)一月一五日、足利では町内の重立った者が施米・施金を行い、足利藩(戸田氏、一万一〇〇〇石)も町内の義倉を開き、御救米を放出するなど不穏な状況を回避しようとした。しかし、一八日例幣使街道上州新田郡太田宿で打ちこわしが発生すると、二二日には足利町にも波及、翌日には打ちこわしが行われた。打ちこわし勢百人余は、米を江戸へ積み出して巨利を得ていた穀商など四軒を打ちこわし、三軒に乱入した。このため足利藩陣屋は役人を出張させ、二〇人余を捕縛した。足利での打ちこわしは一応鎮静化したが、二五日には上州下沢村で百姓が名主宅に押し寄せ、翌日上渋垂村では質を扱っていた油屋が打ちこわされ、質物帳面類が焼かれている。その後八木宿でも打ちこわしがあり、梁田宿中本屋には打ちこわしを予告する張紙がなされ、夜には菱村の方で法螺の音や多人数の声が聞こえたなど、不穏な情勢が続いた。二八日には桐生新町などの穀屋にも張札があった。二月に入ると、打ちこわしは田沼町へも及んだ。二日夜、山間の野上沢五か村の百姓たちが無行灯で先手一四、五人が斧や鉄砲を持ち田沼町に向かった。頭取は、麻の采配を持ち、旗を立てていたという。手始めに上町の富商宅に押し入った際の打ちこわし勢は、途中加わった者を含め一〇〇人ほどであったが、続いて数軒の米穀商や酒造屋を打ちこわしたころには、二〇〇〇～三〇〇〇人に膨れ上がっていた。各所で酒飯の供出を受け、打ちこわしが大方終わると、上町の神明社の松林に引き取った。ここで田沼村名主や隣村の役人らと米穀安売りの交渉が行われ、その後帰村した。この前後、彦根藩佐野代官所では、天明町へ向けて打ちこわしが行われるとの風聞があったため、その町々の口を警備している。佐野藩（堀田氏、一万六〇〇〇石）も諸口の警備を行った。一方、壬生藩領都賀郡皆川・薗部村でもその後騒然とした状況が波及し、有徳人宅への米金押借りや百姓の屯集が見受けられ、壬生藩役人が出張している。この打ちこわしは、広範な地域に展開し、後の慶応四年（明治元年〈一八六八〉）下野世直し一揆にもつながる前段階的な闘争といえる。（齋藤悦正）

〔参〕『近代足利市史』一、『栃木市史』通史、『栃木県史』通史五

文久元年（一八六一）二月二日
下野国安蘇郡旗本領田沼町打ちこわし
→文久元年（一八六一）一月二三日
下野国足利郡足利町ほか各所打ちこわし

文久元年（一八六一）五月一一日
越後国頸城郡幕府領松之山郷打ちこわし未遂

文久元年頸城郡一帯においては、凶作が続き、米価が高騰していた。こうしたなか、五月、頸城郡東部の村々では、来る一一日に小前層が米穀商へ打ち込むとの立札が立てられ騒然となった。同日夕刻、儀明村・木和田原新田・田麦村・板山村の多数が一揆を組み、ほら貝を吹き立て、松明を焚いて動き始めた。一方、この動きを押さえるために、顕聖寺村・横川村など計二〇か村の百姓が途中の街道へ集結した。しかし、一揆勢は大平村まできたところで村役人に説得され、米屋襲撃をやめて引き返した。一三日には川浦代官所より手代らがきて事後処理にあたり、騒動の標的とされた米穀商の処置と穀留、米価引き下げの措置を取った。一揆勢に対しては、騒動が未遂段階で終わったため不問に付すこととしたが、その後も松之山郷の不穏な空気は治まらず、桐山村庄屋治兵衛と苧之島村幸右衛門は江戸表へ出府し、幕府勘定奉行松平出雲守への駕籠訴も実行した。このため、秋になり入牢一五人、手鎖二二人などの処罰が行われた。しかし、その後村方よりの熱心な助命嘆願により、一一月一八日に関係者一同の放免が言い渡された。（山本幸俊）

〔参〕『浦川原村史』

文久元年（一八六一）一〇月二六日
出羽国雄勝郡秋田藩領院内銀山鉱夫罷業

文久元年一〇月二六日、院内銀山の金掘りらが、労賃、物価に対する不満から永の暇を出しいっせいに下山した。二八日、下山の金掘り衆は院内町、横堀村の請負人をそこに残して銀買い上げ価格の引き上げを訴えにいったが、聞き届けられなかったため城下久保田へ向かった。二九日、金掘り衆は横手で横手城代戸村氏に取り押さえられ、足軽に付き添われて暮ごろに残らず帰山した。この騒動に関する処罰は不明であ

る。その後、元治元年（一八六四）四月一八日、再び金掘り・掘子・水掻い人夫までもが暇を取り、下山して騒いだ。一七日から院内町に下っていたものを合わせて五〇〇人余が米価高騰のため米値段、赤銭（山内での通用銭）などについて訴願したが取り上げられなかったためである。院内城代大山若狭にひとまず帰山するようにいわれ、二三日にそれぞれ引き取った。（堤　洋子）

〔参〕『雄勝町史』

文久二年（一八六二）二月
肥後国玉名郡熊本藩領久野村質地請け戻し争論

熊本藩では宝暦年間に総検地が実施され、この時の見図帳（水帳）に張り紙をする形式で土地移動が把握され、それが限界に達すると証文根帳などが作成された。しかし同藩領の百姓は、無年季的請け戻しの性格の強い質地慣行を行い、久野村では文久二年二月、見図帳によって三七年前の畑八畝余などの質地請け戻しを要求する質入主杢七と、証文根帳によってこれを拒否する村役人、質取主の下分田村伴助との間で争論となり、杢七が藩へ訴えた。藩はすでに寛政二年（一七九〇）、天保二年（一八三二）にわたり、証文がなく三〇年以上所持の事実のある土地は訴訟を受理しないと触れていたため、村役人もこれを根拠に質入主を説諭したが、納得はえられず、また藩役人も三〇年季法を絶対的なものとは理解していなかったので、争論は紛糾して翌年に及んだ。裁許・内済を示す文書がいずれも伝存しないが、同様の争論が久野村に続発し、結局質入主の事実上勝訴に終わったものと予想されている。（西脇　康）

〔参〕『肥後藩農村史料』三、白川部達夫『日本近世の村と百姓的世界』

文久二年（一八六二）九月七日
近江国神崎・蒲生郡彦根藩領領地替反対強訴

万延元年（一八六〇）の桜田門の変によって藩主井伊直弼が暗殺された彦根藩は、一〇万石を上知され、その内五万石は神崎・蒲生両郡から上知されることになった。文久二年九月五日（四日ともいう）にこの知らせが両郡百姓に告げられると、七日（六日ともいう）から二五日までの間に、数次にわたり大勢の百姓が蓑笠姿で城下に押しかけ領地替に反対の意思表示を行った。また一〇月二三、二五日の両日にも大勢が集会した。さらに一一月七日彦根下町の岡本義太夫は、江戸にて上知反対の訴願を提出し切腹している。百姓などに対する処罰は不明。（保坂　智）

〔参〕『近江神崎郡志稿』下、『稲枝の歴史』

文久三年（一八六三）四月
出羽国置賜郡幕府領（米沢藩預地）屋代郷越訴・打ちこわし

文久三年二月一〇日、幕府領で米沢藩預地となっていた屋代郷は同藩の「私領同様之取扱」を受けるように決定され、同郷三五か村、三万六九八〇石余、一万三八八一人は実質的に米沢藩領となるような支配替えが行われることになった。これに対し四月、三五か村の名主・百姓代は連名して隣国仙台藩の郡奉行へ支配替え反対の訴願を行った。訴えの趣旨は、寛文四年（一六六四）米沢藩三〇万石が一五万石に減封された際に屋代郷は幕府領となり米沢藩預地とされたが、郡中百姓惣代として二井宿村高梨利右衛門が命をかけて幕府に直訴したことによって、元禄二年（一六八九）幕府直轄の代官所支配となった。寛保二年（一七四二）には再び預地となったものの以後も幕府領並の支配が継続されたが、今回の決定で私領並の支配となり、新規に諸役が課せられるのは地味の豊かではない屋代郷にとっては死活問題であるので、先規どおりに幕府領米沢藩預地としてほしいというものであった。またそのなかで、かつての利右衛門の例にならって嘆願すること、本来ならば幕府へ直訴すべきだが、遠路の途中逮捕されては困るので近距離の仙台藩へ訴えに及んだという文言が含まれていることは注目される。八月には同藩家老へ駕籠訴し、一〇月にも訴願した。一〇月一二日、数百人の百姓が火事触を出し半鐘を鳴らして安久津村有無川原に集まり、高畑村の質・呉服商広野屋総左衛門を打ちこわして金品を奪ったり、富農らから強借する騒動が起こるが、これら金品は仙台藩への嘆願費用に使ったという。これを聞いて駆けつけた米沢藩士によって十数人が捕らえられるが、多くは仙台藩領に逃げ込んだ。米沢藩は一一月幕府へ事件を報告するとともに、仙台藩と逃亡百姓の返還交渉を行った。翌元治元年六月、幕府評定所留役が陸奥国伊達郡桑折代官所陣屋に到着し取り調べを開始し、慶応元年（一八六五）五月、獄門五人（金原村庄右衛門、二井宿村兵太郎、下和田村安右衛門、高安村藤四郎、竹森村龍吉）、死罪一人（高畑村源吉）、遠嶋六人、追放三人などの処罰が下された。なお、元治元年八月、二井宿村に入った評定所留役一行は、村民が利右衛門を顕彰して文政一〇年（一八二七）に建てた酬恩碑を破却した。今回の騒動にあって、利右衛門がシンボルとされていたからにほかならない。　（浅見　隆）

〔参〕『出羽百姓一揆録』、八鍬友広『近世民衆の教育と政治参加』

元治元年（一八六四）一月一五日

伊予国宇摩郡今治藩領半田村銅山開発騒動

半田村の入会山であった平山は、嘉永五年（一八五二）にいったん銅の採掘が藩によって禁止されたが、文久三年（一八六三）になると開発再開が取り沙汰され、幕府領下分村が鉱毒の流出を理由に反対の掛け合いを半田村にした。しかし、半田村村役人はそのような事実はないとし、他方で「抜掘」（盗掘）を黙認していた。翌年一月四日ごろに盗掘を確認すると、下分・上分・金川三か村の百姓が申し合わせ、一五日、大勢で試掘中の鉱山入口を潰すという実力行使にでた。この行動は、酒狂の上のできごととして処理され、同年三月下分村は正式に藩へ開発反対の嘆願を行ったが、その後の展開は未詳である。　（西脇　康）

〔参〕安藤精一『近世公害史の研究』

元治元年（一八六四）三月一八日

琉球国鹿児島藩領徳之島砂糖専売反対立て籠もり（犬田布騒動）

鹿児島藩は天保の財政改革の一環として文政一二年（一八二九）冬、奄美大島・喜界島・徳之島の三島に砂糖総買入制を実施することにし、翌年、三島方を設置した。これにより、年貢にあたる定式糖のみならず、残った分も余計糖としてすべて藩が買い上げることになった。元治元年は、砂糖の出来高を予測する焚例しの結果、成績は芳しくなかったが、徳之島代官所は東間切の井之川に一一五万斤の上納を命じた。これに対し村役人は八〇万斤なら請け負えると回答したが、黍見廻りは六九万斤が精一杯だと代官所を非難した。三月製糖が終わってみると、六〇万八〇〇〇斤しか生産できなかった。三月一八日、亀津の代官所から書役寺師次郎右衛門が犬田布村に出張してき、砂糖の出来高がいちじるしく少ない百姓為盛を砂糖隠匿の嫌疑で拷問した。それを見かねた百姓一五〇人が現場に押しかけ、砂糖小屋を打ちこわし、木棒を携えて寺師に立ち向かう動きを見せた。寺師は身の危険を感じて逃げるが、それを大勢で伊仙村の入口まで追いかけた。ここにいたって百姓側は、津口横目の義仙および義福・喜美武・義佐美・義武らを指導者にし、犬田布に立て籠った。村の岡に砦を築き、石や棒・斧・鉈・鎌などを集め、法螺貝を吹き立てたという。その夜、代官所は東・西目・面縄三間切の横目以上の島役人に代官所への集合をかけ、翌一九日、集まった島役人たちに犬田布の一揆鎮圧を命じた。二〇日、島役人らが鎮圧に向かう。二三日、代官所は一揆側が母間村から鉄砲を借用するのを警戒、村にその取り締まりと保管を命じた。また同日、犬田布村の小廻船がいなくなっているとの届けを受け、代官所は義仙・義佐美・義武・義福・実静の五名を指名手配した。その日、実静が犬田布村で、二五日義武が与名間村で捕らえられた。続いて残る三名も捕らわれて亀津に連行され、一揆はこの日終止符を打った。代官所は代官の権限内で事件の処理をはかり、義仙・義福・喜美武を大島に借島、義武・義佐美を沖永良部島に借島、安子盛を与論島に借島とした。借島とは、藩が処分する遠島に対し代官の権限で行う流罪のことである。（紙屋敦之）

〔参〕谷口学「薩摩藩の糖業政策と犬田布騒動の研究」(『暗河』三三)、「仲為日記」(『徳之島犬田布騒動』)

元治元年（一八六四）四月一八日
出羽国雄勝郡秋田藩領院内銀山鉱夫罷業
→文久元年（一八六一）一〇月二六日
出羽国雄勝郡秋田藩領院内銀山鉱夫罷業

元治元年（一八六四）七月二七日
常陸国那珂・茨城・久慈・筑波郡水戸藩領天狗党村役人打ちこわし

元治元年水戸藩内乱下、領内で発生した打ちこわし。三月水戸の尊攘激派天狗党が筑波山で挙兵すると、周辺村々を席巻しつつ、暴行・焼き打ちを背景に大規模な金策を行った。五月諸生派が藩重役の天狗党を追放し、幕府・諸藩連合軍とともに天狗党追討を開始したのを契機に、それまで天狗党の金策・暴行に耐え兼ねた領内各地の村々が組を結成、自衛を始めた。七月下旬、筑波より天狗党に敗れた諸生派が水戸城に入り、城下を支配下に入れると、村々は諸生派への支持を示した。水戸城南西部の鯉渕村では、天狗党への抵抗を決定し、諸生軍の一翼に組み込まれていった。各村では見張場を設け、交代で村民が警護・監視にあたった。こうしたなかで、天狗党へ加担してきた村役人・豪農・商人・神官宅などを襲撃、大規模な打ちこわしが行われた。二七日、久慈郡の在郷町太田村では百姓約一〇〇〇人が天狗党の金策に応じていた村役人ら一三軒を打ちこわし、晦日には那珂郡額田三郷で東郷の弥平次宅を破却した。同日久慈郡天下野村などでは天狗党の拠点となっていた小菅郷校を破却し、徳川斉昭の「御影あふぎ」などを引き散らしている。同郡西金砂山では郷士・村役人らが結集し、天狗党田中愿蔵追討のため村々より人数を招集、竹槍・刀・槍・鉄砲などを持った百姓らと金砂山組を結成した。これらは那珂郡大宮村に赴くと「家こわし大将軍」「破家将軍」と呼ばれ、八月一日より大宮始め鷹巣村神官豊田若狭宅や、田中の拠点である野口村野口郷校も打ちこわした。また鷲子（とりのこ）村などで打ちこわしが発生すると、打ちこわし勢七〇〇～八〇〇人は下野国那須郡の水戸領馬頭村へ進み、健部・小口村などへも波及した。一方水戸城下でも町年寄・商人宅が激しく打ちこわされている。同月下旬には筑波郡染谷村ほか五二か村で天狗党反対とともに年貢減免を要求して蜂起している。これら動向は、新治郡府中藩・石岡藩領、下総国相馬郡関宿藩領へも及んでいる。当初、水戸藩（諸生派）は百姓の打ちこわしを利用していたが、後には禁令を出し鎮圧出兵にも乗り出した。この背景には、打ちこわし勢の反天狗党にとどまらない豪農などへの制裁があった。結局、頭取の逮捕は村役人・豪農らの手によって行われたが、額田三郷の頭取寺門登一郎の如く諸生派の民兵指引となり天狗党との戦闘に参加した者もいた。水戸藩内乱の帰趨には、これら百姓らの動向が大きく影響していた。打ちこわしは、藩内の政治抗争を契機に開始されたが、天狗党への抵抗にとどまらず、文書の破棄や負債の破棄、村役人交代、藩の改革政治批判としての郷校破却、年貢減免要求が出され、村役人・商家など打ちこわしの対象も諸生派の許容の枠を越えているとして「常州世直し」ととらえる説も提示されている。（齋藤悦正）

〔参〕斎藤善之「天狗党争乱下の農民闘争と世直し」(『史観』一二一)、高橋裕文「幕末水戸藩内乱と世直し一揆」(『関東近世史研究』三一)

慶応元年（一八六五）五月一七日
信濃国伊那郡飯田藩領飯田町打ちこわし
→慶応元年（一八六五）五月二八日
信濃国伊那郡幕府領ほか米安売要求打ちこわし（駒場騒動）

慶応元年（一八六五）五月二〇日
摂津・河内国一二六三村菜種国訴

安政元年閏七月の国訴によって綿問題は

解決を見たが、残った肥料・菜種問題について摂津・河内村々が訴願に及んだのは、安政二年のことである。五月二〇日、惣代を選んで活動が開始され、二七日、大坂上本町の郷宿浜屋卯蔵方に集まるようにとの回状が回された。それに応えて各組合村では指導部が作った頼み証文をもとに惣代を選出、六月二日の一〇八六か村訴願となった。訴状は、油屋が油値段を基準に菜種の買い入れ価格を決めていることを批判し、次いで油の小売りについては、油屋が販売価格を申し合わせている点、肥料である油粕については不正販売をしている点を指摘している。これに対し、奉行所の係役人内山彦次郎は「菜種は綿と違いむずかしい」と一喝、惣代をなだめすかして願い下げを狙ったが、農民が容易に応じないため、「強情に願い出れば犠牲者が出るぞ」と威嚇した。七日には油屋が呼び出され、百姓の批判について回答が求められたが、それを受けて、惣代は出願を取り下げた。内山の前に訴願が竜頭蛇尾に終わった百姓は、再起を期して慶応元年、再び訴願した。

組織化は、慶応元年四月中旬、「御料所大集会」を受けて開始され、今回も雛形の頼み証文を介して惣代が選出された。「今回は何国までも願意を貫きたい」との強い決意を示した惣代西成郡江口村田中田左衛門ら五一人は、五月二〇日、一二六三か村の賛同を得て奉行所に出訴した。訴状では、油屋が江戸への供給油である御用油の調達を盾に、菜種価格や買い入れ場所を協定しているのが困窮の原因ととらえ、その変更のために自分たちが御用油を請け負うと提案している。従来の要求とくらべると、いわば油屋不要論を唱えている点で、今回の提案は画期的である。米・麦・綿が自由化されている時、菜種だけが自由化されていない現状を打破しようとする百姓の強い姿勢が見られる。奉行所では油屋に糺したうえで、五月二五日、「御用油は先だって、当座の権道（方便）の計らいをもって行われたが、今はない」と回答、油屋との示談を進めた。示談は数回にわたり進められ、六月一三日、菜種の買い入れは出会い相場で行い、いっさい協定はしない、菜種の買い付け場所も決めない、油粕も公正に販売する、などを内容とする示談案を百姓が提出し、油屋の回答を経て、七月、幕府の承認の下に示談が成立した。なお、参加一二六三か村は、摂津・河内の全村数一四六二の八六％に達し、近世を通じて最大の国訴であった。　（藪田　貫）

〔参〕津田秀夫『新版封建経済政策の展開と市場構造』

慶応元年（一八六五）五月二八日
信濃国伊那郡幕府領ほか米安売要求打ちこわし（駒場騒動）

慶応元年に飯田町で米価が騰貴した。正月には一〇両につき一二俵であったものが、四月末より高値となり、五月初旬には七俵三斗になったのである。五月一七日、飯田町の元結職人ら下層貧民が蜂起し、同町の一九軒と周辺村落三軒の穀屋を打ちこわした。飯田藩は、一〇両につき一一俵という安値の米を放出して騒動を鎮め、打ちこわし参加者への強及は行わなかった。この騒動は、同郡駒場周辺へ波及した。五月二七日、小野川村から米穀無心のため軒別にでるように求めた廻状が回った。二八日夕刻、伊那街道の宿場駒場村はずれに集会した三〇〇〜四〇〇人ほどは、一〇両につき一二俵での米安売りを求めて同村へ押し入り、二軒を打ちこわした。その後周辺村落へも米安売りを求めて押し寄せ、竹佐村、栗矢村で各一軒を打ちこわした。いずれも米穀販売をしていた者である。このうち竹佐村の五兵衛は、同村で安政四年（一八五七）に御用金下げ金の勘定をめぐる村方騒動の小前惣代の一人で、五年に江戸にて越訴を行った人物であることは注目できる。打ちこわし参加村落は、白河・高須両藩、旗本近藤氏知行所、幕府領（松本藩・飯田藩・旗本千村氏預地）にまたがる二〇か村であった。各領主は参加者の追及に熱意なく、いったんは入牢・手鎖・村預けなどにしたものの、短期間で解放して、本格的な処罰は行わなかった。　（保坂　智）

【典】平沢清人『百姓一揆の展開』、伊坪達

郎「慶応元年駒場騒動とその基盤」（『信州史学』八号）

慶応元年（一八六五）八月一日
越後国頸城郡高田藩領直江津今町打ちこわし

　慶応元年（一八六五）五月、高田藩主榊原正敬は第二次長州戦争の先鋒を命じられ出陣した。これにかかわる連年の御用金・人夫の調達が続くなか、直江津今町の米価の高騰は止まなかった。前年の元治元年末に一俵金三分であったものが、この年七月末ごろには倍近くの金一両一分に暴騰していた。これ以上の米価の上昇を恐れた小前層は、米の津留や安米を要求したが、藩の対応のないまま不穏な空気が高まっていった。八月一日夜四つ時、火事だという叫び声と寺の早鐘が打ち鳴らされるなか、男女数百人の町人が次々と商家一〇軒を打ちこわし、土蔵や家財を破壊した。打ちこわされたのは、米屋・回船問屋・穀物商・飴屋・四十物商・小間物商・大年寄の家々であった。高田藩では、八月一一日まで捜査を続け、騒動にかかわった者を手鎖・牢舎などの処罰とした。打ちこわしに女性が含まれていることが注目される。（山本幸俊）

〔参〕『新潟県史』通史五

慶応元年（一八六五）一一月二一日
隠岐国周吉郡幕府領（松江藩預所）西郷打ちこわし

→明治元年（一八六八）三月一九日
隠岐国海士・知夫里・周吉・越智郡松江藩預地島民陣屋占拠・郡代追放（隠岐騒動）

慶応元年（一八六五）一二月一日
陸奥国白川郡幕府領蒟蒻運上反対打ちこわし（こんにゃく騒動）

　塙地方で産出されるこんにゃくは、水戸藩領常陸国久慈郡大子から原種が移植されたもので、すべて久慈郡に設置された水戸藩蒟蒻会所を通して「水戸粉」の名で販売されていた。しかし、慶応元年（一八六五）一〇月、塙地方の南郷の名主一二名は、こんにゃくの他領への自由な直接販売の禁止と一括納入制、「奥州白川郡南郷筋塙産物」の焼印料として一駄につき二五〇文の買入商人よりの徴収、その積立金が一〇〇〇両に達したところで利子を橋・護岸・道路補修などの土木費やこんにゃくの資金として貸し付けるという建策を塙代官多田銃三郎に行い、許可された。このため、南郷二〇か村の百姓は他国売りの禁止は難渋として販売の自由を求め、一二月一日夜、内川・高野・真木野・山下・関岡村など二〇〇人余が高野村両海山上に集合、篝火を焚き、竹貝を鳴らした。これを知った代官所では、手代辻知次郎以下足軽・目明しを派遣し四六人を捕縛、年番名主植田村金沢正蔵宅に連行して取り調べを行った。三日、代官は自ら植田村で尋問を行い、厳重に申し渡して百姓らを赦免し、騒動は終息したかに見えた。しかし、その後も不穏な状態が続いたため、翌二年一月八日、代官所は仕法の中止を触れ、捕縛者の釈放を行ったものの、二〇日に再び松明を持った百姓二〇〇人余が両海山に集合するなど人気立った。翌晩には金沢庄蔵宅打ちこわしへの参加をうながす捨文が村々に置かれた。二二日、南郷の各名主宅や植田村金沢庄蔵宅・同分家宅がそれぞれ激しく打ちこわされた。代官所は手勢を出張させ、二三日、山下村勘治平・高野村平治右衛門など四名の頭取始め一揆勢五八人を捕縛した。しかしこの後も二月一二日には植田村で不審火があり、二二軒のほか郷蔵・村箪笥も焼失するなどの不穏な状況が続いた。同一四日、一一か村名主は百姓らの赦免の願いを出し、さらに四月一〇日には踏瀬村など三か村の名主が、翌日さらに他の三か村の名主が塙で前後策を協議、嘆願書を作成し代官へ願いでたため、五月に入って南郷名主を全員罷免し、六月には四人の主導者を含む五八人を村預けとし、一応解決を見た。しかし、その後も石井村では篝火を焚くなど不穏な状況が続いた。（齋藤悦正）

〔参〕『福島県史』三・八、『塙町史』一・二、『矢祭町史』一、『資料に見る矢祭こんにゃく史』、安在邦夫「奥州塙領蒟蒻騒動覚書」

（『民衆史の課題と方向』）

慶応二年（一八六六）一月一〇日
信濃国佐久郡小諸藩領加増村長吏夫銭割出入

加増（かます）村長吏内部においては、文化、文政、天保（一八〇四～一八四四）と支配層を中心とした抗争が表面化していたが、この年の抗争は小前層が役人層を追及したものでより大きな争議となった。前年一二月、小前の者三人が、本来配分されるはずの酒代の差出しを求めて、頭である作右衛門宅へ押しかけた。しかし、作右衛門に拒否されたため、年明け一月一〇日、小前一同は薬師堂に集まり協議、再び作右衛門を訪ね、立合・取締・判頭といった役人層との交渉を開始した。その内容は、昨年の入用があまりに多いが、その使途は何かを問い、夫銭帳の公開を迫るもので、夫銭については毎月晦日「勘定之上出銭可致様」との返事を得て手打ちとなった。右の取り決めに従い同月晦日に夫銭割が決められたが、一軒八四文ずつと多額であったので、小前一同は再び評議の上、作右衛門宅を訪ね、使途を追及した。ところが作右衛門は、たびたび小前より「難題ケ間敷義」をいわれては「役義」も務まらない、村方役人に願いでると出訴を宣言、小前層も規定外の入用が繰り入れられたことがわかったため、作右衛門の出訴宣言に応じ訴訟となった。作右衛門ら役人層は、同月一一日、『願書箇条』を提出、「頭取之者共始其外一味徒党之者、度々強訴我侭増長之始末」を加増村役前に訴えた。その詳細は、小前の頭取たちが平生博奕渡世をしていること、一月一一日、晦日の二度にわたって大勢が徒党し作右衛門宅へ押し込んだこと、彼らが一月一〇日より昼夜の別なく薬師堂に集まり「不法不実之悪迷」をたくらんでいることを書き連ね、小前頭取の名前を列挙、その厳重な取り締りを願いでたものである。一方、小前層も長文の訴状を作成し、作右衛門の不正取り立て、横領、旦那場における「落馬」（死馬）の独占、乱暴沙汰、白山権現（町内氏神）祭礼の分裂について一〇項目にわたり訴えでた。村方役前により調査、交渉が行われ、いったん調停が成立したが、作右衛門から申し立てがあり、藩に訴えることとなった。四月二五、二六日白洲で吟味がなされ、最終的には六月二一日、奉行代官など列席のうえ、決定が下された。その「御取用四ケ条」は、①籾割は時節ごとにすること、②夫銭割は年二度行うこと、③白山権現祭礼を統一すること、④作右衛門の落馬独占を認めること、で最後の一条を除き、おおよそ小前層の主張が通ったといえる。ただし、双方とも押し込みなどの処罰は受けた。また、この抗争はその後も尾を引き、明治元年（一八六八）一一月に小諸荒町海応院末寺全宗寺の仲裁により和解が成った。

（椙山聖子）

［参］尾崎行也『信州被差別部落の史的研究』

慶応二年（一八六六）二月一日
相模国高座郡旗本小笠原氏領羽鳥村質地請戻し・名主罷免訴願

慶応二年一月三〇日、羽鳥村小前三八名は名主八郎右衛門から質地の請け戻しをはかるため、村内汲田の松山で寄合を催し連判状をしたためた。二月一日、小前は大挙して江戸の領主屋敷へ繰り出し、質地請け戻しの違約、年貢勘定と公用賃銭割渡の疑惑を理由とした名主罷免要求の訴状を提出した。領主は後日の吟味を約束し、小前をひとまず帰村させた。三月一五日の裁許では、質地の請け戻し期限を三〇か年とする名主の譲歩は引き出せたが、名主に不正はないとする全面敗訴となり、小前は名主に詫状を入れてひとまず落着した。ところが、領主は裁許後に頭取を屋敷に留め置いたことで小前の間に不穏な空気が漂い、近々領主が多数の役人を村に派遣し騒動関係者を捕縛するという流言飛語が飛び交った。三月二九日頭取たちの母・婦女子のみ二五名が、心配のあまり藤沢宿に止宿中の幕府勘定組頭の後藤市兵衛へ駕籠訴したが、効果はなかった。四月一一日に隣村大庭村へ関東取締出役配下の者が立ち寄ると、羽鳥村の男は名主を除きすべて逃げ去り、春の種蒔きに支障がでた。そして、その直前の四月四日、小前代表の新太郎が外国奉行の井上信濃守正直に駕籠訴し、やっと吟味は幕府によって行われるようになった。しかし吟味はなかなか進まず、ようやく名主不正の一部摘発と質地請け戻し期限の二〇か年延長を引き出したが、幕府が瓦解したことで裁許流れになった。この間小前は、慶応二年八月には名主の持山に侵入し、松杉など一四〇本余を伐採し、同三年には小作料や年貢の納入を見合わせる行動にでた。同四年七月、小前が再度名主の持山に侵入し松一〇本を伐採する行動にでると、名主は五月新政府の相模国監察府に訴えた。同年秋には監察府の裁許が下されたが、その内容は旧幕府のものを踏襲するもので、両者の合意は成立しなかった。一〇月になると、名主は監察府に村方救済のため金四〇〇両の献金を申しでたが、事態は変わらなかった。翌明治二年（一八六九）九月、大庭村宗賢院と近隣村役人が調停に入り、名主は小前に助成金一〇〇両を支給、名主山林を小前に開発・小作させる、小作地に永小作権を認める、田畑五〇石相当を適正値段で譲渡する、小作料未進分は二〇か年賦・無利子とする内容で、いったん小前三九名全員が済口証文を差し出した。ところが翌三年二月、質地請け戻しの扱いをめぐって小前の強行派一一名が名主と対立し、神奈川県役所に出訴し、現実に和解したのは小前二八名であった。この争論も、やがて名主が質地を無償で請け戻させることに合意して内済し、五年に及ぶ騒動は小前の全面的勝利のもと、ここで始めて終息を見た。

（西脇　康）

〔参〕『藤沢市史』二、五

慶応二年（一八六六）四月二二日
大和国葛下郡幕府領高田村打ちこわし
→慶応二年（一八六六）四月・五月
大和国各所打ちこわし

慶応二年（一八六六）四月・五月
大和国各所打ちこわし

開港や貨幣悪鋳の影響に加え、第二次長州戦争の影響も加わって、米価を始め諸物価が暴騰した慶応二年に、大坂周辺では「大坂十里四方一揆ならざるはなし」といわれる状況が現出したが、大和国でも、四月下旬から一か月ほどの間に、町場を中心に買喰層による米屋などの打ちこわしが連鎖的に発生した。四月二二日の夜に葛下郡高田村で起きた米屋の打ちこわしがその初発といえるが、これより先、宇陀郡松山町では、三月二九日から四月一日にかけて、打ちこわし発生寸前の不穏な状況にあったことが知られる。四月下旬には、高田村に続いて、高市郡今井町・十市郡八木村で米屋の打ちこわしがあり、葛上郡御所町でも打ちこわしへの参加を呼びかける張紙が出された。大坂で大規模な打ちこわしが発生した五月中旬には、今井・高田・御所・奈良（添上郡）・丹波市（山辺郡）といった大和の主要な町場で「米屋こほち」があり、郡山城下（添下郡）でも、一七日夕方より郡山大橋へ二、三〇〇人が「丸はだか二而なハはちまきいたし、乱暴之様子」（「吹屋店記録」）と記される不穏な動きがあったことが知られる。一八日には、平群郡萱田村で、「正義士」の名で諸商人、ことに米穀屋に対して天誅を加えるとの張紙があり、二一日の夜には、旗本角南氏領添下郡藤ノ木・中村などの窮民六〇人余が、中村の米屋と代官宅を打ちこわすとともに、両村の庄屋らから米を差し出させた。この後、大和では、打ちこわしにまで至らなかったものの、六月上旬まで不穏な状況が続き、町場のみならず農村部でも窮民（貧農・半プロ層）が徒党し、地主村役人層に米の供出や救恤を要求するという動きが見られた。

（谷山正道）

〔参〕木村博一『近世大和地方史研究』、東義和『被差別部落と一揆』

慶応二年（一八六六）五月三日
摂津国武庫郡幕府領西宮町米騒動
→慶応二年（一八六六）五月
大坂周辺打ちこわし

慶応二年（一八六六）五月四日
河内国石川郡幕府領富田林村夫食要求騒動
→慶応二年（一八六六）五月

大坂周辺打ちこわし

慶応二年（一八六六）五月八日
摂津国八部郡幕府領兵庫湊打ちこわし
→慶応二年（一八六六）五月
大坂周辺打ちこわし

慶応二年（一八六六）五月一〇日
摂津国豊島郡幕府領池田町打ちこわし
→慶応二年（一八六六）五月
大坂周辺打ちこわし

慶応二年（一八六六）五月一一日
摂津国川辺郡近衛家領伊丹町米騒動
→慶応二年（一八六六）五月
大坂周辺打ちこわし

慶応二年（一八六六）五月一四日
越後国三島郡桑名藩領寺泊町女房騒動

幕末期の寺泊町は、小前層が人口流入するなかで米価暴騰が続き、「人気不穏」、「世情不穏」の状況が高まっていた。慶応二年五月一四日の夜五つ時、町の北側の下町一帯に集結した女房たちのかん高い声が響き、各小町の組頭宅へ押し込もうとし、さらに女房たちは米を買い占めている米穀商宅へ押し入る動きを見せた。町惣代らが出て、明朝までに一人に米一升を施米として米穀商より供出させることを約束し、その場をおさめた。翌朝、女房たちは再び大挙して昨夜の約束を果たすように騒ぎ立て、騒動は昼過ぎになっても鎮まらなかった。その後の経過は定かでないが、まもなく騒動は終息したものと思われ、一六日には柏崎役所から代官らが事後処理に駆けつけている。捕縛などの処分があったと見られ、町内三二五人に及ぶ赦免連判状が作成された。女性が騒動の主体として活躍している。その後、九月にいたって近隣の間瀬村百姓が寺泊町へ押しかけたことをきっかけに騒動は再燃し、米穀商など七、八件が打ちこわされた。騒動沈静後、探索と取り調べが続けられ、一二月に首謀者と見られた一六人に罪状が申し渡され、最高刑は入牢一〇日で、多くは「急度叱」にとどまった。（山本幸俊）

〔参〕山本幸俊「維新前夜の寺泊町」（『寺泊町史研究』五）

慶応二年（一八六六）五月一四日
大坂打ちこわし

慶応二年の大坂は、第二次幕長戦争（長州征伐）のために将軍家茂を始め幕府側諸藩の軍兵が駐屯したため、需給のバランスが崩壊し、米価を始めとした諸物価が高騰した。さらに人々を苦しめたのが、同年四月、軍費調達のために賦課された七〇〇万両に及ぶ御用金であった。打ちこわし直後、薩摩藩大坂蔵屋敷留守居役は、「上納金を賦課されてから、富家が普請を取りやめるようになり、大工、左官、畳屋、建具屋などが仕事がなくなり、乞食仲間に陥る者も多く出たのが原因である」と書簡に記している。この事態は大坂周辺部の在郷町なども同様であった。五月三日、ついに西宮町にて打ちこわしが発生し、八日には兵庫湊でも打ちこわしが行われた。大坂三郷も不穏な状況となり、一〇日には「西宮、兵庫で打ちこわしがあった。この大坂でも心得違いのものが打ちこわしを起こすようであれば早速召し捕らえる」という急触が出された。五月一三日、大坂近郊の摂津国西成郡難波村・木津村で蜂起した打ちこわし勢は、一四日早朝に大坂市中に突入した。彼らは米の安売りを求め、わずかな金銭を払って多くの米を持ち出した。そのあわただしさは、煙草を一服している間に米屋のすべての米を持ち出すほどであったという。安売りを拒否した米屋は打ちこわされた。打ちこわし勢は雨の中丸裸という姿で行動し、女性も含まれていた。また賤民身分の人々もこの騒擾に参加している。一四、一五両日にわたって展開したこの騒擾は大坂全体に広がり、被害にあった家は三三六町で八八五軒に及び、白米一四六一石余、玄米三〇三石余などが持ち去られ、銭六五一八貫文、金四一両余が遺棄されたという。この騒擾の最中に高麗橋に難渋者の名で老中にあてた張札が貼られ、そこには自滅させてくれるか、一石あたり三〇〇目に米価を引き下げてくれるかしてほしい。両方できないのであれば大坂中を焼くと書かれていた。幕府や大坂に詰めていた諸藩の兵が鎮圧にあたったが、打ちこわし勢のなかには竹槍で抵抗する者もいた。捕縛された総数や処罰については不明である。ただ、大坂町奉行所の吟味に対して、「打ちこわしの発端人は大坂城中に居る（将軍家茂をさす）」と答えたと記す史料が残されている。打ちこわし直後には米価は下落したが、戦争状況という根本的要因は解決されないままであったから、再び上昇に転じている。（保坂　智）

〔参〕原田伴彦『近世都市騒擾史』

慶応二年（一八六六）五月一六日
河内国安宿郡幕府領国分村打ちこわし
→慶応二年（一八六六）五月
大坂周辺打ちこわし

慶応二年（一八六六）五月一七日
上総国望陀郡幕府領など木更津町打ちこわし
→慶応二年（一八六六）五・六月
江戸周辺各所打ちこわし

慶応二年（一八六六）五月一八日
武蔵国荏原郡幕府領八幡塚村強訴
→慶応二年（一八六六）五・六月
江戸周辺各所打ちこわし

慶応二年（一八六六）五月一八日
和泉国南郡幕府領貝塚町打ちこわし
→慶応二年（一八六六）五月
大坂周辺打ちこわし

慶応二年（一八六六）五月二一日
大和国添下郡旗本角南氏領打ちこわし
→慶応二年（一八六六）四月・五月
大和国各所打ちこわし

慶応二年（一八六六）五月二三日
武蔵国橘樹郡幕府領川崎宿強訴
→慶応二年（一八六六）五・六月
江戸周辺各所打ちこわし

慶応二年（一八六六）五月二四日
武蔵国荏原郡幕府領大井村強訴
→慶応二年（一八六六）五・六月
江戸周辺各所打ちこわし

慶応二年（一八六六）五月二四日
武蔵国多摩郡幕府領府中宿強訴
→慶応二年（一八六六）五・六月
江戸周辺各所打ちこわし

慶応二年（一八六六）五月二八日
江戸打ちこわし

慶応二年（一八六六）六月から始まった第二次長州戦争で、幕府が長州藩に各所で敗北を喫し続けたことは、幕府威信の失墜を決定的なものとしたが、江戸ではすでに戦争開始以前から不穏な状況が醸成されていた。出陣に備え、幕府や諸藩が米穀を始め物資を大量に買い上げたため、物価が異常に高騰していた。三月六日、小船町の米穀問屋の板塀に、「天下之義士」の名で、これ以上米価が上昇すれば市中の動乱は眼前のことである、米価を高騰させている者は死刑に処すという旨の張札が貼られた。市中の不穏な状況を象徴する事件であり、この後も、四月二六日には、八丁堀の町奉行所同心の組屋敷を打ちこわすことを呼びかける張札が貼られるなど、市中の情勢は悪化の一途をたどった。こうした状況に危機感を抱いて、有徳者による施行も頻繁に行われ始めたが、五月には米価は一〇〇文につき一合五勺にまで暴騰した。五月二五日、寛政期（一七八九～一八〇一）以来米価高騰時に御救米を支給することなどで江戸の町の安定に大きく寄与してきた江戸町会所は、白米・玄米を飯米屋に入札させたうえで、六月一日より廉売することを決定した。ところが、米屋の入札値が一両につき二斗五升であったため、町会所掛り役人はあまりに安過ぎるとして入札のやり直しを命じた。飯米屋側はこれに対し、御救米同様の米を高く販売させようとしていると反論し、大騒ぎとなってしまった。さらに、市中にこの騒ぎが伝わったため、町会所が打ちこわされるという評判になり、見物の群集が大挙して押し寄せた。結局、入札は延期となってしまった。その直後の二八日から、南品川町で打ちこわしが起き、以後数日にわたって江戸の各所で米屋などが打ちこわされたが、町会所のこうした不手際が直接の導火線になったのだろう。翌二九日から六月一日にかけては、品川から芝に打ちこわしの波は移っていったが、二日以降は、さらに北上して、四谷・神田・麻布・赤坂など山の手一帯の春米屋などが軒なみ打ちこわされた。市中のみならず四日夜から五日にかけては甲州街道内藤新宿の春米屋が激しく打ちこわされた。これにより当該地域の米価は下落していった。また、江戸の各所では貧窮人の要請もあり、次々と有徳の者による施行が実施されていったが、これも同じく打ちこわしの効果というべきものであった。その後間もなく、社会状況は鎮静化したが、この時、江戸全体では二〇〇軒以上が打ちこわされたといわれている。打ちこわされた家の多くは、主に米屋・質屋・酒屋などであったが、横浜での外国貿易により巨利をえていた者も打ちこわしの対象となっており、のちに顕著となる排外運動の性格も、この段階から孕んでいたことは注目されよう。そして、打ちこわしの最中には、町奉行所の門前に「御政事売切申候」という落書も貼られたという。五日、幕府は打ちこわしを見物にいくのを禁止し、六日には別手組や両町奉行所の者を見廻らせるため、江戸府内四か所に屯所を設ける旨の町触を発した。不手際により市中の情勢を急激に悪化させてしまった町会所でも、五日に、窮民への御救銭の支給を開始すると通達した。其日稼の者のうち、独身者には銭九〇〇文、二人暮以上の家には一貫一〇〇文ずつ支給する方針を打ち出した結果、支給者数は三七万三八七人にも及んだが、これは天保期（一八三〇～一八四四）に実施された御救活動とほぼ同じ規模であった。こうした対応により、七日には市中の状況はいったん鎮静化した。

江戸では六月七日頃、情勢は鎮静化したが、一三日、秩父郡上名栗村から始まった一揆は武州世直し一揆として武州一帯を席巻し、幕府に再び強い衝撃を与えた。江戸およびその周辺地域に打ちこわしの波が押し寄せて幕府の権威が地に墜ちるなか、七月二〇日、将軍家茂は大坂城内で病死した。そして、長州藩に各所で敗れていた幕府は、八月二〇日になって休戦の沙汰書を発した。こうした政治情勢を背景に、江戸の米価は再び高騰に転じ、このころは、銭一〇〇文につき一合二勺にまで暴騰した。二四日、町会所では一〇〇文につき二合五勺という市価の半値で米の廉売を開始すると通達した。そのため、町方では六月の御救銭支給の時のように、窮民一統が対象とされることを期待していたが、町奉行所では、飢えに苦しみ生活困難な極貧の者のみを対象とする方針であった。しかし、御救の実務を担う名主側は、対象者認定にあたって市中が動揺するのを恐れて、窮民一統を対象とするよう嘆願したが、逆に叱責を受けてしまった。決して町会所の備蓄米が払底していた訳ではなかったが、上方筋の不作や関東の作柄の問題に規定されて、今後の見通しが不透明であったことが、町会所の決断を鈍らせ、出し惜しみさせる結果を招いたのである。町方では止むなく対象者の認定を開始し、貧窮者を上中下の三段階に分けた。ここで支給対象と認定されたのは、「下」とされた畳や建具、なかには竈さえない言語に尽くしがたい困窮人だけであった。竈に湯釜、箪笥の一つくらいはあるが、二度しか食事ができず、しかもそれが薩摩芋や粥である「中」と、畳や建具を所持し、三度の食事のうち二度は粥である「上」は、ともに支給の対象外であった。調査の結果、七万三八四九人が対象者として書き上げられたが、六月の対象者数が三七万三八七人にも及んだのにくらべると二割程度に過ぎなかった。そのため、対象外とされた窮民は不公平であると、支給が開始される以前から騒ぎ立てた。町を介して米・銭が支給されることで、大商人の施行とともに、名主―家主による下層民支配を支える役割を果たしていた町会所の御救が、逆にそれを動揺させる結果を招いていたのであり、名主側の懸念は現実のものとなったのである。

町会所による御救は九月八日より開始されたが、一二日朝、神田明神の一の鳥居の柱に、廉売により利益を上げようとする町会所を痛烈に批判する趣旨の張紙が貼られた。この日から本所・深川辺では、窮民が亀戸社や回向院の境内に土竈を作って大釜を借り出し、近隣の富裕の者に施行を要求して貰い受けた米穀・塩・味噌を粥にして食することが見られた。以後数日にわたって、神社や寺院の境内に困窮人が集まり粥をすする光景が江戸の各所で展開されたが、場末のみならず、日本橋・内神田といった中心部でも見られたことが今回の特徴であった。とりわけ江戸中心部における廉売対象者がきわめて少なかったことも、この騒擾の原因として指摘できよう。例えば、日本橋地域を範囲とする名主番組一番組で、今回の対象者として書き上げられた者は皆無であった。貧窮人が施行を強要した相手は有徳の者だけでなく、大名・旗本屋敷もそこには含まれていた。熊本藩細川家では一〇〇両、加賀藩前田家は米二〇〇俵を近隣の町に与え、旗本牧野家では屯集した窮民に白米一〇俵・味噌二俵を施行した。また、彼らは「花房町貧窮人・明神下同朋町困窮人」というように、町を単位に行動していた。つまり、各町の町名を記した紙の幟を立てた車の上に、富裕の者や武家屋敷から貰い受けた米穀・塩・味噌などを積み、町内の寺社の境内や河岸に持ち帰って炊き出しをし、飢えを凌いでいたのである。そして、名主や家主に断りなく貧窮民が町奉行所に直接に嘆願にでる行為も、「群蚊」の如くと評されたほど頻繁なものであった。老中への駕籠訴もたびたびであった。一八日には、一石橋際に勘定奉行小栗忠順を名指しで糾弾し、駿河台の小栗邸の打ちこわしを呼びかける張札が貼られた。二〇日夜、これに応じて市中各所に群集した窮民に対し、町奉行は鉄砲を携行した幕府歩兵を引き連れて、威圧を加えながら説得し退散させたが、町奉行にも投石が行われる状態であった。張札が出された一八日には、米国公使の一行が上野山下で貧窮民に囲まれて礫を投げつけられ、警護していた別手組の防戦により何とか難を逃れている。市中は、外国人排斥の機運も高まるなか、真に打ちこわし前夜の様相を呈していた。ここにいたり幕府は、神田佐久間町河岸に御救小屋を設置して貧窮民を収容するほか、回向院など五か所で炊き出しを行うなどの対策を取った。炊き出しを受けた人数は、二〇日から二四日までで一三万人以上にも及んだとされる。施行も引き続いて広範に行われ、三井家の五八〇〇両余を始め、豪商四七人だけで施行金額は最終的に一〇万両以上にも及んだ。一連の御救策、そして施行が大々的に実施されたことも相まって、緊迫を続けていた社会情勢はようやく鎮静化していったのである。この数か月にわたる江戸の騒擾は国内のみならず、外国人排斥運動の性格も孕んでいたことにより、日本に駐在する外国人にも深刻な危機感を与えた。彼らは排外運動の激化につながることを危惧したのであり、イギリス公使パークスは米価引き下げのため、一〇月に外米の輸入を幕府に勧告している。幕府もその勧告を受け入れて、翌三年三月に五万四〇〇〇俵もの中国米（南京米）を輸入し、国内米よりも安値で販売させたが、味が悪いため買い求める者は少なかったという。このように、慶応二年の江戸の騒擾は、国内のみならず国際関係にも大きな影響を与える出来事であった。

（安藤優一郎）

〔参〕南和男『幕末江戸社会の研究』、吉田伸之『近世巨大都市の社会構造』

慶応二年（一八六六）五月
大坂周辺打ちこわし

開港後、経済界の変動によって物価は上昇傾向にあったが、慶応二年に入ると、第二次長州戦争と、大坂への幕府軍の進駐によって、五月には米価が異常に高騰した。そのため大坂周辺では、貧民がその日を凌ぎかね、人気が悪くなっていた。まさにこうした状況下において、「大坂十里四方ハ一揆起らざる所なし」（『幕末珍事集』）という事態が起こったのである。打ちこわしの端緒は、五月三日、摂津国武庫郡西宮町で開かれた。すでに一日ごろから夜分に各所で貧家の主婦が一四、五人寄り合い、米屋を訪ねて米の安売りを頼んでいたが、三日にはそれが一つの集団となって、鍋徳や小乗馬屋という米屋へ押しかけ、居合わせた武士数人と衝突したのであった。このため、当時一升七〇〇文の白米が四〇〇文に下がり、一人四合の割りで販売されたようである。また、今津村では、酒屋仲間から一〇〇石の米が安売りのために供出された。こうして、この段階では、まだ打ちこわしにはいたらなかった。ところが、八日には、八部郡兵庫湊で「コボチ」が起こった。夕刻頃から湊川堤に人々が集まり、夜八時ごろに湊町の総門を抜け、泉屋という米屋を打ちこわしたのを皮切りに、群衆は北浜・南浜・岡方の各町筋を駆け回った。その参加人数は、一〇〇〇人とも二〇〇〇人ともいう。また群衆は、竹槍・棟板を持ち、竹筒・法螺貝、太鼓を用いて行動したともいう。この騒動は翌朝には収まったものの、当時兵庫に警固のために陣取っていた越前丸亀・播磨明石両藩が発砲したため、群衆のなかには死傷者がでた。この騒動では、豪商として知られた北風荘右衛門宅を始め、米問屋・米仲間・搗米屋・穀物商・質屋・酒屋・料理屋など二〇軒余りが打ちこわされたことが判明しているが、兵庫の大家はほとんど打ちこわされたという。このため、兵庫でも、すでに四月中旬に一升五〇〇文に下がっていた米が、さらに四〇〇文に下がり、一人三合の割りで販売された。

また同日には、莵原郡住吉村と八部郡神戸村でも騒動が起こったという。武庫郡今津村の騒動も同日に起こったようで、情況は明らかでないが、その結果、酒造家仲間からの総額約一万両の拠出金で、白米一〇〇石を代銀九〇匁で安売りし、近在からも人が集まって受給したという。続いて九日には、莵原郡魚崎村でも騒動が起こり、参加者のうち何人かが逮捕された。一〇日にはは豊島郡池田町でも打ちこわしが起こった。この日の夕方に天神ノ森に百姓たちが集まり、暮れ方から新町の米屋を次々と打ちこわした。さらに米屋・中之町にも進んだが、翌日未明には中之町の丹波屋市右衛門の仲介によって収まった。その参加人数は六〇〇～七〇〇人という。この騒動では、干藤・かや藤・いた半など一〇軒余りが被害を受けたことが判明しているが、米屋は残らず襲撃されたようである。ここでも米の安売りが行われ、一一日に酒会所で当時一升七二〇文の米が三〇〇文で販売された。川辺郡伊丹町でも、一一日夜に群衆が米屋に押しかけて一升四〇〇文の米の安売りを要求した。しかし、役掛が巡回して取り鎮めた。翌日からは救米を給付したが、二〇〇〇人が集まり、近在からも集まったという。

騒動の波は大坂近在から市中にも迫り、ついに一四日、西成郡難波町で打ちこわしが起こった。七つ時頃、氏神境内に人々が集まり、東之町の搗米屋千左衛門・庄兵衛を始め一七軒を打ちこわし、日が明けるとともに、竹槍を持ち、竹筒を吹くなど、その気勢は盛んになっていった。五つ時ごろには北之町でも打ちこわしが行われたが、参加者のうち一〇人余りが逮捕され、さらに境内で酒食中の者六〇人余りが逮捕された。難波町と前後として、木津町、福島・九条・勝間村でも打ちこわしが起こり、道頓堀九郎右衛門町一帯では市中を警備する幕府別手組の手で一〇人が逮捕された。引き続いて一五日には、西成郡今在家・中在家、住吉郡住吉、次いで一八日には寺岡・遠里小野などの村々で騒擾があった。これら摂津国一帯の打ちこわしは下層民によるものであったが、その実態は、米屋に対する押し買い、安売りの強制であった。そのため大坂三郷三六六町では、搗米屋・両替屋など八八五軒が大破小破にかかわらず被害を受けたのであった。

打ちこわしは、摂津国のみならず、河内国や和泉国でも起こった。まず河内国から見てみると、五月四日の夕方には、石川郡富田林村で夫食米要求と庄屋糾弾の「大寄合」が開かれた。原因は、庄屋が二年前郷蔵の夫食米を売却して金子を使い込み、新米の積立をしていなかったことであった。百姓たち五〇〇人余りが興正寺別院に集まり、境内でかがり火を焚き、炊き出しを始めた。そして法螺貝を吹き、太鼓・早鐘をたたいて気勢を上げた。翌日、百姓たちは夫食米一〇〇石をただちに郷蔵に積み立てるよう庄屋に要求した。夕方には、庄屋宅に多人数が押し寄せ、大混雑であったが、庄屋が五月一〇日までに夫食米一〇〇石を積み立てることを約束し、それまでの間、大組衆が代金九〇〇両を立て替えることになったので、打ちこわしは回避された。また一六日の夜には、安宿郡国分村でも騒動が起こった。夜四つ時ごろに大和川の河原堤に人々が集まり、三〇～四〇人余りが米屋四郎右衛門宅を襲撃したのを皮切りに、四軒の米屋を打ちこわした。さらに西光寺・西法寺などの鐘・太鼓を鳴らすなどして村民に参加を呼びかけた。このようにして西光寺に村民が集まり、彼ら群衆と村役人との間に団体交渉が持たれた。交渉は一七日から行われたが、群衆は村役人に対して、米価高騰によって小前は難渋しているので、反別に米五斗ずつ支給するか、一〇月末まで一人あたり日々四合の米を時価の半値で売ってほしい、小作年貢をまけること、以上の三か条を突きつけた。群衆は不承知であれば打ちこわすと言い張ったので、村役人らは止むなく承知すると答え、騒動は収まった。しかし、近村に出張していた手代の通報を受けた近江国信楽の幕府代官多羅尾主税は、この騒動を抑えがたいと見て、大坂町奉行・城代に支援を求めたため、二二日には岸和田・高取・狭山・丹南・郡山の近隣五藩が動員された。各藩の藩士・農兵が鉄砲・鑓などを構え、全体でその数は一〇〇〇人を越えたという。そのうえで、信楽代官所から代官が手代を伴って百姓を逮捕にきた。これに対し、村では百姓全員が逮捕されては農事に支障を来すとして、村民を呼び集めたところ、百姓八〇〇人余りが竹槍を持って集まり、役人らを追い払った。一方、村民は再び村役人に交渉し、逮捕された者を釈放してほしいと頼んだ。村役人らは了解し、柏原の出役所に嘆願した結果、逮捕された者は釈放された。騒動の終焉後、その参加者の逮捕が開始されたが、二五、二六両日で逮捕者は一三〇人余りにのぼったようである。吟味の結果、二七日にはそのうちの九人が大坂へ連行され、残りは村預けとなった。なお、五月上旬には八尾町などでも富裕者に対する押し借りが行われたようである。

和泉国でも、一四日以降、大鳥郡堺町を始め、岸和田町・貝塚町などで打ちこわしが起こったようである。例えば貝塚村では、一八日の暮六つ時頃から百姓たちが四斗樽の酒を強要し、かがり火を焚いたのに始まり、施行米札をめぐって特定の者にだけ安く施行した年寄二軒と、米価をつり上げた搗米屋七軒を打ちこわした。その結果、領主からは施米一〇一石五斗、銀一一貫五〇〇匁が支給され、年寄二人は罷免された。その後、日根郡佐野村・尾崎村付近でも多人数が集会するなどの不穏の動きが見られ、その結果、安麦が支給された。宇多大津・下条大津村でも同様の動きがあり、泉屋某が打ちこわされたが詳細は明らかでない。このような和泉国一帯の打ちこわし・不穏情況に対して、五月から九月頃までにかけて、ほとんどの村々で富裕者の拠出や領主による米麦の施行や安売りが行われた。また領主は、困窮人や難渋人の調査を行った。

（山﨑善弘）

〔参〕『西宮市史』二、『大阪府史』七、『兵庫県史』五、『新修大阪市史』四、酒井一「慶応二年大坂周辺打毀しについて」（『歴史科学大系』二三

慶応二年（一八六六）五・六月
江戸周辺各所打ちこわし

慶応期は、作物の不作、貿易の開始による国内流通構造の危機的な状況、各地で頻発する騒擾に伴なう社会不安などの要因が複合的に作用して、米価を始め諸物価が異常に高騰した時期であった。江戸では、慶応元年より、米を買い占めている米穀問屋などへの打ちこわしを呼びかける張札が各所に貼られていたが、翌二年に入ると、第二次長州戦争に備えて、幕府や諸藩が米穀などを大量に買い上げたため、物価は甚だしく高騰した。その状況に乗じて、米屋による買い占め行為も広く行われ、市中は騒然とした状況に陥っていった。五月には、

米価は一〇〇文につき一合五勺にまで暴騰した。ついに月末の二八日より、南品川町で打ちこわしが起きたのを皮切りに、以後江戸市中全域で数日間にわたって、打ちこわしが展開することとなる。一方、江戸への物資の供給地であった武州・相州・両総などの周辺地域も事情は同じであった。漁村町であり、両総における物資流通の結節点でもあった木更津町では、前年は一両につき二斗二升は購入できた米が、このころには一斗六升しか買うことができなかった。そのため、下層民はその日の食にも困るようになってしまい、五月一七日夜、同町で米価をつり上げていた米穀商人二〇軒余を打ちこわすにいたっている。その後打ちこわしの波は、近隣の長須賀村・祇園村・久津間村・奈良輪村・神納村などに広がっていった。同時期に下総の千葉町では、飯米の確保に窮した町民二七四人が、米価引き下げを求めて米屋と交渉を行っている。しかし、埒があかなかったため、代表者一〇人を佐倉に送って、米価の引き下げを嘆願しようとした事件が、翌六月に起きている。この件は、途中で藩役人に制止されることで、結局は未遂に終わっている。一方、武州東海道川崎宿およびその周辺では、五月一八日より不穏な状況に陥っていった。同日昼、多摩川をはさんで川崎宿の対岸に位置していた荏原郡八幡塚村で、四〇～五〇人の窮民が村の鎮守に集結する事件が起きた。よって、村側では名主など村内の有徳の者から拠出させた施金一五〇両を窮民に支給し、さらには銭一〇〇文につき白米二合という割合で米屋に廉売させることで、事態を鎮静化させている。だが、二三日夜には、今度は川崎宿で店借三八〇人余が堀之内村山王社の境内に集まる事件が起きた。彼らは、有徳の者からの施金、米の廉売（銭一〇〇文につき五合）などを要求して宿内に押し寄せたが、当時の米価は、銭一〇〇文につき一合八勺であった。宿内一の分限者である名主の施金拒否もあり、窮民と宿側の代表者との交渉は非常に難航したが、結局、六、七月の二か月間は銭一〇〇文につき三合の割合で廉売することで、事態は収拾されることとなった。その差額分は、有徳の者からの施金で補填（足し米）したのである。久根崎町の半七が八〇両を差し出したのを筆頭に、その合計金額は、四〇〇両をはるかに越えるものであった。二四日夜には、近隣の大井村でも村内の鎮守に数百人が集結し、魚屋などを打ちこわす事件が起きた。村では有徳の者から三三〇両余をかき集め、三〇〇軒ほどを対象として施金したため、状況は鎮静化したが、同時期には溝口村や久本村でも打ちこわしが起きている。そして、この緊迫した社会情勢は、二八日には北接する南品川宿に飛び火することとなる。以後数日にわたって、江戸市中で激しい打ちこわしが展開するが、大井村で打ちこわしが起きた二四日には、甲州街道府中宿でも、裏店の者など五〇～六〇人が集結し、米の廉売を求める動きが見られた。江戸の打ちこわしが鎮静化したころ、江戸の北の守りである川越でも、不穏な情勢となっていた。当時米価は、銭一〇〇文につき白米一合六勺にまで高騰していたが、そのため城下町や近郷の大工・職人は仕事もなく、その日の食にも困るほどであった。六月七日、彼らは城下の氷川神社境内に集結して、白米を銭一〇〇文につき五合で廉売するよう藩当局に求めたのである。藩側ではこれに対し、藩米一〇〇〇俵を以後五〇日間にわたって、銭一〇〇文につき白米三合で廉売するという線で説得し、彼らを解散させることができた。一三日より、南町の近江屋を売場として、藩米の廉売が開始されている。このように、五月中旬から六月初めにかけて、江戸周辺地域の各所で打ちこわし、あるいは騒動が頻発し、江戸にも波及していたが、それは六月一三日以降、武州全体に展開し、幕府当局を震撼させた武州世直し一揆の序曲に過ぎなかったのである。（安藤優一郎）

［参］南和男『幕末江戸社会の研究』、『川崎市史』

慶応二年（一八六六）六月七日
武蔵国入間郡川越藩領川越町強訴
→慶応二年（一八六六）五・六月

江戸周辺各所打ちこわし

慶応二年（一八六六）六月一〇日
下野国足利郡菱村ほか桐生新町米安売り騒動（八給騒動）

慶応二年、桐生新町や周辺村々で穀物商人攻撃を予告する張札が各所で見られた。このため桐生新町の役人は、借家人や日雇い労働者に救助米を配布し、騒動を未然に防ぐことにした。しかし、六月一〇日、米価高騰に業を煮やした足利郡菱村の百姓数人が、道祖神の前で法螺貝を吹きたて近隣村々に百姓集会開催を告げた。それを合図に菱山に集まった百姓数百人は、桐生新町商人に米の安売りを要求することに決し、ただちに行動を開始した。この時、頭取となった菱村の伊三郎は、「南無阿弥陀仏」と背中に大書した白衣を身につけ、「困民為救」と記した大きな旗を押し立てて百姓の先頭に立った。迎え撃つ桐生新町役人は、半鐘を乱打して町民を動員し、篝火を焚いて町方の警備を固めたので、両者は町の入口で対峙した。しかし、伊三郎と町役人の交渉で、町方が米の安売りを行うと約束したので、対立は氷解した。一方、菱村など八か村百姓蜂起の知らせを受けた関東取締出役の宮内左右平は、手下を率いて出動し、両者が和解して解散したにもかかわらず、伊三郎の行為は禁制の徒党であると断じ、伊勢崎藩の牢に押し込めた。伊三郎は入牢後村預、その他の逮捕者二三人は村預。首謀者と目される丑松と梅山の二人は行方不明。

（中島　明）

〔参〕『桐生市史』、『菱の郷土史』、中島明『上州の明治維新』

慶応二年（一八六六）六月一三日
武蔵国秩父郡など一五郡、上野国緑野・甘楽・多胡郡幕府領ほか打ちこわし（武州一揆、武州世直し一揆）

時あたかも第二次幕長戦争の直後に、江戸城のお膝元の武蔵国で発生した武州世直し一揆は、慶応二年六月一三日、秩父郡上名栗村より発生し、飯能川上の村々の数百人から数千人が高麗郡飯能村の在郷商人らに対し山間村落への米の安売り、施米・施金を求め交渉したが決裂し、久下分村の名主酒屋八左衛門、飯能村名主堺屋又右衛門、穀商中屋清兵衛・板屋半兵衛らを打ちこわしたことから始まった。一揆の発頭人は、上名栗村に残る史料によると、多摩郡下成木村の組頭悪惣こと喜左衛門、上名栗村の大工紋次郎、同桶屋豊五郎、多摩郡二俣尾村槙次郎がその主たる者であろう。打ちこわし勢の要求項目は、①米穀の安売り、②施米施金、③質物の無料返還などで、その他小作料の減免、借金証文の焼き捨てなどもある。彼らは「諸国太平」「万人安穏」「平均世直将軍」などと書いた旗や幟を掲げ、施米・施金を文書などで確約したものは許し、拒否したものは打ちこわしを行って「世ならし」をしたのである。その際に人を傷つけること、金品を強奪することはきつく禁止されていた。一揆発生の原因は、政治情勢の不安もあるが、経済的なものが大きい。化政・天保（一八〇四～一八四四）以降に土地を失った百姓の一部は、江戸周辺在町（八王子・所沢・扇町屋・大宮など）に流入して窮民が増加し、村内にも大量の零細農民を生み出していた。また、安政の開港がさらにこれに拍車をかけて階層分解を促進させた。そのため、一揆の際には横浜貿易で巨利をむさぼる浜商人は徹底的に打ちこわされている。また、幕長戦争のため大量の米が兵粮米として買われたため米価が高騰し、飯能川上の村々のような山村百姓（米を買い食いする人々）を苦しめた。そのうえ、この年は夏まで冷気が続き、桑や麦も実らず、飢饉が迫っていた。このような状況が武蔵・上野国の畑作雑穀地帯・養蚕地帯をおおっていたのである。

騒動は、六月一三日から一九日の一週間余で武蔵一五郡、上野三郡に拡大し、参加人数は一〇数万人と推定される。目下のところ史料で確認できる打ちこわしの軒数は四六〇軒余で、その村数は二〇〇か村近くにわたり、参加者の出身地は武蔵・上野のほか相模・下野・常陸ら広範囲に及ぶ。参加者の大多数は貧農・小作層であるが、無宿・浮浪人も加わり、各地で人足と飲食を要求し、勢力はますます拡大していった。騒動は各地で同時多発的に起こり、合流や分岐を重ねて多方向に広がっていったが、全体としては三つの方向性を持っていた。その一つは東へ向かう動きで、飯能から扇町屋・所沢方向に進み、所沢では田無・引又（志木）・川越方面に分岐するが、引又方面への一隊は与野宿へと進んだ。この一隊は一七日幕府・諸藩兵により阻止されたが、中山道沿いに「世直し」を拡大する動きであり、坂戸方面から鴻巣宿へ、松山から熊谷宿へ、寄居から本庄宿・深谷宿へと向かう動きも同様だった。二つ目は、山麓の養蚕地帯に沿って北上するもので、一四日吾野谷からの一揆勢は、高萩から坂戸方面に向かい、毛呂・越生・小川・寄居などで打ちこわし、寄居から分かれた一隊は八幡山・藤岡を経て関東郡代岩鼻代官所襲撃を狙ったが、一八日に新町あたりで阻止された。ほかにも秩父大宮郷では忍藩の陣屋が破却され、志木大和田の高崎藩陣屋でもこぜりあいがあった。第三には南へ向かった者たちで、成木谷から蜂起した一隊は青梅宿を打ちこわし、ここから分かれた一部は江戸をめざし、一部は拝島から八王子を経て横浜へ向かおうとした。前者は武士、後者は農兵隊によって行く手を阻まれ、とくに後者では多数の死傷者と逮捕者を出している。

支配者側の動きを見ると、勘定奉行小栗上野介忠順は伊豆・駿河の農兵を呼びよせて一気につぶそうと考えており、六月一六日には老中井上河内守正直より川越・忍・高崎・館林・岡部の諸藩に出動命令が出され、幕府歩兵頭河津駿河守祐邦に対しては西洋式銃隊歩兵三中隊を熊谷へ出動させるよう命令が下った。また、翌一七日別手組一〇〇人が神奈川表の警備につくよう外国奉行に命令があり、陸軍奉行横田五郎三郎へは神奈川表で右の別手組と歩兵三小隊の指揮にあたるよう命令があった。六月一八日は六二〇〇石の花房近江守、七〇〇〇石の富田継太郎に関東郡代木村甲斐守勝教の応援に赴くように命令が下されている。一百姓一揆になぜこれほどまで幕府上層が恐れおののいているかというと、忍藩松平下総守忠誠の家来の伺書に明らかである。それによると、「今般京都御警衛を仰せ付けられ、多人数上京し、当節在所表甚だ人少な」のところへ悪党ども数千人が押しかけた、河津様の命令が行き届きかね当惑しており、お台場と高輪陣屋の人数を鎮圧に向けてよいかとある。すなわち、幕府軍と諸藩の主力は第二次幕長戦争のため大坂・京都方面に出かけており、留守を預かる老中井上河内守正直・井上信濃守清直らは手薄な戦力で、「諸国太平」や「日本窮民為救」として闘う一揆勢の鎮圧に必死だったのである。

一揆は一九日ごろに鎮静化し、それぞれ自村へ戻った。川越藩では、自発的に施金・施米をすることはかまわないが、一揆勢に強制されて書かされた請書は無効であることを命じた。しかし、各地で組合村単位で施米・施金が実施され、名栗では平沼源左衛門や町田滝之助らの豪農が一〇〇〇両を三度に分けて施金した。根本的な解決策とはいえないが、一応の成果を見たのである。関東取締出役は、各村々を廻村し、一揆の頭取らを探索して次々と捕縛した。取り調べを受けた者は三九一人にのぼり、紋次郎・豊五郎・喜左衛門ら一四人が府中から江戸へと送られた。慶応三年八月の評定所による判決で、紋次郎が死罪、豊五郎が遠島、喜左衛門・槙次郎は中追放となっている。また、各地で組合村議定が作られ、質素倹約などが決められている。幕府からは酒造制限令のほか、慶応三年に備穀令が出されている。一方、百姓の結束力に恐怖を感じた周辺の村々では農兵の設置を急ぎ、練馬や横浜では一揆の翌月豪農らがさっそく農兵を結成している。だが、川越藩のように、農兵設置を百姓に反対され、実施不能に陥ったところもあった。第二次幕長戦争の直後の慶応二年六月という時期に、江戸城のお膝元の武蔵国で発生したこの騒動は、幕府に少なからぬ打撃を与えてその崩壊を一歩推し進め、また慶応四年の北関東の世直し一揆に影響を与え、維新変革に影響を及ぼすことになった。

【人物】上名栗村紋次郎　かみなぐりむらもんじろう

武蔵国秩父郡上名栗村の百姓で、大工も行う。一説に宮大工ともいわれ、上名栗に彼が建立した観音堂が現存する。文政一一年（一八二八）生まれ。所有石高は一斗六升一合で、下畑二畝二四歩と屋敷一〇歩を持つ零細農民であった。武州世直し一揆の頭取の一人として捕らえられ、慶応三年八月に出された評定所判決で死罪となるが、すでに前年の一〇月二〇日牢死していた。また、闕所となり、家屋敷と家財は競売に付されたが、誰も入札する者がなく、村が永三貫五八三文で購入した。享年四二。法名は寒窓了山禅定門。子孫は島田姓を名乗っている。

【人物】上名栗村豊五郎　かみなぐりむらとよごろう

武蔵国秩父郡上名栗村の百姓で、桶屋も営む。文政九年（一八二六）生れ。持高六升五合二勺で、中畑二八歩のみの零細農である。武州世直し一揆の頭取の一人として捕らえられ、慶応三年八月の評定所判決で遠島となるが、すでに前年の一一月一一日牢死していた。また、闕所となり、家・家財は競売に付されたが、誰も入札する者がなく、村が一貫九八九文で購入した。享年四四。法名は貫応意戒禅定門。子孫は新井姓を名乗っている。

【人物】下成木村喜左衛門　しもなりきむらきざえもん

武蔵国多摩郡下成木村下分の組頭。慶応二年当時で五八歳。武州世直し一揆の中心人物の一人。別名惣五郎。悪惣ともいう。悪は、青梅の特産物石灰を「あく」と呼んだからとも、また非常に力が強かったからそのように呼ばれたともいう。紋次郎・豊五郎の申し口によると、一揆の惣発起人は喜左衛門であると述べている。「秩父領飢渇一揆」の成瀬村儀左衛門のモデルは、おそらく喜左衛門と推定される。ただし、持高五〇〇〇石は誇張であり、実際は一石一斗七升余、反別にして一反八畝一〇歩しかない下層農民であった。慶応二年七月に捕らえられ、八月には府中から江戸送りとなった。そして、翌三年八月三〇日付で中追放となり、田畑屋敷は闕所となった。青梅の安楽寺の過去帳によると、明治三年（一八七〇）、五三歳で没している。墓石は、青梅市成木一丁目にある安楽寺の裏山に現存。法名は光喜道了信士。

【史料】秩父領飢渇一揆　ちちぶりょうきかついっき

全三冊よりなる。序文に慶応二年六月一〇日の桶川駅の騒動を記し、壱で秩父郡名栗村よりスタートした一揆が飯能・所沢・青梅・八王子方面へ向かったことを記し、川越の打ちこわしを詳細に記す。弐では主として比企郡松山町および鴻巣宿近辺の打ちこわし状況を記し、参では秩父郡大宮郷および大里郡青山地方の打ちこわしおよび鎮圧勢力の動向に詳しい。一揆の総リーダーを名栗の成瀬村儀左衛門（多摩郡下成木村の喜左衛門のことか）とし、その持高を五〇〇〇石とするなど一部誇張はあるが、一揆勢に同情的な記述も多く、鎮圧勢力の動向も比較的客観的に淡々と記述している点が興味深い。成立年代は一揆の数週間後の慶応二年七月で、作者は鴻巣宿の近辺に住む有識者と推定される。鴻巣市の北岡氏所蔵本が『日本庶民生活史料集成』六、『日本思想大系五八・民衆運動の思想』に収録されている。なお、武州世直し一揆の諸史料については、近世村落史研究会編『武州世直し一揆史料』全二巻、『新編埼玉県史』資料編一一・騒擾が多数の史料を収録している。（山中清孝）

〔参〕森安彦『幕藩制国家の基礎構造』、大舘右喜『幕末社会の基礎構造』、山中清孝『近世武州名栗村の構造』

慶応二年（一八六六）六月一五日
陸奥国信夫・伊達郡幕府領ほか蚕種・生糸改印反対打ちこわし（信達一揆）

安政の開港後、横浜より輸出される蚕種の量が激増すると、需要の増大から粗製濫造の蚕種が多く出回ることとなった。幕府は国内用、輸出用の取り締まりと称して生産者に鑑札を発行し、改印のため冥加金を徴収する政策を行った。鑑札は桑折代官所で発行、改印は幕府領代官や各藩が行い、手数料を徴収するというもので、同様に生糸についても検査商標を付ける名目で冥加金を徴収することとした。奥州信達地方は、阿武隈川をはさんで蚕種・生糸・織物・真綿など産し、全国的にも有数の生産地とされてきた。元治元年（一八六四）、奥州桑折代官所では、蚕種生産者で商人でもあった伊達郡中瀬村の名主宍戸儀左衛門・岡村年寄阿部文右衛門らを蚕種改印肝煎役に任じ、陸奥のほか武蔵・上野・下野・信濃の蚕種製造家より鑑札一枚につき一二五文の冥加金を、生糸・絹織物・真綿についても手数料を徴収することとした。これに対して、一二月領民たちは、すでに安永年間（一七七二〜一七八一）に獲得した種本場の冥加金を納入していることから、これら新税導入に反対の意向を示していた。しかし慶応二年（一八六六）二月、幕府は改印令を発して、五月より改印を実施すること、生糸は荷造り以前の分も代官所が改め、蚕種原紙も代官所で改印を押して冥加金を徴収すること、以後改印なきものは売買禁止とする旨を触れた。同時に従前の鑑札・冥加永も廃止とされた。このため、改印実施目前の四月下旬、伊達郡の村々では糸役御免について来る六月一四日天王祭の糸市の際に年番所へ参集することを申し合わせ、信夫郡内の新発田藩領の村々でも、六月九日に八島田陣屋へ糸役反対訴願を行うなどの動きを見せていた。信達地方は水田が少ないうえ、廻米のため不足する米を他領より移入していたが、諸物価の高騰に加えて慶応二年の不作が領内の米不足を深刻なものとしていた。穀商は、この状況下で米の買占め・売り惜しみを行っており、物価高騰に拍車をかけていた。また質屋は、質流れ期限以前に流質した上、質利の三割値上げを行うなど、百姓の生活を圧迫していた。

このようななか、改印の実施される五月になると、村々に「わらだ廻状」が回された。この廻状には、円形に信達両郡の村名が記され、そのなかに「口達」と記した蜂起の趣旨が述べられている。そこには世情混乱の原因として米価高騰、さらに中瀬村儀左衛門・岡村文右衛門の糸・蚕種をめぐる新税の企てなどを私欲として列挙し、蚕種・生糸に対する新税反対と、物価引下げが主張されており、狼煙などを合図に蜂起するよう村々へ呼びかけている。一覧した村は、村名に針の穴をあけて承知の印とし、次の村へ廻達したという。現在、廻状は複数のものが確認されているが、このような村々の動員の過程では、不参の村は焼き払うなどの参加強制も行われていた。六月一四日は、恒例の岡村天王祭で糸市が立つ予定であったが、人々は反対の意を示して集まらず、翌一五日夜より岡村牛頭天王社の鐘を合図に村々がいっせいに蜂起、種役・糸役推進者であった岡村文右衛門、同村改印取扱人立身屋馬治宅へ押しかけて居宅を打ちこわし、続いて長倉村伴六宅なども打ちこわした。翌一六日には中瀬村に及び、儀左衛門宅が打ちこわされた。この時には打ちこわし勢は、二〇〇〇〜三〇〇〇人にのぼっていたという。一七日には、粟野村一本柳の集結地から梁川に向かい、数軒が打ちこわされ、さらに阿武隈川を渡り、夕方五十沢村の糸買商人宍戸喜惣次宅などへ押しかけている。これらの状況を憂慮した桑折代官川上猪太郎は、同日福島藩主板倉甲斐守などに援兵を要請している。一八日、打ちこわしの波は藤田・保原・伏黒・北半田村に及び、代官所のある桑折町にもいたった。その人数は七万人に及んだという。村々は筵旗に村名を記したり、色とりどりの旗を立て、参加者は赤や白・浅黄色の鉢巻きや襷、あるいは蓑笠に鎌という出立ちで集合し、打ちこわしの道具として鉈・斧・鋸・熊手などを持ち寄ったという。なかには鉄砲を持つ者も見え、頭取体の者は具足に兜を身につけ、帯刀して采配を振った。打ちこわしは、事前に用意した帳面に基づいて行われたともいわれ、破却行為の計画性を窺うことができる。また指導者たちは、打ちこわしに際して火の用心、質物へは手をかけないことなどを指示し、さらに打ちこわしは私欲でなく万人の為であるといい、そのためには猫の碗でも打ちこわすよう指示するなど、打ちこわしの秩序を保とうとする一方、明確な目的を掲げていた。これらを受けて、生産用具は使用不能の状態にまで徹底的に破却されている。桑折町では、検断・目明しの家などを打ちこわし、さらに牢屋を襲撃し、代官所によってすでに一五日夜捕らえられていた者などを解放している。打ちこわし勢は陣屋へも向かったが、桑折町警固に出張していた福島藩兵と対峙したため、一九日未明、須川河原において要求を伝え、福島藩役人より四か条の申し渡しを獲得した。すなわち、絹糸役種など新税御免については公儀へ伺いを立てること、市中の米を一両につき一斗一升とすること、貸金・質の利子を値下げすること、諸物価の値下げをすることであり、当初の要求が一応は受け入れられた。同藩役人は、このうち新役御免・種糸売買はこれまでの通りとの高札を藩主板倉の名で掲げ、打ちこわしの鎮静化をはかった。これにより打ちこわし勢は桑折を退いたが、この一方で別手が須川を渡って福島城下に入り、商家など二〇軒近くを打ちこわし、さらに掛田・飯田・大石・月舘・御代田・手渡・小嶋・川俣など伊達郡全域にも波及し、最終的には約一八〇軒を打ちこわして、二〇日ごろになり終息した。

これら打ちこわしの対象になった者は、糸役・蚕種役にかかわる村役人・商人を始め、名主・検断・目明し、酒造家・米穀商・質屋・紙屋・呉服屋などであった。襲撃を受けた者たちは、僧や山伏に詫びを依頼して打ちこわし勢の矛先を回避しようとしたり、謝り金として金子や品物・酒食で饗応するものもあった。『奥州信夫郡伊達郡之百姓一揆之次第』の作者は、有徳人らが裃を着し「一揆様」と呼んで対応し、飲食物・衣類を与えたことから「ミロクの世」の到来と評した。また、豪農商のなかには、施金の証として紙札を出したが、後日これらを金子に取り替えようとしたものは打ちこわし参加のかどで召し捕らえられている。

打ちこわし勢のなかには、諸国の浪士や盗賊なども入り交じっていたと認識されており、これらの者には、打ちこわしを回避するとして、秘密に金策を要求するものもいたという。秩序の維持に配慮したとされる打ちこわしにも逸脱した一面もあった。この間、福島始め米沢・白石・相馬・三春など周辺諸藩は領境の警備などで人数を繰り出し、二本松藩は郡代・郡奉行以下足軽三〇人を領境に出張させたほか、川俣代官所へも郡奉行以下三〇人を加勢として出張させている。当一揆関係者の捕縛は、二〇〇人を数えたといわれ、指導者として伊達郡金原田村の菅野八郎が捕らえられた。このことは、一揆の顚末とともに江戸でも読み売りによって報じられた。八郎は、入牢となった後も無実を主張し続けたが許されず、明治元年（一八六八）の新政府軍の福島到来にいたって赦免されている。六月二九日、桑折代官所は改方免除は一時的なものと申し渡し、その後の不穏な状況にも厳重な対応をする旨を触れている。福島藩では、領内に徒党・乱妨の者は取り押さえて注進すること、物ねだりや炊出しの要求には応じないことなどを触れており、再発防止のため監視を厳しくしている。七月一日には、先に休みとなった天王糸市が開催され繁盛したという。翌慶応三年、幕府はいったんは一揆が獲得した新税撤回を否定、糸は代金納、蚕卵紙一枚につき永一〇文を徴収すると指示し、先年通りの改印実施を命じた。このような動きに対し、その後も信夫郡内の村々では反対訴願が引き続き行われ、根強い自由販売の要求がなされていった。慶応四年四月、戊辰戦争のさなか奥州鎮撫総督府は、民心掌握のためか両税の廃止を触れた。

【人物】菅野八郎　かんのはちろう

慶応二年（一八六六）陸奥国信夫・伊達両郡世直し一揆の指導者と目された人物。文化七年（一八一〇）～明治二一年（一八八八）。陸奥国伊達郡金原田村中屋敷に菅野和蔵の末子として生れる。父和蔵は名主も務めた人物で、高子村の陽明学者熊坂台州の門弟でもあった。八郎の思想には、父の影響があったとされる。ペリー来航を機に対外的危機意識を高めた八郎は、幕府の海防策を批判し、親戚の水戸藩士太宰清右衛門とも通じた。嘉永七年（一八五四）、霊夢で海防策一〇か条をえたとして、幕府へ政治改革の必要を訴えるため自ら出府、老中阿部伊勢守へ駕籠訴したが果たせず、続いて目安箱へ訴状を投げ込んだ。安政四（一八五七）年三月には、自宅南方の吾妻山の自然石に「八老魂留此而祈直」と刻し、自らの決意を込めている。安政の大獄では、幕府による水戸藩関係者の詮議の際、幕政批判を述べた八郎の書「秘書後之鑑」が押収されたことで厳しい追及を受け、関係者とともに連座、八丈島に遠島となった。八丈在島中は、同じく流罪の身であった京都賀茂神社神職梅辻規清の影響を強く受けながら、「信」と「孝」を信条とする独自の世界観をまとめ上げるにいたった。元治元年（一八六四）、赦免されて帰村した八郎は、代官などの悪政や博徒横行、村役人などの横暴に対抗すべく「誠信講」と称する自治的団体を組織し、自らの思想の普及に努める一方、有志に剣術の指導を行い、自衛の必要性を説くなどして、当地の人々に多大な影響を与えた。慶応二年、代官・名主・豪農商らによる新規課税に反対し、諸色値下げなどを求める世直し一揆が発生すると、日頃より代官・村役人層の不正を批判していた八郎は、「世直し八老大明神」と称され頭取と目された。この一揆の報は、読み売りで江戸・上方まで及んでおり、八郎が一揆指導者であると述べられている。幕府の詮議に対して八郎は、指導者であることを否定しているが、八郎の影響力の強さと、それを支持する民衆の存在を窺える。結局、一揆頭取のかどで梁川代官所に入牢の身となり、そのまま明治維新を迎えた。この間、八郎は家族を通じて新政府軍に無実を訴え続けており、新政府軍の福島到着の際、釈放されている。明治期にも執筆活動は続けられたが明治二一年（一八八八）没。享年七九。著書に『あめの夜の夢咄』『闇夜之汁』『判段夢之真暄』『八老独り年代記』などがある。金原田崖谷共同墓地（現保原町）の墓碑には、八郎の法名「大寶軒椿山八老居士」とのみ刻まれている。

【史料】奥州信夫郡・伊達郡之御百姓衆一揆之次第　おうしゅうしのぶぐん・だてぐんのおひゃくしょうしゅういっきのしだい

慶応二年六月に発生した陸奥国信達一揆の記録。筆者は不詳。伊達郡桑折町周辺の記事が詳細である点などから、桑折町かその近辺の居住者と考えられている。一揆の原因、打ちこわしの方法や道具、参加者の規律や出立ち、打ちこわしの標的となった者の対応など、詳細な記述が特徴的である。これらは、実際の打ちこわしの現場で見聞したうえでの記録と考えられる。所々には自らの感慨や備考的な一文も付記している。例えば、打ちこわしの際の一揆勢と有徳人との間のやりとりの口上を記した部分では、虚言でない点と敢えて後世に書き残す点を述べ、記述の真実性と目的を明言している。また、近村に差し障りがあるとして記述を控えている箇所も見られ、これらから、筆者は打ちこわし関係者に近い人物と想像される。打ちこわしを受けた者に対しては日常の行状を列挙して非難し、一貫して一揆側の立場で記述しており、世直しにより一揆勢は有徳人の饗応を受けながら衣食に不自由せず、「ミロク（弥勒）の世」になったと評している。ただし、これらの記述は「信達騒動記」（『保原町史』第二巻所収）と多く共通する記述が見られ、当史料の系統や成立経緯については両者の史料を始め他史料との比較検討を要する。なお、当史料には庄司吉之助氏筆写本（岩波思想大系五八『民衆運動の思想』所収）と川俣町高橋加久吉氏写本（庄司氏著『世直し一揆の研究』所収）があるが、史料末尾に若干の記述の相違が見られる。（齋藤悦正）

〔参〕庄司吉之助『世直し一揆の研究』、『福島市史』二・九、『保原町史』一・二、『伊達町史』三、『福島県史』三・八、高橋莞治『金原田八郎伝』

慶応二年（一八六六）六月二〇日　但馬国七美郡旗本山名氏領軍夫役入用割撤回強訴

慶応二年六月七日に戦闘が開始された第二次長州戦争の影響を受けて、旗本山名氏領(村岡領、六七〇〇石)では、「軍役規定書」を定めて領民の軍夫役を加重した。これに対し、六月中旬から領民は各所で寄合を行い、六月一七日に「軍役規定書」の請印を拒否し、二〇日には湯舟川の大運寺下亀ノ甲と赤岩の河原に集まって、五か条の願書を差し出した。それは、①軍夫役入用割米の中止、②米値段の引き下げ、③酒値段の引き下げ、④政治を一〇年前の振合いに戻す、⑤用人役の田結庄八十郎ほか一人の身柄を領民に引き渡す、というものであった。これは領内に廻状として回され、これを受けて大勢が村岡に押し出す勢いを見せた。二二日、家老土井幸左衛門が袴を着けて大運寺の玄関で応対し、用人田結庄らは全家中で預かり、他の箇条は聞き届けると返答して、騒動は収まった。　(山﨑善弘)

〔参〕『兵庫県史』五、『村岡町誌』下

慶応二年(一八六六)六月二六日
但馬国気多郡幕府領打ちこわし(気多一揆)

慶応二年六月二〇日、第二次長州戦争の影響を受けて、旗本山名氏領(村岡領、六七〇〇石)で、軍夫役入用割米と米高値難渋に抗議する全領一揆が起こったが、その終息後、村岡領と峠を隔てて隣接する気多郡幕府領でも稲葉川筋で騒動が起こった。六月二六日夜、久田谷村と道場村の間に人数がでて、竹螺を吹き、寺の鐘を撞いた。一揆勢は、伊府・篠垣・芝・知見・十戸・山田・水上・久田谷・夏栗などの村々へ乱入し、庄屋や酒造家などを打ちこわした。一揆勢のなかには、黒のほおかぶりやござを着ているものがおり、棒や割竹などを持ち、石を打ち込み、金野村では材木に火をつけたという。また、二七日午後、水口村において、出石・豊岡両藩兵が出役したとの報を受けると、十戸の藪で竹槍一五〇〇本を作って各自携えたという。その日の真夜中に、伊府村の河原にでて解散した。参加者は、二〇数か村で一二〇〇〜一三〇〇人に達し、久美浜代官所支配の一五か村二〇軒、生野代官所支配の一か村一軒の庄屋・酒屋が打ちこわされた。その後、久美浜代官所支配の一九か村の三四人が召し捕られて入牢させられ、生野代官所支配の二か村一三人が一〇月に村預にされた。首謀者とみなされた久田谷村の万助は、死罪になるところ、慶応四年一月の大坂落城後に他の重罪人とともに破牢同然に逃亡したともいう。この一揆は、物価高に起因していたが、その終息後、村々は米・酒を安くすることにし、久美浜・生野両代官所は見分を出して、七月三日、当時米一石八〇〇匁〜九〇〇匁を六〇〇匁にするなど、物価引き下げを稲葉谷内の各寺院から通達した。　(山﨑善弘)

〔参〕『兵庫県史』五、『日高町史』上

慶応二年(一八六六)六月
下総国千葉郡佐倉藩領千葉町強訴
→慶応二年(一八六六)五・六月
江戸周辺各所打ちこわし

慶応二年(一八六六)七月一日
陸奥国栗原郡仙台藩領減免強訴

慶応二年は春からの連日の雨で穀類はでまわらず、穀類の値は高騰し、藩は従来の金納分まで石納にするといってきた。三迫南郷の者が凶作のため籾拝借を願うが、藩は貸し倒れを恐れて富農から出させようとした。六月二九日から備籾の俵直しの作業にでた若柳村の人足百姓が、藩の蔵場で二万俵の備籾を見て不満に思ったのが一揆のきっかけとなった。七月一日夜、片町から鬨の声を挙げ、法螺貝を吹き、家ごとに縁側蔀を叩き、不参者の居宅は打ちこわすといいながら川南・川北町の者も加え、平野神社に一〇〇人余が集合、鐘を撞いた。雨のなか、頬かむりのうえに雨具で姿を隠していたという。肝煎らの説得で、夫食籾拝借、月溜銭免除、借家店借の者への市中相場での払い米などを申しでていったんは帰村した。しかし、翌二日、福岡・大林村辺から一〇〇〇人余が集まり、帰村した若柳村民を呼び戻して合流し、二手に分かれて村々に呼びかけながら奥州街道を南下、仙台城下を目指し、三日朝、本橋明神境内で諭され再び帰村した。ところが、別の一隊が武槍村からきて、本橋から築館街道を仙台城下へ向かい、一迫・二迫村々の百姓も加わり、酒や握り飯を出させながら、築館では四〇〇〇〜五〇〇〇人となり、薬師堂で夜を過ごした。四日朝、一迫邑主（給人）、築館邑主の説得を聞き入れず進み、総勢八〇人余で出兵した高清水邑主石母田賢頼の説得により願書二三か条を差し出した。この高清水での人数は二万人余という。要求は、籾拝借、夫食要求、買米の免除、代官罷免、徒者締り役減員、年貢諸負担の軽減など。五日、若柳村幸左衛門ら八人、松倉・猿飛来村百姓二人の計一〇人が捕縛（流罪二人、五年奴一人）。ほかに金成町の三迫上郷大肝煎金野助三郎（恩赦）、岩ケ崎村肝煎高橋蔵六（獄死）も捕縛されている。代官千葉幸三郎は罷免。翌年六月藩は郡村取り締まり強化を指示した。（堤　洋子）

〔参〕『若柳町史』、荒川秀俊「仙台藩の買米専売制度と慶応二年の三迫百姓一揆」（『歴史』二五）

慶応二年（一八六六）七月九日
越後国魚沼郡幕府領・糸魚川藩領運上品替え撤回強訴・打ちこわし

魚沼地方は早くから養蚕業を営む農家が多かった。しだいに紬織りも盛んになり、京都や上州方面から生糸商人が多く入り込むようになってきた。こうした動向を受けて、有力請負人たちは、元治元年（一八六四）、運上対象七品（縮・白布・小白布・続布・煎茶・木櫨・杪）のうち、白布・小白布・続布の三品はほとんど生産しないのでその運上役を免除し、新規に紬・絹縮・生糸の三品に役銀をかけるよう品替えを願いでた。この願いは、幕府勘定奉行所において認められた。この三品品替えは、運上請負人たちには大きな利益が予想されたが、生産者にとっては実質生産されない白布などの役銀が免除されても何の益にもならず、そのうえこれまでなかった新規三品への課税は明らかな増税となった。このため、幕府領や糸魚川藩領の村々などはそれぞれの支配役所に品替え撤回を訴願する運動を起こした。元治二年（慶応元年）に入ると、各地の村役人たちは連携して、支配領域を越えた統一的な品替え反対運動へと発展させた。そして、五月には幕府領川浦代官所支配四七か村の惣代として中条村庄屋寛蔵、出雲崎代官所支配九七か村惣代として中子新田村庄屋忠左衛門、糸魚川藩領二一か村惣代として大倉村庄屋治郎右衛門の三人が江戸にのぼり、運上請負人の堀之内村宮庄九郎・小千谷村東徳右衛門の二人の不正と品替え撤回を求めて、勘定奉行所に訴願した。幕府評定所は一一月に裁定を下したが、実質的には訴訟側の敗訴といえる内済結果であった。このため中条村寛蔵ら各組惣代は、慶応二年一月小出島で寄合を開き、三品品替え反対の再議定書を取り決めた。こうした動向のなか、小前層の不穏な動きがいっそう高まっていき、ついに七月九日夜、幕府領広瀬郷大白川村・大栃山村の百姓が糸魚川藩領割元目黒五郎助へ押しかけ、強訴に及んだ。さらに七月一八日夜、宇賀地平・湯之谷郷・広瀬郷の村々の百姓二〇〇〇人が幕府領堀之内村へ押し出す騒動へと発展した。騒動勢は、生糸と蚕種紙の改所となった源左衛門方へ押し寄せ、母屋・土蔵・家財などをすべて打ちこわした。次に運上請負人宮庄九郎宅でも同様な打ちこわしを行った。途中で酒を振る舞われ、郷元衆に願意も述べるが、郷元所や本陣などの役所も襲って、書付類を井戸へ投げ入れるなどして解散した。逮捕者や処罰については不明である。（山本幸俊）

〔参〕『堀之内町史』通史上、『津南町史』通史上

慶応二年（一八六六）七月一三日
伊予国喜多郡大洲藩領打ちこわし（内ノ子騒動・奥福騒動・大瀬騒動）

幕末における物価騰貴と社会不安を背景に、慶応二年七月、喜多郡大瀬村百姓福太郎が村役人と衝突したことをきっかけとして騒動は発生した。福太郎は、大瀬村神職立花豊丸に富裕な商家を打ちこわす内容の檄文の作成を依頼し、これを近隣一三か村（村前・五百木・河内・論田・智清・平岡・北表・重松・古田・大久喜・内ノ子・廿日市・六日市）に配布して、参加を強制した。

七月一三日、村々は総出で内ノ子に参集し、同所の酒造家五百木屋（高橋彦兵衛）を打ちこわし、さらに大久喜・吉田・五十崎などの富裕商人ら六〇軒を打ちこわした。一四日、一万人にも及んだという一揆勢は、五十崎河原に集結したのち解散した。福太郎と豊丸は捕縛され獄死した。（須田　努）
〔参〕『愛媛県農業史』中、『愛媛県史』近世下

慶応二年（一八六六）七月二四日
石見国安濃・那賀郡幕府領・浜田藩領打ちこわし

慶応二年、第二次長州戦争で石州浜田城に幕府軍の前線司令部が置かれた。領民はその駐留以降、秣や縄など兵糧・物資の過重な徴発にさらされ、物価も騰貴した。七月二〇日ごろには米一升四五〇文の高値となった。しかし浜田城の落城で、幕府軍は出雲国境まで後退した。那賀郡長浜村では、駐留中に危害を加えた紀州藩兵を百姓が竹槍で追ったといわれる。幕府銀山領大森代官鍋田三郎右衛門も浜田落城の報を受けて備中倉敷へ遁走し、二六〇年の幕府代官支配に終止符が打たれた。同時に幕府領地域は無政府状態となった。七月二〇日、石見銀山領と浜田藩領は長州軍の軍政支配下に置かれ、七月二四日、長州軍は戦闘なしで大森代官所を接収、ここを本陣と定めた。その日の夜半、出雲との国境を接する海岸部の安濃郡鳥井村山根の権現山に集まった百姓らは、米価引き下げ・小作料引き下げを要求とする一揆を起こし、安濃郡一帯から邑智郡粕淵、浜原方面までこの動きが波及した。そして七月二六日までの三晩、大田町（村）を中心とする鳥井・静間・磯竹（五十猛）・長久・川合の各村々の地主や豪商など富豪の家を次々と打ちこわした。手始めは鳥井村の本宮脇・細田両家であった。長久村では本恒松家を襲い焼打ちにした。大田では、村役人らが一揆勢を説得したが聞き入れず、恒松両家・槇野・中村・福田などの商家や大家を打ちこわした。七月二五日には、一隊が野城方面へ向かい下福田家・本福田家を打ちこわし、家財の破壊や家宅への放火を行った。一隊は川井方面へ向かい、参加者もしだいに増大、二七日には池田村に飛び火した。一揆勢はその進路上で、安濃郡羽根村百姓らが幕府側の松江藩兵と衝突し、二六日には藩兵から鉄砲三挺を奪ったという。長州藩の大森本陣は、一揆の背景に相応の理由があるとみなし、この地の安定をはかるため、幕府領の年貢米を困窮者に放出し、米商人に命じて米穀の価格抑制を行い、さらに現金収入を保証するために軍夫の人足賃を毎日支払う措置を取った。一方、一揆の首謀者として三名を捕らえて獄門の刑に処したが、その他は叩き払いや訓戒とし慰撫に努めた。国境で松江藩兵と対峙しながら石見国内で残存幕軍を掃討しなければならない長州軍にとっては、百姓一揆は有利な条件となったが、軍政支配の許容の枠を越えると判断すれば弾圧した。八月一一日、旧浜田藩領邑智・那賀郡内の数十村で浜田藩札の引き換え、米穀の安値売払い、夫役免除と年貢の五年間半減の要求を掲げる一揆が起こり、打ちこわしが行われた。長州軍民政方はただちに一揆に対応、規定以上に物価の低減要求を出すことを抑え、一揆徒党厳禁の布令を出し、背けば厳罰に処すると触れ、首謀者を徒党発頭の重科者として処刑したとされるが、具体的には判明しない。（深谷克己）
〔参〕内藤正中『島根県の歴史』、『おおだ』

慶応二年（一八六六）七月二五日
出羽国村山郡幕府領ほか打ちこわし（兵蔵騒動）

長州戦争の影響もあって村山郡では一月以来米価が高騰し、関東・上方の高値を聞いて米値段をせり上げたり、禁制を破って酒田へ抜け売りする者がおり、六、七月には三斗八升入り一俵が一両二朱の高値をつけた。六月中旬には陸奥国伊達・信夫両郡で高揚した世直し騒動の情報も広まった。こうしたなかで、六月中旬から七月中旬にかけて、川原子村・天童愛宕山・東根村・小林新田・宮崎村など天童・東根周辺の各所で、篝火を焚いて集会したり、早鐘が撞かれたり、鬨の声が挙がったり、七月二四

日夜には長崎村で一軒が打ちこわされたりするなど、不穏な状況が生まれた。一説には、すでに六月初めに羽州街道東方の山間部で一揆計画が練られ、このような不穏状況を作り出していたともいう。

七月二五日夜、無宿躰の三～五人に率いられた三〇～四〇人の者が篝火を燃やして川原子村小原の土手に集まり、翌二六日未明沢渡村の組頭与左衛門を打ちこわした。家財を残らず破壊し、また多くの金品を奪った。その後、名主に施米と炊き出しを強要し、周辺村々へ人足徴発の形を取った参加呼びかけの廻状を出した。ここでは、彼らは自らを「天下儀士」と名乗り、「儀兵を起こし窮民救」のため決起したと騒動の正当性を主張し、村役人らに一五歳以上六〇歳までの男子を人足として動員することを呼びかけ、遅滞の場合は焼き捨てると参加強制を行った。こうして一揆勢は五〇〇人、六〇〇人と増えていき、最大で二〇〇〇人ほどまで膨れ上がった。この人数を背景に、一揆勢は主に村役人（地主層）宅に押しかけ、「窮民施金」を要求し、金穀を供出させた。その対象者は、二六日に幕府領一村で二軒、松前藩領六村で二一軒、二七日には松前藩領東根町など三村一七軒、上野館林藩領楯岡町六軒、常陸土浦藩領一村にわたった。一万両を要求した例もあるが、実際は一軒で二〇〇両が最高額であり、五軒から合計七二六両を供出させた。ほかの家はほとんどが米の炊き出しで済ませた。この交渉が難航した場合は打ちこわしも行われ、観音寺村名主久右衛門とその分家久七宅では、家財はもちろん年貢諸帳簿まで破棄した。さらに、松前藩東根陣屋を襲撃する計画もあったという。しかし、二七日東根町へ入ろうとする頃には、参加者が勝手に帰村するなど指導者層と参加者たちの間に離反の様相が見られ始め、同日午後館林藩領楯岡町への施米要求をもってほぼ終結した。この間、東根陣屋では、柴橋・寒河江の両代官所、長瀞・天童・新庄・土浦・館林の諸藩・陣屋に応援を依頼した。騒動の終結はこれらの出兵で四散したともいうが、楯岡町へ入るころにはすでに指導者の一部が逃走する動きも見られ、一揆自体の離反・逃亡・分裂によって終了したとも考えられている。この騒動は、のちの代官所の統合や郡中村役人層による米穀融通策の実施、農兵制度の整備など、村山郡の幕末の諸改革に大きな影響を与えた。

【人物】横尾兵蔵　よこおひょうぞう

東根村小楯の生れで、野川村無宿。博徒という。襲われた山口村義左衛門の報告によれば、頭分三人は陣笠・鉢巻・白たすき・小袴の出立ちで、首に数珠を掛け、鉄砲を所持し、うち頭取は背丈五尺三寸で、博徒らしく大言を吐き、参加者に指令していたとあり、この頭取が兵蔵であろう。七月二九日夜、天童藩出役によって貫津村の鼻毛温泉に入浴中に捕縛された。ほかに頭取とされた者は、沼沢村十吉、川原子村小原太助、東根村北組の博徒吉蔵で、彼らは六月一日に太助宅で一揆の計画を練ったという。太助は、紙漉きや薪炭の天童への付け出しなどに従事したが、一説に仙台などで悪事を働き、また追い剥ぎなどもしたと伝える。吉蔵は騒動後逃亡し、十吉も仙台を経て松前へ逃亡した。兵蔵は翌年四月から取り調べられたが、処罰など詳細は不明。

（浅見　隆）

〔参〕『出羽百姓一揆録』、青木美智男「慶応二年、羽州村山地方の世直し一揆」（『村方騒動と世直し』上）

慶応二年（一八六六）八月一日
豊前国上毛郡ほか小倉藩領打ちこわし（小倉一揆）

慶応二年の長州戦争は、六月から二、三か月で終了したが、戦争に備えての兵糧米確保、各地での売り惜しみ・買い占めによって、全国的に米価を始め諸物価が暴騰し、各地で打ちこわしが頻発した。九州方面の幕府方前線であった小倉藩は、長州軍に押され、八月一日に自ら城に火を放って退却した。これを機に、小倉藩の京都・仲津・築城・上毛郡を主体に打ちこわしが発生した。京都郡苅田村周辺から起こった打ちこわしは、庄屋や地主層を襲って家財類を破却・焼却し、併せて検地帳などの公用帳簿および貸付帳簿を焼却した。二日には、仲津・築城・上毛郡に波及し、庄屋・地主層のほかに在町の豪商も打ちこわし、あるいは家屋に火を放った。同三、四日に自ら鎮静化したが、打ちこわし勢はせいぜい郡規模の集団で、各集団に頭取はいたが、藩の頭取詮議が行われていないので不詳。打ちこわし勢の得物として、松明・鎌・太鼓・手斧・刀・竹槍・鉄砲などが確認できる。また小倉藩が長州軍の侵攻に備えて百姓に竹槍・松明を用意させており、これを持参している。さらに、鉄砲の所持は、京都・仲津郡の頭取平次郎に見られるように、小倉藩家臣から貸与されたものと思われる。小倉藩では、長州との戦闘に備えて各家臣が農村から従者を召抱えることを奨励し、多くは中下層の百姓から召抱えられた。彼らが打ちこわしに参加したことから、農具以外の得物を所持していたと思われるが、これらを武器として使用した形跡はない。検地帳など年貢関係帳簿の押収・焼却行為は年貢・夫役の納入拒否を意味するだけでなく、領主―百姓関係を破棄する行為としてとらえられる。検地帳の焼却は他地域の打ちこわしにもあるが、それは幕府が崩壊した慶応四年（一八六八）以降に特徴的であり、小倉藩の場合は長州戦争による落城が慶応二年であったことから、より早い段階で現出することとなった。小倉藩の打ちこわしは庄屋・豪商らを打ちこわすだけでなく、大きな政治性を有していたといえよう。打ちこわし鎮静化後も各地で不穏な状況は続き、小倉藩が懐柔策を打ち出し、百姓側も年貢・夫役納入を強硬に拒否するのでなく、前年の一三％減で年貢を納めており、相互に一定の妥協がはかられていった。

（宮崎克則）

〔参〕『北九州市史』近世、宮崎克則「戦争と打ちこわし」（『新しい近世史』五）

慶応二年（一八六六）八月一七日
信濃国筑摩郡幕府領・木曽郡名古屋藩領ほか打ちこわし（木曽騒動）

慶応二年の六月頃、雨続きで気温が上がらず、凶作の兆しがあった。八月七日から八日にかけては大暴風が重なり、米価は一両に三斗が、一斗一升から一斗となった。折から松本藩の穀留政策と上神林村の白木屋野口庄三郎ら松本平の商人の米買い占めのため、木曽に米が入らないという風聞により、木曽地域の人々が米騒動と打ちこわしを行った。一揆は、四波に別れて起きた。第一波は、この一揆の頭取として処刑された洗馬宿吉丸屋丸山左源太が、同宿の白木屋与重・笹屋伝右衛門らと相談したことに始まる。八月一六日の夜、宿内の新福寺で相談がなされ、贄川・奈良井・藪原・宮越などに働きかけが行われた。翌一七日、本山宿の長久寺に集まった一揆勢は北に向かい、洗馬の産土社の一揆勢と合流、高遠藩領芦の田から岩垂村、今村と北上した。今村では穀屋の諌蔵ら五軒が打ちこわしにあった。同村の百姓代酒屋小沢庄右衛門の所では炊き出しを行い、二〇日には米を木曽に送るという証文を書かせるなど、同村で三人から米証文を取った。小俣村では三軒が打ちこわされ、名主で松本藩などの御用達大和又兵衛のところで米三〇〇駄、一駄三両で送る証文を取り、この一駄三両がこの後の米証文の基準となったという。神戸新田で一軒打ちこわし、次いで目的の上神林村の野口庄三郎の家に着いた。同家は材木商として財をなし、土蔵二〇を有したといわれ、居宅は一八間四方の巨大な屋敷であったが、門長屋と文庫蔵を除いて焼き打ちにあった。同村ではほかに野口吉十郎家も焼かれ、質屋など三軒が打ちこわされた。一揆勢は、神戸村に戻り、一軒を打ちこわし、朝飯を食い、下今井村で三軒、上今井村三軒、古池新田二軒を打ちこわした。さらに野口庄三郎が開発した野口新田では野口忠次郎ほか二軒を焼き打ちしている。竹田村でも三軒が焼き打ち、一軒が打ちこわしに合っている。さらに下大池・小坂・上大池と打ちこわしが続き、ここで松本藩郡奉行らが鎮圧に現われ、三〇人余が逮捕され、打ちこわしの第一派は分散していった。参加人数は五〇〇～六〇〇人という。第二波は、一八日朝に贄川宿を出発し、これも人数五〇〇～六〇〇人で、先頭に白い旗を翻し、洗馬宿で富豪を脅して酒食を出させ、右折して中山道を進んだ。途中尾沢橋をはさんで、松本藩の鎮圧部隊に出会ったが、押し進んだために三人が鉄砲で撃たれて死んだ。さらに大門・堀之内・塩尻町・長畝・桟敷・南熊井・北熊井と高出方向に分かれ、村井宿で松本藩の鎮圧により解散した。桟敷村の野村又助、高出村では大庄屋大和市郎左衛門ら三軒が焼き打ちに合っている。第三波は、一八日夜、藪原・荻曽・菅・宮越・奈良井・平沢から一〇〇〇人余（五〇〇～六〇〇人とも）が、第二波に遅れて出発、贄川から本山宿、本洗馬村まできたが高遠藩大庄屋らの炊き出しと米証文によって引き上げたという。第四波は、二〇日木曽奈川から島々村の橋場口留番所に押し出したが、松本藩の鎮圧にあって解散している。

　一揆で打ちこわしや焼き打ちに合った家は一〇五軒である。うち一一軒が焼き打ちに合っているが、それは野口庄三郎とその関係者に限定されている。野口はこの一揆の第一の攻撃目標であり、恨みは庄三郎一人なりとちょぼくれにもうたわれている。逮捕されたのは九六人で、うち一六人が牢死している。頭取は洗馬宿の丸山左源太と笹屋伝右衛門で、江戸に送られ取り調べを受けている。左源太は死罪獄門となり、慶応三年九月一八日、鈴が森で処刑され、洗馬宿下桝形で獄門になった。享年三六。伝右衛門は存命ならば遠島とあり、この時すでに牢死していた。同一〇月一日、左源太の親ら九人が追放・所払、手鎖二、各宿村名主に過料三貫文、村々惣百姓に村高に応じ過料計三一〇貫文、炊き出しなどをした者六五人に過料三貫文が課された。関係した村は五つの所領で五一か村という。

（小椋喜一郎）

〔参〕小林郊人『信濃農民史考』、『松本市史』二

慶応二年（一八六六）八月二六日
下野国都賀郡日光神領今市宿打ちこわし

　慶応二年五月以降、天候不順による不作のため、八月には日光町で米相場が前年の倍という急騰にみまわれた。この急騰の一因が、近隣の商品流通の中核であった日光神領今市宿の穀屋の米隠匿にあるとの風聞が流れた。八月二五日、風聞に憤激した日光町の者たちが、西町は鏡光寺、東町は観音寺などにそれぞれ集会、翌朝今市宿へ向かい米の値下げを要求する旨を申し合わせた。二六日朝、日光東・西町の者が今市宿へ押し寄せ、宿内でも最大の穀商小林屋庄十郎に米相場の値下げを要求した。しかし、交渉は成立せず、日光奉行所から山口為次郎以下同心が到着すると仲裁に入り、場所を傘屋に替え、宿方代表と町の者の代表で再度交渉となった。双方折り合いが付かぬ間に、日光神領足尾村など今市周辺の百姓ら一〇〇〇人余が今市に集まりこれに加わり、ついに小林屋の打ちこわしに及んだ。奉行所側は抜刀して鎮圧し、打ちこわし勢には死傷者もでて一三人が捕縛された。その後の処罰については未詳である。

（齋藤悦正）

〔参〕『いまいち市史』史料V、『栃木県史』通史五、『日光市史』中

慶応二年（一八六六）八月三〇日
相模国高座郡幕府領藤沢宿穀商等打ちこわし

　幕末の東海道藤沢宿は、将軍の上洛、二度の長州征伐などで往来が激増し、過重な人足・馬の徴発が行われ、さらに横浜開港による諸物価高騰などで宿民は疲弊し困窮甚だしかった。八月二九日夜に片瀬港から多数の米俵が他所へ積み出されるとの噂が広がり、翌三〇日夜、西村の諏訪山に困窮人らが集結し、夜半過ぎから宿内の大鋸町の穀商など七軒を打ちこわした。江川代官所では手代を派遣し、農兵を動員して鎮圧し、首謀者を逮捕した。翌三年四月、頭取として大工の定吉、酒屋の喜三郎が重追放、ほかに一二人が過料に処せられた。彼らのほとんどは無高で、職人や小商人であった。なお、片瀬港に積み出された俵は、実際には小麦と大豆で、米俵と見誤ったという。

（高橋正一郎）

〔参〕『神奈川県史』通史三、『藤沢市史』

五

慶応二年（一八六六）九月一二日
江戸張札
→慶応二年（一八六六）五月二八日
江戸打ちこわし

慶応二年（一八六六）一〇月三日
武蔵国入間郡川越藩領砂久保村など一二か村農兵反対強訴

慶応二年六月の武州世直し一揆により大打撃を受けた川越藩は、多摩地域で一揆鎮圧に活躍した江川農兵に注目し、七月二六日藩の軍事力強化と藩内の豪農商層の自衛力増強を目的として農兵取り立てを命じた。翌八月一九日、農民負担の急増と幕長戦争に派遣される恐れから、入間郡砂久保村など一五か村が大野原村に集まり対策が練られた。これらは武州世直し一揆の襲撃を直接受けなかった村々で、畑方の低生産力の農村である。二二日には一二か村五〇人の小前惣代によって農兵免除嘆願書と仲間議定書が作られた。大井町の頭取名主新井代助の説得や藩から地方派兵の否定の保証などがあり、一部百姓が脱落したが、車引渡世、飯酒・餅菓子商など農間渡世によって生活していた下層農民の結束力は固く、一〇月三日に江戸藩邸へ直訴しようと一〇〇〇人が出立したが、川越街道白子宿や練馬村で藩側によって遮られ、大井町へ引き戻された。惣代を拘留し、その後も何度も農兵取り立てを命じたが、藩主松平直克の前橋城転封、棚倉藩主松平康英の川越転封などにより、川越藩の農兵取り立ては結局幻に終わった。藩主の軍事力増強に小前層が反対し、事実上勝利したのである。ちなみに、一揆の惣代砂久保村源左衛門と藤馬村浅右衛門の二名は、藩主転封の際に身柄を前橋に移され、明治元年（一八六八）一二月二一日にようやく釈放され帰村した。

（山中清孝）

〔参〕『大井町史』通史上、『川越市史』通史、森田武「川越藩農兵取り立て反対一揆論」（『埼玉県史研究』八）

慶応二年（一八六六）一一月二四日
美作国東北条郡ほか津山藩領ほか強訴・打ちこわし（改政一揆）

津山藩では、文久期（一八六一〜一八六四）から年貢納入の厳正をはかるため、直し婆（年貢納入の際米の質と量を検査する直し場で働く人夫）制の実施や諸運上の新設など収奪強化を行い、また、長州戦争に伴ない陣夫徴発や献金強要など百姓たちにいっそうの負担を強いた。慶応二年は大凶作となったが、藩側はわずかな手当金貸し付けを行っただけであった。こうしたなか、東北条郡行重村西分の直吉宅に同村兵吉・美代蔵・光治郎・政之丞らが集まって一揆を相談し、一一月二四日夕方、西方の横野村方面から騒動が波及したように見せかけて百姓たちを動員した。参加した百姓たちの出立ちは、美作地方の伝統的な簑笠姿の非人姿であった。蜂起した百姓たちは、周辺村々を誘い出し、また被差別民たちも一揆に参加しながら、米商人や大・中庄屋宅などを打ちこわし、酒食を供出させながら加茂川筋を南下し、東南条郡野村で得物として藪の竹で竹槍を作り、津山城下方面の本隊と英田郡倉敷村方面への二手に分かれた。直吉らを含む本隊は勝南郡河辺村で再び二手に分かれ、本隊は津山城下、他は瓜生原村方面へと向かった。二五日朝、本隊は城下の玉琳関門に達した。藩役人との小競り合いの後関門を通過し、東新町に進入した一揆勢は、米問屋角屋佐兵衛など商家四軒を打ちこわし、大番所関門に差しかかった。一揆勢は、藩役人に竹槍を突き出したり投石をするなどし、関門を押し破ろうとした。藩側はついに発砲し、一揆側は即死者五人・負傷者若干名を出した。その後藩側は、一揆勢を覗河原に入れて粥などを与え、手当米などの下げ渡しを約し、願いの趣は追って沙汰するとの回答を行い、二六日朝ようやく一揆は解散した。瓜生原村方面に向かった一揆勢も、二五日午後城下に入り、林田町で秋田屋などを打ちこわした。そして、大番所関門を押し破り、町民にも一揆への参加強制をしながら、同日夜、福中屋足袋店など二五軒以上を打ちこわした。しかし、役人出張の報を聞くと、町民は引き上げ、百姓の一部は捕縛された。このような一揆の拡大、打ちこわし騒動への変質のなか、一揆の目的である要求実現をはかるため、直吉は、二六日昼、年貢減免・年貢納入方法の改善や米商人の不正追及など一一か条の嘆願書を持参し郡代所に自首した。

　一方、野村から倉敷村へ向かった一揆勢は、勝南郡東吉田村で二手に分かれ、一隊は小矢田村などを経て、もう一隊は黒土村などを経て倉敷村に入った。倉敷村では、米商人宅など四軒を打ちこわした。その後湯郷村に向かい、同村庄屋宅や米商人宅を打ちこわした。その後三手に分かれ、一隊は飯岡村や周佐村で米商人宅などを打ちこわした後、百々村へ向かった。また一隊は、中山村を経て百々村に入り、酒屋を打ちこわした。この二手は、二六日未明百々村で解散した。残る一手は抜け帰った倉敷村参加者への制裁のために倉敷村へ向かい、商家四軒を打ちこわし、その後津山藩蔵へ押しかけ、役人らを追いかけたところ、農兵が発砲し、一人即死・一人が負傷した。これに激怒した一揆勢は、農兵五人の家を打ちこわした。二六日未明、生野代官所管轄幕府領吉野郡田殿村広山分牧野五郎右衛門らが一揆側の願意（年貢減免・年貢納入方法改善など）取り次ぎを引き受け、津山に赴いた。二七日早朝、津山からの飛脚による御救下げ渡しなどの報により、一揆は解散した。また、大庭郡内の津山藩領でも、二七日昼、古見村などの百姓たちが蜂起して久世村に押しかけ、商家を打ちこわし、その後上河内村で西原村辺で蜂起した百姓たちと合流し、久米北条郡中北村で中庄屋の説得と供応に納得して解散した。一二月一日、藩は、騒動の鎮静化のため手当米二万三一五〇俵、蔵納三斗五升切、直し婆廃止などを回答した。

　この津山藩領での騒動は、他藩領にも波及した。英田郡ほかの上野沼田藩領では、一一月二八日夜英田郡小井原村など十丁組の村々百姓が蜂起し、周辺の村々の百姓たちも参加し、福本村世話役筆頭宅を打ちこわしたのを始め、各地で酒食を押し乞いしたり、世話役や問屋など九軒を打ちこわした。その後、勝南郡北山村において、領内三か寺住職の説諭により組合ごとに願書を提出し、三〇日夕一揆は解散した。三か寺はこの願書を、年貢納入方法改善・年貢減免・救恤要求・村役人罷免など二六か条にまとめ、各村二人ずつの惣代とともに、陣屋に提出した。翌一二月一六日願書の願い下げの代わりに御救として五〇〇〇両と米一五〇〇俵が渡された。この他美作国内では、一一月二八日頃に真島郡勝山藩領で不穏な状況となり、三〇日に西々条・大庭郡の幕府領津山藩預所、一二月一日真島郡の播磨龍野藩領、七日勝北郡の生野代官所管轄幕府領でも次々と一揆が発生した。さらに、津山藩領の讃岐国小豆島でも翌年一月一三日一揆が蜂起するなど騒動は拡大した。

【人物】行重村直吉　ゆきしげむらなおきち

　墓碑銘や「改政一乱記」などには直吉郎とある。「改政一乱記」では勝南郡岡村下山四郎兵衛の次男とされるが、「文久四年行重村西分御仕置五人組帳」には勝北郡福井村初五郎の弟と記さている。嘉永三年（一八五〇）東北条郡行重村西分藤右衛門の養子となり、その娘を妻とし、後分家した。高一〇石五斗余を所持し、同村内では中位に位置する。慶応二年一一月二四日、直吉などを発頭人として蜂起したが、一揆の拡大・激化に伴ない一揆の一部に統制の欠如・暴徒化も生じた。このため帰村後の二六日昼、直吉は当初の本意達成のため一一か条の要求を掲げた願書を津山藩郡代所に提出し、自ら発頭人と名乗りでて願意の実現をはかろうとした。慶応三年一二月直吉は、ほかの発頭人とともに永牢となる。慶応四年（明治元年）二月一七日「王政復古、天下更始の折柄」などにより大赦となって出獄するが、同月一二日死去。享年五七。法名は離憂証道居士。昭和三一年（一九五六）、加茂町真福寺境内に「美作改政一揆義民の碑」が建立された。

【史料】改政一乱記　かいせいいちらんき

　筆者は、現存する写本の筆写者国政恵三

郎の所伝から、勝南郡岡村出身の医師・教育者小林曽介と推定される。作成時期は、慶応三年三月上旬と推定される。史料の性格は、フィクションを用いた物語で、内容は必ずしも正確とはいえないが、一揆の行動を生き生きと表現し、藩役人に対しては「臆病武士」などしている。記述の中心は、一揆の動向、とくに打ちこわしの場面にある。村役人や米取り扱い商人に対する打ちこわしについては、一揆側の正当性を詳細に説明している。しかし、米商人以外の城下商人に対する打ちこわしについては、「商いぶりよろしからず」と抽象的な説明のみである。そのかわり青山村宇平太という架空の人物を登場させ、「宇平太の差図に随ひ」という形で打ちこわしを説明している。これは、筆者が、富の集中を悪とする一揆側の論理を理解できなかったことに起因すると考えられる。刊本としては『日本庶民生活史料集成』一三巻、『備前・備中・美作百姓一揆史料』三巻がある。（横山　定）

〔参〕長光徳和編『備前備中美作百姓一揆史料』三、『岡山県史』近世Ⅳ

慶応二年（一八六六）一一月二八日
美作国英田郡ほか沼田藩領強訴・打ちこわし

→慶応二年（一八六六）一一月二四日
美作国東北条郡ほか津山藩領ほか強訴・打ちこわし（改政一揆）

慶応二年（一八六六）一二月二日
豊後国国東郡杵築藩領打ちこわし・強訴

慶応二年八月一四日、杵築藩領国東・速見郡六手永の庄屋が両子寺（国東郡両子村）に集まり、特産品の七島莚の値下がりと米などの諸物価の高騰のために困窮している旨を藩庁に訴え救済を求めた。藩が対策を取らないうちに、一二月二日夜、国東郡の横手・赤松・岩屋村の者を中心に六〇〇～七〇〇人が田深、今在家などを打ちこわし、その後は鷹ノ巣山に立て籠って気勢を上げた。三日には今市、古市の商家を打ちこわし、四日になると安岐に進み庄屋宅や町屋を打ちこわし、瀬戸田村の実際寺山に集結して城下に強訴しようとした。藩では、五日に中老矢野哲三郎を実際寺山に派遣して一揆勢と交渉させたが、不調に終わった。しかし、六日になると、一揆勢は疲労などから解散しはじめた。藩では、矢野らを退役させ、一揆の発端となった横手・赤松・岩屋の三村の庄屋を姫島に流罪とした。また、翌慶応三年一一月二一日には一揆勢の首謀者五人が杵築の正覚寺で斬首され、晒しになった。ほかに、追込、過料銭を課せられた。（村井早苗）

〔参〕久米忠臣『大分県の百姓一揆』、後藤重巳・豊田寛三『大分県の歴史』七、『大分県史』近世Ⅱ

慶応二年（一八六六）一二月九日
陸奥国和賀・稗貫・紫波郡盛岡藩領強訴

慶応元年に家老楢山佐渡が高木・東十二丁目・更木村で進めた畑返し新田は、百姓たちの不満を高めた。翌二年は冷夏のため不作となった。年貢を皆済できない村々に対し、藩は勘定方（徒目付とも）川村治助を派遣した。川村は家財を売り払っても皆済しろ、できなければ所払だと脅迫して年貢の皆済を迫った。一二月八日に諸所で集会した鬼柳・黒沢尻通の百姓は、九日に岩崎村野田河原に集結し、川村治助を捕らえるために煤孫村の治助宿舎へ押し寄せたが、治助はすでに逃亡していた。その後、盛岡城下を目指して北上した一揆は、寺林、二子・万丁目通の百姓を加え、一一日に紫波稲荷社に集結した時には約四〇〇〇人に膨れ上がった。一揆は貝を吹き、草餅を入れた俵を背負い、鎌・鳶口・松明などを持っていた。さらに、「イヂヨノ木（下鬼柳村）」、「スリコキ（上鬼柳村）」。「天王（岩崎村）」など村単位で綽名を付けていた。一二日、紫波郡岩崎にて勘定奉行兼代官頭照井賢蔵らの説諭に従い、残り年貢の永年賦、買米御免、畑返し新田開発御免、役人の増員迷惑など一二か条の訴状を提出し、受納されて帰村した。しかし、この訴状に対する返答が出される前の一五日に、安俵・高木通の百姓が一揆を起こした。和賀郡立花・黒岩・平沢村付近で発生した一揆は、村々を駆り出しながら進み、途中畑返し新田先立を務める稗貫郡矢沢村酢屋徳十郎宅を打ちこわし、盛岡強訴をめざし、一七日に南部北家の館のある稗貫郡関口村まで押し寄せた。参加人員は約三〇〇〇人、村印が立てられ、組単位に「ハツカ・サツカヱ・カラス・フクロ・ハツサキ」などの名が付けられていた。一揆は北家門前で同家役人に残り年貢五か年賦、買米永御免、畑返し新田御免などの六か条からなる訴状を提出し、要求が認められるまで同所に留まることにした。翌一八日、盛岡から照井らが関口村に到着し、買米については当年ばかり御免という条件付きであったが、要求がほぼ認められたため帰村した。帰村の途中、東十二丁目村にあった畑返し新田の普請小屋九軒に火を付けた。藩は川村治助や鬼柳・黒沢尻、安俵通代官を罷免の上謹慎とし、家老南部監物や勘定奉行・元〆役らを免職とした。百姓側では入牢中の山口村藤右衛門が牢死するという犠牲を出したが、最終的な処罰は不明。行われなかった可能性が高い。昭和八年（一九三三）一二月三日、山口村青年会は、村に貢献した五人に対する頌徳碑を建立したが、そのなかに小原藤右衛門、小原重兵衛（常吉）という二人の一揆指導者が含まれている。また、一揆のことを花巻人形の型にへらで彫ったものが二体現存する。

【史料】慶応二寅ノ巻　けいおうにとらのまき

　一揆の指導者の一人で、慶応三年四月一〇日に逮捕され、翌年一月一一日に赦免された山口村小原重兵衛（常吉）の著。成立年代は不明であるが、明治初年と考えられる。一揆の経過や拷問の様子が詳しい。また重兵衛に関して、「サテ盛岡面テ（表）ノヒヨギ（評議）ニハ、常吉ト申物廿六才ニシテ佐倉宗五郎ノ再来也とて、皆々尊重言斗りなし」と記述している。和賀町山口小原徳志氏蔵。司東真雄編『岩手の百姓一揆集』（北上市史刊行会）に収録されている。

（保坂　智）

〔参〕森嘉兵衛『南部藩百姓一揆の研究』、司東真雄編『岩手の百姓一揆集』

慶応二年（一八六六）一二月一五日
備中国窪屋郡幕府領倉敷村打ちこわし

　慶応二年、第二次長州戦争のための物資徴発や不作などの原因により物価が高騰するなか、倉敷村では一二月一一日ごろ、「一二月一五日夜から二〇日まで氏神妙見宮において小前一同で寄合を行う」などという張紙がなされた。張紙通り一五日夜妙見宮に集まった小前百姓らは、鐘・太鼓などを鳴らし、家々を打ちたたきながら参加強制を行った。その後、倉敷村内の商家を打ちこわし、翌一六日朝までに二四軒を打ちこわした。さらに一六日の午後、倉敷村新田で三軒、同郡沖村で二軒を打ちこわした。倉敷代官所では、小前百姓らの勢力に圧倒され取り締まることができず、小前百姓側の要求を認めるなどの融和策による鎮静化をはかった。また村役人たちも打ちこわしによる報復を恐れ、助成金出金などで小前百姓らのいいなりとなった。しかし、長州戦争のため大坂に出張中だった代官所役人が帰還したことを契機にようやく取り締まりを始め、翌年一月一三日夜の三〇人を始め、打ちこわし参加者を次々に捕縛していった。この被捕縛者の処分についてははっきりとしない。倉敷村のほかでも、同一八日夜から早朝にかけて窪屋郡幕府領酒津村で二軒、二九日から三〇日に後月郡旗本池田氏領井原村で一一軒、翌慶応三年一月二六日夜には浅口郡旗本山崎氏領西之浦村で七軒が打ちこわされている。

（横山　定）

〔参〕『新修倉敷市史』四

慶応三年（一八六七）一月一三日
讃岐国小豆島津山藩領増徴策撤廃打ちこわし（小豆島西部六郷一揆）

　小豆島全域は幕府領（高松藩預地）であったが、天保九年（一八三八）西部の六か村（土庄村・池田村など）は美作国津山藩領となった。財政困窮が続く津山藩では、文久元年（一八六一）藩政改革を行い、小豆島の六か村に対しても年貢の一割増、新運上銀、津山表奉公人給銀の百姓割当などを賦課した。また一方、慶応二年には幕府の長州征討の影響により諸物価、とくに米価が暴騰した。慶応二年一二月二六日、六か村の小前百姓を中心とする惣代七〇名（各枝村ごとに二名）は、文久元年に新設された賦課の廃止を求める六か条の嘆願書を作成し、大庄屋に提出した。同時に、惣代たちは議定を取り交わして団結を誓約し合った。大庄屋は、惣代たちの圧力により、渋々ながら嘆願書を淵崎陣屋へ提出した。藩では即答を避け、翌三年一月九日、貧民救済として米九五〇俵を支給するとの懐柔策を示した。慶応三年一月一一日、一揆参加をうながす廻状が池田村から出された。一揆に反対する惣代もあったが、一三日昼過ぎ、北浦町の滝宮天王の森（八坂神社）に百姓たちが集まり始め、法螺貝や釣鐘を鳴らし、立木の芋づるに火をつけた。これを合図に多数が参集し、蓑笠姿で鎌・鳶口・掛矢・大槌など振りかざして豪農商・庄屋らを打ちこわした。襲撃は六か村で約四〇軒に及び、家財のほか商品・質物・諸帳面・衣類などが被害を受けた。一四日には鎮静化したが、津山藩は代官らを小豆島に派遣し、一九日以降一〇〇名余が捕縛された。その多くは貧農であった。このうち頭取とされた池田村治郎吉ら五名が津山城下で永牢とされた。藩では、六か村に対して、頭取らの減刑を条件に先の嘆願書の取り下げを命じてきた。結局嘆願書は三月になって取り下げられ、五月に貧民救済のため金一五〇〇両が五か年間無利息として村々に貸付された。なお、永牢とされた頭取たちは、明治元年（一八六八）王政復古の大号令に伴なう恩赦によって出獄した。（須田　努）

〔参〕佐々栄三郎『讃州百姓一揆史』、川野正雄『近世小豆島の百姓一揆』

慶応三年（一八六七）一月一六日
安芸国賀茂郡広島藩領竹原下市ほか打ちこわし

広島藩では、慶応二年の秋作不熟と幕長戦争の影響で米価が高騰し、下層民を困窮化させていた。塩業と港の町である竹原下市では、江戸時代後期大量に下層民が生まれていた。彼らは米価高騰によって難渋し、富裕層の米麦買い占めの疑惑を抱いた。慶応三年一月一四日、貧民が商人の家に投石し、次いで一六日夜、一〇〇〇人が竹槍を持って蜂起し、町内の役人・商人・塩田地主など二〇軒を打ちこわした。さらに隣村の大石浦で一〇軒と牢屋を打ちこわした。翌一七日、近村の百姓を集めて三〇〇〇人となった打ちこわし勢は、下野村で四、五軒、新庄村で五、七軒を打ちこわした。一八日には藩の米蔵のある三津村でも打ちこわしが起こり、富家七軒を打ちこわした。藩は役人を出張させたが、藩権力の無力さを露呈するような対応しか取らず、事件が鎮静化してから首謀者を逮捕した。（三宅紹宣）

〔参〕豊田寛三「『慶応三年竹原下市打こわし』について」（『芸備地方史研究』七三号）

慶応三年（一八六七）一月二五日
備後国恵蘇郡広島藩領新仕法反対強訴・打ちこわし

広島藩では、慶応二年の凶作と幕長戦争の影響で物価が高騰し、下層民を困窮化させていた。難渋者の多い恵蘇郡では、米を積み立てる趣法米の制度が強化されていたが、慶応二年秋藩役人による趣法米流用の疑惑が起こった。これに対する動揺が続き、ついに慶応三年一月二五日、下村と水越村の百姓が結集した。一揆勢は郡内を一周し、庄屋・村役人・酒造業者など二七軒を打ちこわし、二九日郡役所のある三日市へ着いた。ここでは五〇〇〇人余に膨れ上がっていた。一揆勢は二月三日、要求に対する藩の誠意ある回答などの確約をえた後、帰村した。要求は、飢饉食・作食米の貸与とその返納延期と利息の引き下げ、質地・質物・借金の買戻しと帳消し、村役人への規制など多岐にわたり、百姓対藩および農民内部の対抗が併存しており、この強訴の性格を表わしている。（三宅紹宣）

〔参〕中山富広「慶応三年備後国恵蘇郡百姓一揆の基礎的研究」（『史学研究』一五六）

慶応三年（一八六七）二月一五日
日向国児湯郡幕府領穂北郷打ちこわし・殺

傷騒動（穂北騒動・椿原騒動）

慶応三年一月末、幕府領穂北郷で竹槍・鎌を手にし、高張提灯を持ち、村ごとに色別の旗を掲げた百姓一〇〇〇余名が、椿原・四日市の庄屋（兄弟）の苛斂誅求を訴え結集しはじめた。二月一五日、四日市庄屋宅を襲撃し、さらに、庄屋宅に出入りし圧政に手を貸したと目された佐土原藩士御牧静江を襲撃した。百姓たちは静江を生け捕りにし、連れ戻しにきた静江の兄弟池田丑蔵を殺害、同じく兄弟の壱岐六左衛門に傷を負わせたが、六左衛門はようやく脱出して隣藩の佐土原藩に一部始終を報告した。このため、佐土原藩は急使を宗家の鹿児島藩に派遣するとともに穂北へも役人を派遣するなど、事態は幕府領に止まらず佐土原藩にまで及んだ。同日、富高陣屋の幕府日田代官手代長谷川小（幸）平らが到着し、鎮静化に向かうが、手代が静江の逃亡を助けたため、騒動は再燃した。これに対する日田代官所側から解決に向けた動きはなく、鹿児島藩から派遣された黒田良介（後の清隆）が穂北に調査に入り、丑蔵を殺害し、六左衛門に傷を負わせた者を捕らえ死罪を申し付けるなど騒動の責任を追求することで決着を見た。この間、前年に幕府領警護を命じられた高鍋藩が一揆勢を後押ししたとの風聞が佐土原藩領に流れたり、幕府側と鹿児島藩との折衝では鹿児島藩の高姿勢振りが目立つなど、幕藩体制の崩壊を目の前にした幕末の政治情勢を反映した様相も窺える。（遠田辰芳）

〔参〕『日向騒擾史』、『宮崎県百姓一揆史料』

慶応三年（一八六七）三月二四日
下総国千葉郡旗本領ほか犢橋村稲干場開発争論

犢橋（こてはし）村は旗本吉田・小栗両氏、幕府代官、町奉行所与力の相給であったが、慶応三年一月、吉田氏領の稲干場五町九反余の開発願が、村役人と百姓藤左衛門の二手から吉田氏役所へ提出された。二月三日になると用人が来村して検分を実施し、惣百姓へ開発が許可された。ところが、二月二三日藤左衛門は独自に稲干場の地割を行い、樹木を伐採したため、三月二四日村役人など四四名が藤左衛門など六二名を吉田氏役所に訴えた。開発権は吉田氏領の百姓にのみあるとする村役人側の論理と、犢橋村すべての百姓にあるとする藤左衛門側の論理との対立であった。この争論は、藤左衛門側がいったん割渡した稲干場を村役人へ返却するなどの内容で、四月二六日に内済したが、この約束は履行されず、七月には藤左衛門側が名主に対する年貢算用の疑惑、年貢関係帳簿の非公開などについて吉田氏役所へ訴え、村政民主化をめぐる村方騒動に発展した。村役人側はこの後、村内で多数派工作をはかりつつ、他方勘定奉行に出訴して九月八日に受理された。そして吟味開始の一〇月一六日までには、前回よりも大幅に村役人が妥協した内容で内済が成立した。一一月一一日には、検見川村名主ら地分け扱人が来村し、村役人の主張どおり稲干場の分割が終了した。一二月になると、村役人側は吉田氏役所に対し、名主疑惑への反論を開始した。この頃から、地分け関係者に対し放火を予告する脅迫文書の貼付、村役人側についた百姓に対する家屋への放火、井戸への投毒、畑野荒らし、老母への暴行などの怪事件が連続し、村役人側はやがて毎日三名ずつ夜回りを実施するようになった。明治元年（一八六八）八月八日、夜回り中の三名が藤左衛門側の百姓三〇余名に待ち伏せされ、暴行された一名が藤左衛門家へ拉致・連行された。翌九日村役人は藤左衛門家を訪れたが、多くの百姓が集合し解決は困難であった。夕方七つ時ごろになると、藤左衛門親子を先頭に竹槍・手鑓・長脇指・鉄砲で武装した一団が、名主久右衛門宅など二軒を打ちこわし、「世直し」騒動的様相を帯びてきた。翌一〇日早朝には、藤左衛門らは稲荷山に立て籠り、矢来をめぐらし、篝火を焚き、炊き出しを行うなど臨戦体制を取った。これに対し同日村役人は事態を佐倉藩に訴え、一一日同藩鎮撫方が来村すると、藤左衛門は撤退した。一三日から吟味が開始されたが、藤左衛門たちが新政府の江戸民政裁判所へ出訴したことが判明すると、鎮撫方は現場保存と禁足を命じ撤退してしまい、事態の解決は頓挫した。九月二八日村役人側は嘆願書と被害届を民政裁判所に提出したが、審理の進展ははかばかしくなかった。その後犢橋村吉田氏領の管轄は、会計官を経て葛飾県となり、明治二年四月同県は藤左衛門側三名を呼び出したが、彼らの一部は一二日東京会計官宮島五位に「馬訴」(乗馬中の役人に訴願)し、一四日身柄は東京役所へ引き渡された。二〇日には審理が再び葛飾県に移り、二四日には藤左衛門などが仮入牢に処されたほかは帰村を命じられ、村方で諸帳面の監査・精算が行われた。六月になると、藤左衛門の行為は酒狂のためとする詫状が出され、一五日済口証文が提出されて一件は落着した。　(西脇　康)

〔参〕久留島浩「下総国における幕末・維新期の一村方騒動について」(『近世房総地域史研究』)

慶応三年(一八六七)四月
下野国安蘇・足利郡旗本領家政改革要求訴願(六角騒動)

旗本高家六角氏とその知行所下野国安蘇・足利郡の村々との領主財政と支配をめぐる騒動。若き日の田中正造が村名主としてかかわり、後年の鉱毒事件での行動に影響を与えたといわれる。六角氏は、開港以降の物価騰貴の煽りも受け、また、高家のため将軍の名代として臨時の出費も多く、領主経済は逼迫し、他の大名・旗本と同様家政改革を実施していた。このようななか、知行所内の小中村名主田中富造(正造の父)は、六角氏の財政再建のため蓄財した功により、安政六年(一八五九)割元役に任じられた。このため一九歳の兼三郎(後の正造)が父に代わり小中村名主に就任したといわれる。富造の割元就任は年番制の旧慣を破るもので、また同時に用人林三郎兵衛の取りなしで大久保村医師平塚承貞が小前にかかわらず役席に就任したことで、知行所村内では、不帰依を訴え旧例に復するよう要求を出すにいたった。文久二年(一八六二)、富造とともに家政改革にあたっていた六角氏筆頭用人坂田伴右衛門(三郎兵衛)が病死し、代わって同役に林三郎兵衛が就任すると、献金の要求や富造を割元とする勢力をそごうと村役人人事に介入、平塚を重用し、恣意的な施政をするなど村側との軋轢は大きくなっていった。翌三年には、林は助戸村の名主を休役に追い込み、先に村々の反対で立ち消えとなっていた江戸屋敷の普請計画を蒸し返し、村々名主に二〇〇〇両の先納金を要求した。これに対し、兼三郎は直接領主に三郎兵衛の罷免を求めて上書を提出したが、そのために名主職を解かれてしまう。慶応三年四月、知行所六か村の名主らは議定書を作成し、御手医師給人席に昇進した平塚の罷免を求める嘆願書を、六角氏へ末家の手を経て提出した。林は惣代を罰するという反撃に出るが、村側はさらに八か条にわたり、林・平塚の不正や家政紊乱を訴え、一二月には幕府へ訴えることにも成功した。しかし、戊辰戦争により、幕府への働きかけは頓挫せざるをえなくなった。そこで、惣代の助戸村藤吉・山川村藤七郎は、江戸入りした新政府軍へ出訴した。かくして慶応四年四月一四日、新政府軍に鎮撫取締方を委ねられた足利藩によって林と平塚は召し捕られ、六角主税は東山道総督府に召喚されることとなった。この間、兼三郎は一月以来六角氏の江戸屋敷内に入牢の身となっていた。明治元年(一八六八)一一月、新政府の裁許が下り、知行所六か村名主は名主召上げのうえ居村追放、兼三郎は家族を含め領内払い、六角主税は隠居を命じられ、林は「永の暇」、平塚は居村追放に処された。兼三郎は明治二年初めに釈放されて、騒動は幕を閉じた。　(齋藤悦正)

〔参〕『近代足利市史』一、『佐野市史』通史上、『栃木県史』通史五、由井正臣『田中正造』

慶応三年(一八六七)五月一三日
伊予国宇摩郡幕府領(松山藩預地)別子銅山稼人強訴

住友家が経営する別子銅山には、従来八三〇〇石の米が幕府から安値で払い下げられていたが、慶応元年二二五〇石が幕府により差し止められ、同二年には幕府による長州遠征の御用金上納が別子銅山経営の住友家のみならず、山方（銅山支配人）にまで命じられた。住友家は払下米の増額を幕府に訴願したが、受け入れられなかったのみならず、同二年八月に幕府は伊予国幕府領四郡からの買請米六〇五〇石までも江戸へ廻送させようとした。この結果、別子銅山への払下米はすべて停止され、稼人たちへの安値での飯米供給は不可能となり、市価の基準が適用されるようになった。しかも、世上は米価高騰である。このため稼人（鉱山労働者）らの生活は困窮していった。翌三年五月一三日、困窮する稼人たちは払下米による安売米制の復活と飯米支給量の増量を求めて屯集し、一四日、元締たちの説諭にもかかわらず、幕府川之江代官所に訴願すべく二〇〇名余が下山し、中村に止宿した。一六日、彼らは中村に出張してきた松山藩預所役人に願書を提出した。中村・上泉川村の庄屋たちが仲介に入り、住友銅山支配人たちに対して下山（住友は下山を脱走としていた）した稼人らを処罰しないことを嘆願する一方、稼人らには帰山を勧めた。この結果、二三日から稼人たちは徐々に帰山した。住友家でもこの事態を重要視して、幕府に銅代金値上げを訴願していた（値上げが実現できれば、稼人らの待遇改善が実現できるという論理であった）。この住友家の訴願が認められたのか、また稼人らの要求が実現されたのかどうか、史料上確認できない。その後、七月下旬、住友家は突如稼人の解雇をはじめていく。これに対して、稼人たちは鉱業を中止する実力行使（ストライキ）を行ったが、住友家は彼らを「脱走悪党」として捕縛し、役所へ引き渡した。彼らの多くは強訴の中心人物であったとされる。明治維新後、捕縛された稼人らは土佐藩によって解放された。なお、上記の強訴を慶応二年とする史料・見解（『乗裕明鑑』、『資料愛媛労働運動史』一、『新居浜市史』など）もあることを付記しておく。　（須田　努）

〔参〕中予研・住友研究グループ「慶応三年別子銅山稼人一揆について」（『愛媛近代史研究』三七）

慶応三年（一八六七）八月
武蔵国豊島・荏原郡幕府領ほか代々木村など駒場野練兵場反対強訴・打ちこわし

慶応三年八月、一五代将軍徳川慶喜は、フランス公使ロッシュの援助を受けて軍制改革を行い、軍事力の強化をはかろうとした。その具体策の一つが撤兵（さんぺい）伝習所の建設で、江戸近郊の広い土地ということで白羽の矢が立てられたのが将軍の遊猟地の一つであった駒場野であった。約一五万坪の広さがあったが、実弾射撃をするには手狭なため、地続きの代田・代々木・下北沢村など八か村の約二〇〇軒を囲い込み、私領の上知を命じ、家を取り払うことになった。しかも百姓には替地を用意しなかったため、村民たちは駒場野の番人平助宅を打ちこわし、竹槍を持って多数が屯集した。代官松村忠四郎は、騎兵隊の力を借りて鎮圧しようとしたが失敗し、百姓の嘆願を一部取り入れて渋谷村、道玄坂方面に変更しようとしたが、今度はこれらの村々の人々が竹槍・鉄砲で騒ぎ立てたため、とうとう見分を一時見合わせた。そして、再見分がないまま、幕府は滅亡した。　（山中清孝）

〔参〕『新修世田谷区史』

慶応三年（一八六七）一〇月
甲斐国山梨・八代・巨摩郡幕府領五六七か村大小切廃止反対訴願

慶応三年一〇月、政局が悪化するなか、幕府は税収入増加のため、甲斐国中地方で施行されていた大小切の租法を廃止することを布達した。大小切の租法とは、武田信玄が創設したといわれているもので、年貢の三分の一を小切として金納とし、残り三分の二を大切と称し、さらにこのうちの三分の一（全体の九分の二）を金納とし、その残り三分の二（全体の九分の四）を籾納するもので、小切の金納分は安石代として金一両につき米四石一斗四升替えで不変とされ、大切の金納分は毎年国中地域（甲府・黒沢・鰍沢・勝沼）の相場の平均値段を基準として設定された。この大小切租法は百姓にとっては有利なもので、以前から廃止の動きがあるたびに反対して継続させてきたものであった。慶応三年の大小切租法廃止に対しても、一〇月、山梨・八代・巨摩の三郡五六七か村の村役人・惣百姓は、嘆願書を作成し、老若男女による門訴を行うとして、反対の訴願を行った。この結果、翌年二月、幕府は御伝馬宿入用・六尺給米を国中相場の一五両増しで納入することとしただけで、その他の租税は従来通りと通達し、大小切租法は守られた。しかし、大小切租法をめぐる対立は、やがて明治五年、明治政府の新たな税制政策の下で再燃することになる。　（須田　努）

〔参〕竹川義徳「山梨農民騒動史」八（『甲斐史学』一七）

慶応三年（一八六七）一一月一二日
武蔵国豊島郡幕府領徳丸本村など徳丸原練兵場拡張反対騒動（徳丸原騒動）

慶応三年一一月、徳丸原で幕府の練兵場拡張策に反対する百姓騒動が起きたとの風聞が江戸で広まった。「藤岡屋日記」によると、一一月一二日、徳丸原の大砲稽古所を拡張するため見分に訪れた幕府役人三人とフランス人教官三人に対し、竹槍を持った徳丸本村、上・下赤塚村、成増村ほか二か村の百姓三〇〇〇人ほどが取り囲み、鉄砲を取り上げたうえで、フランス人は帰したが、幕府役人を拘留し、代官所へ拡張反対の嘆願を行ったという。その後、百姓の人数は二万余にも膨れ上がり、二六日の調練にやってくる外国人二〇人・日本人一五〇〇人を皆殺しにしようと、戸田に竹槍を数千本用意しているというのである。ほかにも同様の記事が「丁卯雑拾録」などにも見られるが、地元の板橋区内にはこの件に関する史料はまったく見られない。わずかに一二月の「今般御大砲御調練相成候場所道筋」の普請について願書下書が現存するのみである。同年八月の駒場野騒動が誤って伝えられたか、または同年一〇月に起きた歩兵二〇〇人余が下板橋の乗蓮寺に屯集して騒いだので代官所や関東取締出役に鎮圧された事件が拡大されて伝わったと推定される。現時点では直接史料が発見されていないので、幻の一揆と思われる。　（山中清孝）

〔参〕『板橋区史』上、『戸田市史』資料二

明治元年（一八六八）一月一七日
播磨国多可郡幕府領ほか打ちこわし

明治元年一月一七日から、多可郡中村町付近で群衆が蜂起した。岸上村高田で数百人が勝手大明神の鐘をついて気勢を上げ、中村町の五兵衛と坂本村の孫兵衛があおったという。そして翌一八日夕刻から一揆勢は北上し、暴動になった。まず多田村の惣代庄屋小林仁平次宅を焼打ちし、杉原谷上手の西山・清水村の庄屋宅などに放火して引き返し、一九、二〇日にかけては中村・西脇から野間谷の村々に進んだ。一揆発生の原因については諸説あるが、幕府領代官の重課と村役人の不公正に対する抗議から始まり、一橋家領や尼崎・忍・古河藩の飛地領にわたる、物価高騰に対して米・麦安値を要求する暴動へと発展した。一揆の鎮圧には、四国中国追討総督の随兵のうちから長州兵が直行し、巨魁の坂本村の半平・同村の孫蔵・中村町の竹蔵・同町の九右衛門・糀屋村の弥助と、加担の一三人を捕縛している。また、生野役所の薩摩兵も、もと幕府領の数百人を連行したといい、小野藩兵も一二人を召し捕り、生野に連行したという。　（山崎善弘）

〔参〕『兵庫県史』五、『中町史』本

明治元年（一八六八）一月一八日
讃岐国那珂郡幕府領塩飽島身分差別撤廃打ちこわし

塩飽諸島では、水主役を務める人名（にんみょう）六五〇人に、その代償として在地支配を認めていた。人名の在地支配のもとで、間人（もうと）と呼ばれる一般民衆は種々の差別を受けていた。慶応二年（一八六六）の幕長戦争に際し、幕府は塩飽島に水主の動員を命じたが、人名たちはこの二〇〇年ぶりの動員を本島小坂浦の間人（漁民）に務めさせた。同年暮、戦争が終わると、小坂浦の間人たちは、「人名の代わりに水主役を務めたのだから、我々にも

人名の権利を与えよ」とたびたび人名たちに迫ったが、年寄や庄屋はこれを拒否した。同三年暮、幕府が崩壊し、翌明治元年一月中旬土佐藩征討軍が讃岐に入って諸藩が恭順の意を示す状況下で、小坂浦に人々は寄合し、「お上もなくなったのだから、小坂浦にも人名二人前を貰い受けたい。不承知ならば泊浦ほか全島、さらに勤番所も打ちこわす」ことを決めた。小坂に隣接する泊浦は本島の中心地で半数近い人名がおり、人名を代表する年寄が政務を行う塩飽勤番所もあった。そして、明治元年一月一八日、小坂浦の二百数十名は竹槍や棒などを持って泊浦に乱入し、人名らを打ちこわした。これに対し、翌一九日には年寄の動員令によって各島から人名勢が駆けつけ、勤番所の一〇挺ほどの銃も取り出して小坂勢に発砲した。銃弾は小坂勢二人の足に命中し、また人名側でも竹槍で刺されて死亡者がでるなど、流血の乱闘になり、小坂勢は引き上げた。その日の深夜、数百名の人名勢は小坂集落に夜襲をかけた。放火によりほとんど全戸の二五〇軒が焼き尽され、三〇〇隻の船にも燃え移った。逃げまどう人々四五〇人が捕縛され、傷ついた四〇数人のうち一八人が死んだ。死者一八人を列記した墓が小坂の墓地にある（丸亀市本島町小阪）。二一日ごろには、丸亀に駐屯していた高知藩の部将八木彦三郎・島村要らが来島し、年寄らを譴責・謹慎させるとともに主謀者を逮捕した。以後、塩飽島は高知藩管轄となり、八木らによって小坂集落の復興がなされた。明治三年、小坂の大山神社に「土州様」が祀られ、のちに十三（とさ）神社と改め、さらに八木と島村の姓から八島神社とした。

（須田　努）

〔参〕土屋喬雄・小野道雄編『明治初年農民騒擾録』、佐々栄三郎『讃州百姓一揆史』

明治元年（一八六八）二月五日
備中国下道・上房郡ほか松山藩・一橋領ほか郷蔵米運出・越訴

慶応四年一月一一日、新政府は、岡山藩に対し備中国幕府領没収と松山藩征討を、広島藩に対し備後国と備中国河辺川以西の幕府領没収などを命じた。一八日岡山藩鎮撫使は松山藩の城地を受け取り、二四日広島藩も鎮撫のため出兵した。このような状況の下、騒動はまず下道郡松山藩領久代村で発生した。二月五日、松山藩郷蔵米の酒屋（肝煎役）への払い出し指示を契機に、以前から藩や庄屋・酒屋などに疑問を抱いていた百姓たちは、村内の神社に集結した。夕方、惣代が郷蔵米払い出しについて庄屋を追及、六日百姓が郷蔵米を運び出した。一方、瓦焼職人金次郎・百姓吉左衛門らが玉島出張中の広島藩役人へ訴え出、帰村後村人に岡山藩にかわって広島藩による鎮撫を呼びかけた。この呼びかけは、処罰回避のためでもあるが、鎮撫をめぐる岡山・広島両藩の対立を利用して、騒動を有利に展開しようとしたためとも考えられる。八日、松山藩役人の説諭により蔵米を返却したが、広島藩役人出張の報を聞き、各自竹槍を所持して騒ぎ立ち、岡山藩役人を取り囲んだ。九日、岡山・広島両藩役人と百姓たちが折衝し、酒屋が和睦の酒と騒動費用を負担し、村方へ詫書を差し出すことで合意し、一九日広島藩役人は引き上げた。しかし、再度出張した松山藩役人が酒屋を贔屓する掛合をしたため、再度蜂起し、広島藩に庄屋・酒屋の処置を依頼した。広島藩は、吟味のため両者を玉島へ呼び寄せたが、結局、山田村の医師を仲介にして和睦の酒と騒動費用を負担させ、詫書を差し出すことで合意し、騒動はいったん収まった。三月六日、岡山藩役人が頭取など捕縛のため出張したが、五、六人を捕縛したのみだった。その他は玉島の広島藩出張所へ広島藩鎮撫の嘆願にでており、岡山・広島両藩が引き渡しを交渉中に脱走し、このうち三名を捕らえたのみであった。一方、三月一〇日久代・山田村百姓一同は、岡山藩鎮撫に服す旨の請書を提出し、一応騒動は終了した。しかし、久代村忠右衛門ら一部の百姓は、広島藩鎮撫を吉野山吉祥院や新政府民政役所へ嘆願し、これに失敗すると、再度五月・六月に広島藩に嘆願するなど岡山藩鎮撫にあくまでも抵抗した。この他、四月までに松山藩領内六四か村のうち五一か村で騒動が発生したが、大半は一か村から数か村単位の行動だった。また、上房郡一橋領でも、二月ころから騒動が発生し、鎮撫をめぐる岡山藩と広島藩の対立を利用して庄屋の不正追及をめざす小前百姓たちが、閏四月二七日ころから岡山藩鎮撫嘆願のため次々と岡山藩領へ逃散し、惣代たちが嘆願のため岡山城下に赴いた。これに対し庄屋たちも広島藩鎮撫を嘆願するなどの騒動が発生した。このほか、幕府領・新見藩領・旗本山崎氏領でも騒動が発生している。　（横山　定）

〔参〕長光徳和編『備前備中美作百姓一揆史料』三、太田健一「戊辰戦争期の農民闘争」（『史学研究』一二五）

明治元年（一八六八）二月一六日
武蔵国児玉・榛沢郡ほか児玉町・寄居町など銃兵取立反対・寄場入用不正糾弾騒動

慶応四年（明治元年）一月三日の鳥羽伏見の戦いで薩長倒幕軍が勝利する状況のなかで、幕府岩鼻代官所の関東取締出役渋谷鷲郎は、一月一五日宿舎の熊谷宿に村役人を集め、幕府領・私領の別なく一〇〇石に一人の割合で銃隊を取り立てる徴兵を命じた。この廻状が回ると、上野国新町寄場組合を始め武蔵国の組合でも多くが反対の訴願を行った。そして、村役人や寄場役人の訴願では埒が明かないと見るや、二月一二日には上州の数千人が渋谷の退陣を求めて岩鼻に向かう動きを見せた。このため渋谷は、一五日付で銃隊取り立ては強制ではないとの触を出し、事実上撤回せざるをえなかった。この上野国での動きは武蔵国にも波及し、二月一六日、神流川を挟んで上野国に接する武蔵国児玉郡八幡山寄場組合では、一二〇〇人余が児玉町に押し寄せ、寄場の大小惣代の不正を糾弾し、惣代らが退役することとなった。銃兵取立反対運動の過程で、寄場惣代・役人の不正・横領が露顕したためである。二月二一日、榛沢・男衾・比企三郡三七か村からなる寄居寄場組合でも、寄場大惣代である榛沢郡末野村今井九兵衛とその義弟による寄場入用不正高割が発覚したことから、村々の小前・村役人らが早鐘を撞き竹ぼらを吹き、逃走する九兵衛らを追って寄居町へ押し寄せた。その数三〇〇〇人とも五〇〇〇人ともいわれ、二四日には鎮圧にやってきた岩鼻代官所役人川崎三郎らをつかまえて虜にし、御用宿へ監禁することになった。ある記録は「家康公御入国以来前代未聞」と書いている。二七日には、羽生陣屋から農兵一五〇名、岩鼻代官所から五〇〇名の歩兵が到着したが、寺院による仲裁が進んでいたため、空しく帰陣した。夜に入って内済がまとまり、寄場入用不正分の返済、大惣代九兵衛の剃髪のうえ退役、組合村からの追放、小組惣代・寄場役人の退役が決められて落着した。このように武蔵北部では、寄場の大小惣代がすべて出奔し行方不明となったといわれるほど組合村体制が崩壊し、幕府の軍事力も役に立たず、官軍の東征が迫るなかでまさに無政府状態であった。　（齋藤　純）

〔参〕『新編埼玉県史』通史四

明治元年（一八六八）二月二三日
上野国群馬郡ほか幕府領・安中藩・旗本領ほか打ちこわし（上州世直し一揆）

慶応四年（明治元年）一月一五日、幕府岩鼻陣屋に在陣する関東取締出役渋谷鷲郎は、出張先の熊谷宿に管内組合村々の代表者を急ぎ召集し、東下する官軍を迎え撃つ農兵銃隊取立計画を明らかにした。この指示を受けた村役人はもとより、百姓も動揺した。そのころ、上州の村々にも「関東方賊軍」、という風聞が広まっていたからである。そのため百姓の反対運動は、急激に先鋭化していった。一方、渋谷は、銃隊取立をあくまでも強行し、反対する者は首を切ると公言した。だが、百姓の反対は止むことなく続き、岩鼻陣屋を攻撃すると宣言して藤岡周辺に集結し、篝火を焚き鬨の声を挙げた。二月一九日、官軍の先遣隊が碓氷峠を占拠したという噂が飛び交うなか、主な陣屋役人は何処ともなく姿を消した。

西上州では、二月二三日の夕刻、多胡郡神保村の辛科神社に集結した百姓たちは、村々に世直し廻状を廻して参加を呼びかけた。それに応じた百姓およそ二〇〇〇人が辛科神社の境内で気勢を上げて世直しを決議し、竹ぼらを吹き立て、鉦や太鼓を叩きながら松明を先頭にして吉井宿に向かった。最初の標的となった吉井宿は、吉井藩一万石の陣屋が置かれていることもあって、鉄砲隊が木戸を固め、押し寄せた世直し勢に発砲した。これに対し頭取は、宿のまわりに世直し勢を集めて篝火を焚き、再び鉄砲を撃つならば宿はもちろん陣屋も焼き払うと宣言し、松明を振りかざした。驚いた宿役人が頭取にしばらくの猶予を求め、藩役人に発砲を中止するよう懇願したので、世直し勢は吉井宿を後にした。しかし、これでは武士の面目が立たぬと判断した藩兵の一人が、夜空に鉄砲を放った。これを聞きつけた世直し勢はただちに引き返し、宿内の商人八軒を打ちこわした。驚いた藩が約束違反を急ぎ陳謝したので、攻撃は中止された。二四日朝、吉井宿から炊き出しを受けた世直し勢は二手に分かれ、本隊は富岡方面に、もう一つの部隊は藤岡から新町方面に向かうことにし、ただちに行動を開始した。

総勢二〇〇〇人ほどに膨れ上がった第一の世直し勢は、下仁田道を西に進み、標的とする商人と交渉して質物の無償返還、借金証文や質地証文の破棄、そして米価の値下げや施米を実現させた。甘楽郡富岡町で最初に打ちこわされたのは山伏の福寿坊で、日頃から貧民に高い利息で銭を貸し付け、あるいは米の買い占めを行って暴利を貪っていたからである。一方、貧民の境遇に理解を示しさまざまな便宜を与えていた商人は、打ちこわしの対象から外された。このような行動は、以後展開した七日市、あるいは小幡、さらには下仁田においても見られた現象であった。この世直し一揆は、妙義町から安中地域に伝播し、安中では「夜中にもかかわらず日中のように明るかった」と記録されるほど、各地で商人の家が焼き払われた。安中藩は、鉄砲隊はいうまでもなく大砲隊までも繰り出し防戦に努めたが、鎮圧することができなかった。その後、世直し勢は、碓氷郡板鼻宿、次いで旧幕府勘定奉行小栗上野介が隠退している群馬郡権田村の東善寺を攻撃した後、板東一五番の名刹平岩観音に集結して気勢を上げた。そして、引間村から三国街道を北上し、沿道の新井村・上野田村・半田村・石原村の質屋などから質物を無償で返還させ、渋川宿に入った。続いて金井村から白井宿に向かい、横浜商人や銃隊取り立てに活躍した組合村役人を打ちこわした。

一方、緑野郡藤岡方面に向かった世直し勢は、銃隊取立に積極的に関与した組合村大総代や小惣代、村役人を攻撃し、詫び証文の提出と第一線からの退陣を誓約させた。また、横浜商人からは施金や施米、それに質物の無償返還を約束する降参証文を門に張り出させ、それを拒否する者は打ちこわし、焼き払った。中栗須村の蚕種屋は、打ちこわしを予想して主な家財道具を運び去り、世直し勢のすべての要求を拒否した。そのため頭取は焼き払いを宣言し、一部の百姓に梯子や水桶などを用意させ、隣家への延焼を未然に防いだ。次いで新町宿に侵入した世直し勢は、頭取の指示に従って銃隊取立に協力した小惣代の家を打ちこわし、宿内の問屋、あるいは横浜商人なども攻撃した。

緑野郡鬼石村の商人も世直し勢から打ちこわしの予告を受け、急ぎ米価の値下げや借金証文の破棄などを約束したが、周辺の村々百姓、あるいは神流川を渡渉し、また杉の峠を越えてきた武蔵国秩父や児玉の百姓から攻撃された。なお、南牧や西牧の村々百姓、それに山中領百姓は米を求めて信濃国佐久郡に入り、現地の小作人たちと協力して世直しを実行した。そして、西上州への米の安値販売や安定供給、佐久貧民に対する借金証文と質地証文の破棄、質物の無償返還・小作料の値下げなどを要求し、一時ではあるがそれらを実現させた（佐久世直し一揆）。

東上州では、三月二日、佐位郡八寸村権現山の竹ぼらを合図に佐位郡小保方八か郷の百姓が蜂起し、三室村の商人に対し施米や質物の無償返還などを要求し、実現させた。続いて一一日、那波郡連取村の若者が吹き立てる竹ぼらをきっかけにして世直し廻状が村々を駆けめぐり、数百人の百姓が八郎の社に集結して気勢を上げたのち、頭取は世直しを宣言した。そして、周辺の豪農や豪商の家に押しかけ、施金や施米、質物の無償返還などを約束する降参証文を提出させた後、戸谷塚村に向かって移動を始めた。同じ日、戸谷塚川原に数千人の百姓を集めた「無宿の徳」は、盗みをせぬよう厳しく言い渡し行動を開始した。質物を入れた土蔵には封印を施し、差し出された降参証文の誠実な履行を約束させた世直し勢は、人数を増やしながら佐位郡下武士村の諏訪社に集結した。そして、一二日、境町になだれ込んだ。この日、境町で襲撃された商人は一五軒に達したが、鎮圧に出動していた伊勢崎藩兵はその勢いに圧倒され、打ちこわしをただ見守るばかりであった。それに力をえた世直し勢は、新田郡八木沼・高岡・平塚に押し出し、他の一隊は佐位郡島村に向かったが、攻撃に失敗した。その後世直し勢は、沿道の村々から多数の百姓を集めながら新田郡世良田村に向かい、目星をつけていた商人や質屋と交渉し、成果を上げた。そして、太田宿から藤阿久村や大島村を通って木崎宿に入り、飯盛女の身請け証文や借金証文を破棄した。さらに世直し勢は、大根村から大原村を駆け抜け、勢多郡新川村の豪商と交渉して施金を約束させ、山田郡桐原村で商人一軒打ちこわした。続いて大間々町に入り、商人四軒を攻撃し、桐生新町に向かった。桐生新町では、出羽松山藩の陣屋に捕らえられていた「無宿の国」を解放し、彼に「世直し大明神」と大書した幟を持たせ、商人に施金や施米を交渉して実現させ、貧しい職人や百姓に分配させた。この時、頭取の大光院修験の観寿は「私は富豪の商人から金銭や穀物を提供させて貧民に分け与え、彼らの行き詰まった生活を救う世直し大明神である」と宣言した。桐生で当面する目的を達した世直し勢は、態勢を整えて下野国足利に向かった。しかし、足利藩兵が鉄砲などで国境を固めていたため引き返し、広沢村で解体した。一方、勢多郡米野村や中箱田村辺でも世直し廻状が廻り、竹ぼらが連夜にわたって吹き鳴らされた。しかし、これは前橋藩郷兵によって鎮圧された。

北上州、すなわち利根・沼田地方の世直し一揆は、二月二五日の夜から始まる。この日、須川宿の問屋兼本陣に世直し大明神の触書が投げ込まれた。それには「三月二日の七つ半、吾妻郡須川宿の熊野神社境内へ組合村一九か村の百姓全員を召集せよ。今回世直し大明神が天下って申し渡すことがある。もしこの命令に背く者があれば、天罰が下るであろう」と墨書されていた。二日夕刻、竹ぼらがいっせいに吹き立てられた。それを合図にして多くの百姓が熊野神社に集まった。そこへ世直し大明神と大書した幟を背に、黒い布で顔を覆った一人の男がざわつく百姓を制し、演説を始めた。彼は、村役人と商人に越後米の借用と施金の実施を要求して分配し、「貧富のかきならし」を提案した。これをきっかけにして北上州の世直しが始まり、貧民救済として多くの米が分配され、質物が無償で返還された。この須川の世直し一揆は、国境を越えた越後の村々にも大きな影響を与え、魚沼郡芦ケ崎村の庄屋太郎右衛門は「最近上州では各地で世直し一揆が起こり、国境周辺が騒々しくなっている。須川宿でも騒動が起こったというが、彼らは米を求めて必ず越後に侵入して来るから、峠の警備を会津藩に出願せねばならない」と記録している。一方、沼田藩領内でも世直し一揆が起こった。三月一八日、利根郡戸鹿野新町の高札場に世直しを予告する一枚の張紙が見つかった。それには借金証文の破棄と質物の無償返還が記され、これをきっかけにして沼田藩領内村々百姓の動きが活発化した。そのため藩は「悪者改」を廻村させ、商人には米や麦の値下げを指示し、質屋には利下げを命じて世直し状況の鎮静化に努めた。それにもかかわらず二〇日の夜、上川田村で三軒の家が焼き払われ、塚原村の質屋は質物を無償で返還したにもかかわらず、日頃の態度が横柄だという理由で打ちこわされた。このような状況は四月になっても衰えず、園原村や高平村の質屋が攻撃されるという噂が広まり、沼田藩は大砲隊を出動させて鎮圧した。

このように世直し一揆は、吾妻郡を除く上州のほぼ全域を席巻して、百姓に一時の「世直し世界」をもたらした。その世界とは、「園田庄小倉之里」（桐生市）にある圓明寺の住職栄綱の「質物が無償で返還されたので、盆と正月が一度に来たようなハレの世界となった」という記録に的確に表現されている。そのため上州に進駐した東山道総督府は、世直しは「朝敵同様」の行為であると決めつけ、また質物はただちに返還せよと命じ、世直し一揆の成果を真っ向から否定した。そして世直し一揆の頭取に「博徒」、あるいは「無宿」の汚名を着せ、各地で斬首した。そのため頭取が何の罪で、またどのような理由で、何人処刑されたのかを確認することはむずかしい。（中島　明）

〔参〕『群馬県史』通史四、中島明『上州の明治維新』

明治元年（一八六八）三月一〇日
武蔵国埼玉・葛飾・足立郡など幕府領羽生町ほか打ちこわし

　慶応二年（一八六六）一月、岩鼻代官所は「関東在方掛」を設けて治安維持の強化を図ったが、同年六月の武州世直し一揆を経て、その補強策として埼玉郡羽生町に陣屋を設け、下野国全域と武蔵国比企・大里・幡羅・横見の四郡および埼玉郡のうち行田町・羽生町・加須町を支配させることにした。羽生陣屋は一一月に着工して同四年（明治元年）二月に完成した。しかし、それは東征軍の江戸進撃の最中であり、三月一〇日、東征軍により火を放たれ、焼失した。その夜、人夫役や御用金に苦しめられた百姓ら数百人は、陣屋建設の先達になったといわれる羽生周辺の名主・豪農ら数軒を打ちこわした。翌一一日、打ちこわしは、羽生町ほか加須・久喜・鷲宮・菖蒲、葛飾郡栗橋、足立郡鴻巣などへ拡大した。打ちこわし九〇余か村・一二〇軒余にのぼった。なかには火を放たれて焼失した家もあった。襲われた家は、組合村寄場惣代・役人や村役人であり、豪農商である。前者への攻撃は東征軍進撃と陣屋焼失という政治的空白期に村落支配機構を否定する動きであり、後者は武州世直し一揆の延長線上にある闘いであった。騒動は、一五日に忍藩や薩摩・長州・大垣藩兵らにより鎮圧された。（齋藤　純）

〔参〕『新編埼玉県史』通史四、

明治元年（一八六八）三月一九日
隠岐国海士・知夫里・周吉・越智郡松江藩預地島民陣屋占拠・郡代追放（隠岐騒動）

　隠岐国一万八〇〇〇石は大名支配・幕府直轄を変遷した後、享保五年（一七二〇）以来松江藩の預地となった。藩は郡代・代官を任期制で西郷に派遣して長年一国統治を行ってきたが、幕末期には島民の不満が高まっていた。ことに米穀を自給できない隠岐国では、その多くを本土からの移入に頼っていたため、米相場が人為的に操作される度合いが大きく、それが物価高に連動しやすかった。幕末期には、蔵方を勤める一部の庄屋と代官所の諸役人、米問屋らが結託して不正を働き、その横暴さが島民の反発をかっていた。それが慶応元年（一八六五）一一月二一日と二四日の二度にわたる周吉郡西郷の米騒動となって現われた。近郷の村々でも、百姓が集結して不穏な形勢になった。一一月二一日、米価高を契機に西郷（宇屋・矢尾・目貫）および周辺村落の町民・漁民・百姓らが港の問屋に押し寄せ、米問屋を打ちこわした。翌慶応二年にも米騒動が西郷で起こった。この騒動の背景にある米をめぐる代官所・一部の庄屋・問屋商人の結合、菜種・櫨を扱う商人や廻船業者に特権を与えて賄賂を取る利便供与の関係など、隠岐と本土の間の商品流通から富を形成し利益を蓄積する構造はその後も変わらず、松江藩支配に対する反感となって流れ、明治元年（慶応四）の隠岐騒動を支えるエネルギーになった。一方、上皇・天皇が流された歴史を持つことも背景となって、一九世紀初めからは国学・道学を学ぶ者がこの地に増え、神官・庄屋を中心に尊王攘夷の思想が培養された。これらの同志が慶応三年五月、松江藩に文武館設立の願書を出した。これに対し隠岐郡代は、家業第一を強調して却下したが、六月再び同じ願書が提出された。郡代もまたこれを拒否し、村々庄屋を集めてその不当さを説諭した。この願書の連名者七三人のうちに村役人二三人、神官一二名がいた。彼らは三度目は本居派国学者の松江藩士を頼って松江藩に願書を出そうとしたが、この藩士が断ったので、京都の志士を頼ることを考えついた。そして同志一一人が隠岐を脱出し、浜田港で占領していた長州軍民政方から尊王討幕への情勢転換を教えられ、隠岐人の一徹な攘夷論を笑われた。この時、取り調べを受けた者が、隠岐の国政を尋問されたが、不正があり、米相場を国中の庄屋が申し合わせても、奸商が高値にし、それを制禁せず賄賂を取り奸商の便宜をはかる、と答えているのは、松江藩への反感のなかに生活問題があることを示している。しかし世情を知って、彼ら同志は戦術を転換し、松江藩権力の現地の象徴である郡代を隠岐から追放することにした。長州藩はこれを励ました。隠岐に帰った同志は、相談を行い、慶応四年三月一五日に国分寺で庄屋だけの会合を行った。その場で意見が分かれ、松江藩と郡代を支持する出雲党と、郡代追放を要求する正義党に分裂した。ちょうどその頃、山陰道鎮撫使が隠岐国公文役方へあてた公文書を松江藩士が開封するという事件があり、それへの感情的反発が正義党の庄屋・神官をより強く結束させた。三月一八日、正義党は郡代追放を決定、檄文を飛ばして同志を集めた。一九日朝、三〇四六人（全男子の三六%強）の島民が西郷の調練場に銃・鳶口・竹槍など持って繰り出し、「憂国同志中」の名で、天朝御料になったから松江藩は退去せよと要求した。この圧力に押されて郡代は陣屋を明け渡して隠岐を去った。正義党は、総会場と会議所を持つ自治機関を設立し、執行期間である総会場には頭取以下、周旋方・文事方・軍事方・撃剣方・武具方・兵糧方・兵糧世話方・算用調方・廻船方・記録方・警衛方・目付役を置き、庄屋を改称した公文らがそれぞれの部署を担当した。会議場では、四名の長老が合議し運営を決定した。このほかに農兵壮士の自衛軍である戌兵・義勇・揮刀の三局を設けて地域を巡回した。しかし正義党の活動は神国思想の鼓舞、攘夷の実行に焦点を合わせるもので、結集した一般島民の、慶応元年から吹き出している生活要求とはかけ離れていた。正義党の隠岐自治に対し、新政府は「土人の暴動」とし、四月一三日、松江藩は出雲党と気脈を通じつつ、錦の御旗のもとに陣屋の明け渡しを要求した。対峙すること半日、反撃に出た正義党の神官・庄屋は朝敵とされ、島民からも孤立して四散し、自治機関も崩壊した。戦死者は一〇人以上に及んだ。正義党支配を壊滅させた松江藩は、年貢減免や米穀払下げの措置を取った。しかし六月初めには松江藩の隠岐国取締まりも根拠を失い、再び自治機関が復活したが、翌明治二年二月末に隠岐県が設置されると、これも終息を迎えた。

【人物】中沼了三　なかぬまりょうぞう
文政元年（一八一六）～明治二九年（一八九六）。隠岐騒動の理論的指導者。隠岐国周吉郡中村の医家に生れ、二〇歳で京都の鈴木遺音に入門。天保一四年（一八四三）に烏丸竹屋町に学舎を開き、名声をえた。浅見絅斎の『靖献遺言』を講じ尊王攘夷派の志士に影響を与えた。大和十津川郷の尊攘派同士の間で理論的指導者の役割を果たし、文武館設置、十津川郷由緒復活上願を指導し、天誅組挙兵にも参加した。出身地隠岐の同士への影響力も大きく、中沼のもとで学んだ中西毅男は隠岐に帰って私塾を開き、子弟に尊王攘夷を鼓吹し、同士の庄屋と隠岐にも文武館を設立する計画を立てて願書を提出した。中沼は、征討大将軍参謀、明治天皇侍講を歴任し、隠岐騒動や明治維新の復古論的指導者であったが、開国和親の明治政府に抗議の辞表を明治三年（一八七〇）に提出して下野した。明治四年、愛宕・外山の攘夷事件に参画して捕らえられ、免官・位記返上の処分を受ける。罪を許されて後、京都で生活した。（深谷克己）

〔参〕永海一正『隠岐の歴史』、『隠岐島誌』

明治元年（一八六八）三月二七日
武蔵国榛沢郡旗本神谷氏領大谷・黒田村地

頭殺害騒動（殿様殺し）

旗本神谷勝十郎は、祖先が慶長期（一五九六～一六一五）に忍城番衆の一人として活躍し、鷹匠役も務め、天和年間（一六八一～一六八四）以降は代々小普請組に属し、黒田村で七一石余、大谷村で一四三石余、合わせて二一〇石の小給の旗本である。幕末には矢継ぎ早に先納金・御用金を賦課し、耐えかねた領民は、文久元年（一八六一）には老中駕籠訴、元治元年（一八六四）には検見役人へ石礫を投げる騒動などが起きていた。神谷勝十郎は、慶応四年（明治元年）三月二五日に江戸を出て、二六日黒田村組頭で勝手向賄役村上平十郎とともに黒田村名主八百次郎宅に止宿した。目的は御用金を取り立てるためで、官軍が江戸に充満しており、いつ上知を命じられても不思議でない時期に、知行地から取れるだけとっておこうという考えから知行地へ乗り込んだのである。さっそく用人玉川郡司の名をかたって村役人に出頭を命じた。しかし、村役人は出頭に応じなかったばかりか、翌朝、大谷村名主三左衛門らが中心となって竹槍・鳶口などで武装した三〇余名が八百次郎の家を取り囲み、「御用金は上納できぬ」旨を申し立てた。これに立腹した神谷は、名主三左衛門に対し抜刀して斬りつけた。これに激昂した百姓たちは、屋敷内に押し入り、竹槍で神谷を突き刺して殺してしまった。そして、遺体を火葬にするため河原に運んだところ、百姓の一人が死骸の肉片を切り取って食べ、残った肉を家へ持ち帰ったと伝えられる。名主らは、旗本本人を殺したことが発覚しては村中に罪科が及ぶため、神谷が用人玉川郡司を名乗っており、事故により頓死したこととし、地頭役所と当地の鎮撫を受け持っていた安部摂津守役所へ届けでた。吟味の結果、全員構いなしとなった。明治二年、騒動に消極的だった元組頭勇次郎が再吟味を求めたため、この事件は明るみにでて、入間県および司法省で裁判が行われたが、大谷村で杖罪八人・笞罪八人・叱置一人という比較的軽い罪であった。ただし、人肉を食べた百姓と名主三左衛門、地頭を刺殺した重太郎ら計六人は獄死している。一説によると、獄死した三左衛門と重太郎を首謀者として罪をかぶせ、他の者に重罪の累を及ぼさないようにしたという。いずれにせよ、百姓が封建領主である旗本を襲撃して刺殺し、しかも食肉までしていたという本事件は、慶応四年三月という特殊な状況下であるにせよ、特筆されるべき事件であった。（山中清孝）

〔参〕『花園村史』、『寄居町史』、田尻高樹『地頭殺害事件史料』、千代田恵汎『幕末維新期の一揆』

明治元年（一八六八）三月下旬
下野国河内・都賀・芳賀郡ほか幕府領ほか
打ちこわし（野州世直し）

慶応四年（明治元）三月下旬、戊辰戦争の北上のなか、下野世直し一揆は発生した。下野ではすでに慶応二年ごろから世直しの前提ともいうべき騒動が起こっていた。安蘇郡永野村、都賀郡粕尾村では米騒動が起き、日光神領今市宿では穀商の打ちこわし、そして翌三年一月には都賀郡鹿沼宿で打ちこわし、二月塩谷郡矢板では御前原に百姓が屯集、豪農を襲撃するという事件が起きている。八月には塩谷郡烏山町でも打ちこわしが発生した。

慶応四年二月末、西上州に一揆が発生しているなか、三月九日の例幣使街道梁田宿での戦争で旧幕軍が敗走すると、新政府軍は武蔵国羽生陣屋を焼き払った。これを契機に羽生周辺の百姓は、自らを収奪し、幕府の陣屋構築に協力していた豪農を次々と打ちこわした。梁田戦争を機に西上州を中心に展開していた世直しは、東上州・北上州さらに信濃東部へも波及した。東上州木崎宿辺に発生した世直しは、桐生さらに足利町へ及んだ。足利町では足利藩兵が出動し鎮圧にあたったが、これには農兵隊も加わっている。打ちこわしは一五日ごろには終息したが、足利郡下菱・小友両村などで金穀拠出や質地証文返還を求める村方騒動が展開した。これらの情報は野州各地に広まり、下野中央部では、三月下旬より打ちこわしが始まった。東北諸藩の国許引き揚げや新政府軍の野州出陣による助郷負担の増大と、宿の問屋・本陣など役人の押領、米麦はじめ諸品の高騰を直接の契機として各地で屯集の動きが活発になり、まず河内郡の幕田・安塚村で蜂起、安塚大日山に百姓六〇〜七〇人が結集、日光街道石橋宿でも人馬継立の賃銭の割渡し方をめぐって近在の百姓が結集した。これらは宿問屋・年寄・立会人などの押領・不正を糾弾し、石橋宿や雀宮宿の商人・宿場役人、助郷役の徴収にあたる郷村取締役などの居宅を打ちこわし、一部が鹿沼方面へ、多くは宇都宮城下へ向かった。四月一日より、宇都宮の東部鬼怒川西岸にある桑島・石井村でも百姓が屯集し、打ちこわしが始まった。世直し勢は、宇都宮南郊の西川田村・簗瀬村に向かい、郷村取締役西川田村青木周蔵、同簗瀬村簗瀬権兵衛さらに下戸祭村名主大淵佐左衛門などを打ちこわし、鶴田村に五〇〇〇人が結集した。この間、汗村や鬼怒川東岸（芳賀郡方面）の鐺山村・柳林村でも世直しが起きた。

三日夜、河内郡の世直し勢は宇都宮城のすぐ北方にある八幡山に集結した。その数三〇〇〇とも三万ともいう。これらは宇都宮城付近に押し寄せ藩兵と衝突、藩は世直し勢に対して発砲し、四〇〜五〇人が負傷、死者も出たという。世直し勢は再び八幡山に退いたが、宇都宮藩兵の追撃を受けて岩曽村から北上し、上田原村と奥州街道白沢宿の酒屋を打ちこわしたのち二手に分かれた。一手は北東の塩谷郡氏家宿と桜野村へ向かい、有力商人を打ちこわし、四日には塩谷郡大宮村・玉生村の村役人・酒造宅を襲撃、これらを受けて同郡大槻・鷲宿各村でも屯集の動きが見られた。これに対し喜連川・黒羽・烏山各藩が鎮圧に向かい、肘内村では宇都宮藩兵に銃撃され世直し勢は四散している。もう一手は、白沢より鬼怒川西岸を北上、小倉・今里村から西南に転じ、日光街道徳次郎宿の問屋・本陣・商人宅を打ちこわした。この間、鹿沼宿助郷の千渡村・飯田村などの百姓も蜂起し、鹿沼宿に対して質利息や諸色値下げを要求して獲得している。世直し勢は、徳次郎から新里・岩原・古賀志の各村を経て五日、鹿沼宿に入ろうとした。しかし、宿北端の御成橋で待機してた宇都宮藩兵の発砲にあい数名が死傷、このため宿に入らず例幣使街道沿いに北上、文挟宿を打ちこわし、さらに板橋宿をめざすが、日光神領の役人に阻止された。

都賀郡鹿沼地方では、これより先三月末頃より各村の寺院などで小前を中心に集会が開かれていた。南摩村では、塩山村大師ケ窪で蜂起した。四月四日には周辺一二か村へ世直しを明記した参加要請の廻状が出されている。大師ケ窪に屯集した世直し勢のうち、頭取の一人は博奕打ち風で、刀を帯び鉢巻に抜身の槍を持っていたといわれ、また一人は楡木宿観音寺の僧で計五、六人いたといわれる。安塚村より鹿沼方面へ向かった打ちこわし勢も、楡木・奈佐原をはじめ二〇数か村の参加を得て粕尾村へ向かい、人数は一五〇〇人に及んだという。この間油田村では激しい打ちこわしがあったが、下南摩村豪農宅では、同家が質物をすべて返還、借金証文返還の約束する一札を出し、他の有徳人も世直し勢の要求を受け入れたり、酒食を拠出して打ちこわしを免れている。途中粕尾村では、頭取二名が有徳人に対し密かに金策を強要していたことが発覚し、頭取が世直し勢により殺害され、その後打ちこわしは終息している。打ちこわし拡大のなかで、豪農商・有徳人に対する金穀の拠出や質物の無償返還、質地証文の破棄などの世直し的な要求が掲げられるようになった。

同郡小山地方では、羽生陣屋焼打ちの報が広がるなか、三月中旬小山宿南西部の下生井・新波村などで小前が野木宿の助郷負担を不服とし屯集しており、同月末には思川・巴波川沿いの村々を中心に百姓の集会が頻発したため、古河藩では奉行を廻村させ事態の収拾をはかっている。しかし四月一〇日夜、戸恒・兵庫新田村へ二〇〇人余が集結し、一三日唯木村大庄屋宅を打ちこわし、茂呂村大庄屋宅は打ちこわしの後放火したといわれる。同じころ、小山の西方渡良瀬川沿いの藤岡町周辺でも近隣百姓一〇〇〇人余が屯集し、各所で集会が持たれている。佐野周辺では、一二日赤塚山に結集した世直し勢が、翌未明より「世直し大明神」の紙旗を掲げ、隣村を参加強制して回り、豪農に世直しの要求を出した。下津原村西沢屋では貸金証文破棄と質物返済を約した証文を「世直し大明神」宛に差出し、打ちこわしを免れている。都賀郡南部では彦根藩佐野陣屋・佐野・古河の各藩兵や農兵、さらに村役人層も鎮圧に加わり、頭取も討ち取られるなどして、打ちこわしは終息した。

一方、芳賀郡では三月一九日に真岡木綿の生産・流通の拠点でもあった真岡三町のうち田町の者一九人が「徒党」のかどで召捕られる事件があった。四月一日真岡代官所は質利息・米値段の引き下げを申し渡したが、代官山内源七郎が都賀郡の支配所から帰陣した四月四日夜より翌朝にかけて、真岡三町で激しい打ちこわしが発生した。物価引き下げ、金穀拠出、債務関係の延期や破棄などを求め、質屋を始め穀屋・酒造家・綿問屋・村役人宅などを襲撃した。打ちこわし勢は、真岡代官所へも押しかけたが、これより先に打ちこわし勢は新政府軍到来の風聞を利用し、代官以下諸役人を逃走させている。打ちこわしは、真岡町より郊外の飯貝・上大田和・高橋・東水沼などに波及したほか、高根沢・益子の各方面にも展開した。豪農や村役人層の中には、正確な情報をえようと、世直し勢に配下の百姓を入り込ませて動向を探ったり、書簡のやり取りをするなど情報収集に努める者が多かった。真岡近在の亀山村では、村役人勘兵衛が頭取となり、同村の豪農宅を攻撃目標とし、質地・質物・借金の帳消し・無償返還、金穀拠出を要求し、ほぼ要求を貫徹した。しかし同村役人は、結城地方に進軍中の新政府軍に援けを求めており、四月九日真岡町に到着した新政府軍は、打ちこわし勢の鎮圧・逮捕を開始、頭取の逮捕に踏み出した。その結果、町在合わせ三一名を捕縛、うち亀山村勘兵衛は斬首に処された。益子地方では下之庄として分領を有していた黒羽藩が、四月八日に周辺村々を含めて鎮圧のため出動し、大田原藩も兵を派遣している。黒羽藩兵は真岡在陣の新政府軍と連絡を取りながら、騒動中にも五人の無宿を銃殺、頭取会田代助を益子で処刑し、他の者を黒羽に連行した。四月二三日、宇都宮城を奪回した新政府軍も一揆頭取数名を斬首している。世直し行為は「天朝」への敵対として処分された。以上のような打ちこわしの波及と呼応して、各地で個別的に発生した騒動も見られた。河内郡三村では三月末より打ちこわしが起こり、芳賀郡でも谷田貝町周辺の百姓が町の有力商人に金穀を要求し、寺院の仲裁により金穀を拠出させている。しかし、大規模な打ちこわしは新政府軍の到着と厳しい鎮圧・追及・処罰が開始される四月半ばには終息した。都賀郡ではその後、西沢村や上南摩村などで各村で小前を中心に集会が開かれ、打ちこわし実行を背景に、村役人・有徳人などを対象とした質物返還や山林解放などを要求する交渉が続けられた。

世直しの結果、宇都宮周辺では発端となった助郷役については、一揆終息後野州で本格化した戊辰戦争のため、軽減どころか旧に倍する割当てを課されることとなった。物価引き下げ要求については、宇都宮藩が銭一〇〇文につき油二合・上酒三合・中酒五合・白米三合、質利息一両につき銭百文の値下げ令を出している。鹿沼宿でも質物仲間の申し合わせにより、質物無償返還が実現している。（齋藤悦正）

〔参〕『栃木県史』通史五、史料近世七、『幕末の農民一揆』、『真岡市史』近世通史、近世史料、『小山市史』通史近世、史料近世Ⅱ

明治元年（一八六八）四月六日
美作国久米南条郡ほか幕府領（龍野藩預所）・鶴田藩領越訴・強訴（鶴田騒動）

慶応三年一一月一四日、幕府は、第二次長州戦争で城地を失った浜田藩に対し、美作国久米北条郡の飛地（約八四〇〇石）に隣接する勝南・久米南条・久米北条郡の幕府領龍野藩預所内約二万石を与えることに決した。しかし、翌四年一月戊辰戦争により、岡山藩が龍野藩預所を含む美作国内の幕府領を接収し、二二日旧龍野藩預所で年貢半減令などを布告した。二月九日、新政府はこの地域を再び龍野藩預とし、年貢半減令もうやむやとなった。

百姓たちの失望のなか、四月五日勝南郡藤田村近辺で自称岡山藩士小原浅次郎が年貢半減を岡山藩へ越訴するよう触れ回り、翌六日久米南条郡大戸近辺でも飛脚風の人物が同様に触れ回った。これにより、六日早朝勝南郡行信組のうち六か村の惣代、七日大戸組のうち七か村の惣代がそれぞれ岡山藩家老池田近江周匝陣屋（備前国赤坂郡）に越訴し、年貢半減の実施を訴えた。しかし、逆に説諭され、惣代たちは帰村した。一三日、龍野藩役人は、久米南条郡山之上村常八・国吾郎、大戸上村小一郎を捕縛した。これに対し一四日、大戸組の百姓たちが龍野藩役人の滞在する山之上村庄屋宅を打ちこわした。翌日、捕縛された三人は釈放され、庄屋所持の諸帳面一〇か年分の改算を約束させた。騒動の報を受けた龍野藩では、鎮圧のため藩兵を派遣し、二一日、先に釈放された山之上村常八・国吾郎などを再び捕縛した。これに対し、二三日大戸上村ほかの百姓たち約一〇〇人が岡山藩領へ逃散した。龍野藩役人は百姓の引き渡しを池田近江家臣と折衝したが、かえって捕縛した百姓たちの即時解放を求められ、二六日百姓たちは釈放され、逃散した百姓たちも帰村した。

このころ、大戸上村小一郎ほか数人は、上京して新政府に龍野藩の悪政を訴えたが、五月二八日に却下され、また、勝南・久米南条・久米北条郡の惣代久米南条郡川口村伊勢之助など七人も上京して天朝直支配を嘆願した。しかし、二五日、龍野藩預所（英田・勝北・勝南・久米北条・久米南条郡内二万七〇〇〇石余）の浜田藩引き渡しが通達され、六月五日、浜田藩（鶴田藩と改称）に支配替えとなった。一八日、鶴田藩は各村庄屋・年寄・百姓惣代を呼び出し、請書を提出させた。またこの時、百姓四郡惣代連印による庄屋の不正追及などを内容とした一一か条の嘆願も聞き入れた。これを受けて、六月から小前百姓を中心とした集訴派による庄屋糾弾や諸帳面封印・改算など庄屋征伐と呼ばれる運動が展開された。一方、このような集訴派の行動に対して反発する者たちは、落印派として団結し、抵抗するようになった。藩側は、当初、多数派である集訴派による庄屋征伐に追従し、九月以降庄屋を手鎖や郷宿預とし、落印派への抑圧を強めたが、落印派は津山藩に逃散するなど抵抗した。やがて鶴田藩は、新政府の指示により集訴派弾圧を決め、郷宿預となっていた庄屋などを解放した。さらに明治二年一月五日、集訴派指導者一二人を呼び出して徒党行為を追及し、七日には以前の通り庄屋の支配を受けるように命じた。これに反発した集訴派百姓は、一〇、一一日再び周匝陣屋への越訴を行い、一〇か条の嘆願書を提出した。二月一四日、鶴田藩は集訴派指導者大戸上村小一郎を捕縛し、また一八日夕方、大戸上村での惣代たちの寄合中に役人が家を取り囲み、岡山藩領への退去を脅迫するなどした。一九日朝、集訴派惣代は再び周匝越訴を行い、従来の要求のほか岡山藩の百姓への取り立てを嘆願した。鶴田藩・岡山藩役人の協議の結果、三月九日、鶴田藩民政掛り二人の退役・庄屋取糺・改算分返金などが回答された。また、四月六日、鶴田藩指導のため新政府監察司が公文役所に入り、これを受けて集訴派のいる七二か村の庄屋罷免と新庄屋候補選出が通達された。

これによりいったん騒動は収まったかに見えたが、六月二三日周匝村で集訴派指導者勝南郡上間村富蔵らが捕縛されたため、二九日夜からまたも周匝へ越訴し、勝南・久米南条郡二〇か村一三四人連印で願書を提出した。しかし、岡山藩は要求を認めず、再度越境しない請書を提出させ帰村させた。一一月一七日には、この年の凶作に対する藩の対策の不満も契機となり、百姓たちは山之上村周辺に伝統的な非人姿で集結し、一八日英田郡荒木田・平田村などで押し乞いし、夕方土居村で沼田藩領海内代官らの申し出により、年貢半減・庄屋引込銀八〇〇貫の返還などを要求した。その後行信村や山之上村で押し乞いをしたが、二一日久米南条郡下二ケ山手村で鶴田藩役人に七八

○人が捕縛された。その後、集訴派は山之上村幾蔵らが京都弾正台へ三回にわたり鶴田藩の非道を訴えたが、新政府は鶴田藩に連絡し、一二月二七日藩役人に引き渡した。明治三年八月一八日、久米南条郡山之上村幾蔵・己之助、勝南郡藤田上村定右衛門・吉兵衛の四人が流終身となったほか、徒刑三年三人・同二年三人・同一年五人など最後の判決が下され、約二年に及ぶ闘争は終止符が打たれた。

【人物】慈教院　じきょういん

久米南条郡大戸上村本行寺の山伏。集訴派指導者の番付表「奸賊見立角力番付表」には勧進元と記される。なお、同番付表で頭取とされる集訴派指導者大戸上村小一郎は弟である。本行寺は、修験道当山派に属し、袈裟頭を勤めていた。元治二年（一八六五）二月尊王攘夷派浪士が起こした英田郡土居村の四ツ塚事件の直前に浪士を止宿させており、尊王攘夷派との関係が確認される。鶴田騒動に際しては、慶応四年四月から六月の新政府への越訴や翌年二月からの岡山藩への越訴などの組織・指導や仲介にあたったり、庄屋への不正追及など集訴派側に立って行動した。明治二年四月、鶴田藩から弟小一郎とともに判決が下り、醍醐寺門跡末流のため謹慎に減刑されたが、六月自宅から脱出し、同二七日頃周匝に潜伏していたことが確認された以後の足取りは不明。

【人物】本多応之助　ほんだおうのすけ

「奸賊見立角力番付表」には、差添人と記される。「新編あほだら経」の筆者といわれる。久米北条郡油木北村生れで、幼名鹿八郎、父吉助・母美弥は安芸国賀茂郡坂村出身で、文政六年（一八二三）ごろに油木北村へ移住。嘉永元年（一八四八）二四歳の時武者修行の旅にで、算術の指南をしながら九州地方を周り帰村する。安政年間頃津山城下で黒住教教師赤木忠春の講話を聞き、黒住教に入門、安政四年（一八五七）頃には備後国などで布教活動を行うほどになる。文久三年（一八六三）から教祖黒住宗忠の言行などを集録した「誠勤徳顕録」の著述を開始。慶応四年四月から五月、龍野藩預所の集訴派小前百姓が天朝直支配を嘆願しているころ、応之助は久米北条郡浜田藩領一七か村惣代四人の一人として新政府へ出訴し、隣接する龍野藩預所の浜田藩への支配替を嘆願する。そして、理由は不明だが、この年の冬に囲入を命じられた。その後、明治二年（一八六九）八月から翌三年春ごろまでは、伊予国で時々布教活動を行っている。しかし、三年一二月までには再度捕縛され、久米北条郡桑上村の藩牢に入獄させられ、明治四年九月一日獄中で死去。死因については毒殺説も伝承されている。応之助と鶴田騒動の関係については、前述した嘆願以外不明な点が多い。しかし、明治二年京都弾正台への越訴の際、集訴派惣代引き渡しのため上京した鶴田藩役人が、「稲谷小一郎」（集訴派指導者大戸上村小一郎）らを家来として従え、美作国人で公事ごとで上京しているという「木南貫道」と名のる人物を応之助と考え内偵をしており、このことは、騒動の途中からは応之助が集訴派中心人物の一人として騒動に直接かかわっていたことを示すものと考えられる。　（横山　定）

〔参〕松村啓一「維新期「鶴田騒動」における権力の動向と農民」（『岡山県史研究』二）、同「山伏慈教院と本多応之助」（『岡山県史研究』六）

明治元年（一八六八）八月二九日
越後国蒲原郡村松藩領下田郷打ちこわし
（下田騒動）

北越戊辰戦争の激戦地となった村松藩領下田郷では、会津へ抜ける経路である八十里越えをひかえて、慶応四年五月ごろより長岡藩や会津藩の同盟軍の人足が課せられ、長岡落城後は入れ替わりに新政府軍が進出してきた。下田郷内三組（鹿峠・長沢・森町）に課せられた八月から一一月までの動員人数は、延べ一〇万九六〇〇余人にも及んだ。八月、新政府軍は加重な負担に苦しむ農村に対して、信頼を喪失しかねないとして年貢半減令を布達した。その際、村松藩では単なる年貢半減ではなく、小前百姓の小作入付米の半減をも意図していたものの、間に合わず下田郷一帯に一揆が発生した。八月二九日夕刻、村々に廻状が廻り、鹿峠組・長沢両組の百姓が鹿峠川原へ参集し出した。やがて下田郷三八か村の参加に膨れ上がった一揆勢は、人足役負担軽減のほか、大庄屋役の交代、脇立肝煎と組頭の退役、村役人の公選、騒動首謀者の無処罰などの要求を掲げた。その後、鹿峠村・飯田村・江口村の肝煎を次々と襲撃し、翌朝には下大浦・長沢村などを襲った。二日間で二二軒の村役人や問屋・酒屋を打ちこわしたといわれている。さらに、一揆勢は七谷村や見附方面にまで進出する勢いを示した。この一揆の盛り上がりに対して、村松藩では家老近藤安五郎を現地に派遣するが、戊辰戦争の渦中にあって藩体制は動揺していた。近藤は、村役人の改選を中心とした一〇か条の要求を受け入れたため、各村では新規の村役人の改選が行われた。九月に入って、一揆は全藩に及ぶ気配となり、村松藩は一転して強硬に鎮圧を開始する。折から藩内にいた新政府軍の支援を受け、下田郷には半月にわたり村松藩兵を駐屯させて一揆の鎮圧にあたった。これにより一揆勢に認められた村役人公選やその他の諸権利もしだいに反古となり、旧村役人も復帰していった。（山本幸俊）

〔参〕『村松町史』下、『新潟県史』通史六

明治元年（一八六八）一〇月三日

陸奥国大沼・北会津・耶麻・河沼・南会津郡打ちこわし（会津ヤーヤー一揆）

明治元年九月二二日、戊辰戦争で会津藩（松平氏、二三万石）が降伏すると、一〇月一日に明治新政府により若松に民政局が設置された。このような社会混乱に、年来の不作や戊辰戦争による農村の疲弊などが加わり、世直しが勃発した。打ちこわしが「やあやあ」との掛け声で行われたところから、ヤーヤー一揆とも呼ばれる。発端は、一〇月三日大沼郡大谷組五畳敷村とされているが、同村での発生は一三日の耶麻郡木曽・北大谷・吉田組の山三郷の勃発の後との説もある。世直し勢の綱領には、村々個々の世直し要求と村で構成される組ごとに要求をそれぞれに定めて民政局に訴えること、村役人のいっせい改選と郷頭の特権剥奪、公帳簿の取り上げ・焼却に表現される封建領主支配の否定、小作質地・質物の無償返還ないし年賦償還、一か年無年貢および以降の年貢の金納要求や村入用の民主的運営要求、人参・漆などの専売反対と生糸・麻など諸品の自由売買、戊辰戦争による軍夫人足徴発など賦役労働反対などが掲げられた。耶麻郡木曽組では、土地の均分を求め、村の肝煎宅の諸帳面を焼き払うという行為に及んでいる。同郡吉田組でも町で郷頭・肝煎宅が打ちこわされ、なかには焼き払われた居宅もあった。一九日夕、新町で早鐘がつかれると寺の鐘を合図に人数が集まり、吉田組郷頭宅始め周辺村々の肝煎宅などを打ちこわした。この組では二六日、旧肝煎を排除し新肝煎を含めたなかで世直し綱領が作成されている。北会津郡では一五日、中荒井・高久組などで蜂起、さらに大沼郡・耶麻郡にも波及し、一八日には河沼郡笈川組・慶徳組などにも及んだ。笈川組の打ちこわしでは「肝煎征伐」という旗も立てられている。とくに勝常村では百姓代藤吉の主導で激しい打ちこわしが行われ、米沢藩鎮撫方役所へ旧肝煎の排斥を願いでようとする一件も見られた。翌一九日には猪苗代湖周辺の川西・川東組でも打ちこわしが行われ、昼夜にわたって郷頭・肝煎宅へ押しかけ、居宅などの柱を切り、穀蔵を打ちこわし、味噌醤油桶のたがを切り、諸帳面を焼却するなどの行為が二二日まで続いた。打ちこわし勢は、猪苗代城の本丸にも入ったが、当時猪苗代町には旧会津藩士が謹慎しており、新政府軍の役人も宿泊していたが、何の対応もできなかったという。河沼郡野沢組の打ちこわし勢は、肝煎より「永々肝煎不仕」との請書・確約書を獲得しており、耶麻郡川西組や河沼郡笈川組では、打ちこわしの標的となり降参させた肝煎の子弟に対し、打ちこわし勢の旗持ちをさせて肝煎否定を身をもって表現させるなど、世直しの世界観を象徴する一幕も見られた。二二日には、南会津郡下郷四か組にも及び、楢原組では成岡村始め各村々、松川・小出の各組、弥五島組の芦原村などにも波及し、

二八日付で世直しの綱領が作成されている。一方、二四日には河沼・耶麻郡地方の打ちこわしが越後国の会津藩領である東蒲原郡海道組・鹿瀬・上条・下条の各組にも波及した。一一月二日になると、南会津郡伊南地方でも打ちこわしが始まり、古町組落合村を始め桧枝岐にも及んだ（伊南三千石騒動）。一揆の中心は、北会津・耶麻・河沼・大沼の各郡であったが、南会津郡、越後国東蒲原郡にも波及し大きな影響を与えた。世直しのなかで村々では、第一の目標ともいえる郷頭の廃止や旧来の肝煎にかわり新肝煎を選出することに成功し、多くの要求を実現していった。これらの動向のなかで、新政府軍は米沢藩などがわずかに鎮圧を行ったものの、多くは拱手傍観していたといわれる。世直しは約二か月間続き、一二月初めごろに終息した。この世直しによって旧来の郷頭はいっせいに退役となったが、まもなく新政府は旧郷頭を再採用した。これにより、旧肝煎層も新肝煎を批判し、新政府に対し復権運動を行った。農民らは、再び旧来の郷頭・肝煎層と対立することとなり、新肝煎層の伸長は阻まれた。この後当地域は、明治一〇年代に自由民権運動が活発に展開しており、世直しとの関連性についても注目されている。（齋藤悦正）

〔参〕庄司吉之助『世直し一揆の研究』、田崎公司「会津ヤーヤー一揆再考」（『史学雑誌』一〇三―二）

明治二年（一八六九）一月二〇日
越後国蒲原郡新発田藩・政府直轄領亀田郷信濃川関屋分水開削騒動
→明治五年（一八七二）四月四日
越後国柏崎県ほか信濃川分水工事入費取立反対強訴・打ちこわし（大河津分水騒動）

明治二年（一八六九）一月二二日
陸前国登米・磐井郡土浦藩取締地・沼田藩取締地打ちこわし（川上土寇）

戊辰戦争での敗北により仙台藩領は六二万石から二八万石に削封、残りは諸藩取締地となった。これにより磐井郡は沼田藩、登米郡は土浦藩の取締地となったが、実際の支配権は仙台藩にあった。旧仙台藩領ではこの時期に一揆・騒動が集中的に発生しているが、そのなかで最大規模の打ちこわしが登米・磐井郡に起こった。明治二年一月二一日、登米郡大泉・上沼・弥勒寺村の百姓・難渋者が寄合を持ち、磐井郡永井村百姓与四兵衛らにも参加を呼びかけ、二二日朝、登米伊達家（仙台藩主一門）に籾拝借の渇命願いを出すため、登米郡桜場村境まででかけた。桜場村の給人小原氏（仙台藩主一族）がじきじきに願いの吟味を約束したので引き返しかけたが、磐井郡流郷永井村の九千沢からの大勢の鬨の声に引き戻された。この一揆勢に登米郡川西一七か村のうち寺西・日野渡・小島村を除く一四か村が加わり、三〇〇～四〇〇人が得物などを携え、昼九つ時から暮までに石森村の登米大肝煎、肝煎宅などを打ちこわし、二三日には加賀野・森・桜場・赤生津村、二四日には赤生津新田・鴇波・善王寺・上下新井田・黒沼村へと、計一〇か村の村役人層を襲った。打ちこわされたのは、大肝煎一軒、検断二軒、肝煎一二軒、組頭一軒、徒者締り役六軒、御用宿一軒の合計二三軒である。二五日、登米町へ向かう途中の赤坂で登米伊達家の家臣に説諭され、籾拝借と村役人の不正を訴える願書を提出し解散した（願書は未発見で詳細不明）。二月七日、永井村百姓与四兵衛が捕まり、登米郡下の者と同様に仙台に送られ、目付取り調べのうえ入牢するが、処罰は不明。なお、与四兵衛の家督亀蔵妻ミゑの嘆願書には、与四兵衛は大泉村百姓徳兵衛、久助、永作親、九千沢百姓三太夫に誘われて一揆に同道したと述べている。（堤　洋子）

〔参〕『日新録』、『北上市史』三、難波信雄「廃藩置県と農民闘争」（『宮城の研究』六）

明治二年（一八六九）二月二九日
飛驒国大野郡ほか高山県打ちこわし・武力衝突（梅村騒動）

明治元年二月、飛驒国取締となった竹沢寛三郎は、その年の年貢半減と諸運上の廃止などの二一か条の政策を郡中惣代に言い渡した。しかし、これらは彼個人の考えであるとして、新政府から職を免ぜられた。三月、梅村速水が竹沢の跡の飛騨統治にあたり、四月、徴士内国事務権判事として笠松裁判所勤務飛騨支配、六月、徴士飛騨国高山県知事となり、翌二年三月に免職されるまで知事の職にあった。この間、飛騨の統治機関は、これまでの高山御用所から、四月高山御役所、閏四月斐太政府、五月飛騨県、六月高山県と変遷した。梅村の在職はわずか一年余に過ぎなかったが、矢継ぎ早に打ち出される政策が民衆や豪商の反感を買うものとなった。最初の対立は、竹沢の年貢半減策を引き合いに出し、慶応三年(一八六七)の年貢残金などの郡中入用下付を願い出た郡中惣代を宿預け処分に処したことから始まった。次に梅村は近世以来の飛騨国特有の制度である山方米制度と人別買請米制度、安石代の廃止を企て、新政府に改革を願い出たことで対立は深まった。山方米制度とは、その年の年貢米のうち三四〇〇石を山方の村々八六か村に売り払い、代金はその年の高山御蔵値段(安石代)で翌年支払わせるというものであった。主食を確保できない山方の村々にとって、高山町の米の平均値段より一〇分の一以上も安い値段によって米の確保ができるありがたい制度であった。この山方米のおかげで百姓の成立が保証されていたのである。また安石代は、年貢金納分の三分の一を高山・信濃福島・越中富山・美濃郡上八幡・苗木の五か所の平均値段のさらに一定の割合安くした値段で納めるというものである。例えば、明治二年の市売値段が一両に七升六合だったのが、安石代では四斗一升四合であった。一方、人別買請米制度は、高山と古川の町方の人別に応じ、高山町平均値段で年貢米を払い下げる制度である。山方米に比すれば高価ではあるが、米の少ない飛騨では、諸国にくらべれば米価が高くなりがちであったので、年貢米の払い下げは欠くべからざる制度であった。明治元年七月、高山町年寄川上斎右衛門らが、前例に従い人別買請米の払い下げを願ったが梅村は認めなかった。九月になって新政府は梅村の改革案を許可しないとの指令を出したが、梅村は山方米・人別買請米ともに売り払いを実施せず、一二月一八日には遊女屋などに運上を課す命令を出したのである。

困窮を見かねた高山町役人は、一二月二五日に町の貯穀米五五〇俵を売り出したが事態は好転しなかった。そしてついに二七日には阿多野・小坂郷の百姓一〇〇〇人余が美女峠まで押しかけるという騒ぎになった。大砲の威嚇によって鎮圧、頭取層を逮捕し、そのなかの中心人物の大古井村孫太郎を斬首刑に処し、首を県庁舎前の青竹に刺して晒すという強圧的な態度を示したのである。これをきっかけに、高山町の有力町人が動き始め、明治二年一月二〇日、京都の新政府に「高山県政治改正歎願書」を提出した。このような反梅村の行動に対して、梅村本人が京都にでかけ状況を報告する事態となった。ところが彼の不在中の二月二三日、火事場で梅村親衛隊兵士と高山町火消講が衝突するなどますます不穏な空気がみなぎった。二九日、高山八幡町で不審な火事が起き、火消しに集まった群衆は、火消講の火消人足を中心に商法局長江馬弥平宅など三四軒を打ちこわした。晦日には、地役人らの独断によって高山町人別買請米一四〇〇石、古川町人別買請米一六〇石、山方米一五一九石余の売り下げ手形が発行された。しかし、騒ぎは治まらず県下に拡大、三月一日には商法局などが打ちこわされ、門番が殺され、役人が自殺するなど大騒動となった。この騒動で焼失したのが二九軒、打ちこわされたのは一〇八軒であった。四、五日の両日、米の現物も払い下げられようやく騒動は鎮静に向かった。一方京都の梅村は、新政府から高山帰任を禁止されたにもかかわらず、京都を出発し高山に向かった。梅村帰任の報はただちに県下に告げられ数千人が県庁前に集合し、梅村の入国を阻止することになった。集まった人々は「知事が萩原宿に泊まる」との報で宮峠を越え、萩原の梅村の宿舎であった本陣戸谷宅を包囲した。この時恐怖に駆られた梅村の護衛兵士が発砲し、即死者三人などを出した。一方戸谷宅も一揆勢によって放火され、明治新聞が「萩原戦争」と報道する事件となった。梅村は猟師の発砲により肩より咽喉へかけ、銃丸が肉中に止まるという負傷を負い、命からがら苗木藩領に逃げた。苗木城下の旅宿についた梅村の一行は、医師の手当を受けたが、苗木藩はすぐさま京都に使者を派遣して事態を報告した。一揆勢は苗木領内まで追跡したが、苗木領の庄屋に他藩領立ち入りの非を説得されようやく引き上げた。一四日、梅村は知事を免職となり、監察司宮原大輔は一五日、苗木藩に梅村を拘束するように命じた。そして彼は知事職務を代行、四月には知事に任命された。彼によって運上などを幕府領時代に戻したり、囲籾二〇〇〇俵の非常貸し下げなどの宥和策が取られた。一方で梅村派、反梅村派ともに逮捕され、さらに私刑死が村で発生するなど、この騒動全体で十数名の死者、四〇〇軒余の放火・打ちこわしが行われた。四月二四日、梅村は京都に護送され、一年余りにわたって取り調べが行われた。その後東京に送られ、明治三年一〇月二六日に梅村は獄死した。一揆に対しては同四年清水屋長左衛門の准流一〇年、水屋善八・冬頭茂兵衛の徒罪三年などの判決が下された。明治三年に新政府は、一揆の原因となった幕府領時代の山方米などを「不公平ノ慣習」として廃止の対象とした。宮原知事はこれに対して改革案を提示し、三〇年をかけて割引率を減らすという方法を取り、何とか飛騨を貧しさから救おうとした。明治四年には安石代制度は当年から三か年存続、四年目から普通相場にすると郡中物代に伝えた。しかし筑摩県との合併による県下統一の名目のもと、五年九月、「因襲」として安石代廃止は強行される。これにより山方米・人別買請米の制度も実質的に廃止となり、飛騨の村々は、増税に苦しむことになるのである。

【人物】梅村速水　うめむらはやみ

天保一三年（一八四二）一月四日生れ。本名沼田、名を準、通称準次郎。父沼田久次郎の次男。水戸藩士。床机廻役、御徒目付を務める。脱藩後、千原精一郎などとも名のり、明治元年梅村速水と改名。高山県知事としては梅村準ともある。水戸学を学び、天狗党の乱に参加したが、筑波山から行動を離れ、美濃国揖斐の棚橋家の食客となる。この時高山町の料亭で酔って乱暴を働いたことがあり、これが知事として着任後に軽蔑と不信の原因の一つとなったともいう。明治元年三月一三日竹沢寛三郎の跡の飛騨出役取締となる。二七歳の若さであった。同六月二日高山県知事となる。翌二年三月一四日、知事を免職される。勤王精神と理想主義者流の愛民思想の持ち主として、王道楽土の建設と天朝農民の撫育を求め、理想郷としての「斐太政府」を実現すべく飛騨に赴任したという。一年余に政策の新しさと奇抜さ、実施の性急さと強引さにより、保守的といわれる飛騨の人々との対立を深め、ついに一揆により追放されてしまった。明治三年一〇月二六日東京で獄死。享年二九。同一七年、高山市の黄金神社に、商法局長であった江馬弥平らが遺愛碑を建立。同三三年、羽根新田の開発と梅村堤の功績を讃え功績碑を萩原町に建立。羽根の宮谷神明宮には梅村速水を神として祀ってある。なお、遺愛碑を建立した江馬弥平の子修は、後年この一揆を題材とした小説『山の民』を執筆した。（小椋喜一郎）

〔参〕『岐阜県史』通史近代中、同下、『古川町史』史料三、『梅村速水の生涯』

明治二年（一八六九）二月
伊豆国君沢郡韮山県伊豆内浦長浜村漁場争論

伊豆内浦漁場は、江戸時代を通して津元（網元）が立網漁の漁業権を独占し、村役人も独占してきた。明治二年二月、長浜村で、不漁続きのうえ米穀高値のため網子が津元の特権に反対するという村方騒動が起こった。津元側は、網子たちが網子の拝借金を断ったら村内つきあいから除くという連判を作成したので、乗船を差し止めたという。網子側は、名主（津元）が今まで無給で務めてきた村役人に以後給米一俵ずつ渡すというのに不承知を唱えたら、それに対して組頭・百姓代は退役を申しで、後役は網子たちが勝手に決めるのではなく今まで通り津元のなかから決めるとし、不承知ならば乗船を禁じるといわれたため、休漁で対抗したという。そして、網子側は、村役人の不正と立網漁の往古からの仕来りの改革を要求した。網子たちは、網子が負担してきた夫銭が浮役米（漁場税）だから漁場の使用収益権があると主張したが、津元によって否定された。一一月には、他村の名主二人を立入人として、津元大川四郎左衛門と休漁中の網子の間で、係争中も漁業を営み、魚代金は立入人に預け、一件が落着したら双方に配分すると取り決め、漁業を再開した。しかし、休漁していなかった三網組の網子までが魚代金を勝手に処分して津元に渡さないという、休漁した網子と同一の行動を取ったため、津元側は困惑した。明治四年三月、津元の漁獲高分配率の若干の引き下げで内済となった。数字の上ではたいしたことはないが、それまで絶対的な権威を持っていた津元側から譲歩を引き出したという点で、網子側にとっては大きな意義があったと見られる。なお、隣村の重須村では立網関係者と一般村民の、重寺村では津元と網子の対立が表面化している。また、明治四年の段階で問題を残した浮役米と夫銭の問題は、明治八年二月雑税廃止の太政官布告により、従来の漁業権が消滅したため、「海面拝借願」を双方が出すことにより争論が再燃した。明治政府の「王政一新」、「小民引立」を逆手に取って「旧弊取直」を要求し、「海面共同借用」をめざしたのである。　（堤　洋子）

〔参〕祝宮静『豆州内浦漁民史料の研究』、小沼洋子「漁村における村方騒動」（東京女子大学読史会『史論』二五）

明治二年（一八六九）六月二九日
出雲国能義・神門郡広瀬藩管轄打ちこわし

明治二年は大凶作で、米価が高騰した。このため端境期の六月二九日夜、能義郡広瀬町の米商人が打ちこわしにあい、続いて七月一日にも同町富田八幡宮に数十人が集まり、三日になると、米屋座株を廃止して養米を町役人から配分するよう改めることを要求した。広瀬藩（当時管轄）は説得に努めるとともに、首謀者数人を捕らえた。同月五日には、隣の西比田村でも、嘉右衛門が集めた十数人が同村待神社の境内で群議、自分たちで作稲を検見して不熟の苦情をいいたて、地主に養米を買ってもらうことを嘆願する事件が起こった。嘉右衛門はこの年一一月一七日、追込め一〇日のうえ他村徘徊禁止の科となった。神門郡杵築町（杵築越峠村）でも、七月ごろから養米が底をついたので、越峠村の者が米一俵を組親に立て替えてもらい、それを淀江屋瀧次郎方で搗き立て分配したのを見ていた者らが、自分らも同じようにしようと一六日、藤間寛左衛門方へ願い出たが米がなく実現しなかったので、目明し得五郎が、藤間を非難しその懲らしめと米価の引き下げと養米の増加のために打ちこわしを呼びかけた。そして竹貝を作り神社大鳥居前で吹きたてたが、この日は人が集まらず解散した。そこで翌一七日は仲間が尽力して人集めをしたので、二五〇〇人ほどの町民が蜂起し、藤間寛左衛門・大村覚三郎などの頭分・搗米屋・米穀世話人など富商五一戸を打ちこわした。この行為により、明治四年二月、首謀者の杵築社中目明し得五郎は斬罪となった。また修理免村大工職忠平と杵築越峠村笊荷い商人茂吉、同村日雇稼ぎ竹次郎、同村桶屋職藤太の四名は准流一〇年の刑に処された。　（深谷克己）

〔参〕『明治初年農民騒擾録』

明治二年（一八六九）七月二日
信濃国伊那郡飯田藩領ほか打ちこわし（飯田二分金騒動）

明治維新政府は、明治元年（一八六八）金の含有量を極度に下げた一朱金・二朱金・二分金を新規に鋳造した。また、江州商人灰茂（小林重助）が一万両の贋造二分金を領内に持ち込んだ。これらの要因により明治二年には、インフレが高まり、さらに凶作も加わり米価が高騰しはじめた。飯田町周辺では百姓たちが集合し、このような事態をまねいた商人（「贋金使い」と呼ばれた）を打ちこわす相談が始まった。飯田藩では、役人を派遣して説諭を行ったが効果はなかった。七月二日、上郷の百姓約六〇〇名が、蓑笠の出立ちで、鋸・鎌・棒・竹槍・斧・鉈などを携行し、飯田城下に贋造二分金の交換を求めて強訴を行った。また下郷の百姓たち一五〇〇人余も城下へ押し寄せ、贋造使いとされた知久町一丁目元結商大阪屋藤田才治郎や小林重助の止宿先である野田屋弥兵衛宅を打ちこわしていった。一揆勢は、鎮圧に駆けつけた藩役人に石などを投げつけるなど抵抗するも、同日夜になると、上郷・下郷の百姓たちは一時帰村した。三日になると一揆はますます激化し、他藩の百姓らも加わり、庄屋層も参加した一万三〇〇〇人余が南部方面から飯田城下に迫った。一方、西部方面からの一揆勢は、「贋金使い」といわれる志田九郎宅などを打ちこわした。夜になると一揆勢は、説諭に出張した藩役人に石・木片を投げつけ、「奸商退治」を要求した。四日、藩は「奸商退治」と贋造金の引き替えとを約束したため、一揆勢は帰村していった。一揆鎮静後藩は、贋造金流通の首謀者を逮捕して吟味を開始し、金二〇〇〇両を領内に下付し、また藩札を発行して贋造の二分金と交換した。この一揆は隣接各地に波及し、下伊那村でも打ちこわしが発生していった。なお、一揆勢に対する処罰は行われなかった。

（須田　努）

〔参〕平沢清人『百姓一揆の展開』、『長野県史』通史七

明治二年（一八六九）七月一六日
美濃国土岐郡岩村藩など妻木村など打ちこわし（デンデコ騒動・土岐郡騒動）

東濃地方は尾張瀬戸の製陶業と並んで、安土・桃山のころから志野・織部などの焼物で有名であった。当初は土岐川の北側に多くの窯が築かれたが廃れ、江戸期になると南側の地域が日用雑器の生産地として栄えた。岩村藩領土岐郡駄知村、旗本妻木氏知行所妻木村、幕府領多治見村・下石（おろし）村などが中心となり、窯株の制度が取られていた。天保三年（一八三二）多治見村の庄屋西浦円治によって、幕府領多治見・下石・笠原・久尻・高山の五か村の「焼物売捌取締所」が設置された。円治は、しだいに特権商人として陶磁器の相場を左右する存在となっていった。明治二年の騒動は、米価を始め諸色高直の時、円治ら大商人が米穀を買い占め、二分金金札などで得手勝手な取りはからいをしたことに端を発した。七月初旬、下石村の舟木常三郎・林吉平らが中心となって、豊年祭を催すから一六日土岐口村神明宮に集まれとの落書・張紙がなされた。これによって下石・妻木村を中心に五〇〇人余が集まり、同夜久尻村山村家など四軒が打ちこわされた。翌一七日には再び神明宮に集まった一五〇〇人余によって、円治の一族の多治見村の源三郎家などが打ちこわされた。この時吉平らは、米を一〇〇文に一合の相場を三合として、一揆を終わらせるとの約束を円治の手代との間で交わしたという。しかし、もはや彼らの手には負えず、一八日、一揆勢はまたまた多治見村に向かった。しかし、笠松県からの鎮圧兵のため村に近づくことができず、岩村藩管轄の肥田瀬村と山田村で一〇軒余を打ちこわした。一九日には三河加茂郡の百姓とともに同郡木瀬村の豪農善左衛門宅を打ちこわした。尾張・加納の各藩からの援兵によって一揆勢の逮捕が始まるとようやく鎮静に向かい、岩村藩の捕縛者五四人など二〇〇人近い人数が逮捕され、二〇日に収束した。逮捕された者は陶工が多かったが、窯稼人などの貧農層も多かったという。常三郎は笠松の牢で病死、吉平は准流一〇年の刑となった。窯株制度は明治四年に廃止された。

（小椋喜一郎）

〔参〕『岐阜県史』通史近世下、近代下

明治二年（一八六九）八月五日
日向国臼杵郡延岡藩領高千穂地方打ちこわし（高千穂世直し一揆）

維新期の経済事情の急変は、日向一帯にも物価騰貴をもたらし、偽札による混乱や、銀主への土地集中に対する不満が換金作物に頼る地域に高まった。明治元年八月、上野村を中心に太政官札拝借願い・借財一三か年賦・質地流地取戻しなどの訴えが出されたが、藩に拒否され、翌二年四月首謀者

六人が遠慮処分とされた。この年の飢饉は百姓の困窮に追い打ちをかけ、七月には隣接する豊後岡藩領での打ちこわしの報も伝わり、不穏な状況が続いた。八月五日夜、上野・田原・河内・岩井川村の百姓が田原村夕塩に集まり、上野・下野・三田井・押方・河内村などの庄屋・酒屋・銀主など数軒を打ちこわし、借財証文を焼き捨てた。参加者は一〇〇〇人余に及んだが、八日、桑野内村において藩の説得に応じて一揆勢は帰村した。翌九日から藩は参加者の検挙を始め、八〇余名を逮捕した。明治四年五月に入ると、首謀者と目される八名のうち仲之助と繁右衛門に一〇年詰（入牢のことか）、他の六名に対し一年詰の処罰が申し付けられた。当時この打ちこわしは「鬼打ち」と呼ばれた。　（遠田辰芳）

〔参〕『宮崎県百姓一揆史料』、木村礎「延岡藩」（『新編物語藩史』一二）、『高千穂町史』

明治二年（一八六九）八月一六日
信濃国小県郡上田藩領打ちこわし（上田騒動）

明治二年、信濃地域では幕末以来インフレが進行し、さらに贋金問題により二分金の通用が停止していた。このため農民たちの困窮は深刻化していた。八月一六日、版籍奉還後、初めて上田藩知事松平忠礼が上田城に着任した。その前日の一五日夜に、浦野組入奈良本村や沓掛村に「米価が一両に七升五合となっているが、それを二斗代にするように表会所に願い出る。出ないものは打ちこわす」という捨文があった。一六日、沓掛・入奈良本村から一揆が起こり、およそ一五〇〇人ほどが、入奈良本村から上田城下に向かう途中、出向いてきた藩の書記田中晋之助によって説諭を受けた。これによって一揆勢はいったん村松村まで引き返したが、一揆勢の中心人物たち二〇〜三〇人の煽動によって勢力を取り戻し、出張してきた役人たちを避け、再度上田城下に向かっていった。一七日、一揆勢は途中の村々に参加強制を行い人数を増加させつつ、青竹に木綿切れを結びつけた旗・吹き流しを立て、鬨を挙げて上田城下に迫っていった。上田城下手前において、民政局領事以下が出向き説諭を行うが、一揆勢は城下へと押し進んだ。さらに藩は総執務以下の役人が、願書を作成し、代表を立て訴願するように諭すが、一揆勢はこれを無視して、商人宅を打ちこわし、家屋に放火した。一九日までの城下での打ちこわしは一五一軒にのぼり、海野町問屋柳沢太郎兵衛家に放火し、折からの風で一七四軒が類焼した。ついに藩知事自らが出向き、説諭を行いつつ、六〇〇〜七〇〇人ほどを城内に入れ、慰撫に努めた。しかし一揆勢はますます増加し、さらに周辺地域へも波及していき、一八日から一九日にかけて、上田周辺村落の割番、庄屋、蚕種生糸商など豪農への打ちこわしを展開した。その規模は四九か村で一九一軒が打ちこわされ、二〇軒が放火された。一方、一揆勢と藩との交渉も継続して行われ、一揆勢から願書が提出され、これを契機として、打ちこわしは鎮静化していった。一揆勢の願書は統一したものではなく、村別に提出された。その内容は、①米価の安定、②二分金の通用、③割番役廃止、④村役人交替と小前による入札、などであった。これに対して、藩は二分金の通用禁止に関しては他の信州各藩と相談して対策を協議し、解決できない場合は朝廷に嘆願する、米価の安定についても努力する、割番廃止や村役人入札を認めるなどの回答を行っている。一揆鎮静後、藩による頭取の捕縛が開始された。その結果、入奈良本村百姓九郎右衛門らが捕縛され、九郎右衛門は梟首、その甥馬十が斬罪、沓掛村玉蔵・幸五郎・歌次の三人が流終身とされたが、馬十と玉蔵は牢死している。

【人物】入奈良本村九郎右衛門　いりならもとむらくろうえもん

明治二年上田騒動の指導者。入奈良本村枝郷一之沢の百姓。嘉永四年（一八五一）当時の持高は二三三文で五斗四升二合の年貢をおさめる零細な百姓であった。口書や処刑伺によれば、凶作による米価騰貴と二分金不通用による困窮を打開するために一揆を計画し、沓掛村枝郷琴山の百姓玉蔵（四八歳）と、九郎右衛門の甥で松本藩領筑摩郡尾坂村の帳外（ちょうはずれ）馬十（三六歳）と相談し、一揆の呼びかけを沓掛・入奈良本両村に八月一五日夜捨文をしたところから、一揆が発生したという。一一月九日に入牢となり、「徒党巨魁」として翌三年一〇月二七日に梟首された。享年六四。法名釈禅道信士。墓碑は青木村入奈良本にある。玉蔵らとは博奕仲間であったと伝えられる。後世の伝承は、九郎右衛門に対し尊敬の念が含まれていないものであったが、天和二年（一六一六）の増田与兵衛や宝暦一一年（一七六一）上田藩一揆の半平・浅之丞ら、現青木村での義民顕彰運動の高まりのなかで、九郎右衛門も明治の義民として意識されるようになり、昭和五七年（一九八二）一〇月の青木村義民三百年祭では、与兵衛らとともに顕彰された。（須田　努）

〔参〕横山十四男『上田藩農民騒動史』、『長野県史』近代史料一、須田努『「悪党」の一九世紀』

明治二年（一八六九）八月二五日
信濃国筑摩・安曇郡伊那県・松本藩領打ちこわし（会田騒動、会田・麻績騒動）

信濃国筑摩郡伊那県会田・麻績地域は、畑作地帯であるため、商品作物の栽培が盛んであった。明治二年、信濃地域ではインフレが進行し、さらに贋造金問題が発生したため、政府は二分金の通用を停止していた。このため、米価は高騰し、中農以下の百姓の困窮化が進行していた。八月二三日、筑摩郡会田町村の百姓代義助・名主源左衛門が、百姓らの要請を受け、伊那県塩尻支局に囲穀の拝借願いを提出した。また、二四日には村役人たちは、隣接する上田藩で八月一六日に発生した騒動の波及を恐れ、夫食給付などの対策を協議しはじめた。ところが、同日暮に二人の子供が今晩地蔵堂で惣寄合があると触れ回った。さらに翌二五日には、会田町村で宿駅労働に従事し生計を立てている善八と治兵衛とが「伝馬寄合」を触れ歩き、また善八・源蔵ら一四、五人は夫食要求を始めた。村役人らは、困窮者に米二、三升ずつを貸し与える方策を取った。しかし同日夜、源蔵・長兵衛らが、酒造業藤四郎や隣村の板場村名主弥九郎に米安売りを拒否されたことをきっかけとして、半鐘が打ち鳴らされ、打ちこわしが始まった。打ちこわし勢は、藤四郎家などを打ちこわし、説諭に赴いた村役人には投石を浴びせた。この打ちこわしには、会田町村を始め、宮本・小岩井・金井村など一四か村の百姓らが参加し、北国西往還会田宿の問屋など一二、三軒を打ちこわした。二六日、会田組二七か村、川手組二か村合計二九か村が、大口沢山神社に屯集し、松本平へと向かった。途中田沢村で二手に分かれ、一手は松本藩領安曇郡村々へ、もう一手は光村へと進路をとった。光村へと向かった打ちこわし勢は、光村五社明神で、米・麦など諸品値下げを内容とする願書を伊那県官吏に渡し、二六日夕刻には帰村していった。一方、松本藩領に繰り出した一手は、途中の細萱・重柳・矢原・等々力村などを打ちこわしたが、二六日、伊那県よりの正式要請により出兵した松本藩の鎮圧隊と矢原村でぶつかり、所持する農具や鳶口・竹槍・棒で手向かい、石打して抵抗したが鉄砲を撃ちかけられ崩壊していった。

以上の打ちこわしとは別に麻績組乱橋村から別の打ちこわしが発生した。二五日、同村で愛次郎らが会合し、上田騒動の結果二分金が通用し、質物無利息返還、物価も下落したことが話し合われ、それを契機として一揆が計画された。彼らは米価高値、二分金不通用、年貢増徴、高利貸、村方三役人廃止という七か条の要求を掲げ、二六日暮六つの時の鐘を合図に一五歳から六〇歳までの百姓は下井堀村大橋に集まるように、と記した張札を貼った。この張札により結集した打ちこわし勢は、乱橋村から西条村・青柳村・麻績村・永井村などを襲い、打ちこわしと家屋への放火を行っていった。会田・川手組の打ちこわしにくらべ、こちらの方が激しく、とくに放火が多いのが特徴である。麻績・坂北両組の村々が参加し、参加者は最盛期には二〇〇〇人に達した。打ちこわし勢は、永井村で二手に分かれ、一手は上井堀村・桑山村・別所村方面へ、もう一手は野口村から竹場村方面に進んだ。

しかし二七日、伊那県・松本藩兵による鎮圧によって崩壊した。二七日、下生野村辺からも一揆が起き、犀川を渡り松本藩領小泉村に達したが、同日中に松本藩兵に鎮圧された。この打ちこわしでは一八〇名が捕縛され、入牢させられた。会田町村の長兵衛は塩尻宿で打首となり、同村善八は徒刑となった。昭和一八年（一九四三）に打首となった「藤松長兵衛之墓」が東筑摩郡四賀村に建立された。

　会田騒動では、二五軒の家屋が放火され、八一軒が打ちこわされた。放火などの暴力的な行為が行われていたと同時に、伊那県官吏に対して、米穀の値下げ、二分金が不流通になり難渋している、などの明確な要求が掲げられていた点に注目したい。この点が江戸幕府という既存の権力が崩壊した慶応期の世直し騒動と相違する特徴である。打ちこわし勢は、新しく生まれた維新政府を交渉の相手として認め、訴状を作成し、強訴を行っていたのである。また、会田町村からの打ちこわしには、宿駅労働に従事する一石未満の持高の百姓と、大工・桶屋などの諸職業従事者が多く参加しており、乱橋村から発生した打ちこわしの中心勢力は若者たちであった点も付言しておきたい。　（須田　努）

〔参〕横地穣治『信濃における世直し一揆の研究』、『長野県史』通史七、須田努『「悪党」の一九世紀』

明治二年（一八六九）八月二八日
信濃国佐久郡小諸藩領芦田・八重原ほか打ちこわし（川西騒動、芦田騒動）

　明治初年から、信州地域では米価騰貴と、インフレが進行していた。明治二年八月一六日の上田藩打ちこわしの影響が、小諸藩領の和田・長久保地域に広がった。小諸藩では、打ちこわしの波及を恐れ、和田・長久保地域に関して穀留を行った。これに対して、芦田宿問屋名主土屋伝右衛門らは穀留に反対し、さらに同地域への米穀の供給を訴願したが、藩は無視した。八月二七日、和田・長久保地域の百姓たちが、明治政府の中之条陣屋に米穀供給を要求する強訴を行った。また、小諸藩領芦田八か郷では、飢餓が起こり始めたため、年貢減免訴願を藩に提出した。しかし藩ではこの動向に危機意識をいだき、弾圧を開始し、二八日、飢餓対策のため藤沢村に集まっていた百姓たちを捕縛していった。この弾圧を契機として、同日千曲川の川西三三か村の百姓たち二〇〇〇人余りは、野方村庄次を願人、藤沢村仁左衛門を大総代とし、各村から総代を一名選出して再度藩への強訴を行うこととした。また同時に、山部村の六左衛門宅を打ちこわし、中山道に沿い芦田・望月・八幡村などの豪農から金穀を徴発していった。二九日、藩は千曲川東岸に出兵し、一揆勢と対峙した。この時中山道を通行中の伊那県官吏が、藩と一揆勢との調停を行う意向を示したため、一揆勢は藩との交渉に応じ、代表願人大嶋庄次と、各村総代だけを残し、いったん解散することとなった。藩では百姓側の要求の多くを受け入れることを約束したため、代表・総代は帰村した。九月一〇日、藩は一揆参加百姓たちの検挙を始めた。これによって四七名が捕縛され、代表願人庄次（享年三八）と大総代仁左衛門（粢〈しとぎ〉姓、享年四三）は頭取とみなされ、死罪とされた。一一月に入ると、藩は百姓たちに救米を下付するとともに、拝借金上納の延期、堰普請の上納金の延期などを約束する触を出していった。昭和四五年（一九七〇）、立科町立科神社境内に「義民慰霊の碑」が建立された。　（須田　努）

〔参〕『北佐久郡志』三、『長野県史』近代史料一、須田努『「悪党」の一九世紀』

明治二年（一八六九）九月二日
越後国頸城郡糸魚川（清崎）藩領ほか糸魚川町ほか贋金打ちこわし

　明治元年、二年と凶作が続き、米価を始めとした物価高騰に拍車をかけた。一方、財政難に苦しむ新政府・諸藩はその対処として、太政官札・藩札を発行したが、贋金の鋳造も多く通貨混乱が生じ、各地に贋金騒動が頻発した。糸魚川地方にも町方の商人により贋金が持ち込まれ、米・芋・古綿などの農産物が買いあさられると、生産者である在方の村々と町方の特権商人との対立が深まっていった。明治二年九月二日夜、新政府直轄領の蒲池村幸治右衛門・上保村源八、糸魚川藩（同年八月に清崎藩と改称）領の根古屋村嘉蔵が頭取となって、同藩領和泉村の三の宮境内に三〇～四〇人が集まり、贋金を持ち込んだ町方の商人を打ちこわすため決起した。騒動勢は、手始めに打ちこわしに反対した近村の山口村重五郎宅と庄屋宅を襲い、さらに贋金を持ち込んだ糸魚川町商人への打ちこわしを呼びかけ、騒動は拡大した。近隣の早川谷・西海谷・川西谷などからも集結して数千人となり、夜四つ時頃から糸魚川町の打ちこわしが始まった。騒動勢は居宅・土蔵を破壊し、酒食・商品・家財を盗み取るなどして、町方商人二二～二五軒、在方二軒を打ちこわし、四日朝方に引き上げた。翌五日から六日頃まで同様な不穏な状況が続くなか、騒動の拡大を恐れた糸魚川藩では、四日、大砲・小銃を用意し、高田藩兵三〇〇人を出動させるなどして厳戒体制を敷いた。五日、同藩では贋金引き換えのため、新製造の糸魚川藩札二五〇〇両、太政官札二五〇〇両の合計五〇〇〇両を町方の難渋者に配布する方針を立てた。糸魚川町側でも騒動の原因となった贋金の引き換えを藩側に要求し、寺院に騒動勢への説得を依頼するとともに、町ごとに人足を集めて警戒にあたらせた。このため六日を過ぎたころから一応の収束に向かったが、町方攻撃の噂や放火事件が相次ぐ不穏な状況が続いたため、夜番などの警戒態勢は一五日ごろまで続けられた。一一日、騒動の頭取として蒲池村幸治右衛門・上保村源八・栗山村善五左衛門が捕らえられ、次いで不穏の罪で大谷村喜左衛門・大野村九郎右衛門・横江村三右衛門・栗山村三郎右衛門・中村善右衛門らが逮捕され、川浦民政局へ護送された。この内、幸治右衛門と源八は牢舎の刑となったが、幸治右衛門は牢死、源八は七〇回の棒敲になっている。糸魚川藩では、打ちこわしを受けた町方商人を閉門の処分とし、貧民救済と贋二分金の回収を行うとともに、藩の貨幣政策変更を余儀なくされた。そして、一二月には農民の要求を受け入れて安石代を認めた。新政府は、こうした信州や糸魚川での贋金騒動への政治的対応として、明治二年一一月に、一万石につき三〇〇両の割合で各藩県に金札を交付し、贋金一〇〇両につき三〇両の割合で交換することを決定し、越後でも二年末から三年にかけて漸次交換されていった。（山本幸俊）

〔参〕鎌田永吉「幕藩体制崩壊の一過程」（『幕藩体制と維新変革』）、『糸魚川市史』六、『新潟県史』通史六

明治二年（一八六九）九月七日
美濃国郡上郡郡上藩領強訴（那留ヶ野騒動）

明治元年に続いて同二年も凶作が予想された。そこで越佐村の玉井文桂は歩岐島村の多田源左衛門らとはかり、同村大洞の木地屋屋敷で寄り合いを企てた。八月五日、上之保筋の白鳥村・為真村・大島村・中津屋村など十数か村の有志が集まり、凶作の救済方法が話し合われ、藩に対して年貢米の軽減と、救助米代金二〇〇〇両の借入を申し入れることに決定した。八月一五日、中坪村安養寺で村の有力者一〇八人の郡中集会が開かれた。そして白鳥村野々村弥右衛門を代表にして代官所へ訴願がなされた。その結果、藩は年貢は代官に検見をさせるとしたが、救助米については拒否した。ところがその直後に、白鳥村は野々村弥右衛門の尽力により、堤防破壊復旧工事費として二〇〇〇両の借用に成功した。この借用は白鳥村の不信行為であるとして、九月七日、各村一五歳から六〇歳までの男子は那留ヶ野子持杉に集まれとの言い継ぎが廻り、およそ三〇〇〇人が集まった。白鳥村への非難は、同村が謝罪として五〇〇両を提供することで話し合いがついた。一揆勢は八月の二か条に、さらに信用借入金の一〇か年以上にわたるものは帳消し、証書借入金は無利息割済みとする、頼母子は今後一〇年は据え置くとした三か条を、庄屋から金主に要請することとして解散した。九月一五日、藩は取り調べを開始したが、剣村で一〇〇人余が集まり、二日町村にも多数が集まり、同村の市村家を焼き払うなど

と気勢を上げた。翌日、玉井文桂ら六八人が逮捕され、七〇日余り入牢後、一度の取り調べもなく放免された。なお、一説によると首謀者歩岐島村多田源左衛門ら二人には、財産召上げと所払の刑が科され、各村の惣代にも財産没収がなされたという。この那留ヶ野の子持杉は、宝暦郡上一揆でも百姓の寄合に用いられたところである。また、白鳥村の堤防は「やえも堤防」と呼ばれ伊勢湾台風まで存在したが、野々村は明治九年に堤防工事の負債により失踪したという。　（小椋喜一郎）

〔参〕『岐阜県史』通史近代下、『八幡町史』通史上、『大和町史』通史下、『白鳥村史』通史上

明治二年（一八六九）一〇月一日
羽前国飽海・田川郡酒田県強訴・打ちこわし（天狗騒動）

明治二年七月二〇日羽前・羽後の幕府領を中心に酒田県（第一次）が設置され、旧鶴岡藩領のうち川北三郷（最上川以北の飽海郡遊佐郷・荒瀬郷・平田郷）と川南の一部（田川郡京田通・狩川通の各一部）もこれに編入された。明治二年一〇月一日、川北三郷の農民は酒田山王社に集結し、雑税廃止、地方役所の費用撤廃、諸帳簿公開、種夫食利息引き下げなど一八か条の嘆願書を酒田県に提出した。県は雑税免除に関する四か条は許可し、救米五七〇〇俵を支給すると回答した。一〇月二八日、残る一四か条の要求実現をはかるために川北三郷の百姓らは日向川河口に集まり、酒田県に押しかけて再度嘆願した。彼らは酒田町に会所を常置し、村々から資金調達も行う組織を作り、天狗党と呼ばれた。一一月には川南の狩川・京田通からも石代納分納、当年半年貢、雑税免除、大肝煎雑用免除、救米などの要求が出された。県が要求を拒否したため、川南では廻状が回され、同月一六日狩川通余目村八幡社に二〇〇〇人が集まり、一八日までの間に大肝煎五軒、肝煎七軒、酒屋などを打ちこわした。この騒動のため権知事津田山三郎が罷免され、一二月代わって大原重実が県知事として任命された。赴任した大原は指導者の捕縛に乗り出し、町方では酒田町惣問屋頭の長浜五郎吉ら三人、村方では石田村甚右衛門ら八人を逮捕した。しかし、騒動は鎮静化せず、翌三年二月二六日、四〇〇〇人が荒瀬郷市条村の市条八幡宮に集結し、先の要求とともに逮捕された者の釈放要求を掲げ、翌日には酒田県庁に押し出そうとした。県は、先の四か条の許可を再度確認するとともに、年貢の一部延納を認め、長浜五郎吉ら全員を釈放した。三年六月には酒田県下の尾花沢・寒河江地域でも騒動が起き、飽海・田川両郡では風害を理由とした救済要求なども起こった。騒動による混乱は酒田を巡検した政府役人が施政困難と嘆くほどで、九月には騒動の責任から県令大原重実が罷免され、同月第一次酒田県は廃止され、新設された山形県の管轄に入った。坊城俊章山形県知事は税制が有名無実の状態に陥っているとし、長浜ら指導者を再度逮捕するが、騒動は収まらなかった。長浜は、明治四年に刑が確定し山形送りとされた。同年二月、坊城知事は雑税免除を専断布達するが、政府は知事布達の無効取り消しを命じ、一〇月坊城は罷免された。一一月、騒動の中心になった川北三郷と川南の一部が川南の大泉県（旧鶴岡藩領）と合併し、江戸期の鶴岡藩領と同一地域の第二次酒田県が設置された。旧藩士族の政治・軍事力によって騒動に対処しようとしたものであろう。しかし、政府の取り消し命令を不満とする運動は各地に広まり、一二月には放火事件も起こり、翌五年一月川北三郷の五〇〇〇人が青沢村に集まり、雑税免除、軍事費用下げ金、指導者釈放の要求などを嘆願した。旧庄内藩士族らはこれを厳しく弾圧し、騒動は消滅した。残された課題は明治七年のワッパ騒動に引き継がれていくことになる。　（浅見　隆）

〔参〕『鶴岡市史』中、井川一良「羽州庄内地方における農民闘争」（『村方騒動と世直し』上）、佐藤誠朗『ワッパ騒動と自由民権』

明治二年（一八六九）一〇月一四日
伊勢国三重郡ほか忍藩領打ちこわし

文政六年（一八二三）の桑名藩主の忍藩転封の際に分封され忍藩領とされた村々では、この年の不作に困窮して小前百姓が大庄屋に作柄の検見を願いでたが、大庄屋は昨年も減免が行われたから今年も願いでるのは見合せるのがよいと申し聞かせた。また前年の忍藩からの減免率は五％であったのを大庄屋が小前百姓には二・五％と伝えていたため、小前百姓は不信をつのらせ喧騒状況となった。一揆勢は、「大庄屋肝煎等頭立候家々」を次々と打ちこわした。一〇月一四日夕方から一五日早暁にかけて、三郡の百姓が蜂起し、中上村伊藤伝左衛門方に打ちこわしを行い、次いで中野村へ、また大社村へ移って木村清三郎方を打ちこわした。同人は、金札や国札を多く所持していたが、一揆勢はこれを切り破ったり火をかけたりした。それより北治村、中婦ケ村、川島村、諸山村、八王寺村、小菅村などの大庄屋・肝煎などの家数十軒を打ちこわし、焼き打ちした。参加人員は一万二〇〇〇〜一万三〇〇〇人に達し、六手に分かれて行動した。この一揆勢のなかには八〇歳ほどの老人がいて、年貢割付を始め庄屋らの悪事をすべて記録した書類を携えていたが、老人なので一揆勢は駕籠に乗せて連れ歩いた。一揆勢の攻撃対象となったのはこの地域の忍藩領分七五、六か村のうち四、五か村を除く全村で八〇軒にものぼった。一揆勢は目当ての村に入ると、寺宮の鐘を打って合図とし打ちこわしを実行した。一揆勢の押しかけた村々は、村役人や有力農家が酒飯などを用意して差し出した。これに対し、地続きの菰野藩は忍藩からの依頼もあって傍観できず、役人を派遣し、藩境に二小隊を配置した。さらに度会県出張所の役人も出て、菰野藩役人と相談のうえ説諭にあたった結果、ようやく一揆勢は居村へ引き上げた。ほかに人数を出した藩は、桑名・津・亀山・長島・神戸藩などであった。新政府は、忍藩に対し、このような動きが他へ移れば「御政体」にかかわる大事となるので「巨魁の者取調処置方」につき刑部省の指示をあおぐことを通達した。処罰の内容はわかっていない。（深谷克己）

〔参〕『明治初年農民騒擾録』

明治二年（一八六九）一〇月一五日
上野国群馬郡高崎藩領強訴・越訴（五万石騒動）

明治二年は年初から天候不順であった。冷気が続き、七月一三日の台風は各地に洪水をもたらし、用水路を破壊した。そのため作物の根腐れや稲の生育不良が村々で囁かれるようになり、それが現実の問題となった八月上旬、高崎藩領の上大類村ほか五か村は、年貢減免を求める願書を岩鼻県に、そして九月上旬、今度は下小鳥村が高崎藩役所に検見願いを提出した。これをきっかけにして領内村々から検見と減免を求める願書が、次々と差し出された。その結果、藩役所は、今年に限り税額の三割引きにする回答を百姓に示して、領内の鎮静化を図った。しかし、藩役所の回答に満足しない百姓は、重税の根源である税法の改正を求めた。だが、藩はこれを拒否した。

九月二日、下中居村の造酒之助や柴崎村の喜三郎らを中心とする有志十数人が、上中居村の正観寺に集まり、年貢問題について話し合った。その結果、一五歳以上六〇歳までの男子全員を総動員して藩役所に押しかけ、税法改正の直訴を決行することにした。そして、七日夜、五郷（上郷・中郷・下郷・東郷・南郷）五六か村の代表者会議を下ノ城村の如意寺で開き、造酒之助・喜三郎・文治郎の三人を大総代に選出した。一〇月に入ったころ、蜂起の計画を急ぎ変更して下総国東勝寺にある佐倉惣五郎の霊廟を参拝し、願意の達成を祈願した大総代は、一五日正午を期して貝沢村の五霊神社に集合せよ、という檄を村々惣代に発した。指示を受けた百姓は、それぞれの身支度と二、三日分の食料を用意し、また傘連判状を作成した。一五日、昼ごろから夕刻にかけて上・中・西郷の百姓が、五霊神社に詰めかけた。下郷の百姓も大総代の指示に従って急ぎ駆け付けた。このようにして集結した百姓の数は三〇〇〇人余、彼らは夜明けを期して城下に押しかける手筈を整え、村々の名前を記した旗や幟を押し立て出陣を待ち受けた。そこへ藩役人の一行が、出張先から急を聞いて駆けつけ解散を命じた。応対した大総代は、この場は命令に従うことが得策と判断し、税法改正の願書を提出した後、百姓に偽装解散を指示した。

一六日早朝、再び集結した百姓は、大総代を先頭にして高崎町に向かった。一方、百姓の動きをいち早く探知した高崎藩は、藩兵を総動員して町方の入口を固め、百姓の先頭が通町の木戸に差しかかった時、ただちに柳原に引き取れと強硬な態度で威圧した。やむなくそれに従った百姓は、柴崎村の天王森に退いた。しかし、あくまでも願意貫徹を期する大総代は、再度の強訴を提案し、百姓は鬨の声でこれに応えた。一七日の夜明け、四〇〇〇人ほどの百姓が隊列を組み、大総代を先頭にして再び城下に向かった。一方、藩は木戸を閉鎖して百姓の進入を阻止しようとしたが、それを実力で排除した百姓は高崎城枡形の木戸際で藩役人と対峙した。そして、大総代の造酒之助が進みでて、「畑方年貢永納」と「田方年貢岩鼻県同様」を中心とする要求書を手渡した。これに対し藩は、大方の要求は認めるが、主軸をなす二つの事項は維新政府の指示を仰ぎ後日回答することにし、百姓に解散を命じた。以後、この問題を中心に百姓の闘争は止むことなく続き、一〇月二八日、藩は百姓の要求を大幅に認める回答を発した。しかし、それは今年限りというものであった。そして、大総代の造酒之助と喜三郎など一〇人ほどを逮捕し、牢に入れた。そして、同三年二月四日、造酒之助と喜三郎を「徒党強訴仕候巨魁之者」と宣告し、江木村の無縁堂で処刑した。

この処置に激昂した百姓は指導部を再編成し、安中藩領の広馬場村の蛇塚で百姓集会を開き、民部省あるいは太政官に高崎藩の重税を訴えることにしたが、藩の警備体制が厳しく失敗した。しかし、丸茂元次郎は再度上京を試み、商人に姿を変え民部省直訴の機会を窺った。八月六日、丸茂と山田勝弥、岡田友右衛門の三人は、民部省に直訴するが、強訴の罪で逮捕され、身柄を高崎藩に引き渡された。九月七日、高崎藩は大総代の文治郎を処刑した。この知らせを受けた宿大類村羽鳥権平と久保田房次郎は、九月二〇日民部省に出頭し税法の改正を訴えた。この時民部省は、地租改正計画のあることを伝え、暫く時期を待てと指示し帰村を命じた。一〇月、年貢納入の時期がやってきた。百姓は年貢は昨年どおり、そして田方五合摺り・畑方永納を主張し、再び蛇塚に集まって気勢を上げた。そこで高崎藩は、岩鼻県・前橋藩の仲介の下に、西明屋村の下田家で四者会談を開き、当面する危機を回避した。一一月二四日、高崎藩は村々役人・小前総代を藩役所に召集し、新規検地を条件にして田方五合摺り・畑方永納を認めることを伝え、請書の提出を命じた。そして、それが完了した一二月二五日、関係者の逮捕を強行し、翌四年一月一二日処罰を言い渡してこの騒動に一応の決着をつけた。この時倉賀野村の堀口六左衛門は八丈島へ流罪となったが、同島で明治一三年（一八八〇）没、湯浅巳代吉は牢死、丸茂元次郎・山田勝弥は徒罪一〇年、正観寺村の福田子之七、中尾村の小嶋掃部次、中泉村の大沢富太郎は徒罪三年、そのほか多数の者が処罰された。

【人物】佐藤造酒之助（三喜造）　さとうみきのすけ（みきぞう）

文政二年（一八一九）、群馬郡下中居村（高崎市）で生まれる。幼い時から怪力の持ち主として知られ、背が高く相撲取りのようであったと伝えられている。また人柄がよく、常日頃から農民の信頼を集めていたので、明治二年九月一二日の正観寺集会において高井喜三郎・小島文治郎らとともに大惣代に選出された。以後、高崎藩税法改正闘争の先頭に立って指揮するが、一一月二六日倉賀野の宿はずれで逮捕され、翌年の二月四日の朝、高井喜三郎とともに江木村（高崎市）の無縁堂で斬首された。享年五二。法名億非院滅納好明居士。

【人物】高井喜三郎　たかいきさぶろう

文政一一年（一八二八）、群馬郡柴崎村に生まれる。明治二年高崎藩城付五万石領の農民代表が、年貢減免の実現を求めて開いた九月一二日の正観寺集会で、佐藤造酒之助、小島文治郎とともに大総代に選ばれた。そして柴崎村の進雄神社に大願成就の祈禱文を読み上げて農民の士気を鼓舞した後、高崎城下への進軍の先頭に立ち、追手前で藩役人と対決した。その後高井は、岩鼻県知事の小室信夫とも交渉したりしたが、藩役人に追われる立場となり、一一月二六日岩鼻村の郷宿万屋で逮捕された。明治二年二月四日、江木村の無縁堂で佐藤造酒之助とともに斬首された。享年四二。

【人物】小島文治郎　こじまぶんじろう

文政八年（一八二五）、群馬郡上小塙村小島政右衛門の三男として生れる。幼少の頃から書画・和算を学び、また謡曲（観世流）や挿花（遠州流）にも長け、剣術は念流（間庭念流）を学んだ。五万石騒動の時、佐藤造酒之助や高井喜三郎とともに大惣代として高崎藩役所への強訴の指揮をとった。そして造酒之助や喜三郎などが逮捕された時は、その釈放を求めて岩鼻県と交渉した。しかし、文治郎自身も身柄を拘束され、高崎藩に引き渡された。明治三年九月七日、無縁堂で斬首された。享年四六。法名賢友院本光霊照居士。

【人物】丸茂元次郎　まるももとじろう

天保五年（一八三四）三月二二日、群馬郡上中居村に生まれる。五万石騒動の大惣代造酒之助、それに喜三郎が処刑された後に開かれた明治三年二月六日の蛇塚集会で、大総代に選任された。丸茂は上京して高崎藩の税法を政府に訴えるのが得策と考え、願書を懐中にした数十人の農民を上京させようと試みたが、すべて失敗した。そのため代表数人で上京することに決し、丸茂自身も喜三郎や造酒之助の墓前を詣でた後東京に向かった。在京中はさまざまな苦労を重ねたが、八月七日山田勝弥、羽鳥権平とともに民部省に願書を提出することができた。しかし強訴の罪で身柄を拘束され、高崎藩に送り返され、牢に入れられた。明治四年一月一二日、徒罪一〇年の刑を受け服役した後釈放され、以後自宅で余生を送った。明治三八年（一九〇五）七月三一日没。享年六二。法名清心院清誉恭本居士。

【人物】羽鳥権平　はとりごんぺい

弘化四年（一八四七）五月二三日、群馬郡宿大類村に生まれる。幼時から学問を好み、小園江田宮、あるいは砂長周伯に師事した。五万石騒動の際、佐藤・高井・小島ら三人の大惣代が徒党・強訴の「巨魁」として処刑された後、東郷（ひがしごう）の惣代として久保田房次郎とともに上京し、明治三年九月二〇日、民部省に出頭して高崎藩年貢の実状を説明した。そのなかで羽鳥は、政府の英断をもって高崎藩の税率を岩鼻県と同様にしてほしいと訴えた。これに対して民部省は、「日本全国の縄入れを行って、年貢を均一の金納にする」という回答をしたので、久保田とともに帰国した。以後農業に専念した羽鳥は、大類村の村長、あるいは農会長として活躍し、明治四四年（一九一一）一一月二五日に没した。享年六五。法名冷泉院儀光良達居士。

【人物】久保田房次郎　くぼたふさじろう

弘化元年（一八四四）八月、宿大類村に生まれる。羽鳥権平とともに東郷の惣代に選任された久保田は、丸茂元次郎や山田勝弥が民部省に強訴して失敗し、高崎藩に引き渡されたことを聞き、農民の願意を貫徹するため、民部省に高崎藩税法の苛酷さを羽鳥権平とともに訴えた。この時久保田は、政府に地租改正の準備があるという説明を受けて帰国し、新町宿（新町）で地元農民と懇談し、東郷村々はひとまず闘争を中断することに決した。その後村に帰って農業に励み、天寿を全うしたといわれる。大正九年（一九一九）七月六日没。享年七六。法名全翁院教学良栄居士。

【人物】山田勝弥　やまだかつや

文政三年（一八二〇）、群馬郡上小塙村に生まれる。明治三年八月六日、山田は丸茂元次郎や岡田友右衛門とともに民部省へ願書を提出したが、受理されなかった。翌七日、三人は再度民部省に出頭し、願書を差し出し、午後になって白洲に呼び出され吟味を受けた。この時山田は、声を大にして高崎藩税法の苛酷さを訴えたといわれる。しかし再度の願書提出は、強訴にあたるとして三人は身柄を拘束された。一三日、再び白洲に呼び出された山田らは、身柄を高崎藩に引き渡すという判決を受け、高崎で入牢した。明治四年一月一二日、五万石騒動関係者の処罰が確定した時、山田は徒罪十年の刑を受けたが、同年六月一八日病気のため牢内で死去。享年五一。法名光勝院顕芳道誉居士。　（中島　明）

〔参〕細野格城『五万石騒動全』、中島明「高崎藩五万石騒動研究序説」（『高崎市史研究』七）

明治二年（一八六九）一〇月二一日　越後国蒲原郡水原県新潟町外国船米運送阻止騒動

明治二年の開港地新潟は、凶作や戊辰戦争の影響、さらに大量の贋金の流通により米価は異常に高騰していた。越後府（水原に設置され新潟周辺の民政を担当する。二年七月に水原県となる）は津留を命じたが、外国は条約違反としてこれに反対した。また、新潟湊では、米価高騰期には移出米のうち一定度を新潟に残す置米という制度が存在していたが、これも旧慣として否定されていた。そのため、米価高騰の要因は外国船にあるという噂が広がっていた。一〇月、水原県と新発田藩は函館救助米として各二万俵を外国船により積み出した。さらに一〇月二一日、スイス人商人が米三〇〇〇〜四〇〇〇俵をイギリス船で積み出そうとした。その夜、市民は願随寺の鐘を撞き、質屋一軒を打ちこわすとともに、米を運ぶ艀船に投石したため、水主が逃げ出すという騒擾が発生したが、新発田藩兵などが出兵したため、騒擾は小規模なものにとどまった。イギリスは、このような騒擾により居留民の命にかかわることが起きかねないとし、強力な警備の兵の設置を外務省に要請している。水原県は頭取の探索や参加者の捕縛という弾圧行動は取らなかった。　（保坂　智）

【典】『明治初年農民騒擾録』、『新潟市史』下、溝口敏麿「明治三年『新潟県』の成立」（『新潟県史研究』三）

明治二年（一八六九）一〇月二四日　越中国新川郡金沢藩領打ちこわし（バンドリ騒動・忠次郎騒動）

明治二年に、金沢藩領越中国新川郡で起きた大規模な一揆。一揆参加者が、ばんどりと称される蓑を着用していたことから、バンドリ騒動とも呼ばれ、指導者の名前を取って忠次郎騒動ともいう。明治二年という年は、天候不順のため全国的に凶作であり、各地で一揆・打ちこわしなどの農民騒擾が頻発した年であった。越中新川郡もその例外ではなく、平年にくらべれば三割程度の出来に過ぎなかった。金沢藩では、旧幕府時代以来、十村と呼ばれた大庄屋層に農村支配を担わせており、この頃は郡治局という藩制機構の指示のもと、十村をして農民支配にあたらせていたが、同じ金沢藩領の礪波郡では、七月に郡治局が御救籾を困窮人に支給している。一〇月二七日には、米五万石と銭五万貫余を貸与するなど、凶作への対応策を次々と打ち出していったが、新川郡では礪波郡のような凶作への実効ある対応策が取られることはなかった。そして、凶作時には取籾米・救米などの名目で通例となっていた年貢の減免もせず、逆に平年どおり年貢を収納しようとしたため、十村への農民の憎悪は非常に高まっていった。一〇月一二日に、東加積組の印田新村領で七〇〜八〇人の農民が集結したのを皮切りに、村や組ごとに連日集会が開かれたが、二四日に、清水堂村の下川原で開かれた集会を契機として、一揆勢は十村への打ちこわしを開始するようになる。その指導者は、塚越村の忠次郎という者であった。忠次郎に率いられた百姓たちは、神田村の結城甚助宅、新堀村の杤木兵三郎宅を打ちこわした。二五日、郡治局の岩田大作が鎮撫のため出向いてきたため、忠次郎は嘆願書を提出している。その趣旨は、枡の新京枡への統一、口米・御蔵下敷米の百姓による管理を求めるものであった。岩田からは、二九日までに回答するとし、それまでは騒ぎ立てないよう申し渡したが、その後も十村への打ちこわしは、散発的にではあるが連日続いている。回答の期日である一〇月二九日、竹内村の無量寺に二〇〇か村数千人もの農民が集結したが、嘆願書に対する藩側の対応の不誠実さに怒り、十村やその手代、肝煎などを打ちこわしながら、彼らの怨嗟の的であった吉島村の十村・神保助三郎宅へ向かうこととなった。一一月一日、神保助三郎宅を打ちこわしたのを始めとして、翌二日にかけて百姓が打ちこわし、あるいは焼き討ちを行った十村およびその手代などは、下新川郡の三日市村・入膳村・石田村・泊町など四〇軒以上にも及んだ。一方、金沢藩では一揆鎮圧のため藩兵三七〇人余を金沢から出発させたが、鎮圧の前線本部であった岩瀬郡治局では、郡宰の山本又九郎が鉄砲足軽を率いて、一一月二日夜、泊町の小沢屋与三左衛門宅に宿泊していた忠次郎ら百姓を襲撃し、忠次郎を負傷させ、百姓たちを壊乱させた。ここに、一揆勢は鎮圧され、忠次郎を始め、浅生村の伊七郎・塚越村の宗三郎ら頭取層も次々と捕縛されていった。彼らは郡治局で詮議を受けた後、金沢に護送された。四日には、一揆の頭取層である浅生村の伊七郎らに、改めて十村・手代・肝煎の公選などを主旨とする嘆願書を提出させ、詮議を行っているが、こうした藩側の一連の対応には、一揆は鎮圧されたもののまだ郡内の諸村が激しく動揺し、一〇日には能登にも騒ぎが飛び火していたことを踏まえれば、懐柔策としての側面を見ることができる。これにより、一般農民層の十村に対する根深い不信感を知った藩側は、二五日、打ちこわしの対象となった神保助三郎・結城甚助ら十村一六名を解任し、百姓の信望のある者たちを新たに十村に任命している。以後、新任の十村は、凶作への実効ある対応策を遂行することで農村の動揺の鎮静化に努め、その建て直しに尽力していくのである。一方、一揆に対する藩側の取り調べは、郡内の動揺がなかなか収まらなかったため、翌三年（一八七〇）七月になって、ようやく始まっている。詮議の結果、忠次郎は斬罪に処せられることとなり、四年（一八七一）一〇月二七日に刑が執行された。塚越村の宗三郎らは牢死したが、浅生村の伊七郎は償金一三両を支払うことで赦免された。そのほかの者たちは赦免されており、それまでの一揆への処置にくらべれば穏便な側面が濃厚といえる処置であったが、その背景には、この年の七月に廃藩置県という政治変革が断行され、八月には旧藩主前田慶寧も東京に移住するという政治的混乱があったことが推測される。

【人物】宮崎忠次郎　みやざきちゅうじろう

明治二年に、越中新川郡で起きた大規模な一揆である、バンドリ騒動の指導者。忠次郎は同郡塚越村の草分け百姓の一族の家に生れたが、安政五年（一八五八）二月の、いわゆる安政の大地震で常願川が氾濫し被災したことで、家や田畑を奉公人に預けて、妻とともに江戸にでた。この時の所持高は一九石余である。その後、奥州や北海道で生活した。明治元年（一八六八）に、妻子とともに帰郷し、百姓仕事を再開したが、このような経歴に端的に示されるように、忠次郎は他の百姓らとは異なる広い視野を有しており、そのことが、一揆の頭取としてまつり上げられる大きな要因になったと推測される。当初、忠次郎は金沢への出訴を主張するなど穏便な対応を志向していたが、百姓たちの勢いに押されて、打ちこわしを目的とする集団へと化した一揆の頭取として行動するようになる。忠次郎は「我等桜（佐倉）宗五郎より十倍増之者」と述べたと伝える史料もある。そして、「忠次郎大明神」というように神格化されたが、一一月二日夜に藩吏により負傷させられ、三日朝、青木村で捕縛された。忠次郎は他の頭取たちとは異なり、すぐさま金沢に護送され、投獄された。翌三年（一八七〇）七月、吟味が本格的に開始され、その結果、忠次郎は斬罪と決まり、四年（一八七一）一〇月二七日、刑が執行された。その後、明治一三年（一八八〇）一二月、旧宅近くの路傍（現立山町塚越の八幡社境内）に、表面に「南無妙法蓮華経」、裏面に「宮崎忠次郎久明塚」と刻まれた塚石が建立されている。また墓碑脇に昭和五年（一九三〇）に建立された顕彰碑もある。（安藤優一郎）

〔参〕鎌田正明「明治二年越中ばんどり騒動」

『日本近代産業の成立』、『富山県史』、倉田守「新川郡のバンドリ騒動」（『富山史壇』八五）

明治二年（一八六九）一一月一五日
摂津国有馬郡三田藩領強訴・打ちこわし（三田騒動）

明治二年は前年に続く全国的凶作で、三田藩領村々では人気たち、一一月になると、毎夜村々堂宮に寄り合い、有馬郡六郷の庄屋が連名で年貢半減を嘆願した。しかし、これは聞き入れられなかった。一五日早朝から、西郷の高熊辻と相野に人数が集まって、東郷から上郷に出た。別に、下郷・北郷の人数は、いったん上野原に集合した上で、北上して尼寺から北郷の小柿・母子を回り、青木・末と南下して、上郷の加茂村に出たが、途中、小野の奥谷七兵衛を始め、小柿・末などの庄屋・酒屋を打ちこわした。藩庁では夜まで評議を重ねた結果、知事以下が現場にて対応することを決めて出発し、加茂橋で群衆と出会った。そこで乱闘となり、知事は落馬し、家来一同も痛めつけられて分散した。知事は東野上村の組庄屋で鍛冶屋の竹内喜右衛門宅に負われて逃げ込んだが、一揆勢は平生憎悪する喜右衛門家の家財を打ち砕いた。一揆勢は、一六日未明に三輪村にいたった。一部は干鰯商三木屋武兵衛、油屋友蔵、質屋で札所の深田屋善兵衛など商家打ちこわしにかかったが、やがて上野原に南郷を除く五郷の二万人が集合し、大集会が開かれた。そして、年貢減免、一〇年賦での米拝借など、願か条一二項を決議した。案文は、下田中村辰巳宗左衛門（仲惣兵衛とする史料もある）の心学門下志茂吉右衛門の起草にかかるという。一揆勢は、これを持って三田町にでて、大手の桜馬場にあふれた。開門を待つうちに、本町西組の米商筆頭の大川瀬屋など町方の商家数軒を打ちこわした。代官小寺泰次郎宅にも向かったが、門前の銃隊に阻止された。やがて、藩庁の黒門において、庄屋三人が代表になって藩と交渉が始まった。その結果、藩は当年貢四割減免など六か条を認めた。しかし、年貢四割減免については、大衆は承引せず、再度の交渉で五割減免と決まった。しかしなお大衆はおさまらず、福井町の呉服商池田屋藤右衛門らへの打ちこわしが再発したが、多くは昼前に引き上げた。上野原集会に加わらなかった南郷の村々は、別に附物村あたりに集会し、郡奉行両人が出役した。ところで、二一日に藩はこのたびの一揆の原因が、藩と百姓との意志の不通にあるとし、新規に各郷二名ずつの郡奉行同格の郷惣代を入札で選出しようとした。宗左衛門はこの郷惣代に選出されることを希望し、かつ藩内人事に介入することを欲したことから二六日にはまた上野原で郷中の村集会があり、願か条二三項を決議した。願書は、家老九鬼兵庫が出張して受け取った。こうして郷中の動きが続くなかで、三輪から京口までの小作農が小作米半減運動を起こした。その結果、最低でも三分三厘程度の減免は実現したようである。のち発頭人として宗左衛門が絞刑、宗左衛門の心学門下で一揆の組織に関係したという北畠市右衛門が准流、志茂吉右衛門ほか二人が徒刑に処せられた。　　　　　　　　　　　　　（山﨑善弘）

〔参〕『兵庫県史』五、手塚豊「明治二年・三田藩百姓一揆裁判考」（『近代日本史の新研究』七）

明治二年（一八六九）一一月一六日
豊前国企救郡山口藩領打ちこわし

企救郡小倉藩領は、慶応二年（一八六六）の長州戦争後、山口藩（旧萩藩、文久三年〈一八六三〉改称）の占領下に置かれた。明治二年一一月一六日頃から井手浦・上長野・上曽根村で庄屋の不正追及・打ちこわしが始まり、一八日の新道寺村における庄屋の不正追及が郡内全域の打ちこわしに展開する契機となった。同村の組頭らが中心となって庄屋を糾問したところ、屋外に集まっていた村民が投石を始め、庄屋らは小倉の民政庁へ逃走した。鎮圧隊の派遣を予期した新道寺村の百姓は、一九日早朝、周辺村へも参加強制して庄屋の打ちこわしを開始した。これはすぐさま全郡に広がり、庄屋など七〇軒余を打ちこわしあるいは放火する騒動に発展した。二〇日、鎮圧隊の説諭により、後日願書を提出することを約束して打ちこわし勢は解散した。二三日に納租米の処置の不当や無尽の廃止など、山口藩役人と結託する庄屋の不正を列挙した願書を提出した。翌年大幅な庄屋機構の改革が実施された。打ちこわし鎮静後すぐに頭取詮議が開始され、九右衛門始め新三・治平、長野村の清右衛門・清蔵、曽根村の宗太郎らが捕縛された。九右衛門は絞罪、他は徒罪に処せられた。一方の庄屋層も処罰され、企救郡相談役大石弥八郎は郷士格取揚げ・一〇〇日押し込め、同大庄屋広吉次助・新道寺村庄屋山本小兵衛は八〇日押し込めとなった。

【人物】原口九右衛門　はらぐちきゅうえもん

新道寺村の組頭。同じく組頭であった新三・治平とともに、庄屋山本小兵衛の不正追及を行った際、山本が逃走したため、九右衛門は「近村に談合すべし、誘引あらば、一同に勢をつよめて申し出ん」と主張し、彼の指導のもとで周辺村の庄屋らを次々に打ちこわしながら小倉の民政局方面へ移動した。打ちこわし鎮静後捕縛され、明治三年四月、九右衛門らは日田県へ送られたが、そこで日田県一揆に遭遇し、一揆勢によっていったんは解放されたが自首した。明治四年三月九日に絞罪に処された。享年三六。法名即心院釈頓善教真善士。「生きて牡丹といはれんよりも散りて桜の名をや残さむ」などの辞世歌が伝えられている。明治一〇年、七回忌にあたり企救郡中が墓碑を建立し、昭和四九年（一九七四）には東谷興農会が「義民原口九右衛門之碑」を墓碑脇に建立し、福岡市小倉南区新道寺に現存する。

（宮崎克則）

〔参〕『北九州市史』近代、宮崎克則「維新変革期における小倉藩領の打ちこわし」（丸山雍成編『幕藩制下の政治と社会』）

明治二年（一八六九）一一月二八日　丹波国多紀郡篠山藩領減免強訴・打ちこわし

明治二年、篠山藩では激甚の凶作となり、小作人が申し合わせて小作料減免を要求する動きがあったが、九月、藩はこれを禁止した。そこへ一一月中旬の三田藩一揆に触発されるなか、多紀郡西南の今田組の上・下立杭村と木津村の住民が、本荘村庄屋萩野利吉方に年貢は納められないと届出方を頼みにきた。焼物の盛んな上立杭村では、陶土採りにいった人々のなかで三田藩領のように年貢減免を願いでようと話し合ったといい、下立杭村では前日に焼失した尼寺の灰掻きで強訴の話が持ち上がったという。庄屋萩野は、二七日夕刻、嘆願の件を民政局に知らせ、翌日も三村は騒がしいので、また報告によって民政局吏員が出張して制止した。他方、村民は隣接する有馬郡三田藩領大川瀬村に応援を求めた。二八日、その人数も下立杭村に入り、酒店で人寄せし、総勢二五〇人ほどが小野にでて、今田新田の郡取締の波多野万治に訴状を書かせようとしたが断られ、最初の打ちこわしをかけた。夜明けにはその裏藪で竹槍を作ったという。二九日朝、一揆勢は古市に進み、酒造・醤油業の斧屋畑伊兵衛など三軒を打ちこわし、さらに矢代街道と真南条街道に別れて進んだ。矢代街道の集団は、藩の卒隊を圧倒して大山谷に進み、大山宮村の郡取締頭取の園田多裕を捕らえて「願立箇条」を書かせ、同行させて、夕刻、篠山城下に入った。「願立箇条」は、年貢半減、質物無利息請出し、御用銀返還、一般借銀二〇年賦返還、庄屋・年寄を各一人にする、など七か条からなり、矢代村の力士若熊銀蔵が竹に挟んで城下に持ち運んだ。真南条街道の集団も、卒隊を圧倒して城下に入り、総勢は大手門前に集合した。すでに園田は「願立箇条」を持って城内に入ったが、藩庁の評定は延々と続き、夜五つ時ごろ、一揆勢は市中に動いて商家を打ちこわした。ようやく藩庁は大参事の名で朝廷に伺って指示するから一同帰村するようにと掲示した。一揆勢の一部は引き上げたが、多数は打ちこわしに加わった。篠山城下での打ちこわしは、三〇軒とも四〇軒ともいわれ、なかでも年貢請負に関与した特権商人の東・上野両家の一族は集中攻撃を受けた。藩庁は、兵力を上げて制圧に乗り出し、朝までに二八〇人を捕縛したが、群衆は抵抗しながら京口の河原に集合した上、八上・野間両街道に別れて東進した。双方は三〇日未明に小野新村で合流し、福住村に向かうところで藩兵と衝突してほぼ鎮圧された。藩庁は、一二月一六日、極難渋人は村役人から出願させることにして、一揆の件を京都弾正台に届け出るとともに、年番大庄屋を通じて「願立箇条」には逐条理由を示して却下を布達した。その後、五七か村・一四一人と皮多村一四部落・三六人が捕縛されて吟味方に送られ、そのうち上立杭村の庄五郎・藤三郎・千太郎、下立杭村の五人組頭栄三郎、油井村の米蔵が発頭人とされたようで、庄五郎（牢死）・藤三郎が斬罪、村預け中に自殺した千太郎を含めて下立杭村の三人が流終身を宣告された。　（山﨑善弘）

〔参〕『兵庫県史』五、『今田町史』

明治二年（一八六九）一二月一四日
美濃国不破郡笠松県今須村打ちこわし

今須は中山道の宿場町として栄えたが、頭分制といわれる村内門閥層が村の中心となって支配していた。明治元年春からこの頭百姓層と小前百姓層が、年貢の取り立てをめぐって深刻な対立状態にあった。同二年、全国的な凶作と雪が深くて人足稼ぎができない状態にあった小前百姓の困窮は頂点に達し、不満は頭百姓の村政の不正に向けられた。一二月一日、最初の寄り合いが下明谷の氏神天満社で持たれた。七日、御囲穀と村方囲穀の貸し下げ、多良郷より請け負った駅人足勤金の割り渡し、天保年間（一八三〇～一八四四）に村方よりの御膳米献上による御褒美金の割り渡し、という三か条の申し立てを高持惣代に提出した。これに対して、頭百姓側からは、囲穀は大垣御役所に願わなければ貸し下げできない、人足金はまだ勘定ができていない、褒美金は割り渡すとの回答がなされた。褒美金を割り渡すとの回答はかえって小前百姓の頭百姓への不信感となって現われた。一二日には、青坂社に集まった百姓の間で玄米二〇俵余が持ち寄られ、一日一人白米二合を困窮者へ割り渡すことが決められた。一四日には八幡森に三〇〇人余が集まり、出訴に加わらなかった常右衛門に米一〇〇俵金一〇〇両の無心をし、取りあえず米二〇俵を受け取った。一五日には五〇年、一〇〇年前からの年貢免状を見せろとの要求になった。一九日には町方の困窮百姓に、村役人から貯米四〇俵と貯籾九〇俵が渡され、配分がなされた。二二日には百姓十数人が諸帳面の公開を要求して、高持立会総代詰所に強訴する一方、本陣・庄屋の家などに押しかける騒ぎとなった。大垣藩預り地であったため藩から鎮圧兵が出動し、その発砲によって百姓文之助と畳屋甚三郎の二人が即死した。百姓側も本陣など五軒を打ちこわした。二四日、大垣藩によって一七人が逮捕され、一四人は釈放されたが、明治六年五月五日、門前町百姓源太夫（五七歳）・下明谷松井与八（四一歳）・天神与助（五六歳）の三人が絞罪となった。なお、発砲によって死亡した二人の家族には大垣藩より米一日二合を取り調べが済むまで支給されている。　（小椋喜一郎）

〔参〕『岐阜県史』通史近代下、『関ヶ原町史』通史下、史料二・近世二・近代

明治二年（一八六九）一二月二〇日
尾張国中島・海東・春日井郡名古屋藩管轄小作貧農打ちこわし（稲葉騒動・山市騒動・蓑着騒動）

三年越しの不作のうえに、明治二年も深刻な凶作になったが、名古屋藩清須邑宰所は減租の措置を行わなかった。一二月、その管下の尾張国中島郡一三三か村農民が救米願書を出した。それが差し戻されたので、苅安賀・妙興寺・稲葉宿一帯が不穏となり、やがて強訴が始まるとの噂が飛んだ。小作貧農や商い口のない層がこの地域には多く、米の高騰は一家流亡につながった。邑宰所は、免定を出した後では年貢は変えられない、いずれ救済は考えるので騒ぎ立てぬようにと村役人に申し渡した。来年夏の麦作取入れまでの食糧が続かないので、救米を出すか土地持ちの者から救助してほしいという村役人の嘆願も無視された。一二月二

○日夜、中島郡稲葉宿禅源寺山の鐘が打ち鳴らされた。呼応して村々でも鐘・太鼓が鳴り出した。蓑を着て、五、六尺の切干大根を作る竹棒を得物とし、松明の替わりに切干大根を乾かす簾を巻いて火をつけ、村ごとに隊伍を組んで鬨の声を挙げながら数千人が稲葉宿に集まり、禅源寺山に集合した。邑宰所役人が出張して説諭したが、鎮撫できそうもないので、発砲した。役人は逆に竹槍で打ちかけられ、手傷を負って逃げた。騒動は、二一日から中島郡・海東郡一帯、春日井郡の一部に拡大した。日頃住民にもっとも憎まれていたのは、稲葉村の山田市三郎家であった。同家は戸長を勤める豪農豪商で、地主としては所有地一二町歩余ほどだったが、味噌・溜醸造を行い、質屋を兼業して大名貸しも行った。一揆勢は、母屋・土蔵など五〇棟近い建物や道具類、名品・珍品を打ちこわし、帳簿・證文類を焼き払い、金銀米穀の略奪も行った。流れ出す味噌や溜に盥などを持った老若男女が群がった。このため、この騒動は後に山市騒動とも呼ばれる。稲葉村では内田武兵衛、車屋源三郎が打ちこわされ、小沢村では小沢寛兵衛、釜屋田三郎、松屋甚兵衛、角屋伊兵衛、鍵屋八三郎、菊屋伊兵衛、橘屋宗三郎、薬屋清助などが打ちこわされた。一揆勢の一手は、赤池村で安藤助十郎宅の長屋門・居宅・土蔵・離れ座敷を焼き払った。奥田村では田中庄右衛門宅を焼き払い、中之庄で伊藤喜平次、森村で桜井由右衛門、増田村で宮崎庄八宅を焼き払った。また一手は、福島村から込野に入り三輪清右衛門宅を焼き打ちし、甚目寺村で宮崎市蔵方を襲った。市蔵は金二〇〇両を出して難を免れたが、同村の宮崎藤蔵宅、周円坊宅は打ちこわされ、衣類・道具・家財が焼き払われた。また一手は、上萱津村で加藤善吉宅、本郷村浜島忠助宅、西条村恒川清左衛門・恒川忠三郎、三本木村紺屋藤蔵宅などを打ちこわした。また一手は、今宿で加藤猪右衛門宅を襲って衣類・道具を焼き払った。上条村では大橋建造宅を打ちこわし、増田村でも打ちこわしを行った。二二日になると、清須・稲葉・甚目寺に農民が集合し、清須宿では大美濃屋半左衛門、桔梗屋てい、栄竹軒半六、森田屋竹蔵、川村兵衛などの居宅を襲った。この時、農兵隊（草薙隊）一〇〇人と藩兵五〇人が出動して鎮圧しようとしたが、一揆勢は石瓦で抵抗したので、藩兵は空砲を撃った。対立が激化して藩兵はついに実弾を放ち、即死者八、九人、怪我人三〇～四〇人がでた。このため一揆勢は潰走した。稲葉宿では、二二日未明から二〇〇〇～三〇〇〇人が集合して食糧の炊出しを求め、拒めば宿中を焼き払うと威嚇した。豪商らは、米俵に「進上」の札をつけて積上げ、他方で自警団を編成して退散を迫った。そこへ大砲二門、兵力二〇〇の鎮圧隊も到着したので、一揆勢は大塚村方面に矛先を変え、柴田柳左衛門宅を襲った。また別の一手が大塚村で柴田小十郎宅、野崎村で沢田宗十郎、井堀村で近藤甚蔵・荻須治右衛門、築込村加藤紋右衛門、萩原宿では一丸屋・三芳屋・蔦屋・縞屋などを焼き打ちした。一揆勢の移動は、拍子木を打つ者が触れ歩き、攻撃の駆け引きは鐘を合図に行った。官側は、権参事・刑法局権少参事・軍務御用向使も正気隊を率いて稲沢宿を警戒した。二三日まで一揆勢は猛威を振るったが、名古屋・犬山・今尾の諸藩兵が出動して三〇余人を逮捕し、二四日に一揆勢は鎮圧された。参加者は延べ三万五〇〇〇人ともいわれ、破壊された家は七〇～八〇軒に及んだ。現在の一宮市、尾西市、津島市、清洲町、甚目寺町、美和町、大治町、佐織町などにまたがり、当時の村数では六八か村に及んだ。指導者の追及は厳しく、高札で密告者は罪を問わず、首謀者なら金五両、副将なら二両支給すると触れた。逮捕者は三〇～四〇人に及び、木全村庄左衛門、林野村安兵衛らが獄死したといわれる。同時に救米を放出して年貢軽減を行い、関係役人の罷免を行って地域の反感に応えた。二九日には鎮定の宣言がなされたが、世間は再発を恐れ、元旦まで店は閉められた。この年の年貢収納は完了せず、大晦日は一月五日まで延ばされ、八日に正月の儀式を行ったという。（深谷克己）

〔参〕『稲沢市史』、『小作騒動に関する史料集』

明治二年(一八六九)一二月二八日
武蔵国多摩・新座郡品川県武蔵野新田一二か村社倉貯穀免除門訴(社倉騒動・御門訴事件)

明治政府が発足すると、武蔵国の村々では旧幕府代官三人が武蔵知県事に任命された。ところが、明治元年八月から翌年一月にかけて関東の知県事はほとんど交代し、武蔵国の西南部は、明治元年八月旧代官松村長為から佐賀藩士の古賀一平(定雄)に交代し、同二年二月九日品川県と称するようになった。そして、同年七月に出された府県奉職規則に基づき、各府県でいっせいに社倉制度が発足した。この制度は、百姓を持高に応じて四段階に分け、持高に応じて米を供出し、これを県が管理して凶荒の際に窮民を救うというものである。各村で管理運営できた郷倉制度とくらべると事実上の増税であり、不作続きでもともと生産力が低い武蔵野の百姓にとっては大きな痛手であった。品川県では一一月に村々に布達されたが、とりわけ貧しい武蔵野の新田一二か村(新座郡上保谷、多摩郡関前、梶野、関野、柳窪、南・中・北野中、戸倉、内藤、鈴木、大沼田)は、ただちに貯穀免除願を出したが、効果がなかった。百姓側との妥協案を策定した県役人が馘首されるほど、県の姿勢は強硬であった。一二月二〇日、一二か村の村役人と小前惣代らは関野新田の真蔵院に集まって協議し、野中新田名主定右衛門らを中心に団結を固める議定書を取り交わし、改めて嘆願書を作成して品川県に提出した。これに対し、県は代表者を呼び出し、関前村名主忠左衛門と上保谷新田名主伊左衛門を宿預とした。そして一日だけ帰村させて、小前百姓らに県の決意を伝えさせ、ただちに帰宿するよう命じた。これを知った一二か村の村役人全員は、一二月二七日関野新田海藏院へ集まり、代表による嘆願では要求は実現不可能と判断し、百姓全員が品川県庁へ直訴することに決定。翌二八日、蓑笠姿で弁当持参の百姓たち数百人は田無村八反歩に集合し、日本橋浜町河岸の県庁へと出発した。途中で県庁の役人と田無村の下田半兵衛らに慰撫され、先頭は中野・淀橋あたりまで繰り出していたが、ひとまず田無村まで引き返して解散した。翌三年一月六日、一二か村の村役人全員が県庁に呼び出され、県の懐柔策を拒否すると宿預となった。村方に村役人全員が不在という異常事態である。こうして一月一〇日、小前百姓たちは再び田無村八反歩へ集合し、総勢七〇〇~八〇〇名が県庁へ向かった。偶然この日に解放された村役人たちは、門訴を止めようとしたが途中で会えず、内藤新宿の名主高松喜兵衛に依頼して淀橋・中野など村々に差し止めを依頼し、太政官・民部省・品川県にも通報した。しかし、百姓勢は、四谷や淀橋などは厳重に固められたため突破できなかったものの、中野村宝仙寺から大久保、高田馬場、雑司谷から小石川へ進み、品川県庁へ到着した。門前で訴状を提出するのが門訴で、一歩でも門内へ入ると強訴となり厳罰に罰せられるので、門外から交渉したが、急に門が開いて騎馬の兵士らがいっせいに斬り込み、大砲が打ち出されるという大騒動となった。多数の百姓が傷つき、五一人が召し捕らえられた。この時、県吏の岡野清三郎が鎌で横腹をえぐられたため、県側の首謀者追及は厳しく、多数の百姓が捕らえられ、拷問が行われ、指導的な人物のほとんどが獄死した。野中新田名主高橋定右衛門、関前新田名主井口忠左衛門、上保谷新田百姓国蔵、内藤新田年寄六兵衛、その他小前百姓四名である。このうち国蔵は、門訴後しばらく東京に潜伏して、弾正台・民部省に箱訴して捕らえられた者である。その他の村役人・百姓らに対しては、明治四年二月二七日に判決があった。上保谷新田村組頭が徒三年、同村名主伊左衛門が杖七〇、内藤新田の名主治助ほか三人が杖三〇、関前新田名主ほか八人に屹度叱という内容である。こうした尊い犠牲を払った結果、社倉への出穀は全廃はできなかったが、その出穀高を軽減させるなどの譲歩を獲得することができた。なお、この反対運動での諸経費は、関前村の場合、明治三年一月から四月までの四か月間だけでも一七〇両余となり、それは同年分の社倉積金納入額二五両余の七倍近くにのぼる。莫大なエネルギーとともに莫大な資金も費やされたといえよう。

【人物】井口忠左衛門　いぐちちゅうざえもん

関前村および同新田の名主。諱は義克。文化八年（一八一一）生まれ。文政七年（一八二四）に父重高が、同一三年に兄重隆が相次いで没したあと名主となる。千川上水に石橋を架けて橋供養の碑を建てたり、安政の開港に際して茶の品種改良のため茶改会所設立の建言書を幕府に提出している。明治二年の社倉積立穀代金の強制取り立てが命じられた際には、上保谷新田名主平井伊左衛門、野中新田名主高橋定右衛門らとともに品川県と交渉し、のち呼び出されて宿預となった。同三年一月一〇日、宿預を解除されるが、小前百姓らが門訴を決行した。その渦中の明治三年二月、定右衛門とともに獄死した。享年六〇。明治二七年、社倉返還金の一部をあてて五日市街道に面する地に御門訴事件の記念碑として倚錦碑（いそうひ）を建立（武蔵野市八幡町三丁目）。また、市文化財の井口家役宅は井口家資料館として利用され、同家の文書・民具などを展示する。（山中清孝）

〔参〕森安彦「明治初年の東京周辺における農民闘争」（『村方騒動と世直し』上）、『武蔵野市史』続資料一

明治二年（一八六九）
安芸国高宮郡広島藩領可部町近村強訴未遂（山繭紬騒動）

山繭紬は、原料の山繭は隣国から買い集め、可部町を中心とした隣村の農間余業として織られ、問屋、仲買人が仕入れ販売をしていた。元治二年（一八六五）「紬御場所」設置により、藩は生産流通統制を図った。明治二年、左官の妻を中心に近隣村の百数人の女たちが、藩の統制を廃止して従来の紬を問屋が買い集める自由売りに戻すようにと要求して、可部町に集まり広島城下に押しかけようとした。その結果一二月には紬の自由売りが認められたが、すぐに再び藩に統制された。翌三年一月九日早朝、可部町付近の七、八か村の山繭紬織りの女たち多数が、城下へ「直訴」のため沼田郡八木村の渡しに集まった。しかし、村役人たちの説得により帰村する。翌一〇日、村役人から割庄屋に善処の願書が出された。下町屋村枝郷下河原の願書には、忠兵衛女房、源兵衛女房子供四人、清左衛門女房親姉などと一二軒二〇余人が列記され、この騒動が紬織りにかかわる、姑、女房、子供たちにより構成されていたことがわかる。（堤　洋子）

〔参〕『可部町史』

明治三年（一八七〇）一月一日
遠江国豊田・山名・磐田郡静岡藩領強訴（蓑かぶり一件）

慶応三年（一八六七）以来の不作により、遠江国の米価は高騰を続けていた。明治二年（一八六九）一一月、一二月には、豊田・鹿玉・引佐郡の各所で騒動が起きた。そのため、静岡藩の浜松・掛川両郡政役所では、年貢一割引の実施を余儀なくされたが、中泉郡政役所では年貢の減免を求める百姓の訴えを取り上げなかった。ここに至り、豊田郡の名主七〇人余は静岡藩庁に直訴することを決め、名主の決定を聞いた百姓は、蓑笠に身を包み、三年一月一日（二月八日ともする）、三ケ野坂に集結した。その数は、豊田・山名・磐田郡の百姓合せて三〇〇〇人余という規模であった。一揆は、東海道を東進し、静岡に向かったが、途中、掛川郡政役所権小参事多田銃三郎に阻止された。首謀者の下岡田村の鮫島万平ら五名は中泉郡政役所に連行され、厳しい吟味を受け、懲役四年という判決が下されたが、年貢は九％減免された。同じ静岡藩内での対応の違いを指摘することにより、年貢減免を勝ち取ったのである。

【人物】鮫島万平　さめじままんぺい

文政九年（一八二六）三月一三日生まれ、明治七年五月六日獄死。享年四九。下岡田村の百姓。治右衛門ともいう。ただし村内での立場は不明。鮫島家は伊豆狩野氏の後

裔で、下岡田村の草分け百姓であると伝える。この一揆で首謀者として中泉郡政役所に捕らえられ、懲役四年の判決を受けたのは鮫島万平のほか、上岡田村名主の鈴木孫太郎（孫三郎）・同村組頭の鈴木惣太夫・下岡田村組頭の大塚市郎平・千手堂村名主の山田孫三郎の五名であった。ただし山田孫三郎については、本人が病気であったため郷宿預けとなり、弟寛吉がかわりに清水獄舎に投獄された。病状回復の後、孫三郎は清水獄舎で服役したという説もある。明治五年（一八七二）六月一〇日、万平を除く四名は、四年も立たないうちに釈放されたが、万平はなお獄につながれ、七年に獄死した。昭和二三年（一九四八）、磐田市下岡田鮫島家宅内に「簑笠義翁碑」が建立され、同四三年（一九六八）には明治百年祭を記念して「義民蓑笠碑」が岡田南小学校脇に建立された。　　　　　　（安藤優一郎）

〔参〕『磐田市史』通史下、枝村三郎『遠江・駿河・伊豆三国近世百姓一揆』

明治三年（一八七〇）一月一三日
石見国那賀郡浜田県浜田町打ちこわし（浜田騒動・前田騒動・庚午一揆）

前年は大凶作で年末年始は物価が高騰し、生活困難の状態となった。一方、大森県が設けられると県庁は大森に置かれ、幕末の幕長戦争以来進駐していた山口藩士が引き上げて浜田市中はさびれた。また諸隊が解散になったためこれに不満を持つ者が多くなった。その一人であった前田誠一は檜物屋町続きの門松屋という宿屋に宿泊していたが、大森県支庁役人から浪人という理由で退去を命じられ、不満をつのらせていた。前田はすでに益田辺で除隊者一五人ほどと一揆沸騰の手はずをととのえ、浜田では一月一一日あたりから騒動のための集まりを呼びかけた。同志を募るにあたって前田は、百姓どもが立ち上がって県庁役人を追い出すと徒党の者が大庄屋役に取り立てられるという例が豊前で見られたと説得した。政府は三年一月九日付で大森県を廃して県名を浜田県と改め、県庁を石見浜田に移すことにしたが、その指示がまだ到着しない一三日夜、前田らは早鐘を乱打して人を集めた。一五〇人ばかりの町民が応じて、竹槍や鳶口で武装した。彼らは官員の説諭を聞かず、木切れ・小石を投げつけ、穀屋・酒屋などを打ちこわし、浜田県庁や裁判所を襲撃し占拠した。裁判所は大参事以下八名の官員がいただけで、騒動勢に押されて本庁に退いた。一四日朝、小前らが大橋へ詰めかけているのを見て、家別五升ずつ下付の旨を達したが、夜には小前が市中へ出廻って騒動状況となった。一五日、前田は地町役人を呼び出し、金を出させようとしたが、夜にかけ大雪となったため強行はされなかった。しかし一六日になると前田らは再び現われ、松原から始めて浜田市中を焼き立てると脅迫、騒動のなかで金三〇〇両を献金させ、銀札会所から金札一二九両と一分銀札三貫六五四匁を奪い、蔵米二四七俵とともに町民に分配した。浜田県庁は農兵を募り、また鉄砲隊を派遣して一六日夜この騒動を鎮圧した。首謀者前田は蛭子町油屋太助宅横で銃弾で死亡し、その一党は捕縛された。前田は自殺したともいわれる。政府は騒動発生の責任を問うため、旧浜田支庁詰の大参事藤四郎を免職、浜田県権知事真木直人も免官とした。ともに長州藩奇兵隊出身者であったが、長州藩諸隊出身者の反乱で追放されることになった。　　　　　　（深谷克己）

〔参〕『明治初年農民騒擾録』、『浜田市誌』

明治三年（一八七〇）三月一九日
伊予国宇和郡宇和島藩領年貢減免強訴（野村騒動）

南伊予宇和島藩領北部の山間地域は田畑の生産性が低く、幕末以来の物価騰貴、特産物である櫨実の値段の下落、さらに明治二年の凶作などにより、農村は疲弊していた。明治三年農民らは米・豆年貢の代納を嘆願して藩に認めさせた。また、宇和島藩領では庄屋の権力が強く、田植に際して農民を夫役動員したり、年貢米を皆済以前に私的に酒造業者に売り利益を得ているなどの不正行為を働いていた。明治三年の農民らの年貢減免の嘆願に際しては、田畑・牛馬・農具を売って納税義務を果たせと突き放した態度さえ取った。これらに対して一般農民の不満が高まっていた、明治三年三月、農民たちが窪野村・魚成村の蠟屋(蠟座)に対し櫨実の値上げを要求し、蠟屋はいったん承諾しながらその支払いを実行せず、村々に不穏な空気が充満していった。農民たちは、差し迫った大豆銀納の資金を蠟実の値上げ分で充当しようとしていたのである。この紛糾をきっかけとして、宇和島藩北部全域にわたる野村騒動が発生した。三月一九日、山奥郷中通川村鶴太郎・川津南村和太治に率いられた農民たちが、年貢減免の強訴を企図し、近隣の窪野・土居・古市の諸村農民を動員し、法螺貝・鉄砲を鳴らして、沿道の村落に参加動員をかけながら、野村にある宇和島藩民政支局に強訴に向かった。一方、二〇日から二二日にかけて、山奥郷一一か村の農民と野村郷の農民は、野村の蠟座吉田屋久吾の櫨実買い入れが不正であるとして、これを糾弾するために野村に集結した。二三日、宇和郷・城下組・川原渕組の農民も集合し、一揆は奥野郷全域の七三か村に拡大した。その人数は、七四五〇人余とも一万五〇〇〇人とも記録される。野村の大庄屋緒方惟貞が藩への訴状を作成するよう一揆勢を説諭したが、彼らは聞き入れず、勢いは増すばかりで、緒方は一揆勢への米・酒などの給付を行った。藩では、大参事の告森周蔵を派遣して、一揆勢への説得を行い、嘆願書を作成させた。藩は、大豆銀納の減免、櫨の実の買入れ値段の値上げを認めた。さらに、従来の庄屋を罷免して、組頭・年行司らの協議による村政の改変なども受け入れた。四月三日、元家老桜田亀六と農民との会見があり、一揆は終結した。その後、五月一日、藩は鶴太郎・和太治ら一揆頭取たちの捕縛を開始した。藩は、鶴太郎(三八歳)を梟首、和太治(三二歳)を刎首にすることにし、一一月二一日その原案を弁官に提出したが、弁官は翌一二月二六日に両人を准流一〇年に処すべき旨の指令を発した。なお、この一揆に引き続いて宇和島藩領村々では五月に庄屋征伐と称する庄屋不正追及の騒動が各地で起こり、また野村騒動は近隣諸藩の農民に影響を与え、吉田藩領では三間騒動が発生する。（須田　努）

〔参〕景浦勉『伊予農民騒動史話』、松浦泰『南予の百姓一揆』

明治三年（一八七〇）三月二九日
伊予国宇和郡吉田藩領強訴（三間騒動）

吉田藩領の農業生産力は低く、農民の生活は雑穀生産および蠟の原料となる櫨の栽培に多くを依存していた。藩は、幕末以来夫役・年貢・諸役の増徴を行ってきた。また、藩の保護を得た庄屋の権限が強く、経済面（高利貸として）でも恣意的な村落支配を展開していた。かかる状況下において、幕末以来櫨の実の価格が下落し、明治二年には天候悪化による米・雑穀の不作が襲った。これを直接のきっかけとし、明治三年三月一九日、隣接する宇和島藩で発生した野村騒動の影響を受け、三月二九日、藩内の山奥筋（土佐国境に接する山間地域）と川筋（三間川に望む地域）の農民が結集しはじめた。藩では、五島小参事が三間内(三間盆地の内側地域）に赴き、山奥筋に同調しないよう説諭に努めた。四月一日、山奥筋農民が吉田城下に強訴すべく、小倉村まで押し出した。藩では三間に民政局を仮設し、大森権大参事が現地入りした。小倉村では、七〇〇人の農民が鉄砲・竹槍を持ち、庄屋宅を打ちこわした。また、藩の出役に乱暴を働き、藩の説得は不可能となった。藩は予備兵を吉田城下への途中に当たる是房・曾根村に派遣し、待機させた。一方、一揆勢は一時期闘争方針をめぐって筋ごとに分裂の様相を呈したが、しだいにこれを収拾し、四月四日に宮野下村に着いた時には総勢五六〇〇人余に増加していった。以後、農民たちと藩との関係は緊張・硬直したままであったが、九日、藩は一揆勢に訴状を作成し、宮野下村の三島神社の賽銭箱に投函するよう勧めた。農民たちはこれに同意し、①新田検地廃止、②山役などの廃止、③藩用・軍用の夫役徴発免除、④庄屋入札など、三四か条にわたる訴状を提出した。藩は、これらのうち①・③など七か条に関しては拒否したが、それ以外は、受け入れもしくは検討するとの回答を行った。農民たちは、藩のこの対応に納得し帰村したが、その後山奥筋の農民たちは再度結集し、庄屋不正と不正米穀の返還を求める強訴を行った。五月二一日、藩は山奥筋に兵を派遣し鎮圧した。翌四年二月二一日、一揆頭取への処罰が行われ、高野子村の源助ら一二名を禁固、鶴間浦の幾三・高野子村の沢吉ら四四名を徒刑に処した。四月二一日には、騒動の首魁として高野子村の嘉三・藤吾二人が町中引き廻しのうえ絞首刑を申し渡され、四月二三日十本松で処刑された。　（須田　努）

〔参〕景浦勉『伊予農民騒動史話』、松浦泰『南予の百姓一揆』

明治三年（一八七〇）三月
陸前国登米郡登米県鴇波・寺池村地所返還訴願・打ちこわし

神職の七郎作は、明治三年一月鴇波（ときなみ）村の帰農武士と農民に対し、王政復古により先年売渡した田畑を無償で取り戻せるようになったので、太政官に訴えれば必ず勝つと説いた。帰農者二四人は、天保（一八三〇〜一八四四）の凶作時に売却した土地の返却を地主に強要した。しかし、地主はこれに応じなかったので、三月、鴇波村の帰農武士三人が地主の鴇波村志賀清左衛門、寺池村杉田三左衛門・鈴木清太夫の三人を登米県庁審理局に訴えた。一九日、敗訴になると、鎌・棒きれ・鉄砲などを持った五〇〇〜一〇〇〇人の群集が鴇波村元肝煎伊藤家と志賀家を打ちこわした。七郎作は寺池村でも同様に説き、一五〇人余が地主に交渉するが断られ、武力で土地を取り戻そうと地主征討軍を組織し、数日間不穏となった。二六日首謀者が県役人に捕らえられ、七郎作は徒刑、庄治・伊蔵は罰金刑に処せられ、武器弾薬は没収された。

【人物】上沼村七郎作　うわぬまむらしちろうさく

登米郡上沼村の百姓及川家の長男。嘉永年間に家をでて西磐井郡永井村の高倉鬼骸屋敷に移住し、高倉神社の神職となる。実家から譲られた上沼村の農地八、九反の小作料と高倉神社の耕地六反で細々と暮らしたという。公事・調停を好み、地主と村民の土地出入りなどの仲裁に奔走する。徒刑から帰郷（年月は不明）後も、栗原郡石越村の土地出入りに介入するが、これを嫌われたらしく、明治一九年（一八八六）一月八日村民に毒殺されたという。享年六三。　（堤　洋子）

〔参〕『登米郡史』上、熊谷哲彦「明治初年の百姓一揆」（『岩手県南史談会研究紀要』三）

明治三年（一八七〇）七月二三日
越後国古志郡柏崎県栃尾郷庄屋罷免強訴（藤七騒動）

戊辰戦争後の長岡藩処分の結果、栃尾郷は新政府直轄領となり、長岡民政局の管轄下に置かれたが、特権的な庄屋層を介した直轄民政局支配に対する百姓たちの不満はしだいに高まっていった。明治三年に入ってもこの動向は収まらず、各村内では庄屋役の特権をめぐる村方騒動が頻発した。同年七月二〇日未明、栃尾町の小前層が早鐘をついて騒ぎ出し、町の大家二、三軒を打ちこわし、近くの秋葉山に屯集した。これをきっかけに、二三日夜半、塩谷の村々から百姓が動き出し、二四日には南側の東谷・西谷・川谷・北谷の村々も参加し、五〇〇〇人ほどの百姓が村ごとに村名を示した旗を立てて進み、二五日に栃尾町に入って秋葉山に集結した。一揆勢は、梅之俣村藤七・葎谷村儀右衛門・上塩村金兵衛を頭取とし、柏崎県庁へ向かうこととした。そして、二七日、早駕籠で秋葉山へ駆け付けた柏崎県の石川少参事に対して、一〇か条の要求を突きつけた。要求の内容は、各村の庄屋を一斉に罷免し年番庄屋制とすること、年貢諸役の軽減と納入方法の変更、新しい市の開設、戊辰戦争当時の人足賃の支払いの公開、新規運上金の廃止などであった。なかでもとくに重視したのは、庄屋が握ってきた特権や権限を制限・廃止し、村を変革しようとした点であった。石川少参事は、その場で要求を受け入れ、百姓たちを帰村させた。そして、さっそく二八日、栃尾郷の全庄屋を集めて罷免を言い渡した。七月末、各村では後任の庄屋を選ぶ投票が行われ、藤七を始めとして騒動の指導者が多く選ばれ、旧庄屋は一人も再選されなかった。石川少参事は、八月二日に新庄屋に選ばれた者たちを召集して仮庄屋に任命し、旧庄屋より取り上げた過去三か年分の村政に関する帳簿や記録を引き渡した。一方、旧庄屋層の巻き返しの動向も活発となり、見附町や栃尾町に集まって協議し、騒動の首謀者の処分などを県へ要求した。その結果、八月末になると、柏崎県は騒動の指導者逮捕に踏み切り、一揆の中心人物である藤七・儀右衛門・金右衛門ら八人は徒刑、このほかに五人が入牢、一七人が宿預の処罰となった。このうち少なくても六人は仮庄屋であったことが確認される。これらの各村では新仮庄屋を選出するとともに、栃尾郷村々は一〇〇石に二両ずつを出し合って処罰者の家の生活を支援した。このようにその後も小前層の力は衰えず、旧庄屋層の復帰は容易に実現することはなかった。

【人物】梅之俣村藤七　うめのまたむらとうしち

事件当時五〇歳であったから、文政四年（一八二一）生れか。苗字は河田。梅之俣村の百姓で、「モトオヤジ」と称されたように庄屋役を務めた家であった。実際、広い屋敷地と立派な住居を持っていた。いつのころからか原因も不明だが、幕末には無宿者に身を落とした。元治元年（一八六四）ごろには居村に戻り、人々を煽動するなどの行動が目立ち、長岡藩は逮捕しようとするが、江戸へ逃亡、翌慶応元年（一八六五）三月に立ち戻ってさらに人気不穏を煽り立てるなど、藩にとって要注意人物であった。このような活動と能力が、庄屋筋の家柄ともあいまって、一揆の先頭に立って県と交渉し、五〇〇〇人を統率したゆえんであり、藤七騒動と呼ばれるほどの活躍であった。騒動後は梅之俣村の仮庄屋に選出される。八月二九日柏崎に呼び出され、一〇月一八日入牢となった。四年三月、柏崎県は「絞罪可処哉」と太政官に伺いを出したが、まもなく准流一〇年と決まった。藤七は、刑を終えて帰村してからはひっそりと暮らしていたという。明治二六年（一八九一）四月、八四歳で死去。法名は転室自性居士。墓は栃尾市梅之俣にある。

【史料】しんはんちょぼくれ

栃尾郷東谷の栃堀村植村家（旧割元）で昭和四五年（一九七〇）に発見された。B六判一六頁の冊子。藤七騒動を中心に当時の社会風潮や新政府の諸政策を風刺して唄っている。その内容は、新潟県内務部『越後佐渡農民騒動』（石井清吉編）に掲載されている「阿呆駄羅経」とほぼ同文である。この「阿呆駄羅経」は、冒頭で「天朝御趣意は、まやかしものだよ」とあり、維新期の農民の政治意識が新政府の本質を見抜くほどに成長していた史料として重要視されてきた。しかし、「しんはんちょぼくれ」では、この部分が「天朝御政は、恐しものだよ」となって異なっている点が注目される。文のなかには藤七騒動後の仮庄屋への非難や悪意が随所に見られることから、むしろ一揆に敵対する立場からの作品と考えられ、旧来の評価に疑問を投げかけた史料として注目される。これを発見し分析した佐藤誠朗は、東谷の旧庄屋層が中心になって創作したものと推測している。

（山本幸俊）

〔参〕佐藤誠朗『幕末・維新の政治構造』、『新潟県史』通史六、『栃尾市史』上

明治三年（一八七〇）一一月一七日
豊後国日田・玖珠郡日田県打ちこわし（日田騒動・竹槍騒動）

明治三年一〇月ごろから、山口藩脱走浪士が日田県庁を襲撃するという噂から、日田県内は動揺をしていた。一方、維新後の税制改革により、日田県では大豆納入の増加など百姓の間で増税感が強まり、また熊本藩で雑税が廃止されたという情報が伝わった。一一月一七日、肥後に近い五馬市・出口・塚田村などの農民たちが集結した。県は史生の高取文吾に郷兵を差し添えて五馬市・芋作・出口村へ派遣した。一八日、塚田村上ノ宮に多数屯集しているとの報を受けた高取は同所に赴き、「異風の体」を

した男を頭取として捕縛しようとしたが、農民たちに棒・竹切で打ちかけられたため敗走した。一揆は、途中、庄屋宅を打ちこわし、道筋の村々に一揆への参加を強制しながら鎌手・大山・高瀬を経て、一九日に竹田村・隈町に押し寄せた。中城村蔵所では警備の森藩兵が発砲したが鎮圧することができず、豆田町（隈町とともに日田町と通称される）に入り、官員宅を打ちこわし、獄舎を破り囚人を解放した。この解放された囚人のなかには、前年一一月一四日に発生した豊前国企救郡一揆の頭取新道村九右衛門も含まれている。一揆は日田県庁役人と郷兵に竹槍で打ちかかり、日田県大属高橋敬一、吏生長信成が死亡した。一揆は竹田原に集結したが、その数は六〇〇〇～七〇〇〇人に及んだ。日田県庁は英彦山に避難し、森藩兵は藩境まで退いた。二〇日には熊本藩兵、二一日には豊津藩兵、秋月藩兵などが到着した。また、県は「良民を助て賊徒を討する」という旗を作り、恭順帰村した者へ竹槍を与えて一揆に対処した。このような動きを背景に、日田県役人による一揆勢への説得がなされ、二一日に一揆は終息した。この一揆は玖珠郡へも伝播し、庄屋宅を打ちこわし、帳面を焼き捨てながら竹田原の一揆勢に合流しようと三〇〇〇人余が下井手村まで押し寄せたが、熊本・豊津藩兵の説諭により解散している。翌四年二月二七日、出口村七左衛門、塚田村喜平の二人が斬罪、北高瀬村弥平、求来里村喜平、上野村喜八の三人が絞罪、出口村茂平など七人が准流一〇年、中山田村彦兵衛など三人が流五年、田口村治兵衛が徒一年などに処された。この一揆の結果、政府の税制改革は後退を余儀なくされたといわれる。平成四年（一九九二）四月、処刑された求来里村喜平の顕彰碑が建立された。　（村井早苗）

〔参〕土屋喬雄・小野道雄『明治初年農民騒擾録』、久米忠臣『大分県の百姓一揆』、富来隆『大分の歴史』八、『大分県史』近代I

明治三年（一八七〇）一一月二五日
信濃国更級・埴科郡松代藩領打ちこわし（午札騒動、松代騒動）

松代藩では、幕末維新期において、戊辰戦争での多額の出費から藩財政は窮乏し、債務も多額にのぼっていた。一方、明治初年から、信州地域では米価騰貴とインフレが進行し、さらに、二分金の贋造金が流通し、経済は混乱していた。この贋造金問題について、松代藩では信濃国内の各藩および、椎谷・名古屋藩の承諾を得、さらに明治政府の許可の下、明治二年（一八六九）八月、贋造金引き替えを目的とする済急手形と、松代商社が翌年発行した商法社手形とを発行した。この商法社札に描かれた麒麟が、馬に見えたことから午札と呼ばれた。この商法社札は、藩の特権商人羽尾村大谷幸蔵（商法社頭取）らに大量に貸し付けられたため、広く領内に流通し、価値は急速に下落していった。政府は各藩に、藩札と太政官札・民部省札との交換を勧めたが、松代藩に関しては発行量が巨額なので、回収を延引していた。この結果、藩内ではインフレはやまず、百姓の困窮は深刻化した。ついに明治政府は松代藩に対して、明治三年末までに済急手形・商法社札を回収することを命じた。回収方法に苦慮した藩は、年貢を金納とし（石代納）、これを済急手形・商法社札で納入させることとした。その際、金一〇両＝籾三俵半の相場を基準とした。当時の米穀相場は、金一〇両＝籾四俵五～六分であり、百姓たちにとっては二割二分ほどの損失となった。百姓たちが納める済急手形・午札の価値は下落し、政府発行の太政官札・民部省札の三割～三割五分の割引で流通していた。このため、米相場での損失分は、救急手形・商法社札下落分で相殺され、また松代藩は、回収した救急手形・商法社札は直ちに廃棄処分とすると触れたため、百姓たちは藩の方針に従うこととなった。

しかし、東京からきた高野広馬大参事は、政府の意向として、先の石代納相場を撤回させ、一一月二二日、一〇両＝籾四俵半、済急手形・商法社札の二割五分引の通用が布告された。これを契機として、二五日、更級郡上山田村甚右衛門を中心とし、済急手形・商法社札の太政官札等価交換などをめざす強訴が発生した。丸山山頂に屯集した二〇〇名あまりの百姓は、上郷村々（新山村・力石村・五明村・網掛村・上平村など）に参加を呼びかけた。夜四つ半時頃力石村の千曲川原に屯集した人数は三〇〇〇人を越えていた。打ちこわし勢はここから二手に分かれ、それぞれ千曲川の西岸・東岸を松代城下を目指して下っていった。西岸の一行は、商法社頭取大谷幸蔵宅を打ちこわし、家屋に放火し、さらに八幡・志川・桑原などの商法社関係者などを打ちこわし、放火していった。東岸の一行は、鼠宿村・新地村から上徳間村・矢代村・土口村を通過し、参加人数を増やしていった。二手に分かれた打ちこわし勢は、岩野村で合流し、二万人ほどに増加していた。二六日七つ半時頃、打ちこわし勢は、松代城下に入った。木町の産物会所などを打ちこわし、高野広馬大参事の首を切り百姓に謝罪せよ、松代城下の特権商人を誅戮せよ、として藩庁に石を投げかけ、高野権大参事の居宅に放火した。このようななか、二六日朝四つ時に、知藩事真田幸民自ら出馬し、大英寺にて一揆勢に「野郎呼ハり」されながらも、石代納相場を一〇両につき籾七俵、救急手形・商法社札と太政官札の等価交換を一二月五日より始めることを約束したため、夕刻までに一揆勢は帰村を始めた。打ちこわしと焼き討ちは激しいものであったが、この段階までは藩と商法社札関係者を中心とするものであった。このようにいったんは終息したかに見えたが、同日夕刻、松代周辺や川中島平から新たな一揆が松代や善光寺町へ押し寄せた。松代城下では三九軒を焼き討ちし、一三九軒が類焼した。善光寺町では贋金使いを中心に七七軒が焼き討ちされた。この時、一番に筆久という家に押し入り、奪った錦の類で「金らん（金襴）の旗を拵え、白布切而鉢巻・たすきとなし」て打ちこわしを行ったという。さらに打ちこわし・焼き討ちは領内各地に展開し、「ちやら金・産物方・こく（穀）高直〆買・小作ニ情なき者共」を襲った。この騒動は二七日に武装藩兵が出動して鎮圧するまで続いた。

二八日、松代藩は救急手形・商法社札関係者を罷免し、一二月初旬には役人を廻村させ、嘆願書の差し出しを指示した。これによって上郷村々は二分金の引き替え、国・郡役の廃止、全年貢の金納化などの内容を持つ嘆願書を提出したところもあった。しかし、明治政府は一二月、弾正台・民部省から官吏を派遣し、知藩事が認可した石代納相場を反故にし、再び四俵半相場にすることを示した。しかし、済急手形・商法社札と太政官札との等価交換の約束はそのまとされた。四月、明治政府は松代藩の当事者である高野広馬・真田桜山を閉門とし、知藩事を謹慎処分とした。五月には、打ちこわしの勢の裁許が出され、頭取とされた上山田村の甚右衛門（小平姓）は斬罪、准流一〇年が九人、同五年一人、同三年二人などの処罰が行われた。松代藩の一揆で要求が受け入れられたという事実は近隣地域に広がり、同年の須坂騒動、中野騒動へとつながるのである。（須田　努）

【人物】小平甚右衛門　こだいらじんえもん

天保一四年（一八四三）～明治四年（一八七一）。享年二九。更科郡山田村の宮原瀬左衛門の三男に生れる。幼名、代三郎。二一歳の時に同村小平家の「やを」の婿となる。伝承によれば、吟味の際、始めは容易に自白しなかったが、居宅の硯箱から自筆の「大幸がしだした札は馬のまらちゞこまるまで騒動する」という落首が発見されたために、余儀なく自白するにいたったという。また、首謀はおのれ一人であると極言力説し、他の者については口を割らなかったとされる。明治四年五月二六日、鳥打峠にて斬首される。処刑後、甚右衛門の首は、妻「やを」に下げられ、普請寺に葬られた。なお、処刑時、甚右衛門は「子弟の教育を大切にせよ」といった言葉を残したと伝えられる。戒名は、徹応法禅居士。処刑直後から顕彰碑建立の動きがあったが、昭和一三年（一九三八）九月二四日、郷土史家中島惣左衛門らの手により実現する。

碑は、上山田町羽馬山伏塚に建立され、昭和四七年（一九七二）には、顕彰墓碑も建立された。（林進一郎）

〔参〕『松代町史』上、松田之利「明治初年の階級闘争」（『歴史学研究』三五九）、『長野県史』近代史料一、須田努『「悪党」の一九世紀』

明治三年（一八七〇）一二月三日
三河国設楽・八名・宝飯郡伊那県減免強訴（足助騒動・伊那県騒動・箕着騒動）

明治三年は夏から秋にかけて四回の暴風雨に見舞われて田畑の損害が大きかったため、一〇月に設楽・八名両郡惣代として五人の村代（数か村の名主の代表で、のちの戸長にあたる）が伊那県足助支庁へ減免の嘆願を二回行ったが却下されたことから、村々百姓による減免運動が起こった。設楽郡西杉山村の元名主半田春平を中心に車廻状が出され、一一月二八日に樫山沢で集会が持たれた。参加者は冠りものをして面体を隠し、竹筒を吹き、大声を発する騒ぎとなった。二九日には水分で、一二月二日には本野が原でも集会する。集会では、年貢減免の要求とともに、嘆願に失敗した村代への糾弾が中心に話し合われた。こうして七二か村（八名郡四村・設楽郡六〇村・宝飯郡八村）二〇〇〇～三〇〇〇人の百姓は、一二月三日宝飯郡西原村の村代浦野三郎平を詰問して打擲し、四日宝飯郡三谷村御宿にあった足助役所出張所へ押しかけ、年貢の五割引きを要求した。官員は願書を預かり、県の意向を伺うからひとまず鎮まれと答え、百姓は帰村した。この強訴に際して、百姓は蓑を着、鎌を携えていた（鉄砲所持との噂もある）。近日中に官員出張との報に接した村々百姓は、一二月七、八日に集会し、松井源次・浦野三郎平（息子が代理）らを呼び出して、嘆願失敗および鎮圧協力姿勢を詰問する。一二日、官員が新城町へ出張し、若干の減免の安石代を回答した。この折衝に際して、県は一か村一両人ずつに限って出席を命じるが、百姓側は逮捕を警戒して折衝会場周囲の四か所に集会して成り行きを見守った。この回答に対して、一三か村は承伏したが、残りの村々は再び集会し、一三か村へ押しかけて承伏を糾弾し、二六～二八日には鉄砲四挺を持ち出して鎮圧に協力したとして八名郡庭野村の村代松井源次宅に多数（七八か村・六〇〇〇人と源次自らが記録するが、延べ人数か）が押し寄せ、源次は竹槍や刀を突き立てられ、石や割木を投げつけられて傷を負い、また酒食の接待を強要された。この事態に対し、県は諸藩に出兵を要請し、二八日に豊橋藩が発砲したのを始め、岡崎・飯田・半原の藩兵も鎮圧に出動、年末には鎮静化した。翌四年一月六～一二日にかけて探索が行われ、九一人（一〇六人ともいう）ほどが逮捕され、首謀者は足助と伊那での取り調べを経て、半田春平が准流、五人が徒刑に処せられた。このうち半田春平は、明治六年獄死するが、のち同家屋敷内に祠が建てられ、「百姓救世の神として祀られた。享年四二。また、庭野村松井源次・西原村浦野三郎平は、鎮静に尽力したとして県から褒賞が与えられた。なお、参加七二村は旧旗本領で（そのほとんどは新城に陣屋を置いた菅沼氏知行地）、明治元年三河県を経て、同二年伊那県管轄下に置かれた。（齋藤　純）

〔参〕『新城市史』

明治三年（一八七〇）一二月一五日
陸前国栗原・遠田・志田郡登米県強訴（宮沢一揆）

栗原郡宮沢村は長沼氏の地方支配地だったため、明治二年家中のほとんどが帰農し、その所持高はわずかだった（帰農武士六〇戸、百姓三三戸、計九三戸）。明治二年の凶作で収穫は皆無となり、一二月に減免願いを出すが却下され、翌八月の免下げ吟味をするとの布告も実現しなかったため、三年一二月一二、一三日光岳寺に集まって話合い、肝煎茂左衛門に減免と払米代の米での返納を要求したが要領をえなかった。一五日村民（家老職であった帰農武士四名と村長・副村長を除く）が熊野神社に集まり、遠田郡涌谷の登米県庁へ強訴しようと出発、鎗・鎌・山刀・竹槍・銃器などを持ち、紙・

笠などを旗印とした。途中の村々に参加を呼びかけると、三郡五二か村五〇〇〇人余に膨れ上がり、遠田郡大嶺村大肝煎佐々木宅を打ちこわした。一六日探索説諭にあたっていた官員に荒谷村で疵を負わせた。夜、北浦村の酒造家鎌田宅に押し込み飲食し、翌一七日三隊に分かれて涌谷をめざしたが、亘理家旧臣の帰農武士で編成された県の鎮圧部隊の銃撃を受けた。多くが四散するが、二〇〇〇人ほどの一揆勢は鎌田家に立て籠って抵抗し、一人銃殺された。一八日県大参事塩谷良翰の一村ごとの説諭で解散したが、ただちに数十名が逮捕され、翌四年四月、頭取松川久兵衛は斬罪、加藤栄兵衛と帰農武士佐藤重兵衛は准流、二〇〇〇人余が徒刑・笞・杖・贖金などの処罰を受けた。明治政府の年貢増徴・正米納強制に反対する旧仙台藩領に連続的に発生した一揆の一つで、これが一連の一揆の最後のものである。

【人物】松川久兵衛　まつかわきゅうべえ

栗原郡小林村高橋家に生れ、二〇歳で宮沢村松川藤蔵の婿養子となる。宮沢村は旧仙台藩士長沼氏の城下町で宿場町でもあったため、松川家は旅籠経営もする豪農であった。のち久兵衛は分家するが、明治二年の持高一貫九〇文で、村内の大高持であった。明治四年六月五日、旧涌谷城下の江合川の河原で処刑。享年四五。ただし、本当の首謀者ではなく、村のために名乗りでて処刑されたと伝えられる。法名は得栄禅髄清信、光岳寺に墓がある。明治四、五年ごろに宮沢村で腸チフスが流行したのは、遺族の世話を村でする約束したのにそれを怠っていることに久兵衛が怒っているからだとされ、「久兵衛病」と名づけられた。光岳寺門前に現存する数体の地蔵のうち一体は首なし地蔵であるが、これはその時の供養碑だといわれる。近年毎年命日には有志で供養祭が行われるようになった。

（堤　洋子）

〔参〕『涌谷町史』下、『田尻町史』下

明治三年（一八七〇）一二月一六日
信濃国高井郡須坂藩領打ちこわし（須坂騒動）

信州地域においては、幕末から明治初期にかけて、インフレの進行と贋造金問題が原因となって、会田騒動・上田騒動などの一揆・打ちこわしが頻発していた。明治三年一一月二五日には、松代藩領で午札騒動が発生し、松代藩が強訴の要求のすべてを受け入れたことは、須坂藩領域にも影響を与えた。すなわち、松代騒動の報に接すると、須坂藩領でも石代相場の松代同様の引き下げや籾拝借願いが一村単位で出されたのである。そして一二月一六日、信濃国須坂藩領高井郡上灰野村で、百姓たちによる村役人宅への強訴が行われた。百姓たちは藩役人の説諭でいったんは解散するが、一七日夕、上灰野村で再び蜂起した。一揆勢は松明や鳶口・棒などの得物を持ち、須坂城下をめざし、途中、綿内村・五閑村などで二三軒の豪農・質屋・穀物商らを打ちこわし、放火して進み、須坂町に突入してからも酒造業・呉服商・質屋、藩御用商人・穀物商、大参事邸などが九五軒が打ちこわされ、放火された。藩知事堀直明が自ら出馬して一揆の説得にあたったが鎮定できず、大手に迫った一揆勢に対し、実弾を発砲して鎮圧しようとし、三人を殺害したが、解散させることはできなかった。一揆は、藩代表の永井真喜太権大参事と交渉し、①年貢相場を「天朝相場」なみにすること、②来年の先納御免、③発砲による死者の永代三人扶持、負傷者にも平癒まで一人扶持の支給という要求のすべてを認めさせた。これにより一揆勢は解散していった。一揆に対する処罰は、下灰野村健蔵（二七歳）が斬罪、上灰野村源三郎（三一歳）ら一〇人が准流一〇年というものであった。

（須田　努）

〔参〕横地穣治『信濃における世直し一揆の研究』、『長野県史』通史七、土屋喬雄・小野道雄編『明治初年農民騒擾録』、須田努『「悪党」の一九世紀』

明治三年（一八七〇）一二月一九日
信濃国高井・水内郡中野県強訴・打ちこわし（中野騒動）

贋金による物価急騰、そしてこの贋金（二分金）の流通停止などにより、信濃地域の経済は混乱し、百姓たちは困窮していた。このような状況下において、明治二年から三年にかけて、信濃各地域で一揆・騒動が頻発していた。とくに明治三年一一月、松代藩領での午札騒動（松代騒動）や、同年一二月の須坂藩領の須坂騒動において、それぞれの知藩事が強訴の要求すべてを受け入れたことに刺激を受け中野騒動が発生した。中野県創設後大参事となった高石和道が行った政策によって農民負担は増大していった。この点が中野騒動の原因の一つとなった。また、明治二年、贋金問題処理のため豪農商などの出資によって設立した北信商社が、金融機関として活動したため、貧農たちは、北信商社への不信・不満を増幅させていった。この点も中野騒動激化の要因となった。明治三年一一月一九日、一揆は高井郡高井野村から起こった。同村は須坂騒動の発頭村灰野村に隣接している。夕刻にいたり一揆勢一〇〇〇人余りは、小布施村砂川に屯集し、ここで①石代相場引き下げ、②斗安および③安石代の例年通り実施、④商社金割返し、⑤宿人足入用の勘定廃止、⑥二月一五日皆納の六項目の要求を定めた。また打ちこわし対象者を①商社関係一二人、②幕府時代の郡中取締、③小前に勘弁なき者、④小前に難儀をかける者、⑤私欲の者とし、「タトイ親類タリ共無用捨焼払可申」と定めた。さらに類焼への注意、頭取に従うこと、不法な乱暴の禁止などの行動規範も決めている。この後、一揆勢は三隊に分かれ中野町へ進行していった。砂川から東江部を通過し中野へ迫った本隊を制止するために出張した権大属大塚政徳は、一揆勢によって惨殺された。一九日夜、中野町に入った一揆勢は米屋・郷宿・郡中取締などを打ちこわし、家屋に放火していった。中野町全体が火の海となった。一揆勢に対して高石和道大参事は、鉄砲を発砲しての殺害を許可していたが、高石本人は、資金を携え中野県庁から逃亡してしまった。一揆勢は、門番半蔵を惨殺し中野県庁舎を焼き払った。砂川から東に進行した一手は、桜沢村・間山村・更科村・菅村を経過し、上条河原へ進み、一部は中野に入り諏訪町を放火した。最後の一手は、夜間瀬村下須賀川から木島平にでて、翌日中野村からの本隊と合流し、北上し関沢村を経過し、坪山まで進み、途中豪農・村役人の居宅を崩壊していった。大参事高石が六川村へ逃走したことを知った一揆は、六川村へ押し出し、高石が須坂へ向かったことを知るとさらに須坂へ向けて進んだ。二〇日、須坂への途中の小布施町近くで、東京の弾正台から派遣された巡察属篠塚重寿が一揆と交渉し、①石代相場は一両につき三斗、②商社停止と金子割返しの二か条はその場で承認し、③宿助郷廃止、④斗安、⑤定免切り替え、⑥上納日限二月一五日限りという四か条は、「天朝」に伺いのうえで沙汰するとして要求を全面的に認めることで鎮定を謀った。なお、一揆勢は「諸事之儀ハ徳川家之通リ」と要求したとする史料もある。同日夜、城島平に向かった一揆が中野町に突入し、再度放火が行われたが、その後一揆は急速に鎮静化した。この間、中野町で焼失した家屋は五二四軒、中野町以外での打ちこわし・焼き討ちされたのは一二四軒に及んだ。二一日には、松代・須坂・飯山・上田藩兵が出動したため、二二日に至ると一揆・打ちこわしは完全に鎮静化した。その後、一揆の中心人物の捕縛が始まり、六〇〇余人が入牢させられた。発頭人とされた高井野村名主織右衛門（四二歳）と大塚政徳・門番半蔵殺害を理由として同村百姓助蔵ら五人が斬首、また放火などを理由に同村嘉右衛門ら二二人が絞首、一一五人が流三等の処罰を受けた。明治二、三年の信濃における連続した一揆のなかで、この中野騒動への処罰はもっとも重いものとなっているが、それは維新政府の受けた衝撃の大きさを示している。（須田　努）

〔参〕横地穣治『信濃における世直し一揆の研究』、『長野県史』通史七、須田努『「悪党」の一九世紀』

明治四年（一八七一）二月一四日
岩代国福島県信夫など四郡川俣地方年貢減免など打ちこわし（川俣近傍一揆）

川俣地方は、維新後中村藩支配となり、

明治二年一二月からは福島県の管轄となったが、同二年・三年と連続した凶作と、生糸・蚕種の不作、米価の高騰による農民生活の困窮から年貢未進が累積し、減免や延納・分納の要求が相次いだ。そのなかで、同四年一月になると、福島県庁は掛官員を川俣・信夫・安達方面に派遣し、組頭を使って軒別に「上納金不足候ハ、牛馬ハ勿論子孫娘までも引当に致し金子致拝借上納可仕」と未進年貢の上納を督責し、一月二七日までに未進分の半分を生産方に上納するよう命じた。各村々が評議を重ねるなか、伊達郡岡部村の卯作が強訴を計画した。明治二年の未進分の一五年賦上納、当年年貢の延納、人役日掛銭・街道役免除、諸役の免除、物価引き下げの五か条を内容とする強訴を行い、さらに生産方の豪農商から救い金を拠出させようとして、権現堂村住居の中村藩士谷田七兵衛に藁駄回状を作成させた。二月一三日、鶴田村に卯作のほか東五十川・松沢村の代表が集合し、各村へ廻状を廻すことになった。二月一四日に犬子ケ原へ集結した一揆勢は、いったんは県庁の説得に請書を提出し、卯作は逮捕されるが、廻状によってぞくぞくと集結してきた農民二〇〇名余が、川俣の官員宿所であった生産方の蛭子屋安齋藤兵衛宅などを打ちこわして卯作を救出すると、翌一五日、川俣春日神社に集合した五〇〇〇人の農民勢は生産方を打ちこわし、県庁に強訴することを決し、福島へ向かった。同夜、一三軒の豪商を打ちこわした一揆勢は、腰浜村の牢屋を襲撃して火を放った。県官は一揆勢を撃退したが、なおも周辺の山野村々に屯集した一揆勢は追々数を増し、二万人に達したという。翌一六日、二本松藩兵が鎮圧に到着したが、一帯の村々では篝火を焚き鐘をつき、夜に入ると再び上野寺村郡長渡辺忠七宅の打ちこわしが行われた。不穏・屯集が信達両郡から安達・田村郡へも広がるなか、一七日には中村藩が、二〇日には三春藩が出兵し、さらに二三日には民部大丞松方正義が岡山藩兵一大隊を引きつれて東京を出発した。この兵力を持って県官は各地を鎮静化させ、関係者の捕縛を行った。裁判の結果、一揆の発頭人として卯作が斬罪に、伊達郡松沢村元蔵・同郡鶴田村久四郎が絞罪に処せられたほか、回状を作成した谷田七兵衛は士籍を剥奪されるなど一八名が処罰された。しかし、一揆の中心と目されていた羽田村の常助・綱五郎ら一四名は逃亡して逮捕を逃れた。

【人物】氏家粂八　うじいえくめはち

伊達郡松沢村の氏家粂八は持高五〇石、家内三七名の豪農であったが、旧幕時代以来、年貢減免などの農民の要求闘争の中心人物として活躍し、中村藩支配時代にはその咎で入牢させられ、福島県支配下でも居村謹慎の処罰を受けていた。県は、明治四年の打ちこわしと粂八の関係を疑って二月一七日に逮捕投獄し、六月になって一揆とのかかわりを示す何の罪状もないまま、粂八を危険人物と断定して無期禁獄にしようとした。これが失敗すると、一二月、粂八を出獄させる時に、県は奸計を用いて粂八を毒殺したという。享年六七であった。

（茂木陽一）

〔参〕手塚豊「明治四年・福島県川俣付近農民騒動裁判小考」（慶応大学『法学研究』六〇―一一）、『日本庶民生活史料集成』一三

明治四年（一八七一）三月九日
三河国碧海郡菊間藩領ほか真宗護法騒動
（大浜騒動・鷲塚騒動）

明治三年八月、上総国菊間藩（旧沼津藩）の服部純少参事が三河国碧海郡内の飛地領を管轄する大浜出張所の所長として着任し、明治新政府の意を迎えて新政を開始した。この新政のうち騒動の遠因となったのは神道教化策で、同四年二月神前で念仏を唱えることを禁止し、「天拝日拝」（毎朝天を仰ぎ朝日を拝む）して祝詞を唱えるよう説諭したが、この「天拝日拝」と祝詞は耶蘇（キリスト教）の教えと同じだという噂が民衆のなかに広まっていった。一方、二月中旬、服部は無檀家や少数檀家の寺院を合併する案を寺院や村々に諮問した。寺院の多くは返答を控えたが、西方寺・光輪寺の二寺が同意したことから、この二寺を糾弾する僧

侶の運動が始まった。運動の中心となったのは神道教化策や洋学・キリスト教流入を警戒して設立された真宗東本願寺派三州全国護法会で、とくに代表者の高取村専修坊星川法沢と幹事の小川村蓮泉寺石川台嶺であった。三月二日に開かれた真宗僧侶の会合で菊間藩での寺院合併案が話題となり、三月八日昼に暮戸村の真宗三河会所で再び集会した。この日の参加者は、五〇～六〇人とも三〇数人ともいう（碧海・幡豆両郡の真宗僧侶たちで、菊間藩領だけでなく西尾・刈谷・岡崎・西端・重原・静岡藩領にわたる）。台嶺は集会後ただちに二寺に押しかけることを主張し、すでに護衛の門徒百姓や提灯なども用意しており、彼と意を通じた僧侶のなかには白筒袖襦袢を着し白鉢巻姿で手槍を持つ者もいた。長時間の議論の末、台嶺の方針が大勢となり、血判書が作られた。翌九日早暁、真宗僧侶らは暮戸村会所を出発し、西方寺・光輪寺へと向かう。この途次において、門徒百姓らが三々五々合流し、百姓は「耶蘇退治に行く」と唱えたという。台嶺は、逮捕後の取り調べで、護衛のため門徒百姓を若干つれていくつもりだけだったと述べている。確かに百姓動員の計画は見受けられず、真宗僧侶の運動であったが、百姓の合流を拒否したわけではなく、実行段階では百姓の実力行使に期待するところもあったように思われる。なお、百姓の参加者は、菊間藩領のみならず、西尾・岡崎・西端藩領などにわたっており、参加の直接の要因を菊間藩服部新政のみに求めることはできない。明治政府の新政一般への反発や漠然たる不安感が「耶蘇退治」として発現したものといえよう。

やがて午後に僧侶・百姓たちが鷲塚村に到着すると、大浜出張所からも役人六人が出張し、台嶺らは寺院合併の中止、「天拝日拝」祝詞唱和の強制中止、寺請制度の存続の三か条を要求として提示した。真宗護法と僧侶の生活権・既得権擁護である。交渉が長引き、夜に入ると、百姓が交渉場となっている鷲塚村名主片山俊次郎宅に入り込み、悪口雑言を罵りながら竹槍などで戸障子などを突き破るなどの乱暴も始まった。このため僧侶は蓮成寺へ移るが、その後百姓と藩役人とが衝突し、脱出をはかった藩役人のうち藤岡薫（二〇歳）が竹槍で殺害され、首を矢作川に流されるという事件が起こる。犯人は、城ケ入村の榊原喜代七と裁断された。僧侶らは、官員殺害の報に驚きながらも、西方寺・光輪寺への糾問に向かって進むが、鷲塚村外れの船繫ぎ松の地蔵堂付近で大浜出張所から駆けつけた藩士と農兵によって銃撃され、一同は散乱した。翌一〇日には岡崎・西尾・重原・刈谷・西端の諸藩から援兵も到着して騒動は鎮静した。騒動の事後処理は、明治政府と東本願寺との間で行われ、服部が天拝日拝・祝詞唱和の中止、廃寺合寺案の撤回を誓約して解決を見た。参加者の取り調べは岡崎で行われ、僧四三人・俗二一人の計六四人の口書（調書）が作成され、また僧八八人（八二寺）・俗一〇〇三人（四〇村）の計一〇九一人の始末書が提出された。後者が騒動への参加者、前者が中心人物ということになろう。一二月二七日岡崎城内で判決が言い渡され、斬罪一人（石川台嶺）、絞罪一人（榊原喜代七）、准流一〇年一人（専修坊星川法沢）、徒三～一年三〇人、禁錮一〇月二人などが重刑に処せられた（専修坊法沢ら五人は獄死）。榊原喜代七を除くと、重刑はみな真宗僧侶である。その後、明治二〇年台嶺火葬の地（安城市小川町）に護法有志の墓として三〇数名の分骨塚を設けて碑を建て、同二二年明治憲法発布の大赦によって関係者の罪名が消滅したのに伴ない、東本願寺は一二月五日受刑者三四人らを護法扶宗者として追賞し、台嶺に権少賛教、法沢に大助教を贈り、それぞれ寺跡を取り立てた。

【人物】石川台嶺　いしかわだいれい

天保一四年（一八四三）一月一日三河国幡豆郡室村の順成寺住職石川了皆（布界）の四男として生れ、慶応二年（一八六六）二三歳で縁戚の碧海郡小川村の真宗東本願寺派蓮泉寺住職石川了英の養子となる。円顔で眼の大きい逞しい風采で、幼少時から落ち着いた泰然とした性格だったという（明治辛未殉教絵史）。また、学問を好み、二〇歳ごろに高倉の学寮（京都護法場）で宗学を学んだともいう（三河大浜廻瀾始末）。三州全国護法会の幹事の一人。騒動時は二九歳で、判決書には「新発意」（しんぼち。住職の子）とあり、まだ住職を継いでいない。当時の檀家数は二六七軒。台嶺は、明治四年三月二日の集会には法要のため出席しなかったが、話を聞いて憤激し、西方寺・光輪寺の二寺が勝手に合併策に同意したのは裏切りであり、また光輪寺が「天拝日拝」祝詞唱和を教導したのは宗規違反だと考え、二寺を糾問したうえで、その返答しだいによっては服部少参事にも出張を願って論議し、願いが叶わなければ「法敵仏敵」である服部と二寺を打ち果たし、政府にも自訴する決意を固めた。以後、諸寺院を訪問して決意を披瀝しながら三月八日の僧侶集会で討論をリードし、騒動の指導者として活躍した。鎮圧の翌一〇日夜、自坊で召し捕らえられた。一二月二七日の判決で斬罪を言い渡され、助命嘆願運動にもかかわらず二七日に処刑された。東本願寺は、明治一六年（一八八三）台嶺に似影と常心院釈了円（ただし、墓表の院号は誠心院）の法号を贈り、同二二年護法扶宗者として権少賛教、昭和二年（一九二七）僧正を贈る。明治四〇年三河学友会の発起で台嶺刑死の地（西尾市葵町）に台嶺殉教の記念碑が建立された。獄中からの書簡や詩歌、遺書などは、平野圓玄編『台嶺遺稿』（一九二四年刊）に収められている。

【人物】服部純　はっとりじゅん

菊間藩士。通称弁之助。家禄高は二〇石とも一五〇石ともいう。明治二年（一八六九）一一月菊間藩少参事に任じられ、同三年八月大浜出張所に赴任し、新政を実施。事件後、同四年七月上総へ帰国、一八日進退伺いを出したが、司法省から無罪の宣告を受ける。その後、新川県などに出仕したとも、また大審院に務めたともいうが、不詳。平田篤胤門人であったともいうが、否定する説が有力。ただし、本居宣長の書を読んで、それを参考に祝詞唱和を実施したことは、史料上で確認できる（『三河動揺実記』）。また、幕末に一時脱藩し勤王運動に参加していたとの説もある。

【人物】榊原喜代七　さかきばらきよしち

三河国碧海郡西端藩領城ケ入村の百姓で、菊間藩役人藤岡薫の殺害人。逮捕後、数回の拷問のうえ殺害を白状したという。明治四年一二月二七日絞罪の判決が下り、即日に西端で処刑された。安城市城ケ入町城泉寺境内に顕彰碑があり（建立年欠）、「性敦厚、家生業農、独與姉居、常帰仏教」と刻まれており、独身であった。享年三七。法名は釈意順。のちに護法院を追号された。

【史料】明治辛未殉教絵史　めいじしんびじゅんきょうえし

明治四四年（一九一一）一〇月、東京市精華堂刊。半紙本一冊、本文三六頁・附録四三頁からなり、本文は銅版印刷の絵画で事件の経過を描写し、附録で事件の詳細を記述する。著者の田中長嶺（ながね。嘉永二年〈一八四九〉～大正一一〈一九二二〉）は、越後国三島郡才津村に生れ、幕末に江戸で絵画や植物を学び、以後諸国を遍歴しながら植物や諸産業、寺社縁起などの細密画入り著作を残す。明治四〇年ごろに三河に来て、寄宿していた西尾市聖運寺住職泉恵嶽の勧めで本書を編述したという。田中は、宗門とは無関係で、史料の参照はもとより、関係者からの聞き取りや実地踏査も行い、比較的公平かつ客観的に本書を記述している。本書は、鷲尾順敬編『明治維新神仏分離史料』（一九二六年刊・一九七〇年復刊）、小野武夫『維新農民蜂起譚』（一九二九年刊・一九六五年復刊）、『日本庶民生活史料集成』一三巻（一九七〇年）にいずれも附録のみが翻刻されている。（齋藤　純）

〔参〕吉田久一『日本近代仏教史研究』、林口孝『鷲塚騒動』、『西尾市史』近代四

明治四年（一八七一）八月四日
広島県安芸郡ほか一六郡強訴・打ちこわし
（武一騒動）

明治四年七月一四日の廃藩置県により、広島藩知事の浅野長勲は、免職、東京永住を命じられた。長勲は、東京滞在中であったが、その家族および元藩主の浅野長訓（ながみち）が、広島を出発することが布達された。七月二四日、広島県庁は、一連

の政治変動について説諭するため、県官を村々に派遣した。県官・割庄屋の説諭にもかかわらず、八月二日夕方から三日夕方にかけて、郡部の百姓は広島へでた。八月四日、広島城竹館を出発しようとした浅野長訓一行は、この発駕を阻止しようとした山県・佐伯郡の百姓のために進むことができず、発駕は延期となった。不測の事態を察知した山県郡郡用所は、警戒のため庄屋を広島へ派遣するよう命じた。八月五、六日になっても広島における百姓は退去せず、不穏な状況が続いた。県庁は説諭のため、県官を県内各地へ派遣した。山県郡壬生村では、八月九日、説諭の時、壬生村久助は、「大政官政体服心不致」と批判し、他も激高して竹槍を突き出し、県官に負傷者がでた。また村役人は明治政府側についていると批判し、先に立って広島にでなければ打ちこわすと圧力を加えた。八月一〇日山県郡大塚村で割庄屋の打ちこわしが始まり、一二日郡全域に展開して、村役人宅を打ちこわした。広島では、八月一一日、諸郡から出ていた数千人は城内へ進入し、「御藩内十六郡百姓共」の名による嘆願書を提出した。この嘆願書は山県郡有田村の武一の起草といわれ、これによって武一は、騒動の指導者と目されて後に処刑された。八月一二日、広島に結集していた百姓・都市下層民は、鎌・竹鎗を持ち、豪商宅など三六軒を打ちこわした。八月一三日、県は兵力で鎮圧し、発砲によって二〇余名の死傷者を出した。兵隊はさらに追撃し、市内に各銃隊を配し、警戒体制を取った。郡部においては、一三日、安芸郡で豪農宅の打ちこわしがあり、山県、高田、三谿、高宮、三次、一五日には、恵蘇、奴可、一六日には、御調、世羅の各郡へ展開した。一九日には、尾道町に御調郡民四万数千人が押し寄せ、二〇、二一日打ちこわしが行われた。打ちこわし総軒数は二一二軒にのぼり、広島では豪商層や官員宅、郡部では、割庄屋・庄屋などの村役人層が集中的に打ちこわされた。県庁は八月一五日以降、各郡へ兵隊を派遣し、武力による鎮圧と指導者の逮捕を開始した。九月二日には豊田郡、九月一五日には佐伯郡で蜂起の動きがあった。県庁は武力鎮圧の一方で、民衆の不満を嘆願書の形で出させることによる鎮静化をはかった。九月二〇日、総代として、庄屋または組頭のうち一人を広島の国泰寺へ招集し、説諭を加えた。これにより、徐々に終息に向かい、一〇月三日佐伯郡廿日市での動揺を最後に領内はほぼ鎮静化した。これに伴ない、七日には、きたる九日に浅野長訓一行が東京へ出発すると布達された。騒動指導者の処刑は、一一月四日、広島において行われ、梟首一、斬罪三、絞罪五であった。これ以外に、准流一〇年一五、准流七年二、准流五年二、徒三年三、徒二年半三、徒二年八、徒一年半四、徒一年一四、杖刑が三二一、笞刑が一九三、総計五七四名の多数にのぼった。騒動に参加した民衆の意識は、広島県が民衆を説得するために布達した説諭書から推測できる。これによれば、①涙銀として元藩主が領民に下付したのを割庄屋が着服している。救恤への期待と割庄屋への批判。②割庄屋がキリシタンの秘仏を所持し、女子や牛馬を外国人に売り払うのを請け負っている。また、明治政府は外国人が支配している。外国人にかかわる民衆の恐怖心は、幕末期以降の対外的危機意識が底流をなして形成されていき、明治政府の矢つぎばやな新政策に対する不満と合体して、増幅されている。さらに村役人を明治政府側についているとして批判。③租税増徴への不安と警戒。これが発展し、米銀貸借の徳政や田畑山林の平均の流言が広まっている。一一月、県庁は、そのような施策はないと否定し、割庄屋に対して、田畑平均の流言する者を逮捕せよと命じている。このことから流言は上層農の不安から発生しているのではなく、田畑平均を願望する下層農・貧農によって発生していることが知られる。豪農層の動きについては、豪農層は、八月四日の旧領主引留より以前の段階から騒動への警戒体制に入っており、さらに八月六日の段階で、密接に情報を交換しつつ、騒動への対策を立てている。また、広島へでているのは、警戒対策への動員令、あるいは百姓の突き上げによってでているのであり、主体的に行動しているわけではない。したがって、初期段階において、村役人・豪農層が騒動を主導したと評価することは適当ではない。騒動の主体は、豪農商層を打ちこわしている行動過程から判断して、幕末期以来、彼らと対立を深めてきた下層農・貧農を中心とし、惣百姓を動員する型で展開したと考えられる。

【人物】山県武一郎　やまがたぶいちろう

本名は森脇治政。屋号は西本屋。武一あるいは武一郎と称した。文政七年（一八二四）一一月一五日、山県郡有田村十日市に生れた。生家は旅籠屋を営み、一町二、三反の田を有し、煙草の製造販売を副業としていた。持高については、万延元年（一八六〇）には一石三斗七升八合であったとの史料があり、幕末期には没落過程にあったと考えられる。幼時から隣村壬生村の国学者井上頼定に学び、監水と号して和歌を詠んだ。また、武芸を好み、石井谷村の山田武平に剣術を学び、従兄黒川某（法蔵寺）の指導を受けた。武一の代になって西本屋は旅籠屋・煙草屋をやめ、寺子屋を開き、石門心学を教えた。武一の思想を端的に窺えるものに「乍恐御国政方の義御願奉申上候口演書附ひかへ」がある。この口演書は、広島藩が国政向きについて心付きがあるなら申しでるようにと通達したのに応じて作成したものである。明治三年二月に書いておいたものを明治四年一月補訂したものと見られる。その内容は、①村方で事件が発生した時、関係者を郡役所へ呼び出して取調べれば費用が半分で済む。②富農の土蔵の盗難事件が多発している。冥加米を徴収して、その費用で盗賊を召し捕らえるべきである。③農家の牛馬については、馬喰目付を任命し、そのもとで売買するようにすべきである。④干鰯や生石灰は、藩が仕入れ、庄屋許へ下げ渡し、そこから貸し下げるようにすべきである。⑤給領地は村役人を整理をすべきである。⑥藩からの拝借銀や救穀を下げ渡す時は、郡役所へ百姓を呼び出し、直接下げ渡すようにすべきである。⑦石門心学の口演を行えば、藩の恩沢を感戴し、徒党・強訴・公事を防止できる。口演書全体の基調は、上層農の立場からする困窮民の救済である。武一は、慶応二年（一八六六）、有田村立川家の庄屋復職に尽力している。また、嘉永六年（一八五三）から有田村十日市における牛馬市の市立に関する願書のなかで、惣代として名を連ねている。能書家の武一は、安政五年（一八五八）八月、有田村の花笠踊の踊歌を求めに応じて清書している。武一は、上層農であり、心学者としての教養の深さを見込まれて、嘆願書の作成を依頼されたと考えられる。武一の罪状書は、本地村瀧蔵らの依頼に随い、一六郡一手の嘆願書を認めた節、欲心を逞しくし、一己の考を以て、違勅云々の儀を書綴ったとし、嘆願書に「違勅云々」の文言があったことが、重大な罪であるとしている。これは、当時広島県が最も神経をとがらせていた朝廷（明治政府）への服従という方針にまっこうから対立する表現であった。このことが、武一が騒動の首謀者と目される有力な原因となったと考えられ、武一が必ずしも騒動の先頭に立って全体を指導しているのでないことは、その行動を見ても明らかである。武一は一一月四日処刑され、首は広島の福島橋西詰北側に梟首された。享年四八。（三宅紹宣）

［参］『広島県史』近代一、『広島県史』近代現代資料一、『千代田町史』通史上、『日本庶民生活史料集成』一三

明治四年（一八七一）八月八日
伊予国喜多郡ほか大洲県産物会所廃止・減免強訴・打ちこわし（大洲騒動）

明治維新後、大洲藩は藩札を過造したため札相場が下落し、廃藩時には宇和島藩札の五分の一の引替相場となった。このため、廃藩置県に対する不満が醸成され、大参事となった旧藩士の山本尚徳に対する守旧派士族の反発も加わって、不穏の状況が生み出された。そして、県庁が実施した種痘の強制がきっかけとなって、一揆が発生した。明治四年八月八日、喜多郡手成村・戒ノ川村の農民が蓑笠をつけ、鉄砲・竹鎗を帯び、途中の村々での参加強制を行いつつ、大洲町（県庁）へ向かった。五郎村に進出した

一揆勢に、守旧派士族が接触して若宮川原への屯集を勧めたため、九日夕刻には一揆勢は大洲の若宮河原に移動して小屋掛けを行った。五十崎・内子方面の農民も屯集勢に加わり、一二日までに領内全域から動員された大集団が形成された。一二日、県は一揆勢に対し、嘆願書を作成して県が設置した目安箱に入れるように説諭した。村々はこれに応じて嘆願書を提出した。菅田村など一五か村の嘆願書には、旧藩主の東京移住停止、旧藩札過造による財政混乱への不満、県官の交代、士族家禄の復活、大豆銀納相場への不満、宗門調査・種痘・社寺朱印地上知の停止、産物役所の廃止、戸長職への反感など一二か条にわたる新県政への不満が記されている。県庁内は武力鎮圧を主張する山本大参事の意向が守旧派士族に抑え込まれ、一五日、旧藩主加藤泰秋が若宮川原へ赴き屯集農民へ直接説得を行った。同夜、山本大参事は責任を取って自刃したため、翌一六日、このことを知った一揆勢は順次解散帰村していったが、その途次、灘町・三島町の貸座敷業者と蘭方医が打ちこわされた。一揆後、一八日に守旧派が県庁首脳部に復帰し、二八日には御触書によって農民の要求のうち大豆銀納相場、産物会所廃止、津留の解除、種痘強制の停止などを認めた。そのうえで、九月二日〜一一日にかけて、管内各地を県官が巡回して鎮静化にあたった。一揆後、参加者たちの処罰があったかどうかについては確認できない。この一揆は、廃藩置県後の新県政に対する農民層の不満が守旧派士族と連携することにより発生したもので、結果として新県政を部分的に否定することになったといえる。　（茂木陽一）

〔参〕『大洲市誌』上、景浦勉『伊予農民騒動史話』、桜井久次郎「大洲若宮騒動の事後処理」（『伊予史』）

明治四年（一八七一）八月一四日
伊予国浮穴・久米郡松山県藩主引留強訴・打ちこわし（久万山・久米騒動）

　幕末以来のインフレは、戊辰戦争以降さらに進行し、民衆の生活を圧迫していた。そして、明治新政府は神仏分離の名の下に旧来の神社の整理（統廃合）し、土俗的信仰に基づいた社を淫祠として強制的に破壊した。農民たちは旧来の習俗の破壊をキリスト教への改宗であると理解した。また、種痘の実施も彼らに恐怖を抱かせた。さらに明治四年七月の廃藩置県により、藩が解体し、旧藩主が東京へ去ったことも、急激な改革への不安要素となった。こうした状況下の八月一四日、浮穴郡日野浦村の農民が旧藩主留任を松山県庁に強訴すべく立ち上がった。農民たちは、蓑・竹槍・鉄砲を帯び、村々に参加強制を行って参加人員を増加させ、下坂地区（久万山南部）一〇か村と北坂地区八か村が合流して久万町法然寺に屯集した。その数三〇〇〇人と記録される。一五日、さらに他の村々からの参加者も加わり、大参事鈴木重遠らの説得を無視し、一六日夜には松山へと出発した。翌一七日、三坂峠・久谷村・高井村を経て鷹子村に着き、日尾八幡神社や民家に分宿した。県は、一揆勢を阻止するため高井・鷹子村へ兵士を派遣した。このような久万山地域での強訴の状況に影響を受け、久米郡一一か村の農民たちも立ち上がり、久米にあった県の租税課出張所を襲って建物・帳簿類を焼却し、さらに久米郡内の庄屋・組頭の家宅を打ちこわし、放火した（久米騒動）。そして、来住村の軍カ森若宮神社に集まり、野宿した。一八日、県は一揆への武力鎮圧を決定し、一揆勢に砲撃を加えた。この時もっとも砲火が激しかったのは、日尾八幡神社付近であったという。県が派遣した兵士たちは、各地で一揆勢の武装を解除し、竹槍は浄土寺・日尾八幡神社の庭で焼却された。一九日、一揆は鎮圧され、参加農民は帰村していった。二〇日、県は打ちこわされた庄屋・組頭の状況を調査し、被害者に米などを給付した。二一日から頭取たちの捕縛を始め、多くが取り調べられた。久米郡北方村の田中藤作は租税課出張所放火の罪で絞首刑となり、明治五年一一月二八日、松山藤原町の徒刑場で処刑された。なお藤作は、刑執行後に棺におさめて家族に引き渡されたが、持ち帰る途中で蘇生した。これを知った県は、その処置に窮して内務省に照会し、内務省は司法省に判断を仰いだが、司法省は処刑後は関知せず、生き返った日を出生月日として本籍に編入すべしと指示した。　（須田　努）
〔参〕景浦勉『伊予農民騒動史話』

明治四年（一八七一）九月八日
讃岐国寒川・三木・山田・香川郡など高松県旧藩主引き留め騒動

明治四年、廃藩置県により旧領主松平頼聡の東京移住が実行されることとなると、領内には新県政のもとでは多分の課役がかかるという風説が流れ、さらに領内に流通していた銀札の通用が停止されるという恐れから不穏な状況が生れた。八月一二日、高松亀井町の商人坂本小市は、阿野郡西ノ庄村の地士で医者の井上橘庵と領主引き留めについて相談し、広島県の武一騒動の例にならって管内一般の強訴を行えば藩主引き留めが可能と考えた。青海村白峰寺隠居僧海弁らも加わって阿野郡一帯に工作を進め、坂本は高松西浜町川崎屋竹郎の名をかたって高松町内の引き留め嘆願の組織化を進めた。一九日には嘆願が完成し、一統連印のうえ大里正へ提出され、同時に、直接の示威行動として藩主出京を引き留めるための村方動員の手配が始められた。頼聡が高松を出船する予定の九月八日、寒川・三木・山田・香川郡の領内東部地方農民が蓑笠姿で続々と高松城下に集合し、藩主の居館前に屯集して出発を阻止した。頼聡は直書を手渡して大里正らに農民の説得にあたらせたが、屯集農民はいっこうに解散しようとしなかったため、頼聡は出京を延期し続けた。一四日になると、屯集農民のうち香川郡仏生山村住居の増田実五郎は領内西方諸村を参加させるべく、山田郡坂本村の勘蔵などとともに郷東村から仏生山までの村々の扇動に向かい、同所の里正宅を打ちこわした。さらに、一五日には、山田郡東十川村の清水次作が管内全域の参加を目指して、同郡北亀田村の久助に西郡の動員を依頼した。久助は、阿野郡林田村八十松とともに数百人の村民を率いて坂出浦から宇多津村へと進み、里正や豪農商の居宅に放火して村民を動員した。半プロ層を中心としたアクティヴ層はさらに近村の放火攻撃に加わり、土器・東分・坂本などの里正宅を次々に放火した。一六日になると焼き打ちはいっそう激しくなり、鵜足郡・那珂郡へと拡大、参加農民も一万人以上に膨れ上がった。この日、坂出から金比羅にいたる三〇か村が放火された。三日間の騒動で焼失した家屋の合計は八〇戸にのぼると報告されている。高松県は城内の大坂鎮台第二分営に出動を要請し、一六日午前一〇時、高松町内の群衆を解散させた。一七日早朝より三小隊が各地に向かい、抵抗する農民五〇名を白峰で捕縛して、ようやく騒動が鎮静化したので、頼聡は一八日東京へ向け出発した。事件後、確認できる限りで三六名が処罰された。坂本小市が強訴の発頭人として、清水次作と増川実五郎が西郡動員の首謀者として、そのほか阿野郡林久米蔵、鵜足郡下法軍寺村宮武嘉平、東二村加藤村次、松山県出生で騒動時に高松で奉公をしていた上野嘉左衛門が放火の実行犯として、計七名が死刑となっている。井上橘庵は発端を作ったが、暴動の際に説諭を行い、逆に自宅に放火されたことをもって、閉門七〇日となった。また、白峰寺の隠居僧海弁と北亀田村の久助は糾問中に病死し、林田村の八十松は逃亡した。この騒動は一見旧藩主に対する惜別に起因するように見えるが、藩札・藩債の処分に対する不安から城下町商人や村落上層農のイニシャティヴで発生した引き留め騒動が、在方の矛盾関係により世直し的騒動に転化したものと見ることができるだろう。　（茂木陽一）
〔参〕法務図書館『諸県口書　明治五年』、『香川県史』資料一一

明治四年（一八七一）九月一九日
備後国品治・芦田・沼隈・深津郡福山県旧藩主引き留め打ちこわし

明治四年の廃藩置県に際して、広島県で発生した武一騒動の例に鑑み、福山藩主の東京上京の計画は極秘裏に進められていた。ところが、出発予定の二日前、九月一八日

にこのことを知った沼隈郡藁江の渡辺幾平は藩主上京阻止のため、藩主が領民を見捨てて上京した後に、異人がやってきて生血を啜るとの流言を流して近隣の農民を動員した。一九日から二〇日にかけて沼隈郡諸村が城下へ集合したため、藩主阿部正桓が上京延期を伝えて説諭を行った。しかし、二〇日夜にかけて町内六三軒の商家が略奪と打ちこわし被害に遭い、何人かの県官も焼き打ち被害に合った。県庁は一揆勢に対して武力を発動し、大手門前の発砲で一揆勢に死者二名、負傷者十数名の被害がでた。城下から敗走した一揆勢のうち、一隊は鞆津へ向かい、二二日にかけて数十軒の商家が打ちこわされた。他の一隊は、戸長・副役宅に放火攻撃を行いつつ山陽道沿いに西へ向かい、松永村にいたった。また、沼隈郡農民の城下集結の報を受けて深津郡村々も福山城下へ押し寄せたが、城下寺町口において砲兵隊の発砲により撃退されたため、郡内の戸長・副役への攻撃に移った。二一日から二二日にかけて、品治・芦田郡方面でも一揆が激発し、とくに府中市では三三軒の町家が被害を受けた。両郡の一揆は、二二日夕刻に兵隊が出動したため、翌日には終息に向かったが、府中市の打ちこわしは「ばんばら踊」になって消滅していったという。この一揆で、県官、戸長・副役など一六〇軒が被害を受けたが、とりわけ戸長は全体の半分が攻撃されている。一揆後、県庁は旧知事名代と教導僧による回村説諭を行い、そのなかで、婦人・牛鶏の異国移送、伝信機、俵拵変更、涙金などの流言を事実無根としりぞけた。この一揆の原因は、幕末期以来の献金・御用金などによる収奪強化への不満と、維新後の太政官政治における旧来の民衆秩序に抵触する新政への不信感とが、旧藩主の東京移住問題をきっかけに爆発したものであり、その点では、同時期に発生した武一騒動や高松藩の騒動、伊賀国騒動などと共通する廃藩置県時の一揆としての特徴を確認できる。　（茂木陽一）

〔参〕『広島県史』近代一、『福山市史』、頼祺一「『世直し』情勢下の『支配』の特質と諸階層の動向」（『村方騒動と世直し』下）

明治四年（一八七一）九月一九日
豊前国田川郡豊津県旧藩主引留め打ちこわし

豊津県と改称した小倉藩の旧藩主小笠原忠忱は、明治四年七月の廃藩置県によって、藩知事を免ぜられて東京移住が決定した。村々で旧藩主を引き留めようとする動きがあったが、九月一九日、旧藩主は仲津郡沓尾浦から乗船し東京へ向かった。その見送りにきていた田川郡の農民が帰途の途中、打ちこわしを開始した。翌日には田川郡全域に広がり、庄屋や町年寄六七軒が打ちこわされ、二〇〇軒以上の商家も打ちこわされた。打ちこわしは二二日にほぼ鎮静化し、早々に頭取詮議が開始された。発端者として田川郡上伊田村平四郎ら四三人が捕らえられ、平四郎は絞罪、一六人が徒罪となった。願書は提出していないが、平四郎の供述によると、その要求は庄屋の不正、商人らの不当な高利などにあった。（宮崎克則）

〔参〕『田川市史』中巻、宮崎克則「維新変革期における小倉藩領の打ちこわし」（丸山雍成編『幕藩制下の政治と社会』）

明治四年（一八七一）一〇月一三日
播磨国神東・神西郡ほか姫路・生野・兵庫県部落解放反対打ちこわし（播但一揆）

明治四年九月一四日に姫路県、一五日に生野県が管下へ部落解放令（穢多非人等の称廃止令）を布達した。この年三月に民部省が各府県に牛馬員数調べを命じたことや、戸籍作成のために各家へ屋敷番号を付したことなどが複合して、高割で牛や人間を徴発して外国に渡すという流言が広まり、村々から解放令撤回の嘆願が両県庁にぞくぞくと寄せられた。そのようななかで、姫路県庁は戸籍調べに際して皮田村庄屋を本役とし、一般村の取次支配を廃止したが、このことをめぐって神東郡山崎村庄屋兼戸長の小国鉄十郎と皮田村であった戸板村年寄らとの間で争論が生じると、近隣の村々は、解放令反対や皮田村との交際拒否、諸品の売買拒否を申し合わせた。一〇月一三日、姫路県郡市掛が辻川村で皮田村住民も同席しての人別改を行おうとすると、早朝より各村民が集合して不穏の状況になり、夕刻、ついに郡市掛が出張していた辻川村大庄屋宅の打ちこわし・放火が始まった。蜂起勢は、県庁への強訴をめざし、辻川を出て神西郡須加院村・町村の大庄屋所を焼いた。兵庫県管下であった飾西郡各村にも放火の脅しをかけて動員を行い、翌一四日には、一隊は太尾へ進み、同所の大庄屋所に放火した後、北上して御立組大庄屋所、人参製薬所に放火した後、解放令撤回の嘆願のために加東郡社村の兵庫県出張所へ向かった。他の一隊は、菅生川筋を下った飾西郡の一揆勢とともに庄屋宅など一四軒を毀焼しつつ、姫路城西の車崎で姫路県常備兵隊と衝突、県兵の発砲により多数の死傷者と逮捕者を出した。城西から分かれて浜手に向かった一隊は、夢前川筋を南下して、飾西郡手野組・蒲田組・英賀組の大庄屋・庄屋八軒を毀焼し、飾磨津に乱入して開拓使産物会所を破壊、ここで県兵と交戦して三〇名が捕縛された。一五日、姫路城東北の大日川原に集結した一揆勢が中島村庄屋宅に放火したのを見て県兵が再度発砲し、即死五、六人、逮捕者三〇名余を出して一揆勢は散乱した。

三日間にわたる蜂起で、放火や打ちこわしの被害を受けたのは、大庄屋・庄屋の居宅、高札掲示場、人参製薬所、飾磨津の開拓使産物会所などの官舎であり、皮田村そのものへの放火や打ちこわしは見られない。他方、一揆側は確認できるだけで九名の死亡者を含む多数の死傷者を出した。一揆の初発は明らかに解放令への抵抗であったが、朝野重兵衛「諸事聞尽扣」には、一揆勢の要求が二五か条あったとして、石代納相場への不満、田地竿入反対、一か村に牛一匹・女子一人の上納反対、解放令反対などが上げられている。また、大庄屋や開拓使産物会所が襲撃の対象になっていることは、姫路藩による干鰯取引の損失を領民に負担させようとしたことへの不満が背景にあるといわれており、廃藩置県以降の県庁による新政全般への不安や恐怖が解放令反対をきっかけに爆発したと見ることができる。

生野県でも、九月一五日の解放令布達以降、管内各地で解放令反対の嘆願が相次ぐなかで、屋形組・森垣組・猪篠組の村役人たちは解放令撤回の嘆願を組織し、二二日には三組連印の嘆願書を生野県庁へ提出した。この嘆願が却下されると、一〇月六日には屋形組惣寄合が小室村永良庄天神社で開かれ、村役人による再嘆願、権令への直訴、非常時の際の動員の申合などを行った。しかし、再嘆願も県庁により却下されたため、屋形組村々は蜂起寸前の状態になっていた。隣接する姫路県域で一揆が発生し、屋形組にも不参の村には放火をするとの風聞が伝えられると、一四日、各村民が竹鎗を準備して小室村天神社へ集合して、姫路県勢の襲来を待った。生野県権少属白洲文吾が屋形村へ到着し、解散するよう説得したが、神西郡諸村は説得を拒否して河原に屯集し、白洲に対し、年貢減免、皮田への説諭、検地反対、所替反対、牛と人の徴発停止の五項目の願意を突きつけた。白洲が皮田への説諭以外を拒否すると、激高した群衆は白洲と捕亡山本源六を殺害した。白洲殺害後いったんは解散した村民であったが、一五日朝、再度、下沢村山王社境内に集合した一揆勢は、生野に向かって押し出した。夕刻に銀山町に入ると、ただちに鉱山寮支所器械所を襲撃して、器械を破壊、建物に放火した。県庁役人が逃亡したため、町方の重立が解放令の撤回、年貢減免、鉱山御用の軽減、所替の停止、寺社領の伐木停止などの一揆勢の要求を認める回答書を渡し、一揆勢は翌一六日朝、生野を引き上げて帰村した。同日正午には出石県兵一小隊が生野に到着、一九日には姫路県兵、兵庫県巡察隊が、二〇日には神戸警備の和歌山県兵が到着し、この軍事力を背景にして、生野県は一五日の回答書の撤回を宣言した。

一揆の鎮定後、参加者の逮捕が始まり、一一月二七日には生野県を引き継いだ豊岡県の要請に基づき、一揆参加者への即決処分が正院より許可された。この指令に基づき、豊岡県では、明治五年一月一五日に鉱山局・県庁襲撃の首謀として森垣村吉兵衛・真弓村弥三郎・猪篠村吉兵衛を絞罪に処し、一月二五日と二月一四日には、白洲文吾殺害の罪により一二名を死刑にした。姫路県を引き継いだ飾磨県は、七月三〇日に参加者の処断を行った。山崎村の小国鉄十郎がただ一人、一揆の発端となった戸板村との争論を引き起こした責任を問われて斬罪梟首となり、同村の国五郎と又七が準流一〇年に処されたほかは、解放令反対嘆願の連印に加わった村々の役人四八名が村民の一揆参加の責を問われて杖七〇から呵責にいたる処分を受けたが、それ以外の参加者は罪を問われなかった。他方、その解放行動を示した戸板村・馬田村の里正幸十郎ら六名は、厳しい糾問によって病死させられた。

　この姫路県管下の一揆と生野県管下の一揆は、しばしば一体のものととらえられ、辻川から南北に別れたように思われているが、辻川蜂起の一揆勢は姫路県庁をめざしており、生野県庁を襲撃したのは、屋形組村々による一揆勢である。この両者の間には直接の連絡はなく、姫路県一揆が引き金になって生野県一揆が発生したと見ることができる。　（茂木陽一）

〔参〕『福崎町史』四、国立公文書館蔵「神東神西両郡飾磨県下暴動始末記草稿」、『兵庫県同和教育関係資料集』一六、『近代部落史資料集成』一・二、今西一『近代日本の差別と村落』

明治四年（一八七一）一一月一一日

伊賀国津県名張・伊賀・山田・阿拜郡貢租減免など強訴・打ちこわし（伊賀国騒動）

　廃藩置県直後、津県は平高の廃止を布達した。平高とは、検地高である本高とは別に各村の平均年貢量を四割で除した内高の一種で、年貢諸役の基準となるものである。伊賀国内ではおおむね平高の方が本高よりも高かった。このため、本高復帰により旧来の貢租が減免されるとの期待が高まったが、明治四年九月、政府の「租税取立方当未年ハ悉皆旧慣ニ仍リ」という方針により本高復帰は取り消されてしまった。この本高復帰の取り消しをきっかけに、庄屋層の要望を受けて、本木村大庄屋海津八郎兵衛を中心とする大庄屋層は、本高復帰・修補米廃止・千石夫米廃止などの一統嘆願書を作成して、津県との交渉を開始したが、津県の回答は要求をほとんど認めないものであった。名張郡各村の庄屋たちは、一〇月二九日、連印状を作成して大庄屋による県庁への再嘆願を強く要求した（この時、本高が平高より大きくなる夏穐村と名張簗瀬村の庄屋は連印に加わらなかった）。大庄屋はこれを受けて、貢米から一万五〇〇〇俵を無利息五年賦で拝借するという妥協案を県に提出した。名張郡庄屋は、大庄屋を突き上げる一方で、小前層の嘆願闘争への参加を組織し、とくに名張中村の覚次ら五人頭や小前層は近隣諸村の小前層と連絡を取り合い、各所で竹槍の作製を進め、強訴の準備を開始した。この準備は、津藩の寛政大一揆の記録を読み合わせながら進められた。一一月七日、一万五〇〇〇俵の拝借米不許可が県から伝えられると、一一日夜、中村の実行グループは、屯集・火焚を行い、近隣諸村を集合させると、名張町に押しかけ、一統連印に加わらなかった簗瀬・夏穐村の庄屋を打ちこわし、名張北方の八丁畷に屯集した。一二日、津県上野支庁役人と大庄屋が説諭し、平高・修補米・千石夫米の廃止要求を承認したため、一揆勢は解散・帰村した。名張郡強訴と平行して、一一日夜から一二日にかけて、伊賀郡諸村の強訴勢が上野の津県支庁を目指して阿保・沖村などを打ちこわしながら北上したが、上野南部の二つ峠において、士族隊の銃撃を受けて死者二名の被害を出した後、権大参事の要求承認により解散・帰村した。名張・伊賀郡強訴により、三か条要求が承認されたことが急回状で伊賀全国に伝えられた。それから一四日にかけて伊賀国北部の山田郡・阿拜郡の各所で大庄屋層に対する打ちこわしが開始された。とくに当初の嘆願闘争を指導していた荒木村海津八郎兵衛や大野木村直井庄助、湯舟村服部甚蔵などの大庄屋が軒なみ攻撃対象になった。一四日には川井村で県官の説諭が行われ、さらに津の県庁から兵隊三〇〇名が投入されたため、蜂起勢は四散し、一四日中には打ちこわしは鎮静化した。

この騒動で、県官は平高廃止と修補米・千石夫米廃止を独断で承認したが、大蔵省は津県官員を譴責処分にする一方で、一揆再発を慮ばかってこの措置を追認した。しかし、翌年の免率は前年より引き上げられており、実質的には貢租減免にはつながらなかった。騒動の後、大庄屋や名張郡庄屋、さらに強訴の発端となった名張中村の小前層などが逮捕された。取り調べ内容が判明する五二名についてみると、村役人から小前層までが含まれており、惣百姓強訴としての特徴がでている。打ちこわしの被害にあったのは主として大庄屋層であり、彼らが小前の要求を握り潰し、要求のすり替えを行ったとして攻撃されたのである。また、三か条要求以外にも一揆の展開過程で種々の要求がでてきているが、それらに共通しているものとして貸上金返還要求がある。これは、幕末維新期に累積した津藩の藩債のうち、伊勢・伊賀両国内の一般民衆に賦課した御用金であり、伊賀国内の町方に一〇万両、在方に対して二〇万両の累積残高があった。これらの藩債は実質的な先納年貢になっていたから、本高復帰などの年貢減免要求はその取り戻しという意味を持っていた。伊賀国騒動で一揆側は要求を認められはしたが、実質的な貢租減や貸上金の全面返還は勝ち取れなかった。その影響からか、明治九年の東海大一揆の際には、伊賀地域からの参加は非常に少なかった。（茂木陽一）

〔参〕茂木陽一「伊賀国暴動件」（『三重法経』一〇四）、同「明治四年伊賀国騒動について」（『地研年報』四）、『青山町史』

明治四年（一八七一）一一月二四日
加賀国江沼郡元大聖寺県強訴・打ちこわし（みの虫騒動）

一揆勢が胴蓑を着用していたことからみの虫騒動と通称される。明治四年の廃藩置県により、大聖寺藩が廃され大聖寺県が設置された。その後、同年一一月一九日に大聖寺県は金沢県に合併されたが、まだその機構が調わない同月二四日に一揆は発生した。同日菅波村・中島村の租税掛付属宅を打ちこわし、翌二五日には一〇〇〇人余が大聖寺町をめざした。一度は権大参事大幸清問らが、二度目は大参事青地政順らが説諭して、大聖寺町への侵入をくい止めたが、夜中になって一揆勢は町へ侵入し、元租税掛倉知喜平宅を始め、肥料商人宅などを打ちこわした。県は実弾を発砲して一人を射殺、三人に傷を負わせて鎮定したが、肥料物代助成、銀成石代は例年どおり、十村廃止など七か条の要求は認めた。そのなかには「張本人調不申候事」の一条が含まれていたが、県は約束を反故にして分校（ぶんぎょう）村の新家理与門（あらやりよもん）らを逮捕した。理与門は翌五年六月二七日に獄死している。享年七一。法名釈欣厭。明治二八年（一八九五）、江沼郡の町村長らが「故新家理与門君碑」を建立した。（保坂　智）

〔参〕土屋喬雄・小野道雄編『明治初年農民騒擾録』、『加賀市史』通史上、『大聖寺藩史』

明治四年（一八七一）一一月二五日
備前国岡山県磐梨・赤坂・上道郡旧藩主復職要求・悪田畑改正反対打ちこわし

広島県・福山県・高松県など岡山県に隣接する諸県では旧藩主の上京問題を契機にして激しい一揆が発生したが、岡山では八月に領内町村からの旧知事復職嘆願書が提出されたのみで、旧藩主池田章政は九月無事に上京した。ところが、一一月二五日になって、磐梨郡田原下村など一二か村民五〇〇名余が大井村国木宮へ集合し、翌日、説諭の大里正を通じて県庁に悪田畑改正と藩制を根拠とした貢租の減免を嘆願した。以降、一揆は各郡に波及し、一一月二八日、赤坂郡南佐古田村などの三〇〇〇余名が蜂起し、知事復職・貢米十分一を要求して村役人や酒造家を攻撃、一二月一日には磐梨郡松木村ほか一七か村が蜂起し、大里正・里正を攻撃した。さらに、一二月三日、河内村など二六か村民一三〇〇人が蜂起し、白石村大里正などを攻撃した。一二月四日には、上道郡寺山村ほか一一か村民が大里正を攻撃した。また、蜂起にはいたらなかったが、児島郡においても一二月四日には蜂起の風評が飛び交い、村役人はその対応に追われた。この一連の蜂起に際しては嘆願書が作成され県庁に提出されているが、その内容は悪田畑改正による難渋、貢米減免、諸雑税の免除と並んで、旧知事の復職や異人退治などの新政反対的な要求から構成されていた。悪田畑改正は、明治四年一月に岡山藩庁によって布達されたものであり、その内容は全管内の悪田畑を調査して加損米を廃止した上で上知し、免率を引き下げて入札によって払い下げ、所有者を確定する、というものであった。この悪田畑改正によって上知された悪田畑は一万町歩に及んだ。多くの農民に土地取り上げの風評を生んだ改正作業は廃藩置県後も継続され、一一月に終了した。一一月末から始まる一連の蜂起は、旧藩主復職をうたっているが、明らかにこの悪田畑改正に対する不満の爆発であったと見ることができる。（茂木陽一）

〔参〕『岡山県史』、長光徳和編『備前備中美作百姓一揆史料』五

明治四年（一八七一）一二月三日
美作国真島県真島郡鉄砂稼差止め打ちこわし

　明治四年一〇月二九日夜、真島郡土居村八幡宮で諸拝借年延・米納四斗俵の見合わせなどの嘆願について相談が行われ、その後も同郡見明戸村などでも寄合が続けられた。一一月二日、同郡小谷村八幡宮での寄合において、嘆願書を提出後にただちに惣百姓が罷りでることが提案された。しかしこれは強訴にあたるとして、結局知事帰県願のため村々の氏神へ参詣しながら新庄村滝参りをする名目で行動し、その過程で嘆願項目などを決定することにした。三日、三家組村を中心とした百姓たちは、見明戸村宮へ集まり、今後の行動について協議し、まず上流の鉄山村で行われている鉄砂稼差し止めに向かうことにした。鉄山村では同村年寄柳三郎が一揆勢を差し押さえようとしたため、同人宅を打ちこわし、その後山田又三郎所有の鉄山小屋も打ちこわし、案内を拒否した柳三郎に傷を負わせるなどした。四日、動員をしながら新庄・美甘村に向かい、その後北部の小童谷組でさらに動員をかけ、翌五日には二〇〇〇人ほどになった。六日旧勝山城下に入り、夜真島県官員に一村ずつ呼び出され、取り調べと願意を聞かれたが、明確な願意はないという状況であった。明治五年七月三〇日、頭取格六人が准流一〇年の刑を言い渡された。（横山　定）

〔参〕長光徳和編『備前備中美作百姓一揆史料』五、ひろたまさき・坂本忠次『神と大地のはざまで』

明治四年（一八七一）一二月二四日
土佐国高知県吾川・高岡・土佐・長岡郡部落解放反対騒動（膏取騒動）

　明治四年一〇月に高知県庁より部落解放令（穢多非人などの称廃止令）が布達されると、県内各所で部落の解放行動と周辺住民との対立が頻発してくる。一二月の戸波郷の騒動、後免村での対立などである。その一方で、藩札相場をめぐる混乱や兵務司による壮丁年齢簿の調査など、新政に対する不信感が増幅していくなか、外国人が日本人を捕らえてその脂を取っているなどの種々の流言が飛び交い、多くの村では非常時に備えて武装して集合する取り決めを結び始めた。不穏状況のなかで、吾川郡宗津村の修験隅田教覚は、五か村惣代として御嶽山・黒森へ立願に赴き、そこで神託を受けたとして、日本人を外国人に売って脂を搾り取るために旧藩主を上京させた、あるいは戸長が外国人と結託しているなどと述べたうえで、すみやかに挙兵して県庁を攻撃し、旧藩主を帰国させるべしと近隣に宣伝して回った。一二月中旬、同郡池川郷用居村の竹本森三郎（長十郎）は、教覚の神託を用いて、自らを平兵部輔と称し、居村を出て名野川村川口に本陣を構え、木砲や旗幟を押し立て、近隣諸村に対し、旧藩主を帰国させるために県庁へ向けての押し出しを準備すること、同心しないものは家宅を焼き払うという檄文を回達した。一二月二四日、名野川へ三〇〇〇～四〇〇〇人が集合し、不参の池川郷に対して焼き討ちの

脅しをかけて参加を命じる口上書が狩山見越村へ宛てて出されている。竹本らは戸長役場を襲い、戸籍簿や徴兵準備簿を破棄し、越智から佐川に出て県庁に討ち入る計画だったというが、名野川を拠点として屯集を続けることで、県庁役人に対して要求を突きつけることが主たる行動内容であった。その際の要求は、旧知事の帰国、異国人の排除、解放令への反対、徴兵適齢者調査への反対であった。この竹本らの動きに呼応するように、一二月末から一月にかけて、片岡村・楠瀬村・勝賀瀬村・上下八川村など吾川郡東北部の村々や、高岡郡越智面村・別枝村の各村でも、村民が鉄砲などを準備して屯集したり、戸長・保長など村吏に暴行する事件が頻発し、騒然たる状況が出現した。これに対して、県庁は一二月二〇日、屯集勢への注意を呼びかける回達を行い、二二日、権参事中村貫一郎の名前で暴行者の切り捨てを命じるとともに、東京の林大参事へ率兵帰県を要請した。林は、二五日帰県すると、翌日から佐川を拠点として鎮撫使を配置し、翌五年一月五日、歩行困難から川口村の医者で治療中であった竹本を始めとする首謀者五名を逮捕した。この時、隅田教覚は逃亡して石鉄県に逃れた。林大参事は旧藩主引き留め騒動の際に出された即決処分指令を強引に適用して、六日、竹本を伊野村渡場で、野老山本村の岡林兼太郎を越智川原で、それぞれ斬罪梟首にした。兼太郎の首を取り返そうとして野老山村民が押し寄せたため、鎮撫側は残り三名を連れていったん佐川に引き上げたが、林大参事の指令で、八日、大崎村岩戸の善平と作治、名野川郷宗津村の覚治の三名を斬罪梟首とし、吾川方面の一揆状況を押さえ込んでいった。

吾川・高岡郡の一揆状況は、一二月末に至って土佐郡本川方面に波及した。本川郷戸中村民が吾川郡の檄文を持ち帰ったことから郷内一帯に不穏の状況が生まれた。脇野山村の山中良吾は、足谷村安八とはかって諸公役拒否を申し合わせるため郷内登川での郷寄り合いを開催し、近隣の諸村へ回文を発した。他方、本川郷井野川村村長の和田米蔵も、一二月中より村民に竹槍・苧綱の準備をさせて、しばしば非常出動の合図を出していたが、一月三日に村民を引きつれて登川屯集勢に合流した。さらに、森郷内で人望の厚かった下中切村士族の山中陣馬も村民を率いて合流した。彼らは大平村水船で軍議を開き、山中陣馬を大将と定め、人数を揃えた上で森・本山を通って高知県庁へ進むことに決した。この時、陣馬と米蔵は県庁に願意が通らなければ京都へまでも押しのぼることを約したという。この土佐郡一揆の要求は、旧藩主の帰県、外国人の追放、牧畜所の廃止、米穀相場の引き下げなどであったと思われるが、上小南川に伝わる要求書には、そのほかに伊勢祓・伊勢暦が届かないことへの不満、解放令の反対、一八歳から二〇歳の者の調査の停止、神葬祭への反対、戸税の廃止などが上げられていた。高野村地内の練兵場跡へ屯集した一揆勢のもとへ、森郷士族が説諭に赴くが、陣馬らは彼らを拘禁して押し出しの準備を進めた。ところが、吾川郡一揆の首謀者が逮捕され斬罪梟首されたことを知った陣馬は、六日夜、屯集地を離れ、中切村地内で割腹自殺をしてしまう。八日になって陣馬の遺体を発見した県庁は、一三日から三日間、陣馬の首を森郷土居川原に晒した。指導者を失った一揆勢は、県官の説諭を受けて解散・帰村した。ほかに、本川郷村民を主体とした屯集と前後して、森郷諸村の郷寄合が床鍋井関で開かれ、土居村の官舎が襲撃され、和田村村長が打擲された。また、長岡郡豊永郷西峰村では強訴の準備がなされるなど、土佐郡を越えて山間部全域に影響は広がっていた。

この一揆の処罰者は、通常の取り調べや裁判を無視した即決処分によって五名が斬罪梟首となり、自殺した山中陣馬も梟首されているが、その他では土佐郡一揆関係が処罰の中心で、二月から四月にかけて判決が言い渡された。和田米蔵が徒二年に処され、山中良吾が士籍剥奪のうえ三等流に、森郷・本川郷内で杖罪以上に処された者は一五名にのぼった。また、両一揆の波及で自村の役人に暴行を加えたなどとして杖罪に処された者は吾川郡で三五名、高岡郡で三名確認できる。吾川郡一揆の発端を作った宗津村の隅田教覚は、逃亡後全国に指名手配され、明治五年二月上旬に石鉄県熊村で逮捕されたが、同月一九日、石鉄城内での火災のため一時解放となった。教覚は鎮火後牢に戻り、高知県に身柄を移されて取り調べを受け、八月になって准流一〇年の判決を受けた。

　この膏取一揆では、蜂起農民が銃を武器として発砲に及んでいる。蜂起の事前準備に際して竹鎗や綱と並んで銃を入手することが行われ、屯集の不参者や村吏に対してしばしば脅しのため発砲した。農民側が殺傷力のある武器を平然と使用しているところに、幕末以来の軍事動員の経験と、領主による在村の武装化の影響とを見ることができる。吾川・高岡・土佐・長岡郡を通じた屯集・蜂起勢の願意は、流言や部落の解放行動などからくる不安や憎悪を戸長を始めとする支配機構の拒否と旧領主の復帰要求という形でまとめ上げたものといえるだろう。また、山中陣馬を除けば、一揆の首謀者とされた五名は大参事林有造によって取り調べもないままにその場で斬罪にされている。このような措置は一連の旧藩主引き留め騒動の際の処分に比べてもかなり異常なものであり、口書さえも作成されなかったので、一揆の細かな経過は依然として不明確なままである。（茂木陽一）

〔参〕『近代部落史史料集成』一・二、上野利三「高知県脂取騒動に関する裁判史料」（『近代日本騒擾裁判史の研究』）、小野武夫『維新農民蜂起譚』

明治五年（一八七二）一月一四日
亀山県阿賀郡下中津井村ほか部落解放反対騒動

　明治四年（一八七一）八月、備中国亀山県飛地でも穢多非人廃称令が布告され、これを受け元穢多たちは盗賊尋方・乞食追払・死牛馬取捨などの仕事を返上すること申しでた。しかし、旧平民たちは小作契約の破棄・店での不買などの報復にでたため、両者の対立は深刻化した。翌年一月一四日阿賀郡下中津井村元穢多二人が同村酒店に酒を買いにきたことを契機に、上・下中津井村と上・下平田村旧平民は、竹螺を吹き、竹槍・小銃や亀山県中津井村陣屋から奪取した大砲一門などを携え約一〇〇〇人が集結し、庄屋会所でこの二人と元穢多頭など計五人を取り囲み、逃げ出した一人を殺害するなどした。一五日深夜には、県官員などにより大方鎮圧されたが、一六日朝、中津井村での騒動の加勢に集まった上・下有漢村旧平民が、有漢上村の寺院に陣取り、元穢多部落に木砲や小銃を打ち込み、山林に逃げ込んだ元穢多に火を放ち、二人を殺害するなどした。県側は三〇人余りを捕縛しようやく平定した。また、同日上房郡竹之荘辺でも旧平民が押し寄せ、二〇日には岡山県津高郡加茂市場村旧平民も元穢多部落に押し寄せ、二四軒を放火するなど騒動は波及した。（横山　定）

〔参〕長光徳和編『備前備中美作百姓一揆史料』五

明治五年（一八七二）四月三日
柏崎県ほか信濃川分水工事入費取立反対強訴・打ちこわし（大河津分水騒動）

　信濃川下流の蒲原平野の水害を解消する方策として、大河津・寺泊間に分流水路を開削する計画が享保期（一七一六〜一七三六）以降しばしば企図されてきたが、明治元年五月の大水害の後、新発田藩領の白根郷・西郷などの村役人を中心とする大河津分水開削の嘆願運動が、新発田藩に後押しされて、強力に進められた。ところが、同年一一月、大河津分水に批判的な亀田郷の農民たちが、より河口に近い関屋分水の開削を求める嘆願を支配所に提出した。新発田藩は、大河津分水を推進する立場からこの関屋分水開削嘆願を却下した。亀田郷農民が再嘆願のための評議を重ねるなか、西川筋の農民からの提案で、領主の許可をえない自力開削が計画されることになった。明治二年一月二〇日、亀田郷内四〇〇余か村一万人余の人足が法螺貝と鐘の音を響かせ、水流隊・困窮隊と記した旗のもとにいっせいに掘削を始めた。この騒動に対して、新潟府は大聖寺藩兵を派遣し、新発田藩も役人を派遣して説諭したため、二三日、掘削は中止され、農民の代表は新発田城下へ嘆願を行った。しかし、新発田藩は嘆願を拒絶し、代表や騒動参加者を捕縛した。二年六月には鍋潟新田長左衛門を始めとする政府直轄領村々の参加者五四九名に対して徒役を含む処罰が行われ、新発田藩領一六か村の参加者に対しても処罰が行われた。

この関屋堀割騒動に刺激されて、大河津分水実現の動きも活発になり、ついに、同年四月一七日、越後府は大河津分水工事を全額官費をもって着工することを布告したが、この計画は財源難の政府により中止させられ、水原県知事壬生基修は責任を取って辞職した。工事推進の中心になってきた白根郷の名主らは工費の地元負担を前提とした着工嘆願を重ね、明治三年一月、改めて民部省土木司直轄での工事開始が決定された。しかし、この工事で水害地村々は総工費一〇〇万両のうち四五万両を負担するほか、正人足の出夫を課されることになったため、当初よりこの計画に批判的であった中ノ口川以西の村々では工事に対する不満が高まり、西川筋村々や高崎藩領一ノ木戸領、村上藩領燕組などで工事反対の寄り合いや屯集が相次いだ。さらに、明治四年一〇月、大蔵省は工事費の見直しを行い、政府支出分が四〇万両から二〇万両に減額され、地元負担の割合は一挙に高まった。また、新潟県は翌五年中の完成をめざして、地元からの正人足徴発を強化する方向を打ち出したため、不穏の状況が生み出され、さらにこの不穏状況を反政府暴動に結びつけようとする旧佐幕派諸藩の脱籍浪士たちが、活動を強めていった。

蒲原郡八王寺村の無高農民の次男に生まれた川崎九郎次は、篩作りなどを生業としながら流浪する貧農であった。九郎次は、五年二月、魚沼郡柴原宿で同宿した元米沢藩士の木下三左衛門から分水工事で困窮する農民を救うための強訴の計画に加わるよう誘われた。三月二五日、強訴を呼びかける文書を落し文したうえで、翌日粟生津村で木下から柏崎県への強訴を指示された。四月三日、九郎次は吉川大助とともに蒲原郡河間・道上・羽黒・福島村などで早鐘をつき、農民一五〇〇名余を集結させると、分水工事負担金免除、神社仏閣除地の据え置き、年貢諸上納の旧慣通り据え置き、外国交易禁止の願意四か条を示して、「越後国諸県御取締」の柏崎県へ出願すると告げた。四日朝、松橋村で一揆勢は二手に分かれ、途中分水工事現場の普請小屋に放火しながら寺泊で合流した時には四〇〇〇名の集団に成長していた。柏崎県庁は県官を説諭に向かわせたが、一揆勢は海岸沿いを進み、五日夕から六日にかけて柏崎町に到着した。鵜川を挟んで対峙した一揆勢と県庁の間に区・副長の小熊六郎と後藤泰之丞が入り、九郎次から四か条の願書を受け取って県庁に取り次いだ。六日朝、九郎次ら一三名の惣代が県庁に呼び出され、願意の一部を検討することが約束された。県は、一揆勢に対して七日朝までの退去を命じるとともに、六日夜惣代一三名を捕縛したが、九郎次の願いにより他の一二名は釈放された。七日、柏崎県は一揆の解散と首謀者の逮捕を大蔵省に報告したが、九郎次を動かした木下らと吉川大助は逃亡した。

一揆勢が柏崎に入った五日夜、蒲原郡上条村の元会津藩士渡辺悌輔の家に元真宗僧侶で渡辺と昵懇の月岡帯刀、加茂新田の農民入江市郎左衛門・西潟五郎七が集まり、新潟県庁へ強訴することを決めた。渡辺と月岡はかねてより新政府を打倒することをめざしており、入江・西潟の分水工事反対強訴の計画を好機と考えて協同することになった。月岡らは天神林・下条などで「徳川家中」を名のり、庄屋宅に押し入って村民を集め、六日朝、三条町へ押し寄せた。ここで入江と西潟は西本願寺別院、渡辺と月岡は東本願寺別院を拠点として周辺諸村に廻状を廻し、一揆参加者を組織した。六日夜、三条町で二軒が打ちこわされるなか、渡辺らは徳川家再興と新政府首脳征伐を記した大旗を作り、町役人に三年間の年貢半減を告げ、人足の動員を命じた。翌七日朝、二本の大旗を先頭に三〇〇〇人の一揆勢が三条を出発して新潟県庁をめざした。一揆勢は、二手に分かれ、一隊は入江と西潟が指揮して燕から中ノ口西岸を、一隊は渡辺と月岡が隊長となって新飯田から中ノ口東岸を北上し、沿道の村々に焼き討ちの脅しをかけて人足を動員していった。八日になって一揆勢が白根町以北の分水工事推進派地域に入ると、各村の庄屋は軒なみ打ちこわされたり放火・略奪を受け、説諭に赴いた県官と庄屋が吉江村で殺害されるなど、激烈な行動に移っていった。一揆勢は大野で合流し、その数六〇〇〇人に膨らんだ。これに対して、新潟県は鎮台分営兵四小隊を出動させ、八日午後、平島において一揆勢に銃撃を加えた。この銃撃で一揆勢は総崩れとなり、入江は射殺され、渡辺は逃亡途中で負傷し捕縛された。この後、県庁は一揆鎮圧の布告を発し、九日から参加者の探索を行い、五月初めまでに八〇名が逮捕された。渡辺は四月九日に、月岡はいったん脱走するが五月一八日逮捕され、西潟は明治七年一〇月になって大阪で捕らえられた。柏崎県で先に逮捕されていた川崎九郎次も五月二〇日新潟県へ護送された。

平松時厚新潟県令は事件の責任により免職となり、交代した楠本正隆の指揮のもとで一揆参加者の裁判審理が進められた。新潟県からの処刑伺いに対して、八月二三日、司法省は処刑の指示を行い、九月八日新潟県で判決の言い渡しが行われた。その結果、川崎九郎次は斬罪に処され、渡辺・月岡は梟首、金子松蔵・花井治五右衛門が斬罪、関五太郎・笹川六七郎が絞罪になるなど、一揆の首謀者や官吏殺害の実行犯として七名が処刑され、玉木与市が徒刑一年、木下惣次が懲役一〇〇日となっている。この九名以外の参加者の処罰は明らかではないが、新律綱領の規定に従って単純な付和随行者は罪に問われることはなかったと思われる。他方、柳作村庄屋を始め、白根郷を中心とした庄屋など一〇名が打ちこわしの被害を受けており、他にも三条町・木場村でも打ちこわしが起こっている。この騒動の後、新潟県は分水工事の再検討を命じ、村々は推進派と反対派に分かれて対立し、工事再開が決定した後も、六月一七日に工事にきていた関東人足と越中人足の争闘事件で三〇数名の死傷者を出すなどの不穏状況が続き、工事も難航が続いた。明治八年三月、政府は正式に分水工事の廃業を決定した。なお、大河津分水路は、明治二九年（一八七六）の大水害を機に開削要求が高まり、同四〇年工事を再開、大正一三年（一九二四）に竣工した。　　　　（茂木陽一）

〔参〕上野利三『明治初期騒擾裁判史の研究』Ⅰ、『新潟県史』資料一三・一四

明治五年（一八七二）八月二三日
山梨県山梨・八代・巨摩郡大小切租法存続要求強訴・打ちこわし（大小切騒動）

山梨県（甲斐国）のうち、巨摩・八代・山梨の国中地方には、「大小切」と呼ばれる租法が施行されていた。これは、本途米のうち三分の一を小切と称して、一両につき米四・一四石替で金納し、九分の二を大切と称して毎年一〇月中の甲府・黒沢・鰍沢・勝沼四か所の下米平均値段を基準に金納する安石代であった。大小切金納外の九分の四は、浅草蔵前値段による金納となっていた。近世期には寛文年間（一六六一〜一六七三）、慶応三年（一八六七）と何度か大小切廃止の動きがあったが、そのたびに国中三郡農民の反対訴願により大小切租法は維持されてきた。廃藩置県以後、明治政府は租法の統一を進めるため各地に存在していた安石代を廃止しようとして、明治五年六月一九日、山梨県庁に対し、大小切租法の廃止、田方正米納、畑米の一〇月中上米平均値段による金納を指示してきた。同日、県庁は、郡中惣代に対して大小切改正の見込みを申し立てるよう命令したが、七月三〇日、郡中惣代は連印して大小切廃止反対の書面を提出した。県庁は廃止反対の嘆願を受け付けなかったため、郡中惣代は、七月末から八月初めにかけて、国中三郡へ廻章を回し、各村の代表者を塩山向嶽寺などに集会させた。集合した各村の代表者たちに対し、郡中惣代が大小切廃止の動きを知らせたため、各村々はただちに反対訴願を行うことに決定した。しかし、その方法をめぐって、村役人による嘆願書提出

によろうとする者と、惣百姓による強訴を主張する者とが対立し、両者の間に緊張をはらんだ形で反対闘争が展開していくことになった。八月八日、県が大小切租法の廃止を布達すると、巨摩郡北山筋の村々役人が嘆願書を提出し、同時に小前農民八〇〇人が古府中大泉寺に屯集したのを皮切りに、以後二二日に至るまで、各地区からの村役人による嘆願書提出と、小前層の屯集・不穏の動きが繰り返された。一六日の巨摩郡小前の荒川端への屯集、一七日の東西河内領農民の身延山屯集など、強訴直前にまでいたったものもあったが、県官と各区戸長・副戸長は、嘆願闘争を越えて強訴に発展するのを恐れる村役人たちとともに、各地に屯集した小前農民に対する説得工作を続けた。巨摩・八代方面の屯集農民は、このような鎮撫工作によって分裂し、強訴には至らず、嘆願書提出によって鎮静化させられていった。そのなかで山梨郡栗原・万力筋九七か村の農民たちは、説得工作を乗り越えて、八月二三日、ついに蜂起した。栗原・万力筋諸村は、すでに八月一二日、第一回の嘆願書を提出した後、さらに二〇日にも小沢留兵衛・島田富十郎が中心となって再願書を県庁へ提出したが、この時の交渉で、県官が露骨な拒否を示したため、ついに小前による強訴を決定し、各村々に連絡して一村限りの規定を取りまとめたうえで、およそ六〇〇〇名の農民が各区単位に集合した。不参の村は焼き捨てると参加を強制し、旗を立て、脇差・竹槍などで武装して、二三日夜、甲府市中へ進撃した。この蜂起農民の勢いに押されて、県庁は大小切据え置きの要求を認め、二四日には制札を立てて、各村々へ願意承認の黒印書を下付した。同日、蜂起勢の一部によって、県庁と深く結び付いていた甲府市中の豪商若尾逸平宅が打ちこわされ、要求を貫徹した農民たちは帰村した。

しかし、県庁による据置承認は、危機を乗り切るための一時的な方便であった。県庁は、甲府市中の貫属層を召集し、すでに八月二〇日に要請していた信州上田分営の一中隊の派遣に続き、二三日には東京鎮台へ一大隊の出兵を、さらに二四日には静岡県への出兵要請も行った。九月一日に東京鎮台からの援兵が甲府に到着した後、同月三日、県庁は、県庁強訴を行った栗原・万力筋村々役人を小屋敷村恵林寺へ呼び集め、約定を破棄して大小切廃止を通告し、各村に与えた黒印書を返却させた。その後、強訴参加者の逮捕が始まり、一一月一一日までに処罰を完了した。処罰者は、首謀者として小屋敷村長百姓小沢留兵衛、松本村名主島田富十郎が絞罪、隼村長百姓倉田利作ほか四名が懲役刑に処せられ、県庁強訴参加者として栗原・万力筋九七か村の三七六五名が罰金刑を言い渡された。首謀者として実刑判決を受けた七名は、いずれも名主・長百姓であった。

騒動の過程での農民層の動向は、およそ三つに分けられる。第一は、一貫して政府・県庁の租法改革の企図への徹底的な抵抗を見せた小前農民である。第二は、それら小前層に突き上げられながらも、基本的には嘆願闘争によって、大小切廃止撤回を勝ち取ろうとした郡中惣代＝村役人層である。第三には、戸長・副戸長層が上げられる。彼らは、郡中惣代・名主の中から選任された県内でも有数の豪農層であったが、この騒動に際しては、全体としては県庁側に立ち、村役人・小前層の反対闘争を抑圧する働きを示した。この騒動を鎮定した後、県庁は郡中惣代を廃止し、一〇月には、名主・長百姓をすべて罷免し、各村ごとに正副戸長を公選させ、区には正副区長を置いて、新しい行政機構＝区制の下で新政を遂行していく体制を作っていった。なお、明治二五年（一八九二）、絞罪となった小沢・島田両名を顕彰する碑が、塩山市恵林寺境内に建立された。

【人物】倉田利作　くらたりさく

大小切騒動で栗原・万力筋の強訴を実現させた中心人物は、絞罪となった小沢留兵衛と島田富十郎、それに倉田利作であった。しかし、利作は一八日の恵林寺集会以後は病気で参加できなかったため、絞罪とはならず准流一〇年の刑で准流場に収監されることになった。利作は、県令の詐術によって非命に倒れた留兵衛らを思って、獄中で同囚たちに「甲斐国悪党新武勇伝」なる軍談を創作して聞かせた。それは、脱獄して県令に復讐し、筑摩・長野の囚獄場を解放し、その人数を糾合して決起するという筋立てであった。明治六年六月七日、倉田は同囚の輿石重兵衛ら三三名とともに准流場を脱獄した。そして、利作が指揮して県令居宅を襲撃したが、その時土肥実匡元県令はすでに罷免され不在であった。利作は、その夜逮捕され、八月、山梨裁判所において斬罪の判決を受け、波乱に満ちた生涯を閉じた。享年四九。　（茂木陽一）

〔参〕金丸平八「大小切騒動余聞」（『青山経済論集』一六―三）手塚豊「山梨県大小切騒動並に関係者脱獄事件裁判考」（『法学研究』五九巻一〇号）

明治五年（一八七二）九月四日　美々津県那珂・児湯郡減免・旧藩札価格維持強訴（赤旗騒動）

　廃藩置県後、佐土原・高鍋・延岡藩領は美々津県に統合された。同県は管内を南北に区分して北郡治所・南郡治所を置いたが、広瀬の旧佐土原藩政庁跡に設けられた南郡治所には佐土原藩役人がそのまま居座り、佐土原藩時代の入草・苫上納などの雑税を継続して徴収し、特権商人による商社を保護していた。また、廃藩置県に際して公定された藩札の換算価位（新紙幣一円との交換比率）が、高鍋藩札の一二貫文替に対して、佐土原藩札は三〇貫文替と異常に低かったことなどから、旧佐土原藩域の民衆の不満が高まっていた。明治五年九月三日、那珂郡東上那珂村の仲兵衛・家蔵は、山田村元二、西上那珂村熊蔵らと年貢減免のために挙村集会を計画して上郷各村を動員した。翌四日、三納・三財・山田村など上郷の農民が長薗原に屯集し、そこから都於郡町で町家の一部を破却し、町民から差し出させた赤白の旗を押し立てて、佐土原の旧城下を通って、佐土原領・島之内領二四か村の五〇〇〇～六〇〇〇人ほどの一揆勢が一ツ瀬河原に屯集した。この時、赤旗を立てた下に一揆の頭取勢が陣取ったことから、赤旗騒動の名がついた。五日、屯集勢から諸雑税・商社廃止の要求書が出され、佐土原在住士族が鎮撫のため一ツ瀬川原に出張した。出張の郡長以下が兵を引くことを約束したため、六日になって、一揆勢は諸色引き下げ、銭札交換相場の引き上げ、大豆収納免除、商社廃止などの要求を提出して解散・帰村したが、一九日になって、県官は屯集百姓の赦免と引き替えに嘆願事項の申し下げを言い渡してきた。

　この佐土原騒動の影響は旧高鍋藩領域にも波及した。佐土原一揆の嘆願が破棄された一九日、児湯郡高鍋村の新名五郎は旧高鍋藩士族自耕田の下戻し・貢税減免などを目的とした強訴を計画した。戸長の制止によりこの計画はいったん頓挫するが、二八日に再度、旧高鍋藩域の諸村を動員し、二九日に萩原村旧繰練場に四〇〇〇名の農民が屯集した。一〇月一日、県官と戸長が説諭を行ったため、嘆願書を差し出して解散帰村した。その内容は、年貢・諸役銀の減免、旧藩士の帰農の際に取り上げられた村惣作地の取り戻し要求が中心であったが、その他に屠牛禁止や諸物価・賃銭引下要求なども含まれていた。この屯集に参加しなかった高松村へ押しかけるために、三日再度都農神社へ屯集したが、これも説諭により解散した。高鍋領の屯集勢が解散した後、今度は一〇月四日に佐土原領の一揆が再発した。前回の屯集の中心であった仲兵衛らは、いったん願い下げにさせられた減税要求の強訴を再度計画し、五日に月中原へ屯集し、説諭の戸長に前回と同様の嘆願書を提出した。この際には、旧幕府領の穂北一〇か村も参加した。この屯集も強訴にはいたらず収まった。鎮定後、高鍋一揆と佐土原一揆関係者が捕縛され、高鍋一揆関係では高鍋村の新名五郎が准流一〇年となったのを始め七名准流五年以上に、五名が贖罪金処分に付された。佐土原一揆の再発関係者では仲兵衛・熊蔵が准流一〇年となったのを始め七名が准流五年以上に、五名が贖罪金処分に処された。この一揆は、廃藩置県によっていくつかの藩領が統合されたことによって、免率や雑税などの違いを一律に統合するという論理で

租税軽減をめざすという点で、廃藩置県期の一揆の特徴を表わしている。（茂木陽一）

〔参〕小野武夫『維新農民蜂起譚』、日高次吉「日向の百姓一揆に就いて」（『社会経済史学』二―一二）

明治五年（一八七二）一二月二日
大分県大分・海部・大野・直入郡出銀・屠牛反対強訴・打ちこわし

　廃藩置県後の明治四年一一月に豊後国一円が大分県として統合され、大分県参事森下景端は、旧藩士族層との対立のなかで、五年三月に管内に大小区制を施行した。大区に区長、小区に正副戸長、町村に保長を配置し、大区会所に区長・正副戸長が詰めて民衆統治を進めた。旧大庄屋・庄屋層から選任した区長・正副戸長を基盤とする県支配が追求される一方、森下県政は新政遂行の原資を確保するために、五年一〇月「民費制限並割賦取立規則」を制定して区長以下給料・会所入費をすべて民費負担とするなどの政策を強行した。折からの物価騰貴と相まって、大分県管内にはこの民費過重への不満が増大していった。明治五年一一月中旬から、官林伐木反対や物価下落を図るために庄内谷各所で烽火を上げる事件が頻発し、不穏の状況が醸成されていたが、一二月一日夜、小狭間村の後藤吉十郎は城ノ台山で烽火を上げ、上瀬口・影戸・中野村村民を動員して、強訴をはかろうとした。この談合が戸長の知るところとなったため、吉十郎らは即座の蜂起を決意した。時松峠に屯集していた一揆勢は、二日未明、松明を掲げながら陸続として山を下り、甲斐田村・向原村を経て一路県庁へと進んだ。二日午前一〇時に蜂起の報がもたらされると、県官・捕亡吏は出張して説諭を試みるが、一揆勢は県官ら四名を殺傷して県庁に殺到した。森川参事は獄囚を県庁内に移し、県庁を固守する方針を取った。一揆勢は県庁大門に放火しようとしたが発砲され、一時市中に退き、県官の宿所や豪商二三軒を毀焼し、さらに屠牛を行っていた部落に放火したため数十軒が焼亡した。府内士族の説諭により、吉十郎・柚木村寄留の麻生菊治らは、竹町讃岐屋で要求事項の評議を重ねて願書を作成した。その内容は、旧藩主の帰国とそれまでの貢納延期・借財返済猶予、囚人の釈放、屠牛の禁止、地蔵の撤去反対、保長給金の官費支給、県官の辞職、物価引き下げ、三ノ口米免除、藩札の従来通りの通用の一一か条であったが、説諭にあたった士族の説得で旧藩主帰国要求を削り、官木伐採停止などを加えた一三か条に仕立て直して、翌日（太陽暦六年一月一日）午後四時、県庁に提出した。しかし、県庁は馬の殺害否定、神木伐採禁止、神仏これまでのとおり以外の要求はすべて拒否し、同日朝到着した鶴崎・三佐・臼杵士族隊と府内士族一〇〇〇名を動員した鎮圧体制を整え、いっせいに一揆勢の捕縛を行った。吉十郎・菊治ら四二五名が捕らえられ、一揆勢は瓦解し、翌三日には坊ケ小路東岸の屯集勢も五〇〇〇の竹槍を遺棄して解散させられ、大分郡の一揆状況は鎮静化した。

　大分郡一揆が瓦解したころ、大野郡での蜂起が始まった。一月二日夜一〇時ごろ、同郡菅生谷から松明をかざした一揆勢が三重市に乱入して町家五五軒を打ちこわした。翌三日には沿道の村民を動員し、副戸長居宅などを打ちこわしながら、野津市村を通って臼杵へ向かった。大分に詰めていた臼杵士族はただちに引き返し、旧臼杵県の大小参事・士族らが要所で一揆勢に対する説諭を行った。しかし、大分郡方面からの一揆勢五〇～六〇名が市中に入って二軒の商家を打ちこわした。翌四日には、野津市を発して南方から迫った大野郡・海部郡の一揆勢が、各小区の副戸長を打ちこわしつつ、臼杵市中に入った。北方の一揆勢と合流して一万人余の規模に膨れ上がり、市中の商家への打ちこわしを始めたが、この時、防禦の臼杵士族が県庁の命によりいっせいに発砲したため、一揆勢は死者二三名、負傷三三名、捕縛八〇〇名の大被害を出して壊滅した。

　直入郡岡方面では、一月二日ごろから大分郡一揆の影響で騒然とした状況になり、三日夜から各所での屯集が始まった。四日、牧村の副戸長宅・岡藩出張所が打ちこわされ、一揆勢は原村に屯集した。翌五日、四〇〇〇人の一揆勢は芝居小屋に放火した後、岡城下に乱入した。一揆勢は翌日にかけて市中の町家を毀焼し、大区ごとに碧雲寺・西光寺・山手河原などに屯集した。六日夕刻に至って一揆勢は順次解散帰村していったが、同日夜、県庁からの鎮圧部隊が到着し、残っていた入田郷・柏原郷の一揆勢を攻撃、一揆勢は死傷四〇名、捕縛九〇名を出して壊滅した。

こうして大分郡庄内谷蜂起に始まり、竹田城下での鎮圧にいたるまでの一週間にわたって大分県内四郡で展開し、区戸長・豪農商居宅・部落・掲示場など六〇〇か所を毀焼した騒動は、鎮圧側の激烈な銃撃により、一〇〇名近い死傷者を出して圧伏された。一月七日には一揆の発端となった庄内谷の参加者の逮捕が行われ、一〇日以降は鎮台兵が管内を巡視して、なお残る不穏の状況を押さえ込んでいった。二月一日には、司法省臨時裁判所が開設され、四郡参加者の友吟味（参加者の取り調べの際、他の参加者を告発させ、複数の告発があった者を有罪とする方法）が始まった。四月二九日に司法省よりの処刑指令が届き、翌三〇日、吉十郎が庄内谷蜂起の発頭として、直入郡田井村阿南千代五郎が直入郡蜂起の発頭として、柚ノ木村寄留麻生菊治と同郡賀来村阿部音平が竹の上村での県官殺害の下手人として、それぞれ処刑されたほか、懲役一年以上九名、除族三一二名を含む管内四郡・九二一か村・八か町の二万七九一三名が処分された。この一揆では、旧藩士族層を動員した徹底的な武力弾圧が行われ、鎮定後の逮捕・処罰も当初は即決処分の適用をはかろうとするなど、大蔵省・県庁側は新政反対一揆に対して極端な対決政策を採用している。付和随行の単純な参加者に対しても、明治政府はそれまでの処罰しない方針を大きく転換し、このような大規模な処罰が出現することになった。また、この一揆で被害にあったのは、各大小区の区戸長と市街地の商家が中心であったが、大分郡一揆においては部落への焼き討ちが行われている。この部落攻撃は、屠牛に従事していたことを理由としており、牛を食することへの敵意や不安が一揆の根底にあったことが想起できる。しかし、要求項目を見ると、その多くは貢納・物価などに関係するもので、とくに民費負担の重さに対する抵抗が要求の中心であった。一揆後の二月二三日、大分県は願意壅閉の状態を打開するため、毎月二度小区会所において人民の建言を受け付けることを布告し、三月五日には住民からの嘆願の権令への直訴を認める掲示を行った。さらに三月二五日、大区会所を廃止して、小区単位で用務所を設置するなど、大小区制の官治的側面を修正する支配機構の修正を余儀なくされていった。

（茂木陽一）

〔参〕『近代部落史資料集成』二、「県治概略」(『大分県地方史料叢書七』)、『狭間町誌』、『大分市史』下

明治六年（一八七三）三月五日
敦賀県大野・今立・坂井郡真宗護法強訴・打ちこわし（真宗護法一揆・ボロンカ騒動）

その出立ちからみのむし騒動とも通称される。明治元年三月の神仏判然令、同三年一月の大教宣布の詔などに基づく神道国教化政策が民衆の反発を受けたことへの対応として、政府は統一的・組織的な国民教化の新路線を作るべく、教部省の下で三条教則・十七兼題を教条とする教導職体制の推進をめざした。五年九月には東京に大教院を創設し、全国大小の寺院・神社を小教院として檀徒・氏子を教導すべきことが定められた。この教化方針を敦賀県に徹底させる役割を果たしたのが、同県出身の教導職であった石丸八郎である。石丸は、六年一月に東京から帰省し、一六日、岩本村成願寺に今立郡内寺院を集合させ、地域の寺院の廃合と小教院の設置、各寺院に三条の教則を徹底させて宗名や門徒同行を廃して三条宗と称させるなどの方針を強硬に申し渡した。この発言に真宗各寺院や門徒たちは衝撃を受け、教部省は石丸を使って耶蘇の教法を勧めているという流言が広まっていった。

この今立郡下の不穏状況は隣接する大野

郡にも伝えられ、友兼村専福寺住職金森顕順、上据村最勝寺住職柵専乗、上据村農民竹尾五右衛門らを中心に、二月二〇日、猪ノ嶋村道場に四三か村が寄り合って「護法連判」の協議が行われた。その内容は、耶蘇宗の侵入を防ぎ、法談御免を出願し、許容されなければ仏号の旗を押し立てて東京まで押しかけること、また連判者が一人でも逮捕されれば一揆を起こすというものであった。二七日には六五か村の連判状が専福寺へ集められた。この動きに対して、三月五日、敦賀県福井支庁は羅卒を派遣して竹尾五右衛門ら五名を連行しようとした。五右衛門が羅卒の手を逃れて、寺院の鐘をついて急を報せたため、近隣より竹槍を携えた農民三〇〇〇人余が集合し、ついに一揆が始まった。翌六日、上庄・下庄地区の一揆勢が耶蘇宗拒絶・真宗説法再興・学校の洋文廃止を願意として大野町に押し寄せ、旧足羽県支庁が放火され、地券書類などを焼き捨てられたのを始め、町内の豪商・区長居宅・教導職寺院・高札場などが次々に放火・破壊された。一揆勢は、さらに木之本領家村杉本弥三右衛門宅に放火した。これに対して、福井支庁は石川雪らが大野に赴く一方、福井居住の士族一〇〇名を召募して大野へ派遣した。七日、石川は大野町内の一揆勢の三か条の願書の支庁提出を約束し、天野少属もこれを認めた。さらに、八日夕刻、再度一揆勢が集結し騒然とした状況のなかで、天野は願意承認の証書を一村ごとに渡し、ようやく一揆勢は帰村した。この際の一揆勢の要求には、前記三か条のほかに地券の嫌棄や新暦の拒否・断髪洋服の拒否などが含まれていた。

敦賀県本庁では、一一日に名古屋鎮台に出兵を要請し、兵威による逮捕捜索の準備を進めようとしたが、同日、今度は今立郡で一揆が勃発した。同郡では、九日ごろから敦賀県官員を自称する者が徘徊し、一〇日、小坂村戸長宅に近村の者を集めて断髪を強制したため、村番人が逮捕し武生まで護送したが、その際、戸長が耶蘇宗に誘導しようとしているという流言が広まり、一一日に近村の者が戸長宅に押し寄せて打ちこわしたことから蜂起が始まった。一一日から一三日にかけて各区の区長・戸長など一〇軒が打ちこわされ、六軒が放火された。県は、これに対して一二日夜、鯖江士族を召集して中新庄に進み、大砲を発射したため一揆勢は散乱した。翌一三日、水落村から鯖江市内に進む勢いを見せた一揆勢に対して、再び砲発を加えた。この際、一揆勢は大野郡と同様な願意三か条を示したが、鎮圧部隊に拒絶されている。

今立郡一揆が散乱した直後、今度は坂井郡農民の蜂起が始まる。一三日午後二時頃、九頭竜川以北の村民一万人余が、弥陀の名号を記した旗を掲げて森田駅付近に集結し、福井へ侵入する勢いを示した。この蜂起のきっかけは、坂井港石切場町の商人北潟屋喜助が騒動の様子を尋ね歩くうちに、福井御坊所に耶蘇宗が入り込んだという流言が広まり、村民の屯集が始まったことにある。一揆勢は九頭竜川上の舟橋の上で県官に三か条願書を差し出したが、福井召募士族を主体とする鎮圧側はこれを拒否して銃撃を加え、五〇名余を逮捕した。一五日には丸岡近傍の一本田村に集結した一揆勢に対して丸岡士族が銃撃を加えて散乱させ、各所での戸長の説諭によってようやく鎮静化した。一六日、福井支庁は騒擾の終息と四〇〇名余の捕縛を東京の藤井権令に報告した。二〇日、名古屋鎮台兵が到着し、二二日から大野郡を中心として一揆参加者の検挙を始めた。

一〇日間にわたって三郡で三万人が決起したこの大一揆は、中央政府における明治六年一揆への強圧的対応への転換をもたらした一揆として注目される。一揆発生の報を受けた大蔵省は、一四日、正院に報告後、敦賀県に対して即決処分指令を発した。この時期、一揆参加者に対する裁判権は司法省の下にあったから、この大蔵省の即決処分指令は司法省の権限を侵すことになったが、大蔵省はそのような問題が生じることも覚悟で一揆に対する弾圧強硬策に転換せざるをえなかったのである。二二日に仮断獄所が設置されて連日取り調べが進み、重犯者は福井に護送された。四月一日までには罪案が作成され、四月四日、顕順・専乗・五右衛門ら六名に一揆首謀者として判決が言い渡され、ただちに処刑が執行された。翌七年一月に確定した処分の内容を見ると、斬罪が顕順ら五名、絞罪が一名、懲役一年以上が二八名、贖罪・収贖が八三三一名、その他を含めて処罰者総数八四三九名となった。明治五年までの諸一揆とは比較にならない大規模な処罰であり、同年一月に発生した大分県一揆に対する処罰と並んで、政府が徹底した対決姿勢で一揆弾圧に乗り出すきっかけになったのである。

【人物】金森顕順　かなもりけんじゅん

越前国大野郡友兼村の真宗高田派専福寺の住職で、天保四年（一八三三）生まれ。明治六年一月下旬、今立郡での石丸の発言をいち早く伝え聞き、大野郡での「護法連判」の組織化の中心となった。騒動後は門徒の家を転々と潜伏していたらしいが、三月二二日、妻子に宛ててカタカナ書きの遺書を書き記した後、自首した。四月四日、「徒党発議」につき斬罪に処せられる。時に四一歳。明治一四年、顕順と専乗の名を刻んだ一揆殉難碑が建立された（大野市木ノ本）。同二二年の憲法発布に伴う大赦令により同二七年赦免され、翌二八年には本山から殉教者として認められ、同二九年専福寺境内に顕順殉教碑が建立された。子顕真は父の遺文を「顕順殉難録」にまとめ、顕順の考えを伝える。

【人物】石丸八郎　いしまるはちろう

天保八年（一八三七）九月、越前国今立郡定友村の浄土真宗西本願寺派唯宝寺住職石丸了円の長男として生れ、弘化三年（一八四六）五月、真宗西本願寺で得度し、良厳を法名とした。文久二年（一八六二）春から慶応三年冬まで豊後国豆田村の広瀬塾で過ごした。慶応四年一月、西本願寺から邪教門一件諸家応接取調掛に、次いで破邪顕正掛に任じられ、長崎にでてフルベッキの門下としてキリスト教の教理・伝道状況を調査した。この時の成果として『耶蘇結末記』、『崎陽茶話　附耶蘇始末』を著している。破邪僧としての良厳の活躍のゆえか、同二年五月、弾正台の諜者に選ばれ、四年七月、太政官所属の「異宗捜索諜者」の筆頭に挙用された。これを機に良厳は還俗して石丸八郎を名乗り、五年七月教部省に教導職一一等出仕として権中講義に任用される。六年一月、三〇日間の帰省願を出して郷里の今立郡定友村に戻り、そこで一揆のきっかけとなる「石丸発言」が発せられたのである。一揆発生の時、石丸は東京に戻っていたが、ただちに敦賀県出張を命じられる。一揆終結後、石丸は函館・東北に出張して大教宣布事業に従事した。七年六月、石丸は教部省を退職し、九年五月に白英を法名として再度僧籍に戻った。その後は島根県浄光寺や故郷の唯言寺住職としてて活動し、明治二二年（一八八九）七月、五三歳で波乱に満ちた生涯を閉じた。

（茂木陽一）

〔参〕三上一夫『明治初年真宗門徒大決起の研究』、坂田玉子『越前大野一揆』、上野利三「明治六年・敦賀県騒擾裁判の一考察」（『近代日本史の新研究Ⅳ』）

明治六年（一八七三）三月一八日
長崎県壱岐郡新政反対屯集（犬狩騒動）

明治六年三月一〇日、国分村国片主神社境内へ壱岐国内諸村民が屯集し、その後一二日にも全島から五人組ごとに一名が印形を持参して寄り合うなど、不穏の状況が生じていた。各区戸長と士族層が説諭に赴き、いったんは鎮静化したが、一五日になると再度屯集を呼びかける触継ぎが回り、一八日に武生水村の国津伊賀美神社に全島より二〇〇〇人の百姓が集合し、「犬狩り」と称して各浦々を押し歩いた。二〇日にいたり鎮静化していったが、二四日には島内三大区の正副戸長は県庁へ官員出張を要請した。同日、県官と邏卒が派遣され、厳原出張所よりも壱岐島へ官員が向かった。屯集農民たちの願意は、新政一般に対する不満、三つ物成の要求、戸長など新置の役人に対する不服従などを内容とするものであり、士族層の一部による扇動があったとされるが、強訴に至る前の新政反対の不穏屯集事件であったと考えられる。

（茂木陽一）

〔参〕『明治初年農民騒擾録』、『公文録』

明治六年（一八七三）五月六日
開拓使管下檜山郡ほか漁民ら減税強訴・打ちこわし（福山・江差騒動）

福山（松前）・江差地方は、廃藩置県後一時青森県の管轄下にあり、明治五年九月開拓使の管轄に移った。開拓使は翌六年三月漁獲量の一割を徴収する新漁税の施行を布告したが、春鰊が不漁となり、新税は重い負担となっていた。五月六日に爾志郡熊石村近傍の漁民たちが強訴に動き、官員の説諭によりまもなく解散した。福山地方でも五月一七日に西在（福山西方）の津軽郡根部田村・原口村など八か村の村役人が福山に出て免税の願書を提出した。開拓使官員は繰り返し納税の説得にあたったが、五月二四日江良町村泉龍院での説諭でも漁民たちは納得せず、福山にでて強訴しようということになり、集団となって市中に乱入した。大商人栖原小右衛門宅前に屯集して飲食し、同夜一〇時ごろ及部村など東在（福山東方）の漁民や福山市中の者も加わって、租税係・戸長・捕亡属などの居宅七戸を打ちこわした。西在の者は光善寺に、東在の者は正行寺に止宿した。翌二五日夜、開拓使側は鰊税三％の金納など漁民たちの要求を聞き届けると回答し、騒動の鎮静化を図った。この福山騒動は、檜山・爾志両郡にも飛び火し、六月六日夜、江差に押しかけた漁民らによって開拓使江差出張所のほか、租税係・戸長・問屋などの居宅二二軒が打ちこわされた。さらに江差近在の戸長宅なども打ちこわされ、開拓使は福山地方同様の減税を一時しのぎに認めている。その後、開拓使は仙台鎮台青森営所から軍隊を派遣してもらい、騒動の中心になった者の捕縛に乗り出し、福山で一七名、江差で三一名が入牢となった。六月二五日開拓次官黒田清隆が福山に到着、また三〇日に江差に移り、逮捕者の全員釈放、約束した減税措置の取り消し、窮民の救助などを決めて、騒動を収拾した。（菊池勇夫）

〔参〕田端宏「福山・江差騒動の研究」（『北海道の研究』五）

明治六年（一八七三）五月二六日
北条県一二郡徴兵令反対打ちこわし（北条県血税一揆）

明治四年一一月に美作一国を管する北条県が設置され、その後一年半の間に次々に布達された解放令、学校令、徴兵令を始めとする文明開化諸政策により、住民の間には旧来の生活秩序を破壊されることに対する不安と不満が醸成されていった。他方、北条県は、明治五年二月、管内一二郡六五三町村を三九区に区分し、各郡に郡長、各区に戸長を置き、旧来の名主・庄屋を里正兼副戸長とする戸籍区体制を布いたが、四月にはさらに郡長・里正を廃止して管内三九区に戸長、各町村に副戸長、旧組頭を百姓惣代、五人組頭を組合頭として配置する区町村制を導入した。この支配機構の再編のなかで戸籍区戸長の内の有力者を地券掛・等外吏として下級県官化していった。こうして、豪農商層を機軸にした新政遂行のための行政機構の整備が進められたから、民衆の新政に対する不満と不安は、これら等外吏・戸長層に対しても向けられることになった。

西西条郡貞永寺村の百姓惣代であった筆保卯多郎は、「血取」や田地の惣平均などの風聞が流布するなかで、徴兵・地券・学校・屠牛・斬髪・解放令などへの反感から県庁への強訴を計画し、近村の旧組頭クラスの中層農を中心に議定書を結ぶ計画を進めた。筆保グループは土居村の瀬島忠市らの強訴計画とも合流して、五月二五日には部落の解放行動への攻撃を含めた強訴への協議を行った。二六日午前一〇時頃、三七区戸長桜井広政宅に白衣の男が出現したとして半鐘が鳴らされ、近村の者が貞永寺へ集結して山中を捜索した。白衣の男を発見できず、戸長の居宅の家捜しが行われるなか、何者かが隣村和田村の部落に対する攻撃を指示したため、群衆は和田村の部落へ押し寄せて一四戸を打ちこわし、一戸に放火した。これをきっかけにして蜂起勢は二手に分かれて津山へ向けて押し出し、翌二七日未明にかけて、六か所の部落、小学校三校、第三区戸長居宅などを毀焼した。二七日、午前九時、一揆勢は津山西寺町の愛染寺内の共学院を破壊し、そこから県庁に迫ったが、県庁は津山藩士族三〇〇名を徴募し、一揆勢に発砲を加えたため、一揆勢は死者六名、負傷者六名を出して敗退した。県庁強訴に失敗した一揆勢は、津山西郊の二宮村高野神社境内に屯集し、元津山藩大参事の海老原極人の説諭を受けた。解散帰村の動きがでるなか、原田村の士族小野亀之進が蜂起の継続を主唱したため、一揆勢は二宮村を本拠と定めて管内西部・南部諸村の動員を行うことに一決した。二宮から西へ向かった一隊は、坪井・久世を経て、二八日、山中方面へ向かおうとしたところで旧勝山藩士の説諭を受けて解散した。津山南方の久米南条・北条郡へ向かった一隊は、各地の部落・正副戸長・盗賊目付などを攻撃したが、主力は二八日午後から翌日午後にかけて中須賀・錦織において旧津山藩士や県官の説諭を受けて解散した。久米郡方面の一揆勢から別れた一隊は、二八日に勝南郡に入り、さらに吉野川沿いに北上して吉野・英田郡を経て、二九日、勝北郡豊久田村に達した。また、勝南郡を北上した一隊は、三〇日、勝北郡の本郷・河辺方面へ向かい、県庁突入の勢いを示したが、士族層からなる銃隊が派遣されたため散乱した。翌日、再度結集した一揆勢も福力村において銃隊の攻撃を受けて壊滅、豊久田村方面から進んだ一隊も三一日、リーダーの槌蔵が同行者に捕縛されて解散した。

西・南・東部の一揆に対して、二七日夕刻から、東北条郡加茂谷地方の蜂起が開始された。貞永寺方面からの扇動により宇野村から発した一揆勢は、正副戸長・盗賊目付を攻撃し、二八日から翌日にかけて一村部落である津川原村を襲撃して、一〇二戸に放火し、二八名を殺傷した。他の部落が一揆勢の勢いに恐怖して、詫書を提出して従前の取り扱いを許容する姿勢を示したのに対して、県庁強訴の先鋒になることを拒否して徹底した抵抗の姿勢を示した津川原に対して、激高した一揆勢が焼打をかけ、逃げ出した村民に対して執拗な山狩りを行って暴行を加えた結果であった。津川原襲撃の後、同村内滑川において旧津山藩士族遠藤半平によって、五か年間貢米免除・徴兵廃止・解放令廃止・正副戸長廃止・断髪停止・屠牛廃止など一〇か条を内容とした嘆願書の作成と県庁への提出が行われたため、大部分の蜂起勢は解散・帰村した。

こうして、主要な一揆勢力は三一日中にほぼ消滅した。六月一日には、岡山県士族隊・元真島藩士族隊が、二日には大阪鎮台兵二小隊が到着して一揆状況を押さえ込み、県官・士族層による一揆参加者の捜索・逮捕が本格的に開始された。三日には津山に臨時裁判所が開設され、一一月三日に至る逮捕者の裁判が開始された。この一揆では一五名が斬罪となっているが、一四名までが津川原襲撃関係者であり、残る一人が一揆の発頭人として処刑された筆保卯多郎である。懲役一年以上に処された六四名は、各地での一揆集団のリーダーや放火の実行者であった。一揆に参加して除族となった士族は一三二名に及んでいる。これらを含めて、全体で二万七〇〇〇名に上る処罰者は北条県全戸数の五割を越えており、一揆が波及した地域では文字どおり村ぐるみの参加がなされていた。一週間の一揆によって下級県官・正副戸長五九戸、盗賊目付二八戸、部落三一四戸、小学校一八か所、掲示場五十か所など七五九か所が毀焼被害にあっており、下級県官・戸長・小学校・部落のすべてが新政の象徴として破壊の対象になった。このように行動は激烈であったが、一揆勢の要求は加茂谷筋のものを除いてほとんど綱領化されておらず、筆保グループの議定書も発見されていない。民衆の間にある諸要求は不安・不満としてしか存在していなかったため、新政総体の否定という形での毀焼攻撃へ向かったのである。北条県血税一揆に示された新政遂行機構である区・町村制への打撃は、北条県の民衆支配の修正をもたらした。同県は、明治七年一月、「北条県民会議事略則」を公布し、それに基づき四月には県会を開設した。ここでは、政府県庁の施策に対する不満を上願する権利を認めるという「進歩」的な規定が見られる。これは、結局政府の認めるところとはならなかったが、まさに血税一揆による府県支配への攻撃への対応として評価できるものであろう。

【人物】筆保卯多郎　ふでやすうたろう

西西条郡貞永寺村の組頭・百姓惣代。明治三年の持高二〇石弱、牛一匹所持の中層農である（『鏡野町総合調査報告書』）。一揆の首謀者として、明治六年、三三歳で処刑された。卯多郎は貞永寺村塚本儀四郎・古川村竹村伴蔵・小座村正影総市・北山光蔵らと準備を進め、そのために白衣を着た「血取」役人が出現するとの流言を流した上で、百姓惣代を辞任して、白衣を購入して機会を窺う一方で、五月二二日には円宗寺村に白衣の者がきたとの流言を流し、近隣村民が集結するのを確認したうえで、蜂起グループを拡大し、二五日には和田村仁田鹿蔵らと部落の解放行動に対する制裁を行うべく協議を行っている。卯多郎グループはいずれも中層農で、卯多郎と同じ組頭も他に二名確認できる。県庁が進める新政によって、名主・庄屋は副戸長として県行政機構に取り込まれ、彼らを通じての嘆願闘争に期待を持てなくなった旧来の生活秩序をもっとも直接に破壊される部分が危機意識を強めていったことがわかる。卯多郎自身は津山攻撃には参加していないから、彼が処刑されたのはまったく全県下にわたる蜂起の最初のきっかけを作ったというにすぎないのだが、卯太郎自身は一揆の発頭としての立場を引き受け、処刑に際しては「みまさかや騒擾一の元すいと後の世までも名をや伝えん」という辞世を残している（矢吹正巳稿「北条県下暴動記」）。（茂木陽一）

〔参〕茂木陽一「明治六年北条県血税一揆の歴史的意義」（『日本史研究』二三八）、長光徳和編『備前備中美作百姓一揆史料』五、『岡山県史』一〇

明治六年（一八七三）六月一六日
福岡県新政反対打ちこわし（筑前竹鎗騒動）

福岡県では、明治六年三月、怡土・上座・宗像郡村々において徴兵令にかかわって、二〇歳以上の者の人別調べが行われた際、種々の流言が飛び交い、各所で不穏・屯集事件が発生していた。この際には蜂起には至らず、県官と区戸長の説諭によりいったんは鎮静化したが、新政に対する不信・不安が県下に広がっていた。他方、この年は西日本一帯で干害の被害が広がり、米価は高騰を続けていた。このため、米穀商人の買い占め・売り惜しみに対する反感が強まっていたが、嘉麻郡と小倉県の県境にある金国山では、小倉県猪ノ膝宿の目取（米穀商人から依頼されて米価情報を狼煙で伝達していく仕事）の活動が四月以来続いていた。嘉麻郡内の住民はたびたびこれに抗議してきたが、六月一五日、筒野・高倉・赤坂村の保長に率いられた村民が猪ノ膝宿へ赴き、狼煙の火焚差し止めの交渉を行った。この交渉の際に嘉麻郡側に暴行が加えられたため、一六日、筒野村医師淵上琢璋は近隣一八か村に対し猪ノ膝宿へ出張を要請する廻章を作成して村継ぎで回達させた。そして、一八か村の村民は、猪ノ膝宿の目取や商家を打ちこわした。その後、この一揆集団は小倉県諸村よりの参加者も含めて、福岡県大隈宿へ向かい、一七日朝、米穀商など数軒を打ちこわし、さらに沿道の商家を打ちこわしながら飯塚宿へ向かった。一八日には、士族隊による攻撃を受けながらも飯塚宿に乱入し、七〇軒余を打ちこわした。この際には当初の米相場に対する不満からの米穀商攻撃という側面にかわって、区戸長・副戸長・調所などに対する攻撃が中心となり、福岡県政に反対する新政反対一揆に転化していた。

一揆勢は飯塚から三方向に展開し、一八日中には鞍手郡から宗像郡内全域に拡大していく。一九日には嘉麻・穂波郡内の一揆勢二万人が飯塚宿大行事川原に、六〇〇〇人が嘉麻郡貞月川原に屯集するが、県官や鎮撫士族・僧侶の説諭により解散・帰村した。同じ日、宗像郡内の一揆勢は粕屋郡内に進出し、同日夜から二〇日にかけて席田郡・那珂郡諸村も一揆に参加し、箱崎が一揆勢の一大屯集地点となった。同日、夜須郡・御笠郡諸村も一揆集団を形成し、南から福岡・博多へ向かい、一揆勢が東と南から福博を包囲する状況ができ上がった。こ

の時、士族隊による攻撃を受けて一揆勢に三名の死者がでると、反撃した一揆勢により鎮撫士族柴田弥七が殺害された。その直後、博多東方に所在する部落である堀口・辻の二村が一揆への参加を拒否したことにより放火され、ほぼ全戸が焼失するという事態が生じた。二一日には、早良・怡土・志摩郡の西部地域の諸村も一揆集団を形成した。県庁官吏と旧福岡藩士族との対立により有効な防御態勢を取れない間隙を突いて、一揆勢は福博の東・南方からいっせいに進入し、福博市中の都市民も一揆に参加して、市内の豪商・大区調所・学校・掲示場などを打ちこわした。午後一時過ぎ、一揆勢は福岡県庁内に突入して書類・備品を焼毀し、官舎に放火した。ここにいたって、形勢を傍観していた福岡藩士族による武力鎮圧が開始され、一揆勢は数十人の死傷者を出して福博から敗走した。

二一日以降二三日に至るまで、西方の一揆集団は、豪農商・役場・戸長居宅・学校などを打ちこわす一方、ほぼすべての部落に対して放火攻撃を加えた。福岡南方で逃走した一揆勢は、二二日より参加北上してきた上座・下座・夜須郡の一揆勢と御笠郡針摺河原で合流し、県南部の豪農商・区戸長居宅・大小区調所・学校の打ちこわしを行うとともに、夜須郡内の部落に放火攻撃を加えた。二三日に甘木・秋月を攻撃した一揆勢は、二五日に至って、旧藩重臣の説諭により解散・帰村する。福岡から敗走した東郡勢は、それぞれ帰村すると、居村において豪農商に対する施米施金要求や、小作契約改善、飯米安売りなどを要求し、従がわない豪農商の打ちこわしを行うというように、村落内での一揆状況を維持していく。全県下の一揆の展開のなかでほとんど無風状態であった遠賀郡においては、二五日以降に全村を巻き込む一揆状況が展開し、区戸長・豪農商に対する焼き討ちを伴う激しい攻撃が行われた。この一揆勢も、二七日、芦屋に集結した士族隊の示威と旧藩重臣の説得により解散した。

これ以降、海陸から進行してきた鎮台兵の軍事力を背景に一揆参加者の逮捕・取り調べが行われ、同年九月までにはほぼ参加者の処断が完了することになる。一揆勢に対する処罰としては、嘉麻郡筒野村の医師淵上琢璋が廻章を作成して猪ノ膝宿打ちこわしの発頭になったとして絞罪に処され、ほかに大蔵省官員中村義心殺害、小倉県少属高橋正清殺害、鎮撫隊士族柴田弥七殺害のそれぞれ首謀者として三名が斬罪になっている。このほかに、各地の打ちこわし・放火の中心などとして懲役一年以上に処された九二名、打ちこわしの参加者などで笞四〇以上に処された一万一六九〇名、付和随行などとして笞三〇以下に処された五万二一五八名などの、総計六万四一六一名が処罰されている。この処罰者数は、確認されたものでは一揆史上最多である。明治五年の福岡県総戸数九万戸の七一%、総人数四三万人の一五%に及ぶ数である。また、福岡県内の八つの島嶼のうち小呂島を除く七島から戸数の六〇%に及ぶ参加者がでており、ここからすれば、全県下にわたって全郡・全村・全戸からの動員が実現していたといえる。また、福岡・博多からの参加は三〇%と低くなっているものの、そのなかには相当数の士族が含まれている。一方、この一揆では、官員・区戸長・保長などの居宅と豪農商の居宅一一三三戸の打ちこわしと、堀口・辻部落を始めとする県内西部・南部の部落一五〇〇戸以上にのぼる放火による焼亡の被害が生じている。とくに部落に対する激しい放火攻撃は、この一揆を部落解放反対一揆とみる根拠になっている。しかし、一揆発生当初の県東部地域においては部落攻撃は見られず、むしろ部落からの一揆への参加が多数確認できる。この部落の一揆参加から有無をいわせない放火攻撃への転換は、県庁攻撃直前の堀口・辻への放火とそれに続く福博からの敗走が契機になっていると思われる。

一揆集団の形成はおおむね次のように行われた。放火・打ちこわしの脅しによる動員強制や回状の伝達などにしたがって村ぐるみで一揆に随行し、大部分の村民は途中で帰村するが、一割程度の村民はそのまま一揆集団に参加し続け、豪農商・区調所・部落・

種々の新政の象徴物への打ちこわしや放火を行う。その打ちこわし勢のなかから一揆集団の指導者が出現し、攻撃目標の設定によって集団の維持をはかる。その際の目標は、二一日までは県庁攻撃であり、それ以後は区吏員・調所・豪農商・部落であった。それらによって民衆の日常意識のなかにある新政への不満、部落住民の解放行動への反発を組織し、全体として県庁が進める新政そのものと新政遂行の組織に打撃を加えていこうとしたのである。福岡県竹槍一揆において、当初の猪ノ膝打ちこわし以外は事前の計画性や統一的な司令部はなかった。したがって、竹槍一揆の全過程を通じて共通した要求項目というものは見出せない。初発の猪ノ膝宿打ちこわしや大隈宿打ちこわしは米価の高騰にかかわる米穀商人への制裁という側面が強かったが、飯塚町打ちこわし以降は、新政全般に対する不満を打ちこわしという形で表現しており、動員もまた放火や打ちこわしの威嚇によって行われていた。一揆勢の要求が表出されるのは、各所での屯集に対して旧藩重臣や県官が説諭に赴いた際にとりまとめて提出されるか、てんでに発言する内容を説諭側が書き取るという形で行われた。そこでは旧知事帰国、他県出身の県官廃止、士族卒の復活といった廃藩置県以降の県支配の拒否、年貢半減を中心にする貢租負担の軽減要求、穢多身分解放への反対、旧暦復活・地券廃止・電信機廃止など新政に対する反対が主要な内容となっており、新政全般に対する民衆の反対が旧藩支配への復帰願望という形態をとっているのが窺われる。

（茂木陽一）

〔参〕茂木陽一「民衆動員の構造」（『三重法経』七九・八〇・八二）、法務図書館蔵「福岡騒擾一件」、上杉聰・石瀧豊美『筑前竹槍一揆論』、『松崎武俊著作集』上・下、紫村一重『筑前竹槍一揆』

明治六年（一八七三）六月一九日
鳥取県会見郡徴兵令反対打ちこわし

明治六年六月中旬、北条県血税一揆の影響で徴兵令についての「血取」「子取」の風聞が流布していた鳥取県会見郡では、各地で寄合が開かれ、「血取」役人を竹槍で防ぐことが申し合わされ、騒然とした状況が形成されていた。六月一九日、九二区古市村で、管内の巡視を行っていた邏卒を「血取」役人と誤解した近隣六か村の村民が出動して捜索・屯集した。同じころに、天万宿に赴任する途中の小学校教員ら三名が「血取」役人と誤解されて捕らえられ、古市村グループも加わって、谷川村へ連行し、九二区戸長亀尾延太郎の説諭を聞かずに、屯集勢は教員に暴行を加えた。同日夕、屯集勢は柏尾村の九二区会議所・戸長居宅などを打ちこわし、さらに同夜から翌二〇日朝にかけて、小原村の九三区戸長宅、天万宿の九五区戸長宅、新庄村の八五区戸長宅を打ちこわした。動員をかけられた日野川西岸地域諸村は八五区八幡村川原に屯集し、同日午後には東八幡村に集合した日野川東岸諸村とともに、水浜・岸本・上新印村・尾高村の戸長・副戸長・用掛を次々に打ちこわし、吉岡河原に屯集した。ここへ説諭に赴いた米子支庁の県官に対し、一揆勢が口々に唱える要求を大神神社神官住田正諮がとりまとめて要求書を提出した。その内容は、米価引き下げ、外国人通行禁止、徴兵廃止、地券費用の官費支出、小学校廃止、太陽暦廃止、布告版行代徴収廃止などであったといわれる。斉藤少属は県庁への嘆願書取り次ぎを約したため、この屯集勢は解散・帰村した。ところが、二一日午後、日野川屯集勢から米子町が不参加ならば放火するとの脅しが伝えられると、町民は勝田社へ集合した。同所で士族の説諭が行われたが、町民はそれを振り切って、夕刻より米子町内へ乱入し、八四区戸長宅を打ちこわすが、士族隊によって解散させられた。翌二二日になると、一揆は浜の目地方に波及した。烏帽子直垂姿の乗馬の者が各村を動員しているという風聞が流れ、八六区から九一区の村々は和田村御崎神社に屯集し、和田・富益の小学校を打ちこわした。午後になって、士族が出張・説諭していったん解散しかかるが、富益村佐々木林蔵の扇動で、夜になって大篠津村の戸長宅を始め各所の戸長宅の打ちこわしが開始された。一揆勢は、二三日午後境港へ入った。ここでの打ちこわしの後、説諭の士族隊に対し、一揆勢は徴兵令反対や諸運上廃止などと並んで、旧藩主の帰国を要求している。浜の目の一揆勢も米子士族隊によって解散・帰村させられた。他方、鳥取県は貫属五〇名と鎮台兵一小隊を米子に派遣するとともに、北条県へ派出されていた鎮台兵一小隊も到着した。この軍事力を背景に、二五日に一揆勢の願書廃棄を通告し、二六日より参加者の逮捕に乗り出した。量刑は逮捕の役人に抵抗した罪で終身懲役となった一名と浜の目蜂起の際の扇動者として一〇年懲役となった一名以外は、いずれも懲役九〇日以下の軽微な処分であったのも、この一揆に実質的な発頭人がいなかったことを示している。しかし、処罰人数は単純な参加者も罪に問われたため一万一九〇七名と、会見郡総戸数の七〇%を越えている。この一揆は、事前の蜂起準備によって引き起こされたものではないが、広範な新政に対する不満が、「血取」「子取」の風聞をきっかけにして、新政の在地での執行者である正副戸長への攻撃に転化し、またそれが他地域の蜂起をうながす、同時多発的な一揆であった。被害を被ったのは小学校や掲示場、豪農商層の居宅などであるが、攻撃対象の中心は正副戸長の居宅であり、新政遂行の基幹的部分がここにあることを一揆勢は承知していた。また、この時期に相次いで起こった西日本の新政反対一揆のなかでは、この会見郡騒擾は部落解放反対を要求に含んでおらず、また部落に対する放火などの攻撃も確認できない。逆に、一揆に参加して打ちこわしを行い、処罰されている部落住民を確認することができるなどの点で、北条県血税一揆などとの違いを示している。　（茂木陽一）

〔参〕法務図書館所蔵「鳥取暴動一件」、『明治初年農民騒擾録』、茂木陽一「大小区制期の民衆闘争」（『日本史研究』三三三）

明治六年（一八七三）六月一九日
島根県能義・神門・楯縫・仁多・秋鹿郡徴兵令反対屯集（島根県徴兵令反対一揆）

明治六年六月一九日、鳥取県会見郡騒擾のきっかけとなった小学教員に対する暴行・屯集の際、逃走した教員を追跡するため、鳥取県側の村々から隣接する島根県能義郡村々に応援が要請され、さらに同郡第七八区安田村まで難を逃れた鳥取県邏卒が「血取」の出現と誤解されて捕らえられたため、近隣からぞくぞくと住民が集結して蜂起寸前の状態になった。県庁から派遣された県官、戸長、捕亡の説諭により屯集勢は解散したが、不穏の状況は神門・楯縫・仁多・秋鹿郡に波及した。楯縫郡多久谷村では徴兵連名簿への請印を拒否して数百名が屯集した。また、同郡第五五区美談村では、中岡鉄之助・水代儀三郎らが中心となり、「血取」の風説が流布するなかで、六月に同村ダカイ場で村寄合を持ち、鉄之助の主導でいったん提出した徴兵請印の取り消しを議定し、捕縛の際には竹槍によって抵抗する旨の連判が取り結ばれた。また、仁多郡第二二区馬馳村では、斬髪令に反対して戸長の指示を拒否する申合をはかっている。これらの不穏状況に対して、島根県庁は七月九日以降、松江士族を徴募して非常に備えるとともに、県官を派遣して説諭を加えた。その結果、いずれも蜂起にはいたらずに鎮静化した。鎮定後、多久谷村の田中元兵衛ら三名が杖七〇に処せられたほか、笞杖刑若干名を出した。このような徴兵拒否の屯集事件は、折からの干魃の影響も重なって浜田県管内の村々でも発生した。石見国那珂郡第一大区第三七小区木田村では七月一九日、村内百余名を集めて寄合を開き、徴兵の拒否と、嘆願闘争によらず竹槍によって抵抗すること、さらに戸長副を打ちこわして浜田県庁へ強訴することなどを議定したが、八月二二日に四名が逮捕され、未発に終わった。　（茂木陽一）

〔参〕法務省図書館蔵「諸県口書」、国立公文書館蔵「大蔵省考課状 本省 天災騒擾之部」、『明治初年農民騒擾録』

明治六年（一八七三）六月二五日
広島県徴兵令・解放令反対打ちこわし

明治六年六月、中四国一帯で新政反対一

揆が激発したが、そのなかで広島県下にも不穏の状況が広がっていた。六月二五日、御調郡第一〇区因島村で二〇〇名ほどの住民が竜王山へ屯集し、徴兵に対する不満を表明した。この屯集事件は出張した用掛の説諭で程なく鎮静化したが、その後、七月から八月にかけて広島県各地で部落に対する攻撃が繰り返された。七月二日、豊田郡田野浦村にあった培根商社分社の屠牛場に務める部落住民が樋門を開いて海水を引き入れ、そのために新開場の作物が枯死したという無根の噂に激高した御調郡三原西町・西野村、豊田郡田野浦村などの住民数百人が屠牛場に乱入して放火・打ちこわしを行った。この打ちこわしの参加者はその後逮捕され、翌年三月に刑が確定した。懲役七年以上の八名を含む一七名が処罰されているが、なかには士族も含まれている。広島県下の部落攻撃はその後も続き、七月二九日には奴可郡栗村・平子村、八月四・五日には三上郡庄原村、恵蘇郡三日市村の部落が放火・打ちこわし被害に合っている。これらの一連の部落攻撃は、前年の岡山県下の部落攻撃、この年の北条県血税一揆での部落攻撃などと共通する性格を持つものと思われる。　（茂木陽一）

〔参〕『明治初年農民騒擾録』、『公文録』、広島部落解放研究所編『広島県・被差別部落の歴史』

明治六年（一八七三）六月二六日 香川県豊田など六郡徴兵令反対打ちこわし（讃州竹槍騒動）

明治六年二月、阿波・淡路・讃岐をあわせた名東県が成立し、徳島に県庁が、高松に支庁が置かれた。高松支庁管内は八八区に区分され、各区に官選の正副戸長が配置された。この名東県治下での学校費を中心とした民費負担の過重により人々は県政への不満をつのらせ、徴兵連名簿作成に関連しても、阿野郡・鵜足郡村々は各所で屯集事件を起こしていた。また、この年は非常な旱魃で、蜂起以前に西讃各所で水寄合と称した集会が持たれるなか、新政に対する不満が高まり、それは「血取」「子取」の流言となって現われていた。六月二六日、三野郡第七六区下高野村に現われた一婦人が小児を誘拐しようとしたとして付近の村民が集まり、同女を打ち殺そうとしたため、村役人が同女を自宅につれ帰った。村役人宅を取り囲む群衆に対して戸長・副戸長が邏卒とともに説諭を加えるなか、二〇〇〇名ほどの規模に膨れ上がった屯集勢は、高野村から方向を転じて比地大村の事務取扱所・掲示場を打ちこわし、戸長居宅を放火した。鎮定後の裁判で、この蜂起の発頭人として処刑された三野郡下高野村の矢野文次らが徴兵を拒否するために事前に準備を重ね、この「子取」騒動を好機として遺恨を抱いていた豊田戸長宅の放火を主導したとされているが、矢野文次の主導性をその後の西讃蜂起全体に見ることはとうていできず、新政全般への不満が「子取」騒動をきっかけに爆発したのが、この日の蜂起であった。蜂起勢は、その日のうちに、戸長居宅・区事務取扱所・小学校に放火しつつ、三野郡から豊田郡大野原村へ向かった。翌二七日、観音寺市街へ突入し、区事務所・邏卒出張所・小学校などを焼き、邏卒二名を殺害した。蜂起勢は、ここから四方向に分かれた。一隊は海寄りを進み、白方海岸を多度津へ向かった。一隊は、笠岡・新名村から鳥坂峠を越え、善通寺・丸亀方面をめざした。さらに一隊は豊田郡古川・三野郡上高野を経て多度郡牛屋口に出た。阿波との国境沿いに三野郡大野・中の・上の村と進んだもう一隊は、牛屋口で三番目の集団と合流し、琴平へ突入した。いずれも、沿道の戸長居宅・事務取扱所・学校など官の施設を残らず放火していったことが特徴である。二七日夜、多度津へ侵入しようとした一揆勢に対して、邏卒・士族・県吏員らの防禦側は抜刀・発砲して撃退した。同夜、鳥坂峠を越え善通寺・丸亀へ入ろうとした一揆勢は、多度津警備から転じた多度津・丸亀の士族や邏卒・捕亡・沖仲仕までも動員した鎮圧部隊に阻止された。琴平に乱入した一揆勢は、いくつかの小集団に分かれ、那珂郡から鵜足郡へ進んだ。そのうちの一隊は二八日朝、岡田・栗熊を経て阿野郡滝宮にいたり、一部は栗熊から羽床上・下へ進んで、同所の部落に放火したため三○軒以上の居宅が焼失した。これに対して、正午頃より大阪鎮台高松分営から鎮台兵三小隊が派出され、同日午後、滝宮・丸亀へ着陣した。二九日朝、滝宮南方の各所が放火されているのに対し、半小隊が枌所村小野峰峠へ向かい、同所に屯集していた一揆勢に発砲し、一揆勢は即死五名・負傷者二○名を出して散乱し、二六日から始まった西讃蜂起は終焉を迎えた。

この四日間で、豊田郡など六郡四六区一三○か村で放火・打ちこわしが行われ、区事務所三一か所、戸長居宅四六戸、村吏家宅一四五戸、小学校四八か所、邏卒屯所七か所、掲示場・制札場八七か所など、官の名目のつくものは悉皆被害を受けた。また、部落の焼亡を含む平民の被害は二○三戸に及んだ。一方、一揆参加者も鎮台兵や士族隊により一九名を殺害され、三二名の重傷者を出している。八月二日には、権少判事佐久間長敬らの司法省官員が派出されて、参加者の処断が行われ、三野郡下高野村の矢野文次を発頭人として九月九日に斬罪に処したのを始め、七名が死刑、懲役一年以上が五三名、付和随行で贖罪処分となったものも含めて一万六九○二名が処罰されることになった。この一揆では、嘆願書の提出や要求箇条の表明がまったく確認できないことと、大小区制下の行政機構への徹底した放火攻撃を、特徴として見ることができる。新政反対一揆での要求の提出は、全県域にわたる蜂起の上で鎮圧に赴いた官員の説諭に応じて口々になされるという形態が一般的である。鎮圧側の要求を受け付けて鎮静化させるという対応を前提としているのだが、この西讃蜂起においては、当初より鎮圧側の発砲・抜刀による徹底した武力攻撃と鎮台兵の即時の出動が特徴となっているため、そのような要求提出の局面を作り出すことができなかったといえる。　（茂木陽一）

〔参〕佐々栄三郎『讃州竹槍騒動』、石島庸男「西讃農民蜂起と小学校毀焼事件」（『維新変革における在村的諸潮流』）、『近代部落史史料集成』二

明治六年（一八七三）七月一四日
白川県天草郡崎津村ほか徴兵令反対打ちこわし（天草血税騒動）

明治六年六月、白川県が徴兵編制のため一七歳の者の印形を集めたことから、天草郡内で一七歳から四○歳の者が「西洋又ハ蝦夷地」へ送られ「生血生油」を取られるとの流言が広まり、七月一四日、さらに二○歳の者の調印が触れられると、五○大区一○小区崎津村の村民は氏神社へ屯集した。一○小区戸長山本源吉が同所に赴き説諭するが、その際に二七○円の代人料により免役になると説明したことが、戸長が不正に役金を着服するものだとして、屯集農民を激高させた。逃げ出した戸長を吉川寅太郎を始めとする村民が追いかけ、徴兵名簿を奪おうとして戸長詰所を打ちこわした。さらに翌日、崎津村村民は戸長のやり方に不満を持っていた隣村今留村・小島村村民とともに、およそ四○○名が崎津村居住の副戸長・筆生・地券掛筆生・地券掛手伝・村用聞の五軒を打ちこわした。報告を受けた白川県は県官と取締組三○名を現地に派遣して、鎮静化させるとともに参加者を逮捕した。八月二三日以降、裁判が行われ、翌七年二月、吉川寅太郎ら三人が発頭人として懲役三年に処せられ、打ちこわしに参加した崎津村民四四名に懲役七○日、今富村民ら八六名が懲役三○日に処せられた。この騒動は、徴兵名簿作成をきっかけにして戸長への日常的な不満と不信が爆発したものと位置づけられる。　（茂木陽一）

〔参〕鶴田八洲成「天草血税騒動の地域史研究」（『天草史談』二○）、手塚豊「明治六年・天草血税一揆裁判小考」（『法学研究』五九―五）

明治六年（一八七三）七月一九日
浜田県那珂郡木田村徴兵令反対屯集
→明治六年（一八七三）六月一九日
島根県能義・神門・楯縫・仁多・秋鹿郡徴兵令反対屯集（島根県徴兵令反対一揆）

明治六年（一八七三）七月二三日
京都府何鹿郡徴兵令・学校入費反対屯集

明治六年七月二三日、何鹿郡第一区の九か村が虫送りと称して綾部近傍の和知川川原に屯集したのを始め、その後二六日に第一〇区一七か村が味方村川原に、二七日には第三区および第四区七か村・第十一区一〇か村が位田村御手槻神社に屯集した。二三日の第一区諸村は、説諭に赴いた県官に、徴兵赦免・裸体免許・小学校費出金軽減・社倉籾延納の四か条を要求した。二六日の第一〇区諸村は八か条の願書を用意して提出しているが、第四区村々の屯集では県官からの求めにより願書を調製して提出している。それらの要求は、徴兵赦免・学校費軽減・裸体免許などが共通しており、そのほかに諸雑税・冥加の免除、解放令撤回などが含まれていた。蜂起にはいたらなかったが、京都府は大阪鎮台伏見屯営へ要請して鎮台兵を発遣させた。鎮定後、重立と目される西原村西村源助ら第一区屯集勢の一五名、第四区屯集勢のうち小呂村大槻伝之丞ら二名、第一〇区屯集勢のうち下八田村大西次七ら五名の計二二名を捕縛し、八月三日には園部区裁判所で裁判が開始され、七日には一七人が京都裁判所へ護送された。

（茂木陽一）

〔参〕『明治初年農民騒擾録』、「何鹿郡動揺一件」（『京都府百年の資料』四）

明治六年（一八七三）八月一八日
長崎県松浦郡徴兵令反対屯集

明治六年六月以降、長崎県松浦郡の島村民は、徴兵令に関する流言により各所で屯集を行い、騒然とした状況に入った。六月二八日、田平村・御厨村での不穏屯集以降、翌月にかけて生月島、小値賀島、宇久島、江迎村において屯集事件が続発したが、これらは区戸長の説諭によりいったん鎮静化した。ところが、八月一八日になって、八三大区古田村で数百人が竹槍・鉄砲で武装して集合し、区会所へ押し寄せた。一揆勢は戸籍簿と徴兵中止の書付を求め、戸長の説諭も効果なく騒然とした状況になり、津吉村・志自岐村・中津良村の村民も加わった。一揆勢はさらに八二大区紐差村に居住するキリシタンの居宅や戸長家宅を毀焼する勢いを示したため、二三日、兵頭参事が邏卒二〇名を率いて出張した。兵頭参事は到着後、八三区内人民一七〇〇名を延命寺へ出頭させ、その中から首謀者二八名を逮捕、一八六挺の小銃を押収した。さらに、八二大区二小区で三名の頭取を逮捕し、一揆を鎮静化させた。この一揆も、明確な要求項目は示されず、新政に対する不満が不穏・屯集という形で現われたものであるが、キリシタン信徒に対する憎悪が示されているところが注目される。

（茂木陽一）

〔参〕『明治初年農民騒擾録』、「公文録」

明治七年（一八七四）九月一一日
酒田県石代・雑税廃止農民強訴・訴願（ワッパ騒動）

旧庄内藩は、戊辰戦争の際の反政府軍の中心であったため、明治元年一二月、一二万石に減封されたうえ、会津若松、後に磐城平への転封を命じられた。庄内藩は領民をも動員した転封阻止の運動を進め、七〇万両の献金を条件に転封阻止に成功し、九月、大泉藩として復活した。同藩は薩摩藩の西郷との協力関係を軸に、独自の経済政策を採って明治政府と対抗する異色の藩体制を築いていった。廃藩置県後、飽海・田川郡一円を管轄する酒田県となってからも、松平親懐・菅実秀を中心とする旧庄内藩士族による県庁支配が続き、また、旧藩兵組織を維持して独自な軍事力を確保し続けた。同じく旧藩士族による県庁支配が行われていた鹿児島県とともに、士族集団による地方的割拠主義の拠点として中央政府との対立を深めていた。ワッパ騒動は、酒田県管内の士族・農民による封建的割拠主義の県支配反対闘争と位置づけることができるが、そのきっかけは、士族集団内部の分裂から始まった。旧藩士族層の地主化を進めるための後田山開墾事業に反対する金井質直・本田允釐の兄弟が、明治六年五月、県官の奸悪一〇か条を司法省に訴え、七月には司法省出張判事による開墾士族の処罰が行われた。

これより先、明治五年八月、政府は貢米の石代納を全面的に許可したが、酒田県は農民からは正米を上納させ、それを特権商人に渡して換金させる買請石代納制を実施していた。六年・七年は米価が高騰したため、特権商人と県は巨額の差金を獲得した。これに対して、允釐ら改良派士族と結んだ農民自身による石代納要求運動が、同七年一月に開始された。片貝村鈴木弥右衛門、淀川村佐藤八郎兵衛らの富農層が中心となって嘆願書が提出されるが、県はこの嘆願を拒否し、八郎兵衛らを検挙して弾圧を加えた。これに対して、三月、允釐らは上京して内務省に石代納嘆願書を提出した。その結果、七月、内務少丞松平政直が酒田県に出張して、七年からの石代納実施と雑税の一部廃止、郡村改革などを裁定した。

内務省裁定以後、騒動は第二段階に入る。ここでは、石代会社の設立と村役人不正追及が運動の中心であった。七年七月末、允釐が中心となり、酒田の商人森藤右衛門ら七名が石代会社の規則書を起案した。石代会社は広業社と名付けられ、農民自身の手による石代米の売却と移入品の取り扱いを実行する組織として各組村単位での加入が取り組まれた。この石代会社加入のために県内各地で開かれた集会では、同時に雑税の全廃、組村費・地券調費関係帳簿の公開、過納金返済要求、戸長・肝煎の不正追及が呼びかけられ、それを受けて八月から九月にかけて各組村での村役人に対する追求が強められていった。この村役人不正追及闘争の過程で、農民たちは改良派士族と自らの関係を「金井県」と表現することで酒田県支配を否定していった。酒田県側は九月一一日、允釐など指導者の一斉検挙を行ったため、農民側は釈放嘆願とともに県庁襲撃を計画し、各所で屯集して県庁へ向かった。県庁は士族を動員して鎮圧体制を敷く一方、一〇月末には蔵番給・下敷米などの雑税廃止と組村費取立の一時中止を余儀なくされた。

指導者の大部分を逮捕された農民側は、逮捕を免れた金井質直・森藤右衛門を中心に、方針を大きく転換し、左院・元老院に宛てて建白書を提出するというまったく新しい闘争形態を生み出した。藤右衛門は、七年一〇・一一月に左院宛建白、八年五・六月に元老院宛建白を行うなど、五回の建白により松平県政やそれを受け継いだ三島通庸の酒田県政の不当とその改革を訴え、建白書を「報知新聞」に掲載して広く世論に呼びかけた。森は、建白と平行して、八年五月酒田県を被告として司法省に対し「県官曲庇圧制之訴」を起こし、松平・三島県政のもとでの雑税の不当な取立や士族を戸長に起用した郡村改革の不当など一八か条を訴え出た。八年七月、元老院は森の建白の審問開始を決定し、一〇月元老院権大書記官沼間守一が酒田に派遣された。沼間は、一か月にわたって松平・菅らを取り調べ、石代納布告の際の偽装工作や買請石代納制で特権商人が不当な利益を上げたこと、組村費・地券調費の不正支出などを明らかにした。これに対して三島は、三条・大久保に上申して沼間の取り調べが越権であると強く抗議した。ワッパ騒動をめぐる対立は、こうしてこの時期の中央政府における太政官と元老院との対立と連動して大きな広がりを示した。九年四月、児島惟謙による司法省臨時裁判所が鶴岡で開かれ、明治五・六年貢米払過金と雑税過納金、村費課出不名義分、後田山開墾入費などの償還を請求する一四か条にわたる「鶴岡県圧制ヲ革メ並ニ不正課出ノ金穀償還ヲ請求スル訴」が審理された。六月、鶴岡県（明治八年八月末酒田県が改称）を被告とする本訴の判決を出さずに臨時裁判所は閉廷したが、ここにいたるまでの県官・特権商人など一一名の不正に対しては有罪の判決を下した。窮地に追い込まれた三島は、入作与内米を廃止し、地租改正において大幅減租を実施するなどして地主層の支持を取り付けようとした。他方、不平士族の動向を警戒する司法省・正院は判決を引き延ばしたため、金井質直・允釐らは闘争から離脱していった。藤右衛門らの度重なる判決督促の結果、一一年六月、雑税過納金償還などの請求を認め、六万円余の下げ戻し金を命じる判決が下された。

従来の蜂起・強訴型にかわる建白・行政訴訟などによって、全部ではないとはいえ要求の実現を果たしたこの勝利は画期的なものであり、新政反対一揆から自由民権運動へとつなげていく位置にある闘いだったといえるだろう。新聞などで、藤右衛門は「今宗吾」と賞賛された。藤右衛門は、さらに旧村役人を相手取った村費課出不名義分償還訴訟を起こし、一三年春、一万五〇〇〇円の下げ戻しが認められた。しかし、この下げ戻し金の処理をめぐって、青龍寺組、田川組などで指導的農民と村方との間で紛争が起こり、さらには本田允釐らと森藤右衛門との間でも農民からの謝金の分配をめぐる訴訟が生じ、ワッパ騒動に結集した農民たちの結集はその中から解体していった。しかし、この闘争の中で思想的成長を遂げた森藤右衛門は、その後の庄内自由民権運動の担い手となっていった。なお、明治七年七月以降の過納金返還闘争では、運動が成功すればワッパ一杯の金が返ってくるといわれたことから、ワッパ騒動と名づけられた。

【人物】森藤右衛門　もりとうえもん

天保一三年(一八四二)三月、酒田本町の酒造業唐仁屋森家の次男として生れた。酒田三六人衆といわれる名家である。幼名は栄吉。伊藤鳳山に学び、思想上の影響を受けた。戊辰戦争に参加した後、明治四年一〇月には酒田町第三区副戸長に任命されている。藤右衛門は、七年七月、石代会社の設立にかかわることでワッパ騒動に足を踏み入れていった。八月から九月にかけての雑税廃止のための県内各所での村役人追求闘争には批判的であったが、九月一一日の指導者検挙を経て、単身上京して一〇月から翌八年六月まで左院・元老院に対して五回にわたって建白書を提出し、新しい闘争方式を担っていった。藤右衛門の最初の建白は明治七年一〇月の「県治黜陟之儀」(『明治建白書集成』四)、次が同年一一月の「県官黜陟再議」(同上)であり、これらは左院宛建白である。八年五月以降は元老院に宛て三回の建白を提出している。この元老院宛建白と同時に司法省に宛てて「県官曲庇圧制之訴」を田川郡下名川村渡部弥次兵衛外四名の代言人として酒田県を被告として訴えでている。この元老院・司法省を通じた対県闘争が民衆闘争の新たな地平を切り開いたのであった。この新たな闘争方式が自由民権運動として展開していくのは必然であった。八年七月には、宮城県の民権家清水斉記を招いて、酒田と鶴岡に「法律学舎」という学習結社を開設している。佐藤誠朗『ワッパ騒動と自由民権』は、一商人であった藤右衛門が自由民権運動家として成長していった出発点は、七年三月に出版された福沢の『学問のすゝめ』に触れたことにあるとしている。一三年から翌年六月にわたって、藤右衛門は三島配下の初代飽海郡長貴島宰助の排斥運動を展開し、辞職させることに成功した。この過程で民権結社尽性社が結成され、一三年四月の「国会ヲ開設スル允可ヲ上願スル書」には藤右衛門は尽性社幹事として署名している。翌一四年尽性社が分裂すると、藤右衛門は自由党系の飽海協会に拠って庄内で初めての新聞『両羽新報』を発刊し、要注意人物として官憲の圧迫を加えられながらも盛んに政談演説会を組織した。一六年二月、『両羽新報』が発行停止とされると、藤右衛門は飽海協会を再編成して庄内自由党を結成し、一七年山形県会議員に当選するが、任期中の明治一八年九月一六日、山形の旅館で死亡した。

(茂木陽一)

[参]『山形県史』四、『鶴岡市史』中、佐藤誠朗『ワッパ騒動と自由民権』、『ワッパ騒動史料』上・下、『明治建白書集成』四

明治九年(一八七六)五月六日
和歌山県那賀郡地租改正農民騒動(粉河騒動)

地租改正を推進した明治政府のもとで、和歌山県は明治八年四月地価算定の石代相場を一石につき五円五四銭と定めた。これに対して、翌年二月七日に第三大区(那賀郡)二小区(旧粉河組)中山村戸長児玉庄右衛門の長男仲児は、石代相場が他地域と比較して高額である理由を追及した伺書を県令神山郡廉に提出し、二一日にも抗議に

及んだ。神山は三月九日に回答を提示したが、この回答に納得できない戸長・副戸長らが中心となり、運動が拡大した。九月一三日に児玉仲児が妥当な石代相場の設定を求める建言書を神山に提出したのを始め、一五日には同大区一小区（旧田中組）・二小区・三小区（旧名手組）の戸長ら一二人が、二八日には同大区二小区副戸長ら一七人が提出した。神山が要求を拒否したため、四月四日、同大区一・二・三小区正副戸長一七人が神山らに直接訴えたが聞き入れられず、その後も再三願書を提出した。しかし、いっこうに聞き入れられないため、八日に同大区二小区正副戸長二九人が辞職願を提出した。神山はそれも認めず、一〇日に辞職願を差戻すとともに、地価算定の石代相場の引き下げ（五円五四銭から五円二七銭へ）を伝えた。さらに四月一六日には同大区一・二・三小区正副戸長と村惣代一四〇人が米価を県下一律から一郡平均へ変更することを要求したが、神山はこれを拒否した。四月一七日、県は参事河野通を粉河村に派遣し、同大区一・二・三小区正副戸長・村惣代を招集したうえで、各村が提出した「地位等級表」と相違する「地租改正合計帳」を認めさせようとした。戸長八塚林之輔はこれを拒絶し、県に対する不信を強めた村民を巻き込んで不穏な状況が醸成された。このような状況下で二〇日には戸長らから収穫米査定にかかわる更生要求が提出された。事態を打開するため、県は五月五日、二小区正副戸長二四人を出頭させたうえで、児玉庄右衛門・曽和震十郎・千田軍之助・八塚林之輔・林玄昌を拘留し、正副戸長職を解任した。戸長らの拘留が村へ伝えられると、五人の釈放を求める農民らは、六日から七日にかけて粉河寺境内へ四〇〇人余、別所村観音寺へ三〇〇人余が集結して、中井阪村まで押し寄せた。夜にはいったん解散したが、五月八日に羊之宮へ一八〇〇人余が集結し、県庁へ押し寄せようとした。神山は事態を終息させるため、周辺農民に対しては一揆に参加しないように命じるとともに、大阪鎮台に出兵を要請した。八日夜から九日朝にかけて堺県警部弓削森巌が羊之宮と粉河寺で説得にあたり、一揆はようやく解散した。県は五月一〇日から一六日までに、各村地主から土地評価の同意書を提出させた。騒動の裁判は九月二八日に結審し、処罰者は懲役五人、禁獄一人を含め一二九人にのぼった。　（野中政博）

〔参〕『和歌山県史』近現代一　後藤靖「和歌山県地租改正反対一揆」（『立命館経済学』九巻一号）

明治九年（一八七六）一一月二七日
茨城県那珂・真壁郡地租改正反対一揆

茨城県では、明治七年（一八七四）に地租改正事業が開始され、翌八年後半から本格化した。それに伴なって県下各所で抵抗が高まったが、それらのうち真壁郡・那珂郡では当年の石代金納問題と抱き合わせになって激化し、暴動状態にまで進んだ。地租改正については政策そのものよりも経費の村費転嫁や雑税など、実施の仕方に対する反対が強かった。それぞれの闘争は異なる地域で散発的に盛り上がり、指導者たちの脈絡もなかったが、同じ茨城県庁が支配する地域だったため警察力の出動・配分の限界が激化の条件となり、また過大に伝わった運動の情報が他地域の導火線になるなど、茨城県下の一連の民衆運動となった。明治九年四月、改租事業を督促するため、県権令中山信安が那珂郡高部村に出張してきた。この機会をとらえて、那珂郡小舟村の本橋次（郎）左衛門は、隣村在住の寺子屋師匠で親交のあった鈴木教善（士族）と謀って、農民救済の建白書を提出した。これは村民に相談しない私的な行動であった。これに対して、県権令は、今度の政策は天下共通のもので茨城県のみのことではないゆえいくら建白しても採用はむずかしいと簡単に却下した。士族鈴木が見込みなしとして離れていったのに対して、本橋はこれ以降いっそう運動を進めることを決意し、日頃から親交のあった上小瀬村の富農大町甚（小）左衛門に相談し、協力を求めた。その相談を通じて、「憤発シテ党ヲ結ヒ類ヲ聚メ時ヲ窺ヒ各村ヲ煽動シ、……障フル者アラハ飽マテ抵抗シ」と、一般農民を組織して集団的な行動を展開し、妨げる力に対しては実力によって抵抗することを決意した。両人の仲間獲得の働きかけに、中農・富農らが応じてくるようになった。本橋と彼らが運動の指導部を形成し、血判を取り交わし、決起の機会を窺っていた。その頃（九年九月）、茨城県では米価が暴落して石代納上納が困難となり、全県的に農村の減租・延納の運動が激しくなってきた。こうしたなかで県西北部の真壁郡では、「貢租石代金納」の嘆願を行おうと小貝川・桜川筋の村々が神社の境内で次々と集会を催し、そこから激しい蜂起状況に発展する事態が続いた。一一月二七日、真壁郡吉間村の農民約二〇〇人が同村の吉間神社で集会を催し、翌二八日には近辺一〇数か村の農民もそれぞれに集会を持って、貢租減免を副区長に「脅迫」して要求した。一一月三〇日から一二月一日にかけて、飯塚・塙世など一〇数か村で農民の集会が開かれた。夜になったら一戸一人ずつ鎌を持って集合せよという催促も広がった。真壁郡田村では牛子神社に数百人が集会し、鎮撫に出動した警官数名を殴打して負傷させる事件が起こった。一揆化した農民らは、大声を発して篝火を焚き、鐘や太鼓を鳴らして気勢を上げ、また「回章」を廻して参加をうながした。これに怯えた県権令は宇都宮鎮台の出兵を要請した。真壁郡の一揆はのちに真壁暴動といわれたが、散発的で、一二月二日までには鎮圧され、指導者の捜査が始まった。地租や石代金納についての行動よりも警官殴打が重視され、懲役・罰金の刑に三〇人が処された。暴動化の口火を切った飯塚村高松宗蔵や塙世村の谷島角之丞は罰金で済んだが、警官殴打に関係した者らは懲役刑を受けた。真壁一揆が鎮静したが、それが茨城郡増井村あたりへ飛び火し、ここでも石代金納延期嘆願のための集会が開かれ、一二月二日に県庁嘆願行動が起こされた。それが県北部の那珂郡へ数百名が県庁に押し寄せたという情報となって伝わり、那珂郡一揆の口火となった。ちょうど本橋次（郎）左衛門を中心とする那珂郡の指導者らは、資金調達の算段で協力を信じた石塚村の士族岡本に欺かれ、計画の発覚を危惧して、準備不足のまま行動に移らざるをえなくなっていた。あたかも茨城郡での減租要求に刺激を受けて、減租要求の集会の場に警官が入り干渉したために怒った農民らが警官二人を殺害するという事件が起こった。焦っていた本橋らは、他郡の動きと自郡での警官殺害を知って決起に踏み切り、「刃道具持参」で「徳川御用」に加わるようにという檄文を回した。その中には、「出向不申人ハ命取ル事ニ定メ」という文言も書き込まれた。一二月六日から一〇日にかけて、本橋を指導者とする小舟・上小瀬両村農民は、近隣三〇数か村の農民に働きかけ、減租を県庁に訴えて、入れられなければ上京して政府に働きかけようとした。この間の一揆農民の要求は、一つは、田方貢租は正米おさめか時相場で上納（石代納）、畑方は明治五年以前の貢租率、二つは、学校新設賦課金の廃止、および地租改正経費の官費支出、三つは、土木費など雑税の廃止か減税であった。一揆には終始、村役人層は参加せず、県の指示に従って説諭にあたり、農民を指導した者は中農・上農・富農らであった。実力による一揆を決意した本橋らは、石塚村では刀を強借した。阿波山村では「万民救ノ為」に行進していくので「道筋篝火ヲ焚キ置ク可シ」と檄を飛ばし、「万民救」の大旗を掲げた。ところが、一二月一〇日早朝にすべての一揆勢が合流して石塚村に繰り込んで朝食をとっているところを、警官と旧水戸藩士族に襲われた。不意をつかれた農民らは抵抗らしい行動も起こさず潰走してしまった。本橋自身も重傷を負った。潰走した農民らは阿波山村地内に集まり出し、そこに指導者もいたので再挙がはかられた。しかし、警察から指導者殺害を命じられて送り込まれた「極悪犯」のために指導者を失い、一二月一〇日夜をもって一揆勢は烏合の衆と化し、散り散りになってしまった。その後は、二、三の集会が行われたが、警官や官吏の説諭・出張で散会する程度の力しか持たなかった。一揆後、警察は参加者の探索と捕縛のため警官を各地に派遣した。一四日、被疑者のいっせい逮捕が行われた。農民側は一揆の過程で七人の死者を出し、「死刑」三人を入れて一一六人が処罰された（一年以上・一年以下の「懲役」、および三円から一五銭の「罰金」）。本橋次郎左衛門は斬罪となり、藤田常次・長山善兵衛は自殺した。中心になった小舟・上小瀬村からは四〇人以上の受刑者を出した。一揆後、地元には一揆行動が罪悪でなく改革運動であったことを記憶しようとする俚謡（数え歌）が生まれた。那珂郡の一揆は、「小瀬騒動」、「石塚暴動」と呼ばれている。

【人物】本橋次（郎）左衛門　もとはしじ（ろう）ざえもん

名は政国。那珂郡小舟村に住む上層農民で本橋家の分家筋であった。明治一一年で持高七石一斗八升余を所持し、居村では富裕層に属するが、一般農民とそれほど差のない経営規模の農民であった。同家は幕末には組頭だったが、建白書を出した時は村役人ではなかった。本家は村の名門で江戸期には代々庄屋を務め、地租改正期に当主の甚衛門は伍長や地主惣代であった。したがって本橋は地元では由緒ある旧家だったが、名望家の評判を取るほどではなかった。研究史では「支配者層に密接につながる小豪農」とする。彼の教養はわからないが、運動の初発で隣村の寺子屋師匠の士族や富農と親交があったように、地域の知識層の交友圏のなかにいた人物であった。本橋の建白書は、「草莽ノ微臣」の立場から「百姓ノ疲弊」を訴え「経世済民ノ政」を求めたところに見られるように、儒教的政治文化を身につけていた。一揆では一貫して指導者の役割を果たし、行動のなかで重傷を負い、一揆後、一一年八月二日に斬罪となった。明治三〇年（一九〇〇）、河野広中題字の「政国之碑」が自宅前に建立された。（深谷克己）

〔参〕堀江英一・遠山茂樹編『自由民権期の研究』。植田敏雄編『茨城百姓一揆』

明治九年（一八七六）一二月一八日
三重・愛知・岐阜県地租改正反対打ちこわし（伊勢暴動・東海大一揆）

明治九年一二月、三重県下のうち旧度会県域、とくに多気・飯野・飯高・一志郡においては、貢納石代値段の問題に関して再三の嘆願が県や区戸長に対して行われた。旧三重県域では農民側の抵抗を押し切り、一部を除いて、すでに地租改正が完了し、この年から新地租が賦課徴収されていたが、度会県域ではまだ地租改正が完了しておらず、この年の貢租は五か年平均相場での石代納となっていた。ところが、この年は非常な低米価であり、収穫米の売却によって貢納金を支弁しようとすると四割近くの負担増となる状況であった。このため、村々では実米納とするか、当年の石代相場での金納を訴えていたのである。なかでも櫛田川下流の第八区飯野郡諸村は、この年の春の大水害の被害補償に対する要求と相まって盛んに嘆願闘争を行い、その中心には魚見村戸長の中川久左衛門がいた。ところが、同区区長は、この嘆願を県庁へ取りつがないままに貢納期限を迎えることになった。

一二月一八日午後三時頃、県庁への嘆願を要求する第八区諸村は、中川の指示で魚見村・保津村を中心とした村民の動員を行い、区内各戸長と区長の会談が行われている豊原村近傍の早馬瀬川原へ屯集し、会談への圧力を加えた。いったんは解散したものの、夜になって再屯集した農民に区戸長が説諭し、四二か村連名の嘆願書を県庁に上達することで鎮静化した。ところが、櫛田川西岸の諸村が再屯集の際の回状にしたがってぞくぞくと押しかけ、屯集勢が膨れ上がった。ここで警官隊との間に発生した小競り合いがきっかけになって、屯集勢は松坂南西の荒木野へ向かい、一揆が始まった。その後の展開は旧度会県域と旧三重県域ではまったく異なる形態を取ることになる。

一二月一九日、飯高郡第九・一〇区諸村の農民が荒木野へ詰めかけ、数千人規模の大屯集勢が形成された。午後から、屯集勢の一部は一志郡へ向けて北上を始め、津の県庁へ向かったが、他の屯集勢は松坂へ進み、町内の打ちこわしが始まった。同夜、松坂では三井銀行や三井則右衛門宅が放火され、多数の商家が類焼した。この日の松坂打ちこわしに際しては、矢野・東岸江などの部落住民の参加を確認することができる。二〇日になると、荒木野へ県官が鎮撫隊を率いて出張してきた。発砲による威嚇の後、戸長たちは「嘆願之大意」を提出し、要求の県への進達が認められると各村民は帰村した。一方、この日、一志郡内各村は久居南方の権現野へ屯集を開始し、屯集地での県官・区長らの説諭が続けられた。さらに、同夜から二一日にかけて、度会郡では宮川屯集勢が山田の町内に入り、県支庁・病院・学校など官と名のつく施設を次々に放火した。二一日、権現野に屯集していた一志郡の一揆勢は鎮圧部隊の砲撃により散乱させられ、同郡内の一揆状況は押さえ込まれた。この間、旧度会県域で展開した一揆は惣百姓一揆としての形態を一貫して取っていた。そこでは、一揆の先遣隊が田間に置かれた積み藁に火をつけ、不参加の村には放火すると脅しをかけながら、屯集地点への結集を呼びかけて廻り、各村民は戸長・組頭などに率いられて各屯集地点へ集結する。小屯集地に集結した農民たちは、荒木野や権現野のような大屯集地に移動して他の一揆集団に合流する。このような行動はしばしば自村の戸長に率いられて行われるので、整然と多数の参加を可能にする。屯集勢は一揆状況を作り出すため、松坂や山田の町への打ちこわしを行いつつ、入れ替わり立ち替わり屯集を維持する。そこへ県官が出張してきた時、屯集勢の威力を背景に自分たちの願意を県官に伝えるのである。南勢地域での一揆は事前の一揆準備なしに生じたものであるが、屯集地で要求の統一と調整が図られた。そこに見られるのは、貢納石代金の当年相場か正米納の要求が共通しており、それに続いて村位宅地地価の等級引き下げ、諸県税廃止、教員給料の官費支給などが要求されている。ここで、県官が出張して願意の県への伝達を認めると屯集を解散して帰村していく。

一方、一九日夜から二〇日にかけて一志郡から津へ向かった一揆勢は、久居・津藩士を召募した士族隊により各所で散乱させられ、一部は津の西方、安濃郡諸村を経て鈴鹿郡関駅に波及した。また、一志郡第一五区へ進んだ一揆勢は、そこから青山越・太郎生越で伊賀に入った。しかし、伊賀国内では明治四年の伊賀国騒動の影響からか新たに参加する者がほとんどなく、午後一時過ぎ上野士族の鎮撫隊に撃退されて散乱した。関へ達した一揆勢は、東海道を東へ進んで、二〇日午前七時に四日市へ入った。四日市を毀焼した後、北上して朝明郡大矢知の懲役場を襲い、一五〇名ほどの懲役人・授産人が解放され、そのうち五〇名ほどが一揆勢に加わった。懲役囚徒を含んだ一揆勢は桑名へ向かい、そこで激しい毀焼を行った。また、鈴鹿郡から三重郡へ入った別の一隊は、菰野を経て員弁郡へ進み、郡内の村用掛に至るまでの吏員の居宅に徹底した放火攻撃を加えた。そして、桑名からは長島を経て愛知県へ、また桑名郡野代村からは岐阜県へ、一揆勢が県境を越えて進行した。二一日、愛知県へ入った一揆勢は、前ヶ須新田から津島へ進み、さらに東進したところで名古屋鎮台兵の攻撃を受けて散乱し、一部は同夜岐阜県へ向かった。桑名郡見入新田から愛知県へ入った一揆勢も、午後四時過ぎ鎮台兵に制圧された。岐阜県へ進んだ一揆の主力は、石津郡境村から太田へ進み、一隊は揖斐川を渡って安八郡へ入るが、二二日早朝、巡査隊の攻撃を受けて散乱した。太田から揖斐川西岸を進んだ一隊は、多芸郡へ入るが、二二日午前二時、横屋村でこれまた巡査隊の攻撃を受け壊滅した。

こうして四日間にわたる東海大一揆は終息したのであるが、旧三重県域での一揆の展開は、明らかに南勢のそれとは異質であった。北勢および岐阜・愛知の一揆では屯集勢の形成と県官への要求提出は見られない。他方、すべての公用諸帳簿を廃棄するために、その作成・保管の拠点としての支庁・裁判所・病院・屯所など官の施設と区戸長から用掛までの区吏員居宅をすべて攻撃対象として放火している。東海大一揆全体を通じての毀焼被害の三分の二が旧三重県域に集中しており、とくに区戸長・用掛などの区吏員の被害は南勢が三件であるのに、北勢は一九三件にのぼっている。他方、懲役囚徒の参加が東海大一揆の特徴の一つであるが、そのことが一揆の激烈さをひき起こしたとはいえない。解放された囚徒の多くは一揆から距離を置こうとしているのに対し、一揆勢の側が囚徒を引き入れて一揆集団の結集軸に仕立てようとしている。盗業を戒めるなどの点でも一揆における倫理性は失われていなかった。また、北勢においてはすでに農民の抵抗を排除した形で地租改正は基本的に完了しており、改租過程に対する反対という側面は北勢の一揆には乏しかった。むしろ、官に対する全否定を三重県庁を越えた中央政府を念頭において遂行しようとした新政反対一揆の一つの到達点と見ることができる。

二二日の岐阜県下での一揆勢の散乱に先だって、名古屋鎮台兵が二一日、海路桑名に上陸。二三日には東京警視庁などから送り込まれた鎮圧部隊が四日市に到着した。二二日には県庁に鎮撫掛、二四日には審理掛が設置され、その後の参加者の逮捕と取り調べの体制が整えられた。発頭と思われた魚見近辺の第八区諸村には二六日、いっせいに捜索の手が入り、二三名が捕縛された。明治一〇年一月四日、重罪犯は安濃津支庁で取り扱い、付和随行などは山田・四日市・上野の各区裁判所で処断することとなった。ところが、折からの鹿児島情勢の急変で、政府の意向を受けて一揆関係者の審理を急ぐ県の方針が示され、裁判は異例の早さで行われ、四月二〇日までにおおよその判決が下り、各地で言い渡しが行われた。この一揆に参加したとして処分された者は絞首刑一名、懲役終身三名、懲役一年以上七七名、笞杖刑一五九五名、贖罪収贖二一九五名、呵責四万六六九二名、棒鎖五名の総計五万五六八名にのぼる。このうち、死刑となったのは大矢知授産人で途中から一揆集団のリーダーになった大塚源吉のみである。懲役刑になった者のほとんどは北勢における放火の実行犯として処罰されており、その他では発端となった早馬瀬屯集に関連して魚見村の中川九左衛門らが懲役刑に処されている。単純な付和随行者は呵責にとどまり、明治六年までの強圧的な一揆処分とは大きく様相が異なっている。この年の志摩・紀伊を除く三重県の総戸数は一三万戸余りであるから、全戸数の三八・七%から一揆参加者が出たことになる。他方、東海大一揆では、三重県内だけでも二三〇〇件近くの毀焼被害と二七万円にのぼる炊き出し・家財被害などがもたらされた。とりわけ、攻撃の対象になったのは「官ノ名義アルモノ」すべてであり、支庁・区裁判所・警察出張所・大小区扱所・学校・郵便局・権衡売捌所・電信局・懲役場・区戸長など居宅と、そこにあった諸帳簿いっさいが破棄の対象になった。東海大一揆は、その参加規模からいっても、被害の激しさからいっても、一揆史上最大のものの一つといえるが、それのみにとどまらず、他の一揆と大きく異なる特徴をいくつか持っていた。とくに、それまでの一揆のほとんどが県域を越えることができなかったのに、この東海大一揆では愛知・岐阜県への展開を果たしていることに象徴されるように、新政反対一揆の一つの到達点と見ることができる。

【人物】大塚源吉　おおつかげんきち

東海大一揆で唯一死刑となった。京都府下京第六区紙屋町の大塚喜兵衛の長男で、明治一〇年九月時点で二六歳であったから、嘉永四年（一八五一）の生れである。二三歳の時に逃亡により懲役八〇日に、さらに明治八年窃盗によって懲役九〇日に処せられている。刑期を終えた後、父親の願いにより京都府授産場に入ったが、脱走して東京へ向かった。その後、明治九年一月から盗業を働いていたが、明治九年一〇月、拐帯（預かった金品の持ち逃げ）によって逮捕され、その際は大坂府出生の無籍者と偽って、笞三〇の処刑後、大矢知懲役場内の授産場で煙草刻みに従事していた。東海大一揆に際して解放された後、一揆に随行して桑名に赴き、そこで他の懲役囚徒と語らい一揆に乗じて金円の略奪を計画する。源吉は鹿児島藩長村鹿之助と名乗り、桑名市中に蝟集していた一揆勢に対し、橋上に立って「三重県は名古屋裁判所の所轄なれば、三重県へ願うとも相叶わず」として、自分に随行して名古屋へ向かうべきことを群衆に告げ、一揆勢のリーダーとなった。源吉は、その後一揆集団を率いて愛知県にわたり、各所で公用書類の焼却を進めるが、その一方で一揆集団から離れて金員の強奪を行う機会を窺い続ける。ところが、そのたびに一揆勢に引き戻され、ついに頭取のままで一二月二二日、津島天王付近で鎮圧部隊に逮捕されることになった。（茂木陽一）

［参］『伊勢暴動顛末記』、法務図書館所蔵「伊勢暴動関係裁判資料」、三重県庁所蔵『暴動一件書類』、茂木陽一「伊勢暴動の基礎的研究」（『三重法経』九六）

明治一〇年（一八七七）一月九日
熊本県阿蘇郡打ちこわし（阿蘇一揆）

明治九年（一八七六）に設置された公選県民会は区長・戸長の公選を決議したが、熊本県当局はこの決議を無視した。そのため熊本県内の城北地帯では、民権党指導のかたちで、公選要求や戸長ら役人の不正摘発、地租改正入費反対の一揆的な行動が広がった（戸長征伐）。県令は集会禁止令を出したが、民衆は傍聴人とか兎狩りとかの口実で多数集合をやめなかった。このため正副戸長の罷免が雪崩のように起こった。しかし、西郷隆盛らの決起を知った民権党は西郷軍に応じたので、戸長狩りの民衆運動は戦乱のなかに解消された。しかし、阿蘇郡（第一一大区）では同じように戸長らの民費不正使用糾弾が契機となったが、それに続いて大規模な打ちこわしが展開した。火山灰地帯であるため、この地域は米の収穫が少なく、茶・菜種・煙草の商品作物に依存し、地主や高利貸しの収奪も強かった。そうした時に起こった西郷隆盛らの決起は、反権力闘争と認識された。薩軍は「新政厚徳」を旗頭にし、熊本県の民衆はそれに世直しの期待を寄せた。激化した運動の最初は明治一〇年一月九日、阿蘇郡北端五小区下城村の村内集会から起こった。集会では地租改正の経費負担が取り上げられ、この問題が近隣の上田村にも波及し、経費取戻し運動として盛り上がった。戸長の不正摘発という政治的要求ではなく、経済的な要求が優先する自然発生的な闘争である点が城北地帯とは異なっていた。県は集会禁止令を出したり、神官や教導職らを説諭に派遣したりしたが、地租改正費用の負担も納得させようとしたため、かえって住民らの反抗心を煽ることになった。二月二七日に熊本城を薩軍が包囲し城が炎上したことを知ると、南小国の満願寺村や赤馬場村で蜂起状態となった。行進の途中で「鉄砲打立」て、村々を駆り立て、戸長詰所に押し寄せて、戸長を盗人、縛れと叫んで殴ったり家財器具を破壊する行動が、小国郷一円を席巻した。戸長詰所では、一揆勢は帳簿類を略奪・破棄し、戸長の人身に乱暴を加えた。この地域が下火になると、翌二八日、外輪山内側の内牧町に飛火し浄心寺で集会が催された。小野田村では、地主に強借りを迫る行動について傘連判を作成した。浄心寺で民費の使途の説明を求められていた戸長片山嘉平太は、住民の勢いを恐れて大地主の杉原家から馬を借りて遁走した。これに激昂した一揆勢は浄心寺集会場からただちに杉原（板屋）宅の打ちこわしに向かった。そして次々と地主宅を打ちこわしていったが、その時一揆勢は即興で「みごとな板屋をうちくずし、宝泉金屋（地主家屋号）ももろともに」と唄った。一揆勢は「役のつくものはたとえ膏薬でも打毀せ」と唱えながら、竹槍・刀剣・鉈・鎌・斧などを携え、旗を押し立て、早鐘・太鼓の音や鬨の声で励ましながら行動した。屋号を持つほどの地主や高利貸宅はほとんど打ちこわされた。免れたのは、酒蔵を予め開放して一揆勢に振る舞った大地主佐藤家だけであった。また北里村玉金寺のような寺院も襲撃された。同寺は建物だけでなく仏像も破壊された。寺院は集会評議や帳簿検閲の場所になったり、僧侶は仲裁・説諭の任務を負わされたりしたので、一揆勢を刺激しやすかった。小学校も打ちこわされた。こうした気運のなかで、戸長だけでなく、警察や行政の長上者に対して暴言、説諭拒否などふだんとは異なる反抗を見せる場面がいたる所に現われた。地主や戸長の側は、自衛の組織を作ったり「御出兵願」を出したりしながら、小作料を四割下げるとか、質地や借金の証文はいっさい破棄と書きしるして「張出」たり、借用証文を一揆側の要求どおり渡したりして襲撃を免れようとした。それでも阿蘇谷を中心に六四戸が打ちこわしを受けた。打ちこわしの主体は村々の者であったが、町方は炊き出しを行った。五小区の宮地町では、四日間炊き出しを行い、米一三石二斗余の外に、塩・味噌・ヒジキ・香の物などを賄った。一揆勢は、箪笥から衣装を引き出して縄にない、それを家の棟にかけて家を引き倒そうとしたり、米を土中に埋めたり屋根から奪った銭を撒いたりした。しかし、一揆勢についての言い伝えでは、行動には規律があり、「焼くな盗るな殺すな」と申し合わせていたという。県は熊本城が西郷軍に包囲されていて力を割けず、西郷側敗北とともにようやく一揆鎮圧に出動し、内牧一帯で約八五〇〇人を捕縛した。この一揆は、山鹿・山本郡のように民権党指導の戸長征伐運動のような政治的指導力はなく、暴動に終始し、薩軍敗走後の四月四日の蜂起を最後に鎮圧された。九月二九日、首謀者の黒流町村金納郷士・中地主橋本源太郎は斬罪のところ「除族」のうえ「終身懲役」に罪一等を減じられた（明治一一年一〇月二日に獄死）。この一揆には金納郷士や村内上層が小作貧農や日雇職人らを率いたが、彼らは旧来の地主・高利貸と対抗関係にあり、地租改正で没落の危機に直面していた。そのため重い処罰を受けた者のなかに一〇〇人ほども士族身分の者がいた。一一月一二日までに処分済みとなった数は、杖刑・閏刑・贖罪・呵責が七九八五人、免罪・無罪三〇三人で、計八一八八人となり、郡人口の約一二・五%、ほぼ一・六戸に一人という高率の参加であった。昭和五〇年（一九七五）、獄死した橋本源太郎ら八人を慰霊する地蔵尊が阿蘇町黒流の今町神社近くに建立された。（深谷克己）

〔参〕小野武夫『維新農村社会史論』、大江志乃夫『明治国家の成立』、水野公寿『西南戦争期における農民一揆』

明治一〇年（一八七七）二月六日
石川県礪波郡小作人強訴・打ちこわし（礪波騒動・戸出騒動・百分の三騒動）

当時石川県の管轄下にあった越中国礪波郡の小作人の間には、地租改正の進展に伴い、田地の作徳の分割権限は小作人の側にあり、地主が当否を申し立てる筋はないこと、地価帳に小作人の姓名を記載し、小作権の証拠とすることを主張する運動が展開した。後者の根拠は、明治八年に新川県が布達した「地価取調帳ひな形」に小作人名を記すことになっていたことにあった（小作人名記載は九年三月に取り消されている）。運動を指導したのは高畠村重共与三右衛門と本江村森松太吉・石田八兵衛であった。九年五月下旬より石川県へ「直願」を行い、六月中旬には「直願」する村は射水郡を含め二〇〇余村に及んだ。一一月一七日に訴願が却下されると東京の内務省への出願した。県は一二月二〇日、射水礪波両郡小作人共へ、その主張が不当である旨の告諭を行い、同月二八日には両郡地主共へ、情義と慈愛に基づき相当の得分を小作人へ付与することを求めた。翌一〇年一月四日、前年の茨城・三重県の一揆への対応から、政府は地租を地価の一〇〇分の三から二・五へ減額した。小作人は、この地租軽減の小作人への配当を求め、いっそう不穏な状況が広がった。地主・小作双方の説諭のため、県は参事大書記官熊野八郎らを礪波郡へ派遣した。説諭は二月三日今石動町乗光寺にて二区の村々を対象に始められたが、四日には説諭途中に大勢が押し入ったため、途中で中止せざるをえなかった。六日、杉木新村真光寺にて小四区に対する説諭が行われた。午後三時ごろ、大勢の小作人らは同寺に突入をはかり、それを阻止するためにサーベルを振り回す巡視に石や雪を打ちかけ、灰をまきかけて寺内に突入した。七日、戸出村永安寺にて説諭が始められたが、二〇〇〇人余が門前に集結し、うち七〇〇〜八〇〇人程が寺内に突入して打ちこわしを行った。熊野らは金沢へ逃亡した。五大区長岩田以貞は、小作人らに暴行を受け、後にその傷がもとで死去した。その後、役人の止宿宅など数件を打ちこわし、八日午前一時頃には解散した。八日にも七〇〇～八〇〇人ほどが、莫蓙や蓑を着し、弁当を持参して集まったが、大きな騒ぎとなることはなく鎮静した。県は名古屋鎮台の兵一〇〇〇人余を礪波に派遣して警備し、参加者を捕縛した。逮捕者の多くは釈放されたが、重共が懲役七年、森松が懲役五年などの刑に処された。事件後、地主と小作人の間の交渉が進展し、分与米と呼ばれる小作人取り分が増大し、慣行小作権も確立していったといわれる。（保坂　智）
〔参〕『富山県史』通史五・史料六、『砺波市史』

明治一一年（一八七八）一〇月二五日
愛知県春日井郡地租改正反対一揆

　愛知県の地租改正は、明治九年（一八七六）から本格的に進められた。春日井郡では事業の強行ぶりが目立ち、明治一〇年六月二二日郡議員らが第二方面改租出張所に呼び出され、一方的に作成した収穫分賦書が手渡されて、二日以内に村々へ配布するよう命じられた。減租になる村もあったが、多くは増租になった。議員らは抵抗したが、二人の辞職に終わり、他は屈服して村々に指示を伝えた。しかし、内容を知って承諾を拒む村が四〇か村余にのぼった。和爾良（かにら）村では区長林金兵衛の指導のもとに村議員全員が集会して全村一致の拒否態勢が固められた。県は拒んだ村々を各個撃破の方法で脅迫し、それらの村に次々と請書を出させた。一村だけ拒否を続ける和爾良村に対する圧迫が激しさを増し、村議員らは受諾強要—拒否—拘留—暴言（「皇国」の「逆賊」は「亜米利加欧羅巴」へ行けなど）をもって迫るということが連日繰り返された。林金兵衛は県の強圧に対し、大区長や一二日間全村議員を拘留し、鎌止め（収穫禁止）を命じたりした。県首脳が林金兵衛を説諭することも行われたが、村中でこれを支え、主張を譲らなかった。和爾良村の闘いを見て、田楽・牛山・上条新田の村々も再び反対の立場に戻った。愛知県は三河国と春日井郡四か村を除く尾張国で田畑宅地の地租改正事業が完了したが、反対運動はこれ以後むしろ拡大した。明治一一年一月、林金兵衛らが上京し地租改正事務局へ直接嘆願しようとした。この動きを見て、いったん改正結果に調印した村々もぞくぞくと上京に合流し、四三か村に達した。林金兵衛らは福沢諭吉に援護を頼み、合法的な嘆願運動を続けた。半年後、熱田港に帰着した代表一行を迎えた村民は二万人にのぼった。同時に再び切り崩しの圧力も強まり、反対運動の中に動揺と分裂が兆した。明治一一年一〇月一七日、林金兵衛らは巡幸中の明治天皇に随行して京都にいる大隈重信に嘆願書を提出し、このまま放置すれば「愚昧ノ村民共」が「直訴及フヘキ様子」も見えるので地租改正につき善処してほしいと「内願」した。こうして運動路線が違ってくるなかで、村議員以下一般村民は二四日「明日ハ既ニ直訴可致」と通告した。これに対し郡議員や林金兵衛は、万一の時は自分達も同道して「御直訴」をするからと中止の説得を続けた。二五日になると「四方八方より人民蟻ノ続クカ如ク」集まり、四〇〇〇～五〇〇〇人になったが、林金兵衛は声涙下る熱弁をふるって天皇直訴をおしとどめ、村民の一揆行動は未遂に終わった。そして林金兵衛らが東京へ嘆願に向かった後も、一一月末に数百人の村民が上京しようとし浜松で警察に阻まれた。そのため村々はますます不穏の状態となり、竹鎗が用意され始めた。県は林金兵衛らとの談合で終息を策し、尾張徳川家からの救助金貸し付け、明治一四年再調査の二条件で全村から請書を提出させた。

【人物】林金兵衛　はやしきんべえ
　文政八年（一八二五）生～明治一四年没。尾張国春日井郡上条村上条城趾林重郷の二男として誕生した。幼名は亀千代、字は重勝で、名は長じて金兵衛を襲名した。家系は木曽義仲の臣今井兼平二八世の孫という。八歳で富田主水の寺子屋に入って国学・漢籍などを学んだ。一五歳から文武の道に励んで大義名分を重んじる人格を鍛えた。弘化三年（一八四六）、藩の壮丁を率いて海防に当たり、安政五年（一八五八）には水野陣屋で総庄屋を務めた。また藩命を受けて各地の紛争を調停し、慶応二年（一八六六）一一月、陣屋の金穀取締役となった。維新時には藩老田宮如雲に従って草薙隊を組織し、勤皇活動に努めた。明治九年から地租改正減税訴願に身を挺し、春日井郡四三か村を代表して、村民の直接直訴行動を抑えて、粘り強い合法的嘆願活動を続けた。終息後、一三年に東春日井郡長となった。五七歳で死去、従五位を追贈された。法名は日林貞院金堂宗剛大居士、泰岳寺に葬る。

(深谷克己)

〔参〕近藤哲生『地租改正の研究』、『春日井市史』資料、津田応助『贈従五位林金兵衛翁』

明治一一年（一八七八）一〇月二六日
神奈川県大住郡真土村質地返還殺害・放火騒動（真土騒動・松木騒動）

真土村の農民六五人は、戸長の松木長右衛門に土地を質入れして金を借りていたが、明治八年になると地租改正が着手され、土地所有権の喪失を恐れた農民は質入地を取り戻すため、松木家に掛け合った。その過程で、六五人の田畑山林約二五三ヘクタールの地券が松木名義に書き換えられていたことが判明し、農民は土地の返還を強く要求したが受け入れられなかった。このため、明治九年一一月、農民は横浜裁判所に出訴し、この第一審では勝訴したが、松木家が上告した東京上等裁判所では逆転して敗訴となった。農民側は、裁判費用が続かず、司法省に直訴したが取り上げられなかった。一方、松木家は貸金取り立てと訴訟費用の支払いを迫ってきた。こうして、明治一一年一〇月二六日の深夜、真土村の冠弥右衛門・伊藤音五郎ら二〇数名が松木長右衛門家に討ち入り、長右衛門ら七人を殺害、四人に重軽傷を負わせ、屋敷を焼き払った。事件後、三二人が警察に逮捕され、松木家は没落同様となった。明治一三年五月、横浜裁判所は、討ち入った二六人のうち、冠・伊藤ら四名を斬罪、八人に懲役一〇年、一四人に懲役三年を宣告した。これに対し、早くも事件の一か月後には、大住・淘綾・愛甲三郡の一二七村の戸長や村惣代など約一万五〇〇〇人が連名した嘆願書が神奈川県令野村靖あて提出された。野村もこれを受けて、助命減刑のため奔走。時の右大臣岩倉具視は明治天皇の御前会議まで仰ぎ、六月ついに減刑がなり、死罪の四人は無期懲役となった。のち明治二三年の憲法発布に際し、恩赦により全員放免され、真土村に帰った。事件は、のちに講談本・錦絵・芝居などにしばしば取り上げられ世に知られていった。なお、昭和四一年（一九六六）、事件双方の子孫らが慰霊と歴史的な和解を込めた記念碑を真土公民館（旧松木家跡地）に建てた。

【人物】冠弥右衛門　かんむりやえもん

真土村の農民。真土騒動で松木家に討ち入った二六人のなかでとくに主謀者とされ、伊藤音五郎らとともに裁判で死刑を宣告された（のち無期刑、さらに恩赦で放免となる）。事件当時の史料によれば、冠弥右衛門の全所有地は九反一畝三歩で、うち田五畝八歩・畑五反二五歩を松木に質入れしていた。ちなみに、六九人の質入主の平均面積は三反七畝歩、打ち入った者の入質平均は五反歩で、冠はほぼ平均的な位置にいる。冠弥右衛門が世に知られるようになるのは、この事件に刺激された地租改正反対運動が鎌倉郡内に起こり、冠が英雄として持ち上げられたり、減刑運動のなかで衆目に知られていったことによる。さらには、『冠の松真土の夜暴動』などという絵入本や、若き日の泉鏡花が小説『冠弥右衛門』を発表したことにもよろう。

(高橋正一郎)

〔参〕『神奈川県史』通史四、『平塚市史』資料五

百姓一揆用語解説

あくとう　悪党

百姓一揆の作法・行動規範から逸脱する実践行為（盗み、武器の携行・使用、家屋への放火など）を行う者に対する呼称。一七世紀段階において、百姓一揆・打ちこわしの参加者を「悪党」として記した史料はごくわずかしか存在していないが、一九世紀に入ると、一揆勢・打ちこわし勢を「悪党」と記した多くの一揆史料を見いだすことができる。一九世紀、幕藩領主の社会的責務が低下すると、百姓一揆の質も変容し、幕藩領主への訴願をともなわず、最初から打ちこわしを目的とした一揆・騒動も多発するようになる。一揆勢のなかには、百姓一揆の作法で厳禁とされていた武器を携行し、盗みを働き、家屋への放火といった逸脱的実践行為を行う集団が形成されるようになっていく。この集団を人びと（幕藩領主・村役人・百姓ら）は恐怖をもって「悪党」と呼称したのである。「悪党」は、無宿・博徒である場合も多いが、実態はどうあれ、「百姓に似合わざる者」であり、百姓を煽動する者として認識されていた。天保七年（一八三六）甲州騒動に見るように、打ちこわしが激化していくと、この集団には、一般の百姓（多くは若者）たちも多く参加していく場合もあった。百姓たちは野良着から派手な衣服に着替え、「異形の姿」となることで、この集団の一員となっていった。一九世紀、百姓一揆の作法を破り、盗み・武器の使用、家屋への放火を行う「悪党」によって百姓一揆は大きく変容し、村々と一揆勢が直接暴力をもって対峙する世直し騒動の段階を迎えるのである。（須田　努）

いしうち　石打ち　→礫（つぶて）

いしこつめ　石子詰

穴を掘り、罪人をいれ、石を詰めて殺す刑罰。江戸幕府の処罰規定には存在しないが、義民物語の中に散見する。たとえば、延宝七年（一六七九）出羽国旗本生駒氏領一揆や天和元年（一六八一）上野国磔茂左衛門一揆ではともに訴状を作成した僧侶が、享保五年（一七二〇）紀伊国高野山領一揆の義民戸谷新右衛門が石子詰に処されたとされる。（保坂　智）

いちみじんずい　一味神水

神水は「しんすい」とも読む。起請文を作成し、それを焼き、神前の水にまぜて廻し飲みする行為。中世以来一揆を形成するための重要な儀式であり、近世でも百姓一揆や村方騒動を起こすにあたり行われることが少なくない。一味神水を行うことにより、強い連帯と共同責任の意識を持つ集団が形成された。幕府はこの一味神水によって形成される集団を徒党と呼び、五人組帳前書などで禁止した。（保坂　智）

いっき　一揆

本来は揆を一にすること、すなわち道を同じくするの意味で、中世では国人一揆、土民一揆、一向一揆など多様な一揆集団が形成され、一揆を組むこと自体は非合法のものではなかった。織豊政権から江戸幕府成立期に頻発した一向一揆や土豪一揆は、統一権力や大名に対して武装して抵抗したことから、近世初期には一揆という語は、土豪や百姓らの武装蜂起を意味するものとして使われた。これらの一揆は、武力鎮圧され、また刀狩りなどの兵農分離政策の展開により寛永一四年（一六三七）の島原・天草一揆（島原の乱）を最後に終焉した。一方、幕藩制の成立に伴い、百姓たちは幕府・諸藩あるいは給人と呼ばれる藩の家臣らに対して訴願を展開し、一七世紀末までには非合法手法に訴えても要求を勝ち取ろうとする闘争が出現する。これが百姓一揆であるが、武装を伴わないことが前代の運動との大きな差異である。百姓一揆の基盤には、起請文を取り交わして集団を形成する中世以来の伝統が存在したが、幕藩領主はこれを一揆とは呼ばず、徒党と規定して禁圧した。百姓らは徒党を基盤に集団的に城下などへ押し寄せる強訴や、他領などへ押しかける逃散などさまざまな手段を駆使して、訴願を認めさせようとした。幕藩領主は頭取死罪などの罰則を定め、これを禁止したが、要求は認めざるをえないことが

多かった。　　　　　　　　　　　（保坂　智）

いっきけいじょう　一揆契状

中世社会において、人々が一揆を取り結ぶにあたり、起請文を伴う一揆契状が作成された。近世社会でも百姓一揆や村方騒動を起こそうとするとき、集団を規制する契状が作成された。その形式は中世以来の伝統に基づき起請文を伴う事例が多く存在するが、起請文言がまったく伴わない契状もまた多い。一揆契状では、①何のために一揆を起こし、何を要求するのか、②一揆の必要経費の分担方法、③領主への内通や一揆からの離脱を禁止するなどの一揆集団の規律、④処罰を受けた場合の保障などが記載された。契状を作成した集団は、一人に罪を被せることなく、全員で罪を受け、生きるも死ぬも一緒であるという強固な連帯が存在した。署名は通常の連署形式のほか、円形に署名する車連判形式をとることも少なくない。なお、この契状が出訴人や惣代に宛てた場合には、頼み証文という形式となる。　　　　　　　　　　（保坂　智）

いでたち　出立ち

出立ちとは装いのことである。百姓一揆参加者の姿・装いの代表は蓑笠姿である。北陸地方で百姓一揆をみの虫とよぶのは、その出立ちに注目した呼称である。蓑笠は一揆参加中の防雨・防寒具という側面も持っているが、百姓にふさわしい出立ちであり、参加者が百姓であることを強調するために着用された。中国地方の一揆では、破れ蓑やぼろ等をまとう非人拵（こしらえ）で参加することもある（→非人騒動）が、それは百姓たりえないことを強調した出立ちである。なお、天保期以降には、女帯や縮緬などで襷や鉢巻をし、陣羽織などを着用する異形な姿の一揆が出現するが、百姓身分以外の参加者が増大したからにほかならない。彼らを「悪党」と呼ぶこともあった。また都市打ちこわしでは、頬被りや顔に泥を塗るなどして、正体を隠す出立ちで参加することが多い。　　　　　　　　　　（保坂　智）

いれふだ　入札

村々で行われた一般意思決定の際における選挙方式。村の祭礼日の決定などさまざまな場面で行われたが、村役人の決定の際にも行われることがあった。とくに一九世紀になると入札により村役人を選出することが多くなり、また入札の方法、内容などをめぐる村方騒動も発生した。（須田　努）

うちくび　打首　→死罪（しざい）

うちこわし　打ちこわし

「ぶっこわし」、「打ちつぶし」などとも表現される。集団で斧、鉞、鉈などで柱や梁に傷をつけ、万能、掛矢などで壁を破壊し、鳶口などで戸障子を破壊し、衣類を切り裂き、穀類や酒などの諸品をまき散らし、諸帳簿を焼却するなどの行為。家屋を全壊させることはほとんどない。この打ちこわしの過程で、物品を盗み取る行為は、仲間により厳しく規制された。また火の元には注意を払って火災となることがないようにしたが、幕末から明治初期の一揆では、放火がおこなわれることもあった。都市民の闘争は、米価騰貴を原因として、米の安売りを求め、米屋などを襲うという打ちこわしが、主要な闘争形態であった。元禄一六年（一七〇三）の長崎町を初発として、享保、宝暦、天明、天保、慶応の各時期に、全国的に展開したが、とくに享保一八年（一七三三）の江戸、天明七年（一七八七）江戸、大坂、慶応二年（一八六六）の江戸、大坂における打ちこわしは、幕府に強い衝撃を与えた。

百姓一揆でも強訴に付随して打ちこわしが行われることが多く、貞享三年（一六八六）の信濃国松本藩加助騒動から見られる。一揆をひきおこした政策に加担した百姓・町人、人々が一揆に結集することを妨げた村役人などが対象となったが、一八世紀末以降は、富を蓄積した都市や村々の商人・高利貸、不正を行う村役人を襲うことも増大し、また都市民と同様に米価騰貴を原因として米屋を襲う米騒動型の打ちこわしも増加していく。江戸時代の打ちこわしでは、その対象は百姓や町人らであり、武士や藩役所を襲うことはほとんどないが、明治初期一揆では、官庁・学校などの公的機関が襲われ、被差別部落への襲撃も行われた。

（保坂　智）

えどじゅうりしほうついほう　江戸十里四方追放　→追放（ついほう）

えどはらい　江戸払い　→追放（ついほう）

えもの　得物

本来は得手な道具、得手な武器という意味であるが、百姓一揆の史料では参加者が持つ諸道具の総体をさすことが多い。一揆参加者の得物としては、鎌・棒・竹槍・斧・鳶口・鉞などが多い。得物のうち斧・鳶口・鉞などは、打ちこわしの際に使用された。また竹槍や棒などは、領主軍や村役人らが組織した自衛団の攻撃から身を守るために持ち出されたと考えられる。得物のうちでもっとも持ち出される頻度が高いのは鎌で、参加者全員が所持していることが多いが、打ちこわしであまり有効に使用されておらず、身を守るためにも適当な道具ではない。にもかかわらずこれが持ち出されるのは、百姓であることを象徴するためであったと考えられる。出立ちの蓑笠とあいまって、百姓一揆が百姓による、百姓経営維持の行動であることを強調するために持ち出されたと考えられる。なお、江戸時代の百姓一揆では、これらの道具を用いて領主の軍隊と戦闘を展開することは決してなかった。

（保坂　智）

えんとう　遠島

「おんとう」とも読む。罪人を離島に流す刑。流罪（るざい）ともいう。死刑につぐ重罪。流された罪人は、島で島民と雑居して自活した。幕府においては、美濃以東の罪人は江戸から伊豆七島へ、近江以西の罪人は大坂から薩摩、五島の諸島、隠岐、壱岐、天草へ流された。領内に離島のない藩では、永牢（ながろう）に代えることもあった。百姓一揆関係では、幕府は明和八年（一七七一）に門訴の頭取を遠島に処すとしている。徒党・強訴・逃散に対する罰則規定としては存在しないが、現実には頭取に差続く者として遠島に処された事例が多く存在する。明治になってからは、明治元年（一八六八）の仮刑律で、はじめ遠・中・近流の三等、のちに三年・五年・七年の三等の流刑を定め、いずれも北海道に移して役させた。明治一三年公布の旧民法でも島地（北海道）に派遣する刑と徒刑と流刑があり、流刑がまったく廃止されるのは、同四一年の現行刑法の施行によってである。

（保坂　智）

えんざ　縁座

磔・獄門などの刑罰に処された者の妻子に対する刑罰。近世前期には広く見られたが、享保以降は主殺し、親殺しなどに限定された。百姓一揆関係でも、前期の一揆や義民物語には縁座に処された例が多い。

（保坂　智）

おしがり　押借

一揆参加者が、集団で富裕な商家や村役人宅などへ押しかけ、夫食と称する食糧や金などを供出させる行為。強借（ごうがり）とか押し乞いなどと表現されることもある。多くの一揆に見られるが、とくに美作国を中心とした中国地方の非人騒動では、一揆の中心的な行動となっている。また、凶作時に発生する米騒動型の闘争では、打ちこわし以前に押借に出ることが多いが、その段階では女性が中心になっていることが確認できる事例が少なからず存在する。

（保坂　智）

おとしぶみ　落文　→張札（はりふだ）

おっそ　越訴

百姓らが、代官・奉行などの直接の支配役人を越えて、将軍・老中・勘定奉行や藩主などに直接に訴訟する方法。直訴あるいは直目安ともいう。江戸城へ登・下城する老中などや参勤交代中の藩主の駕籠に訴状を提出する駕籠訴、町・勘定・寺社の三奉行所に駆け込み訴願する駈込訴、目安箱へ訴状を入れる箱訴などがある。慶長八年（一六〇三）、幕府は人質を取られていたり、代官非分に関する場合などを除き、直目安を禁止し、違反者は成敗するとした。しかし、寛永一〇年（一六三三）には規制をゆるめ、違反者に対する処罰規定を設けず、訴状は不受理であるとした。幕藩制初期には、将軍（大御所）への直目安は頻繁に行われ、寛永一九年（一六四二）の将軍家光の日光社参時には、その行列に訴状を提出するものが数多あったという。幕府では、これらの訴訟に対する処置は、訴訟の内容次第であり、越訴という訴訟方法が問題とされることはなかった。この原則は中・後期にも受け継がれており、越訴者に対して処罰が行われる場合でも、手鎖などの軽微な処罰が加えられるのみである。ただし、中期以降の諸藩では、政治向きを幕府に越訴したものに対しては、死罪などの処罰を科すと規定しているものもある。中・後期には、越訴が民衆の訴訟方法として定着し、村方騒動や個人的な出入（訴訟）でも頻繁に行われた。百姓一揆における越訴は、義民物語に描かれる代表越訴は除き、国元での強訴を補完する手段として行われ、とくに膠着状態におちいった段階で、幕府を巻き込むことで解決をはかる有効な手段であった。宝暦四年（一七五四）美濃国郡上一揆における駕籠訴・箱訴はその代表的例である。幕末の嘉永四年（一八五一）、下総国の佐倉惣五郎の物語が「東山桜荘子」として歌舞伎上演され、全国にこの物語が普及していくと、将軍直訴をはじめ、越訴は天下の大禁として厳重に処罰されるという認識が広がり、明治初期には常識として定着した。

（保坂　智）

おひゃくしょういしき　御百姓意識

近世百姓の身分意識・自己認識。御百姓意識には三つの構成要素が存在する。第一は国家の民、天下の民としての意識で、国家公権に支配されているという認識である。ここから、個別領主を相対化することが可能となっていく。第二は農業民としての意識で、百姓が生産する米穀をはじめとした農産物が、すべての人々の命を養っているという意識であり、養命の民の意識と呼ぶことができる。第三はすべての有姓の人間が百姓であるとする認識である。このような認識から上野国の百姓林八右衛門が、「然レバ上御一人ヨリ下万民ニ至ルマデ、人ハ人ニシテ人ト云字ニハ別ツハナカルベシ」（『勧農教訓録』）と書いたような人間平等意識も形成されてくる。この百姓意識は、百姓一揆からのみ形成されたものではないが、百姓成立（なりたち）を求め、百姓らしい姿や百姓を象徴する得物を携行して行動し、さらに圧倒的な数の力で武士らを圧倒する一揆は、御百姓意識の形成・発露の上で重要な役割を果たしたといえる。

（保坂　智）

おんりょう　怨霊

怨みを残して死んだため祟りを起こす霊。古くから存在する信仰であるが、義民物語の中にも広くみられ、義民顕彰の主要な契機の一つである。下総国佐倉惣五郎（木内惣五郎）や信濃国多田加助の場合は、領主に祟り、領主を改易に追い込んでいるが、多くの場合には、義民に対して相応の供養などを行わない百姓を苦しめ、暴風や農作物を荒らす虫などとなって現われる。この怨霊を鎮魂するために、供養碑や小祠などを建てた。

（保坂　智）

かいじょう　廻状

百姓一揆では、多数の参加者を確保するために、廻状が回されることが多かった。多くは村継ぎで回されたが、宝暦六年（一七五六）の阿波国五社宮騒動では、寺継ぎに回されている。廻状の内容は、①何のための一揆か、②集会の日時場所、③一揆に動員される範囲が含まれるのが常であるが、その他に④出立ちや得物の指定、⑤不参加村（者）に対する打ちこわしや焼き討ちの脅迫文言が伴うこともある。領主による弾圧をさけるために、出所を不明としたものも少なくなく、そのために村名を車連判の形式に書くこともあった。このような出所不明の廻状を天狗廻状と呼ぶこともある。廻状は全藩強訴の初期から見られるが、一八世紀末からは次第に張札による動員の比重が増してくる。→藁座廻状　（保坂　智）

かいほうれいはんたいいっき　解放令反対一揆

明治初年に発生した新政反対一揆の一つ。明治四年（一八七一）に出された穢多・非人などの呼称を廃止し、身分・職業を平民同様にするとした解放令に反対して起こった一揆。新政府に反対するだけでなく、被差別部落を襲撃し、放火や殺傷を伴った。明治四年土佐国高知県、同五年備中国深津県・岡山県、同七年美作国北条県などで発生した。→新政府反対一揆　（保坂　智）

かけおち　欠落　→走り（はしり）

かけこみうったえ　駈込訴

越訴の一つ。評定所や寺社・町・勘定奉行所の門内へ駆け込み訴訟をする行為。訴えの内容を聴取するが、訴状は受け取らず、管轄の役所へ願い出ることを命じて、身柄は釈放されることが多かった。刑罰が加えられることもあったが、急度叱り程度の軽微なものが多い。　（保坂　智）

かごそ　駕籠訴

越訴の一つ。登城・登庁する老中や三奉行、あるいは参勤交代中の藩主の駕籠に、訴状を手に持ち、あるいは木や竹に挟んで提出する訴訟方法。一応排除するが、最終的には訴状は受け取られた。訴人は簡単な取り調べを受け、所定の役所へ出訴するように申し渡されて釈放されることが多かった。原則的には訴状は受理されない。この訴訟方法を理由とした処罰はなされないか、急度叱り程度の軽罪が科された。近世後期には広範に見られる訴訟方法であった。百姓一揆関係では、強訴などと併行して行われることもあった。義民物語には、義民が駕籠訴をすることによって厳重な処罰が行われる話が多いが、史料的には確認できないものが多い。　（保坂　智）

からかされんぱん　傘連判　→車連判（くるまれんぱん）

かまとり　鎌取り

村々による境論・山野水論をめぐる村間争論の際に見られる中世以来の実力行使であり、山野水論の初発段階で見られる。論地の領有を主張するため、相手側の山仕事の道具である鎌・鉈などを差し押さえることをさす。相手側も報復を行い、双方にけが人がでる喧嘩へと発展することも多い。近世になると、山野水論は公事訴訟に持ち込まれることが多くなるが、東国地域では元禄（一六八八〜一七〇四）頃まで続けられた。　（須田　努）

かりょう　過料

一定額の銭を支払わされる刑。軽罪に対する刑であるが、罪の軽重により三貫文、五貫文、一〇貫文またはそれ以上に分けられる。また村過料とは、村高一〇〇石につき二貫文を支払わせるもので、村全体で納めた。過料銭は三日以内に上納することが命じられた。百姓一揆関係では、徒党・強訴・逃散の惣百姓が村過料、門訴では品により村過料と定められたが、この村過料のほかに名主などの村役人にも過料が科せられることが多かった。　（保坂　智）

きしょうもん　起請文

神仏に誓約する文書。誓約内容を記した前書と、神仏の名をあげ、誓約に違背した場合には罰を受けるとした神文・罰文によって構成され、牛玉宝印（ごおうほういん）に裏書するのが一般的である。起請文は多様な場合に作成されるが、中世以来一揆集団を形成する時にも起請文が作成された。この伝統は近世にも受け継がれ、百姓一揆や村方騒動などで、百姓らが集団を形成する時、この起請文付きの一揆契状が作成された。幕府はこれを徒党として五人組帳前書などで禁止した。起請文を伴う一揆契状は明治初年まで確認されるが、次第

に起請文を伴わない契状の方が多くなった。　（保坂　智）

きゅうりょうしゅひきとめいっき　旧領主引留一揆

明治初年に発生した新政反対一揆の一つ。明治四年（一八七一）の廃藩置県により、上京を命じられた藩知事や元藩主らの引留めを契機に発生した。その背景には維新政府の新政に対する強い不信感が存在し、新政府役人や戸長層などに対する激しい打ちこわし・襲撃をともなった。明治四年の広島県武一騒動、福山県一揆、高松県一揆、高知県膏取一揆などが代表的事例である。　（保坂　智）

きょうしゅ　梟首　→獄門（ごくもん）

ぎょろん　漁論　→村間争論（むらかんそうろん）

ぎみん　義民

広くは義を行った民の意味であるが、一般的には近世から明治初年にかけて、百姓一揆などで百姓のために奔走し、人々の間で伝承されたり、物語が作成され、あるいは顕彰活動が展開した人々をさす。義人と呼ばれることもある。その大多数は百姓一揆の頭取たちであるが、山論・水論などの村間争論や村方騒動の義民も存在する。また、凶作時に藩や村の蔵を開放して、人々を飢えから救ったが、処刑されたという蔵開放型の義民も存在する（摂津国木津勘助など）。百姓一揆としては、一七世紀後半を中心に、村人になりかわり将軍や藩主らに直訴したとする代表越訴型の義民（佐倉惣五郎、杉木茂左衛門など）や、一八・一九世紀の全藩強訴（惣百姓一揆）型の義民（多田加助、関村兵内、土川平兵衛など）が多いが、世直し一揆や新政反対一揆からも義民を輩出している（宮崎忠次郎、小平甚右衛門、本橋次左衛門など）。義民顕彰活動は、一揆後ほどなくして、その非業の死を遂げた怨霊による祟りの恐れなどから、小祠や供養碑を建立したり、訴状や藩の回答書などを書写して義民の事績を確認する活動が展開した。一八世紀後半になると、増大する百姓一揆を背景に、過去の一揆の事実と成果や怨霊の祟り話などを、義民たちの英雄物語としてまとめる義民物語の作成や、村をあげての顕彰活動が各地で展開する。嘉永四年（一八五一）、下総国佐倉藩の義民惣五郎の物語が、「東山桜荘子」という外題で上演されヒットした。この芝居は改作を伴いながら全国各地で上演され、惣五郎の物語（佐倉義民伝）は、急速に全国に伝播し、各地の義民物語や顕彰活動に大きな影響を与えた。明治一〇年代の自由民権期には、民権家を中心に義民の顕彰活動や物語の作成が進んだ。小室信介の『東洋民権百家伝』はその代表作である。その後大正デモクラシー期、昭和初期の農村不況と左翼運動の台頭期、紀元二千六百年（昭和一五年〈一九四〇〉）、戦後民主化期、明治百年祭（昭和四三年〈一九六八〉）などに義民顕彰活動の盛り上がりがみられる。　（保坂　智）

くじ　公事　→出入（でいり）

くじやど　公事宿

訴訟や裁判のために村々から出てきた者を宿泊させた宿屋。江戸では馬喰町・常盤橋、大坂では淡路町、京都では大宮通辺にあった。各藩の城下町にも同様な宿が存在し、郷宿などと称した。公事宿はたんに訴訟人を宿泊させるだけでなく、訴状の作成、訴訟手続きの代行、弁護人としての役割を果たした。　（保坂　智）

くちきき　口利き

一八世紀までの惣百姓一揆の頭取は、村落上層の経済的・政治的に実力ある百姓が多かった。しかし、一八世紀後半以降、百姓一揆の広域化、要求の多様化にともない、「口利き」とか「口利きの者」と呼ばれる者が、頭取として登場するようになる。彼らは、一般百姓ではあるが、弁舌力にすぐれた切れ者が多く、代官や有徳人との交渉の場面でも小百姓たちの要求を堂々と主張していった。
（須田　努）

くるまれんぱん　車連判
はじめと終わりがわからないように記された連判状。通常円型であるが、俵型、二重円、方形など形態は多様である。中世の一揆契状で使用され始め、近世でも百姓一揆や村方騒動、あるいは若者組の議定などで使用された。通常、傘（からかさ）連判として知られるが、近世史料に記された名称は、車連判、車状、車廻状などであり、傘連判と記されたものは、管見の限り一例しかない。なお、中世期の名称は不詳である。百姓一揆や村方騒動では、徒党を形成するための契状に使用されたほか、訴状や廻状にも使用された。個人が連判した場合が多いが、廻状などでは村名が円型に記載されることもある。連判者の団結・共同責任・平等性を象徴する署名形式であり、同時に頭取や発頭村を隠蔽する役割も果たした。朝鮮やイギリスにも同様の署名形式があり、前者はサバル通文、後者はラウンドロビンと呼ばれている。→藁座廻状
（保坂　智）

けっしょ　闕所
史料では「欠所」と表現されることがある。磔・火罪・獄門・死罪・遠島・追放に対する付加刑。磔から遠島までと重追放は田畑・家屋敷・家財を、中追放は田畑・家屋敷を、軽追放は田畑をそれぞれ取り上げた。江戸十里四方追放・江戸払・所払でも闕所が行われることがあった。（保坂　智）

けつぜいいっき　血税一揆　→徴兵令反対一揆（ちょうへいれいはんたいいっき）

けつらく　欠落　→走り（はしり）

こう　絞
絞刑ともいう。絞首刑のこと。明治三年（一八七〇）の新律綱領により、江戸時代の獄門などに代わって採用された。これにより、死刑は絞首と斬首に限られることになったが、同一三年（一八八〇）の旧刑法によって死刑制度は絞首一本立ての現行刑法とおなじになった。（斎藤　純）

こういきとうそう　広域闘争
百姓一揆の闘争類型の一つ。藩や幕府領などの支配領域の違いを越えて、百姓や窮民たちが共同行動をとる一揆。たんに広い範囲で展開したものではないので、汎領域闘争とも称される。商品経済が進展して領域を越えた経済活動が活発となり、とくに豪農と百姓・貧農たちの間で領域を越えた高利貸関係が形成されていたこと、また幕府や諸藩が商品流通からの収奪をめざしたことが、広域闘争出現の要因となった。明和元年（一七六四）の武蔵国伝馬騒動を初出とし、天明期（一七八一～一七八九）には上野国絹一揆や上野・信濃両国にまたがる上信騒動などが発生した。天保期（一八三〇～一八四四）には播磨国加古川一揆、甲州騒動、三河国加茂一揆などが発生し、幕末・維新期の世直し一揆も広域闘争であることが多い。伝馬騒動や絹一揆は、加助郷反対や絹糸貫目改会所設置反対という強訴としての性格を有するが、その他の広域闘争は、領主への訴願を主要な目的とせず、豪商農に対する激しい打ちこわしを展開することを特徴とする。一八世紀後半に畿内農村で展開した国訴や、江戸近郊における肥料訴願などでも領域を越えて村々が結集しており、合法的形態をとった広域闘争ととらえることもできる。（保坂　智）

ごうがり　強借　→押借（おしがり）

ごうそ　強訴
百姓一揆の闘争形態の一つでもっとも基本的な形態。字義的には訴願を強いることを指し、史料上では多様な訴願が強訴と表現されているが、幕府は明和七年（一七七〇）の高札において、「ととうして、しゐてねかひ事くハたつる」ものと規定しており、集団の力を背景とした訴訟行為であり、百姓らが大挙して城下あるいは陣屋などに押しかけて訴願する行為を指す。強訴は村を単位として組織されて行動し、鎌などの

得物を携帯するが、武器は使用されず領主軍と戦闘に及ぶこともない。また領主の政策に荷担する者、不参加村落の村役人や高利貸などによって百姓らを苦しめる豪農商に対する打ちこわしが付随することが多い。一七世紀末に出現し、一八世紀になると全国各地に発生した。幕府は御定書百箇条において、徒党・逃散と並んでこれを厳禁し、頭取死罪、名主重追放、組頭所払、惣百姓は村過料という刑罰を定めた。（保坂　智）

ごうやど　郷宿　→公事宿（くじやど）

ごおうほういん　牛玉宝印

午王宝印とも書く。寺社が出す厄よけの護符。中世以来、起請文は牛玉宝印に裏書きすることが伝統となっており、百姓一揆の起請文にも継承された。（保坂　智）

こくそ　国訴

「くにそ」とも読む。江戸時代の後期、摂津・河内・和泉などの畿内諸国において、大坂の特権商人による菜種・綿などの独占に抵抗して、自由売買を要求し、支配領域を越え広域に組織化された合法的訴願運動。一八世紀後半の田沼時代、幕府の株仲間統制強化の一環により、畿内での綿・菜種の販売は生産者農民の手を離れ、大坂の特権商人（株仲間）の独占するところとなった。この動向に対して、畿内の農民たちは反対運動を展開したが、これが、一八世紀末から一九世紀にかけて国訴が発生する基底となった。文政六年（一八二三）摂津・河内両国一〇〇七か村が、大坂町奉行所に実綿・繰綿の自由販売を訴願し、要求を認めさせた。その後も天保三年（一八三二）から安政（一八五四～一八六〇）・慶応期（一八六五～一八六八）にかけて菜種油の自由販売を求める国訴も展開した。従来の研究史では、広範なネットワークを形成し、組織化を成し遂げた背景には、在郷商人の活動があり、在郷商人が中心となって村々が結束したとされた。しかし、近年の研究では、国訴の主体は村々であり、それぞれの地域から惣代が選出され、これが広域の合法的訴願運動を形成する基盤であると評価されるようになり、村々で百姓たちが惣代を選出する方法―代表委任―のあり方にも関心がむけられている。（須田　努）

ごくもん　獄門

罪人の首を切り落とし、その首を晒す死刑の一種。梟首（きょうしゅ）とか、さらし首と称することもあるが、幕府の刑名は獄門である。本来は獄屋の門前に晒したところから獄門という名が生じたが、幕府は鈴ケ森、小塚原の両刑場、あるいは百姓一揆の場合のような在方の場合には、罪を犯した（百姓一揆を起こした）地に晒した。首の傍らには罪状を記した捨札が三〇日間建てられた。付加刑として、田畑・家屋敷・家財が闕所された。重罪の場合には引廻しが加えられることもある。幕府は、享保九年（一七二四）成立の「享保度法律類寄」で、「徒党の強訴を企候頭取」を磔か獄門と規定したが、御定書百箇条では、徒党・強訴・逃散の頭取は死罪と改めている。そのため享保期までの百姓一揆では、獄門に処される者が多い。寛保（一七四一～四四）以降は減少するが、少なからぬ獄門の事例が見られる。明治三年（一八七〇）の新律綱領により、獄門は原則的には禁止されたが、梟首の執行を認めることがあった。全面的に廃止されたのは同一三年（一八八〇）の旧刑法においてである。（保坂　智）

こさくそうどう　小作騒動

江戸時代前期、年貢納入に詰まった小百姓は、土地を上層農（村役人層）に質入れする場合が多く見られた。江戸時代中期（元禄期）以降、農業生産力の上昇とともに、余剰生産物が発生し、また農村にも商品流通・貨幣経済が浸透しはじめると、年貢関連のみならず、投機的農業・博打などでの失敗によって土地を質入れするケースも多く見られるようになる。土地を失った下層農は、地主の土地を小作して生計を立てることが多かった。その際、過重な小作料、不条理な地主支配に抵抗し、質置人（小作）らが起こす民衆運動を、小作騒動・質地出入・質地騒動と呼んだ。村役人層が金主（地主）となる場合が多いため、小作騒動は、村方騒動として展開する場合も見られた。享保八年（一九二三）、前年に幕府が発令した流地禁令が契機となり発生した出羽国幕府領村山代官支配長瀞村、越後国頸城郡幕府領村々での質地騒動が有名である。長瀞村の質置人らは、高額な小作料を不正とし、金主方から質地証文を奪い返し、さらには村方騒動へと発展し、幕府評定所での訴訟となった。越後国頸城郡でも同様の動きが起こった。こちらでは個別村落を越えた小百姓たちの連帯として強訴となった。幕府は、まず長瀞村の質置人側を処罰し、流地禁令を撤回した。しかし頸城郡の騒動は解決せず、幕府は同地域を五藩に分割して預け地とし、そのうち高田藩は、六〇名余りの質置人らを磔・獄門・死罪・遠島・所払とする弾圧を行った。近世後期以降、地主・小作関係はさらに進展し、小作騒動もさらに激化・多発化していく。近代に入り、地租改正以後の近代地主制の進展にともない、小作争議として継承されていった。（須田　努）

こざかしきもの　小賢しき者
一九世紀になると、幕藩領主から「小賢しき者」・「強情者」と忌み嫌われる頭取が登場する。彼らは、農業以外の生業に従事し、広範な活動を展開した者が多く、村落の外部からやってくる人間であったり、時には博徒であることさえあり、村落生活の枠をこえた幅広い知識・侠気を発揮し、ねばり強く打ちこわし・百姓一揆の戦略を練った。しかし、一揆鎮静後、彼らが義民として祀られることはほとんどなかった。（須田　努）

こめそうどう　米騒動　→都市騒擾（としそうじょう）

さかいろん　境論　→村間争論（むらかんそうろん）

さらしくび　さらし首　→獄門（ごくもん）

さわぎたて　騒立　→騒動（そうどう）

さんかきょうせい　参加強制
人々を百姓一揆に参加させる行為。一揆への結集を呼びかける廻状や張札には、不参加村（者）へ踏み込み打ちこわす、あるいは放火するなどの予告が見られ、一揆の行動中にも不参加村（者）を脅迫して罵り歩いたり、門戸を叩くなどして人々を動員した。予告通りに不参加村へ押し入り、参加を強制し打ちこわしを行うこともあったが、放火がなされることはほとんどなかった。（保坂　智）

さんろん　山論　→村間争論（むらかんそうろん）

ざんしゅ　斬首　→死罪（しざい）

しかり　叱り
庶民に対する刑で、罪人を白洲に呼び出し叱責するもの。叱りと急度叱りがあり、罪科の重いものは急度叱りとされた。江戸時代の刑罰体系の中ではもっとも軽い刑である。百姓一揆関係では、門訴で村に残った百姓は急度叱りと規定されているが、強訴などでも参加者などが叱りや急度叱りの刑を受けている例は多い。（保坂　智）

じきそ　直訴　→越訴（おっそ）

じきめやす　直目安　→越訴（おっそ）

しざい　死罪
罪人の首を切り落とす死刑の一つ。打首（うちくび）あるいは斬首（ざんしゅ）とも称するが、幕府の刑名は死罪である。庶民に対する刑で、士以上の場合は斬罪と称した。死体は取り捨てにされ、刀の切れ味をためすために死体を切る様斬（ためしぎり）に供せられた。付加刑として田畑、家屋敷、家財が闕所された。重罪の者には引廻しが加えられることもある。また、打首には下手人（げしゅにん）という刑があるが、様斬に供されず、闕所も付加されない、一等軽い刑である。「御定書百箇条」では、徒党・強訴・逃散の頭取は死罪と定められ、多くの頭取たちが死罪となった。（保坂　智）

しっちうけもどし　質地請け戻し

質入れし、流地となった土地を元金返済によって取り戻す行為。一八世紀、幕府は質入れより最長二〇年で請け戻しの権利が消滅する、という法令を整備した。しかし、小百姓の成長と共に、全国各地では年季を限らず、質地の請け戻しが可能であるとする無年季質地請け戻し慣行が存在し、村法などで規定することもあった。幕末になると、村方騒動の多発などを背景に、無年季質地請け戻しを要求する事件が多く発生した。（須田　努）

しっちそうどう　質地騒動

近世村落では農地の質入れは広範に存在した。この質地の請け戻しなどをめぐって質置人（農地を質入れした者）と質取人（農地を担保に金銭を貸した者）との間で紛争が頻発した。幕藩領主への訴訟という形態を取ることも多いが、しばしば集団的騒動へ発展し、打ちこわしが行われることもあった。これを質地騒動とよぶ。特に享保七年（一七二二）に幕府が出した流地禁令を契機として、同年越後国頸城郡、翌年出羽国長瀞村に発生した騒動が有名である。また、幕末から維新期に発生した世直し一揆も、質地騒動としての性質を有している。（須田　努）

しゃめんしちえん　赦免使遅延

義民物語に含まれるパターンの一つ。義民は死罪や磔などの極刑に処せられることに決定したが、村々・僧侶・善臣などの訴願や諫言により認識を改めた藩主は、処刑延期や免除の赦免使を派遣するが、処刑に間に合わなかったとする。松木長操・杉木（磔）茂左衛門などの物語に含まれる。（保坂　智）

しゅうそ　愁訴

黒正巌や青木虹二が使用した百姓一揆の闘争形態の一つ。青木虹二は、「文書による嘆願および手続きをふんだ上級者への訴え」（『百姓一揆の年次的研究』）と規定している。これに従えば愁訴は合法的な運動であり、非合法運動であることを基本とする百姓一揆の闘争形態に含めることはできない。なお、青木は門訴を愁訴の中に含めているが、門訴は違法な訴願形態であるから、これを愁訴に含めることも誤りである。史料上では強訴を愁訴と表現することがある。（保坂　智）

じゅんけんし　巡見使

幕府が全国の領主やその支配、在地の状況を監察するために派遣した役人。全国の幕領・私領の別なく監察する諸国巡見と全国の幕領を監察する国々御料所村々巡見の二つに分けられる。前者は寛永一〇年（一六三三）から、後者は正徳二年（一七一二）から開始され、ともに天保九年（一八三八）の巡見が最後である。百姓らは、この巡見使の派遣を、幕府へ訴願する好機ととらえ、多くの訴願が提出され、天保九年の佐渡国一揆のように、百姓一揆へと発展することもあった。（保坂　智）

しんしゅうごほういっき　真宗護法一揆

明治初年に発生した新政反対一揆の一つ。明治維新政府や藩・県の宗教政策をキリスト教化としてとらえ、浄土真宗擁護のために僧侶や門徒農民らが起こした一揆。北陸や三河の真宗地帯に発生した。明治四年（一八七一）の三河国菊間藩の鷲塚騒動、同六年の越前国敦賀県一揆などがある。（保坂　智）

しんせいはんたいいっき　新政反対一揆

明治維新政府の新政策に反対して起こした一揆。維新政府は明治四年（一八七一）以降、矢継ぎ早に解放令、徴兵令、学制、地租改正などの近代化の諸政策を打ち出したが、農民に負担をかける形で進行したため、全国各地で反対一揆が発生した。それらの一揆は、直接のきっかけとなった政策によって、解放令反対一揆、徴兵制反対一揆（血税一揆）、地租改正反対一揆などと呼ばれているが、個々の政策に反対するというより、維新政府の新政全体に反対していた。また、血税を生き血を取ることであるとするような、流言蜚語が一揆の直接的契機となることも多いが、それは維新政府の政策に対して社会全体がいいようのない不安を抱いていたことによる。一揆は大規模化し、たとえば明治六年（一八七三）の筑前竹槍一揆では参加者三〇万人、同九年（一八七六）伊勢暴動（東海大一揆）では、三重・愛知・岐阜・堺（奈良）の四県にひろがり、処罰されたものだけでも五万人に及んだ。一揆勢は竹槍や刀、鉄砲を持ち出し、警官や役人を殺害し、役所に攻撃を加えた。また、被差別部落を襲撃し、放火に及び、部落の民を殺害した事例もあった。（保坂　智）

じんずい　神水　→一味神水（いちみじんずい）

じんせい　仁政

なさけぶかい政治。古代以来の概念であるが、近世では一七世紀の初期幕藩制改革で作られた政治意識をさす。仁君による御救により百姓経営が成立（なりたつ）のに対して、百姓は年貢皆済（年貢をすべて上納すること）などの御百姓としての勤めを果たさねばならないとする意識。逆にいえば、百姓が年貢皆済を果たし得ず、経営の成立が困難であるのは、領主が仁政を行っていないことの証左であり、百姓らは領主に仁政への回帰を求めるのは当然という意識も生まれる。百姓一揆では、訴願方法が徒党・強訴・逃散という非合法の形態を取るものの、仁政回帰の要求そのものには正当性があると認識された。（保坂　智）

しんもん　神文　→起請文（きしょうもん）

ず　徒

懲役刑。古代の律にあった刑罰だが、明治維新後に復活し、遠島・追放をこれに代え、また敲を日数に換算して徒刑に代えることもできた。各府県に設置された徒刑場に入れ、作業を与えて使役し、工賃を将来出所の際の生業資金に充てさせた。（斎藤　純）

すいろん　水論　→村間争論（むらかんそうろん）

すてそ　捨訴

老中や評定所、寺社・町・勘定奉行宅などに訴状を投げ込んだり、門前に捨てておく行為。門や塀に貼り付けたものは張訴と呼ばれる。幕府はこれらを禁止し、見付け次第焼き捨てにすることを命じたが、これを契機に訴訟が進展することもあり、百姓一揆や村方騒動などでたびたび行われた。（保坂　智）

ぜんぱんいっき　全藩一揆

百姓一揆の闘争類型の一つ。参加村落が藩領域のほぼ全域に広がっている一揆。百姓一揆の最も基本的な形態である。一七世紀の初期藩政改革の結果、給人知行権の制限が進み、藩の統一的政策による収奪が、全領域的に展開するようになったことがこの形態の成立の背景にある。一七世紀後半に出現し、一八世紀には全国各地で展開するようになった。闘争形態としては逃散がとられることもあるが、多くは強訴形態であり、数千から万を越える百姓らが参加し、城下へ強訴するというのが一般的である。その際、打ちこわしを伴うことが多かった。幕領でも代官所管内全体に広がる一揆は、全藩一揆の範疇に含めることができる。また広大な領域を有する藩では、必ずしも全領域を巻き込むものではなくとも、局地的な課題を原因とするのではなく、藩政全般への批判から生じる大規模な一揆もこの範疇に含めている。なお、一七世紀後半の代表越訴型一揆も、領域全体の問題を村役人が越訴したものであり、全藩一揆の越訴段階（全藩越訴）であるとする見解も存在するが、これらの一揆の多くは義民物語として伝えられるのみで、史料的な確認ができないものが多い。一八世紀末には、領域を越えて百姓らが結集する一揆（広域闘争）が出現し、次第にその比重を増していくが、全藩一揆形態の一揆も明治初年まで数多く発生する。（保坂　智）

そうどう　騒動
多人数が騒ぐことや争いごとをしめす言葉であり、百姓一揆をこのように表現する史料は多い。「騒立」とも表現される。また研究史上では、領主と百姓の階級対立に基づく百姓一揆に対し、百姓間の対立を要因とした村方騒動や世直し一揆を騒動とする考え方もある。（保坂　智）

そうびゃくしょういっき　惣百姓一揆
百姓一揆の闘争類型の一つ。村役人から小百姓にいたるまで、すべての百姓が参加することからこの名称で呼ばれる。一七世紀後半の代表越訴型一揆では、村役人の背後にいて闘争主体たりえなかった小百姓層＝封建小農が、経済的に成長して闘争主体として一揆を担うようになった一七世紀後半に出現するとされる。一八世紀を通じて主要な一揆類型であったが、同世紀末に世直し一揆が出現し、次第にその比重を増していくが、惣百姓一揆は明治初年の新政反対一揆まで引き続いて発生した。闘争形態としては強訴形態をとることが多く、また領内の広範な村々の結集により闘われるので、全藩強訴と類型区分する見解もある。もっとも強訴型の一揆は、その初期から打ちこわしを伴い、次第に村役人層に対する打ちこわしの数が増大すること、村役人ではなく小百姓層から頭取がでる事例が少なくないこと、村役人交代の要求が頻発するなど、一八世紀を惣百姓一揆の段階と規定することに対する疑問も出されている。（保坂　智）

そうまちいっき　惣町一揆
都市騒擾の一つ。町共同体の構成員である地主・屋持らが主体となって、町全体で展開した一揆。打ちこわしの局面では借家層も参加している。一八世紀後半の明和―天明期に頻発した。代表的事例としては明和五年（一七六八）新潟湊騒動、同年大坂の家質奥印差配所一件、天明三年（一七八三）青森湊騒動、同五年伏見町の越訴、同六年近江八幡町騒動などがある。（保坂　智）

そじょう　訴状
要求を箇条書きにして領主へ提出した文書。願書ともいう。百姓一揆は、一揆側が訴状を提出し、領主側がそれに対する回答を与えることで終息するのが一般的である。もっとも、百姓一揆が常に紙に書いた訴状を準備しているわけではなく、口上で述べたり、領主の求めに応じて交渉の場で作成されることも少なくない。百姓一揆の訴状は、多数の要求項目を持つことが多く、時には数十に及ぶ。その内容も多種多様であった。その多様性は、①本年貢以外の多様な収奪政策への抵抗、②利害の異なる村々を一つに組織するため、各村独自の要求が、一つの訴状に列挙されたことの二点に起因する。このように一揆の要求は、多様であったが、それらは、仁政への回帰を望み、百姓成立を求めるといった一つの中心的な原理によって展開されていた。その上で、個々の政策を批判するための根拠として、一揆全体に共通する論理が存在した。一つは、「新儀非法」への批判。つまり、旧来通り（先規）の支配への復帰を要求すること。もう一つは、「隣領並」・「幕領並」の論理。つまり、隣領相当、隣接幕領相当の支配が行われることを要求することであった。これらの論理は、一揆を遂行する際の、百姓の正当性を示していた。（林進一郎）

だいひょうおっそ　代表越訴
百姓一揆の闘争類型の一つ。名主（庄屋）らの村役人が、小百姓らの利害をも代表して、幕府・藩に越訴する形態の一揆。一七世紀後半に広く展開し、下総国佐倉惣五郎一揆や上野国磔茂左衛門一揆などが代表的事例とされる。しかしこの類型の一揆は、

近世後期から明治期にかけて作られた義民物語として伝えられるのみで、史料的に確認しうる事例はほとんどない。（保坂　智）

たけやり　竹槍

竹の先を尖らせた武器であり、百姓一揆でも参加者が持ち出すことがあった。一八世紀の強訴でも持ち出されることがあるが、事例的には散発的であり、同世紀末から一九世紀にかけて多くの一揆で持ち出されるようになってくる。その使用目的は、領主軍や村役人らが組織した集団の攻撃から身を守るためのものであり、これを武器として戦闘を展開するものではない。しかし、明治初年の新政反対一揆では、竹槍は百姓一揆の主要な持ち物となり、官員や被差別部落民を殺傷するために使用するようになる。（保坂　智）

たたき　敲

罪人を牢屋の門前で箒尻にて叩く刑。五十敲（軽敲）と百敲（重敲）がある。重敲の場合は入墨と併科されることが多い。庶民の男子にのみ行われた。百姓一揆関係では、罪科の規定はないが、現実にこの刑を受けた者は少なくない。維新後は杖（じょう）・苔（ち）という刑名で継承された。（保坂　智）

たのみしょうもん　頼み証文

百姓一揆・村方騒動・国訴などで、惣代となることを頼んだ委任・依頼文書。その使用は、地域の代表に惣代業務や訴訟遂行を委任することから始まり、一八世紀中葉以降に、「頼み証文」としての様式が確立したとされる。内容は、訴訟の一任や訴訟費用の分担、残された家族や田地の世話、訴訟後の処罰の保障などが約束されている。また、起請文を伴う場合もある。（林進一郎）

ちくそうせっき　竹槍蓆旗

たけやりとむしろばたのこと。この両者で百姓一揆を象徴させる認識は広く見られるが、百姓一揆の歴史的事実とは異なっている。百姓たちが一揆に参加するにあたって持ち出したもの（得物）で、一番多いのは鎌であり、百姓身分を象徴するという意識が込められている。竹槍も持ち出されているが、そのような象徴的な意味はない。また旗は木綿や紙製が一般的であり、ムシロが使用された事例はごくわずかである。竹槍蓆旗の用語が使用され始めるのは、明治一〇年代の自由民権期で、民権家や都市知識人の百姓認識が生み出した概念であると考えられる。（保坂　智）

ちそかいせいはんたいいっき　地租改正反対一揆

地租改正に反対した新政反対一揆の一つ。明治六年（一八七三）にはじめられた地租改正に対しては、地租軽減、改正入費負担反対、地押丈量に対する不満から、各地で一揆が発生したが、とくに明治九年に、和歌山県、茨城県、三重県（伊勢暴動・東海大一揆）などで連続的に発生し、政府は地租を一〇〇分の三から一〇〇分の二・五へ引き下げざるをえなかった。（保坂　智）

ちょうさん　逃散

広義には、百姓が離村することをさす。この離村には二つのタイプが存在する。第一のタイプは、百姓が個別的に離散するものであり、「走り」・「欠落」・「逃亡」などと表現されることもある。第二のタイプは、領主などに要求を認めさせるために、集団で離散して要求を提出する行為であり、百姓一揆の一形態としての逃散は、後者のタイプをさす。逃散先は、周辺村落あるいは遠隔地に離散する場合や、領主権力の力の及びにくい無縁性を有する山に登る場合（山上り）もあるが、次第に隣接藩へ集団的に入り込み、その藩役人へ要求を提出するものが一般的となる。また、一七世紀までは妻子や牛馬を伴い逃散する挙家逃散が多いが、一八世紀以降は、強訴同様男子のみが行動に参加するようになる。江戸幕府は、鎌倉幕府以来の伝統を継承し、年貢皆済を条件に離村して訴願する行為自体は合法のものと認めていたが、御定書百箇条の制定（寛保元年〈一七四一〉極）を機に徒

党・強訴と同様に禁止し、頭取死罪などの処罰規定を作った。（保坂　智）

ついほう　追放

居住地など特定の場所へ立ち入ることを禁止する刑。幕府は罪の軽重により、重追放、中追放、軽追放、江戸十里四方追放、江戸払、所払などに分けた。この内重・中・軽の追放は、居住国および犯罪を犯した国の外、重追放では武蔵・相模・上野・下野・安房・上総・下総・常陸・山城・摂津・和泉・大和・備前・東海道筋・木曽路筋・甲斐・駿河を御構（立ち入り禁止）とし、中追放では武蔵・山城・摂津・和泉・大和・備前・東海道筋・木曽路筋・下野・日光道中・甲斐・駿河を御構、軽追放は江戸十里四方、京・大坂・東海道筋・日光・日光道中を御構とした。また重追放は田畑・家屋敷・家財を、中追放では田畑・家屋敷を、軽追放では田畑をそれぞれ闕所とした。江戸十里四方追放では居住地と日本橋より四方へ五里、江戸払は居住地と町奉行所支配地、所払は居住地を御構とし、闕所を伴うこともあった。なお延享二年（一七四五）には、重・中・軽追放の御構場所規定を変更し、いずれも居住国と犯罪を犯した国の外は江戸十里四方を御構とし、闕所は従来通りとした。百姓一揆関係の規定としては、徒党・強訴・逃散の名主は重追放、組頭は田畑取上の上所払、門訴では、頭取に差続く者が江戸払、門訴に参加して江戸へ詰めた名主は軽追放、組頭は所払とある。しかし現実には、村役人であるゆえの処罰はほとんどなく、一揆での役割により頭取に差続く者として追放されることが一般的である。（保坂　智）

つぶて　礫

中世において、論争・喧嘩などの場面において武器を使用せず、礫を相手に投げつける行為は多く見られた。近世の百姓一揆の本質は訴願であり、強訴・打ちこわしの場面において武器の携行・使用は、作法として厳禁とされた。ただし、礫を打ちこわし対象の有徳人の家屋や、対峙した代官らに投げつける、といった行為は、この作法が守られていた一八世紀を通じて行われていた。この石打ちは、百姓一揆の作法が崩壊していく一九世紀に入ると、享和元年（一八〇一）出羽国村山一揆、天保九年（一八三八）佐渡一国騒動に見受けられるように、いっそう増加していった。（須田　努）

でいり　出入

江戸時代の裁判は、吟味筋と出入筋に大別される。吟味筋は刑事事件に相当する裁判で、奉行所が職権で捜査・糾問して判決を下すものであり、百姓一揆に対する裁判はこれにあたる。一方、出入筋は民事事件に対する裁判で、訴訟人が訴状を、相手人が返答書を提出し、所定の日時（差日）に奉行所で対決させる方法をとった。出入筋の裁判は内済による解決を理想とした。水論などの村間争論や村方騒動の裁判はこれにあたる。また出入筋の事件やその手続を公事（くじ）とも表現した。（保坂　智）

てじょう　手鎖

「てぐさり」ともいう。庶民に対する刑で、両手を前に組ませて手鎖をはめ、牢内や私宅・宿預先・町預先で謹慎させる刑。江戸時代の刑罰体系では軽いものに属する。罪の軽重にしたがい三〇日、五〇日、一〇〇日の刑に分けられる。期間中は「錠改め」と称する検査が定期的になされた。取り上げなき願いを再訴した時や、筋違いの訴訟に対してこの刑が執行されることが多い。百姓一揆関係では、門訴の時、門前に詰めた惣百姓が三〇日あるいは五〇日の手鎖と規定されているが、すべての百姓が手鎖となった例はない。また、強訴などにおいてもこの刑に処される事例も多い。なお、手鎖の刑に使用される道具も手鎖と呼ぶ。（保坂　智）

てっぽう　鉄砲

百姓一揆の本旨は訴にあった。ゆえに百姓たちは、鎌などの日常的農作業の道具を得物として持参するが、刀剣・鉄砲の類を武器として携行することはなかった。一八世紀までの百姓一揆・打ちこわしを示す史料には、百姓たちが鉄砲を持参している様子が描かれているが、寛政一〇年（一七九八）陸奥国浅川騒動に見られるように、鉄砲はあくまで合図の道具、鳴物として使用されていた。一九世紀、百姓一揆が大きく変容し、打ちこわし・一揆への参加を強制する場合や、打ちこわしにおいて、抜き身の刀剣を携行、使用する場面が多く見られるようになる。天保七年（一八三六）甲州騒動などのように打ちこわし勢が武器として鉄砲を携行していくことも見られるようになる。しかし、一揆勢・打ちこわし勢が実弾を発射することは管見の限り見出せない。慶応二年（一八六六）武州世直し騒動の段階においても、幕藩領主側の風聞として「彼（世直し勢）より炮発いたし候付」として、幕藩領主は世直し勢に発砲して殺害していくが、後に、この風聞はまったくの「虚言」であったことが判明するのである。

訴願を旨とする百姓一揆に対して、組織的暴力（武力）を独占する幕藩領主は仁政を施す為政者として、一揆勢の要求を聞き、説諭によって一揆を解散することを基本姿勢としており、武力を発動して力任せに鎮圧することはほとんどなかった。鉄砲は、空砲などを威嚇の意味で使用することが多かった。しかし、寛延二年（一七四九）会津藩での強訴のように、一揆勢が城下に突入した際に、鎮圧側がたまらず実弾を発射し百姓を殺害することもあった。しかし、これは当時から常態の方法ではない、と認識されていた。この後、明和元年（一七六四）の武蔵国伝馬騒動のように百姓一揆・打ちこわしが広域化、大規模化すると、幕府は一揆鎮圧の際に鉄砲の使用を許可する法令を発令した（明和六年（一七六九））。さらに、一九世紀に百姓一揆・打ちこわしが変質し、逸脱的実践行為（盗み・武器の使用、家屋への放火など）を行うようになると、この担い手を「悪党」とした上で、幕藩領主は発砲して彼らを殺害していく場合もあった。そして、村々にも一揆・打ちこわしに対する防衛のために鉄砲の使用を許可していったのである。

（須田　努）

てらいり　寺入り

村落において、自家からの出火、乱暴行為、酒乱など不行状、トラブルを起こした際、当事者が寺に入り一定期間謹慎すること。その際、領主への報告は行われず、村落内部の一件として決着がついた。江戸時代、寺院は幕藩領主の宗教統制の一端を担ったが、日常生活においては、公共的役割をもち、村内での秩序維持・争論回避の機能を有し、これを前提として寺入りは成立した。百姓一揆の場面でも、百姓・幕藩領主双方から寺院の公共的役割が期待されることも多く、幕藩領主が寺院に一揆勢との仲介役をまかせた寛保元年（一七四一）伊予国久万山一揆、逃散百姓が寺院に籠り、事態の収拾を図ろうとした天保一三年（一八四二）土佐国名野川逃散などがあった。

（須田　努）

てんぐかいじょう　天狗廻状

百姓一揆の廻状で、出所を不明にしたもの。車連判形式をとることもあった。元禄一一年（一六九八）美作国津山藩、元文四年（一七三九）美作国非人騒動、明和元年（一七六四）武蔵国伝馬騒動などにその例が見られる。

（保坂　智）

とうどり　頭取

百姓一揆の指導者。安永二年（一七七三）信濃国飯山藩一揆の史料である「信州水内郡常葉郷柳原庄飯山城弁高井郡御料所中野御役所惣徒」には、頭取の資質として「書付口上利立（りたち）」であることが必要であるとしているように、数千から万余の参加者をまとめ、藩との論争に耐えうるような世間知にたけた人物であることが、頭取の条件であった。また、頭取は一揆後に処刑されることが予想されており、死をも恐れない自己犠牲精神の持ち主であることも求められた。百姓一揆は村々の連合体として組織されたことから、村を代表する村役人から頭取が選出されることが多かったが、下層百姓の中から、世間知にたけた強烈な個性の持ち主が選出されることも少なくなく、後期にはその傾向が高まった。頭取は準備段階から一揆の組織化に努め、頭取＝発頭人であることが一般的であるが、安政六年（一八五九）信濃国南山一揆では、今田村の小木曽猪兵衛らが発頭人として一揆を組織したが、強訴段階では無双の強情者であった米川村の伴助が頭取として活躍したように、発頭人と頭取が異なることもある。幕府は、享保九年（一七二四）の「享保度法律類寄」では、徒党・強訴の頭取は磔または獄門としたが、「公事方御定書」（寛保元年（一七四一）極）では、徒党・強訴・逃散の頭取は死罪と定めた。また明和八年（一七七一）には、門訴の頭取は遠島と定めた。頭取の中には、後世に村人らによって義民顕彰されたものも多い。（保坂　智）

とき　鬨

鯨波とも書く。一揆史料では「時」と表現されることも多い。一揆参加者が一斉に挙げる声。結集を促す時や、役人と対決した時などに発せられ、一揆集団の大きさを示し、威嚇としての効果を持っていた。明治元年（一八六八）陸奥国会津の一揆は、その鬨の声からヤーヤー一揆と通称されている。（保坂　智）

どごういっき　土豪一揆

豊臣政権期から幕藩制初頭にかけて、国人や旧領主の家臣で兵農分離政策により百姓化を余儀なくされた者が、新領主の入封や検地などの新政策に反対し、百姓らとともに起こした一揆。豊臣政権の拡大に伴い九州（肥後国人一揆など）や東北（葛西大崎一揆など）で起こり、また関ヶ原の戦いや大坂の役という戦争を契機に発生した。前者としては越後国上杉遺臣一揆、後者では紀伊国北山一揆が代表的事例である。また江戸幕府の大名再配置による新領主の入封時に起こったものとしては、土佐国浦戸一揆や佐竹氏の入封に伴い出羽国で連続的に発生した諸一揆などがある。これらの一揆の特徴は、鉄砲や刀・鎗などで武装し、大名らの軍隊と戦争した事に求められ、態勢を整えた軍隊の武力鎮圧により敗れ去った。寛永一四年（一六三七）に発生した天草・島原一揆はこの形態の最後の一揆である。（保坂　智）

としそうじょう　都市騒擾

近世の都市住民が主体となって起こした闘争。青木虹二『百姓一揆総合年表』によれば、寛永八年（一六三一）から明治一〇年（一八七七）までの間に五一二件発生している。都市騒擾は、町共同体構成員が領主に要求を認めさせるために実力行使を行った惣町一揆形態と、米価騰貴を直接的原因として、都市下層民が米屋などを打ちこわす食料暴動（米騒動）型の闘争に大別することができる。天明・天保の両飢饉時と、第二次幕長戦争（長州征伐）が発生した慶応二年（一八六六）には、江戸・大坂をはじめ全国の都市で発生し、幕府や諸藩に大きな衝撃を与えた。（保坂　智）

とじめ　戸〆

閉門や押込（おしこめ）とともに自宅に籠居させて外出を禁止する刑であるが、その中では門戸を釘で打ち付けて閉ざすもので、もっとも厳重な刑。罪の軽重により刑期は異なる。元文五年（一七四〇）以降、村方ではこの刑は中止され、叱りや過料にかえた。百姓一揆関係ではこの刑罰の規定はないが、享保一四年（一七二九）陸奥国信達一揆などで執行されている。（保坂　智）

とじめそうどう　戸〆騒動

町の住民全体が、一斉に閉店することにより訴願を認めさせようとした闘争形態。惣町一揆の一形態である。自己の職分を放棄するという点で、百姓一揆における逃散に比定しうる。明和六年（一七六九）伊予国松山町、同九年越中国富山町、文化一四年（一八一七）近江国下坂本町などで発生した。（保坂　智）

ととう　徒党

近世では不当な集団の意味で使用され、武家諸法度や諸士法度でも大名や旗本らの徒党を禁止する事項があるが、一般的には百姓一揆の基盤となった組織をさす。幕府は明和七年（一七七〇）の高札で、徒党を「何事によらず、よろしからさる事に百姓大勢申合せ候」と規定している。幕府が百姓の徒党を禁止した初出は明確ではないが、一六二〇年代の寛永年間には出されたと推測される。この徒党に対する禁止は、五人組帳前書で徹底されたが、そこでは徒党を起請文を取り交わし一味神水する集団と規定することが多かった。四〇年代の正保・万治年間には、百姓の訴訟を徒党として処罰することが一般化し、「第一之法度徒党」というような認識が定着する。徒党に関する罰則規定が定められたのは、一八世紀前半である。享保九年（一七二四）の「享保度法律類寄」で、「徒党の強訴を企候頭取」は磔か獄門に処すとされた。それが御定書百箇条（寛保元〈一七四二〉極）では、頭取死罪に罪が一等減じられている。徒党に対する単独の法令が最初に出されたのは、寛延三年（一七五〇）で、幕領のみならず全国の私領にも徹底することが求められ、また五人組帳前書にもそのまま掲載された。これ以降、天明年間までたびたび徒党禁令が発布された。

（保坂　智）

とんしゅう　屯集

たむろし集まること。強訴形態の一揆では、廻状や張札などにより指定された日時・場所に、あるいは発頭人などが鐘を撞き、狼煙をあげるなどにより、大勢が集会を持つことからはじめられた。この集会を屯集と表現することが多い。またこの集会を持つだけで、村役人らに説得されるなどして終わった一揆を、屯集という闘争形態に区分することもある。

（保坂　智）

ないさい　内済

境論・水論などの村間出入、村方騒動、あるいは個人間の金銭トラブルなどの民事的争論を、公権力の裁決ではなく、第三者（扱人）の調停などによって当事者間で解決することをいう。享保改革で発令された相対済し令にも見られるように、幕府は民事争論は内済で解決することを推奨し、裁判の進行途中でも内済での解決を強く勧めた。そのため村方騒動の多くは、内済によって解決した。解決時に作成される証文を内済証文と呼ぶ。村落における事件の内済では、寺の住職や周辺村落の村役人が扱人となることが多かったが、後期には、社会構造の変化とトラブルの多様化が進展し、村役人以外に、侠気を持ち弁舌に優れた人物が扱人となるケースが増えた。

（須田　努）

ながろう　永牢

「えいろう」ともいう。終身牢舎に処す刑をいう。幕府の公事方御定書には規定がなく、幕府にあっては正刑ではないが、死罪や遠島にあたる者が、特別に減刑されて行われるもので、百姓一揆に対する処罰としても散見できる。島などを持たない藩などでは、遠島の代行刑とする例もある。

（保坂　智）

なりもの　鳴物

百姓一揆で使用された音を出すもの。梵鐘・半鐘（鉦）・法螺貝・拍子木など。人声による鬨と共に結集の呼びかけ、一揆の進退の統制、領主役人に対する威嚇などに用いられた。百姓一揆参加者が鉄砲を持ち出すことも少なくないが、これも鳴物として使用された。

（保坂　智）

のぼり　幟　→旗（はた）

はこそ　箱訴

越訴の一つ。評定所の門前に設置された目安箱へ訴状を入れること。訴状は将軍が披見することをたてまえとした。この訴訟は合法であるが、名や宿所がないもの、私恨による訴訟などの場合は、訴状は焼き捨てられ、本人は叱りや手鎖などの軽罪に処されることもあった。また、手鎖が許された後、さらに箱訴した場合は江戸払いに処された。宝暦四年から八年（一七五四～五八）美濃国郡上藩一揆では、一揆百姓と石徹白社人の箱訴が取り上げられて、幕府による吟味の結果、藩主が改易されたように、

一揆と藩の対立に幕府を介入させるための有効な手段として、百姓一揆で用いられることがあった。（保坂　智）

はしり　走り

農耕を放棄し、居村を立ち退くこと。逃亡・欠落・逐電・立退・出奔などとも表現される。戦国時代から江戸時代にかけて頻発した。個人あるいは家族単位での逃亡であり、集団性を伴い、訴願を目的とする百姓一揆の闘争形態の一つである逃散とは厳密に区別されるべきである。年貢重課などから逃亡する走り百姓の増大は、藩の基盤を揺るがしかねないものであり、その防止と還住（元の村に戻すこと）のための諸施策がとられた。（保坂　智）

はた　旗

百姓一揆の旗や幟は、村名や絵が描かれたものであり、村を識別するために使用された。一揆参加者はこの旗の下に結集し行動した。それは百姓一揆は村の連合体であったことを示している。村には普請時などに使用する旗が存在し、それらを持ち出したとも推定されるが、一揆に参加するために作成したことが確認できる事例も少ない。素材は木綿や紙であり、一般に考えられているようなムシロ旗は、東北地方の一部などで使用が確認されるのみである。天保期以降になると村旗のほかに、「天下太平我等生命者為万人」（天保四年〈一八三三〉播磨国加古川一揆）、「雖為百姓不仕二君」（天保一一年〈一八四〇〉出羽国庄内藩一揆）、「小○」（困るの意、嘉永六年〈一八五三〉陸奥国盛岡藩一揆）など、一揆の目的をスローガン化したものも出現する。また、天保七年（一八三六）甲州騒動では、ひょうたんと森の字が描かれた幟が使用されるが、前者は兵助、後者は森武七を意味しており、頭取を明示するためのものである。（保坂　智）

はりそ　張訴　→捨訴（すてそ）

はりつけ　磔

主殺し、親殺し、関所破りなどの重罪を対象とした死刑。罪人を磔柱に縛りつけ、刑吏が左右から三〇回ほど脇腹を鑓で突き刺し、最後に咽喉に止めの鑓を突いた。重罪の者には引廻し、晒し、鋸挽が加えられることがあった。付加刑として田畑・家屋敷・家財が闕所（没収すること）された。幕府は、享保九年（一七二四）成立の「享保度法律類寄」で、「徒党の強訴を企候頭取」を磔か獄門と規定したが、「公事方御定書」（寛保元年〈一七四一〉極）では、徒党・強訴・逃散の頭取は死罪と規定し直している。そのため享保期までの百姓一揆では、磔に処される者が少なくないが、寛保以降は少なくなる。（保坂　智）

はりふだ　張札

百姓一揆や都市騒擾などでは、文章が記された紙が張られたり、落とされたりした。内容的には訴状形式のものと、一揆への参加を呼びかけるものがあった。前者は張訴あるいは捨訴（→）とも呼ばれる。後者は廻状とともに人々を一揆などに結集させる重要な手段であり、一揆の目的、集会の日時場所、不参加村（者）への脅迫文言（参加強制）などが記されている。一八世紀後半の都市や在町での騒擾に多く見られ、百姓一揆でも廻状にかわり主要な動員手段となった。呼びかけ人を不明にするため、わざと稚拙な書体で書かれたり、大量に使用するため印刷された場合もあった。また、特定の個人に対する焼き討ちや打ちこわしを予告する火札も張札の一種である。（保坂　智）

はんりょういきとうそう　汎領域闘争　→広域闘争（こういきとうそう）

ひにんそうどう　非人騒動

参加者が、古蓑・破れ蓑などの非人拵（乞食姿）の出立ちである百姓一揆。非人身分の一揆ではない。一揆は豪商農宅へ夫食などを押し乞いし、領主に年貢軽減・夫食支給などを訴願した。非人拵の出立ちは、押し乞いの行為を正当化し、百姓経営が成り立たず、非人（乞食）への転落の危機にあることを印象づけるためのものであったと考えられる。全国的に散見するが、元文四年（一七三九）勝北非人騒動、文政八年（一八二五）文政非人騒動、慶応二年（一八六六）津山藩改政一揆など、美作国に多く発生している。（保坂　智）

ひふだ　火札

張札の一種。特定の人物に対する焼き討ちを予告したもの。幕府は発見次第焼き捨てを命じ、犯人は死罪とした。幕末の世直し期には各地で張り出された。焼き討ちではなく、打ちこわしを予告することもあった。（保坂　智）

ひょうじょうしょ　評定所

寺社・勘定・町の三奉行が、領域のまたがる訴訟、大塩平八郎の乱のような重大な事件、および行政・立法に関する評議を行った幕府の機関とその役所の名。辰ノ口伝奏役所脇に建てられた役所の門前には、享保六年（一七二一）以降目安箱が設置された。（保坂　智）

ふおん　不穏

黒正巌や青木虹二の百姓一揆年表に使用されている闘争形態。黒正の場合には正確な規定は存在せず、百姓一揆になりかねない状態をさして使用されたと考えられる。青木の場合には、単に百姓一揆になりかねないというのではなく、集会程度で強訴などへ発展せずに解散したものをさすと規定している。（保坂　智）

ほうか　放火

百姓一揆の過程で、一揆への敵対者などに対する打ちこわしや放火の予告が行われることがある。それが独立して展開するのが火札である。また不参加村（者）に対する参加強制として放火の脅迫がなされることも多かった。しかし、現実に行われる打ちこわしにあっては、放火はほとんど行われなかったばかりか、火の元への充分な配慮がなされた。しかし明治期の一揆では、「毀焼」と表現できるように、打ちこわしと同時に放火が行われるのは常になっていく。（保坂　智）

ほうき　蜂起

土豪や百姓らが、武器を持って領主軍に抵抗する形態。戦国期から近世初頭にかけて頻発するが、寛永一四～一五年（一六三七～三八）の島原天草一揆（島原の乱）を最後に終焉した→土豪一揆。なお青木虹二は、中後期の大きな全藩強訴や広域闘争も蜂起と規定しているが、これらは闘争の規模が拡大しているのであり、闘争形態としては強訴あるいは打ちこわしである。（保坂　智）

ほっとう　発頭

百姓一揆を計画した者を発頭人と呼び、また百姓一揆で最初に行動を起こした村を発頭村と呼ぶ。発頭人が頭取であることが多いが、別に頭取がたてられることもある。幕府は発頭人に対する処罰規定をもうけていないが、頭取とは別に発頭の罪で重罪に処された場合も存在する。（保坂　智）

ほらがい　法螺貝

百姓一揆の鳴物の一つ。結集の呼びかけや、一揆の進退の合図として使用された。本物の法螺貝が使用されることもあるが、多くは竹や桐などで作られたものが使用されている。（保坂　智）

みがらひきわたしようきゅう　身柄引き渡し要求

百姓一揆の要因となった政策を立案・実行した役人を、百姓方に引き渡すことを求めたもの。藩側との交渉の場で激高のあまり要求することもあるが、訴状の一項目に含まれていることも少なくない。元文三年（一七三八）陸奥国磐城平藩、寛延三年（一七五〇）同国二本松藩、会津藩、宝暦一一年（一七六一）信濃国上田藩、天明六年（一七八六）備後国福山藩、文政五年（一八二二）丹後国宮津藩、天保五年（一八三四）陸奥国八戸藩など、全国各地の一揆に広く見られる。引き渡しを受けた後の役人に対する措置としては、殺害してその肉を食いたいとするものと、百姓の生活をさせてその苦労を身を以て知らせたいとする二種類がある。百姓たちの苛政の実行者に対する激しい憎しみを表す要求である。この要求に対し、実際に役人が引き渡された事例は存在しないが、藩はこの役人たちを罷免し、あるいは捕縛して百姓らの怒りを鎮めねばならなかった。

（保坂　智）

みのかさ　蓑笠

蓑と笠は、百姓一揆参加者の基本的な出立ちであった。参加者が百姓であることを強調するために着用したと考えられる。一八世紀後半から蓑笠を着用する事例が増え、明治初年一揆まで継続するが、天保期から慶応期にかけては、派手な襷や鉢巻きという異形な出立ちをする一揆も出現した。

（保坂　智）

むしろばた　蓆旗

百姓一揆の旗といえばムシロ製の旗を連想するが、史料的に確認できるものの多くは木綿や紙であり、蓆旗は少ない。確認できるものは、寛延三年（一七五〇）甲斐国米倉騒動、寛政七年（一七九五）陸奥国盛岡藩、同八年同国仙台藩、享和元年（一八〇一）出羽国村山郡、天保七年（一八三六）盛岡藩、同一一年出羽国庄内藩、弘化四年（一八四七）盛岡藩である。甲斐国の事例を除けば、すべて東北地方のものである。また、これらの一揆でも木綿や紙製の旗が持ち出されていることが確認されるものも多い。このことから、蓆旗を百姓一揆の象徴と考えるのは歴史的事実とは異なった認識であるが、自由民権期には、蓆旗が百姓一揆を象徴するという認識が生まれている。

（保坂　智）

むらかたそうどう　村方騒動

江戸時代、年貢は村で請負・皆済する制度がとられ、名主（庄屋）たち村役人が一般百姓たちに持高に応じて年貢を配分した。その際に不正行為が行われ、規定された負担量以上の取り立てが行われ、村役人たちの収入とされた。また、彼らは、一般百姓を私的に使役することもあった。村役人たちは中世以来の由緒を持つ村落有力者や、草分け百姓の子孫であり、多くの隷属農民を抱え、村落内部で大きな権力を有し、右記の行為は、彼らの特権と認識されていた。しかし、江戸時代前期を通じて、多くの隷属農民たちが本百姓として自立し、農業生産力の上昇により一般百姓たちの経済力が上昇してくると、相対的に村役人層の村落内部での地位が低下しはじめる。これらを背景として、一般百姓たちは、村役人たちの恣意的村落支配や、年貢配分の不正、不公平などを糾弾する運動を展開するようになる。そして、村役人たちの村政を監視するために百姓代を一般百姓たちの代表として、村政に参加させていく。これが、江戸時代前期から中期に見られる村方騒動である。村方騒動は近世後期、とくに一九世紀に全国的に増加する傾向が見られる。この時期、貨幣経済の進展や、商品作物の展開により急激に経済力を蓄えた百姓たちが多く現れ、由緒を有する村役人たちを凌駕した。村役人らの村落での地位は低下し、一般農民たちの村落での発言力はさらに増大していく。村政への惣百姓参加要求、名主の交代要求、名主世襲制から年番制へといった政治的なものから、村の祭礼のあり方や、鎮守の座順をめぐるもの、新百姓（入植者）への差別撤廃、小作料引下げなど村方騒動は多様なあり方を持つようになり、村社会は村方騒動によって大きく変容していった。

（須田　努）

むらかんそうろん　村間争論

村と村との間の利害対立から生じた訴訟・騒動。用水権をめぐる水論、入会地の利用・境界などをめぐる入会地争論、村境をめぐる境論、山野の境界・利用権などをめぐる山論・野論など、紛争は多岐にわたった。近世の全時代にわたり、全国各地で争われたが、そのすべてをまとめた年表は発表されていない。初頭には、対立する両陣営が実力行使し、武器や農具を持って闘う合戦相論や、鉄火取りなどの神裁（神の意を占って裁決する）という中世以来の解決方法をとっていたが、幕藩体制が整備されるにしたがい、領主や幕府へ訴願し、裁判によって解決する方法に次第に変化した。（保坂　智）

めやすばこ　目安箱

享保六年（一七二一）、八代将軍徳川吉宗が設置を命じた目安（訴状）を入れる箱。江戸城辰ノ口評定所門前に、毎月二・一一・二一日の三日間に限り設置された。投書された訴状は将軍が披見することをたてまえとしたので、将軍への直訴の一形態である。直訴すべき内容は、①仕置筋のためになること、②諸役人の私曲非分、③役人が詮議をせずに滞っている訴訟で、直訴することを断った上で投書したものである。一方、①私恨により人の悪事を書いたもの、②人に頼まれた訴訟、③役所へ訴える以前あるいは裁判中の訴訟、④虚説の訴訟の四つと、名・宿所の記載のない場合は、訴状は焼き捨てられ、本人は叱りや手鎖などに処された。同様の訴訟箱制度は、和歌山・名古屋・金沢・高知藩などにも存在する。（保坂　智）

もんそ　門訴

百姓一揆の闘争形態の一つ。江戸の藩邸や旗本屋敷へ百姓らが集団的に訴願するもの。正徳元年（一七一一）安房国万石騒動や宝暦一二年（一七六二）武蔵国田安領一揆はその代表的事例である。幕府は、集団的ではあるが狼藉を伴わないこの訴訟形態を黙認することが多かったが、明和八年（一七七一）にこれを禁止し、頭取が遠島など、徒党・強訴・逃散よりも罪を一等減じた処罰規定を作成した。また、鎌などの得物を携行した場合は、強訴とみなすことも定めた。しかし、藩や旗本が体面を保つために内々に処理することが多かったと推測され、厳しく罰された例は少ない。また同じ理由で、現在知られているよりもはるかに多い門訴が存在したと考えられる。なお、諸藩領で城下に集団的に訴願した場合でも、門訴と表現されることがある。（保坂　智）

やくにんひきわたしようきゅう　役人引き渡し要求　→身柄引き渡し要求（みがらひきわたしようきゅう）

やすこくだい　安石代

年貢などを現物ではなく、貨幣によって納入する方法がとられ、江戸時代中期（享保期）以降この傾向が強まった。山間地域や畑作地帯などでは、甲州の大小切法などのように、時の相場よりも安く石代値段を設定することがあり、これを安石代と呼称し、百姓たちには有利となった。このため、安石代を求める百姓一揆も発生した。（須田　努）

やまあがり　山上り　→逃散（ちょうさん）

やろん　野論　→村間騒動（むらかんそうろん）

よなおしいっき　世直し一揆

百姓一揆の闘争類型の一つ。商品生産・流通の発展、農民層分解の進行により生じた地主・豪農層と小作・貧農・半プロレタリア層との間の副次的矛盾を主たる要因として発生する一揆。幕藩領主に対する訴願は伴わないか、伴ったとしても一揆に占める位置は低く、地主・豪農や在方商人などに対する打ちこわしを主要な闘争形態とした。領域を越えて広域化したり、連続的に他へ波及することが多い。一八世紀末の天明期に出現する（天明三年〈一七八三〉上信騒動など）が、世直しの意識が百姓一揆に持ち込まれるようになるのは文化期以降である。天保七年（一八三六）三河国加茂一揆の頭取辰蔵は、一揆を「世間世直しの祭」と称したという「鴨の騒立」の記述は著名である。世直し一揆が本格的に展開するのは幕末・維新期であり、開港による経済の激動がその背景に存在した。幕長戦争（長州征伐）が行われた慶応二年（一八六六）には、武蔵国の武州一揆や陸奥国信達一揆などの大規模な一揆が発生し、続いて戊辰戦争が行われた慶応四年＝明治元（一八六八）には、この戦争の舞台となった上野・下野・越後・陸奥国会津などを中心に一揆が頻発した。慶応二～四年の一揆では、その目的が世直しであることを標榜する事例が多い。（保坂　智）

るざい　流罪　→遠島（えんとう）

わらざかいじょう　藁座廻状
参加の村名が車連判形式である廻状の呼び名の一つ。陸奥国信達地方での名称。慶応二年（一八六六）信達一揆のそれは、現存する車連判の代表的なものである。（保坂　智）

百姓一揆研究文献一覧

百姓一揆に関する研究は、戦前から数多くの論文・著書が刊行されている。本稿では紙幅の関係から著書のみを、しかもその一部を収録したにすぎない。ただし、雑誌の一揆特集号については収録した。論文については、保坂智編『百姓一揆研究文献総目録』（三一書房　一九九七）を参考にされたい。

　なお、百姓一揆を研究するためには、自治体史は不可欠の文献であるが、これも本稿では扱うことができない。これについてはとりあえず、青木虹二編・保坂智補編『編年百姓一揆史料集成』一～（三一書房　一九七九～）の文献欄を参照するのが便利である。

【全国】

小室信介『東洋民権百家伝』　自由新聞社　一八八三（再刊　林基校訂　岩波文庫　一九五七）

樋口二葉『日本義民実伝』　晴光館書店　一九一〇

辻善之助『田沼時代』　日本学術普及会　一九一五（再刊　岩波文庫　一九八〇）

『日本及び日本人』義民特集号　政教社　一九一九

石田伝吉『義民乎逆徒乎』　丙午出版社　一九一九

佐野学『日本社会史序論』　同人社書店　一九二二

『歴史と地理』四四巻三号日本農民史特集号　一九二四

本庄栄治郎『日本社会史』　改造社　一九二四

木村靖二『日本農民騒動史』　二松堂書店　一九二五

小野武夫『農村社会史論講』　巌松堂書店　一九二七（再刊　一九三七、一九四七）

小野武夫『徳川時代百姓一揆叢談』上・下　刀江書院　一九二七（再刊　一九六四）

黒正巌『百姓一揆の研究』　岩波書店　一九二八（再刊　思文閣　一九七一）

黒正巌『封建社会の統制と闘争』　改造社　一九二八

黒正巌『百姓一揆史談』　日本評論社　一九二九

小野武夫『維新農民蜂起譚』　改造社　一九三〇（増訂版　刀江書院　一九六五）

河西省吾『日本農民史』　古今書院　一九三〇

木村靖二『日本農民闘争史』　白揚社　一九三〇

田村栄太郎『日本農民一揆録』　南蛮書房　一九三〇

田村栄太郎『明治初年の政治的農民一揆』　文芸戦線社出版部　一九三〇

野呂栄太郎『日本資本主義発達史』　鉄塔書院　一九三〇（再刊『野呂栄太郎全集』　新日本出版社　一九六五）

土屋喬雄・小野道雄『明治初年農民騒擾録』　南北書院　一九三一（再刊　勁草書房　一九五三）

小野武夫『維新農民社会史論』　刀江書院　一九三二

田村栄太郎『一揆・雲助・博徒』　大畑書店　一九三三（再刊　三笠書房　一九三五、三崎書房　一九七二）

平野義太郎『日本資本主義社会の機構』　岩波書店　一九三四

野村兼太郎『維新前後』　日本評論社　一九四一

北島正元『百姓一揆論』　中央公論社（新日本史講座）　一九四七

田村栄太郎『近代日本農民運動史論』　月曜書房　一九四八

野村兼太郎『近世社会経済史研究―徳川時代』　青木書店　一九四八

平野義太郎『ブルジョア民主主義革命』　日本評論社　一九四八（再刊　法政大学出版局　一九六八）

小野武夫『維新農民一揆の相貌』　学能協会　一九四九

『歴史評論』三七号義民特集号　民主主義科学者協会歴史部会　一九五二

農政調査会『小作騒動に関する史料集』　農政調査会　一九五四

堀江英一『明治維新の社会構造』有斐閣 一九五四
『社会経済史学』二一巻四号 特集幕末における農民一揆 社会経済史学会 一九五五
林基『百姓一揆の伝統』新評論 一九五五
堀江英一編『藩政改革の研究』お茶の水書房 一九五五
原田伴彦『日本封建都市研究』東京大学出版会 一九五七
青木恵一郎『日本農民運動史』一・二 日本評論新社 一九五八・五九
大江志乃夫『明治国家の成立』ミネルヴァ書房 一九五九
黒正巌『百姓一揆の研究続編』一九五九 ミネルヴァ書房（再刊 一九七一 思文閣）
田村栄太郎『世直し』雄山閣 一九六〇
原田伴彦『日本封建制下の都市と社会』三一書房 一九六〇
大石慎三郎『享保改革の経済政策―第一部享保改革の農村政策』御茶の水書房 一九六一
津田秀夫『封建経済政策の展開と市場構造』御茶の水書房 一九六一
荒川英俊『災害の歴史』至文堂 一九六四
青木虹二『百姓一揆の年次的研究』新生社 一九六六
青木虹二『明治農民騒擾の年次的研究』新生社 一九六七
青木虹二・森嘉兵衛・原田伴彦編『日本庶民生活史料集成』六巻 三一書房 一九六八
有元正雄『地租改正と農民闘争』新生社 一九六八
絲屋寿雄・稲岡進『日本騒乱の百年』上 現代評論社 一九六九
佐々木潤之介『幕末社会論』塙書房 一九六九
青木虹二・森嘉兵衛編『日本庶民生活史料集成』一三巻 三一書房 一九七〇
岡光夫『近世農民一揆の展開』ミネルヴァ書房 一九七〇
庄司吉之介・林基・安丸良夫編『民衆運動の思想』岩波書店 一九七〇
青木虹二『百姓一揆総合年表』三一書房 一九七一
林基『続百姓一揆の伝統』新評論 一九七一
林基『享保と寛政』文英堂 一九七一
松永伍一『一揆論―情念と叛乱の回路』大和書房 一九七一
依田憙家『日本近代国家の成立と革命情勢』八木書店 一九七一
市井三郎・布川清司『伝統的革新思想論』平凡社 一九七二
明治大学内藤家文書研究会編『譜代藩の研究』八木書店 一九七二
佐々木潤之介編『村方騒動と世直し』上・下 青木書店 一九七二・七三
芳賀登『世直しの思想』雄山閣 一九七三
芳賀登『百姓一揆』潮新書 一九七三
山田忠雄編『農民闘争史』上・下 校倉書房 一九七三
横山十四男『義民―百姓一揆の指導者たち』三省堂 一九七三
青木恵一郎『世直しの唄』三省堂 一九七四
佐々木潤之介編『日本民衆の歴史』三巻・四巻・五巻 三省堂 一九七四
安丸良夫『日本の近代化と民衆思想』青木書店 一九七四
鎌田永吉『幕藩体制と維新変革』鎌田永吉遺稿集刊行会 一九七七
横山十四男『百姓一揆と義民伝承』教育社歴史新書 一九七七
『歴史公論』四巻六号特集百姓一揆 雄山閣 一九七八
深谷克己『八右衛門・兵助・伴助』朝日新聞社 一九七八
青木虹二編保坂智補編『編年百姓一揆史料集成』一～ 三一書房 一九七九～
青木美智男『天保騒動記』三省堂 一九七九
佐々木潤之介『世直し』岩波新書 一九七九
庄司吉之助『近世民衆思想の研究』一九

七九
津田秀夫『近世民衆運動の研究』三省堂　一九七九
深谷克己『百姓一揆の歴史的構造』校倉書房　一九七九（増補改訂版　一九八三）
佐藤誠朗『幕末・維新の政治構造』校倉書房　一九八〇
百姓一揆研究会編『天保期の人民闘争と社会変革』上・下　校倉書房　一九八〇・八二
青木美智男・入間田宣夫・黒川直則・佐藤和彦・佐藤誠朗・深谷克己・峰岸純夫・山田忠雄編『一揆』一〜五巻　東京大学出版会　一九八一
一巻　一揆史入門
二巻　一揆の歴史
三巻　一揆の構造
四巻　生活・文化・思想
五巻　一揆と国家
川合貞吉『土着の反権力闘争と民乱―共同体の復権を求めて』谷沢書房　一九八一
神社新報社編『郷土を救った人びと―義人を祀る神社』神社新報社　一九八一
長谷川伸三『近世農村構造の史的分析』柏書房　一九八一
森安彦『幕藩制国家の基礎構造―村落構造の展開と農民闘争』吉川弘文館　一九八一
勝俣鎮夫『一揆』岩波新書　一九八二
原田伴彦『近世都市騒擾史』思文閣出版　一九八二
東義和『被差別部落と一揆』明石書店　一九八三
佐々木潤之介『近世民衆史の再構成』校倉書房　一九八四
山田忠雄『一揆打毀しの運動構造』校倉書房　一九八四
青木美智男『文化文政期の民衆と生活』文化書房博文堂　一九八五
田村栄太郎『近世の農民一揆』上・下　雄山閣出版　一九八五
横山十四男『義民伝承の研究』三一書房　一九八五
勝俣鎮夫・深谷克己『一揆』（『週刊朝日百科日本の歴史』八一号）朝日新聞社　一九八七
佐藤誠朗『近代天皇制形成期の研究』三一書房　一九八七
水本邦彦『近世の村社会と国家』東京大学出版会　一九八七
好並隆司編『明治初年解放令反対一揆の研究』明石書店　一九八七
手塚豊編著『近代日本史の新研究』七　北樹出版　一九八九
安丸良夫・深谷克己編『民衆運動』岩波書店　一九八九
今西一『近代日本成立期の民衆運動』柏書房　一九九一
鶴巻孝雄『近代化と伝統的民衆世界―転換期における民衆運動とその思想』東京大学出版会　一九九二
藪田貫『国訴と百姓一揆の研究』校倉書房　一九九二
中島明『幕藩制解体期と民衆運動』校倉書房　一九九三
佐々木潤之介『幕末社会の展開』校倉書房　一九九三
白川部達夫『日本近世の村と百姓的世界』校倉書房　一九九四
伊藤忠士『「ええじゃないか」と近世社会』校倉書房　一九九五
上野利三『明治初期騒擾裁判の研究』北樹出版　一九九五
高橋実『幕末維新期の政治社会構造』岩田書院　一九九五
宮崎克則『大名権力と走り者の研究』校倉書房　一九九五
岩田浩太郎編『新しい近代史　五　民衆世界と正統』新人物往来社　一九九六
第一回全国義民サミット実行委員会『義民』編集係『義民』一九九六
平川新『紛争と世論』東京大学出版会　一九九六
上野利三『近代日本騒擾裁判史の研究』多賀出版　一九九八
長谷川伸三『近世後期の社会と民衆』雄山閣出版　一九九九
『民衆運動史』一〜五　青木書店　一九九

九～二〇〇〇
一巻　保坂智編　『一揆と周縁』
二巻　岩田浩太郎編　『社会意識と世界像』
三巻　藪田貫編　『社会と秩序』
四巻　新井勝紘編　『近代移行期の民衆像』
五巻　深谷克己編　『世界史のなかの民衆運動』
青木美智男　『百姓一揆の時代』　校倉書房　一九九九
歴史教育者協議会編　『図説日本の百姓一揆』　民衆社　一九九九
国立歴史民俗博物館編　『地鳴り山鳴り―民衆のたたかい三〇〇年』　同館　二〇〇〇
八鍬友広　『近世民衆の教育と政治参加』　校倉書房　二〇〇一
須田努　『「悪党」の一九世紀』　青木書店　二〇〇二
保坂智　『百姓一揆とその作法』　吉川弘文館　二〇〇二
阿部昭・長谷川伸三　『明治維新期の民衆運動』　岩田書院　二〇〇三
高橋正一郎　『歴史の鉱脈』　二〇〇三

【北海道・東北】

高橋文山　『白岩義民』　山形県西村山郡白岩高少校友会　一九〇〇
野村岩夫　『仙台藩農業史研究』　無一文館書院　一九三二
山形県経済部（長井政太郎）編　『出羽百姓一揆録』　山形県　一九三三　（再刊図書刊行会　一九七三）
清野鉄臣　『荘内天保義民』前・後　アサヒ印刷所　一九三四
森嘉兵衛　『旧南部藩に於ける百姓一揆の研究』　斎藤報恩会　一九三五
日高輝忠　『庄内百姓天保義挙鳥海颪』　青年塾　一九四〇
庄司吉之助　『世直し一揆の研究』　自費　一九五六（再刊　校倉書房　一九七〇　増補版　校倉書房　一九七五）
平重道　『寛政九年における仙台藩領の農民一揆』　地域社会研究会　一九五六
上林与與市郎　『荘内農民とワッパ騒動』　新生社　一九五七
鈴木俊夫　『疣石峠の話―享保十四年信達農民強訴物語』　自費　一九五七
桜井一平　『元文磐城百姓一揆』　明治大学校友会磐城支部　一九五九
斎藤寿夫　『荘内農民騒動史』　中村書店　一九六二
森嘉兵衛　『南部藩百姓一揆の指導者三浦命助伝』　平凡社　一九六二
奥山亮　『檜山騒動・その他』　北海道地方史研究会　一九六三
須藤水甫　『義人藤田民次郎伝』　弘前市立中央図書館　一九六三
室井康弘　『南山御蔵入騒動資料』　田島町郷土史研究会　一九六四
阿部善雄　『駈入り農民史』　至文堂　一九六五
「福島県民の歴史」編集会議　『福島県民の歴史―解放をめざす百年の歩み』　福島県教組ほか　一九六八
庄司吉之助　『史料東北諸藩百姓一揆の研究』　御茶の水書房　一九六九
山形県歴史教育者協議会・山形近代史研究会編　『山形農民のたたかいの歴史』　山形県歴史教育者協議会　一九六九
岩本由輝　『近世漁村共同体の変遷過程』　塙書房　一九七〇
秋田近世史研究会　『藩政時代の村・羽後における飢饉・一揆』　秋田県教育庁文化課
平重道　『仙台藩の歴史』　宝文堂出版　一九七二
『内史略』（『岩手史叢』一―五）　岩手史叢刊行会　一九七三―五
海保嶺夫　『日本北方史の論理』　雄山閣　一九七四
森嘉兵衛　『南部藩百姓一揆の研究』　法政大学出版会　一九七四
佐藤治助　『ワッパ一揆―東北農民の維新史』　三省堂　一九七五
志賀伝吉　『元文義民伝―磐城百姓騒動』　元文義民顕彰会　一九七六
司東真雄編　『岩手の百姓一揆集』　北上市史刊行会　一九七六

針生武巳解説『屋代郷文久騒動 歎願真秘録』一九七七

吉田勇『ふくしまの農民一揆』福島中央テレビ 一九七七

田代重雄『史料集成会津農民一揆』上・下 歴史春秋社 一九七八

『文隣記—天保義挙細録』(『遊佐町史資料』三号) 一九七八

『奥海道五巴』(『上山市史編集資料』二四号) 一九七八

『寛延三義民顕彰記念誌』寛延三義民顕彰記念碑建立会 一九七九

佐藤貞夫『五義民—坊沢村百姓一揆の考察』よねしろ書房 一九八〇

高橋梵仙編『近世社会経済史料集成』三 百姓一揆其他 大東文化大学東洋研究所 一九八〇

茶谷十六『安家村俊作』民衆社 一九八〇

東根市史編集委員会編『東根市史編集資料』九号長瀞質地騒動史料・村山一揆史料他 一九八〇

佐藤誠朗『ワッパ騒動と自由民権』校倉書房 一九八一

鶴岡市史編纂会『ワッパ騒動史料』一・二 鶴岡市 一九八一

東根市史編集委員会編『東根市史編集資料』一〇号村山騒動史料 同会 一九八一

榎森進『北海道近世史の研究』北海道出版企画センター 一九八二(増補改訂一九九七)

『わらび』特集南部三閉伊一揆 一九八三

深谷克己『南部百姓命助の生涯』朝日新聞社 一九八三

菊池勇夫『幕藩体制と蝦夷地』雄山閣 一九八四

佐々木京一『一揆の奔流—南部三閉伊一揆の民間伝承』民衆社 一九八四

民俗芸術研究会編『南部三閉伊一揆と現代』民衆社 一九八四

渡辺為夫『寛永白岩一揆』自費 一九八五

ぬめひろし『近世秋田の農民一揆試論』北方風土社 一九八七

浅野鐵雄編『深谷の役と葛西大崎一揆降参将士誅殺事件』耕風社 一九九〇

根室シンポジウム実行委員会編『三十七本のイナウ』北海道出版企画センター 一九九〇

「夢の浮橋」解読編集委員会編『夢の浮橋—天保国替事件絵巻—』載邦碑保存会 一九九〇

西田耕三編『葛西大崎一揆の実相』葛西氏顕彰会・葛西史研究会 一九九一

佐藤幸夫『大山騒動史』大山騒動史刊行会 一九九二

佐々木京一『一揆の激流—南部三閉伊一揆に先行するもの』民衆社 一九九三

海老名俊雄『会津御蔵入騒動と寛延一揆』歴史春秋出版 一九九六

高橋莞治『金原田八郎伝』保原町歴史文化資料館 一九九六

伊藤卓二『宮沢一揆—義民松川久兵衛伝』大崎タイムス社 一九九七

早坂基『幻の老人切牛の万六』福本工業 一九九七

『嘉永六年三閉伊一揆資料』宮古史料刊行会 発行年不詳

【関東】

加藤久太郎『民権操志』千葉県印旛郡公津村記念碑建設事務所 一八九三(再録 小野武夫編『百姓一揆叢談』刀江書院 一九二七)

細川潤次郎『万石騒動』求林堂 一八九五

細野平格『五万石騒動』一九一一

藤森成吉『礫茂左衛門』新潮社 一九二六

白鳥健『義民叢書 佐倉宗吾』日本書院 一九三一

高井良水『小瀬義民の顛末』秀綿堂印刷所 一九三七

植木直一郎『義人宗吾伝』宗吾霊堂 一九五二

濱野清『宇都宮籾摺騒動実記』日本農民組合栃木県連合会 一九五三

松本幸輝久『義民・礫茂左衛門』河出書房 一九五六

矢口豊村『義民助六伝』 茨光社出版部 一九五六
萩原進『騒動―群馬県農民運動史ノート』 群馬情報社 一九五七
児玉幸多『佐倉惣五郎』 吉川弘文館 一九五八
木戸田四郎『明治維新の農業構造』 御茶の水書房 一九六〇
後閑祐二『磔茂左衛門―沼田藩騒動』 人物往来社 一九六六
近世村落史研究会編『武州世直し一揆史料』Ⅰ・Ⅱ 慶友社 一九七一・七四
『栃木市論』九・一〇合併号幕末維新期農民一揆特集 落合書店 一九七二
三義人顕彰会編『生板の三義人』 三義人顕彰会 一九七二
富浦町郷土文化研究会編『富浦の文化』二号（義民忍足左内特集号） 一九七二
北沢文武『明和の大一揆』 鳩の森書房 一九七三
安達敏雄『房総百姓一揆』 一九七四
石井達夫編『渡辺土平治騒動記とその資料』 藤野町教育委員会 一九七四
植田敏雄編『茨城百姓一揆』 風濤社 一九七四
大町雅美・長谷川伸三編『幕末の農民一揆』 雄山閣 一九七四
屋代典隆『野州黒羽藩百姓一揆』 一九七五
安藤精一『大丹波村乃義民』 大丹波義民顕彰会 一九七六
高井良水『小瀬一揆録』 一九七六
青梅市教育委員会『田安領宝暦箱訴事件』 同委員会 一九七八
大野政治『地蔵堂通夜物語』 崙書房ふるさと文庫 一九七八
南和男『幕末江戸社会の研究』 吉川弘文館 一九七八
宮本和也『新利根川騒動記』 崙書房ふるさと文庫 一九七八
鈴木久『口訳 常久肝胆夢物語―牛久助郷一揆の記録』 崙書房ふるさと文庫 一九七九
井上準之助『近世農村産業史論』 明石書店 一九八〇
小平史研究会『小平に残る御門訴事件関係史料集』 小平郷土研究会・小平市教育委員会 一九八〇
酒井真右『高崎五万石騒動』 ＪＣＡ出版 一九八〇
高井良水『義民顕彰録』 小瀬義民顕彰会 一九八〇
徳江健・石原征明編『事件と騒動―群馬民衆闘争史』 上毛新聞社 一九八〇
青柳嘉忠『研究史佐倉惣五郎』 佐倉市文化財保護協会 一九八一
秋本典夫『北関東下野における封建権力と民衆』 山川出版社 一九八一
江川文展『激派と民衆―大橋の天狗党始末』 筑波書林 一九八一
江川文展『宝永一揆―水戸藩を揺るがせた百姓たち』 筑波書林 一九八一
大舘右喜『幕末社会の基礎構造―武州世直し層の形成』 埼玉新聞社 一九八一
埼玉県史編さん委員会『新編埼玉県史』資料編一一騒擾編 埼玉県 一九八一
『多摩のあゆみ』二六号特集御門訴事件 多摩中央信用金庫 一九八二
柴田武雄『幕末維新世直し騒動の一性格―九十九里浜真忠組騒動をめぐって』 雄山閣 一九八二
西脇康・村上久佳編『近世市原の百姓一揆史料集』 市原市教育委員会 一九八四
和気紀於『被差別部落の大騒動―武州鼻緒騒動記』 明石書店 一九八四
木村由美子『茨城の百姓一揆と義民伝承』上・下 筑波書林 一九八五
高橋裕文『那珂郡農民一揆』上・下 筑波書林 一九八五
中島明『上州の百姓一揆―世直しの時代』 上毛新聞社 一九八六
長須祥行『直訴―水戸藩・宝永一揆の謎』 三一書房 一九八六
田原芳雄『実説磔茂左衛門 附市兵衛』 郷土文化研究会 一九八七
川本祥一『物語り武州鼻緒騒動』 批判社 一九八八
『群馬評論』一九八九年秋号特集高崎五万石騒動 群馬評論社 一九八九

田口栄一『高崎五万石騒動私見』上毛新聞社出版局　一九九〇
美里町教育委員会編『武蔵国児玉郡関村兵内供養塔補修工事報告書』同会　一九九一
丑木幸男『礫茂左衛門一揆の研究』文献出版　一九九二
牛久市史編さん委員会『牛久市史料近世一　牛久助郷一揆』一九九四
鏑木行廣『佐倉惣五郎と宗吾信仰』崙書房出版　一九九八
『月刊上州路』三〇七号高崎五万石騒動再考　一九九九
片倉比佐子『天明の江戸打ちこわし』新日本出版社　二〇〇一
高橋実『助郷一揆の研究』岩田書院　二〇〇三

【中部】

竹内泰信『嘉助全伝真篤苅信濃美談』慶林堂　一八八三
大平與文次『寛政義民岡村権左衛門』恩古談話会　一八九六（再録『越後佐渡農民騒動』新潟県内務部　一九三〇）
三島栄太郎『濃北宝暦義民録』自費　一九一一
堀江耕想『義民助弥』信濃毎日新聞社　一九二五
飯沼源次郎『加助の実歴』自費　一九二七
新潟県内務部（石井清吉）編『越後佐渡農民騒動』新潟県内務部　一九三〇（再刊　青史社　一九八三）
島崎圭一『福井藩に於ける百姓一揆史の研究』島崎文庫　一九三一（再刊　安田書店　一九八二）
田中惣五郎『義民与茂七』朝日書房　一九三二（再刊　中村書店　一九七七）
井上江花『塚越ばんどり騒動』江花会　一九三三
小林郊人『伊那農民騒動史』山村書院　一九三三
杉本英寿『越前若狭に於ける百姓史研究』中村書店　一九三三
竹川義徳『山梨農民運動史』大和屋書店　一九三四
三重県内務部『伊勢暴動顛末記』三重県内務部　一九三四（再刊　三重県図書館協会　一九五八、一九八〇　三重県良書出版会　一九八一）
石田伝吉『貞享義民伝—吾人は今、義民に何を学ぶべきか』地方改良協会　一九三六
伊藤治一『佐渡義民伝』佐渡農事協会　一九三八
北見喜宇作『課税の変遷と佐渡義民始末』金沢村教育会　一九三八
村沢武夫『信濃の歴史』山村書院　一九四〇
江馬修『山の民』一九四〇（再刊　冬芽書房　一九四九『江馬修著作集』一・二　北溟社　一九七三）
小林郊人『信濃農民史考』信濃毎日新聞社出版部　一九四六
坂井誠一解説『百姓惑乱一件留帳』富山県郷土史会　一九五〇
高田要『藤五郎稲荷の由来』民主主義科学者協会静岡県支部　一九五〇
高瀬村教育委員会編『宝暦騒動二百年法要記念誌』同委員会　一九五六
谷村高等学校社会部『近世初期における郡内百姓一揆』同部　一九五六
目黒昌司『守門颪』守門颪刊行後援会　一九五七
川良雄『打ちこわしと一揆—近世郷土庶民抵抗史話』石川県図書館協会　一九五八
川良雄『那谷寺通夜物語—正徳の百姓一揆史料』石川県図書館協会　一九六〇
中央大学歴史学会『甲斐国都留郡郡内一揆関係資料』同会　一九六一
鎌田久明『日本近代産業の成立』ミネルヴァ書房　一九六三
菱村正文『大原騒動の研究』飛騨郷土学会　一九六四
大場芳朗『天保義民と加賀藩農政』天保義民顕彰保存会　一九六六
『佐州百姓共騒立ニ付吟味落着一件留』新潟県立佐渡高等学校同窓会　一九六六
平沢清人『伊那の百姓一揆』伊那史学

会　一九六六
野田直二・鈴木義秋『郡上藩宝暦騒動の基礎的研究』岐阜県立郡上高等学校郷土史料研究会　一九六七
前沢潤『天明義民物語―西村弥藤七の生涯』一九六七
若林喜三郎『義民道閑伝』道閑三百年祭記念事業委員会　一九六七
義人建碑会『義人五郎右エ門』旧六合村細島御請青年建碑会　一九六八
横山十四男『上田藩農民騒動史』上田小県資料刊行会　一九六八
伊藤正人『解説貞享義民中萱加助』白水社　一九六九
深谷克己『寛政期の藤堂藩』三重県郷土資料刊行会　一九六九
加藤誠夫『義民下田隼人翁』一九七〇
河村仁右衛門『若狭の義民―義人荘左衛門と当時の若狭農政』松木神社奉賛会　一九七〇
鈴木譲一『江戸時代の百姓一揆―天竜川地方を中心として』遠江地方史研究会　一九七〇
平沢清人『南山一揆』伊那史学会　一九七〇
布川清司『農民騒擾の思想史的研究―幕末・維新期、三河山間地域の場合』未来社　一九七〇
西原三郎『実説・信州飯山騒動―西原九兵衛とその子亦庵の記録』飯山騒動刊行会　一九七二
平沢清人『百姓一揆の展開』校倉書房　一九七二
若林喜三郎『加賀藩農政史の研究』下巻　吉川弘文館　一九七二
大野政雄校訂『夢物語―飛州大原騒動回想録』斐太中央印刷　一九七四
栃尾市史編集委員会編『栃尾市史史料集』一一巻一揆編　一九七四
横地穣治『信濃における世直し一揆の研究』横地穣治遺稿刊行会　一九七四
上嶋周一『貞享三年義民加助騒動記』一九七五
栂野彦六翁顕彰編さん委員会『四方浦漁民の父栂野彦六翁』同会　一九七五
室岡博『雪と城と騒乱』米峯出版　一九七五
島田駒男『農士の心』一九七七
飯田文弥『太枡騒動』綿塚重右衛門顕彰碑建設委員会　一九七八
小林巌『一揆と飢饉と漂流と』フェニックス出版　一九七八
島田駒男『甲州大小切騒動と富岡敬明』一九七九
白石喜一『信濃流人考・付信濃騒動記』銀河書房　一九七九
高橋磌一『乱世の歴史像』一声社　一九七九
伊藤英一『愛知民衆運動の歴史』翠香書院　一九八〇
大場芳朗『加賀藩政秘話　天保義民物語』北国出版社　一九八〇
島田駒男『義人顕彰調査集』一九八一
島田駒男『甲信義民騒動記と二人の芋代官』一九八一
枝村三郎『遠江・駿河・伊豆三国近世百姓一揆―土に生きる人民の歴史』静岡県歴史教育者協議会　一九八三
北西弘『三河大浜事件の研究』真宗大谷派岡崎教務所　一九八三
横山篤美『松本領百姓一揆・加助騒動』郷土出版社　一九八四
白鳥町教育委員会編『詳説郡上宝暦義民伝』白鳥町　一九八五
田中圭一『天領佐渡㈠・㈡―村の江戸時代史』(上)・(下)　刀水書房　一九八五
玉川信明『越中ばんどり騒動―明治維新と地方の民衆』日本経済評論社　一九八五
新潟県庶民史研究会編『越後と佐渡の一揆―歴史的風土と庶民の情念』新潟日報事業社出版部　一九八五
塚田正公『義民城に叫ぶ―加助騒動の真相をさぐる』貞享義民を讃える会　一九八六
宮原栄吉編『義民の里・青木村』郷土出版社　一九八六
横山十四男『信濃の百姓一揆と義民伝承』郷土出版社　一九八六
『三郷文化』一九号貞享義民三〇〇年特集

号　三郷村教育委員会　一九八七
臼井雅史『貞享義民参百年祭記念誌』貞享義民を讃える会　一九八七
三上一夫『明治初年真宗門徒大決起の研究』思文閣出版　一九八七
横山篤美『籾の乱—百姓一揆「加助騒動」の真相』家の光協会　一九八七
図説大原騒動刊行会編『図説大原騒動』郷土出版社　一九九二
市川武治『佐久の騒動と一揆』株式会社櫟　一九九六
斎藤紀生『新潟明和騒動—研究と探訪の手引き』東銀座出版社　一九九六
中条村教育委員会『中条村から起きた百姓一揆』同委員会　一九九六
田中薫『安曇野と義民一揆の実像』信毎書籍出版センター　二〇〇〇（再刊『松本領貞享義民一揆の実像』と改題二〇〇二）
杉田理一郎『郡上金森藩宝暦騒動』岐阜新聞社　二〇〇二
同朋大学仏教文化研究所・真宗大谷派岡崎教区殉教記念会『史料大浜騒動』法蔵館　二〇〇三

【近畿】

伏見聴松逸士（津田儀一郎）『伏見義民録』博文堂　一八八七
河郁吉三『天保義民録』高知堂　一八九三
幸田成友『大塩平八郎』東亜堂書房　一九一〇（再刊『幸田成友著作集』中央公論社　一九七二、中公文庫　一九七七）
『上方』九七号（義民特集号）上方郷土研究会　一九三九
加藤宗一『三丹百姓一揆物語』一〜三　一九五一
綾部史談会編『郷土農民騒擾資料集』郷土書房　一九五三
『元文三年西摂津青山丹後守領村々百姓逃散一件関係史料』兵庫史学会　一九五四
赤松啓介『一揆—兵庫県百姓騒擾史』庶民評論社　一九五五（再刊『百姓一揆—幕末維新の民衆史』と改題　明石書店　一九九五）
島田清『寛延二年姫路藩百姓一揆と滑甚兵衛』清水澄海　一九五五
八木哲浩編『天保四年加古川筋百姓一揆関係史料』兵庫史学会　一九五五
岡本良一『大塩平八郎』創元社　一九五六（再版　一九七五）
津田秀夫『封建経済政策の展開と市場構造』御茶の水書房　一九六一
嵐瑞徴『市原清兵衛』自費　一九六一
松好貞夫『天保の義民』岩波新書　一九六二
八木哲浩『近世の商品流通』塙書房　一九六二
小林茂『近世農村経済史の研究—畿内における農民流通と農民闘争の展開』未来社　一九六三
西口克己『直訴—伏見義民伝』東邦出版社　一九六九
宇野宗祐『庄屋平兵衛獄門記』青蛙社　一九七一
児山祐一良『千原騒動—天明の義挙』文理閣　一九七八
大森宏『天保八年北摂百姓一揆考—山田屋大助騒動』一九七九
岩佐富勝『天保の青雲—阿波人・大塩平八郎』教育出版センター　一九八一
白井広次『天保の義民—土川平兵衛』土川平兵衛の徳を讃える会　一九八二
『季刊郷土と美術』八一号特集文政一揆への回顧　一九八三
岡本良一『乱、一揆、非人』柏書房　一九八三
湯浅貞夫『天明の地鳴り—口丹波一揆物語』かもがわ出版　一九八六
国立史料館編『大塩平八郎一件書留』東京大学出版会　一九八七
中瀬寿一・村上義光『民衆史料が語る大塩事件』晃洋書房　一九九〇
大谷雅彦『夜明けの狼煙—近江国天保義民誌』天保義民一五〇年顕彰事業実行委員会　一九九二
小林茂『封建社会解体期の研究』明石書店　一九九二

中瀬寿一・村上義光『史料が語る大塩事件と天保改革』晃洋書房　一九九二
大阪人権歴史資料館『大塩平八郎と民衆』同館　一九九三
滋賀県地方史研究家連絡会編『近江の天保一揆―記録集二』同会　一九九三
谷山正道『近世民衆運動の展開』高科書店　一九九四
木村博一『近世大和地方史研究』和泉書院　二〇〇〇

【中国】

武安明『川上二義民事蹟』一九三一
原田久美子編『因伯民乱太平記』関西地方史研究者協議会　一九五三
関順也『藩政改革と明治維新―藩体制の危機と農民分化』有斐閣　一九五六
加茂郷土史研究会編『美作改政一揆義民物語』美作改政一揆義民顕彰会　一九五六
山中一揆義民顕彰会編『概略山中一揆』同会　一九五六
岡光夫編『丹波国篠山藩百姓一揆史料集』多紀郡史編纂準備会　一九五七
岡山県地方史研究連絡協議会『美作国鶴田藩農民騒動史料』上・下　同会　一九五七
総社地方史研究会『義民―新本義民騒動の解説と史料』総社市公民館　一九五七
部落解放同盟岡山県連合会『安政三年辰年禁服訟歎難訴記』同会　一九五八
荻原直正『百姓一揆年代記』久松文庫　一九五九
柴田一『渋染一揆論』八木書店　一九七一（再刊　明石書店　一九九五）
脇坂俊夫『多可西脇の農民一揆』自費　一九七三
岩谷建三・池田潔・森澄泰文『上納紙制度と紙漉哀話―義民仁右衛門父子物語』津和野歴史シリーズ刊行会　一九七六
総社市新本義民奉賛会編『義民』同会　一九七六
松村義臣『延宝の義民』本要寺　一九七六
寺阪五夫『美作騒擾史料鈔』作陽書房　一九七八
長光徳和編『備前備中美作百姓一揆史料』一～五　国書刊行会　一九七八
脇坂俊夫『多可西脇の一揆と騒動』自費　一九七八
浮石義民顕彰会『浮石義民』防長史料出版社　一九八二
倉塚正『出雲平野の義民―歴史の底辺に埋もれた名もなき農民の英雄たち』カメタニ書店　一九八三
ひろたまさき・坂本忠次編『神と大地のはざまで』三省堂　一九八四
内藤正中・藤田新・中沼郁『隠岐国維新史―隠岐騒動の再評価』山陰中央新聞社　一九八六
中沼郁・斎藤公子『もう一つの明治維新―中沼了三と隠岐騒動』創風社　一九九一
三宅紹宣『幕末・維新期長州藩の政治構造』校倉書房　一九九三
『山中一揆』山中一揆義民顕彰会　一九九九
本郷村「ふるさとの歴史を知る会」編『山代の心』山代義民顕彰会　二〇〇〇

【四国】

芝英吉『吉田百姓一揆の顛末―安藤神社及び廟所の由来、侠夫熊田武左衛門の事蹟』吉田新報社　一九一五
小野武夫『日本村落史考』刀江書院　一九二六
佐々栄三郎『寛延百姓一揆七人童子快挙録』一九五〇
秋山英一『東予義人伝』銀納義民顕彰会　一九五二
平尾道雄『土佐農民一揆史考』高知市民図書館　一九五三
竹本源治『名野川逃散記』高知県立図書館　一九五四
福家惣衛『義民小村田之助―讃岐百姓一揆史』香川県文化同好会　一九五四
谷本清『郷土史話百姓一揆』一九五八
角田直一『一八人の墓―備讃瀬戸漁民

史』一九五九（再刊　手帖舎　一九八五）
『明治初期農民運動史料』一—四　近代史文庫　一九六一
松浦泰『南予の百姓一揆』愛媛民報社　一九六五
三好昭一郎『阿波の百姓一揆』株式会社出版　一九七〇
景浦勉『伊予農民騒動史話』愛媛文化双書刊行会　一九七二
佐々栄三郎『西讃百姓一揆始末』讃文社　一九七六
『山中陣馬伝—土佐膏取一揆』大川村　一九七七
佐々栄三郎『讃州竹槍騒動』海流社　一九八〇
『季刊淡路の文化』四巻一号総特集縄一揆　淡路の文化社　一九八二
川野正雄『近世小豆島の百姓一揆』小豆島新聞社　一九八二
佐々栄三郎『讃州百姓一揆史』新人物往来社　一九八二
高橋光加『高橋安之丞公実記』土佐出版社　一九九〇
上田吉春・松浦洋一『庫外禁止録』日吉村教育委員会　一九九五
曽根幸一『七人童子怨霊考—西讃百姓一揆の民俗学の試み』一九九七
白方勝『武左衛門一揆講釈』自費　一九九七
宮本春樹『帰村—武左衛門一揆と泉貨紙』二〇〇二

【九州】

平部嶠南『日向纂記』南那珂教育会　一九二七（復刊　歴史図書社　一九七六）
福岡県内務部『旧久留米藩百姓一揆に関する調査』福岡県内務部　一九三一
富田光夫『明和義民富田才治と其同志』鉄腹社塾　一九三七
古賀篤介『諫早義挙録』北高来郡教育会　一九四〇（再刊　一九七四）
古海卓二『九州の百姓一揆』九州書院　一九四六
松田唯雄『天草近代年譜』みくに社　一九四七
武石繁次『日田義民伝』馬原村義民建碑委員会　一九五四
林銑吉『長崎県島原半島史』南高来郡教育会　一九五四年
日高次吉『日向騒擾史』宮崎県警察協会　一九五四
小寺鉄之助『宮崎県百姓一揆史料』宮崎県史料編纂会　一九五六
北村清士『農民一揆　附岡藩財政経済史料』自費　一九五八
岡田章雄『天草時貞』吉川弘文館　一九六〇
茂野幽考『徳之島犬田布騒動（戯曲）』奄美文化の会　一九六三
小林政秀『犬田布騒動』徳州新聞社　一九六四
海老沢有道『天草四郎』人物往来社　一九六七
助野健太郎『島原の乱』東出版　一九六七
安田尚義『高鍋藩史話』高鍋町役場　一九六八（再刊　鉱脈社　一九九八）
藤内喜六・入江秀利・後藤武夫編『豊後国百姓騒動覚書』麻生書店　一九七二
紫村一重『筑前竹槍一揆』葦書房　一九七三
入江秀利・藤内喜六『岡藩百姓騒動見聞記』麻生書店　一九七七
久米忠臣『大分県の百姓一揆』一九七八
水野公寿『西南戦争期における農民一揆—史料と研究』葦書房　一九七八
高倉芳男『日田義民伝概説』一九七九
多田茂治『筑前江川谷—竹槍一揆から秋月の乱まで』葦書房　一九七九
福岡県部落史研究会編『福岡県被差別部落史の諸相』同会　一九七九
煎本増夫『島原の乱』教育社歴史新書　一九八〇
藤野保編『九州と一揆』国書刊行会　一九八五
上杉聰・石瀧豊美『筑前竹槍一揆論』海鳥社　一九八八
野口逸三郎編『日向国山陰村坪屋村百姓逃散史料集』宮崎県東郷町　一九八九

鶴田文史『西海の乱と天草四郎』　葦書房　一九九〇
鶴田文史『天草四郎の陣中旗と首塚』　西海の乱史研究会　一九九〇
鶴田文史『夜明け前の礎―郷土の偉人長岡興就公』　五和町教育委員会　一九九二
鶴田文史『法界平等の礎―天草の義民・永田草英翁』　みくに社　一九九三
鶴田倉造『原史料で綴る天草島原の乱』　本渡市　一九九四
足立栄子『求来里喜平―百姓一揆に消えた悲劇の人足立喜平の生涯』　二〇〇〇
大橋幸泰『キリシタン民衆史の研究』　東京堂出版　二〇〇一
平田正範『天草かくれキリシタン宗門心得違い始末』　サンタ・マリア館　二〇〇一

（作成　保坂　智）

り押さえの人数は徒党の者とは姿を変えて出ること。徒党は天下一統の禁止であり、それに与すれば天罰を蒙り、どれほど後悔しても詮無きこととなると触れた。

《出典》『岸本町誌』358－359頁

慶応3年（1867）12月20日　　（幕府）関東取締出役の徒党禁令

小前の者が竹槍などを携行し、寺社境内に集まり、諸色値下げに事寄せて連判し、徒党を企て、村役人あるいは身元よろしき者へ押しかけ騒動している。以来、小前が集会を持ったら村役人から大小惣代・寄場役人へ注進し、あるいは村役人から注進がなくとも聞き込み次第、その集会場所へ踏み込み、頭取らを捕縛すること。

《出典》『佐倉市史』2巻116－117頁、『猿島の郷土史』210頁

明治元年（1868）3月15日　　（維新政府）五榜の掲示：強訴徒党逃散禁令

維新政府は五榜の掲示第二札として、幕府の明和8年の高札とほぼ同文の高札の掲示を命じた。

明治3年（1870）12月　　（維新政府）徒党強訴禁令

奸民が良民をあざむき徒党強訴に引き入れ、家財をこわし、家宅を焼くなどの乱暴狼藉を働いている。発頭人だけでなく同類の者も厳科に処し、場合によっては兵隊が打ち果たすとした。　　《出典》『小平に残る御門訴事件関係史料集』45頁

（安藤優一郎・保坂智作成）

文化10年（1813）６月７日　（和歌山藩）直訴禁令

藩主の道中にて直訴するものは厳重に咎を申し付けるとした。
《出典》『和歌山市史』６巻528頁

文化12年（1815）５月27日　（盛岡藩）直訴のための木札配布

文化７年令に示したように、大勢による徒党の願いをせず、一、二人にて隣代官所または盛岡役人宅へ出訴すべきこと。今度百姓らの安心のために、１村に５・６枚の木札を配布し、この木札を持参して出訴すべきこと。木札は肝煎の所に預けず、村の者が保管すること。《出典》『藩法集』盛岡藩下６－７頁

文政３年（1820）６月30日　（広島藩）徒党強訴禁令

徒党強訴は公儀の禁止する所であるが、まま「不風俗」のことが起きている。割庄屋はその管轄を越えて取り鎮めを行うこと。もっとも「手広」なので割庄屋の手が届かないこともあろうから、村役人・長百姓のうちで内密に用懸りを決めておき、いったん事が起きたら役所へ届けるようにすること。同藩では７月にも徒党強訴の禁令が出されている。《出典》『広島市史』近世資料４巻244頁

文政10年（1827）10月　（幕府）改革組合村：徒党強訴の上申

幕府はこの年、関八州の村々に対して、幕府領・私領の区別なく近隣40～50か村単位で改革組合村を結成することを命じた。その際、40か条にわたる条目を提示し、その遵守を命じたが、８条目においては、徒党・強訴を企てている者を領主・地頭そして関東取締出役へ報告することを命じた。《出典》『渡辺家文書』３集21頁

天保４年（1833）９月21日　（盛岡藩）徒党禁令

不作につき領内総検見を命じたが、多人数集まり、収穫が皆無ではないにもかかわらず上納御免を願い徒党がましき行為をする村がある。また給人知行所では、不作を幸いに収穫皆無を申し立てて一切上納せず、同心しない者へ押しかけ乱暴におよぶ所もあるとし、このような行為に対しては重立の者はいうまでもなく、肝煎以下の村役、組合・親類まで処罰するとした。《出典》『藩法集』盛岡藩下218－219頁

天保７年（1836）12月　（幕府）徒党禁令

凶作・米価騰貴から関東村々で徒党が発生している。制止方が行き届かない場合は、切り捨てあるいは玉込鉄砲をもって打ち払うことを許可する。

《出典》『吉田町史』303－304頁

天保８年（1837）10月29日　（盛岡藩）徒党強訴禁令

強訴・徒党・逃散は公儀の禁止することろであるにもかかわらず、立ち難き願いを大勢で強訴し、徒党して遺恨ある者の家宅を打ちこわすものがいる。頭人はいうに及ばず、差し続く者まで磔・獄門・死罪に処す。頭人が発覚しない場合は、肝煎・老名・組頭と兼ねて行跡の悪い者にくじをとらせ、あたったものは頭人同様の仕置を行う。ただし訴人した者はくじ取りからはずす。この法は村役人のみならず小間居（小前）の家々に張り置き、代官が廻村する時、１年に１度ずつ読み聞かせ、周知徹底をはかることにした。《出典》『藩法集』盛岡藩下310－311頁

嘉永４年（1851）　（鳥取藩）徒党禁令高札

徒党が発生したら、役人が出張して差し押さえるが、問い合わせをしているうちに人数が増大することも考えられるので、村々で人数を出し差し押さえること。取

を禁じた。一方、願いもせず、この法令に乗じて大勢徒党して打ちこわしを行う者も仕置きすると命じた。　《出典》『御触書天明集成』2902号

天明７年（1787）５月23日　（幕府）江戸町方取締の御先手に切り捨てを許可

５月20日より数日間にわたって、江戸で打ちこわしが大規模に展開された事態を受け、市中鎮撫のため、先手頭10名に市中の取締を命じたが、その際、手に余れば切り捨てることも許容した。　《出典》『柳営日次記』天明７年５月23日条

天明８年（1788）１月26日　（幕府）徒党打ちこわし禁令・援兵令

米穀を買い占めた者、酒の隠造・増造の家へ大勢押しかけ打ちこわしする行為を徒党として厳科に処すこと、打ちこわしは少数のうちに鎮圧し、場合によっては切り捨ててもかまわないこと、幕府領や旗本領など陣屋の人数が少ないところでは、明和６年の規定に従い、近隣大名が出兵することを命じた。

《出典》『御触書天保集成』6026・6185号

寛政９年（1797）11月21日　（幕府）近隣大名出兵令

享保19年の近隣大名出兵令は、発令してから時も経、また発動する機会もまれであったので、その趣旨を再達した。出兵も範囲を幕府領にとどめず、小給の旗本・寺社領へも広げた。　《出典》『御触書天保集成』6190号

寛政10年（1798）10月　（幕府）徒党禁令（陸奥・出羽・越後・信濃・上野・下野宛）

徒党行為を繰り返し厳禁すると共に、通り者・渡り商人・無宿の扇動によって百姓が徒党を起こし、その騒ぎに乗じて扇動者の無宿などが打ちこわしや盗みに及ぶことを問題視し、他領・他支配の者であっても、そのような扇動者（悪党）の捕縛を領主に命じた。　《出典》『牧民金鑑』下735頁

文化元年（1804）12月22日　（盛岡藩）徒党強訴禁令

借銭年賦要求の一揆が発生したことを受けて、徒党・強訴の禁止は公儀の法度であることを強調し、徒党・強訴に及べば理非を問わず糾明に及び、頭人は重き仕置に申し付けることを確認した。　《出典》『藩法集』盛岡藩上824－825頁

文化７年（1810）３月26日　（盛岡藩）直訴の量刑規定、徒党禁止

徒党して江戸へ出訴した者の処罰は、同意して出訴したものである以上、全員同罪とも考えられるが、従来は頭人死罪、引き続く者はそれぞれの処罰がなされている。今後は時宜により評定して決定することとした。

近年、代官・肝煎の不正を徒党して大勢「愁訴」することがままあるが、願いは取り上げることはない。再三代官へ願っても取り上げない場合は、一、二人にて隣代官所、さらに盛岡の役人へ出訴すべきこと。盛岡役人に手寄のない者は、役人宅への駈込訴訟を認める。　《出典》『藩法集』盛岡藩上873－875頁

文化８年（1811）12月　（弘前藩）徒党強訴禁令

近年徒党強訴の風潮が広がり、特に鎮圧に出た役人を手込めにするとか、遺恨ある者の家を打ちこわすという「無法之書」を申し触れる者がいる。さらに村役人や重立の者はこれを鎮めるべき所、徒党･強訴に荷担する者がいる。このような徒党･強訴は厳しく糾明するとし、明和６年２月21日の二つの幕令とともに触れた。

《出典》『中里町誌』898－890頁、『金木郷土史』385－387頁

った村役人や百姓にも褒美や苗字帯刀を許すとした。全国の幕府領・私領に高札として掲示することを命じた。《出典》『御触書天明集成』3019号、『徳川禁令考』2836号

明和8年（1771）5月20日　（幕府）門訴禁令

百姓が大勢にて藩や旗本の江戸屋敷門前へ出て強訴することを門訴と規定し、頭取は重き仕置、その他の百姓は江戸へ出なかった者を含めて処罰するとした。また、頭取が不分明な場合は、門訴に出た者のうち、宗門人別帳筆頭の者に頭取の処罰を与えるとした。この触は、名主宅・高札場・村外れなどに貼り出すことが指示された。

さらに同年5月中に門訴への量刑も定めた。頭取は遠島、頭取に差し続く者は江戸払い、惣代として門訴に加わった者は30日か50日手鎖、残った百姓は急度叱り、品によっては村過料。なお、村役人の場合は、頭取遠島は変わらないが、門訴に加わった場合は名主は中追放、組頭は所払とした。なお、門訴の時、鎌などを差していた場合は、強訴・徒党同様の仕置を行うとしている。この量刑規定は公事方御定書に加えられた。　《出典》『御触書天明集成』3049・3050号、『徳川禁令考』2837号

安永6年（1777）9月10日　（幕府）強訴徒党禁令

安永2年飛騨国大原騒動、同6年信濃国中野騒動における処罰を例示し、強訴・徒党すれば願いは容れられず、頭取のみならず仕置を受けること、仕置を受けた者は首を刎ねられ、先祖伝来の百姓株を潰し父母妻子は路頭に迷うと教戒している。高札場・名主宅・木戸ごとに張り出し、毎月読み聞かせることを命じた。

《出典》『御触書天明集成』3020号

天明元年（781）8月21日　（幕府）徒党強訴禁令

徒党強訴に趣意も弁えずに参加する者がいるが、村役人の制止方がなおざり故であること、強訴に加わるため他領へ出る者がいるが、領主が連れ戻して仕置きすることを命じた。法令に文言はないが、天明元年8月の上州絹一揆を受けて出されたものであり、他領へ強訴に赴くことへの対処を求めているのは、広域闘争への対応策であると見ることができる。　《出典》『御触書天明集成』3066号

天明元年（1781）9月1日　（幕府）強訴における盗品を取り捌く者への対策

天明元年8月の上州絹一揆を、最初は百姓による騒ぎ立てであったが、無宿体の者が参加し、金子・雑物などを盗み取ったと把握し、この盗品を取り捌く者の捕縛を領主に命じ、村役人も見逃し、聞き逃しをすれば咎に処すとした。また、旗本で捕縛することができない者は、頭支配を経ず、直接勘定奉行へ上申することを命じた。

《出典》『御触書天明集成』3067号

天明3年（1783）11月4日　（幕府）徒党を勧める者の捕縛

天明3年の上信騒動を受けて、上野・下野・武蔵・信濃・常陸の幕府領・私領に出されたもの。徒党を勧め、参加強制を行う者を見かけたら、村々が連合して頭取や重立の者を捕縛、あるいは最寄り次第の代官所へ訴えることを命じたもの。捕縛を領主ではなく、村々に求めはじめたことが注目される。この法令は村々で請書を作成し、村役人のみならず小前の家宅にも張ることを命じ、趣旨の徹底をはかっている。なお、11月9日には対象範囲が全国に広げられた。

《出典》『御触書天明集成』2470・2471・3068号、『徳川禁令考』2839号

天明4年（1784）4月23日　（幕府）徒党打ちこわし禁令

米価高騰の状況を克服するため、米穀を囲い置くこと、道売り・道買いすること

宝暦３年（1753）３月14日　　（福山藩）強訴徒党逃散禁令

訴訟のため大勢が結集し、頭取が手分けして村々を誘い、同意していない者も引き立て、民家へ乱入して打ちこわしを行う、このような行為は寛延３年の幕府法令に背く重罪であると触れた。強訴の具体像を示し、打ちこわしにも言及している。

《出典》『芦品郡誌』付編５頁

宝暦４年（1754）10月13日　　（盛岡藩）強訴および他領への逃亡の警戒

飢饉につき、城下へ強訴に出るもの、あるいは他領へ逃亡する百姓が出ないように、申し含めなどを行うことを、花巻郡代・代官へ申し渡した。

《出典》『藩法集』盛岡藩上505－506頁

明和４年（1767）閏９月８日　　（幕府）西国筋逃散禁令

寛延３年令を受けて、西国筋では百姓の逃散が行われていることを不届至極とし、領主が処罰しないことを条件に帰村させていることを否定し、逃散が行われたら直ちに帰村させ、吟味した上で処罰することを命じた西国筋領主への法令。

《出典》『御触書天明集成』3041号、『徳川禁令考』2834号

明和６年（1769）１月９日　　（幕府）上方筋幕府領・私領強訴援兵令

上方筋での百姓の強訴に対し、当該領主・代官独力では鎮圧できない場合、近隣の領主に藩兵の出動を要請して強訴勢を捕縛することを命じ、要請された領主側にも幕府の許可を得ずに、その要請により藩兵を出動させることを認めた。ただし、鎮圧の際に飛道具を使用することは禁じた。　《出典》『御触書天明集成』3041号

明和６年（1769）２月　　（幕府）上方・西国筋幕府領・私領飛道具使用許可令

１月９日令では、強訴の鎮圧に際して飛道具の使用は禁じていたが、一転その使用を許可した。ただし、それは無限定に使用を認めたものではなく、強訴側から発砲してきた場合のみに適用されることとなっていた。《出典》「万覚書」「内藤家文書」

明和６年（1769）２月21日　　（幕府）幕府領・私領鎮圧督促・援兵令

強訴が起きた時、領主によっては公儀を憚り、穏便に鎮めることを主眼として手弱く行動するため、百姓ががさつになり、外の場所でも見習うようになるとし、近隣の領主も兵を出し手強い対応をし、捕縛するとともに願いは取り上げないようにすること、複数の領主にかかわる強訴は幕府へ上申し、一領限りの場合は領主限りに吟味して、仕置を幕府に伺うこと、を命じた。援兵令としては１月９日令では上方筋に限定されていたものを、全国に広げたものと評価される。また、強訴の内容を、所々にて寄合、廻状を出し、趣意を弁えない者まで集め、村役人や遺恨ある者の家宅を打ちこわした上で、吟味に応じて訴状を差し出すと表現している。幕府法としては、打ちこわしに言及した最初のものである。《出典》『御触書天明集成』3043号

明和６年（1769）２月　　（幕府）上方筋御三卿領援兵令

上方筋の御三卿領で強訴が起きて近隣の領主に援兵を要請する際、近隣の幕府領代官を通じて要請すること。　《出典》『御触書天明集成』3944号

明和７年（1770）４月16日　　（幕府）徒党強訴逃散訴人褒賞高札

よろしくない事を百姓が大勢で申し合わせる事を徒党、徒党して願い事を強いるのを強訴、申し合わせて村方立ち退くのを逃散と規定し、それを訴人した者へ銀100枚、品により苗字帯刀を許すこと、また村内の者を一人も徒党に参加させなか

寛保元年（1741）　（幕府）公事方御定書：強訴・徒党・逃散に対する量刑を規定

強訴・徒党・逃散の百姓に対し、その頭取は死罪、名主は重追放、組頭は田畑を取り上げた上で所払、参加村落の惣百姓には村高に応じて過料を課すことを定めた。なお、地頭に非分がある場合には罪を１等も２等も軽減することとした。さらに、自村の百姓を強訴・徒党・逃散に加わらせなかった名主・組頭には、褒美銀を与えたり、一代限り苗字帯刀を許すことも規定した。《出典》『徳川禁令考』別巻71頁

延享元年（1744）７月下旬　（幕府）勘定奉行神尾春央、西国幕府領強訴の際の近辺領主派兵の方針を通達

年貢増徴を目的とした上方・西国幕領巡見に際し、神尾は幕府領の村々に対して、見聞に支障が出るとして願書の提出を禁じ、もし強訴などに至る場合には、近辺領主に鎮圧のための出兵を命じる用意があることを予告した。

《出典》谷山正道『近世民衆運動の展開』59－60頁

延享２年（1745）　（盛岡藩）直訴・徒党禁令

代官下役や在々を廻村する者の無法の働きに対し、百姓の願いが上聞に達することができない場合には直訴するべきであるとしていたが、それをよいことに無筋・無法の願いを肝煎・代官を飛び越して行うことや、大勢徒党して願い出た場合には、今後は理非にかまわず曲事とする。ただし、よんどころない願いがある場合には、一人か二人で訴えること。また金銭米穀の相場など領分全体にかかわる問題は、願い出ても取り上げることはないとした。なお、10月28日には代官への心得として、大勢徒党する者に対しては、頭人の二、三人を捕らえて注進すべきこと、他の代官所の百姓が管内を押し通る場合には、詮議して帰村させること、無理に押し破ろうとする場合には二、三人を捕らえて注進することを命じている。

《出典》『藩法集』盛岡藩上121－122頁

延享３年（1746）７月　（和歌山藩）越訴禁止

享保17年の法令を守らず、越訴・落書した者には急度処罰を申し付け、訴状は披見せず焼き捨てること。公事・訴訟をすすめ、目安を書き、出入を取り扱う者を村に置かないようにというのは公儀の定めでもある。このような者がいたら早速申し出ること、外から知れたら村役人も曲事に申し付ける。《出典》『和歌山市史』６巻475頁

寛延３年（1750）１月20日　（幕府）強訴徒党逃散禁令

強訴・徒党・逃散はかねてから厳禁であるが、近年、年貢・夫食・種貸などの願いのため、城下や陣屋、屋敷門前へ大勢で訴訟するものがあるが不届至極である。厳しく吟味して、頭取や差し続き事をたくらむ者を急度曲事に申し付ける。ほぼ同内容の触れが、幕府領と私領あてにそれぞれ出された。全国令として、百姓の前に公然と出された幕府最初の百姓一揆に関する法令であり、五人組帳前書に記載すること、名主宅前に張り出しておくことが求められ、その周知徹底がはかられている。

《出典》『御触書宝暦集成』1026・1069号

宝暦２年（1752）６月　（鳥取藩）徒党禁令、山師による頭取

宝暦元年の山籠り騒動を受けて出された。頭取は農業第一の者ではなく、博奕商売同然、山師たちであり、方便をもって人を偽り、銀米を取ろうとしているとし、訴人を奨励した。《出典》『藩法集』鳥取藩274頁

享保10年（1725）３月21日　（盛岡藩）逃散禁令

地頭に非儀がある場合、内々に代官所へ申し出るべきところ、田地を打ち捨て逃散したら、理非にかかわりなく曲事に申し付けるとした。逃散に対するもっとも早い禁令である。　《出典》『藩法集』盛岡藩上432頁

享保13年（1728）　（広島藩）宗門徒党と地下徒党への対応

「浅野吉長掟書」では、徒党を宗門と地下にわけ対応策を定めた。宗門徒党に対しては先手者頭を二、三組派遣し、厳しく穿鑿した上で頭人・同類を成敗すること。もし宗門徒党が要害を構えたならば、先手組のほかに家老の中から一人を出して、それを攻め滅ぼすべきであること。諸藩から加勢の申し出があろうが、それを受けることはしないこととした。一方、地下徒党に対しては、同様に厳しく吟味し、山籠りなどしたら山を狩り、追い払い、打ち殺しの姿勢を示せば大事には至らないとしている。　《出典》『新修広島市史』７巻208頁

享保17年（1732）９月　（和歌山藩）越訴禁止及び大勢による訴願は徒党とみなす

年寄衆役宅などへの「越訴」の禁止。郡奉行・代官の裁きに合点しないもの、あるいは大庄屋・郡奉行などが訴訟を取り上げない場合は奉行所へ訴願すること。奉行所・郡奉行所への願い出は三、四人に限ること。それ以上の大勢が相催し訴願することは徒党にあたり、重き御法度であるとされた。　《出典》『和歌山市史』６巻475－476頁

享保19年（1734）８月26日　（幕府）「悪党」援兵令

幕府領で「悪党」による事件（その中には百姓一揆も含まれると理解される）が発生した場合、近隣の領主への出兵要請の許諾を、代官が江戸へ伺いを立てていては手遅れになってしまうため、江戸に許可を求めずとも、代官の判断で領主に出兵を要請することを許し、領主に対しても代官の要請により出兵することを認めた。

《出典》『御触書寛保集成』1326号、1391号

享保19年（1734）８月　（鳥取藩）徒党禁令

大勢で騒動に及び、徒党がましきことが起きた場合、頭立つ者は取り鎮めなければならないのに、かえって小百姓同様の行為をすることがあり不届きである。以後、このような者がでた時には庄屋・年寄・頭立者は頭人同様に厳科に処す。

《出典》『藩法集』鳥取藩232－233頁

元文元年（1736）　（幕府）京都・大坂町奉行役宅前への訴状箱設置

京都・大坂町奉行月番役宅前へ訴状箱を設置し、村々の百姓らが代官の善悪、手代・名主らの私曲などを訴えるようにと、五畿内幕府領村々へ触れた。

《出典》『御触書寛保集成』2591号

元文５年（1740）　（鳥取藩）徒党の量刑規定

非儀の願いを企て、または徒党して打ちこわし、山籠り、城下へ集まり騒動する者の頭取は死罪梟首、願書を書いた者は死罪梟首、同類は両国（因幡・伯耆）あるいは一国追放。御上または役人へ対し徒党を結び、なり難き願いを申し立てたり、申し渡しに難渋を申し立てる者、発頭人は両国追放、その外の者は一国追放。制止方のために出張した役人へ不法狼藉に及んだ者、頭取は死罪、同類両国追放。なお、制定年は不明であるが、政務について公訴に及んだり、公儀役人通行中に訴状を提出した者は死罪とされた。　《出典》『藩法集』鳥取藩511－512頁

承応元年（1652）９月28日　（吉田藩）徒党禁令

惣家中から下々まで徒党を結び一味することを禁止し、訴人を勧め、隠し置いた場合は徒党と同類とすると定めた。　《出典》『藩法集』諸藩３－４頁

承応元年（1652）12月　（幕府）五人組帳：徒党禁令

幕府領（上野国緑埜郡三波川村）の五人組帳前書に、徒党を禁じる旨がはじめて記載される。　《出典》『群馬県史』資料編９－321頁

寛文５年（1665）12月　（幕府）五人組帳：徒党禁令

幕府領（武蔵国秩父郡金崎村）の五人組帳前書に、一味神水を禁じる旨がはじめて記載される。　《出典》『五人組帳法規集』27頁

寛文12年（1672）12月　五人組帳：徒党禁令

幕府領（遠江国磐田郡上平山村）の五人組帳前書に、他所の者と申し合わせて徒党を組むことを禁じる旨が記載される。　《出典》『五人組帳法規集』27頁

寛文12年（1672）　（大垣藩）徒党の訴人褒美

藩は「訴人褒美覚」という７条の法令を出したが、その中に徒党を結び、あるいは諸勝負をするものの訴人を求めた。　《出典》『岐阜県史』史料編近世Ⅱ482頁

延宝２年（1674）11月　（金沢藩）徒党の訴人褒美

火付け、大罪のかけおち人などと共に、「悪事ニ付徒党をむすふもの」を訴人した場合、銀子150枚を褒美として与えるとした。　《出典》『藩法集』続金沢藩170頁

元禄９年（1696）２月14日　（盛岡藩）徒党禁止

鹿角へ派遣される代官に対し、飢饉につき百姓が５人、７人と寄合、徒党がましき事が起きないように処置することを命じる。同藩では同様な代官への申し渡しを、元禄12年11月14日、同13年２月９日にも出している。

《出典》『藩法集』盛岡藩上370、371、374、375頁

正徳３年（1713）４月23日　（幕府）手代らの訴訟差し止めを禁止

代官手代や名主・庄屋などが百姓の訴訟を差し止めること、特に巡見使への訴訟を差し止める事を禁止した。《出典》『御触書寛保集成』1314号、『徳川禁令考』2114号

正徳３年（1713）７月　（岡山藩）大勢で城下へ出訴することの禁止

訴訟があるばあいは、一、二人で行うこと。大勢で城下に出て訴訟した場合は取り上げないとした。　《出典》『藩法集』岡山藩上370頁

享保６年（1721）閏７月25日　（幕府）目安箱設置

この日、８月より評定所に目安箱を設置するという高札が日本橋に立てられた。

《出典》『徳川実紀』８巻241頁

享保９年（1724）（幕府）徒党強訴頭取の量刑

幕府は「享保度法律類寄」において、御朱印や奉行所の裏判、主人の判を似せた重い謀書謀判と徒党の頭取の量刑は、磔あるいは獄門とした。

《出典》『徳川禁令考』別巻４頁

百姓一揆禁令年表

慶長8年（1603） 3月27日　（幕府）直目安規制・逃散処置

代官・領主非分による逃散百姓は、領主により勝手に帰住させてはならず、年貢未進を勘定した上で、居留の選択は百姓に任せること。直目安（越訴）は原則として禁止し、違反者は成敗する。ただし、代官らに非分がある場合や、人質を取られている場合は直目安を認める。　《出典》『御当家令条』273号、『徳川禁止令考』2775号

元和6年（1620） 4月　（幕府）神水禁止

幕府代官小沢休務が支配下の村々に、神水を飲むことを禁ずる条目を出した。

《出典》堅田精司「幕府の農民闘争取締法」（『日本歴史』175号）

元和8年（1622）　（幕府）町人の徒党・起請文禁止

町人らが何事によらず徒党を結び、起請文を書くことを禁止した。幕府の対庶民法の中で、「徒党」という言葉を使用してその禁止を命じた最初の法令である。

《出典》『御当家令条』256号

寛永10年（1633） 8月13日　（幕府）公事裁許定：越訴は裁許しない

公事裁許定の中で、百姓らは代官・給人に非分の裁きがある場合は、断った上で江戸へ出訴すること。断りのない訴訟は裁許しないとした。ただし、断らない訴訟である越訴を処罰するというものではない。　《出典》『御当家令条』518号

寛永16年（1639）　（小浜藩）五人組帳：徒党禁止

小浜藩領の越前国敦賀郡江良浦の五人組誓紙に、徒党を結び神水を飲んだ場合は、全員死罪とするという条文が含まれる。これは五人組帳前書きの中で、徒党禁止が明記されたものとして、現在確認できる最古のものである。

《出典》『五人組法規集』続編上14頁

寛永20年（1643） 3月11日　（幕府）土民仕置覚：逃散百姓処置

土民仕置覚の中で、旗本の年貢仕置が悪い場合は、皆済した上で居留は自由であり、旗本や代官がこれをかまってはならないこととした。一方、年貢訴訟のために家を明けた人の宿をしてはならないともした。

《出典》『御当家令条』279号、『御触書寛保集成』1310号、『徳川禁令考』2786号

正保2年（1645） 9月　（和歌山藩）徒党禁令

徒党を結び、起請文を書き、神水して一味同心することは、幕府の禁止するところであり、厳刑に処すとした。しかし、この先行する幕令は知られていない。

《出典》平山行三『紀州藩農村法の研究』10頁

正保4年（1647）　（幕府）徒党禁止と目安箱

美濃国奉行岡田将監（善政）が出した「御代官所百姓中え申渡ス覚」に、徒党を立て、神水などして一味同心することを固く禁止した条文がある。幕府領の百姓に対する禁令で、徒党の禁止を明記しているのは、これが最初である。なお、この覚の末尾には、「伊尾」に目安箱を設置し、手代などの非儀を訴えることを認めている。

《出典》『岐阜県史』史料編近世Ⅱ409－411頁

【豊前】

元文５年（1740）５月17日　豊前国宇佐郡宇佐神社領宇佐村減免越訴…… 129
文化８年（1811）11月18日　豊後・豊前国岡・臼杵藩領ほか強訴・打ちこわし（文化一揆）… 311
安政２年（1855）11月19日　豊前国宇佐・下毛郡旗本小笠原氏領強訴（時枝騒動）…… 437
慶応２年（1866）８月１日　豊前国上毛郡ほか小倉藩領打ちこわし（小倉一揆）…… 480
明治２年（1869）11月16日　豊前国企救郡山口藩領打ちこわし…… 519
明治４年（1871）９月19日　豊前国田川郡豊津県旧藩主引留め打ちこわし…… 541

【豊後】

元禄４年（1691）９月７日　豊後国日田郡幕府領藤山村庄屋特権争論……67
元禄10年（1697）11月16日　豊後国速見郡日出藩領山香郷逃散……70
延享３年（1746）１月22日　豊後国日田・玖珠郡幕府領越訴・逃散・強訴（馬原騒動）…… 135
文化８年（1811）11月18日　豊後・豊前国岡・臼杵藩領ほか強訴・打ちこわし（文化一揆）… 311
文政元年（1818）３月21日　豊後国国東郡杵築藩領打ちこわし…… 330
天保11年（1840）２月27日　豊後国大野郡臼杵藩領黍野組訴願…… 403
慶応２年（1866）12月２日　豊後国国東郡杵築藩領打ちこわし・強訴…… 485
明治３年（1870）11月17日　豊後国日田・玖珠郡日田県打ちこわし（日田騒動・竹槍騒動）… 528
明治５年（1872）12月２日　大分県大分・海部・大野・直入郡出銀・屠牛反対強訴・打ちこわし…… 552

【日向】

元和２年（1616）暮　日向国臼杵郡那須氏領椎葉山地方土豪一揆（椎葉山一揆）……13
貞享２年（1685）３月23日　日向国宮崎郡飫肥藩領清武郷田野村逃散……60
元禄３年（1690）９月19日　日向国臼杵郡延岡藩領山陰・坪谷村逃散（山陰一揆）……65
元禄15年（1702）９月５日　日向国那珂郡高鍋藩領福島北方・西方郷検見減免強訴……72
寛延３年（1750）12月　日向国宮崎郡延岡藩領年貢日延べ強訴・逃散（宮崎５か村騒動）…… 158
宝暦５年（1755）９月　日向国臼杵郡延岡藩領山裏村庄屋出入逃散…… 172
慶応３年（1867）２月15日　日向国児湯郡幕府領穂北郷打ちこわし・殺傷騒動（穂北騒動・椿原騒動）…… 487
明治２年（1869）８月５日　日向国臼杵郡延岡藩領高千穂地方打ちこわし（高千穂世直し一揆）…… 508
明治５年（1872）９月４日　美々津県那珂・児湯郡減免・旧藩札価格維持強訴（赤旗騒動）… 551

【薩摩】

安政５年（1858）11月18日　薩摩国河辺郡鹿児島藩領加世田郷郷士・百姓苛政反対集会（加世田一揆）…… 445

【琉球】

享保19年（1734）琉球国鹿児島藩領奄美大島代官不正越訴…… 117
文化13年（1816）５月　琉球国鹿児島藩領徳之島強訴（母間騒動、母間論議）…… 326
安政元年（1854）琉球国八重山郡中山王領多良間島越訴（多良間騒動）…… 435
元治元年（1864）３月18日　琉球国鹿児島藩領徳之島砂糖専売反対立て籠もり（犬田布騒動）… 458

【肥前】

寛永14年（1637）10月25日　肥前国高来郡・肥後国天草郡武装蜂起（島原の乱・島原天草一揆）……19
元禄16年（1703）6月13日　肥前国彼杵郡幕府領長崎町打ちこわし……73
正徳3年（1713）7月14日　肥前国彼杵郡幕府領長崎町打ちこわし……89
享保18年（1733）1月7日　肥前国彼杵郡幕府領長崎町打ちこわし……112
寛延3年（1750）1月　肥前国高来・彼杵郡佐賀藩領諫早氏知行所召し上げ反対強訴・越訴（諫早騒動）……155
明和8年（1771）7月20日　肥前国松浦郡唐津藩領新規増徴反対強訴（虹の松原一揆）……206
天明7年（1787）5月28日　肥前国彼杵郡幕府領長崎町打ちこわし……268
寛政2年（1790）8月　肥前国彼杵郡幕府領浦上村山里村方騒動（浦上一番崩れ）……276
文政11年（1828）8月26日　肥前国佐賀郡佐賀藩領佐賀町打ちこわし……352
天保9年（1838）6月24日　肥前国松浦郡幕府領（唐津藩預地）庄屋不正巡見使訴願・山籠もり……401
明治6年（1873）8月18日　長崎県松浦郡徴兵令反対屯集……564

【壱岐】

明治6年（1873）3月18日　長崎県壱岐郡新政反対屯集（犬狩騒動）……555

【肥後】

文禄元年（1592）6月15日　肥後国芦北郡加藤氏領島津氏家臣一揆（梅北一揆）……3
寛永14年（1637）10月25日　肥前国高来郡・肥後国天草郡武装蜂起（島原の乱・島原天草一揆）19
延宝2年（1674）1月5日　肥後国益城郡熊本藩領蜂起未遂（仏原騒動）……44
延享4年（1747）2月12日　肥後国葦北郡熊本藩領強訴……138
明和4年（1767）3月　肥後国球磨郡人吉藩・旗本米良氏領米良山逃散……190
天明7年（1787）5月18日　肥後国熊本藩領熊本町・川尻町・宇土町打ちこわし……263
天明7年（1787）6月　肥後国天草郡幕府領（島原藩預地）銀主打ちこわし……269
→寛政5年（1793）5月7日　肥後国天草郡幕府領（島原藩預地）西目筋「百姓相続方仕法」改正強訴未遂
寛政5年（1793）5月7日　肥後国天草郡幕府領（島原藩預地）「百姓相続方仕法」改正強訴未遂……284
寛政6年（1794）2月　肥後国天草郡幕府領（島原藩預地）出米訴願……285
→寛政5年（1793）5月7日　肥後国天草郡幕府領（島原藩預地）「百姓相続方仕法」改正強訴未遂
寛政8年（1796）2月1日　肥後国天草郡幕府領（島原藩預地）袖乞騒動……287
→寛政5年（1793）5月7日　肥後国天草郡幕府領（島原藩預地）「百姓相続方仕法」改正強訴未遂
文化8年（1811）5月21日　肥後国天草郡幕府領今富村村方騒動……310
天保4年（1833）10月18日　肥後国天草郡幕府領袖乞……367
天保12年（1841）2月9日　肥後国球磨郡人吉藩領専売制反対打ちこわし（茸山〈なばやま〉騒動）……406
天保14年（1843）12月27日　肥後国天草郡幕府領打ちこわし……415
弘化2年（1845）11月　肥後国天草郡幕府領「百姓相続方仕法」復活強訴……418
→弘化4年（1847）1月28日　肥後国天草郡幕府領打ちこわし（法界平等一揆）
弘化4年（1847）1月28日　肥後国天草郡幕府領打ちこわし（法界平等一揆）……420
文久2年（1862）2月　肥後国玉名郡熊本藩領久野村質地請け戻し争論……456
明治6年（1873）7月14日　白川県天草郡崎津村ほか徴兵令反対打ちこわし（天草血税騒動）……563
明治10年（1877）1月9日　熊本県阿蘇郡打ちこわし（阿蘇一揆）……572

…… 282
文化13年（1816）11月　伊予国喜多郡大洲藩領紙専売反対強訴未遂（大洲紙騒動）…… 328
文政３年（1820）３月　伊予国野間郡松山藩領波止浜町浜子・日雇人打ちこわし…… 333
元治元年（1864）１月15日　伊予国宇摩郡今治藩領半田村銅山開発騒動…… 458
慶応２年（1866）７月13日　伊予国喜多郡大洲藩領打ちこわし（内ノ子騒動・奥福騒動・大瀬騒動）…… 478
慶応３年（1867）５月13日　伊予国宇摩郡幕府領（松山藩預地）別子銅山稼人強訴…… 489
明治３年（1870）３月19日　伊予国宇和郡宇和島藩領年貢減免強訴（野村騒動）…… 525
明治３年（1870）３月29日　伊予国宇和郡吉田藩領強訴（三間騒動）…… 526
明治４年（1871）８月８日　伊予国喜多郡ほか大洲県産物会所廃止・減免強訴・打ちこわし（大洲騒動）…… 538
明治４年（1871）８月14日　伊予国浮穴・久米郡松山県藩主引留強訴・打ちこわし（久万山・久米騒動）…… 539

【土佐】

慶長５年（1600）11月19日　土佐国土佐郡長宗我部氏遺臣新領主山内氏入封反対武装蜂起（浦戸一揆）…… 4
慶長８年（1603）11月　土佐国長岡郡高知藩領本山郷滝山土豪反乱（滝山一揆・本山一揆）…… 7
寛文３年（1663）８月13日　土佐国安芸郡高知藩領訴願…… 32
元禄元年（1688）10月　土佐国吾川郡高知藩領上八川村年貢減免直訴…… 64
宝永元年（1704）土佐国幡多郡高知藩領国見村検見訴願…… 74
宝暦元年（1751）６月６日　土佐国高岡郡高知藩領佐川領山分騒動（佐川領一揆・別府山九か村一揆）…… 159
宝暦５年（1755）11月　土佐国高岡郡高知藩領津野山郷国産問屋糾弾騒動（津野山騒動）…… 174
天明６年（1786）11月22日　土佐国幡多郡高知藩領宿毛郷年貢減免・重役退役強訴（宿毛一揆）…… 254
天明７年（1787）２月16日　土佐国吾川郡高知藩領池川郷紙専売制反対逃散（池川紙一揆）… 259
天明７年（1787）４月22日　土佐国高知郡高知藩領高知町打ちこわし未遂・強訴…… 260
寛政９年（1797）９月10日　土佐国長岡郡高知藩領豊永郷強訴未遂…… 292
文政12年（1829）12月29日　土佐国土佐郡高知藩領森郷大庄屋ら不正糾弾強訴未遂（森郷騒動）…… 353
天保13年（1842）７月４日　土佐国吾川郡高知藩領名野川郷大庄屋不正糾弾逃散（名野川逃散）…… 408
明治４年（1871）12月24日　土佐国高知県吾川・高岡・土佐・長岡郡部落解放反対騒動（膏取騒動）…… 545

【筑前】

天明７年（1787）５月11日　筑前国夜須郡秋月藩領秋月町打ちこわし（宇七崩し）…… 262
明治６年（1873）６月16日　福岡県新政反対打ちこわし（筑前竹槍騒動）…… 558

【筑後】

享保13年（1728）８月18日　筑後国生葉・竹野・山本郡久留米藩領年貢増徴反対強訴（久留米享保一揆）…… 108
宝暦４年（1754）３月20日　筑後国竹葉郡ほか久留米藩領人別銀反対強訴・打ちこわし（久留米宝暦一揆）…… 166
天保３年（1832）７月28日　筑後国竹野郡久留米藩領亀王組打ちこわし（亀王組騒動・亀王一揆）…… 359

……… 176
宝暦８年（1758）４月19日　阿波国美馬郡徳島藩領重清村庄屋不正駕籠訴（重清騒動）……… 179
寛政７年（1795）２月14日　阿波国三好郡徳島藩領上名村給人非違逃散……………………… 286
享和元年（1801）11月４日　阿波国海部郡徳島藩領浅川・牟岐村年貢米選別法改悪・代官苛政反対逃散………………………………………………………………………………………… 298
文化３年（1806）阿波国三好郡徳島藩領勢力・芝生村年貢減免逃散………………………… 305
文政２年（1819）５月28日　阿波国那賀郡徳島藩領仁宇谷組夫役軽減強訴（仁宇谷騒動）…… 332
文政２年（1819）６月16日　阿波国美馬郡徳島藩領東端山村給人重課逃散…………………… 332
天保12年（1841）12月４日　阿波国三好郡徳島藩領山城谷村逃散（山城谷騒動）……………… 407
→天保13年（1842）１月６日　阿波国美馬・三好・阿波・麻植郡徳島藩領専売制反対打ちこわし（上郡一揆）
天保13年（1842）１月６日　阿波国美馬・三好・阿波・麻植郡徳島藩領専売制反対打ちこわし（上郡一揆）…………………………………………………………………………………… 407

【讃岐】

寛永20年（1643）讃岐国山田郡高松藩領小村年貢分納訴願……………………………………26
元禄３年（1690）６月19日　讃岐国小豆郡幕府領（高松藩預地）小豆島増徴廃止江戸伝奏屋敷越訴……………………………………………………………………………………………65
→宝永７年（1710）７月19日　讃岐国小豆郡幕府領(高松藩預地)小豆島増徴廃止幕府巡見使越訴
宝永７年（1710）７月19日　讃岐国小豆郡幕府領（高松藩預地）小豆島増徴廃止幕府巡見使越訴……………………………………………………………………………………………81
享保18年（1733）９月26日　讃岐国大川郡高松藩領落合村年貢減免直訴……………………… 115
寛延元年（1748）５月　讃岐国鵜足郡ほか高松藩領綿運上撤廃打ちこわし…………………… 141
寛延３年（1750）１月15日　讃岐国多度郡ほか丸亀藩・多度津藩領強訴・打ちこわし（西讃寛延一揆・西讃騒動）…………………………………………………………………………… 152
明和６年（1769）１月13日　讃岐国多度郡幕府領塩飽島打ちこわし…………………………… 201
天保５年（1834）２月９日　讃岐国高松藩領鵜足郡宇多津村・阿野郡坂出村・那珂郡金毘羅領金毘羅村など打ちこわし……………………………………………………………………… 372
慶応３年（1867）１月13日　讃岐国小豆島津山藩領増徴策撤廃打ちこわし（小豆島西部六郷一揆）……………………………………………………………………………………………… 486
明治元年（1868）１月18日　讃岐国那珂郡幕府領塩飽島身分差別撤廃打ちこわし……………… 491
明治４年（1871）９月８日　讃岐国寒川・三木・山田・香川郡など高松県旧藩主引き留め騒動……………………………………………………………………………………………… 540
明治６年（1873）６月26日　香川県豊田など６郡徴兵令反対打ちこわし（讃州竹槍騒動）…… 562

【伊予】

慶長５年（1600）９月　伊予国久米・浮穴郡松前領浪人・百姓蜂起（荏原・久米騒動）………… 4
慶長10年（1605）伊予国風早郡今治藩領小浜村一割減免特権廃止反対越訴（一つ免騒動）……… 7
寛文４年（1664）11月　伊予国新居郡西条藩領五ケ山運上銀納訴願(大保木山〈おおふきやま〉騒動)……………………………………………………………………………………………33
寛文11年（1671）３月　伊予国宇和郡宇和島藩領検地反対訴願（来村騒動）……………………42
宝永５年（1708）閏１月９日　伊予国越智郡今治藩領下弓削村年貢減免訴願…………………75
享保19年（1734）２月11日　伊予国宇摩郡幕府領（松山藩預地）豊田村直訴未遂……………… 115
寛保元年（1741）３月８日　伊予国浮穴郡松山藩領久万山地方紙専売反対強訴・逃散……… 130
寛延３年（1750）１月16日　伊予国浮穴郡ほか大洲藩領打ちこわし・強訴（内ノ子騒動）…… 154
宝暦３年（1753）12月10日　伊予国新居郡西条藩領年貢増徴反対強訴（西条三万石騒動）…… 165
明和６年（1769）10月28日　伊予国温泉郡松山藩領松山町戸〆騒動……………………………… 202
明和７年（1770）３月24日　伊予国喜多郡大洲藩領蔵川村年貢減免逃散（蔵川騒動）………… 203
寛政５年（1793）２月９日　伊予国宇和郡吉田藩領紙専売反対逃散（武左衛門一揆・吉田騒動）

天明6年（1786）11月9日　備後国恵蘇郡・三次郡広島藩領強訴……………………………… 253
天明6年（1786）12月16日　備後国品治・芦田郡ほか福山藩領改革政治反対強訴・打ちこわし（福山天明一揆）………………………………………………………………………………………… 256
天明7年（1787）5月24日　備後国御調郡広島藩領尾道町石打…………………………………… 267
慶応3年（1867）1月25日　備後国恵蘇郡広島藩領新仕法反対強訴・打ちこわし……………… 487
明治4年（1871）8月4日　広島県安芸郡ほか16郡強訴・打ちこわし（武一騒動）……………… 536
明治4年（1871）9月19日　備後国品治・芦田・沼隈・深津郡福山県旧藩主引き留め打ちこわし……………………………………………………………………………………………………… 540
明治6年（1873）6月25日　広島県徴兵令・解放令反対打ちこわし……………………………… 561

【安芸】
宝永5年（1708）1月8日　備後国世羅郡・安芸国山県郡ほか広島藩領税制改革反対強訴………75
享保3年（1718）3月2日　備後・安芸国14郡広島藩領新政反対強訴・打ちこわし…………………94
宝暦9年（1759）11月20日　安芸国賀茂郡広島藩領竹原塩田浜子賃上げ騒動……………………… 179
天明7年（1787）5月20日　安芸国安芸郡広島藩領広島町打ちこわし…………………………… 266
文政10年（1827）8月20日　安芸国賀茂郡広島藩領竹原塩田浜子騒動…………………………… 351
天保2年（1831）9月8日　安芸国佐伯郡広島藩領大竹・小方村紙値段引上張訴………………… 358
天保2年（1831）10月15日　安芸国山県郡広島藩領戸河内・上筒賀・中筒賀村米安売強訴・打ちこわし………………………………………………………………………………………………… 358
弘化2年（1845）8月上旬　安芸国山県郡広島藩領扱苧自由販売強訴（太田騒動）……………… 417
慶応3年（1867）1月16日　安芸国賀茂郡広島藩領竹原下市ほか打ちこわし……………………… 487
明治2年（1869）安芸国高宮郡広島藩領可部町近村強訴未遂（山繭紬騒動）……………………… 524
明治4年（1871）8月4日　広島県安芸郡ほか16郡強訴・打ちこわし（武一騒動）……………… 536
明治6年（1873）6月25日　広島県徴兵令・解放令反対打ちこわし……………………………… 561

【周防】
慶長13年（1608）10月29日　周防国玖珂郡萩藩領検地反対山上り直訴……………………………… 9
宝永7年（1710）12月　周防国吉敷郡萩藩領長野村知行地苛政越訴…………………………………82
享保2年（1717）11月2日　周防国玖珂郡岩国藩領新法反対強訴…………………………………92
享保3年（1718）3月11日　周防国玖珂郡萩藩領山代地方紙専売仕法反対強訴……………………95
天明7年（1787）3月23日　周防国都濃郡萩藩領大潮村ほか救恤要求強訴……………………… 259
天保2年（1831）7月26日　周防・長門国11郡萩・徳山藩領一円強訴・打ちこわし（長州藩天保大一揆）……………………………………………………………………………………………… 356

【長門】
宝永7年（1710）7月11日　長門国豊浦郡長府藩領浮石村巡見使直訴………………………………81
天明7年（1787）2月15日　長門国美祢郡萩藩領厚保本郷苧楮買請強訴………………………… 258
文化7年（1810）6月14日　長門国阿武郡萩藩領川上村水車設置反対強訴……………………… 309
天保元年（1830）7月29日　周防国熊毛郡萩藩領強訴…………………………………………… 355
→天保2年（1831）7月26日　周防・長門国11郡萩・徳山藩領一円強訴・打ちこわし（長州藩天保大一揆）
天保2年（1831）7月26日　周防・長門国11郡萩・徳山藩領一円強訴・打ちこわし（長州藩天保大一揆）……………………………………………………………………………………………… 356

【阿波】
元和6年（1620）阿波国三好郡徳島藩領祖谷山地方強訴……………………………………………16
寛文10年（1670）6月25日　阿波国勝浦郡徳島藩領日開野村藏開放騒動（日開野騒動）…………42
正徳元年（1711）8月13日　阿波国美馬郡徳島藩領一宇村年貢銀納廃止越訴（土釜鳴滝騒動）…83
宝暦6年（1756）閏11月中旬　阿波国名西郡ほか徳島藩領専売制反対強訴未遂（五社宮騒動）

打ちこわし
明和6年（1769）1月15日　備中国賀陽郡足守藩領強訴・打ちこわし……………………………… 201
→明和5年（1768）11月22日頃　備中国上房・小田・賀陽郡ほか松山藩・庭瀬藩・足守藩領強訴・打ちこわし
明和7年（1770）9月11日　備中国小田郡幕府領笠岡村小作人種麦借請要求騒動（笠岡小作騒動）………………………………………………………………………………………………… 204
天明6年（1786）12月8日　備中国都宇郡旗本花房氏領箕島村減免投込訴………………………… 256
天明6年（1786）12月24日　備中国小田・後月郡幕府領強訴………………………………………… 257
文政5年（1822）1月　備中国小田郡幕府領三山・東水砂・西水砂・星田村所替反対箱訴・駕籠訴………………………………………………………………………………………………… 336
慶応2年（1866）12月15日　備中国窪屋郡幕府領倉敷村打ちこわし………………………………… 486
明治元年（1868）2月5日　備中国下道・上房郡ほか松山藩・一橋領ほか郷蔵米運出・越訴… 492
明治5年（1872）1月14日　亀山県阿賀郡下中津井村ほか部落解放反対騒動……………………… 547

【美作】

元禄11年（1698）11月7日　美作国東北条・東南条郡ほか津山藩領年貢増徴反対強訴（高倉騒動）…………………………………………………………………………………………………70
享保10年（1725）10月23日　美作国久米北条・久米南条・勝南郡幕府領破免検見要求越訴…… 105
享保11年（1726）11月21日　美作国真島・大庭郡ほか津山藩領強訴・打ちこわし（山中一揆）………………………………………………………………………………………………… 106
元文4年（1739）1月8日頃　美作国久米南条・久米北条郡ほか幕府領袖乞騒動……………… 124
→元文4年（1739）3月2日　美作国勝北郡幕府領押乞騒動（元文勝北非人騒動）
元文4年（1739）3月2日　美作国勝北郡幕府領押乞騒動（元文勝北非人騒動）……………… 128
天明3年（1783）5月26日　美作国西北条郡津山藩領津山町打ちこわし………………………… 235
寛政10年（1798）6月5日　美作国大庭郡ほか幕府領石代納越訴………………………………… 295
文化10年（1813）4月18日頃　美作国久米北条・久米南条郡幕府領陣屋廃止越訴……………… 315
文政8年（1825）11月23日　美作国吉野郡ほか幕府領・津山藩領ほか押乞・減免強訴・打ちこわし（文政非人騒動）………………………………………………………………………… 346
慶応2年（1866）11月24日　美作国東北条郡ほか津山藩領ほか強訴・打ちこわし（改政一揆）………………………………………………………………………………………………… 483
慶応2年（1866）11月28日　美作国英田郡ほか沼田藩領強訴・打ちこわし……………………… 485
→慶応2年（1866）11月24日　美作国東北条郡ほか津山藩領ほか強訴・打ちこわし（改政一揆）
明治元年（1868）4月6日　美作国久米南条郡ほか幕府領（龍野藩預所）・鶴田藩領越訴・強訴（鶴田騒動）……………………………………………………………………………… 500
明治4年（1871）12月3日　美作国真島県真島郡鉄砂稼差止め打ちこわし……………………… 545
明治6年（1873）5月26日　北条県12郡徴兵令反対打ちこわし（北条県血税一揆）…………… 556

【備後】

延宝4年（1676）3月8日　備後国甲奴郡広島藩領矢野村減免直訴……………………………………47
宝永5年（1708）1月8日　備後国世羅郡・安芸国山県郡ほか広島藩領税制改革反対強訴………75
正徳3年（1713）1月8日　備後国恵蘇郡三次藩領鉄専売反対強訴…………………………………88
享保2年（1717）12月3日　備後国沼隈郡ほか福山藩領減免強訴 ……………………………………92
享保3年（1718）1月27日　備後国恵蘇・三次郡三次藩領減免ほか強訴・打ちこわし……………93
享保3年（1718）3月2日　備後・安芸国14郡広島藩領新政反対強訴・打ちこわし………………94
元文元年（1736）11月　備後国甲奴・神石郡幕府領減免強訴……………………………………… 119
宝暦3年（1753）2月28日　備後国品治郡ほか福山藩領御用銀反対強訴・打ちこわし………… 163
宝暦5年（1755）11月17日　備後国恵蘇・三次郡ほか広島藩領打ちこわし……………………… 173
明和7年（1770）8月24日　備後国安那・深津郡ほか福山藩領借銀延期要求等強訴・打ちこわし………………………………………………………………………………………………… 203

宝暦元年（1751）12月7日　伯耆国会見郡鳥取藩領百姓山籠り……………………………… 160
天明6年（1786）12月8日　伯耆国汗入・日野・会見郡大山寺領凶作救米強訴（大山騒動）… 255
安政6年（1859）2月　伯耆国河村郡鳥取藩領大谷村鉄山鉱害騒動……………………………… 445
明治6年（1873）6月19日　鳥取県会見郡徴兵令反対打ちこわし………………………………… 560

【出雲】

享保17年（1732）9月　出雲国神門郡松江藩領検見減免強訴……………………………………… 111
天明3年（1783）1月18日　出雲国飯石・神門郡松江藩領三刀屋町ほか強訴・打ちこわし（三刀屋騒動）…………………………………………………………………………………………… 233
文化12年（1815）12月11日　出雲国仁多郡松江藩領減免強訴…………………………………… 325
明治2年（1869）6月29日　出雲国能義・神門郡広瀬藩管轄打ちこわし……………………… 507
明治6年（1873）6月19日　島根県能義・神門・楯縫・仁多・秋鹿郡徴兵令反対屯集（島根県徴兵令反対一揆）………………………………………………………………………………… 561

【石見】

享保元年（1716）6月25日　石見国那賀郡浜田藩領春定撤回強訴……………………………………90
享保7年（1722）石見国那賀郡浜田藩領検地反対騒動……………………………………………… 102
延享元年（1744）6月25日　石見国鹿足郡津和野藩領柳村上納紙騒動…………………………… 132
天明3年（1783）2月1日　石見国安濃郡幕府領大田町打ちこわし……………………………… 234
文化元年（1804）12月13日　石見国鹿足郡津和野藩領百姓逃散（大野原騒動）………………… 303
慶応2年（1866）7月24日　石見国安濃・那賀郡幕府領・浜田藩領打ちこわし………………… 479
明治3年（1870）1月13日　石見国那賀郡浜田県浜田町打ちこわし（浜田騒動・前田騒動・庚午一揆）……………………………………………………………………………………………… 525
明治6年（1873）6月19日　島根県能義・神門・楯縫・仁多・秋鹿郡徴兵令反対屯集（島根県徴兵令反対一揆）………………………………………………………………………………… 561
明治6年（1873）7月19日　浜田県那珂郡木田村徴兵令反対屯集……………………………… 563
→明治6年（1873）6月19日　島根県能義・神門・楯縫・仁多・秋鹿郡徴兵令反対屯集（島根県徴兵令反対一揆）

【隠岐】

元和3年（1617）7月3日　隠岐国越智・周吉郡松江藩領百姓直目安………………………………14
慶応元年（1865）11月21日　隠岐国周吉郡幕府領（松江藩預所）西郷打ちこわし……………… 461
→明治元年（1868）3月19日　隠岐国海士・知夫里・周吉・越智郡松江藩預地島民陣屋占拠・郡代追放（隠岐騒動）
明治元年（1868）3月19日　隠岐国海士・知夫里・周吉・越智郡松江藩預地島民陣屋占拠・郡代追放（隠岐騒動）……………………………………………………………………………… 496

【備前】

安政3年（1856）6月13日　備前国御野・津高・上道郡岡山藩領村々強訴（渋染一揆）……… 440
明治4年（1871）11月25日　備前国岡山県磐梨・赤坂・上道郡旧藩主復職要求・悪田畑改正反対打ちこわし………………………………………………………………………………………… 544

【備中】

享保3年（1718）3月2日　備中国下道郡岡田藩領本庄・新庄村入会山返還要求越訴（新本義民騒動）…………………………………………………………………………………………………93
明和5年（1768）11月22日頃　備中国上房・小田・賀陽郡ほか松山藩・庭瀬藩・足守藩領強訴・打ちこわし…………………………………………………………………………………………… 199
明和5年（1768）12月23日　備中国小田郡庭瀬藩領強訴・打ちこわし…………………………… 200
→明和5年（1768）11月22日頃　備中国上房・小田・賀陽郡ほか松山藩・庭瀬藩・足守藩領強訴・

貞享元年（1684）２月25日　丹波国何鹿郡旗本谷氏領減免越訴……60
享保元年（1716）12月中旬　丹波国多紀郡篠山藩領減免強訴……91
享保19年（1734）11月１日　丹波国天田郡福知山藩領減免強訴……116
享保20年（1735）７月30日　丹波国何鹿郡綾部藩領御救要求強訴……117
寛延元年（1748）11月16日　丹波国多紀郡篠山藩領御用銀返還要求強訴……142
→寛延２年（1749）８月20日　丹波国多紀郡篠山藩領増徴反対強訴
寛延２年（1749）８月20日　丹波国多紀郡篠山藩領増徴反対強訴……144
宝暦２年（1752）12月13日　丹波国何鹿・天田郡綾部藩領御用銀反対強訴……161
明和２年（1765）４月　丹波国多紀郡篠山藩領垂水村新規破風争論……189
明和８年（1771）11月16日　丹波国多紀郡篠山藩領減免強訴・打ちこわし（明和篠山一揆）…208
天明元年（1781）６月　丹波国桑田郡亀岡藩領保津村村方騒動……225
天明７年（1787）11月19日　丹波国船井・桑田郡園部藩領ほか打ちこわし（口丹波一揆）……270
寛政３年（1791）12月25日　丹波国天田郡綾部藩領強訴（川合組強訴）……280
寛政12年（1800）12月14日　丹波国多紀郡篠山藩領酒造出稼ぎ制限撤廃越訴……296
文化元年（1804）８月25日　丹波国多紀郡篠山藩領高屋村河原別村運動……300
天保４年（1833）９月12日　播磨国・丹波国６郡幕府領等加古川筋打ちこわし（加古川筋一揆・播州一揆）……363
万延元年（1860）４月１日　丹波国多紀郡篠山藩領強訴（万延元年惑乱一件）……450
万延元年（1860）８月20日　丹波国天田郡福知山藩領強訴・打ちこわし（市川騒動）……452
万延元年（1860）11月13日　丹波国船井・天田郡幕府領等打ちこわし……454
万延元年（1860）11月26日　丹波国天田郡飯野藩領強訴（五千石騒動）……455
明治２年（1869）11月28日　丹波国多紀郡篠山藩領減免強訴・打ちこわし……520
明治６年（1873）７月23日　京都府何鹿郡徴兵令・学校入費反対屯集……564

【但馬】

元和６年（1620）但馬国朝来・養父郡幕府領生野奉行排斥越訴……16
元禄９年（1696）11月１日　但馬国出石郡出石藩領打ちこわし……69
享保９年（1724）12月　但馬国朝来郡幕府領減免越訴……104
元文３年（1738）12月16日　但馬国朝来郡幕府領生野強訴・打ちこわし（生野銀山一揆）……122
元文４年（1739）10月３日　但馬国七美郡旗本山名氏領強訴（小代一揆）……129
延享３年（1746）３月　但馬国朝来郡幕府領年貢減免越訴……136
明和５年（1768）10月19日　但馬国出石郡出石藩領減免強訴……198
寛政10年（1798）３月11日　但馬国城崎郡豊岡藩領強制借上げ反対強訴……294
文政８年（1825）７月29日　但馬国城崎郡豊岡藩領豊岡町など打ちこわし……345
天保元年（1830）12月14日　但馬国出石郡出石藩領減免強訴……354
慶応２年（1866）６月20日　但馬国七美郡旗本山名氏領軍夫役入用割撤回強訴……476
慶応２年（1866）６月26日　但馬国気多郡幕府領打ちこわし（気多一揆）……477

【因幡】

天和２年（1682）９月　因幡国岩井郡鳥取藩領蔵奉行非分訴訟……59
享保２年（1717）２月14日　因幡・伯耆国８郡鳥取藩領重課反対救米要求強訴……91
元文４年（1739）２月21日　因幡・伯耆国鳥取藩領減免強訴・打ちこわし（元文一揆、因伯民乱、勘右衛門騒動）……125

【伯耆】

享保２年（1717）２月14日　因幡・伯耆国８郡鳥取藩領重課反対救米要求強訴……91
享保17年（1732）12月13日　伯耆国会見郡鳥取藩領山籠り……112
元文４年（1739）２月21日　因幡・伯耆国鳥取藩領減免強訴・打ちこわし（元文一揆、因伯民乱、勘右衛門騒動）……125

天明７年（1787）５月13日　紀伊国海部・名草郡和歌山藩領和歌山町打ちこわし………………… 262
天明７年（1787）５月25日　紀伊国那賀郡和歌山藩領粉河村打ちこわし……………………………… 267
→天明７年（1787）５月13日　紀伊国海部・名草郡和歌山藩領和歌山町打ちこわし
享和２年（1802）７月29日　紀伊国牟婁郡和歌山藩領尾鷲町米屋打ちこわし………………………… 299
文政６年（1823）５月19日　紀伊国名草・那賀・伊都・海部・有田郡和歌山藩領紀ノ川筋打ちこわし（こぶち騒動、宮郷一揆、紀州一揆）……………………………………………………………………… 339
安政２年（1855）４月１日　紀伊国牟婁郡和歌山藩領村替反対打ちこわし（村替騒動、知行替騒動）……… 436
明治９年（1876）５月６日　和歌山県那賀郡地租改正農民騒動（粉河騒動）……………………… 566

【播磨】
延宝６年（1678）播磨国美嚢郡幕府領三木町地子銭免除訴願………………………………………………54
宝永５年（1708）８月25日　播磨国神西郡旗本池田氏領減免訴願…………………………………………76
元文４年（1739）２月７日　播磨国佐用郡旗本松井氏領強訴……………………………………………… 124
寛延元年（1748）12月21日　播磨国印南・加古郡ほか姫路藩領減免強訴・打ちこわし（寛延一揆）……… 142
天明７年（1787）６月10日　播磨国揖東郡林田藩領打ちこわし……………………………………… 268
天明７年（1787）６月17日　播磨国赤穂郡赤穂藩領相生村打ちこわし（家潰し騒動）・周世村強訴……… 269
天明７年（1787）10月22日　播磨国多可・加東郡ほか幕府領ほか打ちこわし（多可郡酒屋騒動）……… 269
寛政12年（1800）６月２日　播磨国赤穂郡赤穂藩領赤穂塩田浜子集会……………………………… 296
文化３年（1806）６月　播磨国赤穂郡赤穂藩領赤穂塩田浜子怠業…………………………………… 305
→寛政12年（1800）６月２日　播磨国赤穂郡赤穂藩領赤穂塩田浜子集会
文政８年（1825）12月４日　播磨国佐用郡旗本松平氏領（平福領）非人騒動……………………… 348
→文政８年（1825）11月23日　美作国吉野郡ほか幕府領・津山藩領ほか押乞・減免強訴・打ちこわし（文政非人騒動）
文政９年（1826）４月　播磨国加西郡嶋・野田両村役改名反対闘争………………………………… 349
天保４年（1833）９月12日　播磨国・丹波国６郡幕府領等加古川筋打ちこわし（加古川筋一揆・播州一揆）……………………………………………………………………………………………… 363
嘉永元年（1848）12月12日　播磨国揖東・揖西郡龍野藩領増徴反対強訴・打ちこわし………… 424
明治元年（1868）１月17日　播磨国多可郡幕府領ほか打ちこわし…………………………………… 491
明治４年（1871）10月13日　播磨国神東・神西郡ほか姫路・生野・兵庫県部落解放反対打ちこわし（播但一揆）……………………………………………………………………………………………… 541

【淡路】
天明２年（1782）５月３日　淡路国三原郡徳島藩領強訴（縄騒動）………………………………… 230

【丹後】
正徳４年（1714）２月27日　丹後国与謝・竹野・中・加佐郡宮津藩領強訴…………………………………89
享保18年（1733）３月５日　丹後国加佐郡田辺藩領減免強訴……………………………………………… 114
宝暦６年（1756）３月15日　丹後国加佐郡田辺藩領減免強訴……………………………………………… 175
天明４年（1784）10月８日　丹後国熊野・中・竹野郡幕府領石代銀延納強訴・打ちこわし…… 246
文政５年（1822）12月13日　丹後国与謝郡など宮津藩領人頭税反対強訴・打ちこわし（宮津藩文政一揆）………………………………………………………………………………………………… 337

【丹波】
正保４年（1647）11月28日　丹波国何鹿郡福知山藩領印内村・報恩寺村訴願…………………………27
寛文６年（1666）11月16日　丹波国船井郡旗本小出氏領越訴…………………………………………………35

寛政３年（1791）11月27日　河内国茨田郡幕府領鴻池新田小作年貢減免騒動……………………280
寛政６年（1794）４月21日　摂津・河内国20郡650村肥料国訴 ……………………………………285
文化２年（1805）８月27日　摂津・河内国565村菜種国訴 …………………………………………304
文化５年（1808）河内国古市郡幕府領古市村庄屋不帰依争論……………………………………306
文政６年（1823）５月25日　摂津・河内国1007村綿国訴……………………………………………342
文政７年（1824）３月　河内国丹南郡高槻藩領伊賀村庄屋不帰依争論…………………………344
文政７年（1824）４月13日　摂津・河内・和泉国1320村菜種・油国訴……………………………344
天保３年（1832）河内国綿部郡狭山藩領滝畑村直訴…………………………………………………360
安政元年（1854）閏７月27日　摂津・河内国綿国訴…………………………………………………435
安政２年（1855）６月２日　摂津・河内国1086村菜種国訴…………………………………………437
→慶応元年（1865）５月20日　摂津・河内国1263村菜種国訴
慶応元年（1865）５月20日　摂津・河内国1263村菜種国訴…………………………………………459
慶応２年（1866）５月４日　河内国石川郡幕府領富田林村夫食要求騒動…………………………463
→慶応２年（1866）５月　大坂周辺打ちこわし
慶応２年（1866）５月16日　河内国安宿郡幕府領国分村打ちこわし………………………………465
→慶応２年（1866）５月　大坂周辺打ちこわし

【和泉】

慶長15年（1610）４月14日　和泉国南郡願泉寺領貝塚御坊越訴……………………………………10
寛永17年（1640）９月　和泉国南・日根郡岸和田藩領強訴……………………………………………23
宝暦２年（1752）８月14日　和泉国日根郡岸和田藩領馬場村騒動…………………………………161
天明２年（1782）８月16日　和泉国大鳥・泉郡一橋領強訴（千原騒動）…………………………230
天明７年（1787）５月12日　摂津・和泉国堺町打ちこわし…………………………………………262
→天明７年（1787）５月10日　大阪周辺打ちこわし
文政７年（1824）４月13日　摂津・河内・和泉国1320村菜種・油国訴……………………………344
天保元年（1830）暮　和泉国泉郡一橋領南王子村庄屋不帰依騒動…………………………………354
天保６年（1835）和泉国泉郡一橋領南王子村、対王子村出作争論…………………………………375
万延元年（1860）９月８日　和泉国泉郡南王子村死牛取締訴願……………………………………454
慶応２年（1866）５月18日　和泉国南郡幕府領貝塚町打ちこわし…………………………………465
→慶応２年（1866）５月　大坂周辺打ちこわし

【紀伊】

文禄４年（1595）９月頃　紀伊国牟婁郡北山郷検地反対一揆……………………………………… 3
慶長19年（1614）11月頃　紀伊国牟婁郡・大和国吉野郡和歌山藩・幕府領土豪反乱（北山一揆、熊野一揆、紀伊国一揆）……………………………………………………………………………………11
元和元年（1615）４月27日　紀伊国日高・有田・名草・那賀・伊都郡和歌山藩領土豪反乱………13
→慶長19年（1614）11月頃　紀伊国牟婁郡・大和国吉野郡和歌山藩・幕府領土豪反乱（北山一揆、熊野一揆、紀伊国一揆）
慶安２年（1649）紀伊国那賀郡和歌山藩領打田村直訴………………………………………………28
寛文８年（1668）紀伊国牟婁郡和歌山藩領尾鷲浦鰯網方・４か浦漁権争論………………………39
正徳３年（1713）３月　紀伊国名草郡和歌山藩領岩橋村宮座席順争論……………………………89
享保５年（1720）１月12日　紀伊国伊都郡高野山領桝改正越訴（高野桝一揆）……………………97
享保20年（1735）10月25日　紀伊国伊都郡高野山領新開地検地反対強訴…………………………118
安永５年（1776）８月25日　紀伊国那賀郡高野山領新開地検地反対強訴・打ちこわし（高野領騒動）……………………………………………………………………………………………………219
天明６年（1786）12月25日　紀伊国牟婁郡和歌山藩領田辺町打ちこわし…………………………258
→天明７年（1787）５月13日　紀伊国海部・名草郡和歌山藩領和歌山町打ちこわし
天明７年（1787）２月４日　紀伊国牟婁郡和歌山藩領新宮町打ちこわし……………………………258
→天明７年（1787）５月13日　紀伊国海部・名草郡和歌山藩領和歌山町打ちこわし

天明７年（1787）５月13日　摂津国八部郡幕府領兵庫湊打ちこわし……………………………263
天明７年（1787）５月　摂津国武庫郡尼崎藩領尼崎町打ちこわし……………………………268
→天明７年（1787）６月17日　播磨国赤穂郡赤穂藩領相生浦打ちこわし（家潰し騒動）・周世村強訴
天明８年（1788）４月12日　摂津・河内国22郡836村肥料国訴 ……………………………272
寛政６年（1794）４月21日　摂津・河内国20郡650村肥料国訴 ……………………………285
文化２年（1805）８月27日　摂津・河内国565村菜種国訴 ……………………………304
文政６年（1823）５月25日　摂津・河内国1007村綿国訴……………………………342
文政７年（1824）４月13日　摂津・河内・和泉国1320村菜種・油国訴……………………………344
天保４年（1833）９月下旬　大坂町張紙・屯集など米騒動……………………………366
天保５年（1834）５月12日　大坂米価高騰屯集……………………………373
→天保５年（1834）　大坂周辺米騒動
天保５年（1834）６月29日　摂津国西成郡幕府領稗島村打ちこわし……………………………373
→天保５年（1834）　大坂周辺米騒動
天保５年（1834）７月３日　大坂町打ちこわし……………………………374
→天保５年（1834）　大坂周辺米騒動
天保５年（1834）大坂周辺米騒動……………………………374
天保７年（1836）９月24日　大坂打ちこわし……………………………386
天保８年（1837）２月19日　大坂大塩平八郎の乱（大塩一件、大坂一件）……………………………389
天保８年（1837）７月２日　摂津国能勢郡幕府領騒動（能勢一揆）……………………………397
天保12年（1841）７月10日　摂津国豊島郡岡部藩領桜井谷箱訴（桜井谷騒動）……………………………407
安政元年（1854）閏７月27日　摂津・河内国綿国訴……………………………435
安政２年（1855）６月２日　摂津・河内国1086村菜種国訴……………………………437
→慶応元年（1865）５月20日　摂津・河内国1263村菜種国訴
安政４年（1857）12月24日　摂津国豊島郡岡部藩領桜井谷打ちこわし……………………………443
→天保12年（1841）７月10日　摂津国豊島郡岡部藩領桜井谷箱訴（桜井谷騒動）
慶応元年（1865）５月20日　摂津・河内国1263村菜種国訴……………………………459
慶応２年（1866）５月３日　摂津国武庫郡幕府領西宮町米騒動……………………………463
→慶応２年（1866）５月　大坂周辺打ちこわし
慶応２年（1866）５月８日　摂津国八部郡幕府領兵庫湊打ちこわし……………………………464
→慶応２年（1866）５月　大坂周辺打ちこわし
慶応２年（1866）５月10日　摂津国豊島郡幕府領池田町打ちこわし……………………………464
→慶応２年（1866）５月　大坂周辺打ちこわし
慶応２年（1866）５月11日　摂津国川辺郡近衛家領伊丹町米騒動……………………………464
→慶応２年（1866）５月　大坂周辺打ちこわし
慶応２年（1866）５月14日　大坂打ちこわし……………………………464
慶応２年（1866）５月　大坂周辺打ちこわし……………………………467
明治２年（1869）11月15日　摂津国有馬郡三田藩領強訴・打ちこわし（三田騒動）……………………………519

【河内】

元和５年（1619）９月16日　河内国丹北郡幕府領嶋泉村請作地返還騒動……………………………15
元禄16年（1703）５月　河内・摂津国大和川付替反対訴願……………………………73
正徳４年（1714）11月　河内国茨田郡小田原藩領黒原村奉公人騒動……………………………90
延享２年（1745）１月　摂津・河内国東成・若江・渋川郡幕府領検見反対越訴……………………………134
明和５年（1768）12月下旬　河内国古市郡幕府領古市村小作騒動・村方騒動……………………………200
明和６年（1769）２月４日　河内国丹南・丹北郡ほか丹南藩領年貢不納騒動（郷中騒動）……201
安永２年（1773）４月17日　摂津・河内国在郷綿屋株差止め国訴……………………………218
安永６年（1777）11月13日　河内・摂津国８郡綿延売買会所差止め国訴……………………………222
天明８年（1788）４月12日　摂津・河内国22郡836村肥料国訴 ……………………………272

野一揆、紀伊国一揆）……………………………………………………………………………………11
元禄６年（1693）12月１日　大和・近江国大和郡山藩領減免強訴…………………………………68
宝永２年（1705）２月　大和国大和川筋剣先船運賃引上げ反対ほか国訴………………………74
寛延２年（1749）３月11日　大和国山辺・十市・式下・平群・宇陀郡ほか幕府領減免箱訴…… 144
宝暦３年（1753）11月２日　大和国十市・式下・葛下郡幕府領減免箱訴（芝村騒動・十市騒動）
…………………………………………………………………………………………………… 164
明和５年（1768）11月24日　大和国添上郡ほか興福寺領ほか減免強訴・打ちこわし…………… 199
安永２年（1773）６月　大和国13郡村々綿繰屋・仲買株撤廃要求国訴………………………… 218
天明元年（1781）４月20日　大和国全15郡1000余か村菜種手広販売ほか国訴…………………… 224
天明７年（1787）５月13日　大和国郡山・奈良ほか打ちこわし………………………………… 262
享和２年（1802）12月11日　大和国山辺郡ほか幕府領ほか減免強訴………………………… 299
享和２年（1802）12月15日　大和国式上・山辺郡柳本藩領強訴……………………………… 299
　→享和２年（1802）12月11日　大和国山辺郡ほか幕府領ほか減免強訴
享和２年（1802）12月19日　大和国式下郡旗本水野氏領法貴寺村打ちこわし………………… 300
　→享和２年（1802）12月11日　大和国山辺郡ほか幕府領ほか減免強訴
文化３年（1806）５月　大和国四分幕府領諸株・諸組合全廃ほか訴願………………………… 305
文政元年（1818）12月15日　大和国吉野郡旗本中坊氏領減免強訴（竜門騒動）………………… 331
天保８年（1837）３月10日　大和国広瀬郡多武峯領救恤要求強訴…………………………… 393
天保12年（1841）８月　大和国大和川筋剣先船荷揚地変更反対ほか国訴……………………… 407
　→宝永２年（1705）２月　大和国大和川筋剣先船運賃引上げ反対ほか国訴
嘉永３年（1850）11月14日　大和国平群郡幕府領法隆寺村ほか小作料引き下げ越訴…………… 426
慶応２年（1866）４月22日　大和国葛下郡幕府領高田村打ちこわし…………………………… 463
　→慶応２年（1866）４月・５月　大和国各所打ちこわし
慶応２年（1866）４月・５月　大和国各所打ちこわし………………………………………… 463
慶応２年（1866）５月21日　大和国添下郡旗本角南氏領打ちこわし…………………………… 465
　→慶応２年（1866）４月・５月　大和国各所打ちこわし

【摂津】

天正19年（1591）夏　摂津国武庫郡豊臣氏直領鳴尾村水論……………………………………… 2
慶長13年（1608）10月13日　摂津国芥川郡土岐氏領東天川村庄屋不正騒動………………………… 9
寛永18年（1641）大坂騒動…………………………………………………………………………25
慶安２年（1649）４月　摂津国武庫郡上瓦林村役負担争論………………………………………28
延宝５年（1677）摂津国豊島郡旗本領熊野田村越訴………………………………………………53
元禄16年（1703）５月　河内・摂津国大和川付替反対訴願………………………………………73
元文元年（1736）７月　大坂町惣会所改革訴願…………………………………………………… 118
元文３年（1738）７月１日　摂津国武庫郡旗本青山氏領逃散………………………………… 119
寛保３年（1743）７月５日　摂津国８郡309村干鰯値段国訴 ………………………………… 132
延享２年（1745）１月　摂津・河内国東成・若江・渋川郡幕府領検見反対越訴……………… 134
明和５年（1768）１月22日　大坂家質差配所反対訴願・打ちこわし（大坂家質奥印差配所一件）
…………………………………………………………………………………………………… 191
明和７年（1770）12月　摂津国島上郡高槻藩領西天川村訴願………………………………… 205
安永２年（1773）４月17日　摂津・河内国在郷綿屋株差止め国訴…………………………… 218
安永６年（1777）11月13日　河内・摂津国８郡綿延売買会所差止め国訴……………………… 222
天明３年（1783）２月１日　大坂打ちこわし…………………………………………………… 234
天明４年（1784）３月　摂津国川辺・武庫・有馬郡打ちこわし……………………………… 244
天明７年（1787）５月10日　大坂周辺打ちこわし……………………………………………… 260
天明７年（1787）５月11日　大坂打ちこわし…………………………………………………… 261
天明７年（1787）５月12日　摂津・和泉国堺町打ちこわし…………………………………… 262
　→天明７年（1787）５月10日　大坂周辺打ちこわし

享保18年（1733）３月21日　飛騨国大野郡幕府領高山町打ちこわし…… 115
明和８年（1771）12月11日　飛騨国大野郡ほか幕府領強訴・打ちこわし（大原騒動）…… 209
安永２年（1773）４月１日　飛騨国大野郡ほか幕府領越訴（大原騒動安永騒動）…… 217
→明和８年（1771）12月11日　飛騨国大野郡ほか幕府領強訴・打ちこわし（大原騒動）
天明７年（1787）12月　飛騨国大野郡ほか幕府領越訴（大原騒動天明騒動）…… 271
→明和８年（1771）12月11日　飛騨国大野郡ほか幕府領強訴・打ちこわし（大原騒動）
明治２年（1869）２月29日　飛騨国大野郡ほか高山県打ちこわし・武力衝突（梅村騒動）… 504

【伊勢】
慶長12年（1607）11月13日　伊勢国一志郡津藩領一色村対中・大鳥村鉄火山論…… 8
明和５年（1768）９月13日　伊勢国鈴鹿郡亀山藩領強訴・打ちこわし（亀山騒動・亀山一乱・八十三村騒動）…… 194
天明２年（1782）12月13日頃　伊勢国員弁郡ほか桑名藩領強訴・打ちこわし…… 232
天明３年（1783）３月　伊勢国度会郡伊勢神宮領山田町打ちこわし…… 235
寛政８年（1796）12月26日　伊勢国一志郡ほか津藩領地割令反対強訴・打ちこわし（安濃津地割騒動）…… 287
文政６年（1823）８月６日　伊勢国桑名郡ほか桑名藩領打ちこわし…… 343
明治２年（1869）10月14日　伊勢国三重郡ほか忍藩領打ちこわし…… 513
明治９年（1876）12月18日　三重・愛知・岐阜県地租改正反対打ちこわし（伊勢暴動・東海大一揆）…… 569

【伊賀】
慶長12年（1607）６月　伊賀国伊賀郡上野藩領奥鹿野・岡田・寺脇村鉄火山論…… 8
明治４年（1871）11月11日　伊賀国津県名張・伊賀・山田・阿拝郡貢租減免など強訴・打ちこわし（伊賀国騒動）…… 543

【近江】
元和２年（1616）近江国蒲生郡仙台藩領訴願・逃散……13
元和５年（1619）９月18日　近江国蒲生郡幕府領音羽村ほか鉄火山論……15
寛文７年（1667）６月23日　近江国蒲生郡福富氏領逃散・巡見使訴願（福富騒動）……37
元禄６年（1693）12月１日　大和・近江国大和郡山藩領減免強訴……68
天明元年（1781）10月15日　近江国栗太郡膳所藩領強訴…… 229
天明２年（1782）10月９日　近江国滋賀郡比叡山領上坂本村強訴…… 232
天明６年（1786）10月20日　近江国蒲生郡旗本朽木氏領八幡町町方騒擾・打ちこわし…… 251
文化14年（1817）12月22日　近江国滋賀郡比叡山領下坂本村戸閉め・打ちこわし…… 330
天保13年（1842）10月14日　近江国野洲・甲賀・栗太郎郡幕府領ほか検地反対強訴（近江検地反対一揆）…… 409
文久２年（1862）９月７日　近江国神崎・蒲生郡彦根藩領領地替反対強訴…… 457

【山城】
天明３年（1783）２月27日　京都打ちこわし…… 234
天明５年（1785）９月26日　山城国紀伊郡幕府領伏見町越訴…… 248
天明７年（1787）５月　山城国紀伊郡伏見町ほか打ちこわし…… 268
文化14年（1817）７月３日　京都上・下京町組町代争論（文政町代改儀一件）…… 329
安政６年（1859）11月30日　京都西陣織職人打ちこわし…… 447

【大和】
慶長17年（1612）大和国山辺郡筒井氏領減免越訴……10
慶長19年（1614）11月頃　紀伊国牟婁郡・大和国吉野郡和歌山藩・幕府領土豪反乱（北山一揆、熊

【三河】

延宝５年（1677）５月25日　三河国碧海郡刈谷藩領大浜茶屋村助郷反対訴願……………………52
延宝８年（1680）12月17日　三河国設楽郡幕府領越訴（武節騒動）………………………………55
天和元年（1681）三河国渥美郡旗本清水氏領中山村立木払い下げ越訴……………………………58
元文３年（1738）10月４日　三河国碧海郡刈谷藩領立毛検見制反対集会…………………………121
宝暦２年（1752）12月16日　三河国加茂郡挙母藩領減免門訴（芋八騒動）………………………162
安永８年（1779）10月17日　三河国碧海郡旗本久永氏領安城村憤死事件…………………………224
寛政２年（1790）11月27日　三河国碧海郡刈谷藩領借財返済高割賦課反対集会…………………276
天保７年（1836）９月21日　三河国加茂郡幕府領・挙母藩領ほか打ちこわし（加茂騒動・加茂一揆）
………382
安政３年（1856）１月23日　三河国碧海郡幕府領中根新田小作騒動………………………………438
明治３年（1870）12月３日　三河国設楽・八名・宝飯郡伊那県減免強訴（足助騒動・伊那県騒動・箕着騒動）……………………………………………………………………………………………531
明治４年（1871）３月９日　三河国碧海郡菊間藩領ほか真宗護法騒動（大浜騒動・鷲塚騒動）
………534

【尾張】

天保９年（1838）７月16日　尾張国愛知郡名古屋藩領名古屋町打ちこわし…………………………402
明治２年（1869）12月20日　尾張国中島・海東・春日井郡名古屋藩管轄小作貧農打ちこわし（稲葉騒動・山市騒動・蓑着騒動）……………………………………………………………………………521
明治11年（1878）10月25日　愛知県春日井郡地租改正反対一揆……………………………………574

【美濃】

元和７年（1621）美濃国幕府領代官下代不正越訴……………………………………………………16
元和９年（1623）７月20日　美濃国石津郡旗本高木氏領多良村訴訟・時村逃散……………………17
承応３年（1654）９月　美濃国安八郡幕府領美濃代官支配楡俣村年貢算用騒動……………………29
寛文８年（1668）10月　美濃国山県郡幕府領東深瀬村棟札名字争論………………………………38
延宝５年（1677）８月21日　美濃国郡上郡郡上藩領年貢減免越訴（延宝郡上一揆）………………48
宝暦４年（1754）８月10日　美濃国郡上郡郡上藩領減免強訴・越訴（宝暦郡上一揆）…………167
明和２年（1765）９月　美濃国方県郡幕府領木田村「身上り」騒動………………………………189
明和３年（1766）１月19日　美濃国池田・大野郡大垣藩領長瀬筋等強訴（明和西濃騒動・盛枡騒動）
………189
寛政10年（1798）８月７日　美濃国海西郡幕府領・高須藩領打ちこわし（下川騒動）…………295
→寛政10年（1798）12月26日　美濃国厚見郡加納藩領強訴（水難一揆）
寛政10年（1798）12月26日　美濃国厚見郡加納藩領強訴（水難一揆）……………………………295
文政９年（1826）７月５日　美濃国厚見・方県郡磐城平藩領強訴（長森騒動）…………………351
天保６年（1835）４月13日　美濃国安八・海西・石津郡幕府領ほか打ちこわし（万寿騒動）…375
天保８年（1837）５月17日　美濃国恵那・土岐郡岩村藩領国産仕法反対強訴……………………394
天保14年（1843）閏９月　美濃国席田郡旗本大島氏領上之保村家作騒動…………………………414
弘化２年（1845）７月21日　美濃国石津郡旗本高木氏領多良郷強訴………………………………417
万延元年（1860）７月６日　美濃国郡上郡郡上藩領生糸専売反対強訴（御趣法騒動）…………451
明治２年（1869）７月16日　美濃国土岐郡岩村藩など妻木村など打ちこわし（デンデコ騒動・土岐郡騒動）………………………………………………………………………………………………508
明治２年（1869）９月７日　美濃国郡上郡郡上藩領強訴（那留ヶ野騒動）………………………512
明治２年（1869）12月14日　美濃国不破郡笠松県今須村打ちこわし………………………………521

【飛驒】

享保16年（1731）７月　飛驒国大野郡幕府領高山町打ちこわし……………………………………111
→享保18年（1733）３月21日　飛驒国大野郡幕府領高山町打ちこわし

明和５年（1768）４月２日　越前国坂井郡福井藩領吉崎浦打ちこわし……………………………… 194
明和５年（1768）12月14日　越前国南条郡福井藩領今泉浦津出し反対打ちこわし………………… 200
明和７年（1770）６月15日　越前国敦賀郡小浜藩領敦賀町無尽反対強訴・打ちこわし………… 203
明和８年（1771）８月８日　越前国大野郡勝山藩領検見取反対強訴………………………………… 208
安永８年（1779）２月18日　越前国坂井郡丸岡藩領大庄屋制廃止など強訴･打ちこわし（丸岡騒動）
……… 223
天明３年（1783）９月23日　越前国坂井郡福井藩領三国湊打ちこわし……………………………… 238
天明４年（1784）６月23日　越前国敦賀郡小浜藩領敦賀町穀屋打ちこわし………………………… 245
文政11年（1828）７月27日　越前国大野・吉田郡幕府領・福井藩領ほか打ちこわし…………… 352
明治６年（1873）３月５日　敦賀県大野・今立・坂井郡真宗護法強訴・打ちこわし（真宗護法一揆、ボロンカ騒動）…………………………………………………………………………………… 553

【若狭】

寛永17年（1640）10月　若狭国遠敷・三方・大飯郡小浜藩領大豆年貢減免訴願（松木長操事件）
………24
天保４年（1833）11月13日　若狭国遠敷・大飯郡小浜藩領小浜町打ちこわし……………………… 368

【伊豆】

天保７年（1836）７月18日　伊豆国賀茂郡幕府領下田町打ちこわし………………………………… 376
安政６年（1859）11月13日　伊豆国賀茂郡幕府領熱海村網子門訴…………………………………… 446
明治２年（1869）２月　伊豆国君沢郡韮山県伊豆内浦長浜村漁場争論………………………………… 506

【駿河】

寛永12年（1634）駿河国駿東郡小田原藩領検地反対越訴……………………………………………19
天明３年（1783）11月17日　駿河国駿東郡小田原藩領減免強訴（御厨一揆）……………………… 242
天明７年（1787）５月26日　駿河国安倍郡幕府領駿府町打ちこわし………………………………… 267
文化13年（1816）11月12日　駿河・遠江国幕府・掛川・田中・浜松・横須賀藩領減免強訴・打ちこわし…………………………………………………………………………………………………… 327
文政６年（1823）11月　駿河・遠江国５郡幕府領113か村茶生産百姓訴願 ……………………… 343
天保７年（1836）８月４日　駿河国安倍郡幕府領駿府町打ちこわし………………………………… 377
→天保７年（1836）10月７日　駿河国志田・益津郡幕府・田中藩領ほか打ちこわし
天保７年（1836）10月７日　駿河国志田・益津郡幕府・田中藩領ほか打ちこわし………………… 386
安政３年（1856）５月　駿河国有渡郡三保神社領三保村開墾地配分越訴…………………………… 439

【遠江】

延宝６年（1678）１月22日　遠江国城東郡横須賀藩領嶺田村用水開削将軍直訴………………………53
天和元年（1681）４月　遠江国城東郡横須賀藩領苛政糾弾巡見使越訴…………………………………57
天明６年（1786）10月16日　遠江国豊田郡幕府領・浜松・掛川藩領打ちこわし（笠井騒動・二俣騒動）
……… 250
文化13年（1816）11月12日　駿河・遠江国幕府・掛川・田中・浜松・横須賀藩領減免強訴・打ちこわし…………………………………………………………………………………………………… 327
文政６年（1823）11月　駿河・遠江国５郡幕府領113か村茶生産百姓訴願 ……………………… 343
弘化３年（1846）閏５月10日　遠江国長上・敷知郡ほか浜松藩領打ちこわし（浜松騒動）…… 418
嘉永６年（1853）７月　遠江国周智郡上山梨村・仲井用水組合５か村用水圦樋争論……………… 433
安政４年（1857）２月29日　遠江国豊田・周智郡幕府領ほか分一銭反対強訴（分一騒動）…… 442
万延元年（1860）11月17日　遠江国周智･豊田郡幕府領･掛川藩領強訴(二俣蓑かぶり一揆、北遠一揆)
……… 455
明治３年（1870）１月１日　遠江国豊田・山名・磐田郡静岡藩領強訴（蓑かぶり一件）……… 524

安政５年（1858）７月20日　越中国射水郡金沢藩領放生津町打ちこわし……………………… 443
　→安政５年（1858）７月・８月　加賀・越中・能登国金沢藩領打ちこわし（加越能大一揆）
安政５年（1858）７月25日　越中国礪波郡金沢藩領井波町打ちこわし（長崎村茂右衛門騒動）
……………………………………………………………………………………………………… 443
　→安政５年（1858）７月・８月　加賀・越中・能登国金沢藩領打ちこわし（加越能大一揆）
安政５年（1858）７月・８月　加賀・越中・能登国金沢藩領打ちこわし（加越能大一揆）…… 443
安政５年（1858）10月３日　越中国下新川郡金沢藩領泊町打ちこわし………………………… 445
　→安政５年（1858）７月・８月　加賀・越中・能登国金沢藩領打ちこわし（加越能大一揆）
明治２年（1869）10月24日　越中国新川郡金沢藩領打ちこわし（バンドリ騒動、忠次郎騒動）
……………………………………………………………………………………………………… 517
明治10年（1877）２月６日　石川県礪波郡小作人強訴・打ちこわし（礪波騒動、戸出騒動、百分の三騒動）……………………………………………………………………………………… 573

【加賀】

正徳２年（1712）９月24日　加賀国石川郡金沢藩領62村減免強訴………………………………85
　→正徳２年（1712）10月21日　越中国礪波郡金沢藩領大西組17村年貢減免打ちこわし
正徳２年（1712）10月６日　加賀国江沼郡大聖寺藩領年貢減免強訴・打ちこわし………………85
享保20年（1735）９月２日　加賀国石川郡金沢藩領十村打ちこわし……………………………… 117
宝暦６年（1756）４月12日　加賀国石川郡金沢藩領金沢町打ちこわし（銀札くずれ）………… 175
天明３年（1783）８月23日　加賀国石川郡金沢藩領宮腰町打ちこわし…………………………… 237
文化５年（1808）閏６月27日　加賀国能美郡金沢藩領小松町打ちこわし………………………… 306
文化８年（1811）10月５日　加賀国石川郡金沢町打ちこわし……………………………………… 311
文政２年（1819）２月11日　加賀国石川郡金沢藩領鶴来町御用金反対強訴……………………… 331
　→文政９年（1826）６月21日　加賀国石川郡金沢藩領粟ケ崎町御用金騒動
文政９年（1826）６月21日　加賀国石川郡金沢藩領粟ケ崎町御用金騒動………………………… 350
天保９年（1838）８月26日　加賀国石川郡金沢藩領検見願訴願…………………………………… 402
安政５年（1858）７月11日　加賀国金沢藩領金沢町騒擾（卯辰山騒動）………………………… 443
　→安政５年（1858）７月・８月　加賀・越中・能登国金沢藩領打ちこわし（加越能大一揆）
安政５年（1858）７月15日　加賀国石川郡金沢藩領鶴来町打ちこわし（鶴来騒動）…………… 443
　→安政５年（1858）７月・８月　加賀・越中・能登国金沢藩領打ちこわし（加越能大一揆）
安政５年（1858）７月・８月　加賀・越中・能登国金沢藩領打ちこわし（加越能大一揆）…… 443
明治４年（1871）11月24日　加賀国江沼郡元大聖寺県強訴・打ちこわし（みの虫騒動）……… 544

【能登】

寛文７年（1667）１月　能登国鹿島郡金沢藩領検地反対越訴（浦野一件、浦野事件）……………36
宝暦６年（1756）７月９日　能登国鳳至郡金沢藩領宇出津組打ちこわし………………………… 176
天明３年（1783）10月７日　能登国鳳至郡金沢藩領輪島町打ちこわし…………………………… 240
文化10年（1813）閏11月８日　能登国羽咋・鹿嶋郡金沢藩領貸米要求強訴・打ちこわし……… 319
安政５年（1858）８月２日　能登国鳳至郡金沢藩領輪島町打ちこわし（輪島騒動）…………… 445
　→安政５年（1858）７月・８月　加賀・越中・能登国金沢藩領打ちこわし（加越能大一揆）

【越前】

正保元年（1644）５月　越前国丹生郡福井藩領米ケ浦逃散………………………………………26
元禄10年（1697）５月　越前国大野郡勝山藩領年貢減免江戸直訴・逃散…………………………69
寛延元年（1748）２月12日　越前国足羽郡福井藩領御用金反対強訴（綴虫騒動）……………… 141
宝暦６年（1756）１月22日　越前国丹生・今立郡幕府領打ちこわし（本保騒動）……………… 174
明和４年（1767）８月13日　越前国坂井郡福井藩領三国湊津出し反対打ちこわし……………… 190
明和５年（1768）３月22日　越前国坂井・今立郡ほか福井藩領強訴・打ちこわし（明和蓑虫騒動、越前大一揆）……………………………………………………………………………………… 192

天保元年（1830）９月４日　越後国古志郡長岡藩領栃尾組上納炭軽減強訴（炭一揆）………… 354
天保元年（1830）10月29日　越後国蒲原郡長岡藩領新潟町打ちこわし……………………………… 354
天保８年（1837）３月17日　越後国魚沼郡幕府領打ちこわし………………………………………… 394
天保８年（1837）６月１日　越後国刈羽郡桑名藩領柏崎町生田万の乱（柏崎騒動）…………… 395
嘉永６年（1853）８月23日　越後国古志郡長岡藩領栃尾郷諸課税減免強訴・打ちこわし（栃尾騒動）
…… 433
文久元年（1861）５月11日　越後国頸城郡幕府領松之山郷打ちこわし未遂……………………… 456
慶応元年（1865）８月１日　越後国頸城郡高田藩領直江津今町打ちこわし……………………… 461
慶応２年（1866）５月14日　越後国三島郡桑名藩領寺泊町女房騒動……………………………… 464
慶応２年（1866）７月９日　越後国魚沼郡幕府領・糸魚川藩領運上品替え撤回強訴・打ちこわし
…… 478
明治元年（1868）８月29日　越後国蒲原郡村松藩領下田郷打ちこわし（下田騒動）…………… 502
明治２年（1869）１月20日　越後国蒲原郡新発田藩・政府直轄領亀田郷信濃川関屋分水開削騒動
…… 504
→明治５年（1872）４月４日　越後国柏崎県ほか信濃川分水公事入費取立反対強訴・打ちこわし（大河津分水騒動）
明治２年（1869）９月２日　越後国頸城郡糸魚川（清崎）藩領ほか糸魚川町ほか贋金打ちこわし
…… 511
明治２年（1869）10月21日　越後国蒲原郡水原県新潟町外国船米運送阻止騒動………………… 517
明治３年（1870）７月23日　越後国古志郡柏崎県栃尾郷庄屋罷免強訴（藤七騒動）…………… 527
明治５年（1872）４月３日　柏崎県ほか信濃川分水公事入費取立反対強訴・打ちこわし（大河津分水騒動）…………………………………………………………………………………………… 547

【佐渡】

慶長８年（1603）佐渡国加茂・羽茂郡幕府領年貢増徴反対越訴…………………………………………… 6
宝永７年（1710）５月　佐渡国加茂・雑太・羽茂郡幕府領巡見使訴願…………………………………80
寛延３年（1750）10月７日　佐渡国加茂・雑太・羽茂郡幕府領減免越訴（佐渡寛延一揆）…… 157
明和４年（1767）11月４日　佐渡国加茂・雑太郡幕府領強訴未遂（佐渡明和一揆）…………… 191
天保９年（1838）閏４月23日　佐渡国加茂・雑太・羽茂郡幕府領越訴・強訴・打ちこわし（佐渡一国騒動）…………………………………………………………………………………………… 399

【越中】

元禄３年（1690）９月　越中国富山藩領富山町米留騒動…………………………………………………67
正徳２年（1712）10月21日　越中国礪波郡金沢藩領大西組17村年貢減免打ちこわし…………………86
享保元年（1716）越中国射水郡金沢藩領放生津町漁民騒動……………………………………………91
宝暦７年（1757）11月23日　越中国礪波郡金沢藩領城端町打ちこわし（城端騒動、北市騒動）
…… 178
安永元年（1772）８月22日　越中国新川郡富山藩領富山町打ちこわし…………………………… 216
天明元年（1781）閏５月20日　越中国射水郡金沢藩領高岡町、同国新川郡富山藩領富山町打ちこわし
…… 225
寛政９年（1797）６月26日　越中国婦負郡富山藩領打ちこわし…………………………………… 292
文化10年（1813）10月15日　越中国婦負・新川郡富山藩領強訴・打ちこわし…………………… 317
天保７年（1836）８月15日　越中国婦負郡富山藩領八尾町打ちこわし…………………………… 377
天保７年（1836）11月30日　越中国射水郡金沢藩領氷見町打ちこわし…………………………… 389
→天保７年（1836）８月15日　越中国婦負郡富山藩領八尾町打ちこわし
安政５年（1858）７月16日　越中国射水郡金沢藩領高岡町打ちこわし（高岡騒動）…………… 443
→安政５年（1858）７月・８月　加賀・越中・能登国金沢藩領打ちこわし（加越能大一揆）
安政５年（1858）７月16日　越中国射水郡金沢藩領氷見町打ちこわし…………………………… 443
→安政５年（1858）７月・８月　加賀・越中・能登国金沢藩領打ちこわし（加越能大一揆）

明治２年（1869）８月16日　信濃国小県郡上田藩領打ちこわし（上田騒動）……………………… 509
明治２年（1869）８月25日　信濃国筑摩・安曇郡伊那県・松本藩領打ちこわし（会田騒動、会田・麻績騒動）…………………………………………………………………………………………………… 510
明治２年（1869）８月28日　信濃国佐久郡小諸藩領芦田·八重原ほか打ちこわし（川西騒動、芦田騒動）…………………………………………………………………………………………………… 511
明治３年（1870）11月25日　信濃国更級・埴科郡松代藩領打ちこわし（午札騒動、松代騒動）…………………………………………………………………………………………………… 529
明治３年（1870）12月16日　信濃国高井郡須坂藩領打ちこわし（須坂騒動）……………………… 532
明治３年（1870）12月19日　信濃国高井・水内郡中野県強訴・打ちこわし（中野騒動）……… 532

【越後】

慶長５年（1600）８月　越後国魚沼郡ほか土豪ら一揆（越後一揆、上杉遺民一揆）……………… 3
宝永２年（1705）８月　越後国蒲原郡幕府領上和田村など３か村百姓傘連判訴願……………………75
宝永７年（1710）４月11日　越後国蒲原郡村上藩領８組村々幕府領編入要求越訴……………………79
正徳２年（1712）12月４日　越後国蒲原郡新発田藩領大庄屋糾弾訴願（与茂七騒動）……………87
享保７年（1722）10月24日　越後国頸城郡幕府領質地取戻し越訴・騒動（越後質地騒動、頸城質地騒動）…………………………………………………………………………………………………… 100
元文元年（1736）12月　越後国蒲原郡幕府領塩津新田など耕地所持権要求越訴（紫雲寺潟新田騒動）…………………………………………………………………………………………………… 119
延享３年（1746）７月17日　越後国岩船郡村上藩領村上・岩船・瀬波町打ちこわし（塩谷騒動）…………………………………………………………………………………………………… 137
延享３年（1746）７月　越後国魚沼郡幕府領（会津藩預地）浦佐組非政・大割元横暴糾弾越訴…………………………………………………………………………………………………… 137
宝暦９年（1759）３月　越後国蒲原郡幕府領太子堂村など26か村百姓検地反対越訴…………… 179
明和５年（1768）９月26日　越後国蒲原郡長岡藩領新潟町御用金反対打ちこわし（新潟明和騒動、新潟湊騒動）…………………………………………………………………………………………… 196
明和５年（1768）10月７日　越後国魚沼郡幕府領十日町打ちこわし…………………………… 198
安永元年（1772）越後国頸城郡高田藩領直江津今町海産物自由販売越訴…………………………… 217
天明３年（1783）11月３日　越後国頸城郡幕府領柿崎町など打ちこわし（柿崎騒動）………… 241
天明６年（1786）12月４日　越後国刈羽・三島郡椎谷藩領先納金返済等越訴…………………… 254
寛政元年（1789）閏６月21日　越後国魚沼郡幕府領（会津藩預地）越訴…………………………… 273
寛政２年（1790）２月19日　越後国古志郡幕府領種苧原村・池谷村山論………………………… 275
寛政３年（1791）２月５日　越後国三島郡長岡藩領減免訴願……………………………………… 278
寛政３年（1791）７月　越後国魚沼郡幕府領（会津藩預地）大割元制反対越訴………………… 280
　→寛政元年（1789）閏６月21日　越後国魚沼郡幕府領（会津藩預地）越訴
文化７年（1810）６月21日　越後国魚沼郡幕府領（会津藩預地）塩沢・六日町打ちこわし…… 309
文化11年（1814）４月３日　越後国蒲原郡村松藩領新法廃止強訴・打ちこわし（下田騒動）… 319
文化11年（1814）５月８日　越後国古志郡長岡藩領栃尾町打ちこわし……………………………… 321
文化11年（1814）５月15日　越後国蒲原郡幕府領加茂町・上条村打ちこわし…………………… 321
　→文化11年（1814）５月８日　越後国古志郡長岡藩領栃尾町打ちこわし
文化11年（1814）５月18日　越後国蒲原郡幕府領中条宿打ちこわし……………………………… 322
　→文化11年（1814）５月８日　越後国古志郡長岡藩領栃尾町打ちこわし
文化11年（1814）５月19日　越後国蒲原郡白河藩領五泉町打ちこわし…………………………… 322
　→文化11年（1814）５月８日　越後国古志郡長岡藩領栃尾町打ちこわし
文化11年（1814）５月24日　越後国蒲原・岩船郡幕領府ほか打ちこわし（越後両郡騒動、野口騒動、菅田騒動）…………………………………………………………………………………………… 322
文政２年（1819）９月13日　越後国頸城郡糸魚川藩領御頼金賦課反対越訴・強訴・打ちこわし（黒川騒動）…………………………………………………………………………………………………… 332
文政12年（1829）５月８日　越後国頸城郡高田藩領直江津今町打ちこわし………………………… 353

天和２年（1682）10月19日　信濃国小県郡上田藩領入奈良本村直訴……………………………………59
貞享３年（1686）10月14日　信濃国安曇・筑摩郡松本藩領強訴（加助騒動・貞享騒動）…………61
元禄15年（1702）２月９日　信濃国伊那郡幕府領大河原村家来百姓争論……………………………72
享保６年（1721）信濃国小県郡上田藩領中挟村検地反対騒動…………………………………… 100
宝暦元年（1751）８月７日　信濃国更級郡松代藩領新法反対強訴（田村騒動）………………… 160
宝暦４年（1754）11月16日　信濃国佐久郡奥殿藩領減免強訴（田野口領一揆、孫右衛門一揆）
…… 171
宝暦11年（1761）12月11日　信濃国小県郡上田藩領減免強訴・打ちこわし（上田騒動）……… 180
宝暦12年（1762）２月22日　信濃国伊那郡飯田藩領千人講反対強訴（千人講騒動）…………… 183
明和６年（1769）２月２日　信濃国筑摩郡名古屋藩領強訴（木曽騒動）………………………… 201
安永元年（1772）３月　信濃国佐久・伊那・小県郡等７郡幕府領江戸廻米反対訴願…………… 216
安永２年（1773）12月11日　信濃国水内郡飯山藩領御用金反対強訴（安永飯山騒動、安永の飯山領惣徒）…………………………………………………………………………………………… 218
安永６年（1777）１月12日　信濃国高井・水内郡幕府領減免強訴（安永中野騒動、小町騒動、木島騒動）………………………………………………………………………………………………… 221
天明３年（1783）９月27日　上野国3郡・信濃国2郡打ちこわし（上信騒動、梵天騒動、国越騒動）
…… 238
天明４年（1784）３月２日　信濃国伊那郡飯田藩領米強借…………………………………………… 244
天明４年（1784）７月19日　信濃国小県郡上田藩領下室賀村村方騒動…………………………… 245
天明４年（1784）11月12日　信濃国水内郡松代藩領強談（山中騒動）…………………………… 246
寛政元年（1789）信濃国伊那郡幕府領向関村名主入札争論…………………………………………… 274
文化元年（1804）12月19日　信濃国水内郡飯山藩領御用金反対強訴（五位野騒動）…………… 303
文化元年（1804）信濃国上田藩領対頭筋集団訴訟……………………………………………………… 304
文化６年（1809）６月27日　信濃国小県郡上田藩領入奈良本村村役人不正強訴未遂…………… 307
文化６年（1809）12月５日　信濃国伊那郡飯田藩領ほか紙問屋打ちこわし（紙問屋騒動、紙屋騒動）
…… 308
文化10年（1813）10月13日　信濃国水内郡善光寺領善光寺町打ちこわし………………………… 317
文化13年（1816）７月18日　信濃国筑摩郡尾張藩領奈良井宿打ちこわし（奈良井騒動）……… 326
文政５年（1822）７月１日　信濃国伊那・筑摩郡高遠藩領強訴・打ちこわし（わらじ・木綿騒動）
…… 336
文政８年（1825）12月14日　信濃国安曇郡松本藩領打ちこわし（赤蓑騒動、四ヶ庄騒動、大町組騒動）
…… 348
天保３年（1832）８月12日　信濃国諏訪郡高島藩領乙事村若者組狂言興行争論………………… 359
天保３年（1832）閏11月24日　信濃国高井郡松代藩領仁礼村小作騒動…………………………… 360
天保７年（1836）８月25日　信濃国更級郡上田藩領稲荷山打ちこわし（稲荷山騒動）………… 382
天保８年（1837）12月23日　信濃国水内郡飯山藩領減免強訴（飯山騒動、飯山藩天保騒動、浅野騒動）
…… 398
嘉永元年（1848）８月10日　信濃国高井郡松代藩領山林開発反対強訴（沓野騒動）…………… 424
嘉永３年（1850）11月18日　信濃国伊那郡飯田藩領入会山強訴（笠松山騒動）………………… 426
安政３年（1856）４月17日　信濃国水内郡幕府領牟礼村規制強化反対逃散……………………… 439
安政６年（1859）12月27日　信濃国伊那郡白河藩領租法据え置き強訴（南山一揆）…………… 447
万延元年（1860）５月21日　信濃国諏訪郡諏訪藩領木之間村小前騒動…………………………… 451
慶応元年（1865）５月17日　信濃国伊那郡飯田藩領飯田町打ちこわし…………………………… 459
→慶応元年（1865）５月28日　信濃国伊那郡幕府領ほか米安売要求打ちこわし（駒場騒動）
慶応元年（1865）５月28日　信濃国伊那郡幕府領ほか米安売要求打ちこわし（駒場騒動）…… 460
慶応２年（1866）１月10日　信濃国佐久郡小諸藩領加増村長吏夫銭割出入……………………… 462
慶応２年（1866）８月17日　信濃国筑摩郡幕府領・木曽郡名古屋藩領打ちこわし（木曽騒動）
…… 481
明治２年（1869）７月２日　信濃国伊那郡飯田藩領ほか打ちこわし（飯田二分金騒動）……… 507

明治元年（1868）２月16日　武蔵国児玉・榛沢郡ほか児玉町・寄居町など銃兵取立反対・寄場入用不正糾弾騒動……………………………………………………………………………… 493
明治元年（1868）３月10日　武蔵国埼玉・葛飾・足立郡など幕府領羽生町ほか打ちこわし…… 496
明和元年（1868）３月27日　武蔵国榛沢郡旗本神谷氏領大谷・黒田村地頭殺害騒動（殿様殺し）……………………………………………………………………………………………… 497
明治２年（1869）12月28日　武蔵国多摩・新座郡品川県武蔵野新田12か村社倉貯穀免除門訴（社倉騒動・御門訴事件）……………………………………………………………………… 523

【相模】

万治３年（1660）春　相模国足柄上・下郡小田原藩領麦年貢撤回越訴……………………………32
天明７年（1787）12月22日　相模国津久井・愛甲郡幕府領酒屋等打ちこわし（土平治騒動）… 270
文政７年（1824）12月17日　相模国高座郡烏山藩領田名村門訴………………………………… 345
天保４年（1833）10月頃　相模国高座郡遊行寺領西村百姓跡式争論…………………………… 367
天保７年（1836）７月29日　相模国淘綾郡幕府領大磯宿穀商等打ちこわし…………………… 376
嘉永６年（1853）８月　相模国高座郡旗本領矢畑村質地請け戻し騒動………………………… 434
慶応２年（1866）２月１日　相模国高座郡旗本小笠原氏領羽鳥村質地請戻し・名主罷免訴願… 462
慶応２年（1866）８月30日　相模国高座郡幕府領藤沢宿穀商等打ちこわし…………………… 482
明治11年（1878）10月26日　神奈川県大住郡真土村質地返還殺害・放火騒動（真土騒動・松木騒動）……………………………………………………………………………………………… 575

【甲斐】

寛文４年（1664）８月４日　甲斐国八代郡旗本朝比奈氏領北都塚村逃散……………………………33
寛文12年（1672）６月４日　甲斐国山梨・八代郡旗本山上氏領大野村など３か村逃散……………43
延宝元年（1673）春　甲斐国巨摩・山梨郡甲府藩領減免越訴…………………………………………43
天和元年（1681）１月22日　甲斐国都留郡谷村藩領19か村減免越訴…………………………………55
寛延３年（1750）７月19日　甲斐国八代・山梨郡幕府領運上請負人打ちこわし（米倉騒動）… 156
寛政３年（1791）４月15日　甲斐国山梨・八代・巨摩郡牢番役訴訟一件……………………… 279
寛政４年（1792）12月27日　甲斐国山梨・八代郡田安領54か村重課・苛政反対越訴（太枡騒動）……………………………………………………………………………………………… 281
文化６年（1809）２月　甲斐国山梨・巨摩・八代郡幕府領587か村米穀自由売買訴願 ………… 307
文化11年（1814）１月　甲斐国都留郡幕府領忍草村年寄衆不正争論…………………………… 319
文化12年（1815）７月６日　甲斐国巨摩郡幕府領97か村減免越訴……………………………… 325
天保７年（1836）８月21日　甲斐国八代・山梨・巨摩・都留郡幕府領ほか打ちこわし（甲斐一国騒動・郡内騒動・甲州騒動）…………………………………………………………………… 377
天保８年（1837）９月　甲斐国八代郡幕府領東河内領36か村代官手代私曲越訴………………… 398
弘化２年（1845）甲斐国都留郡幕府領真木村年寄肩書争論……………………………………… 418
慶応３年（1867）10月　甲斐国山梨・八代・巨摩郡幕府領567か村大小切廃止反対訴願 ……… 490
明治５年（1872）８月23日　山梨県山梨・八代・巨摩郡大小切租法存続要求強訴・打ちこわし（大小切騒動）…………………………………………………………………………………… 549

【信濃】

慶長７年（1602）信濃国高井・更級・埴科・水内郡川中島藩領検地反対一揆……………………… 5
元和４年（1618）信濃国伊那郡旗本遠山氏領訴願（遠山騒動）……………………………………14
寛永16年（1639）７月　信濃国水内郡善光寺領大門町越訴……………………………………………23
承応２年（1653）12月25日　信濃国小県郡上田藩領武石村減免直訴………………………………28
延宝２年（1674）２月16日　信濃国佐久郡小諸藩領年貢増徴・新規諸役反対越訴未遂（小諸騒動、芦田騒動）……………………………………………………………………………………45
延宝２年（1674）頃　信濃国水内郡松代藩領直訴（二斗八騒動）…………………………………46
延宝５年（1677）信濃国諏訪郡高島藩領金沢宿境論………………………………………………52

天明７年（1787）５月20日　江戸打ちこわし…………………………………………………… 264
寛政元年（1789）11月　武蔵・下総国1016か村下肥値下げ訴願………………………………… 274
寛政２年（1790）６月　武蔵国入間・多摩郡幕府領ほか92か村糠値下げ訴願…………………… 275
寛政４年（1792）２月　武蔵国都筑郡増上寺領王禅寺村村役人非法争論………………………… 280
文政４年（1821）７月５日　武蔵国橘樹郡等幕府領等溝の口用水騒動…………………………… 333
天保４年（1833）９月19日　武蔵国橘樹郡幕府領神奈川宿米騰屯集……………………………… 365
天保４年（1833）９月28日　武蔵国葛飾郡幕府領幸手宿打ちこわし……………………………… 365
天保４年（1833）９月28日　江戸町張札……………………………………………………………… 366
天保５年（1834）４月27日　武蔵国葛飾郡幕府領幸手宿施米要求張札…………………………… 373
→天保５年（1834）６月　江戸周辺打ちこわし
天保５年（1834）６月11日　武蔵国足立郡幕府領千住宿打ちこわし……………………………… 373
→天保５年（1834）６月　江戸周辺打ちこわし
天保５年（1834）６月12日　武蔵国埼玉郡幕府領越谷宿袋町・本町地借ら施米要求屯集……… 373
→天保５年（1834）６月　江戸周辺打ちこわし
天保５年（1834）６月24日　武蔵国埼玉郡旗本領加須町など打ちこわし………………………… 373
→天保５年（1834）６月　江戸周辺打ちこわし
天保５年（1834）６月　江戸周辺打ちこわし…………………………………………………… 373
天保５年（1834）武蔵国埼玉郡旗本領菖蒲町打ちこわし…………………………………………… 374
→天保５年（1834）６月　江戸周辺打ちこわし
天保７年（1836）10月　武蔵国埼玉郡清水家・旗本領久喜町打ちこわし………………………… 387
天保７年（1836）12月29日　武蔵国埼玉郡清水家領琴寄村打ちこわし…………………………… 389
→天保７年（1836）10月　武蔵国埼玉郡清水家・旗本領久喜町打ちこわし
天保７年（1836）12月　武蔵国葛飾郡幕府領幸手町打ちこわし…………………………………… 389
→天保７年（1836）10月　武蔵国埼玉郡清水家・旗本領久喜町打ちこわし
天保14年（1843）７月22日　武蔵国入間郡旗本領長瀬村ほか徒党（武州鼻緒騒動・長瀬騒動）
……… 413
天保14年（1843）10月　武蔵国葛飾郡東葛西領・多摩郡野方領幕府領ほか村々下肥値下げ訴願
……… 415
慶応２年（1866）５月18日　武蔵国荏原郡幕府領八幡塚村強訴…………………………………… 465
→慶応２年（1866）５・６月　江戸周辺各所打ちこわし
慶応２年（1866）５月23日　武蔵国橘樹郡幕府領川崎宿強訴……………………………………… 465
→慶応２年（1866）５・６月　江戸周辺各所打ちこわし
慶応２年（1866）５月24日　武蔵国荏原郡幕府領大井村強訴……………………………………… 465
→慶応２年（1866）５・６月　江戸周辺各所打ちこわし
慶応２年（1866）５月24日　武蔵国多摩郡幕府領府中宿強訴……………………………………… 465
→慶応２年（1866）５・６月　江戸周辺各所打ちこわし
慶応２年（1866）５月28日　江戸打ちこわし………………………………………………………… 465
慶応２年（1866）５・６月　江戸周辺各所打ちこわし……………………………………………… 469
慶応２年（1866）６月７日　武蔵国入間郡川越藩領川越町強訴…………………………………… 470
→慶応２年（1866）５・６月　江戸周辺各所打ちこわし
慶応２年（1866）６月13日　武蔵国秩父郡など15郡、上野国緑野・甘楽・多胡郡幕府領ほか打ちこわし（武州一揆、武州世直し一揆）……………………………………………………………… 471
慶応２年（1866）９月12日　江戸張札………………………………………………………………… 482
→慶応２年（1866）５月27日　江戸打ちこわし
慶応２年（1866）10月３日　武蔵国入間郡川越藩領砂久保村など12か村農兵反対強訴………… 483
慶応３年（1867）８月　武蔵国豊島・荏原郡幕府領ほか代々木村など駒場野練兵場反対強訴・打ちこわし……………………………………………………………………………………………… 490
慶応３年（1867）11月12日　武蔵国豊島郡幕府領徳丸本村など徳丸原練兵場拡張反対騒動（徳丸原騒動）…………………………………………………………………………………………… 491

安政６年（1859）11月９日　上野国山田郡出羽松山藩領桐生町糸飢饉駕籠訴……………………446
慶応２年（1866）６月13日　武蔵国秩父郡など15郡、上野国緑野・甘楽・多胡郡幕府領ほか打ちこわし（武州一揆、武州世直し一揆）………………………………………………………………471
明治元年（1868）２月23日　上野国群馬郡ほか幕府領・安中藩・旗本領ほか打ちこわし（上州世直し一揆）………………………………………………………………………………………………493
明治２年（1869）10月15日　上野国群馬郡高崎藩領強訴・越訴（五万石騒動）…………………514

【下総】
寛永15年（1638）以前　下総国香取郡香取社領小野村対８か村野論…………………………………22
正保―承応年間（1644－1654）下総国印旛郡佐倉藩領減免越訴（佐倉惣五郎一揆）………………29
寛延３年（1750）１月17日　下総国印旛郡佐倉藩領強訴…………………………………………155
天明３年（1783）12月28日　下総国印旛・千葉・埴生郡佐倉藩領安石代強訴……………………242
天明７年（1787）５月27日　下総国千葉郡佐倉藩領千葉町・登戸村・寒川村打ちこわし………267
寛政元年（1789）11月　武蔵・下総国1016か村下肥値下げ訴願……………………………………274
慶応２年（1866）６月　下総国千葉郡佐倉藩領千葉町強訴…………………………………………477
　→慶応２年（1866）５月・６月　江戸周辺各所打ちこわし
慶応３年（1867）３月24日　下総国千葉郡旗本領ほか犢橋村稲干場開発争論……………………488

【上総】
慶長16年（1611）11月15日　上総国望陀郡幕府領田川村検地反対越訴……………………………10
寛文12年（1672）２月　上総国長柄郡旗本松田氏領渋谷村減免越訴………………………………43
延宝元年（1673）上総国望陀郡旗本太田氏領新田村越訴……………………………………………44
寛延３年（1750）秋　上総国夷隅郡大多喜藩領門訴…………………………………………………157
文化12年（1815）５月27日　上総国市原郡旗本小栗氏領越訴・暴行………………………………324
天保11年（1840）９月　上総国市原郡旗本領米原村分村騒動………………………………………403
慶応２年（1866）５月17日　上総国望陀郡幕府領など木更津町打ちこわし………………………465
　→慶応２年（1866）５月・６月　江戸周辺各所打ちこわし

【安房】
正徳元年（1711）11月７日　安房国安房・朝夷郡北条藩領減免門訴（万石騒動）…………………83
明和７年（1770）９月　安房国平郡勝山藩領金尾谷村など門訴未遂………………………………204

【武蔵】
慶長17年（1612）11月20日　武蔵国村名不詳代官非違大御所直訴…………………………………10
　→慶長18年（1613）11月　武蔵国村名不詳代官非違大御所直訴
慶長18年（1613）11月　武蔵国村名不詳代官非違大御所直訴………………………………………11
延宝２年（1674）９月　武蔵国荏原郡旗本木原氏領新井宿村年貢減免越訴未遂（新井宿義民六人衆事件）…………………………………………………………………………………………………45
延宝４年（1676）８月26日　武蔵国多摩郡幕府領小川新田名主不正争論…………………………48
延宝６年（1678）12月８日　武蔵国多摩郡幕府領国分寺村村方公文書引継争論…………………53
享保18年（1733）１月25日　江戸打ちこわし…………………………………………………………113
宝暦２年（1752）７月29日　武蔵国秩父郡忍藩領大宮郷など年貢増徴反対強訴…………………161
宝暦７年（1757）６月22日　武蔵国多摩郡幕府領八王子横山宿打ちこわし（八王子織物騒動）…178
宝暦12年（1762）２月　武蔵国多摩・高麗郡田安家領19か村門訴・箱訴（宝暦箱訴事件）……183
宝暦13年（1763）11月中旬　武蔵国埼玉郡忍藩領大塚村徴租法・名主不正騒動…………………184
明和元年（1764）閏12月22日　武蔵国児玉郡ほか幕府領ほか助郷重課反対強訴・打ちこわし（伝馬騒動、天狗騒動、武上騒動）………………………………………………………………………186
天明４年（1784）２月28日　武蔵国多摩郡幕府領羽村ほか打ちこわし（武州村山騒動・天明の義挙）………………………………………………………………………………………………………244

寛保元年（1741）9月23日　下野国足利郡丹南藩領板倉村減免強訴…………………………… 131
寛保元年（1741）12月19日　下野国河内郡旗本小出氏領減免門訴…………………………………… 131
宝暦3年（1753）5月　下野国河内郡宇都宮藩領岩原村年貢勘定争論………………………… 163
明和元年（1764）9月12日　下野国河内郡宇都宮藩領増徴反対強訴・打ちこわし（籾摺騒動）
……………………………………………………………………………………………………… 185
安永7年（1778）5月10日　下野国都賀郡日光神領日光町打ちこわし……………………………… 222
天明3年（1783）9月22日　下野国足利郡足利藩領足利町打ちこわし……………………………… 238
→天明3年（1783）9月・10月　下野国足利郡足利町・都賀郡栃木町ほか打ちこわし
天明3年（1783）9月・10月　下野国足利郡足利町・都賀郡栃木町ほか打ちこわし…………… 240
天明3年（1783）10月3日　下野国安蘇郡彦根藩領天明町打ちこわし……………………………… 240
→天明3年（1783）9月・10月　下野国足利郡足利町・都賀郡栃木町ほか打ちこわし
天明3年（1783）10月4日　下野国都賀郡足利藩領栃木町打ちこわし……………………………… 240
→天明3年（1783）9月・10月　下野国足利郡足利町・都賀郡栃木町ほか打ちこわし
天明4年（1784）1月6日　下野国那須郡大田原藩領大田原町打ちこわし………………………… 243
天保4年（1833）11月17日　下野国那須郡烏山藩領減免・米騰強訴・打ちこわし……………… 369
天保7年（1836）8月23日　下野国安蘇郡彦根藩領天明町打ちこわし……………………………… 382
安政3年（1856）11月19日　下野国那須郡黒羽藩領国産政策反対強訴…………………………… 441
安政6年（1859）8月22日　下野国都賀郡吹上藩領野尻村地芝居強行・役人暴行（野尻騒動）
……………………………………………………………………………………………………… 445
文久元年（1861）1月23日　下野国足利郡足利町ほか各所打ちこわし……………………………… 455
文久元年（1861）2月2日　下野国安蘇郡旗本領田沼町打ちこわし………………………………… 456
→文久元年（1861）1月23日　下野国足利郡足利町ほか各所打ちこわし
慶応2年（1866）6月10日　下野国足利郡菱村ほか桐生新町米安売り騒動（八給騒動）……… 471
慶応2年（1866）8月26日　下野国都賀郡日光神領今市宿打ちこわし……………………………… 482
慶応3年（1867）4月　下野国安蘇・足利郡旗本領家政改革要求訴願（六角騒動）…………… 489
明治元年（1868）3月下旬　下野国河内・都賀・芳賀郡ほか幕府領ほか打ちこわし（野州世直し）
……………………………………………………………………………………………………… 498

【上野】

元和3年（1617）1月4日　上野国群馬郡高崎藩領下小鳥村検見役人撲殺事件……………………13
寛文7年（1667）10月11日　上野国多胡郡旗本倉橋氏領減免越訴…………………………………37
延宝4年（1676）2月15日　上野国山田郡館林藩領年貢減免越訴…………………………………47
天和元年（1681）春　上野国利根郡沼田藩領越訴（茂左衛門一揆）……………………………56
貞享元年（1684）　上野国佐位郡伊勢崎藩領減免越訴 ……………………………………………60
元禄12年（1699）4月25日　上野国甘楽・碓氷郡小幡藩領支配替え駕籠訴……………………71
宝永5年（1708）11月　上野国群馬郡旗本安藤氏領年貢減免越訴（総社騒動）………………76
享保3年（1718）12月1日　上野国邑楽郡館林藩領検見反対強訴（館林騒動）………………96
延享2年（1745）11月16日　上野国勢多郡前橋藩領年貢減免強訴・門訴………………………… 135
天明元年（1781）8月9日　上野国群馬郡ほか幕府領など絹運上反対打ちこわし・強訴（上州絹一揆）
……………………………………………………………………………………………………… 226
天明元年（1781）12月24日　上野国利根郡沼田藩領見取地高入反対強訴（見取騒動）………… 229
天明3年（1783）9月27日　上野国3郡・信濃国2郡打ちこわし（上信騒動・梵天騒動・国越騒動）
……………………………………………………………………………………………………… 238
天明3年（1783）10月11日　上野国群馬郡川越藩前橋分領打ちこわし…………………………… 241
天明7年（1787）1月25日　上野国山田郡出羽松山藩領桐生新町打ちこわし…………………… 258
文政4年（1821）11月24日　上野国那波郡川越藩前橋分領減免門訴未遂………………………… 334
文政8年（1825）8月28日　上野国甘楽郡幕府領ほか下仁田村ほか打ちこわし………………… 346
天保元年（1830）上野国碓氷郡旗本領上磯部村分郷騒動…………………………………………… 355
天保7年（1836）11月10日　上野国山田郡旗本領ほか大間々町打ちこわし未遂………………… 387

寛政６年（1794）５月27日　出羽国置賜郡米沢藩領番所焼き打ち……………………………… 285
享和元年（1801）６月27日　出羽国村山郡幕府領・山形藩領ほか打ちこわし（村山一揆）…… 297
天保４年（1833）８月18日　出羽国秋田郡秋田藩領久保田・土崎湊米騒動……………………… 361
天保５年（1834）１月26日　出羽国仙北郡秋田藩領新法反対強訴・打ちこわし（前北浦一揆・奥北浦一揆）……………………………………………………………………………………… 370
天保６年（1835）８月１日　出羽国山本郡秋田藩領能代町打ちこわし…………………………… 375
天保11年（1840）11月22日　出羽国田川・飽海郡鶴岡藩領領地替反対訴願（三方領地替反対一揆・天保義挙）……………………………………………………………………………………… 404
弘化元年（1844）４月２日　出羽国田川・由利郡幕府領支配替反対越訴・騒動（大山騒動）… 416
文久元年（1861）10月26日　出羽国雄勝郡秋田藩領院内銀山鉱夫罷業………………………… 456
文久３年（1863）４月　出羽国置賜郡幕府領（米沢藩預地）屋代郷越訴・打ちこわし………… 457
元治元年（1864）４月18日　出羽国雄勝郡秋田藩領院内銀山鉱夫罷業………………………… 459
→文久元年（1861）10月26日　出羽国雄勝郡秋田藩領院内銀山鉱夫罷業
慶応２年（1866）７月25日　出羽国村山郡幕府領ほか打ちこわし（兵蔵騒動）………………… 479
明治２年（1869）10月１日　羽前国飽海・田川郡酒田県強訴・打ちこわし（天狗騒動）……… 513
明治７年（1874）９月11日　酒田県石代・雑税廃止農民強訴・訴願（ワッパ騒動）…………… 564

【常陸】

慶長７年（1602）７月末　常陸国水戸藩領佐竹氏旧臣一揆（車丹波一揆）……………………………… 5
慶長14年（1609）10月　常陸国久慈郡水戸藩領生瀬村役人殺害騒動（生瀬の乱・生瀬一揆）…… 9
寛永18年（1641）７月26日　常陸国多賀郡水戸藩領検地反対強訴………………………………………24
元禄２年（1689）６月　常陸国筑波郡土浦藩領太田村・旗本横山氏領小田村入会争論……………64
元禄３年（1690）冬　常陸国真壁郡旗本堀田氏領塙世村家来年礼争論………………………………67
宝永６年（1709）１月16日　常陸国茨城郡ほか水戸藩領新政反対門訴·駕籠訴未遂（水戸宝永一揆）……………………………………………………………………………………………………77
享保９年（1724）11月　常陸国新治郡旗本堀氏領田中村祭祀騒動………………………………… 104
寛延２年（1749）10月14日　常陸国茨城郡笠間藩領減免強訴（山外郷一揆）…………………… 145
明和８年（1771）４月１日　常陸国久慈郡水戸藩領太田鋳銭座焼き打ち（鋳銭反対一揆）…… 205
安永７年（1778）12月７日　常陸国新治郡旗本本堂氏領上佐谷村等門訴（助六一揆）………… 223
寛政元年（1789）12月　常陸国新治郡旗本本堂氏領上佐谷村ほか24か村減免等江戸出訴……… 274
文化元年（1804）10月19日　常陸国河内・信太郡幕府領ほか新規助郷差村出願人打ちこわし（牛久助郷騒動）……………………………………………………………………………………… 301
文化14年（1817）10月20日　常陸国河内郡など幕府領生板など６か村減免門訴（生板一揆）… 329
天保４年（1833）10月７日　常陸国新治郡旗本本堂氏領25か村減免強訴………………………… 367
天保５年（1834）　常陸国新治郡土浦藩領坂村強訴（志戸崎騒動、坂村大騒動）……………… 374
安政３年（1856）８月　常陸国新治郡旗本堀氏領佐村名主不帰依騒動…………………………… 441
安政４年（1857）12月22日　常陸国河内郡谷田部藩領積穀反対江戸出訴………………………… 442
元治元年（1864）７月27日　常陸国那珂・茨城・久慈・筑波郡水戸藩領天狗党村役人打ちこわし……………………………………………………………………………………………………… 459
明治９年（1876）11月27日　茨城県那珂・真壁郡地租改正反対一揆……………………………… 567

【下野】

寛永５年（1628）10月２日　下野国河内郡秋田藩領薬師寺村減免訴願……………………………17
正保元年（1644）下野国河内郡宇都宮藩領下岡本村分村騒動………………………………………27
寛文６年（1666）夏　下野国河内郡宇都宮藩領上横田村肝煎不正争論……………………………34
貞享３年（1686）下野国河内郡宇都宮藩領徳次郎村内田中村前地解放出入………………………64
元禄８年（1695）頃　下野国都賀郡壬生藩領諸色負担軽減越訴……………………………………68
正徳３年（1713）12月22日　下野国都賀郡古河藩領下初田村減免越訴……………………………89
元文５年（1740）下野国塩谷郡宇都宮藩領東船生村逃散…………………………………………… 130

嘉永６年（1853）５月19日　陸奥国九戸・閉伊郡盛岡藩領逃散（嘉永三閉伊一揆）……………427
慶応元年（1865）12月１日　陸奥国白川郡幕府領蒟蒻運上反対打ちこわし（こんにゃく騒動）……………461
慶応２年（1866）６月15日　陸奥国信夫・伊達郡幕府領ほか蚕種・生糸改印反対打ちこわし（信達一揆）……………473
慶応２年（1866）７月１日　陸奥国栗原郡仙台藩領減免強訴……………477
慶応２年（1866）12月９日　陸奥国和賀・稗貫・紫波郡盛岡藩領強訴……………485
明治元年（1868）10月３日　陸奥国大沼・北会津・耶麻・河沼・南会津郡打ちこわし（会津ヤーヤー一揆）……………503
明治２年（1869）１月22日　陸前国登米・磐井郡土浦藩取締地・沼田藩取締地打ちこわし（川上土寇）……………504
明治３年（1870）３月　陸前国登米郡登米県鴇波・寺池村地所返還訴願・打ちこわし……………527
明治３年（1870）12月15日　陸前国栗原・遠田・志田郡登米県強訴（宮沢一揆）……………531
明治４年（1871）２月14日　岩代国福島県信夫など4郡川俣地方年貢減免など打ちこわし（川俣近傍一揆）……………533

【出羽】

天正18年（1590）10月初旬　出羽国仙北・飽海郡ほか上杉氏検地反対一揆……………1
天正18年（1590）10月　出羽国田川郡上杉氏庄内検地反対一揆……………2
→天正18年（1590）10月初旬　出羽国仙北・飽海郡ほか上杉氏検地反対一揆
慶長８年（1603）８月・10月　出羽国秋田・山本郡秋田藩領新領主入部反対一揆……………6
寛永９年（1632）10月　出羽国飽海郡鶴岡藩領荒瀬・遊佐郷欠落……………18
寛永10年（1633）10月　出羽国村山郡旗本酒井氏領白岩郷苛政反対越訴（白岩一揆）……………18
寛永15年（1638）６月　出羽国村山郡幕府領白岩郷一揆……………23
→寛永10年（1633）10月　出羽国村山郡旗本酒井氏領白岩郷苛政反対越訴（白岩一揆）
正保２年（1645）６月11日　出羽国雄勝郡秋田藩領上到米村減免直訴……………27
万治３年（1660）１月　出羽国最上郡新庄藩領中渡村直訴・逃散……………31
寛文５年（1665）３月　出羽国置賜郡米沢藩訴願（小国目安）……………34
→寛文６年（1666）８月　出羽国置賜郡ほか米沢藩領苛政・年貢重課など越訴（信夫目安）
寛文６年（1666）８月　出羽国置賜郡ほか米沢藩領苛政・年貢重課など越訴（信夫目安）……………34
延宝５年（1677）10月20日　出羽国由利郡旗本生駒氏領矢島郷越訴（矢島騒動・延宝騒動・仁左衛門騒動）……………50
天和元年（1681）５月18日　出羽国飽海郡鶴岡藩領巡見使越訴……………57
享保８年（1723）２月７日　出羽国村山郡幕府領長瀞村質地騒動（長瀞質地騒動）……………102
享保９年（1724）出羽国秋田郡秋田藩領坊沢村重課反対直訴……………105
延享３年（1746）６月２日　出羽国村山郡山形藩領山形町打ちこわし……………136
延享４年（1747）５月13日　出羽国村山郡上山藩領上山町打ちこわし、村々強訴（見留目原一揆）……………138
延享４年（1747）５月27日　出羽国村山郡陸奥棚倉藩領村木沢村押借……………140
寛延元年（1748）10月22日　出羽国村山郡幕府領寒河江・白岩地方救済要求江戸越訴……………141
宝暦５年（1755）９月10日　出羽国置賜郡米沢藩領米沢町打ちこわし……………172
宝暦５年（1755）10月19日　出羽国村山郡山形藩領山形町打ちこわし……………173
宝暦５年（1755）10月22日　出羽国村山郡幕府領天童町打ちこわし……………173
→宝暦５年（1755）10月19日　出羽国村山郡山形藩領山形町打ちこわし
宝暦10年（1760）７月13日　出羽国置賜郡米沢藩領北条郷青苧徴税反対強訴（青苧騒動）……………180
天明元年（1781）閏５月２日　出羽国村山郡幕府領寒河江町打ちこわし……………225
天明４年（1784）５月６日　出羽国村山郡山形藩領山形町ほか打ちこわし……………244
天明７年（1787）１月４日　出羽国村山郡幕府領白岩地方打ちこわし……………258
寛政２年（1790）出羽国雄勝郡秋田藩領金屋村検地反対越訴……………278

寛延２年（1749）12月26日　陸奥国白川郡幕府領減免強訴（塙・戸塚騒動）……………………　151
安永６年（1777）３月10日　陸奥国閉伊郡盛岡藩領遠野町強訴……………………………………　222
天明３年（1783）７月20日　陸奥国津軽郡弘前藩領青森町打ちこわし（青森湊騒動、杉畑騒動）
………　235
天明３年（1783）７月22日　陸奥国津軽郡弘前藩領鰺ヶ沢町強訴…………………………………　236
→天明３年（1783）７月20日　陸奥国津軽郡弘前藩領青森町打ちこわし（青森湊騒動、杉畑騒動）
天明３年（1783）７月27日　陸奥国津軽郡弘前藩領広須・木造新田強訴…………………………　236
→天明３年（1783）７月20日　陸奥国津軽郡弘前藩領青森町打ちこわし（青森湊騒動、杉畑騒動）
天明３年（1783）７月30日　陸奥国津軽郡弘前藩領深浦町打ちこわし……………………………　236
→天明３年（1783）７月20日　陸奥国津軽郡弘前藩領青森町打ちこわし（青森湊騒動、杉畑騒動）
天明３年（1783）８月22日　陸奥国岩手郡盛岡藩領盛岡町打ちこわし……………………………　236
天明３年（1783）８月26日　陸奥国白河・岩瀬郡白河・棚倉藩領打ちこわし……………………　237
天明３年（1783）９月19日　陸奥国宮城郡仙台藩領仙台町打ちこわし（安倍清さわぎ）………　237
寛政７年（1795）11月８日　陸奥国和賀・稗貫等５郡盛岡藩領買米・寸志金等反対強訴………　286
寛政９年（1797）３月６日　陸奥国江刺・栗原郡ほか８郡仙台・一関藩領買米反対強訴………　290
寛政10年（1798）１月24日　陸奥国白川・石川・岩瀬・田村郡越後高田藩領減免強訴・打ちこわし
（浅川騒動）………………………………………………………………………………………………　293
享和２年（1802）12月15日頃　陸奥国楢葉・田村郡幕府領等強訴（仁井町騒動）………………　299
享和３年（1803）２月７日　陸奥国閉伊郡盛岡藩領遠野通強訴……………………………………　300
文化元年（1804）10月17日　陸奥国岩手郡盛岡藩領厨川・飯岡通借財年賦要求強訴……………　301
文化８年（1811）８月18日　陸奥国津軽郡弘前藩領大鰐組ほか柴草刈取場要求強訴……………　310
文化10年（1813）９月22日　陸奥国津軽郡弘前藩領減免強訴（民次郎一揆）……………………　316
文化12年（1815）４月28日　陸奥国和賀・稗貫郡盛岡藩領北上川流域村々強訴…………………　324
文政４年（1821）11月　陸奥国閉伊郡盛岡藩領甦綿村強訴…………………………………………　335
文政６年（1823）９月６日　陸奥国伊具郡仙台藩領丸森村諸役減免訴願…………………………　343
文政９年（1826）６月８日　陸奥国閉伊郡盛岡藩領長沢・老木・根市村強訴……………………　350
天保４年（1833）７月９日　陸奥国鹿角郡盛岡藩領花輪通上ノ郷強訴……………………………　360
→天保４年（1833）８月・９月　陸奥国盛岡藩領各地打ちこわし・騒擾
天保４年（1833）８月15日　陸奥国津軽郡弘前藩領青森町米騒動…………………………………　360
天保４年（1833）８月15日　陸奥国閉伊郡盛岡藩領大迫町打ちこわし……………………………　361
→天保４年（1833）８月・９月　陸奥国盛岡藩領各地打ちこわし・騒擾
天保４年（1833）８月19日　陸奥国和賀郡盛岡藩領土沢町打ちこわし……………………………　361
→天保４年（1833）８月・９月　陸奥国盛岡藩領各地打ちこわし・騒擾
天保４年（1833）８月22日　陸奥国紫波郡盛岡藩領日詰町打ちこわし……………………………　361
→天保４年（1833）８月・９月　陸奥国盛岡藩領各地打ちこわし・騒擾
天保４年（1833）８月23日　陸奥国盛岡藩盛岡町打ちこわし………………………………………　361
→天保４年（1833）８月・９月　陸奥国盛岡藩領各地打ちこわし・騒擾
天保４年（1833）８月23日　陸奥国閉伊郡盛岡藩領大槌町強訴・打ちこわし……………………　361
→天保４年（1833）８月・９月　陸奥国盛岡藩領各地打ちこわし・騒擾
天保４年（1833）８月・９月　陸奥国盛岡藩領各地打ちこわし・騒擾……………………………　361
天保４年（1833）９月３日　陸奥国鹿角郡盛岡藩領毛馬内町周辺強訴・打ちこわし……………　363
→天保４年（1833）８月・９月　陸奥国盛岡藩領各地打ちこわし・騒擾
天保５年（1834）１月７日　陸奥国九戸郡八戸藩領強訴（稗三合一揆）…………………………　369
天保７年（1836）８月７日　陸奥国津軽郡黒石藩領黒石町米強借…………………………………　377
天保７年（1836）11月19日　陸奥国和賀・稗貫郡ほか盛岡藩領強訴………………………………　388
天保８年（1837）１月14日　陸奥国和賀・稗貫郡盛岡藩領逃散……………………………………　389
→天保７年（1836）11月19日　陸奥国和賀・稗貫郡ほか盛岡藩領強訴
弘化４年（1847）11月17日　陸奥国九戸・閉伊郡盛岡藩領強訴（弘化三閉伊一揆）……………　421
嘉永２年（1849）３月17日　陸奥国安達郡二本松藩領鈴石村名主罷免騒動………………………　425

国別百姓一揆等索引

【蝦夷地・松前】

寛永20年（1643） 3月頃　西蝦夷地アイヌ松前藩交易支配等反対武力闘争（ヘナウケの戦い）…25

寛文9年（1669） 6月　東西蝦夷地アイヌ反松前藩武力闘争（シャクシャインの戦い、寛文蝦夷蜂起）……39

寛政元年（1789） 5月7日　東蝦夷地アイヌ反和人武力襲撃（クナシリ・メナシの戦い、寛政蝦夷騒動）……272

寛政2年（1790） 12月6日　松前藩領江差地方漁民大網使用等反対強訴（江差漁民騒動）……278

安政2年（1855） 春　松前国檜山郡松前藩領乙部村ほか漁民西蝦夷地場所鰊網切騒動（西蝦夷地網切騒動）……436

明治6年（1873） 5月6日　開拓使管下檜山郡ほか漁民ら減税強訴・打ちこわし（福山・江差騒動）……556

【陸奥】

天正18年（1590） 10月16日　陸奥国玉造郡ほか新領主入部反対一揆（大崎葛西一揆）……1

元和5年（1619） 1月　陸奥国稲川郡会津藩領綱沢村・松尾村鉄火山論……14

寛永4年（1627） 陸奥国田村郡三春藩領山上り逃散……17

寛文4年（1664） 7月　陸奥国信夫・伊達郡米沢藩越訴未遂……33

→寛文6年（1666） 8月　出羽国置賜郡ほか米沢藩領苛政・年貢重課など越訴（信夫目安）

寛文7年（1667） 11月16日　陸奥国相馬郡相馬藩領減免越訴……38

延宝5年（1677） 11月25日　陸奥国磐井郡仙台藩領松川村越訴……52

天和2年（1682） 8月15日　陸奥国磐井郡仙台藩領釘子村給人苛政直訴……58

元禄15年（1702） 2月6日　陸奥国田村郡守山藩領減免強訴……71

元禄15年（1702） 春　陸奥国岩瀬郡長沼藩領新規課役反対強訴……72

宝永元年（1704） 8月14日　陸奥国信夫郡福島藩領渡利村減免直訴……74

享保5年（1720） 2月3日　陸奥国田村・石川・岩瀬・白河郡白河藩領減免等強訴……97

享保5年（1720） 11月26日　陸奥国会津郡幕府領廻米・郷頭制反対強訴・越訴（会津御蔵入騒動、南山五万石騒動）……98

享保8年（1723） 12月16日　陸奥国白河・岩瀬・石川・田村郡白河藩領減免強訴……103

享保14年（1729） 3月7日　陸奥国信夫・伊達郡幕府領減免強訴・逃散（享保信達一揆）……109

享保16年（1731） 3月11日　陸奥国和賀・稗貫・紫波郡盛岡藩領強訴……111

享保20年（1735） 11月19日　陸奥国岩瀬郡長沼藩領減免強訴……118

元文3年（1738） 9月17日　陸奥国磐城郡平藩領減免等強訴・打ちこわし（平藩元文一揆）…120

寛保2年（1742） 1月24日　陸奥国田村・岩瀬・白河郡白河藩領納租法等強訴……131

延享元年（1744） 2月4日　陸奥国和賀郡盛岡藩領黒沢尻通新田開発反対強訴……132

延享2年（1745） 1月23日　陸奥国信夫・伊達郡福島藩領特権商人不正等強訴・打ちこわし（福島三万石一揆）……133

延享3年（1746） 9月5日　陸奥国田村郡守山藩領質物奉公人集会……137

寛延2年（1749） 12月10日　陸奥国信夫・伊達郡幕府領減免強訴（寛延信達一揆、伊達彦内騒動）……147

寛延2年（1749） 12月12日　陸奥国田村郡三春藩領減免強訴・打ちこわし……149

寛延2年（1749） 12月14日　陸奥国安達・安積郡二本松藩領減免強訴・打ちこわし（積達騒動）……149

寛延2年（1749） 12月23日　陸奥国耶麻・北会津・大沼郡会津藩領減免強訴・打ちこわし（金曲騒動）……150

寛延2年（1749） 12月24日　陸奥国田村郡守山藩領減免強訴……151

文政町代改儀一件(文化14年京都)… 329
文政非人騒動(文政８年美作)……… 346
平兵衛騒動(天保13年近江)………… 409
別府山九か村一揆(宝暦元年土佐)… 159
ヘナウケの戦い(寛永20年蝦夷地)… 25
北条県血税一揆(明治６年美作)…… 556
宝暦郡上一揆(宝暦４年美濃)……… 167
宝暦騒動(宝暦11年信濃)…………… 180
宝暦箱訴事件(宝暦12年武蔵)……… 183
穂北騒動(慶応３年日向)…………… 487
北遠一揆(万延元年遠江)…………… 455
法界平等一揆(弘化４年肥後)……… 420
仏原騒動(延宝２年肥後)…………… 44
母間騒動(文化13年琉球)…………… 326
母間論議(文化13年琉球)…………… 326
ボロンカ騒動(明治６年越前)……… 553
梵天騒動(天明３年上野・信濃)…… 238
本保騒動(宝暦６年越前)…………… 174

【ま】

前北浦一揆(天保５年出羽)………… 370
前田騒動(明治３年石見)…………… 525
真壁暴動(明治９年茨城)…………… 567
孫右衛門一揆(宝暦４年信濃)……… 171
松木騒動(明治11年神奈川)………… 575
松木長操事件(寛永17年若狭)……… 24
松代騒動(明治３年信濃)…………… 529
生板一揆(文化14年常陸)…………… 329
馬原騒動(延享３年豊後)…………… 135
丸岡騒動(安永８年越前)…………… 223
万延元年惑乱一件(万延元年丹波篠山)
………………………………………… 450
万石騒動(正徳元年安房)…………… 83
万寿騒動(天保６年美濃)…………… 375
三上騒動(天保13年近江)…………… 409
御厨一揆(天明３年駿河)…………… 242
箕着騒動(明治３年三河)…………… 531
水戸宝永一揆(宝永６年常陸)……… 77
三刀屋騒動(天明３年出雲)………… 233
見取騒動(天明元年上野沼田)……… 229
南山一揆(安政６年信濃)…………… 447
南山五万石騒動(享保５年陸奥)…… 98
蓑かぶり一件(明治３年遠江)……… 524
蓑着騒動(明治２年尾張)…………… 521
みの虫騒動(明治４年加賀)………… 544
三間騒動(明治３年伊予吉田)……… 526
宮郷一揆(文政６年紀伊)…………… 339
宮崎５か村騒動(寛延３年日向)…… 158
宮沢一揆(明治３年陸前)…………… 531
宮津藩文政一揆(文政５年丹後)…… 337
見留目原一揆(延享４年出羽)……… 138
村替騒動(安政２年紀伊)…………… 436
村山一揆(享和元年出羽)…………… 297
明和篠山一揆(明和８年丹波)……… 208
明和西濃騒動(明和３年美濃)……… 189
明和蓑虫騒動(明和５年越前)……… 192
茂左衛門一揆(天和元年上野)……… 56
本山一揆(慶長８年土佐)…………………… 7
籾摺騒動(明和元年下野)…………… 185
森郷騒動(文政12年土佐)…………… 353
盛枡騒動(明和３年美濃)…………… 189

【や】

ヤーヤー一揆(明治元年陸奥)……… 503
矢島騒動(延宝５年出羽)…………… 50
野州世直し一揆(明治元年下野)…… 498
山市騒動(明治２年尾張)…………… 521
山陰一揆(元禄３年日向)…………… 65
山城谷騒動(天保12年阿波)………… 407
山繭紬騒動(明治２年安芸)………… 524
吉田騒動(寛政５年伊予)…………… 282
米倉騒動(寛延３年甲斐)…………… 156
与茂七騒動(正徳２年越後)………… 87
四ヶ庄騒動(文政８年信濃)………… 348

【ら】

竜門騒動(文政元年大和)…………… 331
六角騒動(慶応３年下野)…………… 489

【わ】

鷲塚騒動(明治４年三河)…………… 534
輪島騒動(安政５年能登)…………… 445
ワッパ騒動(明治７年羽前)………… 564
わらじ・木綿騒動(文政５年信濃)… 336

千原騒動（天明２年和泉）…………… 230
忠次郎騒動（明治２年越中）………… 517
鋳銭反対一揆（明和８年常陸）……… 205
長州藩天保大一揆（天保２年周防・長門）
…………………………………………… 356
土釜鳴滝騒動（正徳元年阿波）………　83
綴虫騒動（寛延元年越前）…………… 141
津野山騒動（宝暦５年土佐）………… 174
椿原騒動（慶応３年日向）…………… 487
鶴来騒動（安政５年加賀）…………… 443
天狗騒動（明和元年武蔵）…………… 186
天狗騒動（明治２年羽前）…………… 513
デンデコ騒動（明治２年美濃）……… 508
天保義挙（天保11年出羽）…………… 404
伝馬騒動（明和元年武蔵）…………… 186
天明の義挙（天明４年武蔵）………… 244
十市騒動（宝暦３年大和）…………… 164
戸出騒動（明治10年越中）…………… 573
東海大一揆（明治９年三重・愛知・岐阜）
…………………………………………… 569
藤七騒動（明治３年越後）…………… 527
洞津騒動（寛政８年伊勢）…………… 287
遠山騒動（元和４年信濃）……………　14
時枝騒動（安政２年豊前）…………… 437
土岐郡騒動（明治２年美濃）………… 508
徳丸原騒動（慶応３年武蔵）………… 491
栃尾騒動（嘉永６年越後）…………… 433
礪波騒動（明治10年越中）…………… 573
殿様殺し（明治元年武蔵）…………… 497
土平治騒動（天明７年相模）………… 270

【な】
長崎村茂右衛門騒動（安政５年越中）
…………………………………………… 443
長瀬騒動（天保14年武蔵）…………… 413
長瀞質地騒動（享保８年出羽）……… 102
中野騒動（明治３年信濃）…………… 532
長森騒動（文政９年美濃）…………… 351
名野川逃散（天保13年土佐）………… 408
茸山騒動（天保12年肥後）…………… 406
生瀬一揆（慶長14年常陸）……………… 9
生瀬の乱（慶長14年常陸）……………… 9
奈良井騒動（文化13年信濃）………… 326
那留ケ野騒動（明治２年美濃郡上）… 512
縄騒動（天明２年淡路）……………… 230
新潟湊騒動（明和５年越後）………… 196
新潟明和騒動（明和５年越後）……… 196
仁井町騒動（享和２年陸奥）………… 299
仁宇谷騒動（文政２年阿波）………… 332
仁左衛門騒動（延宝５年出羽）………　50
西蝦夷地網切騒動（安政２年蝦夷地）
…………………………………………… 436
虹の松原一揆（明和８年肥前）……… 206
二斗八騒動（延宝２年信濃）…………　46
野口騒動（文化11年越後蒲原・岩船）
…………………………………………… 322
野尻騒動（安政６年下野）…………… 445
能勢一揆（天保８年摂津）…………… 397
野村騒動（明治３年伊予）…………… 525

【は】
八王子織物騒動（宝暦７年武蔵）…… 178
八給騒動（慶応２年下野）…………… 471
八十三村騒動（明和５年伊勢）……… 194
塙・戸塚騒動（寛延２年陸奥白川郡）
…………………………………………… 151
浜田騒動（明治３年石見）…………… 525
浜松騒動（弘化３年遠江）…………… 418
播州一揆（天保４年播磨）…………… 363
播但一揆（明治４年播磨）…………… 541
バンドリ騒動（明治２年越中）……… 517
稗三合一揆（天保５年陸奥）………… 369
日開野騒動（寛文10年阿波）…………　42
日田騒動（明治３年豊後）…………… 528
一つ免騒動（慶長10年伊予）……………7
百分の三騒動（明治10年越中）……… 573
兵蔵騒動（慶応２年出羽）…………… 479
武一騒動（明治４年安芸）…………… 536
福島三万石一揆（延享２年陸奥）…… 133
福富騒動（寛文７年近江）……………　37
福山・江差騒動（明治６年北海道）… 556
福山天明一揆（天明６年備後）……… 256
武左衛門一揆（寛政５年伊予）……… 282
武州一揆（慶応２年武蔵）…………… 471
武州鼻緒騒動（天保14年武蔵）……… 413
武州村山騒動（天明４年武蔵）……… 244
武州世直し一揆（慶応２年武蔵）…… 471
武上騒動（明和元年武蔵）…………… 186
武節騒動（延宝８年三河）……………　55
二俣騒動（天明６年遠江）…………… 250
二俣蓑かぶり一揆（万延元年遠江）… 455
太枡騒動（寛政４年甲斐）…………… 281
分一騒動（安政４年遠江）…………… 442
文化一揆（文化８年豊後・豊前）…… 311

こぶち騒動(文政6年紀伊)………… 339
小町騒動(安永6年信濃)…………… 221
駒場騒動(慶応元年信濃)…………… 460
五万石騒動(明治2年上野)………… 514
小諸騒動(延宝2年信濃)…………… 45
こんにゃく騒動(慶応元年陸奥)…… 461

【さ】

西条三万石騒動(宝暦3年伊予)…… 165
坂村大騒動(天保5年常陸)………… 374
佐川領一揆(宝暦元年土佐)………… 159
桜井谷騒動(天保12年摂津)………… 443
佐倉惣五郎一揆(正保一承応年間下総)
…………………………………………… 29
佐渡一国騒動(天保9年佐渡)……… 399
佐渡寛延一揆(寛延3年佐渡)……… 157
佐渡明和一揆(明和4年佐渡)……… 191
山外郷一揆(寛延2年常陸)………… 145
讃州竹槍騒動(明治6年讃岐)……… 562
三田騒動(明治2年摂津)…………… 519
山中一揆(享保11年美作)…………… 106
山中騒動(天明4年信濃)…………… 246
三方領地替反対一揆(天保11年出羽)
…………………………………………… 404
椎葉山一揆(元和2年日向)………… 13
紫雲寺潟新田騒動(元文元年越後)… 119
塩谷騒動(延享3年越後)…………… 137
志賀甚兵衛越訴(貞享元年丹波)…… 60
重清騒動(宝暦8年阿波)…………… 179
下田騒動(文化11年越後村松)……… 319
下田騒動(明治元年越後)…………… 502
次太郎騒動(文化11年越後蒲原・岩船)
…………………………………………… 322
志戸崎騒動(天保5年常陸)………… 374
信夫目安(寛文6年出羽)…………… 34
芝村騒動(宝暦3年大和)…………… 164
渋染一揆(安政3年備前)…………… 440
島根県徴兵令反対一揆(明治6年出雲・石見) ………………………………… 561
島原天草一揆(寛永14年肥前・肥後)
…………………………………………… 19
島原の乱(寛永14年肥前・肥後)…… 19
下川騒動(寛政10年美濃高須)……… 295
シャクシャインの戦い(寛文9年蝦夷地)
…………………………………………… 39
社倉騒動(明治2年武蔵)…………… 522
貞享騒動(貞享3年信濃)…………… 61
上州絹一揆(天明元年上野)………… 226
上州世直し一揆(明治元年上野)…… 493
上信騒動(天明3年上野・信濃)…… 238
小豆島西部六郷一揆(慶応3年讃岐)
…………………………………………… 486
城端騒動(宝暦7年越中)…………… 178
白岩一揆(寛永10年出羽)…………… 18
真宗護法一揆(明治6年越前)……… 553
信達一揆(慶応2年陸奥)…………… 473
真土騒動(明治11年神奈川)………… 575
甚之助騒動(文化11年越後蒲原・岩船)
…………………………………………… 322
新本義民騒動(享保3年備中)……… 93
水難一揆(寛政10年美濃加納)……… 295
菅田騒動(文化11年越後蒲原・岩船)
…………………………………………… 322
杉畑騒動(天明3年陸奥)…………… 235
宿毛一揆(天明6年土佐)…………… 254
助六一揆(安永7年常陸)…………… 223
須坂騒動(明治3年信濃)…………… 532
炭一揆(天保元年越後)……………… 354
西讃寛延一揆(寛延3年讃岐)……… 152
西讃騒動(寛延3年讃岐)…………… 152
積達騒動(寛延2年陸奥二本松)…… 149
洗馬騒動(文政5年信濃)…………… 336
千人講騒動(宝暦12年信濃)………… 183
総社騒動(宝永5年上野)…………… 76

【た】

大小切騒動(明治5年甲斐)………… 549
平藩元文一揆(元文3年陸奥)……… 120
高岡騒動(安政5年越中)…………… 443
高倉騒動(元禄11年美作)…………… 70
多可郡酒屋騒動(天明7年播磨)…… 269
高崎五万石騒動(明治2年上野)…… 514
高千穂世直し一揆(明治2年日向)… 508
滝山一揆(慶長8年土佐)………………… 7
竹槍騒動(明治3年豊後)…………… 528
鶴田騒動(明治元年美作)…………… 500
館林騒動(享保3年上野)…………… 96
伊達彦内騒動(寛延2年陸奥)……… 147
田野口領一揆(宝暦4年信濃)……… 171
民次郎一揆(文化10年陸奥)………… 316
田村騒動(宝暦元年信濃)…………… 160
多良間騒動(安政元年琉球)………… 435
知行替騒動(安政2年紀伊)………… 436
筑前竹槍騒動(明治6年筑前)……… 558

大浜騒動(明治４年三河)…………… 534
大原騒動(明和８年飛騨)…………… 209
大保木山騒動(寛文４年伊予)……… 33
大町組騒動(文政８年信濃)………… 348
大山騒動(天明６年伯耆)…………… 255
大山騒動(弘化元年出羽)…………… 416
隠岐騒動(明治元年隠岐)…………… 496
興津騒動(文政５年信濃)…………… 336
奥北浦一揆(天保５年出羽)………… 370
小国目安(寛文５年出羽)…………… 34
奥福騒動(慶応２年伊予)…………… 478
小代一揆(元文４年但馬)…………… 129
小谷騒動(文政８年信濃)…………… 348
鬼打ち(明治２年日向)……………… 508
御門訴事件(明治２年武蔵)………… 523
小倭騒動(寛政８年伊勢)…………… 287

【か】

甲斐一国騒動(天保７年甲斐)……… 377
改政一揆(慶応２年美作)…………… 483
嘉永三閉伊一揆(嘉永６年陸奥)…… 427
加越能大一揆(安政５年加賀・越中・能登)
………………………………………… 443
柿崎騒動(天明３年越後)…………… 241
加古川筋一揆(天保４年播磨)……… 363
笠井騒動(天明６年遠江)…………… 250
笠岡小作騒動(明和７年備中)……… 204
笠松山騒動(嘉永３年美濃)………… 426
柏崎騒動(天保８年越後)…………… 395
加助騒動(貞享３年信濃)…………… 61
加世田一揆(安政５年薩摩)………… 445
金曲騒動(寛延２年陸奥会津)……… 150
上郡一揆(天保13年阿波)…………… 407
紙問屋騒動(文化６年信濃)………… 308
紙屋騒動(文化６年信濃)…………… 308
亀王一揆(天保３年筑後)…………… 359
亀王組騒動(天保３年筑後)………… 359
亀山一乱(明和５年伊勢)…………… 194
亀山騒動(明和５年伊勢)…………… 194
加茂一揆(天保７年三河)…………… 382
加茂騒動(天保７年三河)…………… 382
川合組強訴(寛政３年丹波)………… 280
川上土寇(明治２年陸前)…………… 504
川西騒動(明治２年信濃小諸)……… 511
川俣近傍一揆(明治４年岩代)……… 533
勘右衛門騒動(元文４年因幡・伯耆)
………………………………………… 125
寛延一揆(寛延元年播磨)…………… 142
寛延信達一揆(寛延２年陸奥)……… 147
寛政蝦夷騒動(寛政元年蝦夷地)…… 272
寛文蝦夷蜂起(寛文９年蝦夷地)…… 39
寛文目安(寛文６年出羽)…………… 34
紀伊国一揆(慶長19年紀伊)………… 11
木島騒動(安永６年信濃)…………… 221
紀州一揆(文政６年紀伊)…………… 339
木曽騒動(明和６年信濃)…………… 201
木曽騒動(慶応２年信濃)…………… 481
北市騒動(宝暦７年越中)…………… 178
北山一揆(慶長19年紀伊)…………… 11
享保信達一揆(享保14年陸奥)……… 109
銀札くずれ(宝暦６年加賀)………… 175
口丹波一揆(天明７年丹波)………… 270
沓野騒動(嘉永元年信濃)…………… 424
クナシリメナシの戦い(寛政元年蝦夷地)
………………………………………… 272
国越騒動(天明３年上野・信濃)…… 238
来村騒動(寛文11年伊予)…………… 42
頸城質地騒動(享保７年越後)……… 100
熊野一揆(慶長19年紀伊)…………… 11
久万山・久米騒動(明治４年伊予松山)
………………………………………… 539
蔵川騒動(明和７年伊予)…………… 203
車丹波一揆(慶長７年常陸)………… 5
久留米享保一揆(享保13年筑後)…… 108
久留米宝暦一揆(宝暦４年筑後)…… 166
黒川騒動(文政２年越後)…………… 332
郡内騒動(天保７年甲斐)…………… 377
気多一揆(慶応２年但馬)…………… 477
元文一揆(元文４年因幡・伯耆)…… 125
元文勝北非人騒動(元文４年美作)… 128
五位野騒動(文化元年信濃)………… 303
弘化三閉伊一揆(弘化４年陸奥)…… 421
甲賀騒動(天保13年近江)…………… 409
庚午一揆(明治３年石見)…………… 525
甲州騒動(天保７年甲斐)…………… 377
郷中騒動(明和６年河内)…………… 201
高野枡一揆(享保５年紀伊)………… 97
高野領騒動(安永５年紀伊)………… 220
粉河騒動(明治９年紀伊)…………… 566
小倉一揆(慶応２年豊前)…………… 480
五社宮騒動(宝暦６年阿波)………… 176
御趣法騒動(万延元年美濃)………… 451
小瀬騒動(明治９年茨城)…………… 567
五千石騒動(万延元年丹波飯野)…… 455

百姓一揆通称索引

検索に資するために、通称の後に一揆の発生年次及び国名を付した。複数の一揆が存在している時は、藩名などをさらに付けた。

【あ】

会田・麻績騒動(明治2年信濃松本)……510
会田騒動(明治2年信濃松本)……510
会津御蔵入騒動(享保5年陸奥)……98
会津ヤーヤー一揆(明治元年陸奥)…503
青苧騒動(宝暦10年出羽)……180
青森湊騒動(天明3年陸奥)……235
赤旗騒動(明治5年日向)……551
赤蓑騒動(文政8年信濃)……348
浅川騒動(寛政10年陸奥)……293
浅野騒動(天保8年信濃)……398
芦田騒動(延宝2年信濃)……45
芦田騒動(明治2年信濃小諸)……511
足助騒動(明治3年三河)……531
阿蘇一揆(明治10年肥後)……572
安濃津地割騒動(寛政8年伊勢)……287
膏取騒動(明治4年土佐)……545
安倍清さわぎ(天明3年陸奥仙台)…237
天草血税騒動(明治6年肥後)……563
新井宿義民六人衆事件(延宝2年武蔵)……45
安永飯山騒動(安永2年信濃)……218
安永中野騒動(安永6年信濃)……221
安永の飯山領惣徒(安永2年信濃)…218
飯田二分金騒動(明治2年信濃飯田)……507
飯山騒動(天保8年信濃)……398
飯山藩天保騒動(天保8年信濃)……398
家潰し騒動(天明7年播磨)……269
伊賀国騒動(明治4年伊賀)……543
生田万の乱(天保8年越後)……395
生野銀山一揆(元文3年但馬)……122
池川紙一揆(天明7年土佐)……259
諫早騒動(寛延3年肥前)……155
石塚暴動(明治9年茨城)……567
伊勢騒動(寛政8年伊勢)……287
伊勢暴動(明治9年三重・愛知・岐阜)……569
市川騒動(万延元年丹波福知山)……452
伊那県騒動(明治3年三河)……531
稲葉騒動(明治2年尾張)……521
稲荷山騒動(天保7年信濃)……382
伊南三千石騒動(明治元年陸奥)……503
犬狩騒動(明治6年壱岐)……555
犬田布騒動(元治元年琉球)……458
芋八騒動(宝暦2年三河)……162
因伯民乱(元文4年因幡・伯耆)……125
上杉遺民一揆(慶長5年越後)……3
上田騒動(宝暦11年信濃)……180
上田騒動(明治2年信濃上田)……508
牛久助郷騒動(文化元年常陸)……301
宇七崩し(天明7年筑前)……262
卯辰山騒動(安政5年加賀)……443
内ノ子騒動(寛延3年伊予)……154
内ノ子騒動(慶応2年伊予)……478
午札騒動(明治3年信濃)……529
梅北一揆(文禄元年肥後)……3
梅村騒動(明治2年飛騨)……504
浦上一番崩れ(寛政2年肥前)……276
浦戸一揆(慶長5年土佐)……4
浦野一件(寛文7年能登)……36
浦野事件(寛文7年能登)……36
江差漁民騒動(寛政2年松前)……278
越後一揆(慶長5年越後)……3
越後質地騒動(享保7年越後)……100
越後両郡騒動(文化11年越後蒲原・岩船)……322
越前大一揆(明和5年越前)……192
荏原・久米騒動(慶長5年伊予)……4
延宝郡上一揆(延宝5年美濃)……48
延宝騒動(延宝5年出羽)……50
近江検地反対一揆(天保13年近江)…409
大河津分水騒動(明治5年越後)……547
大坂一件(天保8年大坂)……389
大坂家質奥印差配所一件(明和5年大坂)……191
大崎葛西一揆(天正18年陸奥)……1
大塩一件(天保8年大坂)……389
大塩平八郎の乱(天保8年大坂)……389
大洲紙騒動(文化13年伊予)……328
大洲騒動(明治4年伊予)……538
大瀬騒動(慶応2年伊予)……478
太田騒動(弘化2年安芸)……417
大野原騒動(文化元年石見)……303

柳村仁右衛門(延享元年石見)……… 133
矢野村庄三郎(延宝4年備後)……… 48
矢野村仁兵衛(延宝4年備後)……… 48
弥兵衛(元文3年但馬牧田)………… 123
弥兵衛(元文3年但馬小山)………… 124
山県武一郎(明治4年安芸)………… 538
山口市左衛門(宝暦6年阿波)……… 177
山口吉右衛門(宝暦6年阿波)……… 177
山口与十郎(宝暦3年大和)………… 164
山口六郎右衛門(天和元年上野)…… 57
山添村清左衛門(天明2年淡路)…… 230
山田右衛門作(寛永14年肥後・肥前)… 22
山田勝弥(明治2年上野)…………… 516
山田藤右衛門(延宝元年上総)……… 44
山田村甚右衛門(明治3年信濃午札)
…………………………………………… 530
山田屋大助(天保8年摂津)………… 397
山本一家(延宝5年出羽)…………… 51

【ゆ】
勇吉(文化6年信濃)…………………… 308
行重村直吉(慶応2年美作)………… 484
檮原村善之丞(宝暦5年土佐)……… 174
柚ノ木村孫四郎(文化13年伊予)…… 328

【よ】
与市右衛門(宝永7年長門)………… 81
与市右衛門(享保9年出羽)………… 105
横尾兵蔵(慶応2年出羽)…………… 480
横沢兵庫(弘化4年陸奥)…………… 423
横山甚助(文化8年豊後)…………… 314
与三右衛門(延宝6年播磨)………… 55
吉地村三郎右衛門(享保7年石見)… 102
吉田庄太夫(安政2年紀伊)………… 437
吉田長治兵衛(元文3年陸奥)……… 121
吉松仁右衛門(享保元年石見)……… 133
与十郎(宝暦3年大和)……………… 164
与惣左衛門(安永7年常陸)………… 223
よね(寛保元年下野)………………… 131
米川村伴助(安政6年信濃)………… 449
米村所平広当(元文4年因幡・伯耆)
…………………………………………… 127
与兵衛(天和2年信濃)……………… 59
与平治(延享4年出羽)……………… 140
与茂七(正徳2年越後)……………… 88

【り】
利右衛門(寛文6年出羽)…………… 35
利作(明治5年甲斐)…………………… 550
柳元寺六郎左衛門兄の豊吉(宝永7年長門)
…………………………………………… 81
隆三郎(弘化4年肥後)……………… 421
良仙(享保3年備後)………………… 95

【ろ】
六左衛門(文政12年土佐)…………… 353
六蔵(享保3年備中)………………… 94
六祖権現(寛永12年駿河)…………… 19
六之丞(寛保元年下野)……………… 131
六郎右衛門(天和元年上野)………… 57
六郎右衛門(享保3年豊後)………… 136

【わ】
涌井藤四郎(明和5年越後)………… 197
綿塚村重右衛門(寛政4年甲斐)…… 282
渡辺政香(天保7年三河)…………… 385
渡利村作左衛門(宝永元年陸奥)…… 74
蕨野太郎左衛門(宝永7年長門)…… 81

松尾順左衛門(安政6年信濃)……… 448
松岡新右衛門(享保9年但馬)……… 105
松川久兵衛(明治3年陸前)………… 532
松木長操(寛永17年若狭)…………… 24
松沢村粂八(明治4年岩代)………… 534
松田勘右衛門(元文4年因幡・伯耆)
…………………………………………… 126
松田三右衛門(元文5年豊前)……… 129
松平辰蔵(天保7年三河)…………… 384
松波勘十郎(宝永6年常陸)………… 78
松原清介(宝永7年周防)…………… 82
まつよ(嘉永6年陸奥)……………… 431
松寄下村伊助(享保17年出雲)……… 112
生板村万平(文化14年常陸)………… 330
馬原村六郎右衛門(延享3年豊後)… 136
間宮新五郎(延宝2年武蔵)………… 46
間宮太郎兵衛(延宝2年武蔵)……… 46
真弓長右衛門(明和5年伊勢)……… 195
丸茂元次郎(明治2年上野)………… 516
丸森村多兵衛(文政6年陸奥)……… 343
丸屋九兵衛(天明5年山城)………… 250
万右衛門(万延元年丹波)…………… 453
政所村市兵衛(天和元年上野)……… 56
万平(文化14年常陸)………………… 330
万平(明治3年駿河)………………… 524
万六(弘化4年陸奥)………………… 423

【み】
三井村金右衛門(寛延3年讃岐)…… 154
三浦まつよ(嘉永6年陸奥)………… 431
三浦命助(嘉永6年陸奥)…………… 429
見尾村弥次郎(享保11年美作)……… 108
三上村平兵衛(天保13年近江)……… 411
三木市右衛門(寛文7年上野)……… 38
三喜造(明治2年上野)……………… 515
三木町源兵衛(延宝6年播磨)……… 55
三木町与三左衛門(延宝6年播磨)… 55
造酒之助(明治2年上野)…………… 515
三沢重右衛門(寛政4年甲斐)……… 282
水越兵助(天保7年甲斐)…………… 380
水沢村大七(寛延元年出羽)………… 142
水沢村大八(寛延元年出羽)………… 142
御田長島村源之丞(明和元年下野)… 185
三瀬孫四郎(文化13年伊予)………… 328
緑野村三右衛門(寛文7年上野)…… 38
湊村角左衛門(正徳元年安房)……… 85
南高田村助弥(延宝2年信濃)……… 47
嶺田村右近太夫(延宝6年遠江)…… 53
みの(嘉永6年陸奥)………………… 431
三原定次郎(宝暦4年美濃)………… 171
壬生新町作次郎(元禄8年下野)…… 68
三保村藤五郎(安政3年駿河)……… 439
三宅良仙(浄全)(享保3年備後)… 95
みの(嘉永6年陸奥)………………… 431
宮崎忠次郎(明治2年越中)………… 518
宮崎長兵衛(宝暦6年阿波)………… 177
宮沢村久兵衛(明治3年陸前)……… 532
妙法寺村弥藤七(天明6年越後)…… 254

【む】
務川忠兵衛(安政6年信濃)………… 450
村上平兵衛(宝暦3年伊予)………… 165

【め】
命助(嘉永6年陸奥)………………… 429

【も】
杢右衛門(寛延3年上総)…………… 157
茂左衛門(天和元年上野)…………… 56
基右衛門(天保11年豊後)…………… 403
元三郎(天保9年肥前)……………… 402
元次郎(明治2年上野)……………… 516
本橋次左衛門(明治9年常陸)……… 569
森治左衛門(天保7年甲斐)………… 381
森藤右衛門(明治7年羽前)………… 566
森武七(天保7年甲斐)……………… 381
森田小平次(宝暦2年和泉)………… 161
森広幾太(天明3年出雲)…………… 233
森脇治政(明治4年安芸)…………… 537
茂呂村五太夫(貞享元年上野)……… 60
文殊九助(天明5年山城)…………… 249
紋次郎(慶応2年武蔵)……………… 473

【や】
弥市左衛門(宝暦3年伊予)………… 165
弥市郎(寛延3年讃岐)……………… 153
焼塩屋権兵衛(天明5年山城)……… 250
弥五兵衛(弘化4年陸奥)…………… 423
弥次右衛門(元文3年摂津)………… 120
弥次郎(享保11年美作)……………… 108
安之丞(貞享4年土佐)……………… 64
八十島治右衛門(寛文11年伊予)…… 42
八十八(文化13年伊予)……………… 329
弥藤七(天明6年越後)……………… 255

平林十郎左衛門(延宝2年武蔵)…… 46
平林新七(享保6年信濃)…………… 100
平原村才治(明和8年肥前)………… 207
広田宮村才蔵(天明2年淡路)……… 230

【ふ】

武一(郎)(明治4年安芸)………… 538
深堀村杢右衛門(寛延3年上総)…… 157
福田助六(安永7年常陸)…………… 223
福田与惣左衛門(安永7年常陸)…… 223
福永十三郎(安永元年越後)………… 217
武左衛門(寛政5年伊予)…………… 283
房次郎(明治2年上野)……………… 516
藤井角右衛門(宝永7年長門)……… 81
藤井佐太郎(寛延2年常陸)………… 146
藤田嘉内(明和7年安房)…………… 205
藤田こん(寛文6年丹波)…………… 35
藤田民次郎(文化10年陸奥)………… 316
武七(天保7年甲斐)………………… 380
伏見町九助(天明5年山城)………… 249
伏見町九兵衛(天明5年山城)……… 250
伏見町権兵衛(天明5年山城)……… 250
藤原平助(文化7年長門)…………… 309
筆保卯多郎(明治6年美作)………… 558
武兵衛(享保3年上野)……………… 96
古江村隆三郎(弘化4年肥後)……… 421
古沢村喜右衛門(寛永12年駿河)…… 19
古沢村久蔵(寛永12年駿河)………… 19
古沢村久兵衛(寛永12年駿河)……… 19
古沢村左近(寛永12年駿河)………… 19
古沢村庄三郎(寛永12年駿河)……… 19
古沢村兵三郎(寛永12年駿河)……… 19
文治郎(明治2年上野)……………… 516
文隣(天保11年出羽)………………… 405

【へ】

平九郎(寛延3年讃岐)……………… 154
平左衛門(宝永5年播磨)…………… 76
兵左衛門(宝永7年讃岐)…………… 82
兵三郎(寛永12年駿河)……………… 19
平七(安政6年伊豆)………………… 446
兵治郎(寛延3年讃岐)……………… 154
平助(文化7年長門)………………… 309
平兵衛(宝暦3年伊予)……………… 165
平兵衛(天保13年近江)……………… 411
兵蔵(慶応2年出羽)………………… 480
遍照坊智専(明和4年佐渡)………… 191

【ほ】

報恩寺村治兵衛(正保4年丹波)…… 28
坊沢村権助(享保9年出羽)………… 105
坊沢村喜左衛門(享保9年出羽)…… 105
坊沢村吉兵衛(享保9年出羽)……… 105
坊沢村喜兵衛(享保9年出羽)……… 105
坊沢村与市右衛門(享保9年出羽)… 105
細島村五郎右衛門(文化13年駿河)… 328
細野冉兵衛(天保5年常陸)………… 374
保津村清蔵(天明元年丹波)………… 226
仏主村こん(寛文6年丹波)………… 35
帆山村金右衛門(寛延3年讃岐)…… 154
堀玄番(文化11年越後村松)………… 320
堀内三郎右衛門(元禄11年美作)…… 71
堀内勇吉(文化6年信濃)…………… 308
堀江よね(寛保元年下野)…………… 131
堀江六之丞(寛保元年下野)………… 131
堀越三右衛門(寛文7年上野)……… 38
褒綿村清兵衛(文政4年陸奥)……… 335
褒綿村本右衛門(文政4年陸奥)…… 335
本右衛門(文政4年陸奥)…………… 335
本郷村善九郎(明和8年美濃)……… 214
本庄村仁右衛門(享保3年備中)…… 94
本多応之助(明治元年美作)………… 502
本多又左衛門(享保19年丹波)……… 116
本間辰之助(天保11年出羽)………… 405
本間太郎右衛門(寛延3年佐渡)…… 158

【ま】

前谷村定次郎(宝暦4年美濃)……… 171
牧野村専蔵(天明7年相模)………… 271
牧野村太吉(延享4年出羽)………… 140
牧野村太郎右衛門(延享4年出羽)… 140
牧野村土平治(天明7年相模)……… 271
孫右衛門(慶長10年伊予)………………… 7
孫左衛門(宝暦4年信濃)…………… 172
孫四郎(文化13年伊予)……………… 328
孫八(天明元年上野)………………… 228
孫兵衛(宝暦3年伊予)……………… 165
正吉村牛右衛門(元文4年播磨)…… 125
増田五郎右衛門(文化13年駿河)…… 328
益田時貞(寛永14年肥後・肥前)…… 21
増田与兵衛(天和2年信濃)………… 59
又左衛門(享保19年丹波)…………… 116
又兵衛(文政元年大和)……………… 331
町井友之丞(寛政8年伊勢)………… 289
松井市兵衛(天和元年上野)………… 56

中之島村与茂七(正徳2年越後)…… 88
中野村正覚坊(寛政9年陸奥)……… 291
中野村武兵衛(享保3年上野)……… 96
長野村角左衛門(宝永7年周防)…… 82
長野村清介(宝永7年周防)………… 82
中挾村新七(享保6年信濃)………… 100
中平善之丞(宝暦5年土佐)………… 174
中平惣兵衛(宝永元年土佐)………… 74
仲間村徳右衛門(享保11年美作)…… 107
中村勘助(寛永18年大坂)…………… 25
中山村伊左衛門(天和元年三河)…… 58
中山村久右衛門(天和元年三河)…… 58
中谷村佐吉(享保3年上野)………… 96
滑甚兵衛(寛延元年播磨)…………… 143
成田喜左衛門(享保9年出羽)……… 105
成田喜兵衛(享保9年出羽)………… 105
鳴尾義民(天正19年摂津)……………… 2

【に】
二井宿村利右衛門(寛文6年出羽)… 35
新野村平左衛門(宝永5年播磨)…… 76
新橋村常右衛門(天明3年駿河)…… 242
仁右衛門(享保3年備中)…………… 94
仁右衛門(延享元年石見)…………… 133
仁右衛門(寛政元年越後)…………… 274
二箇村源右衛門(享保18年丹波)…… 114
二箇村佐兵衛(享保18年丹波)……… 114
仁左衛門(延宝5年出羽)…………… 51
仁左衛門(延享4年出羽)…………… 140
西喜左衛門(天保3年河内)………… 360
西谷村又兵衛(文政元年大和)……… 331
西原九兵衛(天保8年信濃)………… 399
西村源兵衛(明和5年伊勢)………… 196
西村弥藤七(天明6年越後)………… 255
新田村藤右衛門(延宝元年上総)…… 44
仁兵衛(延宝4年備後)……………… 48
楡村しゅん(貞享3年信濃)………… 63
楡村善兵衛(貞享3年信濃)………… 63

【ね】
根本五左衛門(正徳元年安房)……… 85

【の】
野川村無宿兵蔵(慶応2年出羽)…… 480
野口新村次太郎(文化11年越後両郡)… 323
野中兼山(寛文3年土佐)…………… 32
野村軍記(天保5年陸奥)…………… 370

【は】
萩野中山村円蔵(寛政6年出羽)…… 286
萩原太郎左衛門(寛延2年常陸)…… 146
畠山喜蔵(嘉永6年陸奥)…………… 431
畠山太助(嘉永6年陸奥)…………… 430
畑屋源右衛門(天明6年近江)……… 252
八右衛門(文政4年上野)…………… 334
八条村与十郎(宝暦3年大和)……… 164
八幡町源右衛門(天明6年近江)…… 252
八郎(慶応2年陸奥)………………… 475
八郎右衛門(天和2年陸奥)………… 59
八郎右衛門(文政7年相模)………… 345
服部純(明治4年三河)……………… 536
羽鳥権平(明治2年上野)…………… 516
馬場村小平次(宝暦2年和泉)……… 161
浜岩泉村万六(弘化4年陸奥)……… 422
浜岩泉村弥五兵衛(弘化4年陸奥)… 422
浜村弥次右衛門(元文3年摂津)…… 120
林金兵衛(明治11年尾張)…………… 574
林八右衛門(文政4年上野)………… 334
隼人(万治3年相模)………………… 32
隼村利作(明治5年甲斐)…………… 550
原口九右衛門(明治2年豊前)……… 520
磔茂左衛門(天和元年上野)………… 56
半左衛門(天和元年上野)…………… 57
伴助(安政6年信濃)………………… 449
馬場善九郎(明和8年美濃)………… 214
半平(宝暦11年信濃)………………… 182
万六(文政12年土佐)………………… 353

【ひ】
日開野村長左衛門(寛文10年阿波)… 42
東与市右衛門(宝永7年長門)……… 81
東善養寺村八右衛門(文政4年上野)
……………………………………… 334
東村勘右衛門(元文4年因幡・伯耆)
……………………………………… 126
樋口弥次郎(享保11年美作)………… 108
彦七(享保17年讃岐)………………… 115
彦内(寛延2年陸奥信達)…………… 147
久右衛門(元文4年播磨)…………… 125
秀(宝暦8年阿波)…………………… 179
碑殿村甚右衛門(寛延3年讃岐)…… 154
兵助(天保7年甲斐)………………… 380
兵内(明和元年武蔵)………………… 188
平井兵左衛門(宝永7年讃岐)……… 82
枚田弥兵衛(元文3年但馬)………… 123

辰藏(天保７年三河)…………………… 384
辰巳村太郎右衛門(寛延３年佐渡)… 158
田名村八郎右衛門(文政７年相模)… 345
谷貞之丞(正徳元年阿波)……………… 83
田野口村孫左衛門(宝暦４年信濃)… 172
田之助(寛永20年讃岐)………………… 26
田野畑村喜蔵(嘉永６年陸奥)……… 431
田野畑村太助(嘉永６年陸奥)……… 430
多兵衛(文政６年陸奥)………………… 343
玉田曽右衛門(文化８年豊後)……… 314
民次郎(文化10年陸奥)………………… 317
田村半右衛門(宝暦元年信濃)……… 160
為重仁兵衛(延宝４年備後)………… 48
田谷村藤左衛門(享保３年上野)…… 97
太郎右衛門(享保14年陸奥)………… 110
太郎右衛門(延享４年出羽)………… 140
太郎右衛門(寛延３年佐渡)………… 158
太郎左衛門(宝永７年長門)………… 81
太郎左衛門(寛延２年常陸)………… 146
太郎兵衛(延宝２年武蔵)…………… 46
丹治(文化８年豊後)…………………… 314
谷杣村友之丞(寛政８年伊勢)……… 289

【ち】

智専(明和４年佐渡)…………………… 191
忠左衛門(明治２年武蔵)…………… 524
忠次郎(享保14年陸奥)……………… 110
忠次郎(明治２年越中)……………… 518
忠兵衛(天明２年和泉)……………… 231
長右衛門(明和５年伊勢)…………… 195
町切元三郎(天保９年肥前)………… 402
長左衛門(寛文10年阿波)…………… 42
長治兵衛(元文３年陸奥)…………… 121
長次郎(正徳元年安房)……………… 85
長兵衛(宝暦６年阿波)……………… 177

【つ】

塚越村忠次郎(明治２年越中)……… 518
月夜野村茂左衛門(天和元年上野)… 56
土川平兵衛(天保13年近江)………… 411
土屋恵助(寛延２年陸奥信達)……… 148
葛原村善六(享保３年備後)………… 95
常右衛門(天明３年駿河)…………… 242
常左衛門(宝暦６年阿波)…………… 177
常田角左衛門(宝永７年周防)……… 82

【て】

貞永寺村卯多郎(明治６年美作)…… 558
寺沢元三郎(天保９年肥前)………… 402
照山修理(寛永18年常陸)…………… 24
伝六(文化12年出雲)………………… 326

【と】

土井忠兵衛(天明２年和泉)………… 231
藤右衛門(延宝元年上総)…………… 44
藤衛門(宝永６年常陸)……………… 78
道閑(寛文７年能登)………………… 36
藤五郎(安政３年駿河)……………… 439
藤左衛門(享保３年上野)…………… 97
藤七(明治３年越後)………………… 527
藤四郎(明和５年越後)……………… 197
徳右衛門(享保11年美作)…………… 107
戸嶋吉兵衛(享保９年出羽)………… 105
戸嶋権助(享保９年出羽)…………… 105
戸嶋与市右衛門(享保９年出羽)…… 105
栃尾町石松(文化11年越後栃尾)…… 321
戸塚村善兵衛(寛延２年陸奥塙)…… 152
富木村忠兵衛(天明２年和泉)……… 231
土平治(天明７年相模)……………… 271
富田才治(明和８年肥前)…………… 207
富谷村佐太郎(寛延２年常陸)……… 146
友之丞(寛政８年伊勢)……………… 289
戸谷新右衛門(享保５年紀伊)……… 97
豊吉(宝永７年長門)………………… 81
豊五郎(慶応２年武蔵)……………… 473
豊田村宇兵衛(享保19年伊予)……… 116

【な】

直江津今町十三郎(安永元年越後)… 217
直吉(郎)(慶応２年美作)………… 484
中奥山村治平(治兵衛)(寛文４年伊予)
……………………………………………… 34
中萱村加助(享保３年信濃)………… 62
中川覚右衛門(安永８年三河)……… 224
中川善兵衛(天保９年佐渡)………… 400
長倉村彦内(寛延２年陸奥信達)…… 147
中沢浅之丞(宝暦11年信濃)………… 181
長沢村元右衛門(文政９年陸奥)…… 350
中条右近太夫(延宝６年遠江)……… 53
中筋才蔵(天明２年淡路)…………… 230
永田隆三郎(弘化４年肥後)………… 421
中西右兵衛(文化８年豊後)………… 315
中沼了三(明治元年隠岐)…………… 497

【す】

末包村久右衛門(元文４年播磨)…… 125
須釜作次郎(元禄８年下野)………… 68
杉木茂左衛門(天和元年上野)……… 56
杉崎与右衛門(享保５年陸奥白河)… 98
杦蔵母(文化３年阿波)……………… 306
助太夫(延宝５年三河)………………… 52
助弥(延宝２年信濃)…………………… 47
助六(安永７年常陸)…………………… 223
鈴木大炊助(延宝２年武蔵)………… 46
鈴木源之丞(明和元年下野)………… 185
須藤佐次兵衛(明和５年越後)……… 198
すみざこ庄三郎(延宝４年備後)…… 48

【せ】

清左衛門(天明２年淡路)…………… 230
清介(宝永７年周防)………………… 82
清助(天明元年上野)………………… 228
清蔵(天明元年丹波)………………… 226
清蔵(天明元年上野)………………… 228
清太夫(寛延２年常陸)……………… 146
清兵衛(天明４年信濃)……………… 247
清兵衛(寛政12年丹波)……………… 297
清兵衛(文政４年陸奥)……………… 335
関前村忠左衛門(明治２年武蔵)…… 524
関村兵内(明和元年武蔵)…………… 188
関本村惣四郎(万治３年相模)……… 32
関本村隼人(万治３年相模)………… 32
芹沢兵三郎(寛永12年駿河)………… 19
専右衛門(天明３年陸奥青森)……… 236
善九郎(明和８年美濃)……………… 214
善三郎(慶長12年伊賀)………………… 8
善四郎(延宝２年武蔵)……………… 46
専蔵(天明７年相模)………………… 271
善蔵(寛政２年三河)………………… 277
善之丞(宝暦５年土佐)……………… 174
善兵衛(貞享３年信濃)……………… 63
善兵衛(寛延２年陸奥塙)…………… 152
善兵衛(明和７年安房)……………… 204
冉兵衛(天保５年常陸)……………… 374
善兵衛(天保９年佐渡)……………… 400
善六(享保３年備後)………………… 95

【そ】

惣右衛門(享保４年出羽)…………… 140
宗吾(正保―承応年間下総)………… 29
惣五郎(正保―承応年間下総)……… 29
惣四郎(万治３年相模)……………… 32
惣助(天明元年上野)………………… 228
惣兵衛(宝永元年土佐)……………… 74
曽右衛門(文化８年豊後)…………… 314
園田道閑(寛文７年能登)…………… 36
薗村五左衛門(正徳元年安房)……… 85
そよ(明和７年安房)………………… 205

【た】

弟五郎(享和元年出羽)……………… 298
大七(寛延元年出羽)………………… 142
大八(寛延元年出羽)………………… 142
台之郷村庄左衛門(延宝４年上野)… 47
台嶺(明治４年三河)………………… 535
高井喜三郎(明治２年上野)………… 515
高石左馬助(慶長８年土佐)…………… 7
高倉村三郎右衛門(元禄11年美作)… 71
田頭庄右衛門(宝永５年伊予)……… 76
高梨利右衛門(寛文６年出羽)……… 35
高橋円喜(斎)（寛永16年信濃）…… 23
高橋五太夫(貞享元年上野)………… 60
高橋兵治郎(寛延３年讃岐)………… 154
高橋孫兵衛(宝暦３年伊予)………… 165
高橋弥市左衛門(宝暦３年伊予)…… 165
高橋安之丞(貞享４年土佐)………… 64
高原村市左衛門(宝暦６年阿波)…… 177
高原村京右衛門(宝暦６年阿波)…… 177
高原村長兵衛(宝暦６年阿波)……… 177
高原村常左衛門(宝暦６年阿波)…… 177
高原村吉右衛門(宝暦６年阿波)…… 177
高間伝兵衛(享保18年江戸)………… 114
高村喜右衛門(寛永12年駿河)……… 19
高村久蔵(寛永12年駿河)…………… 19
高村久兵衛(寛永12年駿河)………… 19
高村左近(寛永12年駿河)…………… 19
高山町甚兵衛(明和８年美濃)……… 215
田川村三郎左衛門(慶長16年上総)… 10
太吉(延享４年出羽)………………… 140
滝畑村喜左衛門(天保３年河内)…… 360
宅和伊助(享保17年出雲)…………… 112
竹岸武兵衛(享保３年上野)………… 96
武石村久介(承応２年信濃)………… 29
田島治兵衛(天保13年近江)………… 412
田代善右衛門(天保12年肥後)……… 407
太助(嘉永６年陸奥)………………… 430
多田加助(貞享３年信濃)…………… 62
立子山村忠次郎(享保14年陸奥)…… 110

佐藤太郎右衛門（享保14年陸奥）…… 110
佐藤藤佐（天保11年出羽）…………… 405
佐藤仁左衛門（延宝５年出羽）……… 51
佐藤三喜造（明治２年上野）………… 515
佐藤造酒之助（明治２年上野）……… 515
佐土原基右衛門（天保11年豊後）…… 403
左内（明和７年安房）………………… 205
佐原村太郎右衛門（享保14年陸奥）… 110
三郎右衛門（元禄11年美作）………… 71
三郎右衛門（享保７年石見）………… 102
三郎左衛門（慶長16年上総）………… 10
三郎左衛門（延宝５年信濃）………… 53
佐兵衛（享保18年丹後）……………… 114
鮫島万平（明治３年駿河）…………… 524
鮫屋源兵衛（明和５年伊勢）………… 196
沢辺淡右衛門（文政５年丹後）……… 338
三右衛門（寛文７年上野）…………… 38
三右衛門（元文５年豊後）…………… 129

【し】

慈教院（明治元年美作）……………… 502
地京原村清兵衛（天明４年信濃）…… 247
重清村秀（宝暦８年阿波）…………… 179
治左衛門（文化元年常陸）…………… 302
治左衛門（天保７年甲斐）…………… 381
次太郎（文化11年越後両郡）………… 323
七郎作（明治３年陸前）……………… 527
柴崎村喜三郎（明治２年上野）……… 515
柴田助太夫（延宝５年三河）………… 52
芝原村長治兵衛（元文３年陸奥）…… 121
治兵衛（正保４年丹波）……………… 28
治平（治兵衛）（寛文４年伊予）…… 34
治兵衛（天保13年近江）……………… 412
島津利右衛門（享保５年紀伊）……… 35
島野村新右衛門（寛文６年出羽）…… 97
島村喜四郎（宝暦４年美濃）………… 170
清水仁右衛門（宝永６年常陸）……… 79
清水半平（宝暦11年信濃）…………… 182
下稲葉村伊左衛門（元禄８年下野）… 68
下岡田村万平（明治３年駿河）……… 524
下河内村辰蔵（天保７年三河）……… 384
下佐谷村助六（安永７年常陸）……… 223
下佐谷村与惣左衛門（安永７年常陸）
……………………………………… 223
下笹子村仁左衛門（延宝５年出羽）… 51
下田隼人（万治３年相模）…………… 32
下中居村造酒之助（明治２年上野）… 515
下成木村喜左衛門（慶応２年武蔵）… 473
下室賀村磯之丞（天明４年信濃）…… 246
下元万六（文政12年土佐）…………… 353
下弓削村庄右衛門（宝永５年伊予）… 76
下和田村治左衛門（天保７年甲斐）… 381
シャクシャイン（寛文９年蝦夷地）… 41
重右衛門（寛政４年甲斐金子）……… 281
重右衛門（寛政４年甲斐三沢）……… 282
十郎右衛門（元文４年播磨）………… 125
十郎左衛門（延宝２年武蔵）………… 46
宿大類村権平（明治２年上野）……… 516
宿大類村房次郎（明治２年上野）…… 516
十三郎（安永元年越後）……………… 217
修理（寛永18年常陸）………………… 24
しゅん（貞享３年信濃）……………… 63
順左衛門（安政６年信濃）…………… 448
俊作（弘化４年陸奥）………………… 423
庄右衛門（宝永５年伊予）…………… 76
城ヶ入村喜代七（明治４年三河）…… 536
正覚坊（寛政９年陸奥）……………… 291
荘左衛門（寛永17年若狭）…………… 24
庄左衛門（延宝４年上野）…………… 47
庄三郎（延宝４年備後）……………… 48
庄司弥次右衛門（元文３年摂津）…… 120
庄三郎（寛永12年駿河）……………… 19
白倉村伊三郎（天明元年上野）……… 228
白倉村清助（天明元年上野）………… 228
白倉村清蔵（天明元年上野）………… 228
志和東村良仙（享保３年備後）……… 95
新右衛門（享保５年紀伊）…………… 97
新右衛門（享保９年但馬）…………… 105
甚右衛門（享保３年備中）…………… 94
甚右衛門（寛延３年讃岐）…………… 154
甚右衛門（明治３年信濃午札）……… 530
新五郎（延宝２年武蔵）……………… 46
新作（文化６年信濃紙問屋）………… 308
新七（享保６年信濃）………………… 100
新庄村吉惣次（享保３年備中）……… 94
新庄村甚右衛門（享保３年備中）…… 94
新庄村六蔵（享保３年備中）………… 94
甚助（正保２年出羽）………………… 27
新道寺村九右衛門（明治２年豊前）… 520
新道村荘左衛門（寛永17年若狭）…… 24
新之丞（明和７年伊予）……………… 203
新兵衛（文政５年丹後）……………… 338
甚兵衛（寛延元年播磨）……………… 143
甚兵衛（明和８年美濃）……………… 215

【く】
久江村道閑（寛文７年能登）………… 36
釘子村八郎右衛門（天和２年陸奥）… 59
九左衛門（宝永７年長門）…………… 81
久助（天明５年山城）………………… 249
工藤治平（治兵衛）（寛文４年伊予）… 34
国平次（享和元年出羽）……………… 298
国見村惣兵衛（宝永元年土佐）……… 74
九兵衛（天明５年山城）……………… 250
九兵衛（天保８年信濃）……………… 399
久保田房次郎（明治２年上野）……… 516
熊野村勘兵衛（寛政４年甲斐）……… 282
粂八（明治４年岩代）………………… 534
蔵川村吉右衛門（明和７年伊予）…… 203
蔵川村新之丞（明和７年伊予）……… 203
倉田利作（明治５年甲斐）…………… 550
栗田喜四郎（享保５年陸奥）………… 99
栗林村まつよ（嘉永６年陸奥）……… 431
栗林村命助（嘉永６年陸奥）………… 429
栗原百助（文政５年丹後）…………… 338
来見村十郎右衛門（元文４年播磨）… 125
九郎右衛門（明治２年信濃）………… 509
黒川九郎治（文政２年越後）………… 333
黒熊村市右衛門（寛文７年上野）…… 38

【け】
毛賀村新作（文化６年信濃紙問屋）… 309
源右衛門（天和元年上野）…………… 57
源右衛門（享保18年丹後）…………… 114
源右衛門（天明６年近江）…………… 252
元右衛門（文政９年陸奥）…………… 350
顕順（明治６年越前）………………… 554
源之丞（明和元年下野）……………… 185
源兵衛（延宝６年播磨）……………… 55

【こ】
小池藤左衛門（享保３年上野）……… 97
幸吉（文化８年豊後）………………… 314
公津台方村惣五郎（正保一承応年間下総）
………………………………………… 29
郷村平兵衛（宝暦３年伊予）………… 165
後賀村惣助（天明元年上野）………… 228
国分村長次郎（正徳元年安房）……… 84
小栗山村喜四郎（享保５年陸奥）…… 99
小下の甚右衛門（享保３年備中）…… 94
五左衛門（正徳元年安房）…………… 84
小砂の吉惣次（享保３年備中）……… 94
小島文治郎（明治２年上野）………… 516
小平甚右衛門（明治３年信濃午札）… 530
五太夫（貞享元年上野）……………… 60
古知庄村甚兵衛（寛延元年播磨）…… 143
後藤京右衛門（宝暦６年阿波）……… 177
後藤常左衛門（宝暦６年阿波）……… 177
小沼庄左衛門（延宝４年上野）……… 47
小林庄三郎（寛永12年駿河）………… 19
小林孫左衛門（宝暦４年信濃）……… 172
小平次（宝暦２年和泉）……………… 161
小松三郎左衛門（延宝５年信濃）…… 53
小山磯之丞（天明４年信濃）………… 246
小山久介（承応２年信濃）…………… 29
小山金右衛門（寛延３年讃岐）……… 154
小山弥兵衛（元文３年但馬）………… 124
五郎右衛門（文化13年駿河）………… 328
こん（寛文６年丹波）………………… 35
権左衛門（延宝２年武蔵）…………… 46
権左衛門（寛政３年越後）…………… 279
権助（享保９年出羽）………………… 105
昆野八郎右衛門（天和２年陸奥）…… 59
権平（明治２年上野）………………… 516
権兵衛（寛延３年讃岐）……………… 153
権兵衛（天明５年山城）……………… 250

【さ】
才治（明和８年備前）………………… 207
最首杢右衛門（寛延３年上総）……… 157
才蔵（天明２年淡路）………………… 230
斎藤彦内（寛延２年陸奥信達）……… 147
酒井権左衛門（延宝２年武蔵）……… 46
酒井善四郎（延宝２年武蔵）………… 46
榊原喜代七（明治４年三河）………… 536
佐吉（享保３年上野）………………… 96
作左衛門（宝永元年陸奥）…………… 74
作次郎（元禄８年下野）……………… 68
佐久間象山（嘉永元年信濃）………… 424
佐倉宗吾（正保―承応年間下総）…… 29
左近（寛永12年駿河）………………… 19
佐々木俊作（弘化４年陸奥）………… 423
佐々木弥五兵衛（弘化４年陸奥）…… 423
佐次兵衛（明和５年越後）…………… 198
佐助（寛政２年出羽）………………… 278
定次郎（宝暦４年美濃）……………… 171
貞之丞（正徳元年阿波）……………… 83
佐太郎（寛延２年常陸）……………… 146
佐藤甚助（正保２年出羽）…………… 27

角左衛門(正徳元年安房)……………… 85
笠岡村嘉兵衛(寛延３年讃岐)……… 153
笠岡村権兵衛(寛延３年讃岐)……… 153
笠岡村平九郎(寛延３年讃岐)……… 154
笠岡村弥市郎(寛延３年讃岐)……… 153
梶田十郎左衛門(元禄３年日向)…… 66
加助(貞享３年信濃)…………………… 62
片岡治兵衛(正保４年丹波)………… 28
片岡万平(文化14年常陸)……………… 330
勝右衛門(延享３年但馬)……………… 136
勝弥(明治２年上野)…………………… 516
桂長左衛門(寛文10年阿波)………… 42
金尾屋村善兵衛(明和７年安房)…… 205
金沢宿三郎左衛門(延宝５年信濃)… 53
金原田村八郎(慶応２年陸奥)……… 475
金森顕順(明治６年越前)…………… 555
金屋村佐助(寛政２年出羽)………… 278
金子重右衛門(寛政４年甲斐)……… 281
金沢村修理(寛永18年常陸)………… 24
金田村重右衛門(寛政４年甲斐)…… 281
嘉兵衛(寛延３年讃岐)………………… 153
釜鳴屋平七(安政６年伊豆)………… 446
釜の口の六蔵(享保３年備中)……… 94
上稲葉村市兵衛(元禄８年下野)…… 68
上大野村武左衛門(寛政５年伊予)… 283
上小塙村文治郎(明治２年上野)…… 515
上小塙村勝弥(明治２年上野)……… 516
上関根村惣右衛門(延享４年出羽)… 140
上到米村甚助(正保２年出羽)……… 27
神永市兵衛(元禄８年下野)………… 68
上中居村元次郎(明治２年上野)…… 515
上名栗村豊五郎(慶応２年武蔵)…… 472
上名栗村紋次郎(慶応２年武蔵)…… 472
上山新丁仁左衛門(延享４年出羽)… 140
上山二日町与平治(延享４年出羽)… 140
上村仁右衛門(寛政元年越後)……… 274
上八川村安之丞(貞享４年土佐)…… 64
神山三郎左衛門(寛延２年陸奥信達)
…………………………………………… 148
上山田村善兵衛(天保９年佐渡)…… 400
上吉影村藤衛門(宝永６年常陸)…… 78
亀岡村太郎左衛門(寛延２年常陸)… 146
刈谷町善蔵(寛政２年三河)………… 277
河合伊左衛門(天和元年三河)……… 58
河合久右衛門(天和元年三河)……… 58
川井藤左衛門(正徳元年安房)……… 85
川上村平助(文化７年長門)………… 309
川村六左衛門(文政12年土佐)……… 353
勘右衛門(元文４年因幡・伯耆)…… 126
神尾春央(延享２年摂津・河内)…… 134
勘助(寛永18年大坂)………………… 25
菅野作左衛門(宝永元年陸奥)……… 74
菅野八郎(慶応２年陸奥)…………… 475
勘兵衛(寛政４年甲斐)……………… 282
冠弥右衛門(明治11年相模)………… 575

【き】

木内惣五郎(正保―承応年間下総)… 29
喜右衛門(寛永12年駿河)…………… 19
菊池多兵衛(文政６年陸奥)………… 343
喜左衛門(享保９年出羽)…………… 105
喜左衛門(天保３年河内)…………… 360
喜左衛門(慶応２年武蔵)…………… 473
喜三郎(明治２年上野)……………… 515
喜四郎(享保５年陸奥)……………… 99
喜四郎(宝暦４年美濃)……………… 170
喜助(元和５年近江)………………… 15
喜蔵(嘉永６年陸奥)………………… 431
北沢伴助(安政６年信濃)…………… 449
北沢清兵衛(天明４年信濃)………… 247
北只村八十八(文化13年伊予)……… 329
北野田村吉右衛門(明和６年河内)… 202
吉右衛門(宝暦６年阿波)…………… 177
吉右衛門(明和６年河内)…………… 202
吉右衛門(明和７年伊予)…………… 203
喜惣次(享保３年備中)……………… 94
吉兵衛(享保９年出羽)……………… 105
木津勘助(寛永18年大坂)…………… 25
切立村喜四郎(宝暦４年美濃)……… 170
喜兵衛(享保９年出羽)……………… 105
木村勝右衛門(延享３年但馬)……… 136
久右衛門(天和元年三河)…………… 58
九右衛門(明治２年豊前)…………… 520
久介(承応２年信濃)………………… 29
久蔵(寛永12年駿河)………………… 19
久兵衛(寛永12年駿河)……………… 19
久兵衛(明治３年陸前)……………… 532
京右衛門(宝暦６年阿波)…………… 177
玉龍寺文隣(天保11年出羽)………… 405
喜代七(明治４年三河)……………… 536
金右衛門(寛延３年讃岐帆山村)…… 154
金右衛門(寛延３年讃岐三井村)…… 154

今田村順左衛門（安政６年信濃）……　448
入奈良本村九郎右衛門（明治２年信濃）
………………………………………　509
入奈良本村勇吉（文化６年信濃）……　308
入奈良本村与兵衛（天和２年信濃）…　59
岩船屋佐次兵衛（明和５年越後）……　198

【う】
上田八十八（文化13年伊予）…………　329
上月平左衛門（宝永５年播磨）………　76
上野小平太只親（元文４年因幡・伯耆）
………………………………………　127
浮石村角右衛門（宝永７年長門）……　81
浮石村九左衛門（宝永７年長門）……　81
浮石村太郎左衛門（宝永７年長門）…　81
浮石村豊吉（宝永７年長門）…………　81
浮石村与市右衛門（宝永７年長門）…　81
右近太夫（延宝６年遠江）……………　53
宇佐村三右衛門（元文５年豊前）……　129
氏家粂八（明治４年岩代）……………　534
牛右衛門（元文４年播磨）……………　125
牛久宿治左衛門（文化元年常陸）……　302
宇高村孫兵衛（宝暦３年伊予）………　165
宇高村弥市左衛門（宝暦３年伊予）…　165
卯多郎（明治６年美作）………………　558
内田馬之丞（慶安２年紀伊）…………　28
内舘元右衛門（文政９年陸奥）………　350
打田村馬之丞（慶安２年紀伊）………　28
宇兵衛（享保19年伊予）………………　116
馬之丞（慶安２年紀伊）………………　28
梅之俣村藤七（明治３年越後）………　528
梅村速水（明治２年飛騨）……………　506
浦野孫右衛門（寛文７年能登）………　37
浦村権左衛門（寛政３年越後）………　279
上木甚兵衛（明和８年美濃）…………　215
上沼村七郎作（明治３年陸前）………　527

【え】
円蔵（寛政６年出羽）…………………　286
遠藤藤五郎（安政３年駿河）…………　439
遠藤兵内（明和元年武蔵）……………　188
遠藤弁蔵（天明６年備後）……………　257
遠藤杢之助（延宝５年美濃）…………　50

【お】
小穴しゅん（貞享３年信濃）…………　63
小穴善兵衛（貞享３年信濃）…………　63
老神村六郎右衛門（天和元年上野）…　57
大炊助（延宝２年武蔵）………………　46
大久保今助（天保13年近江）…………　412
大塩平八郎（天保８年摂津）…………　392
大竹与茂七（正徳２年越後）…………　88
大内村弥兵衛（元文３年但馬）………　123
大塚源吉（明治９年伊勢）……………　571
大塚孫右衛門兄弟（慶長10年伊予）……　7
大津村幾太（天明３年出雲）…………　233
大西権兵衛（寛延３年讃岐）…………　153
大西与三左衛門（延宝６年播磨）……　55
大野村兵治郎（寛延３年讃岐）………　154
大浜茶屋村助太夫（延宝５年三河）…　52
大原亀五郎（明和８年美濃）…………　214
大原彦四郎（明和８年美濃）…………　214
大原村半左衛門（天和元年上野）……　57
大呂村伝六（文化12年出雲）…………　326
岡田庄太夫（享保14年陸奥）…………　111
夫神村浅之丞（宝暦11年信濃）………　181
夫神村半平（宝暦11年信濃）…………　182
岡村源兵衛（延宝６年播磨）…………　55
岡村権左衛門（寛政３年越後）………　279
岡村忠太夫（安永５年伊予）…………　220
小木曽猪兵衛（安政６年信濃）………　448
奥鹿野村善三郎（慶長12年伊賀）………　8
奥原九左衛門（宝永７年長門）………　81
忍足左内（明和７年安房）……………　205
忍足善兵衛（明和７年安房）…………　205
忍足そよ（明和７年安房）……………　205
落合専右衛門（天明３年陸奥青森）…　236
落合仙左衛門（天明３年陸奥青森）…　236
落合村国平次（享和元年出羽）………　298
落合村彦七（享保17年讃岐）…………　115
越田村勝右衛門（延享３年但馬）……　136
音羽喜助（元和５年近江）……………　15
音羽村喜助（元和５年近江）…………　15
鬼沢村民次郎（文化10年陸奥）………　317
小浜村孫右衛門（慶長10年伊予）………　7
小村田之助（寛永20年讃岐）…………　26
折立の長老（元和４年信濃）…………　14
恩田佐吉（享保３年上野）……………　96

【か】
角右衛門（宝永７年長門）……………　81
覚右衛門（安永８年三河）……………　224
楽音寺村新右衛門（享保９年但馬）…　105
角左衛門（宝永７年周防）……………　82

人物項目索引

百姓を表記するには、名前のみ、村名と名前のほか、伝えられる苗字と名前の３種類の方法が存在する。本索引は、可能な限りそのすべてを取り上げげた。さらに、杉木茂左衛門が磔茂左衛門と通称されているような場合は、この通称も取り上げげた。ゴシック体は、本編の人物項目で使用されている表記方法である。

【あ】

青木半左衛門（天和元年上野）……… 57
青柳源右衛門（天和元年上野）……… 57
赤尾丹治（文化８年豊後）…………… 314
赤尾村幸吉（文化８年豊後）………… 314
赤羽村仁右衛門（寛政元年越後）…… 274
赤松源右衛門（享保18年丹後）……… 114
赤松佐兵衛（享保18年丹後）………… 114
秋田弟五郎（享和元年出羽）………… 298
秋山角左衛門（正徳元年安房）……… 85
浅之丞（宝暦11年信濃）………………… 181
浅野村九兵衛（天保８年信濃）……… 399
麻屋治左衛門（文化元年常陸）……… 302
熱海村平七（安政６年伊豆）………… 446
安家村俊作（弘化４年陸奥）………… 423
穴井六郎右衛門（延享３年豊後）…… 136
安倍清右衛門（天明３年陸奥仙台）… 238
天草四郎（寛永14年肥後・肥前）…… 21
天引村孫八（天明元年上野）………… 228
鮎沢勘兵衛（寛政４年甲斐）………… 282
新井宿村大炊助（延宝２年武蔵）…… 46
新井宿村権左衛門（延宝２年武蔵）… 46
新井宿村十郎左衛門（延宝２年武蔵）… 46
新井宿村新五郎（延宝２年武蔵）…… 46
新井宿村善四郎（延宝２年武蔵）…… 46
新井宿村太郎兵衛（延宝２年武蔵）… 46
有田村武一郎（明治４年安芸）……… 538
安城村覚右衛門（安永８年三河）…… 224
安藤継明（寛政５年伊予）…………… 284

【い】

飯田長次郎（正徳元年安房）………… 85
幾太（天明３年出雲）………………… 233
生田万（天保８年越後）……………… 396
井口忠左衛門（明治２年武蔵）……… 524
池田三郎左衛門（慶長16年上総）…… 10
池田徳右衛門（享保11年美作）……… 107
池田彦七（享保17年讃岐）…………… 115
池田村兵左衛門（宝永７年讃岐）…… 82
伊左衛門（天和元年三河）…………… 58
伊左衛門（元禄８年下野）…………… 68
伊三郎（天明元年上野）……………… 228
石井伊左衛門（元禄８年下野）……… 68
石川台嶺（明治４年三河）…………… 535
石川村新兵衛（文政５年丹後）……… 338
石坪万右衛門（万延元年丹波）……… 453
石場村又左衛門（享保19年丹波）…… 116
石場村万右衛門（万延元年丹波）…… 453
石原汀（嘉永６年陸奥）……………… 431
石原村万六（文政12年土佐）………… 353
石原村六左衛門（文政12年土佐）…… 353
石松（文化11年越後栃尾）…………… 321
石丸八郎（明治６年越前）…………… 555
伊助（享保17年出雲）………………… 111
伊勢町源右衛門（天和元年上野）…… 57
磯之丞（天明４年信濃）……………… 246
磯部清太夫（寛延２年常陸）………… 146
磯部村清太夫（寛延２年常陸）……… 146
板倉村よね（寛保元年下野）………… 131
板倉村六之丞（寛保元年下野）……… 131
一宇村貞之丞（正徳元年阿波）……… 83
市右衛門（寛文７年上野）…………… 38
市川儀右衛門（万延元年丹波）……… 454
市毛藤衛門（宝永６年常陸）………… 78
市左衛門（宝暦６年阿波）…………… 177
市場村弥兵衛（元文３年但馬）……… 123
市原村治兵衛（天保13年近江）……… 412
市原村清兵衛（寛政12年丹波）……… 297
市兵衛（天和元年上野）……………… 56
市兵衛（元禄８年下野）……………… 68
伊藤大七（寛延元年出羽）…………… 142
伊藤大八（寛延元年出羽）…………… 142
稲井田の仁右衛門（享保３年備中）… 94
稲葉重左衛門（明和７年安房）……… 205
犬目宿兵助（天保７年甲斐）………… 380
井上吉右衛門（明和６年河内）……… 202
茨木理兵衛重謙（寛政８年伊勢）…… 290
伊船村長右衛門（明和５年伊勢）…… 195
猪兵衛（安政６年信濃）……………… 448
今城宇兵衛（享保19年伊予）………… 116
今田村猪兵衛（安政６年信濃）……… 448

飛驒夏虫記（明和８年飛騨）………… 216
（百姓）御仕置帳（天保２年長門・周防）
……………………………………… 358
百姓惑乱一件留帳（文化10年越中）… 318
宝永水府太平記（宝永６年常陸）…… 79
北国侍要太平記（明和５年越前）…… 194

【ま】

万延元惑乱一件（万延元年丹波）…… 451
万石騒動日録（正徳元年安房）……… 85
三浦命助獄中記（嘉永６年陸奥）…… 432
美国四民乱妨記（享保11年美作）…… 108
名西郡高原村百姓騒動実録（宝暦６年阿波）………………………………… 177
百足再来記（天保13年近江）………… 413
明治辛未殉教絵史（明治４年三河）… 536

【や】

山県一揆録（享保３年備後・安芸）… 95
やれでたそれ出た亀子出世（天明７年江戸）………………………………… 266
夢乃浮橋（天保11年出羽）…………… 406
夢物語（明和８年飛騨）……………… 215

【わ】

渡辺土平治騒動記（天明７年相模）… 271

史料項目索引

【あ】
赤蓑談(文政8年信濃)……………… 349
浅川騒動見聞録(寛政10年陸奥)…… 294
浅野騒動(天保8年信濃)…………… 399
安倍野童子問(天明6年備後)……… 257
伊信騒動記(寛延2年陸奥)………… 148
因伯民乱太平記(元文4年因幡・伯耆)
…………………………………… 128
上田縞崩格子(宝暦11年信濃)……… 182
牛久騒動女化日記(文化元年常陸)… 302
羽州山形騒乱記(享和元年出羽)…… 298
雨中之鑵子(天明5年山城)………… 250
越後国質地騒動記(享保7年越後)… 102
応思穀恩編(天保7年三河)………… 386
奥州信夫郡伊達郡之御百姓衆一揆之次第
(慶応2年陸奥)…………………… 476
奥州南山御蔵入物語(享保5年陸奥)
…………………………………… 100
大塩平八郎一件書留(天保8年大坂)
…………………………………… 393
奥海道五巴(延享4年出羽)………… 140

【か】
改政一乱記(慶応2年美作)………… 484
甲斐国騒動実録(天保7年甲斐)…… 381
書上大槻家譜草藁(寛政9年陸奥)… 292
かきあつめ(安政6年信濃)………… 450
梶田山陰旧記(元禄3年日向)……… 66
合浦珠(天保11年出羽)…………… 406
紙問屋一件(文化6年信濃)………… 309
鴨の騒立(天保7年三河)…………… 385
刈谷騒動記(寛政2年三河)………… 277
寛政一揆岩立茨(寛政8年伊勢)…… 290
勧農教訓録(文政4年上野)………… 335
蒲原岩船両郡騒動実記(文化11年越後)
…………………………………… 323
北山一揆物語(慶長8年土佐)……… 12
狐塚千本鎗(明和元年武蔵)………… 188
木本浦村替一件書類(安政2年紀伊)
…………………………………… 437
旭湊俚諺明和間記(明和5年越後)… 198
禁服訟歎難訴記(安政3年備前)…… 440
慶応二寅ノ巻(慶応2年陸奥盛岡)
…………………………………… 486
虹浜菌臭秘録(明和8年肥前)……… 208
高野領民一揆始末(安永5年紀伊)… 220
庫外禁止録(寛政5年伊予)………… 284

【さ】
私議政事録(宝暦11年信濃)………… 182
地蔵堂通夜物語(正保—承応年間下総)
…………………………………… 30
島原天草日記(寛永14年肥前・肥後)
…………………………………… 22
島原一揆松倉記(寛永14年肥前・肥後)
…………………………………… 22
島原記(寛永14年肥前・肥後)……… 22
周長乱実記(天保2年長門・周防)… 358
白岩目安(寛永10年出羽)…………… 18
信州水内郡常葉郷柳原庄飯山城弁高井郡御料所中野御役所騒徒(安永2年信濃)
…………………………………… 219
しんはんちょぼくれ(明治3年越後)
…………………………………… 528

【た】
筑後国乱実実記(宝暦4年筑後)…… 167
池井蛙口記(天明6年近江)………… 253
秩父領飢渇一揆(慶応2年武蔵)…… 473
天狗騒動実録(明和元年武蔵)……… 188
天保太平記(天保4年若狭)………… 368
東武百姓一件集書(明和元年武蔵)… 188
党民流説(文化8年豊後・豊前)…… 315
遠野唐丹寝物語(嘉永6年陸奥)…… 432
土佐国滝山物語(慶長8年土佐)……… 7

【な】
内史略(嘉永6年陸奥)……………… 432
長瀞騒動記(享保8年出羽)………… 103
那谷寺通夜物語(正徳2年加賀)…… 86
南中一奇譚(文政6年紀伊)………… 341
並崎の木枯し(天保7年甲斐)……… 381
農民蜂起与謝噺(文政5年丹後)…… 338

【は】
破地士等窠(弘化3年遠江)………… 420
播姫太平記(寛延元年播磨)………… 144
播州村々百姓騒立手続之写(天保4年播磨・丹波)………………………… 365
東山桜荘子(正保一承応年間下総)… 31

執筆者一覧

浅見　　隆……近世史研究者
安藤優一郎……近世史研究者
岩城　卓二……大阪教育大学助教授
岩田浩太郎……山形大学人文学部教授
大橋　幸泰……早稲田大学教育学部専任講師
小椋喜一郎……日本福祉大学福祉経営学部教授
紙屋　敦之……早稲田大学文学部教授
菊池　勇夫……宮城学院女子大学教授
齋藤　　純……専修大学文学部講師
齋藤　悦正……早稲田大学文学部非常勤講師
椙山　聖子……栃木県喜連川町史専門委員
須田　　努……一橋大学講師
高橋正一郎……故人
谷山　正道……天理大学文学部教授
堤　　洋子……百姓一揆研究者
遠田　辰芳……宮崎県立宮崎東高校教諭
中島　　明……経済学博士
西脇　　康……早稲田大学エクステンションセンター講師
野中　政博……千葉県船橋市役所市史編さん室
林　進一郎……国士舘大学大学院
深谷　克己……早稲田大学文学部教授
保坂　　智……国士舘大学文学部教授
宮崎　克則……九州大学助教授
三宅　紹宣……広島大学大学院教育研究科教授
村井　早苗……日本女子大学助教授
茂木　陽一……津市立三重短期大学教授
山崎　善弘……関西大学文学部非常勤講師
山中　清孝……江戸川大学総合福祉専門学校講師
山本　幸俊……上越市史編さん室指導主事
藪田　　貫……関西大学文学部教授
横山　　定……岡山県総務部総務学事課文書館整備推進班主査
吉武佳一郎……千葉県立市川高校教諭

百姓一揆事典

初版第1刷発行　2004年11月20日

監　修　　深谷　克己
編　集　　齋藤　　純、保坂　　智
発行人　　沢田健太郎
発行所　　株式会社民衆社　　　東京都文京区本郷4-5-9-901
電話 03（3815）8141／FAX 03（3815）8144

印刷　飛来社　　　製本　光陽メディア

ISBN 4-8383-0912-0　C3053